常用成语词典

（新一版）

CHANGYONG CHENGYU CIDIAN

双色本

徐祖友 陈炜琦 主编

上海辞书出版社

图书在版编目(CIP)数据

常用成语词典:新一版:双色本 / 徐祖友,陈炜琦主编. —上海:上海辞书出版社,2024
ISBN 978-7-5326-6123-7

Ⅰ.①常… Ⅱ.①徐… ②陈… Ⅲ.①汉语—成语词典 Ⅳ.①H136.31-61

中国国家版本馆 CIP 数据核字(2023)第 175905 号

常用成语词典(新一版)(双色本)

徐祖友　陈炜琦　主编

责任编辑　贺晟威
特约编辑　魏　励
封面设计　梁业礼
责任印制　曹洪玲

出版发行　上海世纪出版集团
上海辞书出版社®(www.cishu.com.cn)
地　　址　上海市闵行区号景路 159 弄 B 座(邮政编码:201101)
印　　刷　苏州市越洋印刷有限公司
开　　本　889 毫米×1194 毫米　1/32
印　　张　18.25
字　　数　695 000
版　　次　2024 年 1 月第 1 版　2024 年 1 月第 1 次印刷
书　　号　ISBN 978-7-5326-6123-7/H·772
定　　价　88.00 元

主　编　徐祖友　陈炜琦
副主编　陈质颖　傅　雪
编　著　陈炜琦　陈质颖　傅　雪　李冠岚　詹清英

目　录

凡　　例

一、 本书收录常用成语近5000条，供广大普通读者及中小学生使用。

二、 条目包括词目、注音、难字解释、词目的字面义串讲、语源出处、成语释义、例句、近义成语、反义成语、提示等内容。

1. 词目：以常用成语立目。

2. 注音：每个字注单字普通话读音，不注连读变调；注音依照《普通话异读词审音表》。

3. 难字解释：成语词目中的难字，用“□：□□。”的形式解释；引文中的难字或难句，直接在引文后解释。

4. 字面义串讲：仅诠释词目中较难的字面义。

5. 语源出处：一般标明朝代、作者、书名、卷次、篇名、内容等，引文过长者则节引原文或用现代汉语叙述。引文中已出现成语固定形式者用“语出”形式引书，否则以“语本”形式引书。

6. 成语释义：用简洁明了的语言解释成语的比喻或引申义。

7. 例句：每个成语后用一至三个自造例句来说明成语的用法、语境等；例句之间用竖线隔开；例句用“▷”标示。

8. 近义成语、反义成语：例句后用“≈”引出近义成语，用“◇”引出反义成语。

9. 提示：凡词目中的字形、字音等有易读错、易写错或易用错等情况，均用“提示”加以注明。

三、 正文依照汉语拼音音序编排。为方便读者检索，正文前有《成语首字音序检字表》，正文后附《成语笔画索引》。

成语首字音序检字表

D

E

F

G

T

W

Z

A

哀兵必胜 āi bīng bì shèng 哀兵：受压抑而悲愤的军队。对抗的两军力量相当，悲愤的一方必定胜利。语本《老子》六十九章："抗兵相若，哀者胜矣。"后用"哀兵必胜"泛指受压抑而悲愤的一方必定能取得胜利▷一想到日寇对家乡父老的大肆杀戮，东北军战士个个悲愤填胸，打起仗来也就特别勇敢，这真正是哀兵必胜呀！◇骄兵必败。

哀鸿遍野 āi hóng biàn yě 鸿：大雁。语本《诗经·小雅·鸿雁》："鸿雁于飞，哀鸣嗷嗷。"后用"哀鸿遍野"比喻呻吟呼号、无家可归的难民到处都是▷几十年前，一遇上荒年，便哀鸿遍野，民不聊生。|赤地千里、哀鸿遍野的景象，还留在这位世纪老人的记忆深处。≈流离失所|民不聊生|生灵涂炭◇国泰民安|歌舞升平|安居乐业。

哀毁骨立 āi huǐ gǔ lì 哀毁：因悲哀过度而损伤身体。骨立：消瘦到像仅剩骨架支撑着。语本《后汉书·韦彪传》："父母卒，哀毁三年……服竟，羸瘠骨立异形。"后以"哀毁骨立"指居丧时期因极度悲伤而骨瘦如柴▷父亲突然去世，小张哀毁骨立，几个月来一直沉浸在悲痛之中。|他沉浸在失去亲人的巨大悲痛中，几乎到了哀毁骨立的地步。≈形销骨立◇哀而不伤。

挨肩擦背 āi jiān cā bèi 肩碰着肩，背擦着背。形容人多而拥挤不堪的样子▷南京路上人流如织，挨肩擦背，热闹非凡。|公园里挨肩擦背的，都是前来游玩的人们。≈熙熙攘攘|人流如织◇门可罗雀。

唉声叹气 āi shēng tàn qì 因伤感、愁闷、痛苦而发出叹息的声音▷他期终考试不及格，整天在家唉声叹气。|手术不成功，她躺在病床上唉声叹气。≈长吁短叹|哭天喊地◇扬眉吐气。

［提示］唉，不读"ài"。

矮子看戏 ǎi zī kàn xì 语出宋·朱熹《朱子语类》卷二七："如矮子看戏相似，见人道好，他也道好。"后用"矮子看戏"比喻人云亦云，盲目附和▷对于古代作品的评论，大多数人没有自己独到的见解，只是矮子看戏，人云亦云。|对于学术问题，我们要敢于提出自己的见解，不能像矮子看戏一样，盲从某一种看法。≈人云亦云|随声附和|鹦鹉学舌◇独持己见|标新立异。

爱不释手 ài bù shì shǒu 释：放开。十分喜爱，不肯放下▷五光十色的雨花石令人爱不释手。|她在商店里看中了这件红裙子，试穿后，简直爱不释手。≈爱不忍释|爱之如命◇望之生厌|弃如敝屣。

爱财如命 ài cái rú mìng 爱：吝惜。吝惜钱财就像吝惜自己的生命一样。形容极端吝啬▷他不但贪杯好色，而且爱财如命。|巴尔扎克创造的"高老头"这一爱财如命的艺术典型，十分成功。≈一毛

A

不拔◇挥金如土|挥霍无度|一掷千金|倾囊相助。

爱毛反裘 ài máo fǎn qiú 裘：用毛皮制成的御寒衣服。为了爱惜毛皮，将裘衣反穿在身上。语本汉·刘向《新序·杂事二》："魏文侯出游，见路人反裘而负刍。文侯曰：'胡为反裘而负刍？'对曰：'臣爱其毛。'文侯曰：'若不知其里尽而毛无所恃邪？'"后用"爱毛反裘"比喻贪小失大，不惜根本，不辨本末▷我们做任何事情，都必须把握轻重缓急，如果像爱毛反裘一样，将会一事无成。|尽管现在人们穿着上不会再爱毛反裘，但在日常工作中，爱毛反裘的事情并没有被杜绝。≈本末倒置|舍本逐末◇崇本抑末。

爱民如子 ài mín rú zǐ 贤明的君王爱护百姓就像父母疼爱自己的子女一样。语出汉·刘向《新序·杂事一》："良君将赏善而除民患，爱民如子，盖之如天，容之若地。"后用"爱民如子"比喻官吏对百姓的关怀与爱护▷古代的清官，都有爱民如子的美誉。|只有真正爱民如子的领导，人们才会真诚地爱戴他、拥护他。◇草菅人命。

爱莫能助 ài mò néng zhù 爱：怜悯，同情。助：帮助。语本《诗经·大雅·烝民》："维仲山甫举之，爱莫助之。"后用"爱莫能助"指虽然同情，却没有能力去帮助▷这件事，我实在是爱莫能助，请你谅解。|你再不努力，老师也爱莫能助了。≈力不从心|鞭长莫及|无可奈何◇鼎力相助|舍己救人。

爱屋及乌 ài wū jí wū 及：达到。乌：乌鸦。喜爱这个人，连他屋上的乌鸦也一并喜爱。语本《尚书大传·大战篇》："爱人者，兼其屋上之乌。"后用"爱屋及乌"比喻喜欢一个人而连带喜欢、关心与这个人有关的人或事物▷爱屋及乌，李老师把老朋友的女儿视作自己的女儿。|小玲很崇拜这位作家，爱屋及乌，也很喜欢他的书法。≈屋乌推爱◇殃及池鱼。

[提示]乌，指乌鸦，不要写作"鸟"。

爱惜羽毛 ài xī yǔ máo 爱惜：爱护珍惜。鸟和兽爱护珍惜自己的羽和毛。语本汉·刘向《说苑·杂言》："夫君子爱口，孔雀爱羽，虎豹爱爪。"后用"爱惜羽毛"比喻珍惜自己的名声，立身处世十分谨慎▷鸟兽动物能那样爱惜羽毛，作为我们人类又怎能不爱护自己的名誉呢？|珍惜荣誉固然重要，但过分爱惜羽毛，就不会再迈出前进的脚步。◇自轻自贱|自暴自弃。

爱憎分明 ài zēng fēn míng 憎：恨，厌恶。分明：清楚，明显。对人或事物的喜爱或厌恶的感情非常明显▷传统教育中的"善善恶恶"，就是我们现在讲的"爱憎分明"，这是中华民族的传统美德。|爱憎分明是每个成熟的社会人所必须具备的人格修养，否则很可能会重演东郭先生与狼的故事。◇善恶不分。

碍手碍脚 ài shǒu ài jiǎo 碍：妨碍，阻碍。指妨碍人做事，使别人觉得不顺利、不方便▷你在厨房不但帮不上忙，反而碍手碍脚的，不如去读你的书吧。|老张为人正直，坚持原则，使那些以权谋私者觉得他碍手碍脚的，所以千方百计想挤走他。

安步当车 ān bù dàng chē 安：缓慢。步：步行。缓慢地步行可代替坐车。语本《战国策·齐策四》："晚食以当肉，安步以当车。"后用"安步当车"引申为

能安于贫穷的生活▷回家的路不远，我们还是安步当车吧。|现在都是火烧眉毛的时候了，你还这样安步当车，慢条斯理的，真拿你没办法。

［提示］当，不读“dāng”。

安分守己 ān fèn shǒu jǐ 分：本分。己：自己的活动范围。本指安于命运或现状。现多指规矩老实，不惹事▷许大伯一生安分守己，小心谨慎，靠做小生意度日。≈循规蹈矩|奉公守法◇违法乱纪|无事生非|惹是生非|为非作歹|胡作非为|横行霸道|明知故犯。

［提示］分，不读“fēn”。

安家落户 ān jiā luò hù 落户：定居（他乡）。在一个新地方安家，长期住下去▷大学毕业后，我们满怀憧憬，离开家乡，在这繁华的大都市安家落户。也比喻某种生物被引进到某地后，顺利生存、成长▷北极熊已在地处江南的上海动物园里安家落户，迎接游客。≈成家立业◇离乡背井|流离失所。

安居乐业 ān jū lè yè 居：生活。业：工作。语本《汉书·货殖传》：“各安其居而乐其业。”后用“安居乐业”指安定地生活，愉快地工作▷只有国家繁荣富强，人民才能安居乐业。|江南物产丰裕，人民安居乐业。≈国泰民安◇颠沛流离|流离失所|民不聊生|水深火热|背井离乡。

安贫乐道 ān pín lè dào 道：信仰，思想或学说。语出《文子·上仁》：“圣人安贫乐道，不以欲伤生，不以利累已。”后用“安贫乐道”指安于贫困的生活，以坚持自己的思想和信仰为乐▷安贫乐道是中国知识分子的优良传统。|他一空下来，就躲进书房看书写文章，安贫乐道，从不涉足灯红酒绿的场所。≈箪食瓢饮|君子固穷◇见利忘义|唯利是图|追名逐利。

安然无恙 ān rán wú yàng 安然：平安的样子。恙：病，也借指灾祸。形容人平平安安，没有疾病或灾祸▷他从撞坏的汽车中钻出来时，竟安然无恙，真是奇迹。也指事物未受到损害▷这台手机被从三楼上扔下来，却安然无恙，可见它的质量之佳了。≈平安无事。

安身立命 ān shēn lì mìng 安身：得以在某地居住或生活。立命：精神安宁。语出宋·释道原《景德传灯录·湖南长沙景岑禅师》：“僧问：‘学人不据地时如何？’师云：‘汝向什么处安身立命？’”后用“安身立命”指生活有着落，精神有寄托▷这座城市经济繁荣，就业机会多，足可安身立命。|你现在身无分文，又无一技之长，将来靠什么来安身立命呢？

安土重迁 ān tǔ zhòng qiān 土：故土，故乡。重：慎重，不轻率。语出《汉书·元帝纪》：“安土重迁，黎民之性；骨肉相附，人情所愿也。”后用“安土重迁”指安于故土，不愿轻易离开故乡，迁居他乡▷安土重迁是人之常情。|四处涌动的商品经济大潮冲击了安土重迁的旧观念，人们离开家乡，到处寻找商机。◇四海为家。

［提示］重，不读“chóng”。

安营扎寨 ān yíng zhā zhài 安：安置。扎：建立。寨：防守用的栅栏。安置营房，建立营寨。指军队驻扎下来▷这里是兵家必争之地，地形又适合防守，三团就在这里安营扎寨吧。也比喻流动性的团队建立临时驻地▷登山队在南山坡安营扎寨，建立了登山大本营。

安之若素 ān zhī ruò sù 若：如同，好像。

素：平素，平常。指对窘迫的境遇或异常情况像平常一样安然处之▷南方的气候炎热而潮湿，但来自北国的小王却安之若素。|对社会上的不良风气，我们决不能抱安之若素的态度，应当与之作坚决的斗争。≈处之泰然。

鞍马劳顿 ān mǎ láo dùn 鞍马：鞍子和马，喻指长途跋涉。顿：困顿。指因长途跋涉而劳累困顿▷你坐了一天一夜的火车，鞍马劳顿，先休息两天再说。|从几百里外连夜赶来的抗洪勇士们不顾鞍马劳顿，立刻投入到抗洪救灾的第一线。

鞍前马后 ān qián mǎ hòu 奔忙于马前马后。形容随侍于人左右，供差遣驱使▷这位老兵鞍前马后地追随了将军多年。|他鞍前马后地干了这些年，没有功劳也有苦劳。

按兵不动 àn bīng bù dòng 按：止住。兵：军队。控制住军队不行动。语出《吕氏春秋·恃君览》："简子按兵而不动。"后用"按兵不动"比喻接受任务后不行动▷全校同学都去参加义务劳动了，你们班怎么还是按兵不动？|他接到了几次催促的电话，却依然按兵不动，丝毫没有要离开的意思。◇闻风而动。

按部就班 àn bù jiù bān 部、班：门类，次序。就：归于。指写文章要根据内容安排段落、层次，选择词句要合乎规范。语本晋·陆机《文赋》："然后选义按部，考辞就班。"后用"按部就班"指按照一定的条理、遵循一定的程序去办事▷各部队按部就班地进行实战训练。也比喻按老规矩办事，不知变通▷小王做事只知按部就班，缺乏开拓精神。≈循序渐进◇见风使舵|随机应变。

按图索骥 àn tú suǒ jì 骥：良马。按照图上画的去寻找良马。语本《汉书·梅福传》："察伯乐之图，求骐骥于市而不可得，亦以明矣。"伯乐：春秋时秦国人，善于相马。后用"按图索骥"比喻办事方式机械、死板，不切实际▷我们不可按图索骥，照搬人家的先进经验，而不顾自己的实际情况。|你不下水，只是看书，按图索骥，怎么学得会游泳呢？也比喻依照线索去寻找事物▷我按图索骥，总算找到了他的故居。≈顺藤摸瓜|照本宣科◇因地制宜。

暗度陈仓 àn dù chén cāng 《史记·高祖本纪》载：楚汉相争时，汉王刘邦采纳韩信之计，佯作修复栈道以吸引项羽的注意力，暗中绕道偷袭陈仓(在今陕西省宝鸡市东面)，大获全胜。后用"暗度陈仓"比喻从正面迷惑敌人，从侧翼进行突击▷敌人果然中计，炮轰我军的阵地，其实我们早就暗度陈仓，绕到敌人的背后去了。也比喻暗中进行活动▷小张暗度陈仓，乘我说话时，偷吃了一个棋子。≈偷天换日|偷梁换柱|声东击西|上下其手◇明目张胆。

［提示］亦写作"暗渡陈仓"。

暗箭伤人 àn jiàn shāng rén 背地里用箭射人。语本宋·刘炎《迩言》卷六："暗箭中人，其深次骨，人之怨之，亦必次骨，以其掩人所不备也。"后用"暗箭伤人"比喻暗地里用某种手段去伤害人▷李老师是品行端正之人，绝不会做这种暗箭伤人之事。|你是一位坦荡的君子，要提防暗箭伤人的小人。≈含沙射影|造谣中伤◇明火执仗|赤膊上阵。

暗室亏心 àn shì kuī xīn 暗室：黑暗无光的房间。亏心：违背良心。指在暗中做见不得人的亏心事▷暗室亏心，虽然

未受到法律的制裁，但必定受到道德法庭的谴责。|任何犯罪分子，暗室亏心就是他们犯罪的起点，而不接受批评教育，又最终使他们走上歧途。◇不欺暗室|光明磊落|光明正大。

暗送秋波 àn sòng qiū bō 秋波：像秋天的水波一样清澈明亮，喻指美女的眼神。指女子暗中用眼神传情、示意。语本宋·苏轼《百步洪》诗："佳人未肯回秋波，幼舆欲语防飞梭。"后用"暗送秋波"比喻暗中示意▷那女子觉得他就是自己梦寐以求的白马王子，所以频频地暗送秋波。|第二次世界大战中，那些对希特勒暗送秋波的国家最终仍遭到了法西斯德国的进攻。

暗无天日 àn wú tiān rì 黑暗得看不到一点儿阳光。比喻社会十分黑暗、腐败▷从史书上，人们了解到数百年前暗无天日的情形。|说起暗无天日的当年，老人泣不成声。≈漆黑一团|不见天日|水深火热◇弊绝风清。

黯然失色 àn rán shī sè 黯然：情绪低落的样子。失色：脸色改变。形容心情沮丧，脸色也变得难看了▷听到这个坏消息，小芹顿时黯然失色。也形容相比之下显得黯淡无光▷节日之夜灯火辉煌，连星星和月亮也黯然失色。≈暗淡无光|相形见绌◇光彩夺目|神采飞扬|满面春风。

［提示］黯，不要写作"暗"。

黯然销魂 àn rán xiāo hún 黯然：情绪低落的样子。销魂：失魂。语出南朝梁·江淹《别赋》："黯然销魂者，惟别而已矣。"后用"黯然销魂"形容神情很沮丧，像是丢了魂似的▷凄凉的旋律，令满座听众黯然销魂。|听了她的悲惨遭遇，我不免黯然销魂。≈失魂落魄|黯然伤神|嗒然若丧◇神采飞扬|意气风发。

［提示］黯，不要写作"暗"。

昂藏七尺 áng cáng qī chǐ 昂藏：气度轩昂。七尺：指身躯。形容轩昂伟岸的男子汉▷你一个昂藏七尺的男子汉，竟不肯作自我批评，不觉得惭愧吗？|他昂藏七尺，俨然是个男子汉，可言行扭扭捏捏，令人吃惊，真可谓徒有其表。≈气宇轩昂◇獐头鼠目。

［提示］藏，不读"zàng"。

昂首阔步 áng shǒu kuò bù 昂：抬起。抬起头，大步走。形容意气风发、勇往直前▷中国人民正昂首阔步，奔向共同富裕的美好明天。|三军仪仗队正昂首阔步地走向检阅台。≈长风破浪◇垂头丧气|无精打采。

昂首挺胸 áng shǒu tǐng xiōng 昂首：仰起头。挺胸：挺起胸膛。形容精神饱满或无所畏惧的样子▷面对敌人的铡刀，刘胡兰面无惧色，昂首挺胸地站立着。|战士们艰难地走出敌人的牢房，个个视死如归，坚贞不屈，昂首挺胸地走向刑场。◇低首下心|低眉顺眼|低眉下首|垂头丧气。

嗷嗷待哺 áo áo dài bǔ 嗷嗷：哀叫的声音。待：等待。哺：喂养。饥饿得发出哀号以急于求得食物。形容饥民急于等待救援的惨状▷他受了冤屈，又无处说理，抛下了五个嗷嗷待哺的儿女，含冤死去。|当年黄河决口，赤地千里，饥民嗷嗷待哺，令人惨不忍睹。也比喻处境困难，急需援助▷近年来，整个行业不景气，本地区许多企业嗷嗷待哺。

傲雪凌霜 ào xuě líng shuāng 傲：轻视。凌：迎着，冒着。指不畏严寒，越冷越有精神▷三九严冬的季节，百花凋零，只有梅花傲雪凌霜，繁花满枝。也比喻人有节操，身处逆境而坚贞不屈▷在敌人的严刑拷打下，有些软弱者变节投敌，而真正的革命者，傲雪凌霜，丝毫不屈服于敌人的淫威。

B

八拜之交 bā bài zhī jiāo 八拜：古时世交子弟谒见长辈的礼节。交：交谊，友谊。指异姓之间结为兄弟姐妹▷他俩的父亲是八拜之交，因此双方往来密切。|大家都是革命同志嘛，要搞五湖四海，不要搞什么八拜之交、小团体。≈金兰之交|义结金兰。

八方呼应 bā fāng hū yìng 八方：东、南、西、北、东南、东北、西南、西北八个方向，泛指周围。呼应：一呼一应，比喻响应。形容各方面都来响应▷秦朝末年，陈胜、吴广揭竿而起，全国八方呼应，终于推翻了秦王朝。|他的建议刚提出，就因为切中时弊而得到代表们的八方呼应。

八面玲珑 bā miàn líng lóng 玲珑：敞亮的样子。语本唐·卢纶《赋得彭祖楼送杨宗德归徐州幕》诗："四户八窗明，玲珑逼上清。"原指窗户多，透明敞亮。后用"八面玲珑"形容为人处世圆滑周到，善于应付各个方面▷此人八面玲珑，惯于见风使舵。≈面面俱到|左右逢源◇顾此失彼|呆头呆脑。

八面威风 bā miàn wēi fēng 威风：神气的样子。形容神气十足，声势逼人▷他演的红脸关公在台上一亮相，八面威风，四座喝彩。|我们的干部要谦虚谨慎，平易近人，不要抖八面威风的官架子。≈盛气凌人|威风凛凛|颐指气使|呼幺喝六◇萎靡不振|自惭形秽。

八仙过海 bā xiān guò hǎi 八仙：传说中的八个仙人，即汉钟离、张果老、铁拐李、吕洞宾、曹国舅、韩湘子、蓝采和、何仙姑。明·吴元泰《八仙出处东游记传》载：八仙不用舟船，各显神通渡海。后用"八仙过海"比喻各人自有一套本领或办法▷在杂技会演上，各地好手八仙过海，绝招纷呈。|到时候，大家八仙过海，都拿出自己的看家本领吧！◇黔驴技穷。

[提示]常与"各显神通"连用。

拔刀相助 bá dāo xiāng zhù 拔出刀助战。形容见义勇为▷鲁智深是一个路见不平、拔刀相助的好汉形象，深受老百姓的喜爱。|看到恶霸欺压老人，他忍不住拔刀相助。≈见义勇为|挺身而出|仗义执言◇畏缩不前|袖手旁观|置身事外。

[提示]拔，不要写作"拨"。

拔茅连茹 bá máo lián rú 茅：茅草。茹：草根互相牵连的样子。拔一根茅草而连带拔出了许多相牵连的草根。语本《周易·泰》："拔茅茹，以其汇。"后用"拔茅连茹"比喻利害关系一致的人互相推荐，提拔、任用了其中的一个人，就连带引进了一批人▷他担任厂长后，拔茅连茹，把自己的一班亲信，通通安插在各部门的重要岗位上。|只有健全干部的考核制度，才能杜绝在干部提拔中任人唯亲、拔茅连茹的不正常现象。

B

拔山举鼎 bá shān jǔ dǐng 鼎：古代的烹煮器具，用青铜制成，多为三足。能拔起山，能举起鼎。语本《史记·项羽本纪》："［项羽］长八尺余，力能扛鼎。"又："于是项王乃悲歌慷慨，自为诗曰：'力拔山兮气盖世，时不利兮骓不逝。'"后用"拔山举鼎"形容人力气极大，勇武过人▷一个逆时代潮流而动的人，哪怕他是拔山举鼎的英雄，也难逃灭亡的命运。｜看到赛场上的举重健儿们，人们不禁想起古代拔山举鼎的英雄人物。

跋前疐后 bá qián zhì hòu 跋：踏，踩。疐：跌倒。狼往前走怕踩住自己脖子上的肉，往后退又怕被自己的尾巴绊倒。语本《诗经·豳风·狼跋》："狼疐其尾，载跋其胡。"后用"跋前疐后"比喻处于进退两难的境地▷对于毕业后的去向，到底是留在家乡还是外出发展，小李跋前疐后，心里十分烦恼。｜这支部队被敌人前后夹击，到底是进是退，主帅跋前疐后，拿不定主意。≈进退两难｜进退失据｜进退维谷◇左右逢源。

跋山涉水 bá shān shè shuǐ 跋山：翻越山岭。涉水：蹚水过河。翻山越岭，蹚水过河。语本《左传·襄公二十八年》："跋涉山川，蒙犯霜露。"后用"跋山涉水"形容走远路的艰辛▷长征途中，红军跋山涉水，浴血奋战，许多人献出了宝贵的生命。｜全国各地的人们都跋山涉水来到这里学习取经。

白璧无瑕 bái bì wú xiá 璧：中间有小圆孔的扁平玉器，泛指玉。瑕：玉石上的疵点。语出唐·孟浩然《陪张丞相登荆州城楼》诗："白璧无瑕玷，青松有岁寒。"后用"白璧无瑕"比喻人或事物十分完美，没有缺点▷她年轻又纯洁，简直可以说是白璧无瑕。｜任何作品都有局限性，不可能是白璧无瑕的。≈尽善尽美｜十全十美｜完美无缺◇白璧微瑕。

［提示］璧，不要写作"壁"。

白发苍苍 bái fà cāng cāng 苍苍：灰白色。指头发灰白。语本唐·韩愈《祭十二郎文》："吾年未四十，而视茫茫，而发苍苍，而齿牙动摇。"后用"白发苍苍"形容人的苍老▷几位老人虽然白发苍苍，但依然健步如飞，这是他们长期坚持锻炼的结果。｜他由于长期卧病在床，虽年纪未过半百，却已白发苍苍。

白驹过隙 bái jū guò xì 白驹：白色的骏马，比喻日光。日光越过缝隙，十分迅速。语本《庄子·知北游》："人生天地之间，若白驹之过郤，忽然而已。"郤：同"隙"。后用"白驹过隙"比喻光阴易逝，人生短暂▷白驹过隙，转眼间小明已经初中毕业了。｜人生如白驹过隙，可不要虚度光阴啊！≈光阴似箭｜日月如梭｜月驶星驰｜时光如流｜电光石火◇度日如年。

白面书生 bái miàn shū shēng 书生：读书人。肤色白净的读书人。语出《宋书·沈庆之传》："陛下今欲伐国，而与白面书生辈谋之，事何由济？"后用"白面书生"形容年轻而缺少社会经验或身体虚弱的读书人▷你去帮一帮那个白面书生，别让他累坏了。｜他参军三年后回到家乡，早已从一个弱不禁风的白面书生变成了孔武有力的男子汉。◇赳赳武夫。

白日见鬼 bái rì jiàn guǐ 大白天看见鬼。原指官府的清闲、冷落。语出宋·陆游《老学庵笔记》卷六："自元丰官制，尚书省复二十四曹，繁简绝异。'……工屯虞水，白日见鬼。'"后用"白日见鬼"比喻

不可能发生或完全出乎意料的事▷这支足球队实在倒霉，前锋射门总是射在门柱上，真是白日见鬼！|这本书刚才还在桌上，我一转身就不见了，实在是白日见鬼。

白日做梦 bái rì zuò mèng 大白天做起梦来。比喻幻想根本不可能实现▷你不努力学习，却想成为大学者，岂不是白日做梦！|日本侵略者妄图吞并中国的野心，完全是白日做梦。≈想入非非|痴心妄想|异想天开|胡思乱想|空中楼阁|痴人说梦|黄粱美梦◇千真万确。

白山黑水 bái shān hēi shuǐ 白山：长白山。黑水：黑龙江。指长白山和黑龙江。语出《金史·世纪》："生女直地，有混同江、长白山，混同江亦号黑龙江，所谓'白山黑水'是也。"后用"白山黑水"泛指我国东北地区▷东北抗日联军转战于白山黑水之间，不断打击日寇。|白山黑水与祖国其他地方一样，都感受到了改革开放带来的新气象。

白手起家 bái shǒu qǐ jiā 白手：两手空空。原指由平民成为显贵。语本宋·朱熹《朱子语类》卷一〇七："今士大夫白屋起家，以致荣显。"白屋：平民的住房。后用"白手起家"指在一无所有或条件很差的情况下创立家业或开拓事业▷小罗当年初到上海，两手空空，但他自强不息，白手起家，创下了偌大的家业。|父兄们艰苦奋斗，白手起家，在戈壁滩上建成了厂房。≈自力更生|成家立业|另起炉灶◇因人成事|寄人篱下。

白头如新 bái tóu rú xīn 白头：满头白发，指年老。新：新结识。相识已经很久，但直到年老，却仍像刚结识一样。语出《史记·鲁仲连邹阳列传》："谚曰：'有白头如新，倾盖如故。'何则？知与不知也。"后用"白头如新"形容彼此虽然相识，但感情不深▷他俩虽是几十年的老同事，但志趣各异，彼此都有白头如新之感。|生活在都市高楼中的邻居，虽然同住几十年，但白头如新者，比比皆是。◇倾盖如故。

白头偕老 bái tóu xié lǎo 偕：共同，一起。语本《诗经·邶风·击鼓》："执子之手，与子偕老。"后用"白头偕老"指夫妻相爱，共同生活到老▷白头偕老的父母愉快地度过了金婚庆典。|在婚宴上，大家举杯，祝他俩恩恩爱爱，白头偕老。≈白头相守|百年和合◇劳燕分飞。

[提示]偕，不读"jiē"。

白雪皑皑 bái xuě ái ái 皑皑：洁白的样子。形容积雪一片洁白，泛着银光▷一到冬天，满山白雪皑皑，让人心驰神往。|红军长征途中跨越了数座白雪皑皑的高山，终于到达了目的地。

白云苍狗 bái yún cāng gǒu 苍：灰白色。天上的云朵变幻莫测，一会儿像白色的衣裳，一会儿又变化成灰狗的形状。语本唐·杜甫《可叹》诗："天上浮云如白衣，斯须变幻如苍狗。"后用"白云苍狗"比喻世事的变幻无常▷当今世界形势变幻莫测，不禁使人有白云苍狗之叹。|从清朝灭亡到新中国成立的几十年间，政局变幻如白云苍狗，不知上演了多少闹剧。≈变幻莫测|变化无常◇一成不变。

白云亲舍 bái yún qīn shè 亲舍：亲人的居住地。在很远很远的白云下，亲人居住在那里。语本唐·刘肃《大唐新语·举贤》："其亲在河阳别业，[狄]仁杰赴任于并州，登太行，南望白云孤飞。

B

谓左右曰:'吾亲所居,近此云下。'悲泣,伫立久之,候云移乃行。"后用"白云亲舍"比喻异乡人思念远方的亲人▷他站在山头上,眺望远方,白云亲舍,怎能不思绪万千呢?|登高望远,白云亲舍,一个游子无时无刻不在思念自己的父母和兄弟姐妹。

[提示]舍,不读"shě"。

白纸黑字 bái zhǐ hēi zì 白纸上写着黑字。指有确凿的文字凭据,不容抵赖或反悔▷白纸黑字摆在眼前,你还想抵赖吗?|你签署的购货合同,有白纸黑字为凭。≈立此存照|铁证如山◇口说无凭|捕风捉影。

百步穿杨 bǎi bù chuān yáng 在离杨柳树百步远的地方,射穿树叶。语本《战国策·西周策》:"楚有养由基者,善射,去柳叶者百步而射之,百发百中。"后用"百步穿杨"形容箭法或枪法高明▷他左右开弓,都能百步穿杨,真是个神枪手。|射箭运动员们平日训练痛下苦功,才能在比赛中百步穿杨,百发百中,取得好成绩。

百尺竿头 bǎi chǐ gān tóu 语出宋·释道原《景德传灯录·湖南长沙景岑禅师》:"百尺竿头须进步,十方世界是全身。"原为佛教语,比喻即使有很高的修行境界,也不可满足。后用"百尺竿头"比喻在已有的成绩上继续努力▷你的成绩不错,但是不能自满,还要百尺竿头,再进一步。|周老师在绘画艺术上精益求精,百尺竿头,再开拓新的境界。≈精益求精|再接再厉◇故步自封|江河日下|每况愈下|一落千丈。

[提示]常与"更进一步"连用。

百川归海 bǎi chuān guī hǎi 川:江河。所有的江河最终都流入大海。语本《淮南子·氾论》:"百川异源,而皆归于海。"后用"百川归海"比喻许多分散的东西汇集到一处▷庙会期间,各地农民到这里来赶集,犹如百川归海,十分热闹。也比喻人心所向,众望所归或大势所趋▷香港人民回归祖国的心意,如百川归海,任何人也阻挡不住。≈百鸟朝凤|殊途同归|人心所向|众望所归◇分崩离析|分道扬镳|众叛亲离|四分五裂。

百读不厌 bǎi dú bù yàn 百:形容多。厌:满足。语本宋·苏轼《送安惇秀才失解西归》诗:"故书不厌百回读,熟读深思子自知。"故书:旧书。子:你。后用"百读不厌"形容文章十分精彩,让人越读越爱读▷《水浒传》是一部令人百读不厌的优秀古典小说。|柳宗元的《永州八记》真叫人百读不厌哪!≈洛阳纸贵|妙笔生花|绝妙好辞◇不忍卒读|味同嚼蜡。

百发百中 bǎi fā bǎi zhòng 语出《战国策·西周策》:"楚有养由基者,善射,去柳叶者百步而射之,百发百中。"后用"百发百中"形容射击技术高明,每次都命中目标▷战士们刻苦训练,练就了百发百中的射击本领。也比喻估计情况或做事有充分把握,绝不落空▷哥哥是个猜谜高手,几乎百发百中。|做股票是有风险的,谁也不可能百发百中。≈万无一失|十拿九稳|料事如神◇破绽百出。

[提示]中,不读"zhōng"。

百废俱兴 bǎi fèi jù xīng 俱:都。兴:兴办,兴起。一切被废置的事情都兴办起来。语本宋·范仲淹《岳阳楼记》:"越明年,政通人和,百废俱兴,乃重修岳阳楼。"后用"百废俱兴"形容事业恢

复、发展的兴旺景象▷盛唐时代，百废俱兴，中国成为当时世界上最强盛的国家之一。|动乱结束，百废俱兴，祖国迎来了改革开放的春天。≈方兴未艾◇每况愈下。

[提示]兴，不读“xìng”。

百感交集 bǎi gǎn jiāo jí 百感：各种感受。交：一起。各种感受一齐聚拢来。语本南朝宋·刘义庆《世说新语·言语》：“卫洗马初欲渡江，形神惨悴，语左右曰：‘见此茫茫，不觉百端交集。苟未免有情，亦复谁能遣此？’”后用“百感交集”形容无比感慨▷在相逢的一刹那，两位老人百感交集。|抚今追昔，他不由得思绪万千，百感交集。

百花齐放 bǎi huā qí fàng 各种花卉一齐盛开。多用来比喻事物自由发展，一派繁荣▷冬天来了，百花齐放的春天还会远吗？|我国整个戏剧舞台呈现出百花齐放的局面。≈万紫千红|满园春色|百家争鸣◇一花独放|一枝独秀。

百家争鸣 bǎi jiā zhēng míng 百家：原指战国时期儒、墨、道、法、阴阳、名、纵横、杂、农等各家思想学说，也称“诸子百家”。后泛指各个学派。鸣：发表意见。形容在学术上各派自由争论▷中国古代百家争鸣的优良传统值得我们继承发扬。|如今我们提倡“群言堂”，反对“一言堂”，百家争鸣的气氛越来越浓了。≈百花齐放◇万马齐喑。

[提示]常与“百花齐放”连用。

百孔千疮 bǎi kǒng qiān chuāng 语出唐·韩愈《与孟尚书书》：“汉氏以来，群儒区区修补，百孔千疮，随乱随失，其危如一发引千钧，绵绵延延，浸以微灭。”后用“百孔千疮”形容破坏或损伤严重▷传说中，济公常穿一件百孔千疮的破衲衣，手摇一柄逍遥自在的破葵扇，游戏人间。也形容弊病严重▷连年的战乱，使得这个国家的国民经济百孔千疮，濒临崩溃的边缘。≈疮痍满目◇尽善尽美。

百口莫辩 bǎi kǒu mò biàn 辩：辩白。即使有一百张嘴也无法辩白。语本宋·刘过《龙洲集·建康狱中上吴居父》：“困一身于囹圄之中，不胜涂炭……虽有百口而莫辨其辜。”后用“百口莫辩”形容有委屈也无从申诉、辩白▷小宋此时百口莫辩，只能目瞪口呆地坐在那里。|由于没有旁证，小张百口莫辩，有理也说不清，觉得冤枉极了。

百里挑一 bǎi lǐ tiāo yī 一百个里面挑出一个。形容极难得或极其出色▷这个姑娘是城中百里挑一的绣花能手。|在同类作品中，这幅画可算是百里挑一，弥足珍贵。≈凤毛麟角|沙里淘金◇俯拾皆是|比比皆是|车载斗量|多如牛毛。

百炼成钢 bǎi liàn chéng gāng 铁经过反复锻炼而成为钢。语本汉·应劭《汉官仪》：“金取坚刚百炼而不耗。”刚，同“钢”。后用“百炼成钢”比喻人久经锻炼，变得很坚强▷战士们在血与火的洗礼中，百炼成钢。|这些大学生在社会的大熔炉里百炼成钢，已成为祖国的栋梁之材。≈千锤百炼|百折不挠◇娇生惯养。

[提示]炼，不要写作“练”。

百密一疏 bǎi mì yī shū 百密：极为周密。一疏：一点疏忽。在极周密的考虑中偶然出现了一点疏忽▷他考虑问题一向是全面的，这次百密一疏，纯属偶然。|百密一疏不可怕，只要及时采取补救措施，问题还是可以解决的。

百年不遇 bǎi nián bù yù 遇：遇上，碰

B

到。一百年都碰不到。形容极少见到或遇到▷这是一场百年不遇的大洪灾。|这可是一个百年不遇的好机会，你一定要好好把握住啊！≈千载难逢◇司空见惯|屡见不鲜。

百年大计 bǎi nián dà jì 百年：比喻时间长。计：策略，主意，计划。语本宋·陈亮《上孝宗皇帝第三书》："何忍假数百年社稷之大计，以为一日之侥幸，而徒以累陛下哉！"后用"百年大计"指关系到长远利益的重大计划、措施▷建造高楼是百年大计，必须重视质量。|古人说得好："十年树木，百年树人。"培养人才是国家发展的百年大计。≈长远之计◇权宜之计。

百世流芳 bǎi shì liú fāng 百世：百代，世世代代。语本南朝宋·刘义庆《世说新语·尤悔》："既不能流芳百世，亦不足复遗臭万载邪？"后用"百世流芳"形容好名声永远流传下去▷抗日英雄百世流芳，卖国汉奸万年遗臭。|四川人民永远怀念以建造都江堰而百世流芳的李冰父子。≈名垂青史|彪炳千古|万古流芳|永垂不朽◇遗臭万年。

百无禁忌 bǎi wú jìn jì 百：泛指一切。禁忌：忌讳。一切都不忌讳。形容人说话或做事大胆而无顾忌▷从前的人大多迷信，往往在门上贴上"姜太公在此，百无禁忌"的红纸条，以此来辟邪。|小张是个新派人物，说话从来不避死呀活的，百无禁忌。◇讳莫如深。

百无聊赖 bǎi wú liáo lài 聊赖：依靠的事物，指生活或精神上的寄托。形容思想感情没有寄托，空虚无聊▷他退休后的头几个月，非常不习惯，总觉得百无聊赖，坐立难安。|他百无聊赖中顺手抓过一本书，也不管是什么内容，就读了起来。

百无一失 bǎi wú yī shī 失：差错。做再多的事情也没有一件差错。语本汉·王充《论衡·须颂》："从门应庭，听堂室之言，什而失九；如升堂窥室，百不失一。"后用"百无一失"形容很有把握，绝对不会出差错▷小明认真复习，争取在升学考试中百无一失。|你们必须百无一失地把这批军事物资运到目的地。≈十拿九稳|稳操胜券。

百无一用 bǎi wú yī yòng 没有一样是有用的。语出清·黄景仁《杂感》诗："十有九人堪白眼，百无一用是书生。"后用"百无一用"指毫无用处▷他是个百无一用的窝囊废，怎么能在社会上立足呢？|接连受到几次挫折，他便认为自己是个百无一用的人，逐渐消沉下去了。

百依百顺 bǎi yī bǎi shùn 一味顺从，不违背、不反抗▷父母对子女过分溺爱，百依百顺，这对子女的成长是有害的。|在妈妈印象中，英子是百依百顺的乖女儿。≈唯命是从|言听计从|唯唯诺诺|俯首帖耳◇桀骜不驯|犟头倔脑。

百战百胜 bǎi zhàn bǎi shèng 打一百次仗，胜一百次。语出《管子·七法》："是故以众击寡，以治击乱……故十战十胜，百战百胜。"后用"百战百胜"形容在战争、比赛、做事等方面，每次都取得胜利或成功▷岳家军在抗金前线百战百胜，令敌人闻风丧胆。|他下了二十年的棋，经历过无数次比赛，差不多百战百胜，极少失手。≈战无不胜◇屡战屡败。

百折不挠 bǎi zhé bù náo 折：挫折。挠：弯曲。怎么折，也不弯曲。语出汉·蔡邕《太尉桥公碑》："其性庄，疾华尚朴，有百折不挠、临大节而不可之夺

风。”后用“百折不挠”形容意志坚强，无论遭受多少挫折都不退缩▷王师傅百折不挠，终于攻克了技术上的难关。|实现民族复兴的伟大目标，还需要我们百折不挠地努力。≈不屈不挠◇半途而废|知难而退|苟且偷安。

［提示］折，不读“shé”。

班荆道故 bān jīng dào gù 班：铺开。荆：荆木，一种灌木。道故：叙旧情。用荆木铺地，坐在上面叙谈旧事。语本《左传·襄公二十六年》：“伍举奔郑，将遂奔晋。声子将如晋，遇之于郑郊。班荆相与食，而言复故。”后用“班荆道故”形容老友相逢，共叙旧情▷在出差途中，他竟邂逅了十多年未见面的老同学，两人班荆道故，分外亲切。|他做了官后，便自己觉得了不起，与老朋友相逢，哪里会有半点班荆道故的热情呢？

班门弄斧 bān mén nòng fǔ 班：鲁班，也叫公输班，古代巧匠。在鲁班门前挥弄斧子。语本唐·柳宗元《王氏伯仲唱和诗序》：“操斧于班、郢之门，斯强颜耳。”后用“班门弄斧”比喻在行家面前卖弄本领▷在李白墓前乱题诗，无异于班门弄斧。|对于音乐，我是外行，不敢班门弄斧，在行家面前胡乱评论。≈布鼓雷门。

斑驳陆离 bān bó lù lí 斑驳：颜色杂乱。陆离：色彩纷繁。语本战国楚·屈原《离骚》：“纷总总其离合兮，斑陆离其上下。”后用“斑驳陆离”形容色彩、花样的纷繁复杂▷这些玻璃制品色彩斑驳陆离，式样新奇古怪。|进入丝绸博物馆，如同游弋于一片斑驳陆离的丝绸的海洋中。≈五彩缤纷。

搬弄是非 bān nòng shì fēi 把别人的话传来弄去，故意从中挑拨是非▷她为人贤惠，从不在姑嫂之间搬弄是非。|有些人总是不干正事，喜欢在同事之间说长道短，搬弄是非。≈调嘴学舌|飞短流长。

板上钉钉 bǎn shàng dìng dīng 钉钉：用钉子钉物。在板上钉钉子。比喻事情已定，不容变更▷他的问题，组织已经作了处理，那可是板上钉钉的结论，怎么又提出重新处理的意见呢？|大丈夫说话板上钉钉，可不能反悔呀！否则，别人要笑话你的。◇出尔反尔。

半截入土 bàn jié rù tǔ 入土：（棺材）埋入土中，指人死亡。半截身子已埋入土中。语出宋·苏轼《东坡志林》卷十二：“汝已半截入土，犹争高下乎？”后用“半截入土”比喻人到老年，来日无多▷我虽已是半截入土的人了，但还想写些东西，留给后人。|他已是半截入土了，你何必与他争长论短的。≈风烛残年◇年富力强|春秋鼎盛。

半斤八两 bàn jīn bā liǎng 旧衡制的一斤等于十六两，半斤也就是八两。语本明·释居顶《续传灯录·明州瑞岩石窗法恭禅师》：“踏着秤砣硬似铁，八两原来是半斤。”后用“半斤八两”比喻彼此一样，不相上下▷这两名同学的成绩差不多，半斤八两。|你们谁都没有搞清楚，半斤八两，就别争了。≈势均力敌|伯仲之间|旗鼓相当|铢两悉称◇截然不同|判若云泥|大相径庭。

半路出家 bàn lù chū jiā 出家：脱离俗家去当和尚或尼姑。指不是从小而是成年后才出家。比喻不是本行出身，而是后来才改行的▷我原来学的是财务，从事出版行业只能算是半路出家。|读书人下海经商，半路出家，未必能够成功。◇

B

科班出身。

半途而废 bàn tú ér fèi 废：停止。半路上就停了下来。语本《礼记·中庸》："君子遵道而行，半涂而废，吾弗能已矣！"涂，通"途"，道路。后用"半途而废"比喻做事有始无终，不能坚持到底▷老画家少年时学画，因家境困难，几乎半途而废。≈浅尝辄止｜功亏一篑｜前功尽弃◇坚持不懈｜持之以恒。

［提示］废，不要写作"费"。

半推半就 bàn tuī bàn jiù 推：推辞。就：靠拢，接受。形容内心已允许，但表面却假意推辞▷老顾半推半就地收下了礼物。｜小丽半推半就地接受了他的邀请。◇敬谢不敏。

半吞半吐 bàn tūn bàn tǔ 话到嘴边又收回去。形容欲言又止的样子▷问到他俩的婚事，他半吞半吐，好久也没说清楚。｜小张见他半吞半吐的样子，更加着急，催着他快往下说。≈隐约其辞｜支吾其词◇直言不讳｜直截了当。

半信半疑 bàn xìn bàn yí 又信又不信。语本三国魏·嵇康《答释难宅无吉凶摄生论》："苟卜筮所以成相，虎可卜而地可择，何为半信而半不信耶？"后用"半信半疑"指对真假是非不能肯定▷我对这类减肥药物的广告，半信半疑。｜报刊上关于飞碟的报道，活灵活现，令人半信半疑。≈将信将疑｜疑信参半｜莫衷一是◇不容置疑｜无可置疑。

半夜三更 bàn yè sān gēng 三更：一夜分为五更，每更两小时，三更相当于23时至1时。泛指午夜、深夜▷他们半夜三更还在家中高声唱卡拉OK，邻居们很有意见。｜半夜三更，一个人影从窗口跳进来。≈深更半夜◇光天化日｜青天白日。

傍人门户 bàng rén mén hù 傍：依傍，依附。门户：门庭。依附于别人的门庭。语出宋·苏轼《东坡志林》卷一二："桃符仰视艾人而骂曰：'汝何等草芥，辄居我上！'艾人俯而应曰：'汝已半截入土，犹争高下乎？'……门神解之曰：'吾辈不肖，方傍人门户，何暇争闲气耶！'"后用"傍人门户"比喻仰仗他人庇护而不能自立▷我们家生活虽不富裕，但也能吃饱穿暖，不必傍人门户。｜在学术研究中，不能袭人故智、傍人门户，而应有自己的独特见解。◇独立自主。

包办代替 bāo bàn dài tì 不让有直接关系的人参与，自己一个人包揽处理▷扶贫工作组到贫困地区去只是起到指导作用，而不是去包办代替一切的。｜这部分工作必须由你自己完成，任何人都不能包办代替。◇放任自流｜听之任之。

包藏祸心 bāo cáng huò xīn 祸心：害人之心。语出《左传·昭公元年》："小国无罪，恃实其罪。将恃大国之安靖己，而无乃包藏祸心以图之。"后用"包藏祸心"指内心怀有害人的念头▷奸臣秦桧包藏祸心，残害岳飞。｜你要特别警惕包藏祸心的伪君子。≈口蜜腹剑｜笑里藏刀｜佛口蛇心◇古道热肠｜襟怀坦荡｜表里如一。

包打天下 bāo dǎ tiān xià 包：包揽。把天下的事全部包揽过来。形容个人包办一切▷你有多大本事，敢包打天下？｜开展工作必须依靠广大群众，不能一个人包打天下。

包罗万象 bāo luó wàn xiàng 罗：网罗。万象：各种事物。包括各种事物。语出《黄帝宅经》卷上："所以包罗万象，举一千从，运变无形，而能化物大矣。"后

用“包罗万象”形容内容丰富,无所不包▷博物馆是一个包罗万象、充满趣味的世界。|祖国的传统文化包罗万象、浩如烟海。≈应有尽有|万紫千红|洋洋大观◇挂一漏万|一无所有。

饱经风霜 bǎo jīng fēng shuāng 饱:充分地。经:经历。风霜:比喻艰难困苦。经历了许多的风吹霜打。形容经历过长期的艰苦生活▷她饱经风霜,尝尽了世态炎凉。|几十年来,我已饱经风霜,这点小事算得了什么?◇养尊处优|娇生惯养。

宝刀不老 bǎo dāo bù lǎo 宝刀:珍贵的战刀。比喻人到老年还依然威猛,技艺犹在,不减当年▷张医生虽然年纪很大了,但宝刀不老,经常为病人做推拿,受到病人的称赞。|在训练场上,老将军言传身教,和新战士一起摸爬滚打,真可谓宝刀不老。≈老当益壮◇未老先衰。

宝山空回 bǎo shān kōng huí 宝山:堆满宝物的山。进入宝山却空手而归。语本《大乘本生心地观经·离世间品》:“如人无手,虽至宝山,终无所得。”后用“宝山空回”比喻虽然置身于优越的环境或条件中,结果却一无所获▷这次去国外进修,你一定要刻苦认真,以免宝山空回。|这所大学的学习环境这么好,你学了四年,却如宝山空回,实在丢人。◇满载而归。

保国安民 bǎo guó ān mín 保:保卫。安:使之安宁。语出《明史·西域传四》:“而友邦远国,顺天事大,以保国安民。皇天监之,亦克昌焉。”后用“保国安民”指保卫国家安全,安定人民生活▷我们是军人,肩负着保国安民的重任。|旧时的土匪山寨前往往竖着两杆大旗,一边写着“保国安民”,一边写着“替天行道”。◇祸国殃民。

报仇雪恨 bào chóu xuě hèn 雪:洗刷,清除掉。指报复冤仇,洗刷怨恨▷他终于实现了向土匪报仇雪恨的夙愿。|日寇杀了他的全家、烧了他家的房屋,他发誓要报仇雪恨。◇忍气吞声。

抱残守缺 bào cán shǒu quē 抱:守住不放。缺:残缺不全的东西。抱守着残缺、陈旧的东西不肯放弃。语本汉·刘歆《移书让太常博士》:“犹欲保残守残,挟恐见破之私意,而无从善服义之公心。”后用“抱残守缺”形容保守思想严重,不肯接受新事物▷对于旧体制,我们必须大胆进行改革,决不能抱残守缺,安于现状。|在如今信息爆炸的时代,旧知识已大大地不够用了,抱残守缺,只能是死路一条。≈因循守旧|故步自封◇推陈出新|革故鼎新。

抱恨终身 bào hèn zhōng shēn 恨:遗憾。终身:一生。一生都怀有很大的遗憾,不能解除▷他不听父母的教诲,在生活中走了一大段弯路,为此抱恨终身。|她最后一次参加奥运会,因为一个偶然的失误,丢掉了十拿九稳的金牌,这事让她抱恨终身。≈抱恨终天|饮恨而殁◇死而无憾。

抱屈衔冤 bào qū xián yuān 抱屈:怀着委屈。衔冤:含冤。指受委屈或冤枉▷在暗无天日的军阀统治时期,有多少无辜者抱屈衔冤,死不瞑目。|当时的风俗,凡抱屈衔冤的人都可以上京控诉,以求申雪。

抱头鼠窜 bào tóu shǔ cuàn 窜:逃走,乱跑。抱着头像老鼠似的逃跑。语本《汉书·蒯通传》:“常山王奉(捧)头鼠

B

窜，以归汉王。”后用“抱头鼠窜”形容狼狈地仓皇逃跑▷罪犯们在武警的追击下，抱头鼠窜。|阵地被攻破了，敌兵一个个鬼哭狼嚎，抱头鼠窜。≈逃之夭夭|落荒而逃|狼奔豕突。

抱薪救火 bào xīn jiù huǒ 薪：柴禾。抱着柴草去救火。语出《淮南子·说山》：“止事以事，譬犹扬堁而弭尘，抱薪而救火。”后用“抱薪救火”比喻以错误的做法去消除祸害，结果反使祸害扩大▷他的所作所为，无疑是抱薪救火，越弄越糟。|他上当受骗后，想挽回损失，又去骗别人，这种做法无异于抱薪救火，最终毁了他自己。◇曲突徙薪。

暴风骤雨 bào fēng zhòu yǔ 骤：急速。指来势迅猛的大风雨▷这次暴风骤雨给山区百姓带来了重大的灾害。也比喻声势浩大的社会运动▷老人经历过多年暴风骤雨般的战争洗礼，意志无比坚强。◇和风细雨。

暴露无遗 bào lù wú yí 暴露：显露出来。遗：遗漏。指彻底、完全显露出来，毫无遗漏▷这一事故的发生，使工厂在管理上的弊端暴露无遗。|“二十一条”的签订，使日本帝国主义妄想灭亡中国的狼子野心暴露无遗。≈原形毕露◇深藏不露。

暴殄天物 bào tiǎn tiān wù 暴：残害，糟蹋。殄：灭绝。天物：自然界的生物。指残害、灭绝自然界的各种生物。语出《尚书·武成》：“今商王受无道，暴殄天物，害虐烝民。”后用“暴殄天物”指任意糟蹋、浪费物品▷一粥一饭来之不易，不能任意糟蹋，暴殄天物。|他吃鸭只吃鸭舌，其余部分都倒在泔水桶中，实在是暴殄天物。

暴跳如雷 bào tiào rú léi 狂怒地又蹦又跳，吼声如雷。形容极其恼怒▷笼中的狮子狂性大发，暴跳如雷。|听说大量货物丢失，钱经理暴跳如雷。≈大发雷霆|火冒三丈|怒不可遏◇心平气和|平心静气|和颜悦色。

杯弓蛇影 bēi gōng shé yǐng 汉代应彬请杜宣饮酒，壁上“悬赤弩(红色的弓)，照于杯，形如蛇”。杜宣把杯中弓影误认为蛇，酒后因疑心而腹痛。后来经过应彬的解释，明白“蛇影”实是“弓影”，病很快痊愈。(见汉·应劭《风俗通·神怪》)后用“杯弓蛇影”比喻疑神疑鬼、妄自惊扰▷你不要杯弓蛇影，别人并没有说你什么坏话。≈草木皆兵|吴牛喘月◇处之泰然。

杯盘狼藉 bēi pán láng jí 狼藉：杂乱，散乱。杯子、盘子等餐具放得乱糟糟的。语出《史记·滑稽列传》：“男女同席，履舄交错，杯盘狼藉。”后用“杯盘狼藉”形容宴饮后或宴饮将完时的杂乱情景▷桌上杯盘狼藉，宾客东倒西歪。|这一顿酒席，吃了三个多小时，杯盘狼藉，大家兴致还很高。≈杂乱无章|残杯冷炙。

杯水车薪 bēi shuǐ chē xīn 薪：柴草。用一杯水救一车着火的柴草。语本《孟子·告子上》：“今之为仁者，犹以一杯水救一车薪之火也。”后用“杯水车薪”比喻力量太小，无济于事▷全家靠她那点菲薄的收入过日子，简直是杯水车薪。|靠这点资金去办企业，还不是杯水车薪！≈无济于事|粥少僧多◇车载斗量。

卑躬屈膝 bēi gōng qū xī 卑：低。躬：身体。低头弯腰，屈膝下跪。语本《魏书·李彪传》：“臣与任城卑躬曲己，若顺弟之奉暴兄。”后用“卑躬屈膝”形容奉

承、谄媚别人，没有骨气▷那些卖国求荣、卑躬屈膝的汉奸，永远被钉在了历史的耻辱柱上。|我宁守清贫，也不愿卑躬屈膝地求人。≈奴颜婢膝|奴颜媚骨|低头哈腰◇刚正不阿|宁死不屈。

悲欢离合 bēi huān lí hé 悲哀、欢乐、离散、团聚。语出宋·苏轼《水调歌头·丙辰中秋兼怀子由》词："人有悲欢离合，月有阴晴圆缺，此事古难全。"后用"悲欢离合"泛指人生中种种不同的心情和遭遇▷他从不认为主宰人间悲欢离合的是神仙或命运。|他已年近九十，几乎看遍了人间所有悲欢离合的故事。

悲天悯人 bēi tiān mǐn rén 悲：哀叹。天：天命。悯：哀怜。敬畏上天的意志，怜悯人世间的穷困。语本唐·韩愈《争臣论》："若果贤，则固畏天命而闵（悯）人穷也，恶得以自暇逸乎哉？"后用"悲天悯人"表示哀叹时世的艰辛，怜悯民众的疾苦▷杜甫是一位悲天悯人的大诗人。|他那故作悲天悯人的语调令人反感。≈感时伤世◇幸灾乐祸。

悲痛欲绝 bēi tòng yù jué 欲：将要。绝：气绝身亡。指悲伤哀痛得快要昏死过去▷她听说丈夫的死讯后，悲痛欲绝，失声痛哭。|看到女儿因车祸丧生的现场后，悲痛欲绝的母亲当场昏死过去。≈痛不欲生◇欣喜若狂|乐不可支。

悲喜交集 bēi xǐ jiāo jí 交集：交织在一起。语出《晋书·王廙(yì)传》："当大明之盛，而守局遐外，不得奉瞻大礼，闻问之日，悲喜交集。"后用"悲喜交集"形容悲伤和喜悦的心情交织在一起▷找回了失踪多日的儿子，妈妈悲喜交集。|悲喜交集的灾民，收到各地送来的救灾物资，感激不尽。

备而不用 bèi ér bù yòng 备：准备。准备好了而暂时不去用它，以应急需▷他身边总有三五百块钱，是备而不用的。|他开的是杂货店，即使是备而不用的零星杂货，也要进一些。

背城借一 bèi chéng jiè yī 背城：背靠自己的城堡。借一：借以作最后一战。语出《左传·成公二年》："请收合余烬，背城借一。"后用"背城借一"指背靠自己的城堡，同敌人作最后的决战▷面对敌军的包围，全城军民决心背城借一，与城池共存亡。也比喻投入最后的力量作一次拼搏▷面临破产的威胁，他卖掉了所有的动产、不动产，集中资金，背城借一，准备在股市中一搏。

［提示］背，不读"bēi"。

背道而驰 bèi dào ér chí 背：背向。驰：奔跑。朝着相反的方向奔跑。语本唐·柳宗元《杨评事集后序》："其余各探一隅，相与背驰于道者，其去弥远。"后用"背道而驰"比喻彼此的方向或目标完全相反▷无论哪个部门制定的政策，都不能与人民的利益背道而驰。|所谓的"道学先生"，口中所讲与心中所想完全是背道而驰的。≈南辕北辙◇殊途同归。

背水一战 bèi shuǐ yī zhàn 背水：背向水，表示后无退路。《史记·淮阴侯列传》载：汉将韩信领兵攻赵时，命令军队背水排列。汉军前有强敌，后无退路，只得拼死作战，结果大获全胜。后用"背水一战"指决一死战▷为了大部队的顺利转移，后卫部队决心背水一战，坚决顶住敌军的追击。也比喻死里求生作最后一搏▷足球队面临降级的危险，全队成员在此次比赛中下了背水一战的决

B

心，要坚决战胜对手。≈破釜沉舟◇望风而逃。

背信弃义 bèi xìn qì yì 信：诺言，信义。义：道义。语本《北史·周本纪》："背惠怒邻，弃信忘义。"后用"背信弃义"形容违背诺言，不讲道义▷法西斯德国背信弃义，悍然进攻苏联。|时间一长，大家都看出他是一个背信弃义的家伙，不可交往。≈忘恩负义|自食其言|寡诺轻信◇一诺千金。

奔走相告 bēn zǒu xiāng gào 走：奔跑。奔跑着互相转告。形容迅速传播重要的消息▷校篮球队夺得了冠军，同学们个个兴高采烈，奔走相告。|日本鬼子投降了！人们奔走相告，欣喜若狂。

本末倒置 běn mò dào zhì 本：树根，形容事物的主体。末：树梢，形容事物的细枝小节。事物的主体和细枝小节颠倒了位置。语出宋·朱熹《答吕伯恭》："昨所献疑，本末倒置之病，明者已先悟其失。"后用"本末倒置"比喻把事物的主次、轻重等位置关系弄颠倒▷只看现象，不看本质，结果往往是本末倒置。|下棋当然是有益的活动，但是你不该本末倒置，影响专业学习。≈舍本逐末|避重就轻◇正本清源。

［提示］末，不要写作"未"。

本性难移 běn xìng nán yí 移：改变。人的本性很难改变▷他虽因偷窃被抓了几次，但看到别人的钱包还是手痒，结果又被抓，真是本性难移。|说了你多少次，你就是不改，真是"江山易改，本性难移"。

笨鸟先飞 bèn niǎo xiān fēi 比喻能力较差的人做事要比别人先动手（多用作谦辞）▷他的外语基础较差，只能笨鸟先飞，每天比别人早起一小时复习。|我不如你，只好笨鸟先飞，早下点儿工夫。≈精卫填海|驽马十驾◇后来居上|捷足先登。

笨嘴拙舌 bèn zuǐ zhuō shé 拙：劣，笨。形容口才不好，不善于表达▷我这个人笨嘴拙舌的，怕说不清楚，误了大事。|他平时伶牙俐齿的，可是让他说说自己的先进经验，他就满脸通红，变得笨嘴拙舌了。≈张口结舌◇伶牙俐齿|油嘴滑舌。

逼上梁山 bī shàng liáng shān 梁山：地名，在今山东境内。《水浒传》中描写了林冲及其他许多人为官府所逼，被迫上梁山造反的故事。后用"逼上梁山"比喻被迫起来反抗▷旧时代的土匪有许多是受恶霸欺侮，被逼上梁山的。也比喻迫不得已去干某一件事▷他的专业是物理学，改行去教化学，是被逼上梁山的。◇心甘情愿。

鼻青脸肿 bí qīng liǎn zhǒng 鼻青：鼻子发青。脸肿：脸部发肿。因跌打、磕碰而头面部伤势很重▷尽管他赢得了这次重量级拳击比赛的胜利，但被对手击打得鼻青脸肿，满嘴流血。|他刚走出弄堂口，就被两个大汉围住，打得鼻青脸肿。

比比皆是 bǐ bǐ jiē shì 比比：一个挨着一个，到处。语本《战国策·秦策一》："犯白刃，蹈煨炭，断死于前者，比是也。"后用"比比皆是"形容很多，到处都是▷这种药草在我们家乡比比皆是，并不稀罕。|这几年，农村里懂电脑的人也越来越多，比比皆是。≈俯拾皆是|多如牛毛|车载斗量◇寥寥无几|屈指可数|寥若晨星。

比翼双飞 bǐ yì shuāng fēi 传说有鸟只有一目一翼，必须雌鸟和雄鸟挨在一起才能飞。语本《尔雅·释地》："南方有

比翼鸟焉,不比不飞。”又,晋·陆机《拟西北有高楼》诗:“思驾归鸿羽,比翼双飞翰。”后用“比翼双飞”比喻夫妻恩爱,形影不离▷愿你们夫妇在生活上互相关心,在事业上互相帮助,比翼双飞,白头到老。≈比翼连理|鸾凤和鸣|夫唱妇随|如胶似漆|形影不离◇劳燕分飞|鸾飘凤泊|别鹤孤鸾。

笔墨官司 bǐ mò guān sī 笔墨:笔和墨,借指文字。官司:诉讼,这里指争辩。指书面上的争辩▷为这些琐事大打笔墨官司,实在不值得。|他们俩是死对头,笔墨官司打了几十年,到现在还是经常纠缠不休。

笔下生花 bǐ xià shēng huā 生花:开出花朵。语本五代·王仁裕《开元天室遗事·梦笔头生花》:“李太白少时,梦所用之笔头上生花,后天才瞻逸,名闻天下。”后用“笔下生花”比喻文人才思大进或形容文笔富丽俊逸▷文人到底是文人,写文章笔下生花,看了真叫人爱不释手。|你们这些笔下生花的文人墨客,写这种小文章还要动脑筋吗?

笔走龙蛇 bǐ zǒu lóng shé 下笔如龙、蛇飞腾的样子。语本唐·李白《草书歌行》:“恍恍如闻神鬼惊,时时只见龙蛇走。”后用“笔走龙蛇”形容书法挥洒自如▷怀素的草书真是笔走龙蛇,一气呵成。|他是著名的书法家,题写那匾额,真是笔走龙蛇,旁观者无不称好。≈龙飞凤舞◇信笔涂鸦。

必由之路 bì yóu zhī lù 由:经过。指必定要经过的道路或地方▷这座岗亭是我回家的必由之路。也比喻事物发展必须遵循的规律或必须经历的过程▷实验中的千百次失败是走向实验成功的必由之路。

毕恭毕敬 bì gōng bì jìng 毕:完全,十分。语本《诗经·小雅·小弁》:“维桑与梓,必恭敬止。”后用“毕恭毕敬”形容非常恭敬▷他毕恭毕敬地走进办公室,向老师承认错误。|乡亲们面对老人家的遗像,毕恭毕敬地三鞠躬。◇盛气凌人|不可一世。

[提示]也写作“必恭必敬”。

闭关自守 bì guān zì shǒu 封闭关口,不与外界往来。语出隋·卢思道《北齐兴亡论》:“三秦勍敌,闭关自守。”后用“闭关自守”比喻不接受外界事物的影响▷清朝覆亡,它的闭关自守的政策起到了相当大的影响。|我们如果闭关自守,不接受现代科学技术的教育,无异于自掘坟墓。

闭门思过 bì mén sī guò 过:过失,过错。语本《汉书·韩延寿传》:“是日移病不听事,因入卧传舍,闭阁思过。”后用“闭门思过”指关起门来反省自己的过错▷小王犯了错误,这几天正在家中闭门思过。|他因受贿而被免职,不但不闭门思过,反而到处活动,妄想逃脱法律制裁。◇不思悔改。

闭门造车 bì mén zào chē 原指只要按照一定规格,关起门来制造的车子也能使用。语出《祖堂集·五冠山瑞云寺和尚》:“若欲修行普贤行者,先穷真理,随缘行行,即今行与古迹相应,如似闭门造车,出门合辙耳。”后用“闭门造车”比喻做事凭主观的想象,脱离实际▷创作来源于生活实践,闭门造车是不行的。|她很注重倾听用户的意见,从不闭门造车,因此她设计的服装深受欢迎。

闭月羞花 bì yuè xiū huā 月亮见了要躲

藏起来,花朵见了感到羞愧。形容女子容貌极美▷传说西施不但容貌闭月羞花,而且心灵手巧。|她的容貌并非闭月羞花,但气质极佳,令人怦然心动。≈沉鱼落雁|倾国倾城|国色天香◇貌比无盐|丑陋不堪。

敝帚自珍 bì zhǒu zì zhēn 敝帚:破扫帚。自己家中的破扫帚也被当作宝贝。语本三国魏·曹丕《典论·论文》:"里语曰:'家有敝帚,享之千金。'此不自见之患也。"后用"敝帚自珍"比喻自己的东西即使价值不大,也非常珍惜▷我这篇处女作虽然十分稚嫩,但也敝帚自珍,保存到今天。|这本书是我用第一次稿费买的,虽然已残破不堪,但敝帚自珍,还是将它放在书橱的醒目位置上。◇弃如敝屣。

筚路蓝缕 bì lù lán lǚ 筚路:用柴枝等制成的车。蓝缕:破旧的衣服。坐着柴车,穿着破旧的衣服去开辟山林。语出《左传·宣公十二年》:"筚路蓝缕,以启山林。"后用"筚路蓝缕"形容创业的艰难▷先烈们筚路蓝缕,经过几十年的奋斗才建立了新中国。|看着这兴旺发达的工厂,他回想起创业时筚路蓝缕的情形,不禁热泪盈眶。

碧血丹心 bì xuè dān xīn 碧血:血化为碧玉,指为正义而流的血。丹心:忠心。语本《庄子·外物》:"苌弘死于蜀,藏其血三年而化为碧。"后用"碧血丹心"形容满腔热血、无限忠诚之心▷烈士们的碧血丹心永远激励着我们。|先烈们为了革命事业而抛头颅、洒热血,他们的碧血丹心、丰功伟绩将永垂青史。

弊绝风清 bì jué fēng qīng 弊:弊病。绝:灭绝。风:风气。语本宋·周敦颐《拙赋》:"天下拙,刑政彻;上安下顺,风清弊绝。"后用"弊绝风清"指社会弊病绝迹,风气清明良好▷只要领导干部严于律己,以身作则,就一定能出现弊绝风清的大好局面。|在他的铁腕整治下,虽然没有做到弊绝风清,但社会风气确实大有好转。

弊衣疏食 bì yī shū shí 弊衣:破旧的衣着。疏食:粗劣的饭食。语出《周书·柳虬传》:"虬脱略人间,不事小节,弊衣疏食,未尝改操。"后用"弊衣疏食"指生活非常俭朴清苦▷长征路上,我们的红军战士尽管是弊衣疏食,但革命的理想信念从未动摇过,而且越来越坚定。|生活在优越的环境之中,可不能忘记弊衣疏食的年代,它毕竟教会了我们怎样去面对生活,树立战胜困难的勇气。

壁垒森严 bì lěi sēn yán 壁垒:古代军营防御性的建筑物。森严:严整,严密。形容军事防御十分严密▷城里守军早已壁垒森严,敌军一时也不敢轻举妄动。也比喻彼此界限分明▷在国会中,执政党和在野党壁垒森严,剑拔弩张。≈严阵以待。

避实就虚 bì shí jiù xū 避:避开。就:接近。语本《孙子·虚实篇》:"夫兵形象水,水之形,避高而趋下,兵之形,避实而击虚。"后用"避实就虚"指军事上避开敌人的主力,攻击其薄弱部分▷面对敌军的围剿,我军采用了避实就虚的方法,避开敌军主力,集中兵力击败了敌军的后卫部队,胜利突围。也比喻回避要害或实质性的问题▷你要老实交代问题,避实就虚,回避具体问题是没有用处的。

避重就轻 bì zhòng jiù qīng 就:趋向,靠近。指避开重大的责任,拣次要的承担▷这次事故的责任是非常清楚的，你想避重就轻，那万万不行。也指回避要害或实质问题，只涉及无关紧要的事▷这个案犯交代罪行避重就轻，妄图蒙混过关。

鞭长莫及 biān cháng mò jí 莫：不。及：够得上。语本《左传·宣公十五年》："虽鞭之长，不及马腹。"后用"鞭长莫及"比喻距离够不上，力量达不到▷至于边远地区的开发，虽然一时间鞭长莫及，但是终究要提上议事日程的。|放学以后的时间怎么安排，老师鞭长莫及，只有靠学生们自觉了。≈爱莫能助|望洋兴叹|力不从心|绠短汲深◇唾手可得|手到擒来|轻而易举。

鞭辟入里 biān pì rù lǐ 鞭辟：鞭策，督促。里：衣服的里层，比喻内部。原用来形容学习踏实深入。语本宋·程颢《河南程氏遗书》卷十一："学只要鞭辟近里，著己而已。故'切问而近思'，则'仁在其中矣'。"后用"鞭辟入里"形容分析问题、说明道理深刻透彻▷这篇议论文说理鞭辟入里，语言生动形象。|他思想敏锐，分析问题鞭辟入里。≈入木三分◇浮光掠影|浅尝辄止。

变本加厉 biàn běn jiā lì 本：原先，本来。厉：厉害，猛烈。比原来更进一步发展。语本南朝梁·萧统《〈文选〉序》："盖踵其事而增华，变其本而加厉。"后用"变本加厉"指变得比原来更加厉害或严重▷这些人不仅不知收敛，反而变本加厉，严重扰乱了社会治安。|反动派在覆亡前夕，变本加厉地镇压人民群众的反抗运动。

变幻莫测 biàn huàn mò cè 莫：不能。测：揣测，推测。语本唐·韩愈《殿中少监马君墓志》："当是时也，见王于北亭，犹高山深林巨谷龙虎，变化不测，杰魁人也。"后用"变幻莫测"形容变化复杂离奇，没法揣测▷老先生的书法艺术博采众家，别出心裁，到了晚年更是变幻莫测。|这些天气候变幻莫测，您出门儿可要当心身体呀！≈变化多端|变化无常|变化无穷|瞬息万变◇一成不变|千篇一律。

变生肘腋 biàn shēng zhǒu yè 变：变故。肘腋：胳膊肘和腋窝，比喻极近的地方。语本《三国志·蜀书·法正传》："近则惧孙夫人生变于肘腋之下。"后用"变生肘腋"指变故就发生在极近的地方▷目前最要紧的是纯洁自己的队伍，防止变生肘腋。|这次起义遭到失败的主要原因，并不在于外敌的围攻，而在于变生肘腋，令人猝不及防，才惨遭失败。≈祸起萧墙◇高枕无忧。

遍地开花 biàn dì kāi huā 遍：全面，到处。到处开花。比喻全面展开，到处涌现▷学习雷锋的活动自开展以来已遍地开花，结出了丰硕的果实。|民营企业的遍地开花，已成为广大乡镇的一道亮丽的风景线。

遍体鳞伤 biàn tǐ lín shāng 遍：全，全部。浑身上下的伤痕像鱼鳞一样密。形容浑身有伤▷这伙暴徒把人质折磨得遍体鳞伤。|他挣扎着从迷宫似的丛林中爬出来时，已经遍体鳞伤，有气无力了。≈体无完肤|皮开肉绽|鼻青脸肿。

标新立异 biāo xīn lì yì 标：揭示。立：建立，树立。异：不同的，特殊的。南朝宋·刘义庆《世说新语·文学》载：僧人支道林喜爱庄子哲学，与人讨论《庄子·逍遥游》的意义，"卓然标新理

B

于二家之表,立异义于众贤之外。”后用“标新立异”指独创新意▷罗女士设计的服装,别出心裁,标新立异,领导服装新潮流。也形容提出新奇的主张,显示与众不同▷你还是老老实实,多学点基础知识,不要老想着标新立异。≈独树一帜|与众不同|别出心裁◇墨守成规|因循守旧|故步自封|抱残守缺。

彪形大汉 biāo xíng dà hàn 彪:小老虎,比喻体格健壮。形容体格结实、身材高大的男子▷这个彪形大汉打球时动作倒很灵活。|那女子身边的彪形大汉是谁?

表里如一 biǎo lǐ rú yī 表里:外表和内心。外表和里面是一致的。语出《逸周书·谥法解》“行见中外曰悫”晋·孔晁注:“言表里如一也。”后用“表里如一”形容人的思想和言行完全一致▷表里如一的人才是诚实的人、正直的人。|老黄有啥说啥,说到做到,表里如一,受到大伙儿的尊重。≈言行一致|心口如一◇表里不一|口是心非|两面三刀。

别出机杼 bié chū jī zhù 别:另外。机杼:织布机的转轴和梭子,借指织布机。原比喻诗文、书画创作构思独特新颖,不落窠臼。语本《魏书·祖莹传》:“文章须自出机杼,成一家风骨。”后用“别出机杼”比喻另辟蹊径,不走别人的老路▷这幅画别出机杼,富于创造性。|他学习刻苦,勤于思考,设计电脑程序别出机杼,受到老师的表扬。≈独具匠心|匠心独运|别出心裁|独辟蹊径◇步人后尘|亦步亦趋|循规蹈矩。

别出心裁 bié chū xīn cái 裁:剪裁,判断。指另外设想出一种与众不同的新主意,新办法▷这套邮票的设计别出心裁,博得了广大集邮爱好者的赞叹。|在元宵灯会上,小李制作的彩灯别出心裁,引起人们的注意。≈独具匠心|不落窠臼|独树一帜|独辟蹊径|别开生面|标新立异|自出机杼|匠心独运◇千篇一律|陈陈相因|千人一面|平淡无奇。

[提示]裁,不要写作“栽”。

别具一格 bié jù yī gé 格:格式,风格。另有一种独特的风格。形容别致新颖,与众不同▷我爱音乐,尤其喜爱别具一格的广东音乐。|上海的东方明珠电视塔屹立在浦江东岸,造型别具一格。≈别开生面|独树一帜|别出心裁|匠心独运|自出机杼|标新立异|不落窠臼|与众不同◇千篇一律|因循守旧|司空见惯|东施效颦|鹦鹉学舌|拾人牙慧|人云亦云|步人后尘。

别开生面 bié kāi shēng miàn 生面:新的局面。语本唐·杜甫《丹青引赠曹将军霸》诗:“凌烟功臣少颜色,将军下笔开生面。”后用“别开生面”形容开创新局面、新风格、新式样等▷这首诗立意新奇,笔调奇丽,实属别开生面的佳作。|这次讲座别开生面,让我们了解到许多现代市场营销的新情况。≈别具一格|独树一帜|别出心裁|匠心独运|自出机杼|不落窠臼|标新立异|独辟蹊径◇千篇一律|因循守旧|司空见惯|东施效颦|鹦鹉学舌|拾人牙慧|步人后尘|人云亦云。

别生枝节 bié shēng zhī jié 别生:另外产生。比喻从意想不到的地方又岔出问题来▷不知怎么搞的,事情一经过他的手就别生枝节,又添了许多麻烦。|既然大家决定到郊县去春游,那就赶快行动。若犹豫不决,准会别生枝节,春游变成秋游了。≈横生枝节|节外生枝。

别无长物 bié wú cháng wù 长物：多余的东西。没有多余的东西。语本南朝宋·刘义庆《世说新语·德行》："[王恭]对曰：'丈人不悉恭，恭作人无长物。'"后用"别无长物"形容生活简朴，家境清贫▷他为官几十年，但死时除一桌一床外，别无长物。|他辛勤工作几十年，但屡遭不幸，去世时别无长物，不名一文。≈一贫如洗|一无所有◇腰缠万贯。

[提示]长，旧读"zhàng"。

别有洞天 bié yǒu dòng tiān 洞天：道家称仙人居住的地方。人间之外，另外有仙境。语出唐·章碣《对月》诗："别有洞天三十六，水晶台殿冷层层。"后用"别有洞天"比喻风景或艺术等引人入胜，另有一种境界▷绕过草屋，穿过小径，只见柳暗花明，别有洞天。|这篇文章简洁明了而又摇曳多姿，段与段之间起承转合，别有洞天。

别有风味 bié yǒu fēng wèi 风味：风致和特色。另有一种特色和趣味▷功德林素斋虽无鸡鸭鱼肉，都是净素制作的，但吃起来别有风味。|他说的普通话并不标准，带有乡音，但听起来倒也别有风味。

别有用心 bié yǒu yòng xīn 用心：居心。另外使用心力。语出宋·朱熹《与刘子澄书》："始知文字言语之外，真别有用心处。"后用"别有用心"指另外有一种不可告人的动机或企图▷他说这话是别有用心的。|他表面上看来工作勤恳、任劳任怨，实际是为了掩盖其真实面目，别有用心。

宾客如云 bīn kè rú yún 宾：客人。如云：像聚积的云层。客人来来往往如积聚的云层。形容客人多，与人交往多▷他是个采购员，认识的人多，家里常常宾客如云。|他家资豪富又最欢喜热闹，所以家里宾客如云。≈门庭若市◇门可罗雀。

宾客盈门 bīn kè yíng mén 盈：满。客人充满门庭。语出《梁书·王暕传》："时文宪作宰，宾客盈门，见暕相谓曰：'公才公望，复在此矣。'"后用"宾客盈门"指客人很多▷老林昨天过生日，宾客盈门，热闹非凡。|家中天天宾客盈门，虽然热闹，但也太烦人了。≈门庭若市◇门可罗雀。

宾至如归 bīn zhì rú guī 客人来了就像回到自己家里一样。语出《左传·襄公三十一年》："宾至如归，无宁灾患，不畏盗寇，而亦不患燥湿。"后用"宾至如归"形容待客殷勤而周到▷这家五星级宾馆不但设施一流，而且服务到位，客人们都有宾至如归的感觉。|我虽然第一次来到这儿，却觉得宾至如归，毫不拘束。≈无微不至|如坐春风◇视若畏途。

彬彬有礼 bīn bīn yǒu lǐ 彬彬：文质兼备的样子。形容文雅而有礼貌▷门开了，进来一位彬彬有礼的先生。|小陈彬彬有礼地请老师先入座。≈文质彬彬|温文尔雅。

[提示]彬，不读"shān"。

冰清玉洁 bīng qīng yù jié 像冰那样清澈，像玉那样洁白。语出汉·司马迁《与挚伯陵书》："伏唯伯陵，材能绝人，高上其志，以善厥身，冰清玉洁，不以细行，荷累其名。"后用"冰清玉洁"比喻人的品德高尚纯洁▷他爱上了这位冰清玉洁的姑娘。≈白璧无瑕|高风亮节◇蝇营狗苟|污秽不堪。

冰天雪地 bīng tiān xuě dì 冰雪铺天盖

B

地。形容非常寒冷▷他在冰天雪地的北国林海中生活了十多年。|这里纬度很高,长年冰天雪地,气候恶劣。≈天寒地冻|滴水成冰◇骄阳似火|铄石流金。

B

冰消瓦解 bīng xiāo wǎ jiě 冰消:像冰融化一样。瓦解:像瓦片破碎一样。语出晋·成公绥《云赋》:"于是玄风仰散,归云四旋,冰消瓦解,奕奕翩翩。"后用"冰消瓦解"比喻完全消失▷看了来信,我心中的不快便冰消瓦解了。也比喻彻底崩溃▷在我军的猛烈进攻下,敌军的整个战线很快冰消瓦解,只得仓皇逃跑。

冰雪聪明 bīng xuě cōng míng 语本唐·杜甫《送樊二十三侍御赴汉中判官》诗:"冰雪净聪明,雷霆走精锐。"后用"冰雪聪明"形容绝顶聪明▷小芳同学真的是冰雪聪明,在她面前是没有难题的。|啊呀,真是了不起!他得了国际奥林匹克数学竞赛大奖,人们都说世上有冰雪聪明的人,我可总算找到了。◇笨头笨脑|呆头呆脑。

兵不血刃 bīng bù xuè rèn 兵:兵器。兵器没有沾上血。语出《荀子·议兵》:"近者亲其善,远方慕其德,兵不血刃,远迩来服。"后用"兵不血刃"形容未经流血战斗就获胜▷我军展开了强大的政治攻势,兵不血刃地占领了这座大城市。|兵不血刃而能克敌制胜,也就是孙子所说:"不战而屈人之兵,上之上也。"≈不战而胜◇血流成河|血流漂杵。

兵不厌诈 bīng bù yàn zhà 厌:满足。诈:欺诈,欺骗。语本《韩非子·难一》:"战阵之间,不厌诈伪。"后用"兵不厌诈"指作战中允许多方使用欺诈的战术▷对方主力并未受到重创,却突然退却,兵不厌诈,不可不防。|比赛之前,各队教练真真假假,故弄玄虚,也许这就是"兵不厌诈"吧。

兵多将广 bīng duō jiàng guǎng 士兵和将领都很多。形容兵力强大▷汉末,曹操雄踞北方,兵多将广,不可一世。|我军是正义之师,兵多将广,气吞山河。≈兵强马壮◇兵微将寡。

兵贵神速 bīng guì shén sù 神速:神奇般地迅速。语本《孙子·九地》:"兵之情主速。"后用"兵贵神速"指用兵的可贵之处就在于神奇般迅速▷兵贵神速,说来容易,但真正做到却很难。|这项工作必须马上进行,兵贵神速嘛。

兵荒马乱 bīng huāng mǎ luàn 形容战争时期社会极其动荡、混乱▷那年头兵荒马乱的,谁还顾得上念书呢?|姐弟俩在兵荒马乱中失散了,一别就是半个多世纪!≈兵连祸结|烽烟四起◇国泰民安|河清海晏|太平盛世。

兵精粮足 bīng jīng liáng zú 兵马精良,粮食储备充足▷现在我军兵精粮足,士气旺盛;一旦进攻,敌人必定望风而逃。也比喻准备工作很充分▷我公司已向银行贷款一个亿,现在兵精粮足,我们要在市场上大干一场。

兵连祸结 bīng lián huò jié 兵:战争。祸:灾祸。战争连续不断,灾祸接连而来。语出《汉书·匈奴传》:"兵连祸接三十余年,中国罢耗,匈奴亦创艾。"后用"兵连祸结"形容长期战争带来灾祸▷明末清初的中国,兵连祸结,百姓流离失所。|近二十年来,这个国家内战不断,兵连祸结,使得周边国家的局势也日趋紧张。

兵临城下 bīng lín chéng xià 临:到达。军队已到达城下。指大军压境,城池被

围,形势十分危急▷大军兵临城下,城中乱作一团。|虽然敌军已兵临城下,但满城的军民同仇敌忾,誓与城池共存亡。

兵强马壮 bīng qiáng mǎ zhuàng 士兵勇猛,战马雄壮。语出《新五代史·安重荣传》:“天子宁有种邪?兵强马壮者为之耳!”后用“兵强马壮”形容军队实力雄厚,富有战斗力▷秦国军队兵强马壮,风卷残云般扫平六国,完成了统一大业。也比喻团体很强大▷这几支欧美足球队兵强马壮,很有实力。≈兵多将广◇兵微将寡。

兵戎相见 bīng róng xiāng jiàn 兵戎:兵器的总称,引申指武力、战争。以武力相见。指用战争来解决问题▷这两个国家为边境问题争吵不休,最后还是兵戎相见了。|和平是世界大趋势,那种动不动就兵戎相见的情形已一去不复返了。

秉笔直书 bǐng bǐ zhí shū 秉:握。书:写。形容对史实、情况照实记录,不作隐讳▷中国古代史官有秉笔直书的优良传统。|日本国内的某些人对“二战”期间日军在华的暴行不敢秉笔直书,甚至别有用心地歪曲历史。◇信口雌黄|讳莫如深。

屏气凝神 bǐng qì níng shén 屏:抑制,忍住。凝:聚集。忍住呼吸,聚精会神。形容注意力高度集中▷霎时,全场几万观众都屏气凝神,等待着运动员冲击世界纪录。|就要揭开其中的千古之谜了!他屏气凝神,小心翼翼地打开了盒盖。

并驾齐驱 bìng jià qí qū 驾:拉车,驾车。驱:快跑。并排套着的几匹马一齐拉车快跑。语出南朝梁·刘勰《文心雕龙·附会》:“并驾齐驱,而一毂(gǔ)统辐。”后用“并驾齐驱”形容不分先后,不相上下▷他俩是乒乓国手,成绩一向并驾齐驱。|她俩是双胞胎姐妹,不但相貌接近,而且学习成绩也并驾齐驱。≈不相上下|势均力敌|难分伯仲|旗鼓相当|不分轩轾|铢两悉称|平分秋色◇判若云泥|一马当先|高下悬殊|大相径庭。

并行不悖 bìng xíng bù bèi 悖:违背,相冲突。语本《礼记·中庸》:“万物并育而不相害,道并行而不相悖。”后用“并行不悖”指同时一并进行,不相冲突▷儒家和佛家虽有许多差异,但也有并行不悖之处。|发扬社会主义民主与健全社会主义法制,两者是并行不悖的。◇背道而驰。

[提示]悖,不读“bó”。

病从口入 bìng cóng kǒu rù 语出晋·傅玄《口铭》:“病从口入,祸从口出。”指疾病多由饮食不当引起▷你们饭前一定要洗手,病从口入嘛。|冬春是肝炎易发季节,大家要少吃海鲜、火锅等食物,防止病从口入。

病入膏肓 bìng rù gāo huāng 膏:心尖上的脂肪。肓:心脏与膈膜之间。古人认为膏肓之间是药力不能达到的部位。春秋时,晋景公病重,医生诊断后说,此病“在肓之上,膏之下”,已经不能治了。(见《左传·成公十年》)后用“病入膏肓”形容病情非常严重,无法治疗▷我已病入膏肓,不必浪费人力、物力救治了。也比喻事态十分严重,难以挽救▷经过鸦片战争和太平天国革命,腐败的清政府无力回天,整个政权已经病入膏肓。≈无可救药|积重难返◇药到病除|妙手回春|脱胎换骨。

拨乱反正 bō luàn fǎn zhèng 拨:治理。反:回复。治理混乱,回复正常。语本

《公羊传·哀乐十四年》："拨乱世，反诸正。"后用"拨乱反正"指治理整顿混乱的局面，使秩序恢复正常▷战乱结束，新一届政府拨乱反正，迎来了国家繁荣的局面。|经过长期的奸佞当道，各行各业都要拨乱反正，才能繁荣发展。≈正本清源|弃旧图新◇积重难返。

［提示］拨，不要写作"拔"。

拨云见日 bō yún jiàn rì 拨开云雾，见到太阳。语本《三国志·魏书·袁绍传》："赵太仆以周召之德，衔命来征，宣扬朝恩，示以和睦，旷若开云见日，何喜如之？"后用"拨云见日"比喻冲破黑暗，见到光明▷杨乃武幸亏有姐姐拼死进京告状，才有拨云见日、冤案得以平反的一天。也比喻受到启发，思想上豁然开朗▷听了他的精彩发言，我们思路大开，顿时有拨云见日的感觉。

波谲云诡 bō jué yún guǐ 谲、诡：怪异。像云彩、波浪一样千态万状。语本汉·扬雄《甘泉赋》："于是大厦云诡波谲，摧嗺而成观。"后用"波谲云诡"比喻事态或文章如波浪或云彩一样变化多姿▷国际形势波谲云诡，我们必须保持清醒的头脑，加快发展自己，提高综合国力。|张大爷对往事的回忆，无不显示出人生道路的坎坷，特别是其间的悲欢离合，波谲云诡，令我们这些年轻人为之动容。≈瞬息万变|变幻莫测◇一成不变。

波澜壮阔 bō lán zhuàng kuò 澜：大波浪。语本南朝宋·鲍照《登大雷岸与妹书》："旅客贫辛，波路壮阔。"后用"波澜壮阔"形容波涛浩渺宽阔▷一轮红日从波澜壮阔的海面上冉冉升起。也比喻声势浩大，规模宏伟▷孙中山领导的辛亥革命波澜壮阔，一举推翻了清王朝。≈汹涌澎湃|气势磅礴|万马奔腾|浩浩荡荡|轰轰烈烈|气壮山河◇偃旗息鼓|悄无声息。

波涛汹涌 bō tāo xiōng yǒng 汹涌：水向上翻腾的样子。语出宋·朱熹《朱子语类》卷十五："譬之水焉，本自莹净宁息，盖因波涛汹涌，水遂为其所激而动也。"后用"波涛汹涌"形容水的波涛很大，奔腾起伏▷波涛汹涌的洪水很快就淹没了公路和房屋，给人们带来了巨大的损失。也比喻声势浩大▷官府的暴政，激起了人民的反抗，各路起义大军很快汇集成波涛汹涌的反抗怒潮，动摇了封建王朝的统治。

剥茧抽丝 bō jiǎn chōu sī 茧：昆虫的幼虫在变成蛹之前吐丝做成的壳。剥开茧子将丝抽出来。比喻根据顺序寻找事物的发生、发展过程▷这篇调查报告分析了事情的来龙去脉，剥茧抽丝，相当透彻。|分析问题，找准问题的症结，一定要像剥茧抽丝那样，否则，问题永远解决不了。≈顺藤摸瓜。

伯仲之间 bó zhòng zhī jiān 伯仲：兄弟排行中的老大和老二。语出三国魏·曹丕《典论·论文》："文人相轻，自古而然。傅毅之于班固，伯仲之间耳。"后用"伯仲之间"比喻差不多，不相上下▷他俩的棋艺在伯仲之间，互有输赢。|两位军事家指挥艺术在伯仲之间，这一仗是棋逢敌手。≈棋逢敌手|不分轩轾|不相上下|旗鼓相当◇棋高一着|判若云泥|天悬地殊。

［提示］仲，不读"zhōng"。

勃然变色 bó rán biàn sè 勃然：突然。突然之间脸色大变。语本《孟子·万章下》："王勃然变乎色。"后用"勃然变色"

指因紧张、惊慌或发怒等突然变了脸色▷王老师一听小明又逃学了，勃然变色，转身就去家访了。|听到这无耻谰言，老张勃然变色，抓起茶杯狠狠地摔在了地上。◇镇定自若|面不改色。

勃然大怒 bó rán dà nù 发怒时，脸色骤变。语本《史记·鲁仲连邹阳列传》："齐威王勃然发怒。"后用"勃然大怒"形容人非常生气▷看到有人消极怠工，经理勃然大怒！|听到这种无耻谣言，怎不令人勃然大怒。≈怒发冲冠|怒气冲天◇乐不可支|喜不自胜。

博大精深 bó dà jīng shēn 博：广大。精：精细。语出明·姜世昌《〈逸周书〉序》："迄今读之，若揭日月而行千载，其博大精深之旨，非晚世学者所及。"后用"博大精深"指学识广博，理论高深▷鲁迅先生的著作博大精深，值得人们深入研究。|孔子的思想博大精深，两千年来吸引了不少聪明才智之士去研究它、阐发它。

博古通今 bó gǔ tōng jīn 通晓古今的知识、事情。语本《孔子家语·观周》："吾闻老聃博古知今，通礼乐之原，明道德之归，则吾师也。"后用"博古通今"形容知识非常渊博▷任老师博古通今，大家都爱听他的语文课。|他是一位博古通今的知名学者。≈博学多才|学贯古今|学贯中西|见多识广|博闻强记|满腹经纶|学富五车|才高八斗◇不学无术|胸无点墨|一窍不通|孤陋寡闻|才疏学浅。

博士买驴 bó shì mǎi lǘ 博士：古代学官名。语出北齐·颜之推《颜氏家训·勉学》："问一言辄酬数百，责其指归，或无要会。邺下谚云：'博士买驴，书券三纸，未有驴字。'"书券，写契约。后用"博士买驴"比喻人写作、说话言辞烦琐，废话连篇，不得要领▷他写的那篇文章，我看了半天也没有看出一个究竟来，就像博士买驴一样，不知所云。|写文章要讲究文法，千万不能东拉西扯胡乱地写一通，博士买驴式的文章害人害己啊。≈言不及义◇言简意赅。

博闻强记 bó wén qiáng jì 闻：见闻。语本《荀子·解蔽》："博闻强志，不合王制，君子贱之。"后用"博闻强记"形容学问广博，记忆力强▷张老师写过十多本著作，是位博闻强记的学者。|老先生八十多岁了，依然博闻强记，谈笑风生。≈见多识广|满腹经纶◇孤陋寡闻|一知半解|一孔之见|才疏学浅。

博学多才 bó xué duō cái 才：才能。语出《晋书·郤诜传》："诜博学多才，瑰伟倜傥，不拘细行，州郡礼命并不应。"后用"博学多才"指学识广博，有多方面的才能▷这位博学多才的学者还不到三十岁，真是年轻有为。|早就听说他博学多才，今日一见，果然名不虚传。◇才疏学浅|不学无术。

擘肌分理 bò jī fēn lǐ 擘：剖，分开。理：肌肤的纹理。语出汉·张衡《西京赋》："剖析毫厘，擘肌分理。"后用"擘肌分理"比喻分析事理十分细密▷我们只有擘肌分理，才能认识事物的本质，不被表面现象所迷惑。|有时事态发展变得十分复杂，我们一定要冷静分析，擘肌分理，及时采取措施，使事态向有利方向发展。◇囫囵吞枣。

［提示］擘，不读"pī"。

捕风捉影 bǔ fēng zhuō yǐng 捕捉风和影子。比喻说话做事以似是而非的迹

B

象为根据▷你别相信那些捕风捉影的谣传。|他老是喜欢捕风捉影,收集小道新闻,然后到处乱讲。≈无中生有|无稽之谈|镜花水月◇有案可稽|实事求是|铁证如山|信而有征。

不白之冤 bù bái zhī yuān 白:弄明白。形容无处申诉、没有得到昭雪的冤屈▷父亲蒙受的不白之冤终于得到了昭雪。|多年的不白之冤,并未击垮坚强的老人。≈覆盆之冤。

不卑不亢 bù bēi bù kàng 亢:高傲。既不自卑也不傲慢。形容言谈举止很得体▷总经理在与外商进行商务谈判时,不卑不亢,应付裕如。|爸爸教导儿子,待人接物应该不卑不亢,以诚待人。≈有理有节|宠辱不惊◇唯唯诺诺|俯首帖耳。

[提示]卑,不要写作"悲"。

不辨菽麦 bù biàn shū mài 辨:辨别,分清。菽:豆类的总称。分辨不清豆子和麦子。语本《左传·成公十八年》:"周子有兄而无慧,不能辨菽麦。"后用"不辨菽麦"形容愚昧无知▷这是个智障患者,二十多岁了仍不辨菽麦。也比喻脱离实践,缺乏实际知识▷几年的实践锻炼,使这个原来不辨菽麦的稚嫩青年成了单位里的业务骨干。

不测之祸 bù cè zhī huò 测:预测,估计。无法预测的灾祸。语出《资治通鉴·秦始皇帝九年》:"妾赖天而有男,则是君之子为王也。楚国尽可得,孰与身临不测之祸哉!"后多用"不测之祸"指死亡之事▷我弟弟从小到大,几次险遭不测之祸,但最后都转危为安了。|在特务横行的黑暗年代里,人们讲话稍有不慎,马上就会有不测之祸降临。≈飞来横祸|无妄之灾◇喜出望外|喜从天降。

不成体统 bù chéng tǐ tǒng 体统:体制、仪式、规矩等。指言语、行动等不合规矩,不成样子▷眼看儿子闹得实在不成体统,他的父亲才装模作样地呵斥了几句。|一些议员因为政见不合,在电视镜头前也大打出手,实在不成体统。≈不伦不类◇一本正经|道貌岸然。

不耻下问 bù chǐ xià wèn 不耻:不以为羞耻。不认为向学问比自己差或地位比自己低的人请教是可耻的。语出《论语·公冶长》:"敏而好学,不耻下问,是以谓之文也。"后用"不耻下问"形容虚心向别人请教、学习▷在学习上,你们不要不懂装懂,要不耻下问。这样才能不断进步。|我们要有不耻下问的好学精神。≈勤学好问◇不屑一顾。

不出所料 bù chū suǒ liào 料:预料。没有超出所料想的。指完全在预料之中▷人们都猜想他会在这次大赛中破纪录,果然不出所料,他将世界纪录提高了一秒钟。|一向准时上班的老张,今天竟然迟到了!人们便猜想准是发生了大事。果然不出所料,老张出了车祸。

不揣冒昧 bù chuǎi mào mèi 揣:估计,忖度。冒昧:言行轻率。指没有考虑自己言行的轻率(多用作向人有所请求或陈述时的谦辞)▷久仰先生学识渊博,所以我今天不揣冒昧,专程登门求教。|这种说法不完全正确,我不揣冒昧,谈一点个人的想法。

不辞而别 bù cí ér bié 辞:告辞。别:离别,离去。指没有告辞就离开了▷小保姆由于加工资的要求得不到满足,竟然不辞而别。|你有什么意见可以提嘛,怎么能不辞而别呢?

不辞辛劳 bù cí xīn láo 不辞:不加推

辞。辛劳：辛苦劳累。虽然辛苦劳累，也不愿推辞。多形容工作或做事情勤快▷我之所以敬重他，是因为他对工作有责任心，为大家做事不辞辛劳。|你们千里迢迢，不辞辛劳，来到我们山区帮助建希望小学，我真不知道说什么好。◇拈轻怕重|好逸恶劳。

不打自招 bù dǎ zì zhāo 还没有用刑，自己就招供了。比喻无意中透露了自己的情况或意图▷嗬！原来是你搞的鬼呀，真是不打自招。|小李不打自招，在言语中透露了跳槽的意图。

不得而知 bù dé ér zhī 得：能够。知：知晓。语出唐·韩愈《争臣论》："故虽谏且议，使人不得而知焉。"后用"不得而知"指没有办法知道或无从知晓▷这道题目的另一种解法我思考了半天，依然不得而知。|这件事情的内幕神秘莫测，许多细节至今仍然不得而知。

不得人心 bù dé rén xīn 语出《旧唐书·哥舒翰传》："先是，翰数奏禄山虽窃河朔，而不得人心，请持重以弊之。"后用"不得人心"指得不到人民的支持和拥护▷他们倒行逆施，践踏法律，是非常不得人心的。|你们竟然制定如此不得人心的政策，最后必将遭到失败。≈众叛亲离◇人心所向|众望所归。

不得要领 bù dé yào lǐng 得：得到，获取。要领：腰和脖颈，比喻要点、关键。指没能抓住事物的要点和关键▷听了半天，我仍不得要领，请您再扼要地讲一遍。|这种病的症状很奇怪，请了好几位医生来看，都不得要领。◇洞若观火。

不动声色 bù dòng shēng sè 声：说话的声音。色：脸色。不让感情、想法从语气、脸色上流露出来。形容态度十分镇静▷对立的双方在激烈争辩，他却不动声色地听着。|无论别人如何焦急、激动，他总是不动声色，有条不紊地做着自己的事。≈无动于衷|若无其事|安之若素|置若罔闻◇形之于色|歇斯底里|气急败坏|勃然变色。

不二法门 bù èr fǎ mén 不二：没有第二种，指唯一。法门：佛教指修行入道的门径。唯一的门径。语出《维摩诘经·入不二法门品》："如我意者，于一切法无言无说，无示无识，离诸问答，是为入不二法门。"后用"不二法门"比喻独一无二、最好的方法或途径▷一百多年来，中国的知识阶层都把教育和科学作为救中国的不二法门。|天才加勤奋是成功的不二法门。

不乏其人 bù fá qí rén 乏：缺乏，缺少。其人：这个人，这种人。语本宋·曾协《上张同知书》："某不敢先，且意阁下之不乏斯人也。"后用"不乏其人"指不缺少那种人▷年轻人中，庸庸碌碌、不思进取者不少，但刻苦学习、努力钻研的也不乏其人。|虽说现在的社会风气比不上从前，但学雷锋、做好事者依然不乏其人。◇凤毛麟角|屈指可数。

不分彼此 bù fēn bǐ cǐ 彼：那，对方。此：这，己方。不分你我。语出宋·陈亮《谢安比王导论》："故[谢安]一切以大体弥缝之，号令无所变更，而任用不分彼此。"后用"不分彼此"指同等对待▷一个高明的教师，对于成绩好或差的学生，他的教学态度应该是不分彼此，一视同仁的。也形容关系密切▷我俩自小是同学，几十年来不分彼此，情同手足。

不分轩轾 bù fēn xuān zhì 轩：前高后低的一种车子。轾：前低后高的一种

B

车子。指不分高低。语本《诗经·小雅·六月》："我车既安，如轾如轩。"后用"不分轩轾"指分不出高下、优劣▷杜甫和李白在我国诗歌史上的地位是双峰并峙，不分轩轾的。|这两篇作文，一篇说理透彻，一篇气势雄辩，不分轩轾，都可评为一等奖。

不分皂白 bù fēn zào bái 皂：黑色。不分辨黑、白的颜色。语本《诗经·大雅·桑柔》"匪言不能，胡斯畏忌"汉·郑玄笺："胡之言何也。贤者见此事之是是非非，不能分别皂白，言之于王也。"后用"不分皂白"比喻不问事情的是非曲直▷处理纠纷不能不分皂白，各打五十大板就了事了。|对于这种说法，应该加以科学的考察，不能不分皂白地一律加以禁止。≈是非不分◇黑白分明。

不甘寂寞 bù gān jì mò 甘：甘心，甘愿。寂寞：冷落，孤独。指不甘心处于受冷落的状态，而要参与或有所表现▷尽管屡受挫折，他仍不甘寂寞，要参与竞争。|他早已退出政坛多年，蛰居乡间，然而一旦政局有变，便不甘寂寞，又想东山再起。

不甘示弱 bù gān shì ruò 示：显示，表示。弱：懦弱，差。指不甘心表示自己不如别人▷五班的同学夺得数学考试的第一名，三班同学也不甘示弱，夺得了英语竞赛的冠军。|争论中，他腾地站了起来，对方也不甘示弱，握紧了拳头，气氛一下子紧张了起来。≈争强好胜◇甘居人后。

不尴不尬 bù gān bù gà 不：语助词，无意义。指尴尬。语本宋·吴泳《赋半斋送张清卿分教嘉定》诗："道如大路皆可遵，不间不界难为人。"不间不界，即"不尴不尬"。后用"不尴不尬"形容事情不好办，处境困难▷这段木料做立柱太短，做横档又太浪费，真有点不尴不尬。也形容行为不正，不像样子▷你们没有结婚登记就同居了，不尴不尬的像什么样子？也形容脸色或态度不自然▷小王正说着老张的坏话，不巧，老张推门进来，小王的脸色一下子变得不尴不尬，僵在了那里。≈左右为难|进退维谷。

不敢问津 bù gǎn wèn jīn 问津：打听渡口在哪里，指问路。指对某事不敢过问或打听▷现在的时装价格实在太贵了，工薪阶层往往不敢问津。|尽管河豚的味道鲜美，但处理不善，吃了会中毒；所以，尽管本人嘴巴很馋，还是不敢问津。

不攻自破 bù gōng zì pò 不用攻击就自行破灭。语本唐·顾德章《上中书门下及礼院详议东都太庙修废状》："是有都立庙之言，不攻而自破矣。"后用"不攻自破"比喻防守力量薄弱，不堪一击▷我们只要把住山谷的出口，再在谷中放上一把大火，进入山谷中的敌军就会不攻自破了。也形容言论、观点等漏洞太多，不堪一驳▷在事实面前，一切谣言都将不攻自破。◇牢不可破。

不共戴天 bù gòng dài tiān 戴：顶着。不与仇敌在同一个天底下生活。语本《礼记·曲礼上》："父之仇，弗与共戴天。"后用"不共戴天"指双方仇恨极深▷他们两个直到今天还是谁也不理谁，好像有什么不共戴天的仇恨似的。≈你死我活|势不两立|水火不容◇相安无事|和平共处。

不苟言笑 bù gǒu yán xiào 苟：随便。言：说话。不随便说笑。语本《礼记·曲礼上》："不登高，不临深，不苟訾，不苟笑。"后用"不苟言笑"形容态度庄重严肃▷我们的班主任为人严肃，平时不苟言笑，但上起课来倒是滔滔不绝的。｜她长相秀美，端庄贞静，年龄虽小，却不苟言笑。◇谈笑风生。

不过尔尔 bù guò ěr ěr 尔尔：即"尔耳"，如此罢了。语本《宋史·沈辽传》："既至池，得九华、秋浦间，玩其林泉，喜曰：'使我自择，不过尔耳！'"后用"不过尔尔"指不过如此罢了▷功名富贵是多少人一辈子孜孜以求的事，但一旦到手，亦不过尔尔。｜某教授名气很大，但听了他的讲演，也不过尔尔。

不寒而栗 bù hán ér lì 栗：发抖。不寒冷而发抖。语出《史记·酷吏列传》："是日皆报杀四百余人，其后郡中不寒而栗。"后用"不寒而栗"形容极端恐惧、害怕▷夜间，荒山中狼的嚎叫声此起彼伏，令人不寒而栗。｜大火过后，那种惨绝人寰的情景，令目击者不寒而栗。≈毛骨悚然◇若无其事。

不合时宜 bù hé shí yí 合：符合，适应。时宜：当时的形势需要或社会风气。语出《汉书·哀帝纪》："皆违经背古，不合时宜。"后用"不合时宜"指不符合时事需要或与世情不相合▷您这种不合时宜的话还是不说为好。｜那些不合时宜的书籍，在历史的长河中，慢慢地被人遗忘了。◇风靡一时。

不欢而散 bù huān ér sàn 欢：高兴，愉快。散：分开，分手。指不愉快地分开了▷他俩的友谊就在这次不欢而散的见面后，彻底结束了。｜由于双方的分歧实在太大，几次会谈总是不欢而散。

［提示］散，不读"sǎn"。

不慌不忙 bù huāng bù máng 形容言语、举动从容不迫▷不管别人多么着急，他却不慌不忙，慢慢道来。｜小红胸有成竹，不慌不忙地做完了考题。≈从容不迫｜应付裕如｜泰然自若◇惊惶失措｜心慌意乱｜手忙脚乱。

不即不离 bù jí bù lí 即：接近。离：离开，疏远。原为佛学用语，指既不同一，又不相异。语出《大方广圆觉修多罗了义经》上："不即不离，无缚无脱，始知众生本来。"后用"不即不离"指与别人的关系或对人的态度既不亲近，也不疏远▷对这两户人家，几十年来老陈一直保持着不即不离的态度。｜由于此人太会钻营，所以办公室的同事都对他不即不离。

［提示］即，不要写作"既"。

不计其数 bù jì qí shù 没有法子计算数目。形容很多▷张老师从事教育工作近四十年，她的学生不计其数。｜这些年来，本地建筑业空前地发展，新造的楼房不计其数。≈不可胜数｜恒河沙数｜不胜枚举｜数不胜数｜比比皆是｜车载斗量｜多如牛毛◇屈指可数｜寥寥无几｜寥若晨星｜聊胜于无。

［提示］计，不要写作"记"或"纪"。

不见经传 bù jiàn jīng zhuàn 经：经典。传：解释经典的书。语本宋·罗大经《鹤林玉露》卷六："俗语云：'但留方寸地，留与子孙耕。'指心而言也。三字虽不见于经传，却亦甚雅。"后用"不见经传"比喻没有名气、来历或依据▷谁也没料到，这位不见经传的姑娘竟然一举夺冠。｜这说法不见经传，很新奇。≈闻所未闻◇彪炳史册｜有案可稽。

［提示］传，不读"chuán"。

不见天日 bù jiàn tiān rì 看不见蓝天和太阳。语本《淮南子·墬(dì)形》："烛龙在雁门北，蔽于委羽之山，不见日。"后

B

用“不见天日”指极度黑暗▷为了躲避仇人的追杀，他在这不见天日的地洞中藏匿了整整三年。也比喻社会黑暗，看不到一点儿光明▷在封建宗法制度的压制下，妇女们过着不见天日的生活。也形容行为见不得人▷原以为你下海经商去了，却原来干上了走私这种不见天日的勾当。◇光明正大。

不骄不躁 bù jiāo bù zào 不骄傲，不急躁。指谦虚谨慎▷在成绩面前，我们要不骄不躁，继续努力。|小芹考了全年级第一名，依然不骄不躁，认真学习。≈戒骄戒躁|虚怀若谷◇趾高气昂。

［提示］躁，不要写作“燥”。

不解之缘 bù jiě zhī yuán 缘：缘分，旧时认为人与人之间的结合是由缘分决定。指不能分解开的缘分。语本《古诗十九首》：“文彩双鸳鸯，裁为合欢被；著以长相思，缘以结不解。”原指男女间很有缘分，感情深厚。后用“不解之缘”形容关系密切，不可分开▷他从五岁起，就和钢琴结下了不解之缘。|做学问的人往往都与书有不解之缘。

不近人情 bù jìn rén qíng 近：接近，合乎。人情：人之常情。语出《庄子·逍遥游》：“大有径庭，不近人情焉。”后用“不近人情”指性格、言行等不合乎人的常情▷仅仅因为朋友迟到了一会儿，就与人绝交，这样做太不近人情了。|俗话说：“虎毒不食子。”他竟然逼自己女儿去殉葬，真是太不近人情了。◇通情达理。

不经之谈 bù jīng zhī tán 不经：不合道理。谈：说的话。语出晋·羊祜《诫子书》：“无传不经之谈，无听毁誉之语。”后用“不经之谈”指荒唐而无根据的话▷这家伙疯疯癫癫的，说的尽是些不经之谈，也没人搭理他。|对这些不经之谈，他姑妄言之，你不妨姑妄听之，不必深究。◇言之凿凿|不刊之论。

不胫而走 bù jìng ér zǒu 胫：小腿。走：快跑。没有腿也能奔跑。语本北齐·刘昼《刘子·荐贤》：“玉无翼而飞，珠无胫而走。”后用“不胫而走”比喻事物未经推广或声张，就很快流传开去▷一部好作品，常常会不胫而走地为广大人民所传诵。|试验获得成功的消息不胫而走，第二天一早，上门来商谈合作生产的人络绎不绝。≈不翼而飞。

不拘小节 bù jū xiǎo jié 拘：拘泥。小节：无关大体的琐碎行为。不为小事情所限制。语出《后汉书·虞延传》：“性敦朴，不拘小节。”后用“不拘小节”指不注意生活小事▷他在生活上是个不拘小节的人，但工作十分认真。|他衣冠楚楚的外表，与他不拘小节的行为形成了鲜明的对比。◇谨小慎微。

不拘一格 bù jū yī gé 格：标准。不局限于一种规格、标准▷我们要解放思想，不拘一格地使用和提拔人才。|他的书法不拘一格，变化无穷。◇墨守成规|抱残守缺|率由旧章|陈陈相因。

不觉技痒 bù jué jì yǎng 技痒：身怀一技之长而不能表现出来，好像发痒一样难以忍受。形容人擅长某种技艺，一遇机会，便不由自主地想表现出来▷这位老石匠虽然退休了，但一看见好石料就不觉技痒。|他虽已挂靴多年，但看到精彩的足球比赛，依旧不觉技痒，跃跃欲试。

不绝如缕 bù jué rú lǚ 绝：断。缕：细线。像细丝那样，似断而不断。语本《公羊传·僖公四年》：“夷狄也，而亟病中国；南夷与北狄交，中国不绝若线。”

后用“不绝如缕”比喻延续下来的很少、很微弱▷这个家族每代人的数量都很少，但始终不绝如缕。｜牧童转过了山脚，笛声依然不绝如缕。◇戛然而止。

［提示］缕，不读“lǒu”。

不刊之论 bù kān zhī lùn 刊：修改，古代把字写在竹简上，有错误就削去重写称“刊”。语出宋·郭若虚《图画见闻志·论曹吴体法》：“证近代之师承，合当时之体范，况唐室以上，未立曹（仲达）吴（道子），岂显（任显）释寡要之谈，乱爱宾（谢赫）不刊之论，推时验迹，无惭斯言也。”后用“不刊之论”指不可更改的言论▷古语“凡事预则立，不预则废”，确是不刊之论。｜牛顿的“力学三定律”现在依旧是经典物理学的不刊之论。◇不经之谈。

不堪回首 bù kān huí shǒu 堪：忍受。回首：回头看，指回忆。语出唐·戴叔伦《哭朱放》诗：“最是不堪回首处，九泉烟冷树苍苍。”后用“不堪回首”指不忍回顾或回忆往事▷人不能一味沉湎于不堪回首的往事中而不能自拔，应该昂首挺胸地迎接明天。｜经历了这场变故，他家破人亡、妻离子散，往事已不堪回首。

不堪入目 bù kān rù mù 堪：忍受。目：眼睛。非常粗俗，让人看不下去▷这个网站的视频乌七八糟的，简直不堪入目。｜那本不堪入目的小说，完全是胡乱编造的。◇赏心悦目。

不堪设想 bù kān shè xiǎng 不堪：不能。不能想象。形容后果将会很严重或很危险▷你再这么稀里糊涂地混下去，前途不堪设想。｜老于的病，如不及时动手术，后果将不堪设想。

不堪一击 bù kān yī jī 不堪：经不起，承受不了。指已经十分脆弱，经不起一次打击▷他表面看来身体强壮，实际上不堪一击。｜敌军虽然人数很多，但士气低落，不堪一击。◇坚不可摧。

不堪造就 bù kān zào jiù 不堪：不能承当，不能胜任。造就：培养并使有成就。指没有培养前途，不可能有所成就▷你不能当着孩子的面讲类似他不堪造就的话，这样会伤了孩子的自尊心。｜我们要相信她，她并不是那种不堪造就的人。≈不成气候◇孺子可教｜鹏程万里｜前途无量。

不可多得 bù kě duō dé 语出汉·孔融《荐祢衡表》：“帝室皇居，必畜非常之宝。若衡等辈，不可多得。”后用“不可多得”指非常稀少，很难得到▷这副对联对仗工整，言浅意深，实在是不可多得的佳作。｜他既有扎实的书本知识，又有丰富的工作经验，真是一个不可多得的人才。≈寥寥无几｜屈指可数◇比比皆是｜车载斗量。

不可告人 bù kě gào rén 告：告诉。不能告诉别人。指不光明正大的用心或计谋▷他如此鬼鬼祟祟，百般掩饰，一定有什么不可告人的目的。也指难言之隐▷对于痔疮，有些人觉得不可告人，所以羞羞答答地不愿去看医生。

不可救药 bù kě jiù yào 药：治疗。病重得无法医治。语出《诗经·大雅·板》：“多将熇（hè）熇，不可救药。”后用“不可救药”指无法挽救▷对于犯错误的人，除了那些不可救药者之外，都应该热情帮助。｜像他那样听不得别人半点意见的人，已是不可救药的了。≈病入膏肓◇妙手回春。

不可开交 bù kě kāi jiāo 开交：结束，解

决。比喻纠缠在一起，无法摆脱▷最近爸爸忙得不可开交，你别去打扰他。≈不亦乐乎。

不可理喻 bù kě lǐ yù 可：能够。喻：使明白。语出明·沈德符《万历野获编》卷十三："要之，此辈不可理喻，亦不足深诘也。"后用"不可理喻"指不能用道理使他明白▷尽管守门人说千道万，但这几个人一定要闯进去，简直不可理喻。|尽管我说得口燥舌干，他还是一副不可理喻的样子，令人毫无办法。

不可名状 bù kě míng zhuàng 名：说出。状：描绘，形容。语出晋·葛洪《神仙传·王远》："衣有文采，又非锦绮，光彩耀目，不可名状，皆世之所无也。"后用"不可名状"指难以用语言文字来形容▷看到奥运火炬熊熊点燃，他心里有一种不可名状的激动和兴奋。|看到昔日的未婚妻已嫁作他人妇，他的心沉浸在不可名状的痛苦之中。

不可胜数 bù kě shèng shǔ 胜：尽，完。数：计数。无法数尽。语出《墨子·非攻中》："百姓饥寒冻馁而死者不可胜数。"后用"不可胜数"形容数量极多▷自从党中央提倡"反腐倡廉"之后，报刊上有关廉政的文章不可胜数。|唐朝出现了许多著名的诗人，给我们留下了不可胜数的优美诗篇。◇寥寥无几|屈指可数。

［提示］数，不读"shù"。

不可思议 bù kě sī yì 思议：想象，理解。形容事物难以想象、不可理解▷宇宙之大，真是不可思议。|他有这么好的家庭条件和学习条件，却退学而外出打工，太不可思议了。◇不出所料。

不可一世 bù kě yī shì 可：赞许。一世：与之同时。不轻易称赞同时代的任何人。指认为自己十分突出、卓越。语出宋·罗大经《鹤林玉露》卷十五："荆公（王安石）少年，不可一世士，独怀刺候濂溪，三及门而三辞焉。"后用"不可一世"形容人自以为当世没有人比得上自己，极端狂妄自大▷这副对联正是他不可一世的勃勃野心的真实写照。|自从发表了几篇作品，他便不可一世，认为自己是当代最伟大的作家了。≈妄自尊大◇虚怀若谷。

不劳而获 bù láo ér huò 劳：劳作。获：收获。语本《大戴礼记·子张问入官》："所求迩，故不劳而得也。"后用"不劳而获"形容自己不劳动而无偿占有别人的劳动成果▷你这种不劳而获的思想发展下去是很危险的。|公司里少数人不劳而获，参与分红，引起了公愤。≈坐享其成|无功受禄|坐收渔利|尸位素餐◇自食其力。

不了了之 bù liǎo liǎo zhī 了：完了，了结。形容事情没有解决，姑且搁在一边不去管它，就算完事▷他们曾经争吵得脸红耳赤的事情，就这么不了了之了。|老张办事情，开始时很来劲，结果大都不了了之。≈听之任之|束之高阁|置之不理|不置可否|任其自然◇善始善终。

不伦不类 bù lún bù lèi 伦：类，同一类。不像这一类，也不像那一类。形容不规范，不成体统▷他经常杜撰一些不伦不类的花哨诗句，自以为很有文采。|小胡在作文中把太阳比作烙饼，真是不伦不类。≈非驴非马◇像模像样。

不落窠臼 bù luò kē jiù 窠臼：窠巢和石臼，比喻老框子、旧格式。指不落俗套。语本宋·吴可《学诗》诗："跳出少陵窠臼外，丈夫志气本冲天。"后用"不落窠

臼”指文章、想法、作品等和已有的形式不同，具有独创风格▷作家的作品唯有不落窠臼，才能走在时代的前列。|这些楼房的样式，新颖别致，不落窠臼，具有新时代气息。≈别具一格|独出心裁◇墨守成规|因循守旧。

不蔓不枝 bù màn bù zhī 蔓：蔓生。枝：生枝杈。既不蔓生，也不分枝杈。语出宋·周敦颐《爱莲说》：“予独爱莲之出淤泥而不染，濯清涟而不妖，中通外直，不蔓不枝。”后用“不蔓不枝”比喻文章、说话等简洁流畅、毫不芜杂▷这篇文章说理透彻，言简意赅，不蔓不枝。|老师认为他的这篇作文重复啰唆，不够简洁，所以写了“作文须不蔓不枝”的批语。≈言简意赅。

不毛之地 bù máo zhī dì 毛：指各种植物。不生长草木、庄稼的土地。语出《公羊传·宣公十二年》：“君如矜此丧人，锡之不毛之地。”锡：通“赐”。后用“不毛之地”形容土地荒凉、贫瘠▷历史上的罗布泊曾是水草丰美的地方，如今却变成一片干燥而又炎热的不毛之地。|在科学技术的指引下，小王经过艰苦努力，终于在这片不毛之地上种出了庄稼。◇鱼米之乡。

不明不白 bù míng bù bái 不清白，不能公开▷这个贪赃枉法之徒，收下了许多不明不白的钱物。|他目无法纪，竟干下了这种不明不白的事。也指糊里糊涂，不明白▷他说得没头没脑、不明不白的，听了半天，我也没弄清楚他的意思。◇明明白白。

不谋而合 bù móu ér hé 谋：商议。合：一致。语出晋·干宝《搜神记》卷二：“二人之言，不谋而合。”后用“不谋而合”形容事先没有商议而双方意见相同、行动一致▷真巧，我的打算和你不谋而合。|小吴和小白不谋而合，都在星期天的下午来到老师家里。≈不约而同|殊途同归|如出一辙|所见略同◇背道而驰|各行其是。

不能自拔 bù néng zì bá 拔：摆脱。语出《宋书·刘义恭传》：“世祖前锋至新亭，劭挟义恭出战，恒录在左右，故不能自拔。”后用“不能自拔”比喻陷入很深，自己无力解脱▷此人当上领导后，在以权谋私的泥沼里越陷越深，不能自拔。|虽然知道这很不好，但她却日益陷于嫉妒的漩涡中而不能自拔。

不能自已 bù néng zì yǐ 已：停止。不能自行停止。语出唐·卢照邻《寄裴舍人书》：“慨然而咏‘富贵他人合，贫贱亲戚离’，因泣下交颐，不能自已。”后用“不能自已”指无法控制自己的情绪▷他站在高高的领奖台上，看着国旗冉冉升起，心情激动，不能自已。|面对歹徒的暴行，他义愤填膺，不能自已，冲上前去，痛斥行凶者的罪恶行径。

［提示］已，不要写作“己”。

不偏不倚 bù piān bù yǐ 倚：偏。不偏向任何一方。语出《礼记·中庸》宋·朱熹题解：“中者，不偏不倚，无过不及之名。”后用“不偏不倚”指一点也不偏斜，正中目标▷一颗子弹飞来，不偏不倚，正好击中了他的胸膛。也指公正或中立▷对于这两种极端的看法，我抱着不偏不倚的态度，都不赞同。◇厚此薄彼。

不平则鸣 bù píng zé míng 平：公平。鸣：呼叫。语本唐·韩愈《送孟东野序》：“大凡物不得其平则鸣。”后用“不平则鸣”形容对不公平、不公正的事发出不满的呼声▷不平则鸣！你这作恶多端的家伙，难道还想一手遮天，堵住人家的嘴吗？｜她受了委屈，不平则鸣，发点牢骚也是可以理解的。≈鸣冤叫屈◇平心静气。

不期而遇 bù qī ér yù 期：约定日期。语本《穀梁传·隐公八年》："不期而会曰遇。"后用"不期而遇"指没有约定而意外相逢▷这次出差，我竟与分别了几十年的老同学不期而遇。｜我本想明天专程到府上拜访，没想到在这里不期而遇，真是再好不过了。◇失之交臂。

不情之请 bù qíng zhī qǐng 情：情理。请：请求。不合情理的请求（多用作向人提出请求时的客套话）▷我知道你很忙，事情又多，但仍向你提出六个月交稿的不情之请，务请见谅。｜天这么热，还得烦你跑一趟，实在是事属紧急，不情之请，望多鉴谅！

不求甚解 bù qiú shèn jiě 甚：很，非常。解：了解，理解。原指读书要领会精神，不求一字一句的理解。语出晋·陶渊明《五柳先生传》："好读书，不求甚解。每有会意，便欣然忘食。"后用"不求甚解"指读书不认真，不求深入地了解▷学习时不求甚解，遇到实际问题就会束手无策。｜你别看他说话时出口成章，其实他对许多成语都是不求甚解，经常用错。

不屈不挠 bù qū bù náo 挠：弯曲。语本《汉书·叙传下》："乐昌笃实，不桡不诎。"桡：通"挠"。诎：通"屈"。后用"不屈不挠"形容不畏强暴或艰难，毫不屈服▷革命先辈为了实现其社会理想而进行了不屈不挠的斗争。｜他同邪恶势力进行了不屈不挠的斗争，终于取得了胜利。≈百折不挠｜威武不屈｜宁死不屈｜百炼成钢◇卑躬屈膝｜奴颜婢膝。

［提示］挠，不读"ráo"。

不容分说 bù róng fēn shuō 分说：分辩。不容许人分辩、解释▷特务不容分说，带走了这位爱国志士。｜我说晚上还有事，但老林不容分说，把我拖到他家去吃饭。≈不由分说｜不容置喙◇畅所欲言。

不容置疑 bù róng zhì yí 置：安放。不允许有任何怀疑。语出宋·陆游《严州乌龙广济庙碑》："盖其灵响暴著，亦有不容置疑者矣。"后用"不容置疑"形容真实可信▷中国将坚定不移地走改革开放的道路，这一点是不容置疑的。｜小贩用不容置疑的口气说：这是正宗的宣德炉。≈信而有征｜千真万确｜名副其实◇荒诞不经｜捕风捉影。

不三不四 bù sān bù sì 形容不像样子或不正派▷你放学后要早点回家，别和那些不三不四的人混在一起。｜这些人精神空虚，吃饱了饭，就说些不三不四的话，做些不三不四的事。≈不伦不类｜非驴非马◇一本正经｜循规蹈矩。

不上不下 bù shàng bù xià 不上：上不去。不下：下不来。原指处于正中。语出《庄子·达生》："上而不下，则使人善怒；下而不上，则使人善忘；不上不下，中身当心，则为病。"后用"不上不下"形容进退无着落，事情不好办▷事情发展到这种地步，不上不下的，这可叫我怎么办！｜我们劝你不要跟着爬山，你非跟着，现在可好，才爬到半山腰，你就吃不消了，这不上不下的，叫人如何是好？≈进退两难｜不尴不尬｜左右为难｜骑虎难下◇左右逢源｜进退自如。

不甚了了 bù shèn liǎo liǎo 甚：很，非常。

了了：了解，明白。语出《北齐书·永安王浚传》："文宣末年多酒，浚谓亲近曰：'二兄旧来不甚了了，自登祚已后，识解顿进。'"后用"不甚了了"指不是很明白▷上课时不专心听讲，对于布置的作业要求势必不甚了了。|这本书内容精深，我从头至尾读了一遍，依然不甚了了。◇了如指掌。

不声不响 bù shēng bù xiǎng 不声：不发出声音。不响：不发出响声。不发出一点声音。也指做不愿让人们知道的事情▷这孩子真不懂礼貌，不打声招呼，就不声不响走进门，把人吓一跳。|这个老朋友也真是，自己不声不响就去旅游了，要是说一声，我会和他结伴而行的。

不胜枚举 bù shèng méi jǔ 胜：尽。枚：个。不能一个个全部举出来。语本宋·王楙《野客丛书·俗语有所自》："似此等语，不可枚举。"后用"不胜枚举"形容数量极多▷近些年来，没有上过大学而自学成才的人不胜枚举。|在他所做过的不胜枚举的好事中，这件事最是感人至深。≈不可胜数◇寥寥无几|屈指可数。

不识时务 bù shí shí wù 时务：当前的形势或重大事情。语出《后汉书·张霸传》："众人笑其不识时务。"后用"不识时务"指不认识当前的形势，不懂得眼下的处境。也指不识趣▷我不愿跟这班人同流合污，他们竟说我不识时务。|爸爸正在火头上，你还提这么些要求，真是不识时务！≈执迷不悟◇见风使舵|审时度势。

不识抬举 bù shí tái jǔ 抬举：称赞，提拔。指不接受或不重视别人的好意▷他拒不接受经销商的贿赂，竟被认为是不识抬举，真是咄咄怪事。|领导提拔你，是为了培养你，你还不干，真不识抬举！

不识之无 bù shí zhī wú 之无：之字如无字，借指简单易识的字。语本唐·白居易《与元九书》："仆始生六七月时，乳母抱弄于书屏下，有指'无'字'之'字示仆者，仆虽口未能言，心已默识。"后用"不识之无"形容人不识字，文化水平很低▷一个不识之无的人，将来怎么能担负起建设祖国的重任？|别看张大爷不识之无，但是他讲那些《三侠五义》的故事可动听了。≈目不识丁|胸无点墨◇满腹经纶|学富五车|博学多才。

不死不活 bù sǐ bù huó 说死没有死，说活又不像活。语出宋·朱熹《朱子语类》卷四八："唯是被囚不死不活，这地位如何处，直是难。"后用"不死不活"形容没有生气▷这一阵子他老是无精打采，一副不死不活的样子，也不知是什么原因？也形容处境尴尬狼狈▷我们单位连年亏损，而上面又不让破产，所以只能不死不活地存在着。

不速之客 bù sù zhī kè 速：邀请。语出《周易·需》："有不速之客三人来。"后用"不速之客"指没有邀请而突然到来的客人▷西方的习惯是来探望时先用电话预约，很少有人会做不速之客。|本来这些菜肴足够我们几个吃的，但来了五位不速之客，只好大家都尝一点，不能管饱了。

不同凡响 bù tóng fán xiǎng 凡响：平庸的音乐。比喻事物不平凡，很出色▷苏轼的诗词境界阔大、气魄雄浑，确实不同凡响。|这座不同凡响的现代派雕塑矗立在街心绿地上。≈别开生面|卓尔不群|鹤立鸡群|匠心独运◇平淡无奇|习以为常|屡见不鲜|司空见惯。

不痛不痒 bù tòng bù yǎng 不疼痛，也不发痒。比喻不触及实质，未切中要害，不解决问题▷这种不痛不痒的所谓评论，只是敷衍了事的形式主义。|他说了半天，都是些不痛不痒的话，丝毫未触及问题的本质。◇一针见血|一语中的。

不为已甚 bù wéi yǐ shèn 为：做。已甚：过分。不做太过分的事。语出《孟子·离娄下》："仲尼不为已甚者。"后用"不为已甚"指对人的批评或责备适可而止▷既然孩子已承认了错误，做父亲的也就不为已甚了。

［提示］已，不要写作"己"。

不闻不问 bù wén bù wèn 闻：听。既不听，也不过问。形容漠不关心▷我既然负责班级的卫生工作，对这种乱扔纸屑的事就不能不闻不问。|有些人标榜专心做学问，对国家大事不闻不问，还自以为是清高呢。

不无小补 bù wú xiǎo bǔ 补：补益。不是没有一点帮助。语出宋·朱熹《朱子语类》卷七十八："诸家虽或浅近，要亦不无小补，但在详择之耳。"后用"不无小补"指尽管作用不大，但多少有些助益▷虽然只有几十元钱，但对我们这些下岗人员来说，倒也不无小补。

不务正业 bù wù zhèng yè 务：从事，做。不从事正当的职业、工作。也指丢下本职工作，去做别的事情▷他这个人不务正业，整天在外东游西逛。|有些人上班时不务正业，聊天、看报、说闲话。≈游手好闲◇克尽厥职|恪尽职守。

不相上下 bù xiāng shàng xià 没有高低、好坏、优劣之分。语出唐·李肇《国史补·杨穆分优劣》："贞元中，杨氏、穆氏兄弟，人物气概，不相上下。"后用"不相上下"形容程度相当，差别不大▷与她人品、文化素养等各方面不相上下的人，一时倒是不容易找到。|坐软卧火车去那儿，与坐飞机去那儿的价钱倒也不相上下。≈不分轩轾|半斤八两◇天壤之别|天差地远。

不屑一顾 bù xiè yī gù 不屑：认为不值得。顾：回头看。不值得一看。形容十分轻视、蔑视▷他向来自命清高，对通俗文学不屑一顾。|对于那些庸俗无聊的连续剧，我是不屑一顾的。≈视若无睹|嗤之以鼻|视而不见◇刮目相看|另眼相看。

［提示］屑，不读"xiāo"。

不省人事 bù xǐng rén shì 省：知觉。不知道人间的事情。指失去知觉▷他昏迷了过去，不省人事。也指不懂得人情世故▷我好意去劝架，他却对我恶言相向，真是不省人事。

［提示］省，不读"shěng"。

不修边幅 bù xiū biān fú 修：修饰。边幅：布帛的边缘，比喻衣着、容貌。语出《后汉书·马援传》："天下雄雌未定，公孙不吐哺走迎国士，与图成败，反修饰边幅，如偶人形。"后用"不修边幅"形容不注意衣着、容貌的整洁▷他是个不修边幅的艺术家。|如果老师不修边幅地去给学生上课，那给学生的印象会非常不好。◇衣冠楚楚。

不虚此行 bù xū cǐ xíng 虚：空，白白地。行：走。没有白白地跑这一趟▷这次回老家，看到了阔别已久的表叔，也算不虚此行了。|到了昆明，只有看过了滇池的风光，才算不虚此行。◇徒劳往返。

不学无术 bù xué wú shù 术：技术，技

艺。语本《汉书·霍光传》:“然光不学亡术,暗于大理。”亡:通“无”。后用“不学无术”形容没有学问,没有本领▷不学无术的人,怎么能适应新时代的需要呢?|你可不能相信这个不学无术的草包。≈胸无点墨|一无所知◇博学多才|学富五车|学有专长|满腹经纶。

不言不语 bù yán bù yǔ 言、语:说话。不说一句话。形容闷声不响▷同学们都在热烈地议论着,唯有他一个人坐在那里,不言不语,老师觉得很奇怪。|不言不语未必是坏事,说不定他在思考问题呢。≈闭口不言|哑口无言◇滔滔不绝|侃侃而谈

不言而喻 bù yán ér yù 言:说明,解释。喻:明白,了解。语出《孟子·尽心上》:“仁义礼智根于心,其生色也,睟然见于面,盎于背,施于四体,四体不言而喻。”后用“不言而喻”指不用说明就能明白▷交通和能源在国民经济建设中的重要地位,早已不言而喻。|“哪里有压迫,哪里就有反抗”,这是不言而喻的道理。

不厌其烦 bù yàn qí fán 厌:嫌恶。不嫌烦琐、费事▷老师不厌其烦地讲解《岳阳楼记》。|营业员向顾客仔细介绍商品的使用方法,不厌其烦。≈百问不厌◇不胜其烦。

不厌其详 bù yàn qí xiáng 厌:嫌恶。详:详细。不嫌详细。语出宋·朱熹《答刘公度》:“讲学不厌其详,凡天下事物之理,方册圣贤之言,皆须子细反覆究竟。”后用“不厌其详”形容越详细越好▷李医生对每一位病人都不厌其详地询问病情,精心为他们治疗。|他对山区里那个孤苦的孩子怀有特殊的感情,每次从山里来了熟人,他总是不厌其详地向他们询问那孩子的事情。≈纤悉不遗◇语焉不详。

不药而愈 bù yào ér yù 药:用药,治疗。愈:病情痊愈。不吃药,病就会好▷你有病就要到医院看医生,毕竟是上了年纪的人,不药而愈是不可能的事。|陈大爷你不要担心,他那点小毛病会不药而愈的。

不一而足 bù yī ér zú 足:满足。不是一事一物可使之满足。语出《公羊传·文公九年》:“始有大夫,则何以不氏?许夷狄者,不一而足也。”后用“不一而足”指同类的事物或现象很多,不能一一列举▷这套公寓中,各种设施很齐全,洗衣房、储藏室等应有尽有,不一而足。≈不胜枚举◇屈指可数。

不遗余力 bù yí yú lì 遗:留下。不保留一点儿剩余的力量。语出《战国策·赵策三》:“秦之攻我也,不遗余力矣,必以倦而归也。”后用“不遗余力”指把全部力量都使出来▷他执行上级命令一贯不遗余力。|尽管环境险恶,但他仍不遗余力地保护这些珍贵文物。≈全力以赴。

不以为然 bù yǐ wéi rán 然:是,对。不认为是对的。语出宋·王明清《挥麈后录》卷四:“宣和初,徽宗有意征辽,蔡元长、郑达夫不以为然。”后用“不以为然”指不同意▷他嘴上虽连连称是,心里却不以为然。|你苦口婆心地劝说他,他却一副不以为然的样子。

不亦乐乎 bù yì lè hū 乐:快乐。不也是很快乐的吗?语出《论语·学而》:“有朋自远方来,不亦乐乎?”后用“不亦乐乎”形容达到极点▷老师又编习题又改作业,又课外辅导,忙得不亦乐乎。|节日之

夜，游客们玩得不亦乐乎。≈不可开交｜莫此为甚｜无以复加。

不翼而飞 bù yì ér fēi 不：没有。翼：翅膀。没有翅膀却能飞行。语本《管子·戒》："无翼而飞者，声也。"后用"不翼而飞"比喻传播迅速▷他的英雄事迹不翼而飞，迅速传遍了大江南北。｜谣言不翼而飞，闹得沸沸扬扬。也比喻东西忽然不见了▷我这本书刚才还放在桌上，一转身就不翼而飞了，真奇怪！≈不胫而走。

不由分说 bù yóu fēn shuō 不由：不允许。分说：辩解。不允许别人分辩▷来人不由分说，对他就是一顿拳打脚踢。｜他走进厨房，打开一瓶酒，不由分说就灌了下去。

不由自主 bù yóu zì zhǔ 主：做主。由不得自己做主。指自己控制不住自己▷警察突然出现在歹徒面前，正在作案的歹徒不由自主地吓得发抖。｜小明昨夜打游戏没有节制，今天上课时竟不由自主地打起瞌睡，受到老师严厉批评。≈情不自禁｜身不由己◇随心所欲｜我行我素。

不远万里 bù yuǎn wàn lǐ 不以万里为远。语本《孟子·梁惠王上》："叟不远千里而来，亦将有以利吾国乎？"后用"不远万里"形容为了某事而不怕辛苦地长途跋涉▷白求恩大夫不远万里，从加拿大来到中国的抗日前线。｜他不远万里，自费赴美国进修。≈千里迢迢｜千山万水◇咫尺天涯。

不约而同 bù yuē ér tóng 约：预先商定。同：相同，一致。语出《史记·平津侯主父列传》："不谋而俱起，不约而同会。"后用"不约而同"形容事先并没有商议，而看法或行动却完全一致▷面对曹操八十三万大军，周瑜和诸葛亮不约而同地想到了火攻。｜他们两位不约而同来到我家。≈不谋而合｜不期而遇｜殊途同归｜异曲同工｜异口同声◇背道而驰｜南辕北辙｜莫衷一是｜截然不同。

不在话下 bù zài huà xià 原为话本小说的套语，表示故事告一段落，转入别的情节。后用"不在话下"指事属当然，用不着说▷我儿子在家里当然由我来管教，这不在话下；在学校就麻烦老师多费心了。也指事属轻微，不值得说▷这点小事不在话下，就交给我来处理吧。

不择手段 bù zé shǒu duàn 择：选择。不选择手段。指为了达到目的，什么手段都使得出来▷他感兴趣的只是不择手段地向上爬。｜为了达到目的而不择手段，即使获得成功，也会被人瞧不起。

不折不扣 bù zhé bù kòu 折、扣：指商品按原价减除若干成数出售。一点也不打折扣，照原价出售▷这衣服的料子多好，不折不扣，一百五十元！也比喻一点儿不差，完全合乎标准▷他能说一口不折不扣的美式英语。｜秦桧是个不折不扣的卖国贼。≈原原本本｜原汁原味◇七折八扣｜短斤缺两。

不知不觉 bù zhī bù jué 没有感觉到。形容某种变化没有引起注意▷爸爸不知不觉地衰老了，做事情总感到力不从心。｜不知不觉，冬去春来，又是一派桃红柳绿的景色。≈潜移默化。

不知凡几 bù zhī fán jǐ 凡：总共。不知道一共有多少。指同一类的人或事物非常多▷那次黄河水泛滥，老百姓被淹死的、背井离乡的不知凡几，十分悲惨。｜经专家鉴定，他那幅唐伯虎的名画根本不是真迹，同样的赝品不知凡几。≈不计其数｜数不胜数◇寥寥无几｜屈指可数。

不知就里 bù zhī jiù lǐ 就里：内幕，内情。指不知道内情▷你这样不知就里就去责问人家，太不应该了。|他为了吸毒而四处借债买毒品，起初人们不知就里，还经常借钱给他。

不知所措 bù zhī suǒ cuò 措：处理，安置。不知道该怎么办才好。语出《三国志·吴书·诸葛恪传》："皇太子以丁酉践尊号，哀喜交并，不知所措。"后用"不知所措"形容对突然发生的情况无法应付▷丈夫突然去世，她抱着未成年的儿子，一时间不知所措。|面对大伙儿的批评指责，小李不知所措，脸涨得通红。≈惊慌失措|心慌意乱|手忙脚乱|手足无措◇若无其事|处之泰然|满不在乎|不动声色|稳如泰山|谈笑自若。

不知所云 bù zhī suǒ yún 云：说。不知道说了些什么。语出三国蜀·诸葛亮《前出师表》："临表涕泣，不知所云。"原为自谦之辞，表示自己说得不妥当。后用"不知所云"形容言语空洞或混乱，使人摸不着头脑▷他叽里咕噜说了半天，不知所云。|这篇文章写得颠三倒四，令人不知所云。≈语无伦次|言不及义◇一语中的|言简意赅。

不治之症 bù zhì zhī zhèng 治：医治。症：病。指无法医治好的病▷他虽患不治之症，但仍抓紧时间完成写作任务。也比喻无法挽救的祸患或无法改正的弊端错误▷胡编乱造、信口开河成了他的不治之症，同事们都躲得远远的，没有人理睬他。

不置可否 bù zhì kě fǒu 置：放。可：行，可以。否：不行，不可以。不表示可以还是不可以。指含糊其辞，不明确表态▷他对双方的争辩不置可否。|在法庭辩论的时候，法官听着原告、被告的发言，不置可否。

不着边际 bù zhuó biān jì 着：接触。边际：边界。指没有依靠，挨不着边▷他顺着大路朝前走，看着天色已晚，四周又无人家，不着边际，心中不由得一阵发慌。也形容说话、写文章不切实际▷你别尽想些不着边际的事，要学会踏实一点。

不自量力 bù zì liàng lì 量：估量。不能正确地估计自己的力量。语本《左传·隐公十一年》："不度德，不量力。"后用"不自量力"形容过高地估计自己的力量▷这部电影里的主人公是一个充满幻想而又不自量力的可笑人物。|这一小撮人企图阻止历史的前进，真是不自量力。≈妄自尊大|螳臂当车◇量力而行|妄自菲薄。

[提示]量，不读"liáng"。

不足挂齿 bù zú guà chǐ 挂齿：挂在嘴上，指提及、谈起。语本《史记·叔孙通列传》："此特群盗鼠窃狗盗耳，何足置之齿牙间。"后用"不足挂齿"形容不值得提起▷对于他这个高材生来说，应付这类考试，根本不足挂齿。|这些薄礼，聊表我的心意，不足挂齿。≈不值一谈|何足道哉|微不足道。

不足为奇 bù zú wéi qí 足：足以，值得。不值得奇怪。语出宋·毕仲游《祭范德孺文》："人乐其大而忘其私，不然则公不足为奇。"后用"不足为奇"指事物或现象很正常或很平常▷大暑已到，出现几天高温是不足为奇的。|在远古的时候，人们把传说当作真实的历史，这种现象不足为奇。◇异乎寻常。

步步为营 bù bù wéi yíng 军队每前进一步就设下一道营垒。形容进军过程中

B

非常谨慎▷我军步步为营，逼向敌方的大本营。也比喻办事谨慎▷在围棋决赛中，小俞步步为营，让对手无懈可击。|我们公司明年开拓项目、发展业务要步步为营，稳扎稳打。≈稳扎稳打|脚踏实地◇轻举妄动|操之过急。

步人后尘 bù rén hòu chén 步：跟着走。后尘：走路时后面扬起的尘土。跟在别人的后面走。比喻走别人走过的路，没有创新▷我不同意你这种步人后尘的设计，宁愿推倒重来。|我原先认为这种想法唯我独有，不料古人早已有之，我不过步人后尘而已。

C

才高八斗 cái gāo bā dǒu 南朝宋·谢灵运曾说:"天下才有一石,曹子建(曹植)独占八斗,我得一斗,天下共分一斗。"(见宋·无名氏《释常谈·八斗之才》)后用"才高八斗"形容很有才学,诗文丰赡华美▷李白才高八斗,他的诗歌千古传唱。|封建社会中,才高八斗的文人,往往命运坎坷。≈学富五车|博古通今|见多识广|满腹经纶|经天纬地|博闻强识|锦心绣口◇才疏学浅|吴下阿蒙|孤陋寡闻|不学无术|目不识丁|胸无点墨。

[提示]斗,不读"dòu"。

才貌双全 cái mào shuāng quán 才:才学。貌:容貌。指既有才学又有完美的容貌▷他才貌双全,许多女子都对他有好感。|挑选女婿,我当然得找一个才貌双全的啦。

才疏学浅 cái shū xué qiǎn 疏:空虚。才能不高,学识肤浅(多用于自谦)▷本人才疏学浅,恐怕不能胜任这个工作。|他这个人很谦虚,总说自己才疏学浅。≈不学无术|胸无点墨|不识之无|孤陋寡闻◇博学多才|博古通今|学贯中西|满腹经纶|才高八斗|学富五车。

才子佳人 cái zǐ jiā rén 才子:有才学的男子。佳人:年轻美貌的女子。语出《太平广记》卷三四四引唐·李商隐《潇湘录·呼延翼》:"妾既与君匹偶,诸邻皆谓之才子佳人。"后用"才子佳人"指有才学的男子和美貌的女子▷我国传统戏曲多以才子佳人的悲欢离合为题材。|他们两个门户相当,才貌相称,真是一对才子佳人,上好的姻缘。

财大气粗 cái dà qì cū 财产很富有,人的言行也不同于一般,显得很特别。多指仗着钱财多而气势凌人▷他做了点生意赚了些钱,就财大气粗,连走路也大摇大摆起来。|哪怕是劳动致富,依法致富,也不能摆出一副财大气粗的样子。◇财竭力尽|财匮力绌。

财迷心窍 cái mí xīn qiào 财迷:爱钱财入迷。心窍:心脏中的孔穴,借指人的思维能力和思想。形容由于爱钱财而心中糊涂▷他也真是,为了这么一点东西,竟财迷心窍,做出见不得人的事。|人需要钱财,但不能财迷心窍,否则要走到邪路上去的。≈爱财如命|锱铢必较◇仗义疏财|挥金如土|一掷千金。

财运亨通 cái yùn hēng tōng 亨通:通达,顺畅。发财的运气很好,赚钱很顺手▷改革开放以来,老百姓财运亨通,都富起来了。|这几年,他经营有方,公司财运亨通,员工都喜上眉梢。≈财源滚滚◇寅吃卯粮|捉襟见肘|阮囊羞涩|债台高筑。

[提示]亨,不要写作"享"。

残兵败将 cán bīng bài jiàng 战败后剩余的兵将▷匪首不甘心,调动残兵败将,再作垂死挣扎。|这伙残兵败将窜入偏僻的山村,继续为非作歹。≈散兵游勇|

残兵败卒◇精兵强将。

残羹冷炙 cán gēng lěng zhì 羹：用肉、菜等做的汤。炙：烤肉。语本北齐·颜之推《颜氏家训·杂艺》："处之下坐，以取残杯冷炙之辱。"后用"残羹冷炙"形容吃剩的酒食▷早晨，他发现昨晚留下的残羹冷炙堆了一桌。也指别人施舍的财物▷靠别人的残羹冷炙过日子，太没有出息了。≈残茶剩饭。

［提示］炙，读"zhì"，不要写作"灸"。

残缺不全 cán quē bù quán 残：残破。缺：缺少。指残破、短缺、不完整▷经过连年战乱，许多珍贵文物已残缺不全了。|这本书的内容倒十分有趣，只可惜已残缺不全了。◇完整无缺。

残渣余孽 cán zhā yú niè 渣：渣滓。孽：妖孽。残存下来的渣滓和妖孽。比喻没有消灭干净的恶势力▷辛亥革命胜利后，清王朝的残渣余孽仍力图复辟帝制。|对于封建制度的残渣余孽，我们要坚决把它消灭干净。

残章断简 cán zhāng duàn jiǎn 简：竹简，古时候用于书写的材料。语本宋·欧阳修《论删去〈九经正义〉中谶纬札子》："残编断简，出于屋壁。"后用"残章断简"形容残缺不全的书籍或零散不齐的诗文字画▷周教授常年待在图书馆里，整理古代的残章断简。|敦煌石室中的大量残章断简是中华文明的宝贵财富。

蚕食鲸吞 cán shí jīng tūn 蚕食：像蚕吃桑叶一样逐步侵占。鲸吞：像鲸鱼吞食一样一举吞并。比喻用逐步侵占或一举吞并的方式侵占或掠夺▷我们忘不了一百多年来遭受帝国主义列强蚕食鲸吞的历史。|日本帝国主义制造所谓"满洲国"，又策动"华北自治"，目的就是要对中国蚕食鲸吞，最后彻底灭亡中国。≈瓜剖豆分◇金瓯无缺。

惨不忍睹 cǎn bù rěn dǔ 睹：看见。悲惨得让人不忍心看下去▷飞机失事的现场真是惨不忍睹。|我们永远不能忘记日本军国主义者制造的惨不忍睹的南京大屠杀的场面。≈惨绝人寰|伤心惨目◇赏心悦目。

惨淡经营 cǎn dàn jīng yíng 惨淡：煞费苦心。原指绘画前先用浅淡颜色勾勒轮廓，苦心构思，经营位置。语出唐·杜甫《丹青引·赠曹将军霸》："诏谓将军拂绢素，意匠惨淡经营中。"后用"惨淡经营"形容费尽心思去谋划、从事某项事业或某件事情▷经过多年惨淡经营，公司终于转亏为盈，蓬勃发展。|他惨淡经营十多年专攻这个难题，却得不到人们的理解和支持。≈苦心孤诣|呕心沥血◇举重若轻|因人成事。

惨绝人寰 cǎn jué rén huán 惨：残酷，狠毒。绝：极致。人寰：人世，人间。人世间再没比这更残酷的了。形容残酷凄惨到了极点▷第二次世界大战中，德国法西斯对犹太人的迫害真是惨绝人寰。|这段惨绝人寰的历史，将铭刻在子孙后代的心灵深处。≈满目疮痍|血流漂杵|赤地千里|惨不忍睹◇赏心悦目|花好月圆。

惨无人道 cǎn wú rén dào 残暴得丧尽人性。形容极端凶狠残暴▷只要我一息尚存，就要同惨无人道的恶魔进行斗争。|殖民主义者对殖民地人民实行了惨无人道的统治。≈惨绝人寰|豺狼成性|丧尽天良|伤天害理|人面兽心|狼心狗肺◇乐善好施|慈悲为怀|菩萨心肠。

苍翠欲滴 cāng cuì yù dī 苍翠：青绿色。翠绿的颜色水灵灵的，像要滴落下来。语本宋·郭熙《山川训》："春山淡冶而如笑，夏山苍翠而欲滴。"后用"苍翠欲滴"形容草木茂盛，充满生气▷夏天的公园里，树木苍翠欲滴，令人赏心悦目。|雨后的黄山，满山的树木苍翠欲滴，令人心旷神怡。

沧海横流 cāng hǎi héng liú 沧海：大海。横流：到处泛滥。指海水泛滥，到处奔流。语出汉·郭泰《答友劝仕进者》："虽在原陆，犹恐沧海横流，吾其鱼也。"后用"沧海横流"比喻政局动荡，社会混乱▷沧海横流，方显英雄本色。|在沧海横流、狼烟遍地的乱世，我们能苟全性命就算不错了，哪里还去想什么发家致富的事呢？◇四海升平。

沧海桑田 cāng hǎi sāng tián 沧海：大海。桑田：种桑树的田地，泛指农田。大海变成农田，农田又变成大海。据晋·葛洪《神仙传·麻姑》载，麻姑对仙人王方平说："我得道以来，亲眼见到东海三次变成桑田。"后用"沧海桑田"比喻世事变化很大▷望着浦东林立的高楼大厦，这位华侨老人不免产生沧海桑田之感。≈白云苍狗|东海扬尘|日新月异◇一成不变|万古长青。

沧海一粟 cāng hǎi yī sù 沧海：大海。大海中的一粒小米。语本宋·苏轼《前赤壁赋》："寄蜉蝣于天地，渺沧海之一粟。"蜉蝣：一种朝生暮死的小虫。后用"沧海一粟"比喻事物微不足道，非常渺小▷个人的作用在人类历史上只是沧海一粟。|在茫茫宇宙中，地球不过是沧海一粟。≈九牛一毛|微乎其微|微不足道|太仓稊米。

［提示］粟，不要写作"栗"。

沧海遗珠 cāng hǎi yí zhū 遗珠：遗漏的珍珠。大海中漏采的珍珠。语出《新唐书·狄仁杰传》："仲尼称观过知仁，君可谓沧海遗珠矣。"后用"沧海遗珠"比喻人才或珍贵物品被忽视或埋没。也比喻被埋没的人才或珍贵物品▷他可是个难得的人才，你们不用他，岂不是沧海遗珠吗？|他的文章字字珠玑，删去一段，不免有沧海遗珠之憾。

藏龙卧虎 cáng lóng wò hǔ 语本北周·庾信《同会河阳公新造山地聊得寓目》诗："暗石疑藏虎，盘根似卧龙。"后用"藏龙卧虎"比喻潜藏着各类非凡的人才▷青城山历来是藏龙卧虎之地。|骚人墨客多出于此，真是藏龙卧虎的地方！≈群英荟萃|人才济济。

藏头露尾 cáng tóu lù wěi 藏起了头，露出了尾。比喻说话办事躲躲闪闪，遮遮掩掩，生怕暴露真相▷有话请直说，不要藏头露尾的。|做事要光明正大，不要弄这些鬼鬼祟祟、藏头露尾的玩意儿。◇光明磊落。

藏污纳垢 cáng wū nà gòu 污、垢：脏物、垃圾。纳：容纳。隐藏、容纳肮脏的东西。语本《左传·宣公十五年》："川泽纳污，山薮藏疾。"原指山川湖泽含有污秽之物是正常的。后用"藏污纳垢"比喻包容坏人坏事▷他决心离开这个藏污纳垢、暗无天日的地方。|旧中国的十里洋场是个藏污纳垢的地方，色情、赌博……都在光天化日下进行。

操之过急 cāo zhī guò jí 操：做，从事。做事情、解决问题过于急躁，没有耐心▷你对孩子恨铁不成钢，这是可以理解的，但是不要打骂孩子，不能操之过急。|这

C

件事不要操之过急，以免忙中出错。≈急于求成｜迫不及待◇三思而行｜从容不迫｜不慌不忙｜少安毋躁｜循序渐进｜步步为营｜稳扎稳打｜犹豫不决。

草草了事 cǎo cǎo liǎo shì 草草：马虎，草率。了：完成，结束。指责任心不强，马马虎虎把事情做完▷老师交代他办事，他总是草草了事。｜做任何事情都要认真，草草了事的后果必定是害人又害己。≈敷衍塞责◇一丝不苟。

草菅人命 cǎo jiān rén mìng 草菅：野草，杂草。把人的生命看得跟野草一样。语本《汉书·贾谊传》："其视杀人，若艾草菅然。"艾：通"刈"，割。后用"草菅人命"形容有权势者滥施淫威，随意残害人命▷封建社会中的那些贪官污吏，草菅人命，弄得民不聊生。｜对他们这种仗势行凶、草菅人命的罪恶行径，一定要绳之以法，给予严惩。≈滥杀无辜｜杀人如麻。

［提示］菅，不读"guǎn"，不要写作"管"。

草木皆兵 cǎo mù jiē bīng 前秦苻坚率军南下，攻打东晋，见东晋军队布阵整齐，"望八公山上，草木皆类人形"，以为劲敌，十分惧怕。（见《晋书·苻坚载记》）后用"草木皆兵"形容人极度惊慌，疑神疑鬼▷敌人在我军穷追猛打下，吓得草木皆兵，不知所措。≈杯弓蛇影｜风声鹤唳｜闻风丧胆◇处之泰然｜谈笑自若。

草长莺飞 cǎo zhǎng yīng fēi 莺：黄鹂鸟。碧草茂密，莺鸟飞舞。语本南朝梁·丘迟《与陈伯之书》："暮春三月，江南草长，杂花生树，群莺乱飞。"后用"草长莺飞"形容春天的美景▷冬去春来，我又回到了草长莺飞的江南故乡。｜玄武湖畔，草长莺飞，风和日丽，使人心醉。≈鸟语花香｜春暖花开◇衰草败柳。

［提示］长，不读"cháng"。

恻隐之心 cè yǐn zhī xīn 恻隐：悲悯，对遭受不幸的人产生同情。语出《孟子·公孙丑上》："恻隐之心，仁之端也。"后用"恻隐之心"形容同情、怜悯的心情▷小黄不幸得了白血病，引起大家的恻隐之心，纷纷捐款相助。｜这几个人见死不救，连起码的恻隐之心也没有了。≈慈悲为怀｜悲天悯人｜于心不忍◇铁石心肠｜蛇蝎之心｜口蜜腹剑。

［提示］恻，不要写作"测"。

参差不齐 cēn cī bù qí 参差：长短、高低、大小等不一致。语出汉·扬雄《法言·序》："国君将相卿士名臣，参差不齐。"后用"参差不齐"形容不整齐、不一致▷池塘边，长着许多参差不齐的树木。｜这个班的学生来自各个地方，水平参差不齐。◇整齐划一。

［提示］参差，不读"cān chā"。

层出不穷 céng chū bù qióng 层：重叠，重复。穷：尽。语本《宋史·何基传》："精义新意，愈出不穷。"后用"层出不穷"形容接连不断地出现，没完没了▷在变革的时代，新生事物层出不穷。｜班里的好人好事层出不穷。≈层见叠出｜无穷无尽◇屈指可数｜寥寥无几。

层峦叠嶂 céng luán dié zhàng 层、叠：重叠。峦：险锐的山。嶂：直立如屏障的山。语本《水经注·江水》："自三峡七百里中，两岸连山，略无阙处，层岩叠嶂，隐天蔽日。"后用"层峦叠嶂"形容山峰起伏，连绵不断▷武夷山层峦叠嶂，幽谷回溪，是我国著名的旅游胜地。｜火车在层峦叠嶂的大山中飞驰。◇一马平川。

层见叠出 céng xiàn dié chū 层、叠：反

复，重复。见：通“现”，出现。语出宋·徐鹿卿《都城灾应诏上封事》：“曾未几时，而群妖众异层见叠出，是果何自而来哉？”后用“层见叠出”指同一类事物或情形反复出现▷改革开放以来，新事物层见叠出。|他的魔术表演已到了炉火纯青的地步，新的表演手法层见叠出，令人目不暇接。≈层出不穷◇屈指可数|寥寥无几。

［提示］见，不读“jiàn”。

曾几何时 céng jǐ hé shí 曾：古汉语副词，多用于疑问或否定，表示强调。几何：多少。才有多少时间。语出宋·杨万里《答福帅张子仪尚书》：“曾几何时，而平易近民之声，中和乐职之颂，已与风俱驰，与川争流。”后用“曾几何时”指时间过去不久▷曾几何时，卖国求荣的秦桧之流落了个遗臭万年的下场。|公园中的鲜花开得艳丽缤纷，可曾几何时，这里还是杂草丛生之地。≈转眼之间|弹指之间。

曾经沧海 céng jīng cāng hǎi 曾：曾经。经：经历。沧海：大海。语出唐·元稹《离思》诗：“曾经沧海难为水，除却巫山不是云。”后用“曾经沧海”比喻曾经经历过大世面，见多识广，对平常的事物就不放在眼里▷他是个曾经沧海的人，一般情况下，是很难让他动情的。|这些场景让他这个曾经沧海的人也不禁怦然心动。≈饱经沧桑。

差强人意 chā qiáng rén yì 差：稍微。强：振奋起来。还算能振奋人的意志。《后汉书·吴汉传》载：东汉光武帝刘秀拜大将吴汉为大司马，有时打了败仗，吴汉总是鼓励大家振作精神。一次战败后，将士们心灰意懒，失去了常态。刘秀派人看吴汉在干什么，那人汇报说吴汉正在准备进攻的武器，激扬官兵的斗志。刘秀听了叹道：“吴公差强人意，隐若一敌国矣！”后用“差强人意”指大体上还能使人满意▷近年来，我们厂的生产还算差强人意。|这部电影中的众多人物形象均不能令人满意，唯一差强人意的只有一个女主角。

插翅难飞 chā chì nán fēi 插上翅膀也难飞走。语本唐·韩愈《寄崔二十六立之》诗：“安有巢中鷇，插翅飞天陲。”鷇(kòu)：雏鸟。后用“插翅难飞”比喻怎么也逃脱不了▷敌军被重重包围，插翅难飞，只得投降。|罪犯在严密的监控下，插翅难飞。≈四面楚歌|走投无路|天罗地网◇死里逃生|绝处逢生。

插科打诨 chā kē dǎ hùn 科：中国古代戏曲用语，指剧中人物的动作和表情。诨：诙谐逗趣的话。原指戏曲演员在表演中穿插些令人发笑的动作和道白。现多指故意插入戏谑动作或言语以逗笑取乐▷插科打诨不失为增强戏剧效果的一种手段，但应适可而止。|每逢气氛紧张的时候，他总在一旁插科打诨，大家哈哈一笑，气氛便缓和了下来。

［提示］诨，不要写作“浑”。

茶余饭后 chá yú fàn hòu 喝茶、吃饭以后。泛指休息与闲暇时间▷他的这些事，很快就成了人们茶余饭后的谈资。|他的文章言浅意深，可以让读者在茶余饭后仔细思索、慢慢回味。

察颜观色 chá yán guān sè 颜：脸面，脸色。语本《论语·颜渊》：“夫达也者，质直而好义，察言而观色，虑以下人。”后用“察颜观色”比喻观察别人的脸色，揣度对方的心思▷他这个人工于心计，

擅长察颜观色，迎合各方的喜好。| 你居然在他气头上提要求，真不懂察颜观色！≈看风使舵。

C

姹紫嫣红 chà zǐ yān hóng 姹：美丽。嫣：妖艳，美好。形容各色鲜花竞相开放，娇艳美好▷广州的花市，姹紫嫣红，远近闻名。| 春天，老师带领同学们来到了姹紫嫣红的森林公园。≈万紫千红 | 花团锦簇 | 五彩缤纷◇残花败柳。

［提示］嫣，不读“niān”。

拆东补西 chāi dōng bǔ xī 拆掉东边的，用来修补西边的。语本唐·寒山《诗》之一七三：“虽乃得如斯，有为多患累；与道殊悬远，拆西补东尔。”后用“拆东补西”比喻采取的办法或措施不能解决根本问题，仅能勉强应付▷靠这种拆东补西的做法，是维持不了多久的。| 他欠了一身的债，每逢债主上门，他便拆东补西，勉强应付。

柴米油盐 chái mǐ yóu yán 泛指日常最必需的生活资料▷你可别小看柴米油盐，离开了它们，人就没法活了。| 老王整天为生计奔波，你不叫他讲柴米油盐，他还能讲什么呢？

豺狼当道 chái láng dāng dào 当道：横在道路中间。语出《汉书·孙宝传》：“豺狼当道，不宜复问狐狸！”后用“豺狼当道”比喻坏人掌握权势▷当年，军阀混战，豺狼当道，百姓涂炭。| 汉朝末年，豺狼当道，终于爆发了大规模的农民起义。

［提示］当，不读“dàng”。

谗言佞语 chán yán nìng yǔ 谗言：诽谤人或挑拨离间的坏话。佞语：谄媚取悦的话语。指中伤他人和奉承讨好的话语▷你可要保持头脑清醒，不要听信他们的谗言佞语，否则，你会上当受骗的。| 如果大家都讲学习，讲政治，讲正气，那些谗言佞语是不会有市场的。

［提示］佞，不读“wàng”不要写作“妄”。

馋涎欲滴 chán xián yù dī 馋：贪吃。涎：口水。馋得口水都要流下来。语本宋·苏轼《将之湖州戏赠莘老》诗：“吴儿脍缕薄欲飞，未去先说馋涎重。”后用“馋涎欲滴”形容急于得到某种东西的欲望非常强烈▷这个战争狂人对整个世界馋涎欲滴，梦想着有朝一日能主宰地球。| 这些人对西方社会的豪华生活馋涎欲滴，他们不惜代价，就是为了有朝一日能出国去。≈垂涎三尺。

［提示］涎，不读“yán”。

缠绵悱恻 chán mián fěi cè 缠绵：情意纠缠深长。悱恻：悲苦凄切。语出晋·潘岳《寡妇赋》：“思缠绵以瞀乱兮，心摧伤以怆恻。”瞀(mào)：忧闷，思绪纷乱。后用“缠绵悱恻”形容内心的悲苦难以排遣▷这段缠绵悱恻的爱情传说打动了许多青年读者。也形容文辞哀婉而深沉▷宋代陆游写的《钗头凤》词，缠绵悱恻，扣人心弦。≈回肠九转 | 黯然神伤 | 柔肠百转 | 肝肠寸断◇欢欣鼓舞 | 兴高采烈。

［提示］缠，右边的“厘”上有一点。

谄上欺下 chǎn shàng qī xià 谄：讨好，奉承。语本《北史·安同传》：“性平正柔和，未尝有喜怒色，忠笃爱厚，不谄上抑下。”后用“谄上欺下”指讨好上司，欺压下属▷他信任一些谄上欺下的小人，因而公司连年亏损。| 这帮土豪劣绅，在当地谄上欺下，以致民怨沸腾。≈仗势欺人 | 狗仗人势 | 以强凌弱 | 狐假虎威◇一视同仁。

［提示］谄，不读“xiàn”。

长此以往 cháng cǐ yǐ wǎng 长：长久，长期。此：这样。长久这样下去（多指不好的情况而言）▷小明从早到晚忙于学习，活动的时间都没有，长此以往，体质会越来越差的。|我们厂的产品销不出去，职工人心涣散，长此以往，不破产才怪哩。

长歌当哭 cháng gē dàng kū 长歌：放声歌咏，引申指写诗作文。当：当作。用放声歌咏或写诗作文来抒发内心的悲愤和不满▷看到战友被害，他义愤填膺，唯有长歌当哭，一表哀思。|他的儿子被军阀残酷杀害，他长歌当哭，写下了这篇文章。

［提示］当，不读“dāng”。

长话短说 cháng huà duǎn shuō 需要说的话很长，由于时间不够或不必细说，只能用简短的话表明主要意思▷这是国际长途电话，费用贵着呢，我们就长话短说吧。|这件事情的经过我很清楚，你就长话短说吧。

长年累月 cháng nián lěi yuè 一年到头，一个月又一个月。形容经历很多时间▷老师们为了培养全面发展的人才，长年累月地奋斗在教学第一线上。|只要思路对头，许多长年累月没能解决的难题，都能迎刃而解。≈成年累月|日积月累|千秋万代◇一朝一夕|指日可待。

［提示］累，不读“lèi”。

长篇大论 cháng piān dà lùn 长篇的文章，滔滔不绝的议论▷这种内容空洞的长篇大论，当然会受到读者的批评。|他长篇大论的，到底在说些什么？≈连篇累牍◇言简意赅|短小精悍。

长篇累牍 cháng piān lěi dú 累：屡次，连续。牍：古代写字用的木简。语出清·黄宗羲《陈令升先生传》：“高会广座，有所征引，长篇累牍，应口吟诵。”后用“长篇累牍”指长篇的文章▷这样的长篇累牍，不符合本杂志的刊登要求。|他在会上长篇累牍地念，会下的人们充耳不闻。≈长篇大论◇短小精悍。

［提示］累，不读“lèi”。

长驱直入 cháng qū zhí rù 长驱：长距离不停顿地策马快跑。直入：一直前进。语本《三国志·魏志·徐晃传》：“吾用兵三十余年，及所闻古之善用兵者，未有长驱径入敌国者也。”后用“长驱直入”指军队以不可阻挡之势快速前进▷巴顿的部队长驱直入，迅速穿过意大利，直逼德国本土。|假若撤走此地的驻军，敌人从东边长驱直入，你将如何对付呢？

长袖善舞 cháng xiù shàn wǔ 善：善于，擅长。衣袖长，跳起舞来就好看。语出《韩非子·五蠹》：“鄙谚曰：‘长袖善舞，多钱善贾。’此言多资之易为工也。”后用“长袖善舞”比喻有所依凭，事情就容易做好▷他大学毕业回家乡后，凭借专业和人缘两方面的有利条件，长袖善舞，很快打开了局面。也比喻有钱财、有手腕者善于经营▷他有钱有势，长袖善舞，你哪是他的对手？

长吁短叹 cháng xū duǎn tàn 吁：叹息。长一声，短一声，不断地叹息。形容愁苦烦恼▷她整天愁眉苦脸，长吁短叹，不知有什么难言的心事？≈唉声叹气◇扬眉吐气|拍手称快|喜不可言。

［提示］吁，不读“yù”。

长治久安 cháng zhì jiǔ ān 治：太平，安定。语本《汉书·贾谊传》：“建久安之势，成长治之业。”后用“长治久安”形

容社会长期太平安定▷人民渴望长治久安，安居乐业。|改革开放给我们国家开创了长治久安的新局面。≈国泰民安|歌舞升平|河清海晏|海不扬波|尧天舜日|含哺鼓腹|物阜民丰◇内忧外患|兵荒马乱|狼烟四起|风雨飘摇。

[提示]治，不要写作“冶”。

常备不懈 cháng bèi bù xiè 备：准备，防备。懈：松懈。经常防备，毫不松懈▷我们的军队必须常备不懈，随时准备粉碎侵略者的进攻。|由于你担任工作的特殊性，对于那些别有用心的人，你必须常备不懈，保持警惕，以免陷入他们的圈套而不能自拔。

怅然若失 chàng rán ruò shī 怅然：迷惘的样子。语本战国楚·宋玉《高唐赋》：“悠悠忽忽，怊怅自失，使人心动，无故自恐。”后用“怅然若失”形容因不如意而沮丧，好像失掉了什么似的▷听到这个不幸的消息，她怅然若失，呆了大半天。|高考落榜了，珍珍怅然若失，好几天不说话。≈若有所失|怏怏不乐◇得意忘形|沾沾自喜|洋洋得意|踌躇满志。

畅所欲言 chàng suǒ yù yán 畅：尽情，痛快。语本宋·朱熹《答范文叔》其二：“去岁想见不款，未得尽所欲言，至今为恨耳。”后用“畅所欲言”指痛痛快快地把心里要说的话全部说出来▷要努力营造一种人人都能畅所欲言的宽松氛围。|今天的发言，大家都要畅所欲言，不必有顾虑。◇守口如瓶|支吾其词。

畅通无阻 chàng tōng wú zǔ 流畅地通过，不受阻碍▷铁路工人克服了重重困难，使列车得以畅通无阻。|由于守旧势力的阻挠，他的改革方案并不能畅通无阻地得到贯彻。

超凡入圣 chāo fán rù shèng 超越常人，达到圣人的境界。语出唐·吕岩《七言》诗：“举世若能知所寓，超凡入圣弗为难。”后用“超凡入圣”形容学识、专长等超过一般，达到炉火纯青的境界▷老画家画的马，栩栩如生，呼之欲出，简直是超凡入圣的精品！≈超群绝伦|出神入化|不同凡响|超尘拔俗◇平淡无奇|和光同尘。

超然物外 chāo rán wù wài 超然：超脱的样子。物外：世外。语出宋·叶梦得《石林诗话》卷下：“渊明正以脱略世故，超然物外为意，顾区区在位者何足累其心哉！”后用“超然物外”形容超脱于世俗生活以外，对现实生活不感兴趣▷在黑暗的封建社会里，出现了不少超然物外的隐士。|青年人要关心集体，关心天下大事，不能超然物外，自命清高。≈置身事外|洁身自好|孤芳自赏|遗世独立◇随波逐流。

车水马龙 chē shuǐ mǎ lóng 车像流水，马像游龙。语本《后汉书·明德马皇后纪》：“车如流水，马如游龙。”后用“车水马龙”形容车马往来不绝，繁华热闹▷过年了，大街上车水马龙，一派热闹景象。|小金乍从山区来到车水马龙的大都市，事事感到新鲜。≈川流不息|过江之鲫|摩肩接踵|熙熙攘攘◇门可罗雀。

车载斗量 chē zài dǒu liáng 载：装载。用车来载，用斗来量。语出《三国志·吴志·吴主传》裴松之注引《吴书》：“如臣之比，车载斗量，不可胜数。”后用“车载斗量”形容数量很多▷报纸杂志上提供的此类材料，能车载斗量。|有类似手艺的人，我们那里车载斗量，比比皆是。≈数不胜数◇屈指可数。

[提示]载,不读“zǎi”。

彻头彻尾 chè tóu chè wěi 彻:贯通,贯穿。语出宋·朱熹《答陈同甫书》:“所以能执其中,彻头彻尾,无不尽善。”后用“彻头彻尾”指从头到尾,自始至终,完完全全▷晚上,我又把这件事彻头彻尾地想了一遍。|他是个彻头彻尾的无耻之徒。

沉默寡言 chén mò guǎ yán 沉默:不作声。寡:少。语出《旧唐书·郭子仪传》:“钊(郭子仪孙),伟姿仪,身长七尺,方口丰下,沉默寡言。”后用“沉默寡言”指不爱说话▷她平日里总是沉默寡言的,沉静中带着几分忧郁。|他为人沉默寡言,从不多说话,但把周围的一切情况都看在眼里、记在心上。◇口若悬河|夸夸其谈。

沉思默想 chén sī mò xiǎng 沉:深。默:不作声。深深地思索,默默地思考▷经过几天的沉思默想,他终于拿定主意,决心离开家乡闯荡一番。|听了小李转述的情况,他陷入了沉思默想之中。

沉鱼落雁 chén yú luò yàn 游鱼见了沉入水底,飞雁见了降落沙滩。语本《庄子·齐物论》:“毛嫱、西施,人之所美也,鱼见之深入,鸟见之高飞,麋鹿见之决骤,四者孰知天下之正色哉?”后用“沉鱼落雁”形容女子的容貌极其美丽▷一位姑娘如果没有善良的心地,纵有沉鱼落雁之貌,也很难获得真正的爱情。|她空有沉鱼落雁之容,心地却如此丑陋卑劣。≈闭月羞花|倾国倾城◇貌似无盐。

陈陈相因 chén chén xiāng yīn 陈:旧。因:沿袭。原指陈粮上堆陈粮。语出《史记·平准书》:“太仓之粟陈陈相因,充溢露积于外,至腐败不可食。”后用“陈陈相因”比喻因袭老一套,毫无改进和创新▷这位青年画家的创作,既尊重传统,又不陈陈相因。|这类文章陈陈相因,了无新意,并没有太大的价值。≈墨守成规◇推陈出新|独辟蹊径|别具匠心。

陈词滥调 chén cí làn diào 陈:旧。滥:空泛而不合实际。陈旧而不切实际的空话、套话▷这位厂长做报告,老是重复那些陈词滥调,令人生厌。|你别以为人家又在搬弄陈词滥调,其实这些正确意见你并没有听进去。≈老生常谈|旧调重弹◇耳目一新|标新立异|别开生面。

陈规陋习 chén guī lòu xí 陈:旧。陋:不好,不合理。指过时的不合理的规章制度和习俗等▷只有打破陈规陋习的束缚,我们才能迈开改革的步伐。|都什么时代了,还讲这套陈规陋习。≈陈词滥调|清规戒律。

晨钟暮鼓 chén zhōng mù gǔ 晨钟:早晨撞钟。暮鼓:傍晚击鼓。指寺庙中用以报时的早晚钟鼓声。语本唐·李咸用《山中》诗:“朝钟暮鼓不到耳,明月孤云长挂情。”后用“晨钟暮鼓”形容寺院僧尼的孤寂生活或时光的推移。也比喻令人警悟的语言▷我凭着一时的冲动,到少林寺去学武功,可那晨钟暮鼓的生活真让我受不了,没多久就溜了回来。|三十年前老师对我说的那番话,犹如晨钟暮鼓,时刻在提醒着我。

称心如意 chèn xīn rú yì 完全符合心意▷张先生为女儿找了一个称心如意的对象。|这份工作包你称心如意。|如今,日子过得称心如意,我要认真写点东西了。≈心满意足|如愿以偿|正中下怀◇事与

愿违|大失所望|意犹未尽。

[提示]称,不读“chēng”。

趁火打劫 chèn huǒ dǎ jié 趁:利用。劫:抢劫。趁人家失火的时候去抢劫人家的东西。比喻乘别人危难的时候去捞取好处▷地震过后,一小撮地痞流氓竟然趁火打劫,抢夺灾民的财物,真是丧心病狂。|你自己经营不善,又要赖账,怎么反而说我趁火打劫呢!≈浑水摸鱼|乘人之危◇雪中送炭|济困扶危。

趁热打铁 chèn rè dǎ tiě 趁着铁被烧红时锤打。比喻抓住有利时机赶紧去做▷教练叮嘱小王,比分领先时必须趁热打铁,拿下这关键的一局。|我已经收集了不少资料,现在要趁热打铁,把毕业论文写出来。≈顺水推舟|乘风扬帆◇坐失良机。

[提示]趁,不要写作“乘”。

称名道姓 chēng míng dào xìng 称、道:叫,说。称呼姓名▷你我并不熟悉,直接称名道姓,别扭得很。|你叫我跟人家联系工作,也不介绍一下对方,见了面怎么个称名道姓呢?

称王称霸 chēng wáng chēng bà 王:帝王。霸:霸主,古时诸侯联盟的首领。指自封为帝王和霸主。语本三国魏·曹操《让县自明本志令》:“设使国家无有孤,不知当几个称帝,几人称王?”后用“称王称霸”比喻以首领自居▷他在当地称王称霸,不可一世。也比喻狂妄自大,独断专行▷倚仗武力、称王称霸、欺压别人的时代一去不复返了。◇俯首帖耳。

称兄道弟 chēng xiōng dào dì 称、道:叫,讲。互相以兄弟相称。形容关系亲密▷他们俩,一会儿称兄道弟,一会儿又视若仇敌,真像孩子一样。|他能与领导称兄道弟,可见他与领导的关系非同一般。

瞠乎其后 chēng hū qí hòu 瞠:直瞪着眼。乎:介词,于,在。在后面干瞪着眼。语本《庄子·田子方》:“夫子奔逸绝尘,而回(颜回)瞠若乎后矣。”后用“瞠乎其后”形容远远地落在后面,赶不上▷唐代诗人中,李白、杜甫双峰并峙,而其他人只能瞠乎其后了。|经过公司全体员工的努力,我们的业绩已经大大超过其他公司,他们只能瞠乎其后了。

瞠目而视 chēng mù ér shì 瞪大眼睛看着。语出宋·洪迈《夷坚丁志·金陵邸》:“一妇人衫裙俱青,抱婴儿以出,亦瞠目而视。”后用“瞠目而视”形容十分惊异、恐惧▷小朋友个个瞠目而视,屏住呼吸,观看演员走钢丝表演。|面对突如其来的车祸,司机们瞠目而视,一时间不知所措。≈瞠目结舌|目瞪口呆◇不屑一顾。

瞠目结舌 chēng mù jié shé 瞪大眼睛,说不出话来。形容惊讶、害怕或窘迫等▷他这一通奇谈怪论,使得大家瞠目结舌,不知所以。|小傅上课时思想不集中,老师提问他,他瞠目结舌,无言以对。≈目瞪口呆|张口结舌◇谈笑自若|口若悬河。

[提示]结,不读“jiē”。

成家立业 chéng jiā lì yè 语出宋·普济《五灯会元·栖贤湜禅师法嗣》:“问:‘牛头未见四祖时如何?’师曰:‘成家立业。’曰:‘见后如何?’师曰:‘立业成家。’”后用“成家立业”指人结婚成立家庭,从事某项事业并有所成就▷一般人认为,男子到了三十岁,就该成家立业了。|在国外漂泊多年,他还未成家立业。

成千上万 chéng qiān shàng wàn 累计有千,达到万数。形容数量很多▷成千上万的市民涌上街头,观看节日礼花。≈不计其数|不可胜数|数不胜数|车载斗量|恒河沙数◇屈指可数|寥寥无几|寥若晨星。

成群结队 chéng qún jié duì 人或动物结成一群群,一队队。形容聚集在一起,数量很多▷阳光明媚的初春,成群结队的学生来到公园游玩。|成群结队的战机轮番轰炸敌方的军港。≈三五成群◇零零落落。

成人之美 chéng rén zhī měi 成:成全。美:好事。语出《论语·颜渊》:"君子成人之美,不成人之恶。小人反是。"后用"成人之美"指成全别人的好事或帮助别人实现其美好的愿望▷你们既然情投意合,我一定成人之美,促成你们的婚事。|我把这本书的下册赠送给你,使你能配成一套,也算是成人之美吧。◇成人之恶。

成双作对 chéng shuāng zuò duì 配成一双,作成一对。指情侣或夫妻▷夏夜,成双作对的情侣们在河边漫步。|他们两个一同去朋友处聚会,好像是在宣布他们已是成双作对的了。◇孤苦伶仃|孑然一身。

诚惶诚恐 chéng huáng chéng kǒng 惶:害怕。语出汉·许冲《上〈说文解字〉表》:"臣冲诚惶诚恐,顿首顿首,死罪死罪!"原为封建官吏给皇帝上奏章时表示敬畏的客套话。后用"诚惶诚恐"形容敬畏、恐惧不安▷祥林嫂诚惶诚恐地给庙里捐门槛,企图洗清自己的"罪孽"。|他站起身来,诚惶诚恐地汇报工作,就怕有差错。≈战战兢兢|惶恐不安◇心安理得|泰然自若。

承前启后 chéng qián qǐ hòu 启:开创。继承过去的,开创未来的(多用于学问、事业等)▷荀子是儒家学说承前启后的关键人物。|同学们要担负起承前启后、建设祖国的重任。也指承接前面的,引出后面的(多用于诗文)▷请大家找出文章中承前启后的一段话。≈承上启下|继往开来◇空前绝后。

承上启下 chéng shàng qǐ xià 语出《礼记·曲礼上》"故君子戒慎"唐·孔颖达疏:"故,承上启下之辞。"后用"承上启下"指承接上面的,引起下面的(多用于写作)▷连词一般在句子中起承上启下的作用。也形容连接上下级关系▷中层干部既要传达上级的意图,也要反映群众的要求,起到承上启下的桥梁作用。≈承前继后|继往开来◇空前绝后。

城狐社鼠 chéng hú shè shǔ 社:土地庙。在城墙上做窝的狐狸,藏在土地庙里的老鼠。语本《晏子春秋·内篇·问上第三》:"夫社,束木而涂之,鼠因而托焉。熏之则恐烧其木,灌之则恐败其涂。此鼠所以不可得杀者,以社故也。"又《晋书·谢鲲传》:"[王敦]谓鲲曰:'刘隗奸邪,将危社稷。吾欲除君侧之恶,匡主济时,何如?'对曰:'隗诚始祸,然城狐社鼠地。"后用"狐城社鼠"比喻仗势作恶而又不易清除的坏人▷现在社会安定,但仍有一些城狐社鼠在寻机兴风作浪。|改革开放所获得的成果,绝不能断送在城狐社鼠的手中,所以我们要加强廉政建设,打击腐败行为。

乘风破浪 chéng fēng pò làng 船乘着风势,破浪前进。南朝宋时,叔父宗炳问少年宗悫(què)的志向。宗悫昂首说:

“愿乘长风破万里浪!”经过勤学苦练,宗悫终于成为英勇善战的将军。(见《宋书·宗悫传》)后用“乘风破浪”比喻不怕困难,奋勇前进(多含有施展远大抱负的意味)▷人民海军的舰艇编队在浩瀚的大海上乘风破浪地前进。|我们要战胜一切艰难险阻,乘风破浪,直达胜利的彼岸!≈披荆斩棘|心雄万夫|勇往直前◇裹足不前。

乘人之危 chéng rén zhī wēi 乘:利用。危:危难。语出《后汉书·盖勋传》:“谋事杀良,非忠也;乘人之危,非仁也。”后用“乘人之危”指利用别人有急难时去要挟、打击▷十九世纪末,清王朝摇摇欲坠,列强在这个时候胁迫清王朝签订不平等条约,显然是乘人之危之举。|在这次的特大水灾中,见利忘义的奸商们乘人之危,大肆哄抬物价,实在是丧尽天良。≈趁火打劫|落井下石◇拔刀相助。

乘虚而入 chéng xū ér rù 虚:空隙。语出《云笈七签》卷一二〇:“自后垣乘虚而入,径及庭中。”垣:墙。后用“乘虚而入”形容趁着空隙或对方没有防备时而进入▷起义大军乘虚而入,攻占了敌军的要塞。|这些年她放松了学习和修养,爱虚荣、贪享受的思想乘虚而入。≈乘隙而入|乘人不备◇无机可乘|无懈可击。

程门立雪 chéng mén lì xuě 宋代杨时曾与游酢到伊洛去,慕名拜访著名道学家程颐。恰程颐闭目“瞑坐”,两人便在雪地中“侍立不去”。待程颐张开眼来,“门外雪深一尺矣”。(见《宋史·杨时传》)后用“程门立雪”为尊师重道的典故▷先生从年轻时便云游四方,寻访名师,很有点程门立雪的况味。|我们提倡谦虚好学,发扬“程门立雪”的优良传统。

惩前毖后 chéng qián bì hòu 惩:警戒。毖:谨慎小心。语本《诗经·周颂·小毖》:“予其惩,而毖后患。”后用“惩前毖后”指吸取过去失败和错误的教训,使以后小心谨慎,不再重犯▷对于犯错误的人,我们主张实行“惩前毖后,治病救人”的方针。|失败了,你也不必太灰心,惩前毖后,重新再干!◇重蹈覆辙。

[提示]毖,不要写作“毙”。

吃里爬外 chī lǐ pá wài 形容享受着这一方的好处,暗中却为另一方效劳▷朝中尽是些吃里爬外的文臣武将,这个仗怎么能打赢!|你拿了我们公司的薪水,却替别家公司干活,这不是吃里爬外又是什么?

嗤之以鼻 chī zhī yǐ bí 嗤:讥笑。以:用。用鼻子发出冷笑的声音。表示轻蔑,看不起▷小俞平时爱读书,对吃吃喝喝、唱唱跳跳那一套,嗤之以鼻。|他认为,被不少人嗤之以鼻的武侠小说,并非一无是处。≈不屑一顾|视如敝屣|等闲视之◇刮目相看。

痴男怨女 chī nán yuàn nǚ 痴:痴情,迷恋。怨:怨旷。指互相爱恋极深而又难以如愿的男女▷这一对痴男怨女太想不开,甚至作了以身殉情的准备。|你了解了他俩的恋爱经过,就会进一步理解他们这对痴男怨女了。

痴人说梦 chī rén shuō mèng 唐代龙朔年间,有外国异僧游于江淮。有人问僧:“汝何姓?”僧答:“姓何。”又问:“何国人?”僧答:“何国人。”李邕据此作碑文:“大师姓何,何国人。”后人评说此事是:“此正所谓对痴人说梦耳!”(见宋·惠洪《冷斋夜话》卷九)后用“痴人说梦”比喻愚人凭着荒唐的想象,胡言乱语▷

小吴不好好复习,却宣称要考第一名,真是痴人说梦!≈白日做梦◇言之有据|引经据典。

痴心妄想 chī xīn wàng xiǎng 妄:荒唐。入迷的心思,荒唐的想法。指不能实现的幻想▷一小撮分裂分子企图颠覆国家政权,简直是痴心妄想。|他家无隔夜之粮,却痴心妄想地要娶一个美若天仙的女子做老婆。≈想入非非|异想天开|白日做梦。

魑魅魍魉 chī mèi wǎng liǎng 古代传说中的山川林泽间的各种鬼怪。语本《左传·宣公三年》:"螭(魑)魅罔两(魍魉),莫能逢之。"后用"魑魅魍魉"比喻各种各样的坏人▷春节前,公安部门为了维护社会安定,打击了一批魑魅魍魉。|一切阻碍社会进步的魑魅魍魉,都将被扫进历史的垃圾堆。≈牛鬼蛇神|衣冠禽兽|城狐社鼠◇正人君子|仁人志士。

[提示]魑魅,不读"lí wèi"。

池中之物 chí zhōng zhī wù 池塘里的小动物。语本《三国志·吴书·周瑜传》:"恐蛟龙得云雨,终非池中物也。"后用"池中之物"比喻蛰居一隅,没有雄心壮志的人▷此人虽然怀才不遇,但终究不是池中之物,一定会有大显身手的一天。|他认定这几个池中之物是干不出什么名堂的。≈井底之蛙|斗筲(shāo)之器|凡夫俗子|酒囊饭袋◇芝兰玉树。

迟疑不决 chí yí bù jué 迟疑:犹豫。语出宋·朱熹《朱子语类》卷五十:"此吝字说得来又广,只是戒人迟疑不决底意思。"后用"迟疑不决"指拿不定主意▷面对每一重大选择,他总是迟疑不决。|我确实想离开这家公司,但让我迟疑不决的是,有两种方法可以向经理提出,不知哪一种更好些?◇当机立断。

持之以恒 chí zhī yǐ héng 持:坚持。以:用。恒:恒心。语本宋·楼钥《攻媿集·雷雨应诏封事》:"凡应天下之事,一切行之以诚,持之以久。"后用"持之以恒"指用恒心坚持做下去,不松懈▷学外语要持之以恒,不能三天打鱼,两天晒网。|他数十年如一日,持之以恒地钻研,这就是他成功的秘诀。≈锲而不舍◇一曝十寒|半途而废|虎头蛇尾。

尺短寸长 chǐ duǎn cùn cháng 尺比寸长,但与更长的东西相比就显得短;寸比尺短,但与更短的东西相比就显得长。语本战国楚·屈原《卜居》:"夫尺有所短,寸有所长;物有所不足,智有所不明。"后用"尺短寸长"比喻人或事物各有长处和短处,不能一概而论▷各种文学体裁各有其特点,各有所长而又各有所短,关键是作家要善于把握这种尺短寸长的状况,扬长避短。|每个人都有各自的优点和缺点,尺短寸长,我们要善于学习别人的优点,改正自己的不足。

叱咤风云 chì zhà fēng yún 叱咤:怒喝。风云:比喻变化中的局势。怒喝一声,风云变色。语本《梁书·元帝纪》:"叱咤则风云兴起,鼓动则嵩、华倒拔。"后用"叱咤风云"形容威力声势极大▷这些经过多次大战考验的将军们,有着叱咤风云的光辉历史。|这位在战场上叱咤风云的将领,竟然像孩子一样地哭了起来。≈气吞山河。

赤膊上阵 chì bó shàng zhèn 赤膊:光着上身,也指不穿盔甲。光着上身打仗。比喻不顾一切地战斗▷将士们赤膊上阵与敌人拼杀。也比喻丢掉伪装,毫不掩饰地行动▷他脾气莽撞,往往一语不合,

C

就赤膊上阵，大吵大闹。

赤胆忠心 chì dǎn zhōng xīn 赤：赤诚，忠诚。形容非常忠诚▷岳飞赤胆忠心，精忠报国，为后世百姓所景仰。|我们需要一批对国家赤胆忠心的干部。≈忠心耿耿|忠肝义胆|披肝沥胆◇口是心非|居心不良|包藏祸心。

赤地千里 chì dì qiān lǐ 赤地：光秃秃的土地。寸草不生的土地有千里之遥。语本《汉书·夏侯胜传》："蝗虫大起，赤地数千里。"后用"赤地千里"形容灾害严重▷那一年大旱，江南赤地千里，无数百姓家破人亡。|黄河经过几十年的治理，两岸河水泛滥、赤地千里的惨景再也没有出现过。

赤身露体 chì shēn lù tǐ 赤、露：光着。光着身子，一丝不挂▷电影靠赤身露体的镜头来增加票房价值是不可取的。|她是个女孩子，怎肯在大庭广众之下赤身露体？≈一丝不挂。

赤手空拳 chì shǒu kōng quán 赤手：空手。两手空空，什么东西也没拿。指争斗时手里没有武器▷武警战士赤手空拳，勇斗劫匪。|打虎英雄武松赤手空拳勇斗猛虎的故事，在民间广为传诵。也指毫无凭借，一无所有▷我这儿什么工具都没有，赤手空拳，怎么干活！≈手无寸铁|白手起家◇荷枪实弹。

赤子之心 chì zǐ zhī xīn 赤子：初生的婴儿。刚出生的婴儿的心地。语出《孟子·离娄下》："大人者，不失其赤子之心者也。"后用"赤子之心"形容纯洁善良的心地▷我们从文章的字里行间，感受到了老作家的一颗赤子之心。|新中国成立初期，他怀着一颗报效祖国的赤子之心，毅然放弃国外的优越生活条件，回到了祖国。

冲锋陷阵 chōng fēng xiàn zhèn 向敌人发起攻势，深入并攻陷对方的阵地。语出《北齐书·崔暹传》："冲锋陷阵，大有其人。"后用"冲锋陷阵"形容作战英勇▷老刘早年在战场上冲锋陷阵，多次挂彩，获得多枚军功章。也形容顽强的奋斗精神▷他在科研战线冲锋陷阵数十年，不但取得了重大成果，而且培养了一批新生力量。≈出生入死|赴汤蹈火◇望风而逃。

充耳不闻 chōng ěr bù wén 充：塞住。闻：听。塞住耳朵不听。语本《诗经·邶风·旄丘》"叔兮伯兮，褎(yòu)如充耳"郑玄笺："如见塞耳，无闻知也。"后用"充耳不闻"形容不愿听取别人的意见或一点也没听见别人的话▷他专心地看着书，对周围的一切声响都充耳不闻。|对别人的批评，你充耳不闻，那怎么能改正错误使自己进步呢？≈置若罔闻◇洗耳恭听。

重蹈覆辙 chóng dǎo fù zhé 重：又一次。蹈：踏上。覆：翻倒。辙：车轮碾出的轨迹。再次踏上翻过车的老路。语本《后汉书·窦武传》："今不虑前事之失，复循覆车之轨。"后用"重蹈覆辙"比喻不吸取失败的教训，重犯旧错误▷你还是没有认真总结和反省，结果重蹈覆辙，一而再、再而三地上当受骗。|他在家待了几个月，重蹈覆辙，又和那些狐朋狗友鬼混。≈故态复萌◇改弦易辙|另起炉灶。

［提示］重，不读"zhòng"。蹈，不读"tāo"。覆，不要写作"复"。

重见天日 chóng jiàn tiān rì 重新看见青天白日。比喻摆脱黑暗的困境，重新看

到光明和希望▷抗战胜利了,沦陷区的老百姓重见天日,欢欣鼓舞。|在律师的帮助下,老人的冤情得到了昭雪,终于重见天日。也比喻某些被封闭的东西重新开放▷古墓中的珍贵文物重见天日,展示在我们面前。≈拨云见日|枯木逢春◇暗无天日。

重起炉灶 chóng qǐ lú zào 重起:重新做起。重新做炉灶。比喻事情遭受挫折后,再从头做起或另搞一套▷这次试验失败了不要紧,我们分析一下,可以重起炉灶,相信会成功的。|你这道题解了半天还没有解出来,不如换个思路,重起炉灶试试看。≈卷土重来|东山再起◇偃旗息鼓。

重温旧梦 chóng wēn jiù mèng 温:复习。比喻重新经历或回忆旧日的美事▷当初你深深刺伤了小倩的心,今天再想重温旧梦是不可能了。|为了儿时的温馨,他回到了故乡,决心重温旧梦,再也不离开了。

重整旗鼓 chóng zhěng qí gǔ 旗鼓:古代作战时用来发号施令的旌旗和战鼓,代指有生力量。比喻失败或受挫后,整顿力量,重新再干▷闯王正在集合人马,加紧操练,一旦时机成熟,就将重整旗鼓,再展宏图。|这次试验虽然失败,但大家并不灰心,决定重整旗鼓,坚持干下去。≈另起炉灶|卷土重来|东山再起◇一蹶不振|偃旗息鼓。

崇山峻岭 chóng shān jùn lǐng 崇:高。峻:(山)高而陡。语出晋·王羲之《兰亭集序》:"此地有崇山峻岭,茂林修竹。"后用"崇山峻岭"指高大陡峭的山岭▷秋风染红了崇山峻岭上的枫叶。|汽车在崇山峻岭之间爬行,不知过了多少时辰,才在一个小山村旁停下了。◇一马平川。

崇洋媚外 chóng yáng mèi wài 媚:谄媚,奉承。崇拜外国,巴结洋人,丧失民族自尊心▷晚清时,那些崇洋媚外的封建官僚不断地出卖国家的利益和主权。|我们既不能闭关自守,也不能崇洋媚外。≈卖国求荣◇夜郎自大。

宠辱不惊 chǒng rǔ bù jīng 宠:宠爱,夸赞。辱:侮辱。不以得宠和受辱而动心。语本晋·潘岳《在怀县》诗:"宠辱易不惊,恋本难为思。"后用"宠辱不惊"指能把得失置之度外▷他饱经沧桑,无论遇上什么事,都能宠辱不惊,泰然处之。|领导当众表扬他,而他宠辱不惊,所以更得领导的器重。◇得失萦怀。

稠人广众 chóu rén guǎng zhòng 稠:密。广:众多。语出《汉书·灌夫传》:"稠人广众,荐宠下辈,士亦以此多之。"后用"稠人广众"形容人极多。也指人多的地方▷这稠人广众的,你文明点好不好?|在这稠人广众的热闹地方,他胆敢拔刀伤人,气焰也太嚣张了。

愁肠百结 chóu cháng bǎi jié 百结:极多的结头。忧愁苦闷的心肠结起了许多疙瘩。语出《敦煌变文集·王昭君变文》:"日月无明照覆盆,愁肠百结虚成着。"后用"愁肠百结"形容愁苦郁积心中,难以排遣▷又近年关,穷人家愁肠百结,真是"过年如过关"呵!|他愁肠百结,哪里还有什么心思看电影呢。≈忧心如焚◇心花怒放|欣喜若狂。

愁眉苦脸 chóu méi kǔ liǎn 苦:痛苦。紧锁眉头,哭丧着脸。形容很忧愁的样子▷他的期中考试不及格,为此愁眉苦脸,闷声不响。|看到她那愁眉苦脸的样子,我不禁生出怜悯之心。≈愁眉不展|

满面愁云◇喜形于色|满面春风|眉飞色舞|眉开眼笑|笑逐颜开。

愁云惨雾 chóu yún cǎn wù 云、雾：比喻景象或气氛。语本宋·释道原《景德传灯录·神州林阳山瑞峰院志瑞禅师》："云愁雾惨，大众呜呼，清师一言，未在告别。"后用"愁云惨雾"形容忧愁凄惨的景象▷参加葬礼的人莫不失声痛哭，直哭得大厅里一片愁云惨雾。|沦陷前夕的古城笼罩在一片愁云惨雾之中。◇拨云见日。

踌躇不决 chóu chú bù jué 踌躇：犹豫。决：决断。犹豫而不能决断▷第一志愿该填哪个学校呢？我真是踌躇不决。|老总平时做事干脆利落，如今碰上这个难题，未免踌躇不决了。≈犹豫不决|左右为难|无所适从|举棋不定◇当机立断。

［提示］踌躇，不读"shòu zhù"。

踌躇满志 chóu chú mǎn zhì 踌躇：从容自得的样子。志：心意。语出《庄子·养生主》："提刀而立，为之四顾，为之踌躇满志。"后用"踌躇满志"形容心满意足，非常得意▷小郑踏上社会后，一帆风顺，踌躇满志。|主任踌躇满志地走进会场，环顾了一周，干咳了两声，开始讲话。≈春风得意|志得意满|顾盼自雄◇灰心丧气|垂头丧气|心灰意懒|万念俱灰。

［提示］踌躇，不读"shòu zhù"。

丑态百出 chǒu tài bǎi chū 百：形容多。种种丑相都做出来▷老黄喝醉了，又是唱又是骂，简直是丑态百出。|她第一次看到这种丑态百出的场面，十分厌恶。≈出乖露丑|洋相百出◇仪态万方|温文尔雅。

臭名昭著 chòu míng zhāo zhù 名：名声。昭著：显著，明显。坏名声大家都知道▷墨索里尼是臭名昭著的法西斯头目。|人们永远唾弃秦桧这个臭名昭著的卖国贼。≈臭名远扬|声名狼藉◇名扬四海|名满天下|声誉鹊起。

出尔反尔 chū ěr fǎn ěr 尔：你。反：返，回。语本《孟子·梁惠王下》："出乎尔者，反乎尔者也。"原意是指你怎样对待人家，人家也怎样对待你。后用"出尔反尔"形容自己说了或做了，自己又反悔，言行前后矛盾▷你原来答应过我的，怎么能出尔反尔呢？|这种所谓的"学者"，昨天说计划经济天下第一，今天又说市场经济世间无双，出尔反尔，丝毫没有自己独立的见解。≈反覆无常|朝三暮四|朝秦暮楚◇说一不二|言行一致|始终如一|始终不渝|从一而终|全心全意。

［提示］尔，不要写作"而"。

出乖露丑 chū guāi lù chǒu 乖：荒谬。在众人面前出丑丢脸▷下星期就要上公开课了，我得好好备课，免得出乖露丑。|你们欠债不还，还要如此蛮横，我拼着出乖露丑，也要当众臭臭你们。≈丢人现眼。

出口成章 chū kǒu chéng zhāng 章：篇章。语本《诗经·小雅·都人士》："其容不改，出言有章。"后用"出口成章"形容口才好，文思敏捷▷李老师讲解古文，出口成章，深受同学们的欢迎。|总经理非常欣赏小王那出口成章的才华。≈口若悬河|能言善辩|口吐莲花|伶牙俐齿|倚马千言|文不加点◇才疏口拙|笨嘴拙舌。

出类拔萃 chū lèi bá cuì 出：高出。类：同类。拔：超过。萃：草丛生的样子，比喻聚集在一起的人或物。语本《孟

子·公孙丑上》:“出于其类,拔乎其萃,自生民以来,未有盛于孔子也。”后用“出类拔萃”比喻人的品德、才学等的优异超越众人▷他的作文水平在全校学生中是出类拔萃的。|春秋战国时的诸子百家都是古代中国出类拔萃的哲人。≈鹤立鸡群|超群绝伦◇相形见绌。

[提示]萃,不读“zú”。

出没无常 chū mò wú cháng 无常:没有一定的规律。形容忽然出现又忽然消失,变化不定▷方圆几百里,狼群出没无常。|新中国成立初期,这儿的崇山峻岭之间,还有出没无常的土匪。≈捉摸不定|千变万化。

[提示]没,不读“méi”。

出谋划策 chū móu huà cè 谋:谋略,计谋。划:筹划。策:计策,策略。筹划计谋策略。指为别人出主意▷这一阵,多亏了李博士帮总经理出谋划策,公司开始走出困境。|有他帮助你出谋划策,你可以放手大干了。

出其不意 chū qí bù yì 其:对方的。不意:没有意料到。语出《孙子·计篇》:“攻其不备,出其不意,此兵家之胜,不可先传也。”后用“出其不意”形容在对方料想不到时,采取突然行动▷我军出其不意,深入敌后,突然袭击,使敌军首尾不能相顾。也泛指出乎意料▷小顾出其不意地走了一步好棋,满盘皆活,取得了主动。

出奇制胜 chū qí zhì shèng 奇:奇兵或奇计。制胜:取胜。用奇兵或奇计战胜敌人,取得胜利。语本《孙子·势篇》:“凡战者,以正合,以奇胜。”后用“出奇制胜”指用别人意料不到的谋略或办法来取胜▷这位老将军身经百战,他最善于出奇制胜,建立战功。|在设计材料的运用上,国外的建筑师们不断地出奇制胜,采用了各种新颖材料,使人眼界大开。

出人头地 chū rén tóu dì 语本宋·欧阳修《与梅圣俞书》:“读轼(苏轼)书,不觉汗出,快哉快哉!老夫当避路,放他出一头地也。”后用“出人头地”形容高人一等,超过一般的人▷封建时代的读书人大多热衷于科举考试,企图一举成名,出人头地。|不少家长希望自己的孩子将来出人头地。≈高人一等|出类拔萃|鹤立鸡群|卓尔不群|超群绝伦◇碌碌无为。

出人意外 chū rén yì wài 语本《南史·袁宪传》:“宪常招引诸生与之谈论,新义出人意表,同辈咸嗟服焉。”后用“出人意外”形容超出人们的料想、猜测之外▷平时成绩不佳的他出人意外地考取了重点中学。|他居然会与人打架,真是出人意外。◇不出所料。

出神入化 chū shén rù huà 神:神奇,神妙。化:化境,高超的境界。形容技艺达到了很高超的境界▷徐悲鸿大师画的骏马,出神入化,栩栩如生。|魔术师的表演出神入化,观众们看得如醉如痴。≈炉火纯青◇平淡无奇。

出生入死 chū shēng rù sǐ 原指从出生到死去。语出《老子》五十章:“出生入死。生之徒十有三,死之徒十有三。”后用“出生入死”形容冒着生命危险,完全不顾个人的安危▷革命战士在民族解放的战场上进行了出生入死的战斗。|他们为抢救地震灾民,出生入死,奋战了两天三夜。≈赴汤蹈火|冲锋陷阵|奋不顾身|九死一生|舍生忘死|视死如归|万

死不辞◇贪生怕死。

出言不逊 chū yán bù xùn 出言：说话。不逊：没有礼貌。语出《三国志·魏书·张郃传》："郃快军败，出言不逊。"后用"出言不逊"指说话傲慢，没有礼貌▷这家伙出言不逊，我得教训教训他。|他为人还算正派，但对人说话老是出言不逊，所以大家都不爱搭理他。

［提示］逊，不读"sūn"。

初出茅庐 chū chū máo lú 茅庐：草房。初次走出草房。《三国志·蜀书·诸葛亮传》载：东汉末年，刘备三次登诸葛亮门，才使诸葛亮同意帮助刘备打天下。诸葛亮初次出山，就设计用火攻破曹操的军队，大获全胜。时人赞颂诸葛亮"初出茅庐第一功"。后用"初出茅庐"比喻刚参加工作，缺乏实际经验▷他初出茅庐，领导就委以重任。|我儿子初出茅庐，一点社会阅历也没有，还望您老多多指教。

除暴安良 chú bào ān liáng 暴：暴徒。铲除为非作歹的坏人，安抚善良的百姓▷小说中除暴安良的侠客，深受大众的喜爱。|红军每到一处，便除暴安良，建立地方上的新秩序。≈抑强扶弱◇仗势欺人|以强凌弱|为虎作伥|助纣为虐。

除恶务尽 chú è wù jìn 务：必须，一定。语本《书·泰誓》："树德务滋，除恶务本。"后用"除恶务尽"指清除坏人坏事，一定要干净、彻底▷清查黄色出版物，一定要除恶务尽。|唯有对腐败现象除恶务尽，才能真正促使国家政治清明，经济发展。◇养痈贻患。

除旧布新 chú jiù bù xīn 布：安排，展开。语出《左传·昭公十七年》："彗，所以除旧布新也。"后用"除旧布新"指除去旧的，建立新的▷过年了，到处是一派除旧布新的喜庆景象。|祖国除旧布新，踏上了改革开放的康庄大道。≈推陈出新|革故鼎新|新陈代谢◇陈陈相因|因循守旧。

处心积虑 chǔ xīn jī lǜ 处心：存心。语出《穀梁传·隐公元年》："何甚乎郑伯？甚郑伯之处心积虑，成于杀也。"后用"处心积虑"形容长时间地费心谋划▷他处心积虑，要谋取这个垂涎已久的位置。|一小撮分裂分子处心积虑，企图分裂祖国。≈千方百计|挖空心思|费尽心机◇听之任之。

［提示］处，不读"chù"。

处之泰然 chǔ zhī tài rán 处：处理，对待。泰然：安然，毫不在意的样子。语出宋·朱熹《牧斋记》："古之君子一箪食瓢饮而处之泰然。"后用"处之泰然"形容在困难、窘迫的情况下安然自得，毫不在乎▷他一生刚正不阿，对待宦海沉浮更是处之泰然。|各级政府机关对于腐败现象决不能处之泰然，行若无事，而要坚决查处，严厉打击。≈行若无事|镇定自若◇惊慌失措|心慌意乱。

［提示］处，不读"chù"。

楚楚可怜 chǔ chǔ kě lián 楚楚：纤弱的样子。可怜：可爱。原形容幼松枝叶柔嫩可爱。语出南朝宋·刘义庆《世说新语·言语》："松树子非不楚楚可怜，但永无栋梁用耳！"后用"楚楚可怜"形容女子娇媚可爱▷大婶看她长得楚楚可怜，便帮着她提了行李，并送她上了回家的汽车。|在舞厅淡淡的灯光下，她显得格外的楚楚可怜。

触景生情 chù jǐng shēng qíng 受到眼前情景的触动而激发起某种感情▷我回

到阔别多年的故乡，不禁触景生情，怀念起童年的日子。|苏轼泛舟赤壁，触景生情，写下了千古传诵的《念奴娇·赤壁怀古》词。≈即景生情|寓目骋怀◇情随事迁|无动于衷。

触类旁通 chù lèi páng tōng 类：类别。旁通：相互贯通。语本《周易·系辞上》："引而伸之，触类而长之。"后用"触类旁通"形容接触并掌握某一事物的知识、规律以后，就可以推知其他类似的事物▷学习不能靠死记硬背，而要深入理解，触类旁通。|小许聪明而伶俐，具有触类旁通的悟性。≈举一反三|融会贯通|见微知著◇生搬硬套|死记硬背。

触目惊心 chù mù jīng xīn 触目：目光所及。语本《梁书·太祖张皇后传》："兴言永往，触目恸心。"后用"触目惊心"形容所见的事态严重，令人震惊▷日本鬼子在南京大屠杀中的暴行，触目惊心，令人发指。|在反腐败斗争中，检察机关揭露出一批触目惊心的大案要案。≈惊心动魄|石破天惊◇司空见惯|习以为常|视若无睹。

川流不息 chuān liú bù xī 川：河。河水流个不停。语本《论语·子罕》："子在川上曰：逝者如斯夫，不舍昼夜。"原比喻时光无休止地流逝。后用"川流不息"比喻人、车马、船只等往来不断▷节日之夜，大街上到处是人群和车辆，川流不息。|展览会办得很成功，观众川流不息。≈络绎不绝|车水马龙|熙来攘往◇门可罗雀。

穿云裂石 chuān yún liè shí 直穿云霄，震裂石头。语出宋·苏轼《李委吹笛引》："既奏新曲，又快作数弄，嘹然有穿云裂石之声。"后用"穿云裂石"形容声音高亢嘹亮▷他的歌声高亢激越，穿云裂石，博得了广大听众的赞赏。|他用笛子吹奏了一首新曲，曲调高昂，隐隐有穿云裂石之感。

穿凿附会 chuān záo fù huì 穿凿：把讲不通的硬要讲通。附会：把不相干的硬扯在一起。语出宋·洪迈《容斋随笔》卷二："用是知好奇者欲穿凿附会，固各有说云。"后用"穿凿附会"形容生拉硬扯，勉强地解释▷读者不能把艺术作品中的典型人物穿凿附会为生活中的某个人。|这篇文章的第三段有点穿凿附会，要改一改。≈牵强附会|生拉硬扯|生搬硬套◇合情合理|理所当然|顺理成章。

[提示]凿，不读"zuó"。

穿针引线 chuān zhēn yǐn xiàn 比喻从中拉拢、牵合、联系，使双方接通关系▷王大妈热情地穿针引线，解决了好几对大龄青年的婚姻问题。|老人退休后发挥穿针引线的作用，积极向有关单位推荐各类人才。≈牵线搭桥。

传宗接代 chuán zōng jiē dài 宗：宗族。代：后代。指生了儿子可以使宗嗣延续下去▷他思想陈旧，现在还一心想生个儿子来传宗接代。|现在的许多年轻人潇洒得很，根本不想生儿育女，对所谓"传宗接代"的说法更是嗤之以鼻。◇断子绝孙。

串通一气 chuàn tōng yī qì 指暗中勾结，彼此配合，采取一致的行动▷经过缜密侦查，这次终于把串通一气、大肆偷盗国家财产的盗窃犯一网打尽。|旧时代的官府与土匪，表面上势不两立，实质上是互相勾结，串通一气，给人民群众带来了深

重的灾难。

窗明几净 chuāng míng jī jìng 几：矮或小的桌子。窗户明亮，几桌干净。形容房间明亮，家具或陈设很干净▷这间客房陈设虽然简陋，但窗明几净，给人舒适的感觉。|同学们花了一个下午的时间，把孤老李大爷的家打扫得窗明几净，李大爷乐得合不拢嘴。

［提示］几，不读“jǐ”。

吹毛求疵 chuī máo qiú cī 求：寻找。疵：缺点。吹开皮上的毛，寻找其上的疵点。语本《韩非子·大体》：“不吹毛而求小疵，不洗垢而察难知。”后用“吹毛求疵”比喻故意挑剔，寻找缺点、错误▷考察一个人要从大处着眼，不要吹毛求疵。|你不要吹毛求疵了，天下没有十全十美的东西。≈求全责备◇隐恶扬善。

垂帘听政 chuí lián tīng zhèng 垂帘：放下帘子遮隔，指封建时代太后或皇后临朝处理政务。听政：治理政事。《旧唐书·高宗纪下》载：唐高宗李治得病不能上朝，皇后武则天就每天上朝，垂帘于御座后，大小政事，皆由她作决定。后用“垂帘听政”指太后或皇后临朝管理国家政事▷光绪皇帝已亲政十年，而慈禧太后还在垂帘听政。也比喻躲在幕后发号施令▷老书记虽已退休，不担任任何职务，但厂子里的大事小事他都要发表指示，人们戏称他在“垂帘听政”。

垂死挣扎 chuí sǐ zhēng zhá 接近死亡或灭亡时，拼命抗拒▷重伤的歹徒竟然垂死挣扎，把匕首掷向前来抓捕的警察。|反动派不会自动退出历史舞台，他们必然要垂死挣扎。≈负隅顽抗|狗急跳墙|困兽犹斗◇束手就擒|寿终正寝。

垂头丧气 chuí tóu sàng qì 丧气：情绪低落。语出唐·韩愈《送穷文》：“主人于是垂头丧气，上手称谢。”后用“垂头丧气”形容因失败、挫折而情绪低落▷小明挨了老师的批评，垂头丧气地走出办公室。|虽然失败了，但我们不垂头丧气，而是吸取教训，挺起腰杆再干。≈萎靡不振|灰心丧气|无精打采◇趾高气扬|踌躇满志|昂首阔步|满面春风。

垂涎三尺 chuí xián sān chǐ 涎：口水。口水流下很长。形容很贪婪的样子▷他一直在盯着那个令他垂涎三尺的蛋糕。|盗窃分子对展馆中琳琅满目的宝贵文物垂涎三尺。≈垂涎欲滴。

［提示］涎，不读“yán”。

捶胸顿足 chuí xiōng dùn zú 捶：用拳敲打。顿足：用脚跺地。用拳敲打胸膛，用脚跺地。形容悲痛或悔恨的样子▷看见他那捶胸顿足的样子，我的鼻子酸溜溜的。|看着股票指数直线上涨，他捶胸顿足，后悔昨天把股票都抛出去了。

椎心泣血 chuí xīn qì xuè 椎：敲打。泣血：哭干了眼泪，眼中像要流出血来。敲打着自己的胸脯，眼泪也哭干了，像要流出血来。语本汉·李陵《答苏武书》：“何图志未立而怨已成，计未从而骨肉受刑，此陵所以仰天椎心而泣血也。”后用“椎心泣血”形容悲痛到了极点▷在追悼会上，他椎心泣血，悲痛到了极点。|一夜之间，因煤气中毒，他失去了全部的亲人。他怎么也没有想到，这种令人椎心泣血的惨事会降临到自己头上。≈悲痛欲绝|痛不欲生◇喜不自胜|乐不可支。

［提示］椎，不读“zhuī”，不要写作“捶”。

春风得意 chūn fēng dé yì 和暖的春风十分适合人的心意。语出唐·孟郊《登

科后》诗:“春风得意马蹄疾,一日看尽长安花。”原形容考中功名后的得意心情。后用“春风得意”形容心满意足、得意洋洋的情态▷袁先生30多岁当上了局长,春风得意,未免有点飘飘然。|封建时代文人的主要出路是参加科举,一旦考中,便春风得意,青云直上。≈志得意满|怡然自得|满面春风◇灰心丧气|垂头丧气|心如死灰|万念俱灰|萎靡不振。

春风化雨 chūn fēng huà yǔ 化雨:及时雨。语本《孟子·尽心上》:“有如时雨化之者。”又,汉·刘向《说苑·贵德》:“吾不能以春风风人,吾不能以夏雨雨人,吾穷必矣。”后用“春风化雨”比喻良好的教育。多用于称颂师长的教诲▷父母对孩子的教诲,犹如春风化雨。|陈老师春风化雨般地培养了大批优秀学生,桃李满天下。≈春风风人|夏雨雨人。

春寒料峭 chūn hán liào qiào 料峭:形容春天的寒意。语出宋·释普济《五灯会元·潭州大沩佛性法泰禅师》:“春寒料峭,冻杀年少。”后用“春寒料峭”指虽然是春天了,天气还比较寒冷▷现在还是春寒料峭的时节,您老要注意保暖。|窗外春寒料峭,室内却暖意融融。一窗之隔,截然像两个世界。

春华秋实 chūn huá qiū shí 华:同“花”。实:果实。语本《三国志·魏志·邢颙传》:“采庶子之春华,忘家丞之秋实。”后用“春华秋实”指春天开花,秋天结果▷春华秋实,没有浩荡的春风,又哪里会有秋天丰硕的收成呢?也指事情有因必有果。多比喻经过努力工作而获得成功▷领导干部只有吃苦在先、享乐在后,才能赢得群众的爱戴。不经过风霜雪雨,又哪来的春华秋实呢?

春兰秋菊 chūn lán qiū jú 春天的兰花和秋天的菊花。指物各适其时,各有秀美的特色。语出战国楚·屈原《九歌·礼魂》:“春兰兮秋菊,长无绝兮终古。”后用“春兰秋菊”比喻事物各有其特长▷这兄弟俩,一个搞体育,一个搞艺术,都是全国知名的好手,真是春兰秋菊,各有千秋。|这两件工艺品,一件玲珑剔透,一件以气势取胜,真是春兰秋菊,都令人割舍不下。

春暖花开 chūn nuǎn huā kāi 春天气候温暖,百花开放。形容春天优美的景色▷春暖花开的杭州城,到处都是中外游客。|我们决定在春暖花开的日子里去公园游玩。

春去秋来 chūn qù qiū lái 春去:春天过去。秋来:秋天到来。形容时光流逝▷这春去秋来,一晃就是二十年,时间过得真快啊!|春去秋来,光阴似箭,我们要珍惜时间做一番事业,否则,有愧于时代。

春意盎然 chūn yì àng rán 盎然:气氛、趣味等洋溢的样子。形容春天的气氛很浓。也比喻欣欣向荣、旺盛的样子▷礼堂里笑声、掌声不绝,一派春意盎然。|三月的江南,到处是百花齐放,春意盎然。◇秋风萧瑟。

唇齿相依 chún chǐ xiāng yī 语出《三国志·魏书·鲍勋传》:“王师屡征而未有所克者,盖以吴、蜀唇齿相依,凭阻山水,有难拔之势故也。”后用“唇齿相依”比喻互相依存,关系密切▷我们两国唇齿相依,理应合力抗击第三国的侵略。|这一对患难夫妻唇齿相依地度过了可歌可泣的一生。≈唇亡齿寒|休戚与

共|辅车相依|相依为命◇南辕北辙|势不两立。

唇焦舌敝 chún jiāo shé bì 焦：干。敝：破。嘴唇干燥，舌头开裂。语本汉·赵晔《吴越春秋·夫差内传》："唇焦干舌，苦身劳力，上事群臣，下养百姓。"后用"唇焦舌敝"形容费尽口舌▷父母说得唇焦舌敝，也难以使她回心转意。|他为人真是吝啬，我说得唇焦舌敝，他才借给我五十块钱。

唇枪舌剑 chún qiāng shé jiàn 嘴唇像枪，舌头似剑。语出金·丘处机《神光灿》："不在唇枪舌剑，人前斗，惺惺广学多知。"后用"唇枪舌剑"形容言辞犀利，争辩激烈▷他俩就这个问题展开了唇枪舌剑，争得面红耳赤。|乘客之间为了一点儿小误会，唇枪舌剑，各不相让，太不值得了。≈针锋相对|争长论短◇和风细雨|温文尔雅。

唇亡齿寒 chún wáng chǐ hán 嘴唇没有了，牙齿就会感到寒冷。《左传·德公五年》载：春秋时，晋国送重礼给虞国，要求借道攻打虢国。虞国国君同意了，大臣宫之奇却劝谏道："虢国是虞国的外围，虢亡，虞也必亡，这正如谚语中所说的唇亡齿寒呀！"虞国国君不听劝阻，果然被晋国灭掉。后用"唇亡齿寒"比喻双方关系密切，利害相关▷朝鲜战局岌岌可危，唇亡齿寒，中国毅然派遣志愿军支援朝鲜人民，保家卫国。|你们两个共同投资办公司，现在你抽走资金，唇亡齿寒，他怎么能支撑下去呢？≈辅车相依|休戚相关。

鹑衣百结 chún yī bǎi jié 鹑：鹌鹑，头小尾秃，羽赤褐色，犹如身穿打满补丁的破衣。百结：形容衣服缝补的地方多。语本《荀子·大略》："子夏家贫，衣若县（悬）鹑。"后用"鹑衣百结"形容衣服破烂不堪▷他在深山老林中转了一个月，回家时已鹑衣百结，面目全非。|旧中国的百姓大多生活在贫困线下，野菜粗粮、鹑衣百结地过日子。≈衣衫褴褛◇衣冠楚楚。

蠢蠢欲动 chǔn chǔn yù dòng 蠢蠢：爬虫蠕动的样子。语本南朝宋·刘敬叔《异苑》卷三："掘得一黑物，无有首尾，形如数百斛舡，长数十丈，蠢蠢而动。"后用"蠢蠢欲动"形容敌人准备进犯或坏人准备捣乱▷敌军趁黎明之际蠢蠢欲动，企图反攻。|警方在春节以前狠狠打击了这批蠢蠢欲动的坏蛋。≈跃跃欲试◇偃旗歇鼓。

绰绰有余 chuò chuò yǒu yú 绰绰：宽裕的样子。语本《诗经·小雅·角弓》："此令兄弟，绰绰有裕。"后用"绰绰有余"形容十分宽裕，使用不尽▷邓先生的公司实力很雄厚，投资基金绰绰有余。|以刘老师的博学，替我们报社写几篇杂文，还是绰绰有余的。≈绰有余力◇捉襟见肘|入不敷出。

绰约多姿 chuò yuē duō zī 绰约：姿态柔美的样子。语出唐·蒋防《霍小玉传》："年可四十余，绰约多姿，谈笑甚美。"后用"绰约多姿"形容女子或花木等姿态优美▷这部电影的女主角不但长得绰约多姿，而且表演生动细腻。|这丛牡丹花色鲜艳，灿若云霞；枝叶披拂，绰约多姿。

辞不达意 cí bù dá yì 达：表达。语本《仪礼·聘礼》："辞多则史，少则不达，辞苟足以达义之至也。"后用"辞不达意"形容说话、写文章不能确切地表达意思▷你得好好训练一下表达能力，因为辞不达意，就会影响人际交往，甚至误事。｜经理把这篇辞不达意的报告扔还给秘书，要她重写一遍。≈言不及义｜含糊不清｜不知所云｜文不逮意◇言简意赅。

［提示］辞，也可以写作“词”。

慈眉善目 cí méi shàn mù 慈祥善良的面容。形容人和善可亲的样子▷这位大娘长得慈眉善目的，一见到她就使我想起故世的母亲。｜听到日寇在中国犯下的暴行，平日慈眉善目的老人愤怒得如同怒目金刚，恨不得也能从军杀敌。◇凶神恶煞。

此唱彼和 cǐ chàng bǐ hè 这里在唱，那里在应和▷联欢会上，师生们此唱彼和，热闹非凡。也引申指彼此呼应▷这几个人在报纸上此唱彼和，兜售他们的改组方案。≈遥相呼应。

［提示］和，不读“hé”。

此起彼伏 cǐ qǐ bǐ fú 伏：低下去。这里起来了，那里又下去了。形容连续不断地出现▷隋朝末年，农民起义的浪潮此起彼伏。｜赛场上，观众的“加油”声此起彼伏。≈连绵不绝◇昙花一现｜稍纵即逝｜孤峰突起。

刺刺不休 cì cì bù xiū 刺刺：说话唠叨的样子。休：停止。语本唐·韩愈《送殷员外序》：“丁宁顾婢子，语刺刺不能休。”后用“刺刺不休”形容说话唠叨，没完没了▷你这样刺刺不休地批评孩子，效果只会适得其反。｜希特勒一方面大肆屠杀犹太人，一方面却刺刺不休地大谈“民主与人权”。拙劣的表演令人齿冷。≈喋喋不休◇沉默寡言｜不言不语。

聪明伶俐 cōng míng líng lì 伶俐：机灵，灵活。形容人聪明灵活▷他是学生会的宣传委员，聪明伶俐，能说会道，同学们都知道他。｜他长相英俊，风流倜傥，而且聪明伶俐，所以深受女孩子的喜爱。◇愚昧无知。

从长计议 cóng cháng jì yì 从长：用较长的时间。指不急于做出决定，慢慢设法解决▷这个问题很复杂，应该从长计议，不要匆忙作决定。｜老李，你先消消气。这事需从长计议，着急是没有用的。◇当机立断。

从井救人 cóng jǐng jiù rén 从：跟从。有人掉在井里，就跟着跳下井去救人。语本《论语·雍也》：“仁者，虽告之曰：‘井有仁（人）焉。’其从之也？”后用“从井救人”比喻做好事若不讲方式方法就得不到应有的效果▷他助人为乐的精神是值得肯定的，但从井救人的方法不值得提倡。◇落井下石。

从容不迫 cóng róng bù pò 迫：急促。形容态度镇静，不慌不忙▷先烈们从容不迫地走向敌人的刑场。｜大家全神贯注地倾听着徐主任从容不迫的发言。≈泰然自若｜慢条斯理◇惊慌失措｜手忙脚乱｜失魂落魄。

［提示］从，不读“cōng”。

从善如流 cóng shàn rú liú 从：听从。善：好的，正确的。流：流水。语出《左传·成公八年》：“从善如流，宜哉！”后用“从善如流”形容听从正确的意见和规劝，像流水那样又快又自然▷唐太宗在封建社会里，可算是一位从善如流的贤君。｜他虽然资格很老，却从善如流，从不文过饰非。≈言听计从◇刚愎自用｜文过饰非。

粗茶淡饭 cū chá dàn fàn 粗：粗糙，简单。指普通简单的饮食。语出宋·杨万

里《得小儿寿俊家书》诗："粗茶淡饭终残年。"后用"粗茶淡饭"形容简朴的生活▷他每日粗茶淡饭，却甘之如饴。|你不要害怕失去这份工作，只要肯吃苦，粗茶淡饭总是会有的。◇山珍海味。

C

粗心大意 cū xīn dà yì 做事不细心，马虎随便▷小于干什么事都是粗心大意的。|粗心大意的售货员，错把百元大钞当作十元票子找给了顾客。≈粗枝大叶|马马虎虎◇小心翼翼|一丝不苟。

粗枝大叶 cū zhī dà yè 粗树枝，大叶片。语出宋·朱熹《朱子语类》卷二七："汉文粗枝大叶，今《书序》细腻，只似六朝时文字。"原比喻语言文字简略、概括。后用"粗枝大叶"形容不认真，不细致▷你太粗枝大叶了，短短一篇作文有这么多错别字。|我没时间，只是粗枝大叶地翻了一遍你的报告。≈粗心大意|漫不经心|毛手毛脚◇小心谨慎|一丝不苟|精雕细琢。

粗制滥造 cū zhì làn zào 滥：过多而无节制。形容粗糙而草率，只求数量，不顾质量▷我们要坚决杜绝粗制滥造的出版物，不让它们去误人子弟。|这批皮鞋粗制滥造，穿不了几天就裂开了。≈偷工减料|草草了事◇精雕细琢|一丝不苟。

[提示]滥，不要写作"烂"。

促膝谈心 cù xī tán xīn 促：靠近。语出唐·田颖《揽云台记》："即有友人，不过十余知音之侣，来则促膝谈心。"后用"促膝谈心"指靠近坐着，说知心话▷老师没有训斥他，而是和他促膝谈心，让他自省。|干部经常和群众促膝谈心，是我们的优良传统。

猝不及防 cù bù jí fáng 猝：突然，出人意料。防：防备。形容事情突然发生，使人来不及防备▷一位老人突然横穿马路，骑电动车的姑娘猝不及防，车把一歪，倒在地上。|乒乓球决赛的关键时刻，对手突然回了一个短球，小丁猝不及防，又失一分。≈突如其来◇防患未然|不出所料。

[提示]猝，不读"zú"。

摧枯拉朽 cuī kū lā xiǔ 摧：毁灭，破坏。毁坏枯草，折断朽木。语出《汉书·异姓诸侯王表》："镌金石者难为功，摧枯朽者易为力，其势然也。"后用"摧枯拉朽"比喻很容易就能摧毁▷秦始皇以摧枯拉朽之势扫平六国，统一中国。|新中国成立初期，人民政府摧枯拉朽，扫荡旧社会残留的腐朽势力。≈势如破竹|排山倒海◇坚如磐石|稳如泰山。

摧眉折腰 cuī méi zhé yāo 摧：抵。折：弯。低垂着眉毛，弯着腰。语出唐·李白《梦游天姥吟留别》诗："安能摧眉折腰事权贵，使我不得开心颜。"后用"摧眉折腰"形容谄媚奉迎、卑躬屈膝的样子▷海瑞是个刚正不阿的人，从不对权贵摧眉折腰。|只要领导一来，他就摧眉折腰，像个叭儿狗似的跟前跑后，实在让人恶心。

[提示]折，不读"shé"。

翠袖红裙 cuì xiù hóng qún 翠袖：青绿色衣袖。红裙：红色裙子。泛指妇女的服装。也用为妇女的代称▷你也不看看你这把年纪，这翠袖红裙是你穿得了的吗？快去换了！|这些女演员的舞跳得美极了，如果再配上翠袖红裙，那可是锦上添花。

村夫俗子 cūn fū sú zǐ 村夫：乡下人。俗子：见识浅陋或鄙俗的人。指粗野鄙俗的人▷这人，台上扮演文人士子，台

下却是十足的村夫俗子，反差之大令人咋舌。|他是一个村夫俗子，你可不能同他一般见识。

寸步不离 cùn bù bù lí 寸步：极短的距离。一点也不离开。语本南朝梁·任昉《述异记》："吴黄龙年中，吴都海盐有陆东美，妻朱氏，亦有容止。夫妻相重，寸步不相离。时人号为'比肩人'。"后用"寸步不离"形容非常紧密或亲近▷在父亲病重期间，她端汤送药，寸步不离。|小孙子紧跟在爷爷的身后，寸步不离，生怕走丢了。≈形影相随。

寸步难行 cùn bù nán xíng 语本《敦煌变文集·维摩诘经讲经文》："吾缘染患，寸步难移。"后用"寸步难行"形容迈不开步子，行走困难▷岳父的关节炎又发作了，几乎寸步难行。也比喻处境困难，难以活动▷脱离了广大群众，任何英雄都寸步难行。≈步履维艰|动则掣肘◇畅通无阻|一往无前|一帆风顺|一蹴而就。

寸草不留 cùn cǎo bù liú 寸草：一寸长的小草。一寸长的小草也不留下。语出宋·楼钥《攻媿集·英老真赞》："大地一变，直教寸草不留。"后用"寸草不留"形容烧杀抢掠一空或灾难严重，什么也不留下▷抗战时期，日寇实行"三光"政策，许多村庄被烧得寸草不留。|来势凶猛的山火一路扫过，所经之地，寸草不留。≈斩草除根。

寸草春晖 cùn cǎo chūn huī 春晖：春天的阳光。小草的心意报答不了春光的恩惠。语本唐·孟郊《游子吟》："慈母手中线，游子身上衣。临行密密缝，意恐迟迟归。谁言寸草心，报得三春晖？"后用"寸草春晖"比喻儿女难以报答父母之恩▷我们学生对老师的心情，真好比寸草春晖呀！|离家去国三十年，寸草春晖，何日才能报答父母的养育之恩啊！

寸土必争 cùn tǔ bì zhēng 一点点土地也要争夺。语本《新唐书·李光弼传》："两军相敌，尺寸地必争。"后用"寸土必争"形容与敌人斗争或与人争夺毫不退让▷我们的方针是针锋相对，寸土必争。|边防部队保卫祖国的安全，维护国家的统一，对于祖国的领土，当然要寸土必争。

蹉跎岁月 cuō tuó suì yuè 蹉跎：白白地耽误时间。语本唐·李欣《送魏万之京》诗："莫见长安行乐处，空令岁月易蹉跎。"后用"蹉跎岁月"形容虚度光阴▷人家在争分夺秒，你却在蹉跎岁月。你就甘心落于人后吗？|十年流放，蹉跎岁月，他早已白发苍苍，无复当年的雄心壮志了。≈虚度年华。

措手不及 cuò shǒu bù jí 措手：动手处理。形容事情来得突然，来不及应对▷我们要趁敌人远途而来，疲倦不堪，打他个措手不及。|面对刹那间发生的意外情况，小芹措手不及。≈不知所措|手足无措|仓皇失措◇从容不迫|当机立断|应付自如。

错落有致 cuò luò yǒu zhì 错落：参差交错。致：情趣。参差交错，很有情趣。形容事物安排布置得当，使人看后饶有兴致▷这花园虽小，但亭榭楼台，假山怪石，安排得错落有致。|这篇小说中描写战争场面，有时写短兵相接，有时鸟瞰全局，行文疏密相间，错落有致。

错综复杂 cuò zōng fù zá 错综：纵横交叉。形容头绪很多，情况复杂▷《红楼梦》通过对错综复杂的社会关系和家庭

C

关系的描写,反映了封建宗法制度的必然覆灭。|这件事前后经历了数十年,其中的关系错综复杂,一时难以讲清。≈千头万绪◇简单明了。

达官贵人 dá guān guì rén 达：地位显赫。语本宋·魏了翁《知巴州郭君叔谊墓志铭》："虽压以达官贵人，遇所不可，慷慨论辩，不为势屈。"后用"达官贵人"指高官和社会地位显要的人物▷海边的别墅里住的都是达官贵人。|老先生为人清高，不喜欢结交达官贵人。≈高官显宦◇平民百姓。

答非所问 dá fēi suǒ wèn 回答的内容并不是别人所要问的▷小明上课时做小动作，老师提问时，他手足无措，答非所问，引起了一阵哄笑。|董事长听她答非所问，不耐烦地摇了摇头。≈文不对题◇应对自如。

打草惊蛇 dǎ cǎo jīng shé 拨动草丛，惊动了草中的蛇。语本宋·郑文宝《南唐近事》："汝虽打草，吾已惊蛇。"原比喻惩治一人，来警告其他人。后用"打草惊蛇"比喻行动不密，使对方有所察觉并防备▷你这一嚷，打草惊蛇，就坏了大事。|我们这次行动务必谨慎周密，千万不可打草惊蛇，让罪犯跑了。

打成一片 dǎ chéng yī piàn 原为佛教用语，指修道功夫深了，把各种千差万别的事物看作一回事。语出宋·释普济《五灯会元·庆元府育王佛照德光禅师》："耳听不闻，眼觑不见，苦乐顺逆，打成一片。"后用"打成一片"形容彼此结合紧密、融洽，不分彼此▷援藏干部一年来同藏民们工作、生活在一起，同甘共苦，已和藏族同胞打成一片。|他丝毫没有官架子，很快就与群众打成一片了。◇貌合神离|同床异梦。

打家劫舍 dǎ jiā jié shè 劫：强抢。舍：住房。指上门抢劫别人屋里的财物▷他们一伙打家劫舍，干尽坏事，必须尽快捉拿归案。|官府的横征暴敛比土匪的打家劫舍还要厉害，对人民的搜刮比土匪有过之而无不及。≈杀人越货。

[提示]舍，不读"shě"。

打入冷宫 dǎ rù lěng gōng 冷宫：皇宫中失宠后妃居住的处所。比喻废弃不用▷用几十万甚至几百万美元进口的设备，被打入冷宫，好几年也无人问津，多浪费呵！|群众的建议，无论多么合理都被打入冷宫，这种单位哪里还会有远大的前程。

大步流星 dà bù liú xīng 流星：古代的一种兵器，在铁链的两端各系一个铁锤，运用时旋转如飞。形容迈开大步，走得飞快▷通讯员大步流星地赶到团部，递交师首长下达的命令。|告别朋友后，我大步流星地赶到车站，总算搭上了末班车。≈健步如飞◇裹足不前|蜗行牛步。

大材小用 dà cái xiǎo yòng 把怀有大才能的人用在小事务上。语本宋·陆游《送辛幼安殿撰造朝》诗："大材小用古所叹，管仲萧何实流亚。"后用"大材小用"比喻用人不当，造成浪费▷他认为，让自己去管仓库，真是大材小用！｜毕业后，让你到基层干几年，取得实际工作的经验，这并不是大材小用。≈明珠投暗｜牛鼎烹鸡。

大彻大悟 dà chè dà wù 彻：透彻。悟：觉醒。形容彻底了解，完全明白▷事到如今，我终于大彻大悟，觉得再也不能这样生活下去了。｜他自言虽然经历了无数的磨难，但仍未达到大彻大悟的境界。≈如梦初醒｜醍(tí)醐(hú)灌顶｜恍然大悟◇执迷不悟。

D

大吹大擂 dà chuī dà léi 吹：吹喇叭。擂：击鼓。器乐演奏得十分热闹。比喻大肆宣扬或大肆吹嘘▷他就爱大吹大擂，从不踏踏实实做事。｜在那段特殊时期，国民经济已到了崩溃边缘，报刊上却还在大吹大擂“经济形势一片大好”。

大醇小疵 dà chún xiǎo cī 醇：酒味醇厚，引申为纯正。疵：缺点，毛病。语本唐·韩愈《读〈荀子〉》：“荀与杨，大醇而小疵。”后用“大醇小疵”指总体上纯正，略有小毛病▷这部小说虽有一些缺点，但大醇小疵，仍不失为优秀之作。｜他晚年虽然犯过错误，但大醇小疵，仍不失为一个伟人。≈白璧微瑕◇十全十美｜完美无缺｜白璧无瑕。

大慈大悲 dà cí dà bēi 原为佛教用语，爱一切众生为“大慈”，拯救一切受苦受难者为“大悲”。语出《法华经·譬喻品》：“大慈大悲，常无懈倦，恒求善事，利益一切。”后用“大慈大悲”指人心肠好，乐于帮助别人▷她大慈大悲，收留了这个没爹没娘的小女孩。｜看他表面上大慈大悲的样子，还不知他葫芦里卖的是什么药呢！◇穷凶极恶。

大错特错 dà cuò tè cuò 完全错了，错到了极点▷你以为我会轻易地认输？这就大错特错了。｜企图用弄虚作假的手法来获得好分数，这种想法是大错特错的。≈大谬不然｜荒谬绝伦｜一无是处｜百无一是◇无可置疑｜颠扑不破｜天经地义。

大打出手 dà dǎ chū shǒu 打出手：传统戏曲的武打程式，主角与几名对手相互抛掷、踢接武器。比喻逞凶打人或互相殴斗▷这伙人喝醉了酒，在饭店里大打出手，影响很坏。｜邻里之间有矛盾，要互相谦让，或者请有关方面协调解决，决不能大打出手。≈大动干戈◇息事宁人｜握手言和。

大刀阔斧 dà dāo kuò fǔ 阔斧：宽刃的斧头。原为古代武器。后比喻做事果断利索，有魄力▷余厂长很有魄力，上任以后，大刀阔斧地进行整顿改革，当年就扭亏为盈。｜处理问题有时候要和风细雨，有时候要大刀阔斧。≈毅然决然◇举棋不定｜婆婆妈妈｜谨小慎微。

大动干戈 dà dòng gān gē 干、戈：古代兵器。形容发生战斗▷他俩经常吵吵闹闹，近来竟然发展到大动干戈的地步。｜邻国之间应该友好相处，没有必要为一点小事就大动干戈。≈大打出手｜兵戎相见◇息事宁人｜握手言和。

大而化之 dà ér huà zhī 化：融化，转化。之：代词，它。原形容一个人的修养达到融会贯通的境界。语出《孟子·尽心下》：“充实而有光辉之谓大，大而化之之谓圣。”后用“大而化之”形容做事情粗心马虎，大大咧咧▷你做事大而化之的毛病可得改一改。｜他说话漫无边际，做事又大而化之，实在令人头疼。

大而无当 dà ér wú dàng 当：底，边际。大得没有边际。语出《庄子·逍遥游》：

"吾闻言于接舆，大而无当，往而不返，吾惊怖其言，犹河汉而无极也。"后用"大而无当"指大而不切实际▷这篇文章的题目大而无当，要改一下。|这个柜子占了这么大地方，又放不了多少东西，真是大而无当，还不如换一个小柜子呢！

［提示］当，不读"dāng"。

大发雷霆 dà fā léi tíng 霆：响雷。语本《三国志·吴书·陆逊传》："今不忍小忿而发雷霆之怒。"后用"大发雷霆"比喻大发脾气，高声斥责▷你为了这点小事而大发雷霆，实在不值得。≈怒不可遏|暴跳如雷◇平心静气|心平气和。

大方之家 dà fāng zhī jiā 大方：原指大道理，引申为见识广博。指懂得大道理的人。语出《庄子·秋水》："吾非至于子之门则殆矣，吾长见笑于大方之家。"后用"大方之家"指学识渊博的专家或精通某种技艺的行家▷希望光临会议的大方之家不吝赐教。|这篇论文的观点、材料均有不足之处，发表出去恐怕会贻笑于大方之家。

大放厥词 dà fàng jué cí 厥：其，他的。原指写出大量优美辞藻，以显示文才。语本唐·韩愈《祭柳子厚文》："玉佩琼琚，大放厥辞，富贵无能，磨灭谁记？"后用"大放厥词"指大发议论（多含贬义）▷一位似疯不疯的"预言家"大放厥词，说二十一世纪地球就将毁灭。|他对宣布的改革方案极为不满，所以在会议上大放厥词。◇窃窃私语。

［提示］词，也写作"辞"。

大腹便便 dà fù pián pián 便便：肥大的样子。语本《后汉书·边韶传》："边孝先，腹便便。"后用"大腹便便"形容肚子肥大的样子▷由于营养过剩又缺乏运动，他未满三十岁，就已大腹便便了。◇骨瘦如柴。

［提示］便便，不读"biàn biàn"。

大公无私 dà gōng wú sī 语本《管子·形势解》："风雨至公而无私。"后用"大公无私"形容一心为公，没有私心▷在市场经济的社会环境中，大公无私的奉献精神更应被提倡。|人民需要大公无私的公仆，而不需要假公济私的"领导"。≈铁面无私|公而忘私|克己奉公|舍己为公|廉洁奉公◇假公济私|自私自利|结党营私。

大功告成 dà gōng gào chéng 告：宣布。成：成功，完成。重大的事业或事情宣告完成▷小耿忙乎了几个晚上，终于大功告成，完成了这篇报告。|等我的设计项目大功告成，一定请各位喝庆功酒。≈功成名遂|功德圆满◇半途而废|前功尽弃|功败垂成|功亏一篑。

大海捞针 dà hǎi lāo zhēn 比喻非常难找到▷要在茫茫人海中寻找失主，真好比大海捞针。|研究所要采购这种特殊规格的配件，不亚于大海捞针。≈海底捞针|谈何容易|来之不易|难于登天◇手到擒来|唾手可得|俯拾即是|探囊取物|瓮中捉鳖|迎刃而解|易如反掌。

大呼小叫 dà hū xiǎo jiào 高一声、低一声地呼喊叫嚷▷同学们正在上自修课，你们不要在走廊里大呼小叫的。|他从未听说过世界上竟然有"会啼叫的鱼"，所以一见到娃娃鱼，便惊讶得大呼小叫，让同游者赶快来看稀罕。◇沉默不语|不声不响。

大获全胜 dà huò quán shèng 获：获取，得到。指大败对方，取得完全的彻底的胜利▷中国女排在奥运会排球赛上

大获全胜的消息让人们欢欣鼓舞。|小选手们在世界数学奥林匹克竞赛中大获全胜，一举包揽了所有的金牌。◇一败涂地。

大惑不解 dà huò bù jiě 惑：迷惑。语本《庄子·天地》："大惑者，终身不解。"后用"大惑不解"形容感到十分迷惑，无法理解▷小琴一向是个优等生，这次数学不及格，使班主任大惑不解。|一向沉默寡言的她，突然站起来，激动地争辩，让大家大惑不解。≈百思不解|高深莫测◇茅塞顿开|豁然开朗|恍然大悟。

大家闺秀 dà jiā guī xiù 闺秀：女子中的优秀者。原指世家望族中的优秀女子。语本南朝宋·刘义庆《世说新语·贤媛》："顾家妇清心玉映，自是闺房之秀。"后用"大家闺秀"泛指富贵人家的女儿▷她自认为是大家闺秀，常看不起班上家境贫寒的同学。|她的曾祖、祖、父三代都是朝廷大官，所以她的一举手一投足自有一种大家闺秀的风范。◇小家碧玉。

大街小巷 dà jiē xiǎo xiàng 巷：胡同，里弄。大大小小的街道、里弄。泛指城市里各处地方▷每逢元宵佳节，大街小巷、家家户户都点上各种各样的彩灯。|正逢国王出巡，大街小巷挤满了看热闹的人们。

大惊失色 dà jīng shī sè 大惊：非常惊慌。色：脸色。惊慌得变了脸色。语本《汉书·霍光传》："群皆惊愕失色，莫敢发言，但唯唯而已。"后用"大惊失色"形容非常恐慌▷当听说班级有一个同学走失时，刘老师不禁大惊失色。|他打开房门，见门口的那人举着一把菜刀，不觉大惊失色，问明白才知道原来那人是上门推销菜刀的。≈惊恐万状|心惊胆战◇镇定自若|若无其事。

大惊小怪 dà jīng xiǎo guài 对不足为奇的事情故作声势或过分惊讶▷这种事很多，你别大惊小怪的。≈少见多怪◇不足为奇|屡见不鲜|司空见惯。

大开眼界 dà kāi yǎn jiè 眼界：所见事物的范围，借指见识。比喻开拓了视野，增长了见识▷登上泰山，气象万千，令我大开眼界。|此次出国考察，所闻所见，使我们大开眼界。≈见多识广◇一孔之见|屡见不鲜。

大快人心 dà kuài rén xīn 快：痛快。形容正义战胜了邪恶，使人们感到十分痛快▷这伙横行乡里的恶徒被依法严惩，真是大快人心。|抗战胜利了，举国欢腾，大快人心。≈额手称庆|弹冠相庆|拍手称快|欢呼雀跃◇切肤之痛|天怒人怨|长歌当哭|肝肠寸断。

大名鼎鼎 dà míng dǐng dǐng 鼎鼎：盛大显赫的样子。形容名声极大▷她可是个大名鼎鼎的人物，一点也得罪不得。|那位大名鼎鼎的作家，长得瘦小干瘪，一点儿也不起眼。≈赫赫有名◇默默无闻。

大谬不然 dà miù bù rán 谬：错误，差错。然：这样。指大错特错了，实际不是这样的。语出汉·司马迁《报任少卿书》："日夜思竭其不肖之材力，务一心营职，以求亲媚于主上。而事乃有大谬不然者。"后用"大谬不然"指非常错误▷多少年来，人们一直认为天圆地方，太阳绕地球转动，其实大谬不然。|知识分子本身确实不是十全十美，也会存在着许多缺点错误，但由此而鄙薄知识分子乃至知识，那就大谬不然了。◇荒谬绝伦|大错特错。

大模大样 dà mú dà yàng 形容态度很傲慢，满不在乎▷游击队员伪装成日本鬼子，大模大样地通过了封锁线。|这家伙大模大样地走进屋里，和谁也不打招呼。≈旁若无人|目空一切|神气活现|高视阔步◇奴颜婢膝|卑躬屈膝|低声下气。

大难临头 dà nàn lín tóu 难：灾难。临：来到。指大灾祸落到身上▷在我大难临头的时候，她却离我而去。|他正悠闲地品尝咖啡，却不料大难临头，身后的货架竟倒了下来，整个儿砸在了他的身上。◇喜从天降。

大逆不道 dà nì bù dào 逆：悖逆，背叛。不道：违反道德标准。原指犯上作乱等事。语出《汉书·杨恽传》："大逆不道，请逮捕治。"后用"大逆不道"泛指罪恶很大▷这种虐待父母、大逆不道的行为令人发指。|邻居们气愤地指责这种大逆不道的丑恶行为。≈离经叛道|犯上作乱◇奉公守法|循规蹈矩。

大起大落 dà qǐ dà luò 大起：大幅度地升起。大落：大幅度地降落。形容变化很大或人生道路上的曲折▷她呀，哭也来，笑也来，大起大落的，谁也受不了。|大起大落，对一个人来说并非完全是坏事，它可使人变得更加成熟。

大器晚成 dà qì wǎn chéng 大器：宝贵的器物。原指大的器物要经过长时间的加工才能做成。语出《老子》四十一章："大器晚成，大音希声，大象无形。"后用"大器晚成"比喻杰出的人才要经过长期的锻炼，所以成就比较晚▷体育史上大器晚成，三十岁以后破世界纪录的例子不胜枚举。|他获诺贝尔文学奖时，已近古稀之年，真可谓大器晚成！

大千世界 dà qiān shì jiè 佛经中说：以须弥山为中心，在同一日月照耀下的四大洲，称为一个世界；积一千个世界，为"小千世界"；积一千个"小千世界"，为"中千世界"；积一千个"中千世界"，为"大千世界"。（见《智度论》卷七、《法苑珠林》卷二等）佛教认为，宇宙中有无数个"大千世界"。后来借用"大千世界"形容广大而又丰富的世界▷大千世界，奥妙无穷，有待人类去进一步认识、了解。|虽然大千世界，人海茫茫，但能够成为知己的人，又有几个呢？≈三千世界。

大权独揽 dà quán dú lǎn 大权：处理重大事情的权柄，多指政权。揽：把持。指个人独自把持着权力▷他大权独揽，为所欲为。|他仅是个副厂长，却在厂子里大权独揽，小到出差开会，大到人事调动，什么他都要管。◇大权旁落|太阿倒持。

大厦将倾 dà shà jiāng qīng 倾：倒塌。高大的房屋即将倒塌。语本隋·王通《文中子·事君》："大厦将颠，非一木所支也。"后用"大厦将倾"比喻面临着崩溃的局势▷希特勒眼看法西斯统治大厦将倾，不得不饮弹自尽。|尽管他忠心耿耿，任劳任怨，但也挽救不了大厦将倾的危险局面。

［提示］厦，不读"xià"。

大声疾呼 dà shēng jí hū 疾：急，快。呼：呼喊。语本唐·韩愈《后十九日复上宰相书》："苟不至乎欲其死者，则将大其声疾呼，而望其仁之也。"后用"大声疾呼"指大声而急促地呼喊，希望引起人们的注意▷我们要大声疾呼，来唤醒那些误入歧途而不自知的青年。|"两会"代表大声疾呼，为器官捐献立法。

大失所望 dà shī suǒ wàng 所望：寄予的希望。语本《史记·高祖本纪》："项羽

遂西,屠烧咸阳秦宫室,所过无不残破。秦人大失望。”后用“大失所望”形容非常失望▷小李把事情办坏了,让大家大失所望。|你这些年放松了学习,使父母大失所望。≈事与愿违◇心满意足|称心如意|如愿以偿|大喜过望。

D

大势所趋 dà shì suǒ qū 趋:趋向。指整个局势发展的趋向(含有不可改变和阻挡之意)▷祖国统一是大势所趋,谁也不能阻挡。|改革开放是大势所趋、人心所向的事情。≈人心所向|众望所归。

[提示]趋,不要写作“去”。

大势已去 dà shì yǐ qù 去:离开,消失。有利的局面已经消失。形容大局已不可挽回▷面对大势已去的残局,他只好彻底认输。|苏军挥师西进,越过奥得尼斯河,负隅顽抗的纳粹德国大势已去。≈强弩(nǔ)之末|一蹶不振|日薄西山|落花流水|一落千丈◇方兴未艾|如日中天。

大是大非 dà shì dà fēi 是:正确。非:错误。指原则性的重大是非问题▷我们在大是大非的问题上,要敢于坚持原则。|保持国家的统一、领土的完整,这是个大是大非的问题,不必讨论也不容讨论。

大手大脚 dà shǒu dà jiǎo 比喻随便花钱,没有节制▷他从小大手大脚惯了,现在家道中落,就难以适应。|你不应该这样大手大脚,你花的可都是父母的血汗钱呀!≈挥金如土◇精打细算。

大书特书 dà shū tè shū 书:写,记载。大写特写。语出唐·韩愈《答元侍御书》:“而足下年尚强,嗣德有继,将大书特书,屡书不一书而已也。”后用“大书特书”指对重大事件,特别郑重其事地记载下来▷林则徐虎门销烟一事,值得历史学家大书特书。|对这件自以为得意的事,他在自传中大书特书。

大庭广众 dà tíng guǎng zhòng 大庭:官署的厅堂,泛指庭院。语本《公孙龙子·迹府》:“使此人广庭大众之中,见侮而终不敢斗,王将以为臣乎?”后用“大庭广众”形容人数众多的场合▷小凌从来不习惯在大庭广众中发言。|歹徒公然在大庭广众之下抢劫商店,实在太嚣张了。≈众目睽睽|光天化日|稠人广座。

大同小异 dà tóng xiǎo yì 同:相同。异:不同。语本《庄子·天下》:“大同而与小同异,此之谓小同异;万物毕同毕异,此之谓大同异。”后用“大同小异”形容基本上相同而稍有差异▷这几篇文章论点大同小异,只看其中一篇也就够了。|你们几位的意见大同小异,我来总结一下吧。≈相去无几|如出一辙◇天壤之别|迥然不同|大相径庭|判若云泥。

大喜过望 dà xǐ guò wàng 过:超过。望:期望。语出《史记·黥布列传》:“出就舍,帐御饮食从官如汉王居,布又大喜过望。”后用“大喜过望”指所得超过了原来的期望,因而感到特别高兴▷看到他夺得冠军后大喜过望的神情,教练心里也暗自欢喜。|这次获奖名单已公布,他榜上有名,这真让他大喜过望。≈喜出望外◇大失所望。

大显身手 dà xiǎn shēn shǒu 身手:武术中的身法和手法,引申指本领。指充分地显示、发挥自己的聪明才智▷他觉得这份工作太适合自己了,从此可以大显身手。|3号前锋在足球决赛中大显身手,连中三元。≈大显神通|牛刀小试◇韬光晦迹。

大相径庭 dà xiāng jìng tíng 径:小路。

庭：厅前院子。径庭：比喻相去甚远。语本《庄子·逍遥游》："吾惊怖其言，犹河汉而无极也；大有径庭，不近人情焉。"后用"大相径庭"形容彼此相差很大▷白居易作诗追求通俗，李贺则追求险奇，两人的诗风大相径庭。|在项目论证会上，总经理和董事长的意见大相径庭。≈天壤之别|截然不同|判若云泥◇大同小异|不相上下|半斤八两|如出一辙。

［提示］径，不要写作"经"。

大兴土木 dà xīng tǔ mù 兴：创办，兴建。土木：指建筑工程。大规模地兴建土木工程。语出《旧五代史·李守贞传》："守贞因取连宅军营，以广其第，大兴土木，治之岁余，为京师之甲。"后用"大兴土木"指盖房子、兴修园林等▷这里正大兴土木，迎接亚运会的召开。|清朝末年，国力衰竭，慈禧太后却大兴土木，修建颐和园，供她个人享受。

大言不惭 dà yán bù cán 大言：大话，违背事实的话。惭：惭愧，羞愧。语出《论语·宪问》"其言之不怍，则为之也难"宋·朱熹注："大言不惭，则无必为之志，而不自度其能否矣。欲践其言，其不难哉！"后用"大言不惭"形容说大话而不觉得羞愧▷他大言不惭，说他一个人就能干完全部工作。|听了他大言不惭的话，大家又好气又好笑。≈口出狂言|自吹自擂|言过其实|夸夸其谈◇言而有信|言必有中|不矜不伐。

大义凛然 dà yì lǐn rán 大义：大道理。凛然：使人敬畏的样子。形容为了正义而坚强不屈▷革命志士在敌人的法庭上大义凛然，怒斥群丑。|就义前，谭嗣同大义凛然，写下了"有心杀贼，无力回天"的绝命辞。≈威武不屈|顶天立地◇卑躬屈膝|奴颜婢膝。

大义灭亲 dà yì miè qīn 语出《左传·隐公四年》："大义灭亲，其是之谓乎？"后用"大义灭亲"形容为了维护正义，不顾亲属之情，使犯罪者受到应有的惩处▷张大妈大义灭亲，把犯下弥天大罪的逆子送交司法部门，赢得了乡亲们的钦佩。|老王大义灭亲的事迹在群众中广为流传。≈大公无私|铁面无私◇徇私枉法。

大有可为 dà yǒu kě wéi 为：作。形容事情很有意义，很有发展前景，值得去做▷如今属于第三产业的服务性工作，是大有可为的。|你还年轻，又有专业技术，只要振作起来，还是大有可为的。◇碌碌无为|无所作为。

［提示］为，不读"wèi"。

大张旗鼓 dà zhāng qí gǔ 张：陈设，布置。旗鼓：旗帜和战鼓。大规模地摆开旗帜和战鼓。比喻大造声势▷全国上下大张旗鼓，开展植树造林活动。|对这种错误言论，必须大张旗鼓地加以批判。≈声势浩大◇偃旗息鼓。

大智若愚 dà zhì ruò yú 若：像。愚：笨。语出宋·苏轼《贺欧阳少帅致仕启》："大勇若怯，大智若愚。"后用"大智若愚"指智慧极高的人不露锋芒，表面上好像很愚笨▷这本书的主人公是一个心地善良、不善言谈、大智若愚的人。|他表面上糊里糊涂，好像什么都不懂的样子，但心里对任何事都像明镜似的，清楚得很，实在是个大智若愚的人。

呆若木鸡 dāi ruò mù jī 木鸡：木头做的鸡。语本《庄子·达生》："鸡虽有鸣者，已无变矣，望之似木鸡矣。"后用"呆若木鸡"形容因恐惧、惊讶等而发愣的样子▷听到矿井下出了事故，她一时呆如

D

木鸡。|在终场前三分钟,我队被对方接连攻进两球,转胜为败,主教练顿时呆如木鸡。≈目瞪口呆|瞠目结舌|泥塑木雕|张口结舌◇龙腾虎跃|生龙活虎|神气活现。

[提示]呆,不读“ái”。

待价而沽 dài jià ér gū 沽:卖。等待出好价钱才卖。语本《论语·子罕》:“子贡曰:‘有美玉于斯,韫匮而藏诸?求善贾而沽诸?’子曰:‘沽之哉,沽之哉,我待贾者也。’”贾(jià):同“价”,价钱。后用“待价而沽”比喻有才能的人要等待有赏识并重用他的人,才愿以出来效力▷有些毕业生认为自己年轻有学历,待价而沽,不肯从事平凡劳动。|有些知识分子希望别人尊重他,待价而沽,发挥自己的才华,这是可以理解的。

[提示]沽,不要写作“估”。

待人接物 dài rén jiē wù 物:人物,人们。语出宋·朱熹《朱子语类》卷二七:“且看《论语》,如《乡党》等处,待人接物,千头万状,是多少般,圣人只是这一个道理做出去。”后用“待人接物”指跟别人交往相处▷珍妮待人接物,既大方又庄重,深受同事们喜爱。|他不卑不亢,待人接物的态度总是恰到好处。≈处世为人。

戴罪立功 dài zuì lì gōng 戴:头上顶着。形容以有罪之身而立功劳▷这个犯罪嫌疑人戴罪立功,为公安部门提供了重要的破案线索。|由于我的工作失误,造成了企业的重大损失。现在我愿戴罪立功,为重振企业雄风而奋斗。≈立功赎罪|将功补过。

担惊受怕 dān jīng shòu pà 担:承受。形容提心吊胆,惊恐害怕的样子▷儿子一去几月没有音讯,父母在家日夜担惊受怕。|你太不安分了,我整天为你担惊受怕,怕你惹下乱子。≈提心吊胆◇处之泰然。

单刀赴会 dān dāo fù huì 赴会:参加宴会。指只身或仅带几个随从去参加有危险的宴会。语本三国蜀将关羽携带单刀,独自往东吴见鲁肃的故事。(见明·罗贯中《三国演义》三十六回)后用“单刀赴会”形容只身冒险赴约的大无畏气概▷敌人摆了“鸿门宴”,但陈军长毫无惧色,决定单刀赴会。|面对凶残的土匪,他毫不惧怕,单刀赴会,直入虎穴,终于收服了这支土匪部队。

单刀直入 dān dāo zhí rù 单刀:短柄的长刀。语出宋·释道原《景德传灯录》卷十二:“若是作家战将,便请单刀直入,更莫如何若何。”后用“单刀直入”比喻直截了当,不兜圈子▷老林单刀直入地指出小林犯错误的根本原因。|老师单刀直入,抓住了问题的核心。≈开门见山|直截了当◇转弯抹角|旁敲侧击。

单枪匹马 dān qiāng pǐ mǎ 匹:单独的。一人一马,单身上阵。语出五代·汪遵《乌江》诗:“兵散弓残挫虎威,单枪匹马突重围。”后用“单枪匹马”比喻单独行动,没有人帮助▷侦察员单枪匹马,化装后深入匪巢。|你得给我多派几名助手,否则我单枪匹马,怎么做得成这件事呢!≈孤军作战|形影相吊|茕茕孑立|孤家寡人◇人多势众|人山人海。

殚精竭虑 dān jīng jié lǜ 殚、竭:尽。精:精力。虑:思虑,思考。语本《吕氏春秋·本味》:“有道之士求贤至,无不行也……相为殚智竭力,犯危行苦。”后用“殚精竭虑”指用尽精力,费尽心思▷他殚精竭虑地刻苦钻研,终于获得了举世

瞩目的成就。|他为国家、人民的利益殚精竭虑，年未五十就已满头白发了。◇敷衍塞责。

箪食壶浆 dān shí hú jiāng 箪：盛饭的圆形竹器。食：饭食。浆：米汁或水酒。语出《孟子·梁惠王上》："箪食壶浆，以迎王师。"后以"箪食壶浆"形容百姓犒劳、欢迎军队▷乡亲们箪食壶浆，夹道欢迎闯王李自成的军队。|纳粹失败了，欧洲各国人民箪食壶浆，迎接盟军。

胆大包天 dǎn dà bāo tiān 胆量比天还大。形容胆子很大▷歹徒们胆大包天，竟敢顶风作案。|老吴不顾势单力薄，挺身而出，阻止这伙胆大包天的流氓欺侮妇女。≈浑身是胆◇胆小如鼠。

胆小如鼠 dǎn xiǎo rú shǔ 形容胆量很小▷这个胆小如鼠的叛徒将被永远地钉在历史的耻辱柱上。|说的时候，他气壮如牛；真要做了，他却胆小如鼠。≈藏头缩尾|畏首畏尾◇气壮如牛|胆大包天|胆大妄为|浑身是胆。

胆战心惊 dǎn zhàn xīn jīng 战：发抖。形容非常恐惧▷说起这惨烈的一幕，至今还令人胆战心惊。|女孩们手挽手，胆战心惊地走过了那条陡峭的山径。≈提心吊胆|心惊胆寒|闻风丧胆|心惊肉跳◇从容不迫|心平气和。

淡而无味 dàn ér wú wèi 淡：食物味不浓或浓度不高。味：滋味。语出唐·释皎然《诗式》卷二："情者，如康乐公'池塘生春草'是也，抑由情在言外，故其辞似淡而无味。"后用"淡而无味"比喻事物平淡无奇，一点也没有情趣意味▷你写的那篇文章，我反复看了，总觉得缺了点生活情趣，给人的感觉就是淡而无味。|不深入到群众中去体验生活，关起门来搞创作，即使能写出作品，那它必定是淡而无味的。◇津津有味。

淡然处之 dàn rán chǔ zhī 淡然：不经心或不在意的样子。处：对待，处理。之：代词，它。指用漫不经心的或冷淡的态度对待事情▷他对功绩不大喜欢张扬，常淡然处之。|走过坎坷的人生道路，有过几次出生入死的经历，使他对任何事情都能淡然处之。

［提示］处，不读"chù"。

淡妆浓抹 dàn zhuāng nóng mǒ 妆：妆饰。抹：涂抹。语出宋·苏轼《饮湖上初晴后雨》诗："欲把西湖比西子，淡妆浓抹总相宜。"后用"淡妆浓抹"指淡雅和浓艳两种不同的妆饰打扮▷这个姑娘长得十分俊俏，淡妆浓抹，都很适宜。|他的水墨山水画达到出神入化的境界，淡妆浓抹均为杰作。

［提示］抹，不读"mā"。

弹尽粮绝 dàn jìn liáng jué 弹药用尽，粮食断绝。语本《晋书·沈劲传》："粮尽援绝，祐（陈祐）惧不能保全。"后用"弹尽粮绝"比喻处境极端困难▷这时，战士们已弹尽粮绝，他们就用石头做武器，坚守在狼牙山上。|他的工厂已既无流动资金，工作骨干又已四散，实是到了弹尽粮绝的地步了。

弹丸之地 dàn wán zhī dì 弹丸：供弹弓射击用的泥石、金属等制成的小丸子。语出《战国策·赵策三》："此弹丸之地，犹不予也，令秦来年复攻，王得无割其内而媾乎?"后用"弹丸之地"比喻很小的地方▷这块弹丸之地易守难攻，历来是兵家必争的要津。|他从繁华的大都市来到这弹丸之地的海岛，当上了一名边防战士。≈立锥（zhuī）之地|方寸之地|

一隅之地。

[提示]弹,不读"tán"。

当机立断 dāng jī lì duàn 当：面临。机：时机。断：决断。语本汉·陈琳《答东阿王笺》："君侯体高世之才,秉青萍、干将之器,拂钟无声,应机立断。"后用"当机立断"形容抓住时机立即做出决断▷究竟是干还是不干,你可要当机立断呀。|经理当机立断,决定不签这份合同。≈毅然决然◇优柔寡断|举棋不定|犹豫不决。

当家作主 dāng jiā zuò zhǔ 主管家政,有权对家庭事务做出决定。指人们在单位或国家中居主人翁地位▷她可是全家真正当家作主的人,家里没有人不听她的话的。|只有在社会主义国家里,人民群众才能当家作主。

当局者迷 dāng jú zhě mí 当局：原指下棋的人,后喻指当事者。语出《新唐书·元澹传》："当局称迷,傍观必审。"后用"当局者迷"指处在事情或问题中的当事者,往往反而糊涂▷所有的人都知道这事不能这样干,但他却偏要这么干,确实是当局者迷啊！|他的女友已三个月未给他打电话了,旁人都已瞧出端倪,他还在苦苦等待着电话,真是当局者迷啊！◇旁观者清。

当仁不让 dāng rén bù ràng 当：面对,面临。仁：正义的事,应做的事。语本《论语·卫灵公》："当仁,不让于师。"后用"当仁不让"形容遇到应当做的事,就积极担当起来,不推托▷他认为抚养失去双亲的侄儿,是他当伯父的当仁不让的责任。|扶正祛邪,是人民警察当仁不让的神圣职责。≈义不容辞|责无旁贷◇推三阻四。

当头棒喝 dāng tóu bàng hè 当头：迎头。棒喝：佛门某些禅师为了破除学人的"迷执",有时当头一棒,有时大喝一声,作为特殊的教导方法,促使对方领悟。语本宋·释普济《五灯会元》卷十七："德山棒,临济喝,留与后人作模范。"后用"当头棒喝"比喻促使对方及时醒悟的警告▷老师对我的严厉批评无异于当头棒喝,使我认识到问题的严重性。

[提示]当,不读"dàng"。喝,不读"hē"。

当务之急 dāng wù zhī jí 当务：当前应当办理的事情。语本《孟子·尽心上》："知者无不知也,当务之为急。"后用"当务之急"指当前应做的事情中最紧要急迫的事▷为了争夺冠军,当务之急是加强战术训练。|针对现今的情况,当务之急是加强监督,严防腐败,使改革开放的大好形势继续保持下去。≈燃眉之急◇不急之务。

当之无愧 dāng zhī wú kuì 当：承受。形容能够承受某种荣誉、称号等,毫无愧色▷我要争取成为一名当之无愧的优秀学生。|高老师被授予"模范教师"的光荣称号,完全是当之无愧的。◇受之有愧。

党同伐异 dǎng tóng fá yì 党：结党,结伙。伐：攻击。异：异己,和自己意见不合的人。语出《后汉书·党锢传序》："至有石渠分争之论,党同伐异之说。"后用"党同伐异"形容分立门户派别,纠合同伙,打击异己▷这伙人把持大权,党同伐异,把企业搞得乌烟瘴气,效益连续滑坡。|我们坚决反对党同伐异的小团体主义。≈结党营私|朋比为奸|狼狈为奸。

荡气回肠 dàng qì huí cháng 荡：震荡。

回：回旋。使心气、情绪震荡回旋。语出三国魏·曹丕《大墙上蒿行》：“女娥长歌，声协宫商；感心动耳，荡气回肠。”后用“荡气回肠”形容文艺作品或音乐优美动人▷屈原的《离骚》具有荡气回肠的艺术魅力。|他的一首《思乡曲》表现了游子思慕故乡的真挚情感，听后令人荡气回肠。≈动人心弦。

荡然无存 dàng rán wú cún 荡然：空无所有的样子。指原有的东西全部丧失殆尽了▷连年的战火，把这小镇的繁华街市毁坏得荡然无存。|经过多年的颠沛流离，他早年积存的古玩字画已荡然无存了。

刀耕火种 dāo gēng huǒ zhòng 把地上的草木烧成灰做肥料，就地挖坑下种。语出宋·陆游《雍熙请锡老疏》：“水宿山行，平日只成露布；刀耕火种，从今别是生涯。”后用“刀耕火种”泛指原始落后的农业生产方式▷我国部分少数民族地区曾长期处于刀耕火种的落后状态。|已是二十一世纪了，卫星早就上天了，你们这里还是刀耕火种，实在太落后了。

刀光剑影 dāo guāng jiàn yǐng 厮杀中，刀和剑迅速往来的光影。形容激烈厮杀或斗争的场景▷战场上烽火连天，刀光剑影，锻炼出一大批优秀的战士。|小明沉湎在刀光剑影的武侠小说中，影响了学习。≈剑拔弩张|磨刀霍霍|腥风血雨◇河清海晏|马放南山|刀枪入库。

刀山火海 dāo shān huǒ hǎi 刀山：山上以刀为树，以剑为叶。火海：烈焰不息似大海。佛教称大恶之人死后堕刀山、火海地狱中，受此苦极。语本《大悲心陀罗尼经》：“我若向刀山，刀山自摧折；我若向火汤，火汤自消灭。”后用“刀山火海”比喻极其危险、艰苦的地方▷为了民族的解放、祖国的未来，哪怕是刀山火海，我们都敢闯。|就是去刀山火海，我也要把她救出来。≈刀山剑树|龙潭虎穴◇洞天福地。

倒背如流 dào bèi rú liú 倒过来背诵也像流水一样。形容背诵得十分流利、熟练▷小张喜爱古诗，一本《唐诗三百首》倒背如流。≈滚瓜烂熟|驾轻就熟◇浮光掠影。

倒打一耙 dào dǎ yī pá 比喻做了坏事或犯了错误，不但不承认，反而诬陷对方▷你闯了祸，不但不承认错误，还要倒打一耙，太不应该了。|他用倒打一耙的恶劣手法，把自己应负的责任推得一干二净。≈反咬一口◇敢作敢当。

［提示］倒，不读“dǎo”。

倒屣相迎 dào xǐ xiāng yíng 屣：鞋。古人家居，常脱鞋席地而坐，因急于迎客，起身时竟把鞋也穿倒了。语本《三国志·魏书·王粲传》：“［蔡邕］闻粲在门，倒屣迎之。”后用“倒屣相迎”形容热情待客▷他听说老友来访，大喜过望，倒屣相迎。|像你这样的高级人才，到他们公司去，他们还会不倒屣相迎，把你奉若上宾吗？◇拒之门外。

倒行逆施 dào xíng nì shī 行：走路。逆：相反。施：实行。指做事违背常理。《史记·伍子胥列传》载：春秋时，楚人伍子胥为父报仇，带领吴军伐楚，掘开害死他父亲的楚平王的墓，鞭打尸体三百鞭。申包胥责备他，他说：“吾日暮途远，吾故倒行而逆施之。”后用“倒行逆施”指干违背社会伦理与时代进步的坏事▷秦桧倒行逆施，终究成为历史的罪人。|这伙分裂分子的倒行逆施，

激起了全国人民的共愤。◇顺天应人。

道不拾遗 dào bù shí yí 道：道路。遗：失物。路上有失物，没有人拾去占为己有。语出《韩非子·内储说下》："仲尼为政于鲁，道不拾遗。"后用"道不拾遗"形容社会风气良好▷通过近几年的精神文明建设，小区已形成道不拾遗的良好风气。|单靠严刑峻法而不注重个人素质的培养，那是绝对不会形成"道不拾遗"的良好社会风气的。≈夜不闭户。

［提示］也作"路不拾遗"。

道貌岸然 dào mào àn rán 道貌：正经严肃的外貌。岸然：威严的样子。语本《敦煌变文集·维摩诘经讲经文》："忽见维摩，道貌凛然，仪形垒落。"后用"道貌岸然"形容神态庄严，外貌严肃正经▷一望而知，马老先生是位道貌岸然的国学大师。现多用于贬义▷此人表面上道貌岸然，骨子里男盗女娼，是个十足的伪君子。≈一本正经|不苟言笑◇油头滑脑|嬉皮笑脸。

道听途说 dào tīng tú shuō 道、途：路上。指街头传闻。语本《论语·阳货》："道听而塗(途)说，德之弃也。"后用"道听途说"形容不可靠的消息，没有根据的传闻▷这些消息都是道听途说的，你千万不可当真。|你把道听途说的东西作为处理问题的依据，是要犯错误的。≈无稽之谈|以讹传讹|耳食之谈|齐东野语◇言之凿凿|言必有据。

得不偿失 dé bù cháng shī 偿：抵偿，弥补。语本《墨子·非攻》："计其所得，反不如所丧者之多。"后用"得不偿失"形容得到的利益抵偿不了所受的损失▷小陆"下海"经商，既放弃了所学的专业，又没赚到钱，真是得不偿失。|你浪费大量时间去读这种无聊的书，得不偿失。≈因小失大|舍本逐末◇事半功倍|一举两得|一箭双雕。

得寸进尺 dé cùn jìn chǐ 得到一寸，又想掠取一尺。语本《战国策·秦策三》："王不如远交而近攻，得寸则王之寸，得尺亦王之尺也。"后用"得寸进尺"形容贪得无厌，欲望和野心越来越大▷我已经给你百分之二十的优惠了，你可不要得寸进尺哟！|当年，沙皇俄国得寸进尺，不断蚕食我国领土。≈得陇望蜀|贪得无厌◇适可而止|心满意足。

得过且过 dé guò qiě guò 且：暂且，苟且。能过得去，就马马虎虎地过下去。语本宋·陆游《杂咏》："得过一日且一日，安知今吾非故吾？"后用"得过且过"形容胸无大志，苟且度日▷同学们要努力学习，得过且过的态度既对不起祖国和人民，也对不起父母和老师。|他这个人不求上进，得过且过，终于在激烈的竞争中败下阵来。也指勉强地维持生计▷他失业后，又生了一场大病，只好得过且过。≈苟且偷安|听天由命◇力争上游|再接再厉|深谋远虑。

得陇望蜀 dé lǒng wàng shǔ 陇：今甘肃东部。蜀：今四川中西部。得到陇地，还想得到蜀地。语本《东观汉纪·隗嚣传》："人苦不知足，既平陇，重望蜀。"后用"得陇望蜀"比喻贪得无厌▷在谈判中，我方已作了重大让步，但对方得陇望蜀，又提出了更苛刻的条件。≈得寸进尺|贪得无厌◇适可而止。

得其所哉 dé qí suǒ zāi 所：地方。哉：语气助词。找到了理想的好地方。语出《孟子·万章上》："昔者有馈生鱼于郑子产，子产使校人畜之池。校人烹之，

反命曰：'始舍之，圉圉焉；少则洋洋焉；攸然而逝。'子产曰：'得其所哉！得其所哉！'"后用"得其所哉"形容如愿的快乐▷他辞去官职，又回到了实验室，真是得其所哉。|他从小就被人称为"书呆子"，大学毕业后被分配去图书馆工作，真是得其所哉。

得天独厚 dé tiān dú hòu 天：天然，自然。厚：优厚，优越。形容自然地占有十分优厚的条件▷小敏十指纤纤，乐感也特别好，得天独厚，具备学钢琴的条件。|我们这儿有山有水，交通便利，具有发展旅游业得天独厚的条件。≈近水楼台◇先天不足。

得心应手 dé xīn yìng shǒu 得：想到。应：配合。心里怎样想，手里就怎样做。语本《庄子·天道》："不徐不疾，得之于手而应于心。"后用"得心应手"形容心手相应，技艺纯熟▷他能用纸得心应手地剪出栩栩如生的花鸟虫鱼。也形容做事顺手、顺利▷他一直在搞公关工作，干得得心应手。≈随心所欲|信手拈来|游刃有余|左右逢源|炉火纯青|挥洒自如|庖丁解牛|心手相应|运斤成风◇力不从心。

得意忘形 dé yì wàng xíng 意：意趣。形：形骸，身体和动作。有所领悟时，连自己的存在也忘记了。语本《晋书·阮籍传》："当其得意，忽忘形骸。"后用"得意忘形"形容高兴得忘乎所以，失去常态▷你们休要得意忘形，终有一天要受到正义的惩罚。|这次考试他考了一个高分，未免有点得意忘形。≈得意洋洋|忘乎所以◇垂头丧气|心灰意懒|不卑不亢。

得意洋洋 dé yì yáng yáng 洋洋：得意的样子。语本《史记·管晏列传》："其夫为相御，拥大盖，策驷马，意气扬扬，甚自得也。"后用"得意洋洋"形容称心如意而得意的样子▷他当了科长后，脸上常露出得意洋洋的笑容。|看到他回来后一副得意洋洋的样子，就知道他又做成了一笔大生意。≈得意忘形◇垂头丧气。

德才兼备 dé cái jiān bèi 才：才能。兼备：都具备。指一个人的道德品质和知识、才干都好▷这位市长德才兼备，很受市民尊重。|新时代要求广大干部的基本标准就是"德才兼备"四个字。

德高望重 dé gāo wàng zhòng 德：品德。望：声望。品德高尚，很有声望。语本《晋书·司马元显传》："元显因讽礼官下仪，称己德隆望重，既录百揆，内外群僚皆应尽敬。"后用"德高望重"称颂年高而有道德名望的人▷德高望重的徐老很赏识这位英俊有为的年轻人。|他是一位教育界中德高望重的老前辈。

灯红酒绿 dēng hóng jiǔ lǜ 明亮发红的灯，清澈透绿的酒。形容夜晚的繁华景象和奢侈生活▷东京的银座之夜，灯红酒绿，车水马龙。|她不努力学习，喜欢灯红酒绿的生活，最终堕落了。≈纸醉金迷|花天酒地◇省吃俭用|粗菜淡饭。

登峰造极 dēng fēng zào jí 造：到达。极：最高点。达到了最高点。语出南朝宋·刘义庆《世说新语·文学》："简文云：'不知便可登峰造极不？'"后用"登峰造极"比喻造诣等达到了最高的境界或事情发展到极点▷盛唐的诗歌已经达到了登峰造极的程度。|老艺人吹糖人的手法纯熟，登峰造极。≈出神入化|炉火纯青|无以复加|至高无上◇平淡无奇|等而下之。

D

登高一呼 dēng gāo yī hū 登上高处一招呼，便会有所反应。语本《荀子·劝学》："登高而招，臂非加长也，而见者远；顺风而呼，声非加疾也，而闻者彰。"后用"登高一呼"形容有地位、有影响的人发出号召、倡议等▷陈涉登高一呼，四方群众群起响应，举起了抗秦的义旗。|只要您登高一呼，不愁没人跟着干。≈振臂一呼|一呼百应。

登堂入室 dēng táng rù shì 登上厅堂，再进入内室。语本《论语·先进》："由（仲由，孔子的弟子）也升堂矣，未入于室也。"后用"登堂入室"比喻学问、技能由浅入深，逐渐达到高深的程度▷他追随名师十多年，在武术上已经登堂入室。|我不过是初学的，还远远算不上登堂入室呢！≈循序渐进|渐入佳境◇浅尝辄止。

等而下之 děng ér xià zhī 等：等级。下：下降。由这一等级再往下降。语出宋·刘昌诗《芦浦笔记》卷六："是天童岁收谷三万五千斛，育王三万斛，且分布诸库，以罔民利。等而下之，要皆有足食之道。"后用"等而下之"形容比某一事物更差▷上次的木材是三等品，这次买进的更等而下之，连做门窗都不行。|这些小说中，以反映现实生活的作品质量最高，武侠类次之，至于神怪小说则更是等而下之了。≈每况愈下。

等量齐观 děng liàng qí guān 等：同等。量：估量。齐：同样。指把有差别的事物不加区分地同等看待▷不能把现在存世的典籍和丰富的古代文明等量齐观。|死记硬背与发明创造绝对不能等量齐观。≈相提并论|一视同仁。

［提示］量，不读"liáng"。

等闲视之 děng xián shì zhī 等闲：寻常，平凡。视：看作。形容把某人某事看得很平常，不重视▷他的棋艺经过名师点拨，你千万不可等闲视之哦。|这种病来势很凶，发展很快，病人切勿等闲视之。≈掉以轻心|漠然置之|满不在乎|不屑一顾◇刮目相看|非同小可。

低三下四 dī sān xià sì 形容卑贱，低人一等▷他家祖上并不是什么低三下四的人家。也形容卑微恭顺，没有骨气▷此人对上司一味巴结，低三下四，像个奴才。≈低声下气|卑躬屈膝|奴颜婢膝|低头哈腰|唯唯诺诺◇趾高气扬|神气活现|顾盼自雄|不卑不亢。

低声下气 dī shēng xià qì 形容恭顺小心的样子▷小顾低声下气地向老师承认错误。|我才不愿意向他低声下气，乞求什么东西！≈低三下四|卑躬屈膝|摇尾乞怜◇妄自尊大|颐指气使|不卑不亢。

滴水不漏 dī shuǐ bù lòu 一滴水也不漏出。比喻说话、做事周密而细致，没有疏漏▷她说话滴水不漏，你别想抓住她的把柄。|总经理日理万机，还能滴水不漏，真是个干练的人才。≈天衣无缝|无懈可击|无隙可乘|密不透风◇百密一疏|挂一漏万|漏洞百出。

滴水成冰 dī shuǐ chéng bīng 滴下的水滴立刻结成冰。形容天气严寒▷尽管那是个滴水成冰的早晨，公园里还是来了许多晨练的人。|尽管窗外滴水成冰，办公室内却春意融融。

抵足而眠 dǐ zú ér mián 抵足：脚顶着脚。两个人脚顶着脚，同床而眠。形容双方关系亲密▷在学校时，我和他常抵足而眠，是最要好的朋友。|他与二十多年未遇的老同学相见，当晚两人抵足而

眠，畅述友情。

地大物博 dì dà wù bó 博：多，丰富。形容疆域广大，物产丰富▷我们的伟大祖国地大物博，物产丰富。|四川是我国地大物博的省区之一。◇小国寡民。

地动山摇 dì dòng shān yáo 比喻声势浩大，变动剧烈▷炮击开始了，地动山摇，硝烟弥漫。|游行群众的欢呼，地动山摇，震耳欲聋。≈气壮山河|山呼海啸|排山倒海|山崩地裂◇波澜不惊。

地广人稀 dì guǎng rén xī 土地广阔，人口稀少▷西伯利亚地广人稀，十分寒冷。|这个国家级的自然保护区地广人稀，出没着许多珍禽异兽。≈渺无人烟|人迹罕至◇人山人海|物阜人丰。

地瘠民贫 dì jí mín pín 地瘠：土地瘠薄。民贫：百姓贫穷。形容人民生活贫穷▷地瘠民贫不可怕，怕的是缺少精神支柱、科学技术和脚踏实地的工作作风。|世界上有些国家本来就地瘠民贫，且又战乱不止，局势真让人担忧。◇地大物博|物阜人丰。

地老天荒 dì lǎo tiān huāng 地老：地变得苍老。天荒：天变得荒凉。语本唐·李贺《致酒行》："吾闻马周昔作新丰客，天荒地老无人识。"后用"地老天荒"形容经历的时间长久▷你们让不让我睡觉？谈啊谈，是否要一直谈到地老天荒？|你这姑娘也真是，那小伙子可是德才兼备，这无休止的恋爱下去，叫小伙子等到地老天荒再结婚呀？

地主之谊 dì zhǔ zhī yì 地主：住在本地的人，主人。谊：友情，友谊。指主人对外来客人的情谊▷你这次来真不容易，我可要略表地主之谊了。|暑假，我到朋友的故乡去做客，朋友全家竭尽地主之谊，十分热情。

掂斤播两 diān jīn bō liǎng 掂、播：把物品放在手中估量轻重。仔细掂量东西的轻重。比喻对事情过分计较▷对这种小事情何必掂斤播两，锱铢必较呢？也比喻品评事物的优劣▷他遇事总爱掂斤播两，大发宏论，不免给人留下"空头理论家"的印象。

颠倒黑白 diān dǎo hēi bái 硬是把黑的说成白的，把白的说成黑的。语本《诗经·小雅·青蝇》"营营青蝇，止于樊"汉·郑玄笺："蝇之为虫，污白使黑，污黑使白，喻佞人变乱善恶也。"后用"颠倒黑白"形容故意歪曲事实，混淆是非▷你颠倒黑白，但是终究改变不了铁一般的事实。|他那颠倒黑白的混话激起了大家的愤怒。≈混淆是非|指鹿为马◇黑白分明。

［提示］倒，不读"dào"。

颠来倒去 diān lái dǎo qù 翻过来，倒过去。形容反复多次▷他在台上老是颠来倒去的那么几句话，真让人心烦。|这篇议论文太过空泛，只是把道理颠来倒去地重复几次，根本没有把道理讲清楚。

［提示］倒，不读"dào"。

颠沛流离 diān pèi liú lí 颠沛：困顿。流离：流转离散。语出《论语·里仁》"君子无终食之间违仁，造次必于是，颠沛必于是"宋·朱熹注："颠沛，倾覆流离之际。"后用"颠沛流离"形容生活困苦，到处流浪▷当年黄河决堤，洪水横溢，百姓们颠沛流离。|他终于结束了海外颠沛流离的生涯，回到了祖国的怀抱。≈流离失所|浪迹天涯|背井离乡◇叶落归根|安居乐业|衣锦还乡。

［提示］沛，不读"shì"，右边不是"市"。

颠扑不破 diān pū bù pò 颠扑：跌打。

无论怎样跌打都不会破碎。语出宋·朱熹《朱子语类》卷五二:“伊川‘性即理也’、横渠‘心统性情’二句,颠扑不破。”后用“颠扑不破”比喻言论、学说等能够经受考验,不会被推翻▷唯物辩证法是颠扑不破的真理。|我深切体会到,“实践出真知”是颠扑不破的。≈天经地义|无可非议|毋庸置疑◇不攻自破|漏洞百出|不堪一击。

D

颠三倒四 diān sān dǎo sì 形容错乱,没有次序和条理▷小顾一着急,说话便颠三倒四的,使人不知所云。|秘书正在整理一大堆放得颠三倒四的文件。≈七颠八倒|语无伦次◇有条不紊|井然有序|一以贯之|有条有理。

[提示]倒,不读“dào”。

点铁成金 diǎn tiě chéng jīn 传说古代炼金术士可以把铁点化为金子。语出宋·释道原《景德传灯录·杭州龙华寺真觉灵照大师》:“还丹一粒,点铁成金;至理一言,点凡成圣。”后用“点铁成金”比喻修改诗文,略加改动,便成佳作▷这句诗只改了一个字,便点铁成金,趣味横生。|张老师勾勾画画,点铁成金,文章顿时生辉不少。≈点石成金|化废为宝◇点金成铁。

点头哈腰 diǎn tóu hā yāo 点头:头微微向下一动。哈腰:将腰弯下。形容恭顺或过分客气▷你看他这个德性,见了有钱的人就点头哈腰,见到无钱的便神气活现。|他那点头哈腰的表演动作,把这个阿谀奉承的人演活了。≈卑躬屈膝|俯首帖耳◇趾高气扬|盛气凌人。

电光石火 diàn guāng shí huǒ 石火:火石碰击时所发出的火花。闪电的光,火石撞击时发出的火花。语本宋·释普济《五灯会元·宝福从展禅师》:“此事如击石火,似闪电光。”后用“电光石火”比喻一闪而逝,迅速消失▷这一念头如电光石火,转瞬即逝。|一霎时,所有的往事如电光石火般在他心头闪过。

刁钻古怪 diāo zuān gǔ guài 刁钻:狡猾,奸诈。形容人狡猾、奸诈或性格怪僻▷他性格刁钻古怪,很难与人友善相处。也形容行事不同一般,做法离奇▷这些刁钻古怪的谜语,我一个也猜不出。

雕虫小技 diāo chóng xiǎo jì 雕:雕刻。虫:虫书,也称“鸟虫书”,古代汉字的一种字体。雕刻虫书的小技巧。语出《北史·李浑传》:“[浑]尝谓魏收曰:雕虫小技,我不如卿。”后用“雕虫小技”比喻微不足道的技艺▷我偶尔写两首小诗,雕虫小技,难登大雅之堂。|文学,在有些人的眼中看来,不过是雕虫小技而已。

雕梁画栋 diāo liáng huà dòng 彩绘装饰的栋梁。形容建筑物富丽堂皇▷他自幼就对雕梁画栋的古建筑有浓厚的兴趣。|故宫的建筑雕梁画栋,一派皇家气派。≈雕栏玉砌|琼楼玉宇|凤阁龙楼|金碧辉煌◇蓬门荜户|竹篱茅舍。

雕章琢句 diāo zhāng zhuó jù 章:段落。句:句子。语本唐·白居易《议文章》:“美刺之诗不稽政,则补察之义废矣,虽雕章镂句,将焉用之?”镂:用刀刻。后用“雕章琢句”形容刻意地修饰文字▷这篇散文雕章琢句,风格华丽,音调铿锵。|文章必须内容和形式统一,只在形式上雕章琢句,是缺乏生命力的。≈字斟句酌|咬文嚼字◇信笔涂鸦|倚马可待。

调兵遣将 diào bīng qiǎn jiàng 调动军队,派遣将领▷敌人赶紧调兵遣将,纠集残部,企图垂死挣扎。也形容调动和部署人力▷经理忙于调兵遣将，增强这个部门的力量。≈选贤与能◇按兵不动。
［提示］调，不读“tiáo”。

调虎离山 diào hǔ lí shān 设法使老虎离开原来的山头。比喻设法让对方离开原来的地方或有利的地势，以便乘机行事▷营长率领部队回到村里，敌人已经走了。营长长叹：“我中了调虎离山之计。”|敌后武工队调虎离山，把鬼子引出驻地予以歼灭。≈引蛇出洞。
［提示］调，不读“tiáo”。

掉以轻心 diào yǐ qīng xīn 掉：摆弄。轻心：形容不注意，思想疏忽。语本唐·柳宗元《答韦中立论师道书》：“故吾每为文章，未尝敢以轻心掉之。”后用“掉以轻心”指对事情采取轻率的、漫不经心的态度▷对自己身上的小病小痛，不可掉以轻心，应尽早检查治疗。|在科学实验中，对任何小问题都不能掉以轻心，否则会影响到实验结果的科学性和准确性。≈漫不经心◇郑重其事。

喋喋不休 dié dié bù xiū 喋喋：话多唠叨的样子。休：停止。语本《元史·太祖纪》：“吾身之存，实太子是赖，髭须已白，遗骸骨冀得安寝，汝乃喋喋不已耶？”后用“喋喋不休”形容说话唠唠叨叨，没完没了▷老人喋喋不休地对小朱说着做人的道理。|对这件事的经过我们已调查得一清两楚，你不必在这里喋喋不休地说了。≈絮絮叨叨|啰哩啰唆◇默不作声|缄口不言|沉默不语。

叠床架屋 dié chuáng jià wū 床上叠床，屋下盖屋。语本北齐·颜之推《颜氏家训·序致》：“魏晋以来所著诸子，理重事复，递相模敩，犹屋下架屋，床上施床耳。”后用“叠床架屋”比喻重复累赘▷写文章要力求简明扼要，切忌叠床架屋。|类似的机构早已经有了，你还要设立新机构，这不是叠床架屋吗？≈画蛇添足。

顶礼膜拜 dǐng lǐ mó bài 顶礼：跪伏于地，以头碰及尊者的脚。膜拜：两手加额，长跪而拜。原为佛教徒礼佛时最敬重的礼节。后用“顶礼膜拜”形容对人崇拜、敬服到了极点▷封建专制时代的统治者，总要造出个神来让人顶礼膜拜。|人们传说这个所谓的“大师”身具令人起死回生的“功力”，所以，“大师”所到之处引得人们纷纷顶礼膜拜。≈五体投地|奉若神明◇不屑一顾。

顶天立地 dǐng tiān lì dì 头顶苍天，脚踩大地。语出明·释居顶《续传灯录·安吉州道场无庵法全禅师》：“汝等诸人，个个顶天立地。”后用“顶天立地”形容高大雄伟、气魄豪迈或光明磊落▷革命先烈顶天立地，浩气长存。|秋瑾是一位顶天立地的巾帼英雄。≈惊天动地|震古烁(shuò)今|光前裕后|气吞山河◇微不足道。

鼎足三分 dǐng zú sān fēn 鼎：古代用于烹煮的青铜器物，有三个足。语本《史记·淮阴侯列传》：“三分天下，鼎足而居，其势莫敢先动。”后用“鼎足三分”比喻三方面分立、对峙的局面▷本市三家家电公司鼎足三分，势均力敌。|汉末，魏、蜀、吴鼎足三分，史称“三国”时代。

丢盔弃甲 diū kuī qì jiǎ 盔：保护头部的作战用帽。甲：作战时护身的铠甲。丢掉头盔，抛弃铠甲。形容打败仗时狼狈逃窜▷这支军阀的队伍被北伐军打得丢盔弃甲，一直逃过了长江。≈落花流水|一败涂地|屁滚尿流|溃不成军|人仰马

翻◇严阵以待|所向披靡|摧枯拉朽。

丢人现眼 diū rén xiàn yǎn 指在公众场合丢了脸面，出了丑▷你也是有文化的人，怎么能在大家面前尽说些不礼貌的话，这不是丢人现眼吗？|不知批评教育他多少次了，可他还是做那些丢人现眼的事，这样下去可怎么办？

丢三落四 diū sān là sì 落：漏掉。形容因马虎或健忘而顾此失彼▷小王为人热情，就是有点粗心大意，办事往往丢三落四的。|明天就要出差了，你好好检查一下行李，免得丢三落四的，在外不方便。◇巨细无遗。

［提示］落，不读“luò”。

丢卒保车 diū zú bǎo jū 原为象棋术语。放弃作用较小的卒，保全作用较大的车。后用“丢卒保车”比喻放弃次要的，保存主要的▷考试临近，大病初愈的小何只得丢卒保车，抓主课了。|总经理决定丢卒保车，放弃那几家入不敷出的小厂。≈委曲求全◇因小失大。

［提示］车，不读“chē”。

东奔西走 dōng bēn xī zǒu 一会向东跑，一会向西跑。形容到处奔忙▷一年来，为了拍这部电影，他东奔西走，几乎跑遍全国。|他东奔西走，到处打探消息。◇足不出户。

东窗事发 dōng chuāng shì fā 宋代奸臣秦桧曾与妻子王氏在东窗下密谋杀害爱国将领岳飞。秦桧死后，王氏请道士给他招魂。道士看见秦桧带着铁枷，在阴间受苦。秦桧请道士转告王氏：“东窗事发矣！”（见元·刘一清《钱塘遗事·东窗事发》）后用“东窗事发”比喻阴谋败露▷她挪用了大笔公款，最后东窗事发，锒铛入狱。|这名同学考试作弊，不料“东窗事发”，被取消了入学资格。

东倒西歪 dōng dǎo xī wāi 向东倒，向西歪。形容姿势不稳的样子▷老林喝醉了，东倒西歪地走回家去。也形容杂乱无章▷屋里的家具东倒西歪，一派狼藉。≈杂乱无章◇井井有条。

东躲西藏 dōng duǒ xī cáng 躲到东，藏到西。形容四处躲藏▷这几个逃犯自越狱以来，整日东躲西藏，找不到一个栖身之处。|走私者虽东躲西藏，但在公安人员布下的天罗地网中，无处可逃，只得投案自首。

东拉西扯 dōng lā xī chě 时而说这，时而说那。形容漫无边际地乱说▷请大家围绕会议的主题发言，不要东拉西扯。|我今天发言没有充分准备，东拉西扯，请诸位见谅。≈信口开河|言不及义|海阔天空◇开门见山|一语道破。

东拼西凑 dōng pīn xī còu 形容从各个方面把零星的东西拼凑在一起▷小王要结婚了，父母亲东拼西凑为他的婚事筹钱。|这篇文章的观点并不新颖，论据也是从别人的文章中东拼西凑而来的，所以并无多大的价值。≈东挪西借。

东山再起 dōng shān zài qǐ 东晋时，谢安辞去官职，隐居东山，后来又重新出山做官。（见《晋书·谢安传》）后用“东山再起”比喻去职后重新任职或失势后再度得势▷他失势后积极活动，图谋东山再起。|这位一度沉寂的歌星东山再起，受到了歌迷的欢迎。≈卷土重来|重整旗鼓|死灰复燃|再作冯妇◇一蹶不振。

东施效颦 dōng shī xiào pín 效：仿效。颦：皱眉。《庄子·天运》载：西施是春秋时越国美女，据说她有心疼病，常按着胸口，皱着眉头。同村有个叫东施的丑女觉得西施这样很美，也学西施按胸皱眉的样子，结果就更加丑了。后用“东施效颦”比喻不顾具体情况，生硬模仿别人，效果适得其反▷既然知道了东施效颦的可笑，今后无论做什么事都不会胡乱学样了。｜她读《红楼梦》，看到黛玉葬花一节，便也东施效颦，去公园中葬花，结果被公园管理人员当成了精神病患者。≈邯郸学步｜弄巧成拙◇别出心裁｜独辟蹊径｜匠心独运。

东逃西窜 dōng táo xī cuàn 逃向东面，窜向西面。形容到处逃亡，四处躲避▷尽管这些犯罪分子东逃西窜，但在广大公安干警严密的部署下，最终都被抓拿归案，将受到法律的严惩。｜旧中国军阀争权夺利，战乱四起，老百姓东逃西窜，终日惶恐不安。

东张西望 dōng zhāng xī wàng 这边看看，那边望望。形容向四周寻找、观望▷车站上这个东张西望的青年，引起了巡警的注意。｜小赵走进这座宏伟的厅堂，东张西望，充满了好奇。≈左顾右盼◇目不转睛｜目不斜视。

动人心弦 dòng rén xīn xián 动：感动。形容深受感动，内心引起共鸣▷钢琴家弹奏起贝多芬动人心弦的乐曲。｜老人家的诉说声泪俱下，动人心弦。≈感人肺腑◇无动于衷。

动辄得咎 dòng zhé dé jiù 动辄：动不动就。咎：过失，罪责。动不动就受到指责、处分。语出唐·韩愈《进学解》：“跋前踬后，动辄得咎。”后用“动辄得咎”形容处境困难▷小王因在公司里动辄得咎，只得辞职。｜有些家长不懂得怎样教育孩子，孩子们这也不许做，那也不能动，动辄得咎，无所适从。

洞房花烛 dòng fáng huā zhú 洞房：新婚夫妻的卧室。花烛：有彩饰的红蜡烛，多在婚礼时用。新婚时在洞房点上花烛。语出北周·庾信《和咏舞》：“洞房花烛明，燕余双舞轻。”后用“洞房花烛”形容结婚欢庆的景象▷旧社会的女子在洞房花烛之前，很多都不知道自己的丈夫是个啥模样。｜古代的许多读书人以洞房花烛、金榜题名作为人生最得意的两件事。

洞若观火 dòng ruò guān huǒ 洞：透彻。语本《尚书·盘庚上》：“今汝聒聒……不惕予一人。予若观火。”后用“洞若观火”形容观察事物明白透彻▷妈妈对孩子的一举一动，洞若观火。｜我对他玩弄的手法洞若观火，只是不说穿罢了。≈洞察一切｜昭然若揭｜一望而知｜一览无余｜一目了然｜了如指掌◇管窥蠡测｜不知就里。

洞天福地 dòng tiān fú dì 道教指神仙居住的地方，有十大洞天，三十六小洞天，七十二福地。语出宋·陈亮《重建紫霄观记》：“道家有所谓洞天福地者，其说不知所从起，往往所在而有。”后用“洞天福地”比喻风景优美的名山胜地▷这里风景优美、环境清幽，真不愧洞天福地之称。｜俗话说“天下名山僧占多”，僧人们往往在风景优美的洞天福地中修行。

斗换星移 dǒu huàn xīng yí 斗：北斗星。北斗星转了方向，星座移了位置。指季节交换，岁月流逝。语本唐·王勃《滕王阁序》：“闲云潭影日悠悠，物换星移几度秋。”后用“斗换星移”比喻时代的更替▷日往月来，斗换星移，昔日的黄毛丫头如今变成大姑娘了。｜两人聊得忘了时间，无意中一抬头，发现斗转星移，已是半夜时分了。

豆蔻年华 dòu kòu nián huá 豆蔻：一种多年生常绿草本植物，常用以比喻少女。语本唐·杜牧《赠别》诗："娉娉袅袅十三余，豆蔻梢头二月初。"后用"豆蔻年华"泛指少女时期▷这些姑娘正当豆蔻年华，一个个天真活泼。|她已是徐娘半老，但与豆蔻年华的少女相比，别有一种成熟的韵致。◇徐娘半老。

独步天下 dú bù tiān xià 独：唯一。语本《慎子·外篇》："善哉！先生天下之独步也。"后用"独步天下"形容超群出众，独一无二▷他的这项发明，确实是独步天下。|独步天下，无人能与之抗争，确有他才能过人的地方。

独当一面 dú dāng yī miàn 当：担当。一面：某一方面。语本《史记·留侯世家》："汉王之将独韩信可属大事，当一面。"后用"独当一面"形容独自承当或领导一个方面的重要事务▷班长小丁已经能够在老师不在时独当一面，主持班级事务。|老王具备独当一面的工作能力，被提升为部门经理。≈独立自主◇独木难支。

独断专行 dú duàn zhuān xíng 断：决断，决定。行：做，干。形容只凭自己的主观意志，爱怎么干就怎么干，不考虑别人的意见▷你应该多听听大家的意见，集思广益，不要独断专行嘛。|独断专行的工作作风将给事业带来不可弥补的损失。≈一意孤行|专横跋扈|独行其是|一手遮天◇集思广益|博采众长|兼听则明。

独夫民贼 dú fū mín zéi 独夫：被大家所唾弃的统治者。民贼：残害人民的统治者。语本《尚书·泰誓下》："独夫受（商纣王名）洪惟作威，乃汝世仇。"又，《孟子·告子下》："今之所谓良臣，古之所谓民贼也。"后用"独夫民贼"指残暴的反动统治者▷夏桀和商纣是中国古代有名的独夫民贼。|袁世凯没做几天"洪宪皇帝"，就因成了独夫民贼遭到人民唾弃而一命呜呼。

独具匠心 dú jù jiàng xīn 匠心：巧妙的心思。形容具有独特而巧妙的构想，与众不同（多用于文学艺术方面）▷汤老师很欣赏小明这篇独具匠心的散文。|这座木雕精细入微，独具匠心。≈别出心裁|匠心独运|别具一格|不落窠臼|独树一帜|别开生面|独辟蹊径|自出机杼(zhù)◇司空见惯|习以为常|屡见不鲜。

独具只眼 dú jù zhī yǎn 具：具有。语本唐·释慧然《临济慧照玄公大宗师语录·勘辨》："临济小厮儿却具一只眼。"后用"独具只眼"比喻具有独到的眼光和见解▷张老师独具只眼，派平时并不很突出的小明参加市里作文比赛，果然，小明取得了好成绩。|在清末的朝廷中，只有谭嗣同等人独具只眼，看到若不变法，中国只能走向覆亡。◇步人后尘|拾人牙慧。

独立王国 dú lì wáng guó 比喻不理会上级的正确领导，自搞一套、自行其是的地区、部门或单位▷凡是搞独立王国的人都不会有好的结局。|他把厂子里的供销科搞成了自己的独立王国，连厂长的命令都不加理睬。

独立自主 dú lì zì zhǔ 不依仗外部力量，自己作主▷在改革开放的今天，我们不能丢掉艰苦奋斗、独立自主的优良传统。|经过三年的努力，公司已经成为一家独立自主的中型企业，产品销往全国

各地。≈自力更生|自食其力|自给自足|自强不息◇因人成事|仰人鼻息|身不由己|寄人篱下|傍人门户。

独木难支 dú mù nán zhī 支：支撑。一根木头难以支撑将要倒塌的屋子。语本南朝宋·刘义庆《世说新语·任诞》："元裒如北夏门，拉攞自欲坏，非一木所能支。"后用"独木难支"比喻个人的力量难以胜任▷让我一个人去管三家厂，真是独木难支呀！|他孤身对付三个身高力大的暴徒，独木难支，渐渐落于下风。≈势单力薄|孤掌难鸣◇众志成城|群策群力|齐心合力。

独辟蹊径 dú pì xī jìng 辟：开辟。蹊径：小路。独自开辟出一条小路。比喻独创一种风格或方法▷白居易的诗独辟蹊径，走通俗易懂之路，因而当时就流传广泛。|他的画参用了西洋的透视法，在传统的水墨画中独辟蹊径。≈别开生面|别具匠心|独具一格|独树一帜◇步人后尘|亦步亦趋。

独善其身 dú shàn qí shēn 独：独自。善：好，这里指维护好。原指独自修养自己的品德。语出《孟子·尽心上》："穷则独善其身，达则兼济天下。"后用"独善其身"指只顾自己好而不顾别人或全局▷历史上有些人，他们不屑与贪官污吏为伍，就退隐山林，独善其身。|他是个事不关己、高高挂起的独善其身派。≈明哲保身◇兼济天下。

独擅胜场 dú shàn shèng chǎng 擅：占有。胜场：取胜的场所。独自占有竞技场上的胜利。比喻技艺高超出众▷想不到在全国乒乓球赛中独擅胜场的是一位名不见经传的小将。|在传统雕刻的工艺美术领域中，他的微雕技术独擅胜场，无人能及。

独树一帜 dú shù yī zhì 树：树立。帜：旗帜。单独树立起一面旗帜。比喻创出独特的风格、主张、方式等▷鲁迅的杂文独树一帜，是他文学成就的重要组成部分。|于老师独树一帜创造了新的教学方法。≈标新立异|别开生面|别具一格|匠心独运|不落窠臼|独辟蹊径|自出机杼◇平淡无奇|司空见惯|屡见不鲜。

独往独来 dú wǎng dú lái 独自往来行走。语出《庄子·在宥》："出入六合，游乎九州，独往独来，是谓独有。"后用"独往独来"形容无拘无束，没有牵连挂碍▷过了这么些年的单身生活，他独往独来自由惯了。也指行动孤单，不与人来往▷你虽然才高志远，但这独往独来、孤僻高傲的脾气还是得改一改。≈天马行空。

独一无二 dú yī wú èr 只有这一个，没有别的。形容唯一的，没有什么可以与之相比的▷我国的万里长城是世界上独一无二的奇迹。|中国人口之多，在全球是独一无二的。≈举世无双|绝无仅有|一枝独秀◇无独有偶|比比皆是。

独占鳌头 dú zhàn áo tóu 鳌头：宫殿台阶上的巨鳌浮雕的头部。科举时，中状元者独自立在殿阶巨鳌头上迎榜。原指中了状元。后用"独占鳌头"比喻夺得第一▷小马在全国高考中独占鳌头，赢得老师、同学和亲友的一片赞叹。|我厂生产的手机在全国评比中独占鳌头。≈首屈一指|名列前茅|无出其右◇名落孙山。

睹物思人 dǔ wù sī rén 睹：看见。看到物品就想起它的主人。形容对离去的或死去的人的怀念▷看到他的遗物，不禁睹物思人，眼前浮现出他的音容笑貌。|在他去世的周年忌日，妻子睹物思

D

人，写下了这篇感人至深的悼念文章。

杜口裹足 dù kǒu guǒ zú 杜：塞。塞住嘴巴，缠住腿脚。语出《战国策·秦策三》："天下见臣尽忠而身蹶也，是以杜口裹足，莫肯即秦耳。"后用"杜口裹足"形容不敢说话和行动▷反动统治集团妄图以残酷镇压来使群众杜口裹足，但他们的企图是不会得逞的。|明末的山东治安混乱，土匪横行，所以附近的商旅都杜口裹足，远远地避开这里。

杜门不出 dù mén bù chū 杜：关闭。关着门不出来。语出《国语·晋语一》："谗言益起，狐突杜门不出。"后用"杜门不出"形容关闭门户，不与外界交往接触▷自从退休以后，李老一直杜门不出，撰写回忆录。|这几天我杜门不出，赶写策划书。≈深居简出|足不出户◇门庭若市|送往迎来。

度日如年 dù rì rú nián 度：过。过一天就像过一年那么漫长。语本《魏书·苻健传》："得度一日，如过十年。"后用"度日如年"形容因焦虑、困苦等而日子难熬▷在等待录取通知书的日子里，小孙简直是度日如年。|她同这班人格格不入，每天上班，都是度日如年。≈一日三秋◇光阴似箭|日月如梭。

短兵相接 duǎn bīng xiāng jiē 短兵：短兵器。接：交战。语本战国楚·屈原《九歌·国殇》："操吴戈兮被犀甲，车错毂兮短兵接。"后用"短兵相接"形容作战时近距离搏斗▷战士们一声怒吼，冲下山去，和敌人短兵相接，展开肉搏战。也比喻双方面对面进行激烈的争斗▷这局精彩的围棋赛已进入短兵相接的阶段。≈兵戎相见。

[提示]相，不读"xiàng"。

短小精悍 duǎn xiǎo jīng hàn 形容人身材矮小而精明强干。语出《史记·游侠列传》："解（人名）为人短小精悍。"后用"短小精悍"形容文章、发言等简短而有力▷他的发言短小精悍，很有说服力。|这篇文章短小精悍而令人回味无穷，不愧出自名家之手。≈言简意赅。

断壁残垣 duàn bì cán yuán 垣：矮墙。坍塌和残存的墙壁。形容破败的景象▷短短几年，这儿因战争留下的断壁残垣就不见了，代之以一排排的新厂房。|特大地震过后，镇上一片断壁残垣。◇雕梁画栋。

断鹤续凫 duàn hè xù fú 续：接续。凫：野鸭。截断鹤的长腿，接在野鸭的短腿上。语本《庄子·骈拇》："长者不为有余，短者不为不足。是故凫胫虽短，续之则忧；鹤胫虽长，断之则悲。"后用"断鹤续凫"比喻做事若违反自然规律或事物本性，就办不成事▷任何事物都有其发展规律，断鹤续凫，必然弄巧成拙。|这里的盐碱地里只能长棉花，你硬要种麦子，那不是断鹤续凫吗？怎么会成功呢！

断章取义 duàn zhāng qǔ yì 断：截取，割裂。原指截取《诗经》中某一首诗的某一章节，来表达自己的意思。语本《左传·襄公二十八年》："赋《诗》断章，余取所求焉。"后用"断章取义"形容不顾通篇文章或谈话的完整内容，只孤立地取出其中一段或一句，以表达自己的意思▷你们要完整地理解科学社会主义理论，不可断章取义。|你怎么能断章取义，歪曲我的本意呢！

[提示]义，不要写作"意"。

断子绝孙 duàn zǐ jué sūn 断绝了子

孙。指没有子孙后代▷封建思想真是顽固,媳妇刚生了个女孩,王老太就闷闷不乐,喃喃自语:“咱家没了香火,断子绝孙了。”|鲁迅笔下的阿Q常骂别人断子绝孙,可他自己到死还孤身一人。≈后继无人|孤家寡人◇子孙满堂|后继有人。

堆积如山 duī jī rú shān 东西堆积得像山一样。形容非常之多▷场院里,丰收的西瓜堆积如山。|仓库里全是堆积如山的滞销商品。≈车载斗量◇屈指可数|寥若晨星。

对簿公堂 duì bù gōng táng 薄:文书,如起诉书之类。对薄:受审讯或质询时根据状文核对事实。公堂:旧时官吏审案的地方。指原告和被告双方在法庭上对质▷他们两人的纠纷,调解无效,只得对簿公堂。|就为了这些遗产,他们不顾手足之情,不惜对簿公堂。

对答如流 duì dá rú liú 流:流水。答话像流水一样迅速流畅。语出《陈书·戚衮传》:“衮精采自若,对答如流,简文深加叹赏。”后用“对答如流”形容反应敏捷,口才很好▷上课时,老师见他对答如流,大为赞赏。|由于准备充分,他在辩论场上挥洒自如,对答如流,博得一片掌声。

对酒当歌 duì jiǔ dāng gē 当:应当。对着酒应当高声歌唱。语出三国魏·曹操《短歌行》:“对酒当歌,人生几何?譬如朝露,去日苦多。”原指应抓紧时间有所作为。后多用“对酒当歌”指人生应当及时行乐▷我们毕业了,分手在即,何不对酒当歌,一醉方休?|人生苦短,何必自找烦恼呢?来,对酒当歌,一醉解千愁。

对牛弹琴 duì niú tán qín 汉·牟融《理惑论》载:公明仪善于弹琴。一次,他为牛弹《清角之操》,而牛还是低头吃草,没什么反应。不是牛没听见,而是牛听不懂。后用“对牛弹琴”比喻对一窍不通的人讲高深的道理,或对外行人说内行话▷我给你讲这些,简直是对牛弹琴,白费神!也比喻做事或说话不看对象▷这个人完全不可理喻,和他讲道理,真是对牛弹琴!≈缘木求鱼|问道于盲◇对症下药|量体裁衣。

对症下药 duì zhèng xià yào 医生针对病情用药。比喻针对具体情况,采取相应的有效措施▷对症下药,才能药到病除,病急乱投医是要出乱子的。|老师对症下药,解决了同学们学习上的难题。≈有的放矢◇无的放矢。

多才多艺 duō cái duō yì 语本《尚书·金縢》:“予仁若考,能多材多艺,能事鬼神。”后用“多才多艺”指具有多方面的才能和技艺▷他的夫人的确多才多艺,精明能干。|倒看不出,貌不惊人的小李会摆弄这么多种的乐器,真是多才多艺啊!◇一无所长。

多愁善感 duō chóu shàn gǎn 善:容易。感:动感情。经常发愁,并很容易引起伤感。形容人的感情脆弱▷曹雪芹笔下的林黛玉是个多愁善感的少女。|想不到这五大三粗的汉子,也有多愁善感的时候。◇铁石心肠。

多此一举 duō cǐ yī jǔ 举:行动。形容做不必要的多余的事▷算我多此一举,以后再也不管这种闲事了。|你走这步棋,完全是多此一举。≈画蛇添足◇不可或缺。

多多益善 duō duō yì shàn 益:更,更加。《史记·淮阴侯列传》载:汉高祖刘邦问大将韩信:“你看我能带多少兵?”

韩信说："您不过能带十万兵。"刘邦又问："那么你呢？"韩信自信地答道："臣多多而益善耳！"后用"多多益善"形容越多越好▷我们需要这样的人才，多多益善。|这类便民措施，多多益善。≈不厌其烦◇适可而止|过犹不及。

D

多难兴邦 duō nàn xīng bāng 难：灾难。兴：振兴。邦：国家。语本《左传·昭公四年》："邻国之难，不可虞也。或多难以固其国，启其疆土；或无难以丧其国，失其守宇。"后用"多难兴邦"指国家灾难多，反而可以激发起人民发奋图强的决心和战胜困难的信心，使国家兴旺起来▷我国几千年的历史证明了"多难兴邦"的道理。|虽说是多难之邦，但有和平的环境来从事国家建设不是更好吗？

［提示］难，不读"nán"。

多如牛毛 duō rú niú máo 多得像牛身上的毛一样。语本《北史·文苑传序》："学者如牛毛，成者如麟角。"后用"多如牛毛"形容极多▷国民党统治的时期，多如牛毛的苛捐杂税，逼得老百姓活不下去。|清末，当地土匪多如牛毛，但他们绝大多数都是被逼上梁山的农民。≈不计其数|数不胜数|车载斗量◇寥寥无几|屈指可数|寥若晨星。

多事之秋 duō shì zhī qiū 秋：代指年。事变很多的年头。语出唐·崔致远《桂苑笔耕集》卷十三："况逢多事之秋，而乃有令患风。"后用"多事之秋"形容国家社会不安定的时期▷将军出生时，正值烽火连天的多事之秋。|这一年，在中国的历史上是个多事之秋。≈流年不利◇太平盛世。

多灾多难 duō zāi duō nàn 难：灾难。灾难接二连三，一个接着一个▷这一家真是多灾多难，丈夫刚去世，妻子又生重病，两个年幼的孩子无人照顾。|我们那地方这几年真是多灾多难，前年洪灾，今年又是旱灾。

［提示］难，不读"nán"。

咄咄逼人 duō duō bī rén 咄咄：让人感到惊恐的声音。南朝宋·刘义庆《世说新语·排调》载：东晋时桓玄和殷仲堪戏作惊人之语。殷仲堪手下有位参军说："盲人骑瞎马，夜半临深池。"殷仲堪原本一目失明，听了倒抽一口冷气，说："咄咄逼人！"后用"咄咄逼人"形容气势汹汹，盛气凌人▷他已经认错了，你又何必咄咄逼人呢？|比赛一开始，对手就摆出一副咄咄逼人的架势。≈盛气凌人|欺人太甚◇和颜悦色|和风细雨。

咄咄怪事 duō duō guài shì 咄咄：叹词，表示惊讶。南朝宋·刘义庆《世说新语·黜免》载：晋代殷浩被桓温罢免，整天用手在空中作写字的样子。有人暗中观察，发现殷浩所写是"咄咄怪事"四个字。后用"咄咄怪事"形容不合常理、难以理解的怪事▷商店卖出伪劣产品，既不让退换，也不承认错误，岂不是咄咄怪事！|三伏天下起雪来，真是咄咄怪事！≈荒诞无稽|奇谈怪论|天方夜谭◇顺理成章|理所当然|合情合理|司空见惯。

E

阿谀奉承 ē yú fèng chéng 阿谀：迎和奉承。形容故意讨好，迎合别人的心意▷小李是个耿直的人，从来不会阿谀奉承。|他信任一批阿谀奉承的小人，所以成不了大事。≈趋炎附势|溜须拍马|吮(shǔn)痈舐(shì)痔|胁肩谄笑◇刚正不阿|不卑不亢。

［提示］阿，不读“ā”。

婀娜多姿 ē nuó duō zī 婀娜：柔软而美好的样子。指柔软美好，多姿多态▷她的舞蹈婀娜多姿，博得了全场观众的掌声。|小陈的女朋友身材窈窕，走起路来婀娜多姿。≈袅袅婷婷|绰约多姿。

额手相庆 é shǒu xiāng qìng 额手：把手放在额上。以手加额，表示庆贺▷现在还不是额手相庆的时候，大伙要一鼓作气把工程全部圆满完成。|土匪的山寨被彻底剿灭，当地的人民无不额手相庆。

恶贯满盈 è guàn mǎn yíng 贯：钱串。盈：满。罪恶多得好比铜钱穿满了绳子一样。语本《尚书·秦誓上》：“商罪贯盈，天命诛之。”后用“恶贯满盈”形容罪恶极大▷这个地头蛇恶贯满盈，最终受到了法律的严厉制裁。|恶贯满盈的卖国贼被永远钉在历史的耻辱柱上。≈罪大恶极|罪恶昭彰◇功德无量。

饿虎扑食 è hǔ pū shí 饥饿的老虎扑向食物。比喻动作迅猛▷战士们都被激怒了，饿虎扑食般冲向敌人的阵地。|他两天没吃东西了，看到这桌丰盛的酒菜，便如饿虎扑食，顷刻间吃了个精光。≈猛虎下山|狼吞虎咽|风卷残云◇和风细雨|慢条斯理。

饿殍遍野 è piǎo biàn yě 饿殍：饿死者的尸体。因饥饿而死亡的人到处都是。形容人们死于饥饿的惨状▷老人回忆起几十年前饿殍遍野的悲惨情景，还是心有余悸。|明末的北方农村，民不聊生，饿殍遍野。

恩断义绝 ēn duàn yì jué 情义完全断绝▷她这封恩断义绝的信伤透了我的心。|想当初，师傅对他恩重如山，到如今，他却这般恩断义绝。

恩将仇报 ēn jiāng chóu bào 将：拿，把。报：回报，报答。受了别人的恩惠，反而以仇恨作为回报▷你怎么能恩将仇报，诬陷帮助过你的朋友呢？|张三是个恩将仇报的小人，被大家所唾弃。≈忘恩负义|以怨报德|过河拆桥◇以德报怨|感恩图报。

［提示］将，不读“jiàng”。

恩同再造 ēn tóng zài zào 再造：再生。恩德极大，如同给予了第二次生命。语本《宋书·王僧达传》：“内虑于己，外访于亲，以为天地之仁，施不期报，再造之恩，不可妄属。”后用“恩同再造”形容对重大恩德的感激▷医生把他从死亡线上救了回来，对他来说，真可谓恩同再造。|小王能有今天，完全是依靠他老师的指导和帮助，老师对小王，那真是恩同

再造啊。≈再生之恩◇不共戴天。

恩威并施 ēn wēi bìng shī 威：以刑罚惩治或以武力威胁。并：一同。施：施行。语本《三国志·吴书·周鲂传》："鲂在郡十三年卒，赏善罚恶，威恩并行。"后用"恩威并施"指奖赏和惩罚两种手段同时施行▷曹操对手下的文臣武将，采取恩威并施的做法，颇有成效。|对子女的教育，应有赏有罚，恩威并施。≈宽猛相济。

恩重如山 ēn zhòng rú shān 形容恩惠多，帮助大▷父母养育子女，恩重如山。|您让我脱离了苦海，真是恩重如山，我永世难忘！≈恩深义重|恩山义海|恩同再造◇血海深仇|苦大仇深|深仇大恨|不共戴天。

尔虞我诈 ěr yú wǒ zhà 尔：你。虞：欺骗。你欺骗我，我欺骗你。语本《左传·宣公十五年》："我无尔诈，尔无我虞。"后用"尔虞我诈"指互相欺骗▷我们要提倡诚信，不能尔虞我诈。|尔虞我诈的市侩作风，应彻底根除。≈钩心斗角|明争暗斗◇推心置腹|披肝沥胆|坦诚相见|肝胆相照。

耳鬓厮磨 ěr bìn sī mó 鬓：面颊两旁的头发。厮：互相。两人的耳朵和鬓发互相摩擦。形容亲密相处或相爱的样子▷他俩从小青梅竹马，耳鬓厮磨，长大了反倒有些生分了。|他俩在几十年的夫妻生活中，耳鬓厮磨，相濡以沫，建立了深厚的感情。≈形影不离|亲密无间◇陌同路人。

耳聪目明 ěr cōng mù míng 聪：听觉灵敏。语本《礼记·乐记》："耳目聪明，血气和平。"后用"耳聪目明"形容头脑清醒，感觉灵敏▷老大爷八十多岁了，依然耳聪目明，过着幸福的晚年生活。|这孩子耳聪目明，机灵得很。◇耳聋眼花。

耳目一新 ěr mù yī xīn 语本《魏书·河南王曜传》："齐人爱咏，咸曰耳目更新。"后用"耳目一新"形容所见所闻跟以前不同，令人感到很新鲜▷喧嚣的城市里住久了，忽然来到青山绿水间，顿觉耳目一新，心情舒畅极了。|这部戏不落俗套，让观众耳目一新。≈焕然一新|万象更新◇依然如故|司空见惯。

耳濡目染 ěr rú mù rǎn 濡：沾湿。染：沾染。耳朵经常听到，眼睛经常看到。语本唐·韩愈《清河郡公房公墓碣铭》："目擩耳染，不学以能。"擩：同"濡"。后用"耳濡目染"形容不知不觉地受到影响▷祖母出身世家，虽未上过学，但耳濡目染，居然也识了不少字，还能写一手好字。

耳熟能详 ěr shú néng xiáng 熟：熟悉。语本宋·欧阳修《泷冈阡表》："其平居教他子弟，常用此语。吾耳熟焉，故能详也。"后用"耳熟能详"指听得熟悉了，就能够详细地叙述出来▷孙悟空的故事在我国几乎家喻户晓，连幼儿园的孩子们都耳熟能详。|这些基本的行为规范，家长讲过，老师也讲过，都是学生们耳熟能详的内容。

耳提面命 ěr tí miàn mìng 面：当面。命：指教。提着耳朵当面教导。语本《诗经·大雅·抑》："匪面命之，言提其耳。"后用"耳提面命"指对人教诲严肃而恳切▷父亲对我耳提面命、谆谆告诫的神情，仿佛犹在眼前。|老师对小王可谓是耳提面命，极力栽培，小王深感师恩难报。

耳闻目睹 ěr wén mù dǔ 闻：听到。

睹：看见。语本北齐·颜之推《颜氏家训·归心》："夫信谤之征，有如影响；耳闻目见，其事已多。"后用"耳闻目睹"形容亲自听到和看见▷老师让同学把平时耳闻目睹的好人好事都记下来。≈身历其境◇捕风捉影。

F

发愤图强 fā fèn tú qiáng 发愤：决心努力。图：谋求。强：强大。形容决心努力奋斗，以求强盛▷中国人民正独立自主，发愤图强，建设有中国特色的社会主义。|只要有发愤图强的精神，我们就一定能取得成功。≈卧薪尝胆|艰苦奋斗|自强不息|励精图治◇苟且偷安|自暴自弃|听天由命|得过且过|无所事事。

发号施令 fā hào shī lìng 号：号令。施：发布。语出《尚书·冏命》："发号施令，罔有不臧。"后用"发号施令"指下达指示▷战役即将打响，首长在指挥部里紧张地发号施令。也形容以命令者的姿态指手画脚▷干部要注重调查研究，多倾听群众的意见，不能单凭长官意志去发号施令。|他根本不懂业务，却在那里发号施令，瞎指挥。

发人深省 fā rén shēn xǐng 发：启发。省：醒悟。语本唐·杜甫《游龙门奉先寺》诗："欲觉闻晨钟，令人发深省。"后用"发人深省"形容启发人深思而有所醒悟▷我非常欣赏这篇发人深省的好文章。|徐主任的发言简明扼要，发人深省，赢得全场一片掌声。≈耐人寻味。

［提示］省，不读"shěng"。

发扬光大 fā yáng guāng dà 发扬：发展倡导。光大：显赫盛大。形容使事业、传统、作风等在原有的基础上发展兴旺▷我们一定要继续并发扬光大艰苦创业的优良传统。

伐毛洗髓 fá máo xǐ suǐ 伐：削除。髓：骨髓。削除旧毛发，清洗旧骨髓。古代神话传说中凡人经过伐毛洗髓、脱胎换骨就能修炼成神仙。语本汉·郭宪《洞冥记·东方朔》："三千岁一返骨洗髓，二千岁一剥皮伐毛，吾生来已三洗髓、五伐毛矣。"后用"伐毛洗髓"比喻涤除污秽，脱胎换骨▷他决心痛改前非，伐毛洗髓，重新做人。≈脱胎换骨|改弦易辙。

法不责众 fǎ bù zé zhòng 责：惩罚。指执法时打击的对象不宜过多▷我们主张首恶必办，但并不是说法不责众，只要犯了罪，都要受到追究。|他明知不对，却跟着别人去干，以为法不责众，如今后悔莫及。

法力无边 fǎ lì wú biān 法力：神仙或佛法的力量，泛指神奇的力量。无边：无法估量。指神奇的力量大得无法估量▷小明从小爱听民间的神话传说，那些法力无边的神仙，在他心目中都是非常了不起的。|如来佛法力无边，纵使孙悟空也难逃其掌心。

翻江倒海 fān jiāng dǎo hǎi 形容水势浩大。语出唐·李筌《祭风伯雨师文》："鼓怒而走石飞砂，翻江倒海。"后用"翻江倒海"比喻力量强，声势大▷门外闹得翻江倒海，门里的人却似充耳不闻。|在群雄并起的汉末，曹操干了一番翻江倒海的大事业。≈排山倒海|翻天覆地◇风平浪静。

翻来覆去 fān lái fù qù 覆：翻。来回地翻动身体。语出宋·杨万里《不寐》诗："翻来覆去体都痛，乍暗忽明灯为谁？"后用"翻来覆去"形容难以入睡的样子▷小明没考上重点高中，心里难受，翻来覆去睡不着。也形容多次重复▷这篇文章，我翻来覆去修改了好多遍，还是不满意。|老师翻来覆去地讲解，同学们理解得很透彻。

[提示]覆，不要写作"复"。

翻脸无情 fān liǎn wú qíng 翻：改变。指对人突然改变脸色，不讲情义▷相随他已一二十年，谁料他如今竟翻脸无情，撇下我一走了之。|别太信他，等他翻脸无情，你后悔就晚了。

翻然悔悟 fān rán huǐ wù 悔悟：悔恨而觉悟。语出宋·朱熹《答袁仲机书》："切望虚心平气，细考而徐思之。若能于此翻然悔悟，先取旧图分明改正。"后用"翻然悔悟"指很快就彻底地悔恨醒悟▷你年纪还小，现在能翻然悔悟，还为时不晚。|小明犯了错，老师找他谈话后，他翻然悔悟。≈悬崖勒马|迷途知返◇执迷不悟。

[提示]翻，也写作"幡"。

翻山越岭 fān shān yuè lǐng 越：跨过。岭：有路可通行的山。爬越过许多山岭。形容长途跋涉，旅途艰辛▷掉队的小战士翻山越岭，昼夜兼程，终于追赶上了大部队。|爸爸翻山越岭，寻找失踪的羊群。≈跋山涉水。

翻天覆地 fān tiān fù dì 覆：倒转过来。语本唐·刘商《胡笳十八拍》诗之六："天翻地覆谁得知，如今正南看北斗。"后用"翻天覆地"比喻巨大的变化▷几十年来，祖国的面貌发生了翻天覆地的变化。|这些年，农村的变化翻天覆地，日新月异。也比喻闹得非常凶▷这伙人为了几句话，吵得翻天覆地。≈翻江倒海◇风平浪静。

翻箱倒柜 fān xiāng dǎo guì 把箱子、柜子翻倒过来。指彻底地翻检、搜寻▷他的钥匙不知放哪儿了，一家人翻箱倒柜地找，也没找着。|这次给灾区捐赠，他翻箱倒柜，找了一大包衣服捐上。也形容毫无保留地拿出全部东西▷这次写回忆录，我是翻箱倒柜，把所有的经历都写在了这里。

翻云覆雨 fān yún fù yǔ 覆：倒转过来。翻过去是雨，倒过来是云。语本唐·杜甫《贫交行》："翻手作云覆手雨，纷纷轻薄何须数。"后用"翻云覆雨"比喻反复无常，玩弄手段▷你千万不可和这个翻云覆雨的小人打交道。|这个人翻云覆雨，言而无信，不会有好下场。≈反复无常|朝三暮四|朝秦暮楚|出尔反尔|上下其手◇始终不渝|始终如一|一成不变。

[提示]覆，不要写作"复"。

凡夫俗子 fán fū sú zǐ 凡、俗：平庸。平凡庸俗的人。泛指普通人▷他鄙薄那些追名逐利的人，宁愿做一个默默无闻的凡夫俗子。|他的所作所为，不是一般凡夫俗子所能理解的。◇仙风道骨。

繁花似锦 fán huā sì jǐn 繁：多，盛。锦：艳丽多彩、织有花纹的丝织品。许多盛开的鲜花，好像艳丽多彩的锦缎。形容美丽的景色或美好的事物▷青年们要用自己的双手去创造繁花似锦的未来。|公园里繁花似锦，原来这儿正在举办国际花卉展。

繁荣富强 fán róng fù qiáng 繁荣：草木枝叶和花朵茂盛，引申为事物蓬勃发展。

F

形容国家兴旺发达，富足强盛▷繁荣富强的祖国屹立在世界的东方。|我们将用自己的双手把祖国建设得更加繁荣富强。≈欣欣向荣◇满目疮痍|民生凋敝。

繁文缛节 fán wén rù jié 文：仪式。缛：繁多。节：礼节。语本唐·元稹《王永可太常博士制》："繁文缛礼，予心慒然。"后用"繁文缛节"形容过于繁琐的仪式和礼节▷旧时代的那套繁文缛节，已经完全不适合新时代的需要。也比喻琐碎而又多余的事情▷我们搞校庆，要简单而热烈，不要这么多的繁文缛节。≈虚文浮礼。

[提示]繁，不要写作"烦"。

反败为胜 fǎn bài wéi shèng 反：转换。变失败为胜利▷中国足球队在比分落后的情况下，沉着应战，终于反败为胜。|面对敌军的进攻，他们沉着应战，苦苦支撑，终于坚持到了大部队赶来，使整个战役反败为胜。◇转胜为败。

反唇相讥 fǎn chún xiāng jī 反唇：回嘴，顶嘴。讥：嘲讽。语本《汉书·贾谊传》："妇姑不相说(悦)，则反唇而相稽。"稽：争论，计较。后用"反唇相讥"形容受到指责不服气，反过来讥讽对方▷你应该虚心接受批评，为什么要反唇相讥呢？|张大嫂觉得吃亏了，不甘示弱，立刻反唇相讥，言语十分尖刻。≈唇枪舌剑◇洗耳恭听|虚怀若谷|息事宁人。

反复无常 fǎn fù wú cháng 反复：颠来倒去。无常：没有一定。语本南朝梁·费昶《行路难》诗："当年翻覆无常定，薄命为女何必粗。"后用"反复无常"形容一会儿这样，一会儿那样，变来变去没有定准▷别人看他是反复无常，他却认为自己始终如一。|你老是这样反复无常，今后谁还敢与你打交道！≈出尔反尔◇说一不二|始终不渝|一诺千金。

反戈一击 fǎn gē yī jī 戈：古代像矛的兵器。调转矛头，向自己原来所属的阵营进攻▷面对自己犯下的罪行，他流下了悔恨的泪水，决心反戈一击，协助公安部门破案。|守军阵前起义了，反戈一击，城市很快被攻破。

反躬自问 fǎn gōng zì wèn 躬：自身。反过身来问自己。语本宋·朱熹《乐记动静说》："惟其反躬自省，念念不忘，则天理益明，存养自固，而外诱不能夺矣。"后用"反躬自问"指对自己的言行进行自我检查和反思▷孩子犯了这样的错误，你作为家长应该反躬自问，检查一下自己的责任。|与人发生矛盾，都应该反躬自问，想想自己错在哪里。

反客为主 fǎn kè wéi zhǔ 客人反而成了主人。比喻从被动地位转变为主动▷我军反客为主，主动进攻，使来犯之敌处于被动挨打的地位。|他终于在中盘反客为主，取得了棋局的主动权。≈喧宾夺主|本末倒置◇客随主便。

[提示]反，不要写作"返"。

反目成仇 fǎn mù chéng chóu 反目：翻脸，不和。一翻脸就变成仇人▷为了一点鸡毛蒜皮的小事，一对恩爱夫妻反目成仇，真让人痛心。|为了一笔生意该不该做，两位公司合伙人争吵激烈，最后竟反目成仇，以散伙了事。

返老还童 fǎn lǎo huán tóng 返：扭转。还：回复原来的状态。晋·葛洪《神仙传》载：汉代淮南王刘安求仙学道。一天，八个老翁来求见，奉献不老之术。刘安不信，老翁们立刻都变成了童子。后用"返老还童"形容衰老的人恢复了

青春活力▷新时代的老人,心情舒畅,无忧无虑,好像返老还童,越活越年轻。|许老,好多年不见,您怎么返老还童,越活越精神了?≈老当益壮◇未老先衰。

[提示]返,也写作"反"。

返朴归真 fǎn pǔ guī zhēn 朴:质朴。真:本真。语本《战国策·齐策四》:"归真返璞,则终身不辱也。"璞(pú):没有雕琢的玉,引申为质朴、淳朴。后用"返朴归真"形容去除伪饰,恢复纯真▷晋代大诗人陶渊明厌恶官场,决定返朴归真,隐居田园。|现代人有时向往大自然,想过一种返朴归真的生活。

犯上作乱 fàn shàng zuò luàn 犯:触犯,冒犯。作乱:造反。语本《论语·学而》:"不好犯上,而好作乱者,未之有也。"后用"犯上作乱"指触犯君王,搞叛乱活动▷封建统治者总是把农民的反抗压迫诬蔑为犯上作乱。|你鼓动同学围攻老师,还真要"犯上作乱"哪!◇循规蹈矩|安分守己。

饭来张口 fàn lái zhāng kǒu 饭端到面前就张开口吃。语出唐·元稹《放言》诗:"酒熟餔糟学渔夫,饭来开口似神鸦。"后用"饭来张口"形容坐享其成,不劳而获▷现在的独生子女们,已经习惯于饭来张口、衣来伸手,他们的生活自理能力令人担忧。|清末的八旗子弟都是饭来张口、衣来伸手的公子哥儿,哪里有半点乃祖的英武之风呢?

[提示]常与"衣来伸手"连用。

泛泛而谈 fàn fàn ér tán 泛泛:肤浅的样子。很浮浅地大略谈一谈▷他的整个报告都只是泛泛而谈,不解决什么问题,听众反映不佳。|他的讲话并不是针对某个具体的人物,而是泛泛而谈的。

泛泛之交 fàn fàn zhī jiāo 交:交情,交谊。一般的交谊。语本宋·朱熹《朱子语类》卷三八:"朋友交游,固有浅深,若泛然之交,一一要周旋,也不可。"后用"泛泛之交"形容交情不深▷关键时刻就可以看出我们并不是泛泛之交。|我与这个人只是在会上见过几次面,不过是泛泛之交而已。◇刎颈之交。

泛滥成灾 fàn làn chéng zāi 泛滥:大水到处漫溢。形容江河湖海之水涨溢,造成灾害▷宏伟的三峡工程,将从根本上解决长江中下游洪水泛滥成灾的问题。也比喻不良现象或有害的东西到处传播,成为祸患▷大会小会连续不断,议而不决,文山会海泛滥成灾。|近年来,讲金钱、讲排场、讲享受的思想泛滥成灾,我们必须警惕。≈浩如烟海|不计其数|恒河沙数|多如牛毛|铺天盖地◇寥若晨星|屈指可数|凤毛麟角|聊胜于无。

贩夫走卒 fàn fū zǒu zú 贩夫:小商贩。走卒:供人驱使的差役。商贩和当差的人。语本《周礼·地官·司市》:"夕市,夕时而市,贩夫贩妇为主。"又,《汉书·胡建传》:"贫亡(无)车马,常步,与走卒起居。"后用"贩夫走卒"泛指身份低微、生活贫苦的人▷这些俚词俗曲虽是贩夫走卒随口编唱的,却闪烁着民众的智慧。

方便之门 fāng biàn zhī mén 方便:本为佛教用语,指用不同的方式劝说人信佛。语出唐·王勃《广州宝庄严寺舍利塔碑》:"维摩见病,盖伸方便之门;道安谢归,思远朝廷之事。"后用"方便之门"指给予便利条件▷这是市重点工程,各有关方面都要为它大开方便之门。|对于罪犯及各种犯罪行为,我们的执法机关在

任何时候都不能开方便之门。

方寸已乱 fāng cùn yǐ luàn 方寸：心。语本《三国志·蜀书·诸葛亮传》："[徐庶]今已失老母，方寸乱矣。"后用"方寸已乱"指心绪已纷乱▷得知母亲去世，我方寸已乱，哪有心思再顾其他。|在预审人员的步步逼问下，犯罪嫌疑人方寸已乱，只得如实招供。≈心绪不宁|心烦意乱◇镇定自若。

F

方枘圆凿 fāng ruì yuán záo 枘：榫头。凿：榫眼，卯眼。方榫头插不进圆榫眼。语本战国楚·宋玉《九辩》："圆凿而方枘兮，吾固知其鉏铻而难入。"后用"方枘圆凿"比喻两者格格不入，难以相容▷如此以古律今，难免方枘圆凿，格格不入。|他想早日售完货以回收现金，你却来向他赊购，这不是方枘圆凿吗？

[提示]枘，不读"nà"。

方兴未艾 fāng xīng wèi ài 兴：兴起。艾：终止，结束。语出宋·陈亮《祭周贤董文》："谓公之寿方兴未艾，而此心终未泯也。"后用"方兴未艾"形容新生事物蓬勃发展，没有止境▷信息数字化的浪潮迅速进入社会各个角落，方兴未艾。|器官移植是一门方兴未艾的尖端技术。≈百废俱兴|欣欣向荣|蒸蒸日上◇强弩之末|日暮途穷|日薄西山|大势已去|一蹶不振|每况愈下|苟延残喘。

防不胜防 fáng bù shèng fáng 防：提防，防备。胜：尽。指提防不过来▷我方战术多变，使敌方防不胜防。|这部机器实在太旧了，一开动就毛病不断，令人防不胜防。

防患未然 fáng huàn wèi rán 患：灾祸。然：这样。语本《汉书·外戚列传下》："事不当时固争，防患于未然。"后用"防患未然"指防备灾祸，要在灾祸发生前就加以预防▷我们要在汛期来临之前，加固堤岸，做到防患未然。|这里是仓库，对于火灾我们一定要防患未然，严禁火种入内。≈防微杜渐|未雨绸缪◇养痈遗患|临渴掘井|亡羊补牢。

防微杜渐 fáng wēi dù jiàn 微：微小。杜：堵塞。渐：事物的初始阶段。语出晋·韦谀《启谏冉闵》："请诛屏降胡，去单于之号以防微杜渐。"后用"防微杜渐"形容在错误或危险才有点迹象时及时制止，以免发展▷你必须防微杜渐，别让不良的心态潜滋暗长。|为了防微杜渐，有关部门决定改造危房，以免人民的生命财产遭受损失。≈防患未然|未雨绸缪◇养痈遗患|临渴掘井|亡羊补牢。

放荡不羁 fàng dàng bù jī 放荡：放纵。羁：约束。语出《晋书·王长文传》："少以才学知名，而放荡不羁，州府辟命皆不就。"后用"放荡不羁"形容行为放纵，不受约束▷他经常出入酒吧舞厅，深夜不归，是个放荡不羁的人。|他从小父母双亡，无人管教，因而养成了放荡不羁的性格。◇循规蹈矩。

放虎归山 fàng hǔ guī shān 语本《三国志·蜀书·刘巴传》裴松之注引《零陵先贤传》："若使备（刘备）讨张鲁，是放虎于山林也。"后用"放虎归山"比喻放走已经抓住的对手，留下后患▷你心太软了，现在放虎归山，将来可要吃苦头啊。|这是一个十分狡诈凶险的家伙，让他跑了，岂不就是放虎归山？≈养虎贻患|养痈遗患◇斩草除根|除恶务尽。

放浪形骸 fàng làng xíng hái 放浪：放纵。形骸：人的形体、躯体。语出晋·王羲之《兰亭集序》："夫人之相与，

俯仰一世，或取诸怀抱，悟言一室之内，或因寄所托，放浪形骸之外。”后用“放浪形骸”形容行为放任，不受世俗礼法的约束▷古代的文人骚客，多有放浪形骸、佯狂避世的习气。|你是个出家人，理应严守清规戒律，怎么可以如此放浪形骸呢？≈放荡不羁◇循规蹈矩|规行矩步。

放任自流 fàng rèn zì liú 放任：放纵，不约束。任凭事态自然发展，不加过问或干预▷学校对学生既不能放任自流，也不能管得太死。|你要合理安排学习、休息和娱乐的时间，不能放任自流。≈任其自然|听之任之◇循规蹈矩。

飞短流长 fēi duǎn liú cháng 飞、流：散布。短、长：喻指是是非非。语本唐·沈亚之《送韩北渚赴江西序》：“故有谀言顺容积微之谗，以基所毁，四邻之地，更效递笑，飞流短长，天下闻之矣。”后用“飞短流长”指无中生有，散布谣言▷他总是飞短流长，在同学中制造一些矛盾。|你要相信自己、相信组织，不要理睬外边的那些飞短流长。≈流言蜚语|风言风语。

飞蛾投火 fēi é tóu huǒ 灯蛾向着火焰飞去。语本唐·道世《法苑珠林》卷五五引《涅槃经》：“汝等今者兴建是意，犹如飞蛾投于火。”后用“飞蛾投火”比喻自取灭亡▷性格单纯的姑娘找上这个人面兽心的家伙，无异于飞蛾投火。|这个嫌疑犯企图与警方玩花招，真是飞蛾投火。≈自投罗网|玩火自焚|引火烧身|作法自毙◇趋利避害。

飞黄腾达 fēi huáng téng dá 飞黄：传说中的周穆王的八匹骏马之一。腾达：马腾空奔驰。语本唐·韩愈《符读书城南》诗：“飞黄腾踏去，不能顾蟾蜍。”后用“飞黄腾达”比喻官职、地位等提升得很快▷这家伙凭借见风使舵、吹牛拍马的功夫，才几年就飞黄腾达起来。≈平步青云|一步登天◇穷困潦倒|一落千丈。

飞来横祸 fēi lái hèng huò 横祸：意外的灾害。突发的灾难祸害▷那天，她兴冲冲地去学校，不料被楼上扔下的酒瓶砸伤了头，真是飞来横祸。|他家最近遭受了一场飞来横祸，财物被盗贼洗劫一空。≈三长两短|无妄之灾|祸从天降◇喜从天降|福至心灵|鸿运高照。

［提示］横，不读“héng”。

飞禽走兽 fēi qín zǒu shòu 禽：鸟类。语出汉·王延寿《鲁灵光殿赋》：“飞禽走兽，因木生姿。”后用“飞禽走兽”泛指陆地上人类以外的一切动物▷小岛上飞禽走兽很多。|他对飞禽走兽很有研究，收集了许多资料，是个有成就的动物学家。≈披毛戴角。

飞沙走石 fēi shā zǒu shí 沙子飞扬，石头滚动。语出晋·干宝《搜神记》卷三：“乃有神飞沙走石，雷电霹雳，无令得近。”后用“飞沙走石”形容风势很大▷一阵狂风吹来，飞沙走石，刮得我睁不开眼。|塞外的气候说变就变，顿时飞沙走石，令人害怕。≈折木飞屋。

飞檐走壁 fēi yán zǒu bì 在屋檐、墙壁上奔走如飞。形容武术高强的人身体灵巧轻便▷武侠小说中的人物个个都是飞檐走壁之人。|联防队员们伏击守候了三个晚上，终于抓住了那个飞檐走壁的贼人。

飞扬跋扈 fēi yáng bá hù 飞扬：放纵，放肆。跋扈：蛮横，霸道。指意气狂豪，行为不受约束。语出《北史·齐本

F

纪上》:"景(侯景)专制河南十四年矣,常有飞扬跋扈志。"后用"飞扬跋扈"形容骄横放肆,目中无人▷看他在审判会上耷拉着脑袋,很难想象他平日里飞扬跋扈的样子。|他自恃是高干子弟,平日里根本不把单位领导放在眼里,飞扬跋扈,不可一世。

飞针走线 fēi zhēn zǒu xiàn 缝纫、刺绣的速度极快。形容缝纫、刺绣技术精湛熟练▷她心灵手巧,飞针走线的技术是一般女子所不及的。|望着正为学生飞针走线缝补衣服的王老师,我的心底涌上了一股暖流。

非驴非马 fēi lǘ fēi mǎ 不是驴,不是马。语本《汉书·西域传下》:"驴非驴,马非马,若龟兹(qiū cí)王,所谓骡也。"后用"非驴非马"比喻事物不伦不类▷他写的那篇文章不文不白,非驴非马,让人看不明白。≈不伦不类。

非亲非故 fēi qīn fēi gù 亲:亲属。故:故旧,老朋友。不是亲属,也不是老朋友。语本唐·马戴《寄贾岛》诗:"佩玉与锵金,非亲亦非故。"后用"非亲非故"形容彼此之间无特殊关系▷我与他虽素不相识,非亲非故,但眼见他遇上了麻烦,我还是要帮助他的。|非亲非故的,我怎么能贸然登门去拜访他呢?◇沾亲带故。

非同小可 fēi tóng xiǎo kě 小可:寻常,平常。不同于寻常或一般的情况。形容事情重要或情况严重,不容轻视▷这可是人命关天的大事,非同小可。也形容人的学问或本领不同寻常▷他的这项发明创造可是非同小可,足以改变全世界人民的生活。

肥头大耳 féi tóu dà ěr 形容人体态肥胖▷小家伙肥头大耳的,真招人喜欢。|他整天混迹于应酬场中,没几个月,就从瘦骨嶙峋变得肥头大耳。≈脑满肠肥|大腹便便◇瘦骨嶙峋|形销骨立|骨瘦如柴。

匪夷所思 fěi yí suǒ sī 匪:通"非",不。夷:平常。不是根据常理所能想象到的。语出《周易·涣》:"涣有丘,匪夷所思。"后用"匪夷所思"指事物离奇▷小演员能在细钢丝上演出这样高难度的动作,真令人匪夷所思。|你说这个所谓大师真的能点石成金,这实在太匪夷所思了吧?≈不可思议◇不足为奇|平淡无奇。

斐然成章 fěi rán chéng zhāng 斐然:有文采的样子。章:文采。语出《论语·公冶长》:"吾党之小子狂简,斐然成章,不知所以裁之。"后用"斐然成章"形容文章的文辞生动,富有文采▷小王写的演讲稿斐然成章,一气呵成,听众一定会喜欢。|他的文章虽略有小疵,但稍加修饰,即能斐然成章。

肺腑之言 fèi fǔ zhī yán 肺腑:泛指人体的内脏,比喻内心。形容发自内心的真诚的话▷他俩一别十多年,见面后十分亲热,互相倾吐肺腑之言。|老师的一番肺腑之言,使我深思起来。≈由衷之言◇弥天大谎。

废寝忘食 fèi qǐn wàng shí 废:停止。寝:睡觉。顾不上睡觉,忘记了吃饭。语出北齐·颜之推《颜氏家训·勉学》:"元帝在江荆间,复所爱习,召置学生,亲为教授,废寝忘食,以夜继朝。"后用"废寝忘食"形容全部心思、精力用在某一事上▷为了早日完成这部教材,陈老师几乎到了废寝忘食的地步。|老徐不计报酬地工作,夜以继日、废寝忘食。≈通宵达旦|夜以继日|焚膏继晷(guǐ)|宵衣旰食|夙(sù)兴夜寐(mèi)◇游手好闲|无

所事事。

沸反盈天 fèi fǎn yíng tiān 沸：沸腾。反：翻滚。盈：满。沸腾翻滚的声浪充满空间。形容人声喧哗，乱作一团▷自修课上，老师来查看纪律，还没到教室就听见里面沸反盈天的吵闹声。|他从睡梦中惊醒，听到屋外沸反盈天，一片"抓贼""抓贼"的喊叫声。◇悄无声息|寂静无声。

沸沸扬扬 fèi fèi yáng yáng 水烧沸后热气蒸腾，气泡翻滚。形容人声喧杂，议论纷纷▷小林"走后门"的事情，已在单位里传得沸沸扬扬。|这几天行情剧烈变动，股市门口人头攒动、沸沸扬扬。≈七嘴八舌|沸反盈天◇鸦雀无声。

费尽心机 fèi jìn xīn jī 心机：心思，计谋。语出宋·戴复古《论诗绝句》："有时勿得惊人句，费尽心机做不成。"后用"费尽心机"指用尽心思，想尽办法▷他费尽心机才为儿子找到了现在这份工作。|他为了筹措拍摄电视连续剧的资金，真是费尽心机。≈绞尽脑汁|殚精竭虑。

分崩离析 fēn bēng lí xī 分崩：破裂。离析：散开。分裂倒塌，离乱散开。语出《论语·季氏》："邦分崩离析，而不能守也。"后用"分崩离析"形容国家或集团等分裂瓦解▷十八世纪上半叶，当时统治印度的莫卧儿王朝分崩离析，内战不已，给外来侵略者以可乘之机。|暴虐的秦王朝在农民起义的怒潮中，很快分崩离析，走向覆亡了。≈土崩瓦解|四分五裂◇和衷共济。

分道扬镳 fēn dào yáng biāo 镳：马嚼子，勒于马嘴边。扬镳：拉紧马嚼子驱马前进。指各走各的路，互不相干。语本《魏书·河间公齐传》："洛阳我之丰沛，自应分路扬镳。自今以后，可分路而行。"后用"分道扬镳"比喻各自志趣、目标不同，各走各的路▷他俩相处下来，觉得趣味不合，决定分道扬镳。|对时局看法的不同，导致了他俩的分道扬镳。≈各奔东西◇殊途同归。

分门别类 fēn mén bié lèi 按照事物的性质特征，进行分类▷他把平时阅读摘录下来的资料卡分门别类，以供日后翻检参考。|把这批文件分门别类，然后归档。≈分别部居◇杂乱无章。

分秒必争 fēn miǎo bì zhēng 一分钟、一秒钟也要争取。形容充分利用一切时间▷我们处在信息时代，只有分秒必争，才能占据竞争主动权。|这是你自己买的书，大可悠哉游哉地阅读，不必那么分秒必争，连吃饭时也捧着它看。

分庭抗礼 fēn tíng kàng lǐ 抗礼：古时宾客与主人分立在庭中两边，相对行礼，以示平等相待。语本《庄子·渔父》："万乘之主、千乘之君，见夫子未尝不分庭伉礼，夫子犹有倨傲之容。"伉：通"抗"。后用"分庭抗礼"表示彼此以平等的关系相处，不分上下▷在先秦以浪漫主义风格著称的文人中，能与庄周分庭抗礼的，唯有屈原。也比喻平起平坐，互相对立▷在房地产界，这两家公司分庭抗礼，竞争激烈。≈平起平坐|伯仲之间。

纷纷攘攘 fēn fēn rǎng rǎng 攘攘：杂乱的样子。形容人群拥挤杂乱▷地铁出故障了，好久才开来一辆，焦急的乘客们纷纷攘攘地挤向车门。|难民们纷纷攘攘，越过边界。≈熙熙攘攘|摩肩接踵(zhǒng)◇井然有序。

纷纷扬扬 fēn fēn yáng yáng 形容纷乱地飘扬▷暮春时节，纷纷扬扬的花瓣飘

洒一地，煞是好看。|秋风初起，满园的黄叶纷纷扬扬。也形容传说杂乱，议论纷纷▷你的事儿外面传得纷纷扬扬，早不是秘密了。≈众说纷纭|沸沸扬扬。

纷至沓来 fēn zhì tà lái 纷：多，杂乱。沓：重复。语本宋·朱熹《答何叔京（其六）》："夫其心，俨然肃然，常若有所事，则虽事物纷至而沓来，岂足以乱吾之知思。"后用"纷至沓来"形容接连不断地到来▷黄大夫医术高明，妙手回春，一时间病人纷至沓来。≈络绎不绝|接二连三|接踵而至。

F

焚膏继晷 fén gāo jì guǐ 焚：燃烧。膏：油脂，灯油。继：连接。晷：日影。点上灯烛接替日光来照明。语本唐·韩愈《进学解》："焚膏油以继晷，恒兀兀以穷年。"后用"焚膏继晷"形容夜以继日地学习或工作▷他一直难忘大学时焚膏继晷的学习生活。|他在实验室中焚膏继晷、废寝忘食，连续奋战了一个星期，终于取得了阶段性的胜利。≈夜以继日。

焚琴煮鹤 fén qín zhǔ hè 把琴烧了，用来煮鹤。语本宋·胡仔《苕溪鱼隐丛话前集》卷二二引《西清诗话》："义山《杂纂》，品目数十，盖以文滑稽者。其一曰杀风景，谓清泉濯足，花上晒裈，背山起楼，烧琴煮鹤，对花啜茶，松下喝道。"后用"焚琴煮鹤"比喻糟蹋、破坏美好的事物▷战乱中无数文物、古迹遭到破坏，焚琴煮鹤的现象屡见不鲜。|他们当地对真正的古迹不加维修，反而造了许多仿古建筑，真是焚琴煮鹤，大煞风景！

焚书坑儒 fén shū kēng rú 焚：烧。坑：活埋。儒：读书人。《史记·秦始皇本纪》载：秦始皇三十四年，丞相李斯主张禁止儒生以古非今，以免惑乱人心。秦始皇就下令焚烧《诗》《书》及诸子百家之书。次年，又下令活埋儒生四百六十多名。历史上称之为"焚书坑儒"。后用"焚书坑儒"比喻对文化的毁灭性破坏▷我们应尊重知识，决不允许焚书坑儒的悲剧重演。

粉墨登场 fěn mò dēng chǎng 粉、墨：搽脸、画眉的化妆品。化妆后登台演出。比喻在社会生活中，登上政治舞台（含贬义）▷爸爸是位京剧票友，当年也曾粉墨登场，串演角色。|在日寇的扶持下，汪精卫在南京粉墨登场，建立了伪政权。◇赤膊上阵。

粉身碎骨 fěn shēn suì gǔ 为了某种目的而献出生命▷为了人民大众的根本利益，我们粉身碎骨，在所不辞。|登山运动员冒着粉身碎骨的危险，攀登最高峰，为祖国争光。也形容被彻底摧毁▷碉堡中的敌人，被董存瑞的炸药包炸得粉身碎骨。|一声巨响，摩天大楼被炸得粉身碎骨。≈肝脑涂地|剖肝沥胆|鞠躬尽瘁|舍生取义|杀身成仁◇苟且偷安|明哲保身。

粉饰太平 fěn shì tài píng 粉饰：粉刷装饰。太平：平安。语出宋·周密《武林旧事·酒楼》："官中趁课，初不藉此，聊以粉饰太平耳。"后用"粉饰太平"指掩盖黑暗混乱的真相，伪造出太平无事的景象▷我们要敢于面对现实，而不是想方设法去粉饰太平。|新闻记者要牢记作为记者的职业道德，敢于揭露阴暗面，而不要一味去粉饰太平。

粉妆玉琢 fěn zhuāng yù zhuó 妆：装饰。琢：雕琢。像用白粉装饰的，用玉雕琢的。形容人的容貌白净美丽▷她皮肤白皙，身材窈窕，粉妆玉琢似的。|他

看见女儿粉妆玉琢、乖巧可爱的样子，不由得把一切烦恼都置之脑后了。

奋不顾身 fèn bù gù shēn 奋：振作精神。语出汉·司马迁《报任少卿书》："常思奋不顾身，以徇国家之急。"后用"奋不顾身"形容勇往直前，不顾个人的安危▷他奋不顾身地抢救落水儿童的事迹，在校园里迅速传开了。｜我们要学习先烈们奋不顾身的英雄气概。≈舍生忘死｜赴汤蹈火｜出生入死｜视死如归｜临危不惧◇贪生怕死｜胆小如鼠｜苟且偷安｜畏首畏尾。

奋起直追 fèn qǐ zhí zhuī 追：追赶。振奋起精神，紧赶上去▷与西方发达国家相比，我们是落后了，所以我们不能安于现状，应奋起直追，力争使中国跻身于世界强国之林。｜你这次考试的失利只是暂时的，不要灰心，奋起直追，将来考上大学是没有问题的。

奋勇当先 fèn yǒng dāng xiān 奋勇：鼓起勇气。先：前面。形容精神振奋，勇敢地冲在最前列▷他奋勇当先，一个箭步，冲过终点。｜人民子弟兵在抗洪救灾中奋勇当先。≈一马当先｜身先士卒◇畏缩不前。

愤愤不平 fèn fèn bù píng 愤愤：生气的样子。语本《晋书·桓秘传》："秘亦免官，居于宛陵，每愤愤有不平之色。"后用"愤愤不平"指对不公正的事心中愤恨不平▷他和小明是大学同学，两人共事多年，工作成绩不相上下，可这次小明评上了高级职称，他却没能评上，为此愤愤不平。｜你年纪大了，要保重身体，不要凡事都愤愤不平，那样太伤身体了。◇心平气和。

愤世嫉俗 fèn shì jí sú 愤：憎恶，不满。嫉：仇视，仇恨。语本唐·韩愈《杂说》："将愤世疾邪，长往而不来者之所为乎?"后用"愤世嫉俗"形容憎恨社会现状和世态人情▷杜甫是一位愤世嫉俗的现实主义诗人。｜残酷的社会现实给了他一连串的打击，使他变得愤世嫉俗起来。≈疾恶如仇◇随波逐流｜随俗沉浮｜欺世媚俗。

［提示］嫉，不要写作"忌"。

丰富多彩 fēng fù duō cǎi 内容丰富，花样繁多▷超市货架上的商品琳琅满目，丰富多彩。｜同学们度过了一个丰富多彩的暑假。≈形形色色｜五花八门｜五光十色｜应有尽有◇千篇一律｜如出一辙｜寥若晨星。

［提示］彩，也写作"采"。

丰功伟绩 fēng gōng wěi jì 丰：大。绩：业绩，功绩。语出宋·包拯《天章阁对策》："睿谋神断，丰功伟绩，历选明辟，未之前闻。"后用"丰功伟绩"形容伟大的功劳和业绩▷孙中山先生领导辛亥革命，推翻了帝制，建立了共和国，创下了不可磨灭的丰功伟绩。≈汗马功劳｜厥功至伟。

［提示］绩，不读"jī"。

丰衣足食 fēng yī zú shí 丰、足：富足。语出五代·王定保《唐摭言》卷十五："堂头官人，丰衣足食，所往无不克。"后用"丰衣足食"形容吃穿不愁，生活宽裕▷在政府扶贫政策的推动下，山区人民迅速脱贫致富，过上了丰衣足食的生活。｜村子里男女老少喜气洋洋，家家户户丰衣足食。≈人给(jǐ)家足｜绰有余裕◇饥寒交迫｜啼饥号寒｜缺衣少食。

风餐露宿 fēng cān lù sù 餐：吃。露：露天。在风中吃饭，在露天睡觉。语本宋·苏轼《游山呈通判承议写寄参寥

师》诗："遇胜即徜徉，风餐兼露宿。"后用"风餐露宿"形容旅途或野外生活的艰辛▷地质队员因为工作的关系，长年过着风餐露宿的生活。|我们参加了探险队，虽然风餐露宿，生活极为不便，但充分领略了大自然的各种奇景。

风尘仆仆 fēng chén pú pú 风尘：在路途上受风吹尘打。仆仆：疲乏劳累的样子。形容奔波忙碌、旅途辛苦劳累的样子▷他出差在外，听说家里出了事，就风尘仆仆地往回赶。|为了推销产品，他风尘仆仆，终年奔波在全国各地。

风驰电掣 fēng chí diàn chè 掣：闪过。像风急驰，像电闪过。语出《六韬·王翼》："奋威四人，主择材力，论兵革，风驰电掣，不知所由。"后用"风驰电掣"比喻急闪而过，非常迅疾▷救护车载着伤员，风驰电掣般驰向医院。|赛车风驰电掣，一晃而过。≈追风逐电|逐日追风|一日千里◇蜗行牛步|老牛破车|慢条斯理。

［提示］掣，不读"zhì"。

风吹草动 fēng chuī cǎo dòng 风一吹，草就晃动。语出《敦煌变文集·伍子胥变文》："偷踪窃道，饮气吞声，风吹草动，即便藏形。"后用"风吹草动"比喻轻微的动静或微小的动荡、变故▷有些动物极为敏感，一有风吹草动，便缩回巢穴，很久也不露面。|他极为敏感，社会上一有风吹草动，他就会心神不宁。

风吹雨打 fēng chuī yǔ dǎ 语出唐·陆希声《李径》诗："一径秾芳万蕊攒，风吹雨打未摧残。"后用"风吹雨打"形容遭受风雨的吹打▷清明过后，盛开的桃花经历了几番风吹雨打，花瓣洒了一地。|古塔历经风吹雨打，依然矗立在滔滔的江边。也比喻遭受艰苦的磨难▷经过几十年风吹雨打的戎马生涯，老将军练就了一副硬朗的身板和顽强的意志。≈栉(zhì)风沐雨|饱经风霜◇风和日丽|风调雨顺。

风度翩翩 fēng dù piān piān 风度：美好的举止姿态。翩翩：轻快地飞舞的样子。语本《史记·平原君传》："平原君，翩翩浊世之佳公子也。"后用"风度翩翩"形容人的言谈举止风流潇洒▷她的男朋友身体魁梧，举止潇洒，是个风度翩翩的美男子。|大明星一登台亮相，果然风度翩翩，不同凡响。

风风雨雨 fēng fēng yǔ yǔ 不断地刮风下雨。比喻动荡不安或多次受挫折▷我这一生经历风风雨雨，现在总算熬过来了。|经过了这么多年的风风雨雨，他终于成熟起来了。也比喻议论纷纷▷外面对这件事说得风风雨雨，你应该站出来公开表态。

风和日丽 fēng hé rì lì 风和：微风温和。日丽：阳光明媚。语本宋·朱熹《朱子语类》卷三七："常如风和日暖固好，变如迅雷烈风。"后用"风和日丽"形容天气晴朗暖和▷这是个风和日丽的日子，出游的人特别多。|依照惯例，每到风和日丽的春天，学校里总要放几天春假的。

风花雪月 fēng huā xuě yuè 指四时的景色：春风、夏花、秋月和冬雪。语出宋·邵雍《〈伊川击壤集〉序》："虽死生荣辱，转战于前，曾未入于胸中，则何异四时风花雪月一过乎眼也？"后用"风花雪月"比喻浮华、纤巧或脱离现实的诗文▷他很喜欢那些吟咏风花雪月的旧体诗。也指男女情事▷你尽看那些风花雪月的东西，会消磨意志的。≈花前月下。

风华正茂 fēng huá zhèng mào 风华：

风采才华。茂：旺盛。形容年轻而有才华▷老同学聚会时，无限感慨地回忆起风华正茂的岁月。|小金风华正茂，前途无量。≈年富力强◇风烛残年。

风卷残云 fēng juǎn cán yún 风卷走了残剩的云彩。语出唐·戎昱《霁雪》诗："风卷残云暮雪晴，江烟洗尽柳条轻。"后用"风卷残云"比喻把残留的人或物一扫而光▷我军以风卷残云之势，消灭了敌军余部。|孩子们狂欢了一整天，吃晚饭时，风卷残云，很快将一桌饭菜吃了个精光。

风口浪尖 fēng kǒu làng jiān 风口：因无遮挡而风比较大的地方。浪尖：波浪的最顶端。比喻激烈尖锐的社会斗争前沿阵地▷经得起风口浪尖的锻炼，方显示出英雄的本色。|风口浪尖不可怕，怕的是我们缺少理性思维和坚忍不拔的意志。

风流人物 fēng liú rén wù 风流：杰出、英俊而有文采的。语出唐·陈叔达《答王绩书》："至若梁魏周齐之间，耳目耆旧所接，风流人物，名实可知，衣冠道义，讴谣尚在。"后用"风流人物"指杰出的、对一个时代有重大影响的人物▷他是改革开放时代涌现出来的风流人物。也指行为放荡不羁的人▷他可是个拈花惹草的风流人物。≈风云人物◇无名小卒。

风流倜傥 fēng liú tì tǎng 风流：有才气而不受世俗礼法的拘束。倜傥：洒脱超逸，不受拘束。形容有文才而洒脱豪爽，不受世俗礼法拘束▷他风流倜傥，使不少人为之倾倒。|他在银幕上总是扮演风流倜傥的英俊小生，所以拥有一大批女影迷。

风流云散 fēng liú yún sàn 像风和云那样流动离散。语出汉·王粲《赠蔡子笃》诗："风流云散，一别如雨。"后用"风流云散"比喻原本经常相聚的人四下离散▷他离开家乡数年，原先一帮好友，都已风流云散了。|由于经营不善，他家几代人辛苦创立的企业很快就倒闭了，员工们风流云散。≈烟消云散。

风流韵事 fēng liú yùn shì 韵：情趣。风雅而有情趣的事▷中秋折桂，冬日赏梅，历来被文人骚客视为风流韵事。|旧时代竟以赏析"三寸金莲"作为风流韵事，实在让人不可理解。特指男女私情▷他俩的风流韵事已传遍了全公司。|他自恃英俊潇洒，做下了不少风流韵事。

风靡一时 fēng mǐ yī shí 风靡：风吹（草木）随之倾倒。一时：一段时期。形容事物在一个时期内很盛行▷武侠小说曾经在国内风靡一时。|风靡一时的相亲节目终于降温了。≈风行一时|盛极一时◇销声匿迹。

风平浪静 fēng píng làng jìng 比喻平静无事，局势安定▷校园生活并不如人们想象得那么风平浪静。≈平安无事|相安无事◇惊涛骇浪|风雨飘摇|沧海横流|天翻地覆。

风起云涌 fēng qǐ yún yǒng 风刮起来，云涌出来。语本《史记·太史公自序》："诸侯作难，风起云蒸，卒亡秦族。"后用"风起云涌"比喻大量事物相继兴起，声势浩大▷反清斗争风起云涌，清王朝四面楚歌。|宣传革命的小册子大量出现，风起云涌，极大地鼓舞了人民的斗志。◇风平浪静。

风声鹤唳 fēng shēng hè lì 唳：禽鸟的鸣声。《晋书·谢玄传》载：前秦苻坚率兵南侵，在安徽淝水一带被东晋军队

F

击溃。秦军在溃逃途中听到风声和鹤鸣，还以为晋军又追来了。后用“风声鹤唳”比喻极度紧张，惊疑不定▷敌军节节败退，一时间风声鹤唳，自相惊扰，损失惨重。≈草木皆兵|杯弓蛇影◇泰然处之|临危不惧。

［提示］常与“草木皆兵”连用。

风调雨顺 fēng tiáo yǔ shùn 调：调和。顺：适合需要。语出《旧唐书·礼仪志》引《六韬》：“既而克殷，风调雨顺。”后用“风调雨顺”形容风雨及时，有利于农作物生长▷近年来家乡风调雨顺，乡亲们日子过得挺滋润。|祖国现在政通人和、风调雨顺，呈现出一片大好形势。≈五风十雨◇雪上加霜|天灾人祸。

［提示］调，不读“diào”。

风土人情 fēng tǔ rén qíng 风土：土地、山川、风俗、气候等的总称。指某一地区的自然环境和风俗习惯▷他年轻时曾在云南农村生活过，因此对那里的风土人情十分熟悉。|由于反动派的高压政策，老朋友相见也不敢议论国事，只能谈谈各地的风土人情，以免惹祸。

风言风语 fēng yán fēng yǔ 没有根据或恶意中伤的言论▷俗话说“身正不怕影歪”，别理会那些风言风语！|有些人心理不健康，男女间稍一接近，便会出现风言风语。也指背后议论或私下散布某种流言▷他的改革措施触犯了某些人的利益，很快地，在他周围风言风语就多了起来。≈流言蜚语|飞短流长。

风雨不透 fēng yǔ bù tòu 风雨都透不过来。形容极其严密▷最新款的手机销售时，商场里热闹非凡，人们里三层外三层将柜台围得风雨不透。|这样的大措施出台，事先竟毫无风闻，风雨不透，确实是难以想象的。

风雨交加 fēng yǔ jiāo jiā 交加：一起来临，同时出现。指又是刮风，又是下雨▷悲剧发生在一个风雨交加的夜晚。也比喻灾难重重▷在那风雨交加的岁月里，穷人的日子可真难过啊！

风雨如晦 fēng yǔ rú huì 晦：昏暗。风雨交加，天色昏暗。语出《诗经·郑风·风雨》：“风雨如晦，鸡鸣不已。”后用“风雨如晦”比喻社会黑暗，环境险恶▷在那风雨如晦的日子里，他毅然从海外回国，投身于民族解放斗争。|他想到苦难深重的祖国依然风雨如晦，就不由得长吁短叹。≈暗无天日|昏天黑地◇云开雾散|重见天日。

风雨同舟 fēng yǔ tóng zhōu 舟：船。在暴风雨中同乘一条船。语本《孙子·九地》：“夫吴人与越人相恶也，当其同舟而济，遇风，其相救也如左右手。”后用“风雨同舟”比喻共同经历患难，共渡难关▷他俩风雨同舟几十年，结下了深厚的情谊。|在经济不景气的情况下，只有领导与群众风雨同舟，才能共渡难关。≈同舟共济◇离心离德。

风雨无阻 fēng yǔ wú zǔ 阻：阻挡。刮风下雨也阻挡不住。形容不管气候环境如何变化，严格按原定计划进行▷校领导决定，运动会开幕式如期举行，风雨无阻。|我们还是在老地方、老时间会面，风雨无阻，不见不散。≈雷打不动。

风月无边 fēng yuè wú biān 风月：清风明月。语出宋·朱熹《六先生画像赞·濂溪先生》：“风月无边，庭草交翠。”后用“风月无边”泛指美好的景色▷登上山顶，极目远望，真可谓风月无边，我顿感心旷神怡。|没有一个好的心情，

即使在你面前是风月无边的胜景，你也不会感到它的美丽。

风云变幻 fēng yún biàn huàn 变幻：变化莫测。像风云一样变化不定。比喻事物变化复杂或局势动荡不定▷在风云变幻的局势下，他经受住了考验，成了一名真正的革命者。|当今的国际局势风云变幻，令人难以预测。

风云际会 fēng yún jì huì 际会：遇合，时机。语出唐·秦韬玉《仙掌》诗："为余势负天工背，索取风云际会身。"后用"风云际会"比喻有才能的人遇到了良好的机会，得以施展抱负▷他庆幸自己遇上了这样一个风云际会的大好时代。|他的才能并不十分突出，但风云际会，他一步登天，竟成了大总统。

风云人物 fēng yún rén wù 风云：比喻变幻不定的局势。指言行举动能影响大局的人▷邓小平作为中国改革开放的总设计师，不愧为世界政坛的风云人物。|你别看他现在不起眼的样子，当年他可是全省的风云人物啊。◇无名小卒。

风烛残年 fēng zhú cán nián 风烛：风中晃动的蜡烛。残年：残剩的年岁。比喻人已衰老，临近死亡▷他自己已年近花甲，上面还有风烛残年的双亲要赡养。|我们这些老年人，只希望太太平平地度过风烛残年，哪还会有什么雄心壮志呢？≈日薄西山|桑榆晚景◇年富力强|风华正茂。

封刀挂剑 fēng dāo guà jiàn 封：封缄，裹扎。把刀封裹起来，把剑挂起来。比喻运动员结束竞技生涯，不再参加正式比赛▷一结束这场比赛，她就宣布退役，封刀挂剑，人们无不惋惜。|就凭你们这点小成绩，就想急流勇退，封刀挂剑？不行！一场高水平的比赛正等着你们呢！

封官许愿 fēng guān xǔ yuàn 许愿：事先答应给人好处。指以名利地位引诱别人替自己效劳▷他在任时，常常用封官许愿的手法骗取属下的信任。|对于一些有名望的人，他们不敢用强硬手段，只能用封官许愿来封住他们的嘴巴。

封豕长蛇 fēng shǐ cháng shé 封：大。豕：猪。大猪和长蛇。语出《左传·定公四年》："吴为封豕长蛇，以荐食上国。"后用"封豕长蛇"比喻贪婪凶暴的人▷那些反动的统治者，表面上像正人君子，实质上犹如封豕长蛇，一惯残害百姓。|旧上海滩那些地痞流氓个个像封豕长蛇一样，无恶不作，老百姓怨声载道。≈毒蛇猛兽|牛鬼蛇神。

峰回路转 fēng huí lù zhuǎn 山路蜿蜒曲折，峰峦重叠环绕。形容山水胜地路径曲折复杂。语出宋·欧阳修《醉翁亭记》："山行六七里，峰回路转，有亭翼然临于泉上者，醉翁亭也。"后用"峰回路转"比喻事情经历曲折后，出现新的转机▷黄山山势曲折，峰回路转，道路迂回，堪称天下第一。|这件事已峰回路转，我们要抓住这有利时机，赶快行动起来。≈山回水转◇山穷水尽|穷途末路。

锋芒毕露 fēng máng bì lù 锋芒：刀剑的刃和尖。毕：全部，完全。比喻人显露出自己的锐气和才华▷小张年轻气盛，锋芒毕露，很有闯劲。|你太锋芒毕露了，容易得罪人。≈盛气凌人|崭露头角|头角峥嵘|恃才傲物|颐(yí)指气使◇不露圭角|韬光养晦。

蜂拥而上 fēng yōng ér shàng 像成群的蜜蜂似的一拥而上▷他拉响了最后一颗手榴弹，与蜂拥而上的匪兵同归于尽。|

刚打开商场大门，蜂拥而上的人们就把柜台围得里三层外三层的。◇扬长而去。

逢场作戏 féng chǎng zuò xì 逢：遇到。场：演出的场地。卖艺人遇到适当的场所就表演。语出宋·释道原《景德传灯录》卷六："竿木随身，逢场作戏。"后用"逢场作戏"比喻碰到某些场合便凑兴、玩乐▷小丁是逢场作戏的老手。|我并不擅长唱歌，逢场作戏罢了，请勿见笑！≈见机行事|见风使舵◇乐此不疲。

逢凶化吉 féng xiōng huà jí 凶：凶险。吉：吉祥，顺利。遇到凶险而能化解，变得顺利▷老于逢凶化吉，总算熬过了这场大病。|你不必担心，此事一定能逢凶化吉的。≈遇难成祥|绝处逢生|化险为夷|死里逃生|转危为安|枯木逢春◇凶多吉少。

凤毛麟角 fèng máo lín jiǎo 凤凰的毛，麒麟的角。语本《南史·谢超宗传》："超宗殊有凤毛，灵运复出！"又，唐·刘禹锡《袁州故广禅师碑》："凤毛成字，麟角生肉。"后用"凤毛麟角"比喻罕见而珍贵的人才或事物▷有知识有学问的人不难找，而有道德有思想的人却如凤毛麟角。|集邮爱好者都知道，现在要觅一方新中国成立初期的蓝军邮，真如觅凤毛麟角。≈吉光片羽|百里挑一◇多如牛毛|车载斗量|俯拾即是。

奉公守法 fèng gōng shǒu fǎ 奉：奉行。公：公事，公务。法：法纪，法规。语出宋·朱熹《辞免江东提刑奏状二》："若复奉公守法，则恐如前所为，或至重伤朝廷事体。"后用"奉公守法"指奉行公事，遵守法纪▷我们现在要做尊师守纪的好学生，将来要做奉公守法的好公民。|公务员必须奉公守法，决不能做违法乱纪、以权谋私的事情。≈安分守己|克己奉公|循规蹈矩◇违法乱纪|无法无天|胡作非为。

奉若神明 fèng ruò shén míng 奉：信奉。若：像。信奉得就像敬奉神一样。语本《左传·襄公十四年》："民奉其君，爱之如父母，仰之如日月，敬之如神明，畏之如雷霆。"后用"奉若神明"形容对某人某事极端崇拜▷这么一棵普通的树，迷信者居然对它奉若神明。|中世纪的欧洲科学界将亚里士多德奉若神明，他的学说便是真理，不允许任何的改动。◇嗤之以鼻。

奉为圭臬 fèng wéi guī niè 奉：信奉，尊奉。圭臬：古代天文仪器，比喻必须遵照执行的准则。指把某种主张或言论奉为必须遵守的准则▷把这种观点奉为圭臬的人，至今仍大有人在。|将本流派的唱腔奉为圭臬，不允许创新或更改，这便注定了这一流派的趋向灭亡。◇不足为训。

佛口蛇心 fó kǒu shé xīn 佛的嘴巴，蛇的心肠。语出宋·释普济《五灯会元·临安府净慈混源昙密禅师》："诸佛出世，打劫杀人，祖师西来，吹风放火，古今善知识，佛口蛇心；天下衲僧，自投笼槛。"后用"佛口蛇心"形容嘴上说得好听，但心肠狠毒▷这个佛口蛇心的家伙，嘴上说得好听罢了。|你们交往了三十年，你还不知道他是个佛口蛇心的人吗？≈口蜜腹剑|笑里藏刀。

佛头着粪 fó tóu zhuó fèn 着：放上，加上。佛性慈善，在他头上放粪便也不计较。语本宋·释道原《景德传灯录·湖南如会禅师》："崔相公入寺，见鸟雀于佛头上放粪。"后用"佛头着粪"比喻在

美好的事物上加上不好的东西表示轻慢、亵渎▷这么好的画，让我来题字，岂不是佛头着粪？|这篇序言放在书前，令人有佛头着粪之叹。

夫唱妇随 fū chàng fù suí 唱：同"倡"，倡导。随：随从。语本《关伊子·三极》："天下之理，夫者倡，妇者随。"后用"夫唱妇随"指妻子必须服从丈夫▷封建时代一直以"夫为妻纲""夫唱妇随"作为夫妻关系的准则。也形容夫妻关系和谐融洽▷他们夫妻俩夫唱妇随、琴瑟和鸣，真令人羡慕。

夫子自道 fū zǐ zì dào 夫子：古代对老师或长者的尊称。自道：自己说自己。语出《论语·宪问》："子曰：'君子道者三，我无能焉：仁者不忧，知者不惑，勇者不惧。'子贡曰：'夫子自道也。'"后用"夫子自道"指本意说别人而事实上却正说着了自己▷文学批评中，评价者对作品的分析往往是夫子自道式的，未必能直抉其隐。|他这番夫子自道，引起了知情者会心的微笑。

敷衍了事 fū yǎn liǎo shì 敷衍：马虎，不认真。了：完，结束。形容随便应付一下，就算完事▷年轻人要培养高度负责的精神，在工作中敷衍了事是不行的。|王伯伯做事认真，从不敷衍了事。≈敷衍塞责|虚应故事◇精益求精|一丝不苟|兢兢业业。

［提示］了，不读"lē"。

扶老携幼 fú lǎo xié yòu 搀扶老人，领着小孩。语出《战国策·齐策四》："未至百里，民扶老携幼，迎君(孟尝君)道中。"后用"扶老携幼"形容男女老少成群结队而行▷节日期间，人们扶老携幼，走亲访友，逛街游园。|地震过后，子弟兵迅速赶到，扶老携幼，帮助乡亲们撤离灾区。

扶危济困 fú wēi jì kùn 扶：扶助，支持。济：帮助，救济。指帮助、救济生活困苦或处境危急的人▷扶危济困，反映了公民的道德素养。|他担任支书三十年，克己奉公，扶危济困，人民永远不会忘记他的。◇趁火打劫|落井下石。

扶摇直上 fú yáo zhí shàng 扶摇：急剧盘旋而上的风。语本《庄子·逍遥游》："鹏之徙于南冥也，水击三千里，抟扶摇而上者九万里。"后用"扶摇直上"比喻事物、地位等迅速上升▷雄鹰扶摇直上，搏击长空。|这几年，他由科长而处长、局长，官运亨通，扶摇直上。≈青云直上|飞黄腾达◇一落千丈。

拂袖而去 fú xiù ér qù 拂：甩动。去：离开。把袖子一甩就离开了。语本南朝宋·刘义庆《世说新语·方正》："子敬瞋目曰：'远惭荀奉倩，近愧刘真长。'遂拂衣而去。"后用"拂袖而去"指因生气、不满而不辞而别▷小明和女朋友闹矛盾，女朋友愤愤地丢下几句话就拂袖而去，弄得小明不知所措。|他的脾气可真大，与人一言不合，便拂袖而去。

浮光掠影 fú guāng lüè yǐng 浮光：水面上的反光。掠影：一闪而过的影子。语本唐·褚亮《临高台》诗："浮光随日度，漾影逐波深。"后用"浮光掠影"比喻观察不细致，印象不深刻▷你只根据一些浮光掠影的印象就下结论，是不妥当的。|此次赴澳洲考察，因时间短促，我们只是浮光掠影地参观了一下。≈走马观花|蜻蜓点水|浅尝辄(zhé)止◇入木三分|刻骨铭心|沦肌浃(jiā)髓。

浮想联翩 fú xiǎng lián piān 浮想：漂浮

变幻的想象。联翩：鸟飞的样子，比喻连续不断。形容许多思绪不断从脑中涌现▷他站在窗前浮想联翩，孩子的喊声把他拉回到现实中。|他回到了七十多年前的旧战场，望着满目葱茏的青山，不由得浮想联翩。≈思绪万千。

桴鼓相应 fú gǔ xiāng yìng 桴：鼓槌。鼓槌一敲，鼓就咚咚响起。语本《汉书·李寻传》："顺之以善政，则和气可立致，犹枹(桴)鼓之相应也。"后用"桴鼓相应"比喻相互应和，配合紧密▷他主张成立股份公司，桴鼓相应的人不少，他心里有了底，就大胆地筹备起来。|他的主张在会前即得到了不少人的首肯，所以在会上一提出，台下便桴鼓相应，纷纷表示赞同。◇针锋相对。

福如东海 fú rú dōng hǎi 福寿如东海之水浩瀚无际。语出《敦煌变文集·长兴四年中兴殿应圣节讲经文》："寿等松椿宜闰益，福如东海要添陪。"后用"福如东海"称颂福寿无边▷我们衷心祝愿老人家福如东海，寿比南山。|朱老师退休了，学生们送了一块"福如东海"的匾额。≈洪福齐天|五福临门◇祸不单行|灾祸频仍。

［提示］多和"寿比南山"连用，为祝颂语。

福无双至 fú wú shuāng zhì 至：到来，来临。语本汉·刘向《说苑·权谋》："此所谓福不重至，祸必重来者也。"后用"福无双至"指幸运之事不会成双成对地到来▷我今天摔了一跤，又丢了钱包，正所谓福无双至，祸不单行。|他家的春联是"福无双至今日至，祸不单行昨天行"，真是有趣。≈祸不单行◇双喜临门。

福星高照 fú xīng gāo zhào 迷信者认为岁星(即福星)照临能降福于人。形容人幸运、有福气▷这孩子真是福星高照，从三楼摔下来竟毫无损伤。|这支球队的总积分与那支队完全一样，却因净胜球多出两个而获胜，真是福星高照。◇祸不旋踵。

福至心灵 fú zhì xīn líng 至：到。灵：灵巧，聪明。语出宋·毕仲询《幕府燕闲录》："吴参政少以学究登科，复中贤良，为翰林学士，常常草制以示欧阳文忠，称之，因戏曰：'君福至心灵'。"后用"福至心灵"指运气或幸福降临时，人也变得聪慧起来▷结婚以后，她身体健康，人也开朗活泼起来，真是福至心灵。|他一向木讷，但那天总经理来巡视时，他却福至心灵，滔滔不绝地大谈技术革新，终于被提拔为部门经理了。

抚今追昔 fǔ jīn zhuī xī 抚：览，看。昔：从前。面对现在的情况，回想从前的事情▷他在台上抚今追昔，赞叹改革开放给工厂带来的巨大变化，引起了全场听众的共鸣。|看着面前繁华的小镇，想到五十年前的峥嵘岁月，红军老战士抚今追昔，不由得感慨万千。

抚掌大笑 fǔ zhǎng dà xiào 抚：拍，击。拍手大笑。语出南朝宋·刘义庆《世说新语·假谲》："女以手披纱扇，抚掌大笑曰：'我固疑是老奴！'"后用"抚掌大笑"形容高兴或得意的样子▷小家伙的一个鬼脸，逗得全家人都抚掌大笑。|听了他妙趣横生的介绍，人们抚掌大笑。

俯拾皆是 fǔ shí jiē shì 俯：低头，弯腰。皆：都。语本唐·司空图《二十四诗品·自然》："俯拾即是，不取诸邻。"后用"俯拾皆是"形容到处都是，很容易得到▷这类资料，网上俯拾皆是，用不着挖空心思去搜集。|南海沙滩上的各类贝壳俯拾

皆是,五光十色,令人目不暇接。≈触目皆是|比比皆是◇屈指可数|寥寥无几。

俯首帖耳 fǔ shǒu tiē ěr 像狗似的低着头,耷拉着耳朵。语出唐·韩愈《应科目时与人书》:"若俯首帖耳、摇尾而乞怜者,非我之志也。"后用"俯首帖耳"形容驯服、顺从或卑躬屈膝的样子▷那只叭儿狗俯首帖耳,跟在主人的脚下,可爱极了。|他最看不惯某些人那种俯首帖耳的奴才相。≈俯首听命|唯命是从|唯唯诺诺|卑躬屈膝|百依百顺◇桀骜不驯。

釜底抽薪 fǔ dǐ chōu xīn 釜:锅子。薪:柴。从锅底下把柴火抽掉。语本《汉书·枚乘传》:"一人炊之,百人扬之,无益也,不如绝薪止火也。"后用"釜底抽薪"比喻从根本上解决问题▷及时切除早期癌变部位,不失为釜底抽薪的好办法。|我们只有加强监督机制的建设,才能釜底抽薪,杜绝腐败的现象。也比喻致命的打击▷在公司艰难的时候,你们却要抽出股份,岂不是釜底抽薪!≈迎刃而解|纲举目张◇扬汤止沸|隔靴搔痒。

釜中之鱼 fǔ zhōng zhī yú 釜:锅子。语本《后汉书·张纲传》:"若鱼游釜中,喘息须臾间耳。"后用"釜中之鱼"比喻处境非常危险的人▷被重重包围的敌军已成了釜中之鱼。|华容道上,曹操已成釜中之鱼;关羽放了他,等于是放虎归山!≈釜底游鱼|瓮中之鳖|四面楚歌|坐困愁城◇如鱼得水。

付之一炬 fù zhī yī jù 付:交给。之:代词,它。炬:火把。语本唐·杜牧《阿房宫赋》:"楚人一炬,可怜焦土。"后用"付之一炬"指把它一把火烧光▷他多年积累的宝贵资料,在战乱中被付之一炬了。|敌军逃跑前,竟将这座千年古寺付之一炬,实在令人痛恨。

付诸东流 fù zhū dōng liú 诸:之于。东流:泛指向东流的江河。投入滚滚东流的江河中,一去再不回来。语本唐·高适《封丘作》诗:"生事应须南亩田,世情付与东流水。"后用"付诸东流"比喻希望落空,前功尽弃▷这一失败,让他感到自己所做的一切努力都已付诸东流,他沮丧至极。|一场大火烧毁了他的实验室,使他十多年的科研心血付诸东流了。

负荆请罪 fù jīng qǐng zuì 负:背着。荆:古时抽打犯人用的荆条。《史记·廉颇蔺相如列传》载:战国时,赵国大将廉颇与上卿蔺(lìn)相如不和,蔺相如以国家利益为重,处处忍让。廉颇终于明白,很惭愧,就"肉袒负荆,因宾客至蔺相如门谢罪"。于是将相和睦,国家兴旺。后用"负荆请罪"形容向人悔过赔罪,请求责罚▷他做了对不起朋友的事,很惭愧,专程登门,负荆请罪。|他见小顾上门负荆请罪,心中怒气渐息。≈登门谢罪◇兴师问罪|拒谏饰非。

负薪救火 fù xīn jiù huǒ 负:背着。薪:柴草。背着柴草去救火。语本《韩非子·有度》:"其国乱弱矣,又皆释国法而私其外,则是负薪而救火也,乱弱甚矣。"后用"负薪救火"比喻用错误的办法去消灾灭祸,效果适得其反,会使灾祸更加扩大▷出版社如果用卖书号来创收,只能是负薪救火之举。|对于国与国之间的分歧,如果以武力威胁对方,则如同负薪救火,非但不能消除分歧,反而使矛盾更激化。≈火上浇油|推波助澜。

负隅顽抗 fù yú wán kàng 隅:山角,引申指险要的地势。凭借险阻地带顽固

抵抗(含贬义)▷经过一小时的激战,我军消灭了负隅顽抗的残敌。也泛指依仗某种条件或势力拼命抵抗(含贬义)▷我们充分掌握了你作案的证据,你再负隅顽抗,必将罪加一等。≈垂死挣扎|狗急跳墙|困兽犹斗◇束手就擒。

[提示]隅,不读"ǒu"。

负债累累 fù zhài lěi lěi 累累:繁多,沉重。背负的债务很多很沉重▷为了支付孩子住院治疗的费用,他们夫妻俩已经负债累累了。|他负债累累,眼看就要破产,竟选择了自杀的下策。

妇孺皆知 fù rú jiē zhī 孺:小孩。连妇女和孩子都知道。形容大家都知道▷手摇鹅毛扇的诸葛亮在中国是妇孺皆知的智慧的象征。≈家喻户晓|人所共知|尽人皆知|众所周知◇鲜为人知。

附庸风雅 fù yōng fēng yǎ 附庸:依傍,追随。风雅:风流儒雅的文士风度。指缺少文化修养的人追随着文人装作有文化素养的样子▷他大字不识几个,却总爱买些精装书放在书橱里,不过是附庸风雅罢了。|有人认为,附庸风雅的人毕竟还懂得风雅比粗俗要高明,总比那些自甘庸俗的人要好一些。

赴汤蹈火 fù tāng dǎo huǒ 赴:去,走向。汤:沸水。蹈:踩踏。语本《荀子·议兵》:"以桀诈尧,譬之若以卵投石,以指挠沸,若赴水火,入焉焦没耳。"后用"赴汤蹈火"比喻奋不顾身,不避艰险▷为了人民的利益,我们赴汤蹈火,在所不辞。|公安干警不顾个人安危,赴汤蹈火,抢救受困的群众。≈出生入死|奋不顾身|万死不辞◇苟且偷安|贪生怕死|胆小如鼠。

富国强兵 fù guó qiáng bīng 富:使富裕。强:使强大。语出《商君书·壹言》:"故治国者,其抟力也,以富国强兵也。"抟:同"专",专一,集中。后用"富国强兵"形容使国家富有,兵力强盛▷战国末年,秦国实行富国强兵的方针,终于统一了中国。|富国强兵是民族复兴的基础。◇祸国殃民。

富丽堂皇 fù lì táng huáng 富丽:华丽,宏伟美观。堂皇:雄伟,气势大。形容宏伟壮丽,场面盛大▷这座富丽堂皇的歌剧院给来宾留下了深刻的印象。|这台大型迎春文艺晚会,富丽堂皇,流光溢彩。≈金碧辉煌|雕梁画栋|美轮美奂(huàn)|花团锦簇◇质朴无华。

腹背受敌 fù bèi shòu dí 腹:指前面。背:指后面。前后都受到敌人的攻击。语出《魏书·崔浩传》:"裕(刘裕)西入函谷,则进退路穷,腹背受敌。"后用"腹背受敌"比喻处境不佳▷我们采用了灵活多变的游击战术,使侵略军陷于腹背受敌、被动挨打的境地。|往前,有大军围堵;往后,则追军痛击,这支队伍腹背受敌,陷于绝境了。

覆水难收 fù shuǐ nán shōu 覆水:倒在地上的水。倒在地上的水,难以收回来。宋·王楙《野客丛书·心坚石穿覆水难收》载:周朝开国功臣姜太公年轻时娶妻马氏,马氏因不能忍受生活贫困而离开了姜太公。等到姜太公位居高官了,马氏就要求恢复夫妻关系。姜太公把一壶水倾倒在地上,让马氏将水收回,并说:"既然倒在地上的水难收回,那么已经离异的夫妻怎么能再复合呢!"后用"覆水难收"比喻事情已成定局,难以挽回▷你明知覆水难收,再强求他维持夫妻关系有什么意义呢?|既然你

话已出口，就是覆水难收了，你现在抵赖是无用的。≈木已成舟◇亡羊补牢。

覆舟载舟 fù zhōu zài zhōu 舟：船。水可以承载船，也可倾覆船。语本《荀子·王制》："君者舟也，庶人者水也。水则载舟，水则覆舟。"后用"覆舟载舟"比喻民心的向背对政权的重要性▷唐代贤相魏徵以"覆舟载舟"为比喻，劝唐太宗争取民心，巩固政权。|一切从人民的根本利益出发，才能得到人民的拥护，这就是"覆舟载舟"给我们的深刻启迪。[提示]覆，不要写作"复"。

F

G

改朝换代 gǎi cháo huàn dài 朝、代：封建王朝。旧王朝被新王朝所取代。泛指统治集团的更替或时代的改换▷在长期的封建社会中，农民起义往往成为地主阶级改朝换代的工具。|公司换了总经理，他们几个在私下议论，乘着这改朝换代的乱乎劲儿，赶快捞一把。

改过自新 gǎi guò zì xīn 过：过失，错误。自新：自我更新。语出《史记·吴王濞列传》："文帝弗忍，因赐几杖，德至厚，当改过自新。"后用"改过自新"形容改正错误，重新做人▷你还年轻，只要能改过自新，前途还是光明的。|只要你改过自新，集团仍然欢迎你回来。≈痛改前非|改邪归正|弃旧图新|洗心革面|知过必改|迷途知返|改恶从善◇怙恶不悛|执迷不悟|死不改悔。

改名换姓 gǎi míng huàn xìng 出于某种动机或需要而改变姓名▷这个改名换姓的罪犯，最终还是被警方抓获了。|为了严格管理户籍，我们不容许任意地改名换姓。≈更姓改名|隐姓埋名|改头换面。

改天换地 gǎi tiān huàn dì 指对自然界或社会进行根本性改造▷亿万人民正在进行改天换地的伟大事业。|科学技术的发展还远远没有达到真实意义上的改天换地。≈翻天覆地。

改头换面 gǎi tóu huàn miàn 语出唐·寒山《诗》之二一三："改头换面孔，不离旧时人。"后用"改头换面"形容只改变形式而不改变内容▷我们决不容许腐朽没落的东西以改头换面的方式去毒害青少年。|你不能改头换面地抄袭别人的作品，而要自己动脑筋。◇脱胎换骨。

改弦更张 gǎi xián gēng zhāng 更：改换。张：给乐器上弦。琴声不和谐，换下琴弦，重新调整安装。语本《汉书·董仲舒传》："窃譬之琴瑟不调，甚者必解而更张之，乃可鼓也。"后用"改弦更张"比喻改变方针、计划或方法等▷通过此次教训，他充分体会到赌博的危害性，从此改弦更张，注重培养高雅的情趣。|王安石下定了改弦更张的决心，开始实施新政。≈改弦易辙◇旧调重弹|一成不变。

改邪归正 gǎi xié guī zhèng 邪：不正当，不正派。不再走邪路，回到正路上来了。指改正错误，不再做坏事▷小王进了工读学校后，决心改邪归正，重新做人。|请你相信我一定会改邪归正的。≈弃暗投明|改恶从善|改过自新|迷途知返|重新做人|浪子回头|洗心革面◇死不悔改|执迷不悟。

盖棺论定 gài guān lùn dìng 盖棺：盖上棺盖，指人死后。论定：做出定论。语本宋·王十朋《张阁学挽词二首》："盖棺公论定，盛德合丰碑。"后用"盖棺论定"指只有到人死后，才能对他一生的功过是非做出定论▷你不要匆忙对他做结论，现在还不是盖棺论定的时候。|汪

精卫作为汉奸已是盖棺论定的了,任何人都无法翻案。

盖世无双 gài shì wú shuāng 盖世:超过世界上一切的。无双:没有第二个。超过世界上所有的,没有谁能够相比▷已故京剧武生盖叫天有“活武松”之称,他的表演艺术盖世无双。|每个诺贝尔奖的获得者在他所从事的领域中,都是盖世无双的。≈举世无双◇无独有偶。

甘拜下风 gān bài xià fēng 甘:情愿,乐意。下风:下方,下位。语本《左传·僖公十五年》:“皇天后土,实闻君之言,群臣敢在下风。”后用“甘拜下风”形容真心佩服,自认为不如对方▷下棋,你是高手,我甘拜下风。|她原来很骄傲,听了他的发言,才甘拜下风。≈心悦诚服|五体投地|自愧不如◇不以为然|不屑一顾|嗤(chī)之以鼻。

[提示]甘,不要写作“敢”。

甘瓜苦蒂 gān guā kǔ dì 甘:甜。蒂:瓜蒂。甜的瓜,苦的瓜蒂。语本汉·无名氏《古诗十九首》:“甘瓜抱苦蒂,美枣生荆棘。”后用“甘瓜苦蒂”比喻美好的事物也有缺点,没有十全十美的人或事物▷你总是以完美的标准去看人,那怎么行?甘瓜苦蒂的道理你是知道的。|任何事物的发展,都不可能完美无缺,甘瓜苦蒂,所以,我们要辩证地看事物,让消极因素转化为积极因素。◇尽善尽美。

甘贫守志 gān pín shǒu zhì 甘:情愿,乐意。甘心忍受贫困,以坚守节操▷颜回甘贫守志,住在破旧的小巷中,自得其乐,得到孔子的赞叹。|老先生甘贫守志,几十年如一日,以艺术为生命。≈安贫乐道|穷且益坚◇争名夺利|不甘寂寞。

甘之如饴 gān zhī rú yí 甘:甜。饴:麦芽糖。觉得像吃糖那么甜。语本汉·赵晔《吴越春秋·勾践归国外传》:“尝胆不苦甘如饴,令我采葛以作丝。”后用“甘之如饴”形容甘心承受艰难困苦▷为了人类的共同命运,哪怕吃再多的苦,我们也甘之如饴。|他生活简朴惯了,粗茶淡饭甘之如饴。≈心甘情愿◇苦不堪言。

[提示]饴,不读“tái”。

肝肠寸断 gān cháng cùn duàn 肝脏和肠子一寸一寸地断裂了。语本《战国策·燕策三》:“吾要且死,子肠亦且寸断。”后用“肝肠寸断”形容悲痛到了极点▷那如泣如诉的洞箫声,听得人肝肠寸断。|听到这个噩耗,他悲痛欲绝,肝肠寸断。◇心花怒放。

肝胆相照 gān dǎn xiāng zhào 肝胆:比喻内心深处。语出宋·文天祥《与陈察院文龙书》:“所恃知己肝胆相照,临书不惮倾倒。”后用“肝胆相照”比喻与朋友交往真诚相待▷我和小朱是肝胆相照的好朋友。|各党各派理应肝胆相照,共同为祖国的繁荣发展而奋斗。≈披肝沥胆|推心置腹|心心相印|推诚相见◇口是心非|口蜜腹剑|人面兽心|笑里藏刀|佛口蛇心|两面三刀|尔虞我诈|钩心斗角。

肝脑涂地 gān nǎo tú dì 指人惨死的情景。语出《史记·刘敬叔孙通列传》:“[与项羽战荥阳]使天下之民肝脑涂地。”后用“肝脑涂地”表示竭尽忠诚,甘愿牺牲▷为了保卫祖国,我们不惜肝脑涂地。≈粉身碎骨|剖肝沥胆|鞠躬尽瘁|舍生取义|杀身成仁◇苟且偷安|明哲保身。

赶尽杀绝 gǎn jìn shā jué 驱逐干净,消

灭彻底。形容对人狠毒,不留余地▷希特勒对犹太人赶尽杀绝的暴行震惊了全世界。|多个朋友总比多个敌人好,你何必赶尽杀绝;给大家留下个日后见面的余地吧!

敢作敢当 gǎn zuò gǎn dāng 作:做。当:承担。有胆量去做,也有勇气承担责任。指做事有魄力,不怕担风险▷《水浒传》里的武松是一位敢作敢当的好汉。|小李有勇有谋,敢作敢当,很有男子汉的气概。◇畏首畏尾。

G

感恩戴德 gǎn ēn dài dé 戴:尊奉,推崇。语本《三国志·吴书·骆统传》:"令皆感恩戴义,怀欲报之心。"后用"感恩戴德"形容感激别人给予的恩德▷法官为黄大爷的儿子洗雪了冤案,黄大爷感恩戴德,不知说什么好。|老吴对为他治好病的陈医生感恩戴德。≈感恩图报|感激涕零|结草衔环|铭感五内◇忘恩负义|恩将仇报。

[提示]戴,不要写作"带"。

感激涕零 gǎn jī tì líng 涕:眼泪。零:落。对别人的帮助感激得掉下了眼泪。语本唐·刘禹锡《平蔡州》诗:"路旁老人忆旧事,相与感激皆涕零。"后用"感激涕零"形容十分感激▷消防战士从烈火中救出了孩子,父母得知后,感激涕零。|老刘不但为小许找了工作,而且还为他找了住房,小许能不感激涕零吗?≈感恩戴德|铭感五内◇忘恩负义|无动于衷。

感慨系之 gǎn kǎi xì zhī 感慨:因感动而慨叹。系之:随之而生。语出晋·王羲之《兰亭集序》:"及其所之既倦,情随事迁,感慨系之矣。"后用"感慨系之"指对某事感触很深,随之而发出感叹▷老人故地重游,不禁感慨系之。|读了这篇回忆录,想起当年的是是非非,他不由得感慨系之。

[提示]系,不读"jì"。

感情用事 gǎn qíng yòng shì 用事:行事。凭感情的冲动或个人的好恶去处理事情▷你一定要沉住气,千万不能感情用事。|新闻报道应该公正客观,最忌感情用事。

感人肺腑 gǎn rén fèi fǔ 肺腑:指内心深处。语本唐·刘禹锡《唐故相国李公集记》:"今考其文至论事疏,感人肺肝,毛发皆耸。"后用"感人肺腑"形容使人内心深受感动▷他一心为群众着想的事迹,感人肺腑。|老师感人肺腑的话语,深深地铭刻在同学的心中。≈感人至深|动人心弦◇无动于衷。

感天动地 gǎn tiān dòng dì 连天地都感动。形容感人至深▷我看了一出感天动地的戏曲《六月雪》。|这位老妈妈拖着两个残疾儿女,干出了这么一番事业,真是感天动地。≈惊天动地。

刚愎自用 gāng bì zì yòng 愎:固执,任性。自用:自以为是。语本《左传·宣公十二年》:"其佐先縠(hú),刚愎不仁,未肯用命。"后用"刚愎自用"形容倔强固执,只凭主观意图做事▷老雷是一个脾气火爆、刚愎自用的家伙。|他这个人刚愎自用,别人很难和他合作。≈我行我素|顽固不化|自以为是|一意孤行◇虚怀若谷|从善如流。

[提示]愎,不读"fù",不要写作"腹"。

刚柔相济 gāng róu xiāng jì 济:调和。语出汉·王粲《为刘荆州与袁尚书》:"金木水火以刚柔相济,然后克得其和,能为民用。"后用"刚柔相济"形容刚强和柔和这两个对立面可以互相补充调

和▷大师的书法作品刚柔相济，别具一格。|打太极拳，必须注意刚柔相济，所谓“外似棉花，内如钢条”。≈软硬兼施|柔中有刚|绵里藏针。

刚正不阿 gāng zhèng bù ē 正：正直。阿：偏袒，迎合。语本明·王圻《稗史·天极》：“杨公继宗山西阳城人，成化间守嘉兴，刚正不阿，爱民如子。”后用“刚正不阿”指刚强正直，不徇私迎合▷这位记者疾恶如仇，刚正不阿，写出了不少揭露弊端的好文章。|普通百姓对于官员的基本要求，就是能刚正不阿，真心实意为百姓服务。◇蝇营狗苟。

纲举目张 gāng jǔ mù zhāng 纲：网上的总绳子。目：网绳间的孔眼。提起网上的总绳，网上的孔眼都张开了。语本《吕氏春秋·用民》：“用民有纪有纲，壹引其纪，万目皆起，壹引其纲，万目皆张。”后用“纲举目张”比喻抓住事物的主要环节，就可以带动一切▷纲举目张，抓住了问题的主要方面，次要方面就容易解决了。也比喻文章中心和细节条理分明，层次清楚▷写文章之前，先列提纲，就可以纲举目张。

[提示]纲，不要写作“钢”。

钢筋铁骨 gāng jīn tiě gǔ 用钢铁铸造的筋骨。形容身体健壮有力或意志刚强不屈▷子弟兵英名远扬，人称“飞腿夜眼神八路，钢筋铁骨子弟兵”。|共产党员都是钢筋铁骨，不会被任何困难所吓倒。≈铜头铁臂。

高不可攀 gāo bù kě pān 攀：攀登。高得不可攀登。语本汉·陈琳《为曹洪与魏文帝书》：“且夫墨子之守，萦带为垣，高不可登。”后用“高不可攀”形容难以达到▷在充满必胜信念的中国人民面前，没有高不可攀的山峰。|你们订的指标高不可攀，太苛刻了。也形容高高在上，难以接近、结交▷我们要做人民的公仆，而不要做高不可攀的官吏。◇平易近人。

高风亮节 gāo fēng liàng jié 风：风格。亮节：坚贞的节操。语本宋·胡仔《苕溪渔隐丛话后集》卷一：“余谓渊明高风峻节，固已无愧于四皓。”四皓：商山四皓，古时四位隐居的高士。后用“高风亮节”形容高尚光明的道德行为▷革命志士秋瑾的高风亮节，至今为故乡人民所赞叹。|中华民族历代志士仁人的高风亮节，永为后世传颂。

高高在上 gāo gāo zài shàng 原形容地位极高。语出《诗经·周颂·敬之》：“无曰高高在上，陟降厥士，日监在兹。”后用“高高在上”指脱离群众、不深入实际的官老爷作风▷今天的干部应是人民的公仆，不能高高在上，作威作福。|你别看他如今的倒霉样，当年他高高在上的时候，可神气啦！

高歌猛进 gāo gē měng jìn 歌：歌唱。进：前进。高声唱歌着，勇猛向前。形容大踏步前进时的饱满精神▷我们要牢记先辈们的遗愿，为早日实现共产主义理想而高歌猛进。|他被保送到大学里，由教授重点培养，在科研之路上高歌猛进。≈昂首阔步◇停滞不前。

高官厚禄 gāo guān hòu lù 厚：丰厚。禄：俸禄。语出《孔丛子·公仪》：“今徒以高官厚禄钓饵君子，无信用之意。”后用“高官厚禄”指显要的官职，丰厚的俸禄▷历代的封建统治者往往以高官厚禄为诱饵，分化和控制知识分子。|他坚持民族气节，敌人用严刑不能迫使他投降，用高官厚禄来引诱他，也一样归于无用。

G

高楼大厦 gāo lóu dà shà 厦：高大的房屋。指高大的楼房▷短短几年间，一幢幢高楼大厦拔地而起。|一进入经济开发区，举目望去，满眼都是高楼大厦。◇危房简屋。

［提示］厦，不读“xià”。

高朋满座 gāo péng mǎn zuò 高：高贵。满座都是贵宾。形容宾客很多▷顾先生爱好交际，家里经常是高朋满座。|宴会厅里，高朋满座，觥筹交错。≈胜友如云◇门可罗雀|形影相吊。

高人一等 gāo rén yī děng 等：等级，等第。比别人高出一个等级。指自视很高而轻视别人▷一个人无论职位有多高，都不能有高人一等的思想。|有些执法人员以为大权在握，往往有高人一等的思想，很容易就陷入贪赃枉法的泥淖。

高山流水 gāo shān liú shuǐ《列子·汤问》载：古时俞伯牙善于弹琴，钟子期善于听琴。伯牙弹琴时想着高山，子期说琴声真像巍巍泰山；伯牙弹琴时想着流水，子期说琴声真像滔滔流水。后用“高山流水”比喻乐声高雅精妙▷高山流水般的乐声，引得听众击节赞叹。也比喻知音▷高山流水，人间到处有知音。

高山仰止 gāo shān yǎng zhǐ 高山：比喻崇高的道德。仰：景仰。止：极致。语出《诗经·小雅·车舝》：“高山仰止，景行行止。”后用“高山仰止”指对崇高道德修养的崇敬仰慕▷高高的人民英雄纪念碑给参观者一种高山仰止之感。|他虽然早已离开人间，但他崇高的精神却令人高山仰止，永远值得人们敬仰。

高深莫测 gāo shēn mò cè 莫测：无法测度。语本《汉书·颜延年传》：“吏民莫测其意深浅。”后用“高深莫测”形容高深的程度令人无法揣测▷《易》理变化无穷，高深莫测。|他欲说还休，故意摆出一副高深莫测的样子。≈神妙莫测◇深入浅出|老妪(yù)能解|众所周知。

高抬贵手 gāo tái guì shǒu 高、贵：敬辞。请高抬起尊贵的手，以便顺利通过。指恳求对方通融、宽恕▷请您高抬贵手，放我这一回吧！|我们乡下人头一回进城，不懂城里规矩，您就高抬贵手吧！≈手下留情。

高谈阔论 gāo tán kuò lùn 语出唐·吕岩《徽宗斋会》诗：“高谈阔论若无人，可惜明君不遇真。”后用“高谈阔论”形容滔滔不绝地大发议论▷每逢周末，这几位老同学都爱聚会在酒吧里，高谈阔论。也形容大发空洞而不切实际的议论▷你们这些人老是高谈阔论，却不肯安下心来做一件有实际意义的事情。|老曹不管什么场合，总爱高谈阔论，令人生厌。≈夸夸其谈|谈天说地|言不及义◇要言不烦|一语中的。

高头大马 gāo tóu dà mǎ 体形高大健壮的马匹。也比喻人的身材高大▷他骑着高头大马，驰骋在一望无际的大草原上。|这两位相声演员，一个瘦瘦小小，一个高头大马，形成了强烈的反差。

高屋建瓴 gāo wū jiàn líng 建：通“瀽”，倾倒。瓴：盛水的瓶。从高屋顶上向下倾倒瓶子里的水。语本《史记·高祖本纪》：“［秦中］地势便利，其以下兵于诸侯，譬犹居高屋之上建瓴水也。”后用“高屋建瓴”形容居高临下的形势▷棋圣聂卫平以高屋建瓴之势，一路占据主动，以五目优势战胜了对手。|小说的作者只有具有高屋建瓴、胸怀宏大的气势，才能写出主题鲜明、寓意深刻的好作品。

≈居高临下|高瞻远瞩。

高瞻远瞩 gāo zhān yuǎn zhǔ 瞻：向前或往上看。瞩：专注地看。形容站得高，看得远▷同学们登上高峰，高瞻远瞩，美景尽收眼底。也形容目光远大，富有远见▷小平同志高瞻远瞩，为我们规划了跨世纪的发展蓝图。≈卓有远见◇鼠目寸光|目光如豆|坐井观天。

高枕无忧 gāo zhěn wú yōu 忧：忧愁。把枕头垫得很高，无忧无虑地睡大觉。语本《战国策·魏策一》："无楚、韩之患，则大王高枕而卧，国必无忧矣！"后用"高枕无忧"比喻太平无事，没有顾虑▷只要产品销得出去，我们厂就可以高枕无忧了。|别以为病治好了，就可以高枕无忧，你必须随时注意调理保养，以免复发。≈万事大吉|安然无恙◇枕戈待旦|危在旦夕|居安思危|如临深渊。

膏粱子弟 gāo liáng zǐ dì 膏粱：肥肉和细粮，泛指精美的食物，借指富豪人家。语出唐·颜师古《〈急就篇注〉叙》："若夫缙绅秀彦、膏粱子弟谓之鄙俚，耻于窥涉。"后用"膏粱子弟"指富贵人家的后代▷他虽出身于富豪之家，身上却没有一般膏粱子弟所常有的骄横之气。|他出身富豪，不谙世事，纯粹一个膏粱子弟。≈纨绔子弟|花花公子。

告老还乡 gào lǎo huán xiāng 告老：年老告退。乡：家乡。指因年老而请求辞去职务，回家乡安度晚年▷他决心告老还乡，让年轻人挑起重担。|他一身老农的打扮，一点儿也看不出是告老还乡的朝廷大官。

歌功颂德 gē gōng sòng dé 歌颂功绩和德性▷我们不但要为舍己救人的英雄树碑立传，而且要为默默奉献的普通大众歌功颂德。也用以讥讽阿谀奉承的行为▷我党历来禁止给领导人祝寿，禁止为领导人歌功颂德。≈树碑立传◇口诛笔伐。

歌舞升平 gē wǔ shēng píng 升平：太平。唱歌跳舞，庆祝太平。多形容粉饰太平▷宋高宗迁都临安（今杭州），朝野歌舞升平，置沦陷的半壁河山于不顾。≈莺歌燕舞◇兵连祸结|兵荒马乱|狼烟四起|内忧外患。

革故鼎新 gé gù dǐng xīn 革：改变，去除。故：旧的。鼎：比喻建立。革除旧的，建立新的。语本《易经·杂卦》："革，去故也；鼎，取新也。"后用"革故鼎新"形容改换朝代或重大的变革▷孙中山领导武昌起义，革故鼎新，推翻了封建帝制，建立了共和制。|在全体员工的努力下，公司革故鼎新，蒸蒸日上。≈推陈出新|除旧布新|兴利除弊|吐故纳新|破旧立新◇抱残守缺|泥古不化|因循守旧。

格格不入 gé gé bù rù 格格：抵触，阻碍。入：容纳。形容互相抵触，不能投合▷他是一个守旧的人，同现在的社会风尚格格不入。|小红的性格内向怪癖，与同学们格格不入，很难相处。≈方枘圆凿|扞(hàn)格不入|水火不容◇水乳交融|情投意合。

格杀勿论 gé shā wù lùn 格杀：打死。勿论：不论罪。语本《后汉书·刘盆子传》："诸卿皆老佣也！今日设君臣之礼，反更殽乱，儿戏尚不如此，皆可格杀。"后用"格杀勿论"指把行凶拒捕或违反禁令的人当场打死，不以杀人论罪▷对不肯放下武器、负隅顽抗者，格杀勿论。|凡持刀抢劫者，就应该格杀勿论，以儆效尤！

格物致知 gé wù zhì zhī 格：推究。致：取得。语本《礼记·大学》："致知在格物，格物而后知至。"后用"格物致知"指推究事物的道理，从而获得知识▷古人所说的"格物致知"，也就是"实践出真知"的意思。|从校名就可知，这所中学倡导格物致知的求学精神。

隔岸观火 gé àn guān huǒ 观：看。隔着河流看对岸起火。比喻对别人的危难不予援救，反而在一旁看热闹▷一位老太太被汽车撞伤了，可恨的是街头站着不少人隔岸观火，竟不伸出援助之手。|"二战"前期，欧洲和亚洲等地烽火连天，而有的国家却采取隔岸观火的态度。≈袖手旁观|冷眼旁观◇拔刀相助|见义勇为。

隔墙有耳 gé qiáng yǒu ěr 语本《管子·君臣下》："古者有二言：'墙有耳，伏寇在侧。'墙有耳者，微谋外泄之谓也。"后用"隔墙有耳"指隔着墙有人在偷听▷小声些，要知道隔墙有耳啊！|隔墙有耳，你可千万不要到处乱说！

隔靴搔痒 gé xuē sāo yǎng 搔：挠，抓。隔着靴子搔痒。语出宋·释道原《景德传灯录·福州康山契稳法宝大师》："僧曰：'恁么即识性无根去也！'师曰：'隔靴搔痒'。"后用"隔靴搔痒"比喻办事没有抓住关键，不解决实际问题。也指说话、作文章不中肯，不贴切，未抓住要点▷我觉得国外一些人对我国经济发展的议论，只是隔靴搔痒。|这篇文章主要是谈体制改革的，但未能抓住本质问题，只是隔靴搔痒而已。◇鞭辟入里|一针见血|一语中的。

各奔前程 gè bèn qián chéng 前程：前途。形容各走各的路▷毕业的前一天，同学们一起聚餐，第二天大家就各奔前程了。也比喻各人按自己的志向寻求前途和目标▷两人吵了一架，终于分手，各奔前程。≈分道扬镳(biāo)|各行其是|各奔东西◇殊途同归|同舟共济。

[提示]奔，不读"bēn"。

各得其所 gè dé qí suǒ 得：得到。所：处所，地方。指各自都得到自己所需要的东西。语出《周易·系辞下》："日中为市，致天下之民，聚天下之货，交易而退，各得其所。"后用"各得其所"指人和物都得到恰当的位置▷我们要制订政策使各类技术人员各得其所，充分发挥其才能和特长。|写作时要认真地处置各种材料，使它们各得其所，才能组成一篇好文章。≈得其所哉。

各个击破 gè gè jī pò 集中主要力量，把敌人一部分一部分地攻破、消灭。泛指逐个地解决问题▷我们要防止被敌人分割包围，各个击破。|我们不要幻想将问题一下子解决，而要采用分清主次、各个击破的办法。◇四面出击。

各尽所能 gè jìn suǒ néng 尽：全部拿出。能：能力。语出《后汉书·曹褒传》："汉遭秦余，礼坏乐崩，且因循故事，未可观省，有知其说者，各尽所能。"后用"各尽所能"指各人把自己的能力全部贡献出来▷大家各尽所能，所以晚会办得很成功。|今天的聚餐，是各个班级自己准备菜肴，各尽所能，所以大家都很兴奋，也很认真。

各就各位 gè jiù gè wèi 就：到。各人都到各自的位置上去▷所有演职人员都已各就各位，演出马上开始。

各抒己见 gè shū jǐ jiàn 抒：发表，表达。指各人充分发表自己的见解▷在讨论时，大家各抒己见，气氛十分热烈。|所

谓的民主集中制，就是说做出决定之前大家可以各抒己见，但做出决定后必须无条件地执行。

各司其职 gè sī qí zhí 司：主持，经管。指各自管各自的事情▷由于分工明确，大家各司其职，工作有条不紊地开展起来了。|只要各部门各司其职，搞好各自的本职工作，我们的公司就一定能走出困境，取得好效益。

各行其是 gè xíng qí shì 行：做。是：正确，对的。各人按自己认为正确的那一套去做。形容思想、行动不一致▷如果没有统一意志、统一要求，大家各行其是，肯定办不成事。|这支球队之所以遭到惨败，不是队员的个人水平差，而在于各行其是，没有默契的配合。

各有千秋 gè yǒu qiān qiū 千秋：千年，指时间久远。各自都有可以流传久远的价值。比喻各有特色，各有所长▷这两部作品各有所长，各有千秋。≈各有所长|各得其所。

各有所长 gè yǒu suǒ cháng 长：优点或专长。指各人有各人的长处▷依我看，你们三人各有所长，很难分出个高低来。|每个人都各有所长，各有所短，不必互相攀比。≈各有千秋。

［提示］长，不读"zhǎng"。

各执一词 gè zhí yī cí 执：坚持。各人都坚持自己的一种说法。形容意见不统一，争执不下▷辩论会上，双方各执一词，谁也说服不了谁。|在法庭辩论中，原告和被告各执一词，谁也不让步。≈各执己见◇众口一词|异口同声。

各自为政 gè zì wéi zhèng 为政：处理政事，泛指办事。各人按自己的主张办事。语出《三国志·吴书·胡综传》："诸侯将专威于外，各自为政，莫或同心。"后用"各自为政"指不顾整体，互相不协作配合▷在那个年代里，军阀们各自为政，明争暗斗。|各个部门之间要协调配合，不能各自为政；不然的话，任何事都办不成。≈各行其是◇通力合作。

根深蒂固 gēn shēn dì gù 蒂：花或瓜果同枝茎相连的部分。根长得深，蒂接得牢。语本《老子》五九章："有国之母，可以长久。是谓深根固柢、长生久视之道。"后用"根深蒂固"比喻基础牢固，不易动摇▷中国几千年的封建思想根深蒂固，不是轻而易举就能根除的。|改革遭到的阻力之一，是有些人的脑子中"吃大锅饭"的观念根深蒂固。

根深叶茂 gēn shēn yè mào 树根扎得深，枝叶就长得繁茂。语本汉·刘安《屏风赋》："根深枝茂，号为乔木。"后用"根深叶茂"比喻事物的根基深厚，兴旺发达▷你们在学习阶段，一定要打好基础，根深叶茂，将来才会有所成就。|这家连锁店经营有方，如今已是根深叶茂，四处开花结果。≈本固枝荣◇枯木朽株。

亘古未有 gèn gǔ wèi yǒu 亘古：从古代到现在。从古到今从来没有。形容事物少见或奇特▷近年来，我国经济发展的速度之快，实为亘古未有。|我们可以预言，人类二十一世纪所创造的奇迹，将是亘古未有的。◇史不绝书。

耿耿于怀 gěng gěng yú huái 耿耿：有心事，心境不安。怀：心怀，胸怀。语本《诗经·邶风·柏舟》："耿耿不寐，如有隐忧。"后用"耿耿于怀"形容心里老是想着某件事，不能忘怀▷你为了这点小事就耿耿于怀，影响了同学间的团结，太不应该了。|在他最需要帮助的时候，姐

姐没有援之以手，至今他仍然耿耿于怀。≈刻骨铭心｜念念不忘◇置于脑后。

绠短汲深 gěng duǎn jí shēn 绠：吊桶的绳子。汲：打水。吊桶的绳子很短，却要从很深的井中打水。语本《庄子·至乐》："褚小者不可以怀大，绠短者不可以汲深。"后用"绠短汲深"比喻能力小而不能胜任▷自担任厂长以来，老洪时有绠短汲深之惑，考虑再三，还是向上级打了辞职报告。≈力不从心◇力所能及｜胜任愉快。

G

工力悉敌 gōng lì xī dí 工力：功夫和才力。悉：完全。敌：相当。双方的功夫和才力完全相当，不相上下。语出宋·计有功《唐诗纪事·上官昭容》："既进，唯沈、宋二诗不下。又移时，一纸飞坠，竟取而观，乃沈诗也。及闻其评曰：'二诗工力悉敌。'"后用"工力悉敌"指文学艺术方面的造诣相当、不分上下▷这两幅水墨山水画工力悉敌、难分上下。｜这些论文工力悉敌，要从中评出一、二、三等奖，倒也令人颇费些心思呢！≈势均力敌｜旗鼓相当◇高下悬殊。

公报私仇 gōng bào sī chóu 借办公事之机，报私仇、泄私愤▷我曾得罪过他，所以他公报私仇，千方百计要陷害我。｜我知道你们俩有矛盾，但在处理公事时不能将个人恩怨掺杂其中，谁要公报私仇，我决不饶他。

公而忘私 gōng ér wàng sī 语出《汉书·贾谊传》："故化成俗定，则为人臣者，主耳忘身，国耳忘家，公耳忘私。"后用"公而忘私"形容一心为公，不考虑个人得失▷他那公而忘私的高尚品格，深受同事们的赞许。｜钱医生公而忘私，不计报酬主动加班为病人服务。≈大公无私｜克己奉公｜舍己为人◇损公肥私｜损人利己。

公事公办 gōng shì gōng bàn 公事按公家规定的制度办理。形容办事坚持原则，不徇私情▷会议强调了国家机关公务员一定要坚持原则、公事公办，不徇私枉法。也指借口制度规定而对具体情况毫不通融▷不管我们怎样求情，他还是摆出一副公事公办的样子。◇假公济私｜徇私舞弊。

公诸同好 gōng zhū tóng hào 公：公开。诸：之于。同好：跟自己爱好相同的人。语本三国魏·曹植《与杨德祖书》："虽未能藏之于名山，将以传之于同好。"后用"公诸同好"指把自己喜爱的东西公开出来，让与自己有同样爱好的人一起欣赏▷他说他收藏了很多名人字画，很愿意公诸同好，我们不妨去开开眼界。｜我昨天拜访了专家，他对这事另有一番高见，现在我不妨公诸同好，请大家议议。◇秘而不宣。

［提示］好，不读"hǎo"。

功败垂成 gōng bài chuí chéng 功：功业，事情。垂：将近。语出《晋书·谢安传论》："庙算有余，良图不果；降龄何促，功败垂成。"后用"功败垂成"形容在事情将要成功时却遭到失败▷登山队员接近峰顶时，天气剧变，只得迅速撤离，致使这次登山计划功败垂成。｜诸葛亮六出祁山，北伐中原，最后病死五丈原，统一大业功败垂成，令人惋惜。≈功亏一篑◇大功告成｜马到成功｜水到渠成。

功成名就 gōng chéng míng jiù 就：成功。建立了功业，享有名声▷张教授虽然功成名就，但依然保持谦虚谨慎的作风。｜有些人一旦功成名就，便忘乎所以。

≈大功告成◇身败名裂。

功成身退 gōng chéng shēn tuì 退：隐退。语本《老子》九章："功遂身退，天之道也。"后用"功成身退"形容大功告成后不贪图利禄，引身而退▷等水库修好，我就可以功成身退了。|范蠡功成身退，驾一叶扁舟隐居去了。≈急流勇退|见好就收◇急功近利|好大喜功|力争上游。

功德无量 gōng dé wú liàng 功德：功业，德行。无量：无法计量，很多。语本《汉书·丙吉传》："所以拥全神灵，成育圣躬，功德已亡（无）量矣！"后用"功德无量"形容功劳恩德非常大▷陈先生出资建了养老院，这是功德无量的事。|"希望工程"实在是一桩功德无量的事业。≈功德圆满|功垂竹帛|劳苦功高|功在千秋◇罪恶昭彰|罪大恶极。

功亏一篑 gōng kuī yī kuì 篑：盛土的筐子。堆建九仞高的土山，只差一筐土而没能完成。语本《尚书·旅獒（áo）》："为山九仞，功亏一篑。"仞（rèn）：古代长度单位，合七尺或八尺。后用"功亏一篑"比喻事情只差那么一点儿而没有成功▷在期中考试前，你们如果松懈下来，就会功亏一篑。|在决胜局，我队没能咬紧比分，结果功亏一篑，丢了奖杯。≈功败垂成|前功尽弃◇水到渠成|大功告成。

功名利禄 gōng míng lì lù 功名：指科举应试取中做官。利禄：既有钱，又有地位。指做了官，既有钱又有势▷功名利禄并不是人人都热衷的，唐代大诗人李白就有"安能摧眉折腰事权贵，使我不得开心颜"的名句。|他为了追求功名利禄，竟不惜出卖祖国，沦为可耻的汉奸。

攻城略地 gōng chéng lüè dì 略：掠夺。攻打城池，夺取土地。语出《淮南子·兵略》："攻城略地，莫不降下。"后用"攻城略地"泛指征战▷胡大海等将领攻城略地，为创建大明王朝立下了汗马功劳。|民国时期，各路军阀为了扩充势力，攻城略地，使人民陷入深重的灾难之中。

［提示］略，也写作"掠"。

攻其无备 gōng qí wú bèi 其：代词，指对方。备：防备。语出《孙子·计篇》："攻其无备，出其不意。"后用"攻其无备"指趁对方没有防备的时候进攻▷乘敌军初来乍到，还没有安顿好，我们攻其无备，定能取胜。|对方只注意防御左路，我队就攻其无备，加强右路进攻，终于攻进了决定胜利的一球。≈出其不意|有隙可乘◇无懈可击|有备而来。

攻守同盟 gōng shǒu tóng méng 攻守：进攻和防守。同盟：通过缔结条约而结成联盟，求取一致行动。指国家间订立盟约，采取一致的进攻或防守行动▷第二次世界大战期间，德、意、日三国签订了攻守同盟条约。也指坏人间为掩饰罪行而订立协议，采取一致行动▷为了对付公安部门的追查，犯罪团伙订立了攻守同盟。

攻无不克 gōng wú bù kè 克：攻占。只要进攻，没有攻克不下的。语本《战国策·秦策一》："是知秦战未尝不胜，攻未尝不取，所当未尝不破也。"后用"攻无不克"形容每战必胜，所向无敌▷这是一支攻无不克、战无不胜的军队。|我军奋勇作战，追击敌军，一路上战无不胜、攻无不克。≈百战百胜|无往不胜◇望风而逃。

供不应求 gōng bù yìng qiú 应：应付，满足。供应的东西不能满足需求▷这套丛书深受读者欢迎，再版一万册投放市场，仍供不应求。｜超市的货架上要及时添置供不应求的商品。≈粥少僧多｜左支右绌(chù)◇供过于求。

［提示］供，不读“gòng”。

躬逢其盛 gōng féng qí shèng 躬逢：亲自遇到，亲身经历。盛：盛会，盛世。语本唐·王勃《滕王阁序》：“童子何知，躬逢盛饯。”后用“躬逢其盛”指亲自参加了那个盛会或亲自经历了那个盛况▷改革开放带来了经济的繁荣，我们有幸躬逢其盛。｜那次国王加冕的典礼规模空前，他率领代表团前往祝贺，有幸躬逢其盛。

G

觥筹交错 gōng chóu jiāo cuò 觥：古代的一种酒器，后泛指酒杯。筹：酒筹，行酒令时用的筹码。交错：错杂。酒杯和酒筹交互错杂。语出宋·欧阳修《醉翁亭记》：“射者中，弈者胜，觥筹交错，起坐而喧哗者，众宾欢也。”后用“觥筹交错”形容欢聚宴请的情景▷一边是觥筹交错，一边是食不果腹，两者形成了鲜明的对比，是对“朱门酒肉臭，路有冻死骨”的最好写照。｜婚礼上，人们觥筹交错，个个喜笑颜开。

拱手听命 gǒng shǒu tīng mìng 拱手：双手在胸前合抱行礼作揖。语出《明史·陈九畴传》：“边臣怵利害，拱手听命，致内属番人勾连接引，以至于今。”后用“拱手听命”指恭恭敬敬地听从吩咐▷别看他神气活现的，我有一计能让他拱手听命。｜唐朝末年，藩镇割据，掌握了实权。皇帝等于傀儡，只能拱手听命于各地的藩镇。

钩心斗角 gōu xīn dòu jiǎo 钩心：宫室的中心相连。斗角：檐角相向。原形容宫室建筑结构交错精致。语出唐·杜牧《阿房宫赋》：“各抱地势，钩心斗角。”后用“钩心斗角”比喻各使心机，明争暗斗▷统治阶级内部为了争权夺利，总是钩心斗角。≈明争暗斗｜尔虞我诈◇开诚布公｜同心同德｜肝胆相照｜风雨同舟｜心心相印。

苟且偷生 gǒu qiě tōu shēng 苟且：只顾眼前，得过且过。语本宋·朱熹《乞蠲减星子县税钱第二状》：“其幸存者，亦皆苟且偷安，不为子孙长久之虑。”后用“苟且偷生”指只图眼前的安逸而不顾将来▷金兵南侵，宋高宗赵构不思报仇雪耻，却躲在杭州苟且偷生。｜正当民族生死存亡之际，我们应奋起抗争，而不能苟且偷生。◇取义成仁。

苟延残喘 gǒu yán cán chuǎn 苟延：勉强延续。残喘：临死前残存的喘息。比喻勉强地暂时维持生存▷遭受重创的贩毒集团为了苟延残喘，又施出了化整为零、小股逃窜的伎俩。｜我们已夺取了全国的政权，他们这几个跳梁小丑还能苟延残喘几时？

狗急跳墙 gǒu jí tiào qiáng 语本《敦煌变文集·燕子赋》：“人急烧香，狗急蓦(mò)墙。”蓦：登越。后用“狗急跳墙”比喻走投无路时不顾一切地蛮干▷罪犯在临近末路时，往往会狗急跳墙，我们务必高度警惕。≈困兽犹斗｜垂死挣扎｜铤而走险｜孤注一掷◇束手就擒｜坐以待毙。

狗皮膏药 gǒu pí gāo yào 一种能消炎止痛的中医外用膏药。旧时一些走江湖的人夸大其效用，把它说成是万应灵药。后用“狗皮膏药”比喻骗人的货色▷他认为社会上的那些传销商品，都是一些狗皮膏药。｜他吹得也太离谱了，完全是在卖狗皮膏药。◇金字招牌。

狗头军师 gǒu tóu jūn shī 军师：监察军务、协助主将出主意的人。讥称爱给人出主意而计谋又不高明的人▷这个狗头军师既阴险又毒辣。

狗尾续貂 gǒu wěi xù diāo 续：接续。貂：一种皮毛珍贵的鼠类动物，古代皇帝的侍从官员用貂尾做帽子上的装饰。原讽刺封官太滥，貂尾不足，只好用狗尾来代替充数。语本《晋书·赵王伦传》："至于奴卒厮役，亦加以爵位。每朝会，貂蝉盈座，时人为之谚曰：'貂不足，狗尾续。'" 后用"狗尾续貂" 比喻用差的东西接在好的东西后面▷这篇文章还是由你继续写下去，我可不敢狗尾续貂。|我国古典小说的伟大作品《红楼梦》有许多续作，但全都是狗尾续貂，与原作不能比并。

狗血喷头 gǒu xuè pēn tóu 古时巫术，用狗血来破除不祥。后用"狗血喷头" 形容骂得很凶▷妈妈气极了，把不争气的孩子骂得狗血喷头。|王总工程师大怒，把妒贤嫉能的厂长骂得狗血喷头。≈破口大骂。

狗仗人势 gǒu zhàng rén shì 仗：倚恃。看家狗倚仗主人的威势吠叫或咬人。比喻倚仗着某种势力为非作歹，欺压别人▷这家伙狗仗人势，气焰十分嚣张。|人民政府在新中国成立初期镇压了一批狗仗人势的地痞流氓，群众莫不拍手称快。≈狐假虎威◇独步天下。

狗彘不食 gǒu zhì bù shí 彘：猪。连猪狗都不吃。语出《明史·李任传》："汝为大将，不能杀贼，反为贼用，狗彘不食汝余。" 后用"狗彘不食" 比喻人的品行极端卑劣，即使将他的肉拿来喂猪狗，猪狗也鄙弃而不食▷秦桧以莫须有的罪名加害岳飞，成为千古罪人。传说，秦桧死后，其尸狗彘不食。|用狗彘不食来形容一个人，说明这人极端卑鄙龌龊，人们十分憎恨他。

呱呱坠地 gū gū zhuì dì 呱呱：拟声词，小儿哭声。坠地：指婴儿初生。比喻事物问世▷新生事物的诞生，犹如呱呱坠地的婴儿，尽管他不很完美，但生命力是很强的。|经过一个月的紧张筹备，我们残疾人自己创办的百货小店终于呱呱坠地了，心里有说不出的高兴。

［提示］呱，不读"guā"。

沽名钓誉 gū míng diào yù 沽：买。钓：用饵诱鱼上钩，指骗取。语出金·张建《高陵县张公去思碑》："非若沽名钓誉之徒，内有所不足，急于人闻。" 后用"沽名钓誉" 形容巧用手段去谋取名誉▷那群人不爱扎扎实实地干事，专门互相吹捧，沽名钓誉。|有偿新闻为那些沽名钓誉之徒开了方便之门。≈欺世盗名◇实至名归。

孤芳自赏 gū fāng zì shǎng 孤：独自。赏：欣赏。把自己比作独特不凡的香花而自我欣赏。语出宋·张孝祥《念奴娇·过洞庭》词："应念岭表经年，孤芳自赏，肝胆皆冰雪。" 后用"孤芳自赏" 形容自命清高，自命不凡▷一个脱离群众、孤芳自赏的人，其实是非常幼稚可笑的。|她看不惯社会，也看不起周围的人，整天把自己关在书房里，孤芳自赏。≈顾影自怜|孤高自许|自命清高。

孤魂野鬼 gū hún yě guǐ 孤魂：孤独无依的灵魂。比喻没有依靠，处境艰难的人▷在奴隶种植园里，小奴隶受尽折磨，骨瘦如柴，像孤魂野鬼似的，十分吓

人。|他个性乖僻，又脾气暴躁，所以没有一个知心朋友，整天像孤魂野鬼似的，也怪可怜的。≈孤苦伶仃|形单影只|孤身只影。

孤家寡人 gū jiā guǎ rén 孤家、寡人：古代帝王的自称。比喻脱离群众，孤立无助的人▷他当了总经理后自命不凡，对以前的同事动辄训斥，最后成了个孤家寡人。|如果我们的领导干部听不得群众的半点意见，群众一定会与他离心离德，他最后就会成为孤家寡人。

G

孤军奋战 gū jūn fèn zhàn 孤军：孤立无援的军队。孤立无援的军队独自奋勇作战。语本《隋书·虞庆则传》："由是长儒孤军独战，死者十八九。"后用"孤军奋战"比喻在没有支援的情况下从事某种工作▷这支深入敌后的游击队由于孤军奋战，弹尽粮绝，才失败了。|比赛进行到最后，二年级五班只剩下最后一名选手在那里孤军奋战，其余的人都被淘汰了。

孤苦伶仃 gū kǔ líng dīng 伶仃：孤单无依靠。语本晋·李密《陈情表》："臣少多疾病，九岁不行，零丁孤苦，至于成立。"零丁：同"伶仃"。后用"孤苦伶仃"形容孤单困苦，无人照应▷老师和同学们都非常关心孤苦伶仃的小许。|在养老院里，孤苦伶仃的老人们也能欢度晚年。≈形单影只|孑然一身|孤家寡人|孤身只影|鳏寡孤独|形影相吊|茕茕(qióng)孑(jié)立|举目无亲。

孤立无援 gū lì wú yuán 指处境十分孤单，得不到外力的援助▷敌军孤立无援，很快被我军彻底地消灭了。|他最初从事这项实验时，无人支持他，他孤立无援，只得靠个人的奋斗。◇八方响应。

孤陋寡闻 gū lòu guǎ wén 陋：浅陋。寡：少。闻：听见，指听见的事情、消息。语本《礼记·学记》："独学而无友，则孤陋而寡闻。"后用"孤陋寡闻"比喻学识浅陋，见闻狭窄▷你连这么大的事件都不知道，看来是太孤陋寡闻了。|我连这本书的书名都未听说过，哪里会读过呢？看来真是孤陋寡闻。◇见多识广|博学多闻。

孤身只影 gū shēn zhī yǐng 孤单一人，独身无亲▷他父母早逝，又无兄弟姐妹，孤身只影，日子过得很寂寞。|他被判流放，连妻子都离开了他，他只得孤身只影地踏上了发配大西北的漫漫长途。≈形单影只|孑然一身。

孤云野鹤 gū yún yě hè 比喻隐居或闲散的人▷隐居南阳的诸葛亮不但没有成为山林中的孤云野鹤，反而成了"鞠躬尽瘁、死而后已"的丞相。|封建社会中有些失意的人，老是向往成为不食人间烟火的孤云野鹤。

孤掌难鸣 gū zhǎng nán míng 孤：单独的。掌：手掌。鸣：发出声响。一个巴掌拍不出掌声来。语本《韩非子·功名》："一手独拍，虽疾无声。"后用"孤掌难鸣"比喻一个人力量有限，难以成事▷倘若没有你们各位的鼎力相助，我纵有天大的本事，也孤掌难鸣。|他的合理化建议无人理睬，更无人支持，他觉得孤掌难鸣，因此心头总有愤懑之感。≈独木难支。

孤注一掷 gū zhù yī zhì 注：赌注。掷：赌钱时掷骰子。把所有的钱都押作赌注，最后掷一次骰子以决输赢。语出宋·辛弃疾《九议》："于是乎'为国生事'之说起焉，'孤注一掷'之喻出焉。"后用

"孤注一掷"比喻在危急时把所有的力量拿出来作最后一次冒险▷他决定孤注一掷,把所有的钱都投入了这次买卖中。|敌军孤注一掷,企图组织全部火力阻挡我军的登陆行动。

[提示]掷,不读"zhèng"。

姑妄听之 gū wàng tīng zhī 姑:姑且。妄:胡乱,随便。之:代词。姑且随便听听。语本《庄子·齐物论》:"予尝为女妄言之,女以妄听之。"女:同"汝",你。后用"姑妄听之"表示不一定相信▷小王是诚心交底,可对方却摆出一副姑妄听之的态度,真让他受不了。|他从不相信鬼神,每逢有人大谈神鬼之事,他都抱着姑妄听之的态度。

姑妄言之 gū wàng yán zhī 姑:姑且。妄:随便,胡乱。言:说。姑且随便说说。语本《庄子·齐物论》:"予尝为女妄言之,女以妄听之。"女:同"汝",你。后用"姑妄言之"表示不很慎重地随便说说▷以上听说,不一定可靠,姑妄言之,聊博一笑。|我也知道世上本没有鬼,但最喜欢听鬼故事,你不妨姑妄言之,我也姑妄听之。

姑息养奸 gū xī yǎng jiān 姑息:无原则地宽容。养奸:助长坏人坏事。指过分宽容、迁就,就会助长坏人坏事▷对坏人坏事必须坚决制止,决不能姑息养奸。|对于子女的过错,有些家长认为家丑不可外扬,结果是姑息养奸,最终酿成大祸。≈养痈遗患。

古道热肠 gǔ dào rè cháng 古道:古朴的风尚。热肠:热心肠。形容待人真诚、热情▷像您这样古道热肠的好人,眼下不多了。|李老师古道热肠,喜欢帮助有困难的同学。≈满腔热忱◇漠不关心。

古今中外 gǔ jīn zhōng wài 从古代到现在,从中国到外国。形容时间久远,范围广阔,十分普通▷落后是要挨打的,古今中外,概莫能外。|这本书收列了三百位古今中外成功人士的事例。

古色古香 gǔ sè gǔ xiāng 古色:古雅的色彩。古香:书画等因年久而发出的独特气味。形容器物、陈设或书画艺术品等具有古雅的色彩和情调▷这屋内的器具什物都是祖上留下的,古色古香,精致华丽。|这册影印的书籍古色古香的,几可乱真。

古往今来 gǔ wǎng jīn lái 往:去。语本《淮南子·齐俗》:"往古来今谓之宙,四方上下谓之宇。"后用"古往今来"指从古代到现在▷他喜欢收集古往今来的格言警句,用来鞭策自己。|古往今来,多少英雄豪杰为振兴中华而奋斗!

古为今用 gǔ wéi jīn yòng 吸收古代文化遗产的精华,为现实生活所用▷我们主张古为今用,弘扬传统文化中的精华。|古为今用,洋为中用,是促进我国文化发展的重要方法。

骨鲠在喉 gǔ gěng zài hóu 鲠:鱼刺,鱼骨。鱼刺卡在喉咙里。比喻心中有话,不说出来不舒服▷看着这些身居要职的人为所欲为,他作为一名正直的记者,如骨鲠在喉,不能不说话。|他为人疾恶如仇,看到任何丑恶现象,都如骨鲠在喉,都会提出强烈批评。

骨肉相残 gǔ ròu xiāng cán 残:毁坏,残害。骨与肉之间相互摧残。语出《晋书·刘元海载记》:"今司马氏骨肉相残,四海鼎沸,兴邦复业,此其时矣。"后用"骨肉相残"比喻自己人互相伤害▷你们是同胞兄弟,怎么能骨肉相残呢?|我

们少数民族也是祖国大家庭的一员，不能听信坏人的挑拨，而与汉族同胞骨肉相残。

骨肉相连 gǔ ròu xiāng lián 像骨头和肉那样互相连接着。语本《管子·轻重》："兄弟相戚，骨肉相亲，国无饥民。"后用"骨肉相连"比喻关系密切，不可分离▷我们是骨肉相连的同胞，没有理由老死不相往来。|海外侨胞与大陆同胞是骨肉相连的亲兄弟，我们都是祖国大家庭的一员。

G

骨瘦如柴 gǔ shòu rú chái 瘦得像一层皮裹着木柴。语本《敦煌变文集·维摩诘经讲经文》："旧日神情威似虎，今来体骨瘦如柴。"后用"骨瘦如柴"形容人极其消瘦▷看着老师躺在病床上骨瘦如柴的样子，她心里难受极了。|从照片上看到，非洲难民的孩子个个骨瘦如柴。≈形销骨立|瘦骨伶仃|面黄肌瘦◇大腹便(pián)便(pián)|脑满肠肥|心广体胖。

蛊惑人心 gǔ huò rén xīn 蛊惑：煽动，迷惑。语出《元史·刑法志》："诸阴阳家者流，辄为人燃灯祭星，蛊惑人心者，禁之。"后用"蛊惑人心"指用欺骗、引诱等手段来迷惑人，搞乱人的思想▷他处心积虑地制造谣言，蛊惑人心。|这种蛊惑人心的歪理邪说，你千万不可轻信。≈妖言惑众。

鼓舌摇唇 gǔ shé yáo chún 鼓舌：摆动舌头。摇唇：摇动嘴唇。形容利用口才进行煽动或游说。也泛指卖弄口才▷他鼓舌摇唇，滔滔不绝地煽动闹事。|他那样起劲地鼓舌摇唇，是想显示自己的口才，不过听了多次，就会感到腻烦的。≈口若悬河◇张口结舌。

鼓乐齐鸣 gǔ yuè qí míng 鼓乐：击鼓和奏乐。击鼓声和奏乐声一齐响起来▷社区的第一家特色商店开张了，鞭炮声声，鼓乐齐鸣，前来的人还真不少呢！|乐池里鼓乐齐鸣，那些小演员一个接一个登上舞台，表演起拿手好戏。

固若金汤 gù ruò jīn tāng 金：金城，指坚固的城墙。汤：汤池，指防守严密的护城河。语本《汉书·蒯通传》："必将婴城固守，皆为金城汤池，不可攻也。"后用"固若金汤"形容阵地非常坚固，防守极其严密▷被认为固若金汤的马其诺防线，被德军迂回击破了。|我们后卫组成的防线固若金汤，任何对手都别想轻易突破。≈金城汤池|铜墙铁壁|坚如磐(pán)石|稳如泰山|坚不可摧◇一盘散沙|一触即溃。

固执己见 gù zhí jǐ jiàn 固：顽固。执：坚持。语出《旧唐书·李纲传》："时左仆射杨素、苏威当朝用事，纲每固执己见，不与之同，由是二人深恶之。"后用"固执己见"指顽固地坚持自己的意见，不肯改变▷领导要虚心倾听群众的意见，集思广益，不要一味地固执己见。|总经理是一个固执己见的外国老头。≈刚愎(bì)自用|顽固不化|师心自用|自以为是|一意孤行◇人云亦云|集思广益|从善如流。

［提示］己，不要写作"已"或"巳"。

故步自封 gù bù zì fēng 故步：原来的步伐。自封：把自己限制在一定的范围中。迈老步子走老路。比喻顽固地守着老一套，不求上进▷有了一定的成绩，也不可骄傲自满，故步自封。|我们要坚持改革，反对故步自封；坚持开放，反对闭关自守。≈墨守成规|画地为牢|抱残守缺◇推陈出新|吐故纳新。

［提示］故，也写作“固”。

故伎重演 gù jì chóng yǎn 故伎：老花招，旧伎俩。形容一再玩弄老花招欺骗人▷这家伙故伎重演，又玩起贼喊捉贼的把戏。｜你别故伎重演装病了，骗不了人的。≈老调重弹｜故态复萌｜旧病复发◇别开生面｜另辟蹊径。

［提示］伎，不要写作“技”。

故弄玄虚 gù nòng xuán xū 玄虚：迷惑人的花招。故意玩弄花招，让人不可捉摸▷这篇文章故弄玄虚，其实中心不明确，层次不分明。｜年轻人办事要踏实，为人要诚恳，不要故弄玄虚。≈惑人耳目◇实事求是。

故态复萌 gù tài fù méng 故态：老样子，旧毛病。复萌：重新出现。形容旧习气和老毛病又犯了▷才几天，小丁又故态复萌，在上课时玩手机了。｜老刘决心戒酒，可过不了多久，又故态复萌，时不时找朋友喝上几杯。≈老调重弹｜旧病复发｜故伎重演◇痛改前非｜改弦更张｜脱胎换骨。

顾此失彼 gù cǐ shī bǐ 此：这。彼：那。顾了这边，忘了那边。形容照顾不全面，忙乱慌张▷你复习迎考，要有计划，合理安排时间，以免顾此失彼。｜她又要工作，又要读成人大学，还要做家务，真有点顾此失彼了。≈左支右绌◇两全其美｜面面俱到｜应付裕如｜左右逢源。

顾名思义 gù míng sī yì 顾：看。义：含义。语出《三国志·魏书·王昶传》：“欲使汝曹顾名思义，不敢违越也。”汝曹：你们。后用“顾名思义”指看到名称就能联想到它的含义▷水球，顾名思义，就是在水中比赛用的球。≈望文生义｜循名责实◇名不副实。

顾全大局 gù quán dà jú 顾：照顾。大局：全局，整体。指照顾到全局的利益，不使它受到损害▷为了顾全大局，他牺牲了自己的个人利益。｜在这种形势下，我们希望你能顾全大局，暂时受点委屈，使事情得以和平解决。◇不识大体。

顾影自怜 gù yǐng zì lián 顾：看。怜：怜惜，爱惜。回头看自己的身影，自己怜惜自己。语本晋·陈机《又赴洛道中》诗：“伫立望故乡，顾影凄自怜。”后用“顾影自怜”形容孤独失意▷他既没有亲戚，也没有朋友，只能顾影自怜。也形容自我欣赏▷她一个人关在屋里，在镜子前照来照去，顾影自怜。≈孤芳自赏。

瓜剖豆分 guā pōu dòu fēn 剖：破开。像瓜被剖开，像豆从荚中裂去。语本南朝宋·鲍照《芜城赋》：“出入三代，五百余载，竟瓜剖而豆分。”后用“瓜剖豆分”比喻国土被分裂▷军阀混战，神州瓜剖豆分，民不聊生。｜清末的中国，国力衰微，险些被列强瓜剖豆分。≈蚕食鲸吞◇金瓯无缺。

瓜熟蒂落 guā shú dì luò 蒂：花或瓜果与茎枝相连的部分。瓜熟了，瓜蒂自然脱落。比喻条件、时机成熟，事情自然会成功▷俞先生为此事忙碌了好几个月，今日瓜熟蒂落，大获成功，他不禁热泪盈眶。≈水到渠成｜顺理成章◇功败垂成｜功亏一篑。

瓜田李下 guā tián lǐ xià 经过瓜田弯腰提鞋，经过李子树下抬手扶帽，容易被人怀疑在偷瓜、偷李子。语本古乐府《君子行》：“君子防未然，不处嫌疑间；瓜田不纳履，李下不正冠。”后用“瓜田李下”比喻容易产生嫌疑的场合▷古人所说“男女授受不亲”，就是为了避免瓜田

G

李下之嫌。

刮垢磨光 guā gòu mó guāng 垢：污垢。刮去污垢，磨出亮光。语出唐·韩愈《进学解》："占小善者率以录，名一艺者无不庸，爬罗剔抉、刮垢磨光，盖有幸而获选，孰云多而不扬？"后用"刮垢磨光"比喻使旧事物重显光彩▷这幢老建筑经工匠们刮垢磨光，又显出昔日的风采。也比喻仔细琢磨，精益求精▷他的小说经过几个月的刮垢磨光，果然大有提高。

G

刮目相待 guā mù xiāng dài 刮目：擦亮眼睛。待：看待。语出《三国志·吴书·吕蒙传》裴松之注引《江表传》："士别三日，即更刮目相待。"后用"刮目相待"形容改变老眼光，用新的眼光来看人▷中国这些年的经济成就令全世界刮目相待。|这个学期，他好像换了个人似的，成绩突飞猛进，全班同学不得不刮目相待。≈另眼相看◇等闲视之|不屑一顾|视而不见。

寡不敌众 guǎ bù dí zhòng 寡：少。敌：抵挡。众：多。语出《逸周书·芮良夫》："民至亿兆，后一而已，寡不敌众，后其危哉！"后：君主。后用"寡不敌众"指人少的一方抵挡不住人多的一方▷小分队坚持战斗到黄昏，因寡不敌众，才撤离了阵地。|战士们粮尽弹绝，寡不敌众，终于英勇就义。≈势单力薄|众寡悬殊|独木难支◇一以当十|以少胜多|旗鼓相当|势均力敌。

寡廉鲜耻 guǎ lián xiǎn chǐ 寡、鲜：少。廉：廉洁。耻：羞耻。语出汉·司马相如《喻巴蜀檄》："寡廉鲜耻，而俗不长厚也。"后用"寡廉鲜耻"形容没有品行，不识羞耻▷真想不到，她已经堕落到寡廉鲜耻的地步。|有些人为了钱，不择手段，寡廉鲜耻，真是太可悲了！≈恬不知耻|无耻之尤|厚颜无耻◇知耻近仁|冰清玉洁。

［提示］鲜，不读"xiān"。

挂一漏万 guà yī lòu wàn 挂：列举。漏：遗漏。只列举了很少一部分，而遗漏了很多。语本唐·韩愈《南山》诗："团辞试提挈，挂一念万漏。"后用"挂一漏万"形容列举或记着的东西很不全面▷由于时间仓促，作者的水平有限，挂一漏万，在所难免。|我所了解的很有限，挂一漏万，希望各位补充。≈一鳞半爪|盲人摸象◇万无一失|一应俱全|涓滴不漏|应有尽有|面面俱到。

拐弯抹角 guǎi wān mò jiǎo 形容道路曲曲折折▷进了弄堂，拐弯抹角的，好大一会儿才到了他家门口。也比喻讲话不直截了当▷我给他写了一封信，把我的疑惑拐弯抹角地告诉了他。≈迂回曲折◇开门见山|直言不讳。

怪模怪样 guài mó guài yàng 形容装扮奇特，举止怪异，不同一般▷这个人打扮得怪模怪样的，十分惹人注目。|这个外籍人士说汉语怪模怪样的，细听之下，才发现原来没有四声的变化。

关怀备至 guān huái bèi zhì 备：完全。关心得无微不至▷那里的老师对残疾儿童关怀备至，精心照料，让他们感受到了学校的温暖。|咱们的师长对新战士真是关怀备至，战士们没有一个不敬重他的。≈无微不至◇漠不关心。

关门闭户 guān mén bì hù 门户都关闭起来。形容十分冷清寥落▷我在村子里走了一圈，全村关门闭户，见不到一个人影，不知道发生了什么事情。|这个村子里曾发生过一场瘟疫，死的人很多，连尸

首都来不及埋，老百姓只好关门闭户，背井离乡。

观者如堵 guān zhě rú dǔ 堵：墙壁。观看的人群如围墙那样。语出《礼记·射义》："孔子射于矍相之圃，盖观者如堵墙。"后用"观者如堵"形容看的人多▷大桥通车的那天，人如潮涌，观者如堵。｜在歌星演唱会上，人潮涌动，观者如堵，歌迷们表现出了极大的热情。

官官相护 guān guān xiāng hù 相：相互。护：包庇，庇护。指官吏之间互相包庇▷封建时代，徇私舞弊、官官相护是常见的现象。｜正因为官官相护，那些受冤的民众才无处申冤。

官样文章 guān yàng wén zhāng 向皇帝进呈的堂皇典雅的文章。语本宋·李昂英《示儿用许广文韵》："官样词章惟典雅，心腔理义要深几。"后用"官样文章"指有固定格式和套语的文章▷现在中学生写议论文，因为太注重形式，不注重内容，往往写成老气横秋的官样文章。也比喻表面头头是道，实际不解决问题的空洞言论，或只是做做样子而不实行的措施、办法等▷报告、总结不要写成官样文章，而要反映实际情况。｜这个局的"局长接待日"只是官样文章，并不能解决任何问题。

冠盖如云 guān gài rú yún 冠：古代官吏所戴的帽子。盖：车顶上的篷。如云：像云一样，形容多。语出汉·班固《西都赋》："冠盖如云，七相五公。"后用"冠盖如云"形容许多有地位的人聚集在一起▷想当年，曹家门口也曾冠盖如云，盛极一时。｜市长的儿子结婚，家门前冠盖如云，来的都是市里的头面人物。

冠冕堂皇 guān miǎn táng huáng 冠冕：古代帝王、百官的帽子，引申为庄严。堂皇：气派大。形容表面上庄严或正大（多含讥讽意）▷她总是找些冠冕堂皇的理由来为自己辩解。｜你别看那些人西装革履、冠冕堂皇地出入酒楼茶馆，其实都是在打肿脸充胖子！≈堂而皇之｜神气活现｜衣冠楚楚◇獐头鼠目｜鬼鬼祟祟。

鳏寡孤独 guān guǎ gū dú 鳏：老而无妻。寡：失去丈夫。孤：幼而无父。独：老而无子。语本《礼记·礼运》："使老有所终，壮有所用，幼有所长，矜寡孤独废疾者皆有所养。"矜：同"鳏"。后用"鳏寡孤独"泛指缺乏劳动能力而又无亲人赡养的人▷政府首先要安置和帮助鳏寡孤独之人。｜我们提倡奉献精神，让全社会都来关心鳏寡孤独等亟待帮助的人。

管鲍之交 guǎn bào zhī jiāo 管鲍：指春秋时齐国的管仲和鲍叔牙，他们的友谊历来传为美谈。泛指相知最深的交谊▷你和我成了管鲍之交，你的困难就是我的困难，有什么事可直接对我说，我帮你解决。｜广交朋友容易，但要有管鲍之交却很难。≈生死之交｜莫逆之交◇点头之交。

管窥蠡测 guǎn kuī lí cè 窥：看。管窥：从竹管里看天。蠡测：用瓢来量大海。语本《汉书·东方朔传》："语曰：以管窥天，以蠡测海。"后用"管窥蠡测"比喻见识狭隘、片面而又肤浅▷那些不学无术的人管窥蠡测，随意褒贬，真不知天高地厚。｜本文仅仅是个人的管窥蠡测，希望专家予以指正。≈坐井观天｜挂一漏万◇洞若观火｜一览无余｜面面俱到。

光彩夺目 guāng cǎi duó mù 光彩：光泽和颜色。夺目：耀眼。光泽和颜色

非常耀眼。语出《云笈七签》卷一一三："乃令左右引于宫内游观，玉台翠树，光彩夺目。"后用"光彩夺目"形容事物鲜丽美好，引人注目▷小说塑造了一个光彩夺目的青年科学家的形象。|改革开放后的崇明岛成为镶嵌在万里长江入海口的一颗光彩夺目的明珠。◇黯淡无光。

光风霁月 guāng fēng jì yuè 光风：雨过天晴后的好风。霁月：雪停或雨止后的明月。语出宋·黄庭坚《濂溪诗序》："春陵周茂叔人品甚高，胸中洒落，如光风霁月。"后用"光风霁月"指雨过天晴时风清月明▷这个城市的冬季，光风霁月的时候少，而阴雨霏霏的日子多。也比喻襟怀坦白，心胸开阔▷他一生光明磊落，清正廉洁，如光风霁月，为世人所景仰。≈月白风清|高风亮节|光明磊落。

[提示]霁，不读"qí"。

光怪陆离 guāng guài lù lí 光怪：奇异的光彩。陆离：色泽繁杂。语本南朝梁·沈约《三月三日率尔成章》诗："绿帻文照耀，紫燕光陆离。"后用"光怪陆离"形容现象奇异、色彩繁杂▷光怪陆离的激光灯束在夜花园中制造出一种神秘的气氛。|这部电影真实地反映了旧上海十里洋场光怪陆离的社会现象。≈千奇百怪|五光十色◇平淡无奇。

光明磊落 guāng míng lěi luò 磊落：襟怀坦白。语出宋·朱熹《朱子语类》卷七四："譬如人光明磊落底(的)便是好人，昏昧迷暗底(的)便是不好人。"后用"光明磊落"形容光明正大，胸怀坦白▷他是一位光明磊落的政治家。|我爸爸一向光明磊落，为人热情。≈光明正大|心怀坦荡|堂堂正正|光风霁月◇居心叵(pǒ)测|鬼鬼祟祟。

光明正大 guāng míng zhèng dà 语出宋·朱熹《〈全文溪文集〉序》："是以其心光明正大，疏畅洞达，无有隐蔽。"后用"光明正大"形容心地坦荡，正直无私▷我们办事要光明正大，不要"私"字当头，更不要搞阴谋、耍手腕。|追悼会上，大家充满感情地回忆起老人光明正大的一生。≈光明磊落|襟怀坦白|光风霁月◇居心叵(pǒ)测|鬼鬼祟祟|暗室欺心。

光前裕后 guāng qián yù hòu 光前：为前人增光。裕后：给后人遗惠。为祖先增光，给后代造福。语本宋·王庆麟《三字经》："扬名声，显父母，先于前，裕于后。"后用"光前裕后"称颂功业盛大▷当前正在进行的现代化建设，是一项光前裕后的伟大事业。|大丈夫行事应光前裕后，留下美名万古传扬。

光天化日 guāng tiān huà rì 光天：白天。化日：太平日子。指太平盛世。语本《尚书·益稷》："帝光天之下，至于海隅苍生。"又，《后汉书·王符传》："化国之日舒以长，故其民闲暇而力有余。"后用"光天化日"比喻大庭广众，是非、好坏都看得很清楚的场合▷歹徒们居然在光天化日之下抢劫，真是胆大包天。|这些专搞阴谋诡计的家伙是不敢在光天化日之下露面的！≈大庭广众|众目睽睽|青天白日。

光阴似箭 guāng yīn sì jiàn 语本唐·韦庄《关河道中》诗："但见时光流似箭，岂知天道曲如弓。"后用"光阴似箭"形容时间飞快地流逝▷光阴似箭，转眼间我们就要毕业了，大家彼此都有点依依不舍。|看到孩子长大成人了，国外归来的爷爷叹道："真是光阴似箭呀！"≈日月如梭|白驹过隙◇度日如年|一日三秋。

光宗耀祖 guāng zōng yào zǔ 光：增光。耀：显耀。为亲族、祖先增光显耀▷现代青年的奋斗很大程度上是渴望自身价值为社会认可，并不是想光宗耀祖。|过去的读书人勤奋学习的目的就是为了博取功名，光宗耀祖。

广开言路 guǎng kāi yán lù 言路：进言的渠道。语本《后汉书·来历传》："朝廷广开言事之路，姑且一切假贷。"后用"广开言路"形容尽可能让人们毫无顾虑地发表意见▷这次职代会上，我们应广开言路，让代表们畅所欲言。|要建设繁荣昌盛的社会，我们必须广开言路，让各界人士充分发表意见。≈畅所欲言◇闭目塞听|拒谏饰非。

广种薄收 guǎng zhòng bó shōu 种植面积大，而单位面积产量低。比喻广泛施行，最后只有少数见效果▷种农作物，更要讲究科学，不然的话，只能是广种薄收，事倍功半。|做推销员得耐心，还要懂得心理学，掌握正确的推销方法，不然的话，一定是广种薄收，效益低下。

归根结蒂 guī gēn jié dì 结：归结。蒂：瓜果连结茎枝的部位。比喻把纷繁的事物归结到根本上，发现其关键和实质▷社会财富归根结蒂是人民大众创造的。|学习，归根结蒂要靠自己的努力。≈穷本溯源|总而言之。

归心似箭 guī xīn sì jiàn 归心：回家的心念。形容想回家的心情十分急切▷听说孩子在家里闯了祸，妈妈焦急万分，归心似箭。|老人终于踏上了回国的旅途，一路上归心似箭。◇乐不思蜀。

龟年鹤寿 guī nián hè shòu 龟、鹤：相传有千年寿命，用以比喻长寿。语出唐·李商隐《祭张书记文》："神道甚微，天理难究，桂蠹兰败，龟年鹤寿。"后用"龟年鹤寿"比喻长寿▷龟年鹤寿的老教授，仍然坚持笔耕不辍。|在老寿星的百岁寿辰上，大家齐祝老人龟年鹤寿，越活越年轻。≈松鹤延年。

规行矩步 guī xíng jǔ bù 规、矩：圆规和曲尺，比喻准则、法度。按规矩来走路。语出晋·潘尼《释奠颂》："二学儒官，搢绅先生之徒，垂缨佩玉，规行矩步者，皆端委而陪于堂下，以待执事之命。"后用"规行矩步"比喻言行谨慎，合乎法度▷他从来规行矩步，绝不会干违法乱纪的事。也比喻墨守成规，不知变通▷他办事总是规行矩步，缺乏灵活性。≈循规蹈矩◇胆大妄为|为所欲为。

诡计多端 guǐ jì duō duān 诡计：狡诈的计谋。端：头绪。形容阴险狡诈，坏主意很多▷这人诡计多端，很难对付，您千万要提高警惕。|此人是个诡计多端的奸雄，各种手段变化无常。≈老奸巨猾◇真心诚意|开诚布公|肝胆相照|光明正大。

鬼斧神工 guǐ fǔ shén gōng 语本《庄子·达生》："梓庆削木为鐻，鐻成，见者惊犹鬼神。"鐻（jù）：一种似钟的古乐器。后用"鬼斧神工"形容技艺精巧，几乎不是人力所能制成▷那些古代的摩崖石刻简直是鬼斧神工的奇迹。|敦煌石窟里的佛像犹如鬼斧神工，至今令人赞叹不已。≈巧夺天工|玲珑剔透|运斤成风|出神入化◇粗制滥造。

［提示］工，不要写作"功"。

鬼鬼祟祟 guǐ guǐ suì suì 祟：指鬼怪或鬼怪害人。比喻行为偷偷摸摸，怕人发现▷一个人影乘着暮色，鬼鬼祟祟地闪进了大门。|这伙人躲在暗室中鬼鬼祟

祟的，肯定不干好事。≈鬼头鬼脑｜心怀叵(pǒ)测◇光明磊落｜光明正大｜堂而皇之｜堂堂正正。

［提示］祟，不要写作“崇”。

鬼哭狼嚎 guǐ kū láng háo 嚎：大声哭喊，大叫。形容大声哭叫，声音凄厉▷平型关这一仗，打得日寇鬼哭狼嚎，狼狈逃窜。｜蒋门神被武松打得鬼哭神嚎，连声求饶，先前凶神恶煞的样子全不见了。≈呼天抢地◇捧腹大笑｜前仰后合。

G

鬼迷心窍 guǐ mí xīn qiào 心窍：我国古时认为心脏有窍，能运思，故用以指认识和思维的能力。被鬼迷住了心窍。形容被某种思想所迷惑，不明事理，干了坏事而不能自拔▷只怪自己那天鬼迷心窍，竟干出这种傻事，真愧对老师呀！｜你真是鬼迷心窍，错把别人的好心当作驴肝肺。

鬼神莫测 guǐ shén mò cè 测：预测，预料。连鬼神也预料不到。形容神奇奥妙，难以想象▷诸葛亮用兵变化无常，鬼神莫测。｜魔术师表演的大型魔术，鬼神莫测，令观众目瞪口呆。≈莫测高深｜变化无常｜捉摸不定｜神乎其神｜妙不可言◇平淡无奇。

鬼使神差 guǐ shǐ shén chāi 使、差：派遣，指使。像被鬼神指使一样。比喻事情出乎意外，不由自主▷我也不知道是怎么回事，反正是鬼使神差吧，竟在考试时漏做了一道题。｜简直是鬼使神差，我们俩竟然在这里见面了。≈阴差阳错。

鬼头鬼脑 guǐ tóu guǐ nǎo 比喻心术不正，行为鬼祟▷这家伙鬼头鬼脑的，你可得多留神哪。｜车站里走出一个中年人，东张西望，鬼头鬼脑，不像是个好人。≈鬼鬼祟祟｜贼头贼脑◇光明正大｜光明磊落｜堂堂正正。

鬼蜮伎俩 guǐ yù jì liǎng 蜮：传说中能含沙射人的怪物。伎俩：不正当的手段。指鬼怪害人的手段。比喻阴险卑劣的手段▷他的一切鬼蜮伎俩，已暴露在光天化日之下。｜我们要警惕敌人的鬼蜮伎俩。

滚瓜烂熟 gǔn guā làn shú 形容朗读、背诵非常流利、纯熟▷她学习很认真，把每篇课文都读得滚瓜烂熟。｜你虽然把《论语》背得滚瓜烂熟，但是还要理解其中的精义。≈倒背如流｜驾轻就熟◇半生不熟｜浮光掠影｜丢三落四。

国计民生 guó jì mín shēng 国计：国家的财政经济。民生：人民的生活。语出宋·郑兴裔《请罢建康行宫疏》：“伏望敕下留司即罢其役，国计民生幸甚！”后用“国计民生”指国家的财政经济和人民生活▷保护环境有利于国计民生，务必引起全社会的重视。｜大建宾馆楼台，除了摆阔之外，对国计民生有什么好处呢？

国破家亡 guó pò jiā wáng 语本《史记·屈原列传》：“亡国破家相随属。”后用“国破家亡”形容国家沦亡、家庭破败▷“二战”中，在法西斯的铁蹄下，多少人国破家亡，惨遭空前的劫难。｜在国破家亡的危急时刻，中华民族的优秀儿女挺身而出，挽狂澜于既倒。≈家破人亡｜山河破碎◇国泰民安｜河清海晏。

国色天香 guó sè tiān xiāng 原形容牡丹花色香俱佳。语本唐·李正封《咏牡丹花》诗：“天香夜染衣，国色朝酣酒。”后用“国色天香”形容女子仪态端庄、容貌美丽▷这些时装模特儿虽非国色天香，却也风姿绰约。｜他新娶的夫人长得国色天

香,难怪他整天乐呵呵的。≈倾国倾城◇面目可憎|其貌不扬。

国泰民安 guó tài mín ān 泰:太平。语本《敦煌变文集·捉季布传文》:"昨奉圣慈舍季布,国泰人安喜气新。"后用"国泰民安"形容国家太平,人民安乐▷我们要珍惜国泰民安的大好局面。|封建统治阶级总是喜欢用"河清海晏""国泰民安"来粉饰太平。≈河清海晏|风调雨顺|歌舞升平|海不扬波|含哺(bǔ)鼓腹|尧天舜日|民康物阜(fù)|安居乐业◇国破家亡|兵荒马乱|内忧外患|狼烟四起|风雨飘摇。

裹足不前 guǒ zú bù qián 裹:包缠。好像双脚被裹住而不能前进。语出秦·李斯《谏逐客书》:"使天下之士,退而不敢西向,裹足不入秦。"后用"裹足不前"比喻思想上有顾虑,不敢前进▷你在学习过程中,一碰到"拦路虎"就裹足不前,怎么能进步呢?|干事业,我们要发扬排除万难的精神,绝不能裹足不前。≈踟蹰不前|瞻前顾后◇勇往直前|一往无前。

[提示]"裹"的中间部分是"果",不是"里"。

过从甚密 guò cóng shèn mì 甚:很。形容交往频繁,关系密切▷她俩从小在一起念书,后来又在一个单位工作,彼此过从甚密。|退休以后,我和老高过从甚密,常在一起喝茶、下棋、讨论文学,不知老之已至。≈形影不离◇视同陌路。

过河拆桥 guò hé chāi qiáo 比喻达到目的以后,就把帮助过自己的人一脚踢开▷这是一个过河拆桥的家伙,冷酷无情,完全不讲情义。≈卸磨杀驴|鸟尽弓藏|兔死狗烹|以怨报德|恩将仇报◇饮水思源|没齿不忘|感恩图报。

过江之鲫 guò jiāng zhī jì 鲫:鲫鱼,常成群活动。东晋王朝在江南建立之后,北方很多知名人士纷纷南渡,当时有人讥讽说:"过江名士多于鲫。"后用"过江之鲫"形容某类人或事物数量很多▷上世纪八十年代初,出国留洋者多如过江之鲫。|他开办的公司开张,前往祝贺者如过江之鲫。

过街老鼠 guò jiē lǎo shǔ 过街的老鼠,人人都喊打。比喻人人都痛恨的坏人▷这个飞扬跋扈的独裁者,成了过街老鼠,人人喊打,只能仓皇逃亡国外。|他的贪污行径被揭露之后,成了过街老鼠,只能龟缩在家里,等候法律的严惩。

过目成诵 guò mù chéng sòng 过目:过一下眼。诵:背诵。看过一遍就能背诵。语出宋·释普济《五灯会元·龙门远禅师法嗣》:"凡典籍过目成诵,义亦顿晓。"后用"过目成诵"形容记忆力特别强或极其聪明▷他天资聪颖,能过目成诵,有神童之称。|他俩都十分聪明,一个看书一目十行,一个能过目成诵,堪称奇迹。

过甚其词 guò shèn qí cí 过甚:太过分。其:代词。词:言辞,话语。指说话太夸张,超过实际情况▷虽然确有其事,但他说得有点过甚其词。|他说家藏图书有十万册之多,虽有些过甚其词,但他的藏书之多,也可想而知了。≈言过其实|夸大其词◇实事求是。

过眼烟云 guò yǎn yān yún 过眼:从眼前掠过。烟云:烟气,云雾。语本宋·苏轼《宝绘堂记》:"譬之烟云之过眼,百鸟之感耳,岂不忻(欣)然接之,然去而不复念也。"后用"过眼烟云"比喻很快就消失的事物▷对他来讲,这些年

G

的成功与失败，已成了过眼烟云，如今他只想过一种平淡的生活。| 说起荣华富贵，也不过是过眼烟云，不必太看重的。≈昙花一现 | 电光石火 | 烟消云散 | 付之东流 | 风流云散◇死灰复燃 | 卷土重来 | 东山再起。

过犹不及 guò yóu bù jí 过：过度，过分。犹：如，像。不及：不足，不够。语出《论语·先进》："子贡问：'师与商也孰贤？'子曰：'师也过，商也不及。'曰：'然则师愈与？'子曰：'过犹不及。'"后用"过犹不及"指事情做得过了头，就跟做得不够一样，都是不好的▷做任何事情都有个度，不够，不能成事，超过了，过犹不及，一样会坏事。| 勤俭当然是美德，但勤俭得过分，变成吝啬，就未免有些过犹不及了。

G

海底捞月 hǎi dǐ lāo yuè 比喻白费力气,根本做不到▷这些年,他费尽心机要想通过炒股发财,结果是海底捞月,还赔了老本。|你想要在火车站找回丢失的那本杂志,无异海底捞月。≈枉费心机|徒劳无功|竹篮打水◇立竿见影|行之有效|易如反掌。

海枯石烂 hǎi kū shí làn 大海干枯,石头风化为尘土。语本宋·王奕《和朱静翁青溪》词:“老我重来,海干石烂,那复断碑残础。”后用“海枯石烂”比喻时间极其久远,环境变化极大▷任凭海枯石烂,这伟大的思想和精神依然与日月争辉,共天地长存。也比喻意志坚定,情感真挚,不会随着时间而改变▷他俩在花前月下发誓:海枯石烂,永不变心。≈地老天荒|矢志不移◇朝三暮四|见异思迁。

海阔天空 hǎi kuò tiān kōng 空:空旷辽远。形容大自然的宽广无边▷站在普陀山千步沙上,极目远眺,海阔天空,令人心旷神怡。也比喻说话漫无边际或想象很丰富▷晚上,他们在咖啡馆里海阔天空地闲聊。≈天高地远|无边无际|一望无边。

海市蜃楼 hǎi shì shèn lóu 指光线发生折射时,将远处景物显示在空中的一种自然现象。古代传说是蜃(海中的一种贝类动物)吐气而成的。后用“海市蜃楼”比喻虚幻而实际并不存在的事物▷他把幻想中的海市蜃楼当作真人实事来吹嘘。≈空中楼阁|镜花水月。

[提示]蜃,不要写作“唇”。

海誓山盟 hǎi shì shān méng 誓:誓言。盟:盟约。对着山、海立下誓约。语本宋·赵长卿《贺新郎》词:“终待说山盟海誓,这恩情到此非容易。”后用“海誓山盟”形容盟誓坚定不移,像山和海一般永恒(多用于男女间爱情的忠贞)▷唐玄宗和杨贵妃在长生殿海誓山盟:在天愿为比翼鸟,在地愿为连理枝。|这对曾经海誓山盟的小夫妻,婚后没几年,就闹离婚了。≈信誓旦旦◇背信弃义。

[提示]盟,不读“míng”。

海外奇谈 hǎi wài qí tán 海外:远洋以外的地方。奇:奇怪,奇特。有关远方异国的稀奇古怪的言谈。语出明·沈德符《野获编补遗·台疏讥谑》:“瑞为牍,令兵马司申之于给事钟宇淳。宇淳批其牍尾曰:‘海外奇谈。’”后用“海外奇谈”形容没有根据的荒唐议论或传说▷这事情,我从来没听说过,真是海外奇谈。|他这个人你还不了解?整天信口开河,总是讲些海外奇谈的事。≈奇谈怪论|无稽之谈|不经之论。

海晏河清 hǎi yàn hé qīng 晏:平静。河:黄河。大海平静,黄河水清。比喻天下太平▷海晏河清、安居乐业是人们千百年来的愿望。|两千多年来,有哪一个封建王朝真正达到过海晏河清的太平盛世呢?≈四海升平|国泰民安|天下太平。

亥豕鲁鱼 hài shǐ lǔ yú《吕氏春秋·察传》载：有人读史书，把“晋师（晋国的军队）已亥（古代用于记日的天干地支）涉（渡）河”读成“晋师三豕（猪）涉河”。原来“三”与“已”相似，“豕”与“亥”相似，闹了笑话。又，《抱朴子·遐览》：“书三写，鲁成鱼，虚成虎。”后用“亥豕鲁鱼”指书籍在传写、刊刻过程中产生的文字错误▷这本书的编校质量太差了，亥豕鲁鱼，触目皆是。|她是一名校对能手，校样中任何“亥豕鲁鱼”的现象都逃不过她的眼睛。≈张冠李戴◇丁一卯二。

骇人听闻 hài rén tīng wén 骇：害怕，惊恐。语出宋·朱熹《答詹师书》：“浙中近年怪论百出，骇人听闻，坏人心术。”后用“骇人听闻”形容让人听了很震惊▷报界披露，在此次内战中，曾发生过数起骇人听闻的残杀战俘和平民的事件。|清晨，社区里发生了一件谋杀案，罪犯手段之残忍，骇人听闻。≈触目惊心。

害群之马 hài qún zhī mǎ 危害马群的坏马。语本《庄子·徐无鬼》：“夫为天下者，亦奚以异乎牧马者哉，亦去其害马者而已矣！”后用“害群之马”比喻危害集体的人▷在改革开放的大潮中，要坚决清除那些害群之马，才能保证事业顺利发展。|此人不学无术，搬弄是非，是研究所里的害群之马。

酣畅淋漓 hān chàng lín lí 酣畅：酒喝得畅快，泛指愉快。淋漓：饱满畅快的样子。形容非常畅快。语本宋·欧阳修《〈释秘演诗集〉序》：“则往往从布衣野老，酣嬉淋漓，颠倒而不厌。”后用“酣畅淋漓”形容书、画笔意流畅或文学作品描写、抒情极为充分▷这幅画的笔墨酣畅淋漓，很见功力。|这部小说描写守财奴的丑态，确实是酣畅淋漓，阐扬尽致。

憨态可掬 hān tài kě jū 憨：单纯幼稚。掬：捧取。形容单纯幼稚的模样惹人喜爱▷阿芳对女伴说，我就是喜欢他那憨态可掬的样子。|这孩子才五岁，肥头大耳的，憨态可掬。≈天真无邪◇老奸巨猾|老于世故。

邯郸学步 hán dān xué bù 邯郸：战国时赵国的都城。《庄子·秋水》载：战国时，燕国的一个年轻人来到邯郸，见赵国人走路的姿势很美，就跟着学。结果，不但没学好，反而连自己原来的步法也忘了，只好爬回去。后用“邯郸学步”比喻生硬地模仿，不但没学到人家的本领，反而连自己的长处也丢掉了▷学习国外的经验，要有分析、有取舍，否则就如邯郸学步，连自己的优势都丧失了。|我们的足球队员如果盲目地学习外国“全攻全守”型的打法，就会疲于奔命，落个“邯郸学步”的下场。≈东施效颦。

含苞欲放 hán bāo yù fàng 苞：花苞，花蕾。欲：将要。花蕾将开而未开▷我到日本的时候，那里的樱花正含苞欲放，别有一番韵致。也比喻刚踏入青春年华的少女▷她十六岁正是含苞欲放的时候，却过早地结束了自己的生命。

含糊其辞 hán hú qí cí 含糊：不清楚，不明确。话说得不清楚▷这个狡猾的老狐狸，每当说到关键的地方，他就含糊其辞。|他不久前来了一封含糊其辞的信，暗示他想放弃报考研究生的打算。≈闪烁其辞|支支吾吾◇直言不讳|心直口快|直截了当|开门见山|单刀直入。

含情脉脉 hán qíng mò mò 脉脉：凝神看的样子。语出唐·李德裕《二芳丛赋》：“一则含情脉脉，如有思而不得，类

西施之容冶。”后用“含情脉脉”指双眼饱含温情，默默地凝神看着▷**小伙子被姑娘含情脉脉的注视弄得不知所措。|她的眼睛又黑又亮，在演出中时而含情脉脉，时而幽怨含嗔，恰如其分地表现了剧中人的心情变化。≈眉目传情◇横眉冷对。**

［提示］**脉，不读“mài”。**

含沙射影 hán shā shè yǐng 晋·干宝《搜神记》载：水中有一种叫作“蜮”（又叫“射工”“射影”）的怪物，能喷射含沙的水射人或人的影子，使人得病。南朝宋·鲍照《苦热行》有“含沙射流影”之句。后用“含沙射影”比喻在暗中诽谤、中伤别人▷**你含沙射影，伤害无辜，绝没有好下场！≈暗箭伤人|造谣中伤|指桑骂槐◇直言不讳|正大光明|开诚布公。**

含辛茹苦 hán xīn rú kǔ 辛：辣。茹：吃。语本宋·苏轼《中和胜相院记》：“佛之道难成……茹苦含辛，更百千万亿生而后成。”后用“含辛茹苦”形容忍受种种辛苦▷**父母含辛茹苦地带大了我们几个孩子，恩重如山。|徐教授在教学园地里含辛茹苦地耕耘，硕果累累，桃李满天下。≈千辛万苦|饱经风霜◇养尊处优。**

含饴弄孙 hán yí nòng sūn 饴：饴糖，麦芽糖。弄：逗弄。含着饴糖逗弄着孙儿。语出《东观汉记·明德马皇后传》：“穰岁之后，惟子之志；吾但当含饴弄孙，不能复知政事。”后用“含饴弄孙”比喻晚年闲适的家庭生活▷**老人退休后，含饴弄孙，晚年生活颇为自得。|你年事已高，从领导岗位上退下来，回家去含饴弄孙，有什么不好呢？**

含英咀华 hán yīng jǔ huá 英、华：花，这里指精华。咀：咀嚼，这里指体会、玩味。语出唐·韩愈《进学解》：“沉浸酞郁，含英咀华。”后用“含英咀华”比喻细细地体会诗文中的精华▷**秉烛夜读，含英咀华，也是人生一大乐趣。|他二十年来钻研《庄子》一书，含英咀华，所阐发的道学精华，是常人所不能不佩服的。◇囫囵吞枣|不求甚解。**

含冤负屈 hán yuān fù qū 含冤：受了冤枉。负屈：遭受委屈。指蒙受冤枉和委屈▷**他含冤负屈二十年，终于盼到了平反昭雪的日子。|在黑暗的旧时代，有多少人含冤负屈，惨死于军阀的屠刀之下！≈沉冤莫白◇平反昭雪|报仇雪恨。**

寒来暑往 hán lái shǔ wǎng 冬天到来，夏天过去。语本《周易·系辞下》：“寒往则暑来，暑往则寒来，寒暑相推而岁成焉。”后用“寒来暑往”形容时间的流逝▷**寒来暑往，四年的大学生活眼看就要结束了。|他白天出去打短工，晚上就寄宿在破庙中，寒来暑往，这样的日子他整整过了三年。**

汗流浃背 hàn liú jiā bèi 浃：湿透。语本《史记·陈丞相世家》：“勃（周勃）又谢不知，汗出沾背，愧不能对。”后用“汗流浃背”形容浑身都是大汗▷**我毕竟年过半百了，跟着那小伙子爬山，不一会儿就汗流浃背，气喘吁吁。**也形容恐慌、惭愧▷**药剂员小黄听说自己发错了药，顿时汗流浃背。≈挥汗如雨|大汗淋漓|汗出如浆|汗如雨下。**

［提示］**浃，不读“xiá”。**

汗马功劳 hàn mǎ gōng láo 汗马：马奔驰而出汗。形容战功。语本《韩非子·五蠹》：“弃私家之事，而必汗马之劳，家困而上弗论，则穷矣。”后用“汗马功劳”比喻努力做出的贡献和业绩▷**在**

解放战争中，这位将军立下了汗马功劳。|孙中山先生为推翻帝制、建立共和制立下了汗马功劳。≈丰功伟绩|劳苦功高|盖世奇功◇弥天大罪|罪大恶极|罪恶滔天。

汗牛充栋 hàn niú chōng dòng 汗牛：使牛出汗。栋：栋宇，屋子。用牛车运书，牛累得出汗。语本唐·柳宗元《唐故给事中陆文通先生墓表》："其为书，处则充栋宇，出则汗牛马。"后用"汗牛充栋"形容藏书或著作很多▷他治学严谨，购书成癖，家中的藏书汗牛充栋。|巴尔扎克一生写作勤奋，著述可谓汗牛充栋。

H

沆瀣一气 hàng xiè yī qì 沆瀣：夜间的水气，露水。宋·钱易《南部新书·戊集》载：唐代有个书生叫崔瀣，上京应试中举，主考官崔沆刚好是他的老师。崔沆录取了崔瀣，人们就把他们的名字连在一起说："座主门生，沆瀣一气。"后用"沆瀣一气"比喻臭味相投的人勾结在一起▷他们暗中勾结，沆瀣一气，大搞阴谋活动。|他们一搭一档，你吹我拍，沆瀣一气，干起了出卖国家、民族利益的汉奸勾当。≈臭味相投。

毫发不爽 háo fà bù shuǎng 毫发：细毛和头发。爽：差错。极细微的差错也没有。形容非常准确，一点也不差▷这台数控车床的精密度是相当高的，车出来的零部件规格要求达到了毫发不爽的程度。|农贸市场管理人员一直提醒个体商贩，要做到买卖公平，斤两毫发不爽。◇天差地别|大相径庭。

毫无二致 háo wú èr zhì 二致：两样。丝毫没有两样。形容完全一样▷古今中外的贪官污吏的手法虽有不同，心态却毫无二致。|他俩戴的手表是同一个牌子和型号的，毫无二致。≈一模一样|如出一辙|千篇一律◇截然不同|大相径庭|判若云泥|天悬地殊。

豪情壮志 háo qíng zhuàng zhì 豪放的性情，雄伟的志向▷这首诗抒发了诗人热爱祖国、热爱人民和不畏权势的豪情壮志。|这部小说将长征勇士们一往无前的豪情壮志，用文字生动地再现出来了。≈雄心壮志|壮志凌云。

豪言壮语 háo yán zhuàng yǔ 豪：豪迈，有气魄。壮：雄壮。形容气魄很大的话▷项羽当年看着秦始皇的车队经过，说了一句豪言壮语："彼可取而代也！"|英雄们的豪言壮语时刻激励着我们奋进！

嚎啕大哭 háo táo dà kū 嚎啕：大声哭。语本《三国志·魏书·荀彧传》"太祖问彧"裴松之注引《平原祢衡传》曰："及衡至，众人皆坐不起，衡乃号咷大哭。"后用"嚎啕大哭"形容放声大哭▷小娟跪在母亲遗像前嚎啕大哭。|他听到这噩耗竟晕了过去，苏醒后，又嚎啕大哭起来。≈呼天抢地|痛哭流涕◇乐不可支|捧腹大笑|笑不可抑。

好好先生 hǎo hǎo xiān shēng 指不分是非，不敢得罪他人，只求明哲保身的人▷好好先生表面上谁也不得罪，实际上却助长了歪风邪气，因而为正直人士所不取。|他为人和蔼可亲，但并不是毫无原则的好好先生，而是爱憎分明，疾恶如仇。

好景不长 hǎo jǐng bù cháng 景：光景，时机。好的光景不会长久存在▷谁知好景不长，夫妻俩辛辛苦苦建好的三间瓦房，竟被一场大火烧毁。|你们要趁着自己还年轻，抓紧时间，发奋学习，要知道好景不长啊。

好事多磨 hǎo shì duō mó 磨：磨难，阻

碍。语本宋·晁瑞礼《安公子》词:“是即是,从来好事多磨难。”后用“好事多磨”形容好的事情往往多阻碍▷由于种种原因,她的婚事一拖再拖,真是好事多磨。|这家大公司邀请小王加盟,想不到好事多磨,最终没有办成。≈节外生枝|横生枝节◇一帆风顺|一路顺风|顺水行舟|天从人愿。

好自为之 hǎo zì wéi zhī 自己好好地干下去(多用于劝人自勉)▷年轻人的人生道路漫长,曲折坎坷,所以一定要加倍努力,好自为之。|你呀,好自为之吧,不要再说了。

好吃懒做 hào chī lǎn zuò 好:喜爱。贪吃贪喝而不喜欢工作▷这姑娘从小娇生惯养,养成了好吃懒做的坏习惯。|他不务正业,好吃懒做,没几年工夫,便把祖传的家业败得一干二净。≈好逸恶(wù)劳◇吃苦耐劳。

好大喜功 hào dà xǐ gōng 爱好做大事,喜欢立大功。语出《新唐书·太宗纪赞》:“至其牵于多爱,复立浮图,好大喜功,勤兵于远,此中材庸主之所常为。”后用“好大喜功”形容铺张、浮夸的不良作风▷做任何工作都要踏踏实实,要从实际出发,不要好大喜功。|新上任的市长最是好大喜功,放着几十万失业人群的问题不设法解决,却造了这么多的宾馆。

好高骛远 hào gāo wù yuǎn 好:喜爱。骛:追求。语本《宋史·程颢传》:“病学者厌卑近而骛高远,卒无成焉。”后用“好高骛远”形容不切实际地追求过高、过远的目标▷青年人踏上社会,要一步一个脚印,踏踏实实地做事,千万不要好高骛远。|好高骛远、急于求成的心态,往往导致事业的失败。≈好大喜功◇脚踏实地。

[提示]骛,不要写作“鹜”。

好色之徒 hào sè zhī tú 色:女色。徒:对人的贬称。贪婪女色的人▷战国时代的登徒子,据说是个好色之徒。|他这个人是好色之徒,没有出息。

好为人师 hào wéi rén shī 喜欢当别人的老师。语出《孟子·离娄上》:“人之患,在好为人师。”后用“好为人师”形容不谦逊,喜欢以教导别人的姿态出现▷他是个好为人师的人,有时不免引起别人的反感。|李先生学识渊博,为人谦逊,从不好为人师。≈妄自尊大|自命不凡|唯我独尊◇不耻下问。

好学不倦 hào xué bù juàn 倦:厌倦。语出《史记·楚世家》:“昔我文公……好学不倦。”后用“好学不倦”形容爱好学习,不知厌倦▷只有好学不倦,才能攀登知识的高峰。|小明是一名好学不倦的学生,读了大量课外书。≈学而不厌|手不释卷|韦编三绝|悬梁刺股◇无所用心。

好逸恶劳 hào yì wù láo 逸:安闲。恶:厌恶,憎恨。语出《后汉书·郭玉传》:“其为疗也,有四难焉……好逸恶劳,四难也。”后用“好逸恶劳”形容喜欢安闲享乐而讨厌劳动,非常懒惰▷年轻人要口勤、腿勤、手勤,以勤奋立身,千万不可养成好逸恶劳的劣习。|好逸恶劳的人必将被社会淘汰。≈好吃懒做|四体不勤|拈(niān)轻怕重|游手好闲◇任劳任怨|身体力行。

[提示]好,不读“hǎo”。恶,不读“è”。

好整以暇 hào zhěng yǐ xiá 整:严整,有秩序。以:而。暇:从容。既严整又从容。语本《左传·成公十六年》:“臣

之使于楚也,子重问晋国之勇,臣对曰:'好以众整。'曰:'又何如?'臣对曰:'好以暇。'"后用"好整以暇"指繁忙而不慌乱▷在经济不景气的时候,王厂长却好整以暇,带着人四处搞市场调查。|局势动荡,众人都人心惶惶,他却好整以暇,逛起了古董铺。≈从容不迫◇局促不安。

浩浩荡荡 hào hào dàng dàng 语本《书·尧典》:"汤(shāng)汤(shāng)洪水方割,荡荡怀山襄陵,浩浩滔天。"后用"浩浩荡荡"形容水势广阔汹涌▷我站在船头眺望着浩浩荡荡、奔腾东去的长江,思绪万千。也形容气势雄壮,规模宏大▷游行的队伍浩浩荡荡地向前行进。

浩然正气 hào rán zhèng qì 浩然:正大豪迈的样子。气:精神,气概。语本《孟子·公孙丑上》:"我善养吾浩然之气……其为气也,至大至刚,以直养而无害,则塞于天地之间。"后用"浩然正气"指正大刚直的精神、气质▷刘胡兰面对敌人的铡刀,毫不畏惧,那浩然正气令人敬佩。|我们的革命先烈,哪怕到了临刑前的一刻,也没有向敌人屈服,浩然正气,天地为之感动。

浩如烟海 hào rú yān hǎi 浩:广大,众多。烟海:云烟弥漫的大海。语出宋·司马光《进〈资治通鉴〉表》:"遍阅旧史,旁采小说,简牍盈积,浩如烟海。"后用"浩如烟海"形容事物广大繁多▷中国传统文化典籍浩如烟海,是一个有待不断发掘的宝藏。|面对浩如烟海的资料,他不知道从何处入手。≈汗牛充栋|不计其数|比比皆是|恒河沙数|车载斗量◇寥若晨星|寥寥无几|屈指可数|九牛一毛|涓埃之微。

皓首穷经 hào shǒu qióng jīng 皓首:白头,指老年。穷:穷尽。经:经书,典籍。一辈子钻在书本之中。也指活到老,学到老▷王老虽然年逾古稀,仍以皓首穷经为乐,继续他的古文字研究。|科举制度下,皓首穷经的老秀才最终负病而亡的事例,是举不胜举的。

呵佛骂祖 hē fó mà zǔ 呵:骂。语出宋·释道原《景德传灯录·朗州德山宣鉴禅师》:"是伊(子)将来有把茅盖头,呵佛骂祖去在。"后用"呵佛骂祖"指不受权威束缚,无所顾忌,敢作敢为▷做学问既要善于继承,又要敢于呵佛骂祖,才会有所建树。|他年轻时,目无余子,呵佛骂祖,无所不为。

合浦珠还 hé pǔ zhū huán 珠:珍珠。还:回来。合浦郡的珍珠又回来了。《后汉书·孟尝传》载:合浦郡盛产珍珠,百姓多以此为生。可是原来的地方官十分贪婪,无节制地让百姓采珠,以致连珠蚌都迁徙到别处去了,合浦的百姓就失去了生活来源。孟尝到这里担任郡守后,革除了弊端,不到一年,迁走的珠蚌又都回来了。后用"合浦珠还"比喻人去而复回或东西失而复得▷走失的孩子又回来了,他的父母大摆宴席,庆祝合浦珠还。|数年前被盗的珍贵文物,经多方努力,终于合浦珠还,又回到了它的故乡。◇一去不返。

合情合理 hé qíng hé lǐ 合:符合,适合。符合情理▷他对这件事调查过,提出的要求完全合情合理。|我认为大家提的这个方案很切合实际,合情合理,建议定为制度,不知你们是否同意?

何乐不为 hé lè bù wéi 为:做。为什么不乐意去做呢?指很乐意或很值得去做

▷野外考察,既能学到很多实际知识,又能饱览大好河山,何乐不为呢? | 素质教育,既能培养学生全面发展,又能减轻学生的课业负担,这样的好事,何乐不为!

何去何从 hé qù hé cóng 去:离开。从:跟从。离开哪里?到哪里去?语出战国楚·屈原《卜居》:“此孰吉孰凶,何去何从?”后用“何去何从”指在重大问题上做出抉择▷我把各种利害关系都对你讲了,何去何从,你自己选择。| 要么坦白交代,人民给你一条出路;要么顽抗到底,最后死路一条;何去何从,你还有什么可犹豫的呢?

和蔼可亲 hé ǎi kě qīn 和蔼:和气,和善。亲:亲近。形容态度温和,让人容易亲近▷新来的老师和蔼可亲,同学们很快就与她熟悉起来了。| 他为人和蔼可亲,看见人总是笑眯眯的。≈和颜悦色◇凶神恶煞 | 冷若冰霜。

和风细雨 hé fēng xì yǔ 和风:温和的风。细雨:小雨。平和的风,柔和的雨▷春天,和风细雨使江南水乡更显妩媚。也比喻态度温和,方法细致▷她做思想工作和风细雨,使人容易接受。◇狂风暴雨。

和光同尘 hé guāng tóng chén 和、同:一起,混同。光:荣耀。尘:尘俗。不露出本身的光彩,混同于尘俗。语本《老子》五六章:“和其光,同其尘。”后用“和光同尘”比喻迎合时俗,不露锋芒,与世无争。也比喻随波逐流▷作为一个年轻人,应该有积极向上的进取心,和光同尘是不足取的。| 他现在表面上和光同尘,一旦时机成熟,就会露出本来面目。

和盘托出 hé pán tuō chū 和:连同。连盘子带东西一起托了出来。比喻全部拿出来了,毫无保留,毫不隐瞒▷周师傅把自己几十年来积累的经验,向这位谦虚好学的徒弟和盘托出。| 在他的循循善诱下,小李把心中的苦闷向他和盘托出。

和颜悦色 hé yán yuè sè 颜:面容。悦:愉快,高兴。色:脸色。语出《诗经·凯风》正义引汉·郑玄《论语》注:“和颜悦色,是为难也。”后用“和颜悦色”形容和蔼可亲的样子▷老师和颜悦色地讲解课文。| 门开了,走进来一位和颜悦色的白发老人。≈和蔼可亲 | 平易近人 | 笑容可掬 | 春风化雨 | 一团和气◇疾言厉色 | 横眉竖目。

和衷共济 hé zhōng gòng jì 衷:内心。济:渡,过河。大家一条心,共同渡过江河。比喻同心协力,克服困难,共同完成任务▷他永远也忘不了那些与他和衷共济、同甘共苦的战友们。| 做理论研究的人应与干实际工作的人和衷共济,取长补短,才能将工作做好。≈同心协力 | 同舟共济◇离心离德 | 各行其是。

河东狮吼 hé dōng shī hǒu 河东:古郡名,柳氏的郡望,因代指柳氏。狮吼:佛家称佛菩萨讲经说法,能降伏一切外魔异说。宋·洪迈《容斋三笔·陈季常》载:宋代陈慥字季常,号龙丘居士,喜招宾客,好谈禅理。然而,陈慥很怕他那悍妒的妻子柳氏。友人苏轼作诗戏弄陈慥:“龙丘居士亦可怜,谈空说有夜不眠。忽闻河东师(狮)子吼,柱杖落手心茫然。”后用“河东狮吼”比喻凶妒的妇人大吵大骂▷主任的太太妒性极重,只要看到丈夫与年轻女子交谈,便河东狮吼,也不问个青红皂白。| 你既然怕河东狮吼,就早点回家吧。◇举案齐眉 | 夫唱妇随。

H

涸辙之鲋 hé zhé zhī fù 涸：干枯。辙：车辙，车轮辗压的沟痕。鲋：鲫鱼。干涸了的车辙里的鲫鱼。《庄子·外物》载：庄周在路上看到车辙中有一条鲫鱼，鱼对庄子说："你有一升半斗的水来救我吗？"庄周说："好的，我将去说服吴、越两国的国君，引来西江的水来迎接你，好吗？"那鱼愤怒地说："我只要有一升半斗水就能活了。照你现在这样说，不如早点到鱼摊上来找我得了！"后用"涸辙之鲋"比喻处于困境，急切待救的人▷这时，我犹如涸辙之鲋，只好眼睁睁地等待别人救助。|出差途中正遇上旅馆大火，所有行李都毁于一旦，我如同涸辙之鲋，急切地等待着救援。

荷枪实弹 hè qiāng shí dàn 荷：扛，背。实：装满。扛着枪，子弹也上了枪膛。形容高度戒备，随时准备战斗▷一路上只见岗哨林立，士兵们荷枪实弹地来回巡逻。|由于两国关系紧张，边境上巡逻的士兵们都荷枪实弹，密切地注视着对方的动静。

赫赫有名 hè hè yǒu míng 赫赫：显著盛大的样子。语本《汉书·何武传》："其所居亦无赫赫名，去后常见思。"后用"赫赫有名"形容名声很大▷这位年轻将领屡立奇功，赫赫有名。|你不认识她？她是本系统赫赫有名的劳模。≈大名鼎鼎|名闻遐迩|名声在外|鼎鼎大名|如雷贯耳|名噪一时|名扬天下◇默默无闻|不见经传(zhuàn)。

鹤发童颜 hè fà tóng yán 发：头发。颜：容颜，面容。头发像仙鹤的羽毛那样白，面容像儿童那样红润。形容老人气色很好，精神健旺▷汤老师虽退休多年，但鹤发童颜，神采奕奕，依然在为教育事业贡献着余热。|一位鹤发童颜的老者正在树荫下悠闲地打太极拳。≈老当益壮◇未老先衰|老态龙钟。

鹤立鸡群 hè lì jī qún 语本晋·戴逵《竹林七贤论》："昨于稠人中始见嵇绍，昂昂然若野鹤之在鸡群。"后用"鹤立鸡群"比喻人的仪表或才能明显超过周围的人▷许先生风流倜傥，在朋友中显得鹤立鸡群。也形容物体在同类中显得很突出▷这座华丽的大厦耸立在低矮破旧的棚户区，如鹤立鸡群，十分引人注目。≈出类拔萃|超群绝伦|超尘拔俗◇相形见绌。

黑白分明 hēi bái fēn míng 语出汉·董仲舒《春秋繁露·保位权》："黑白分明，然后民知所去就。"后用"黑白分明"指黑的、白的分得很清楚▷小芳的双眼黑白分明，炯炯有神。|她穿着一件白衬衫、一条黑裙子，黑白分明，干净利索。也比喻是非分得很清楚▷谁是谁非，已经黑白分明，你们别争了。≈一清二楚|泾渭分明。

黑灯瞎火 hēi dēng xiā huǒ 形容黑暗、没有灯光的情景▷半夜走山路，黑灯瞎火的，你说让人害怕不害怕？|你也不看看现在是什么时候，这黑灯瞎火的，怎么走？|这通道怎么连灯都不装？黑灯瞎火的，人走进走出安全吗？≈漆黑一团|昏天黑地◇灯火辉煌。

恨之入骨 hèn zhī rù gǔ 之：代词，指所恨的对象。恨到骨子里去了。语出晋·葛洪《抱朴子·自叙》："见侵者则恨之入骨，剧于血仇。"后用"恨之入骨"形容痛恨到了极点▷祖父对逼得他家破人亡的恶霸地主恨之入骨。|他无意中伤害了你，已经道歉了，你干吗还要对他恨

之入骨呢？≈咬牙切齿｜不共戴天｜食肉寝皮◇如胶似漆｜惺惺相惜。

恒河沙数 héng hé shā shù 恒河：印度的河名。数量多得像恒河里的沙子一样。语出《大智度论》卷七："何故常言恒河沙数等？答曰：恒河沙多，余河不尔。"后用"恒河沙数"形容多得无法计算▷深夜，我眺望着空中恒河沙数般的群星，浮想联翩。｜这类事多得如恒河沙数，不足为奇。≈车载斗量｜俯拾皆是◇寥寥无几｜屈指可数。

横冲直撞 héng chōng zhí zhuàng 毫无顾忌地乱冲乱撞。形容行动鲁莽▷狼在羊群中横冲直撞，吓得羊儿四处逃窜。｜那些伤兵自恃打仗有功，便在街道上横冲直撞，稍不如意即大打出手。

横眉怒目 héng méi nù mù 怒目而视的样子。语本五代·何光远《鉴戒录》引陈裕《攻杂咏》："横眉怒目强干嗔，便作阎浮有力神。"后用"横眉怒目"形容极度愤恨，怒不可遏▷鲁迅横眉怒目地斥责那些民族败类。｜在敌人的法庭上，他横眉怒目，大义凛然。≈横眉冷对｜金刚怒目◇和颜悦色。

横七竖八 héng qī shù bā 形容凌乱不堪▷战役结束了，战场上横七竖八的，都是鬼子的尸体。｜在他的斗室中，横七竖八地堆满了用于写作参考的书籍。≈参(cēn)差(cī)不齐｜杂乱无章｜七歪八斜◇井井有条。

横扫千军 héng sǎo qiān jūn 扫：扫除，消灭。语本唐·杜甫《醉歌行》："词源倒流三峡水，笔阵独扫千人军。"后用"横扫千军"形容一举打败了大量敌人▷北伐战争时，叶挺领导的独立团以横扫千军的气势赢得了"铁军"的光荣称号。也比喻诗文等气势宏伟，气魄很大▷"五四"时期，青年郭沫若创作的新诗横扫千军，独领风骚。≈风卷残云｜所向披靡◇溃不成军。

横生枝节 héng shēng zhī jié 横：旁侧。树木在旁侧生出枝节。语出《清史稿·周德润传》："五条外横生枝节，若犹迁就，其何能国？请严拒之。"后用"横生枝节"比喻意外地发生一些问题▷老板在增加工资的问题上横生枝节，引起了公司上下的不满。｜这问题已圆满解决，在签订和约时，可千万不能横生枝节，以免又开战，会危及百姓。≈节外生枝。

横行霸道 héng xíng bà dào 横行：行为蛮横无理。形容倚仗权势或暴力，胡作非为，蛮不讲理▷王麻子纠集了一批社会渣滓，在地方上横行霸道，以致民怨沸腾。｜公安部门依法逮捕了横行霸道的渔霸。≈横行不法｜横行无忌｜胡作非为｜专横跋扈｜肆无忌惮(dàn)◇通情达理｜奉公守法。

横征暴敛 héng zhēng bào liǎn 横：蛮横。征：征收，收税。敛：聚敛，搜刮。形容强横凶暴地征收捐税，搜刮民财▷当时，横征暴敛的现象引起了孔子的注意，他感叹道："苛政猛于虎也！"｜明末的官衙横征暴敛，民不聊生。◇轻徭薄赋｜休养生息。

轰轰烈烈 hōng hōng liè liè 轰轰：拟声词，指巨大的声响。烈烈：火焰旺盛的样子。形容声势浩大，气魄宏伟▷轰轰烈烈的太平天国运动被镇压下去了。｜这次元宵灯会办得轰轰烈烈，精彩纷呈。≈声势浩大｜风起云涌｜如火如荼(tú)｜排山倒海｜气吞山河｜浩浩荡荡｜波澜壮阔◇冷冷清清｜和风细雨｜平淡无奇｜无声

H

无息。

哄堂大笑 hōng táng dà xiào 哄：人声嘈杂。唐·赵璘《因话录》卷五载：唐朝御史台由年资最高的人主持杂务，称“杂端”。平时公堂里会食，都不许谈笑。如果杂端憋不住失笑，在座的其他人就会跟着大笑起来，谓之“哄堂”，可以免罚。后用“哄堂大笑”形容满屋子的人一起大笑起来▷正当经理激昂地发言时，她却悄悄地做了个鬼脸，引起一阵哄堂大笑。|台上的节目非常有趣，引得观众哄堂大笑。≈仰天大笑|捧腹大笑|拊掌大笑|前仰后合◇声泪俱下|饮泣吞声。

烘云托月 hōng yún tuō yuè 原指绘画时着力渲染云彩，使月亮突出。后用“烘云托月”比喻从侧面加以点染，来烘托所描绘的主题▷诗人在作品中以烘云托月的手法描绘了雄奇的泰山。|小许的作文巧妙地运用烘云托月的手法突出了主题思想。

红颜薄命 hóng yán bó mìng 红颜：女子的美丽容貌，代指美女。薄命：命运不好。形容美女的遭遇不幸▷上世纪三四十年代的旧上海，一些女电影演员虽红极一时，但却红颜薄命，过早地结束了演艺生涯。|封建社会实在太残忍，皇宫里的那些宫女，真可谓红颜薄命，很少能过上幸福的生活。

洪福齐天 hóng fú qí tiān 洪：大。齐天：和天一样。形容人的福气和天一样大▷他能逃过这个劫难，真是洪福齐天。|他就买了一张彩票，竟然中了特等奖，真可谓洪福齐天了。≈福星高照◇祸从天降。

洪水猛兽 hóng shuǐ měng shòu 语本《孟子·滕文公下》：“昔者禹抑洪水而天下平，周公兼夷狄、驱猛兽而百姓宁。”后用“洪水猛兽”比喻极大的祸害▷毒品是害人的洪水猛兽。|清政府把太平天国起义视为洪水猛兽，全力镇压。

鸿飞冥冥 hóng fēi míng míng 鸿飞：鸿雁飞翔。冥冥：高远的样子。鸿雁飞向又高又远的天际。语出汉·扬雄《法言·问明》：“治则见，乱则隐；鸿飞冥冥，弋人何篡焉?”弋人：射鸟的人。篡：猎取。原比喻隐者远走高飞，全身避害。后用“鸿飞冥冥”泛指逃之夭夭▷犯罪嫌疑人早已鸿飞冥冥，连一点蛛丝马迹都没有留下。|你认为自己是个隐士，也来个鸿飞冥冥，亏你想得出。

鸿鹄之志 hóng hú zhī zhì 鸿鹄：天鹅。语出《吕氏春秋·士容》：“夫骥骜之气，鸿鹄之志，有谕乎人心者，诚也。”后用“鸿鹄之志”比喻远大的志向▷当年，陈胜面对麻木不仁的耕作伙伴，叹道：“燕雀安知鸿鹄之志!”|他从小就立下了为人类解放事业而奋斗的鸿鹄之志。≈壮志凌云◇胸无大志。

鸿篇巨制 hóng piān jù zhì 鸿、巨：大。制：写作，也指著作。指内容丰富的大部头著作▷我才疏学浅，翻译这样的鸿篇巨制，实在力不从心。|这样的鸿篇巨制，他才花了两年时间就写成了，真是速度惊人。

后发制人 hòu fā zhì rén 发：发动。制：制服，战胜。语本《荀子·议兵》：“后之发，先之至，此用兵之要术也。”后用“后发制人”形容等待对方先动手，抓住其弱点从而制服对手▷汉末的赤壁之战，实际上是孙、刘联军后发制人、战胜强敌的成功战例。|你先不要轻举妄动，让他充分暴露了，再后发制人。

后顾之忧 hòu gù zhī yōu 顾：回头看。忧：忧虑，担心。语出《魏书·李冲传》："朕以仁明忠雅，委以台司之寄，使我出境无后顾之忧。"后用"后顾之忧"指来自后方的或将来的忧虑▷总务部门想方设法备齐材料，消除了科研人员的后顾之忧。｜他之所以能集中精力搞科研，全在于他的夫人包揽了全部家务，使他无后顾之忧。

后患无穷 hòu huàn wú qióng 穷：穷尽。语本《三国志·魏书·武帝纪》："夫刘备，人杰也；今不击，必为后患。"后用"后患无穷"形容未来的祸患没有穷尽▷我们现在不及时制止砍伐山林、破坏植被的行为，必然导致后患无穷。｜过分追求学生考试成绩的好坏，而忽视对学生综合素质的培养，这样的教育，后患无穷。≈养虎贻患｜放虎归山◇斩草除根。

后悔无及 hòu huǐ wú jí 无及：来不及。语本《左传·哀公六年》："作而后悔，亦无及也。"后用"后悔无及"形容事后懊悔已经来不及了▷你们下海游泳，一定要注意安全，出了事就后悔无及了。｜我一时疏忽，铸成大错，真是后悔无及啊！≈悔不当初｜悔之晚矣◇不思悔改。

后会有期 hòu huì yǒu qī 会：相会，会面。期：时期。形容以后还有见面的日子或以后还有希望见面▷请各位多加保重，咱们后会有期。｜您别伤心，请回吧，后会有期！

后继有人 hòu jì yǒu rén 继：继承。指继承事业的大有人在▷一批有真才实学的青年科学家崭露头角，基础理论研究后继有人。｜老一辈无产阶级革命家不遗余力地培养下一代，保证了革命事业后继有人。◇后继无人｜断子绝孙。

后来居上 hòu lái jū shàng 居：处在。语本《史记·汲郑列传》："陛下用群臣如积薪耳，后来者居上。"原指堆积柴草，后抱来的反而放在上面。后用"后来居上"比喻新一代超过老一代，新事物胜于旧事物▷近年来涌现出一批后来居上的年轻学者，这使老人欣喜不已。｜这家新办企业广泛采用新技术，开拓新产品，所以后来居上，名气超过了那几家名牌老企业。≈青出于蓝｜后发先至◇每况愈下。

后起之秀 hòu qǐ zhī xiù 秀：优秀人物。语本南朝宋·刘义庆《世说新语·赏誉》："范豫章谓王荆州：'卿风流俊望，其后来之秀。'"后用"后起之秀"指后出现或新成长的优秀人物▷近年来，我国体育事业蓬勃发展，涌现了大量后起之秀。｜这家公司招聘了计算机领域中的大批后起之秀，所以创业伊始，就显出了勃勃的生机。

后生可畏 hòu shēng kě wèi 后生：后辈，年轻人。语出《论语·子罕》："后生可畏，焉知来者之不如今也。"后用"后生可畏"形容年轻人往往会超过老一辈，值得敬畏▷这名十五岁的小将，居然连续击败了数名乒坛宿将，真是后生可畏！｜看到这几位年轻人的生意越做越大，连老牌实业家也叹道："后生可畏！"≈后来居上◇老大无成｜大器晚成。

厚此薄彼 hòu cǐ bó bǐ 厚：重视，优待。薄：看不起。重视这一方，轻视那一方。语本《梁书·贺琛传》："并欲薄于此而厚于彼，此服虽降，彼服则隆。"后用"厚此薄彼"形容对人对事态度不一，不能一视同仁▷一个老师如果以厚此薄彼的态度对待学生，就很难在学生中树立威信。｜我们是一家古籍书店，所以对古籍与当代小说的进货不免有些厚此薄彼，也是情理中事。◇一视同仁｜等量齐观。

厚古薄今 hòu gǔ bó jīn 厚：重视。薄：轻视。语本宋·米芾《蚕赋》："非欲厚古而薄今，时之异也。"后用"厚古薄今"形容重视古代的而轻视现代的▷我们既反对厚古薄今的学术风气，也反对厚今薄古的历史虚无主义。｜我们要脚踏实地，开拓未来，一味地厚古薄今是没有出路的。≈食古不化◇厚今薄古。

厚今薄古 hòu jīn bó gǔ 形容重视现代的，轻视古代的▷我们应当成为一切优秀传统文化的继承者，所以，厚今薄古的态度是片面的。≈推陈出新｜标新立异◇厚古薄今｜食古不化。

厚颜无耻 hòu yán wú chǐ 颜：脸面。语本《诗经·小雅·巧言》："巧言如簧，颜之厚矣。"又，南朝齐·孔稚珪《北山移文》："岂可使芳杜厚颜，薜荔无耻。"后用"厚颜无耻"形容脸皮很厚，不知道羞耻▷他居然厚颜无耻地把别人的研究成果窃为己有。｜连长一枪毙了这个厚颜无耻的汉奸。≈恬不知耻｜鲜廉寡耻。

呼风唤雨 hū fēng huàn yǔ 原指神仙道士用法术使唤风雨。现用"呼风唤雨"比喻支配或煽动▷你别小看这个人，他在县里呼风唤雨，结党营私，能量大得很。｜这批人本是社会渣滓，一旦得势，就会呼风唤雨，危害社会。≈兴风作浪◇息事宁人。

呼朋唤友 hū péng huàn yǒu 呼、唤：招引。召集情趣相同的或招引气味相投的人做某件事▷做这么件小事还需要呼朋唤友吗？｜这家伙一不做，二不休，呼朋唤友，又叫了两个帮手，看样子又要兴风作浪。

呼朋引类 hū péng yǐn lèi 引：招引。类：同类。呼喊朋友，招引同类。语出明·张居正《乞鉴别忠邪以定国是疏》："然后呼朋引类，借势乘权，恣其所欲为。"后用"呼朋引类"形容坏人互相勾结▷这个年轻人整日呼朋引类，东逛西荡，就是不上进。｜旧时代中，有些法官和律师勾结在一起，整天呼朋引类，包揽官司，造成了无数的冤案。≈狼狈为奸。

呼天抢地 hū tiān qiāng dì 抢地：用头撞地。形容极其悲痛▷冯先生英年早逝，他的妻儿在追悼会上呼天抢地，万分悲哀。｜儿子被鬼子杀害了，白发苍苍的老人呼天抢地，哭得死去活来。≈如丧考妣(bǐ)｜号啕大哭◇前仰后合。

［提示］抢，不读"qiǎng"。

呼吸相通 hū xī xiāng tōng 呼气吸气，互相贯通。语本清·纪昀《阅微草堂笔记》卷九："犹臂指之相使，犹呼吸之相通也。"后用"呼吸相通"比喻同呼吸，共命运，有共同的利害关系▷他们是患难与共、呼吸相通的挚友。｜全国各族人民是呼吸相通的一家人。≈唇齿相依｜休戚相关。

呼幺喝六 hū yāo hè liù 幺、六：赌具骰子上的点子。形容赌徒掷骰子时高声喊叫以求得好点数▷赌场里一片呼幺喝六的声音。也形容大呼小叫▷他做事呼幺喝六的，弄得人人不得安宁。也形容高声呵斥，盛气凌人的样子▷他在公司里呼幺喝六、盛气凌人，真是人见人恨。

呼之欲出 hū zhī yù chū 欲：将要。一招呼，就好像要从画里出来。形容画像逼真。语本宋·苏轼《郭忠恕画赞序》："恕先在焉，呼之或出。"后也用"呼之欲出"形容文学作品中的形象描写非常

生动，活灵活现▷徐悲鸿先生画的奔马，简直是呼之欲出，正向观众飞驰而来。|《水浒传》中的李逵被塑造得栩栩如生，呼之欲出。≈跃然纸上|栩栩如生|惟妙惟肖|活灵活现◇画虎类犬。

囫囵吞枣 hú lún tūn zǎo 囫囵：整个。整个地吞下枣子。语本宋·圆悟《碧岩录》卷三："若是不知有底人，一似浑仑吞个枣。"浑仑：同"囫囵"。后用"囫囵吞枣"比喻不加分析，不求理解，含混接受▷在学习上你要认真思考，多动脑子，囫囵吞枣是不行的。|囫囵吞枣的办法，是解决不了任何问题的。≈生吞活剥|不求甚解◇细嚼慢咽|条分缕析。

狐假虎威 hú jiǎ hǔ wēi 假：凭借。老虎捉到一只狐狸，要吃掉它，狐狸骗老虎说："天帝命我为百兽之王，你吃了我就违背了天意。不信，你跟我走，看看百兽见了我是否害怕。"老虎便跟着狐狸走。百兽见了，纷纷逃窜。老虎不知百兽怕自己，还真以为是怕狐狸呢。（见《战国策·楚策一》）后用"狐假虎威"比喻假借别人的势力去吓唬、欺压人▷这小子狐假虎威，一进门就装腔作势，指手画脚。|我最看不起这类狐假虎威的卑鄙小人。≈狗仗人势。

［提示］假，不读"jià"。

狐狸尾巴 hú lí wěi bā 传说狐狸善变人形，但它的尾巴却藏不住。语出北魏·杨衒之《洛阳伽蓝记·法云寺》："孙岩娶妻三年，不脱衣而卧。岩私怪之，伺其睡，阴解其衣，有尾长三尺似狐尾。岩惧而出之。"后用"狐狸尾巴"比喻暴露坏人本来面目的破绽或迷惑、欺骗人的罪证▷公安干警到作案现场进行了侦察，发现了一枚指纹，罪犯的狐狸尾巴终于被揪住了。|你呀，不要再东藏西藏的，是狐狸尾巴总要露出来的，赶快去自首吧。

狐朋狗友 hú péng gǒu yǒu 比喻勾结在一起的坏人▷他有了点钱，就去找那帮狐朋狗友吃喝赌博。|他和那些贪污巨额资产的狐朋狗友一起进了班房，等待他们的将是法律的严惩！≈一丘之貉(hé)◇良师益友|君子之交。

狐群狗党 hú qún gǒu dǎng 比喻勾结在一起的凶恶狡猾的坏人▷他带着他的狐群狗党招摇过市，胡作非为。|你看看你平日结交的那些朋友，一个正经人也没有，都是些狐群狗党。≈狐朋狗友|一丘之貉◇良师益友。

狐死首丘 hú sǐ shǒu qiū 首：头向着。丘：狐穴所在的山丘。传说狐狸将死时，头部总朝向自己所出生的山丘。语本《礼记·檀弓上》："古之人有言曰：'狐死正丘首，仁也。'"后用"狐死首丘"比喻永远怀念故乡，不忘根本▷鸟飞返乡，狐死首丘，人怎么能忘记自己的根本呢？|他临终前念念不忘要归葬故乡，这大约也是狐死首丘的意思吧！

胡说八道 hú shuō bā dào 语本宋·宋杲《大慧普觉禅师语录》卷十二："手中指东画西，口中胡说乱道。"后用"胡说八道"形容毫无根据地乱说一气▷你根本不了解情况，却在那里胡说八道。|老刘喝醉了，东倒西歪，胡说八道。≈胡言乱语|信口开河|不知所云|信口雌黄|鬼话连篇◇言而有据。

胡思乱想 hú sī luàn xiǎng 语出宋·朱熹《朱子语类》卷十四："若心未能静安，则总是胡思乱想，如何是能虑？"后用"胡思乱想"形容不切实际，没有根据地瞎

H

想▷你还是切切实实地做一两件事，不要待在家里胡思乱想。|小胡爱上那些不健康的网站，整天胡思乱想，上课精神不集中，成绩滑坡。≈痴心妄想|想入非非◇深思熟虑|处心积虑。

胡天胡帝 hú tiān hú dì 原指服饰容貌如同天神。语本《诗经·鄘风·君子偕老》："胡然而天也？胡然而帝也？"后用"胡天胡帝"形容言语荒唐、行为放肆▷小明，不许你这样胡天胡帝下去，否则，我要告诉你妈去。

H

胡作非为 hú zuò fēi wéi 语本《旧五代史·张瓘传》："汝车渡村百姓刘开道下贼，惯作非为。"后用"胡作非为"形容任意干坏事▷我们要维护社会治安，加强打击力度，决不容许犯罪分子胡作非为。|只要正气抬头，胡作非为的家伙就没有市场了。≈无法无天|为非作歹◇安分守己|循规蹈矩。

鹄面鸠形 hú miàn jiū xíng 鹄面：形容面容枯憔。鸠形：形容形体瘦削。形容饥疲的样子。亦指枯憔瘦削的人▷上个月检查出他得了不治之症，没有想到一个月下来，他已变得鹄面鸠形，谁见了心里都很难过。|历朝历代，哪一个统治者不是花天酒地，脑满肠肥？哪一个老百姓又不是衣衫褴褛，鹄面鸠形？≈骨瘦如柴◇满面红光|神采飞扬|神采奕奕。

湖光山色 hú guāng shān sè 湖上风光，山中景色。语出宋·吴自牧《梦粱录·历代人物》："杭城湖光山色之秀，钟为人物，所以清奇杰特，为天下冠。"后用"湖光山色"形容美好的自然风光▷苏州秀丽的湖光山色，让人流连忘返。|推开窗户，湖光山色扑面而来，令人心旷神怡。≈锦绣河山。

虎背熊腰 hǔ bèi xióng yāo 虎的脊背，熊的腰身。形容身体魁伟健壮▷小伙子长得虎背熊腰，浑身有使不完的劲。|一个虎背熊腰的选手走进了举重比赛的场地。≈身强力壮|膀阔腰圆|燕颔(hàn)虎颈◇弱不禁风|形销骨立。

虎踞龙蟠 hǔ jù lóng pán 踞：蹲坐。蟠：盘曲地伏着。像虎蹲踞，像龙盘曲。语本汉·刘胜《文木赋》："枝条摧折，既剥且刊，见其文章，或如龙盘虎踞，复似鸾集凤翔。"后用"虎踞龙蟠"形容地势雄伟险要▷前人形容虎踞龙蟠的南京城有帝王之气。|此地山川险要，虎踞龙蟠，历来是兵家必争之地。≈表里山河◇一马平川。

[提示]蟠，也作"盘"。

虎口拔牙 hǔ kǒu bá yá 在老虎嘴里拔牙。比喻冒极大危险去夺取或制服某一目标或对象▷这次我们袭击李庄的日本鬼子据点，就是虎口拔牙，对整个战局意义十分重大。|这项任务犹如虎口拔牙，既艰巨，又危险，我们要做好充分的思想准备。

虎口余生 hǔ kǒu yú shēng 老虎嘴里幸存下来的生命。比喻经历了极大的危险，侥幸活命▷想起这次虎口余生的经历，她仍心有余悸。|她凭着自己的机智，从万恶的人贩子手中逃了出来，又历经千辛万苦才回到父母的身边，真是虎口余生啊！

虎落平川 hǔ luò píng chuān 平川：平原。老虎离开藏身的山林，来到平原上。比喻英雄失势，也会受小人的气▷这位年轻的高材生被错判后发配边疆，与一些囚犯关押在一起，因不"孝敬"其中头目而受尽侮辱，真是虎落平川被犬欺

呀！|新四军的侦察员只身入敌境，因事情暴露而被捕，虎落平川，受尽折磨。≈龙游浅池|蛟龙失水◇如虎添翼。

［提示］也作“虎落平阳”。

虎入羊群 hǔ rù yáng qún 老虎冲进羊群中。比喻以强凌弱，为所欲为▷敌人闯入村子，面对手无寸铁的老百姓，犹如虎入羊群，烧杀抢掠，无恶不作。|这个罪犯一下子冲到学生当中，像虎入羊群一样抓住一名学生当作人质，真是丧心病狂到了极点。

虎视眈眈 hǔ shì dān dān 虎视：贪婪而凶狠地注视。眈眈：注视的样子。语出《周易·颐》：“虎视眈眈，其欲逐逐。”后用“虎视眈眈”比喻恶狠狠地盯着目标，等待时机下手▷猫儿虎视眈眈地盯着出洞觅食的老鼠。|我们要警惕那些虎视眈眈的野心家。◇不屑一顾。

虎头虎脑 hǔ tóu hǔ nǎo 比喻健壮而又憨厚（多用于儿童）▷这男孩长得虎头虎脑的，真逗人喜爱。|一个虎头虎脑的小伙子推开大门，气喘吁吁地闯进屋里。◇獐头鼠目。

虎头蛇尾 hǔ tóu shé wěi 头大得像虎头，尾细得像蛇尾。比喻做事开头来势很猛，后劲却不足▷谁也不愿跟做事虎头蛇尾的人交朋友。≈有始无终|半途而废◇善始善终。

互通有无 hù tōng yǒu wú 有无：有的和没有的。指彼此之间互相调剂、互相交换以满足各自的需要▷两国人民有着互通有无、友好合作的伙伴关系。|贸易的最初形式是将有换无，是一种互通有无的关系。

户限为穿 hù xiàn wéi chuān 户限：门槛。门槛儿都被出来进去的人踏破了。语本唐·李绰《尚书故实》：“永公（智永）住吴兴永欣寺，积年学书。后有秃笔头十瓮，每瓮皆数石。人来觅书并请题额者如市，所居户限为之穿穴，乃用铁叶裹之，谓之铁门限。”后用“户限为穿”形容前来观看或请求的人非常多▷他不愧为一代名画家，前来学画、求画的人络绎不绝，已经到了户限为穿的程度。|过去呀，你是在位置上，人进进出出的，户限为穿，而现在离休了，却见不到一个人上我们的家。≈门庭若市◇门可罗雀。

怙恶不悛 hù è bù quān 怙：依仗，坚持。悛：悔改。语本《左传·隐公六年》：“长（zhǎng）恶不悛，从自及也，虽欲救之，其将能乎？”后用“怙恶不悛”指坚持作恶，不思悔改▷如果犯罪分子怙恶不悛，必将受到法律的制裁。|对怙恶不悛的犯罪分子，应严加惩罚。≈死不改悔◇改恶从善|改邪归正。

花好月圆 huā hǎo yuè yuán 鲜花盛开，月儿正圆。语出宋·张先《木兰花》词：“人意共怜花月满，花好月圆人又散。”后用“花好月圆”比喻美好姻缘▷祝新郎新娘花好月圆，白头偕老。|她千里寻夫到京城，正是抱着与丈夫花好月圆的美好愿望而来的。◇劳燕分飞。

花花世界 huā huā shì jiè 语本《华严经》：“佛土生五色茎，一花一世界，一叶一如来。”后用“花花世界”形容繁华的地方▷她刚到巴黎这个西方著名的花花世界时，觉得很不适应。也特指花天酒地的生活环境或场所▷你们不要沉迷于花花世界，不思进取。

花里胡哨 huā lǐ hú shào 形容色彩浓艳杂乱▷她打扮得花里胡哨的，让人反感。也形容人浮华而不踏实▷这都是些什么花里胡哨的把戏，谁稀罕！

花前月下 huā qián yè xià 花荫前，月光下。指景色幽美的环境。语本唐·白居易《老病》诗："尽所笙歌夜醉眠，若非月下即花前。"后用"花前月下"指男女幽会谈情的地方▷这对青年恋人正陶醉在花前月下，丝毫没有觉得危险的临近。|这里环境清幽，游人稀少，正是青年男女花前月下的好地方。

花容月貌 huā róng yuè mào 如花似玉的容貌。形容女子容貌非常美丽▷姑娘花容月貌，人见人爱，令不少男子为之倾倒。|她虽无花容月貌，但关怀孤老、扶危济贫，是"心灵美"的典范。≈如花似玉|闭月羞花|沉鱼落雁◇其貌不扬。

花天酒地 huā tiān jiǔ dì 花：指女色。本指在美好的环境中饮酒娱乐。后多形容沉迷在酒色之中的荒淫生活▷在市场经济的大潮中，少数干部蜕化变质，花天酒地，忘记了自己是人民的公仆。|共产党员是为广大劳苦大众谋利益的，必须坚决抵制一切花天酒地的生活方式。≈醉生梦死|纸醉金迷|灯红酒绿|酒池肉林◇克勤克俭|省吃俭用|节衣缩食。

花团锦簇 huā tuán jǐn cù 锦：色彩鲜艳、花纹美丽的丝织品。簇：聚成一团。鲜花、彩锦汇聚在一起。语本宋·释道原《景德传灯录》卷十七："饶你攒花簇锦，亦无用处。"后用"花团锦簇"形容绚丽多彩的景色▷春天，植物园里花团锦簇，令人赏心悦目。也形容盛装华美的人群▷一群花团锦簇的少女欢呼着跑进体育场，表演精彩的团体操。≈姹紫嫣红|万紫千红|如花似锦|美不胜收|光彩夺目◇质朴无华|平淡无奇。

［提示］簇，不读"zú"。

花言巧语 huā yán qiǎo yǔ 指一味铺张而内容空泛的言语或文辞。语出宋·朱熹《朱子语类》卷二十："据某所见，巧言即花言巧语，如今世举子弄笔端、做文字者便是。"后用"花言巧语"指虚假而动听的话语▷你可不要被他的花言巧语所蒙蔽。|他老是说空泛的套话，大家心里都明白，所以这次他的花言巧语并不能打动任何人。≈甜言蜜语◇肺腑之言|由衷之言。

花枝招展 huā zhī zhāo zhǎn 招展：迎风摆动的样子。花朵枝叶迎风摆动。比喻女子打扮得很美丽▷那些热情好客的山村姑娘，个个打扮得花枝招展，活泼可爱。|花枝招展的礼仪小姐列成一队，欢迎前来参加展销会的各地来宾。

华而不实 huá ér bù shí 华：开花。实：结果子。只开花不结果。语出《左传·文公五年》："且华而不实，怨之所聚也。"后用"华而不实"比喻外表好看而内容空虚▷俞厂长那套华而不实的工作作风受到了职代会的严厉批评。|他这个人华而不实，绝对不能委以重任。≈徒有其表◇表里如一|名副其实。

哗众取宠 huá zhòng qǔ chǒng 哗：喧哗。宠：喜爱。语出《汉书·艺文志》："而辟者又随时抑扬，违离道本，苟以哗众取宠。"后用"哗众取宠"形容用浮夸的言辞和不切实的行动迎合群众以博取称赞、支持▷领导干部必须坚持实事求是的态度，不可哗众取宠。|这部哗众取宠的电影，一味迎合小市民的庸俗趣味，格调不高。≈媚俗邀宠◇实事求是。

化险为夷 huà xiǎn wéi yí 夷：平坦。变险阻之地为平坦的道路。语本唐·韩云卿《平蛮颂序》："变氛沴为阳煦，化险

阻为夷途。”后用“化险为夷”形容使危险的处境变为平安▷建设大军在山区化险为夷，造出了一条通往穷乡僻壤的公路。|上海队顽强拼搏，在大比分落后的不利形势下，连得8分，终于化险为夷，取得了最后的胜利。≈转危为安|反败为胜|逢凶化吉|绝处逢生|死里逃生|转祸为福|否(pǐ)极泰来|柳暗花明◇大厦将倾|乐极生悲|险象环生。

化整为零 huà zhěng wéi líng 把一个整体分散为许多零散部分▷游击队面对大股敌人，常常采用化整为零、各个击破的战术。|他怕自己的受贿行为引起别人的怀疑，所以将巨额赃款化整为零，分别存入多家银行。◇化零为整。

画饼充饥 huà bǐng chōng jī 画个饼来解饿。语本《三国志·魏书·卢毓(yù)传》：“选举莫取有名，名如画地作饼，不可啖也。”啖(dàn)：吃。后用“画饼充饥”比喻用空想来自我安慰，徒有虚名而无实惠▷这种好事怎么可能实现呢？大家无非是画饼充饥罢了。|吃不起高级馆子，我们只好读读各种菜谱，画饼充饥罢了！≈望梅止渴◇名副其实。

画地为牢 huà dì wéi láo 传说上古时在地上画一个圈当作牢狱。语出汉·司马迁《报任少卿书》：“故有画地为牢势不可入，削木为吏议不可对，定计于鲜也。”后用“画地为牢”比喻只许在规定的范围内活动，不得逾越▷要彻底解放思想，就必须废除这些画地为牢式的不合理的规章制度。|文艺创作应广泛挖掘生活，不能有画地为牢的思想束缚。◇自由自在|无拘无束|天马行空。

画虎类犬 huà hǔ lèi quǎn 画不好老虎，反而画得像条狗。语本《东观汉记》卷十二：“效杜季良而不成，陷为天下轻薄子，所谓画虎不成反类狗也。”后用“画虎类犬”比喻要从事某件事或仿效某种做法，但是因为能力有限，反而不伦不类，让人笑话▷他缺乏传统文化的修养，又不懂格律，却大写“旧体诗”，结果画虎类犬，贻笑大方。|你不懂，硬要冒充行家，这不，干下了画虎类犬的傻事！≈东施效颦。

画龙点睛 huà lóng diǎn jīng 唐·张彦远《历代名画记》卷七载：南朝梁画家张僧繇在金陵安乐寺的墙上画了四条龙，都没有画上眼睛。有人问他为什么不给龙画眼睛。他说：“点上眼睛，龙就会飞掉。”别人不信，偏要他画上。他刚把其中两条龙的眼睛点上，立刻电闪雷鸣，风雨大作，震破了墙壁，两条龙就腾云飞上了天。后用“画龙点睛”比喻说话、作文时，在关键之处用一两句话点明要旨，使内容更加生动传神▷这句话在这篇文章中堪称画龙点睛之笔。|这一句话画龙点睛，说明了文章的主题思想。

画蛇添足 huà shé tiān zú《战国策·齐策二》载：楚国有几个人得到一壶酒，不够喝。大家约定画蛇，先画完的喝酒。一人先画好，取过酒说：“我还能替蛇画上脚呢。”他还没画完脚，另一人已画好蛇，说：“蛇是没脚的，有脚就不是蛇。”就把酒夺过来喝了。后用“画蛇添足”比喻做了多余而不恰当的事▷这部悲情戏加上个“大团圆”的尾声，完全是画蛇添足。|这事已经谈妥了，你再去解释几句，岂不是画蛇添足！≈画虎类犬|狗尾续貂|弄巧成拙|多此一举◇画龙点睛|恰如其分。

话不投机 huà bù tóu jī 投机：意见相

合。形容话说不到一块，没有共同的语言▷双方话不投机，只得站起来，客客气气地分手。|既然你和他话不投机，就不必再谈具体问题了。≈文不对题◇情投意合。

话中有话 huà zhōng yǒu huà 指说话中还隐含着别的意思▷他这是话中有话，看上去是对你说的，实际上是说给我听的。|他旁敲侧击，话中有话，想探出这件事的内幕。≈言外之意|弦外之音◇直言不讳|开门见山。

怀才不遇 huái cái bù yù 怀藏才能而未逢时机。形容满腹才学而遇不到赏识的人，没有施展的机会▷曾经怀才不遇的人如今都赶上了大展身手的好时光。|这位平庸的先生自视甚高，老是抱怨自己怀才不遇。≈虎落平阳◇青云有路|春风得意|鹏程万里。

欢蹦乱跳 huān bèng luàn tiào 形容活泼、欢乐到了极点▷年三十晚上，对孩子来说，是最最幸福的时刻，吃年夜饭、收压岁钱、放鞭炮，他们欢蹦乱跳，闹到深更半夜。|在游乐场里，最为高兴的是那群欢蹦乱跳的孩子。

欢天喜地 huān tiān xǐ dì 形容非常高兴▷又是一个丰收的好年景，乡亲们欢天喜地，举杯庆贺。|小申接到了大学的录取通知书，欢天喜地。≈欢欣鼓舞|欣喜若狂|兴高采烈|心花怒放|春风满面◇黯然神伤|五内如焚|肝肠寸断。

欢欣鼓舞 huān xīn gǔ wǔ 欢欣：高兴，欢乐。鼓舞：振作，兴奋。语出宋·苏轼《上知府王龙图书》："自公始至，释其重荷……是故莫不欢欣鼓舞之至。"后用"欢欣鼓舞"形容非常高兴、振奋▷听到这个喜讯，大家欢欣鼓舞，精神振奋。|登月成功的消息传遍国内，全国人民欢欣鼓舞，激动不已。≈欢天喜地|兴高采烈◇黯然神伤|肝肠寸断。

环肥燕瘦 huán féi yàn shòu 环肥：唐玄宗贵妃杨玉环体态丰满端丽。燕瘦：汉成帝皇后赵飞燕身材苗条轻盈。形容美女的体态不同而各有各的风韵。也比喻艺术作品的风格、流派各具所长，各擅其美▷这些模特的身材称得上环肥燕瘦，各有优长。|这几件雕塑设计的风格、造型各异，可称得上环肥燕瘦，但每件都是尽善尽美的。

缓兵之计 huǎn bīng zhī jì 缓：和缓，缓和。兵：军情。指延缓对方进军的一种策略▷我军应该乘胜追击，不要中了敌人的缓兵之计。也形容拖延时间，使事态暂时缓和▷债主逼得紧，顾老板只得使用缓兵之计，与对方软磨硬泡，拖延时间。≈权宜之计◇穷追猛打。

缓不济急 huǎn bù jì jí 缓：迟缓。济：救助，接济。指迟缓的行动不能解救急迫的危难▷这种原料国内无货，而从国外进口需三个月才能到货，真是缓不济急。|他想出了几个办法，但都缓不济急，只得一一放弃了。

涣然冰释 huàn rán bīng shì 涣然：消散的样子。释：消融。像冰一样融化消散。语本《老子》十五章："涣兮，若冰之将释。"后用"涣然冰释"比喻解除了疑问或误会▷经过老师的巧妙分析，同学们的疑问涣然冰释了。|在朋友们的调解劝勉下，她俩的误会终于涣然冰释，重归于好。≈烟消云散|云消雾散|风流云散|化为乌有。

患得患失 huàn dé huàn shī 患：忧虑，担心。没有时担心得不到，得到后又

生怕失去。语本《论语·阳货》:“鄙夫可与事君也与哉?其未得之也,患得之;既得之,患失之。苟患失之,无所不至矣。”后用“患得患失”形容对个人的利害得失非常计较▷一个总是患得患失的人,是毫无魄力可言的。|你必须迅速做出决断,若患得患失,将失去良机。

患难与共 huàn nàn yǔ gòng 与:和,同。共:一起。语本《史记·越王勾践世家》:“越王为人长颈鸟喙,可与共患难,不可与共乐。”后用“患难与共”形容共同承受灾祸和困难▷我俩是患难与共的战友。|数十年的患难与共、风雨同舟的经历,使他俩的友谊牢不可破。≈风雨同舟|同舟共济◇落井下石。

[提示]难,不读“nán”。

患难之交 huàn nàn zhī jiāo 交:交情,朋友。指经历过灾祸、苦难考验的朋友▷我与他是患难之交,当然相信他。|他们共同经历过千辛万苦,出生入死,真可谓患难之交了。◇泛泛之交。

焕然一新 huàn rán yī xīn 焕然:光亮醒目的样子。光亮夺目,给人一种全新的感觉。形容呈现崭新的面貌▷经过全校师生的清扫,学校面貌焕然一新。|他理了发、洗了澡,又换了一身新衣服,整个人的面貌便焕然一新了。◇依然如故|一如既往。

荒诞不经 huāng dàn bù jīng 荒诞:荒唐离奇。经:常理。语本宋·王楙《野客丛书》卷五:“[《上林赋》]其夸苑囿之大,固无荒怪不经之说,后世学者往往读之不通。”后用“荒诞不经”形容非常荒谬,不合情理▷你们千万不要盲目相信社会上那些荒诞不经的传闻。|这本收集鬼怪故事的书完全是胡编乱造的,荒诞不经。≈荒诞无稽|荒谬绝伦◇信而有征|有案可稽|千真万确|毋庸置疑。

荒谬绝伦 huāng miù jué lún 荒谬:极端错误而不合情理。绝伦:超越同类,无法相比。指荒唐、错误到了极点▷荒谬绝伦的血统论已遭到人们的唾弃。|有些别有用心的国家胡说什么“中国威胁论”,真是荒谬绝伦。≈荒诞不经◇天经地义。

荒淫无度 huāng yín wú dù 荒淫:贪酒好色。度:限度。语本汉·杨恽《报孙会宗文》:“是日也,拂衣而喜,奋袖低昂,顿足起舞,诚淫荒无度,不知其不可也。”后用“荒淫无度”形容沉湎于酒色而没有节制▷他看不惯那些荒淫无度的同僚,独自去过清贫的书斋生活。|商纣王荒淫无度,终于国破身亡。

慌不择路 huāng bù zé lù 择:选择。势急心慌,顾不上选择道路。比喻因环境所迫,无法选择正道▷夜走山路,一定要胆大心细,如果慌不择路,会走很多的冤枉路。|一些残兵败将像无头的苍蝇,慌不择路,匆匆溃逃。

皇亲国戚 huáng qīn guó qì 皇亲:皇帝的亲属。国戚:后妃的家族。皇帝的亲族和亲戚。泛指与当权者沾亲带故的人▷不管你是皇亲国戚,还是平民百姓,在法律面前都是平等的。|这些人都是些皇亲国戚,所以尽管他们横行不法,也没有人敢去管他们。

黄口孺子 huáng kǒu rú zǐ 黄口:雏鸟的嘴,借指雏鸟。孺子:小孩子。用于讥笑斥骂他人年幼无知▷你这黄口孺子,也竟然来指责我,太不像话了。|他只不过是个黄口孺子,居然对我们管头管脚,真是心难平,气难咽。

H

黄粱美梦 huáng liáng měi mèng 黄粱：小米。唐·沈既济《枕中记》载：卢生在旅舍中遇道士吕翁。卢生自叹贫困，道士便取出枕头令卢生枕着睡觉。卢生在梦中享尽了荣华富贵，醒来后，店家的小米饭还未煮熟。后用“黄粱美梦”比喻虚幻的事▷这个逃犯还在做着升官发财的黄粱美梦呢！|你别做黄粱美梦了，这是完全不可能的事。≈南柯一梦|天方夜谭◇美梦成真|如愿以偿。

黄钟大吕 huáng zhōng dà lǚ 我国古代音乐分为十二律，阴、阳各六律，其中阳律的第一律为黄钟，音调洪大响亮，阴律的第四律为大吕。语出《礼记·乐记》：“乐者，非谓黄钟大吕弦歌干扬也，乐之末节也。”后用“黄钟大吕”比喻音乐、声律或文辞庄严、正大、高妙▷古编钟演奏的古曲，如黄钟大吕，妙不可言。|看他的文章如闻黄钟大吕，令人心旷神怡，回味无穷。

恍然大悟 huǎng rán dà wù 恍然：猛然领悟的样子。语本宋·释道原《景德传灯录》卷五：“简(道简)蒙指教，豁然大悟。”后用“恍然大悟”形容一下子觉悟、明白过来▷我这才恍然大悟，世上并没有无缘无故的爱，也没有无缘无故的恨。|小金恍然大悟，原来同学们在偷偷地帮助她。≈豁然开朗|如梦初醒|茅塞顿开◇百思不解。

恍如隔世 huǎng rú gé shì 恍如：形象模糊，不真切。世：佛经中以三十年为一世。恍惚好像隔了一世。语本宋·范成大《吴船录》卷下：“丙寅，发常州。平江亲戚故旧来相迓者，陆续于道，恍然如隔世焉。”后用“恍如隔世”表示因人事或景物变化的巨大而发出的感慨▷依然繁华的都市，令这个避居山区二十年的老人发出恍如隔世的感慨。|战后五十年了，两位老人重新相逢，都有恍如隔世的感觉。

灰飞烟灭 huī fēi yān miè 燃烧所剩之灰飞散，烟也消失干净。语出宋·苏轼《念奴娇·赤壁怀古》词：“羽扇纶巾，谈笑间，强虏灰飞烟灭。”后用“灰飞烟灭”比喻人亡或事物消失，不复存在▷新中国成立已经七十多年了，旧的世界早已灰飞烟灭，但我们千万不能忘记劳动人民在旧世界所受的苦难。|你呀，怎么老是讲那些老黄历，那些事早已灰飞烟灭。≈烟消云散|化为乌有◇死灰复燃|东山再起|卷土重来。

灰头土脸 huī tóu tǔ liǎn 头面污秽。形容懊丧、消沉的神态▷你看他，受了这么一点点小挫折，竟灰头土脸的，将来还能干事业吗?|这些孩子真是调皮捣蛋，不知是从哪里钻出来的，个个灰头土脸，真叫人又好气又好笑。

灰心丧气 huī xīn sàng qì 丧：失去。形容因失败、挫折而意志消沉▷你这次考试不及格，千万不要灰心丧气，而要吸取教训，迎头赶上。|我明白灰心丧气是无济于事的，应该鼓足勇气，继续战斗！≈垂头丧气|心灰意懒|心如死灰|万念俱灰◇信心百倍|一鼓作气。

挥汗成雨 huī hàn chéng yǔ 挥洒的汗水像下雨一样。语出《晏子春秋·内篇杂下》：“齐之临淄三百闾，张袂成阴，挥汗成雨。”后用“挥汗成雨”形容人多拥挤▷上海南京路上游人如鲫，挥汗成雨。也形容因劳累而出汗极多▷炼钢工人为了多出钢、出好钢而挥汗成雨，奋战在高炉旁。≈汗流浃背|汗出如浆。

［提示］也作“挥汗如雨”。

挥霍无度 huī huò wú dù 无度：没有节制。指任意花钱，毫无节制▷由于他父亲挥霍无度，祖上留下的那份家业很快便被败个精光。|他自小养成了大手大脚的毛病，刚赚了点钱，便又挥霍无度，很快就陷入了窘境。≈挥金如土|一掷千金◇爱财如命|一毛不拔。

挥金如土 huī jīn rú tǔ 金：钱财。土：粪土。语出宋·周密《齐东野语》卷二：“挥金如土，视官爵如等闲。”后用“挥金如土”形容挥霍浪费▷这些年，先富起来的一部分人中，有的人过起了挥金如土的生活。|我们决不容许一小撮腐败分子挥金如土，糟蹋人民财产。≈一掷千金|穷奢极侈|骄奢淫逸|大手大脚|挥霍无度◇量入为出|开源节流|细水长流|精打细算|节衣缩食|省吃俭用|一毛不拔|爱财如命。

挥洒自如 huī sǎ zì rú 挥洒：挥笔洒墨，指写字、作文、绘画等。自如：行动不受拘束。形容写字、作文、绘画等洒脱超逸，不受约束▷他的书法挥洒自如、气韵不凡，颇见功力。|早在上世纪三十年代，冰心清丽飘逸、挥洒自如的作品，就已经风靡一时了。

回光返照 huí guāng fǎn zhào 太阳落到地平线时，由于反射作用，天空中又短时间地发亮。语出宋·释道原《景德传灯录·云居异能禅师》：“方便呼为佛，回光返照看，身心是何物？”后用“回光返照”比喻人临死时忽然神志清醒或精神兴奋▷他已病入膏肓，人事不省，但今天却突然神清气爽，医生说他这是回光返照，可能活不了多久了。也比喻事物衰亡前出现短暂的兴旺▷唐末宋初，骈体文又回光返照了一阵。

回天乏术 huí tiān fá shù 回天：扭转自然，挽救危亡。术：有效的方法。形容无法挽回严重的局势或挽救危重的病情▷清末的谭嗣同救国有心，回天乏术，最后悲壮地走向刑场。|小凤的肿瘤已经扩散，医生也回天乏术。≈无计可施|束手无策|一筹莫展|黔(qián)驴技穷|无能为力|日暮途穷◇妙手回春|扭转乾坤|力挽狂澜。

回天之力 huí tiān zhī lì 回天：扭转乾坤，挽救危亡。语出《新唐书·张玄素传》：“张公论事，有回天之力，可谓仁人之言哉。”后用“回天之力”泛指能挽回局势的极大力量▷对于眼前这个烂摊子，他自叹没有回天之力。|你就让他再试一下，说不定他有回天之力呢？

回头是岸 huí tóu shì àn 回头：回过头来，改邪归正。原为佛教用语，指有罪的人好像掉进了无边无际的苦海，只要回过头来，决心悔改，就能爬上岸来，获得新生。后用“回头是岸”比喻有罪的人改过自新就有出路▷“苦海无边，回头是岸。”只要彻底改正错误，社会是能接纳他们的。|俗话说：“亡羊补牢，未为晚也。”你只要能痛改前非，就能回头是岸，做一个千金不换的回头浪子。◇执迷不悟。

回味无穷 huí wèi wú qióng 回味：吃了好东西以后的余味，比喻从回忆里体会到的意味。穷：尽。比喻事后回想起来觉得兴味、意趣无穷无尽▷这篇小说的结尾不落俗套，使人回味无穷。|听了他的戏，仿佛品尝了珍藏多年的陈酿，令人回味无穷。≈耐人寻味◇索然无味|味同嚼蜡。

回心转意 huí xīn zhuǎn yì 语出宋·朱熹《朱子语类》卷一一七:"且人一日间,此心是起多少私意……都不会略略回心转意去看。"后用"回心转意"形容重新考虑,改变原来的想法、态度或主张▷在亲友们的调解下,张先生终于回心转意,与太太和好如初。|无论我怎么劝说,她都不愿回心转意,仿佛吃了铁心丸。≈幡然悔悟◇固执己见|执迷不悟|死不悔改|一意孤行。

悔过自新 huǐ guò zì xīn 悔:后悔,悔改。过:过失,错误。语出《新唐书·冯元常传》:"元常喻以恩信,约悔过自新,贼相率脱甲面缚。"后用"悔过自新"形容承认并改正过错,重新做人▷不管什么人,只要他能悔过自新,我们都表示欢迎。|对于那些悔过自新的人,我们不要歧视他们,而应该热情帮助他们。≈幡然悔悟|今是昨非|悔不当初|痛改前非|脱胎换骨◇死不悔改|执迷不悟|文过饰非|怙(hù)恶不悛(quān)。

悔之莫及 huǐ zhī mò jí 莫:不能。语本《史记·伍子胥列传》:"愿王释齐而先越,若不然,后将悔之无及。"后用"悔之莫及"形容后悔也来不及了▷你现在不努力学习,将来就要悔之莫及。|我当时很忙,没有抽时间去关心他;如今老人去世了,我真是悔之莫及。≈悔之晚矣|后悔莫及◇无怨无悔。

毁家纾难 huǐ jiā shū nàn 毁:毁坏。纾:缓和,解除。语本《左传·庄公三十年》:"鬬穀於菟为令尹,自毁其家,以纾楚国之难。"后用"毁家纾难"指倾尽家产以解救国难▷抗日战争时,全国的老百姓以国家利益为重,毁家纾难,令人敬仰。|国难当头,作为炎黄子孙就要毁家纾难,这是义不容辞的事情。≈舍身为国◇损公肥私|自私自利。

毁于一旦 huǐ yú yī dàn 毁:毁灭。于:在。一旦:一天,形容时间很短。形容来之不易的东西一下子被毁灭掉▷多年积累的图书资料被毁于一旦,怎不叫老教授痛心疾首。|他看见肆虐的火灾将他新盖的瓦房毁于一旦,伤心得一下子晕了过去。

毁誉不一 huǐ yù bù yī 毁誉:诽谤和赞美。不一:不一致。有说坏的,有说好的,说法不一▷对他的工作表现,领导和同事毁誉不一。|对同一部作品毁誉不一,是文学批评中的正常现象。

讳疾忌医 huì jí jì yī 讳:有顾忌不好说。忌:怕。隐瞒自己的病情,不愿医治。比喻掩饰自己的缺点、错误,不愿接受批评和帮助▷这幅漫画讽刺了那些企图掩盖错误、讳疾忌医的人。|知过必改才能进步,讳疾忌医的人只能原地踏步,甚至退步。≈文过饰非◇闻过则喜|知过必改。

讳莫如深 huì mò rú shēn 讳:隐瞒不说。莫:没有什么。深:比喻事情严重。语出《穀梁传·庄公三十二年》:"讳莫如深,深则隐。"原指《春秋》记事上故意隐去不宜暴露的重大事件。后用"讳莫如深"形容拼命隐瞒真相,恐怕泄露▷他对自己的那段经历始终讳莫如深,令人费解。|秃顶的阿Q对"光""亮"等字眼讳莫如深。≈守口如瓶|遮人耳目|文过饰非◇直言不讳。

[提示]讳,不读"wěi"。

诲人不倦 huì rén bù juàn 诲:教诲,教导。倦:疲倦,厌倦。语出《论语·述而》:"默而知(zhì)之,学而不厌,诲人不

倦，何有于我哉！”后用“诲人不倦”形容教导别人不知疲倦，十分耐心▷同学们非常尊敬诲人不倦的陈老师。|和颜悦色的老教授一向诲人不倦，从来不摆架子。≈循循善诱|谆谆教导。

诲淫诲盗 huì yín huì dào 诲：诱导，引诱。引诱人去做淫荡、偷盗的坏事。语本《周易·系辞上》：“慢藏诲盗，冶容诲淫。”指漫不经心地收藏钱物等于引诱人偷盗，女子打扮得过分妖艳等于引诱别人来调戏自己。后用“诲淫诲盗”指教唆别人做坏事▷黄色书刊和音像制品诲淫诲盗，必须坚决查禁。|有些小说虽非诲淫诲盗，但平庸浅薄得很，并无多大的保留价值。

绘声绘色 huì shēng huì sè 绘：描绘，描摹。把人物等的声音、神态都描绘出来。形容描写或叙述事物非常生动、逼真▷罗贯中在《三国演义》中绘声绘色地描写了赤壁之战这一历史事件。|小刘把欧洲之行说得绘声绘色，大家都听得入了迷。≈有声有色|栩栩如生|惟妙惟肖|活灵活现|呼之欲出|声情并茂|有血有肉◇平铺直叙|索然无味|画虎类犬。

惠而不费 huì ér bù fèi 惠：给人恩惠。费：耗费。给人以恩惠而自己耗费不多。语出《论语·尧曰》：“因民之所利而利之，斯不亦惠而不费乎？”后用“惠而不费”指既得到实惠又不多花费钱财▷这顿晚餐惠而不费，主人和客人皆大欢喜。|这事本来就是我主管的，你手续齐全，当然马上通过的。惠而不费，要谢什么呢？

蕙心兰质 huì xīn lán zhì 蕙、兰：都是香草。语本南朝宋·鲍照《芜城赋》：“东都妙姬，南国丽人，蕙心纨质，玉貌绛唇。”纨(wán)：洁白的细绢。后用“蕙心兰质”比喻女子心地纯洁，品行高雅▷白小姐蕙心兰质，温柔娴静，人见人爱。|晋代的谢道蕴是个蕙心兰质的大家闺秀，文才出众。≈冰清玉洁◇水性杨花。

昏昏欲睡 hūn hūn yù shuì 欲：想。昏昏沉沉的只想睡觉。语本宋·王阮《代胡仓进圣德惠民》诗：“袅袅浑无力，昏昏只欲眠。”后用“昏昏欲睡”形容疲乏困倦或萎靡不振的样子▷他讲课枯燥乏味，令学生们昏昏欲睡。|他的发言冗长而枯燥，使人听得都昏昏欲睡了。

昏天黑地 hūn tiān hēi dì 天色极其昏暗。比喻昏愦糊涂或社会黑暗腐败▷清末时期，官场乌烟瘴气，社会昏天黑地。也表示程度严重▷为了早出成果，几个年轻人加班加点，一个月下来已经累得昏天黑地。≈暗无天日。

浑浑噩噩 hún hún è è 浑浑：浑厚朴实的样子。噩噩：庄严肃穆的样子。语本汉·扬雄《法言·问神》：“虞夏之书浑浑尔，商出灏灏尔，周出噩噩尔。”原来形容浑厚肃穆，质朴天真。后用“浑浑噩噩”形容稀里糊涂，愚昧无知▷年轻人要树立远大的志向，不能浑浑噩噩地过日子。|你再这样浑浑噩噩的，就会毁了自己的前途。

浑金璞玉 hún jīn pú yù 浑金：未经冶炼的金。璞玉：未经琢磨的玉。指天然浑朴的精美之器。语出《晋书·王戎传》：“戎有人伦鉴识，常目山巨源如浑金璞玉，人皆钦其宝，莫知名其器。”后用“浑金璞玉”比喻人的品质纯美而质朴▷请你不要在我面前说他什么，他这个人的品质可以称得上是浑金璞玉，你再说下去，我倒怀疑你的用意了。|如果没

H

有鉴赏能力，即使浑金璞玉摆在你面前，你也会把它们当作顽石沙土摒弃。

［提示］浑，不读“hùn”。

浑然天成 hún rán tiān chéng 浑然：完整而不可分割的样子。天成：自然形成。语出唐·韩愈《上于襄阳书》：“阁下负超卓之奇才，蓄雄刚之俊德，浑然天成，无有畔岸。”后用“浑然天成”形容才德、文章等完美自然▷雾里的峨眉山仿佛是一幅浑然天成的泼墨山水画。|李白的乐府诗做得浑然天成，不见斧凿之痕。≈浑然一体|水乳交融|融为一体◇精雕细刻|格格不入。

［提示］浑，不要写作“混”。

浑然一体 hún rán yī tǐ 浑然：完整而不可分割的样子。一体：一个整体。融合成一个整体。语出宋·朱熹《朱子全书·性理》：“若看得破，则见仁字与心字浑然一体之中，自有分别。”后用“浑然一体”形容完整不可分割▷这首诗借写景来抒情，而情景交融，给人一种浑然一体的感觉。|这部小说中的性描写是全书中情节发展的必要描写，与全书浑然一体，而不是游离于情节之外。≈浑然天成◇支离破碎|四分五裂。

浑身是胆 hún shēn shì dǎn 浑身：全身。全身都是胆。语本《三国志·蜀书·赵云传》“以云为翊军将军”裴松之注引《赵云别传》：“先主明旦自来，至云营围，视昨战处，曰：‘子龙一身都是胆也。’”后用“浑身是胆”形容人胆量特别大，无所畏惧▷他是一员猛将，冲锋陷阵，从不畏惧，真是浑身是胆呀。|这个年轻人浑身是胆，有着一股闯劲，可谓是初生牛犊不怕虎。≈一身是胆|胆大包天◇胆小如鼠。

浑身解数 hún shēn xiè shù 浑身：全身，全部的。解数：武术的架势、路数。指全身的本事或所有的本领▷这只猴子使尽了浑身解数，满身是血，才从猴群里逃了出来。|我即使用尽了浑身解数，这棋也下不过他。

［提示］解，不读“jiě”。

浑水摸鱼 hún shuǐ mō yú 在混浊的水里摸鱼。比喻乘着混乱的时机或故意制造混乱以捞取不正当的利益▷这些年，有些人乘着经济秩序和法规尚不健全而浑水摸鱼，发了横财。|商场中很拥挤，顾客们要当心浑水摸鱼的小偷。≈趁火打劫◇雪中送炭。

魂不附体 hún bù fù tǐ 魂：灵魂，迷信认为人有三魂七魄，附在身体内而又可以脱离身体存在。附：依附，附着。形容极度惊恐，没法克制自己▷小珍看到车祸现场的惨状，吓得魂不附体。|在我军猛烈炮火的打击下，魂不附体的敌军四处溃逃。≈魂飞魄散|失魂落魄|六神无主◇镇定自若|处惊不变。

魂不守舍 hún bù shǒu shè 魂：灵魂。舍：住的地方，这里指身体。灵魂离开了身体。语本《三国志·魏书·管辂传》裴松之注引《管辂别传》：“何（何晏）之视候，则魂不守宅，血不华色。”宅：住宅，这里指身体。后用“魂不守舍”形容精神恍惚、神志昏乱▷自从他迷上赌博，整天魂不守舍，连工作也不想做了。|不知为什么，他上课时魂不守舍，根本听不进老师在讲什么。≈失魂落魄|心烦意乱|六神无主|神魂颠倒|心猿意马◇聚精会神|专心致志|全神贯注。

［提示］舍，不读“shě”。

魂飞魄散 hún fēi pò sàn 魂、魄：迷信

所谓可以脱离身体而存在的精神。语本《左传·昭公二十五年》:"心之精爽,是谓魂魄;魂魄去之,何以能久?"后用"魂飞魄散"形容惊恐不已,不知如何是好▷我军大兵团快速挺进,敌人吓得魂飞魄散、溃不成军。|亨利在澳洲大堡礁游泳,突然发现一条鲨鱼游来,顿时吓得魂飞魄散。≈魂不附体|丧魂落魄|心胆俱裂|惊恐万状◇神闲气定|镇定自如。

[提示]散,不读"sǎn"。

魂牵梦萦 hún qiān mèng yíng 萦:萦绕,萦怀。在梦中还牵挂思念。语出宋·刘过《四字令》词:"思君忆君,魂牵梦萦。翠销香暖云屏,更那堪酒醒!"后用"魂牵梦萦"形容非常牵挂和思念▷留在家乡的父母使这位远在异乡打拼的年轻人魂牵梦萦。|他终于从大洋彼岸的美国,回到了魂牵梦萦几十年的故乡。

混为一谈 hùn wéi yī tán 混:混杂。语本唐·韩愈《平淮西碑》:"万口和附,并为一谈。"后用"混为一谈"形容把性质不同的事物混在一起,说成是一样的▷政治问题和学术问题是不能混为一谈的。|我们不能把宗教信仰和迷信活动混为一谈。≈一概而论|同日而语|指鹿为马|张冠李戴◇泾渭分明。

混淆是非 hùn xiáo shì fēi 故意制造混乱,把对的说成错的,把错的说成对的▷那些人经常散布谣言,混淆是非,影响很坏。|我们要及时揭露那些混淆是非、企图制造混乱的家伙。≈指鹿为马|颠倒黑白◇是非分明|明辨是非。

活龙活现 huó lóng huó xiàn 形容非常生动逼真▷文庙中的孔子塑像,活龙活现地站在那里,好像依然在"诲人不倦"呢。|这名艺人演的武松真是活龙活现,被称为"江南活武松"。≈生龙活虎|惟妙惟肖|绘声绘色|栩栩如生◇呆头呆脑|死气沉沉。

火冒三丈 huǒ mào sān zhàng 冒:往上升。怒火上升几丈高。形容非常愤怒▷小张睡懒觉误了大事,总经理不禁火冒三丈。|他这人性情暴躁,常为一点小事而火冒三丈,人们都不愿和他来往。≈怒火中烧|怒不可遏|怒气冲天|勃然大怒|大发雷霆|暴跳如雷|怒发冲冠|七窍生烟◇平心静气|心平气和。

火上浇油 huǒ shàng jiāo yóu 比喻故意使人更加恼怒或扩大事态▷听了她火上浇油的挑唆,老人更是怒不可遏。|他本来就窝了一肚子气,你再火上浇油,事情就更糟了。≈雪上加霜|变本加厉◇息事宁人。

火烧火燎 huǒ shāo huǒ liǎo 燎:烘烤,烧烤。火在燃烧。形容心情如火烧般急迫▷听到她被撞伤的消息,我心里火烧火燎,怎么也安定不下来。|一阵阵火烧火燎的剧痛,使我简直无法忍受。

火烧眉毛 huǒ shāo méi máo 语出宋·释道原《五灯会元》卷十六:"问:如何是急切一句?师曰:火烧眉毛。"后用"火烧眉毛"比喻眼前的情势非常紧迫▷事情都已经火烧眉毛了,你还慢条斯理,真急死人了。|他平时不好好复习,直到火烧眉毛,要考试了,才着急起来。≈燃眉之急|迫在眉睫|十万火急|迫不及待|刻不容缓◇从容不迫|无关紧要。

火树银花 huǒ shù yín huā 火树:火红的树,形容扎满灯彩的树。银花:银白色的花,形容通明透亮的灯。语出唐·苏味道《正月十五夜》诗:"火树银

花合,星桥铁锁开。”后用“火树银花”形容绚丽的灯彩(多用于节日的夜景)▷大上海的除夕之夜车水马龙、火树银花,一派繁华气象。|节日之夜,我们全家来到火树银花的广场上观看烟火。≈流光溢彩|五光十色。

火眼金睛 huǒ yǎn jīn jīng 睛:眼珠。神话故事:孙悟空被太上老君放在八卦炉里炼了四十九天,炼出了一双能识破妖魔鬼怪的“火眼金睛”。后用“火眼金睛”比喻眼光很犀利,洞察一切▷刑警队杨队长生就一双火眼金睛,破案神速。|我有双火眼金睛,你们可别玩什么花招哟!

火中取栗 huǒ zhōng qǔ lì 从炉火中取出烤熟了的栗子。法国拉·封丹的寓言《猴子与猫》云:猴子骗猫取出炉火中烤着的栗子。猫取出栗子后,栗子被猴子吃了。猫不但没吃着,还烧掉了脚上的毛。后用“火中取栗”比喻为别人冒险,徒然吃苦而得不到好处▷陶叔劝小王不要火中取栗,做亲痛仇快的事。|此事与你毫无关系,你不要聚众闹事,替别人做这种火中取栗的事情。≈为人作嫁。

货真价实 huò zhēn jià shí 商品是正宗货,价格也是实在的▷这件皮风衣货真价实,是地道的名牌。也引申指实实在在,毫不虚假▷他虽然身高体壮,却是个货真价实的胆小鬼。≈名副其实◇名不副实|有名无实。

祸不单行 huò bù dān xíng 行:来到。语本汉·刘向《说苑·权谋》:“此所谓福不重至、祸必重来者也。”后用“祸不单行”形容灾祸接连而至▷他没考上大学,又生了一场大病,真是祸不单行。|她今年祸不单行,年初摔折了腿,年底又破了财,太倒霉了!≈雪上加霜|多灾多难◇鸿运高照|时来运转。

祸从口出 huò cóng kǒu chū 语本晋·傅玄《口铭》:“病从口入,祸从口出。”后用“祸从口出”形容说话不谨慎而招致祸患▷你这个人一向说话太随便,要注意祸从口出啊。|祸从口出,说话不分场合,容易影响团结。≈言多必失。

祸从天降 huò cóng tiān jiàng 语本汉·扬雄《太玄经》卷三:“极盛不救,祸降自天。”后用“祸从天降”形容遭受意外的灾祸▷她接到一个电话,说孩子在放学途中遭遇车祸。这真是祸从天降,她当时就晕倒了。|眼看丰收在即,突然间祸从天降,一场罕见的暴风雨挟带着冰雹,袭击了十来个村庄,使庄稼损失惨重。≈飞来横祸|无妄之灾。

祸福相倚 huò fú xiāng yǐ 倚:依靠。语本《老子》五十八章:“祸兮福之所倚,福兮祸之所伏。”后用“祸福相倚”指灾祸和幸福相互依存,相互转化▷塞翁失马的故事,形象地揭示了祸福相倚的道理。|他好好地走着路,突然被绊了一跤,回头一看,那正是自己丢失的背包,真是祸福相倚啊!

祸国殃民 huò guó yāng mín 殃:损害。使国家受害,使人民遭殃▷祸国殃民的宋代大奸臣秦桧,世世代代遭人唾骂。|这一小撮卖国贼祸国殃民,搬起石头砸了自己的脚。◇忧国忧民。

祸起萧墙 huò qǐ xiāo qiáng 萧墙:当门而立的小墙,比喻内部。语本《论语·季氏》:“吾恐季孙之忧,不在颛臾,而在萧墙之内也。”颛(zhuān)臾(yú):春秋时的小国。后用“祸起萧墙”形容祸乱从内部发生▷谁也没料到,正当公

司业务蓬勃发展之际，却祸起萧墙，董事会里产生了很大的分歧。|他们兄弟不和，祸起萧墙，给了别人可乘之机。

祸枣灾梨 huò zǎo zāi lí 梨、枣：旧时雕版印书多用梨木或枣木，故以“梨枣”为书版的代称。祸害梨树和枣树。比喻滥刻无用之书▷这些不法之徒竟大量印刷制作黄色书刊，将这些祸枣灾梨之书偷运边远城市销售。|这些书真是祸枣灾梨，不知引诱、毒害了多少青少年。

豁达大度 huò dá dà dù 豁达：胸怀开阔，性格开朗。大度：气量大。语本《史记·高祖本记》：“高祖为人……仁而爱人，喜施，意豁如也，常有大度。”后用“豁达大度”形容胸怀宽广，有容人的大度量▷男子汉要豁达大度，不要为一点小事斤斤计较而耿耿于怀。|正因为他为人豁达大度，才能在周围团结了一大批能人，开创了公司的新局面。≈宽宏大量◇鼠肚鸡肠|斤斤计较。

豁然开朗 huò rán kāi lǎng 豁然：开阔敞亮的样子，这里指忽然。忽然开敞明朗。语出晋·陶渊明《桃花源记》：“初极狭，才通人，复行数十步，豁然开朗。”后用“豁然开朗”比喻一下子明白了某个道理▷听他这么一说，我心里顿时豁然开朗。|这种理论简洁明了，使人们豁然开朗，一下子被带入了一个崭新的境界。≈茅塞顿开|恍然大悟◇大惑不解|如堕雾中。

J

击节称叹 jī jié chēng tàn 节：古代的一种竹制的乐器，引申为节拍。称叹：称赏，赞叹。打着拍子赞叹。形容对人品或诗文、艺术等十分赞赏▷他的诗清新婉丽，读后回味无穷，令人击节称叹。|这篇小说最令人击节称叹的地方，就在它出人意料而又合乎情理的结尾部分。

J

饥不择食 jī bù zé shí 择：挑拣，选择。饥饿到已经顾不上选择食物了。比喻迫切需要时顾不上挑选▷动物园里的老狼饿慌了，饥不择食，把什么东西都往嘴里送。|很长时间没书读了，所以他一走进阅览室，就饥不择食地翻阅各种书刊。≈狼吞虎咽|如饥似渴◇饱食终日|细嚼慢咽。

饥肠辘辘 jī cháng lù lù 辘辘：拟声词，车轮滚动的声音。肚子饿得发出咕噜噜的声响。形容饥饿之极▷经过一整天的繁重劳动，大伙都已饥肠辘辘。|他在三餐不继、饥肠辘辘的情形下还坚持学习，这需要何等的毅力啊！◇饱食终日。

饥寒交迫 jī hán jiāo pò 交迫：一齐逼迫。饥饿和寒冷一齐逼来。语本宋·王谠《唐语林·政事》："高祖时，严甘罗，武功人，剽劫，为吏所拘。上谓曰：'汝何为作贼？'对曰：'饥寒交切，所以为盗。'"后用"饥寒交迫"形容无衣无食，生活困苦不堪▷持续三年的旱灾，他一家一直过着饥寒交迫的生活。|这些书籍伴随我度过了无数饥寒交迫的苦难日子，又和我一起迎来了胜利的曙光。◇席丰履厚|丰衣足食|锦衣玉食。

机不可失 jī bù kě shī 机：时机。语出《宋书·范晔传》："兼云人情乐乱，机不可失。"后用"机不可失"形容机会不可随便错过▷机不可失，每个人都要抓住机遇，否则悔之晚矣。|你要珍惜这次出国进修的机会，机不可失，时不再来呀！≈时不再来◇错失良机|失之交臂。

[提示]常与"时不再来"连用。

机关用尽 jī guān yòng jìn 机关：周密巧妙的计谋。语出宋·黄庭坚《牧童歌》："多少长安名利客，机关用尽不如君。"后用"机关用尽"形容费尽心机（含贬义）▷为了向上爬，他不择手段，机关用尽，结果呢，却落得个身败名裂的下场。|机关用尽的王熙凤可算是个女强人了，可她的结局却是悲剧性的。≈费尽心机|处心积虑|煞费苦心|绞尽脑汁|挖空心思|千方百计◇漫不经心|无所用心|无计可施。

[提示]也作"机关算尽"。

鸡虫得失 jī chóng dé shī 语出唐·杜甫《缚鸡行》："鸡虫得失无了时，注目寒江倚山阁。"后用"鸡虫得失"比喻无关紧要的细微得失▷对他来说，少了这点东西，如同鸡虫得失，他不会计较的。|军阀争权夺利，哪怕是鸡虫得失，也争得天翻地覆，战乱四起。

鸡飞蛋打 jī fēi dàn dǎ 鸡飞走了,蛋也打破了。比喻两头落空,一无所获▷他得罪了同学,又没评上优秀学生,闹了个鸡飞蛋打。|小朱爱耍小聪明,可这回却搞得鸡飞蛋打,不但没占到便宜,而且还留下了笑柄。≈一事无成|竹篮打水◇一箭双雕|一举两得|水到渠成。

鸡飞狗跳 jī fēi gǒu tiào 鸡到处飞,狗到处跳。形容因受惊吓而乱成一团的景象▷匪军一进村,立刻闹得鸡飞狗跳,一片混乱。|这个人到处生事,每到一地,便把当地闹得鸡飞狗跳,不得安宁。≈鸡犬不宁◇匕鬯不惊。

鸡零狗碎 jī líng gǒu suì 形容事物零碎琐细,不系统,不完整▷这些鸡零狗碎的事情真烦人。|他写的文章都是些鸡零狗碎的东西,还想凭此获得“大作家”的名声,真是白日做梦。≈鸡毛蒜皮。

鸡毛蒜皮 jī máo suàn pí 比喻微不足道的小事或毫无价值的东西▷你们为这点鸡毛蒜皮的事扯破脸,值得吗?|你别介意,这些鸡毛蒜皮,我从来不放在心上。≈鸡零狗碎|何足道哉|不足挂齿|蜗角蝇头◇非同小可|举足轻重|事关重大。

鸡鸣而起 jī míng ér qǐ 鸡打鸣就起来。语出《孟子·尽心上》:“鸡鸣而起,孳孳为善者,舜之徒也。”后用“鸡鸣而起”形容勤奋向上▷小玉每天鸡鸣而起,独自站在阳台上,轻轻地背诵外语。|古之成大事业者,往往从小就鸡鸣而起,勤学苦读。≈闻鸡起舞|夙(sù)兴夜寐|起早摸黑◇好吃懒做。

鸡鸣狗盗 jī míng gǒu dào 盗:偷。语本《史记·孟尝君列传》载:战国时,齐国孟尝君被扣留在秦国。他的门客装狗偷了狐皮袍子,送给秦昭王的宠姬,孟尝君得以释放。到了函谷关时,秦昭王反悔,另一门客装鸡叫,骗开城门,孟尝君这才逃回齐国。后用“鸡鸣狗盗”指卑微不足称道的技能或不成器的人▷这些人无非是鸡鸣狗盗之辈,成不了气候的。|你老是和那些鸡鸣狗盗之徒往来,太没出息了。

鸡犬不留 jī quǎn bù liú 连鸡、狗都不留下。形容掠杀一空或斩尽杀绝▷日寇当年在根据地实行“三光”政策,所到之处,鸡犬不留。|清兵攻破扬州,城内鸡犬不留。≈寸草不留◇秋毫无犯。

鸡犬不宁 jī quǎn bù níng 宁:安宁,宁静。语本唐·柳宗元《捕蛇者说》:“哗然而骇者,虽鸡狗不得宁焉。”后用“鸡犬不宁”形容骚扰得很厉害▷自从这个媳妇进门后,不是和丈夫吵,就是和婆婆闹,搞得全家鸡犬不宁。|单位里来了这个惹是生非的家伙,从此鸡犬不宁。≈鸡飞狗跳|天翻地覆◇风平浪静。

鸡犬升天 jī quǎn shēng tiān 鸡、狗都升上了天。语本晋·葛洪《神仙传·刘安》:“[刘安成仙,]临去时,余药器置在中庭,鸡犬舐啄之,尽得升天。故鸡鸣天上,犬吠云中也。”后用“鸡犬升天”比喻一个人做了官,有了权,和他有关系的人都跟着沾光得势▷他当了厂长,他那当门卫的亲戚很快就成了保卫科长,这真是一人得道,鸡犬升天。|他有什么本事?只不过靠了他的部长父亲,才鸡犬升天,当了个副局长!

积不相能 jī bù xiāng néng 积:积久。能:亲善。语出《后汉书·吴汉传》:“初,其妻知光武不平之,常戒躬(谢躬)曰:‘君与刘公积不相能,而信其虚谈,不为之备,终受制矣。”后用“积不相能”指

长期以来相互之间不亲善和睦▷他们两个人是老冤家了，积不相能，做再多的工作也无济于事。|他们两家十年前为了一点小事闹翻了，积不相能，这次多亏了社区干部调解，才和好如初。

积非成是 jī fēi chéng shì 积：积累。非：错误。成：成为。是：正确。指长期形成的错误，久而久之反被认为是正确的▷约定俗成、积非成是的现象并不少见。|这种说法原本是错误的，但长期以来积非成是，人们竟把它当作是正确的了。

积毁销骨 jī huǐ xiāo gǔ 毁：诽谤。销：熔化。语出《史记·张仪列传》："臣闻：积羽沉舟，群轻折轴，众口铄金，积毁销骨。"后用"积毁销骨"指长久地被诽谤，足以致人于死地▷他深感谣言的可怕，严酷的现实让他领悟了"积毁销骨"的深刻含义。|这种积毁销骨的谣言不知毁了多少有为的青年。≈众口铄金|人言可畏。

积劳成疾 jī láo chéng jí 积劳：长期劳累过度。疾：病。指长期劳累过度而生病▷陆警官为了在节日前破案，夜以继日的工作，积劳成疾，终于病倒了。|同学们捧着鲜花，去医院探望积劳成疾的班主任。◇养尊处优。

积少成多 jī shǎo chéng duō 语本《战国策·秦策四》："于是夫积薄而为厚，聚少而为多。"后用"积少成多"形容一点一滴地积累起来，就会从少变多，从贫乏到丰富▷他被大家称为"小博士"，因为他喜爱课外阅读，积少成多，知识面就广了。|她平时从不乱花零用钱，积少成多，居然也有好几千元了。≈聚沙成塔|集腋成裘|日积月累|积铢累寸|积微成著◇挥霍一空|悖(bèi)入悖出。

积习难改 jī xí nán gǎi 积习：多年来形成的习惯。指长期形成的习惯很难改变▷你这粗心大意的毛病已经积习难改，这给你造成了多大的损失呀。|有了缺点就必须注意马上改正，不然的话，就会积习难改了。

积羽沉舟 jī yǔ chén zhōu 羽：羽毛。沉舟：使船沉没。羽毛虽轻，但堆积多了，照样可以把船压沉。语出《战国策·魏策一》："臣闻：积羽沉舟，群轻折轴。"后用"积羽沉舟"比喻小的祸患不及时消除，积累多了会酿成大祸▷积羽沉舟，小错不改，必酿大错，所以我们应该防微杜渐。|这种积羽沉舟式的悲剧，其实并不少见。

积重难返 jī zhòng nán fǎn 重：指程度很深。形容长期形成的不良风气和弊端很难改变▷你再不改过自新，将积重难返，后悔也来不及了。|该企业管理不得力，产销不对路，积重难返，以致资不抵债，只好宣告破产。◇轻而易举|迎刃而解|易如反掌|举手之劳。

[提示]重，不读"chóng"。

畸轻畸重 jī qīng jī zhòng 畸：偏。有的偏轻，有的偏重。形容事物发展不均衡。也指对人对事物的态度有偏颇▷应试教育使得学生在各门功课的学习上畸轻畸重，不能全面发展。|这两个案例几乎完全相同，而判决上如此畸轻畸重，正反映了司法实践中的缺陷。

[提示]畸，不读"qí"。

激浊扬清 jī zhuó yáng qīng 激：冲刷。扬：掀起。冲刷去污水，浮上清水。语本《尸子·君治》："扬清激浊，荡去滓秽，义也。"后用"激浊扬清"比喻抨击坏的，赞扬好的▷我在报上拜读了您那篇激浊

扬清的杂文，精彩极了。|激浊扬清是新闻工作者的神圣责任。≈彰善瘅(dàn)恶◇颠倒黑白。

及锋而试 jí fēng ér shì 及：趁着。锋：锋利。趁新剑锋利来使用它。语本《史记·高祖本纪》："军吏士卒皆山东之人也，日夜跂而望归，及其锋而用之，可以有大功。"后用"及锋而试"指乘士气正盛的时候用兵打仗▷现在我们的士气正盛，应趁对方立脚未稳之机，及锋而试，打他个措手不及。也指趁有利时机抓紧行动▷现在局势对你有利，如果你抓紧行动，及锋而试，必将一举成功。

吉光片羽 jí guāng piàn yǔ 吉光：神话中的神马名，其毛入水不沉，入火不焦。片羽：一片毛。神马吉光身上的一片毛。语本《西京杂记》卷一："武帝时，西域献吉光裘，入水不濡。"后用"吉光片羽"比喻残存的珍贵物品▷从敦煌遗书里的吉光片羽中，可以窥见当时西北地区的民俗。|王老师已经作古，我仅保存着他手书的一首绝句，也算是吉光片羽吧。≈凤毛麟角◇多如牛毛|车载斗量|俯拾即是。

吉人天相 jí rén tiān xiàng 吉人：善人。相：帮助，保佑。语本《尚书·泰誓》："吉人为善，惟日不足。"又，《左传·昭公四年》："晋、楚唯天所相，不可与争。"后用"吉人天相"形容好人自有上天保佑(多用于安慰、祝贺等)▷小文，你是吉人天相，一定会顺利渡过难关的。|先生，您吉人天相，前程未可限量。◇鸿运高照|大吉大利|吉祥如意◇命运多舛(chuǎn)|生不逢辰。

吉日良辰 jí rì liáng chén 辰：时刻。指吉利而又美好的时日▷今天是花好月圆的中秋节，让我们在这吉日良辰痛饮一杯吧。|如今，还有不少人选择吉日良辰结婚、开店或办喜事，这是沿袭古老的民俗。≈黄道吉日|良辰美景。

［提示］辰，不要写作"晨"。

吉星高照 jí xīng gāo zhào 吉星：旧时以为吉祥之星高照是万事顺遂之兆。比喻交好运▷他就买了一张福利彩票，结果中了特等奖，难怪有人说他是吉星高照。|不知怎么，我最近做每一件事都没有成功过，大概缺的是吉星高照。

吉凶未卜 jí xiōng wèi bǔ 凶：灾祸、失败。卜：占卜，引申为预测、估计。指祸福成败难以预料▷兄弟俩这次远赴战乱之地寻找商机，实在是吉凶未卜。|他动了手术后，到现在还未苏醒，吉凶未卜，让人心悬在半空中。

岌岌可危 jí jí kě wēi 岌岌：很危险的样子。语本《孟子·万章上》："天下殆哉，岌岌乎！"后用"岌岌可危"形容非常危险▷这栋岌岌可危的别墅再不维修，就会倒塌。|这个国家历经数年的战乱，国民经济已到了岌岌可危的地步。≈摇摇欲坠|奄奄一息|危如累卵|危在旦夕◇安如泰山|坚如磐(pán)石。

极乐世界 jí lè shì jiè 佛教指阿弥陀佛成道时所建立的光明、清静、快乐的世界。语本《佛说阿弥陀经》："从是西方过十万亿佛土，有世界名曰极乐……彼土何故名为极乐？其国众生无有众苦，但受诸乐，故名极乐。"后用"极乐世界"泛指一切理想的、美好的、令人向往的地方▷陶渊明笔下的世外桃源，就仿佛是佛教所说的极乐世界。|根据人们的想象，极乐世界中的每一个人都生活得和平、安乐，从无烦恼。

佶屈聱牙 jí qū áo yá 佶屈：曲折，不顺畅。聱牙：拗口。语出唐·韩愈《进学解》："周诰殷盘，佶屈聱牙。"后用"佶屈聱牙"形容文句艰涩古奥，别扭难读▷有些翻译作品，句子很长，读起来佶屈聱牙，让人没有耐心看下去。|这部小说故意用了许多佶屈聱牙的句子，来表现一种隐晦、暗涩的氛围。◇文从字顺。

急不可待 jí bù kě dài 待：等待。形容非常着急，不能再等待▷这几天，他毫不掩饰自己急不可待的心情。|他在班会上急不可待地要求发言。≈迫不及待|心急火燎◇慢条斯理。

J

急不择言 jí bù zé yán 言：词语。急得来不及选择词句。形容说话十分急迫或紧张▷叫你平时多看、多想、多练，你就是不听，这不，写起文章要么抓不住中心，要么急不择言。|他那种急不择言的讲话神态，我感到很好笑。◇从容不迫|谈笑自若。

急功近利 jí gōng jìn lì 功：功劳。利：利益，好处。语本汉·董仲舒《春秋繁露》卷九："仁人者正其道不谋其利，修其理不急其功。"后用"急功近利"形容急于求成，贪图眼前的利益▷商业中急功近利的短视行为必将受到经济规律的惩罚。|你们千万不可急功近利，要循序渐进，在实践中学习，积累工作经验。◇循序渐进。

急景凋年 jí jǐng diāo nián 急景：急驰的日光。凋年：岁暮。语出南朝宋·鲍照《舞鹤赋》："于是穷阴杀节，急景凋年，凉沙振野，箕风动天。"后用"急景凋年"指光阴催促，岁残年尽▷我们每个人都要珍惜时间，因为急景凋年，一去不复返。|急景凋年不可怕，怕的是面对火热的年代，失去理想信念，无所事事，有愧于时代。

急流勇退 jí liú yǒng tuì 在湍急的水流面前果断地退却。语本宋·朱熹《五朝名臣言行录》卷二："急流中勇退人也。"后用"急流勇退"比喻人在顺利或得意时，为了避祸而及时引退▷您在这个时刻急流勇退，不失为明智之举。|我年老体弱，应该急流勇退了，你们年轻人才是时代的弄潮儿。

急起直追 jí qǐ zhí zhuī 立即振作起来，努力追赶上去▷他不甘落后，急起直追，终于超过了对手。|面对我国科学技术的发展与世界先进国家之间存在的差距，我们应急起直追，力争在不久的将来赶上或超过世界先进水平。≈奋起直追|迎头赶上。

急如星火 jí rú xīng huǒ 星火：流星。急速得像天上一闪而过的流星。语本晋·李密《陈情表》："州司临门，急于星火。"后用"急如星火"形容情势非常急迫▷这事急如星火，得马上派人去做。也形容行动迅速▷他接到电报，急如星火地赶回家乡。≈燃眉之急|刻不容缓◇从容不迫。

急于求成 jí yú qiú chéng 成：完成，成功。急着想达到预设的目标▷解决问题要用科学的方式方法，急于求成，问题永远是问题。|不论做什么事情，都要遵循客观规律，急于求成只能是一事无成。◇按部就班。

急中生智 jí zhōng shēng zhì 智：智谋。语本唐·白居易《和微之诗二十三首序》："敌则气作，急则计生。"后用"急中生智"形容危急时猛地想出了好办法▷司机小王急中生智，故意违反交通规则，

让警察过来干预，逮住了劫车的坏人。|她急中生智，猛地从草丛中跳出来，吸引追兵，让班长安然脱险。◇束手无策|一筹莫展。

急转直下 jí zhuǎn zhí xià 转：转变，改变。形容形势突然转变，并且顺着势头一直发展下去▷下半场开赛后，形势急转直下，非洲联队攻势如潮，老牌劲旅阿根廷队门前几度吃紧。|他大量收购这家公司的股票，不料没几天，形势急转直下，股市大跌，他亏损了几十万。

疾恶如仇 jí è rú chóu 疾：憎恨。语出《后汉书·陈藩传》："奉公不挠，疾恶如仇。"后以"疾恶如仇"形容痛恨坏人坏事，就像痛恨仇敌一般▷宋代的包拯是一位刚正不阿、疾恶如仇的清官。|他疾恶如仇，敢说敢干，赢得了同事和朋友的尊敬。◇同流合污。

［提示］也作"嫉恶如仇"。

疾风暴雨 jí fēng bào yǔ 疾：急促猛烈。暴：猛烈而突然。语本《淮南子·兵略》："大寒甚暑，疾风暴雨，大雾冥晦，因此而为变者也。"后用"疾风暴雨"形容急促而猛烈的风雨▷一场疾风暴雨把盛开的桃花吹打得满地都是。也形容来势凶猛的激烈斗争▷疾风暴雨式的大规模运动已经结束，我国迎来了以经济建设为中心的新时代。≈暴风骤雨|狂风暴雨◇和风细雨|春风化雨。

疾首蹙额 jí shǒu cù é 疾首：头痛。蹙额：皱眉。语本《孟子·梁惠王下》："举疾首蹙頞而相告曰：'吾王之好鼓乐，夫何使我至于此极也！父子不相见，兄弟妻子离散。'"頞(è)：鼻梁。后用"疾首蹙额"形容非常厌恶痛恨或厌恶忧苦的样子▷对于时代的黑暗，普通老百姓只能疾首蹙额，忍气吞声。≈痛心疾首。

疾言厉色 jí yán lì sè 厉：严厉。言语急切，神色严厉。语本《后汉书·刘宽传》："虽在仓卒，未尝疾言遽色。"遽(jù)：急忙，着急。后用"疾言厉色"形容发怒的神态▷你那疾言厉色的态度，她怎么受得了哇。|总经理在大会上疾言厉色地批评了公司员工中不团结的不良倾向。≈声色俱厉|正颜厉色|怒形于色◇和颜悦色。

集思广益 jí sī guǎng yì 广：增广，扩展。语本三国蜀·诸葛亮《教与军师长史参军掾属》："夫参署者，集众思、广忠益也。"后用"集思广益"形容集中大家的意见和智慧，以取得更好的效果▷办好这届校运动会，必须要组委会来集思广益。|此次新产品的营销活动是公司高层集思广益的成果。≈博采众长|群策群力|广开言路◇一意孤行|独断专行|固执己见。

集腋成裘 jí yè chéng qiú 腋：狐狸腋下一小块柔软的毛皮。裘：皮毛制成的衣服。收集许多狐狸腋下的小块毛皮制成皮衣。语本《墨子·亲士》："千镒之裘，非一狐之白也。"后用"集腋成裘"比喻积小成大，积少成多▷大家你捐十元，我捐二十元，居然集腋成裘，凑了千把元的善款。|校长发动大家捐书，集腋成裘，终于办起了一个像模像样的图书室。≈聚沙成塔|积少成多。

嫉贤妒能 jí xián dù néng 语出汉·荀悦《前汉纪》卷三："项羽嫉贤妒能，有功者害之，贤者疑之。"后用"嫉贤妒能"指嫉妒道德、能力比自己强的人▷像胡某这种嫉贤妒能的人，怎么能吸引人才、团结大家共同奋斗呢？|总经理心胸狭窄，嫉贤妒能，结果业务骨干纷纷另谋出路。◇

举贤与能。

己饥己溺 jǐ jī jǐ nì 溺：淹没。有人挨饿或落水被淹，就好像是自己挨饿或被淹一样难受。语本《孟子·离娄下》："禹思天下有溺者，由己溺之也；稷思天下有饥者，由己饥之也。是以如是其急也。"后用"己饥己溺"形容深切同情别人的痛苦和不幸，把解除他们的不幸作为自己的责任▷如果每个人都有己饥己溺的精神，也就不会有见死不救的事发生了。|从事慈善救济的工作人员，只有具有己饥己溺的伟大精神，才能真正将事情办好。

挤眉弄眼 jǐ méi nòng yǎn 挤眉毛，丢眼色。指用表情向人示意▷老师突然发现那个调皮的学生在向邻桌的同学挤眉弄眼，又可气又可笑。|他们俩挤眉弄眼，想跟老王开个玩笑。

济济一堂 jǐ jǐ yī táng 济济：人很多的样子。堂：大厅。语本《尚书·大禹谟》："济济有众，咸听朕命。"后用"济济一堂"形容很多人聚集在一起▷毕业典礼上，同学们济济一堂，畅谈理想和抱负。|各路专家济济一堂，研讨新区的发展规划。≈高朋满座|群贤毕至|少长咸集◇风流云散|星离雨散|门庭冷落。

［提示］济，不读"jì"。

记忆犹新 jì yì yóu xīn 犹：还，仍然。过去的事，现在仍记得很清晰，就像新近发生的一样。指对过去的人或事印象深刻、牢记不忘▷对当年遭受的迫害，老教授至今记忆犹新。|那件事虽已过去了二十多年，但因实在是太惊心动魄了，所以至今他还记忆犹新。

济困扶危 jì kùn fú wēi 接济困苦，扶助危难▷在我们这个社会，济困扶危已蔚然成风。|他平时就是个济困扶危的好心人，所以在这次大灾后，他毅然捐献了两千万元善款，用来救济难民。

既往不咎 jì wǎng bù jiù 既：已经。咎：怪罪，指责。语出《论语·八佾(yì)》："成事不说，遂事不谏，既往不咎。"后用"既往不咎"形容对过去已经做错的事不再追究责备▷我们对你既往不咎，只要你认识错误，放下包袱，前途还是光明的。|我们应既往不咎，要有一种宽容博大的胸怀。◇秋后算账。

继往开来 jì wǎng kāi lái 往：已往。来：未来。继承前人的事业，开辟未来的道路▷年轻人肩负着继往开来的历史重任。|我们要努力奋斗，继往开来，创造祖国光辉的明天。≈承上启下|承前启后◇空前绝后|抱残守缺。

寄人篱下 jì rén lí xià 寄：依附，依靠。篱：篱笆。语出《南齐书·张融传》："丈夫当删《诗》《书》、制礼乐，何至因循寄人篱下。"后用"寄人篱下"比喻依附别人，不能自立▷我再也不愿过那种寄人篱下的生活，我要自己去闯。|刘备起事后，一直东奔西走，寄人篱下，直到打下西川，才有了自己的地盘。≈仰人鼻息|傍人门户|身不由己|因人成事◇自力更生|自食其力。

加官晋爵 jiā guān jìn jué 晋：晋升。爵：爵位，君主国家所封的贵族等级，一般有公、侯、伯、子、男五等。指升官提级▷他靠奉承拍马，这几年连连加官晋爵。|他一生淡泊名利，对加官晋爵的事不屑一顾。

夹枪带棒 jiā qiāng dài bàng 夹着枪，带着棒。形容说话中暗藏讽刺▷有意见可直接对我提，为什么在别人面前说话夹枪带棒的，当我听不明白是不？|我听

了他的那些夹枪带棒的话，心里真不是滋味。

浃髓沦肌 jiā suǐ lún jī 浃：湿透。沦：沉没，深入。渗入骨髓，浸透肌肤。比喻感受、影响很深▷你对这篇文章要反复地读，反复地思量，文章的精神才能浃髓沦肌。|在我最困难的时候，是他奋力援助，才使我免于家破人亡的惨状，这种恩情浃髓沦肌，我永志不忘。

家长里短 jiā cháng lǐ duǎn 指琐屑的种种日常家务▷你妻子真是个贤内助，家长里短一一包下，全力支持你的工作。|我们男士也要解放思想，不要以为这家长里短全是女人的事，家庭建设要夫妻齐抓共管。

家常便饭 jiā cháng biàn fàn 家庭中的日常饭食。比喻极为常见的事物▷对他来说，挨打受骂是家常便饭。

家破人亡 jiā pò rén wáng 语出宋·释道原《景德传灯录》卷十六："问：学人未拟归乡时如何？师曰：家破人亡，子归何处？"后用"家破人亡"形容家庭被破坏，家人死去，遭受惨重的灾祸▷地主老财逼得贫农家破人亡、妻离子散。|大地震造成了许多家破人亡的悲剧。≈国破家亡|妻离子散◇家给户足|人寿年丰|花好月圆。

家徒四壁 jiā tú sì bì 徒：仅，只。家里空无一物，只有四面墙壁。语本《史记·司马相如列传》："文君夜亡奔相如，相如乃与驰归成都。家居徒四壁立。"后用"家徒四壁"形容家里十分贫穷▷那一年大旱，颗粒无收，弄得大部分农家家徒四壁。|我快到家徒四壁的地步了，你还逼我还债！≈一贫如洗|一无所有|不名一文|身无长物|捉襟见肘◇腰缠万贯|金玉满堂。

家学渊源 jiā xué yuān yuán 家学：家中世代相传的学问、技艺。渊源：水源，本原。形容学问、技艺等世代相传▷他家学渊源，在学术上有很深的造诣。|吴先生诗礼传承，家学渊源，因此谈吐儒雅，出口成章。≈诗书传家。

［提示］源，不要写作"远"。

家喻户晓 jiā yù hù xiǎo 喻：明白。晓：知道。家家户户都知道▷我们要大力宣传义务献血的重大意义，做到家喻户晓。|如今，电子商务已经成了家喻户晓的事情。≈妇孺皆知|尽人皆知|众所周知。

家贼难防 jiā zéi nán fáng 语出明·释居顶《续传灯录》卷三十："问：自古至今同生同死时如何？师曰：家贼难防。"后用"家贼难防"形容内部的奸贼很难防范▷我们必须警惕企业内部的蛀虫，家贼难防啊。|家贼难防，她想不到作案的人竟是自己信任的助手！≈祸起萧墙。

戛然而止 jiá rán ér zhǐ 戛然：拟声词。形容突然停止下来▷每天听惯了汽车喇叭声倒觉得无所谓，但今天的汽车喇叭声在大门外戛然而止，我心中一惊，生怕发生什么意外的事情。|这首交响乐，气势宏伟，旋律跌宕起伏，当推向高潮时，又戛然而止，让人回味无穷。

假公济私 jiǎ gōng jì sī 假：借，利用。济：帮助。语本《后汉书·李固传》："太尉李固，因公假私，依正行邪，离间近戚，自隆支党。"后用"假公济私"形容利用公家的名义、力量等来谋取私利▷我们开展廉政工作，首先要杜绝各种形式的假公济私现象。|这个局长一向假公济私，多年来利用手中的权力，捞了许多好处。≈损公肥私◇大公无私|廉洁奉

公｜克己奉公｜公而忘私。

假仁假义 jiǎ rén jiǎ yì 语出宋·朱熹《朱子全书·历代一·唐》:"汉高祖私意分数少,唐太宗一切假仁假义,以行其私。"后用"假仁假义"指假装仁爱正义▷我已经看透了这些假仁假义的把戏。｜这些举动都是假仁假义,掩盖不了他们的真实面貌。

假手于人 jiǎ shǒu yú rén 假:借。借用别人的手来为自己办事。语本《尚书·伊训》:"皇天降灾,假手于我有命。"后用"假手于人"指利用别人来达到自己的目的▷他虽然已做了局长,但仍然坚持自己起草报告、文件,从不假手于人。｜学术论文当然得由自己动手来写,假手于人怎么行?◇事必躬亲。

假戏真做 jiǎ xì zhēn zuò 戏演得逼真。泛指把假的事情当作真的事情来做▷她拍电影非常投入,假戏真做,成功地塑造了一位贵族小姐的形象。｜这件事,你千万不能假戏真做,如果是那样,会起反作用的。

价廉物美 jià lián wù měi 廉:价钱便宜。指价钱便宜,东西又好▷价廉物美的商品总能得到广大顾客的青睐。｜这家商场里的东西价廉物美,所以吸引了很多人。

价值连城 jià zhí lián chéng 连城:许多座城。《史记·廉颇蔺相如列传》载:战国赵惠文王时,获得楚和氏璧。秦昭王知道了,派人致书赵王,愿意用十五座城来换取和氏璧。后用"价值连城"形容物品、作品等十分贵重▷这卷唐人写经价值连城。｜故宫博物院收藏着许多价值连城的古代文物。≈奇货可居◇一文不值。

驾轻就熟 jià qīng jiù shú 驾:赶马车。轻:不载重的车。就:到,走上。熟:熟悉的路。驾着轻车,走着熟路。语本唐·韩愈《送石处士序》:"若驷马驾轻车就熟路,而王良、造父为之先后也。"王良、造父:古代善于驾车的两个人。后用"驾轻就熟"比喻对事情熟悉,做起来很容易▷他从小生活在农村,所以干起庄稼活来驾轻就熟。｜至于如何上好课,你是老教师,驾轻就熟,不用我多说了。≈轻车熟路｜熟门熟路。

嫁祸于人 jià huò yú rén 嫁:转移。语本《史记·赵世家》:"韩氏所以不入于秦者,欲嫁其祸于赵也。"后用"嫁祸于人"形容把灾祸推给别人▷张经理推卸责任,嫁祸于人,手法卑劣。｜我宁可辞职不干,也决不做嫁祸于人的勾当。≈暗箭伤人。

坚壁清野 jiān bì qīng yě 坚壁:加固营垒。清野:清理田野。语出《三国志·魏书·荀彧(yù)传》:"今东方皆以(已)收麦,必坚壁清野以待将军。将军攻之不拔,略之无获,不出十日,则十万之众未战而自困耳。"后用"坚壁清野"指对付强敌入侵的一种策略,即坚守营垒据点,转移人畜财物,收割粮食作物,使敌人攻不下据点、抢不到东西▷抗日战争期间,根据地军民坚壁清野,有效地抵御了日寇的扫荡。｜总部命令十八师坚壁清野,不准出战,以待敌方粮尽意弛,一举而击溃之。

坚不可摧 jiān bù kě cuī 摧:摧毁。形容非常坚固,不可摧毁▷这里的海防工事坚不可摧。｜为防止洪灾的发生,沿江的堤防一定要建造得十分牢固,要达到坚不可摧的程度。

坚持不懈 jiān chí bù xiè 懈：松懈。始终抓紧，坚持到底，一点也不松懈▷学习外语，贵在坚持不懈。|无数志士仁人为民族解放事业而坚持不懈地奋斗。≈始终不渝|锲而不舍|善始善终|持之以恒|滴水穿石◇虎头蛇尾|有始无终|一暴(pù)十寒。

［提示］懈，不读“jiě”。

坚定不移 jiān dìng bù yí 移：改变，变动。语出《资治通鉴·唐文宗开成五年》：“推心委任，坚定不移，则天下何忧不理哉！”后用“坚定不移”形容目标明确，意志刚强，毫不动摇▷中国人民必须坚定不移地走中国特色的社会主义道路。|公司全体员工贯彻董事会决议的信心坚定不移。≈坚持不懈|忠贞不渝|持之以恒|滴水穿石|坚韧不拔◇举棋不定|犹豫不决|首鼠两端|三心二意。

坚韧不拔 jiān rèn bù bá 韧：柔软而又结实。拔：移动，改变。语本宋·苏轼《晁错论》：“古人立大事者，不惟有超世之才，亦必有坚忍不拔之志。”后用“坚韧不拔”形容意志顽强，不可改变▷他的双腿虽然残疾了，但凭借坚韧不拔的意志，自学了五门外语，成为一个有用之才。|只有坚韧不拔地攀登，才能到达科学的高峰。≈坚定不移|锲而不舍◇举棋不定|犹豫不决|三心二意。

坚如磐石 jiān rú pán shí 磐石：大石头。语本《荀子·富国》：“为名者否，为利者否，为忿者否，则国安于磐石，寿于旗翼。”后用“坚如磐石”比喻非常坚固稳定，不可动摇▷我们伟大的祖国坚如磐石，屹立在世界的东方。|中国人民的革命意志坚如磐石。≈安如泰山|固若金汤|岿然不动◇危如累卵|摇摇欲坠。

［提示］磐，不要写作“盘”。

坚贞不屈 jiān zhēn bù qū 贞：有节操。屈：屈服。形容意志坚定，保持气节，不向恶势力屈服▷刘胡兰面对敌人的屠刀，坚贞不屈，显示了一个革命者的崇高气节。|革命先辈坚贞不屈的光辉形象永远鼓舞我们奋勇前进！≈威武不屈|百折不挠◇苟且偷安|卑躬屈膝。

坚贞不渝 jiān zhēn bù yú 坚贞：节操坚定不变。渝：改变。语本唐·张巡《守睢阳作》诗：“忠信应难敌，坚贞谅不移。”后用“坚贞不渝”指坚守节操不改变▷他们俩坚贞不渝的爱情，让长者感怀，让少年动容。|他被捕后，虽受到严刑拷打，但大义凛然，坚贞不渝，显示出革命者的坚定信念。≈威武不屈◇卑躬屈膝。

间不容发 jiān bù róng fà 间：缝隙，空隙。发：头发。空隙容纳不了一根头发。比喻情势很危急▷“九一八”事变以后，国内形势间不容发，中华民族到了危急存亡的关头。|该地区遇上百年未有的山洪暴发，抗洪救灾工作间不容发。≈迫在眉睫|危如累卵|千钧一发◇无关紧要。

［提示］间，不读“jiàn”。发，不读“fā”。

肩摩毂击 jiān mó gǔ jī 肩摩：肩膀和肩膀相摩擦。毂击：车轮和车轮相撞击。语本《战国策·齐策一》：“临淄之途，车毂击，人肩摩，连衽成帷，举袂成幕，挥汗如雨。”后用“肩摩毂击”形容行人车辆十分拥挤▷这条马路真可谓肩摩毂击，我走路感到很吃力。|你开车要小心，那条马路又肩摩毂击，万一碰人撞车可怎么办呢？

艰苦奋斗 jiān kǔ fèn dòu 不怕艰难困苦，勇敢顽强地进行斗争▷今天，我们

J

依然要发扬艰苦奋斗的精神。|艰苦奋斗是我们的优良传统，任何时候都不能丢弃。≈奋发图强|埋头苦干|自强不息◇好逸恶劳|苟且偷安。

艰苦朴素 jiān kǔ pǔ sù 吃苦耐劳，勤俭朴实▷我们生活水平提高了，但艰苦朴素的作风仍要坚持。|我们要继续发扬前辈艰苦朴素、平易近人的作风。≈节衣缩食|克勤克俭◇骄奢淫逸|铺张扬厉|穷奢极欲|锦衣玉食。

艰苦卓绝 jiān kǔ zhuō jué 卓绝：极不平凡，超过一切。形容极其艰苦▷中国人民经过艰苦卓绝的斗争，终于取得了抗日战争的最后胜利。|这幅素描产生在长征途中，体现了当时艰苦卓绝的斗争生活，又表现出乐观向上的精神。

艰难困苦 jiān nán kùn kǔ 指处境困难，生活艰苦▷唯有受过艰难困苦，才能知道幸福生活来之不易。|只要我们有充分的信心，保持脚踏实地的工作作风，克服一切艰难困苦，我们所做的事情就会成功的。

艰难曲折 jiān nán qū zhé 指困难和周折▷经过艰难曲折的生活磨炼，人会变得更加成熟。|人生道路充满艰难曲折，只要我们勇往直前，就会到达胜利的彼岸。|我对自己所走过的艰难曲折的人生之路并不感到后悔，因为它教会了我怎样去面对生活。◇一帆风顺。

艰难险阻 jiān nán xiǎn zǔ 艰：艰苦。难：困难。险：危险。阻：障碍。语本《左传·僖公十三年》："险阻艰难，备尝之矣。"后用"艰难险阻"指前进道路上所遇到的艰苦、困难、危险和障碍▷考察队克服了许多艰难险阻，终于完成了考察任务。|长征途中，天上有敌军飞机，地上有几十万大军围追堵截，而我红军战士历经艰难险阻，终于到达了目的地。◇一帆风顺。

监守自盗 jiān shǒu zì dào 监守：看管。指盗窃自己所负责监管的财物▷身为仓库管理员，他监守自盗，一年多时间内，盗窃仓库存放的贵重物品价值十多万元。|监守自盗是一种十分严重的犯罪行为。

兼容并包 jiān róng bìng bāo 兼：同时涉及几方面。容：容纳。并：一并，一齐。包：包括，包含。语出《史记·司马相如列传》："故驰骛乎兼容并包，而勤思乎参天贰地。"后用"兼容并包"指把有关的各个方面都容纳、包括进来▷我们这个杂志是专业性刊物，各方面的文章不可能兼容并包。|在他主办大学的期间，他将各种思潮兼容并包，显示了他博大的胸怀和长远的眼光。≈兼收并蓄。

缄口不言 jiān kǒu bù yán 缄：封闭。言：说话。形容闭口不说话或不敢说话▷在生日派对上，大家有说有笑，唯独她坐在角落里缄口不言。|在总经理的专断独行下，公司里许多人只能缄口不言。≈沉默寡言|闭口不谈◇口若悬河|滔滔不绝|信口开河。

见多识广 jiàn duō shí guǎng 见到的多，知道的广。形容阅历深，知识广博▷小明最爱听见多识广的爷爷讲故事。|爸爸从小走南闯北，见多识广。≈无所不知|满腹经纶|学贯古今◇孤陋寡闻|一无所知|少见多怪|坐井观天。

见风使舵 jiàn fēng shǐ duò 看风向转动船上的舵柄。比喻根据形势处事▷有些人惯于见风使舵，很令人讨厌。≈见机行事|随机应变|顺水推舟|看风使帆◇刻舟求剑|生搬硬套|一成不变。

J

见风是雨 jiàn fēng shì yǔ 听见刮风,就认为马上会下雨。比喻只看到一点迹象,就轻率地信以为真▷对这件事你要先作调查研究,待了解掌握了真相再说,不能见风是雨,闹笑话。|道听途说,见风是雨,这是一种不负责任的表现。

见缝插针 jiàn fèng chā zhēn 比喻抓紧时机,充分利用一切时间和空间▷小王排队买饭时还在背外语,真能见缝插针。也比喻善于钻空子▷我不经意说的一句话,竟被他当成把柄,他真是个无孔不入、见缝插针的刁钻之人。

见怪不怪 jiàn guài bù guài 看到怪异的现象或事物不大惊小怪。语出明·释居顶《续传灯录·南岳法轮齐添禅师》:"见怪不怪,其怪自坏。"后用"见怪不怪"形容熟视无睹或沉得住气▷隔壁夫妻俩吵嘴打架是家常便饭,我习以为常了,也就见怪不怪了。|他刚到国外的时候,对国外的一切都感到很新奇,可时间一长,也就见怪不怪了。

见机行事 jiàn jī xíng shì 机:时机,机会。行:做。指看时机或具体情况办事情▷尖兵连乘着夜色见机行事,拔掉了敌人的一个据点。≈见风使舵|顺水推舟|随机应变◇刻舟求剑|生搬硬套|一成不变。

见利忘义 jiàn lì wàng yì 义:正义,道义。语本汉·荀悦《汉纪·樊郦等传赞》:"卖友者,谓见利而忘义。"后用"见利忘义"形容看到有利可图就忘掉道义▷这个人表面上很热情友好,实质上是个见利忘义的伪君子。|一切见利忘义、卖国求荣的乱臣贼子,最终都被后人所唾弃。≈利令智昏|自私自利◇大公无私|急公好义|见义勇为。

见猎心喜 jiàn liè xīn xǐ 猎:打猎。看见别人打猎,便触动了自己打猎的喜好,也想一试。语出《二程遗书》卷七:"[程颢]好田猎……在田野间见田猎者,不觉有喜心。"后用"见猎心喜"比喻原有的爱好难忘,一遇适当的条件便跃跃欲试▷他原是个优秀网球运动员,虽然多年没上场了,但看见人家打球,便见猎心喜。|他虽已离开文坛多年,但有时不免见猎心喜,偶尔也写几篇短文。

见钱眼开 jiàn qián yǎn kāi 眼开:眉开眼笑。形容贪婪爱财▷他一听到有利可图,就浑身来劲,真是个见钱眼开的家伙。|你别以为有几个臭钱就可以为所欲为,世上的人并不都是见钱眼开的。≈爱财如命|贪得无厌|财迷心窍|唯利是图|利欲熏心。

见仁见智 jiàn rén jiàn zhì 仁:仁义。智:智慧。有的认为是仁爱,有的认为是智慧。语本《周易·系辞上》:"仁者见之谓之仁,知者见之谓之知。"知:通"智"。后用"见仁见智"指对同一问题,各人有不同的看法,各有各的道理▷在研讨会上,大家见仁见智,讨论得十分热烈。|对一部文学作品,作者本人以为好的,读者未必认同,见仁见智,也是很正常的。

见死不救 jiàn sǐ bù jiù 见他人有死亡危险而不肯相救。形容对人冷漠不关心▷你见死不救,还是个人吗?|对那些自私自利到见死不救的个别人,法律应该给予严厉的处罚。≈袖手旁观◇救死扶伤|舍己救人。

见兔顾犬 jiàn tù gù quǎn 顾:回头看。犬:狗。看到野兔,就回头唤狗去追捕。语本《战国策·楚策四》:"见兔而

顾犬,未为晚也; 亡羊而补牢,未为迟也。”后用“见兔顾犬”比喻事情虽紧急,但及时想办法还来得及▷“见兔顾犬,未为晚也”,现在采取补救措施还来得及。|大家不要纠缠在以前的事情中,见兔顾犬,只要赶紧采取行动,挽回损失还是可能的。

见微知著 jiàn wēi zhī zhù 微: 微小,隐约。著: 明显。语出汉·袁康《越绝书·越绝德序外传》:“故圣人见微知著,睹始知终。”后用“见微知著”指见到一点微小的苗子,就可以知道将来的发展趋势▷精明的鉴赏家在品评古画的时候,具有去伪存真、见微知著的本事。|这篇文章短小精巧、见微知著,不愧为一篇短篇佳作。≈一叶知秋。

见贤思齐 jiàn xián sī qí 贤: 德才兼备的人。思齐: 看齐。语出《论语·里仁》:“见贤思齐焉,见不贤而内自省也。”后用“见贤思齐”形容看到德才比自己高的人,就想向他学习▷小罗一向见贤思齐,因此进步很快。|我们要见贤思齐,学习国外一切先进的东西。≈心向往之。

见义勇为 jiàn yì yǒng wéi 为: 做,干。语本《论语·为政》:“见义不为,无勇也。”后用“见义勇为”形容看到了正义的事情就勇敢地去做▷教委通报嘉奖见义勇为的小明同学。|真没想到,这样一位弱女子竟会在危急关头挺身而出,见义勇为。≈舍身赴义|挺身而出|自告奋勇◇明哲保身|见利忘义|袖手旁观。

见异思迁 jiàn yì sī qiān 异: 别的,另外的。迁: 改变。看见别的事物就想改变主意。语本《管子·小匡》:“少而习焉,其心安焉,不见异物而迁焉。”后用“见异思迁”形容不坚定,不专一▷你在专业上要有专攻,见异思迁,什么也学不好。|他见异思迁,昨天喜欢文学,今天又迷上了历史。≈三心二意|朝秦暮楚◇一心一意|专心致志。

剑拔弩张 jiàn bá nǔ zhāng 弩: 弓。剑出鞘,弓上弦。语出南朝梁·袁昂《古今评书》:“韦诞书如龙威虎振,剑拔弩张。”后用“剑拔弩张”比喻形势很紧张,一触即发▷一时间,海湾地区剑拔弩张,战云密布。|他们之间的矛盾越来越大,几乎到了剑拔弩张的程度。≈一触即发|箭在弦上|千钧一发◇刀枪入库。

剑及履及 jiàn jí lǚ jí 履: 鞋。捧剑的人追到,捧鞋的人追到。语出《左传·宣公十四年》:“楚子闻之,投袂而起,屦及于窒皇,剑及于寝门之外,车及于蒲胥之市。”寝门: 最内的门,泛指内室的门。窒皇: 寝门的甬道。后用“剑及履及”形容行动坚决迅速,毫不迟疑▷一听到军事演习的命令,集团军的将士个个摩拳擦掌,大有剑及履及之势。|他不论做什么事情,一向是剑及履及,深得同志们的好评。≈当机立断◇优柔寡断。

健步如飞 jiàn bù rú fēi 健步: 矫健有力的步伐。脚步矫健有力,走路速度很快▷看他那健步如飞的样子,真不敢相信他竟是一位古稀老人。|他抖擞精神,健步如飞,很快便赶上了前行的同伴。◇步履蹒跚|举步维艰。

渐入佳境 jiàn rù jiā jìng 渐: 逐渐。语出《晋书·顾恺之传》:“恺之每食甘蔗,恒自尾至本,人或怪之。云: 渐入佳境。”后用“渐入佳境”形容情况逐渐好转,兴味逐渐变浓▷步入中年以后,他的生活渐入佳境。|她沉醉在优美的旋律中,渐入佳境。≈时来运转|苦尽甘来|否(pǐ)极

泰来|柳暗花明|枯木逢春◇每况愈下|日暮途穷。

鉴往知来 jiàn wǎng zhī lái 往：已往，过去。来：来日，将来。审察过去，就可以知道未来▷你既然在这方面有过沉痛的教训，就应该鉴往知来，防止重犯。|鉴往知来，历史的教训可不能忘怀呀！≈般鉴不远◇重蹈覆辙。

箭在弦上 jiàn zài xián shàng 箭已经搭在弦上，不得不发。语本《太平御览》卷五九七引《魏书》："矢在弦上，不得不发。"矢(shǐ)：箭。后用"箭在弦上"比喻形势所迫不得不做或不得不说▷这件事好比箭在弦上，我不得不这么干了。|我这么说，也是箭在弦上，不得不发。≈一触即发|千钧一发。

［提示］常与"不得不发"连用。

江河日下 jiāng hé rì xià 江河水一天天流向下游。比喻状况一天不如一天▷这个企业因管理不善，经济上已呈江河日下之势。≈一落千丈|每况愈下◇欣欣向荣|蒸蒸日上|与日俱增|渐入佳境。

江郎才尽 jiāng láng cái jìn 《梁书·江淹传》载：南朝文学家江淹年轻时写的诗文很有名气，到了晚年，他的才思大大减退，写出的诗文没有佳词绝句，人们说他"才尽"了。后用"江郎才尽"泛指才思枯竭▷一个人即使再有才华，也需不断学习，否则难免江郎才尽。|这个画家的后期作品不如前期，似乎已江郎才尽了。≈才竭智疲◇七步之才|下笔成章|思如泉涌。

江心补漏 jiāng xīn bǔ lòu 船到江心才动手堵塞漏洞。比喻事情错过了时机，到紧要关头才去补救已无济于事▷事情到了这个地步才江心补漏，可惜为时已晚。|这种江心补漏的事情可一不可再，今后一定要准备充分，以免失误。

将本求利 jiāng běn qiú lì 本：本钱。利：利息。用本钱谋求利润▷小商贩将本求利，我们并不反对。|你们的营业执照已经开出来了，我也投资，一是增加你们的本金，二是我也将本求利，一举两得。

将错就错 jiāng cuò jiù cuò 事情已经错了，索性顺着错误做下去▷演出时，对方念错了一句台词，她只好临时编词，将错就错地演下去。|事已至此，你只好将错就错，不要再声张了。≈顺水推舟◇知错必改。

将功折罪 jiāng gōng zhé zuì 折：抵消。用功劳抵消罪过▷因为他能揭发同党，有将功折罪的表现，所以得到了政府的宽大处理。≈将功补过。

［提示］也作"将功赎罪"。

将计就计 jiāng jì jiù jì 利用对方的计策，反过来对付对方，使之中计上当▷这家伙自以为得计，我们不如将计就计，引他上钩。|下一步，我们不妨将计就计，变被动为主动。≈顺水推舟◇无计可施。

将勤补拙 jiāng qín bǔ zhuō 补：弥补。拙：笨拙。语本唐·白居易《自到郡斋，仅经旬日，方专公务，未乃宴游，偷闲走笔题二十四韵，仍呈吴中诸客》："救烦无若静，补拙莫如勤。"后用"将勤补拙"指用勤奋来弥补自己的笨拙▷我这个人脑子笨，手脚慢，要跟上大家只有将勤补拙。|他将勤补拙的学习劲头，真令大家感动。

将心比心 jiāng xīn bǐ xīn 语出宋·朱熹《朱子语类》卷十六："吾毋以前官所以待我者待后官也……俗语所谓将心比心，如此则各得其平矣。"后用"将心比

心”指设身处地为别人着想，体察别人的心情▷你将心比心地替人家想想，他丢了这么多钱，该是多么着急啊！|他这个人最大的长处就是时时处处能将心比心，设身处地为别人着想，体贴关心别人。

将信将疑 jiāng xìn jiāng yí 有些相信，又有些怀疑▷失散几十年的亲人居然有了音讯，她有些将信将疑。|这件事太离奇了，让人将信将疑。≈半信半疑|疑信参半◇毋庸置疑。

匠心独运 jiàng xīn dú yùn 匠心：巧妙高明的构思与设计。运：运用。独创性地运用精巧的心思。形容文学艺术方面的独特构思▷真正的艺术家，他创作的每一件作品都是匠心独运的。|作者在塑造残疾青年形象上所用的笔墨是匠心独运的，看后催人泪下，也催人奋进。≈独树一帜◇墨守成规|因循守旧。

降格以求 jiàng gé yǐ qiú 降：降低。格：标准，规格。指降低标准来寻求或要求▷随着年龄的增长，他在择偶的问题上不得不降格以求。|由于管理人才的奇缺，公司只得降格以求，用营销人员来代替管理人员。

降贵纡尊 jiàng guì yū zūn 纡：委屈。语出南朝梁·简文帝《昭明太子集序》："未有降尊纡贵，躬刊手掇。"后用"降贵纡尊"指地位尊贵者主动降低身份，去做普通的事情▷他虽身为皇亲国戚，但不惜降贵纡尊，与平民交上了朋友。|他本是个趋炎附势的人，上司降贵纡尊地与他结为亲家，他焉有不从之理？◇唯我独尊|高高在上。

交口称誉 jiāo kǒu chēng yù 交口：众口一词。称誉：称赞。语本唐·韩愈《柳子厚墓志铭》："诸公要人，争欲令出我门下，交口荐誉之。"后用"交口称誉"指许多人同声称赞▷我班的李小明同学是全校师生交口称誉的好学生。|他奋不顾身、勇救落水儿童的英勇事迹，受到了大家的交口称誉。≈有口皆碑◇千夫所指。

交浅言深 jiāo qiǎn yán shēn 交浅：相交不深。言深：言辞恳切。语出《战国策·赵策四》："服子曰：'……交浅而言深，是乱也。'客曰：'不然……交浅而言深，是忠也。'"后用"交浅言深"指交往不深，但话却谈得很深切▷你与他是初次见面，不可交浅言深，有失分寸。|我有心腹之言想告诉您，只怕交浅言深，您会见怪。

交头接耳 jiāo tóu jiē ěr 彼此头碰头，凑在耳边低声说话▷你俩上课时要专心听讲，别老是交头接耳说个没完。|他的话还没讲完，会场上就乱了，有的交头接耳，有的大声喧哗。≈窃窃私语|低声细语◇大声疾呼|慷慨陈词。

交相辉映 jiāo xiāng huī yìng 交相：互相。各种光亮、色彩等相互映照、映衬▷国庆之夜，登上东方明珠电视塔，极目远眺，满城的彩灯与腾空的焰火交相辉映，呈现出一派繁荣景象。|香港回归祖国，举国欢庆，特别是北京、香港等地，华灯齐放，焰火腾空而起，交相辉映，每一个中国同胞都沉浸在喜悦之中。

［提示］相，不读"xiàng"。

娇生惯养 jiāo shēng guàn yǎng 娇：过度宠爱。惯：放任。形容从小受到过分的宠爱和纵容▷娇生惯养的孩子独立生活的能力都比较差。|他虽没这样造化，倒也是娇生惯养的，一直是父母的宝贝儿。≈娇里娇气◇吃苦耐劳。

［提示］娇，不要写作"骄"。

娇小玲珑 jiāo xiǎo líng lóng 娇小：体态小巧可爱。玲珑：灵巧。形容女子体态小巧灵活▷他与一位娇小玲珑的上海姑娘结了婚。|他的女朋友娇小玲珑，十分可爱。◇五大三粗。

骄兵必败 jiāo bīng bì bài 骄傲的军队必定打败仗。语本《汉书·魏相传》："恃国家之大，矜民人之众，欲见威于敌者，谓之骄兵，兵骄者灭。"后用"骄兵必败"比喻骄傲自满必招致失败▷两军对垒，骄兵必败，此乃前车之鉴。|虽然我们队的实力比他们强，仍不能轻敌，因为骄兵必败。◇哀兵必胜。

骄奢淫逸 jiāo shē yín yì 骄：骄横。奢：奢侈。淫：荒淫。逸：放荡。语本《左传·隐公三年》："骄奢淫泆，所自邪也。"后用"骄奢淫逸"指放荡奢侈、荒淫糜烂的生活▷这部小说揭露了末代帝王的骄奢淫逸的生活。|达官贵人们骄奢淫逸的生活与穷苦百姓们饥寒交迫的惨景，构成了鲜明的对比。≈穷奢极欲◇克勤克俭。

胶柱鼓瑟 jiāo zhù gǔ sè 胶：粘住。柱：架弦用以调音的短木。鼓：弹奏。瑟：古代的一种弦乐器。用胶把柱粘住，音调不能调整，就无法弹奏出正确的音乐。语本《史记·廉颇蔺相如列传》："王以名使括(赵括)，若胶柱而鼓瑟耳。括徒能读其父书传，不知合变也。"后用"胶柱鼓瑟"比喻做事拘泥呆板，不知灵活变通▷胶柱鼓瑟，因循守旧，必然会被时代所淘汰。|只有胶柱鼓瑟、冥顽不化的人，才会死抱住书本不放，而不会灵活变通。≈刻舟求剑|守株待兔◇随机应变|看风使舵|见机行事。

焦头烂额 jiāo tóu làn é 烧焦了头，烧烂了额。指被火烧伤的狼狈相。语出汉·桓谭《新论·见徵》："焦头烂额，反为上客。"后用"焦头烂额"比喻受到沉重打击或处境险恶，以致狼狈不堪的情状▷战士们越战越勇，把敌人打得焦头烂额，狼狈逃窜。|内外交困的局面，搞得他焦头烂额。≈狼狈不堪◇左右逢源|得心应手。

狡兔三窟 jiǎo tù sān kū 狡猾的兔子有三个窝。语本《战国策·齐策四》："狡兔有三窟，仅得免其死耳。"后用"狡兔三窟"比喻为了自身安全而准备很多藏身之处或躲避灾祸的办法▷这个坏蛋即使有狡兔三窟的藏身本领，也难逃法网。|此人老谋深算，狡兔三窟，极难对付。

绞尽脑汁 jiǎo jìn nǎo zhī 绞：扭紧，拧。形容冥思苦想，费尽脑筋▷她为一道数学难题而绞尽脑汁。|公司负债累累，总经理绞尽脑汁，想找出打破困境的办法，使公司能起死回生。

矫揉造作 jiǎo róu zào zuò 矫：使弯曲的变成直的。揉：使直的变成弯曲的。造作：故意做作。形容故意做作，很不自然▷这歌声嘹亮而圆润，毫无矫揉造作之感。|他明明是地道的北京人，却矫揉造作地用广东腔来与人交谈。

矫若游龙 jiǎo ruò yóu lóng 矫：强劲。若：像。强劲得像游动的龙一样。语本《晋书·王羲之传》："论者称其笔势，以为飘若浮云，矫若惊龙。"后用"矫若游龙"形容书法、舞姿强劲灵活▷他练书法二十年如一日，现在人们称赞他的书法笔势矫若游龙。|《龙之舞》舞蹈场面恢宏，特别是演员的表演矫若游龙，展现了炎黄子孙自强不息、不屈不挠的

J

斗争精神。

矫枉过正 jiǎo wǎng guò zhèng 矫：纠正。枉：弯曲。矫正弯曲的东西超过了限度，反而又弯向了另一方。语本《汉书·孝成许皇后传》："盖矫枉者过直，古今同之。"后用"矫枉过正"比喻纠正错误过了头▷纠正错误的时候，我们应该力求恰如其分，不要矫枉过正。|你改正缺点的决心很大，这当然很好，只是要注意不能矫枉过正，偏向另一极端。≈过犹不及◇恰如其分|恰到好处。

脚踏实地 jiǎo tà shí dì 语本宋·邵伯温《闻见前录》卷十八："君实(司马光)脚踏实地人也。"后用"脚踏实地"形容做事认真踏实，不浮夸▷学生只有脚踏实地地学习，才能取得好成绩。|我们要培养脚踏实地的工作作风。≈稳扎稳打◇好高骛远|好大喜功。

叫苦连天 jiào kǔ lián tiān 不停地诉苦。形容十分痛苦▷那个时代里，穷人过着饥寒交迫的生活，遇上灾荒，更是叫苦连天了。|年轻人在工作上碰到困难和挫折不应该叫苦连天，而要积极想办法去克服。◇乐在其中。

教学相长 jiào xué xiāng zhǎng 教和学相辅相成，互相促进。语出《礼记·学记》："是故学然后知不足，教然后知困。知不足然后能自反也，知困然后能自强也，故曰教学相长也。"后用"教学相长"指教师和学生之间互相促进，共同提高▷校方只有真正做到尊师爱生，才能教学相长。|学校采取了积极措施，教学相长，初见成效。

[提示]长，不读"cháng"。

皆大欢喜 jiē dà huān xǐ 皆：全，都。大：很。语出《法华经·普贤菩萨劝发品》："佛说是经时……一切大会，皆大欢喜。"后用"皆大欢喜"指大家都非常高兴、满意▷这场比赛能打成平局，是一个皆大欢喜的结局。|能谈成这笔生意，买卖双方皆大欢喜。

接二连三 jiē èr lián sān 一个接着一个，相继不断▷同学们接二连三地来看望生病的老师。|小组讨论这一提案时，反对的意见接二连三。≈接踵而至|络绎不绝◇时断时续|隔三岔五。

接踵而来 jiē zhǒng ér lái 踵：脚后跟。后面的人的脚尖紧接着前面的人的脚跟。语本《战国策·秦策四》："韩、魏父子兄弟接踵而死于秦者，百世矣。"后用"接踵而来"形容事情接连不断地发生▷破冰船虽然冲破了浮冰的包围，但险情仍接踵而来。|他被这接踵而来的坏消息吓得浑身发抖。≈纷至沓来。

揭竿而起 jiē gān ér qǐ 揭：高举。竿：旗竿，代指旗帜。高举旗帜，起来反抗。语本汉·贾谊《过秦论》："斩木为兵，揭竿为旗。"后用"揭竿而起"泛指人民起义▷当封建统治阶级的苛捐杂税逼得人走投无路时，老百姓便会揭竿而起。|李自成揭竿而起，四方应者如云。≈官逼民反。

嗟来之食 jiē lái zhī shí 嗟：无礼的招呼声，相当于"喂"。据《礼记·檀弓下》载：春秋时齐国发生饥荒，有个名叫黔敖的人在路边向饥民施舍食物。有一个饥民用衣袖遮着脸，慢慢地走来。黔敖见了，便左手拿吃的，右手拿喝的，对他大声招呼道："嗟，来食！"("喂，来吃吧！")那个饥民瞪着眼睛说："我正因为不吃嗟来之食，才饿成这个样子的。"黔敖立即向他道歉，但那饥民仍然坚决不吃，最后饿死了。后用"嗟来之食"表示带有侮辱性的或不怀好意的施舍▷朱自清教授宁肯饿死，也不吃嗟来之食，这种傲骨，永远令后人敬仰。

街谈巷议 jiē tán xiàng yì 人们在大街、小巷里谈说、议论。语出汉·张衡《西京赋》："辩论之士，街谈巷议。"后用"街谈巷议"泛指民间的舆论▷这事早已街谈巷议，不算新闻了。|这名记者对街谈巷议一向关注，认为是捕捉社会热点的途径之一。≈议论纷纷|说长道短。

街头巷尾 jiē tóu xiàng wěi 泛指大街小巷，各处地方▷街头巷尾挤满了看热闹的人。|全民健康的宣传工作要深入到街头巷尾。≈大街小巷|三街六市。

孑然一身 jié rán yī shēn 孑：单独，孤单。形容孤零零的一个人▷他已人到中年了，可仍未成婚，还是孑然一身。|他孑然一身，也没什么好牵挂的，便毅然远渡重洋，去国外开辟一片新天地。≈形单影只|形影相吊|孤苦伶仃|茕茕孑立◇人丁兴旺。

节外生枝 jié wài shēng zhī 节：树木枝杈的部位。枝节上又生出枝杈。语本宋·朱熹《答吕子约书》："读古人书……若左遮右拦，前拖后拽，随语生解，节上生枝，则更读万卷书，亦无用处也。"后用"节外生枝"比喻在问题外又岔生出新问题▷由于对方节外生枝，谈判陷入了僵局。|有人蓄意挑拨离间，节外生枝，破坏团结。≈横生枝节|别生枝节◇一帆风顺。

节衣缩食 jié yī suō shí 语本唐·杜牧《燕将录》："缩衣节口，以赏战士。"后用"节衣缩食"形容生活节俭▷他节衣缩食，把积攒的钱捐献给灾区人民。≈省吃俭用|开源节流|精打细算|克勤克俭|艰苦朴素◇铺张浪费|大手大脚|暴殄天物|穷奢极侈。

劫富济贫 jié fù jì pín 劫：强行夺取。夺取富人的财物，救济穷人▷《水浒传》里的黑旋风李逵是个劫富济贫的好汉。|农民起义初期，常常打出"劫富济贫"的旗号。

劫后余生 jié hòu yú shēng 劫：灾难。灾难后幸存下来的生命▷谈起当年集中营的情况，他心中总有一种劫后余生的恐惧感。|大家劫后余生，还能重新相见，真是不容易啊！≈大难不死|死里逃生◇在劫难逃。

洁身自好 jié shēn zì hào 自好：自爱。指保持自身的纯洁，不同流合污▷只有洁身自好的人，才能抵御外来的种种诱惑。|洁身自好固然是一种美德，但也有其消极的一面，那就是往往过分关心自己，很少关心别人。≈冰清玉洁|独善其身◇随波逐流|同流合污。

[提示]好，不读"hǎo"。

结草衔环 jié cǎo xián huán 结草：《左传·宣公十五年》载，春秋时晋国的魏武子临终时，嘱其子魏颗用自己的宠妾殉葬。魏武子死后，魏颗却让那个宠妾改嫁了。后来魏颗与秦国将领杜回作战，见一老人用打成结的草绊倒杜回，杜回因此被擒。魏颗夜里梦见那老人自称是那个宠妾的父亲，特来报答魏颗救自己女儿的活命之恩。衔环：南朝梁·吴均《续齐谐记》载，东汉杨宝九岁时，救了一只即将死去的黄雀，并用黄花喂它。一百多天后，黄雀羽毛丰满，就飞走了。夜里，有黄衣童子衔白玉环四枚给杨宝，并说要使他的子孙位居高官，

J

结果果然应验。后用“结草衔环”比喻感恩图报，至死不忘▷您对我全家的活命之恩，我就是结草衔环，也难报答。|当年他口口声声说要结草衔环地报答我，如今却恩将仇报，气得我差点吐血。

结党营私 jié dǎng yíng sī 结党：结成小集团、小宗派。营私：谋私利、干坏事。指结成团伙，谋取私利▷他们拉帮结派，结党营私，所作所为令人不齿。|这伙人结党营私，互相包庇，干尽了伤天害理的事。◇洁身自好|独善其身。

桀骜不驯 jié ào bù xún 桀骜：性情暴烈。驯：驯服。语本宋·岳珂《桯史·燕山先见》：“郭药师统其卒，曰常胜军，怙宠负众，渐桀骜不可驯。”后用“桀骜不驯”形容性情凶暴倔强，不服从约束管教▷他几经周折，终于制服了这匹桀骜不驯的野马。|他一向桀骜不驯，自由散漫惯了，结婚后却被夫人管得服服帖帖。

捷足先登 jié zú xiān dēng 捷：敏捷，快。足：脚步。登：指达到目标。语本《史记·淮阴侯列传》：“秦失其鹿，天下共逐之，于是高材疾足者先得焉。”后用“捷足先登”指行动迅速的人首先达到目标▷我若是不早采取行动，他必然会捷足先登。|他自信这是发展前途良好的行业，所以想做一个捷足先登的先行者。◇瞠乎其后。

截然不同 jié rán bù tóng 截然：界限分明的样子。指毫无共同之处▷他们虽然是弟兄俩，但性格、爱好截然不同。|对于同一件事竟然有两种截然不同的说法，这真令人奇怪。≈迥乎不同|泾渭分明◇一模一样|如出一辙。

竭泽而渔 jié zé ér yú 竭：尽。泽：沼泽，池塘。放干了池水捉鱼。语出《吕氏春秋·义赏》：“竭泽而渔，岂不获得？而明年无鱼。”后用“竭泽而渔”比喻做事只图眼前利益，而不作长远打算▷有些人为了赚钱，乱捕幼鱼、幼蟹，这种竭泽而渔的做法破坏了生态平衡，必然遭到大自然的报复。≈杀鸡取卵◇留有余地|高瞻远瞩|从长计议。

解甲归田 jiě jiǎ guī tián 甲：古代将士作战时穿的护身衣，一般用金属或皮革制成。脱掉铠甲，回家种田。指战士退伍还乡▷军阀混战的年月，当兵的都盼着解甲归田的那一天早日到来。|我做了三十年的机修工，现在年纪大了，该解甲归田了。◇投笔从戎。

解囊相助 jiě náng xiāng zhù 囊：口袋。解开口袋，掏出钱物来帮助别人。形容慷慨大方地帮助别人▷老李的妻子病重住院，家中经济困难，同事们知悉后纷纷解囊相助。|像这样对并不熟悉的困难群众也慷慨解囊相助的好事，他一生中不知做了多少。◇一毛不拔。

解衣推食 jiě yī tuī shí 解衣：脱下自己的衣服给别人穿。推食：让出自己的食物给别人吃。语本《史记·淮阴侯列传》：“汉王授我上将军印，予我数万众，解衣衣我，推食食我。”后用“解衣推食”形容对人关怀备至▷研究所的所长对手下的科技人员解衣推食、关怀备至，因而极大地调动了大家的工作积极性。|看到老人如今穷困潦倒的惨景，想起当年他对我解衣推食的热情扶助，我的眼睛不由得湿润了。≈嘘寒问暖◇漠不关心。

戒骄戒躁 jiè jiāo jiè zào 戒：警惕，预防。骄：骄傲自满。躁：性急，不冷静。指时时警惕，防止骄傲和急躁▷在毕业

典礼上，校长勉励同学们要戒骄戒躁，努力工作和学习，为社会多做贡献。|无论做出了多大的贡献，我们都应该谦虚谨慎、戒骄戒躁，全心全意地为人民服务。

借刀杀人 jiè dāo shā rén 比喻自己不出面，利用别人去害人▷你千万小心，别轻举妄动，中了他借刀杀人的诡计。|这家伙借刀杀人，除去了竞争对手。◇赤膊上阵。

借古讽今 jiè gǔ fěng jīn 借：假托。讽：讥讽，讽刺。借助古代的人或事来讽刺、批评现实▷封建社会有社会责任感的知识分子往往在文章中借古讽今，谴责当下统治阶级的腐败政策。|这部电影借古讽今，明眼人一看便知。≈以古非今◇直言不讳。

借花献佛 jiè huā xiàn fó 语本《过去现在因果经》卷一："今我女弱不能得前，请寄二花以献于佛。"后用"借花献佛"比喻用别人的东西做人情▷这本书是朋友送我的，既然你喜欢，我就借花献佛，转送给你吧。|今天有人送来极新鲜的山鸡，我就借花献佛，请大家一起来品尝一下吧。≈顺水人情。

借尸还魂 jiè shī huán hún 迷信者认为人死后其灵魂可附于别人的尸体上而复活。后用"借尸还魂"比喻已经死亡或没落的事物借用别的名义以另一种形式重新出现▷近年来，一些旧事物以改革开放的名义而借尸还魂的现象时有发生。|某些所谓的"易经大师"正是借"继承传统优秀文化"的名义，将封建迷信的东西借尸还魂，欺骗广大群众，造成了严重的社会危害。

借题发挥 jiè tí fā huī 借某一个题目来做文章，以发表自己的真实意见。多指假借某事为由，去做其他的事▷他心里很清楚，这次弟兄争吵并不是为了喝酒这样的区区小事，他们弟兄一向面和心不和，这次不过是借题发挥罢了。|这种借题发挥的事，明眼人一眼就看出来了。

斤斤计较 jīn jīn jì jiào 斤斤：看得很清楚的样子，引申为琐碎、细小。形容过分看重或计较琐细的事物▷我们从小就要培养宽阔的胸怀，不要老是斤斤计较个人得失。|管理者在原则问题上不能马虎草率，在小事情上则不必斤斤计较。≈锱铢必较|掂斤播两◇宽宏大量|方寸海纳。

今非昔比 jīn fēi xī bǐ 昔：过去。今天不是过去所能比得上的。形容变化很大，有了很大的改观▷踏上家乡的土地，老人不由得发出了今非昔比的感叹。|这里的今非昔比，不是一两句话能说得清楚的。

金榜题名 jīn bǎng tí míng 金榜：科举时代称殿试（皇帝为主考官）揭晓的榜。原指封建社会的读书人在科举殿试中被录取。后用"金榜题名"泛指考试后榜上有名或竞争比赛中获名次▷金榜题名是封建社会知识分子梦寐以求的理想。|他这样努力、刻苦，看来这次金榜题名是有希望的。≈独占鳌头|蟾宫折桂◇名落孙山|榜上无名。

金碧辉煌 jīn bì huī huáng 金：金黄色。碧：翠绿色。辉煌：光辉灿烂。语本南朝梁·萧子显《御讲摩诃般若经序》："芝英让巧，金碧相辉。"后用"金碧辉煌"形容建筑物或陈设华丽精致，光彩夺目▷故宫的建筑金碧辉煌，气势非凡。|夕阳映照下的寺庙群金碧辉煌，十分迷人。≈富丽堂皇|雕梁画栋。

金蝉脱壳 jīn chán tuō qiào 蝉：昆虫名，即“知了”。壳：坚硬的外皮。蝉由幼虫变为成虫时要脱壳而出。比喻用计逃脱而不使人发觉▷在局势危急的时候，他用金蝉脱壳之计，将所有的家产都转移去了海外。|在我军的四面埋伏中，敌军将领竟金蝉脱壳，脱下了将军制服，翻墙逃跑了。

金城汤池 jīn chéng tāng chí 金城：金属铸成的城墙。汤池：沸水流淌的护城河。金属铸成的城墙，沸水流淌的护城河。语出《汉书·蒯通传》：“边地之城，必得婴城固守。皆为金城汤池，不可攻也。”后用“金城汤池”形容防守坚固、不易被攻破的城池▷全城军民同仇敌忾，将城市防守得如同金城汤池，敌军一时之间倒也难以攻下。|这座被敌军吹嘘为金城汤池的繁华都市，在我军的强大攻势下，很快就被攻克了。≈铜墙铁壁|壁垒森严。

金刚努目 jīn gāng nǔ mù 金刚：佛寺山门的四大天王塑像，称“四大金刚”。努目：瞪大眼睛，眼珠突出。语出《太平广记》卷一七四引《谈薮》：“金刚努目，所以降服四魔；菩萨低眉，所以慈悲六道。”后用“金刚努目”形容面目严厉威猛，令人望而生畏▷别看李老师生起气来一副金刚努目的样，其实他的心地可好呢。|他被激怒了，平日和蔼的笑容不见了，金刚努目，威风凛凛地站在那儿，吓得几个坏小子胆战心惊。

金戈铁马 jīn gē tiě mǎ 戈：古代一种兵器。铁马：身上披着铁甲的战马。语出《新五代史·李袭吉传》：“金戈铁马，蹂践于明时。”后用“金戈铁马”指战争生涯▷他在金戈铁马的战争年代里，依然手不释卷，勤奋地学习着科学知识。也形容军队威武雄壮▷曹操的军队金戈铁马，逞威于北方大地，却最终败于赤壁一战。

金鸡独立 jīn jī dú lì 原指单腿站立的一种武术动作。后泛指用一足站立▷你就站在这桌子上金鸡独立，那一条腿不许放下。

金科玉律 jīn kē yù lǜ 科、律：指法律条文。指法律条文十分完美。语本汉·扬雄《剧秦美新》：“懿律嘉量，金科玉条。”后用“金科玉律”比喻不可变更的章程、信条▷杨朱学派一向把“人不为己，天诛地灭”奉为金科玉律。|前人的经验，并非金科玉律，仍需不断丰富、修正。

金口玉言 jīn kǒu yù yán 金口：比喻皇帝的嘴。玉言：圣旨。皇帝讲的话。语本《晋书·夏侯湛传》：“今乃金口玉音，漠然沉默。”后用“金口玉言”泛指言语正确，不能改变▷难道你的话是金口玉言，别人非要服从不可？|老校长金口玉言，叫我这个小教员怎敢不低头顺脑。≈至理名言◇凿空之论|不经之谈。

金瓯无缺 jīn ōu wú quē 金瓯：金子或金属制成的盛酒器。金瓯没有缺损。语本《梁书·侯景传》：“我家国犹若金瓯，无一伤缺。”后用“金瓯无缺”比喻国土完整无缺▷为了金瓯无缺，将士们在前线浴血奋战。|只有统一了国家，做到了金瓯无缺，才能无愧于我们的子孙后代。◇山河破碎|残山剩水。

金屋藏娇 jīn wū cáng jiāo 《汉武故事》载：汉武帝年幼时喜爱表妹阿娇，想建金屋娶她为妻。后用“金屋藏娇”形容娶妻或纳妾▷当时小王恋着杨小姐，小李也恋着杨小姐，各有金屋藏娇之意。|

王老板虽热衷金屋藏娇，但又生怕太太知道。

金玉良言 jīn yù liáng yán 像黄金和宝玉那样的好话。比喻珍贵的劝告或教诲▷老校长的话，句句是金玉良言，使我对自己的过错悔恨不已。|老哥哥的话，句句是金玉良言。≈肺腑之言|药石之言|至理名言◇花言巧语。

金针度人 jīn zhēn dù rén 度：通“渡”，过渡，引申指传授。唐·冯翊《桂苑丛谈·史遗》载：唐肃宗时，郑侃的女儿采娘年方十六。有一次七月初七祭拜织女时，得到了织女赠送的金针，从此她的刺绣技术就变得非常出色。后用“金针度人”比喻把高超的技艺或诀窍传授给别人▷他多年来金针度人，带出了一大批技术高手。|他的师傅毫不保守地将自己的绝活传授给了他，金针度人，使他获益匪浅。

金枝玉叶 jīn zhī yù yè 黄金做成的枝条，玉石做成的叶片。指华美的枝叶。语出晋·崔豹《古今注》引汉·应劭《风俗通》佚文：“黄帝战蚩尤于涿鹿，常有五色云气，金枝玉叶，止于帝上，因作华盖。”后用“金枝玉叶”比喻帝王的子孙后代或出身富贵之家的子女▷他的祖父是清朝的亲王，他倒是个货真价实的金枝玉叶呢。|我并不把自己女儿看成是金枝玉叶，让她干点家务活是完全应该的。

金字招牌 jīn zì zhāo pái 招牌：挂在商店门前写明店名的牌子。商店用金粉涂写字的招牌。比喻向人炫耀的名义或称号▷他逢人便亮出大学教授的金字招牌，其实是金玉其外，败絮其中。|他凭着作家的金字招牌，到处招摇撞骗。

津津乐道 jīn jīn lè dào 津津：兴趣浓厚的样子。乐道：喜欢谈论。形容很有兴趣地谈论▷孙悟空大闹天宫的故事，最为小朋友津津乐道。|对昨天那场球赛，津津乐道者大有人在。≈津津有味|兴致勃勃◇味同嚼蜡|索然无味。

津津有味 jīn jīn yǒu wèi 津津：兴趣浓厚的样子。味：兴味，兴趣。形容有滋味，有兴趣▷战士们吃一把炒豆咬一口肉，吃得津津有味。|孩子们津津有味地在看动画片。≈津津乐道|兴致勃勃◇索然寡味|味同嚼蜡。

筋疲力尽 jīn pí lì jìn 筋：筋骨。尽：完。形容非常疲劳，一点儿力气也没有了▷老师白天、晚上都为我们操心，常常累得筋疲力尽。|放学后，我们帮助孤寡老人大扫除，回家时，我已筋疲力尽了。≈人困马乏|心力交瘁◇精神抖擞|容光焕发|生龙活虎|余勇可贾。

襟怀坦白 jīn huái tǎn bái 襟怀：胸襟，胸怀。坦白：心地纯洁，语言直率。形容心地纯洁坦荡、正直无私▷我们的班主任老师是个襟怀坦白、正直无私的人。|一个共产党员就应当是襟怀坦白、忠诚积极、以革命利益为第一生命的人。≈光明磊落◇心怀鬼胎|居心叵测。

紧锣密鼓 jǐn luó mì gǔ 锣鼓声敲打得又密又紧。比喻相互配合，进行着紧张的准备▷执政党和在野党都在紧锣密鼓地为竞选而大造舆论。|公司的全体员工正紧锣密鼓，为下个月新产品的上市而紧张准备着。◇偃旗息鼓。

锦囊妙计 jǐn náng miào jì 锦囊：用丝织品做成的袋子。装在锦囊里的、在危急时拆开看的绝妙计策。比喻能及时解决危急或疑难问题的好计策、好办法▷采用了教练的锦囊妙计，我们才赢得了

这场比赛的胜利。|关键时刻,刑侦队长的锦囊妙计,使罪犯乖乖地落进了我们的包围圈。≈神机妙算◇无计可施|一筹莫展|计无所出。

锦上添花 jǐn shàng tiān huā 在织锦上再绣花。比喻使本来美好的事物更美好▷对于还在为温饱而努力的人们来说,需要的不是锦上添花,而是雪中送炭。|昨天小明夺得了全校跳远冠军,今天又锦上添花,夺得了全校跳高冠军。≈如虎添翼|精益求精|珠联璧合◇雪上加霜。

锦心绣腹 jǐn xīn xiù fù 语本唐·李白《冬日于龙门送从弟京兆参军令问之淮南觐省序》:"常醉目吾曰:'兄心肝五藏(脏)皆锦绣耶?不然,何开口成文,挥翰雾散?'"后用"锦心绣腹"比喻优美的文思,华丽的辞藻▷他是一位锦心绣腹的文学天才。|看了他的作品,老师称赞他锦心绣腹。≈生花妙笔|笔补造化|语妙天下。

[提示]也作"锦心绣口"。

锦绣河山 jǐn xiù hé shān 锦绣:精美华丽的丝织品。河山:江河山岭。像锦绣那样美丽的大地。语本唐·杜甫《清明》诗之二:"秦城楼阁烟花里,汉主山河锦绣中。"后用"锦绣河山"比喻美丽可爱的祖国大地▷祖国的锦绣河山决不容侵略者践踏。|旅游的目的之一,就在于能领略祖国锦绣河山。

锦绣前程 jǐn xiù qián chéng 锦绣:精美的丝织品。前程:前途。像锦绣那样美丽灿烂的前途。形容前途光辉灿烂,无限美好▷一个人的锦绣前程,需要自己去努力创造。|他有这么好的工作条件,却因急功近利而断送了自己的锦绣前途。

锦衣玉食 jǐn yī yù shí 锦衣:华美的衣服。玉食:精美的食物。华美的衣服和精美的食物。语出《魏书·常景传》:"锦衣玉食,可颐其形。"后用"锦衣玉食"形容奢侈豪华的生活▷她过惯了锦衣玉食的富家生活,一下子很难适应农村的艰苦条件。|追求生活的锦衣玉食,也是人之常情。

谨小慎微 jǐn xiǎo shèn wēi 对细小的问题或细微的事物都非常小心谨慎。语本《淮南子·人间》:"圣人敬小慎微,动不失时。"后用"谨小慎微"形容为人处世十分谨慎,以至缩手缩脚▷我们既反对大大咧咧,冒冒失失,也反对胆小怕事,谨小慎微。≈谨言慎行|小心翼翼|临深履薄◇轻举妄动|胆大妄为|恣意妄为。

谨言慎行 jǐn yán shèn xíng 谨、慎:小心,谨慎。言:说话。行:行动。语本《礼记·缁衣》:"故言必虑其所终,而行必稽其所蔽,则民谨于言而慎于行。"后用"谨言慎行"指说话小心,行动谨慎▷她平日谨言慎行,稳重端庄。|真想不到,他平时谨言慎行的样子竟然是伪装出来的,他实际上是个杀人越货的江洋大盗。≈谨小慎微|小心谨慎◇毛手毛脚|放荡不羁。

尽力而为 jìn lì ér wéi 尽:全部。为:做。语本《孟子·梁惠王上》:"以若所为求若所欲,尽心力而为之,后必有灾。"后用"尽力而为"指用全部力量去做▷这件事我一定尽力而为,请您放心。|几十年来,无论做什么事,他总是勤勤恳恳,尽力而为的。≈全力以赴|竭尽全力|尽心竭力◇敷衍塞责|敷衍了事。

尽人皆知 jìn rén jiē zhī 尽：所有的，全部。皆：都。所有的人都知道▷这件事已经是尽人皆知，你何必再隐瞒呢？｜他的绘画才能已是尽人皆知，但他的古文功底之厚实却鲜有人知。≈家喻户晓｜妇孺皆知◇鲜为人知｜一无所知。

尽善尽美 jìn shàn jìn měi 尽：到达极限。善：完善。《论语·八佾》载：孔子曾经称赞《韶》乐："尽美矣，又尽善也。"后用"尽善尽美"形容完美，没有缺陷▷这家超一流的现代化剧场的设施，可谓尽善尽美。｜你是个理想主义者，总是追求尽善尽美的境界。≈十全十美｜完美无缺｜白璧无瑕◇一无是处｜一无可取。

尽态极妍 jìn tài jí yán 态：姿态。妍：美丽。使仪态艳质极尽地显示出来。语出唐·杜牧《阿房宫赋》："一肌一容，尽态极妍，缦立远视而望幸焉。"后用"尽态极妍"形容人、景物、诗文、字画等展现的美好姿态达到极点▷太阳从地平线上冉冉升起，霞光万道，染红了远处的山峦、田野、村庄，尽态极妍。｜这次时装模特儿穿着春季最流行款式的服装进行表演，真称得上是尽态极妍，给我们留下了很深刻的印象。

尽心竭力 jìn xīn jié lì 尽、竭：全部。用尽心思，使出全力。形容用出了全部的智慧和力量▷经过医生尽心竭力的抢救，他终于脱离了生命危险。｜临行前，他的父亲叮嘱他："只要尽心竭力地为大众服务，你就是报答了我的养育之恩。"◇敷衍了事｜敷衍塞责。

尽忠报国 jìn zhōng bào guó 尽忠：赤诚无私，诚心尽力。报：报答，报效。语出《周书·颜之仪传》："公等备受朝恩，当思尽忠报国。"后用"尽忠报国"指竭尽忠心，报效国家▷历史上许多尽忠报国的感人事迹传颂至今。｜在忠孝不能两全的情况下，尽忠报国才是一个大英雄的正确选择。◇里通外国｜卖国求荣｜认贼作父。

进退维谷 jìn tuì wéi gǔ 维：文言虚词。谷：山谷，比喻困境。无论前进还是后退，都摆脱不了困境。语出《诗经·大雅·桑柔》："人亦有言，进退维谷。"后用"进退维谷"比喻进退两难▷前面是悬崖，后面是追兵，他陷入了进退维谷的绝境。｜我们必须摆脱眼下这种进退维谷的处境，尽快找到自救的出路。≈进退两难｜进退失据｜骑虎难下◇进退自如。

近水楼台 jìn shuǐ lóu tái 近：临近。语本宋·俞文豹《清夜录》："范文正公（范仲淹）镇钱塘，兵官皆被荐，独巡检苏麟不见录，乃献诗云：'近水楼台先得月，向阳花木易为春。'"后用"近水楼台"比喻由于接近某人或某事物，因而能得到优先的机会或好处▷此地水产丰富，他们得近水楼台之便，建了个水产加工厂。｜小王的父母一个是局长，一个是经理，但他们不搞"近水楼台"那一套，至今小王还是一个修理工。≈捷足先登｜得天独厚。

近悦远来 jìn yuè yuǎn lái 悦：喜悦，高兴。语本《论语·子路》："叶公问政。子曰：'近者说（悦），远者来。'"后用"近悦远来"指邻近的人由于受到恩惠而感到喜悦，遥远地方的人就闻风来归▷这家商店公平交易、热情待客，所以一时近悦远来，生意兴隆。｜在诸侯争霸、战火纷飞的春秋战国时代，真正要做到百姓怀德、近悦远来，也是件不容易的事。

近在咫尺 jìn zài zhǐ chǐ 咫：古代计量单位，八寸。距离近得只在八寸、一尺之间。语出宋·苏轼《杭州谢上表》："凛然威光，近在咫尺。"后用"近在咫尺"形容相距极近▷他专心致志地读着书，对近在咫尺的吵闹声充耳不闻。|这家公司与我们的单位近在咫尺。◇天涯海角|天各一方。

噤若寒蝉 jìn ruò hán chán 噤：闭口不作声。若：好像。寒蝉：深秋的知了。像深秋天冷时的蝉那样一声不响。语本《后汉书·杜密传》："刘胜位为大夫，见礼上宾，而知善不荐，闻恶无言，隐情惜己，自同寒蝉，此罪人也。"后用"噤若寒蝉"比喻不敢说话或沉默不语▷他的话说完了，台下有几个人拼命地高声鼓掌，而更多的人却噤若寒蝉，面面相觑。|老师在讲台上大发雷霆，学生们噤若寒蝉。≈噤口卷舌|三缄其口◇畅所欲言|直抒己见。

泾渭分明 jīng wèi fēn míng 泾、渭：河名，渭水浊，泾水清。泾水和渭水合流时清浊非常分明。语本《诗经·邶风·谷风》："泾以渭浊，湜湜其沚。"湜(shí)湜：水清澈的样子。沚(zhǐ)：水中的小块陆地。后用"泾渭分明"比喻界限清楚▷通过辩论，谁对谁错，已经泾渭分明。|拾金不昧和贪图别人钱财，两者之间的界限是泾渭分明的。≈黑白分明◇黑白混淆。

经久不息 jīng jiǔ bù xī 经久：经过很长的时间。息：停止，停息。经过很长时间都没有停止▷在会议上，当主持人宣布已经完成会议的全部议程、目标时，全场响起了雷鸣般经久不息的掌声。|在年会上，董事长宣布公司年利润实现一百亿的话音刚落，全体员工感到无比激动，掌声、笑声、歌声此起彼伏，经久不息。◇昙花一现|稍纵即逝。

经天纬地 jīng tiān wěi dì 经、纬：织物的直线叫经、横线叫纬，"经纬"比喻全面地规划治理。语本《左传·昭公二十八年》："经纬天地曰文。"后用"经天纬地"指治理天下▷他纵有经天纬地之才，但不受重用，只能空自叹息。|他自称自己能经天纬地，所以高傲得很，不把任何人放在眼里。

惊弓之鸟 jīng gōng zhī niǎo 《战国策·楚策四》载：魏国有个射箭能手叫更羸。一天，他在魏王面前只拉了一下空的弓弦，一只雁就应声坠下，魏王觉得奇怪。更羸解释说："我见这只雁飞得慢，叫声也悲切，知道它受过的箭伤还未痊愈，惊恐之心还未平复，所以一拉弓弦，它听到弓弦响，便吓得掉下来。"后用"惊弓之鸟"比喻受过惊吓而遇到类似情况就惊恐不安的人▷一听到刑侦队长的大名，那些坏家伙便如惊弓之鸟，四处逃窜。|敌军屡遭重创，早已成惊弓之鸟。≈风声鹤唳|草木皆兵|杯弓蛇影|心有余悸◇心闲气定|临危不惧|处变不惊。

惊惶失措 jīng huáng shī cuò 失措：举止失去常态。语出《北齐书·元晖业传》："孝友临刑，惊惶失措，晖业神色自若。"后用"惊惶失措"指因恐慌惧怕而举动失去常态▷如果遇到突如其来的变故，你们也一定不要惊惶失措。|面对突然的爆炸，人们惊惶失措，四处躲避。◇泰然自若|镇定自如。

[提示]也作"惊慌失措"。

惊魂未定 jīng hún wèi dìng 惊魂：惊

慌的心神。定：镇定。语出宋·苏轼《谢量移汝州表》:“只影自怜,命寄江湖之上；惊魂未定,梦游缧绁之中。”后用“惊魂未定”指惊慌失措的心神尚未镇定下来▷他虽然侥幸脱险,但惊魂未定,仍然心有余悸。|枪声突然响起,就在人们惊魂未定之时,一条黑影从天而降。

惊恐万状 jīng kǒng wàn zhuàng 万状：各种样子。显露出种种害怕的样子。形容极端害怕▷听到同伙被击毙的消息,惊恐万状的犯罪分子不知如何是好。|他第一次看到炮火下尸骨横飞的惨状,惊恐万状,吓得簌簌发抖。◇行若无事|泰然自若|镇定自如。

惊世骇俗 jīng shì hài sú 骇：震惊。言行奇特,使世人惊骇▷呵呵,老兄高明之见,真可谓惊世骇俗。|“五四”时期,革命青年提倡白话文,反对八股文,被那些遗老遗少看作是惊世骇俗之举。≈惊天动地|惊心动魄◇司空见惯|习以为常。

惊涛骇浪 jīng tāo hài làng 令人惧怕的大风浪。比喻险恶的环境或遭遇▷海军战士个个都是从惊涛骇浪中锻炼出来的。|社会这个大海洋里,也常有惊涛骇浪,我们要学会在里面“游泳”。≈狂风恶浪|大风大浪◇风平浪静|波澜不惊|水波不兴。

惊天动地 jīng tiān dòng dì 语出唐·白居易《李白墓》诗:“可怜荒陇穷泉骨,曾有惊天动地文。”后用“惊天动地”形容声音响亮▷球场上传来了惊天动地的欢呼声。也形容所从事的事业十分伟大或发生的事件意义十分巨大▷这些劳动模范在自己平凡的岗位上做出了惊天动地的贡献。≈震古烁今◇微不足道|无足轻重|无声无息。

惊喜交加 jīng xǐ jiāo jiā 惊喜：又惊又喜。震惊和喜悦交织在一起▷她一看到眼前走失了三天,被警署找回的儿子时,惊喜交加,连一句感谢的话都说不出来。|当他看到分别了近五十年的妻子时,惊喜交加,夫妻拥抱在一起,老泪纵横。

惊喜若狂 jīng xǐ ruò kuáng 若：好像。又惊又喜,高兴得像发狂一样。形容意外的喜悦达到了极点▷他惊喜若狂地把将要进行人工降雨的消息,告诉给了遭受九个月未下雨之苦的乡亲们。|听到离家七十年之久的弟弟将要从海外回到故乡的消息,他惊喜若狂。≈大喜过望|欢天喜地◇忧心如焚|愁肠百结。

惊心动魄 jīng xīn dòng pò 语本晋·王嘉《拾遗记·越谋灭吴》:“越又有美女二人……窃窥者莫不动心惊魄,谓之神人。”后用“惊心动魄”形容对人的内心震动很大▷火山爆发的场面惊心动魄。|这部电影史诗般地再现了那一幕惊心动魄的场景。◇司空见惯。

兢兢业业 jīng jīng yè yè 兢兢：小心谨慎的样子。业业：担心害怕的样子。语出《尚书·皋陶谟》:“兢兢业业,一日二日万几(机)。”后用“兢兢业业”形容做事小心,勤恳认真▷我的师傅在平凡的岗位上,兢兢业业干了四十几年。|老李工作一向兢兢业业,任劳任怨,大家都很尊敬他。≈脚踏实地|勤勤恳恳|克尽厥职|一丝不苟◇敷衍了事|视同儿戏。

精兵简政 jīng bīng jiǎn zhèng 精简军队编制,减少政府机构。泛指精简人员,紧缩机构▷管理机构要提高工作效率,只有精兵简政。◇叠床架屋。

精打细算 jīng dǎ xì suàn 形容筹划、计算得十分周密而精细▷由于妻子的精打细算，才使全家度过了那一段最为困难的日子。｜由于物价飞涨，尽管再怎样地精打细算，他们家还是入不敷出，全家的生活陷入了窘境。◇铺张浪费｜大手大脚。

精雕细刻 jīng diāo xì kè 精心而细致的雕刻▷苏州园林处处精致美丽，就连最普通的窗户也到处布满了精雕细刻的图案。也形容创作艺术作品时的精细▷这部小说抓住了局部的细节，精雕细刻，从而塑造了栩栩如生的人物形象。也比喻办事认真细致▷他无论干什么事，都精雕细刻，一丝不苟。◇粗制滥造。

精妙绝伦 jīng miào jué lún 伦：平常。语本宋·周密《武林旧事·灯品》："灯品至多。苏、福为冠，新安晚出，精妙绝伦。"后用"精妙绝伦"形容事物精细美妙，无与伦比▷断臂维纳斯雕像是一件精妙绝伦的艺术品。｜外国朋友在参观了工艺美术展览馆后，对那些精妙绝伦的艺术品发出了由衷的赞叹。≈无可比拟｜无与伦比。

精明强干 jīng míng qiáng gàn 机灵聪明，办事能力强▷母亲是个精明强干的人，里里外外，大事小事，她都亲自去做，而且是那么有条不紊。｜这组警员都是些精明强干、"久经沙场"的能人，只消几日，就查出许多线索来。◇碌碌无能｜庸庸碌碌。

精神抖擞 jīng shén dǒu sǒu 抖擞：振作、振奋的样子。语本宋·释道原《景德传灯录·杭州光庆寺遇安禅师》："［僧］问：'光吞万象从师道，心月孤圆意若何？'师曰：'抖擞精神着。'"后用"精神抖擞"形容情绪饱满，精神振奋▷虽然天气寒冷，但同学们仍在操场上精神抖擞地做早操。｜经过长途行军，战士们依然精神抖擞，保持着旺盛的斗志。≈精神焕发｜神采奕奕◇萎靡不振。

精神焕发 jīng shén huàn fā 焕发：光采四射。语出宋·周密《癸辛杂识后集·太学文变》："江东李谨思……倡为变体，奇诡浮艳，精神焕发，多用《庄》《列》之语，时人谓之换字文章。"后用"精神焕发"形容精神振作，情绪饱满▷运动员排着整齐的队伍，精神焕发地走过主席台，接受检阅。｜瞧她今天精神焕发的样子，看来病已经痊愈了。≈精神抖擞｜朝气蓬勃｜意气风发｜神采奕奕◇无精打采｜垂头丧气｜萎靡不振｜精神恍惚。

精卫填海 jīng wèi tián hǎi 《山海经·北山经》载：炎帝的小女儿淹死在东海里。她的灵魂化作了一只鸟，形状像乌鸦，头上有花纹，白嘴，红脚，名叫"精卫"。它经常衔了西山上的小树枝、小石块投到东海里，想要把海填平。后用"精卫填海"比喻不畏艰难，意志坚定不移▷我们在改造自然的过程中，要有精卫填海的顽强精神。≈持之以恒｜矢志不渝｜夸父追日｜锲而不舍｜磨杵成针｜水滴石穿◇半途而废｜知难而退｜一曝十寒。

精益求精 jīng yì qiú jīng 精：完美。益：更加。语本宋·朱熹《四书集注·论语》："治玉石者，既琢之而复磨之，治之已精，而益求其精也。"后用"精益求精"指在已很完美的基础上，力求更好▷他精益求精地钻研医术，终于成为全市最著名的外科医生。｜学会了师傅传授的技艺，还要进一步精益求精，才能胜过师傅，做到青出于蓝而胜于蓝。

井底之蛙 jǐng dǐ zhī wā 井底的青蛙只能看见井口的一小块天空。语本《庄子·秋水》："井蛙不可语于海者，拘于虚

也。”后用“井底之蛙”比喻见识浅陋的人▷这些井底之蛙，怎能洞察造物的奇妙！|只有努力学习，开阔自己的眼界，才不至于沦为井底之蛙。

井井有条 jǐng jǐng yǒu tiáo 井井：整齐不乱的样子。条：条理，层次。语本《荀子·儒效》：“井井兮其有理也。”后用“井井有条”形容有条有理，丝毫不乱▷他是一个能干的人，能把繁琐的工作安排得井井有条。|星期天，我帮妈妈把房间收拾得井井有条。≈井然有序|有条有理|有条不紊◇杂乱无章|千头万绪|乱七八糟。

敬而远之 jìng ér yuǎn zhī 之：代词，指对方。对某人尊敬，但不愿接近。语本《论语·雍也》：“务民之义，敬鬼神而远之。”后用“敬而远之”指因种种原因，既尊敬对方，又与之保持一定距离▷我们虽同住一个宿舍，互相之间却敬而远之。|父亲是个不苟言笑的长辈，孩子们对他都敬而远之。≈不即不离|若即若离。

敬老爱幼 jìng lǎo ài yòu 老：年长的人。幼：儿童。语本《孟子·告子下》：“敬老慈幼，无忘宾旅。”后用“敬老爱幼”指年少的尊敬年长的，年长的爱护年少的▷敬老爱幼是中华民族的优良传统。|敬老爱幼是做人的基本准则之一。

敬谢不敏 jìng xiè bù mǐn 谢：辞谢，推辞。敏：聪明，有才干。语本《左传·襄公三十一年》：“使士文伯谢不敏焉。”后用“敬谢不敏”指恭敬地辞谢，表示自己能力不够，难以胜任▷我实在没有艺术细胞，让我当文艺委员，我只能敬谢不敏。|对于组织的提拔和信任，我敬谢不敏，推辞再三。

敬业乐群 jìng yè lè qún 敬：看重，专注。业：这里指学业。乐：喜爱。群：同学、朋友。语出《礼记·学记》：“一年视离经辨志，三年视敬业乐群。”后用“敬业乐群”指专心致志于学业，喜爱与同学朋友切磋学问▷他从小就敬业乐群，深得老师的赞赏。|他的言行举止就已经表明了他是一位敬业乐群的人。

镜花水月 jìng huā shuǐ yuè 镜中花，水中月。指虚幻的、不可触摸的影像。语本晋·慧远《鸠摩罗什法师大乘大义》卷上：“如镜中像、水中月，见如有色，而无触等，则非色也。”后用“镜花水月”比喻想法或愿望不实际，不可能实现▷由于眼睛失明，学习绘画便成了镜花水月式的幻想，我无缘成为画家了。≈空中楼阁|痴心妄想◇毋庸置疑|信而有征。

迥然不同 jiǒng rán bù tóng 迥然：距离很远的样子。语出宋·张戒《岁寒堂诗话》卷上：“文章古今迥然不同。”后用“迥然不同”形容差别很大，完全不一样▷由于地位和经历的不同，他俩对同一事物的看法也迥然不同。|这两种迥然不同的说法，竟然出自同一人之口，实在令人惊异。≈截然不同|天壤之别|大相径庭◇大同小异|一模一样|半斤八两。

炯炯有神 jiǒng jiǒng yǒu shén 炯炯：明亮的样子。形容人的目光明亮有神▷这位老人两眼炯炯有神，一点看不出已是近七十高龄了。|孩子们炯炯有神的目光紧紧盯着老师，他们渴望得到新的知识。≈目光如炬◇眼大无神。

鸠占鹊巢 jiū zhàn què cháo 巢：鸟、兽的窝。斑鸠占据喜鹊所筑的窝。语本《诗经·召南·鹊巢》：“维鹊有巢，维鸠居之。”后用“鸠占鹊巢”比喻坐享其成或强占他人财产、位置等▷后进家门的

J

黑猫竟然鸠占鹊巢，把先前小花猫的窝强行霸占了。≈巧取豪夺。

［提示］也作“鹊巢鸠占”。

九九归一 jiǔ jiǔ guī yī 九九：泛指极多数。归一：统一，集中到一点。比喻归根到底▷西方有些国家一会儿指责那个国家侵犯人权，一会儿漫骂这个国家没有民主，九九归一，他们的目的，总不外乎两个字：霸权。|我已说了很多，九九归一，发展就是硬道理。

九牛一毛 jiǔ niú yī máo 九：虚数，表示多。许多条牛身上的一根毛。语本汉·司马迁《报任少卿书》：“假令仆伏法受诛，若九牛亡一毛，与蝼蚁何以异？”后用“九牛一毛”比喻极其渺小、轻微▷一个人的学问再好，在知识的海洋里也只是九牛一毛。|捐助穷孩子的那点钱，对于像他那样的富豪来说，不过是九牛一毛。≈沧海一粟|微不足道|微乎其微◇举足轻重。

九死一生 jiǔ sǐ yī shēng 九：表示多次。生：活。语本战国·屈原《离骚》：“亦余心之所善兮，虽九死其犹未悔！”后用“九死一生”形容历尽危险而幸存▷这次探险，队员们九死一生，其艰险程度难以想象。|这些老将军，都是从当年九死一生的战斗中冲杀出来的英雄好汉。≈绝处逢生|死里逃生|虎口余生◇安然无恙。

九霄云外 jiǔ xiāo yún wài 九霄：天空的极高处。语本唐·刘禹锡《同乐天登栖灵寺塔》诗：“步步相携不觉难，九层云外倚阑干。”后用“九霄云外”比喻极高远的地方▷他为了救助落水儿童，把个人的安危早已抛到九霄云外了。|哥哥打游戏入了迷，早把写作业的事忘到九霄云外了。◇近在咫尺。

久别重逢 jiǔ bié chóng féng 别：分离。逢：相遇。指亲人、好友等长久离别后又重新相遇▷老同学久别重逢，大家都显得格外兴奋。|看到他们弟兄们久别重逢的激动之情，旁观者无不热泪盈眶。

久而久之 jiǔ ér jiǔ zhī 指经过了相当长的时间▷如果大家都来植树造林，久而久之，我们的生活环境就会得到根本改善。|我以前虽然学过意大利语，但从未用过，久而久之，也就还给了先生。≈日久年深|天长日久。

久经沙场 jiǔ jīng shā chǎng 沙场：广阔的沙地，指战场。长时期在战场上搏斗。语本宋·释道原《景德传灯录·福州灵云志勤禅师》：“久战沙场，为甚么功名不就？”后用“久经沙场”比喻久经锻炼，有丰富的实践经验▷在座的诸位，哪一位不是经过层层选拔、久经沙场的老手呢？|他弃文从商十多年了，在商海也是个久经沙场的老将了。

酒酣耳热 jiǔ hān ěr rè 酒酣：酒喝得痛快。语出三国魏·曹丕《与吴质书》：“每至觞酌流行，丝竹并奏，酒酣耳热，仰而赋诗，当此之时，忽然不自知乐也。”后用“酒酣耳热”形容酒兴很浓，喝得畅快▷正当他们喝得酒酣耳热的时候，走过来两位民警。|老同学们聚会，个个喝得酒酣耳热，谈兴正浓。

酒囊饭袋 jiǔ náng fàn dài 囊：口袋。盛酒、装饭的口袋。语本汉·王充《论衡·别通》：“饱食快饮，虑深求卧，腹为饭坑，肠为酒囊，是则物也。”后用“酒囊饭袋”比喻只会吃喝、不会做事的无用的人▷如果习惯于别人的保护，不培养自己独立生活的能力，那么最终只能成为

酒囊饭袋。|这样的酒囊饭袋,也敢称个"侠"字,真是可笑!≈衣架饭囊|行尸走肉◇人中豪杰。

酒肉朋友 jiǔ ròu péng yǒu 指不务正业,只在一起吃喝玩乐的朋友▷最近,他有所醒悟,与那些酒肉朋友也逐渐疏远了。|他交往的多是些酒肉朋友,还想指望他们在关键时候帮忙吗?

酒色财气 jiǔ sè cái qì 指嗜酒、好色、贪财、逞气四种事▷自古以来,酒色财气害人匪浅,可偏偏还有人迷恋不舍。|这种人酒色财气俱全,已经是不可救药了。

酒足饭饱 jiǔ zú fàn bǎo 酒已喝足,饭已吃饱▷这些人酒足饭饱之后,便嘴巴一抹,扬长而去。|看到他们酒足饭饱的样子,就知道他们此刻的心情很好,有事得趁此时快说。

旧病复发 jiù bìng fù fā 语本《晋书·郭舒传》:"平子(王澄)以卿病狂,故掐鼻灸眉头,旧疢(chèn,病)复发邪?"后用"旧病复发"指曾得过的病又发作了▷他以前得过心脏病,这次旧病复发,看来情况不妙。也比喻旧嗜好、坏习惯等又重新发作了▷这家伙旧病复发,又在外面偷鸡摸狗了,真是屡教不改。

旧地重游 jiù dì chóng yóu 旧地:曾经居住过或游览过的地方。指重新来到以前居住过或游览过的地方▷离别故乡五十年后,老人旧地重游,只觉得物是人非,不由感慨万千。|这次到了西安,虽然是旧地重游,但因变化巨大,我依然游兴十足。

旧雨新知 jiù yǔ xīn zhī 旧雨:老朋友,语本唐·杜甫《秋述》:"常时车马之客,旧,雨来;今,雨不来。"指旧时宾客遇雨也来,而现在遇雨就不来了。后即以"旧雨"指老朋友。新知:新结交的朋友。后用"旧雨新知"泛指新、老朋友▷这次学术研讨会上,旧雨新知欢聚一堂,其乐融融。|他性格豪爽,最喜欢广交朋友,所以八十寿辰上,旧雨新知,济济一堂。

咎由自取 jiù yóu zì qǔ 咎:罪过,灾祸。罪过或灾祸是由自己招来的▷你们养痈贻患,酿成大祸,只能怪自己咎由自取,怨不得别人。|他结交了一大批不三不四的人,结果拖累了自己,真是咎由自取,不值得同情。≈自作自受|自食其果◇飞来横祸|无妄之祸。

救死扶伤 jiù sǐ fú shāng 死:这里指垂死的人。扶:扶持,照顾。语本《管子·轻重》:"舆死扶伤,死者过半。"舆:抬。后用"救死扶伤"指救护将死的人,照料受伤的人▷我们要发扬救死扶伤的人道主义精神。|救死扶伤是医生的崇高职责。◇见死不救。

就地取材 jiù dì qǔ cái 就:因,随。在当地或近处寻找所需的材料或人才▷为解决师资紧缺的矛盾,他们就地取材,通过考试,从社会人员中选拔了一批中学教师。|许多外资在华企业通过就地取材的方法,选用中国人作为公司的高级管理人员。

就事论事 jiù shì lùn shì 语出宋·杨时《语录·荆州所闻》:"孟子与人君言,皆所以扩其善心而革其非,不止就事论事。"后用"就事论事"指按事情本身的情况来评论事情的是非得失▷如果不涉及他俩以前的恩怨,就事论事地说,先动手的一方当然不对。也指孤立地就事物的表面现象来评论,而不涉及事物的本质及事物间的联系▷把这两件事割裂开来，就事论事地来看，当然毫无关系；但如果联系起来看，就明显地可以看出，它们是互为因果的。

居安思危 jū ān sī wēi 居，处于。思：想。语出《左传·襄公十一年》："《书》曰：'居安思危。'思则有备，有备无患，敢以此规。"后用"居安思危"指处在安定的环境里，要想到可能出现的危险和困难▷我们不应该对取得的成绩盲目乐观，而应保持清醒头脑，居安思危，不断进取。|在和平的岁月里，我们要居安思危，时刻警惕外来的威胁。≈有备无患◇高枕无忧。

居高临下 jū gāo lín xià 站在高处，面对低处。语本《淮南子·原道》："登高临下，无失所秉；履危行险，无忘玄伏。"后用"居高临下"形容处于有利的地势或地位▷我军居高临下，控制了山口。|他与人谈话，总是摆出一副居高临下的姿态。≈高屋建瓴。

居功自傲 jū gōng zì ào 居：站在，处于。指自以为有功而骄傲自大，目空一切▷有些干部做了一点工作就居功自傲，向人民伸手要名利、要地位。|小明为班级连续三年评上先进集体而立下汗马功劳，但他却从不居功自傲。◇功成不居。

居心叵测 jū xīn pǒ cè 叵：不可。测：推测。存心险恶，不可推测▷鸿门宴上，项羽居心叵测，刘邦前去赴宴，生死难料。|在这种困难情况下，他偏在背后挑拨离间，煽风点火，可见是一个居心叵测的家伙。≈心怀鬼胎|包藏祸心|图谋不轨◇光明磊落|光明正大|胸怀坦白。

鞠躬尽瘁 jū gōng jìn cuì 鞠躬：弯着身子，表示恭敬、谨慎。尽：竭尽。瘁：劳累。语本三国蜀·诸葛亮《后出师表》："臣鞠躬尽力，死而后已。"后用"鞠躬尽瘁"形容小心谨慎，不辞辛劳，竭尽全力▷无数革命先辈，为了人民的解放事业，鞠躬尽瘁，死而后已。≈赤胆忠心|竭忠尽智|竭尽全力◇敷衍塞责。

［提示］常与"死而后已"连用。

局促不安 jú cù bù ān 局促：拘束。形容拘谨不自然的样子▷他一见父亲和老师坐在那里，就有些局促不安。|他在十多位评委的注视下，依然很大方地站在那里，丝毫没有局促不安的神情。◇落落大方。

举案齐眉 jǔ àn qí méi 案：古代一种有脚的托盘。把盛饭的托盘举到和眉毛一样高，表示恭敬。语出《后汉书·梁鸿传》："［梁鸿］为人赁舂。每归，妻为具食，不敢于鸿前仰视，举案齐眉。"后用"举案齐眉"形容夫妻相敬相爱▷老夫妇一生举案齐眉，相亲相爱。≈相敬如宾|夫唱妇随|琴瑟和谐◇琴瑟不和|河东狮吼。

举不胜举 jǔ bù shèng jǔ 举：举例。胜：尽，完。举也举不完。形容很多▷近期校园里的好人好事举不胜举。|学生们为这位孤寡老人做的好事举不胜举。≈数不胜数|不胜枚举|不可胜数|不计其数|车载斗量◇寥寥无几|寥若晨星|屈指可数|聊胜于无。

举国上下 jǔ guó shàng xià 举：全。指全国各地区、各阶层▷香港回归祖国，举国上下一片欢腾。|伟人猝然去世，举国上下沉浸在一片悲痛之中。

举目无亲 jǔ mù wú qīn 举目：抬头看。抬头看望，四周没有一个亲人。形容非常孤单，无依无靠▷老伯母只生得大哥一人，却久不回家，在这里她举目无亲，也就

越加思念儿子。|她从家乡来到大城市，虽说举目无亲，却得到很多热心人的帮助。≈孤苦伶仃|无依无靠|形单影只。

举棋不定 jǔ qí bù dìng 举：拿起，拿着。拿着棋子不能决定怎么下子。语出《左传·襄公二十五年》："弈者举棋不定，不胜其耦。"后用"举棋不定"比喻做事犹豫不决▷小强和小莉都是品学兼优的好学生，到底选谁当班长呢？我还真有些举棋不定。|敌人已兵临城下，我们再也不能举棋不定了。≈犹豫不决|优柔寡断|迟疑不决◇当机立断。

举世闻名 jǔ shì wén míng 举世：全世界。全世界都知道的名声。形容名声极大▷中国的四大发明举世闻名。|《红楼梦》是举世闻名的文学经典。≈驰名中外|名满天下|闻名遐迩|尽人皆知◇默默无闻|无声无息。

举世无双 jǔ shì wú shuāng 举世：全世界。全世界没有第二个。形容极为罕见▷他有一枚价值连城、举世无双的邮票。|埃及金字塔是举世无双的伟大建筑。≈空前绝后|无与伦比◇平淡无奇|无独有偶。

举世瞩目 jǔ shì zhǔ mù 举：全。瞩目：注视。全世界的人都注视着。形容受到全世界人们的普遍关注▷举世瞩目的世界杯足球赛的各项准备工作均已就绪。|两个大国领导人的会晤，牵涉到整个世界今后几十年的命运，因此举世瞩目。

举一反三 jǔ yī fǎn sān 举：举例。反：类推。举出一个角，类推出其他三个角。语本《论语·述而》："举一隅不以三隅反，则不复也。"后用"举一反三"比喻例举一个方面就可类推出其他方面▷只有透彻理解老师的讲课内容，才能融会贯通，举一反三。

举重若轻 jǔ zhòng ruò qīng 举：抬起。若：好像。举起很重的东西，就好像摆弄很轻的东西。比喻能力强，能轻松自如地处理困难或胜任繁重的工作▷无论什么难题，到他手里便举重若轻，立刻解决。|他在创作书法作品时，笔下龙飞凤舞，却显得举重若轻。≈游刃有余|应付自如|得心应手。

举足轻重 jǔ zú qīng zhòng 举：抬起，移动。语本《后汉书·窦融传》："方蜀汉相攻，权在将军，举足左右，便有轻重。"后用"举足轻重"比喻地位重要，一举一动都能影响局势▷今天，中国在世界政治格局中已占有举足轻重的地位。|他在我们本地是个举足轻重的人物。≈一言九鼎|非同小可◇无足轻重|微不足道。

踽踽独行 jǔ jǔ dú xíng 踽踽：孤独的样子。语本《诗经·唐风·杕杜》："独行踽踽，岂无他人？"后用"踽踽独行"形容一个人孤单单独自走路▷他不管到哪里去，总是踽踽独行，很不合群。|他独自一人，在科学探索的道路上踽踽独行了几十年，终于取得了突破性进展。≈形单影只|孑然一身◇成群结队。

具体而微 jù tǐ ér wēi 具体：大体具备。微：小。语出《孟子·公孙丑上》："子夏、子游、子张皆有圣人之一体，冉牛、闵子、颜渊则具体而微。"后用"具体而微"指内容大体具备，只是规模较小▷这座工厂几十年的发展历史，具体而微地反映了我们国家建设的历史进程。|这盆景具体而微地反映出了黄山的特色。

据理力争 jù lǐ lì zhēng 据理：依据事理。力争：尽力争取。指根据道理尽

力争辩或争取▷涉及国家、集体的利益，不论大小，我们都要据理力争，不能迁就忍让。|消费者的利益受到损害时，我们应该据理力争，保护自己的合法权益。≈理直气壮◇强词夺理|理屈词穷。

聚精会神 jù jīng huì shén 聚：聚集。会：聚合，集中。原指集中众人的智慧。语出汉·王褒《圣主得贤臣颂》："聚精会神，相得益章。"章：同"彰"，显著。后用"聚精会神"形容注意力高度集中▷她聚精会神地做着作业，连妈妈回来也不知道。|同学们正在礼堂里聚精会神地观看文艺演出。≈全神贯注|专心致志|目不转睛◇心不在焉|心猿意马|漫不经心|魂不守舍。

聚沙成塔 jù shā chéng tǎ 儿童游戏时，把细沙堆聚成宝塔。语本《妙法莲花经·方便品》："乃至童子戏，聚沙为佛塔。如是诸人等，皆已成佛道。"后用"聚沙成塔"比喻积小成大，积少成多▷我们用聚沙成塔的办法集资兴办了养老院。|别小看一分钱、一粒米、一滴水、一度电，聚沙成塔，也能办大事。≈集腋成裘|积少成多|涓滴成流。

聚讼纷纭 jù sòng fēn yún 讼：争辩是非。纷纭：多而杂乱。指众人乱纷纷地争辩某一问题，难以取得定论▷《金瓶梅》一书的作者是谁，历来聚讼纷纭，至今仍无定论。|这是一个聚讼纷纭的老问题，在未有新的资料出现之前，恐怕谁也无法做出结论。

聚蚊成雷 jù wén chéng léi 许多蚊子聚在一起飞，声音就会像打雷一样。语出《汉书·中山靖王胜传》："夫众煦漂山，聚蚊成雷。"后用"聚蚊成雷"比喻众口一词的诽谤和攻击，为害极大▷众口铄金，聚蚊成雷，谣言会涣散人们的斗志，切不可等闲视之。|他为了达到报复领导的目的，故意散布谣言，聚蚊成雷，败坏了领导的形象。≈众口铄金。

涓滴归公 juān dī guī gōng 涓滴：小水滴，比喻极细小的东西。极小极少的东西都缴给公家。比喻极其清廉▷他经手了成千上万的税款，却涓滴归公，恪守职责。|这次募集的上亿元善款，数百名工作人员真正做到了涓滴归公，没有发生一例私吞善款的事件。

卷土重来 juǎn tǔ chóng lái 卷土：人马奔跑时扬起尘土。重：又。语出唐·杜牧《题乌江亭》诗："江东子弟多才俊，卷土重来未可知。"后用"卷土重来"形容失败后重新恢复力量▷小股土匪逃进山里，妄图整顿兵马，卷土重来。|敌人妄图卷土重来的幻想，被我军猛烈的炮火彻底粉碎了。≈东山再起|死灰复燃|重整旗鼓◇一蹶不振|销声匿迹。

［提示］重，不读"zhòng"。

卷帙浩繁 juàn zhì hào fán 卷帙：篇章，书籍；也指书籍的篇幅。浩繁：繁多。形容书籍或书籍的篇幅极多▷卷帙浩繁的《永乐大典》几经战乱，已所剩无几。|《四库全书》卷帙浩繁，是目前所见规模最大的书籍集成之一。

决一死战 jué yī sǐ zhàn 同敌人做一次你死我活的战斗▷电影《英雄儿女》中的志愿军战士王成一人坚守阵地，面对蜂拥而来的敌人，他临危不惧，拿起爆破筒，屹立在山头，与敌人决一死战。|两军相遇，如果双方都无路可退，那就只能是决一死战。≈一决雌雄。

绝处逢生 jué chù féng shēng 绝处：绝境，死路。在绝境中找到了生路▷祥林

嫂感到绝处逢生的喜悦，就像在黑暗里看见了一线光明。|他被两个歹徒追赶围堵，正感到绝望时，一辆警车飞驰而来，真是绝处逢生。≈死里逃生|虎口余生|九死一生|柳暗花明◇走投无路|穷途末路|日暮途穷。

绝无仅有 jué wú jǐn yǒu 仅：只。只有一个，再也没有别的了。语本宋·苏轼《上皇帝书》："改过不吝，从善如流，此尧、舜、禹、汤之所勉强而力行，秦汉以来之所绝无而仅有。"后用"绝无仅有"形容极其少有▷既是著名自然科学家，又有极高的文学造诣，这样的人虽说十分难得，却也不是绝无仅有。|这种生物特有的生存形态，在自然界中是绝无仅有的。≈独一无二◇不计其数|不胜枚举|数不胜数|车载斗量。

军令如山 jūn lìng rú shān 军令：军中法令，军事命令。军事命令极为严肃，像山一样不可动摇，必须贯彻执行▷真正的军事家治军是极其严格的，军令如山，绝不允许有任何例外。|部队就是这样，军令如山，如果不听指挥，怎么能打好仗？

君子之交 jūn zǐ zhī jiāo 语本《礼记·表记》："故君子之接如水，小人之接如醴。君子淡以成，小人甘以坏。"后用"君子之交"指建立在志同道合基础上的友情▷我们既是君子之交，这些俗套就免了。

K

开诚布公 kāi chéng bù gōng 开诚：敞开胸怀，显示诚意。布：宣布，陈述。语本《三国志·蜀书·诸葛亮传》："诸葛亮之为相国也……开诚心，布公道。"后用"开诚布公"形容坦白无私，真诚相待▷开诚布公地说吧，你打算怎么解决这件纠纷？｜既然我们是好朋友，那么无论什么问题都可以开诚布公地交换意见。≈坦诚相见｜推心置腹◇明争暗斗｜尔虞我诈｜钩心斗角。

开国元勋 kāi guó yuán xūn 开国：建立新的朝代或国家。元勋：首功，指建有特大功业的人。指对创建新的朝代或国家立下大功劳的人▷他的祖父是开国元勋，曾身经百战。｜宋太祖对开国元勋颁有"免死铁券"，规定除谋反罪外，一律可赦免罪行。

开花结果 kāi huā jiē guǒ 开了花，结了果。语出宋·释普济《五灯会元·涟水郡万寿梦庵普信禅师》："开花结果自馨香。"后用"开花结果"指经过耕耘播种后有了收获▷这棵银杏树经过几代人的精心培植，今年终于开花结果了。也比喻工作、学习等取得成效▷我国政府多年来十分重视教育，注重人才培养，如今已经开花结果，硕果累累了。◇苗而不秀。

开卷有益 kāi juàn yǒu yì 卷：书本。语本晋·陶渊明《与子俨等疏》："开卷有得，便欣然忘食。"后用"开卷有益"指读书就有好处▷开卷有益，一部好书能使人精神上得到最大的满足。｜他深知开卷有益，暑假里发奋读了好几本世界名著。

［提示］卷，不读"juǎn"。

开路先锋 kāi lù xiān fēng 先锋：作战行军中的先头部队或其将官。行军、作战时开辟道路的队伍或将领。比喻事业中的先导或行动中的带头人▷他作为一名工程师，在这次全厂的技术攻关中起了开路先锋的作用。｜他一向是社会新风气的开路先锋。

开门见山 kāi mén jiàn shān 打开门就能看见青山。比喻说话、写文章一开头就进入主题▷我喜欢开门见山，你有什么事就直说吧。｜文章开头的方法很多，既可以借题发挥，也可以开门见山。≈直截了当｜开宗明义◇拐弯抹角｜借题发挥｜离题万里。

开门揖盗 kāi mén yī dào 揖：拱手行礼。打开门请强盗进来。语出《三国志·吴书·孙权传》："况今奸宄竞逐，豺狼满道，乃欲哀亲戚，顾礼制，是犹开门而揖盗，未可以为仁也。"后用"开门揖盗"比喻招引坏人，导致祸患▷你不听劝告，开门揖盗，定受其害。｜为了眼前的蝇头小利，这个国家的当权者竟开门揖盗，与列强签订了许多丧权辱国的条约。≈引狼入室｜认贼作父。

开山鼻祖 kāi shān bí zǔ 鼻祖：始祖。原为佛教用语，指最初在某座名山创建

寺院的僧人。比喻学术、技艺的某一流派或某项事业的首创者▷纪传体史书的开山鼻祖是西汉的司马迁。|孔子是创办私塾、提倡平民教育的开山鼻祖。

开天辟地 kāi tiān pì dì《艺文类聚》卷一引三国吴·徐整《三五历纪》载：盘古氏开辟天地，创造世界。后用"开天辟地"表示有史以来▷开天辟地第一遭，普通农民家庭拥有了小轿车。|在山区修机场，可是开天辟地的新鲜事。

开源节流 kāi yuán jié liú 开发水的源头，节制它的流失。语本《荀子·富国》："故明主必谨养其和，节其流，开其源，而时斟酌焉。"后用"开源节流"比喻开辟和增加经济收入的来源，节约支出，减少消耗▷他们厂千方百计地开源节流，加强财务管理，因而收到了增产节约的好效果。|只有开源节流，才能扭转这家公司的亏损局面。

开宗明义 kāi zōng míng yì 开宗：阐发宗旨。明义：说明义理、含义。原为《孝经》第一章的篇名。后用"开宗明义"指说话、写文章一开始就点明主要意思▷在这开宗明义的第一节课里，请你们容我在你们面前介绍我自己。|开学第一天，校长开宗明义地向学生们讲明了本学期的学习任务、进度和所要达到的要求。≈开门见山|直截了当◇转弯抹角。

看家本领 kān jiā běn lǐng 看家：看守门户。形容特别擅长的技能▷这一次他把看家本领都使出来了，没有人不敬佩的。|制作遥控航模是他的看家本领，这是大家公认的。≈一技之长◇一无所长。

侃侃而谈 kǎn kǎn ér tán 侃侃：从容的样子。语本《论语·乡党》："朝，与下大夫言，侃侃如也。"后用"侃侃而谈"形容理直气壮、从容不迫地谈话▷在班上举办的辩论会上，善辩的小明侃侃而谈，十分潇洒。|在法庭上，这位律师据理力争，侃侃而谈，终于胜诉。≈能言善辩|能说会道|口若悬河|高谈阔论◇沉默寡言|噤若寒蝉|张口结舌|笨嘴拙腮。

看破红尘 kàn pò hóng chén 红尘：尘世，人世间。指看透了世间的一切，对现实生活采取消极的态度▷原来已看破红尘、消极颓唐的青年又振奋起来了。|出家人极力标榜自己的清静脱俗，但真正看破红尘的又有几人？

康庄大道 kāng zhuāng dà dào 康庄：宽阔而四通八达。语本《史记·孟子荀卿列传》："自如淳于髡以下，皆命曰列大夫，为开第康庄之衢，高门大屋，尊宠之。"后用"康庄大道"指四通八达、宽阔平坦的道路▷越过这座山，前面就是康庄大道了。也比喻光明的道路或前途▷解放思想的浪潮已经给科学技术的发展指明了一条康庄大道。◇羊肠小道。

慷慨悲歌 kāng kǎi bēi gē 慷慨：意气激昂、情绪激动。语本晋·陶渊明《怨诗楚调示庞主簿邓治中》："慷慨独悲歌，钟期信为贤。"后用"慷慨悲歌"指情绪激昂地放歌，抒发悲壮的情怀▷项羽被刘邦打败后，在乌江边慷慨悲歌，结束了英雄的一生。|在去日本之前，秋瑾在好友为她送别的酒席上拔刀起舞，慷慨悲歌。

慷慨陈词 kāng kǎi chén cí 慷慨：意气激昂，情绪激动。陈：叙述。语本宋·晁补之《夷门行赠秦夷仲》诗："一生好色马相如，慷慨直辞犹谏猎。"后用"慷慨陈词"指情绪激昂地陈述见解▷会上，不少代表慷慨陈词，表达了盼望祖

国早日统一的强烈愿望。|在整顿党纪党风的会议上，提及腐败现象，人人情绪激动，个个慷慨陈词。◇不言不语。

慷慨激昂 kāng kǎi jī áng 慷慨：情绪激动。激昂：振奋昂扬。语出唐·柳宗元《上权德舆补阙温卷决进退启》："今将慷慨激昂，奋攘布衣，纵谈作者之筵，曳裾名卿之门。"后用"慷慨激昂"形容意气风发，情绪激动▷同学们一个接一个上台表示学习英雄先进事迹的决心，那种慷慨激昂的情绪感染了台下的每一个人。|这首诗写得慷慨激昂，朗诵时令人热血沸腾。≈意气风发◇萎靡不振。

慷慨解囊 kāng kǎi jiě náng 慷慨：豪爽大方。解囊：打开钱袋，指拿出钱来。大方地解开钱袋拿出钱来。形容豪爽大方地在经济上帮助别人▷不管哪个同事有了困难，他都慷慨解囊，给予帮助。|听说是为希望工程募集钱款，人人都慷慨解囊，毫无吝啬。≈乐善好施◇一毛不拔|锱铢必较。

K

苛捐杂税 kē juān zá shuì 苛：苛刻。杂：繁杂。苛刻、繁杂的捐税▷这个独裁政府所设的苛捐杂税多如牛毛，人民苦不堪言。|中央一再强调要切实减轻农民的负担，各级政府一定要坚决响应，整顿和取消一切苛捐杂税。≈横征暴敛◇轻徭薄赋。

可乘之机 kě chéng zhī jī 乘：利用。机：机会。语本《晋书·吕纂传》："宜缮甲养锐，劝课农殖，待可乘之机，然后一举荡灭。"后用"可乘之机"指可以利用的机会▷足球比赛时，如果我方久攻不下，便要设法改变策略，迷惑对方，待有可乘之机，再攻球门。|我们应立刻逐项落实治安措施，以免给不法分子留有可乘之机。

可歌可泣 kě gē kě qì 泣：流泪，不出声地哭。值得歌颂赞美，使人感动流泪。语出明·海瑞《方孝孺临麻姑仙坛记跋》："国初方正学先生忠事建文，殉身靖难，其激烈之慨，无异平原复生。追念及之，可歌可泣。"后用"可歌可泣"形容事迹英勇悲壮，感人至深▷消防队员奋不顾身地扑灭大火、抢救群众生命财产的事迹可歌可泣。|革命先烈们留下了多少可歌可泣的感人事迹。

可想而知 kě xiǎng ér zhī 语出宋·王楙《野客丛书·汉唐俸禄》："而郊（孟郊）以吟诗废务，上官差官以摄其职，分其半禄，酸寒之状，可想而知。"后用"可想而知"指可以通过想象或推想而知道▷这么简单的题目都解不出，你的数学成绩也就可想而知了。|他见了生人就脸红，见了女孩子更是连话都说不出，那么他的婚姻大事也就可想而知了。≈不言而喻|显而易见◇百思不解。

可有可无 kě yǒu kě wú 可以有，也可以没有。表示无足轻重▷我们提倡德、智、体、美、劳全面发展，所以不能仅看主课的成绩，而把其他课程看成可有可无的摆设。|机构改革的一个重要方面，就是要减员增效，将那些可有可无的科室和人员坚决裁减掉。≈无足轻重◇举足轻重。

克敌制胜 kè dí zhì shèng 克：战胜。制胜：取得胜利。打败敌人，取得胜利▷他戎马一生，经历的大战小战不计其数，只要他一出战，必能克敌制胜。|只有千万名战士的冲锋陷阵、舍生忘死，才有克敌制胜、夺取全国胜利的辉煌战绩。≈大获全胜◇一败涂地|全军覆没。

克己复礼 kè jǐ fù lǐ 克：克制。复：恢

复。语本《论语·颜渊》:“克己复礼为仁。一日克己复礼,天下归仁焉。”后用“克己复礼”指克制自己的私欲,使言行合于礼数▷这个政客打着克己复礼的幌子,排挤异己。

克勤克俭 kè qín kè jiǎn 克:能够。语本《尚书·大禹谟》:“克勤于邦,克俭于家。”后用“克勤克俭”指能够勤劳,又能够节俭▷他在生活上一向克勤克俭,即使现在生活条件这么好,仍是如此。|他克勤克俭几十年,置办了几十亩地,成为当地颇为富裕的中产人家。◇铺张浪费。

克绍箕裘 kè shào jī qiú 克:能够。绍:继承。箕:簸箕。裘:皮袍。语本《礼记·学记》:“良冶之子,必学为裘;良弓之子,必学为箕。”指善于冶金铸造的人家的子弟,看到父兄长辈能修补旧的铁器,自己也就学会将兽皮缝缀成完整的袍子;善于制作弓箭的人家的子弟,看到父兄长辈能将坚硬的东西弯曲成弓的形状,自己也就学会了用树枝弯曲编成簸箕。后用“克绍箕裘”指后辈能够继承先辈的事业▷他克绍箕裘,将父亲留下的产业经营得很好。|在作为书画名家的父亲的长期熏陶下,他终于克绍箕裘,自己也成了著名画家。≈肯构肯堂。

刻不容缓 kè bù róng huǎn 刻:片刻。容:允许。缓:迟缓,拖延。一刻也不能拖延。比喻形势或事情非常紧迫▷学生刻不容缓的任务就是学习。|这是人命关天的大事,刻不容缓!≈迫在眉睫|燃眉之急|火烧眉毛|十万火急◇绰有余裕。

刻骨铭心 kè gǔ míng xīn 铭:在金石上刻字。像镂刻在骨头和心上一样。形容感受极深,难以忘怀▷他刻骨铭心地记着初恋时的情形。|这份恩情我刻骨铭心,永志不忘。

刻舟求剑 kè zhōu qiú jiàn 古时候楚国有个人渡江,把剑掉进水里,他便在船帮上刻上记号,说:“这是剑掉下水的地方。”船靠岸后,他便下水找剑。船行而剑不能走,自然找不到剑了。(见《吕氏春秋·察今》)后用“刻舟求剑”比喻办事情刻板,不知道适应变化了的情况▷死守教条、刻舟求剑的工作方法不能适应改革开放的新形势。|你用老方法去解决新问题,岂不是刻舟求剑?≈守株待兔|缘木求鱼|墨守成规|照本宣科◇随机应变|见机行事|因地制宜|见风使舵。

空洞无物 kōng dòng wú wù 空空洞洞,没有东西。语出南朝宋·刘义庆《世说新语·排调》:“王丞相(王导)枕周伯仁膝,指其腹曰:‘卿此中何所有?’答曰:‘此中空洞无物,然容卿辈数百人。’”后用“空洞无物”指文章或言论没有实际内容▷这种空洞无物的文章是不会有人看的。|此人名气甚大,但演讲时却空洞无物,真是盛名之下,其实难副啊!≈空空如也◇言之有物。

空谷幽兰 kōng gǔ yōu lán 空谷:空旷幽深的山谷,多指贤者隐居的地方。兰:兰花。空旷山谷中的幽静兰花。比喻人品高雅▷空谷幽兰的境界,不是人人都可以达到的。|他一向称自己是空谷幽兰,但我从未感到他身上有高雅之处。

空谷足音 kōng gǔ zú yīn 谷:山谷。足音:脚步声。在僻静的山谷中听到人的脚步声。语本《庄子·徐无鬼》:“夫逃空谷者……闻人足音,跫(qióng)然而喜矣。”后用“空谷足音”比喻极其难得的

K

音讯或言论、文章等▷在我极其困难的时候，他的热情诚挚的来信犹如空谷足音，令我为之一振。|在文坛一片寂寞之时，他的小说集出版了，令人有空谷足音之感。

空空如也 kōng kōng rú yě 空空：同"悾悾"，诚恳而虚心。如：助词。原形容诚恳虚心的样子。语出《论语·子罕》："有鄙夫问于我，空空如也。"后用"空空如也"形容空无所有▷当我赶到车站，候车室里早已空空如也。|自打他染上毒瘾后，便逐渐变卖家产以换取毒资，没几个月，家里已空空如也。≈一无所有◇堆积如山。

空口白话 kōng kǒu bá huà 只说空话，不做实事；即使说了也不兑现▷如果我不做出样子来，空口白话，谁能相信我？|"欠债还钱，天经地义"，你不拿钱出来，空口白话的，有什么用呢？

空口无凭 kōng kǒu wú píng 凭：凭据。仅仅是嘴巴说的，没有证据。指口头之言，不足为凭▷你说他欠债不还，但既无借条又无证人，空口无凭，这官司是赢不了的。|法庭最看重证据，这些空口无凭的话，是没有法律效果的。◇证据确凿。

空前绝后 kōng qián jué hòu 以前从来不曾有过，以后也不会再有。语本《宣和画谱》卷二："顾（顾恺之）冠于前，张（张僧繇）绝于后，而道子（吴道子）乃兼有之。"后用"空前绝后"形容超越古今，独一无二▷这次地震造成的损失之大，可谓空前绝后。|空前绝后的秦始皇兵马俑，已被世人誉为"世界第八大奇观"。◇司空见惯|屡见不鲜。

空头支票 kōng tóu zhī piào 支票：向银行支取款项的票据。因票面金额超过存款余额或透支限额而不能生效的支票。后用"空头支票"比喻不能兑现的承诺▷老张虽是一个普通工人，但从来说一不二，从不开空头支票。|他们公司在招聘时所允诺的解决户口、住房、职称等，原来都是空头支票。◇说一不二|言而有信。

空穴来风 kōng xué lái fēng 穴：孔，洞。来：招来。本身有了空洞才会进来风。语出战国楚·宋玉《风赋》："枳句来巢，空穴来风。"后用"空穴来风"比喻某种说法是有一定原因的▷最近对他的议论很多，我以为绝非空穴来风。也比喻本身存在着弱点，流言就会乘虚而入▷外面对你的风言风语已证实是荒谬不确的，不过，空穴来风，你也要多加注意才是啊！

空中楼阁 kōng zhōng lóu gé 建造在半空中的楼阁。古时候有一个富翁要造三层高的楼阁。工匠从地面上开始砌砖造楼。富翁见了，竟说："我今不用下二重屋，必可为我作最上者！"人们大笑。（见《百喻经·三重楼喻》）后用"空中楼阁"比喻不切实际的理论或计划▷这个缺乏科学依据的五年规划只不过是空中楼阁而已。|他一没有资金，二没有技术，办公司的事是空中楼阁。≈海市蜃楼|痴人说梦。

口不应心 kǒu bù yìng xīn 应：相应，符合。嘴里说的和心里想的不一样▷你话虽说得漂亮，只怕是口不应心。|看你愤愤不平的样子，就知道你刚才的道歉是口不应心的。≈口是心非|心口不一。

口齿伶俐 kǒu chǐ líng lì 口齿：指谈吐、说话。伶俐：灵巧而聪慧。形容口才好▷这孩子从小就口齿伶俐，人见人

爱。|他口齿伶俐、反应机敏,很适宜担任校学生会的宣传干事。≈伶牙俐齿|能说会道◇期期艾艾|张口结舌|结结巴巴。

口出狂言 kǒu chū kuáng yán 狂:狂妄。说话很狂妄。比喻骄傲自大,目中无人▷这年轻人口出狂言,简直不知道天高地厚。|那个外国老板口出狂言,说我们绝对生产不出这样的产品。≈大言不惭。

口传心授 kǒu chuán xīn shòu 心授:不立文字,以师徒心心相印的理解和契合来传法授受。指师徒间通过口头讲述和心中悟解来传授▷他有如此好的武功,全凭老人家的口传心授。|古代戏曲中的许多优秀表演程式,大多数是通过无数艺人的口传心授才得以保留下来。

口耳之学 kǒu ěr zhī xué 耳朵听进去以后,只是挂在嘴边说说。语本《荀子·劝学》:"小人之学也,入乎耳,出乎口。"原指没有真才实学。后用"口耳之学"指道听途说得来的片面知识▷口耳之学,华而不实。我们提倡的是认真、踏实、理论联系实际的学风。≈耳食之学◇真才实学。

口干舌燥 kǒu gān shé zào 燥:干。嘴巴、舌头都干了。形容不停地说▷他一个上午连讲三节课,累得口干舌燥,下课后再也不愿多讲一句话了。|任你讲的口干舌燥,他依旧无动于衷,一副死猪不怕开水烫的样子。

口讲指画 kǒu jiǎng zhǐ huà 指画:用手势比画。一边讲述,一边用手势比画。语出唐·韩愈《柳子厚墓志铭》:"衡湘以南为进士者皆以子厚为师,其经承子厚口讲指画为文词者悉有法度可观。"后用"口讲指画"形容讲解时尽心尽力或生动活泼▷那位售货员口讲指画地给我讲解热水器的安装和使用方法。|他加入了博物馆义务讲解员的行列,每当有人来参观时,他便口讲指画,十分尽心尽职。

口蜜腹剑 kǒu mì fù jiàn 唐代宰相李林甫表面上待人友善,甜言蜜语,暗地里却陷害别人。因此,人们说李林甫是"口有蜜,腹有剑"。(见《资治通鉴·唐玄宗天宝元年》)后用"口蜜腹剑"形容阴险狡诈,嘴上甜蜜,心中狠毒▷生活中,善良的人们必须警惕那种口蜜腹剑的两面派、阴谋家。≈笑里藏刀|佛口蛇心◇心口如一|表里如一。

口若悬河 kǒu ruò xuán hé 悬河:瀑布。说起话来像瀑布倾泻下来那样滔滔不绝。语本南朝宋·刘义庆《世说新语·赏誉》:"郭子玄语议如悬河写(泻)水,注而不竭。"后用"口若悬河"比喻言语、文思等奔放▷小王口才很好,说起话来口若悬河,别人根本插不上嘴。|看他平时沉默寡言的,一到台上,却口若悬河,像变了个人似的。≈滔滔不绝|侃侃而谈|高谈阔论◇噤若寒蝉|默不作声|笨嘴拙舌。

口是心非 kǒu shì xīn fēi 嘴里说的是一套,心里想的是另一套。语出汉·桓谭《新论·辨惑》:"口是而心非者,虽寸断支解,而道犹不出也。"后用"口是心非"形容心口不一致▷当面顶撞的人并不可怕,可怕的是口是心非的人。|正直的人决不会口是心非,而是言行一致。≈言不由衷|心口不一◇心口如一|言行一致|表里如一。

口说无凭 kǒu shuō wú píng 凭:凭据。光靠嘴说不能作为凭据▷既然你们两

K

个一个愿卖，一个愿买，这交易就做成了，但口说无凭，还是立一张买卖合同为好。| 你说他欠了你的钱，但口说无凭，你得拿出借据，或者提供证人、证言才行啊！≈空口无凭◇证据确凿。

口诛笔伐 kǒu zhū bǐ fá 诛：谴责。笔：指文字。伐：讨伐。用言论、文字揭露罪状，进行声讨或批判▷奸臣秦桧历来是人们口诛笔伐的对象。| 以希特勒为代表的法西斯分子，遭到全世界爱好和平人士的口诛笔伐。≈大张挞伐◇歌功颂德。

扣人心弦 kòu rén xīn xián 扣：拨动。心弦：指受感动而引起共鸣的心。形容事物非常吸引人，打动人心▷这部影片悬念迭起，扣人心弦。| 这场球赛紧张激烈，扣人心弦。≈引人入胜 | 动人心脾◇枯燥无味 | 索然寡味 | 兴味索然 | 味同嚼蜡。

枯木逢春 kū mù féng chūn 枯树遇到春天，又有了生机。语本宋·释普济《五灯会元·唐州大乘山和尚》："问：'枯树逢春时如何？'师曰：'世间希有。'"后用"枯木逢春"比喻垂危的人或濒临绝境的人和物重新获得生机▷改革开放的政策使穷山沟的人们枯木逢春，他们对生活充满了希望。| 一度濒于绝境的儿童文学枯木逢春，又在文艺百花园里绽开绚丽的花朵。≈老树生花◇万劫不复。

枯燥乏味 kū zào fá wèi 枯燥：干枯，单调。乏味：无味，没趣味。形容生活、文艺作品等单调、呆板、无趣味▷大概是年龄的关系，我的生活越发枯燥乏味，已经没有青年时代那种浪漫情趣。| 这篇小说情节松弛，语言更是贫乏，看后给人一种枯燥乏味之感。≈索然无味 | 味同嚼蜡◇津津有味 | 妙趣横生。

[提示]燥，不要写作"躁"或"噪"。

哭笑不得 kū xiào bù dé 哭也不能，笑也不能。形容处境尴尬▷班上的体育委员自作主张，替我报名参加三千米赛跑，弄得我哭笑不得。| 他初次踏入应酬场中，就有些风尘女子将他当作富翁，纠缠着他，令他哭笑不得。≈啼笑皆非。

苦大仇深 kǔ dà chóu shēn 苦情极大，仇恨极深▷这所学校经常请苦大仇深的老工人、老贫农给学生讲血泪史，教育学生热爱党、热爱祖国、热爱社会主义。| 当时的人民深受压迫，没有一个不是苦大仇深的。

苦海无边 kǔ hǎi wú biān 苦海：比喻无穷无尽的苦境。边：边际。比喻苦难无穷无尽▷他意志薄弱，被坏人拉下了水，从此感到苦海无边，不知如何回头。| 他深知苦海无边，回头是岸，毅然自首，并举报了犯罪集团。◇重见天日 | 苦尽甘来。

[提示]常与"回头是岸"连用。

苦尽甘来 kǔ jìn gān lái 尽：完。甘：甜。比喻艰难困苦的日子结束了，幸福美好的生活已经来临▷母亲含辛茹苦带大了孩子们，现在苦尽甘来，在孩子们的悉心照顾下颐养天年。| 新中国成立后，广大劳动人民苦尽甘来，过上了丰衣足食的生活。≈否极泰来 | 时来运转◇乐极生悲。

[提示]尽，不读"jǐng"。

苦口婆心 kǔ kǒu pó xīn 苦口：反复劝说。婆心：指好心肠。好心好意地反复劝说▷老师苦口婆心地劝小龙别再旷课逃学。| 在朋友们苦口婆心的规劝下，他终于改掉了赌博的恶习。≈语重心长 | 唇焦舌敝◇轻描淡写。

K

苦思冥想 kǔ sī míng xiǎng 苦：比喻竭尽全力地。冥：深沉的。指绞尽脑汁地苦思苦想▷这位科学家在吃饭的时候，也在苦思冥想他的实验。|俗话说："三个臭皮匠，抵得上一个诸葛亮。"一个人苦思冥想，怎及得上集思广益得来的智慧呢？◇不假思索。

苦心孤诣 kǔ xīn gū yì 苦心：用心刻苦。孤诣：独到的成就或境地。指费尽心思地钻研、经营，达到了别人达不到的境地▷他几十年来苦心孤诣地钻研，终于发明了一种独特的医治骨折的方法。也指为了解决问题而煞费苦心▷这套丛书是这几位老先生苦心孤诣花费了几十年的时间才搜集完备的。

［提示］诣，不读"zhǐ"。

苦中作乐 kǔ zhōng zuò lè 指在困苦中强寻欢乐▷我目前是黄连树下弹琴，苦中作乐。|民间文学是被压迫的人民苦中作乐、忙里偷闲的表现。

夸大其辞 kuā dà qí cí 夸大：夸张。说话、写文章语言夸张，与事实不符▷一个人对自己的能力、学识要实事求是，不要夸大其辞。|他对这些夸大其辞的传闻，心里有些反感。≈言过其实◇实事求是。

夸夸其谈 kuā kuā qí tán 形容说话或写文章不切实际，浮夸而又滔滔不绝▷这个人爱出风头，喜欢夸夸其谈，大家都不喜欢他。|没有真知灼见，只会夸夸其谈的人是不会受到社会尊重的。≈侃侃而谈|高谈阔论|口若悬河|天花乱坠|滔滔不绝◇沉默寡言|噤若寒蝉|张口结舌|笨嘴拙舌。

快马加鞭 kuài mǎ jiā biān 语本宋·王安石《送纯甫如江南》诗："此去还知苦相忆，归时快马亦须鞭。"后用"快马加鞭"比喻快上加快▷你们建筑队要快马加鞭，争取工程早日竣工。≈马不停蹄◇老牛破车。

快人快语 kuài rén kuài yǔ 快：爽快，痛快。痛快人说痛快话▷这话说得痛快！张军长真是快人快语！|还未等领导发话，他就快人快语："还是我去吧！"

脍炙人口 kuài zhì rén kǒu 脍：切细的肉。炙：烤肉。指美味人人爱吃。语出五代·王定保《唐摭言·海叙不遇》："李涛，长沙人也，篇咏甚著，如'水声长在耳，山色不离门'……皆脍炙人口。"后用"脍炙人口"比喻好的诗歌、文章等受到人们的赞美和广泛传诵▷唐朝诗人李白留下了许多脍炙人口的好诗。

宽大为怀 kuān dà wéi huái 怀：胸怀。以宽大的胸怀去对待别人▷他对你一直宽大为怀，而你却硬要与他过不去，这到底是为了什么？|中国政府一向宽大为怀，先后特赦了不少当年的战犯。

宽宏大量 kuān hóng dà liàng 宽宏：气量大。形容人心胸开阔，度量很大▷他待人宽宏大量，大家都很尊重他。|他严以律己，但对别人却很宽宏大量，从不计较个人得失。≈豁达大度◇鼠肚鸡肠。

宽猛相济 kuān měng xiāng jì 宽：宽容。猛：严厉。济：补益。语本《左传·昭公二十年》："政宽则民慢，慢则纠之以猛；猛则民残，残则施之以宽。宽以济猛，猛以济宽，政是以和。"后用"宽猛相济"指宽厚和严厉相结合，互相调节补充▷治理工厂要奖惩结合、宽猛相济，才能取得成效。|政府对民众太过严厉，固然不行，但放任自流，更加危险，只有宽猛相济，才能保持国家的稳定。≈恩威并施◇严刑峻法。

狂妄自大 kuáng wàng zì dà 毫无根据的骄傲，极端的自高自大▷狂妄自大的人，往往是最没有知识的庸人。|一下子读遍全世界所有的书，这种想法除了极端狂妄自大的人，谁也不敢说这种话。≈自高自大|目空一切◇虚怀若谷|谦虚谨慎。

旷日持久 kuàng rì chí jiǔ 旷：荒废，耽误。持：持续，拖延。语出《战国策·赵策三》："今取古之为万国者，分以为战国七，能具数十万之兵，旷日持久，数岁，即君之齐已。"后用"旷日持久"指空废时日，拖延得太久▷旷日持久的战事会使士兵产生厌倦情绪。|这样没完没了、旷日持久的争吵已使大家再也无法合作。

岿然不动 kuī rán bù dòng 岿然：高峻挺拔的样子。语本《淮南子·诠言》："至德道者若丘山，嵬然不动，行者以为期也。"后用"岿然不动"形容高大坚固，不可动摇▷这位政治家在历次政治风暴中岿然不动。|这座千年古塔历经风雨，岿然不动。≈纹丝不动◇一触即溃|不堪一击。

溃不成军 kuì bù chéng jūn 溃：散乱。军队被打得七零八落，不成队形▷敌军一与我军交战，就溃不成军，狼狈逃窜。也形容惨败▷由于两支足球队实力悬殊，一方溃不成军，遭到惨败。≈人仰马翻|望风披靡◇克敌制胜|旗开得胜。

困兽犹斗 kùn shòu yóu dòu 困兽：被围困的野兽。语出《左传·宣公十二年》："困兽犹斗，况国相乎！"后用"困兽犹斗"比喻陷入绝境的人不甘心灭亡，还要拼命抵抗▷日暮途穷的反动势力困兽犹斗，我们决不可掉以轻心。≈狗急跳墙|垂死挣扎|负隅顽抗◇束手就擒|坐以待毙。

L

拉拉扯扯 lā lā chě chě 用手拉扯对方。表示亲热或客气▷你有话好说，不要拉拉扯扯的，让人看见不雅观。也指把无关的人或事拉扯在一起▷叙事要简明清楚，无关的事别拉拉扯扯地搅在一起。

来龙去脉 lái lóng qù mài 旧时迷信风水的人，把连绵起伏的山水地势比作"龙"；从龙头到龙尾像脉管一样连贯的地势叫"来龙去脉"。后用"来龙去脉"比喻一件事情的前因后果或人、物的由来▷你必须立即把此事的来龙去脉搞清楚，及时向我汇报。|你还不了解他的来龙去脉，怎么能重用他呢？≈前因后果。

来日方长 lái rì fāng cháng 来日：未来的日子。方：正。今后的日子还很长。语出宋·文天祥《与洪瑞明云岩书》："日来四境无虞，早收中熟，觉风雨如期，晚稻亦可望，惟是力绵求牧，来日方长。"后用"来日方长"指展望未来，事情还大有可为▷来日方长，你千万不要贪图现在而毁掉了未来。|不成功怕什么，你还年轻，来日方长，振作起精神继续干！◇时不再来。

来者不拒 lái zhě bù jù 来：前来。拒：拒绝。语出《孟子·尽心下》："往者不追，来者不拒。"后用"来者不拒"指对于前来的人或送来的东西一概不拒绝▷凡是去求助于他的人，不管是老是少，他都来者不拒。|对于慈善捐款，我们大加欢迎，多多益善，来者不拒。◇拒之门外。

来者可追 lái zhě kě zhuī 来者：未来，将来的。追：追赶。语本《论语·微子》："往者不可谏，来者犹可追。"后用"来者可追"指以后的事尚能补救▷你现在也不要急成这个样子，事到如今也不是没有办法，来者可追，我帮你做就是了。

来之不易 lái zhī bù yì 来之：使之来，得到它。易：轻易，容易。得到它不容易。指财物的取得或事情的成功很不容易▷一粥一饭来之不易，我们要珍惜粮食。|老人们时常在一起感叹今天的幸福生活来之不易。≈谈何容易◇唾手可得|轻而易举。

烂醉如泥 làn zuì rú ní 语本《后汉书·儒林传下》"一岁三百六十日，三百五十九日斋"唐·李贤注引《汉官仪》："一日不斋醉如泥。"一说，唐·沈如筠《异物志》："泥为虫名。无骨，在水则活，失水则醉，如一堆泥。"后用"烂醉如泥"形容酒醉后软成一团，像泥一样▷她回家后，见丈夫烂醉如泥地躺在沙发上。|遇到分别几十年的老朋友，他高兴极了，频频举杯，不一会儿就烂醉如泥了。

滥竽充数 làn yú chōng shù 竽：古代像笙的一种乐器。战国齐宣王爱听三百人一齐吹竽，不会吹竽的南郭先生混在里面，装模作样地充数。宣王死后，湣王继位，他喜欢听独奏，南郭先生只好溜掉。（见《韩非子·内储说上》）后

用"滥竽充数"比喻没有本领的冒充有本领的，次货冒充好货(有时也作谦辞)▷我手下都是精兵强将，没有滥竽充数的人。|我原来就不精于此道，你一定要我参加，那我只好滥竽充数了。≈鱼目混珠|以假乱真|弄虚作假|尸位素餐◇出类拔萃|货真价实。

郎才女貌 láng cái nǚ mào 男的才华超群，女的容貌出众。形容婚配十分美满▷这一对小夫妻郎才女貌，十分般配。

狼狈不堪 láng bèi bù kān 狼狈：窘迫的样子。堪：忍受。形容处境十分困难、窘迫▷走到半路，下起了大雨，我们被淋得狼狈不堪。|那个卖假货的小贩受到了周围人们的一致谴责，显得狼狈不堪。≈焦头烂额◇春风得意|进退自如。

狼狈为奸 láng bèi wéi jiān 狈：传说中一种与狼同类的野兽，前脚短，后脚长，要趴在狼身上才能行动，常和狼一起伤害牲畜。奸：罪恶。语本唐·段成式《酉阳杂俎·毛篇》："或言狼狈是两物，狈前足绝短，每行常驾两狼，失狼则不能动，故世言事乖者称狼狈。"后用"狼狈为奸"比喻彼此勾结在一起干坏事▷瓷厂供销科长与会计狼狈为奸，合伙贪污了公款。|鸦片战争后，各帝国主义国家狼狈为奸，迫使腐败的清政府签订了一系列丧权辱国的条约。≈朋比为奸|沆瀣一气|臭味相投|同恶相助◇疾恶如仇。

[提示]为，不读"wèi"。

狼奔豕突 láng bēn shǐ tū 豕：猪。突：乱撞。像狼和猪一样地乱跑乱撞。比喻坏人四处逃窜▷此时的敌军已乱成一团，狼奔豕突，没命似的逃窜。|在我军的追剿下，那股土匪狼奔豕突，夺路而逃。

狼前虎后 láng qián hǔ hòu 前门赶走狼，后门来了虎。比喻敌人或坏人接踵而来▷政府的腐败无能，让周边的各个国家狼前虎后侵入国内，无恶不作，老百姓尸首遍地，血流成河，惨不忍睹。|对付敌人就是要无情打击，不然的话，他们会狼前虎后向你冲来。

狼吞虎咽 láng tūn hǔ yàn 比喻吃东西又急又猛又多▷用餐应当细嚼慢咽，狼吞虎咽既不雅观也不健康。◇细嚼慢咽。

狼心狗肺 láng xīn gǒu fèi 比喻心肠如狼和狗一样凶恶狠毒▷我有眼无珠，信任了这狼心狗肺的家伙。|他是个狼心狗肺的东西，竟然连亲生的父母也不认。≈蛇蝎心肠◇心慈面软|赤子之心。

[提示]肺，右半部不是"市"。

狼烟四起 láng yān sì qǐ 狼烟：古代边防报警的信号，即烽火。四处都有报警的烽火。形容社会动荡不安▷每一朝代的统治即将灭亡时，总是民不聊生，狼烟四起，政权走向崩溃。|军阀争权夺利，狼烟四起，战火不断，老百姓无家可归，生活十分悲惨。≈烽火连天|萑苻遍野◇国泰平安。

狼子野心 láng zǐ yě xīn 狼崽子虽小，却具有凶恶的本性。语出《左传·宣公四年》："谚曰：狼子野心。是乃狼也，其可畜乎？"后用"狼子野心"比喻坏人凶恶狠毒，野心勃勃▷康熙帝深知鳌拜狼子野心，不可不防。|皇姑屯事变后，日本帝国主义者侵略中国的狼子野心，已是昭然若揭。≈蛇蝎心肠◇赤子之心。

琅琅上口 láng láng shàng kǒu 琅琅：玉石相击的声音，比喻响亮的读书声。上口：顺口。指诵读诗文熟练、顺口。也指文辞通俗，便于口诵▷这个四岁的孩子，已经把唐诗背诵得琅琅上口。|这

位女作家的散文，不但文采斐然，而且诵读起来琅琅上口。◇佶屈聱牙。

锒铛入狱 láng dāng rù yù 锒铛：铁锁链。用铁链锁起来，投入监狱。泛指入狱▷有的青年因法制观念淡薄而犯法，结果落了个锒铛入狱的下场。|他因被人诬告而锒铛入狱。≈身陷囹圄。

浪迹江湖 làng jì jiāng hú 浪迹：到处漫游，行踪不定。指到处流浪，足迹遍及四方各地▷艺人们为了生活，浪迹江湖，但仍受到当地恶霸势力的剥削和欺压，真到了走投无路的地步。|金庸的武侠小说里，众多的侠义之士，大多是浪迹江湖，惩恶扬善，这些有个性的人物形象深受读者的喜爱。≈流落天涯|颠沛流离◇安家落户|安营扎寨。

浪子回头 làng zǐ huí tóu 浪子：浪荡子弟。回头：比喻彻底转变。指游手好闲、不务正业的浪荡子弟回心转意、改邪归正▷经过大家的耐心劝导，他终于浪子回头，重新做人。|他吸毒败完了全部家产后，后悔莫及，下决心走进了戒毒所，终于浪子回头，戒绝了毒瘾。

劳而无功 láo ér wú gōng 功：成果，功效。语出《庄子·天运》："是犹推舟于陆也，劳而无功。" 后用"劳而无功" 指花费了力气却没有功效▷想不到我辛辛苦苦，却做了一件劳而无功的事。|读书不知要领，往往劳而无功。≈徒劳无益◇事半功倍。

劳苦功高 láo kǔ gōng gāo 语本《史记·项羽本纪》："劳苦而功高如此，未有封侯之赏，而听细说，欲诛有功之人，此亡秦之续耳！" 后用"劳苦功高" 形容出了很大的力气，吃了很多辛劳，立下了大功▷这些劳苦功高的人民教师，理应受到全社会的尊敬。|将军转战南北，荡平残匪，真是劳苦功高。≈汗马功劳。

劳民伤财 láo mín shāng cái 既使人民劳苦，又耗费钱财。语本《周易·节》："节以制度，不伤财，不害民。" 后用"劳民伤财" 指滥用人力物力▷许多地方的形象工程，功效很差，只是劳民伤财而已。|你们在宣传活动中要提倡节约，不能搞劳民伤财的形式主义。

劳燕分飞 láo yàn fēn fēi 劳：伯劳鸟。燕：燕子。伯劳鸟和燕子各自飞向不同的方向。语本《乐府诗集·东飞伯劳歌》："东飞伯劳西飞燕，黄姑织女时相见。" 后用"劳燕分飞" 比喻夫妻、情人间的离别▷他们小两口新婚不久，就要劳燕分飞了。|他俩劳燕分飞几十年，今日在这个场合意外地重逢了。◇比翼双飞。

劳逸结合 láo yì jié hé 逸：安逸，舒适。指工作和休息相结合▷你刻苦学习的积极性是可贵的，但也要注意劳逸结合。|做到劳逸结合，有助于提高工作效率。≈一张一弛◇好逸恶劳。

牢不可破 láo bù kě pò 牢：紧固。语出唐·韩愈《平淮西碑》："大官臆决唱声，万口和附，并为一谈，牢不可破。" 后用"牢不可破" 形容牢固得不可摧毁▷我们两国人民之间有着牢不可破的传统友谊。|全体民众团结起来的力量是牢不可破的。≈坚不可摧◇不堪一击|不攻自破。

老成持重 lǎo chéng chí zhòng 老成：老练成熟。持重：谨慎，稳重。语出《宋史·种师中传》："师中老成持重，为时名将。" 后用"老成持重" 形容人老练成熟，办事稳重▷政治家一般都是老成持重的人。|多年不见，他已从一个横冲

直撞的毛头小伙子变成眼前老成持重的中年人了。◇少不更事|乳臭未干。

［提示］重，不读“chóng”。

老当益壮 lǎo dāng yì zhuàng 当：应当。益：更加。语出《后汉书·马援传》：“丈夫为志，穷当益坚，老当益壮。”后用“老当益壮”指年纪虽老，志气却更加豪壮▷爷爷虽已退休，但老当益壮，仍积极协助居委干部为居民办实事。|退休干部的大合唱抒发了他们老当益壮的豪情。≈老骥伏枥◇未老先衰。

［提示］当，不读“dàng”。

老调重弹 lǎo diào chóng tán 调：曲调。弹：弹奏，演奏。又弹起陈旧的调子。比喻把已过时的言论、主张等重新搬出来▷他所说的，不过是把古人说过的原话略翻花样，实际是老调重弹罢了。|时事教育一定要紧密结合当前的形势，若是老调重弹，那就不会有人感兴趣的。

［提示］弹，不读“dàn”。

老骥伏枥 lǎo jì fú lì 骥：良马，千里马。枥：马槽。老了的良马伏在槽头，却还想奔驰千里。语出三国魏·曹操《步出夏门行》：“老骥伏枥，志在千里；烈士暮年，壮心不已。”后用“老骥伏枥”比喻年纪虽老而仍怀雄心大志▷他虽已退休，但常以“老骥伏枥”自勉，勉励自己继续为社会多作贡献。|他已年过花甲，但老骥伏枥，还是雄心勃勃的。≈老当益壮◇未老先衰。

老奸巨猾 lǎo jiān jù huá 老：很，极。奸：奸诈。巨：大。猾：狡猾。语出《资治通鉴·唐玄宗开元二十四年》：“［李林甫］好以甘言啗人，而阴中伤之，不露辞色……老奸巨猾，无能逃于其术者。”后用“老奸巨猾”指阅历深而又非常奸诈狡猾▷这人老奸巨猾出了名的，你和他打交道得格外留神。|即便他再怎么老奸巨猾，也有露出马脚的时候。

老马识途 lǎo mǎ shí tú 《韩非子·说林上》载：春秋时，齐桓公在讨伐孤竹的归途中迷失了路。管仲说：“可以利用出征时走过这条路的马的记忆力。”于是就让原来的马走在前面，终于找着了回国的道路。后用“老马识途”比喻熟悉情况、有经验的人能起引导作用▷我的师傅经验丰富，老马识途，很快就找出了机器故障的原因。◇少不更事|涉世未深|乳臭未干|初出茅庐。

老谋深算 lǎo móu shēn suàn 老练的谋划，深远的打算。形容人富有经验，计谋深远，办事老练周密▷我们的对手老谋深算，谈判时我们千万不能掉以轻心。|他以为自己策划周全，老谋深算，实际上破绽百出，不堪一击。≈神机妙算◇束手无策。

老牛破车 lǎo niú pò chē 老牛拉着破车，行走缓慢。形容做事慢或效率太低▷这一地块的拆迁工作再也不能老牛破车了，我们下决心要在上级规定的时限内完成。|像你这么老牛破车的，什么时候才能做完呢？≈蜗行牛步|慢条斯理◇风驰电掣|计日程功。

老气横秋 lǎo qì héng qiū 老气：老年的志气、气概。横：充满，充溢。秋：秋天的天空。老年的志气充塞秋天的天空。语本南朝齐·孔稚珪《北山移文》：“风情张日，霜气横秋。”后用“老气横秋”形容气势苍劲雄浑▷这棵榕树枝丫虬集，老气横秋。也形容自负、摆老资格或暮气沉沉的样子▷他老气横秋地用食指弹了弹烟灰，还真有一些老大哥的派

头。|他没有一点年轻人的朝气,举手投足一副老气横秋的样子,令人看了不舒服。≈暮气沉沉|倚老卖老◇朝气蓬勃|生气勃勃|生龙活虎|童心未泯。

[提示]横,不读"hèng"。

老弱残兵 lǎo ruò cán bīng 年老的、体弱的、有伤残的士兵。比喻年老体弱而工作能力差的人▷村里的年轻人都上城里打工去了,家里的活儿全交给了我们这些老弱残兵。|你把精壮的工人都挑选走了,厂子里光剩些老弱残兵,叫我们可怎么办哪?◇精兵强将。

老生常谈 lǎo shēng cháng tán 老生:老书生。语本《三国志·魏书·管辂传》:"此老生之常谭(谈)。"后用"老生常谈"形容人们听厌了的没有新意的话▷关于防火防盗,这是老生常谈了,但是大家千万不能掉以轻心。≈陈词滥调|旧调重弹◇耳目一新|奇谈怪论|标新立异|别开生面。

老鼠过街 lǎo shǔ guò jiē 比喻坏人坏事遭到人人的痛恨和反对▷坑人的事被揭发后,这兄弟俩出门便如老鼠过街,人人都指指点点。≈人神共愤|千夫所指|戟指怒目。

老死牖下 lǎo sǐ yǒu xià 牖:窗户。在自家的窗下死去。指终其天年。也比喻碌碌终生▷她毕竟是百岁的老人了,安详地去了,老死牖下,前来向遗体告别的人很多。|青年人志在四方,何必讲这些老死牖下之类的丧气话呢?

老态龙钟 lǎo tài lóng zhōng 老态:老年人的体态。龙钟:行动不灵便的样子。语出宋·陆游《听雨》诗:"老态龙钟疾未平,更堪俗事败幽情。"后用"老态龙钟"形容年老体衰,行动迟钝▷岁月不饶人,她的头发全白了,步履也显得老态龙钟。|我的爷爷虽已年逾七十,但因为喜欢运动和旅游,至今鹤发童颜,一点也没有老态龙钟的样子。≈头童齿豁|鹤发鸡皮◇鹤发童颜。

老于世故 lǎo yú shì gù 老:深,极。世故:处世经验。语本唐·韩愈《石鼓歌》:"中朝大官老于事。"后用"老于世故"指老练而富有处世经验▷他年纪虽不大,却老于世故。|由于经历坎坷,他变得老于世故。≈老谋深算◇涉世未深|初出茅庐。

乐不可支 lè bù kě zhī 支:支撑,支持。快乐到不能自持的地步。语出《东观汉记·张堪传》:"童谣歌曰:'桑无附枝,麦穗两歧,张君为政,乐不可支。'"后用"乐不可支"形容快乐到了极点▷今天测验得了100分,到家后我乐不可支地把好消息告诉了妈妈。|看到日夜思念的外婆,我乐不可支地一下抱住了她。≈喜不自胜◇悲痛欲绝|痛不欲生。

乐不思蜀 lè bù sī shǔ 《三国志·蜀书·后主禅传》裴松之注引《汉晋春秋》载:蜀后主刘禅亡国后,被安置在洛阳。晋文王司马昭请他看蜀地歌舞,蜀汉的其他降臣看了都很伤心,刘禅却嬉笑自若。过了几天,司马昭问刘禅:"你很想念蜀地吧?"刘禅回答说:"此间乐,不思蜀。"后用"乐不思蜀"比喻乐而忘返或快乐得忘了本,没有故土之思▷这儿真是名不虚传的旅游胜地,我都有些乐不思蜀了。|你到了大都市,可不能乐不思蜀,忘记了养育你长大的故土啊!≈乐而忘返|得鱼忘筌◇狐死首丘|饮水思源。

乐此不疲 lè cǐ bù pí 疲:疲倦。语本

《后汉书·光武帝纪下》:“我自乐此,不为疲也。”后用“乐此不疲”指乐于做某事,沉浸其中,不感到疲倦▷我仿佛也回到了童年时代,套圈子,抛沙袋……乐此不疲。|他集邮已整整五十年了,虽已年逾古稀,依旧乐此不疲。◇浅尝辄止。

乐极生悲 lè jí shēng bēi 极:到达顶点。快乐到极点就会发生悲伤的事。语本《淮南子·道应》:“夫物盛而衰,乐极则悲。”后用“乐极生悲”指物极必反▷母亲看到分别多年的儿子回来了,乐极生悲,淌下了热泪。|人在顺利和欢乐时,要注意节制,不要忘乎所以,不然往往会乐极生悲。◇否(pǐ)极泰来|苦尽甘来。

乐善好施 lè shàn hào shī 乐:喜欢,爱好。好:喜好。施:施舍。乐于做好事,喜好施舍钱财。语本《史记·乐书二》:“闻徵音,使人乐善而好施;闻羽音,使人整齐而好礼。”后用“乐善好施”形容慷慨解囊,乐于助人▷老太太一生信佛,乐善好施。|他中了大奖,人们都说这是他平日乐善好施的好报。≈慷慨解囊◇一毛不拔。

[提示]好,不读“hǎo”。

乐天知命 lè tiān zhī mìng 天:天意。命:命运。顺应天意的安排,懂得生命的限度,就能无忧无虑。语出《周易·系辞上》:“乐天知命故不忧。”后用“乐天知命”指乐于天意的安排,安于自己的命运▷他虽然只是个小职员,但乐天知命,倒也活得自在。|他一生经历坎坷,历经艰辛,但从来是乐天知命,所以才活到了九十多岁。≈知足常乐。

乐在其中 lè zài qí zhōng 语本《论语·述而》:“饭疏食,饮水,曲肱而枕之,乐亦在其中矣。”后用“乐在其中”指其中自有乐趣▷有些工作虽然辛苦,但苦中有乐,乐在其中。|你看他,手摇扇子,嘴中哼着曲子,逍遥自在,乐在其中。

雷打不动 léi dǎ bù dòng 雷电击来也不动摇。指已经定下的,决不改动▷睡前看书是他几十年雷打不动的习惯。|他自己规定每天上午写作三个小时,这是雷打不动的。

雷厉风行 léi lì fēng xíng 厉:猛烈。风行:像风一样行进。像打雷那样猛烈,像刮风那样迅速。语本唐·韩愈《潮州刺史谢上表》:“陛下即位以来,躬亲听断,旋乾转坤,关机阖开,雷厉风飞。”后用“雷厉风行”形容办事声势威猛,行动严格而迅速▷他的作风雷厉风行,但也有急躁和粗糙的一面。|我们要雷厉风行地推行教育改革。≈大刀阔斧|令行禁止◇拖泥带水。

雷霆万钧 léi tíng wàn jūn 雷霆:暴雷,霹雳。钧:古代重量单位,一钧合当时的三十斤。语本《汉书·贾山传》:“雷霆之所击,无不摧折者;万钧之所压,无不糜灭者。”后用“雷霆万钧”比喻威力巨大,不可阻挡▷雷霆万钧的火车头,喷吐着浓烟,风驰电掣地开来了。|到过长江三峡的人,都会被江水冲出峡口、直奔巨礁的那股雷霆万钧的气势所震撼。≈排山倒海|气势磅礴|翻天覆地|轰轰烈烈|摧枯拉朽◇和风细雨|强弩之末。

泪如泉涌 lèi rú quán yǒng 眼泪像泉水一样涌出来。形容极度悲痛▷他泪如泉涌,放声大哭。|每当他谈起当年所受的磨难,往往情不自禁,泪如泉涌。≈痛哭流涕◇喜形于色|乐不可支。

泪如雨下 lèi rú yǔ xià 泪水像雨一样落下来。形容极其伤心▷没等我说完,她

早已泪如雨下,泣不成声。|他一见到分别了四十年的老母亲,便泪如雨下,跪倒在地,久久不愿起身。◇乐不可支。

冷嘲热讽 lěng cháo rè fěng 冷:冷冰冰,引申为尖刻。热:温度高,引申为辛辣。用尖刻辛辣的言语进行嘲笑讽刺▷对基础差、学习成绩不好的同学,我们不应该冷嘲热讽,而要伸出热情的手帮助他。|姐姐的这几句冷嘲热讽,比骂我还让我受不了。≈冷言冷语◇赞不绝口|拍手叫好|啧(zé)啧称美。

冷酷无情 lěng kù wú qíng 冷漠、暴虐,没有感情▷冷酷无情的资本家,让雇工们在极其恶劣的生产条件下工作。|他催起债来,丝毫不顾情面,冷酷无情。◇热情洋溢。

冷若冰霜 lěng ruò bīng shuāng 冷得像冰和霜一样。形容对人态度冷淡,毫无热情▷店员对顾客冷若冰霜,使老板大为恼火。也形容态度严厉,不易使人亲近▷父亲待人虽冷若冰霜,但内心却极其善良。≈正颜厉色|不苟言笑◇满腔热忱|和蔼可亲。

冷眼旁观 lěng yǎn páng guān 冷眼:冷漠的目光,比喻冷静的态度。观:看。语出宋·朱熹《答黄直卿》:"冷眼旁观,手足俱露,甚可笑也。"后用"冷眼旁观"指用冷淡的眼光或冷静的态度在旁边观看▷对别人的不幸,我们不能冷眼旁观,而应该热情相助。|面对纷乱的局势,他冷眼旁观,置身事外。≈袖手不管◇鼎力相助。

愣头愣脑 lèng tóu lèng nǎo 形容发愣、发呆或鲁莽冒失的样子▷你别看他表面上愣头愣脑的,其实聪明得很,尤其是数学特别的好。|小金不敲门打招呼,愣头愣脑地冲了进来,真没礼貌。|这孩子愣头愣脑的,有点滑稽,但很讨人喜欢。

离经叛道 lí jīng pàn dào 离:背离,不遵守。经:原指儒家的经典,现泛指经典。道:原指儒家的道德,现泛指某种规范。原指思想和言行违背儒家经学和道德标准。现多用"离经叛道"比喻背离正统的学派、学说或规范▷他早就说过,与其目睹儿子那样的离经叛道地生活,倒不如死了好。|哥白尼提出太阳中心论学说后,被教会视为离经叛道的妖魔。≈大逆不道◇赤胆忠心|忠贞不贰。

离群索居 lí qún suǒ jū 群:群体。索:单独,孤单。语本《礼记·檀弓上》:"吾离群而索居,亦已久矣。"后用"离群索居"指离开伙伴,孤独生活▷一个人离群索居、离开同伴的关心和爱护,是不能得到快乐的。|有许多宗教界的人士,为了探索教义,往往遁入深山,离群索居。

离题万里 lí tí wàn lǐ 题:题目,主题。离开题目很远。形容说话、作文抓不住中心,与主题离得很远甚至毫无关系▷写文章要紧扣中心,不能离题万里。|他说起话来往往要跑题,有时甚至离题万里,让听者哭笑不得。

离乡背井 lí xiāng bèi jǐng 背:离开。井:古时八家为井,引申指家宅、家乡。语出《宣和遗事》前集:"有分离乡背井,向五国城,忍寒受饿。"后用"离乡背井"指远离家乡,流落他方▷这么大的洪灾,造成了多少百姓离乡背井啊。|为支援边疆建设,他离乡背井,来到这里工作。◇叶落归根。

离心离德 lí xīn lí dé 心:思想。德:信念。离开了共同的思想和信念。语出《尚书·泰誓中》:"受(纣)有亿兆夷人,离心离德。”后用“离心离德”指人们各怀异心，思想不统一，行动不一致▷如果自己内部离心离德，那必败无疑。｜眼看着王朝覆亡在即，大臣们离心离德，各打各的算盘。◇同心同德。

犁庭扫穴 lí tíng sǎo xué 犁：耕。庭：庭院。耕平巢穴，扫荡庭院。语本《汉书·匈奴传下》：“近不过旬月之役，远不离二时之劳，固已犁其庭，扫其闾，郡县而置之。”闾：里巷的门。后用“犁庭扫穴”形容彻底摧毁敌对势力▷中国人民解放军以排山倒海之势，犁庭扫穴，把敌人全部歼灭了。｜打假扫黄，一定要标本兼治，犁庭扫穴，铲除源头。≈斩草除根｜斩尽杀绝◇放虎归山｜养痈遗患。

礼尚往来 lǐ shàng wǎng lái 礼：礼貌，礼节。尚：崇尚，重视。在礼节上要注意有来有往。语出《礼记·曲礼上》：“礼尚往来。往而不来，非礼也；来而不往，亦非礼也。”后用“礼尚往来”表示你怎样对我，我就怎样对你▷礼尚往来是我们中华民族的传统美德。≈投桃报李◇来而无往。

礼贤下士 lǐ xián xià shì 礼贤：敬重贤者。下士：降低身份结交或聘请有才能的人。语出《旧唐书·李勉传》：“礼贤下士，始终尽心。”后用“礼贤下士”指恭敬有礼貌地对待有才德的人▷这位老板懂得礼贤下士，所以身边总有几个专业人才为他出谋献策。≈三顾茅庐◇嫉贤妒能。

礼义廉耻 lǐ yì lián chǐ 语本《管子·牧民》：“何谓四维？一曰礼，二曰义，三曰廉，四曰耻。”古代认为，礼是定贵贱尊卑的，义为行动准绳，廉为廉洁方正，耻即有知耻之心，历代统治者把这四者立为政教的纲领▷礼义廉耻是古代统治阶级为维护其封建统治而制订出来的道德标准。｜这个小人满嘴礼义廉耻，一肚子男盗女娼。

李代桃僵 lǐ dài táo jiāng 李：李树。桃：桃树。僵：僵死，枯死。李树代替桃树而枯死。语本《乐府诗集·鸡鸣》：“桃生露井上，李树生桃傍。虫来啮桃根，李树代桃僵。树木身相代，兄弟还相忘。”后用“李代桃僵”比喻互相替代或代人受过▷弟弟犯了法，哥哥李代桃僵，代弟弟入了狱。｜他作为总经理竟抽逃资金，携款外逃，而那家公司却李代桃僵，做了替死鬼。

里应外合 lǐ yìng wài hé 应：呼应，接应。合：合围，配合。指里外互相配合▷他们早已约好，到时候里应外合，一举擒拿凶犯。

［提示］应，不读“yīng”。

理屈词穷 lǐ qū cí qióng 屈：亏，短。穷：尽，完。语出《论语·先进》“是故恶夫佞者”宋·朱熹注：“子路之言，非其本意，但理屈词穷，而取辩于口以御人耳，故夫子不斥其非，而特恶其佞也。”后用“理屈词穷”指道理上站不住脚，已无话可辩说▷他被大家驳得理屈词穷，只得承认了错误。｜他为了攻击别人，先是造谣诬蔑，后被驳斥得理屈词穷，才不得不假惺惺地道歉。◇理直气壮。

理所当然 lǐ suǒ dāng rán 当然：应当如此。照理应该这样▷善有善报，恶有恶报，这是理所当然的事。｜我理所当然地拒绝了他的无理要求。≈天经地义｜顺理成章｜毋庸置疑◇岂有此理｜伤天害理｜天理不容。

理直气壮 lǐ zhí qì zhuàng 理由正确充

分，说话有气势▷在市场经济的形势下，我们仍然要理直气壮地提倡奉献精神。|我们要理直气壮地揭露这些弄虚作假的卑劣行径。≈振振有词|义正辞严◇理屈词穷。

力不从心 lì bù cóng xīn 从：依从，顺从。语出《后汉书·西域传》："今使者大兵未能得出，如诸国力不从心，东西南北自在也。"后用"力不从心"指心里想做某事，但力量或能力够不上▷几个回合下来，那位穿红色短裤的拳手渐渐地力不从心了。|按我的工作能力和身体状况，再干下去已经有些力不从心了，还是培养一个年轻有为的同志吧。≈无能为力|力不能支◇力所能及|得心应手。

力排众议 lì pái zhòng yì 力：竭尽全力。排：排除。众议：各种议论和意见。指为了维护自己的主张，竭力排斥或驳倒各种议论▷论证会上他力排众议，他的方案终于顺利地通过了。|在组织部的会议上，老张力排众议，提拔了年轻的博士担任技术部门的负责人。

力所能及 lì suǒ néng jí 及：达到。语本晋·羊祜《诫子书》："今之职位，谬恩之加也，非吾力所能致也。"后用"力所能及"指自己的能力或力量所能达到或做到的▷这位劳动模范做的都是平凡的、力所能及的事情，但透过这平凡，却能看出其伟大和崇高的精神境界。|我们应该帮助妈妈做力所能及的家务劳动。◇力不从心|力不能支|无能为力。

力透纸背 lì tòu zhǐ bèi 透：穿过。语本唐·颜真卿《张长史十二意笔法意记》："当其用锋，常欲使其透过纸背，此功成之极矣。"后用"力透纸背"形容书法遒劲有力▷王羲之的书法气势磅礴，力透纸背，是我国书法艺术的瑰宝。也形容文学作品的见识、立意深刻有力▷这部小说中的人物形象，栩栩如生，呼之欲出，用"力透纸背"来形容是绝不过分的。≈入木三分。

力挽狂澜 lì wǎn kuáng lán 挽：挽回。狂澜：汹涌的大浪，比喻异端邪说。语本唐·韩愈《进学解》："障百川而东之，回狂澜于既倒。"原指阻止异端邪说的横行。后用"力挽狂澜"比喻尽力挽回险恶的局势▷上半时比赛，我方输局已定，教练果断地调上了小明，他力挽狂澜，终于反败为胜。≈扶危定倾◇回天乏力。

力争上游 lì zhēng shàng yóu 上游：江河的上游，比喻先进。比喻尽最大的力量，争取先进▷白杨树不但象征了北方的农民，尤其象征了今天我们民族解放斗争中所不可或缺的朴质、坚强、力争上游的精神。|在学习上，我俩要力争上游。≈不甘人后|争先恐后◇瞠乎其后|知难而退。

历历可数 lì lì kě shǔ 历历：清楚分明的样子。可以一个个清清楚楚地数出来。语出《旧五代史·唐明宗纪十》："濮州进重修河堤图，沿河地名，历历可数。"后用"历历可数"形容所见事物真切分明▷那历历可数的各式小别墅，构成了这一带特有的旅游景观。|天高气爽的秋天，坡上的白羊历历可数。

历历在目 lì lì zài mù 历历：清楚分明的样子。目：眼睛。语出《云笈七签》卷五八："如能至心，三七日中，可以内视五脏，历历在目。"后用"历历在目"指清清楚楚地展现在眼前▷往事历历在目，勾起了他对老师深切的怀念。|他当年穷困潦倒的样子，至今我还历历在目。≈记

L

忆犹新。

厉兵秣马 lì bīng mò mǎ 厉：同“砺”，磨。兵：兵器。秣：喂牲口。磨快了兵器，喂饱了战马。语出《左传·僖公三十三年》：“郑穆公使视客馆，则束载、厉兵、秣马矣。”后用“厉兵秣马”形容做好战斗准备。也泛指事先做好充分的准备▷奥运会前，各国选手厉兵秣马，准备大显身手。|考试在即，同学们纷纷厉兵秣马，争取考出最好的水平。≈严阵以待。

[提示]厉，不要写作“历”。

立竿见影 lì gān jiàn yǐng 竿：竹竿。影：影子。把竹竿竖立在阳光下，马上就可以看到影子。语出汉·魏伯阳《周易参同契》卷下：“立竿见影，呼谷传响，岂不灵哉！”后用“立竿见影”比喻收效非常迅速▷这种疾病采用针灸治疗能收到立竿见影的效果。|此人爱财如命，求他办事如果送上钱财，立竿见影，很快就办成了。≈马到成功◇大海捞针|水中捞月。

L

立功赎罪 lì gōng shú zuì 赎罪：补偿、抵偿罪过。语出《旧唐书·王孝杰传》：“使未至幽州，而宏晖已立功赎罪，竟免诛。”后用“立功赎罪”指用立功的行动来抵偿罪行▷他本质不坏，你应该给他一个立功赎罪的机会。|他本来是被匪首胁迫，后又投案自首，有立功赎罪的表现，量刑时应该从轻。

立身处世 lì shēn chǔ shì 立身：做人。处世：在社会上与人相处。语出晋·无名氏《沙弥十戒法并威仪序》：“夫乾坤覆载，以人为贵；立身处世，以礼仪为本。”后用“立身处世”指个人在社会上做人及与人们相处往来▷一个人立身处世，应该以诚待人。|读书人立身处世的道德标准，在于他是否具有坚贞的气节。

立时三刻 lì shí sān kè 指立即，马上▷看到新奇的玩具，被娇宠惯了的儿子立时三刻便要妈妈给他买。|这件事很紧急，必须立时三刻地处理妥当。

立锥之地 lì zhuī zhī dì 插锥子尖的地方。语本《荀子·儒效》：“无置锥之地，而明于持社稷之大义。”后用“立锥之地”形容极小的一块地方▷他穷得上无片瓦，下无立锥之地。≈立足之地|弹丸之地|一隅(yú)之地◇无边无际。

励精图治 lì jīng tú zhì 励：勤勉，振作。图：谋求，设法。语本《汉书·魏相传》：“宣帝始亲万机，厉精为治。”后用“励精图治”指振奋精神，力求治理好国家▷唐玄宗李隆基，早年倒是个励精图治的皇帝。≈发奋图强|经邦济世。

利害攸关 lì hài yōu guān 利：利益，好处。害：坏处。攸：所。关：关联，牵连。利和害都相关联。形容有密切的利害关系▷这张合同与我们厂利害攸关。|这件事的成功与否，与我们利害攸关，大家千万不能掉以轻心。

利令智昏 lì lìng zhì hūn 利：利益，好处。令：使得。智：理智。昏：迷糊，糊涂。语出《史记·平原君虞卿列传》：“鄙语曰：‘利令智昏。’平原君贪冯亭邪说，使赵陷长平兵四十余万众，邯郸几亡。”后用“利令智昏”指因贪图私利而使头脑发昏，干出了失去理智的糊涂事▷这些人利令智昏，竟干起了贩卖毒品的罪恶勾当。|他受党教育多年，是党的高级干部，却在晚年因贪污受贿而入狱，实在是利令智昏啊！≈见利忘义|利欲熏心。

利锁名缰 lì suǒ míng jiāng 锁：锁链。缰：缰绳。功名利禄如束缚人的缰绳和锁链▷对一个人来说，名利固然重要，但人生一味追求名利，就会被利锁名缰所束缚，不会再迈出前进的脚步。｜他是一个高尚的人，一向淡泊名利，利锁名缰与他是无缘的。

利欲熏心 lì yù xūn xīn 利欲：名利的欲望。熏心：迷住了心。语出宋·黄庭坚《赠别李次翁》诗："利欲熏心，随人翕张；国好骏马，尽为王良。"后用"利欲熏心"指贪图名利的欲望迷住了心窍▷他身为局长，竟利欲熏心，与走私分子相勾结，侵害国家利益。｜在商品经济的大潮中，我们不能利欲熏心，为一己之私而触犯党纪国法。≈见利忘义｜利令智昏。

例行公事 lì xíng gōng shì 例：惯例。行：处理，办理。按照惯例处理的公事（多指用形式主义处理公事）▷我们不应该把保护生态环境当作例行公事。｜这些文件看上去冠冕堂皇，十分重要，其实，其中的绝大部分都是无关紧要的例行公事。

连绵不断 lián mián bù duàn 连绵：连接不断的样子。指连接不断，一直延续下去▷纵观历史，农民一直为土地进行连绵不断的斗争。｜坐火车去大西北，映入你眼帘的是连绵不断的黄土地。≈源源不断｜接二连三｜绵亘不绝。

连篇累牍 lián piān lěi dú 累：堆积。牍：古代写字用的木片，现借指纸张。一篇连着一篇。语出《隋书·李谔传》："连篇累牍，不出月露之形；积案盈箱，唯是风云之状。"后用"连篇累牍"形容篇幅很多，文辞冗长▷文章应该写得简明扼要，连篇累牍的长文章未必受人欢迎。｜对于腐败现象，连篇累牍地揭露是没有多大用处的，而应采取惩治的断然措施。≈长篇大论。

［提示］累，不读"lèi"。

连枝同气 lián zhī tóng qì 连枝：相连的树枝，喻兄弟。同气：指兄弟。语本《吕氏春秋·精通》："故父母之于子也，子之于父母也，一体而两分，同气而异息。"又，汉·苏武《诗四首》："况我连枝树，与子同一身。"后用"连枝同气"比喻同胞兄弟姐妹或情如兄弟的亲密关系▷唐山大地震后，他们夫妇收留了这两个孤儿，尽管不是同一血缘，但以兄弟相称，连枝同气。｜你们俩一向是连枝同气的，我真不相信你们会反目。≈情同手足｜情逾骨肉｜亲如手足◇势如冰炭｜势不两立｜势如水火。

怜香惜玉 lián xiāng xī yù 香、玉：比喻美好的女子。比喻男子对女子十分温存爱怜▷你若学会点怜香惜玉，你爱人不夸你才怪呢！｜想不到一向冷峻的他，在此刻也流露了怜香惜玉的情感。

廉洁奉公 lián jié fèng gōng 廉洁：廉正清白。奉：奉行，遵守。公：公事。指廉正清白地履行公职▷他以"廉洁奉公"作为自己工作的基本信条。｜只有真正廉洁奉公的官员，才会得到人民群众的衷心拥戴。◇损公肥私｜假公济私。

敛声屏气 liǎn shēng bǐng qì 敛：收敛。屏气：抑制住呼吸。降低语声和抑止住呼吸。形容谨慎或畏惧的样子▷她敛声屏气地走进屋内，怕惊动了熟睡中的老人。｜每逢丈夫发怒时，她都敛声屏气，吓得不敢作声。◇大呼小叫。

恋恋不舍 liàn liàn bù shě 恋恋：留恋，爱慕。舍：舍弃，放下。形容非常留恋，舍不得离开▷实习老师要离开我们了，全班同学都恋恋不舍。｜电视节目十分精彩，但为了保证明天精力充沛地学习，我

只得恋恋不舍地离开了电视机。≈流连忘返|依依不舍◇掉头不顾。

［提示］舍，不读“shè”。

良辰美景 liáng chén měi jǐng 良：美好。辰：时辰，时光。语出南朝宋·谢灵运《拟魏太子〈邺中集〉诗序》：“天下良辰、美景、赏心、乐事，四者难并。”后用“良辰美景”指美好的时光，优美的风景▷春暖花开，我们到近郊踏青，水乡的良辰美景令人心旷神怡。|我对自然美，自恨并无敏感，所以即逢良辰美景，也不甚感动。≈春花秋月|花朝月夕|吉日良辰◇大煞风景。

良师益友 liáng shī yì yǒu 良：好。益：有益的。对自己有教益和帮助的好老师、好朋友▷我的父亲不但是我的长辈，也是我的良师益友。|对于许广平来说，鲁迅不仅是她的丈夫，更是她的良师益友。◇狐朋狗友|酒肉朋友。

良心发现 liáng xīn fā xiàn 良心：善心。语本《孟子·告子上》“其日夜之所息，平旦之气，其好恶与人相近也”宋·朱熹注：“言人之良心，虽已放失，然其日夜之间，亦必有所生长，故平旦未与接物，其气清明之际，良心必有所发现者。”后用“良心发现”指内心摆脱了种种邪念的束缚，善心又重新萌发，并在行动上体现出来▷在大家的规劝下，他终于良心发现，认识到了自己的错误，把老母亲接回家中奉养。|在最后的时刻，他终于良心发现，向公安机关投案自首，使一起危害国家安全的大阴谋终于胎死腹中。◇丧尽天良|灭绝人性|丧心病狂。

良药苦口 liáng yào kǔ kǒu 能治病的好药往往味苦难吃。语本《韩非子·外储说左上》：“夫良药苦于口，而智者劝而饮之，知其入而已己疾也。”已：治愈。后用“良药苦口”比喻真诚的规劝或尖锐的批评，虽然听起来不舒服，但对人有帮助▷俗话说：良药苦口利于病，忠言逆耳利于行。|今天，老师的批评很尖锐，我一下子有些受不了。可静下来仔细想想，良药苦口，实际上老师是为我好。≈忠言逆耳|苦口婆心◇甜言蜜语。

［提示］常与“忠言逆耳”连用。

良莠不齐 liáng yǒu bù qí 莠：类似谷子的野草。比喻好的和坏的、好人和坏人混杂在一起▷如今的出版物良莠不齐，因此开卷未必有益。≈参差不齐|泥沙俱下|鱼目混珠|鱼龙混杂◇整齐划一。

［提示］莠，不读“xiù”。

梁上君子 liáng shàng jūn zǐ 《后汉书·陈寔传》载：有一窃贼夜晚躲在陈寔家屋梁上，准备伺机行窃。陈寔发现后，并不惊动窃贼，而是把子孙唤来，严肃地教育他们：“做人不能不自己勉励自己。人不是天生就是坏人，而是经常受到坏的影响而变坏，如梁上君子这类人就是如此。”窃贼听了大惊，跳下来向陈寔磕头请罪。后用“梁上君子”作为窃贼的代称▷他的伪装被揭露后，大家十分震惊，谁也不相信他竟然是一个梁上君子。|今天早晨，我发现房门大开，一些值钱的东西不翼而飞。显然，梁上君子昨夜来过我家了。≈鼠窃狗盗|穿窬之盗。

两败俱伤 liǎng bài jù shāng 俱：都，全。形容争斗的双方都受到损伤▷我希望你们双方握手言和，以免两败俱伤。|他们两人不愿协商解决这个问题，一直闹到法庭上，结果搞得两败俱伤。≈鹬蚌相争◇两全其美。

两虎相斗 liǎng hǔ xiāng dòu 语本《战国

策·秦策二》:"今两虎争人而斗,小者必死,大者必伤。"后用"两虎相斗"比喻力量强大的双方之间的争斗▷绿茵场上两虎相斗,各不相让;观众席上你拉我唱,此起彼伏。|他们两个大公司两虎相斗,我们小本经营者只能旁观,静候结果。

两面三刀 liǎng miàn sān dāo 当面一套,背后又是一套。形容阴险狡猾,耍两面派▷唐代奸相李林甫口蜜腹剑,两面三刀。|两面三刀的阴谋家可能得逞于一时,却不能得逞于一世。≈阳奉阴违|口是心非◇表里如一|开诚布公。

两全其美 liǎng quán qí měi 全:顾全。美:美好。做一件事能圆满地照顾到两方面,使双方都得到好处▷这种事要办得两全其美,谈何容易。|这个项目你们双方合作,一方出资金,一方出技术,得益各取一半,不是两全其美吗?≈皆大欢喜◇两败俱伤。

两手空空 liǎng shǒu kōng kōng 形容一无所有▷像你这样两手空空,怎么去做生意呢?|他在国外二十年,吃尽千辛万苦,回国时还是两手空空,依旧是个穷光蛋。≈一贫如洗|一无所有◇腰缠万贯。

两小无猜 liǎng xiǎo wú cāi 小:小时候,儿童时。猜:猜疑,避嫌。语本唐·李白《长干行》诗:"同居长干里,两小无嫌猜。"后用"两小无猜"形容男女幼小时一起玩耍相处,天真无邪,互不猜疑▷当年,他们两小无猜,常扮新郎新娘的游戏,不想如今倒做成了真夫妻。≈青梅竹马◇授受不亲。

两袖清风 liǎng xiù qīng fēng 除了衣袖中的清风,一无所有。原指迎风潇洒的姿态。后多用"两袖清风"比喻为官清廉,身无余财▷他做了几十年的官,依然是两袖清风。|老校长退休时,两袖清风,但桃李满天下。≈廉洁奉公|一介不取◇中饱私囊|贪得无厌。

量才录用 liàng cái lù yòng 量:估量,衡量。才:才能。录用:录取任用。语出宋·苏轼《上神宗皇帝万言书》:"凡有擘画,不问何人,小则随事酬劳,大则量才录用。"后用"量才录用"指根据人的才能收录使用,并安排适当的工作▷我们这次招收新员工,必须做到量才录用。|对所有员工我们都要经过考核,尽量做到量才录用。◇大材小用。

量力而行 liàng lì ěr xíng 行:做,办事。语本《左传·隐公十一年》:"度德而处之,量力而行之,相时而动,无累后人,可谓知礼矣。"后用"量力而行"指衡量自己的能力和力量,去做力所能及的事▷经济建设要量力而行,循序渐进。|做买卖要根据资金的情况,量力而行,不能不切实际。◇不自量力。

量入为出 liàng rù wéi chū 入:收入。出:支出。语本《礼记·王制》:"视年之丰耗……利国用,量入以为出。"后用"量入为出"指根据收入的多少来决定开支的大小▷每月的生活开支要精打细算,量入为出。|他家的收入虽然不多,但经过主妇的仔细安排,量入为出,日子倒也过得红红火火。

量体裁衣 liàng tǐ cái yī 量:估量,比照。裁:剪裁。按照身材来裁制衣服。语本《南齐书·张融传》:"[太祖]手诏赐融衣曰:'见卿衣服粗故……今送一通故衣,意谓虽故乃胜新也,是吾所着,已令裁减称卿之体。'"后用"量体裁衣"比喻根据实际情况来处理问题、办理事情▷根据客观条件,量体裁衣,是我们的

L

办事原则。|这种量体裁衣地培养和使用人才的做法,被实践证明是最科学、最有用的。

［提示］量,不读“liáng”。

聊备一格 liáo bèi yī gé 聊:姑且。备:具备。格:标准,规格。姑且当作一种规格(表示暂且用以充数)▷她的画算不上一流的作品,入选画展只是聊备一格而已。|这首诗的格律与通常的不一样,虽然未见得高明,但历代选本中大多选录,聊备一格罢了。

聊胜于无 liáo shèng yú wú 聊:略,稍微。胜:胜过。语本晋·陶渊明《和刘柴桑》诗:“弱女虽非男,慰情良胜无。”后用“聊胜于无”指比没有略好一些▷这个小镇只有一个小小的图书馆,藏书虽不多,但总聊胜于无。|他新搬入的小区里光秃秃的没有一点儿绿化,他买了几棵树栽在自己的院中,看看稀疏的绿叶,总算是聊胜于无吧!

聊以解嘲 liáo yǐ jiě cháo 聊:姑且。解:消解。嘲:嘲笑。语本宋·胡仔《苕溪渔隐丛话前集·五柳先生》:“子美(杜甫)困顿于山川,盖为不知者诟病,以为拙于生事,又往往讥议宗文、宗武失学,故聊解嘲耳。”后用“聊以解嘲”指姑且用来消解自己所受到的嘲笑▷他所以这样说,不过是聊以解嘲罢了。|他的观点早已过时,不受大家的欢迎,于是只好用“自己老了,跟不上形势了”之类的话来聊以解嘲。

聊以塞责 liáo yǐ sè zé 塞:搪塞,应付。语出《宋史纪事本末》卷八十二:“又有泛论君德时事……或问之(韩侂胄),则愧谢曰:‘聊以塞责耳。’”后用“聊以塞责”指姑且用以敷衍、应付自己应该担负的责任▷我最近实在太忙,没有空写文章,只得把这篇旧文寄给贵刊,聊以塞责。|在会上,他不满于这种有意诬陷的廉洁,又不敢硬顶着不说,只好含糊其词地说了几句,聊以塞责。

聊以自慰 liáo yǐ zì wèi 聊:姑且,暂时。慰:安慰。姑且用来自我安慰▷阿Q遇见强者不敢反抗,便以这些话来粉饰,聊以自慰。|因为球赛门票没买到,我只能在家收看现场转播,聊以自慰。≈画饼充饥|望梅止渴。

寥寥无几 liáo liáo wú jǐ 寥寥:稀少。无几:没有多少。指非常稀少,没有几个▷前几年,我们县里能考取大学的人寥寥无几。|这里的毁林现象非常严重,放眼望去,只在山顶上有着寥寥无几的几棵大树。≈寥若晨星◇多如牛毛|不计其数|数不胜数。

寥若晨星 liáo ruò chén xīng 寥:稀疏。若:像。稀少得像早晨的星星。语本南朝齐·谢朓《京路夜发》诗:“晓星正寥落,晨光复泱漭。”后用“寥若晨星”形容数量极少▷现在优秀的儿童文学作品实在是寥若晨星。|因为种种原因,这方面的专业人才已经寥若晨星了。≈寥寥无几|屈指可数◇数不胜数|俯拾即是|多如牛毛|恒河沙数。

了如指掌 liǎo rú zhǐ zhǎng 了:了解,清楚。指掌:指着手掌。就像指着自己的手掌给人看一样。语本《论语·八佾》:“子曰:‘不知也。知其说者之于天下也,其如示诸斯乎?’指其掌。”后用“了如指掌”形容对事物了解得非常清楚▷班主任对于我们每个学生的情况都了如指掌。|他是土生土长的山里人,对这一带的地形和气候变化了如指掌。≈一

清二楚｜洞若观火◇雾里看花｜不甚了了。

料事如神 liào shì rú shén 料：预料。语本《旧唐书·郭子仪传》："天降人杰，生知王佐，训师如子，料敌如神。"后用"料事如神"形容预料非常准确▷诸葛亮高瞻远瞩，料事如神。｜这场比赛的结果果然和你预测的一样，你真是料事如神啊！≈未卜先知｜先见之明◇不可揆度｜出乎意料。

林林总总 lín lín zǒng zǒng 语本唐·柳宗元《贞符》："惟人之初，总总而生，林林而群。"后用"林林总总"形容众多纷纭的样子▷商场的货架上摆满各种商品，林林总总，令人眼花缭乱。｜近几年来，同类的书林林总总，出版了不少。

临财不苟 lín cái bù gǒu 临财：面对财物。苟：苟且，随便。语出《礼记·曲礼上》："临财毋苟得，临难毋苟免。"后用"临财不苟"指面对钱财不随便求取，廉洁自好▷你不必送礼，他是一个临财不苟的人，按政策可办的事，他一定会办。｜作为一个执法人员，仅做到临财不苟是不够的，还必须严格执行国家的法律法规，保证国家和人民的利益不受损失。◇临财苟得｜贪得无厌。

临渴掘井 lín kě jué jǐng 临：到。掘：挖。到了口渴时才去挖井。语本《黄帝内经·素问》："夫病已成而后药之，乱已成而后治之，譬犹渴而穿井，斗而铸锥，不亦晚乎？"后用"临渴掘井"比喻不早作准备，事到临头才仓促想办法▷与其到升学考试时才临渴掘井，不如早点复习，做好准备。｜你平时花钱大手大脚的，现在为买房才临渴掘井，家中一下子怎么拿得出这么多钱呢？≈江心补漏｜临阵磨枪｜见兔顾犬◇有备无患｜未雨绸缪。

临危不惧 lín wēi bù jù 临：面临，遇到。惧：畏惧，恐惧。语本《三国志·魏书·陈留王传》："和（夏侯和）、琇（羊琇）、抚（朱抚）皆抗节不挠，拒会（钟会）凶言，临危不顾，词指正烈。"后用"临危不惧"指遇到危险，毫不畏惧▷先烈们临危不惧、视死如归的英雄气概，光耀日月，浩气长存。｜在人民生命财产受到威胁时，他临危不惧，挺身而出，与歹徒进行搏斗。◇贪生怕死｜临阵脱逃｜知难而退。

临渊羡鱼 lín yuān xiàn yú 渊：深水潭。羡：羡慕，希望得到。面对深潭，希望得到鱼。语本《淮南子·说林》："临河而羡鱼，不如归家结网。"后用"临渊羡鱼"比喻虽有欲望，却无实际行动，仍不能如愿以偿▷要想实现利润翻番，我们与其临渊羡鱼，倒不如踏踏实实地发展生产，搞好建设。｜看到同龄人夺得奥林匹克数学大奖赛冠军，你与其临渊羡鱼，不如发奋学习，努力赶上和超过他们。

临阵磨枪 lín zhèn mó qiāng 临：临近。阵：战阵，战场。枪：长矛、梭镖一类的兵器。临到上阵打仗时，才去磨枪。比喻事到临头才仓促准备▷哪有你这样临阵磨枪的？眼看火车就要开了，才忙着买这买那的。｜如果你平时不好好复习，到考试前才临阵磨枪，是无济于事的。≈临渴掘井｜临难铸兵◇未雨绸缪｜有备无患。

临阵脱逃 lín zhèn tuō táo 临到上战场作战时却逃跑了。语出明·徐光启《疏辩》："在法，初逃者从重捆打，再逃则斩矣；临阵脱逃，初次即斩矣，亦求免其怨乎？"后用"临阵脱逃"比喻到关键时刻退缩逃避▷我不能遇到困难就临阵脱逃。｜在公司面临生死存亡的关键时刻，

L

你不但自己临阵脱逃,还想鼓动别人跟你一起走,真是太不像话了!

淋漓尽致 lín lí jìn zhì 淋漓:湿淋淋地往下滴水,比喻尽情、酣畅。尽致:达到极点。形容文章或说话畅快、充分和透彻。也指暴露得很彻底▷“范进中举”的故事把封建科举制度讽刺得淋漓尽致。|雕刻家把人物的精神世界刻画得淋漓尽致。≈酣畅淋漓。

[提示]致,不要写作“至”。

琳琅满目 lín láng mǎn mù 琳琅:精美的玉石,比喻珍贵的东西。精美的东西布满眼前。语本南朝宋·刘义庆《世说新语·容止》:“今日之行,触目见琳琅珠玉。”后用“琳琅满目”指随处可见珍贵的东西▷超市里,各类商品琳琅满目,令人目不暇接。|首饰店里,琳琅满目的珠宝让人眼花缭乱,竟不知挑选哪一种才好。

鳞次栉比 lín cì zhì bǐ 鳞:鱼鳞。次:次序。栉:梳子、篦子的总称。比:排列。语本《元史·河渠志三》:“岸善崩者,密筑江石以护之,上植杨柳,旁种蔓荆,栉比鳞次,赖以为固,盖以数百万计。”后用“鳞次栉比”形容房屋等建筑物像鱼鳞和梳子齿那样密密地排列着▷鳞次栉比的厂房,渐渐溶入暮色。|这个城市,前几年还很陈旧,现在的大厦已是鳞次栉比。≈密密丛丛◇寥若晨星|稀稀落落。

[提示]栉,不读“jié”。

伶牙俐齿 líng yá lì chǐ 形容能说会道▷这姑娘伶牙俐齿的,挺讨人喜欢。|他平时挺伶牙俐齿的,今天却变得吭吭哧哧,肯定有什么难言之隐。≈能言善辩|巧舌如簧|能说会道◇笨口拙舌。

[提示]俐,不要写作“利”。

灵丹妙药 líng dān miào yào 灵:灵验。丹:道家炼制的丹药,泛指按成方制成的中药。能治好病的良药。比喻能够解决问题的好办法▷书本上的知识并非灵丹妙药,我们要因地制宜,在实践中寻找发展山村经济的最佳途径。

玲珑剔透 líng lóng tī tòu 玲珑:精巧细致。剔透:镂空,引申指透亮鲜明。形容制作精巧,结构奇妙而明晰精致的工艺品▷你要是见到那玲珑剔透的七层玉雕宝塔,肯定也会爱不释手的。也比喻人的聪明伶俐▷他是个玲珑剔透的人,一见话风不对,就马上转成了笑脸,自我解嘲地说了几句场面话。

羚羊挂角 líng yáng guà jiǎo 《埤雅·释兽》载:传说羚羊晚上睡觉时,用羊角支撑身体悬挂在树上,足不着地,无足迹可寻,以避免猛兽偷袭。后用“羚羊挂角”比喻诗文的意境超脱,不着痕迹▷这首词意境空灵,如羚羊挂角,不着痕迹。

零敲碎打 líng qiāo suì dǎ 零零星星地敲打。比喻用零零碎碎的时间和断断续续的方式进行工作或处理事情▷搞科研要有通盘计划,不能零敲碎打。|多年来,他一直担任行政领导,工作很忙,只能利用闲暇时间,零敲碎打地进行文学创作。◇一气呵成。

另起炉灶 lìng qǐ lú zào 另外垒起灶头。比喻放弃原来的,重新做起▷原来的方案行不通,我们还是另起炉灶吧。也比喻另立门户,另搞一套▷与他合伙做生意不顺利,我想自己另起炉灶。≈重整旗鼓|卷土重来◇一蹶不振|偃旗息鼓。

另眼相待 lìng yǎn xiāng dài 用另一种

眼光去看待(多指特别重视)▷李老师是学校的顶梁柱，校长一向对他另眼相待。|如果一个人能力很强，又谦虚谨慎，别人自然会另眼相待。≈刮目相看◇一视同仁。

令人齿冷 lìng rén chǐ lěng 令：使得。齿冷：耻笑。语本《南齐书·乐颐传》："人笑褚公(渊)，至今齿冷。"后用"令人齿冷"指让人耻笑，使人极端鄙视▷他的所作所为全无半点将门虎子的样子，实在令人齿冷。|汉奸见到了他们主子的那副谄媚样子，令人齿冷。

令人发指 lìng rén fà zhǐ 令：使得。发：头发。指：直立起来。使人头发直竖起来。语本《庄子·盗跖》："盗跖闻之大怒，目如明星，发上指冠。"后用"令人发指"形容愤怒到顶点▷纳粹分子对犹太民族的疯狂迫害，令人发指。|这伙流氓犯下了令人发指的罪行。

［提示］发，不读"fā"。

令人捧腹 lìng rén pěng fù 捧腹：形容大笑的样子。指事情或话语等使人发笑▷舞台上，小丑的表演令人捧腹。|儿子穿上了父亲的大鞋子，一摇一摆地从里屋出来，那模样真令人捧腹。≈乐不可支◇悲痛欲绝。

令人神往 lìng rén shén wǎng 令：使得。神往：心中向往。使人非常向往▷阿里山、日月潭是令人神往的地方。|探险队员描述的神秘、美丽的圣湖，令人神往。≈引人入胜|心向往之。

令人作呕 lìng rén zuò ǒu 呕：恶心。形容使人感到十分厌恶▷有些歌星扭捏作态的样子真令人作呕。|那种满口仁义道德，背地里却丑态百出的"道学家"，实在令人作呕。

令行禁止 lìng xíng jìn zhǐ 令：命令。行：实行，执行。禁：禁令。止：停止。命令下达立即行动，禁令下达立即停止。语出《逸周书·文传》："令行禁止，王始也。"后用"令行禁止"形容法令通畅严明▷军人必须绝对做到令行禁止。|自从新厂长上任后，令行禁止，全厂面貌焕然一新。≈言出法随◇各自为政。

溜之大吉 liū zhī dà jí 溜：趁人不注意，偷偷跑掉。吉：吉利，吉祥。偷偷地跑掉为妙。形容脱身溜走(多指摆脱不利于自己的场合)▷我忙得团团转，正需要你帮忙时，你却溜之大吉。|联欢会上，有人提议让我表演节目，我怕丢丑，连忙溜之大吉。≈金蝉脱壳。

留有余地 liú yǒu yú dì 留下可以回旋变通的地方。语本宋·王令《寄介甫》诗："终见乘桴去沧海，好留余地许相依。"后用"留有余地"指说话、办事等不绝对化，留下机动的地方▷他这样做，应该说已经留有余地，你大可不必担心。|我们在制订计划时要留有余地，免得到时完不成而惹人笑话。

流风余韵 liú fēng yú yùn 流：流传。风：风尚。余：遗留。韵：韵致。流传下来的风尚和韵致。语出宋·朱熹《跋刘元城言行录》："岁月如流，前辈既不可见，而其流风余韵日远日忘。"后用"流风余韵"指前人文艺作品中流传下来的风格、情趣或前人流传下来的风度、情操▷读完你写的这篇文章，我感到字里行间充满着古人的流风余韵，回味无穷。|"礼失而求诸野"，古人的流风余韵，现在只是在民俗中才保留一二了。

流金铄石 liú jīn shuò shí 铄：熔化。温度高得能熔化金石。语出战国·屈原

《楚辞·招魂》:"十日代出,流金铄石些。"后用"流金铄石"形容天气酷热▷这鬼天气真热,流金铄石,汗水一刻也不停地往下流。|这大热天,你要是再到炼钢炉前待一会儿,热上加热,会真正体验到流金铄石的滋味。◇冰天雪地|天寒地冻。

流离失所 liú lí shī suǒ 流离:流转离散。失所:失去安身的地方。指流转离散而没有安身之地▷战争爆发后,成千上万的人流离失所。|大灾过后,各级政府采取种种措施安顿灾民,使他们免于流离失所。◇安居乐业。

流连忘返 liú lián wàng fǎn 流连:留恋不舍。语本《孟子·梁惠王下》:"从流下而忘反谓之流,从流上而忘反谓之连。"反:通"返",返回。原指沉迷于玩乐,忘记了回去。后用"流连忘返"多指留恋美好的事物或美丽的景色,舍不得离去▷张家界的奇山险峰令游人流连忘返。|那些充满中国民族风格的各式展品,令来宾们流连忘返,赞叹不已。≈恋恋不舍|乐不思蜀|乐而忘归◇归心似箭。

流年不利 liú nián bù lì 流年:迷信的人称人一年的运气。指人长期处于运气不好的状态中▷他总认为这几年事业屡受挫折,是自己流年不利的缘故。|他这几年流年不利,做任何生意都亏本。

流水不腐 liú shuǐ bù fǔ 腐:腐臭。流动的水不会发臭。语出《吕氏春秋·尽数》:"流水不腐,户枢不蝼,动也。"蝼(lóu):像蝼蛄般的腐臭味。后用"流水不腐"比喻经常运动的东西,不易侵蚀▷经常动脑筋,会增强记忆力,因为流水不腐嘛。也指经常运动,可以强健身体▷爷爷深知流水不腐的道理,所以积极参加老年运动队。

流星赶月 liú xīng gǎn yuè 形容速度飞快▷气垫船的速度,真如流星赶月。≈逐电追风|风驰电掣|兔起鹘落◇老牛破车|蜗行牛步|鹅行鸭步。

流言蜚语 liú yán fēi yǔ 流言:没有根据的谣言。蜚:同"飞"。蜚语:诽谤性的语言。语本《礼记·儒行》:"久不相见,闻流言不信。"又,《史记·魏其武安侯列传》:"乃有蜚语,为恶言闻上。"后用"流言蜚语"形容毫无根据的话(多指背后散布的诽谤诬蔑、挑拨离间等坏话)▷只要自己站得正,就不怕别人的流言蜚语。|最近校园里有不少流言蜚语,你们不要轻信,要多问几个为什么。≈无稽之谈|风言风语|不实之词◇信而有征|铁证如山|千真万确。

[提示]也作"流言飞语"。

柳暗花明 liǔ àn huā míng 暗:树荫蔽日。明:明亮美丽。语出唐·王维《早朝》诗:"柳暗百花明,春深五凤城。"原形容柳成荫、繁花似锦的美丽景象。后用"柳暗花明"多比喻绝境中忽然有了生路▷眼看我们的出游计划泡汤了,正在沮丧的时候,小马给大家带来了好消息,柳暗花明,我们又精神大振。◇山穷水尽。

六畜兴旺 liù chù xīng wàng 六畜:马、牛、羊、猪、狗、鸡六种家畜。指各种家畜、家禽都繁殖生长得又快又好▷这几年风调雨顺,农村到处是六畜兴旺、五谷丰登的景象。|改革开放的政策使得农村六畜兴旺,五谷丰登,农民的生活越来越富足。

六亲不认 liù qīn bù rèn 六亲:泛指所有亲属。不认所有的亲属。形容不讲情面或没有情义▷法官也是有人情味的,并

非六亲不认。|这个人地位高了,也渐渐六亲不认了。≈铁面无私|翻脸无情。

六神无主 liù shén wú zhǔ 六神:道教指主宰人的心、肺、肝、肾、脾、胆的六个神灵。语本《云笈七签》卷三二:"凡人卧,头边勿安放火炉,令人六神不安。"后用"六神无主"形容心慌意乱,没了主意▷孩子高烧一直不退,她简直六神无主了。|张三这么说,李四那么讲,我被搅得昏头昏脑,六神无主。≈心慌意乱|手足无措◇从容不迫|泰然处之|胸有成竹。

龙飞凤舞 lóng fēi fèng wǔ 语出宋·钱俨《吴越备史》卷一:"郭璞撰《临安地志》云:'天目山前两乳长,龙飞凤舞到钱塘。'"原形容山势蜿蜒起伏,气势磅礴。现多用"龙飞凤舞"形容书法笔势遒劲,舒展秀逸▷他不仅会武术,还能写一手龙飞凤舞的大字。|沈伯伯的草书写得龙飞凤舞,令人赞叹不已。

龙肝凤髓 lóng gān fèng suǐ 龙的肝脏,凤的骨髓。比喻珍贵的佳肴▷人就是这样,肚子饱了,再叫你吃龙肝凤髓,也不觉得美味;肚子饿了,即使粗茶淡饭,你也会吃得津津有味。|今天你怎么这样高兴?大概是吃了龙肝凤髓吧?

龙蛇混杂 lóng shé hùn zá 龙和蛇混合在一起。比喻好人与坏人混在一起▷这龙蛇混杂的局面,谁来了也不好办。|现在政局不稳,龙蛇混杂,我们还是等一等再采取行动吧!≈鱼龙混杂◇泾渭分明。

龙潭虎穴 lóng tán hǔ xué 潭:深水坑。穴:洞穴。龙、虎藏身的巢穴。比喻极其凶险的地方▷为了消灭土匪,他决定只身去探龙潭虎穴,独闯匪巢。|众位不避艰险,来此龙潭虎穴,救出我们全家,实在令人心感不已。≈刀山火海◇洞天福地。

龙腾虎跃 lóng téng hǔ yuè 腾:飞腾。跃:跳跃。像龙那样飞腾,像虎那样跳跃。语出唐·严以《拟三国名臣赞序》:"圣人受命,贤人受任,龙腾虎跃,风流云蒸,求之精微,其道莫不咸系乎天者也。"后用"龙腾虎跃"形容生气勃勃,非常活跃▷操场上,同学们龙腾虎跃,进行着各种项目的体育锻炼。|在英雄精神的感召下,人们纷纷投入到热火朝天、龙腾虎跃的劳动中去了。≈生龙活虎◇萎靡不振。

龙争虎斗 lóng zhēng hǔ dòu 像龙、虎争斗一样。形容斗争或竞赛等十分激烈▷绿茵场上,两支世界足球强队龙争虎斗,场面十分精彩。|这两支军队互相厮杀,龙争虎斗,十分厉害。

笼中之鸟 lóng zhōng zhī niǎo 被关进笼子中的鸟。语出《鹖冠子·世兵》:"一目之罗,不可以得雀;笼中之鸟,空窥不出。"后用"笼中之鸟"比喻失去自由的人▷她自嫁入豪门后,如笼中之鸟,心情十分抑郁。|她觉得这个家虽然富丽堂皇,但家庭中缺少人情味,自己如笼中之鸟,盼望能早一天离开这里,独立生活。

漏洞百出 lòu dòng bǎi chū 漏洞:不周密的地方。百出:形容出现的次数很多。比喻说话、写文章或制订计划、办事过程中,破绽或不周密处很多▷这份计划漏洞百出,必须重新制订。|他的辩解漏洞百出,你竟然会相信!◇无懈可击。

漏网之鱼 lòu wǎng zhī yú 从渔网中漏逃的鱼。语本《史记·酷吏列传序》:"网漏于吞舟之鱼。"后用"漏网之鱼"比喻侥幸逃脱法网的人▷这条漏网之鱼最终

逃脱不了恢恢法网。|案发后,大部分犯罪嫌疑人已被抓获,公安人员正在全力追捕一小股漏网之鱼。◇瓮中之鳖。

炉火纯青 lú huǒ chún qīng 纯:纯粹。青:这里指蓝色。古时道家炼丹,炉中之火到纯蓝时就算成功了。后用"炉火纯青"比喻学问、品德、修养、技艺等达到了成熟完美的地步▷这位长者的棋艺炉火纯青,造诣极深。|近几年来,他的绘画技巧已达到了炉火纯青的地步。≈出神入化|登峰造极◇不甚了了。

卤莽灭裂 lǔ mǎng miè liè 卤莽:粗鲁,不慎重。灭裂:轻薄,轻率。语本《庄子·则阳》:"君为政焉勿卤莽,治民焉勿灭裂。"后用"卤莽灭裂"形容做事草率苟且,粗鲁莽撞▷他做事情一向卤莽灭裂,这是出了名的。|做工作要掌握科学的方式方法,如果不问青红皂白,不管三七二十一,抓起来就做,这是卤莽灭裂的做法。

鲁殿灵光 lǔ diàn líng guāng 语本汉·王延寿《鲁灵光殿赋·序》:"鲁灵光殿者,盖景帝程姬之子恭王余之所立也。初恭王始都下国,好治宫室,遂因鲁僖基兆而营焉。遭汉中微,盗贼奔突,自西京未央、建章之殿,皆见隳坏,而灵光殿岿然独存。"后用"鲁殿灵光"喻指硕果仅存的人或物▷宋朝距今近千年,留传到现在的宋版书可谓鲁殿灵光了。|历经兵火盗贼,这座古寺依旧岿然耸立在山巅,真可谓是鲁殿灵光。

鹿死谁手 lù sǐ shuí shǒu 鹿:原喻指帝位或政权,后喻指争夺的对象。指帝位或政权落到谁的手里。语出《晋书·石勒载记下》:"朕若逢高皇(刘邦),当北面而事之,与韩(信)彭(越)竞鞭而争先耳。若遇光武(刘秀),当并驱于中原,未知鹿死谁手。"后用"鹿死谁手"比喻双方争夺激烈,不知最后胜利会属于谁▷这两支足球队争夺世界杯冠军,不知最后鹿死谁手?|比赛才开始,你们不要得意得太早,还不知鹿死谁手呢。◇胜券在握。

绿林好汉 lù lín hǎo hàn 绿林:绿林山,在今湖北当阳东北,西汉末年王匡、王凤率领的农民起义军以此山为根据地,反抗王莽政权,号称"绿林军"。后用"绿林好汉"指聚集山林反抗统治者的起义队伍。有时也指出没山林抢劫财物的盗匪▷武侠小说中的绿林好汉,深受人们的喜爱。|他被生活所迫,只能上山为匪,当起了绿林好汉。

[提示]绿,不读"lǜ"。

碌碌无为 lù lù wú wéi 碌碌:平庸。为:作为。语本《史记·平原君虞卿列传》:"公等录录(碌碌),所谓因人成事者也。"后用"碌碌无为"形容平庸无能,无所作为▷一个人不能碌碌无为地过一辈子,总要留下一点儿让子孙后代骄傲的东西。|几十年来,他已经习惯了碌碌无为、与世无争的生活。≈无所作为|庸庸碌碌◇大有作为|大有可为。

[提示]为,不读"wèi"。

路不拾遗 lù bù shí yí 遗:失物。路上有失物,没有人拾取。语本《韩非子·内储说下》:"仲尼为政于鲁,道不拾遗,齐景公患之。"后用"路不拾遗"比喻社会风气良好▷此地民风淳朴,路不拾遗。

[提示]也作"道不拾遗"。

勠力同心 lù lì tóng xīn 勠:并力,合力。语出《墨子·尚贤中》:"《汤誓》曰:'聿求元圣,与之勠力同心,以治天下。'"后用

"勠力同心"指齐心协力▷只要大家勠力同心，这个厂一定能办好。|全国上下勠力同心，共圆中华复兴的强国之梦。≈齐心合力|同心合力◇离心离德|各自为政。

屡次三番 lǚ cì sān fān 屡次：一次又一次。番：次。形容次数很多▷父亲屡次三番地写信来，要他回乡下一次。|我屡次三番地对他说，让他快去办这件事，他就是不听。

屡见不鲜 lǚ jiàn bù xiān 鲜：新杀的动物。语本《史记·郦生陆贾列传》："一岁中往来过他客，率不过再三过，数见不鲜，无久慁公为也。"后用"屡见不鲜"指多次见到，已经不感到新鲜了▷在大都市的街头，堵车的事屡见不鲜。|一集电视剧中要插播几次广告，已是屡见不鲜的现象。≈司空见惯|习以为常|不足为奇◇少见多怪|绝无仅有。

屡教不改 lǚ jiào bù gǎi 屡：多次。教：教育。经过多次教育，仍然不肯改正错误▷犯错误的人，除了极少数坚持错误、屡教不改的以外，大多数是可以改正的。|那个屡教不改的窃贼，又被公安机关逮捕了。≈怙恶不悛|死不改悔◇幡然悔悟。

［提示］教，不读"jiāo"。

屡试不爽 lǚ shì bù shuǎng 爽：差错。经多次试验都没有差错▷他发明的速算法，在各种场合屡试不爽，因而很快地在全国推广开来。|这棵树很奇怪，凡枝叶茂盛的年份，则当地必发大水，这已是屡试不爽的预兆了。

绿肥红瘦 lǜ féi hóng shòu 绿肥：绿叶茂盛。红瘦：花朵逐渐萎谢。绿叶茂盛而花朵却渐渐萎谢。语出宋·李清照《如梦令》词："知否，知否，应是绿肥红瘦。"后用"绿肥红瘦"形容晚春的景象▷春天快过去了，我家阳台上的花草已是绿肥红瘦。

乱臣贼子 luàn chén zéi zǐ 作乱的臣子和不孝的儿子。语出《孟子·滕文公下》："孔子成《春秋》，而乱臣贼子惧。"后用"乱臣贼子"指破坏统治秩序、扰乱社会的人▷乱臣贼子，人人可得而诛之。|汉末的董卓骄横无礼，上欺天子，下压群臣，人们视其为乱臣贼子。◇忠臣义士。

掠人之美 lüè rén zhī měi 掠：夺取。语出宋·王楙《野客丛书·龚张对上无隐》："兒宽为廷尉汤（张汤）作奏，即时得可。异时，汤见上。曰：'前奏非俗吏所及，谁为之者？'汤以宽对，不掠人之美以自耀。"后用"掠人之美"指夺取别人的功劳、声誉等为己有▷这篇文章是我和同学们合作完成的，我不能独居其功，掠人之美。|在论文的最后应注明所引资料的出处，以示不掠人之美。

略胜一筹 lüè shèng yī chóu 略：略微，稍稍。筹：筹码，计数用具。略微超过一码。形容比对方稍强一些▷两位棋手的棋艺不相上下，似乎要下成平局，最后关头，着黑子者略胜一筹，赢得了这场比赛。|每次考试，他的成绩总比我略胜一筹。≈棋高一着◇稍逊一筹。

略知一二 lüè zhī yī èr 一二：形容为数不多。指略微知道一点（多用作谦辞）▷他在大学的事，我略知一二。|我在文物鉴定方面算不上专家，只能说是略知一二而已。≈一知半解◇见多识广。

论功行赏 lùn gōng xíng shǎng 论：评定。赏：赞赏。语出汉·傅幹《谏曹公南征》："愚以为可且按甲寝兵，息军养

士，分土定封，论功行赏。”后用“论功行赏”指评定功绩的大小，给予奖赏▷只要这次活动进行得顺利，我们会在活动结束后论功行赏。|只有论功行赏，人们才会有工作的积极性。

罗掘一空 luó jué yī kōng 罗：张网捕鸟。掘：挖掘鼠洞。指用一切办法，把所有的东西都搜刮得干干净净▷为了给帮主过生日，地痞们竟把这个城市中稍微值点钱的东西罗掘一空。|他为了还债，将家里的东西罗掘一空，连妻子仅存的几件首饰也被他拿去抵押了。

锣鼓喧天 luó gǔ xuān tiān 喧：闹。锣鼓声响得直冲云天。形容气氛热烈、欢乐的景象▷大桥通车那天，锣鼓喧天，彩旗招展，一派欢庆景象。|为了庆祝国庆，整座城市锣鼓喧天，鞭炮声鸣，十分热闹。◇鸦雀无声。

荦荦大端 luò luò dà duān 荦荦：事理分明。语本《史记·天官书》：“此其荦荦大者，若至委曲小变，不可胜道。”后用“荦荦大端”指事物显著的要点或主要的方面▷文中所说的只是荦荦大端，其他枝节就不详细列举了。|对于前人已论述过的观点，我们在这里只选择其荦荦大端者略加介绍。◇毛举细故。

洛阳纸贵 luò yáng zhǐ guì《晋书·左思传》载：左思的《三都赋》写成后，经当时名家的赞誉，大家争相传抄，结果使京城洛阳的纸都涨了价。后用“洛阳纸贵”形容文章、著作享有盛誉，广为流传▷他是一位享誉海内外的大作家，只要有新作问世，便洛阳纸贵，立即被争购一空。≈一字千金|字字珠玑|语妙天下。

络绎不绝 luò yì bù jué 络绎：往来不绝，前后相连。语出《后汉书·东海恭王强传》：“数遣使者太医令丞方伎道术，络驿不绝。”驿：同“绎”。后用“络绎不绝”形容行人、车马等往来频繁，连续不断▷清明前后，前往烈士陵园扫墓的群众络绎不绝。≈车水马龙|川流不息。

落花流水 luò huā liú shuǐ 凋落的花瓣随着流水飘去。原形容暮春残败的景象。后常比喻衰败零落或遭受惨败▷我军坚守阵地，把来犯之敌打得落花流水，丢盔弃甲。|这场球赛，主队占尽优势，上半场未结束，客队已是落花流水，溃不成军。≈丢盔弃甲|一败涂地|溃不成军|日暮途穷|日薄西山◇欣欣向荣|方兴未艾|生机勃勃|蒸蒸日上。

落井下石 luò jǐng xià shí 语本唐·韩愈《柳子厚墓志铭》：“落陷阱，不一引手救，反挤之，又下石焉者，皆是也。”后用“落井下石”比喻当别人陷入困境，不但不援助，反而乘机进行打击、陷害▷他遇到难处，你不去帮助，也就罢了，怎么还要落井下石呢？|她已经够惨了，假如我再去说她这也不是那也不是，就不免有“落井下石”的嫌疑。≈乘人之危|趁火打劫|雪上加霜◇雪中送炭。

落落大方 luò luò dà fāng 落落：举止潇洒自然。大方：自然，不拘束。形容人的仪表、言谈、举止自然大方，潇洒自如▷新同事进屋后，落落大方地向大家点头致意。|大家请他表演一个节目，他落落大方地走到前面，唱了一首歌。≈大大方方◇扭扭捏捏|束手束脚。

落落寡合 luò luò guǎ hé 落落：与人不相合的样子。原指见解高超，不为一般人所理解。语本《后汉书·耿弇传》：“将军前在南阳，建此大策，常以为落落难合，有志者事竟成也。”后用“落落寡合”

指为人孤僻，不合群▷他平时总是落落寡合，但见了家乡来的人却很随和，显得很愉快的样子。|母亲见他为人落落寡合，恐怕他今后踏上社会不能适应，所以很是担心。◇水乳交融。

M

麻痹大意 má bì dà yì 麻痹：肢体某一部分失去知觉。比喻失去警觉，疏忽大意▷对于防火防盗工作，你们切不可麻痹大意，否则会对生命财产造成重大损失。|这次的考查关系到整个学年的总分，你可麻痹大意不得啊！◇常备不懈|居安思危。

［提示］痹，不读"pì"。

麻木不仁 má mù bù rén 不仁：没有感觉。肢体麻木，丧失知觉。比喻对外界事物反应迟钝，漠不关心▷经历了数十年的坎坷和磨难，他对一切都变得麻木不仁了。|一个有道德的人，决不能对别人的痛苦麻木不仁。≈无动于衷|漠不关心|置若罔闻|熟视无睹◇刻骨铭心|耿耿于怀|多愁善感|触景生情。

马不停蹄 mǎ bù tíng tí 马不停下脚步。比喻毫无间歇地前进或工作▷小红得悉奶奶病危，心急火燎，立即马不停蹄地赶往医院。|他们研究院三年来马不停蹄地攻克了许多重大科研难关。≈快马加鞭◇老牛破车。

马齿徒增 mǎ chǐ tú zēng 马齿：马的牙齿随年龄的增长而增加，因此看马齿多少即可知道马的年龄。徒：徒然，白白地。马的牙齿白白地增加。语本《穀梁传·僖公二年》："荀息牵马操璧而前曰：'璧则犹是也，而马齿加长矣。'"后用"马齿徒增"比喻人的年龄白白地增大，而学问却没有长进或事业没有成就（多用作自谦之辞）▷这些年来我马齿徒增，真是愧对先生的教诲。|在垂暮之年，回首往事，我碌碌半生，马齿徒增，实在惭愧。≈虚度年华◇不虚此生。

马到成功 mǎ dào chéng gōng 战马一到，就取得胜利。形容迅速获得胜利或成功▷预祝你这次前去谈判，旗开得胜，马到成功。|果然姜是老的辣，我师傅一去，马到成功，那部"瘫痪"的机器又"活"了。≈旗开得胜。

马放南山 mǎ fàng nán shān 南山：终南山。作战用的马放牧于南山，不再骑乘。语本《尚书·武成》："乃偃武修文，归马于华山之阳，放牛于桃林之野，示天下弗服。"后用"马放南山"比喻天下太平，不再用兵打仗▷那是个刀枪入库、马放南山的太平年代。|我们虽已取得政权，但全国形势未稳，还远未到马放南山的时候。

马革裹尸 mǎ gé guǒ shī 革：皮革。尸：尸体。战死疆场后，用马皮把尸体裹起来。语出《东观汉记·马援传》："男儿要当死于边野，以马革裹尸还葬耳，何能卧床上，在儿女子手中邪？"后用"马革裹尸"形容英勇作战，战死疆场▷作为军人，当然要有马革裹尸、为国捐躯的思想准备。|与其在朝中做个有名无实的宰相，还不如到前线去效死疆场，马革裹尸，也落一个轰轰烈烈的收场。

马首是瞻 mǎ shǒu shì zhān 瞻：向前或

往上看。作战时士兵看主将的马头决定行动的方向。语出《左传·襄公十四年》:“荀偃令曰:‘鸡鸣而驾,塞井夷灶,唯余马首是瞻。’”后用“马首是瞻”比喻服从指挥或乐于追随▷他嘴上虽表示以领导的马首是瞻,但决不会甘心长久地屈居人下的。|这些小国都被那个大国牵着鼻子走,特别是在外交上更是以大国马首是瞻。≈亦步亦趋|唯命是从◇我行我素|独立自主。

埋头苦干 mái tóu kǔ gàn 低着头刻苦工作。形容专心致志地做事▷已是深夜十二点了,他还在埋头苦干。|他这种不计名利、埋头苦干的精神,值得我们每一个人学习。

买椟还珠 mǎi dú huán zhū 椟:木盒子,木匣子。珠:珍珠。《韩非子·外储说左上》载:楚国有个人到郑国去卖珍珠,他用上等木料做了个盒子,装饰得非常漂亮。有个郑国人买下了盒子,而把里面的珍珠还给了他。后用“买椟还珠”比喻舍本逐末,取舍不当▷读古典文学作品,如果只在句法、语法上下功夫,那就近似买椟还珠了。≈舍本逐末|本末倒置。

卖儿鬻女 mài ér yù nǚ 鬻:卖。指出卖自己的亲生儿女▷在那个年代中,因遭受灾荒而卖儿鬻女的事屡见不鲜。|若不是走投无路,哪一个做父母的会做出这种卖儿鬻女的事呢?

卖官鬻爵 mài guān yù jué 鬻:出卖。爵:爵位。语出《宋书·邓琬传》:“琬性鄙暗,贪吝过甚,财货酒食,皆身自量校,至是父子并卖官鬻爵。”后用“卖官鬻爵”指掌权执政的人为了搜括钱财而出卖官职或爵位▷他见有机可乘,便仗着父亲的权势,卖官鬻爵。|有些人仗着自己有几个臭钱,竟想让我们政府做出卖官鬻爵的丑事来,这是万万不可能的。

卖国求荣 mài guó qiú róng 荣:荣华富贵。出卖国家利益、而换取个人私利▷你这个卖国求荣的小人,绝不会有好下场。|历史上卖国求荣的人,将永远为后人所唾弃。≈卖身投靠|认贼作父|里通外国◇尽忠报国|赤心报国。

卖身投靠 mài shēn tóu kào 出卖自己,攀附权势。形容丧失人格,甘作恶势力的帮凶▷他卖身投靠统治者,干起了残害老百姓的事。|当提起那些卖身投靠敌人、为非作歹的人,没有人不深恶痛绝的。≈认贼作父◇洁身自好。

瞒天过海 mán tiān guò hǎi 比喻用欺骗的手段,暗地里进行活动▷他早已暗暗派人把他们的账目查了个一清二楚,免得他们瞒天过海。|你休想瞒天过海,群众的眼睛是雪亮的。≈偷天换日。

满城风雨 mǎn chéng fēng yǔ 语出宋·惠洪《冷斋夜话》卷四引宋·潘大临诗句:“满城风雨近重阳。”原形容秋天城内到处刮风下雨的景象。后用“满城风雨”比喻消息一经传开,引起轰动、议论▷这是一个小县城,只要有一点风吹草动,便会闹得满城风雨。|虽然现在消息还没传开,可一到明天定会满城风雨。≈甚嚣尘上|议论纷纷◇泥牛入海。

满腹经纶 mǎn fù jīng lún 经纶:整理过的蚕丝(理丝为经,编丝为纶),引申指规划整理的才能。一肚子的学问和才能。语本《礼记·中庸》:“惟天下至诚为能经纶天下之大经。”后用“满腹经纶”形容人知识渊博又有处理大事的才能▷他满腹经纶,但口头表达能力不强,真令人遗憾。◇才疏学浅｜胸无点墨。

满坑满谷 mǎn kēng mǎn gǔ 坑：地洞，地坑。谷：两山之间的夹道。原指道之流行无不周遍。语本《庄子·天运》："在谷满谷，在坑满坑。"后用"满坑满谷"形容数量极多而拥挤的状态▷东西这么多，堆放更得分门别类，看现在是满坑满谷，叫人心里很不舒服。｜走进这家超市感觉就是不一样，货架上货物满坑满谷，琳琅满目。◇空空如也。

满面春风 mǎn miàn chūn fēng 满脸都是喜悦、舒畅或得意的神情。形容心情喜悦▷获奖的影星满面春风地出现在盛大的颁奖晚会上。｜签约以后，总经理满面春风，在宴席上频频举杯。≈眉飞色舞｜神采飞扬｜踌躇满志◇愁眉苦脸｜愁眉不展。

满目疮痍 mǎn mù chuāng yí 疮痍：创伤。眼睛看到的都是创伤。比喻遭到人为破坏或自然灾害后的残破景象▷龙卷风过后，遭灾的山村里满目疮痍，惨不忍睹。｜激战后的小镇，那尸骸遍地、满目疮痍的惨景，真像是人间地狱一般。≈百孔千疮。

满腔热忱 mǎn qiāng rè chén 整个胸膛都是热情。形容感情十分热烈真诚▷老王医生对每一个病人都是满腔热忱，有问必答。｜只有心里装着人民、牢记"为人民服务"宗旨的人，才会对人民满腔热忱。◇无动于衷｜漠不关心｜冷若冰霜。

满园春色 mǎn yuán chūn sè 整个花园里都是春天的景色。语本宋·叶绍翁《游小园不值》诗："春色满园关不住，一枝红杏出墙来。"后用"满园春色"比喻富有生气的景象▷公园里满园春色，真是美极了。｜百家争鸣，实际上说明了"一花独放不是春"，只有百花齐放才是满园春色，才是真正兴盛的道理。

满载而归 mǎn zài ér guī 载：装载。归：回来。装得满满的回来。比喻收获很大▷这次的民俗调查，由于得到当地政府和人民的大力支持，大家都满载而归。◇一无所得。

［提示］载，不读"zǎi"。

漫不经心 màn bù jīng xīn 漫：随便，不受约束。经心：在意，留心。随随便便，不放在心上▷售货员漫不经心地看了我一眼，懒懒地走向货架。｜你别看他一副漫不经心的模样，他肚里鬼点子可多着呢。≈漠不关心｜漠然置之◇聚精会神｜专心致志｜全神贯注。

漫山遍野 màn shān biàn yě 漫：满。遍：到处。山冈和田野里到处都布满了。形容数量极多▷这个山村家家户户都种橘树，一到收获季节，漫山遍野一片金黄，美不胜收。｜蛇岛上，毒蛇漫山遍野。≈铺天盖地｜比比皆是◇寥若晨星。

漫无边际 màn wú biān jì 辽阔得无边无际。比喻说话、作文离题万里，抓不住中心▷船航行在漫无边际的大海中。｜他说话漫无边际，常常让人摸不着头脑。

慢条斯理 màn tiáo sī lǐ 形容说话、做事慢慢腾腾，不慌不忙▷他生来的慢性子，不管旁人怎么着急，他总是慢条斯理的。｜上课的铃声已经响了，他才慢条斯理地从那边踱过来。≈从容不迫｜不慌不忙｜老牛破车◇急不可待｜急如星火。

芒刺在背 máng cì zài bèi 芒刺：草木茎叶、果壳上的小刺。好像有小刺扎在背上。语出《汉书·霍光传》："宣帝始立，谒见高庙，大将军光从骖乘，上内严惮之，若有芒刺在背。"后用"芒刺在背"

比喻内心极度不安▷检察官尖利的言辞，让犯罪嫌疑人感到芒刺在背，十分不安。|老师两道犀利的目光紧盯着我，使我如芒刺在背，坐立不安。≈坐立不安|如坐针毡◇行若无事|泰然自若。

［提示］芒，不要写作“茫”。

忙里偷闲 máng lǐ tōu xián 闲：空闲。指在繁忙的工作中抽出一点空闲时间▷他在店里当学徒，虽然工作繁重，但他还是忙里偷闲，读了不少书。|虽然会议安排得十分紧凑，但他还是忙里偷闲，抽空拜访了老朋友。

盲人摸象 máng rén mō xiàng 《大般涅槃经》卷三二载：几个盲人各自抚摸大象的身躯，每人都以为大象的形状就像自己所摸到的那一部分，因此各人说法不一。后用“盲人摸象”比喻仅凭对事物的片面了解或局部经验所做出的结论是不全面的▷这方面的材料我看得不多，所以现在不便发表看法，以免盲人摸象，失之于片面。|既然要把这件事调查清楚，就应该听取各方面的意见，不能听了一点风声就马上下结论，那样难免会如盲人摸象。≈一叶障目|东鳞西爪◇面面俱到|统筹兼顾。

茫无头绪 máng wú tóu xù 茫：茫然，模糊不清的样子。模糊得没有一点头绪。指对事情摸不清楚，不知从何处着手▷面对这一大堆事情，他茫无头绪，急得像热锅上的蚂蚁。|你想问的到底是哪件事？这样茫无头绪的，叫我从何说起？≈一团乱麻|千头万绪◇条理分明|有条不紊。

猫鼠同眠 māo shǔ tóng mián 眠：睡觉。猫和老鼠在一起睡觉。语本《新唐书·五行志一》：“龙朔元年十一月，洛州猫鼠同处……猫职捕啮，而反与鼠同，象司盗者废职容奸。”后用“猫鼠同眠”比喻上级昏庸失职，纵容下属干坏事▷大凡一个地区的黑社会活动猖獗，都与个别警察受贿以致猫鼠同眠有关。也比喻狼狈为奸，同干坏事▷这位总经理老是跟总务科的科长混在一起，猫鼠同眠，尽干些见不得人的事。

毛骨悚然 máo gǔ sǒng rán 毛：毛发。骨：脊梁骨。悚然：害怕的样子。毛发竖起，脊梁骨发冷。形容十分恐惧▷那位老先生讲的故事让人越听越觉得毛骨悚然。|胆子小的人，孤身一人走夜路，任何风吹草动都会让他毛骨悚然。≈不寒而栗|胆战心惊|提心吊胆|心惊肉跳|魂不附体◇临危不惧|浑身是胆|泰然自若|面不改色|若无其事。

毛手毛脚 máo shǒu máo jiǎo 形容做事粗心大意，不仔细▷这批货不比往常，质量要求很高，大家都仔细点，千万别毛手毛脚。|他做事毛手毛脚，常常打碎东西。≈粗枝大叶|粗心大意◇一丝不苟|细针密缕。

毛遂自荐 máo shuì zì jiàn 荐：介绍，推荐。《史记·平原君虞卿列传》载：战国时，秦国围困赵国首都邯郸，赵国派平原君挑选一批门客前往楚国求救。毛遂自告奋勇推荐自己。到了楚国，平原君与楚王“联合抗秦”的谈判没有结果，毛遂就持剑上前，陈述利害得失，终于说动楚王同意联合抗秦。后用“毛遂自荐”比喻自告奋勇或自我推荐▷在这次民主选举中，技术员小沈毛遂自荐做厂长。|学校中队干部的改选工作开始了，我毛遂自荐，提名自己当中队长，赢得了一片掌声。≈自告奋勇|挺身而出◇推三阻四。

茅塞顿开 máo sè dùn kāi 茅塞：被茅草塞住。顿开：顿时开通。原来心里像被茅草堵塞着，现在忽然被打开了。比喻豁然明白、理解了某个道理▷经过老师的点拨，我茅塞顿开。｜经过他的一番指点，我们真有了一种茅塞顿开的感觉。≈豁然开朗｜恍然大悟◇一窍不通｜执迷不悟。

冒名顶替 mào míng dǐng tì 冒：冒充。假冒别人的名义去做事或窃取他的利益▷考试时，决不允许有冒名顶替的事情发生。｜他拿着别人的请柬，冒名顶替，混进了会场。≈偷梁换柱。

貌合神离 mào hé shén lí 貌：外表。神：内心。语本汉·黄石公《素书·遵义》："貌合心离者孤，亲谗远忠者亡。"后用"貌合神离"形容表面上合得来，内心却不一致▷他们两人之间有过较深的误会，虽然后来和解了，但总有些貌合神离。

M

没头没脑 méi tóu méi nǎo 指事情没有来龙去脉，弄不清是怎么回事▷对这没头没脑的指责，他一时不知如何是好。也指不分对象地任性而为▷他提着一双铁拳，没头没脑地向围观者打去。

眉飞色舞 méi fēi sè wǔ 色：神色，指脸上的表情。形容非常高兴和得意的神态▷听到这个好消息，我们不由得眉飞色舞。｜说起那场精彩的比赛，他眉飞色舞，滔滔不绝。≈眉开眼笑｜喜形于色｜喜不自胜◇愁眉不展｜愁眉苦脸。

眉高眼低 méi gāo yǎn dī 形容脸上不愉快的表情▷堂堂大丈夫，竟然要受你的眉高眼低？真是荒唐透顶！也比喻待人处世的方法▷为人处事要识得眉高眼低，方能得到大伙的欢迎。

眉开眼笑 méi kāi yǎn xiào 眉头舒展，眼含笑意。形容满脸高兴的样子▷小红评上了三好学生，妈妈乐得眉开眼笑。｜新年的钟声敲响了，人们眉开眼笑、喜气洋洋地互祝新年好。≈眉飞色舞｜喜笑颜开｜心花怒放｜笑逐颜开｜喜形于色◇愁眉不展｜愁眉苦脸。

眉来眼去 méi lái yǎn qù 用眉眼传递情意。语出宋·辛弃疾《满江红·赣州席上呈陈季陵太守》词："落日苍茫，风才定，片帆无力。还记得，眉来眼去，水光山色。"原指眉如山峰，眼神如水波。后用"眉来眼去"形容男女间的眉目传情▷他俩眉来眼去的情景，早就被旁人看在眼里了。≈眉目传情｜暗送秋波。

眉清目秀 méi qīng mù xiù 形容相貌清俊秀丽▷这女孩子出落得眉清目秀，真叫人欢喜。｜一走进商厦的大门，迎面就走来一位眉清目秀的小伙子。≈明眸皓齿｜如花似玉◇贼眉鼠眼｜尖嘴猴腮｜獐头鼠目。

每况愈下 měi kuàng yù xià 况：甚。愈：更加。下：往下。语本《庄子·知北游》："正获之问于监市履狶也，每下愈况。"后用"每况愈下"指与原来相比，情况越来越坏▷由于经营不善，这家公司每况愈下，已濒临倒闭。◇欣欣向荣｜蒸蒸日上｜渐入佳境。

美不胜收 měi bù shèng shōu 胜：尽，完全。收：接受。美好的事物太多，一时来不及欣赏和接受▷展览厅里陈列着许多名家书画，美不胜收。｜西湖的景致美不胜收。≈琳琅满目。

美轮美奂 měi lún měi huàn 轮：高大。奂：众多。语本《礼记·檀弓下》："晋献文子成室，晋大夫发焉。张老曰：'美哉轮焉，美哉奂焉。'"后用"美轮美奂"形

容建筑物高大华美▷导游带领大家参观了美轮美奂的歌剧院和博物馆。|商店装修一新,看上去宽敞华丽,美轮美奂。

[提示]轮,不要写作"仑"。

美人迟暮 měi rén chí mù 迟暮:比喻晚年。泛指人青春已过,到了垂暮之年。语本战国楚·屈原《离骚》:"惟草木之零落兮,恐美人之迟暮。"本是屈原讽楚怀王(即"美人")失德,至年老而无功成。后用"美人迟暮"比喻时光易逝,盛年难再▷她坐在镜前,看到皱纹爬上了眼角,美人迟暮之感油然而生。|林姑娘,要珍惜青春,有所作为,美人迟暮意味着什么,你是知道的。

美中不足 měi zhōng bù zú 足:足够,完备。事物虽然好,但还有不够的地方▷这篇文章写得不错,但美中不足之处就是不够简练。|这套房子的面积很大,但分隔的结构不甚合理,未免有些美中不足。≈白璧微瑕|大醇小疵◇一无是处。

门当户对 mén dāng hù duì 门户:家庭的社会地位等。当:相当,合适。对:适合。指通婚的男女双方家庭的社会地位和经济状况相当▷封建社会门当户对的婚姻观断送了许多青年男女的幸福。≈郎才女貌◇齐大非偶。

门可罗雀 mén kě luó què 罗:用罗网捕捉。门前可张网捕捉鸟雀。语本《史记·汲郑列传赞》:"始翟公为廷尉,宾客阗门;及废,门外可设雀罗。"后用"门可罗雀"形容门庭冷落,宾客稀少▷这家商店由于服务态度太差,以致门可罗雀。◇门庭若市|户限为穿|车马盈门。

门庭若市 mén tíng ruò shì 庭:庭院。若:好像。门口和庭院里热闹得像集市一样。语出《战国策·齐策一》:"群臣进谏,门庭若市。"后用"门庭若市"形容来客很多▷这家书店长年门庭若市,生意兴旺。|我家附近新开了一家超市,由于品种齐全,价格公道,天天门庭若市。≈车水马龙|车马盈门|户限为穿◇门可罗雀。

扪心自问 mén xīn zì wèn 扪:按,摸。摸着胸口自己问自己。指反省自己的行为▷你应当扪心自问,在这件事上是否有愧于他人。|他半夜醒来,扪心自问,自己的所作所为实在是对不起父母的养育、老师的培养。≈反躬自省◇问心无愧。

闷闷不乐 mèn mèn bù lè 闷闷:心情抑郁不畅。形容心事重重、烦闷不快的样子▷这位同学近来总是闷闷不乐,作为班长,你应该问个究竟,关心关心他。|不知为什么,爷爷这几天闷闷不乐,我去劝导劝导他。

蒙混过关 méng hùn guò guān 蒙蔽混杂其中,骗过审查的关口▷他把毒品藏在箱子的夹层中,企图蒙混过关,夹带入境。|像你这种避重就轻,交代小问题、隐藏大问题,妄图蒙混过关的伎俩,我们见得多了。

梦笔生花 mèng bǐ shēng huā 梦见笔头上生出花朵。语本五代·王仁裕《开元天宝遗事·梦笔头生花》:"李太白少时,梦所用之笔头上生花,后天才赡逸,名闻天下。"后用"梦笔生花"比喻才思敏捷,文笔出众▷一些经典作品的作者,往往都有梦笔生花之才。◇江郎才尽。

梦寐以求 mèng mèi yǐ qiú 梦寐:睡梦。睡梦中都在寻找、追求。语本《诗经·周南·关雎》:"窈窕淑女,寤寐求之。"后用"梦寐以求"形容愿望之迫切和强烈▷摆在面前的正是他梦寐以求的

冠军奖杯。|实现祖国的完全统一,是多少人梦寐以求的事啊!≈朝思暮想。

梦中说梦 mèng zhōng shuō mèng 语出《大般若波罗蜜多经》卷五九六:“复次善勇猛,如人梦中说梦所见种种自性。如是所说梦境自性都无所有。何以故?善勇猛,梦尚非有,况有梦境自性可说。”后用“梦中说梦”喻指虚无、不存在的事▷最近我作了全面调查,这件事根本不存在,真可谓是梦中说梦。|梦中说梦的事情不要去想,它会让你空喜欢一场,还会使你变得绝望。

弥天大谎 mí tiān dà huǎng 弥天:满天,形容极大。极大的谎话▷小孩子无意中的一句真话,揭穿了一个弥天大谎。|罪犯企图用弥天大谎来掩盖他的罪恶行径。≈欺人之谈◇肺腑之言|由衷之言。

弥天大罪 mí tiān dà zuì 弥天:满天,形容极大。指极大的罪恶▷他犯下“欺君”的弥天大罪。|他犯下了这样的弥天大罪,竟然还不知悔改,实在是罪不可赦。≈罪恶滔天|罪大恶极|恶贯满盈。

迷途知返 mí tú zhī fǎn 返:返回。迷失道路后知道返回。语本《三国志·魏书·袁术传》:“若迷而知反,尚可以免。”后用“迷途知返”比喻犯了错误后知道改正▷对于迷途知返的失足青年,我们不应该歧视他们。≈浪子回头|痛改前非◇执迷不悟。

米珠薪桂 mǐ zhū xīn guì 珠:珍珠。薪:柴禾。桂:桂木,指珍贵的木材。米贵得像珍珠,柴禾贵得像桂木。语本《战国策·楚策三》:“楚国之食贵于玉,薪贵于桂。”后用“米珠薪桂”形容物价昂贵▷那时候,城里米珠薪桂,许多作坊不得不歇业了。|这种米珠薪桂的日子,让我们这些穷教员怎么过得下去呢?≈食玉炊桂。

靡靡之音 mǐ mǐ zhī yīn 靡靡:柔软、萎靡不振。语本《韩非子·十过》:“此师延之作,与纣为靡靡之乐也。”后用“靡靡之音”指颓废、低级趣味、令人萎靡不振的音乐▷这些靡靡之音,对培养年轻人的高尚情操是没有好处的。|小明喜欢高雅的交响乐,对时下流行的靡靡之音不屑一顾。

靡有孑遗 mǐ yǒu jié yí 靡:无。孑遗:遗留,剩余。语出《诗经·大雅·云汉》:“周余黎民,靡有孑遗。”后用“靡有孑遗”指没有遗留下来的▷经历了八国联军的抢劫和焚毁,珍藏于圆明园的珍宝靡有孑遗了。|曾经盛极一时的恐龙在数千万年之前就灭绝了,靡有孑遗。

秘而不宣 mì ér bù xuān 宣:公开,发表。语出《三国志·吴书·吕蒙传》裴松之注引《江表传》:“密为肃(鲁肃)陈三策,肃敬受之,秘而不宣。”后用“秘而不宣”指保守秘密,不告诉其他人▷虽然领导们对这事都秘而不宣,但厂里早已有所传闻。|命令下达到军部,军长秘而不宣,到了临出发前,才向全军传达了命令。≈守口如瓶◇东窗事发|泄露天机。

密不透风 mì bù tòu fēng 透风:透露消息、风声。形容封闭严密或包围紧密▷一接到报警,巡警立即把这座房子包围得密不透风,歹徒插翅也难逃。|中奖已一年多了,你到今天才吐露出来,真可谓是密不透风。

蜜里调油 mì lǐ tiáo yóu 蜜和油调和在一起。比喻双方的关系非常亲密和美▷他们俩的关系没得说了,蜜里调油,好

得不能再好了。|看来你们好得蜜里调油，一日不见，就像掉了魂似的。≈亲密无间。

绵里藏针 mián lǐ cáng zhēn 绵：丝绵。丝绵里藏根针。比喻外表温和，内心厉害▷她看上去不声不响的，却是个绵里藏针的人。|这句话听上去很平淡，却暗伏着机关，真是绵里藏针啊！≈柔中有刚。

免开尊口 miǎn kāi zūn kǒu 免：不要，不用。尊：尊贵。不要开口讲话或不要提出要求▷此事由我负责，与你无关，请免开尊口。|你前债未清，又想借新债？还是免开尊口吧！

勉为其难 miǎn wéi qí nán 勉：勉强。为：做。勉强去做能力所不及或不想做的事▷他实在不会唱歌，请诸位不要勉为其难。|会喝酒的请大家尽兴，不会喝酒的就不要勉为其难了。◇量力而行。

面不改色 miàn bù gǎi sè 形容面临危险，神态自若，毫不畏惧▷这个勇敢的警员，面对歹徒死亡的威胁，面不改色心不跳。|他撒谎成性，而且已经到了面不改色、毫不羞愧的地步。≈不露声色|不动声色|神色自若|泰然自若◇面如土色|面如死灰|面无人色|大惊失色。

面红耳赤 miàn hóng ěr chì 赤：红。脸和耳朵都红了。形容人羞愧、激动、着急等而脸色发红的样子▷她生性腼腆，连回答老师的提问都会面红耳赤。|两人为了一点儿小事吵得面红耳赤。◇面不改色。

面黄肌瘦 miàn huáng jī shòu 脸色黄，肌体瘦。形容营养不良或有病的样子▷由于长期卧病在床，他显得面黄肌瘦。|碰上灾年，大人小孩都饿得面黄肌瘦。≈骨瘦如柴|面有菜色|鸠形鹄面◇神采奕奕|容光焕发|脑满肠肥。

面面俱到 miàn miàn jù dào 俱：都。指各个方面都注意到、照应到，没有遗漏▷这个老板娘满面春风地招待顾客，面面俱到。也指重点不突出，一般化▷写文章要突出主题，不要面面俱到。≈八面玲珑|左右逢源|无微不至◇呆若木鸡|顾此失彼|挂一漏万。

面面相觑 miàn miàn xiāng qù 觑：看。相互对着看。语出明・释居顶《续传灯录・怀安军云顶海鹏禅师》："毕钵岩中，面面相觑。"后用"面面相觑"形容因惊慌或束手无策而彼此对看▷水手们从未遇到过如此大的暴风雨，不由得面面相觑，惊异不已。|由于事出突然，所以事发现场虽有不少人，但大家面面相觑，一时都惊呆了。

面目全非 miàn mù quán fēi 非：不是，不同。样子跟以前完全不同。形容变化很大▷战火过后，美丽的城镇已面目全非，全无过去欣欣向荣、生气勃勃的景象。|这篇文章在报上登载出来时，已被改得面目全非。≈翻天覆地◇依然如故|一成不变。

面若死灰 miàn ruò sǐ huī 面色像死灰色。语出《淮南子・修务》："[申包胥]昼吟宵哭，面若死灰，颜色霉黑，涕液交集。"后用"面若死灰"形容因心情极度沮丧或惊恐而脸色灰暗▷这次她的胃大出血，病可重了，前几天面若死灰，在医生精心治疗下，病情得到控制，面色好多了。|看到保险柜里空空如也，他顿时面若死灰。

面授机宜 miàn shòu jī yí 面：当面。授：传授，教。机宜：适合时机的策略和办法。指当面向人传授处理事务所应采

取的合适的决策或方法▷在体育馆内呼声此起彼伏的时候，教练仍神色不变地向队员们面授机宜。|总经理向营销人员面授机宜，指示他如何去攻下这一关。

面无人色 miàn wú rén sè 脸上没有一点活人应有的血色。语本《史记·李将军列传》："会日暮，吏士皆无人色，而广（李广）意气自如，益治军。"后用"面无人色"形容极其恐惧的样子▷他被执行枪决时，吓得面无人色，双腿发软，已走不动路了。|瞧这孩子被吓得面无人色，真令人心疼。≈面如土色|面如死灰。

苗而不秀 miáo ér bù xiù 苗：庄稼长出禾苗。秀：植物抽穗开花。《论语·子罕》载：孔子哀悼颜渊早逝，说："苗而不秀者有矣夫，秀而不实者有矣夫。"即是说，长苗而不吐穗开花的有过，吐穗开花而不结果的也有过。这是孔子以植物的生长过程来比喻颜渊的不幸早逝。后用"苗而不秀"比喻资质聪慧却不幸早逝▷他从小就是个神童，可惜苗而不秀，十五岁上就死了。也比喻徒有其表，最终并无结果▷他看上去戴着眼镜，一副文质彬彬、很有学问的样子，其实苗而不秀，肚子里是一包草。

渺无人烟 miǎo wú rén yān 形容一片荒凉，没有人家▷我们的红军战士在长征途中不畏艰险，跋涉了渺无人烟的草原，这行动是何等的悲壮！|你想穿越这渺无人烟的大沙漠？≈荒无人烟◇人山人海|人头攒动。

妙不可言 miào bù kě yán 言：说。语本晋·郭璞《江赋》："妙不可尽之于言，事不可穷之于笔。"后用"妙不可言"形容美妙得简直无法用言语来表达▷晚会上最精彩的节目要数相声，演员的表演真是妙不可言。|鲁迅先生的一些杂文，其思想内涵和语言表达简直妙不可言。≈语妙天下◇平淡无奇。

妙趣横生 miào qù héng shēng 横生：横溢而出，即接连不断出现。美妙的趣味接连不断地产生▷小品演员的表演妙趣横生，逗得观众笑声不断。|同事老李是个幽默风趣的人，什么话到他嘴里就变得妙趣横生。◇索然无味|味同嚼蜡。

妙手回春 miào shǒu huí chūn 妙手：技术高超的人。回春：使春天重又回来。比喻重获生机（多指医术高明，能救活垂危的病人）▷生命垂危的李先生遇到了妙手回春的老中医，终于转危为安。

灭此朝食 miè cǐ zhāo shí 此：这里指对手、敌人。朝食：吃早饭。等到消灭了敌人再来吃早饭。语本《左传·成公二年》："齐侯曰：'余姑翦灭此而朝食。'不介马而驰之。"后用"灭此朝食"形容尽快消灭敌人的决心▷同志们，敌人大势已去，我们要乘胜追击，灭此朝食。|做这种实验须一气呵成，中间若有停顿则会前功尽弃，所以我们要有灭此朝食的决心。

［提示］朝，不读"cháo"。

灭顶之灾 miè dǐng zhī zāi 灭顶：水漫过头顶。指被水淹没的灾祸▷多亏解放军战士的奋勇抗洪，才使我们免受灭顶之灾。也形容毁灭性的灾难▷这次大会战，敌军大败，遭到了两军对垒以来前所未有的灭顶之灾。

灭绝人性 miè jué rén xìng 完全丧失人的正常感情和理性。形容极端残忍▷法西斯匪徒在集中营对手无寸铁的犹太人进行了灭绝人性的大屠杀。≈伤天害理|丧尽天良|丧心病狂|人面兽心。

民不聊生 mín bù liáo shēng 聊：凭借，依赖。百姓失去赖以生存的条件。语本《战国策·秦策四》："百姓不聊生，族类离散，流亡为臣妾，满海内矣。"后用"民不聊生"形容百姓生活极其困苦▷东汉末年，军阀混战，民不聊生。≈饥寒交迫｜水深火热◇国泰民安｜安居乐业。

民怨沸腾 mín yuàn fèi téng 老百姓的怨恨和愤怒的情绪，像开水在沸腾▷多如牛毛的苛捐杂税，使得民怨沸腾，王朝的统治摇摇欲坠。｜秦始皇穷兵黩武，直闹得民怨沸腾。≈怨声载道。

民脂民膏 mín zhī mín gāo 脂、膏：油脂，比喻财富。语本后蜀·孟昶《戒石铭》："尔俸尔禄，民膏民脂。"后用"民脂民膏"比喻人民的财富▷奸臣们贪婪成性，吃的是民脂民膏，毁的是社稷江山。

名不副实 míng bù fù shí 副：相称，符合。语本《汉书·王莽传上》："宰衡官以正百僚、平海内为职，而无印信，名实不副。"后用"名不副实"指名声或名义与实际不相称▷广告宣传应该实事求是，不能让名不副实的产品欺骗消费者。｜他虽在这方面有些独到见解，但被人捧为"大师""专家"，却有些名不副实。≈徒有虚名｜有名无实◇名副其实｜名不虚传。

名不虚传 míng bù xū chuán 传：流传。语本《史记·游侠列传序》："名不虚立，士不虚附。"后用"名不虚传"形容流传的名声与事实相符▷这次我从北国到江南来，觉得"上有天堂，下有苏杭"，真是名不虚传。｜看了巴西足球队的比赛，大家都赞叹这是一支名不虚传的强队。≈名副其实｜名下无虚◇名不副实｜徒有虚名｜有名无实。

名垂青史 míng chuí qīng shǐ 垂：流传。青：竹简。青史：史书，古人用竹简记事，故称。姓名和事迹记载在史书上。语本《三国志·魏书·曹植传》："功名著于鼎钟，名称垂于竹帛。"后用"名垂青史"形容功业巨大，永垂不朽▷为人民解放事业而献身的先烈们将名垂青史，永远活在人民心中。◇遗臭万年。

名存实亡 míng cún shí wáng 名：名义上。实：实际。语出唐·韩愈《处州孔子庙碑》："都邑皆有孔子庙，或不能修事，虽设博士弟子，或役于有司，名存实亡，失其所业。"后用"名存实亡"指徒有空名，实际上已不存在▷这次农民大起义虽然失败了，但封建王朝也已经名存实亡了。｜抗日战争全面爆发的前夕，中国的情况是：东北三省被拱手送给了敌人，内蒙古名存实亡，华北也岌岌可危。≈有名无实｜名不副实｜徒有虚名◇名副其实｜名至实归。

名副其实 míng fù qí shí 副：相称，符合。语本汉·曹操《与王修书》："君澡身浴德，流声本州；忠能成绩，为世美谈。名实相副，过人甚远。"后用"名副其实"指名称或名声与实际相符合▷这位战士百发百中，真是一个名副其实的神枪手。｜这条街虽不长，但书店不少，真是名副其实的文化街。≈名不虚传｜名下无虚｜名至实归◇名实难副｜徒有虚名｜名存实亡｜有名无实。

名利双收 míng lì shuāng shōu 既得到名声又获得利益▷你这回出国讲学可是名利双收，既扬了名，又发了大财。｜有些人以赈灾为名，行贪污之实，既博得了善名，又捞到了好处，可谓名利双收了。

名落孙山 míng luò sūn shān 宋·范公偁《过庭录》载：苏州书生孙山考取了

最后一名举人。一个同乡向他打听自己儿子是否考中,孙山说:"解名尽处是孙山,贤郎更在孙山外。"意思是说,榜上最后一名是孙山,你儿子的名字落在孙山后面,自然是榜上无名了。后用"名落孙山"比喻考试或选拔没有被录取▷邻居的女儿小琴是个品学兼优的好学生,可是这次考重点中学却名落孙山,老师和家人都为她惋惜。|这次选拔赛,我队名落孙山。≈榜上无名◇金榜题名|独占鳌头。

名山大川 míng shān dà chuān 名:著名的。川:河流。语出《尚书·武成》:"厎商之罪,告于皇天后土,所过名山大川。"厎(zhǐ):致。后用"名山大川"指著名的、为人所熟悉的山岳和河流。也泛指风景名胜▷他非常热爱旅游,凡祖国的名山大川,他都去过,还写了不少游记。|说实话,我国的名山大川我都说得出,但真正到过的却很少。

名扬四海 míng yáng sì hǎi 四海:指全世界。名声传扬到全世界。形容名声很大▷传统的中国医术现已名扬四海,誉满全球了。|想不到这位名扬四海的大科学家,竟是这样的和蔼可亲。≈名满天下|闻名遐迩◇默默无闻|不见经传。

名噪一时 míng zào yī shí 噪:广为传扬。一时:一世,当代。在当代名声很大▷这些名噪一时的科学家,都在他们的各自领域中为人类做出了杰出的贡献。|由于他写的这部著名的小说,所以名噪一时,在读者中有很高的声望。◇默默无闻。

名正言顺 míng zhèng yán shùn 名:名分,名义。顺:通。名义或名分正当,道理就讲得通。语本《论语·子路》:"名不正则言不顺,言不顺则事不成。"后用"名正言顺"泛指做事的理由正当而充分▷小明成绩优秀,思想品德好,老师让他当学习委员,名正言顺。|他不但资历深,而且业务熟,能力强,所以名正言顺地被提拔为分公司经理。≈理直气壮◇理屈词穷。

明察秋毫 míng chá qiū háo 秋毫:秋天鸟兽身上新长的细毛,比喻极微小的东西。眼力很好,能看清秋天鸟兽新生的细毛。语本《孟子·梁惠王上》:"明足以察秋毫之末,而不见舆薪,则王许之乎?"后用"明察秋毫"形容观察仔细,能洞察一切▷传说,包公是一位为民申冤、明察秋毫的清官。|新上任的经理办事公正,明察秋毫,深得群众拥护。≈洞若观火|一目了然◇视而不见|雾里看花。

明火执仗 míng huǒ zhí zhàng 明火:点着火把。仗:兵器。点着火把,拿着兵器。比喻公开地毫无顾忌地干坏事▷地震发生后,这伙丧尽天良的歹徒竟然明火执仗地上街抢劫。|他们虽不敢明火执仗地盗窃国有资产,却大肆挥霍着企业的财富。≈明目张胆|胆大妄为|为所欲为◇鬼鬼祟祟|小心翼翼|胆小如鼠。

明镜高悬 míng jìng gāo xuán 高悬:高挂。比喻目光敏锐,识见高明,能洞察一切或审判案件公正严明▷走进这古代的官府参观,我们一眼就看到大堂前悬挂着一块"明镜高悬"的牌匾。≈铁面无私◇贪赃枉法。

明媒正娶 míng méi zhèng qǔ 明:光明正大。正:指合乎当时的礼仪。指经媒人说合,父母同意,并以传统仪式嫁、娶的正式婚姻▷过去讲的是明媒正娶,现在兴的是自由恋爱,毕竟时代不同

了。|奶奶那时可是由爷爷明媒正娶,坐轿子抬进家门的。

明眸皓齿 míng móu hào chǐ 明眸:明亮的眼睛。皓齿:洁白的牙齿。语本汉·张衡《七辩》:"淑性窈窕,秀色美艳。鬓发玄髻,光可以鉴。靥辅巧笑,清眸流眄。皓齿朱唇,的皪粲练。"后用"明眸皓齿"形容女子容貌十分美丽▷俗话说"女大十八变",没几年时间,她已出落成一个明眸皓齿的大姑娘了。|今天来面试的姑娘个个明眸皓齿,而且也很有艺术修养。≈眉清目秀◇青面獠牙。

明目张胆 míng mù zhāng dǎn 明目:睁亮眼睛。睁亮眼睛,放开胆子。形容敢作敢为。语出《晋书·王敦传》:"今日之事,明目张胆为六军之首,宁忠臣而死,不无赖而生矣。"后用"明目张胆"形容公开地毫无顾忌地干坏事▷在近代史上,帝国主义多次明目张胆地掠夺中国的文物。|这伙黑帮分子聚众闹事,竟敢明目张胆地殴打市民。≈明火执仗|胆大妄为|为所欲为|无法无天◇鬼鬼祟祟|小心翼翼|胆小如鼠。

明枪暗箭 míng qiāng àn jiàn 明里用枪,暗里用箭。比喻用公开和隐蔽的方法进行攻击▷这家伙常明枪暗箭地攻击别人。|他万万没有想到,由于他主张加大改革力度,竟会遭到这么多人的反对,招来许多的明枪暗箭。

明日黄花 míng rì huáng huā 明日:这里指重阳节(农历九月初九)后。黄花:菊花。语出宋·苏轼《九日次韵王巩》:"相逢不用忙归去,明日黄花蝶也愁。"原指重阳节后逐渐枯萎的菊花。后用"明日黄花"比喻过时的事物▷民族音乐源于民众之中,有着浓厚的民众基础,决非明日黄花。

明哲保身 míng zhé bǎo shēn 明哲:深明事理。保身:保护自己。能洞察事理的人善于自己保护自己。语本《诗经·大雅·烝民》:"既明且哲,以保其身。"后用"明哲保身"指为了个人利害而不敢坚持原则的处世态度▷这种明哲保身的市侩习气,只能起到助长坏人气焰的作用。|他为人圆滑,整天想着如何明哲保身,尽量不得罪人。

明争暗斗 míng zhēng àn dòu 明里争,暗里斗。形容互相钩心斗角、争权夺利▷这两个超级大国为确立自己在本地区的霸权而明争暗斗。|政府中的两大派系明争暗斗,互不相让,最终造成了本届政府的垮台。≈明枪暗箭|钩心斗角◇与世无争。

明知故犯 míng zhī gù fàn 故:故意。犯:违犯。语本宋·释普济《五灯会元》卷十九:"问:'一切含灵具有佛性,既有佛性,为甚么却撞入驴胎马腹?'师曰:'知而故犯。'"后用"明知故犯"指明明知道不对,却故意去做▷有的人自我约束能力很差,有时明知故犯,去干些违章的事。|小明上课爱插嘴,老师不知批评多少次了,他还是明知故犯。≈知法犯法◇知过必改。

明知故问 míng zhī gù wèn 明明知道了,还要故意发问▷他这是明知故问,别去理睬他。|你明明已知道了答案,又为什么明知故问呢?

明珠暗投 míng zhū àn tóu 把夜明珠向路上的行人投掷。语本《史记·鲁仲连邹阳列传》:"臣闻明月之珠、夜光之璧,以暗投人于道路,人无不按剑相眄者,何则?无因而至前也。"后用"明珠暗投”比喻珍贵的东西落到不识货的人手里，得不到珍惜▷这两本书被小偷窃去了，完全是明珠暗投了。也比喻有才能的人得不到重用或好人误入歧途▷这位才华横溢的学者出国后，一时找不到合适的工作，只能在餐馆打工，真是明珠暗投啊。≈怀才不遇｜大材小用。

明珠弹雀 míng zhū tán què 明珠：光泽晶莹的珍珠，泛指宝物。弹雀：弹射鸟雀等飞禽。语本汉·扬雄《太玄·唐》："明珠弹于飞肉，其得不复。"范望注："飞肉，禽鸟也。珠至重，鸟至轻，以重求轻，故不复也。"后用"明珠弹雀"比喻做事情轻重倒置，因而得不偿失▷我早就跟你说过，这样做事情是明珠弹雀，得不偿失的。｜尽管在打猎中不再会有明珠弹雀的事，但是，在我们现实生活中明珠弹雀的事却屡屡发生。≈本末倒置｜舍本求末。

M

鸣金收兵 míng jīn shōu bīng 鸣金：敲击钲、铙等金属乐器，古代战争撤兵回营的信号。后用"鸣金收兵"形容发出信号或命令等结束某一项正在进行的工作、事情▷队长，该鸣金收兵了吧，大伙都饿了。｜如果不把这件事调查得水落石出，我决不会鸣金收兵的。

鸣锣开道 míng luó kāi dào 旧时官员外出时，前面有仪仗队敲锣让行人回避让道。后用"鸣锣开道"比喻为某事物的出现而创造条件或制造舆论▷我们的宣传工作应该为改革开放而鸣锣开道。◇偃旗歇鼓。

鸣冤叫屈 míng yuān jiào qū 鸣冤：喊叫冤屈。指申诉冤屈▷封建礼教残害了多少青年男女，他们的婚姻是最最不幸的，青年的鸣冤叫屈就是向封建制度的抗争。｜独裁统治之下，凡不顺从独裁者的，都会以莫须有的罪名被投入监狱，而且不准鸣冤叫屈，手段是极其残忍的。

冥思苦想 míng sī kǔ xiǎng 冥：深沉，深远。指非常深沉、非常用心地思索▷为了解决这个难题，他冥思苦想了好几天。≈搜索枯肠◇不假思索。

冥顽不灵 míng wán bù líng 冥顽：愚笨。灵：聪明。语出唐·韩愈《祭鳄鱼文》："不然，则是鳄鱼冥顽不灵，刺史虽有言，不闻不知也。"后用"冥顽不灵"形容不明事理，愚昧无知▷在他不厌其烦的劝导下，连那样冥顽不灵的罪犯也受到了感动。

酩酊大醉 mǐng dǐng dà zuì 酩酊：醉得迷迷糊糊的样子。形容酒醉得很厉害▷不到两个小时，新郎就被前来参加婚礼的人灌得酩酊大醉。｜一瞧他酩酊大醉的样子，就知道，今天是无论如何也说不成正事了。≈烂醉如泥。

［提示］酩酊，不读"míng dīng"。

命若悬丝 mìng ruò xuán sī 若：好像。悬丝：悬挂的丝线。性命就像挂在一根细丝之上。语本《后汉书·邓训传》："今张纡失信，众羌大动，经常屯兵，不下二万，转运之费，空竭府帑，凉州吏人，命县丝发。"县：通"悬"。后用"命若悬丝"形容生命十分危险▷他被埋在矿下两个星期，当解放军战士把他救上来时，他已命若悬丝了。｜他昏迷了三天，命若悬丝，多亏了医生的及时抢救，才把他从死神那里拉了回来。

模棱两可 mó léng liǎng kě 模棱：含糊，不明确。两可：可以这样，也可以那样。认为这样也可以，那样也可以。语本《旧唐书·苏味道传》："处事不欲决

断明白，若有错误，必贻咎谴，但模棱以持两端可矣。”后用“模棱两可”形容对事物没有明确的态度和主张▷在大是大非面前，我们不能持模棱两可的态度，而要坚持真理。|在这次投票选举班长时，他采取了自以为模棱两可的做法：弃权。≈不置可否|含糊其辞◇旗帜鲜明。

［提示］棱，不读“líng”。

摩肩接踵 mó jiān jiē zhǒng 摩：摩擦，接触。踵：脚后跟。肩挨着肩，脚碰着脚。语本《晏子春秋·内篇杂下》：“齐之临淄三百闾，张袂成阴，挥汗如雨，比肩继踵而在，何为无人？”后用“摩肩接踵”形容人多拥挤▷国庆节的夜晚，街上观看焰火表演的人摩肩接踵。≈人山人海◇三三两两。

摩拳擦掌 mó quán cā zhǎng 形容情绪高昂，准备动手干的样子▷下了动员令以后，战士们个个摩拳擦掌，决心打好这关键的一仗。|小林摩拳擦掌，准备在即将举行的电脑比赛中大显身手。≈跃跃欲试◇无精打采|垂头丧气。

磨刀霍霍 mó dāo huò huò 霍霍：磨刀声。语出《乐府诗集·木兰诗》：“小弟闻姊来，磨刀霍霍向猪羊。”本指磨刀声响亮。后用“磨刀霍霍”形容加紧活动准备动武▷在和平年代里，我们也不能放松警惕，一旦敌人磨刀霍霍，我们将以牙还牙，决不手软。|希特勒磨刀霍霍，意欲吞并波兰。≈秣马厉兵|紧锣密鼓。

莫测高深 mò cè gāo shēn 莫：不，不能。测：推测，测量。语本《汉书·严延年传》：“吏民莫能测其意深浅，战栗不敢犯禁。”后用“莫测高深”指无法揣测究竟有多高多深▷他那莫测高深的样子，使人捉摸不透。|他一通神侃，将人说得云里雾里，使人觉得他莫测高深。≈深不可测。

莫名其妙 mò míng qí miào 莫：不，不能。名：说出，表达。无法说出其中的奥妙。形容事情离奇或毫无根据，以致使人感到不合情理或难以理解▷他没头没脑发了一通火，我简直莫名其妙。|那本书我明明放在桌上，可转眼就不见了，真是莫名其妙。≈不可思议|百思不解|大惑不解◇得其三昧。

［提示］也作“莫明其妙”。

莫逆之交 mò nì zhī jiāo 莫逆：不违逆，没有抵触，即情投意合。交：交往，友谊。语本《庄子·大宗师》：“四人相视而笑，莫逆于心，遂相与为友。”后用“莫逆之交”指情投意合的朋友▷他们在患难中相识相知，成了莫逆之交。|老李与老王在一个战壕里并肩战斗十几年，彼此成了莫逆之交。≈刎颈之交|管鲍之交◇泛泛之交。

莫衷一是 mò zhōng yī shì 衷：折衷，决断。是：对，正确。指意见有分歧，各说各的，不能得出一致的结论▷对这件事的对错大家议论纷纷，莫衷一是。|他是一个传奇性的人物，关于他的经历，众说纷纭，莫衷一是。

漠不关心 mò bù guān xīn 漠：冷漠，不热情。对人对事感情冷漠，毫不关心▷腐败的封建官员只知道争权夺利，对民众的疾苦漠不关心。|他是一个对集体荣誉漠不关心的人。≈漫不经心|漠然置之◇关怀备至|无微不至|体贴入微。

墨守成规 mò shǒu chéng guī 墨守：战国时墨翟(dí)以善于守城著称，后因称善守为“墨守”。成规：现成的习用的规则、方法。指按老规矩办事，不求改

M

进▷在改革开放的新时代里，墨守成规的人是没有前途的。|世界在变，观念也在变。谁墨守成规，谁就会被时代所淘汰。≈故步自封|画地为牢|抱残守缺◇推陈出新|标新立异|独辟蹊径。

默默无闻 mò mò wú wén 默默：无声无息。闻：听见。语本汉·蔡邕《释诲》："连光芒于白日，属类气于景云，时逝岁暮，默而无闻。"后用"默默无闻"指不出名，不为人所知▷她毕业于名牌大学，却在家乡的一个小学默默无闻地工作了几十年。|这个当年默默无闻的乡镇小企业，如今已成了赫赫有名的跨国公司。≈无声无息|不见经传◇赫赫有名|大名鼎鼎|如雷贯耳|名扬四海|名闻遐迩|名满天下。

谋财害命 móu cái hài mìng 谋：图谋。谋取钱财，害人性命▷这件凶杀案的起因是很清楚的，无非是谋财害命而已。|人们常说："时间就是金钱。"所以，浪费别人的时间，无异于谋财害命。

木已成舟 mù yǐ chéng zhōu 舟：船。木头已经做成了船。比喻事情已成定局，没有挽回的余地▷虽然事情的结果不尽如人意，但木已成舟，还是承认现实吧。≈覆水难收◇未定之天|悬而未决。

目不窥园 mù bù kuī yuán 窥：偷看。眼睛不偷看花园中的景致。《汉书·董仲舒传》载：董仲舒勤奋好学，"三年不窥园"。后用"目不窥园"形容专心苦学▷你只要有目不窥园的精神，就一定能学好这门知识。|他用顽强的毅力抑制外界的诱惑，整天足不出户，目不窥园，数年后学问大有长进。

目不识丁 mù bù shí dīng 眼睛不认识一个"丁"字。语本《旧唐书·张弘靖传》："今天下无事，汝辈挽得两石力弓，不如识一丁字。"后用"目不识丁"指一个字也不认识▷这条街上的多数人出身贫寒，家中无力供他们上学，所以他们大都目不识丁。|他们都是目不识丁的文盲，怎么会看书读报呢？≈不识之无|胸无点墨◇学富五车。

目不暇接 mù bù xiá jiē 暇：空闲。眼睛来不及看。语本南朝宋·刘义庆《世说新语·言语》："从山阴道上行，山川自相映发，使人应接不暇。"后用"目不暇接"形容事物太多或景物太美，让人来不及看▷从重庆坐船沿长江顺流而下，沿途景物变化无穷，使人目不暇接。|快餐店的食品丰富多样，让人目不暇接，馋涎欲滴。≈美不胜收◇一目了然|一览无余|尽收眼底。

目不转睛 mù bù zhuǎn jīng 睛：眼珠。眼球一点儿也不转地看着。语出晋·杨泉《物理论》："子义燃烛危坐通晓，目不转睛，膝不移处。"后用"目不转睛"形容注意力高度集中，看得出神▷她目不转睛地望着他，仿佛要看穿他心底里的一切隐秘。|在巴黎卢浮宫内，我目不转睛地欣赏着艺术大师们的名作。◇左顾右盼。

［提示］转，不读"zhuàn"。

目瞪口呆 mù dèng kǒu dāi 睁大着眼睛说不出话来。形容因生气、惊奇或害怕等而发愣的样子▷儿子的一番话，听得父亲目瞪口呆，半晌说不出话来。≈张口结舌。

目光如豆 mù guāng rú dòu 眼光短小得像豆子。比喻目光短浅，没有远见▷这些目光如豆的小市民，整天为些鸡毛蒜皮的小事而纠缠不清。|一些家长目光如

豆，是造成大量学生辍学经商的原因之一。≈鼠目寸光◇目光如炬｜高瞻远瞩。

目光如炬 mù guāng rú jù 炬：火把。眼光亮得如火炬。语出《周书·齐炀王宪传》："帝使于智对宪。宪目光如炬，与智相质。"后用"目光如炬"形容眼睛炯炯有神，很有气势▷只见屋子当中坐着一位老者，红光满面，目光如炬。也比喻见识远大▷早在多年前，党中央就把全民教育问题当作头等大事来抓，提高了全民的素质，促进了现代化的进程，真是目光如炬啊！≈高瞻远瞩◇目光如豆｜鼠目寸光。

目空一切 mù kōng yī qiè 什么都不放在眼里。形容狂妄自大▷他只在小报上发表过几句顺口溜，便自称是诗人，成天目空一切。｜有些人肚子里的学问并不怎么样，却时时摆出一副目空一切、旁若无人的架势。≈旁若无人｜妄自尊大｜不可一世｜眼空四海◇虚怀若谷｜谦虚谨慎。

目迷五色 mù mí wǔ sè 五色：各种颜色。语本《老子》十二章："五色令人目盲。"后用"目迷五色"指迷于繁多的色彩而眼花缭乱▷入夜，上海南京路上的霓虹灯真的让人目迷五色。也比喻事物错综复杂，令人分辨不清本质▷你到了香港可要洁身自好，不能目迷五色，以致走上了邪路。≈眼花缭乱｜扑朔迷离。

目无全牛 mù wú quán niú 全牛：完整的一头牛。眼里没看到完整的一头牛，看到的只是牛身各个相连部分的空隙。《庄子·养生主》载：庖丁解牛，他的动作和刀响声像音乐一样有节奏，使文惠君大为惊叹。庖丁解释说："初宰牛时，我看到的是整个牛的身体。几年之后，因熟知牛体的结构，宰牛时，看到的只是骨骼之间的缝隙，而不再是整个牛了。"后用"目无全牛"比喻技艺纯熟高超▷你再练上个三五年，必定能达到目无全牛的境地。｜经过多年的勤学苦练，他技术纯熟，操作起来已经能目无全牛了。≈炉火纯青｜运斤成风。

目无余子 mù wú yú zǐ 余子：其余的人。眼里没有其他人。语本《后汉书·祢衡传》："唯善鲁国孔融及弘农杨修。常称曰：'大儿孔文举，小儿杨德祖。余子碌碌，莫足数也。"后用"目无余子"形容自高自大，目中无人▷这小子目无余子，有点不知天高地厚了。｜他自以为了不起，那一副目无余子的样子，令人讨厌。≈目中无人｜旁若无人｜狂妄自大◇虚怀若谷。

目眩神摇 mù xuàn shén yáo 眩：眼花，看不清楚。眼花缭乱，心神摇荡。形容所见情景令人惊异▷我走在这晃晃悠悠的铁索桥上，望着桥下奔流不息的江水，顿时感到目眩神摇。｜繁华的大都市，琳琅满目的商品，令这个第一次进城的年轻人目眩神摇。

目中无人 mù zhōng wú rén 眼睛里没有别人。形容狂妄自大，看不起人▷你才取得一点成绩就沾沾自喜，目中无人，这很不好。｜目中无人的拳王这次不走运，被对手的组合拳击倒，他终于明白，强中更有强中手。≈旁若无人｜目空一切◇平易近人｜虚怀若谷。

沐猴而冠 mù hóu ér guàn 沐猴：猕猴。冠：戴帽子。猴子戴帽子。语出《史记·项羽本纪》："人言楚人沐猴而冠耳，果然。"后用"沐猴而冠"比喻虽然装扮得很像，但本质难以掩盖▷他以名人自居，但沐猴而冠，一演讲就破绽百出。

［提示］冠，不读"guān"。

墓木已拱 mù mù yǐ gǒng 墓木：墓地

M

上种植的树木。拱：两手合抱。墓地之树，已长大可用两手合围。语出《左传·僖公三十二年》："尔何知？中寿，尔墓之木拱矣。" 后用"墓木已拱" 形容人去世已很久▷很可惜，张老师墓木已拱。如果他活着，看到自己这么多的学生现在都很出色，真不知道有多高兴。| 尽管革命先烈长眠地下，墓木已拱，但他们那种为共产主义事业奋斗终身的精神，时刻激励着一代又一代年轻人。

慕名而来 mù míng ér lái 慕名：仰慕名声。因仰慕盛名而来▷张师傅，我是慕名而来的，您无论如何要收下我这个徒弟。| 西安是世界上最著名的古城之一，不少中外旅游者慕名而来，如今已成为旅游胜地。

暮气沉沉 mù qì chén chén 形容精神萎靡不振的样子▷你看小李成天暮气沉沉的，像八十岁的老翁似的。| 年轻人总要朝气蓬勃一些，暮气沉沉的实在不像话。≈老气横秋◇朝气蓬勃 | 生龙活虎 | 精神抖擞。

M

N

拿腔作势 ná qiāng zuò shì 拿、作：做作。腔：说话的声音。势：姿势。指装模作样的言行举动▷我进门的时候，他正在拿腔作势地教训孩子。|这篇文章抒发了作者的真情实感，毫无拿腔作势的地方。≈装模作样|装腔作势|惺惺作态|矫揉造作。

拿手好戏 ná shǒu hǎo xì 演员最擅长的剧目▷《霸王别姬》是京剧大师梅兰芳的拿手好戏。也比喻最擅长的本领、最为熟练的技巧▷她是个跳水健将，她的拿手好戏就是高台跳水。◇一无所长|百无一能。

耐人寻味 nài rén xún wèi 耐：经得起。寻味：仔细品味。经得起反复品味。形容意味深长▷这则寓言含义深刻，耐人寻味。|许多外国人喜欢中国画那种似与不似之间耐人寻味的情趣。≈意味深长◇枯燥无味|索然寡味|味同嚼蜡。

男盗女娼 nán dào nǚ chāng 男的偷盗，女的卖淫为娼。形容道德败坏，行为卑劣▷一些封建卫道士们满口仁义道德，却干着男盗女娼的勾当。◇正人君子。

男耕女织 nán gēng nǚ zhī 男的耕田，女的织布。形容农家辛勤劳动。也指安居乐业的田园生活▷这个小山村长年与世隔绝，村民们过着典型的男耕女织的生活。|这员战将已厌倦了沙场征战，向往着卸甲归田、男耕女织的生活。

男婚女嫁 nán hūn nǚ jià 男的娶妻，女的出嫁。语出唐·刘禹锡《哭吕衡州时予方谪居》诗："空怀济世安人略，不见男婚女嫁时。"后用"男婚女嫁"指男女婚嫁的大事▷男婚女嫁，这是天经地义、理所当然的事。|皇帝结婚可不同于一般的男婚女嫁，场面大得很呢！

男女老幼 nán nǚ lǎo yòu 男的，女的，老的，少的。泛指所有的人▷电影《地道战》展现了冀中男女老幼共同抗击日本侵略者的动人场面。|看到今年的丰收场景，全村男女老幼都喜气洋洋的。

男尊女卑 nán zūn nǚ bēi 尊：地位高。卑：地位低。语出《列子·天瑞》："男女之别，男尊女卑，故以男为贵。"后用"男尊女卑"指男子地位高贵、女子地位卑下的落后观念▷男尊女卑是一种重男轻女的封建伦理观念。|你这种动辄打骂老婆的坏习惯，正反映了你头脑中男尊女卑的坏思想。

南柯一梦 nán kē yī mèng 唐·李公佐《南柯太守传》载：淳于棼(fén)靠着槐树喝酒，醉倒入梦，做了大槐安国南柯郡的太守，享尽了一生的荣华富贵。他醒来后，才知道大槐安国南柯郡不过是自己家南面大槐树下的一个蚂蚁洞。后用"南柯一梦"形容一场大梦。也比喻一场空欢喜▷小罗大叫一声，登时醒来，却是南柯一梦。|他精心策划的"美好远景"，因这场变故而成为南柯一梦。≈黄粱美梦|天方夜谭|子虚乌有◇美梦成

真|如愿以偿。

南腔北调 nán qiāng běi diào 形容说话口音不纯，掺杂方言▷我们班来了个外地转学的新同学，虽然她的普通话说得南腔北调，但是她的性格很可爱，同学们都很喜欢她。|外国人说中国话，总有些南腔北调。

南辕北辙 nán yuán běi zhé 辕：车前驾牲口的横木，引申为车。辙：车轮滚过的痕迹，引申为道路。《战国策·魏策四》载：有个人要到南方的楚国去，却驾着车往北走。后用“南辕北辙”比喻行动和目的恰恰相反▷李工程师的设计方案和我们的要求南辕北辙，所以至今未能施工。|他这人一向稀里糊涂，常常干出些南辕北辙的事。≈背道而驰◇殊途同归。

南征北战 nán zhēng běi zhàn 征：征战，讨伐。指转战南北，经历了许多战斗▷给我们作报告的老红军，十六岁就参加革命，南征北战了半辈子。|老将军南征北战，出生入死，屡立奇功。≈身经百战◇纸上谈兵。

难解难分 nán jiě nán fēn 解：分拆开。双方争斗激烈，难以分开▷这是一场激烈的球赛，双方比分咬得很紧，打得难解难分。|两军混战，喊声连天，杀得难解难分。也指双方的关系十分密切▷这是一对难解难分的恋人。≈难舍难分◇分崩离析。

[提示]也作“难分难解”。

难能可贵 nán néng kě guì 难能：不易做到。语本宋·苏轼《荀卿论》：“此三者，皆天下之所谓难能而可贵者也。”后用“难能可贵”指难以做到的事情居然做到了，因而显得特别可贵▷一个人有自知之明是很难能可贵的。|一个人做点好事并不难，难能可贵的是几十年如一日地做好事。◇不足为奇。

难兄难弟 nán xiōng nán dì 语本南朝宋·刘义庆《世说新语·德行》：“陈元方子长文，有英才，与季方子孝先，各论其父功德，争之不能决，咨于太丘。太丘曰：‘元方难为兄，季方难为弟。’”本指兄弟俩德才兼备，难分高低。现多用作贬义，讽刺两人同样低劣▷这俩人是难兄难弟，没一个成才的。|这两个人，一个贪玩，经常上班迟到；一个不安心工作，上班常打瞌睡，真是难兄难弟，谁也不比谁强多少。≈一丘之貉。

[提示]难，不读“nàn”。

难言之隐 nán yán zhī yǐn 难言：难以说出来。隐：隐情，苦衷。指不便明说的事情或原因▷他平时绝少抽烟，这两天却老是点了火掐灭，掐灭了又点，看来心里一定有着难言之隐。|对于这个问题，他有着难言之隐，所以不能明确表态。≈难于启齿◇无所不谈。

难以为继 nán yǐ wéi jì 继：继续。语本《礼记·檀弓上》：“孔子曰：‘哀则哀矣，而难为继也。’”后用“难以为继”指难以继续下去▷这个项目由于资金短缺，看来已是难以为继，只能停工了。|他本已失业，再加上突遭车祸，恐怕连基本生活都难以为继了。

喃喃细语 nán nán xì yǔ 喃喃：语调低沉的样子。语出《北史·隋房陵王勇传》：“乃向西北奋头，喃喃细语。”后用“喃喃细语”指小声地说话▷虽然熄灯已久，但这对小夫妻还在房中喃喃细语。|他精神失常，终日里喃喃细语，谁也不知道他在说些什么。◇粗声大气|实大

声宏。

囊空如洗 náng kōng rú xǐ 囊：口袋。口袋里空无所有，就像用水冲洗过一样。形容一分钱也没有▷这次旅游回来，我已囊空如洗。|这种囊空如洗的窘境，我已遇到过多次。≈一贫如洗|家徒四壁◇腰缠万贯。

呶呶不休 náo náo bù xiū 呶呶：说话唠叨。休：停止。指絮絮叨叨地说个不停▷老太太跟邻居谈起媳妇来，呶呶不休，说个不停。|谁愿意听他呶呶不休的车轱辘话？真让人厌烦。

恼羞成怒 nǎo xiū chéng nù 恼：恼恨。羞：羞愧。因恼恨、羞愧而大发脾气▷班长见大家都给他提意见，不禁恼羞成怒，暴跳如雷。≈气急败坏◇云淡风轻。

[提示]恼，不要写作“脑”。

脑满肠肥 nǎo mǎn cháng féi 脑满：指肥头大耳。肠肥：指身体肥胖，大腹便便。形容饱食终日，无所事事▷这个脑满肠肥的商人十分庸俗。≈大腹便便◇面黄肌瘦|骨瘦如柴|形销骨立。

内柔外刚 nèi róu wài gāng 柔：柔弱。刚：刚强。语本《周易·否》：“内阴而外阳，内柔而外刚。”后用“内柔外刚”指内心柔弱，外表刚强▷妈妈是一个内柔外刚的人。|经过一段时间的交往，我发现她内柔外刚，心地善良。◇外强中干。

内外夹攻 nèi wài jiā gōng 语出《新五代史·吴越世家》：“乃取其军号，内外夹攻，号令相应，淮人以为神，遂大败之。”后用“内外夹攻”指从内向外、从外向内同时进攻▷在内外夹攻之下，敌军抵抗不住，纷纷逃窜。|他们公司在外由于经营不善而负债累累，内部又有竞争对手派来潜伏的“工业间谍”，在这内外夹攻之下，怎会不倒闭呢？≈里应外合。

内外交困 nèi wài jiāo kùn 内外：里、外两方面。交：同时。困：困境。指里里外外都处于困难的境地▷由于经营不善，这家企业内外交困，已濒临破产的边缘。|外国的侵略势力步步紧逼，国内人民的反抗风起云涌，当地政府已处于内外交困的境地。≈内忧外患。

内忧外患 nèi yōu wài huàn 内部有困难，外部有祸患。语本《管子·戒》：“君外舍而不鼎馈，非有内忧，必有外患。”后用“内忧外患”指国内动乱和外来的侵略▷这个国家充满了内忧外患，国内的爱国人士无不忧心如焚。|他出生的时代正处于祖国内忧外患的时期，所以他从小就受到了爱国主义的教育。◇国泰民安|四海升平。

能工巧匠 néng gōng qiǎo jiàng 有高超技术的手艺工人▷古代的能工巧匠为我们留下了许多重要的发明创造。|这些精美的艺术品表现了古代多少能工巧匠的聪明才智啊！

能掐会算 néng qiā huì suàn 能用手指掐算。形容有未卜先知的本领▷那些自称能掐会算、未卜先知的算命先生，在这次全市统一的整顿行动中被一网打尽。|在民间的传说中，大凡神仙都是能掐会算，能知过去、未来之事的。

能屈能伸 néng qū néng shēn 屈：弯曲。能弯曲也能伸直。语本《周易·系辞下》：“尺蠖之屈，以求信（伸）也；龙蛇之蛰，以存身也。”后用“能屈能伸”比喻在失意时能暂时忍耐，在得志时能施展抱负▷遇到这种倒霉事，你不妨先忍耐一下，大丈夫能屈能伸嘛。|他在失意后，竟然在乡间隐居了整整十年，最后才一举成功，

真是能屈能伸啊！◇一蹶不振。

能说会道 néng shuō huì dào 道：说。形容很会说话▷小王能说会道，人又风趣，大家都很喜欢他。|一个人如果只是嘴巴能说会道，实际工作一点儿都不会，肯定不受同事们的欢迎。≈巧舌如簧◇笨嘴拙舌。

能者多劳 néng zhě duō láo 能：能干。劳：劳累。能干的人做的事情多，劳累也多。语出《庄子·列御寇》："巧者劳而知者忧，无能者无所求，饱食而遨游。"后用"能者多劳"称誉能干的人▷你笔下来得快，能者多劳，还是麻烦你执笔来写吧！|事情是大家的，虽说是能者多劳，可也不能光让他一个人干哪。

能征惯战 néng zhēng guàn zhàn 指久经沙场，善于作战▷团长，这任务交给我们连吧，谁不知道我们连能征惯战，您还不放心吗？|看到这些战士活跃在工地上，人们由衷地赞叹：真不愧为能征惯战的英雄营。

泥牛入海 ní niú rù hǎi 泥塑的牛跌落海中。语本宋·释道原《景德传灯录·潭州龙山和尚》："我见两个泥牛斗入海，直至如今无消息。"后用"泥牛入海"比喻一去不返，全无音讯▷他这一走，便如泥牛入海，整整十年没有音讯。|他借出去的书，好比泥牛入海，再没有来归还的。≈杳如黄鹤|杳无音讯|石沉大海。

泥沙俱下 ní shā jù xià 俱：都。泥土和沙子随着水一起流下。比喻好坏不同的人、事物或思潮等混杂在一起▷社会剧烈变动的时候，各种思想难免鱼龙混杂、泥沙俱下。≈良莠不齐|鱼目混珠。

泥塑木雕 ní sù mù diāo 用泥土塑造的和用木头雕刻的偶像▷这些泥塑木雕的佛像，看上去倒也栩栩如生。也形容人举止呆板，毫无表情或反应▷闻此噩耗，老张像泥塑木雕般地愣在了那里。

泥足巨人 ní zú jù rén 泥塑的巨人。比喻表面强大，实质虚弱的人或事物▷你别看他身体健壮，其实胆子小得很，不过是个泥足巨人罢了。|反动统治者犹如泥足巨人，只是样子吓人，其实并没有什么了不起的力量。

你死我活 nǐ sǐ wǒ huó 形容斗争十分激烈，不可调和▷这是一场真刀实枪、你死我活的斗争。|同事、邻里之间有些矛盾，可以协商调解，互谅互让，何必搞得你死我活呢！≈不共戴天|势不两立|水火不容◇相安无事|和平共处。

你追我赶 nǐ zhuī wǒ gǎn 你在前面追，我在后面赶。形容运动员在竞技场上激烈的比赛或人们竞赛时的热烈气氛▷1500米赛跑已进入到最后的冲刺阶段，只见运动员你追我赶，分秒必争，向终点冲去。|这次劳动竞赛，参加的职工个个你追我赶，场面十分感人。

泥古不化 nì gǔ bù huà 泥：拘泥，固执。化：变化，变通。拘泥于古代的陈规或前人的说法而不知变通▷他的山水画既取法了古代的大师，又融进了西方的现代绘画技法，非一般的泥古不化者可比。|对于前人的学说，他只知照搬不误，全无自己的研究体会，真是泥古不化。

［提示］泥，不读"ní"。

逆来顺受 nì lái shùn shòu 逆：不顺利。顺：顺从。受：忍受，容忍。消极、委屈地忍受恶劣的环境和无礼的待遇▷《水浒传》里的林冲在忍受了一系列的压迫和陷害之后，才改变了逆来顺受的性格。|对公司不合理的加班要求，员工不

能一味逆来顺受，而要起来维护自己的合法权益。≈委曲求全|唾面自干|忍气吞声|忍辱含垢◇针锋相对|以牙还牙。

逆水行舟 nì shuǐ xíng zhōu 逆：迎着。逆着水流的方向行船。比喻在困难的处境下行事，不努力向前就要后退▷学习如逆水行舟，不进则退。|这家公司的现状如逆水行舟，步履维艰。◇顺水推舟。

[提示]常与“不进则退”连用。

拈轻怕重 niān qīng pà zhòng 拈：用手指拿东西。形容做事情专挑轻易的，逃避繁重的▷不少的人工作起来，拈轻怕重的，相当自私。≈避重就轻◇任劳任怨。

年富力强 nián fù lì qiáng 年富：未来的年岁多，指年轻。语出《论语·子罕》“后生可畏”宋·朱熹注：“孔子言后生年富力强，足以积学而有待，其势可畏。”后用“年富力强”指年纪轻，精力旺盛▷年富力强的一代人是国家和社会的栋梁。|王厂长是一位年富力强的企业家。≈年轻力壮|春秋鼎盛◇未老先衰|年老体衰。

年高德劭 nián gāo dé shào 德：品德。劭：同“邵”，美好。语出汉·扬雄《法言·孝至》：“年弥高而德弥邵者，是孔子之徒与(欤)！”后用“年高德劭”指年纪大且品德高尚▷年高德劭的老校长从事教育工作已经五十年了。|老先生既是学会的发起人，又年高德劭，众望所归，大家一致推举他为学会的会长。≈德高望重|齿德俱尊。

年深日久 nián shēn rì jiǔ 深：久。形容时间很久▷小张刻苦练字，年深日久，终于练就了一手好字。|这座古庙数百年来香火旺盛，年深日久，香火将大殿的墙壁都熏成了黑色。◇俯仰之间|弹指一挥|撚指之间。

念念不忘 niàn niàn bù wàng 语出宋·朱熹《朱子全书·论语》：“其言于忠信笃敬，念念不忘。”后用“念念不忘”指时刻思念，永不忘记▷他念念不忘童年时代引导自己热爱科学的徐老师。|儿时的伙伴，她一直念念不忘。

念念有词 niàn niàn yǒu cí 念念：口中不停地念诵。原指僧道或有法术的人不停地念经或念咒语。后多泛指自言自语▷老和尚一面敲着木鱼，一面念念有词，对拜谒的香众视而不见。|他一面在算盘上打着，一面念念有词地背着口诀。≈喃喃自语|自言自语◇三缄其口。

鸟尽弓藏 niǎo jìn gōng cáng 鸟打光了，就把弓收藏起来。语本《淮南子·说林》：“狡兔得而猎犬烹，高鸟尽而强弩藏。”后用“鸟尽弓藏”比喻事情成功后，把曾经出过力的人抛弃或杀害▷明太祖鸟尽弓藏，尽戮功臣。|董事长大力提拔新人，没料到让公司的元老们有了鸟尽弓藏的想法。≈兔死狗烹|卸磨杀驴|得鱼忘筌|过河拆桥◇论功行赏|同甘共苦。

鸟语花香 niǎo yǔ huā xiāng 鸟儿啼鸣，花儿飘香。形容春天的美景▷孩子们在鸟语花香的公园中尽情玩耍，快乐极了。

袅袅婷婷 niǎo niǎo tíng tíng 袅袅：形容细长柔软的东西随风摆动的样子。婷婷：形容人或花木美好的样子。后用“袅袅婷婷”形容女子走路体态轻盈的样子▷几个女子正袅袅婷婷地漫步在西湖边的长堤上。|随着一位女子袅袅婷婷地走入了大厅，人们眼前顿时一亮。

涅而不缁 niè ér bù zī 涅：矿物名，古代用作黑色染料。缁：黑色。用黑色染

N

料也染不黑。语出《论语·阳货》:“不曰白乎,涅而不缁。”后用“涅而不缁”比喻品质高洁,不受外界污染▷南京路上好八连,在香风毒雾中涅而不缁,受到了广泛的赞扬。|他虽然生活在这种乌烟瘴气的环境中,却是难得的涅而不缁的一个人。≈洁身自好|守身如玉◇沆瀣一气|同流合污。

蹑手蹑脚 niè shǒu niè jiǎo 蹑:放轻脚步。走路时脚步放得很轻。形容动作小心谨慎▷我跟着父亲,蹑手蹑脚地走进了爷爷的病房。≈轻手轻脚◇大摇大摆|高视阔步。

宁死不屈 nìng sǐ bù qū 宁:宁可,情愿。宁可死也不屈服▷刘胡兰面对敌人的铡刀,宁死不屈。|革命志士宁死不屈的气节,令敌人胆战心惊。◇卑躬屈膝|贪生怕死。

[提示]宁,不读“níng”。屈,不要写作“曲”。

牛刀小试 niú dāo xiǎo shì 语出金·路铎《题邹公所藏〈渊明归去来图〉》诗:“牛刀小试义熙前,一日怀归岂偶然?”后用“牛刀小试”比喻实际上有大的才干,先在小事情上初步显示一下▷今天的热身赛,对于队员们来说,只是牛刀小试,好戏还在后头。|唱一首歌,对于小王,只是牛刀小试,他的艺术潜力大着呢!≈初露锋芒◇大显身手|大展宏图。

牛鬼蛇神 niú guǐ shé shén 牛鬼:传说中地狱里的牛头鬼卒。蛇神:佛教所说“天龙八部”中的大蟒神。后用“牛鬼蛇神”比喻虚幻怪诞的人或事物▷唐代诗人李贺的诗风格怪异,同时代人喻之为“牛鬼蛇神”。也比喻歪门邪道、阴暗丑恶的东西▷青少年应该努力学习科学文化,不要去看那些牛鬼蛇神的书籍或视频。|我们决不能让牛鬼蛇神之类的腐朽文化死灰复燃。≈妖魔鬼怪|魑魅魍魉|牛头马面。

牛郎织女 niú láng zhī nǚ 牛郎、织女:民间传说中的人物。牛郎是人间的放牛郎,织女是天帝的孙女,专门织造云锦。织女因向往人间生活,便私自下凡与牛郎结为夫妻。天帝知道后大怒,强行拆散他们,只许他们每年夏历的七月初七晚上相会一次。后用“牛郎织女”比喻夫妻分居两地▷他最近从外地调回家乡工作,从此结束了十多年的牛郎织女式的夫妻两地分居生活。|由于工作需要,他们夫妻俩不得不过着牛郎织女式的两地分居生活。

牛衣对泣 niú yī duì qì 牛衣:用草或麻编成的给牛御寒遮雨的东西。泣:小声哭。睡在牛衣里,夫妻相对而哭。《汉书·王章传》载:王章家境贫寒,得了病连被子都没有,只好睡在牛衣里,与妻子相对而哭。后用“牛衣对泣”形容夫妻同过贫苦悲惨的生活▷有钱人花天酒地,纸醉金迷,而穷苦人吃糠咽菜,牛衣对泣。|党和政府会关心你们这些失业者的,你们夫妻俩不要牛衣对泣,要相信社会总有办法帮助你们解决困难的。

扭转乾坤 niǔ zhuǎn qián kūn 乾坤:天地。翻转天地。比喻从根本上转变整个局面▷除非新来的经理有扭转乾坤的本领,否则很难把这个公司搞好。|我们要充分发动群众,群策群力,不要妄想靠一个人来扭转乾坤。

忸怩作态 niǔ ní zuò tài 忸怩:害羞或不大方的样子。形容故意做作,装出含羞的模样▷她那忸怩作态的样子,实在令

人发笑。|她平日最是豪爽大方的人,现在却故意忸怩作态,使得旁观者哈哈大笑,乐不可支。≈矫揉造作。

弄假成真 nòng jiǎ chéng zhēn 弄:耍弄。玩弄假的,变成真的。指本来是假意做作,结果却变成真的了▷我本想骗他一下,想不到弄假成真了。|你本来说的是笑话,但他们俩却弄假成真,结果造成了悲剧。

弄巧成拙 nòng qiǎo chéng zhuō 弄:卖弄,耍弄。巧:聪明。拙:笨拙,愚蠢。语出宋·黄庭坚《拙轩颂》:"弄巧成拙,为蛇画足。"后用"弄巧成拙"指本想卖弄聪明,结果却做了蠢事▷爱耍小聪明的猪八戒,总在师傅面前说孙悟空的坏话,结果弄巧成拙,落个自己吃亏。|古代有个人画了一条蛇以后,又在蛇身下画了脚,结果画成了四不像,弄巧成拙。≈画蛇添足◇恰如其分|恰到好处。

弄虚作假 nòng xū zuò jiǎ 耍花招,用虚假的一套骗人▷弄虚作假、好大喜功的这一套作风,最令人讨厌。|他为人正直,最痛恨的就是有人弄虚作假。

奴颜婢膝 nú yán bì xī 奴颜:奴才谄媚的脸色。婢膝:婢女弯曲下跪的膝头。语出唐·陆龟蒙《江湖散人歌》:"奴颜婢膝真乞丐,反以正直为狂痴。"后用"奴颜婢膝"形容低三下四、谄媚讨好的卑下之相▷这个家伙对工人们是一副盛气凌人的凶相,而对洋主子却又是一副奴颜婢膝的嘴脸。|革命者决不会向反动统治者奴颜婢膝地乞求自由。≈卑躬屈膝|俯首帖耳|奴颜媚骨|摇尾乞怜|胁肩谄笑◇坚贞不屈|不屈不挠|宁死不屈|铁骨铮铮|趾高气扬。

怒不可遏 nù bù kě è 遏:止住。愤怒到极点,难以抑制▷面对怒不可遏的群众,罪犯低下了脑袋。|听到歹徒逞凶的消息,警察们怒不可遏。≈大发雷霆|火冒三丈|怒气冲天|怒发冲冠|勃然大怒◇平心静气|心平气和|喜不自胜|喜形于色。

怒发冲冠 nù fà chōng guān 冠:帽子。愤怒得头发竖起,顶起帽子。《史记·廉颇蔺相如列传》载:战国时,赵国的蔺相如出使秦国,向秦王索还玉璧。秦王不讲理,相如气得"怒发上冲冠"。后用"怒发冲冠"形容愤怒到了极点▷听到日寇入侵的消息,学生们个个怒发冲冠。◇欣喜若狂。

[提示]冠,不读"guàn"。

怒火中烧 nù huǒ zhōng shāo 中:心中。怒火在心中燃烧。形容极其强烈的愤怒▷本来他已经不太高兴了,再一听此事,更是怒火中烧。|听到他这样恶语伤人,她不由怒火中烧,真想给他一拳。≈怒气冲天|怒不可遏。

怒气冲冲 nù qì chōng chōng 冲冲:感情激动的样子。指怒气满面,十分激动的样子▷一大群怒气冲冲的工人向厂长办公室冲来。|他与领导大吵了一场,怒气冲冲地回了家。≈怒火中烧|怒不可遏◇欢天喜地|乐不可支|心花怒放。

女中丈夫 nǚ zhōng zhàng fū 丈夫:具有男子汉气概的人。女子中具有男子汉气概的人▷穆桂英是我国妇孺皆知的女中丈夫,巾帼英雄。|你虽是个女中丈夫,但此去千里,还要多加保重啊!≈巾帼英雄|女中豪杰。

N

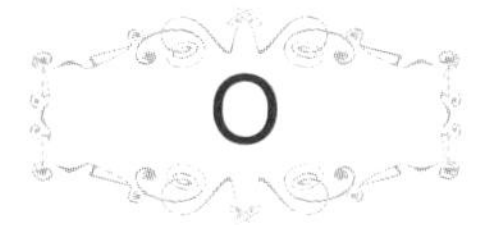

O

呕心沥血 ǒu xīn lì xuè 呕：吐。沥：滴。语本唐·李商隐《李贺小传》："[李贺]背一古破锦囊，遇有所得，即书投囊中。及暮归，太夫人使婢受囊出之，见所书多，辄曰：'是儿要当呕出心始已耳！'"又，唐·韩愈《归彭城》诗："刳肝以为纸，沥血以书辞。"后用"呕心沥血"比喻苦苦思索，费尽心血▷这些老学者为了完成国家重点文化工程呕心沥血，十多年如一日地埋头苦干。|张老师为了让后进的同学迎头赶上，废寝忘食，呕心沥血。≈煞费苦心|殚精竭虑|鞠躬尽瘁◇信手拈来|轻而易举|漫不经心。

偶一为之 ǒu yī wéi zhī 偶：偶尔。为：做。语出宋·欧阳修《纵囚论》："若夫纵而来归而赦之，可偶一为之耳。"后用"偶一为之"指偶然做一次▷对这种严重的失职行为，你竟用偶一为之来辩解，真是荒唐透顶！|你酗酒闹事，打伤数人，还说是偶一为之的事，你还想来第二次？◇三番五次|屡次三番。

藕断丝连 ǒu duàn sī lián 藕虽切断，丝还连着。语本唐·孟郊《去妇》诗："妾心藕中丝，虽断犹牵连。"后用"藕断丝连"形容表面上关系已断，实际上仍有联系▷你们两个既已分手，又何必再藕断丝连呢？◇一刀两断。

爬罗剔抉 pá luó tī jué 爬：梳理。罗：收罗，收集。剔：剔除。抉：抉择，选择。梳理收集有用的，剔除不合适的。语出唐·韩愈《进学解》："占小善者率以录，名一艺者无不庸。爬罗剔抉，刮垢磨光。盖有幸而获选，孰云多而不扬？"后用"爬罗剔抉"形容广泛搜集，精心选择▷经过专家学者近二十年的爬罗剔抉，终于编纂出版了这部集古今汉语词语之大成的巨著。|他带领一批专家学者对整个唐代的诗歌爬罗剔抉，编辑出版了《唐诗选》。

拍案而起 pāi àn ér qǐ 案：古代的一种狭长的小桌子。拍打着桌子猛然站起。形容非常愤慨▷面对前来劝降的敌人，他拍案而起，表现出革命者坚贞不屈的高贵品质。|听了这些流言蜚语，老张拍案而起，怒不可遏。

拍案叫绝 pāi àn jiào jué 绝：独一无二。拍着桌子叫好。形容非常赞叹▷老画家将虎画得栩栩如生，令人不禁拍案叫绝。|小李妙语如珠，让大家拍案叫绝。≈赞不绝口|击节称赏|交口称誉◇破口大骂。

拍手称快 pāi shǒu chēng kuài 称快：说好，叫好。拍着手喊痛快。形容仇恨得到消除或公义得到伸张时的畅快心情▷看到舞台上的叛徒得到了应有的惩罚，小观众们无不拍手称快。|这个抢劫杀人团伙被绳之以法，人们无不拍手称快。≈大快人心◇心如刀割|肝肠寸断。

排山倒海 pái shān dǎo hǎi 搬开高山，翻倒大海。比喻声势浩大，力量无穷▷盟军以排山倒海之势，直捣纳粹的老巢。|每年阴历八月十五去浙江海宁，你都可以看到排山倒海般的钱塘潮。≈翻江倒海|翻天覆地|移山倒海|雷霆万钧◇和风细雨。

［提示］倒，不读"dào"。

排忧解难 pái yōu jiě nàn 排除忧愁，解除困难▷他不愧为人民的好公仆，热心为群众排忧解难，几十年如一日。|老王担任村长期间，为村民排忧解难，做了很多好事。◇无事生非。

［提示］难，不读"nán"。

攀龙附凤 pān lóng fù fèng 攀：抓住东西往上爬。附：依附。龙、凤：比喻帝王或有权势的人。语本汉·扬雄《法言·渊骞》："攀龙鳞，附凤翼，巽以扬之，勃勃乎其不可及也。"原指追随、依附帝王以成就功业或飞黄腾达。后用"攀龙附凤"指巴结投靠有权势、有名望的人而扬名获利▷李师傅积极向公司经理献计献策，没想到被同事误认为是攀龙附凤。|社会上那些喜欢攀龙附凤的势利小人，向来为人们所唾弃。≈趋炎附势|胁肩谄笑|附骥攀鳞◇安贫乐道|不食周粟|不因人热。

盘根错节 pán gēn cuò jié 盘：盘绕。根：树根。错：交错。节：枝节。树根盘绕，树枝交错。语本《后汉书·虞诩传》："志不求易，事不避难，臣之职也；不遇槃根错节，何以别利器乎？"槃：同"盘"，绕。后用"盘根错节"比喻事情错综复杂，一时不易处理▷这件事牵涉到许多人和事，盘根错节，一时很难查清楚。也比喻某种势力根深蒂固，难以彻底清除▷两千多年的封建社会，使得许多封建伦理道德在人们的头脑中盘根错节，谁也无法在一朝一夕就将其清除干净。≈犬牙交错｜错综复杂｜根深蒂固。

盘根究底 pán gēn jiū dǐ 盘：盘问。究：根究。盘问、追究事物的根由底细▷为了把事情搞清楚，我们不得不对当事人盘根究底。｜这种盘根究底的审查，对于纯洁我们的队伍、防止敌人钻进我们内部搞破坏，是十分必要的。

盘马弯弓 pán mǎ wān gōng 盘马：骑着马盘旋。弯弓：拉开弓准备射击。指准备射击的姿势。语出唐·韩愈《雉带箭》诗："将军欲以巧伏人，盘马弯弓惜不发。"后用"盘马弯弓"比喻故作架势，并不立即行动▷你有话就直说，不必盘马弯弓地绕圈子。｜为了激他自动请缨，老将军故意不直接提出要求，而是盘马弯弓，先从陈年旧事说起。

判若两人 pàn ruò liǎng rén 判：区别。区别之大，好像两个人。形容同一个人的言行、相貌等前后变化极大▷照片上的小李和他本人简直判若两人。｜在领导面前和背后，他的言行判若两人。≈截然不同◇一模一样。

判若云泥 pàn ruò yún ní 判：区别。若：像。云泥：天上的云和地上的泥。像天上的云和地上的泥之间的距离那样大。形容彼此的差距极大▷落后地区的经济与发达地区相比，简直是判若云泥。｜这两个学术水平判若云泥的人，竟然都是某名牌大学的教授，实在是太出人意外了。≈天渊之别◇相差无几。

庞然大物 páng rán dà wù 庞然：很大的样子。语出唐·柳宗元《三戒·黔之驴》："虎见之，庞然大物也，以为神，蔽林间窥之。"后用"庞然大物"指又高又大的东西▷当火车第一次开进山里的时候，山民们对这个庞然大物充满了好奇。

旁观者清 páng guān zhě qīng 旁观者：看下棋的人。清：清楚。下棋时，旁观的人反而看得清楚。语本《旧唐书·元行冲传》："当局称迷，傍观见审。"后用"旁观者清"比喻一事当前，当事者往往主观、片面，看不清问题所在，反而不如旁观者看得客观与全面▷当事者多听听局外人的意见大有好处，因为旁观者清嘛。｜他的话虽然说得很漂亮，但我们旁观者清，都知道这绝不是他的真心话。◇当局者迷。

［提示］常与"当局者迷"连用。

旁门左道 páng mén zuǒ dào 旁、左：邪，不正。门：学术或宗教派别。道：学术和宗教的思想体系。语本《礼记·王制》："执左道以乱政，杀。"郑玄注："左道，若巫蛊及俗禁。"后用"旁门左道"指非正统的学术流派或宗教派别。也泛指不正经、不正派的东西▷他们认为自己的教派是正统的，把其他教派统统斥之为旁门左道。｜"五四"时期，一些遗老遗少把新文学和白话文看作旁门左道。≈歪门邪道◇天经地义。

旁敲侧击 páng qiāo cè jī 侧：旁边。击：敲打。在旁边和侧面敲敲打打。比喻说话或写文章不直接从正面表达，

P

而是用隐晦、曲折的方法说出来▷有时,用打比方、讲故事的方式旁敲侧击地说服别人,比正面批评效果好。|鲁迅先生在文章中常常以旁敲侧击的手法讽刺对方。≈指桑骂槐|含沙射影|借题发挥|拐弯抹角◇开门见山|直截了当|直言不讳。

旁若无人 páng ruò wú rén 若:好像。身旁好像没有其他人。语出《史记·刺客列传》:"高渐离击筑,荆轲和而歌于市中,相乐也,已而相泣,旁若无人者。"后用"旁若无人"形容态度自然,没有拘束▷他动情地唱着一首哀怨的老歌,旁若无人,十分投入。也形容态度傲慢,自高自大▷处长旁若无人地走进会议室,悠闲地点起一支烟。≈目中无人|目空一切|狂妄自大|唯我独尊◇平易近人|虚怀若谷|自知之明。

旁征博引 páng zhēng bó yǐn 旁:广泛。征:寻求,征集。博:广博。引:引用。指说话或写文章时广泛地引用材料作为依据和例证▷他作总结发言时,旁征博引,很有说服力。|他在文章中没有旁征博引,而是简明扼要地表述了自己的观点。≈引经据典◇杞宋无征。

抛头露面 pāo tóu lù miàn 抛:暴露。原指女子不守"闺训",出现在大庭广众之中。因为在封建时代,女子在外抛头露面是丢人的事。后用"抛头露面"泛指出现在公众场合▷他虚荣心强,对搞应酬、抢镜头等抛头露面的事颇有兴趣。◇深居简出|匿影藏形|销声匿迹。

抛砖引玉 pāo zhuān yǐn yù 抛出砖头,引来玉石。比喻想以自己不成熟的、粗浅的看法,引出别人高明的、成熟的见解▷我就说这几句,算是抛砖引玉吧。|小张原以为自己人微言轻,只起一个抛砖引玉的作用,想不到自己的话会有这么强烈的反响。

刨根问底 páo gēn wèn dǐ 比喻追究底细▷看到同学们举手提问题,刨根问底,张老师感到很高兴。|我从来不喜欢打听她家里的事,也懒得为此去刨根问底。

喷云吐雾 pēn yún tǔ wù 喷吐出云雾。形容吸烟时的情景▷凡遇到不顺心的事情,他总是一个人坐在房间里喷云吐雾,算是发泄一通。|你们这几个烟枪不要喷云吐雾好不好?孩子已经受不了了。

朋比为奸 péng bǐ wéi jiān 朋比:互相勾结。为:做。奸:邪恶,坏事。语本《新唐书·李绛传》:"趋利之人,常为朋比,同其私也。"后用"朋比为奸"形容互相勾结做坏事▷明朝末年,贪官污吏朋比为奸,百姓民不聊生。|这伙人朋比为奸,贪污救灾款,终于受到了法律的严惩。≈狼狈为奸|同流合污|沆瀣一气。

蓬荜生辉 péng bì shēng huī 蓬:蓬草。荜:同"筚",用荆条、竹子等编成的篱笆。蓬荜:"蓬门荜户"的省称,比喻简陋的房屋。语本宋·苏轼《谢宣召再入学士院状》:"使星下烛,生蓬荜之光华。"后用"蓬荜生辉"表示使陋室增添了光彩(多用作客套话)▷大驾光临,蓬荜生辉。|老先生此画若能悬挂在敝舍客厅,定能蓬荜生辉。

蓬头垢面 péng tóu gòu miàn 蓬:蓬草,引申为散乱。垢:污秽,肮脏。头发散乱,满脸污垢。语出《魏书·封轨传》:"君子整其衣冠,尊其瞻视,何必蓬头垢面,然后为贤。"后用"蓬头垢面"形容仪容不整洁▷传说中,蓬头垢面的济公和尚是活佛转世。|看到孩子蓬头垢面的

模样，父母亲心疼极了。≈蓬头跣足◇衣冠楚楚。

鹏程万里 péng chéng wàn lǐ 鹏：传说中的大鸟。程：行程。大鹏鸟展翅一飞，行程上万里。语本《庄子·逍遥游》："鹏之徙于南冥也，水击三千里，抟扶摇而上者九万里。"后用"鹏程万里"比喻前程远大▷小李大学毕业后去外地就职，朋友们都祝他鹏程万里。≈前途无量｜锦绣前程｜前程万里◇日暮途穷｜穷途末路｜走投无路。

捧腹大笑 pěng fù dà xiào 腹：肚子。捧着肚子大笑。语出《史记·日者列传》："司马季主捧腹大笑曰：'观大夫类有道术者，今何言之陋也，何辞之野也！'"后用"捧腹大笑"形容放声大笑▷这段小品幽默至极，令人捧腹大笑。｜小张是个幽默、风趣的人，他常常妙语如珠，令朋友们捧腹大笑。≈开怀大笑◇悲不自胜。

披肝沥胆 pī gān lì dǎn 披：剖露。沥：往下滴。剖开肝脏，滴出胆汁。语本《汉书·路温舒传》："故大将军受命武帝，股肱汉国，披肝胆，决大计，黜亡义，立有德，辅天而行。"后用"披肝沥胆"比喻真诚相待▷朋友之间理应披肝沥胆，以诚相见。也比喻竭尽忠诚▷老一辈无产阶级革命家戎马一生，披肝沥胆，为人民解放事业鞠躬尽瘁，死而后已。≈肝胆相照｜赤胆忠心｜肝脑涂地◇尔虞我诈。

披红挂彩 pī hóng guà cǎi 披挂上红绸和彩带，表示荣耀、慰问或喜庆▷家乡的父老乡亲们为新入伍的战士披红挂彩，场面十分壮观。｜凯旋的将士们刚下火车，迎候在站台上的人们就拥上去为他们披红挂彩，表示热烈的欢迎。

披坚执锐 pī jiān zhí ruì 披：穿戴。坚：坚固的铠甲。执：拿起。锐：锋利的兵器。身披坚固的铠甲，手拿锐利的武器。语本《战国策·楚策一》："吾被坚执锐，赴强敌而死，此犹一卒也，不若奔诸侯。"被(pī)：同"披"。后用"披坚执锐"形容投身战斗▷战士们披坚执锐，勇不可当。｜那些披坚执锐、奋勇杀敌的老将军们竟会被一个白面书生玩弄于股掌之上。◇手无寸铁｜赤手空拳。

披荆斩棘 pī jīng zhǎn jí 荆、棘：丛生多刺的小灌木。语本《后汉书·冯异传》："为吾披荆棘，定关中。"后用"披荆斩棘"指在创业时扫除障碍▷鲁迅先生披荆斩棘，开拓了中国新文学的阵地。也泛指克服前进道路上的种种阻碍和困难▷革命大业需要披荆斩棘的勇士。≈乘风破浪｜艰苦奋斗｜勇往直前◇畏首畏尾。

披麻戴孝 pī má dài xiào 身穿粗麻布的衣服，头戴麻纱的孝冠。指子孙为父母、长辈等服孝▷旧时丧事，死者的子女亲属都要披麻戴孝。｜看到丧亲的家属披麻戴孝、哀哀啼哭、痛不欲生的样子，旁观者无不一掬同情之泪。

披头散发 pī tóu sàn fà 头发散乱地披着。形容懒散或狼狈不堪的样子▷她实在懒得很，早上头也不梳，就披头散发地出门上班去了。｜那些死难矿工的家属们披头散发、哭哭啼啼地围在矿井的周围。

[提示]散，不读"sǎn"。

被褐怀玉 pī hè huái yù 被：通"披"。褐：粗麻制成的短衣。身穿粗麻布的衣服，怀中抱着美玉。语出《老子》七十章："知我者希，则我者贵，是以圣人被褐怀玉。"后用"被褐怀玉"比喻有才能

而不形于外▷如果你没有礼贤下士的襟怀，就别想结交上被褐怀玉的真才。| 别看他其貌不扬，却是个被褐怀玉的奇才。

劈头盖脸 pī tóu gài liǎn 劈：正对着。盖：压下来。正对着头部、脸部而来。形容来势迅猛▷他被匪徒们劈头盖脸的一顿毒打，昏死了过去。| 他不由别人分辨，就劈头盖脸地把人臭骂了一顿。

皮开肉绽 pí kāi ròu zhàn 绽：裂开。皮肉破裂。形容伤势十分严重▷周瑜一声令下，黄盖被打得皮开肉绽，鲜血迸流。≈遍体鳞伤 | 体无完肤。

［提示］绽，不读“dìng”。

蚍蜉撼树 pí fú hàn shù 蚍蜉：蚂蚁。撼：摇动。语本唐·韩愈《调张籍》诗：“蚍蜉撼大树，可笑不自量。”后用“蚍蜉撼树”比喻不自量力，企图以微小的力量去动摇强大的事物▷一小撮民族败类企图分裂祖国的恶行，无异于蚍蜉撼树。| 那些数典忘祖的人攻击和贬低中华民族的先哲如孔子、老子等，实在是蚍蜉撼树，贻笑大方。≈螳臂当车 | 不自量力 | 以卵击石◇量力而行。

疲于奔命 pí yú bēn mìng 疲：疲乏。奔命：奉命奔走。奉命奔走而疲惫不堪。《左传·成公七年》载：楚国的子重、子反诬陷巫臣。巫臣从晋国写信给他们，说：“余必使尔罢(pí，通“疲”)于奔命以死。”后来，巫臣说动吴国攻打楚国，一年之中使子重、子反七次奔命，吃足了苦头。后用“疲于奔命”指因奔走或应付而疲惫不堪▷最近一个月来，他为筹措资金而疲于奔命，弄得寝食难安。| 守城的士兵人数太少，顾得了这边，便顾不上那边，整天疲于奔命，因而战斗力大大下降。◇以逸待劳。

匹夫有责 pǐ fū yǒu zé 匹夫：泛指平民百姓中的个人。责：责任。语本明·顾炎武《日知录·正始》：“保天下者，匹夫之贱，与有责焉耳矣。”后用“匹夫有责”指每个人都负有责任▷“天下兴亡，匹夫有责”，我们要为国家的强盛而奋斗！| 有关国家生死存亡的大事，我们每个人自然要格外关心，匹夫有责嘛！

否极泰来 pǐ jí tài lái 否、泰：《周易》中的两个卦名，否是坏的卦，泰是好的卦。极：极限，尽头。坏的到了尽头，就会好起来。后用“否极泰来”表示事物发展到了一定程度就会转化到它的对立面▷老太太年轻守寡，吃尽辛苦，如今儿女个个有出息，对她又孝顺，真可称得上是否极泰来啊。≈时来运转 | 苦尽甘来 | 物极必反 | 转祸为福◇乐极生悲。

［提示］否，不读“fǒu”。

屁滚尿流 pì gǔn niào liú 形容因惊恐、狼狈等而穷于应付的紧张情状▷西门庆听到武松来了，吓得屁滚尿流，从后门跑了。| 敌军在我强大攻势下，屁滚尿流地逃跑了。≈魂飞魄散◇从容不迫 | 应付裕如。

睥睨一世 pì nì yī shì 睥睨：斜着眼睛看，形容傲慢的样子。斜着眼睛看一切东西。语本《宋史·王雱传》：“雱气豪，睥睨一世，不能作小官。”后用“睥睨一世”形容高傲自大、目空一切的样子▷这家伙自以为出身高贵，平时总摆出一副睥睨一世的神态。| 瞧他趾高气扬、睥睨一世的样子，好像真有什么了不起似的，其实不过是个龌龊小人罢了。

偏听偏信 piān tīng piān xìn 偏：片面。语本汉·王符《潜夫论·明暗》：“君之所以明者，兼听也；其所以暗者，偏信

也。”后用“偏听偏信”指片面地听信一方面的话▷一个人如果偏听偏信，不了解事实的真相，就很容易上当受骗。| 作为调解人，你心有成见、偏听偏信，实在令人不服气。◇兼听则明。

翩若惊鸿 piān ruò jīng hóng 翩：轻快的样子。惊鸿：受惊的鸿雁。像受惊的鸿雁飞走一样的轻快、矫健。语出三国魏·曹植《洛神赋》：“翩若惊鸿，矫若游龙。”后用“翩若惊鸿”形容姿态优美而矫健▷她的舞姿翩若惊鸿，实在是优美极了。| 这座“舞之神”的塑像出于名师之手，虽是雕塑，却自有一种翩若惊鸿的神韵。

胼手胝足 pián shǒu zhī zú 胼胝：手掌足底的老茧。语本《庄子·让王》：“曾子居卫，缊袍无表，颜色肿哙，手足胼胝。”后以“胼手胝足”形容长期辛勤劳动▷我到山区搞农村工作调查，看到农民们终年胼手胝足，我的心灵震撼了。| 可以这样说，没有我们这些胼手胝足的劳动者，国家就不会强大。

片甲不留 piàn jiǎ bù liú 甲：铠甲，古时用皮革或金属制成的护身战衣。连一片铠甲也没留下。指对方全军覆没▷此一仗，我军把日寇打得片甲不留，粉碎了“皇军不可战胜”的鬼话。≈全军覆没◇旗开得胜 | 大获全胜 | 马到成功。

片瓦无存 piàn wǎ wú cún 指房屋全部被毁坏▷大地震的震中区域，所有建筑片瓦无存，灾民无家可归。| 敌人向这个村子投下了很多枚炸弹，整个村子被炸得尸体遍野，片瓦无存，情景十分凄惨。

片言只字 piàn yán zhī zì 片言：简短的几句话。只字：单个的字、词。语出晋·陆机《谢平原内史表》：“片言只字，不关其间。”后用“片言只字”指零碎的文字材料或简短的语句▷他的发言十分简短，但就是这片言只字却抓住了问题的实质。| 我们不能仅凭一个人的片言只字，就对他做出评价或结论。≈三言两语◇长篇累牍 | 冗词赘句。

漂洋过海 piāo yáng guò hǎi 渡过海洋。多指去异国他乡或远处▷他前几年就漂洋过海去了南美洲，在当地的一家餐馆打工。| 他们在青年时期漂洋过海到法国等国家，勤工俭学，寻求救国的道路。

飘飘欲仙 piāo piāo yù xiān 飘浮上升，像要成仙。语本宋·苏轼《前赤壁赋》：“飘飘乎如遗世独立，羽化而登仙。”后用“飘飘欲仙”指轻松爽快的感觉▷站在山峰的最高处，但见四周千岩竞秀，云雾缭绕，令人有一种飘飘欲仙的感觉。| 听着周围人的恭维，遐想着自己的远大前程，他不由得有些飘飘欲仙起来。

贫病交迫 pín bìng jiāo pò 交：一起。迫：压。语本宋·陈亮《与王季海丞相书》：“入春以来，贫病交攻，更无一日好况。”后用“贫病交迫”指贫穷和疾病一齐压在身上▷那几年，他贫病交迫，日子过得很艰难。| 这世道实在太黑暗了，许多读书人被生活逼得贫病交迫，家破人亡。

贫贱之交 pín jiàn zhī jiāo 语本《东观汉记·宋弘传》：“臣闻贫贱之交不可忘，糟糠之妻不下堂。”后用“贫贱之交”指贫困时结交的知心朋友▷当年，我和他一起受迫害，又一起被流放到大西北，可谓是贫贱之交了。| 他的官一天比一天大，早就忘了我们这些当年的贫贱之交了。

品头论足 pǐn tóu lùn zú 品、论：评论。议论人的容貌、体态。比喻在小节上一味挑剔▷我们应该全身心地投入到具体

P

项目的建设中去，而不应该站在一边品头论足，指指点点，光说不干。| 不论是什么人，不论是什么事，他总是要品头论足一番。≈评头品足 | 说长道短。

品学兼优 pǐn xué jiān yōu 兼：同时涉及或同时具有。品德和学问都很优秀、出色▷他担任了团支部书记，学习成绩在班上又位居第一，可算得上是一位品学兼优的好学生了。| 学校教育就要注重"德、智、体、美、劳"的全面培养，要使学生成为一个品学兼优、均衡发展，将来能为社会做出贡献的人。

平步青云 píng bù qīng yún 青云：青天，比喻高位。语本唐·李频《自遣》诗："青云道是不平地，还有平人上得时。"后用"平步青云"比喻很快地登上高位做大官▷他借老岳丈的光，平步青云，当上了局长。≈飞黄腾达 | 一步登天。

平淡无奇 píng dàn wú qí 平平淡淡，没有什么突出或奇特的地方▷这部戏的剧情太平淡无奇，没有让观众兴奋的地方。| 虽说她做的这一切都平淡无奇，但我们能透过这平凡的一件件小事看到她高尚的人格。◇不同凡响 | 异乎寻常。

平地风波 píng dì fēng bō 平地上发生了风波。语本唐·杜荀鹤《将过湖南经马当山庙因书三绝》诗之二："只怕马当山下水，不知平地有风波。"后用"平地风波"比喻突然发生的纠纷或事故▷他的一句无关轻重的话，竟引起一场平地风波，这是谁也没有想到的事。| 工程已进行了一半，平地风波，竟传言工程要下马了。

平分秋色 píng fēn qiū sè 平均地分享秋天的景色。语出宋·李朴《中秋》诗："平分秋色一轮满，长伴云衢千里明。"后用"平分秋色"比喻双方各得一半或势均力敌▷在今年的比赛中，这两支足球队平分秋色，各胜了五场。| 两个国家都想独占这块宝地的企图失败后，只得互相妥协，平分秋色。

平民百姓 píng mín bǎi xìng 指没有一官半职的普通民众▷他一生未曾做过一官半职，一直到死都只是个平民百姓。| 这里的居民都是些平民百姓，他们居住的环境、条件自然也是普通至极的。

平铺直叙 píng pū zhí xù 铺：铺陈。叙：叙述。说话、写文章不加修饰，按顺序简明地叙述。语本清·钱谦益《读苏长公文》："吾读子瞻《司马温公行状》《富郑公神道碑》之类，平铺直序，如万斛水银随地涌出，以为古今未有此体。"后用"平铺直叙"形容说话或写文章平淡而无起伏，重点不突出▷平铺直叙的文章不会有波澜起伏，也不会引人入胜。| 这篇小说在叙事上平铺直叙，毫无新奇之处；但它所记叙的故事，倒也曲折有趣。◇波澜起伏 | 妙趣横生 | 抑扬顿挫。

平起平坐 píng qǐ píng zuò 比喻地位、权力等相当，不分上下▷在封建社会里，平民是不能与贵族平起平坐的。| 这几位工程师资历相当，在公司里平起平坐。≈分庭抗礼 | 伯仲之间◇判若云泥。

平心而论 píng xīn ér lùn 平心：心情平和。论：评论。指心平气和，不带成见、不带感情色彩地加以评论▷平心而论，我们的厂长为人确实不错，只是工作方法粗暴了一些。| 这次事件的主要责任当然是在对方，但平心而论，我们也确有一些欠妥的地方。

平心静气 píng xīn jìng qì 语本宋·吕本中《官箴》："又如监司郡守严刻过当者，

须平心定气，与之委曲，使之相从而后已。”后用“平心静气”指心平气和，态度冷静▷只要大家平心静气地商量，问题总是可以解决的。|这是招聘的条件，你可以平心静气、客观公正地逐条衡量，看看自己够不够格。≈心平气和◇意气用事。

平易近人 píng yì jìn rén 平易：道路平坦，便于行走；比喻态度和蔼可亲。近人：使人乐意亲近。语本《史记·鲁周公世家》：“平易近民，民必归之。”后用“平易近人”形容态度和蔼可亲，使人乐意亲近▷他虽是部长，却平易近人，一点架子也没有。也形容文字浅显易懂▷他的小说因为是给中下层的人民所阅读的，所以写得平易近人，从不用深奥的文字。≈和蔼可亲|和颜悦色|通俗易懂|深入浅出◇盛气凌人|曲高和寡。

萍水相逢 píng shuǐ xiāng féng 浮萍随水漂泊，聚散无定。语出唐·王勃《滕王阁序》：“萍水相逢，尽是他乡之客。”后用“萍水相逢”比喻素不相识的人偶然相遇▷我们虽然萍水相逢，却一见如故。|车厢里的人虽然萍水相逢，但一人有难，大家都伸出了援助之手。≈不期而遇◇形影不离。

[提示]萍，不要写作“苹”。

迫不得已 pò bù dé yǐ 迫：逼迫。已：停止，结束。语出《汉书·王莽传》：“迫不得已，然后受诏。”后用“迫不得已”指被逼得没有办法，只能如此▷他实在是迫不得已，才去求人帮助。≈百般无奈|无可奈何|别无良策◇自觉自愿。

迫不及待 pò bù jí dài 迫：紧迫。待：等待。紧迫得来不及等待。形容心情迫切或事情非常紧迫，不容片刻拖延▷快递员的身影刚出现，他便迫不及待地迎了上去。|他早早地来到学校，迫不及待地打听自己的考试成绩。≈急不可耐|刻不容缓◇从容不迫|待时而动。

迫在眉睫 pò zài méi jié 迫：紧迫。睫：眼睫毛。逼近在眉毛和眼睫毛之前。语本《列子·仲尼》：“虽远在八荒之外，近在眉睫之内，来干我者，我必知之。”后用“迫在眉睫”比喻事态紧急，已到眼前▷升学考试已迫在眉睫，你得抓紧时间复习啊！≈火烧眉毛|刻不容缓|千钧一发◇悠然自得|从容不迫。

破釜沉舟 pò fǔ chén zhōu 破釜：打破饭锅。沉舟：凿沉渡船。《史记·项羽本纪》载：项羽与秦军作战，“乃悉引兵渡河，皆沉船，破釜甑(zèng)，烧庐舍，持三日粮，以示士卒必死，无一还心”。后用“破釜沉舟”比喻下定决心，不顾一切干到底▷我们只有破釜沉舟，拿下这场比赛，才能一报家乡父老的殷切期望。≈背水一战|孤注一掷◇三思而行|裹足不前。

破罐破摔 pò guàn pò shuāi 破的盆盆罐罐可以随意摔掉。比喻犯了错误后，采取自暴自弃的态度▷他沦为少年犯后，产生了破罐破摔的想法，在犯罪的泥淖里越陷越深。|你还年轻，完全有时间、有机会去洗刷自己身上的污点，千万不可抱着破罐破摔的想法，以致抱憾终生。

破镜重圆 pò jìng chóng yuán 唐·孟棨《本事诗·情感》载：南朝陈国将亡时，驸马徐德言估计可能与妻子乐昌公主离散，便把一面铜镜一分为二，与妻子各执一半，作为日后重见的凭据。后来两人果然失散。几经周折，终由这面破镜而两人重新团圆。后用“破镜重圆”

比喻夫妻失散后重又团圆，或夫妻感情破裂后又和好如初▷经过多年离乱，这对夫妻终于在战争结束后破镜重圆。|这对夫妻离婚后，又因这错误的选择痛苦不已，最后终于破镜重圆。≈断钗重合|缺月再圆◇分钗断带|马前泼水|覆水难收。

破旧立新 pò jiù lì xīn 破：破坏。立：建立。破除旧的，建立起新的▷我们提倡破旧立新，移风易俗。|"重男轻女"的陈腐观念必须来个破旧立新。≈移风易俗|涤瑕荡秽◇抱残守缺|故步自封|因循守旧|墨守成规。

破涕为笑 pò tì wéi xiào 涕：眼泪。破涕：揩掉眼泪。揩去眼泪又笑了。语出晋·刘琨《答卢谌书》："时复相与举觞对膝，破涕为笑。"后用"破涕为笑"指转悲哀为喜悦▷几句俏皮的劝慰，使她破涕为笑。|看着小女孩破涕为笑的样子，四周的成年人都松了一口气。≈转悲为喜◇乐极生悲。

破铜烂铁 pò tóng làn tiě 锈烂无用的铜器和铁器。泛指各种破旧无用的器物▷人家都说我家零乱得很，于是趁双休日把家里整理了一下，把一些破铜烂铁统统处理掉了。|收破铜烂铁的人来了，赶快把家里的旧报纸卖了。◇金银财宝。

破绽百出 pò zhàn bǎi chū 绽：裂开。百：形容多。衣服上的破洞、裂口很多。比喻说话、做事露出很多漏洞▷说话要合乎逻辑，否则就会破绽百出，闹出笑话。|他的辩解破绽百出，根本不值得一驳。≈漏洞百出◇无懈可击。

[提示]绽，不读"dìng"。

剖腹藏珠 pōu fù cáng zhū 剖：切开。切开肚皮，将珍珠藏在里面。指为了惜物而自伤身体。语本《资治通鉴·唐太宗贞观元年》："上谓侍臣曰：'吾闻西域贾胡得美珠，剖身以藏之。有诸？'侍臣曰：'有之。'上曰：'人皆知彼之爱珠而不爱其身也。'"后用"剖腹藏珠"比喻轻重倒置，舍本逐末▷你投资这么多，却仅为了这些蝇头小利，可谓剖腹藏珠了。|不顾生命危险地去赚几百块钱，可不是变成了剖腹藏珠了吗？

扑朔迷离 pū shuò mí lí 扑朔：兔脚搔爬。迷离：兔眼眯起。语本古乐府《木兰诗》："雄兔脚扑朔，雌兔眼迷离，双兔傍地走，安能辨我是雄雌？"后用"扑朔迷离"形容事情错综复杂，不容易辨清真相▷商场如战场，情况扑朔迷离，缺乏知识和经验就很难把握机遇。|警长恍然大悟，终于侦破了这个扑朔迷离的案子。

铺天盖地 pū tiān gài dì 形容来势迅猛，到处都是▷一阵飞沙走石之后，雨点铺天盖地地落下来。|北国的冬天，一眼望去，是铺天盖地的一片银白。≈遮天蔽日◇寥寥无几。

铺张浪费 pū zhāng làng fèi 铺张：过分讲究排场。为讲究排场而大肆耗费人力物力▷即使条件好了，生活水平提高了，你也不能铺张浪费啊！|大吃大喝、铺张浪费，是与勤俭节约、励精图治的方针背道而驰的。≈大手大脚|劳民伤财◇艰苦朴素|克勤克俭|省吃俭用|精打细算。

普天同庆 pǔ tiān tóng qìng 普：普遍，全。天：天下。语本《三国志·魏书·郭准传》："今溥天同庆而卿最留迟，何也？"溥：通"普"。后用"普天同庆"指全天下的人共同庆祝▷当日本宣布无条件投降的那一刻，全国上下普天同庆。◇怨声载道。

Q

七长八短 qī cháng bā duǎn 形容长长短短不整齐▷这一批筷子的质量实在太差了，都是七长八短的。|这些幼儿园的孩子在排队时根本不懂得要依照高矮的顺序，排成了七长八短的队形，让带队的老师哭笑不得。≈参差不齐◇整齐划一。

七颠八倒 qī diān bā dǎo 颠倒、错乱。语出宋·释道原《景德传灯录·道匡禅师》："问：'如何是佛法大意？'师曰：'七颠八倒。'"后用"七颠八倒"形容说话、做事非常纷乱，没有条理▷猴王一死，那些猴子们为争夺王位，将整座猴山闹得七颠八倒的。|这篇文章的结构非常混乱，叙事七颠八倒的。

七高八低 qī gāo bā dī 形容高高低低不平整▷他独自一人在这七高八低的崎岖小路上，摸黑走了两个小时。|这个居民小区建成已快三年了，但因无人管理，小区的道路还是七高八低的，很不好走。≈坎坷不平◇一马平川。

七老八十 qī lǎo bā shí 形容年纪大▷公园里参加早锻炼的，大都是一些七老八十的人。|他都是七老八十的人了，还要争名夺利，真是想不开。

七零八落 qī líng bā luò 语出宋·释普济《五灯会元·泐潭澄禅师法嗣有文禅师》："无味之谈，七零八落。"后用"七零八落"形容零碎、散乱，不完整，不集中▷身怀绝技的武警战士把蜂拥而上的歹徒们打得七零八落。|走进张老师的家，桌上、床上、地上，七零八落的全是书。≈乱七八糟|支离破碎◇井井有条。

七拼八凑 qī pīn bā còu 把各样零碎的东西拼凑在一起。形容胡乱或勉强凑合▷老师批评我这篇作文写得不认真，纯粹是七拼八凑用来应付的。|嫂子不大会烧菜，可桌上七拼八凑倒也有了四碟冷菜、四碟炒菜。≈东拼西凑。

七窍生烟 qī qiào shēng yān 七窍：指两眼、两耳、两鼻孔和口。好像耳、目、口、鼻都要冒出火来。形容气愤或焦急到极点▷大家说好了七点钟在校门口碰头，可已经过了四十分钟了，还不见他人影，真让人七窍生烟。|这孩子不肯用功学习，最近又沾染上一些不好的习气，他父母气得七窍生烟。≈怒火中烧|怒不可遏|火冒三丈◇心平气和。

七情六欲 qī qíng liù yù 七情：指喜、怒、哀、惧、爱、恶、欲。六欲：指生、死、耳、目、口、鼻。泛指人的各种感情和欲望▷世界上是没有完人的，人有七情六欲，有优点也有缺点那是十分自然的事。|人非草木，谁没有七情六欲呢？

七上八下 qī shàng bā xià 语出宋·朱熹《朱子语类》卷一二一："学问只是一个道理……今人被人引得七上八下，殊可笑。"后用"七上八下"形容心情起伏，心神不定▷到底要不要去自首呢？他心里七上八下，折腾了一个通宵。|我现在心里七上八下，不知怎么办才好。≈忐忑不

安｜心神不宁｜进退维谷｜坐立不安｜如坐针毡◇处之泰然｜若无其事｜胸有成竹｜泰然自若。

七手八脚 qī shǒu bā jiǎo 语出明·释居顶《续传灯录·庆元府德光禅师法嗣》："上堂七手八脚，三头两面，耳听不闻，眼觑不见。"后用"七手八脚"形容人多忙乱，动作不一▷大家七手八脚，不一会就把货物卸下车来。｜小梅晕倒在操场上，同学们七手八脚，把她抬到医务室里。≈手忙脚乱◇有条不紊｜从容不迫。

七折八扣 qī zhé bā kòu 折、扣：买卖货物时，将标价减去一个成数，这个成数就称"折扣"。形容折扣大、减去多▷执行上级的指示一定要全面彻底，不能七折八扣的。｜他的工资虽然很高，但要交这个税、那个费的，七折八扣地拿到手的，也不是很多了。

七嘴八舌 qī zuǐ bā shé 形容人多嘴杂，议论纷纷▷工会主席征求大家对这次联欢会的设想，大伙七嘴八舌提出了各自的建议。也形容多嘴、饶舌▷她们几个就喜欢在人背后七嘴八舌。≈众说纷纭◇众口一词｜异口同声。

妻离子散 qī lí zǐ sàn 语本《孟子·梁惠王上》："父子不相见，兄弟妻子离散。"后用"妻离子散"形容一家人被迫骨肉分离▷老爷爷悲愤地诉说着自己妻离子散的不幸遭遇。｜战争年代，老百姓大多有着离乡背井、妻离子散的悲惨遭遇。≈家破人亡｜背井离乡◇安居乐业。

凄风苦雨 qī fēng kǔ yǔ 寒冷的风，连绵不停的雨。语本《左传·昭公四年》："春无凄风，秋无苦雨。"后用"凄风苦雨"形容天气十分恶劣。也比喻人的处境悲苦凄惨▷连日的凄风苦雨，让人出不了门，只能关在家里看书。｜他过着凄风苦雨般的晚年生活。≈风吹雨打｜风雨如磐(pán)◇风和日丽。

期期艾艾 qī qī ài ài 语本《史记·张丞相列传》："昌（周昌）为人口吃，又盛怒，曰：'臣口不能言，然臣期期知其不可。'"又，南朝宋·刘义庆《世说新语·言语》："邓艾口吃，语称艾艾。"后用"期期艾艾"形容人口吃或说话笨拙▷我一时激动得语无伦次，说话期期艾艾了。◇伶牙俐齿。

［提示］期，不读"qí"。

欺人太甚 qī rén tài shèn 甚：过分。欺负人太过分了▷当着大家的面，他就敢如此地侮辱我，真是欺人太甚了。｜对付那个欺人太甚的家伙的最好办法，就是以牙还牙，坚决给予回击。

欺软怕硬 qī ruǎn pà yìng 欺负软弱的，害怕强硬的▷动物世界也有欺软怕硬的家伙，专挑弱小的欺负，见了凶猛的，掉头就跑。｜困难是个欺软怕硬的东西，你越怕，它越大，你不怕它，它倒变小了。≈欺善怕恶◇刚正不阿。

欺上罔下 qī shàng wǎng xià 罔：蒙蔽。语出唐·元结《奏免科率状》："忝官尸禄，欺上罔下，是臣之罪。"后用"欺上罔下"指欺骗上级，蒙蔽下属▷他当了经理后，竟欺上罔下，滥用职权，最近已被责令停职检查了。｜俗话说："若要人不知，除非己莫为。"他这种欺上罔下的手段要不了多久，一定会被人识破的。≈两面三刀｜弄虚作假◇实事求是｜光明磊落。

欺世盗名 qī shì dào míng 世：世人。盗：窃取。语本《荀子·不苟》："是非仁人之情也，是奸人将以盗名于暗世者也，险莫大焉。"后用"欺世盗名"指欺

Q

骗世人，窃取名誉▷那个道貌岸然的教授其实是个欺世盗名的伪君子。|这个家伙欺世盗名的行径被揭露后，令曾崇拜他的人大失所望。≈沽名钓誉◇名至实归。

漆黑一团 qī hēi yī tuán 形容一片黑暗▷熄灯后，屋子里漆黑一团，伸手不见五指。也比喻社会黑暗腐败▷清末的官场已完全腐朽，官员们把全国搞得乌烟瘴气，漆黑一团。≈暗无天日|昏天黑地。

齐东野语 qí dōng yě yǔ 齐东：齐国的东部。野语：粗野的、没文化人说的话。齐国东部的俚俗之言。语本《孟子·万章上》："此非君子之言，齐东野人之语也。"后用"齐东野语"比喻道听途说、不可信的话▷这些荒唐无稽的齐东野语是没有人相信的。|那些人津津乐道的所谓"奇迹"，经过调查核实，完全是齐东野语，都不可信。

齐头并进 qí tóu bìng jìn 几路人马用相同的速度并行前进。形容几件事情同时进行或一件事的几个方面同时进行▷提高产量与推销库存，我们要齐头并进地进行，不可偏废。|两个工程队齐头并进，难分高低。≈不相上下◇高下悬殊。

齐心协力 qí xīn xié lì 协力：合力。语本《后汉书·王常传》："于是诸部齐心同力，锐气益壮，遂俱进，破杀甄阜、梁丘赐。"后用"齐心协力"指思想一致，共同努力▷在拔河比赛中，大家齐心协力，赢得了胜利。|虽然任务很重，困难很大，但只要大家不怕苦，不怕累，齐心协力地干，就一定会圆满完成这次任务。≈勠力同心|上下一心|和衷共济◇离心离德|各自为政。

其乐无穷 qí lè wú qióng 其：代词，指那、那些。穷：尽。语本晋·葛洪《抱朴子·畅玄》："故玄之所在，其乐不穷。"后用"其乐无穷"指那里面的乐趣无穷无尽▷能坐宇宙飞船去遨游太空，那定是一次其乐无穷的旅行。|象棋虽然总共才三十二个子，但争夺厮杀，对象棋爱好者来说可谓其乐无穷。

其貌不扬 qí mào bù yáng 不扬：不好看。指人的外貌不漂亮。也形容器物的外表不美观▷这个人身材矮小，其貌不扬，但一讲起话来，让人觉得学识渊博，魅力无穷。|别看这块表其貌不扬，它可是有些来历的。≈獐头鼠目|尖嘴猴腮◇眉清目秀|花容月貌|一表人才。

奇耻大辱 qí chǐ dà rǔ 奇：异常的，罕见的。大：极大的。罕见的、极大的耻辱▷火烧毁圆明园的奇耻大辱，将永远铭刻在中国人民的心上。|我永远不会忘记被他当众打耳光的奇耻大辱。

奇光异彩 qí guāng yì cǎi 彩：光彩。奇妙的亮光与色彩▷匣子里装着的是一颗闪烁着奇光异彩的宝石。|海滩上的各种贝壳在阳光的照射下闪动着奇光异彩。

奇花异草 qí huā yì cǎo 指奇异的花草▷老人的园圃中栽满了各种奇花异草。|在园艺博览会上，我们见到了许多平时难得一见的奇花异草。

奇货可居 qí huò kě jū 奇货：珍奇的货物。居：囤积。商人把稀少的货物囤积起来，等待有利时机以高价出售，牟取暴利。语出《史记·吕不韦列传》："吕不韦贾邯郸，见而怜之，曰'此奇货可居'。"后用"奇货可居"比喻凭借一技之长或独有的东西作为资本来谋取名利、地位▷刚才经理已经去找过那古董商人。可是他奇货可居，说此书是他的枕

Q

中秘藏，十分珍贵。| 在修理技术方面，他确实有一手绝活，便常常摆出一副奇货可居的高傲姿态，非得别人三央五求才肯动手。≈囤积居奇 | 待价而沽。

奇谈怪论 qí tán guài lùn 稀奇古怪、不合情理的谈论或见解▷什么"人为财死，鸟为食亡"的奇谈怪论早就被人们批驳得体无完肤了。| 在这个偏僻的山村里，人们竟然还信奉"龙王降雨"这样的奇谈怪论。≈荒诞不经 | 无稽之谈◇不刊之论。

奇形怪状 qí xíng guài zhuàng 语出《晋书·温峤传》："须臾，见水族覆火，奇形异状，或乘马车着赤衣者。"后用"奇形怪状"指稀奇古怪的形状▷水池边堆叠的假山奇形怪状，千姿百态。| 这个人的发型奇形怪状的，倒是很少见。◇千篇一律。

奇珍异宝 qí zhēn yì bǎo 语出宋·胡仔《苕溪渔隐丛话后集·东坡四》："嗟呼，世不乏奇珍异宝，乏识者耳。"后用"奇珍异宝"指奇异贵重的宝物▷博物馆中展出的各种奇珍异宝，有不少属于国家的特级文物。| 一场大火不仅将这座宏伟的建筑物付之一炬，而且楼内珍藏的各种奇珍异宝也化为灰烬。≈稀世之宝。

奇装异服 qí zhuāng yì fú 与众不同的、奇异的服装式样▷她的这一身奇装异服，煞是惹人注目。| 这家时装店卖的都是些奇装异服，难怪生意清淡，很少有人问津。

歧路亡羊 qí lù wáng yáng 歧路：岔道。亡：丢失。因岔路太多无法寻找而丢失了羊。《列子·说符》载：杨子的邻居丢失了羊，没有找到。杨子问怎么跑丢的？邻居回答说："岔路太多，不知羊跑到哪里去了。"心都子就说："大道以多歧亡羊，学者以多方丧生。"后用"歧路亡羊"比喻事理复杂多变，若方向不正确，就会误入歧途▷看不到事物的复杂性，一味地盲目行事，就会歧路亡羊，一事无成。| 一个人兴趣太广而不专一，虽然生活是非常轻松有趣的，但对于搞学问来说，恐怕是歧路亡羊式的悲剧。

骑虎难下 qí hǔ nán xià 语本《太平御览》卷四六二引南朝宋·何德盛《晋中兴书》："骑虎之势，可得下乎？"后用"骑虎难下"比喻事情进行中遇到困难，迫于形势不能中止，只好干下去▷当时你不听我的忠告，硬要去干，如今却成了骑虎难下之势。≈欲罢不能 | 进退两难 | 左右为难 | 进退维谷◇乘风破浪 | 一帆风顺 | 旗开得胜 | 马到成功。

骑驴找驴 qí lǘ zhǎo lǘ 骑着毛驴去找毛驴。语本宋·释道原《景德传灯录·志公和尚大乘赞》："不解即心即佛，真似骑驴觅驴。"后用"骑驴找驴"比喻所寻找的东西就在手头，还舍近求远，到处寻找▷他手里明明捏着块抹布，还在到处找抹布，真是骑驴找驴，引得众人一阵大笑。

棋逢敌手 qí féng dí shǒu 棋：下棋。逢：碰到，遇到。敌手：本领相当的对方。下棋时遇到棋艺相当的对手。语本唐·杜荀鹤《观棋》诗："有时逢敌手，对棋到深更。"后用"棋逢敌手"比喻争斗的双方本领或力量相当▷这两名羽毛球运动员技艺相当，真是棋逢敌手，两人一时难分胜负。| 在这场劳动竞赛中，两队棋逢敌手，旗鼓相当，彼此你追我赶，干得热火朝天。≈旗鼓相当 | 势均力敌◇以卵击石 | 敌众我寡。

旗鼓相当 qí gǔ xiāng dāng 旗、鼓：古代作战时用旗帜和鼓声指挥军队。语本《后汉书·隗嚣传》："如令子阳（公孙述）到汉中、三辅，愿因将军兵马，鼓旗相当。"后用"旗鼓相当"比喻双方势均力敌，不相上下▷这两支辩论队旗鼓相当，水平不相上下。|三好学生的名额只有一个，可他俩各方面表现旗鼓相当，这可难坏了老师和同学。≈势均力敌|棋逢对手|工力悉敌◇相形见绌。

旗开得胜 qí kāi dé shèng 令旗一挥动就取得了胜利。比喻事情一开始就取得成功▷这件事交给小王去交涉，保证旗开得胜。|"老将出马，一个顶俩。"只要老马师傅出面，准能旗开得胜，马到成功。≈马到成功。

旗帜鲜明 qí zhì xiān míng 旗帜的色彩鲜艳明丽。比喻人的政治倾向、态度或立场明确而坚定，不含糊▷在大是大非面前，他一向是旗帜鲜明的，这一点十分可贵。|在原则问题上，我们要立场坚定，旗帜鲜明，可不能有半点的犹豫。|我看这篇文章旗帜鲜明，说出了我们想要说的话。≈爱憎分明◇模棱两可。

Q

岂有此理 qǐ yǒu cǐ lǐ 岂：哪里。哪里有这样的道理呢？语出《南齐书·虞悰传》："郁林废，悰窃叹曰：'王、徐遂缚袴废天子，天下岂有此理邪？'"后用"岂有此理"指极其荒谬▷明明是他不对，却要我向他赔礼道歉，真正岂有此理。|买一件衬衫，还得搭买一条领带，这家商店的做法太岂有此理了！≈荒诞不经|荒谬绝伦◇合情合理|理所当然。

杞人忧天 qǐ rén yōu tiān 《列子·天瑞》载：古时杞国（在今河南杞县）有个人，总是担心天会塌下来，以致吃不下饭，睡不好觉，整天愁眉苦脸。后用"杞人忧天"比喻不必要的顾虑▷他整天担心所谓"末日灾难"，真是杞人忧天。|但愿我是杞人忧天，情况没有想象的那么严重。≈庸人自扰。

起承转合 qǐ chéng zhuǎn hé 起：开端。承：承接上文加以申述。转：转折。合：结束全文。原是诗文写作中结构章法上的术语。后用"起承转合"泛指文章的写法▷写文章若不注意起承转合，就会使文章内容松散而不紧凑，表达的中心思想就会不明确。也比喻作文的固定的死板的公式▷对于散文的写作我并不擅长，既然你们盛意相邀，我只能起承转合地敷衍成篇，还望多加斧正。

起死回生 qǐ sǐ huí shēng 把死人救活。形容医术高明▷东汉时的名医华佗，据说有起死回生的本领。也比喻将衰亡的事物挽救过来▷封建制度必定要灭亡的，谁也没有起死回生的良药。

起早贪黑 qǐ zǎo tān hēi 起得早，睡得晚。形容人的辛苦、勤劳▷在当年，农民一年四季起早贪黑，在地里没完没了地干活，可还是吃了上顿没有下顿。|你们这样起早贪黑地干活，可别累坏了身体啊。≈夙兴夜寐◇无所事事。

气冲牛斗 qì chōng niú dǒu 气：气势。牛、斗：牵牛星和北斗星，泛指天空。指气势旺盛，直冲天空▷大将军出征前的宣言，真是气冲牛斗，壮志凌云。也形容怒气很盛，愤慨之极▷同事们见老张怒不可遏、气冲牛斗的样子，不知发生了什么事，不由得都怔住了。≈怒气冲天|怒发冲冠。

气喘如牛 qì chuǎn rú niú 气：呼吸的声息。像牛那样地大声喘息。形容呼吸

急促▷他平时缺少锻炼，才跑了不到五百米，就气喘如牛了。|他满头大汗地跑进来，张着嘴，气喘如牛，一时间哪里说得出话来。

气贯长虹 qì guàn cháng hóng 贯：贯穿，穿透。虹：雨后天空出现的彩色圆弧。气势可以贯穿长虹。形容气势十分旺盛▷那气贯长虹的歌声，激励着每一个人的心。|他不愧是山东大汉，豪爽极了，说起话来气贯长虹，别有一番令人心醉的风采。≈气壮山河|气势磅礴|气吞山河。

气急败坏 qì jí bài huài 呼吸急促，上气不接下气的狼狈样子。形容十分慌张或恼怒▷鬼子兵被八路军打得晕头转向，气急败坏，嘴里叽哩哇啦乱叫。|他吵不过她，只能瞪着她，大口喘粗气，最后气急败坏地扭身跑出了家门。≈恼羞成怒◇平心静气|心平气和|和颜悦色|不动声色。

气势磅礴 qì shì páng bó 磅礴：广大无边的样子。形容气势十分雄壮▷我爱祖国气势磅礴的名山大川。|这篇文章写得气势磅礴，激动人心。

［提示］磅，不读“bàng”。

气势汹汹 qì shì xiōng xiōng 汹汹：气势盛大的样子。形容气焰嚣张，声势凶猛▷他说话时气势汹汹的，一点儿也不像学生对老师说话的样子。|面对着一大群气势汹汹的暴徒，他挺身而出，厉声呵斥。◇和颜悦色。

气象万千 qì xiàng wàn qiān 气象：景象。语出宋·范仲淹《岳阳楼记》：“朝晖夕阴，气象万千，此则岳阳楼之大观也。”后用“气象万千”指景象壮丽多彩，变化无穷▷长江三峡风光旖旎，气象万千，真是美极了！|这座宫殿雕梁画栋，庄严富丽，气象万千，简直像人间天上。

气宇轩昂 qì yǔ xuān áng 气宇：指人的仪表、风度、气概。轩昂：精神饱满，不平凡的样子。形容人气度不凡▷门打开后，走进一位英俊潇洒、气宇轩昂的中年男子。|这个新来的小伙子气宇轩昂，一表人才。≈英姿飒爽◇萎靡不振。

气壮山河 qì zhuàng shān hé 形容气概像高山、大河那样雄壮豪迈▷这部小说展现了中国军民浴血抗战、气壮山河的战争画卷。|一曲气壮山河的《黄河大合唱》听得人激情澎湃。≈气贯长虹|气吞山河|气吞万里。

弃暗投明 qì àn tóu míng 比喻抛弃反动的、非正义的方面，投向进步的、正义的方面▷敌人已经感到负隅顽抗是徒劳的，只有弃暗投明，才是唯一的出路。|决定弃暗投明的守军终于打开城门，向我军投诚。≈改邪归正|改恶从善|改过自新|迷途知返◇死不悔改|执迷不悟|负隅顽抗|死心塌地。

弃恶从善 qì è cóng shàn 抛弃邪恶，归向善良▷经过入狱改造，他确实弃恶从善了，老老实实地做一个新人。|你应该去投案自首，这才是弃恶从善的举动，否则是没有出路的。≈改过自新◇死不悔改。

泣不成声 qì bù chéng shēng 泣：低声哭。低声哭，直到哭不出声音。形容极度悲伤▷当伟人逝世的噩耗传来时，很多人都泣不成声。|想到马上要离开这片熟悉的土地，离开这些熟悉的面容，她哭得泣不成声。≈椎心泣血|泪如泉涌|泪如雨下◇欢天喜地|欣喜若狂。

器小易盈 qì xiǎo yì yíng 器：器物。盈：满。小容器易满。语本三国魏·吴质

《在元城与魏太子笺》:“侍宴终日……小器易盈,先取沉顿。”后用“器小易盈”比喻气量狭小,容易自满▷一个男子汉听了这点意见,就闷闷不乐的,也太器小易盈了。

掐头去尾 qiā tóu qù wěi 掐:用指甲弄断。除去前头、后面两部分。指去掉不重要的部分,留取最精干的部分▷由于时间的关系,我们把整出戏掐头去尾,只演出中间最精彩的几折。也指把事物弄得无头无尾,残缺不全▷引用别人的文章,采用掐头去尾、断章取义的做法,是不可取的。

恰到好处 qià dào hǎo chù 恰:恰巧,正好。指说话、办事正好达到最恰当的地步▷一个人说话不在多少,而在于能否说得恰到好处。|这篇文章引用这句格言,真是恰到好处,既点明了主题,又言简意赅。≈恰如其分◇过犹不及。

恰如其分 qià rú qí fèn 恰:恰当,正好。分:分寸。形容说话、做事很有分寸,非常恰当▷对一个人的评价要实事求是,恰如其分。|这部戏写得不错,加上演员恰如其分的表演,更使它锦上添花。≈恰到好处◇过犹不及。

千变万化 qiān biàn wàn huà 形容变化极多▷这世界真是个万花筒,千变万化,好看煞人。|夜晚,千变万化的霓虹灯成为这个城市的一道风景线。≈变化多端|瞬息万变|变化莫测◇一成不变|千篇一律。

千差万别 qiān chā wàn bié 语出宋·释道原《景德传灯录·金陵报慈道场文遂导师》:“僧问:‘如何是无异底事?’师曰:‘千差万别。’”后用“千差万别”形容种类繁多,差别很大▷人的性格与各人的相貌一样,是千差万别的。|在生物界中,即使是同一属的生物,也是五花八门、千差万别的。

千锤百炼 qiān chuí bǎi liàn 锤:锤打。炼:锻炼。语本唐·皮日休《刘枣强碑》:“百锻为字,千炼成句。”后用“千锤百炼”形容对诗文多次精心修改。也比喻经受长期的磨炼和考验▷这是些千锤百炼的硬汉子,攻坚战一定能取胜的。

[提示]炼,不要写作“练”。

千叮万嘱 qiān dīng wàn zhǔ 形容再三叮咛,反复嘱咐▷老师对同学们千叮万嘱,告诉他们不要吃摊贩的东西,以防传染疾病。|妈妈对他千叮万嘱,骑车一定要小心。

千恩万谢 qiān ēn wàn xiè 恩:感恩,感谢。再三表示感恩和谢意▷他从警察手中接过了自己丢失的钱包,千恩万谢地离开了。|就在他陷于困境之际,居委会送来了救济款,他千恩万谢,感激不尽。

千方百计 qiān fāng bǎi jì 方:方法。计:计谋。想尽或用尽一切办法、计谋▷即使在最困难的年代,他也千方百计找各种书来读,充实自己。|为了治好母亲的病,她千方百计地求医寻药。≈想方设法|苦思冥想|绞尽脑汁◇一筹莫展|无计可施|束手无策|黔驴技穷|穷途末路|山穷水尽。

千古绝唱 qiān gǔ jué chàng 千古:年代久远。绝唱:比喻无与伦比的诗文作品。语本宋·苏轼《江月五首(并引)》:“杜子美(甫)云:‘四更山吐月,残夜水明楼’,此殆古今绝唱也。”后用“千古绝唱”形容从古以来少有的杰出的诗文作品▷岳飞的千古绝唱《满江红》词,至今仍催人奋进。|司马迁的《史记》历来被人们看

作是历史著作中的千古绝唱。

千呼万唤 qiān hū wàn huàn 千万次的呼唤。语出唐·白居易《琵琶行》："千呼万唤始出来，犹抱琵琶半遮面。"后用"千呼万唤"形容一再呼唤、催促▷任凭我们在门外千呼万唤，里面的人就是不吭声。|观众们千呼万唤，他就是端定了明星的架子，不肯露面。

千家万户 qiān jiā wàn hù 语出宋·释道原《景德传灯录·益州青城香林院澄远禅师》："问：'但有言句尽是宾，如何是主？'师曰：'长安城里。'曰：'如何领会？'师曰：'千家万户。'"后用"千家万户"指众多的人家▷中国女排在世界女子排球锦标赛中再次夺魁，喜讯顿时传遍了千家万户。|春节将近，千家万户都洋溢着节日的气氛。

千娇百媚 qiān jiāo bǎi mèi 娇：美丽可爱。媚：美好。语出唐·张鷟《游仙窟》："千娇百媚，造次无可比方。"后用"千娇百媚"形容女子姿态、容貌十分美丽动人▷他有两个千娇百媚的女儿，真是好福气。≈绰约多姿|仪态万方◇其貌不扬。

千金市骨 qiān jīn shì gǔ 市：买。花费千金，买千里马的骨头。《战国策·燕策一》载：燕昭王想招纳天下贤士，郭隗用马作比喻说，古代有一君王悬赏千金买千里马，三年后发现了一匹，但已经死了，于是用五百金买下了千里马的尸骨。消息传出后，不到一年，君王就买到了三匹千里马。郭隗说道，若大王能重用我，那么天下的贤士看到像我这样的人都能得到重用，他们一定会纷纷来到燕国，大王也能招揽到天下的贤士了。后用"千金市骨"比喻招揽贤才的迫切心情▷厂长千金市骨，引进了各种人才，从而使企业在激烈的市场竞争中立于不败之地。|你没有千金市骨的豪举，人才又怎会流入到你们这儿来呢？

千军万马 qiān jūn wàn mǎ 语本《梁书·陈庆之传》："先是洛阳童谣曰：'名师大将莫自牢，千兵万马避白袍。'"后用"千军万马"形容兵马众多，队伍声势浩大▷古代有个花木兰，代父从军，同男子一样，驰骋在千军万马的沙场上。|当风暴来临时，大海变得十分可怕，成排的海浪如千军万马，奔腾不息。≈浩浩荡荡|声势浩大◇单枪匹马。

千钧一发 qiān jūn yī fà 钧：古代重量单位，合三十斤。发：头发。千钧的重物系在一根头发丝上。语本汉·枚乘《上书谏吴王》："夫以一缕之任系千钧之重……虽甚愚之人犹知哀其将绝也。"后用"千钧一发"比喻万分危急▷大地震发生了，就在房屋即将倒塌的千钧一发之际，妈妈抱着睡着的婴儿逃了出来。|敌对双方剑拔弩张，形势千钧一发。≈危如累卵|危在旦夕|摇摇欲坠|岌岌可危|如履薄冰◇安如磐石|稳如泰山|高枕无忧。

［提示］发，不读"fā"。

千里迢迢 qiān lǐ tiáo tiáo 迢迢：遥远的样子。形容路程很远▷大家千里迢迢地赶来聚会，实在难得。|看到老人拖着多病的身躯，为了洗刷冤情，不惜千里迢迢地赶到京城，人们无不一掬同情之泪。≈不远万里|山遥路远◇近在咫尺|一箭之地|一衣带水。

千虑一得 qiān lǜ yī dé 虑：谋虑。得：可取之处。在千百次的谋虑中，总会有一点可取之处。语本《晏子春秋·内

Q

篇杂下》:“圣人千虑,必有一失;愚人千虑,必有一得。”后用“千虑一得”指愚笨人的考虑也会有可取之处(多用作自谦)▷我的这些意见尽管肤浅得很,但千虑一得,希望能起到抛砖引玉的作用。|这些意见是千虑一得,不成熟得很,仅供大家参考。≈一得之愚◇千虑一失。

千难万险 qiān nán wàn xiǎn 难:困难。险:危险。困难极多,危险很大▷前进途中的千难万险,正是考验我们意志的试金石。|这项充满了千难万险的工作,依然吸引了无数有志者前去参加。

千篇一律 qiān piān yī lǜ 很多篇文章都是一个样式。语本南朝梁·钟嵘《诗品》卷中:“谢康乐云:‘张公虽复千篇,犹一体耳。’”后用“千篇一律”形容文章、言谈等公式化。也泛指事物只有一种形式,没有变化▷这种千篇一律的题材,学生怕写,老师也怕改。|教学改革也要改变千篇一律的“老师在上面讲,学生在下面听”的形式。

千奇百怪 qiān qí bǎi guài 形容十分稀奇古怪。也指各种奇怪的事物和现象▷七月的傍晚,天上的云会变幻出千奇百怪的图案和景象。|海洋里的动物,什么形象、什么颜色的都有,千奇百怪。≈稀奇古怪|奇形怪状|无奇不有◇平淡无奇。

千秋万代 qiān qiū wàn dài 千秋:指年代久远。代:世代。语本《艺苑类聚》卷四四引《说苑》:“千秋万世之后,宗庙必不血食。”后用“千秋万代”指世世代代▷他的丰功伟绩,即使经历千秋万代也不会泯灭。|千秋万代的人们都将景仰这位旷世的英雄人物。◇一朝一夕|俯仰之间。

千人一面 qiān rén yī miàn 各种各样的人物面目都是一样的。形容文艺作品塑造的人物形象雷同▷文艺创作要尽力表现出各个人物的不同性格,切忌千人一面。|这部小说的人物众多,但相互之间差别不大,给人以千人一面的感觉。

千山万水 qiān shān wàn shuǐ 千重山,万条河。语出唐·宋之问《至端州驿见杜五审言沈三佺期题壁慨然成咏》:“岂意南中歧路多,千山万水分乡县。”后用“千山万水”比喻路途遥远而艰难▷只要我们有坚定的信念,任凭千山万水也阻挡不住我们前进的步伐。|孟姜女历经千山万水,终于来到了丈夫服役的长城。◇近在咫尺。

千丝万缕 qiān sī wàn lǚ 缕:线,线状物。千条线,万条线。语出宋·戴石屏妻《怜薄命》词:“道旁杨柳依依,千丝万缕,拧不住一分愁绪。”原形容一根又一根,理也理不清。后用“千丝万缕”形容相互之间有连带的复杂的关系或思绪繁多▷在这故事的背后,千丝万缕地联系着当时广阔的社会背景。|尽管他早年间已经离家出走,但直到现在还是无法挣脱与家庭之间千丝万缕的关系。≈千头万绪|盘根错节。

千头万绪 qiān tóu wàn xù 绪:丝头。一千根、一万根丝头。语本三国魏·曹植《自试令》:“机(王机)等吹毛求瑕,千端万绪,然终无可言者。”后用“千头万绪”形容事情的头绪很多,纷乱复杂▷这次旅游途中,遇上了许多事,要谈感受,真是千头万绪,一时不知从何谈起。|他一会儿想着自己参加职称考试的事,一会儿又想到生病的女儿独自在家该怎么办,千头万绪,心乱如麻。◇井井有条|有条

不紊｜有条有理。

千辛万苦 qiān xīn wàn kǔ 辛：辛劳，辛苦。指极大极多的艰辛劳苦▷要成就一番事业，就得有百折不挠的毅力和不怕千辛万苦的决心。｜他历经了千辛万苦，终于胜利地回到了祖国的怀抱。

千言万语 qiān yán wàn yǔ 千千万万的言语。语本《鹖冠子·世兵》："千言万说，卒赏谓何？"后用"千言万语"形容有很多很多的话▷纵有千言万语，也诉不尽他一生所吃的苦。｜他千言万语，归根到底一句话，就是为自己开脱罪责。

千载难逢 qiān zǎi nán féng 载：年。逢：遇到，碰上。一千年也难得碰到一次。语出南朝齐·孔琇之《临终上表》："臣以凡庸，谬徼昌运，奖擢之厚，千载难逢。"后用"千载难逢"形容遇到的机会很少▷我们有幸目睹了这次千载难逢的天文奇观。｜这次机遇可谓千载难逢，你一定要牢牢把握住。≈百年未遇◇司空见惯。

千真万确 qiān zhēn wàn què 确：符合事实，真实。形容情况确实，丝毫不假▷这件事情千真万确，是我亲眼看到的。｜这是千真万确的事实，抵赖是没有用的。≈确凿不移｜不容置疑◇捕风捉影｜道听途说。

千姿百态 qiān zī bǎi tài 形容姿态丰富多彩▷这次植物园展出的树桩盆景，造型千姿百态，各具风格。｜千姿百态的生活，为作家的创作提供了丰富的源泉。◇千篇一律。

牵肠挂肚 qiān cháng guà dù 牵：拉。形容非常挂念▷母亲对外出打工的儿子牵肠挂肚，盼望儿子早日回家。◇无牵无挂。

牵强附会 qiān qiǎng fù huì 牵强：勉强。附会：把不相关的事说成是相关的。把不相关或关系不大的事硬凑在一起▷引用典故，一定要恰如其分，不能望文生义，牵强附会。｜你这个说法未免有些牵强附会，不合情理。≈穿凿附会｜生拉硬扯◇顺理成章｜理所当然。

［提示］强，不读"qiáng"。

谦谦君子 qiān qiān jūn zǐ 谦谦：谦逊有礼的样子。语出《周易·谦》："谦谦君子，卑以自牧也。"后用"谦谦君子"指谦虚而有礼貌的人▷他是个谦谦君子，待人一向彬彬有礼。｜由于触犯到他的私人利益，他彻底撕下了谦谦君子的假面具，暴露出他的本来面目。

谦虚谨慎 qiān xū jǐn shèn 虚心对待别人，慎重小心办事▷做人必须谦虚谨慎，切忌骄傲自大。｜谦虚谨慎是我们家一贯的好传统。≈虚怀若谷｜深藏若虚◇骄傲自满｜恃才傲物｜目空一切。

前车之鉴 qián chē zhī jiàn 鉴：镜子，引申为借鉴、教训。前面的车子翻了，后面的车子可引以为戒。语本《荀子·成相》："前车已覆，后未知更何觉时？"后用"前车之鉴"比喻把前人或以前的失败，作为以后的教训▷他从一个三好学生堕落为一名罪犯，这个反面教材对我们是前车之鉴。｜上次试验失败，主要是大伙心不齐，在这次试验中我们一定要作为前车之鉴，齐心协力，争取成功。◇重蹈覆辙。

前赴后继 qián fù hòu jì 赴：奔赴。前面的人冲上去了，后面的人紧紧跟上。形容继续不断地奋勇向前▷经过几代科研工作者前赴后继、锲而不舍的努力，我们才取得了今天的巨大成果。≈勇往直

前|一往无前◇后继无人|临阵脱逃。

前功尽弃 qián gōng jìn qì 功：功劳。弃：丢弃，废弃。语本《战国策·西周策》："一攻而不得，前功尽灭。"后用"前功尽弃"指以前的努力或功劳全都白费了▷如果洪水把桥墩冲垮，那么大桥工程就会前功尽弃。|已经爬到了半山腰，如果我们不咬牙坚持一下，不是前功尽弃了吗！≈功亏一篑|付之东流◇大功告成。

前呼后拥 qián hū hòu yōng 呼：吆喝。拥：簇拥。前面的人吆喝着开路，后面的人簇拥着保护。原形容旧时官员出场时的排场。后也形容成群结队地簇拥着，不可一世的样子▷旧时官员出巡，都有大批随从前呼后拥，招摇而过。◇轻车简从。

前倨后恭 qián jù hòu gōng 倨：傲慢。恭：恭敬。《战国策·秦策一》载：苏秦游说秦国失败后回家，嫂子连饭都不给他吃。后来苏秦在赵国当了大官，回家时嫂子跪着迎接。苏秦便问："嫂何前倨而后卑也？"后用"前倨后恭"指起先傲慢无礼，后来十分恭敬▷《儒林外史》中记叙范进中举前后，周围人对他前倨后恭的态度，形象地反映出当时社会的人情世态。|正因为这人常会以衣帽取人，有目无珠，所以才会上演这一出前倨后恭的丑剧。

Q

前思后想 qián sī hòu xiǎng 往前想想，再往后想想。形容反复地深入地思考▷对于如何解决这一问题，他前思后想，始终未能想出一个好主意。|面对内外交困的窘境，他前思后想，最后终于决定辞职。≈左思右想◇不假思索。

前仰后合 qián yǎng hòu hé 仰：仰面朝天，指身体向后倒。合：曲身向地，指身体向前倾。身体大幅度地前后晃动。多形容大笑、酒醉、困乏时站立不稳的样子▷听了这个笑话，我们笑得前仰后合。

前因后果 qián yīn hòu guǒ 语本《南齐书·高逸传论》："今树以前因，报以后果。"后用"前因后果"指起因和结果，即事情的全过程▷王女士，请你把这件事的前因后果讲给大家听听。|你别急，让我把这件事的前因后果讲完，你再发表意见吧。≈来龙去脉。

潜移默化 qián yí mò huà 潜：暗地里。移：改变。语本北齐·颜之推《颜氏家训·慕贤》："潜移暗化，自然似之。"后用"潜移默化"形容不知不觉地起变化▷他出身于京剧世家，潜移默化，长大后也当上了京剧演员。≈耳濡目染。

黔驴技穷 qián lǘ jì qióng 黔：贵州一带。技：技能，本领。唐·柳宗元《三戒·黔之驴》载：贵州本来没有驴，有人用船装了一头去，放养在山脚下。老虎初次见到这个庞然大物，心里十分害怕，就一步步地走近它，故意戏弄、冲撞它。驴子十分恼火，但只是用蹄子乱踢而已。老虎大喜，心想：原来你的本领不过如此。于是扑上去，一口咬断了驴子的喉管，把驴吃了。后用"黔驴技穷"比喻有限的一点本领已经用完了▷这伙歹徒已黔驴技穷，只能乖乖地束手就擒。◇余勇可贾。

浅尝辄止 qiǎn cháng zhé zhǐ 尝：尝味，尝试。辄：就。止：停止。稍微尝试一下就停止了。比喻学习不深入钻研▷你这样浅尝辄止，等于没学。|凡事不可浅尝辄止，只有持之以恒，才能有所成就。≈半途而废|不求甚解|蜻蜓点水◇盘根究底|穷源溯流。

浅斟低唱 qiǎn zhēn dī chàng 斟：往杯或碗里注酒。缓缓地饮酒，低声地吟唱。语出宋·柳永《鹤冲天》词："忍把浮名，换了浅斟低唱。"后用"浅斟低唱"形容闲适的情态▷你这种浅斟低唱的生活情调与当下社会拼搏奋进的时代精神，似乎相距得远了一些。|三五良朋，浅斟低唱，这种生活情调是传统士大夫们所竭力追求的。

枪林弹雨 qiāng lín dàn yǔ 枪如林，弹如雨。形容战斗激烈，炮火密集▷他们俩的友情是在枪林弹雨中结下的。|有些人经受住了枪林弹雨的考验，却经不住金钱美色的腐蚀。≈刀光剑影。

强弩之末 qiáng nǔ zhī mò 弩：古代射箭的器械。末：指箭最后的射程。强劲的弩射出的箭，到了末程也就没有什么力量了。语本《史记·韩长孺列传》："强弩之极，矢不能穿鲁缟；冲风之末，力不能漂鸿毛。非初不劲，末力衰也。"后用"强弩之末"比喻原来强大的力量已经变得衰弱不堪了▷这次的台风来势十分凶猛，不过，到今天已是强弩之末了。|经过几天几夜的激战，敌军早成了强弩之末，再也不堪一击了。≈再衰三竭|每况愈下|日薄西山|大势已去◇势不可当|势如破竹|方兴未艾。

墙头马上 qiáng tóu mǎ shàng 姑娘探出墙头来望，路过的小伙子骑在马上正好瞧见。语本唐·白居易《井底引银瓶》诗："妾弄青梅凭短墙，君骑白马傍垂杨。墙头马上遥相顾，一见知君即断肠。"后用"墙头马上"形容一见钟情▷这对青年正处在墙头马上的初恋阶段。|古代墙头马上式的恋爱模式，在自由恋爱的今天，已不多见了。

强词夺理 qiǎng cí duó lǐ 强词：强辩。夺：争。把无理的事硬说成是有理的▷小强没按时完成作业已经不对了，老师批评后，他还要强词夺理为自己辩护，那就更不对了。|他动手打了别人，还要强词夺理，这种行为受到同学们的一致指责。◇入情入理|言之成理|通情达理。

强人所难 qiǎng rén suǒ nán 强：勉强。勉强他人去做不愿做或难以做到的事▷小陈要我在晚会上和他合作表演相声，这简直是强人所难。|让我为这事请求领导照顾，总有些强人所难。

强颜欢笑 qiǎng yán huān xiào 颜：脸色。勉强地装出笑脸▷兄弟俩正为一点小事闹别扭，不料有朋友来访，只得强颜欢笑，上前应酬。◇忍俊不禁。

敲骨吸髓 qiāo gǔ xī suǐ 吸：吸取。髓：骨髓。敲碎骨头，吸取骨髓。语本宋·释道原《景德传灯录·东土祖师》："昔人求道，敲骨取髓，刺血济饥。"后用"敲骨吸髓"比喻残酷地剥削和压迫▷奴隶主对奴隶敲骨吸髓的剥削，终于引起奴隶的强烈反抗。|这里本是贫困山区，而官吏仍旧敲骨吸髓地榨取百姓的血汗，来满足自己骄奢淫逸的生活。≈横征暴敛|巧取豪夺。

敲山震虎 qiāo shān zhèn hǔ 形容故意示警，使人震动▷现在是我们敲山震虎的时候了，要阻止他在错误的道路上再走下去。|今天的公判大会实际上是敲山震虎，是为了敦促在逃的犯罪分子赶快投案自首，争取宽大处理。

敲诈勒索 qiāo zhà lè suǒ 敲诈：依仗权势或抓住别人的把柄进行威胁恐吓。勒索：用威胁手段，索取钱财。形容用威胁、诈骗的手段，强行索取别人的财物

▷贪官污吏任意地敲诈勒索,逼得百姓走投无路,只能铤而走险。|几个流氓在公共汽车上敲诈勒索,满车厢竟无一人起来反抗,真是咄咄怪事。◇扶危济贫。

乔迁之喜 qiáo qiān zhī xǐ 乔迁:鸟儿迁移到高大的树上去。语本《诗经·小雅·伐木》:"伐木丁丁,鸟鸣嘤嘤,出自幽谷,迁于乔木。"后用"乔迁之喜"比喻由低处转移到高处(多用作祝人搬新居的贺词)▷他新购了一套新居,在乔迁之喜的时候,同事们都赶来祝贺。|今天我们都去老王家,祝贺他的乔迁之喜。

乔装改扮 qiáo zhuāng gǎi bàn 乔装:改变服装。改扮:化装。指进行伪装,隐蔽身份▷包公乔装改扮,私访民情。|他们乔装改扮,混入围观的人群中,准备劫法场。≈改头换面◇原形毕露。

巧夺天工 qiǎo duó tiān gōng 巧:精巧。夺:胜过,超过。指人工的精巧已胜过大自然的创造▷展馆中的各类工艺品美妙绝伦,巧夺天工,令人赞叹不已。≈鬼斧神工。

巧立名目 qiǎo lì míng mù 名目:名称。语出《清史稿·诺岷传》:"不得巧立名目,复有所取于民。"后用"巧立名目"指想方设法地定出各种名堂、花样,以达到不正当的目的▷这些人巧立名目,贪污受贿。|有些政府部门,本应为公众提供免费服务,却在"市场经济"的名义下,巧立名目,滥收费用,引起人们极大的不满。

巧取豪夺 qiǎo qǔ háo duó 巧取:玩弄花招骗取。豪夺:用强力掠夺财物。语本宋·苏轼《次韵米芾二王书跋尾》:"巧偷豪夺古来有,一笑谁似痴虎头。"后用"巧取豪夺"指用各种非法手段谋取财物▷他当上银行行长后,私欲膨胀,肆意地巧取豪夺,最终受到了法律的严惩。|或明抢或暗偷,或哄骗或讹诈,他就这样巧取豪夺,短短的几年中就积累起亿万的家产。

巧舌如簧 qiǎo shé rú huáng 簧:乐器里振动发声的薄片。舌头灵巧得像乐器里的簧片一样。语出《诗经·小雅·巧言》:"巧言如簧,颜之厚矣。"后用"巧舌如簧"形容花言巧语地说得动听▷那些摊主巧舌如簧,极力兜售他们那些冒牌货。|当一桩桩事实摆在他们面前时,那些犯罪嫌疑人才收起了巧舌如簧的狡辩。≈花言巧语|甜言蜜语|天花乱坠◇笨嘴拙舌。

切肤之痛 qiè fū zhī tòng 切肤:切身,亲身。亲身经受的痛苦。比喻痛苦极为深切▷经历过战乱危害的人,对战争有着切肤之痛。|早年失学的切肤之痛,他永生难忘。◇无关痛痒。

窃窃私语 qiè qiè sī yǔ 窃窃:背着人小声说话。语本唐·韩愈《顺宗实录·永贞元年》:"[王叔文]日引其党,屏人切切细语,谋夺宦者兵,以制四海之命。"后用"窃窃私语"指私下里小声说话▷他因为心里有鬼,总觉得人们在窃窃私语地谈论他。|今天会场的气氛特别严肃,没有人窃窃私语。≈交头接耳。

锲而不舍 qiè ér bù shě 锲:镂刻。舍:停止,放弃。坚持镂刻而不放弃。语出《荀子·劝学》:"锲而舍之,朽木不折;锲而不舍,金石可镂。"后用"锲而不舍"比喻办事或学习等有恒心、有毅力,坚持到底▷无论做什么事,只要有锲而不舍的精神,必定能够取得成功。|经过二十年锲而不舍的钻研,他终于成为这门学科的权威。≈持之以恒|坚韧不拔

Q

◇一曝十寒|半途而废|浅尝辄止。

亲密无间 qīn mì wú jiàn 间：缝隙。亲密得没有缝隙。语本《汉书·萧望之传赞》："萧望之历位将相，藉师傅之恩，可谓亲昵亡间。"亡：通"无"。后用"亲密无间"形容彼此非常亲密，没有丝毫的隔阂▷她们姑嫂之间亲密无间，无话不说。|他俩亲密无间地谈着话，仿佛彼此间从未发生过争吵似的。◇同床异梦|貌合神离。

［提示］间，不读"jiān"。

亲如手足 qīn rú shǒu zú 手足：手和脚，比喻兄弟。亲密得像兄弟一样。比喻相互之间的情谊很深厚▷桃园结义的三兄弟，亲如手足，至死不渝。|他俩在同一寝室中住了十年，真是亲如手足，对彼此的秉性、脾气再熟悉不过了。≈亲密无间◇同床异梦|貌合神离。

亲痛仇快 qīn tòng chóu kuài 痛：痛心。快：快乐。亲厚者痛心，仇人快乐。语本汉·朱浮《为幽州牧与彭宠书》："凡举事无为亲厚者所痛，而为见仇者所快。"后用"亲痛仇快"指因举动错误，而使亲人感到痛心，仇敌感到高兴▷这种亲痛仇快的事，你可千万不能干啊！

衾影无惭 qīn yǐng wú cán 衾：被子。惭：惭愧。语本南齐·刘昼《新论·慎独》："独立不惭影，独寝不愧衾。"后用"衾影无惭"形容不做亏心事，独处时内心无愧▷我向来是光明磊落的，所以衾影无惭。|一个人如果一直在做对不起人们的事情，恐怕他不会衾影无惭吧。

琴棋书画 qín qí shū huà 弹琴、下棋、书法、国画。语出唐·张彦远《法书要录》卷三引唐·何延之《兰亭记》："辩才（人名）博学工文，琴棋书画，皆得其妙。"后用"琴棋书画"泛指各种文艺特长▷她不仅人长得漂亮，而且琴棋书画样样皆精。|现在要找一位琴棋书画样样都行的人，即使在高等学府，也是很难的。

琴瑟和谐 qín sè hé xié 琴、瑟：两种弦乐器的名称；后比喻夫妻，语本《诗经·小雅·常棣》："妻子好合，如鼓琴瑟。"琴和瑟发出的乐声配合得很和谐。后用"琴瑟和谐"比喻夫妻感情融洽▷他俩结婚二十年，始终恩恩爱爱，琴瑟和谐，真是一对模范夫妻。|他们虽然生活清贫，但琴瑟和谐，夫唱妇随，过得倒也十分幸福美满。

勤学苦练 qín xué kǔ liàn 勤奋地学习，刻苦地锻炼▷为了参加市里统一举行的技术练兵活动，他勤学苦练各种操作技术。|他不甘落后，勤学苦练，终于在年终的评比中夺取了冠军。

擒龙缚虎 qín lóng fù hǔ 捉拿蛟龙，缚住猛虎。比喻制伏、战胜强敌▷在这场战役中，中国人民解放军擒龙缚虎，全歼敌军。|对于这伙歹徒，我公安人员早已定好了擒龙缚虎的方案，等待他们的将是法律的严惩。

寝食俱废 qǐn shí jù fèi 俱：都。顾不得睡觉吃饭。语出宋·洪迈《夷坚丙志·沈见鬼》："夏六月，真苦赤目，肿痛特甚，寝食俱废。"后用"寝食俱废"形容专心致志做某一件事▷他一走进实验室就仿佛忘记了自己，埋头搞实验，寝食俱废。|他一捧起小说就寝食俱废，看得入迷了。

沁人心脾 qìn rén xīn pí 沁：渗入。脾：脾脏。吸入芳香、凉爽的空气或喝下清凉的饮料，使人感到非常舒适。常用来形容美好的作品给人以清新、爽朗的

感觉▷早晨,公园里的新鲜空气沁人心脾。|这美妙的乐曲,动人的旋律,一阵阵地沁人心脾。

[提示]沁,不读"xīn"。

青出于蓝 qīng chū yú lán 青:靛青。蓝:蓼蓝,一种可以提炼蓝色颜料的草。靛青这种颜色是从蓼蓝草中提炼出来的,但颜色比蓼蓝更深。语本《荀子·劝学》:"青,取之于蓝,而青于蓝。"后用"青出于蓝"比喻学生超过老师或后人胜过前人▷我们都希望孩子努力学习,将来会做到青出于蓝,有更高的成就。|老师只是学生的引路人,学生完全可以青出于蓝。≈后来居上|后起之秀|后生可畏◇每况愈下|江河日下。

青灯黄卷 qīng dēng huáng juàn 青灯:油灯。黄卷:书卷。比喻书生攻读生活的辛勤▷你没有那番青灯黄卷的经历,就不会体验到读书人为获取知识而付出的艰辛。|古时候,读书人青灯黄卷几十年,而能够金榜题名的却寥寥无几。

青红皂白 qīng hóng zào bái 青:靛青色。皂:黑色。比喻事情的缘由和是非曲直▷见他回来晚了,她也不问个青红皂白,便数落开了。|事情的青红皂白也没有搞清楚,怎么个处理法呢?◇是非曲直。

青黄不接 qīng huáng bù jiē 青:田里的青苗。黄:成熟的谷物。语出《元典章·户部·仓库》:"即日正是青黄不接之际,各处物斛涌贵。"后以"青黄不接"指陈粮已经吃完,新谷还没有成熟▷每逢青黄不接的时候,总有一些奸商趁机到农村去放高利贷。也比喻人力、物力、财力一时接续不上▷如果不抓好青年科研人员的培养工作,那么,过几年科研队伍就会出现青黄不接的现象。≈后继无人◇后继有人。

青梅竹马 qīng méi zhú mǎ 青梅:青的梅子。竹马:小孩子当马骑的竹竿。语本唐·李白《长干行》诗:"郎骑竹马来,绕床弄青梅。同居长干里,两小无嫌猜。"后用"青梅竹马"形容男女幼童天真无邪地在一起游戏玩耍的情状▷青梅竹马的童年在他们心中留下了许多美好的记忆。也指自幼相好的男女▷他们夫妇俩是小学时候的同学,算得上青梅竹马。≈两小无猜|竹马之好。

青面獠牙 qīng miàn liáo yá 青面:青色的脸。獠牙:露出嘴外的长牙。形容面貌狰狞凶恶▷那些青面獠牙的妖怪团团围住了唐僧师徒。|电影《画皮》中的那个恶魔,长得青面獠牙,狰狞可怕。≈面目狰狞◇面如冠玉|唇红齿白|明眸皓齿|花容月貌。

青山绿水 qīng shān lǜ shuǐ 青色的山,绿色的水。泛称美好的风光▷江南暮春时节,青山绿水,柳绿桃红。|推窗望去,满眼青山绿水,令人心旷神怡。

青史留名 qīng shǐ liú míng 青史:史书。在历史上留下好名声▷为国捐躯的革命先烈必将青史留名,流芳百世。|像他这样赤胆忠心为国家的人,必定会青史留名,万古长存。≈名垂青史◇湮没无闻|默默无闻。

青天白日 qīng tiān bái rì 青天:蓝色的天空。指晴天白昼▷青天白日,有什么可害怕的?|这伙歹徒也太丧心病狂了,青天白日竟敢上门抢劫!≈光天化日。

轻财重义 qīng cái zhòng yì 轻:轻视。重:重视。义:道义,义气。语出汉·元王皇后《赐公孙弘子孙当为后者

爵诏》:"股肱宰臣,身行俭约,轻财重义,较然著明。"后用"轻财重义"指轻视财物,看重情义▷他家底殷实,为人又轻财重义,所以结交的朋友很多。|武侠小说中的英雄人物大都是轻财重义、一诺千金的好汉。≈仗义疏财◇见利忘义。

轻车简从 qīng chē jiǎn cóng 轻车:车上载重少。简从:随从人员不多。指官员出巡时,行李很少,随从不多▷县长每次下乡检查工作,总是轻车简从,从不招摇。|为了及时赶赴灾区参加救灾工作,赈灾委员会的成员轻车简从,星夜赶往灾区。◇前呼后拥|鸣锣开道。

轻车熟路 qīng chē shú lù 语本唐·韩愈《送石处士序》:"若驷马驾轻车,就熟路,而王良、造父为之先后也。"后用"轻车熟路"比喻熟悉的事情,做起来很容易▷小王装修住房,轻车熟路,又快又好。|他干导游这一行,倒是轻车熟路,绝对胜任。≈驾轻就熟|熟门熟路◇歧路亡羊。

轻而易举 qīng ér yì jǔ 易:容易,轻易。举:举起。语本《诗经·大雅·烝民》:"人亦有言,德輶如毛,民鲜克举之。"朱熹注:"人皆言德甚轻而易举,然人莫能举也。"一说语本汉·王充《论衡·状留》:"草木之生者湿,湿者重,死者枯,枯而轻者易举,湿而重者难移也。"后用"轻而易举"形容事情很容易做,不费力气▷他轻而易举地举起了这块大石头。|小明轻而易举地做完了所有的试题。≈易如反掌|举重若轻|信手拈来|唾手可得|举手之劳|探囊取物|一蹴而就◇艰难险阻。

轻举妄动 qīng jǔ wàng dòng 轻:轻率。举:举动,行动。妄:胡乱,任意。语本《韩非子·解老》:"众人之轻弃道理而易妄举动者,不知其祸福之深大而道阔远若是也。"后用"轻举妄动"指未经深思熟虑,轻率而鲁莽地采取行动▷这次行动关系到全局,我们切不可轻举妄动。|敌人若敢轻举妄动,我们一定狠狠还击。≈草率从事◇三思而行|深思熟虑|深谋远虑。

轻描淡写 qīng miáo dàn xiě 原指绘画时用浅淡的颜色轻轻描绘。后比喻说话、写文章时将事情轻轻带过,有意回避问题的严重性或重要性▷他对自己的错误只是轻描淡写地说了几句,根本没有深刻认识。|许多人对一些错误言行只是轻描淡写地说一说,不作彻底解决,保持一团和气。≈不痛不痒◇浓墨重彩|入木三分。

轻裘肥马 qīng qiú féi mǎ 轻裘:轻暖的毛皮衣服。肥马:肥壮的骏马。语本《论语·雍也》:"赤之适齐也,乘肥马,衣轻裘。"后用"轻裘肥马"比喻生活富贵豪华▷在那个年代,有钱人轻裘肥马,醉生梦死,而穷人则过着卖儿鬻女的悲惨生活。≈锦衣玉食|鲜衣怒马|乘坚策肥◇衣不蔽体|食不果腹。

轻言细语 qīng yán xì yǔ 形容说话声音很轻且柔和▷他说话总是轻言细语的,难怪有人说他缺少阳刚之气。|人有情绪时,你去做思想工作,一定要轻言细语,这是一个最好的办法。

轻于鸿毛 qīng yú hóng máo 于:表示比较。鸿:大雁。比大雁的羽毛还要轻。语出《战国策·楚策四》:"是以国权轻于鸿毛,而积祸重于丘山。"后用"轻于鸿毛"比喻毫无价值或毫不重要▷人固有一死,有的重于泰山,有的轻于鸿毛。|为

了一丁点儿的小事就寻死觅活的，就是死了，也是轻于鸿毛。◇重于泰山。

倾巢而出 qīng cháo ér chū 倾：倒出。巢：巢穴，窝。比喻全部出动▷敌人上次吃了亏，这次必定会倾巢而出，所以我们必须做好充分准备。◇按兵不动。

倾国倾城 qīng guó qīng chéng 倾：倾倒。使全城、全国的人为之倾倒。语本《汉书·孝武李夫人传》："延年（李延年）侍上起舞，歌曰：'北方有佳人，绝世而独立。一顾倾人城，再顾倾人国。'"后用"倾国倾城"形容女子美貌非凡▷历史上倾国倾城的美女们大都命运坎坷，红颜薄命。|倾国倾城的她最终落得如此悲惨的下场，使人无不一掬同情之泪。≈闭月羞花|沉鱼落雁|花容月貌◇青面獠牙|面目可憎。

倾家荡产 qīng jiā dàng chǎn 倾：倒出。荡：弄光。语本《三国志·蜀书·董和传》："货殖之家，侯服玉食，婚姻葬送，倾家竭产。"后用"倾家荡产"指丧失全部家产▷他赌博成性，最终倾家荡产，妻离子散。|为了给妻子治病，他已到了倾家荡产的地步。≈囊空如洗|一贫如洗◇发家致富|白手起家。

倾盆大雨 qīng pén dà yǔ 大雨倾注像盆里的水直往下倒。语本唐·杜甫《白帝》诗："白帝城中云出门，白帝城下雨翻盆。"后用"倾盆大雨"形容雨下得很大很急▷午后的一场倾盆大雨，暂时缓解了连日来的酷热。|天气说变就变，顷刻间，顷盆大雨把我们浇成了落汤鸡。≈瓢泼大雨|狂风暴雨|暴风骤雨◇和风细雨。

卿卿我我 qīng qīng wǒ wǒ 南朝宋·刘义庆《世说新语·惑溺》载：王安丰的妻子常用"卿"来称呼王安丰，王安丰认为从礼数上讲这是对丈夫的不尊重。他的妻子说："亲卿爱卿，是以卿卿。我不卿卿，谁当卿卿？"后用"卿卿我我"形容男女之间相亲相爱▷他俩结婚后卿卿我我，十分恩爱。|在年轻的时候，谁都有那么一段花前月下、卿卿我我的美好日子。

清歌妙舞 qīng gē miào wǔ 语本唐·宋之问《有所思》诗："此翁白头真可怜，伊昔红颜美少年，公子王孙芳树下，清歌妙舞落花前。"后用"清歌妙舞"指清脆的歌声，优美的舞蹈▷联欢会上，清歌妙舞深深地吸引住了全场的观众。|东方歌舞团巡回演出时的清歌妙舞，令人大开眼界。

清规戒律 qīng guī jiè lǜ 原指佛教徒应该遵守的规则、戒条。后多指繁琐不合理的规章制度▷清规戒律多了，人们就会被束缚住手脚，使得工作不易开展。|在文艺创作中，只有解放思想，废弃种种清规戒律，才有可能创作出伟大的传世之作。≈金科玉律。

蜻蜓点水 qīng tíng diǎn shuǐ 蜻蜓触水，一掠而过。语本唐·杜甫《曲江》诗："穿花蛱蝶深深见，点水蜻蜓款款飞。"后用"蜻蜓点水"比喻做事肤浅，只接触表面，不深入实际▷你要了解农村的真实情况，就得和农民们一起生活，一起劳动，如果只是蜻蜓点水般地看一看、问一问是了解不到真实的东西的。≈浅尝辄止|走马观花◇脚踏实地。

情不自禁 qíng bù zì jīn 禁：抑制，控制。语本南朝梁·刘遵《七夕穿针》诗："步月如有意，情来不自禁。"后用"情不自禁"形容感情激动，以至控制不住自己▷收

到大学录取通知书，他情不自禁地欢呼起来。|看到这么多人关心她，小蓉情不自禁地流下了热泪。≈不由自主|身不由己◇不动声色|深藏不露|安之若素。

情窦初开 qíng dòu chū kāi 窦：孔穴。语本宋·郭印《次韵正纪见贻之什诗》："情窦欲开先自窒，心田已净弗须锄。"后用"情窦初开"指青年男女开始懂得爱情▷对这些情窦初开的中学生，适当地进行性知识教育是必要的。|这个年纪的少男少女正是情窦初开的时候，很容易一见钟情。

情非得已 qíng fēi dé yǐ 情况出于不得已▷尽管这件事的发生属情非得已，但也暴露了我们管理上的弊端。|出现这样的事，也是情非得已，令人无可奈何。

情景交融 qíng jǐng jiāo róng 情：感情。景：景物。交融：互相融合。感情和景物互相融合。指文艺作品把感情抒发和景物描写融合在一起▷杨朔的《荔枝蜜》写得情景交融，感人肺腑。|描写风景的文章如果能加入作者的主观感想，使文章情景交融，必定是一篇好文章。

情深意长 qíng shēn yì cháng 情意深长▷这礼物虽小，但情深意长，包含着人民大众对英雄的无限崇敬的感情。|这情深意长的几句话，令大家热泪盈眶。

［提示］意，不要写作"义"。

情同手足 qíng tóng shǒu zú 手足：比喻兄弟。语本唐·李华《吊古战场文》："谁无兄弟，如足如手。"后用"情同手足"指情谊深厚，亲如兄弟▷因为是邻居，又是从小在一起长大、一个学校念书的，我和小华两人情同手足。|在一次意外事故中，他救了小王的命，从此两人情同手足，成了生死之交。≈情同骨肉|亲如手足◇水火无交。

情投意合 qíng tóu yì hé 投：投合。形容双方感情相合，心意相通▷他们谈得很投机，立刻成了情投意合的朋友。|连旁人也看得出，他们是情投意合的一对。≈志同道合|心心相印|意气相投|相见恨晚◇貌合神离|同床异梦。

情有可原 qíng yǒu kě yuán 原：原谅。语本《后汉书·霍谞传》："光之所坐，情既可原；守阙连年，而终不见理。"后用"情有可原"指依照情理或情节看，可以原谅▷他昨天没来参加同学聚会，是因为单位有急事，情有可原。|这件欺骗大伙儿的事，如果他事先并不知情，也是受蒙蔽的，那倒也情有可原。◇情理难容。

情真意切 qíng zhēn yì qiè 意切：意思贴切。指情意十分真切或所写诗文等感情真实、意思贴切▷他给我写的这封信，我读来感到情真意切，真是难得的知己啊！|写律诗既要运用格律，又要情真意切，难度是很大的。

晴天霹雳 qíng tiān pī lì 霹雳：响雷。大晴天打雷。语本宋·王逢原《谢满子权寄诗》诗："九原黄土英灵活，万古青天霹雳飞。"后用"晴天霹雳"比喻突然发生的、令人震惊的意外事情▷听到儿子战死疆场的消息，犹如晴天霹雳，这位老母亲一下子晕了过去。

请君入瓮 qǐng jūn rù wèng 《太平广记》卷一二一引唐·张鷟《朝野佥载·周兴》载：周兴和来俊臣是武则天时的两名酷吏。有人说周兴谋反，武则天就派来俊臣去查核。来俊臣和周兴一起吃饭时问："罪犯不招认怎么办？"周兴说："这很容易！取一个大坛子，周围用炭火

Q

烤，再把罪犯放进坛子，还会有什么不招认的？”来俊臣就按这个方法准备了大坛子，对周兴说：“奉命审讯你，请你进这个大坛子吧。”周兴惊恐之极，忙磕头认罪。后用“请君入瓮”比喻用他人采用的手法施加在他本人的身上▷他既然捉弄我们，那我们就来个请君入瓮，让他也知道被人捉弄的滋味。≈以牙还牙。

罄竹难书 qìng zhú nán shū 罄：用尽。竹：指古代用以写字的竹简。书：写。用尽所有的竹简也难以写完。语本《吕氏春秋·明理》：“此皆乱国之所生也，不能胜数，尽荆越之竹，犹不能书。”后用“罄竹难书”比喻罪行极多▷这伙流氓所干的坏事，真是罄竹难书，令人发指。|侵华战争中，日本鬼子在中国犯下了罄竹难书的罪行，中国人民将永远牢记这笔血债。

穷兵黩武 qióng bīng dú wǔ 穷：竭尽。黩：滥用。语出《三国志·吴书·陆抗传》：“穷兵黩武，动费万计，士卒凋瘁，寇不为衰，而我已大病矣。”后用“穷兵黩武”指竭尽全部兵力，任意发动战争▷德、日、意法西斯穷兵黩武，发动了第二次世界大战。|日本帝国主义穷兵黩武，悍然侵略中国，给中国以及本国人民均带来了深重的灾难。◇偃武修文|卖剑买牛。

穷极无聊 qióng jí wú liáo 穷极：极端。无聊：无所依靠。困窘到了极点，找不到依托。语本南朝梁·费昶《思公子》诗：“虞卿亦何命，穷极苦无聊。”后用“穷极无聊”多指无事可做而使精神空虚无聊到了极点▷他大学毕业后即失业了，成天无事可做，穷极无聊，只得摆个地摊打发时光。|一些年轻人如果无事可做，穷极无聊，往往会惹是生非。≈百无聊赖。

穷山恶水 qióng shān è shuǐ 穷山：荒山。恶水：常泛滥成灾或闹干旱的河流湖泊。形容自然条件十分恶劣的地方▷游击队在穷山恶水的艰苦环境中坚持不懈地与敌人展开斗争。|人的双手能创造奇迹，你看，过去的穷山恶水，如今成了米粮川。◇山清水秀|鱼米之乡。

穷奢极欲 qióng shē jí yù 穷、极：极端。语出《汉书·谷永传》：“失道妄行，逆天暴物，穷奢极欲，湛湎荒淫。”后用“穷奢极欲”形容极度的奢侈和纵欲▷商纣王荒淫无道，穷奢极欲，终于断送了大好江山。|慈禧太后一生过着穷奢极欲的生活，死后却被军阀盗墓，抛尸荒野。≈骄奢淫逸◇节衣缩食|克勤克俭|省吃俭用。

穷途末路 qióng tú mò lù 穷：尽。末路：路的尽头。形容无路可走，陷入绝境▷他旅途生病，举目无亲，已到了穷途末路的地步。|斯大林格勒一战后，纳粹德国渐渐走上穷途末路。≈走投无路|气数已尽|日暮途穷|山穷水尽|日薄西山◇康庄大道|阳关大道|柳暗花明|前程似锦。

穷乡僻壤 qióng xiāng pì rǎng 僻壤：偏僻的地方。贫穷落后、荒凉偏僻的地方▷在那风风雨雨的岁月里，父亲在一个穷乡僻壤的小学里待了二十几年。|即使是穷乡僻壤，也有藏龙卧虎之才。≈穷山恶水◇通都大邑。

穷形尽相 qióng xíng jìn xiàng 穷：竭尽无遗。形、相：事物的外表。把事物的形状、样子完全描写出来。语出晋·陆机《文赋》：“虽离方而遁员，期穷形而尽相。”后用“穷形尽相”形容刻画、描写得细腻生动▷这部小说描写钱商爱钱如命的特征时，真是穷形尽相，活灵活现。

Q

也形容丑态毕露或怪相百出▷他奉承领导时的穷形尽相，真是令人作呕。

穷凶极恶 qióng xiōng jí è 穷：穷尽。极：达到顶点。形容凶恶之极▷穷凶极恶的日寇对中国人民犯下了滔天罪行。

穷则思变 qióng zé sī biàn 穷：极点。变：改变，变化。事物到了尽头就要发生变化。语本《周易·系辞下》："易穷则变，变则通，通则久。"后用"穷则思变"指人处于穷困、艰难的境地，就会设法改变处境▷改革开放初期，一大批乡办企业的兴起，恰恰证明了"穷则思变"这一道理。|穷则思变，目前的情况已经不容我们再死抱住老框框不放了，我们必须闯出一条新路子来。≈革故鼎新◇一成不变|墨守成规。

琼浆玉液 qióng jiāng yù yè 琼：美玉。用美玉制成的浆液，传说饮后可成仙。语本晋·王嘉《拾遗记·洞庭山》："来邀采药之人，饮以琼浆金液，延入璇室。"后用"琼浆玉液"泛指甘美的饮料或美酒▷这种葡萄酒甘洌可口，真如琼浆玉液一般。|老张尝了朋友送来的酒后，啧啧称叹："真是好酒，琼浆玉液也不过如此！"

琼楼玉宇 qióng lóu yù yǔ 琼：美玉。宇：房屋。用美玉堆砌成的楼宇。语出宋·苏轼《水调歌头·中秋》词："我欲乘风归去，又恐琼楼玉宇，高处不胜寒。"后用"琼楼玉宇"形容华美的建筑物▷这些房屋太美了，赛过琼楼玉宇。

秋风过耳 qiū fēng guò ěr 如秋风从耳边吹过。语本汉·赵晔《吴越春秋·吴王寿梦传》："富贵之于我，如秋风之过耳。"后用"秋风过耳"比喻与己无关，漠不关心▷老师平时的谆谆教导，他都当作秋风过耳；到了考试的时候，他可就后悔不迭了。|那些流言蜚语他都当作秋风过耳，他依然我行我素，该怎么做还是怎么做。◇洗耳恭听。

秋风落叶 qiū fēng luò yè 秋天的大风把落叶一扫而空。语本《三国志·魏书·辛毗传》："以明公之威，应困穷之敌，击疲弊之寇，无异迅风之振秋叶矣。"后用"秋风落叶"比喻彻底扫除干净▷大军过处，秋风落叶似的把残敌彻底扫清了。|经过环卫工人的彻夜奋战，那堆建筑垃圾如秋风落叶般地被打扫得干干净净。

秋高气爽 qiū gāo qì shuǎng 语本唐·杜甫《赠特进汝阳王二十二韵》："披雾初欢夕，高秋爽气澄。"后用"秋高气爽"形容秋季晴空万里，气候凉爽▷登山看日出，最好是在秋高气爽的季节。|我准备在秋高气爽的十月去北京旅游。≈天高气清。

秋毫不犯 qiū háo bù fàn 秋毫：鸟兽在秋后新长出的细毛，比喻极细小的东西。犯：干犯，侵犯。语本《史记·淮阴侯列传》："大王之入武关，秋毫无所害，除秦苛法，与秦民约法三章耳，秦民无不欲得大王王秦者。"后用"秋毫不犯"形容军队纪律严明，丝毫不侵犯民众利益▷这支部队纪律严明，平买平卖，对百姓秋毫不犯。≈鸡犬不惊◇鸡犬不留|洗劫一空|寸草不留。

[提示]也作"秋毫无犯"。

秋毫之末 qiū háo zhī mò 末：尖端。秋后鸟兽新换的绒毛的尖端。语出《孟子·梁惠王上》："明足以察秋毫之末。"后用"秋毫之末"比喻极其细微的东西▷他为人公私分明，凡是公家的东西，即使秋毫之末，也决不占为己有。|这本书

就放在书桌上，又不是秋毫之末，你怎么会找不到呢？◇庞然大物。

秋后算账 qiū hòu suàn zhàng 秋收后结算账目。比喻待到事后再对反对自己的一方进行清算处理▷我现在不和你说什么，咱们秋后算账。｜为了坚持真理，我才不怕有些人秋后算账呢！

求全责备 qiú quán zé bèi 责：要求。备：完备。对人对事要求完备无缺，十全十美▷家长对子女不能求全责备，而应该引导、鼓励，使他们逐步成长。｜求全责备的工作作风无助于团结大家共同前进。≈吹毛求疵◇隐恶扬善｜听之任之。

求田问舍 qiú tián wèn shè 舍：房屋。买田地，置房产。《三国志·魏书·陈登传》载：刘备一次对许汜说："现在天下大乱，汉朝的皇帝失去了权位，你有国士之称，希望你忧国忘家，怀有救世的大志。可是你只知道'求田问舍'，所说的话没有可供采用的。"后用"求田问舍"形容胸无大志，专为个人谋家产▷起义军中的一些将领在打了几个胜仗后，就被胜利冲昏了头脑，忙于求田问舍，结果功败垂成。｜为了避免皇帝的猜忌，立有大功的几个元老都做出求田问舍的样子，以示胸无大志。

求同存异 qiú tóng cún yì 求：寻求。存：保留。异：不同。寻找共同之点，保留不同意见▷如果以大局为重，求同存异，还有什么矛盾不能解决呢？｜夫妻俩在个性、爱好及生活习惯上，都会有所不同，这就需要求同存异，和平相处。◇各持己见｜各自为政。

求贤若渴 qiú xián ruò kě 贤：德才兼备的人。像口渴思饮那样迫切希望求得贤士。语本《后汉书·周举传》："昔在前世，求贤如渴。封墓轼闾，以光贤哲。"后用"求贤若渴"形容访求人才的心情极其迫切▷三国时的刘备求贤若渴，三顾茅庐，终于把诸葛亮请出了山。｜为了治理好厂子，老厂长求贤若渴，四处招揽人才。≈千金市骨◇妒贤嫉能。

求之不得 qiú zhī bù dé 求也求不到。指迫切地企求，却得不到。语出《诗经·周南·关雎》："窈窕淑女，寤寐求之。求之不得，寤寐思服。"后用"求之不得"形容愿望意外地实现▷如果老校长能来参加我们的庆祝会，那真是求之不得的事。｜能加入学校合唱队，是我求之不得的愿望。≈梦寐以求◇置之不理。

曲尽其妙 qū jìn qí miào 曲：委婉细致。尽：全部表达。能把描述对象的妙处委婉细致地全部表达出来。语出晋·陆机《〈文赋〉序》："故作《文赋》以述先士之盛藻，因论作文之利害所由，他日殆可谓曲尽其妙。"后用"曲尽其妙"形容表达的技艺高超▷作者只有对生活有深刻的体验和细致的观察，写出的文章才能曲尽其妙。｜这部小说表达的感情细腻生动，刻画人物曲尽其妙。≈妙笔生花◇词不达意｜空洞无物。

曲径通幽 qū jìng tōng yōu 曲：弯曲。径：小路。幽：深远僻静的地方。语本唐·常建《题破山寺后禅院》诗："曲径通幽处，禅房花木深。"后用"曲径通幽"指弯曲的小路通往深远僻静的地方▷这个公园面积虽然不大，但假山层叠，曲径通幽，别有洞天。｜在曲径通幽的公园深处，往往有几对青年男女在谈情说爱。

曲突徙薪 qū tū xǐ xīn 曲：使之弯曲。突：烟囱。徙：迁移。薪：柴草。把

烟囱改建为弯曲的,把灶门旁的柴草搬走。《汉书·霍光传》载:有户人家烟囱笔直,灶旁堆着柴草。一个好心人劝他把烟囱改弯,把柴草搬开,以免发生火灾。他家不听,后来果然失火了,幸亏邻居救助才把火扑灭。于是他家摆酒谢邻,救火烧伤的人坐上席,却没有请那个劝他改建烟囱、搬开柴草的人。当时有人这样说:"曲突徙薪亡(无)恩泽,焦头烂额为上客。"后用"曲突徙薪"比喻事先采取措施,防止祸患发生▷**在人口稠密的居民区,建造这样的易燃易爆的化工厂很不安全,应该赶快曲突徙薪,防患于未然。|希望你们听取这曲突徙薪的计策,早日采取措施,以免酿成大祸。**

曲意逢迎 qū yì féng yíng 曲意:违背意愿。逢迎:奉承迎合。违背自己的意愿去顺从别人。形容一味讨好,毫无骨气▷**下级官员曲意逢迎顶头上司的丑态,在《官场现形记》里有淋漓尽致的描写。|他那副曲意逢迎的阿谀丑态,实在令人恶心。≈阿谀奉承|投其所好◇刚正不阿。**

屈打成招 qū dǎ chéng zhāo 屈:委曲,冤枉。招:招供,招认的口供。在严刑拷打之后,被迫招认有罪▷**在那时的审案时,有许多人是被昏官屈打成招的。|办案子要严查细审,不可一味动用刑具,防止造成屈打成招的冤狱。◇供认不讳。**

屈指可数 qū zhǐ kě shǔ 屈指:弯着手指。扳着手指头就能数清。语本唐·韩愈《忆昨行和张十一》诗:"自期殒命在春序,屈指数日怜婴孩。"后用"屈指可数"形容数量少▷**鲁迅是中国文坛上屈指可数的大作家之一。|像这样的人才,在我们单位屈指可数,应该好好重视。≈寥寥无几|寥若晨星◇数不胜数|不可胜数|不胜枚举。**

趋利避害 qū lì bì hài 语出汉·霍谞《奏记大将军梁商》:"至于趋利避害,畏死乐生,亦复均也。"后用"趋利避害"指趋向有利的一面,避开有害的一面▷**和平与发展已成为世界的主题,我们要趋利避害,加快发展自己,增强综合国力。|在较为复杂的环境中,他始终能把各项工作做得顺顺当当,富有成效,而趋利避害就是他的成功秘诀。**

趋炎附势 qū yán fù shì 趋:迎合。炎:热,比喻有权势的人。附:依附。语出宋·萧注《与李泰伯书》:"非自今之趋炎附势辈,闻足下有大名而沽相知之幸。"后用"趋炎附势"指奉承、投靠有权有势的人▷**他是一个趋炎附势的小人,不要理他。≈攀龙附凤|曲意逢迎|阿谀逢迎。**

趋之若鹜 qū zhī ruò wù 趋:奔赴,快步走。鹜:野鸭子。像野鸭一样,成群地跑过去。比喻争相趋附、前往▷**他过去穷困潦倒时门庭冷落,如今有了点地位,一些势利小人便趋之若鹜。|人应该为理想而活着,不能为一点儿蝇头小利而趋之若鹜。**

[提示]鹜,不要写作"骛"。

曲高和寡 qǔ gāo hè guǎ 曲:曲调。高:高雅。和:跟着别人唱。寡:少。乐曲的格调越高,能跟着唱的人越少。语本战国楚·宋玉《对楚王问》:"引商刻羽,杂以流徵,国中属而和者,不过数人而已。是其曲弥高,其和弥寡。"后用"曲高和寡"比喻作品或言论过于艰深,一般人很难理解▷**你的文章内容太深奥了,曲高和寡,所以读的人很少。|他的画谁也看不懂,有说胡乱涂抹的,也有说是**

曲高和寡的，议论纷纭，莫衷一是。≈阳春白雪◇下里巴人。

［提示］和，不读“hé”。

取长补短 qǔ cháng bǔ duǎn 语本《孟子·滕文公上》：“今滕绝长补短，将五十里也，犹可以为善国。”后用“取长补短”指吸取别人的长处，弥补自己的不足▷老年人有经验，年轻人有闯劲，大家互相取长补短，工作就会做得更好。｜同学之间互助互爱，取长补短，才能共同进步。

取而代之 qǔ ér dài zhī 取：夺取，取用。代：替代。之：代词，它。语本《史记·项羽本纪》：“秦始皇游会稽，渡浙江，梁与籍俱观。籍曰：‘彼可取而代也。’”原指夺取别人的权力、地位由自己替代。后用“取而代之”泛指以一事物代替另一事物▷他觊觎主任这个职位已久，做梦也想取而代之。｜小明一心想上场亮相，他希望教练把表现欠佳的小强换下，让自己取而代之。≈拔旗易帜。

取精用宏 qǔ jīng yòng hóng 精：精华。宏：大。语本《左传·昭公七年》：“蕞尔国，而三世执其政柄，其用物也弘矣，其取精也多矣。”蕞(zuì)尔：小。后用“取精用宏”指从所占有的大量资料中汲取精华▷只有在写作前搜集大量的资料，然后取精用宏，才能写出有质量的作品。｜他编写的辞典参考了大量的前人研究成果，然后取精用宏，自然是最好的。≈披沙拣金｜沙里淘金。

取义成仁 qǔ yì chéng rén 语本《论语·卫灵公》：“志士仁人，无求生以害仁，有杀身以成仁。”后用“取义成仁”指为正义而牺牲生命▷古代贤能之士，他们宁可取义成仁，也不愿同流合污。｜在“百日维新”失败后，戊戌六君子取义成仁，为了中华民族的富强之梦献出了自己宝贵的生命。

去粗取精 qù cū qǔ jīng 去掉粗糙的部分，留下精华的部分▷创作文学作品前，必须对原始素材作一番去粗取精的工作，决不能一股脑儿地都搬进作品。｜在图书的评奖工作中，我们应该遵循去粗取精的原则，为广大读者推荐真正的好书。

去伪存真 qù wěi cún zhēn 伪：假的。存：留下。语出明·释居顶《续传灯录·褒禅溥禅师》：“权衡在手，明镜当台，可以摧邪辅正，可以去伪存真。”后用“去伪存真”指除掉虚假的部分，保留真实的部分▷对某些民间传说，我们若做一番去伪存真的工作，就可以从中看到历史的影子。｜一个军事指挥员对获得的情报必须去伪存真，才能做出正确的判断。≈披沙拣金｜大浪淘沙◇鱼目混珠｜滥竽充数。

权宜之计 quán yí zhī jì 权：暂且。宜：适宜。计：计策，办法。语出《后汉书·王允传》：“及在际会，每乏温润之色，杖正持重，不循权宜之计，是以群下不甚附之。”后用“权宜之计”指为了应付某种情况，暂时采取一种变通的办法▷这家商店的经营越来越走下坡路，暂停营业只是一种权宜之计，根本的问题是要改变原来的经营思路。

全军覆没 quán jūn fù mò 覆没：船翻沉，比喻全部消亡。整个军队都被消灭。比喻彻底失败，全部丧失▷在淮海战役中，敌军主力兵团全军覆没。｜校队在本届中学生田径运动会上全军覆没。≈片甲不留◇旗开得胜｜得胜回朝｜大获全胜｜马到成功。

全力以赴 quán lì yǐ fù 赴：去，前往。把

全部力量都用上去▷为了攻克这一难题，我将全力以赴，放下一切杂务去完成它。｜做任何一件事，若想取得最后的成功，就必须有一种主动的、积极的、全力以赴的精神。≈尽心竭力◇敷衍了事。

全神贯注 quán shén guàn zhù 贯注：集中在一点。全副精神集中在一起。形容注意力高度集中▷上课时，你要全神贯注地听老师讲解。｜早读课上，同学们都在全神贯注地读书。≈聚精会神｜专心致志◇心不在焉｜心猿意马｜漫不经心。

全心全意 quán xīn quán yì 专心一意，丝毫不夹杂别的念头▷我们要永远提倡全心全意为人民服务的精神。｜全心全意地为病人服务，是每个医务工作者的神圣职责。≈一心一意◇三心二意｜见异思迁｜漫不经心｜心不在焉。

犬马之劳 quǎn mǎ zhī láo 像犬、马一样出力。语出《晋书·段灼传》："愿陛下思子方之仁，念犬马之劳，思帷盖之报，发仁惠之诏，广开养老之制。"后用"犬马之劳"比喻甘愿听凭某人驱使，为其出力▷小王谦卑地对部门主任说："只要主任信得过，在下愿为公司效犬马之劳。"｜对组织上的奖励，小李深感不安，逢人便说："犬马之劳，何足挂齿。"

犬牙交错 quǎn yá jiāo cuò 犬牙：狗牙。交错：交叉，错杂。像狗牙那样上下交错。语出《汉书·中山靖王胜传》："诸侯王自从骨肉至亲，先帝所以广封连城，犬牙交错者，为盘石宗也。"后用"犬牙交错"形容边界处曲折交叉▷这地区正是两国的交界处，两国的领地犬牙交错着，地形十分复杂。也形容多种因素互相牵连，情况复杂▷这部小说所反映的宫廷中的矛盾与斗争，错综复杂，犬牙交错。

缺衣少食 quē yī shǎo shí 衣服食物不能满足正常的需求。形容十分贫穷▷那个年代，我们家缺衣少食，哪有钱去送我读书呢！｜现在有些地方仍然没有脱贫，缺衣少食的事情时常发生。

却之不恭 què zhī bù gōng 却：推却，谢绝。恭：尊敬。语本《孟子·万章下》："却之却之为不恭，何哉？"后用"却之不恭"指谢绝别人的邀请或馈赠就是失敬（多为谦谢之辞）▷初次见面就蒙您厚赠，实在是却之不恭，受之有愧啊！｜我明知却之不恭，但不能违反法规条例，只好如此了。≈盛情难却。

群策群力 qún cè qún lì 群：大家。策：计划，办法。力：力气。大家想办法，大家出力气。语本汉·扬雄《法言·重黎》："汉屈群策，群策屈群力。"后用"群策群力"形容发挥集体的智慧和力量▷只要我们团结一致，群策群力，什么困难都能克服。｜在这关系全厂生死存亡的关键时刻，全厂的干部职工一定要群策群力，共渡难关。≈齐心合力｜同心协力◇离心离德｜分崩离析。

群龙无首 qún lóng wú shǒu 首：首领。语出《周易·乾》："用九，见群龙，无首，吉。"后用"群龙无首"比喻一群人里缺少个首领▷他们不能忍受老板的刻薄和贪心，想奋起反抗，终因群龙无首，最后不了了之。≈一盘散沙◇一呼百应。

群魔乱舞 qún mó luàn wǔ 成群的魔鬼乱跳乱舞。比喻坏人猖狂作乱▷在那群魔乱舞的年代，党的地下工作者以各种身份从事革命工作。｜当黑云压城、群魔乱舞时，我们要有一个坚定的信念：正义必将战胜邪恶，光明必将驱散黑暗。

群贤毕至 qún xián bì zhì 贤：有德行、有

才能的人。毕：全。至：到来。语本晋·王羲之《兰亭集序》:“群贤毕至,少长咸集。”后用“群贤毕至”指众多的贤士全都来了▷校庆那天,群贤毕至,校园里充满了欢声笑语,热闹非凡。|今天的盛会可谓群贤毕至,一定能取得圆满的成功。

R

燃眉之急 rán méi zhī jí 像火烧到眉毛那样紧急。比喻事态极其危急▷听说你孩子得了重病，我们大家凑了这点钱，先解决燃眉之急。≈迫在眉睫|火烧眉毛|十万火急|刻不容缓◇不急之务。

惹是生非 rě shì shēng fēi 招惹是非，引起争端▷这几个调皮的学生经常在校外惹是生非。|他是一个很本分的读书人，从来不去惹是生非。≈兴风作浪◇安分守己|息事宁人|循规蹈矩。

热火朝天 rè huǒ cháo tiān 形容气氛热烈，情绪高涨▷向英雄模范学习的活动在校园内热火朝天地展开了。≈热气腾腾|轰轰烈烈◇冷冷清清|死气沉沉。

热血沸腾 rè xuè fèi téng 沸腾：比喻情绪高涨。全身的热血都沸腾起来。比喻人的激情高涨▷抗日战争爆发后，全国亿万人民热血沸腾，纷纷投入了反侵略的战争。|课堂上，老师讲述着近百年中国人民所遭受的种种耻辱，同学们群情激愤，热血沸腾。≈慷慨激昂◇死气沉沉|一蹶不振。

人才辈出 rén cái bèi chū 辈出：一批一批地出现。形容人才不断地一批批涌现▷我国科学教育事业，人才辈出，捷报频传。|唐朝是我国诗歌兴盛、人才辈出的年代。≈人才济济◇后继无人|青黄不接。

人才济济 rén cái jǐ jǐ 济济：众多的样子。形容有才能的人很多▷这所大学人才济济，集中了各方面的专家学者。|这次研讨会人才济济，是一个学习的好机会。≈人才辈出◇后继无人。

［提示］济，不读“jì”。

人财两空 rén cái liǎng kōng 人和钱财都失去了▷这个富豪竟与一个女骗子结了婚，不到三年，那女人席卷家财与人私奔，那富豪最后人财两空，后悔不迭。◇人财两得。

人单势孤 rén dān shì gū 人数少，力量单薄▷你一个人上山，人单势孤，恐怕不行，得再叫两人同去。|团结就是力量，如果各行其是，势必人单势孤，还不如团结起来形成合力，大伙一起干。≈单枪匹马◇人多势众。

人地生疏 rén dì shēng shū 刚到一地，对当地的人事和地理环境都不熟悉▷我刚到贵地，人地生疏，还望您这当地人多多照应。

人定胜天 rén dìng shèng tiān 人定：人谋，人的主观努力。天：自然界。语本《逸周书·文传》：“兵强胜人，人强胜天。”后用“人定胜天”指人的智慧和力量能够战胜大自然▷这次抗击瘟疫工作的胜利，充分显示了人定胜天的豪情。|当洪水汹涌而来时，广大军民发挥了公而忘私、奋不顾身的英雄主义精神，谱写出一曲人定胜天的壮丽凯歌。≈事在人为◇成事在天|听天由命。

人多势众 rén duō shì zhòng 人多势力大

▷对方人多势众，又加上来势汹汹，我们只能先避开他们。｜即使你们人多势众，也总得讲道理。◇单枪匹马｜孑然一身｜势单力薄。

人多嘴杂 rén duō zuǐ zá 说话的人多了，七嘴八舌，说什么的都有▷在那种人多嘴杂的场合，不便谈这个机密性很强的问题。｜宴会上人多嘴杂，无法深谈，我们另约时间吧。

人非草木 rén fēi cǎo mù 人不是没有感情的草和树木。语本汉·司马迁《报任少卿书》："身非木石，独与法吏为伍，深幽囹圄之中，谁可告诉者？"后用"人非草木"指人是有感情的▷人非草木，对他的悲惨遭遇谁不同情？

人浮于事 rén fú yú shì 浮：超过。语本《礼记·坊记》："故君子与其使食浮于人也，宁使人浮于食。"后用"人浮于事"指人员的数目超过了工作的需要▷新来的厂长下决心改变厂子里人浮于事的现状。｜人浮于事是造成官僚主义泛滥的重要原因。◇精兵简政。

人各有志 rén gè yǒu zhì 志：志向。语本汉·王粲《咏史诗》："人生各有志，终不为此移。同知埋身剧，心亦有所施。"后用"人各有志"指每个人都有各自不同的志向▷人各有志，今天的社会为青年人实现自己的理想、志向提供了诸多机遇。

人迹罕至 rén jì hǎn zhì 罕：稀少。很少有人去过。语出汉·荀悦《汉纪·孝武纪二》："而夷狄殊俗之国，辽绝异党之地，舟车不通，人迹罕至。"后用"人迹罕至"指荒凉偏僻的地方▷深山中的那个古刹，幽僻孤寂，人迹罕至。｜古时的修行者往往寻找一个人迹罕至的地方苦行修炼。◇熙来攘往｜川流不息｜人如潮涌。

人间地狱 rén jiān dì yù 地狱：迷信指人死后灵魂受苦受罚的地方。人世间的地狱。比喻极其悲惨的生活环境▷抗日战争中，沦陷区的人民无异于生活在人间地狱中。

人杰地灵 rén jié dì líng 杰：才能出众。灵：灵秀。语出唐·王勃《滕王阁序》："人杰地灵，徐孺下陈蕃之榻。"后用"人杰地灵"指具有灵秀之气的地方，往往会产生杰出的人才▷江南人杰地灵，历史上出过不少名人。

人尽其才 rén jìn qí cái 尽：充分发挥。才：才能，才学。语出《淮南子·兵略》："若乃人尽其才，悉用其力。"后用"人尽其才"指人人都能充分发挥自己的才能▷使社会上的每个人都能做到人尽其才，这是社会发展的必然趋势。｜假如公司里的每个人都能人尽其才，充分发扬主观能动性，那么我们的公司一定能扭亏为盈，蒸蒸日上。

人困马乏 rén kùn mǎ fá 人已困顿，马也疲乏。形容疲惫不堪▷天色晚了，他们已走得人困马乏，还未找到宿营地。｜趁着敌军人困马乏之际，我军如神兵天降，迅速向敌军展开进攻。≈筋疲力尽◇兵强马壮｜士饱马腾。

人来客往 rén lái kè wǎng 来往的客人很多▷这几天，他家正在办喜事，人来客往，非常热闹。也指礼节性的应酬往来▷俗话说："皇帝还有三门穷亲戚。"每户人家都有一些人来客往的应酬，这也是人之常情。

人老珠黄 rén lǎo zhū huáng 妇女年老色衰后，就像变黄的珍珠一样不值钱。泛指人老不中用了▷真是人老珠黄不值钱，眼睛也看不清了，两条腿也使不上劲

了。|那些人在她身上榨干了油水，现在见她人老珠黄，便一脚把她踢出了门。

人满为患 rén mǎn wéi huàn 指因为人多而造成了困难▷旅游景点如果不控制游客数量，一定会人满为患，造成潜在的危险。◇阒无一人。

人面兽心 rén miàn shòu xīn 人的面貌，野兽的心肠。语本《列子·黄帝》："夏桀、殷纣、鲁桓、楚穆，状貌七窍皆同于人，而有禽兽之心。"后用"人面兽心"比喻人的品行极其卑劣、歹毒和凶残▷日寇侵华期间，到处烧杀淫掠，真是一群人面兽心的魔鬼。

人命关天 rén mìng guān tiān 关天：比喻关系重大。指人命事件关系重大▷这种人命关天的事情他都置之不理，可见麻木不仁已到了何种地步！≈生死攸关。

人琴俱亡 rén qín jù wáng 俱：全。亡：死去，不存在。人和琴都不存在了。南朝宋·刘义庆《世说新语·伤逝》载：王子猷（王徽之）、王子敬（王献之）两人都病重垂危，子敬先死，子猷拿起子敬的琴来弹，连琴弦也不能调协，便把琴掷在地上道："子敬，子敬，人琴俱亡。"后用"人琴俱亡"表示看到逝者的遗物而哀悼死者▷林黛玉病故后，贾宝玉来到她生前的房中，睹物思人，不免有人琴俱亡的伤感。|老师去世周年，本想写一篇纪念的文章，但看到书房中老师的手泽，就不免有人琴俱亡的感觉。

人情冷暖 rén qíng lěng nuǎn 人情：人的情义。冷：冷淡。暖：亲热。语出唐·刘得仁《送车涛罢举归山》诗："朝是暮还非，人情冷暖移。"后用"人情冷暖"指人与人关系的变化，得势时就亲热奉承，失势就冷淡疏远▷他的许多杂文都讽刺了世态炎凉、人情冷暖的现象。|他从这一次贬官与官复原职的经历中，看出了人情冷暖。

人情世故 rén qíng shì gù 世故：处世的经验。为人处世的道理、经验▷他的年纪已经不小了，可人情世故一点也不懂。|人情世故把她磨炼成一个城府很深的女人。

人穷志短 rén qióng zhì duǎn 穷：贫穷。短：短小。人的处境贫穷困顿，志向就小了▷如今的广大农民，已不再是人穷志短了，他们因地制宜，开办了多家乡镇企业，逐步走上了致富的道路。|他教育儿子说："我们家虽然穷，但决不能人穷志短，去做那种有辱人格的事。"

人去楼空 rén qù lóu kōng 思念的人已离去，仅留下他曾生活过的空楼房。语本唐·崔颢《黄鹤楼》诗："昔人已乘黄鹤去，此地空余黄鹤楼。"后用"人去楼空"表达面对旧居而怀念故人▷最近好朋友小玲全家去国外定居，每次走过她家旧居，我就会有一种人去楼空的伤感之情。≈睹物思人。

人人皆知 rén rén jiē zhī 皆：都。每个人都知道▷"一分劳动，一分收获"，这是人人皆知的道理。|这件事已是人人皆知了，你还故作神秘，真是可笑。≈尽人皆知|家喻户晓|妇孺皆知◇一无所知|闻所未闻。

人人自危 rén rén zì wēi 每个人都感到身处危险境地而恐惧不安。语出《史记·李斯列传》："法令诛罚，日益刻深，群臣人人自危，欲畔（叛）者众。"后用"人人自危"形容气氛十分紧张▷一时间风声鹤唳，草木皆兵，弄得城内人人自危。≈人心惶惶|惶恐不安◇安居乐业|

高枕无忧。

人山人海 rén shān rén hǎi 人群如群山大海一般。形容聚集在一起的人非常多▷国庆节晚上，马路上人山人海，挤满了观灯的人。≈万头攒动|水泄不通|摩肩接踵◇寥寥无几|三三两两|屈指可数。

人神共愤 rén shén gòng fèn 愤：愤恨。人和神都愤恨。语本《魏书·道武七王列传》："曾不怀音，公行反噬，肆兹悖逆，人神同愤。"后用"人神共愤"形容民愤极大▷法西斯对犹太人的肆行暴虐，真是人神共愤，天理难容。

人生如梦 rén shēng rú mèng 语出宋·苏轼《念奴娇·赤壁怀古》词："人生如梦，一樽还酹江月。"后用"人生如梦"指人生短促，如同一场梦▷这篇文章宣扬了人生如梦的消极思想。

人声鼎沸 rén shēng dǐng fèi 鼎：古代一种三足两耳煮东西的器具。比喻人声嘈杂，像鼎里沸腾的水发出的响声▷电影放映到一半突然停电了，黑暗中人声鼎沸，抱怨声四起。|集市上，万头攒动，人声鼎沸。≈沸反盈天|沸沸扬扬◇鸦雀无声|万籁俱寂。

人事不省 rén shì bù xǐng 省：清醒。昏迷不醒，失去知觉▷她被车撞得不轻，当人们把她送往医院时，她已经是人事不省了。

[提示]省，不读"shěng"。

人寿年丰 rén shòu nián fēng 人长寿，年成好。形容人民生活安乐、幸福▷老人从海外归来，看到家乡人寿年丰的景象，不由得热泪盈眶，感慨万千。

人所共知 rén suǒ gòng zhī 所：助词，加在动词前面构成名词性短语。人人都知道的▷猪的全身都是宝，这是人所共知的事。≈人人皆知|尽人皆知|妇孺皆知|家喻户晓◇一无所知|鲜为人知|闻所未闻。

人同此心 rén tóng cǐ xīn 同：相同。语本《孟子·告子上》："欲贵者，人之同心也。"后用"人同此心"指人们对合情合理的事情往往有大致相同的感受或看法▷人同此心，做父母的总希望自己的孩子有出息。|抗战爆发，每一个中国人都在为民族的危亡而战斗，真是人同此心，心同此理。

人头畜鸣 rén tóu chù míng 虽然是人，但像畜生那样鸣叫。语出《史记·秦始皇本纪》："[胡亥]诛斯、去疾，任用赵高，痛哉言乎！人头畜鸣。"后用"人头畜鸣"形容人像畜类那样行为极端恶劣▷他品行不端，人头畜鸣，最终要受到法律制裁的。

人微言轻 rén wēi yán qīng 微：身份低微。轻：轻视，不受重视。语本《后汉书·孟尝传》："臣前后七表言故合浦太守孟尝，而身轻言微，终不蒙察。"后用"人微言轻"指职位低微，说话没有分量▷我们不能认为自己人微言轻，就对社会上不合理的现象采取不闻不问的态度。|对于公司发展的前途问题，我人微言轻，冒昧向总经理进言，难免会碰个大钉子。◇举足轻重。

人心不古 rén xīn bù gǔ 现在的人心地不如古人那样淳朴。用于感叹人心险恶和世情淡薄▷此地民风刁钻，人心不古，许多商人不愿去。|与其徒叹人心不古，不如切实宣扬教化，匡正民风。≈世风日下◇古道热肠。

人心惶惶 rén xīn huáng huáng 惶惶：惊恐不安的样子。人心惊恐不安▷一时

R

间，谣言四起，人心惶惶。|传言当地将发生大地震，弄得人心惶惶，结果查明不过是谣言而已。≈人人自危|惶恐不安◇镇定自若|泰然自若。

人心所向 rén xīn suǒ xiàng 向：向往。语本《晋书·熊远传》："人心所归，惟道与义。"后用"人心所向"指人们所向往和拥护的▷改革开放，已是人心所向、大势所趋，任何人都无法逆转。|祖国的统一大业是人心所向的事，总有一天会实现的。≈众望所归◇众矢之的|众叛亲离。

人心惟危 rén xīn wéi wēi 惟：是。危：危险。人心是很危险的。语出《尚书·大禹谟》："人心惟危，道心惟微。"后用"人心惟危"指人的心地险恶▷他一生中经历坎坷，所以会有"人心惟危"的感慨。≈居心叵测◇襟怀坦白|开诚布公|披肝沥胆。

人心向背 rén xīn xiàng bèi 向：归向。背：背离。语出《宋史·魏了翁传》："入奏，极言事变倚伏，人心向背，疆埸安危，邻寇动静。"后用"人心向背"指人民内心所拥护或反对的、心意归向或背离的▷战争的胜负并不是由武器、人数所决定的，而是由人心向背所决定的。

人言籍籍 rén yán jí jí 籍籍：杂乱的样子。人们在议论纷纷。语本《汉书·江都易王非传》："国中口语籍籍，慎无复至江都。"后用"人言籍籍"形容议论很多▷事情的真相不公开，难免人言籍籍，谣言四起。|这案件扑朔迷离，久未破案，人言籍籍，说什么的都有。≈议论纷纷|沸沸扬扬◇钳口不言|默默无语|噤若寒蝉。

人言可畏 rén yán kě wèi 言：议论，引申指流言蜚语。畏：怕。背后的议论和流言蜚语是很可怕的。语本《诗经·郑风·将仲子》："人之多言，亦可畏也。"后用"人言可畏"指人们散布的流言蜚语是可怕的▷这一对想结合在一起的老年人，只能屈服于世俗偏见，忍痛分手。真是人言可畏。≈众口铄金。

人言凿凿 rén yán záo záo 凿凿：真实可靠。指人们议论纷纷，说得非常确实▷听说他被捕了，而且人言凿凿，不由得你不信。|我不知是真是假，但人言凿凿，想必总有一些可信度吧。

［提示］凿，不读"zuó"。

人仰马翻 rén yǎng mǎ fān 人、马仰翻在地。形容一败涂地的狼狈样子▷敌军被打得人仰马翻，四处逃窜。也形容忙乱得不可收拾的样子▷为了儿子的婚事，全家大小忙得人仰马翻。≈手忙脚乱◇有条不紊。

人以群分 rén yǐ qún fēn 分：区别。不同的人分成一群一群。语本《周易·系辞上》："方以类聚，物以群分。"后用"人以群分"指同类的人聚合在一起▷他爱好写作，他的朋友也都是些舞文弄墨的，真是物以类聚、人以群分。≈物以类聚。

［提示］常与"物以类聚"连用。

人云亦云 rén yún yì yún 云：说。亦：也。人家怎么说，自己也怎么说。语本金·蔡松年《槽声同彦高赋》："槽床过竹春泉句，他日人云吾亦云。"后用"人云亦云"形容随声附和，没有自己的主张▷人云亦云是缺乏主见的表现。|他根本是个外行，对于错误的言论，丝毫不能觉察，甚至人云亦云，随声附和。≈拾人牙慧|鹦鹉学舌◇固执己见。

人之常情 rén zhī cháng qíng 常情：通常的情感。语出《尉缭子·守权》："若

彼城坚而救不诚，则愚夫蠢妇无不守陴而泣下，此人之常情也。”后用“人之常情”指一般人通常有的感情或想法▷初次离开家乡，常常思念亲人和朋友，这也是人之常情。|父母爱子女，这是人之常情，但却不能溺爱。◇违时绝俗。

仁人君子　rén rén jūn zǐ　仁人：有仁爱之心的人。君子：人格高尚的人。语出《晋书·刑法志》：“纵虐于此，岁以巨计，此乃仁人君子所不忍闻，而况行之于政乎？”后用“仁人君子”泛指热心助人、品格高尚的人▷不单注重于自身的修养，而是以一颗博爱之心去关心、帮助一切人，这才算得上是仁人君子。≈志士仁人|正人君子◇衣冠禽兽|男盗女娼。

仁人志士　rén rén zhì shì　指有德行、有志向、为理想献身的人▷无论何时，都会有大批仁人志士满腔热忱，决心报效国家。

仁义道德　rén yì dào dé　仁义：仁爱，正义。原指儒家的道德。语出唐·韩愈《原道》：“后之人，其欲闻仁义道德之说，孰从而听之。”后用“仁义道德”指儒家所推崇的做人的规范▷别看他满嘴仁义道德，其实一肚子的男盗女娼。◇男盗女娼。

R

仁至义尽　rén zhì yì jìn　仁：仁爱。至：极。义：情义。尽：极。对人的仁爱、情义已到了极点。语本《礼记·郊特牲》：“蜡之祭也……仁之至，义之尽也。”后用“仁至义尽”形容对人的帮助已尽了最大的努力▷一切该说的话都说了，一切该做的事我们也都做了，我们已做到仁至义尽了。|我们对这些犯罪分子的教育和帮助已做到仁至义尽，他们还死不改悔，只有走上绝路了。◇坐视不救|袖手旁观。

忍饥挨饿　rěn jī āi è　忍受饥饿。形容生活条件极其艰苦▷红军在长征途中忍饥挨饿，历经艰险，最后终于到达了陕北。|他忍饥挨饿，千里上访，最终使冤情大白，坏人受到了应有的惩罚。

忍俊不禁　rěn jùn bù jìn　忍俊：含笑。不禁：控制不住。语出唐·赵璘《因话录·徵部》：“［州戎］戏作考词状：‘当有千有万，忍俊不禁考上下。’”原指热衷于某事而不能克制自己。后用“忍俊不禁”指忍不住发笑▷他的巧妙回答，令全班哄堂大笑，连老师也忍俊不禁。|这本书有些章节实在有趣，常常令我忍俊不禁。≈哑然失笑◇不动声色。

忍气吞声　rěn qì tūn shēng　忍气：受气后强行忍耐。吞声：有冤屈不敢说出。语本南朝梁·任孝恭《为汝南王檄魏文》：“关东英俊，河北雄才，痛桑梓沦芜，室家颠殒，饮气吞声，志申仇怨。”后用“忍气吞声”指受了气或心中有气而不敢出声▷即使受到不公的遭遇，有些人怕被老板炒鱿鱼，只得忍气吞声地干下去。|为了不让丈夫分心，她一个人忍气吞声地承受着那份屈辱。≈逆来顺受|忍辱负重|忍辱含垢|唾面自干|委曲求全◇忍无可忍。

忍辱负重　rěn rǔ fù zhòng　忍辱：忍受屈辱。负重：承担重任。语出《三国志·吴书·陆逊传》：“国家所以屈诸君使相承望者，以仆有尺寸可称，能忍辱负重故也。”后用“忍辱负重”指忍受屈辱而担负重任▷为了重建家园，他忍辱负重，历尽艰辛。|他打入敌人内部，为此付出了巨大的代价，我们要学习这种忍辱负重的精神。

忍无可忍　rěn wú kě rěn　忍：忍受。语

本《三国志·魏书·孙礼传》:“[孙礼]涕泣横流。宣王(司马懿)曰:‘且止,忍不可忍。’”后用“忍无可忍”指忍受到再也无法忍受的地步▷对这种颠倒黑白的说法,我实在忍无可忍,就同他争辩起来。|对于此国的挑衅,我国人民忍无可忍,决定拿起武器,自卫反击。

认贼作父 rèn zéi zuò fù 贼:仇敌,敌人。把仇人当作父亲。比喻卖身求荣,投靠敌人▷他本来是个有才华的文人,可一旦认贼作父,当了汉奸,便为人所不齿。≈卖身投靠|卖国求荣◇疾恶如仇。

任劳任怨 rèn láo rèn yuàn 任:承受。怨:埋怨。语本汉·桓宽《盐铁论·刺权》:“夫食万人之力者,蒙其忧,任其劳。”又,《汉书·石显传》:“诚不能以一躯称快万众,任天下之怨。”后用“任劳任怨”指做事不辞辛劳,不怕招别人埋怨或指责▷母亲任劳任怨抚养大了儿女们。|老厂长几十年如一日任劳任怨,极受大家尊重。≈不辞劳苦◇怨天尤人。

任其自然 rèn qí zì rán 任:听任。其:代词,他、它。自然:自由发展。语出宋·周密《齐东野语》卷七:“大要在固脏气之外,任其自然耳。”后用“任其自然”指对事物不加管束,听任其自由发展▷对于子女的不良习惯,做父母的若视若无睹、任其自然的话,最终会害了孩子。|我们已相劝多时,无奈他硬要这样做,我们也只得任其自然了。≈听之任之|放任自流。

任人唯亲 rèn rén wéi qīn 任:任用。唯:只。亲:关系亲密。只任用与自己关系亲近的人,却不考虑他的品德和才能如何▷这家公司的总经理任人唯亲,只有奉承他的人才会被他看中,所以公司的业绩一团糟糕,濒临倒闭。|社会上,还存在一些任人唯亲的不正常现象。◇任人唯贤|举贤任能|知人善任。

任人唯贤 rèn rén wéi xián 任:任用。唯:只。贤:有德才的人。语本《尚书·咸有一德》:“任官惟贤材。”后用“任人唯贤”指只凭德才任用人▷只有任人唯贤,企业才有生机,国家才会兴旺。≈举贤任能|知人善任◇任人唯亲。

任重道远 rèn zhòng dào yuǎn 任:负担,担子。担子重,路途远。语本《论语·泰伯》:“士不可以不弘毅,任重而道远。”后用“任重道远”比喻肩负重任来进行长期的艰苦奋斗▷为了祖国的繁荣昌盛,大家任重道远。

日薄西山 rì bó xī shān 薄:迫近。太阳快要落山了。语本《汉书·扬雄传上》:“临汨罗而自陨兮,恐日薄于西山。”后用“日薄西山”比喻人或事物接近衰亡▷霸权主义、殖民主义在全世界已日薄西山,一蹶不振了。|我年近九旬,已日薄西山,哪里还会有东山再起的机会呢?≈日暮途穷◇旭日东升|如日中天。

[提示]薄,不读“báo”。

日复一日 rì fù yī rì 复:再,又。过了一天又一天。语出《后汉书·光武帝纪》:“天下重器,常恐不任,日复一日,安敢远期十岁乎?”后用“日复一日”形容时光流逝或时间久长▷他酷爱书法,每天练字不辍,日复一日,他的书法技艺已趋于精熟。|这样无聊的日子,日复一日地过着,真要令人发疯了。≈年复一年。

日积月累 rì jī yuè lěi 一天天、一月月地积累。语出宋·袁甫《知徽州奏便民五事状》:“日积月累,所蓄渐丰。”后用“日积月累”形容长期不断地积累▷他们两

人之间的争吵、摩擦日积月累，总有一天会爆发出一场“战争”的。|像这样天天写、天天练，日积月累，你的字一定会有进步的。

日就月将 rì jiù yuè jiāng 日就：天天有成就。月将：月月有进步。语出《诗经·周颂·敬之》：“日就月将，学有缉熙于光明。”后用“日就月将”形容慢慢积累，积少成多▷他的这一手好字是靠勤学苦练、日就月将而得来的。|他采取了笨鸟先飞的做法，天天足不出户、痛下苦功，日就月将，果然成绩大为提高。

日理万机 rì lǐ wàn jī 日：每天。理：处理。万机：繁多的政务。每天要处理很多的政务。指当政者事务繁多，工作辛劳▷总经理刚上任就日理万机，忙得不可开交。◇无所事事。

日暮途穷 rì mù tú qióng 暮：傍晚。途：道路。穷：穷尽，尽头。语本《史记·伍子胥列传》：“吾日莫（暮）涂（途）远，吾故倒行而逆施之。”后用“日暮途穷”比喻计穷力尽，面临灭亡▷腐朽的统治者终究摆脱不了日暮途穷的结局。|敌军日暮途穷，只得玩起“谈判”的花招。≈山穷水尽|走投无路|日薄西山|穷途末路◇柳暗花明|蒸蒸日上|欣欣向荣|前程似锦|如日中天。

日日夜夜 rì rì yè yè 每天每夜。指日以继夜，延续的时间长▷解放军战士日日夜夜守卫着祖国的边防。|为了完成这个试验，他日日夜夜地待在实验室中，废寝忘食地进行着试验。

日甚一日 rì shèn yī rì 甚：更加，超过。一天胜似一天。语出宋·王安石《乞解机务札子》：“未蒙陛下矜从，故复黾勉至今，而所苦日甚一日。”后用“日甚一日”形容事物的发展越来越深重▷由于没能得到及时治疗，他的病开始恶化，疼痛也日甚一日。|正因为“上梁不正下梁歪”，所以公司的中层领导贪污情况日甚一日，已到了使整个公司破产的程度。

日新月异 rì xīn yuè yì 新：更新。异：不同。每天都发生新的变化。语本《礼记·大学》：“汤之盘铭曰：苟日新，日日新，又日新。”后用“日新月异”形容发展、进步很快，不断出现新事物、新气象▷中国的建设和发展日新月异。|国外科学技术日新月异，我们要有紧迫感啊！≈一日千里|瞬息万变◇一成不变|依然如故|因循守旧|江河日下|每况愈下。

日行千里 rì xíng qiān lǐ 一天能跑一千里路。语出《魏书·吐谷浑传》：“吐谷浑尝得波斯草马，放入海，因生骢驹，能日行千里。”后用“日行千里”形容速度快▷随着各种现代化运载工具的出现，日行千里甚至日行万里，也已不是什么了不起的事情了。|据说这匹马能日行千里，是草原上难得的骏马。

日月经天 rì yuè jīng tiān 经：行经。太阳和月亮每天运行于天空。语出《后汉书·冯衍传》：“其事昭昭，日月经天，河海带地，不足以比。”后用“日月经天”比喻行为光明磊落▷他的事业如日月经天，没有丝毫不可告人的行为。也比喻永恒不变，历久不衰▷先烈们的丰功伟绩如同日月经天，永远值得人们怀念。

日月如梭 rì yuè rú suō 梭：织布机上的梭子。日月如穿梭似的来去。形容时间流逝得很快▷光阴似箭，日月如梭，一转眼的工夫，春节就快到了。|日月如梭的时光，使人不知不觉中就到了人生的暮年。≈光阴似箭|白驹过隙◇度日如年|一日

R

三秋。

戎马生涯 róng mǎ shēng yá 戎马：战马，借指军事或战争。生涯：指从事某种活动或职业的生活。指从事征战的生活、经历▷看到这张发黄的照片，这位有几十年戎马生涯的老将军怎能不百感交集呢？

荣华富贵 róng huá fù guì 语本汉·王符《潜夫论·论荣》："所谓贤人君子者，非必高官厚禄、富贵荣华之谓也。"后用"荣华富贵"指有钱有地位，荣耀显赫▷荣华富贵对他而言只是过眼烟云。◇一贫如洗｜家徒四壁。

容光焕发 róng guāng huàn fā 容光：脸上的光彩。焕发：光彩流溢的样子。形容精神饱满，情绪振奋▷树丛里，一位容光焕发的老者正在打太极拳，动作从容舒展。≈神采奕奕｜神采飞扬◇面黄肌瘦｜萎靡不振｜无精打采。

融会贯通 róng huì guàn tōng 融会：融合并领会实质。贯通：贯穿前后，透彻理解。语出《朱子全书·学三》："举一而三反，闻一而知十，乃学者用功之深，穷理之熟，然后能融会贯通，以至于此。"后用"融会贯通"指把各方面的知识融合、贯穿起来，得到全面、系统、透彻的理解▷这位作家广泛地吸收了前人的写作经验，融会贯通，形成了自己的独特风格。｜他博览群书，采各家之长，融会贯通，成了这一领域的专家。≈触类旁通｜举一反三｜闻一知十◇生吞活剥｜一窍不通。

冗词赘句 rǒng cí zhuì jù 冗：繁杂。赘：多余无用的。繁杂而多余的词和句。指诗文的语言不简洁▷这篇文章中心突出，层次分明，没有冗词赘句。｜这篇小说的结构很好，叙述的故事也很精彩，若去除那些冗词赘句，则不失为上乘之作。

柔情蜜意 róu qíng mì yì 温柔的情感，细腻的心意。多指男女之间情意缠绵▷他们的恋爱充满柔情蜜意，像一首抒情诗。≈情意绵绵◇无情无义｜冷酷无情。

肉眼凡胎 ròu yǎn fán tāi 肉眼：普通人的眼光。凡胎：普通人。语本唐·王维《六祖能禅师碑铭》："肉眼凡夫，愿开慧眼。"后用"肉眼凡胎"泛指普通的人▷肉眼凡胎的唐僧当然及不上火眼金睛的孙悟空，所以闹出了不少人妖不分、是非颠倒的笑话。也比喻眼光短浅的庸人▷你真是肉眼凡胎，将这件国宝级的文物当作破铜烂铁。≈凡夫俗子◇火眼金睛｜仙风道骨。

如臂使指 rú bì shǐ zhǐ 使：支配。像胳膊支配手指那样。语本《汉书·贾谊传》："令海内之势，如身之使臂，臂之使指，莫不制从。"后用"如臂使指"比喻指挥如意，得心应手▷控制台上虽有上百个按钮，但他操作起来如臂使指，非常熟练。｜只要理顺了各职能部门的职责范围，领导者办起事来就能如臂使指，非常方便了。

如出一辙 rú chū yī zhé 辙：车辙。像出自同一个车辙。语出宋·洪迈《客斋续笔·名将晚谬》："此四人之过，如出一辙。"后用"如出一辙"比喻情况、言行等非常相似▷他们两人一前一后，劝说我的话如出一辙，看来事先是商量好了的。｜前后两任校长的办学方针如出一辙。≈毫无二致◇截然不同｜大相径庭。

如法炮制 rú fǎ páo zhì 如：依照。炮制：用烘、炒等方法把中药原料制成药。原指依照老方法，制作中药。后用

R

“如法炮制”比喻照着已有的样子或现成的方法办事▷我按着菜谱如法炮制，竟然烧出了一盘色香味不错的菜来。|她没有意识到自己是封建婚姻的牺牲品，反而要如法炮制，让女儿也走自己的老路。≈照猫画虎◇别出心裁|不落窠臼。

［提示］炮，不读“pào”。

如虎添翼 rú hǔ tiān yì 翼：翅膀。语本三国蜀·诸葛亮《心书·兵机》：“譬如猛虎，加之羽翼，而翱翔四海。”后用“如虎添翼”比喻原来就强大的又增添新的助力，变得更为有力▷你很聪明，如果再加上勤奋，就会如虎添翼，前途无量。|这恶棍有了枪，如虎添翼，更加横行霸道了。≈锦上添花|精益求精|珠联璧合◇雪上加霜。

如花似玉 rú huā sì yù 如鲜花和美玉一般。语本《诗经·魏风·汾沮洳》：“彼其之子，美如英……彼其之子，美如玉。”英：花。后用“如花似玉”形容女子姿容美丽动人▷前来报名时装模特的女孩个个如花似玉。|照片上如花似玉的少女是我的堂妹。≈花容月貌|羞花闭月|沉鱼落雁|天姿国色。

如火如荼 rú huǒ rú tú 荼：一种开白花的茅草。像火那样红，像荼那样白。语本《国语·吴语》：“万人以为方阵，皆白裳、白旂、素甲、白羽之矰，望之如荼……左军亦如此，皆赤裳、赤旂、丹甲、朱羽之矰，望之如火。”原比喻军容壮观、盛大。后用“如火如荼”形容旺盛、热烈▷那种如火如荼的场面使在场的每一个人激动不已。|参加庆祝活动的人们挤满了每个角落，那气势真是如火如荼！≈风起云涌|汹涌澎湃。

［提示］荼，不要写作“茶”。

如获至宝 rú huò zhì bǎo 获：获得，得到。至：最，极。好像得到最珍贵的宝物。语出宋·李光《与胡邦衡书》：“忽蜀僧行密至，袖出‘寂照庵’三字，如获至宝。”后用“如获至宝”比喻意外得到巨大的收获▷他意外地从废纸堆中找到了这份珍贵的手稿，真是如获至宝。|他如获至宝地捧着这件珍贵的文物，激动得老泪纵横。◇一无所获|弃如敝屣。

如饥似渴 rú jī sì kě 像饿了要吃饭、像渴了要喝水那样。语本三国魏·曹植《责躬》诗：“迟奉圣颜，如渴如饥。”后用“如饥似渴”比喻要求非常迫切▷他年逾七旬，可吸收起最新的科技知识，还是那么地如饥似渴。

如箭在弦 rú jiàn zài xián 像箭已搭在弓弦上一样。语本《文选·陈琳〈为袁绍檄豫州〉》李善注：“琳（陈琳）谢罪曰：‘矢在弦上，不可不发。’”后用“如箭在弦”比喻事情已到了不得不做的时候▷国有大中型企业的改革，如箭在弦，势在必行。|既然已经投放了那么多的精力，无论发生了什么事，我们都已如箭在弦，不得不做了。≈箭在弦上|欲罢不能。

［提示］常与“不得不发”连用。

如胶似漆 rú jiāo sì qī 像胶和漆粘合在一起。语本《史记·鲁仲连邹阳列传》：“感于心，合于行，亲于胶漆，昆弟不能离，岂惑于众口哉？”后用“如胶似漆”形容彼此情投意合，亲密无间。多指夫妻感情深厚，难舍难分▷马克思和夫人燕妮之间如胶似漆的感情历来为世人所赞颂。≈难舍难分|形影不离|水乳交融◇视同路人|敬而远之|不即不离。

如狼似虎 rú láng sì hǔ 像狼和虎那样勇猛凶残。语本《尉缭子·武议》：“一

R

人之兵，如狼如虎，如风如雨，如雷如霆，震震冥冥，天下皆惊。”后用“如狼似虎”形容非常勇猛▷我军将士如狼似虎地冲向敌人，杀得敌军屁滚尿流，狼狈逃窜。也形容非常凶狠残忍▷一群如狼似虎的匪徒冲进村子，大肆烧杀抢掠。

如雷贯耳 rú léi guàn ěr 贯：贯穿，进入。像雷声传入耳朵那样的响。比喻人的名声极大▷这位作家的大名如雷贯耳，今天居然让我有幸见到了他。≈闻名遐迩｜名闻天下｜赫赫有名◇默默无闻。

如临大敌 rú lín dà dí 临：面临。好像面对着强大的敌人一样。语出《旧唐书·郑畋传》：“尽出家财以散士卒，昼夜如临大敌。”后用“如临大敌”形容把情况看得过于严重以致戒备森严或过分紧张▷伪警察如临大敌般地对付手无寸铁的示威群众。｜因为平时知识掌握得不扎实，每逢考试，他便如临大敌。◇若无其事｜从容不迫。

如临深渊 rú lín shēn yuān 临：下临，靠近。渊：深水潭。像靠近深水潭一样。语出《诗经·小雅·小旻》：“战战兢兢，如临深渊，如履薄冰。”后用“如临深渊”形容十分小心谨慎▷自从出了车祸以后，他每当握住方向盘时，总有一种如临深渊的感觉。｜他的胆小谨慎是出了名的，每做一件事都如临深渊。≈如履薄冰｜谨小慎微◇麻痹大意｜粗心大意｜粗枝大叶。

如履薄冰 rú lǚ bó bīng 履：踩，踏。如同脚踩在薄冰上一样。语出《诗经·小雅·小旻》：“战战兢兢，如临深渊，如履薄冰。”后用“如履薄冰”形容非常谨慎小心▷每当他走进这座危房的时候，总有一种如履薄冰的感觉。｜他作为公司的董事长，对于每一项大型投资总是如履薄冰，考虑再三后，方下决断。≈如临深渊｜谨小慎微◇麻痹大意｜粗枝大叶｜粗心大意。

如履平地 rú lǚ píng dì 履：踩，踏。如同踩在平地上一样。语出唐·裴铏《传奇·周邯》：“因夷人卖奴，年十四五，视其貌甚慧黠，言善入水，如履平地。”后用“如履平地”形容在难走的地方走得很平稳▷他是山里人，翻山越岭，如履平地。◇寸步难行。

如梦方醒 rú mèng fāng xǐng 方：方才，刚。好像刚从梦中醒来。比喻刚刚从糊涂、错误的认识中醒悟过来▷在事实面前，他如梦方醒，后悔自己交友不慎，险些掉进泥坑。｜老师严肃而又耐心地陈述了这件事的利害关系后，我如梦方醒，原来我已走到了危险的边缘。≈茅塞顿开｜恍然大悟◇茫然不解｜大惑不解。

如鸟兽散 rú niǎo shòu sàn 散：逃散。像鸟兽一样四处逃散。语本《汉书·李陵传》：“今无兵复战，天明坐受缚矣；各鸟兽散，犹有得脱归报天子者。”后用“如鸟兽散”形容四处逃散的样子▷李自成率领的农民起义军长驱直入，明朝的军队仓皇逃遁，如鸟兽散。｜一听到警笛的声音，那些赌徒立刻如鸟兽散。

如弃敝屣 rú qì bì xǐ 弃：丢弃。敝屣：破旧鞋子。语本《孟子·尽心上》：“舜视弃天下，犹弃敝屣也。”后用“如弃敝屣”比喻如丢掉无用的东西，毫不可惜▷这些书籍参考价值极大，你竟如弃敝屣一般把它们扔了，真是愚蠢到了极点。

如泣如诉 rú qì rú sù 泣：哭泣。像在哭泣，又像在诉说。语出宋·苏轼《前赤壁赋》：“其声呜呜然，如怨如慕，如泣如诉。”后用“如泣如诉”形容声音悲切

凄凉▷深夜，从远处飘来的二胡独奏曲，如泣如诉，余音不绝。|耳听着她如泣如诉、令人肠断的叙述，人们无不一掬同情之泪。≈长歌当哭◇欢声笑语。

如日中天 rú rì zhōng tiān 中天：天空的正中。好像太阳正在天中央。语本《诗经·邶风·简兮》："日之方中，在前上处。"后用"如日中天"比喻事物正发展到兴盛时期或处于高峰阶段▷改革开放以来，我国各个行业的建设和发展如日中天，欣欣向荣。|如今他的事业如日中天。≈欣欣向荣|繁荣昌盛|蒸蒸日上◇日薄西山|江河日下。

如丧考妣 rú sàng kǎo bǐ 丧：死去。考：已死的父亲。妣：已死的母亲。好像死了父母一样。语出《尚书·舜典》："二十有八载，帝乃殂落，百姓如丧考妣。"后用"如丧考妣"形容极其悲伤和着急（今多含贬义）▷那狗汉奸看到他的主子死了，竟哭得如丧考妣。≈痛不欲生|悲不自胜。

如释重负 rú shì zhòng fù 释：放下。重负：重担。好像放下重担一样。语出《穀梁传·昭公二十九年》："昭公出奔，民如释重负。"后用"如释重负"比喻完成一件大事或摆脱繁重事务后，顿觉轻松愉快▷他远赴美国，母亲极不放心，直到接到平安抵达的电话后，她才如释重负。|一口气完成这事后，他如释重负地瘫坐在椅子上，累得连话都不想说了。

如数家珍 rú shǔ jiā zhēn 家珍：家藏的珍宝。像点数家藏的珍宝那样清楚。比喻对讲述的事情十分熟悉▷一谈到他所热爱的学生们，王老师如数家珍，滔滔不绝。≈了如指掌。

如水投石 rú shuǐ tóu shí 投：泼，浇。好像用水泼石头，丝毫不会进入。语出宋·杨时《龟山语录》："每言杨君聪明，谢君如水投石，然亦未尝不称其善。"后用"如水投石"比喻说话无效果▷妻子苦口婆心地劝丈夫戒烟，却如水投石，毫无用处。|尽管医院采取了多种措施，但对病入膏肓的病人来说，还是如水投石，毫无效果。

如汤沃雪 rú tāng wò xuě 汤：热水。沃：浇。像用热水去浇雪，雪立刻融化一样。语出汉·枚乘《七发》："小饭大歠，如汤沃雪。"歠(chuò)：饮。后用"如汤沃雪"比喻事情极易解决▷只要阻挡住外围增援的部队，消灭包围圈中的敌人就如汤沃雪了。|他这个博士生做高中的数学题还不是如汤沃雪，轻松得很哪！

如意算盘 rú yì suàn pán 如意：符合自己的心意。算盘：中国传统的计数工具。比喻完全有利于自己的一厢情愿的计划和打算▷他们的如意算盘在残酷的现实中完全落空了。|做生意想只赚不赔，你打的倒是如意算盘。

如蝇逐臭 rú yíng zhú chòu 像苍蝇那样追逐有臭味的东西。比喻热衷于追求邪恶的东西▷自从他靠赌博发了小财以后，社会上一些不三不四的人就如蝇逐臭般地整天围着他转。|那女子极不正经，到处勾引男人，引得那些地痞流氓如蝇逐臭，纷纷拜倒在她的石榴裙下，做了入幕之宾。

如影随形 rú yǐng suí xíng 就像影子总是跟着身体一样。语本《管子·任法》："臣之事主也，如影之从形也。"后用"如影随形"比喻两者关系十分密切，不能分离▷民主和科学一向是如影随形

的。| 每天早晨和傍晚，人们总能看到这对白发苍苍的老夫妇如影随形地扶持着散步。≈形影不离◇不即不离 | 若即若离。

如鱼得水 rú yú dé shuǐ 好像鱼儿得到了水一样。语本《三国志·蜀书·诸葛亮传》："孤之有孔明，犹鱼之有水也。"后用"如鱼得水"比喻得到了适合自己的环境或同自己相投合的人▷自从分配到资料室工作，他真是如鱼得水，恨不得一天二十四小时都泡在书海里。| 有了妈妈的全力支持，爸爸如鱼得水，在外面干得更欢了。≈如虎添翼。

如愿以偿 rú yuàn yǐ cháng 如：按照。偿：实现，满足。指得到了想得到的东西▷他如愿以偿地当上了一名光荣的人民教师。| 我有此心愿是由来已久了，能否如愿以偿，就要看诸位是否帮忙了。≈称心如意 | 心满意足 | 正中下怀◇事与愿违 | 鸡飞蛋打。

如醉如痴 rú zuì rú chī 如同醉酒，如同痴呆。形容神态失常、不能自控的样子▷当他在这么近的距离看到自己所崇拜的影星时，那种如醉如痴的神态，真是令人难以描摹。也形容陶醉的样子▷他是个戏迷，一听到自己喜爱的唱腔时，便如醉如痴。

如坐春风 rú zuò chūn fēng 如同坐在和煦的春风里。比喻与品德高尚、有学识的人相处，并受到其熏陶▷老师的讲课，无论是内容还是神态都深深地吸引着同学们，令他们有如坐春风的感觉。| 我们的校长平易近人，坦率真诚，和他交谈，如坐春风，如冬阳暖人。≈如沐春雨◇如坐针毡。

如坐云雾 rú zuò yún wù 云雾：比喻遮掩或障碍的东西。好像坐在云雾之中，什么也看不清。语出北齐·颜之推《颜氏家训·勉学》："及有吉凶大事，议论得失，蒙然张口，如坐云雾。"后用"如坐云雾"比喻头脑糊涂，不明事理▷他身为局长，但对下属单位的情况却如坐云雾，全然不知。| 他做了两个月的班主任，却对全班同学的情况依然如坐云雾。

如坐针毡 rú zuò zhēn zhān 好像坐在插着针的毡子上。《晋书·杜锡传》载：杜锡在做太子中舍人时，常常劝谏愍怀太子，太子很不高兴。有一次太子派人在杜锡平日坐的毡子中插了许多针，杜锡不知，坐下时被刺得鲜血直流。后用"如坐针毡"形容心神不定，坐立不安▷他是个从小野惯的孩子，现在让他坐在教室里念书，便如坐针毡，浑身不舒服。| 开班会时，同学们对我自私自利的行为进行了批评，我浑身发热，如坐针毡。≈芒刺在背 | 坐立不安◇泰然自若 | 若无其事 | 行若无事。

茹毛饮血 rú máo yǐn xuè 茹：吃。毛：指草木。远古时代人类不知熟食，捕到禽兽后，带血吃；抓起地上的草，就生吃。语本《礼记·礼运》："未有火化，食草木之实、鸟兽之肉，饮其血，茹其毛。"后用"茹毛饮血"形容原始人不知用火时的生活▷当原始人从大自然中取得了第一个火种时，人类茹毛饮血的时代结束了。

孺子可教 rú zǐ kě jiào 孺子：小孩子。《史记·留侯世家》载：汉时张良曾从下邳桥上过，有一老者故意堕鞋桥下，要张良下去拾。张良见老者年迈，强忍性子取来鞋子，并跪着为他穿上。老者说："孺子可教矣。"后用"孺子可教"比喻年轻人有出息，可以造就▷小时候爷爷常常摸着我的头，摇头晃脑地说："孺子可教也。"◇不可救药。

乳臭未干 rǔ xiù wèi gān 臭：气味。嘴里还带着奶腥味。语本《汉书·高帝纪上》："是口尚乳臭，不能当韩信。"后用"乳臭未干"比喻人年轻无知▷想不到一个乳臭未干的黄毛丫头，竟当上了经理。|虽然这话出自两个乳臭未干的孩子之口，倒也有几分道理。≈羽毛未丰|少不更事◇少年老成|后生可畏|老成持重。

［提示］臭，不读"chòu"。

入不敷出 rù bù fū chū 入：收入。敷：足够。出：支出。指收入不够支出▷这家饭店由于经营不善、入不敷出而被迫关门。◇绰绰有余。

入境问禁 rù jìng wèn jìn 禁：被禁止的事，禁忌。语本《礼记·曲礼上》："入竟（境）而问禁，入国而问俗，入门而问讳。"后用"入境问禁"指到了一个新地方，先要问明当地的风俗和禁忌，以免触犯▷入境问禁，尊重当地群众的风俗习惯，这是当年红军长征途中的政策。|对于出国人员来说，每到一地则入境问禁，这是个极为重要的问题。

入木三分 rù mù sān fēn 唐·张怀瓘《书断·王羲之》载：东晋大书法家王羲之笔力雄健，相传雕刻工人削刻他写的木板，发现墨迹透入木板深达三分。原形容书法笔力雄健。后用"入木三分"比喻见解或议论深刻而透彻▷小说作者把这个人物奸诈虚伪的性格特征入木三分地刻画出来了。|他对于这种社会现象的分析可谓是入木三分。≈鞭辟入里|力透纸背◇不着边际。

入情入理 rù qíng rù lǐ 入：合乎。形容合乎情理▷他的这番话说得入情入理，大家听了无不点头称是。|这番入情入理的话语，让长期受到不公正待遇的老人激动得热泪盈眶。≈合情合理。

入乡随俗 rù xiāng suí sú 随：顺从。俗：风俗。到了一个地方就遵从那里的风俗习惯。语出宋·释普济《五灯会元·洪州大宁道宽禅师》："虽然如是，'且道入乡随俗一句作么生道？'良久曰：'西天梵语，此土唐言。'"后用"入乡随俗"形容随遇而安▷工作组的同志入乡随俗，很快就与当地群众打成一片。|他的适应性很强，每到一个新地方很快就能入乡随俗，适应新的环境。

阮囊羞涩 ruǎn náng xiū sè 阮囊：阮孚的钱袋。羞涩：不好意思，难为情。宋·阴时夫《韵府群玉·一钱囊》载：晋代的阮孚带着一个黑色的袋子到浙江会稽（今绍兴）去玩。有人问他："你的袋子中装着什么东西？"阮孚道："没有别的，只放有一文钱，为的是怕无钱而使袋子感到羞涩。"后用"阮囊羞涩"比喻无钱，经济困难▷尽管这些书籍我都是很需要的，但阮囊羞涩，只好作罢。|这次旅行，他本打算从上海出发，沿途游玩到南京，但到了镇江后，就因阮囊羞涩，不得不打道回府了。

软硬兼施 ruǎn yìng jiān shī 兼施：同时施展。软硬手段一起施展▷清政府软硬兼施、剿抚并用，将轰轰烈烈的太平天国运动镇压下去了。|为了拉拢他，侵略者先以高官厚禄为利诱，一看无效，就将他抓去关押起来，软硬兼施，企图拉他下水。≈恩威并用。

锐不可当 ruì bù kě dāng 锐：锐气。当：抵挡，阻挡。锐气不能抵挡。形容来势勇猛，不可阻挡▷这支部队是一支锐不

可当、无坚不摧的铁军。|钱塘江潮以锐不可当之势滚滚而来，景象十分壮观。≈势不可当|势如破竹|所向披靡◇强弩之末|不堪一击。

若即若离 ruò jí ruò lí 即：靠近。好像接近，又好像离开。形容对人保持一定距离，不亲不疏。也形容事物间似乎有关联，又不太密切▷落日时，在水和天的交界处，两个太阳若即若离地跳跃了几下，很快就融合到了一起。|两人就这么若即若离地交往了十几年，谁也没有主动走出那一步。≈不即不离◇如胶似漆|形影不离|水乳交融。

若明若暗 ruò míng ruò àn 好像明朗，又好像昏暗。比喻对问题或情况的认识模糊不清▷他才调到这个单位，对这里的情况还若明若暗，一时还看不清楚。|这次实验中出现的新情况，很可能是一次重大的科学突破，虽然到目前为止，具体情况还若明若暗。≈若隐若现|若有若无◇洞若观火|昭然若揭|一清二楚。

若无其事 ruò wú qí shì 好像没有那回事似的。形容态度镇静或不把发生的事放在心上▷看见她进了屋，大家都装着若无其事地各忙各的，尽量拖延着，不把坏消息告诉她。|事情已经火烧眉毛了，他还若无其事地捧着本书，真不知他葫芦里卖的什么药！≈满不在乎|行若无事|泰然自若◇煞有介事|如临大敌。

若隐若现 ruò yǐn ruò xiàn 好像隐藏起来，又好像出现。语本唐·李世民《大唐三藏圣教序》："无灭无生，历千劫而不古；若隐若显，运百福而长今。"后用"若隐若现"形容事物不清晰或事态发展不明朗▷连绵不断的群山，在云雾中若隐若现，仿佛一条神龙，时常地见首不见尾。|由于时代的久远，墙上的壁画已脱落了大半，剩下的部分，图案若隐若现，看不清楚了。≈时隐时现|若有若无|若明若暗◇洞若观火|昭然若揭|一清二楚。

若有若无 ruò yǒu ruò wú 好像有，又好像没有。形容虚实难分的状态▷久经风雨的墙上还残留着若有若无的壁画。

若有所失 ruò yǒu suǒ shī 若：好像。好像有什么东西丢掉了似的。语本《淮南子·原道》："解车休马，罢酒彻乐，而心忽然若有所丧，怅然若有所亡也。"后用"若有所失"形容神情怅惘不安的样子▷这人怪怪的，整天一副若有所失的样子，好像生活在另一个世界中似的。≈怅然若失◇怡然自得。

若有所思 ruò yǒu suǒ sī 语出唐·陈鸿《长恨传》："玉妃茫然退立，若有所思。"后用"若有所思"指好像在思考什么似的▷他不言不语，沉着脸若有所思。|她的一双大眼睛，总是显得若有所思的样子，非常动人。

弱不禁风 ruò bù jīn fēng 弱：瘦弱，娇弱。禁：承受，经受。衰弱得连风也经受不起。语本唐·杜甫《江雨有怀郑典设》诗："乱波分披已打岸，弱云狼藉不禁风。"后用"弱不禁风"形容人体质虚弱▷没经过大风大浪，在温室里长大的人往往弱不禁风。≈弱不胜衣◇钢筋铁骨。

弱肉强食 ruò ròu qiáng shí 弱：弱者。强：强者。食：吞食。弱者的肉被强者吞食。语本唐·韩愈《送浮屠文畅师序》："弱之肉，强之食。"后用"弱肉强食"比喻弱者受强者的欺压或吞并▷殖民主义国家奉行弱肉强食的政策，疯狂欺压弱小国家。≈以强凌弱◇锄强扶弱。

S

塞翁失马 sài wēng shī mǎ 塞：边塞。翁：老头。《淮南子·人间》载：古代边塞上有个人丢失了一匹马，人们都来安慰他，可他的父亲却说："这怎么就不算是一件好事呢？"过了几个月，那匹走失的马竟然带回来一匹胡地的骏马。后用"塞翁失马"比喻虽暂时遭到损失，却可能因此得到意想不到的好处。也比喻在一定条件下，坏事可以变成好事▷这次比赛，我们队虽然没有获得理想的名次，但塞翁失马，我们从强队身上学到了不少东西，这就是很大的收获。≈因祸得福|否极泰来◇乐极生悲。

三长两短 sān cháng liǎng duǎn 形容意外的灾祸或事故▷你把这么重要的事交给我，万一有个三长两短，我怎么担当得起？也特指死亡▷万一孩子他爹有个三长两短，叫我怎么活啊？≈飞来横祸|山高水低|无妄之灾◇鸿运高照|洪福齐天。

［提示］两，不要写作"二"。

三番两次 sān fān liǎng cì 形容次数很多▷班主任三番两次地找他谈话，但他依然执迷不悟。|要不是他三番两次地阻拦，这件事早就办成了。≈接二连三。

三顾茅庐 sān gù máo lú 顾：看望，拜访。《三国志·蜀志·诸葛亮传》载：三国时，刘备为了请诸葛亮帮助自己打天下，三次到诸葛亮隐居的茅庐去邀请。后用"三顾茅庐"比喻真心诚意地邀请或过访▷总经理三顾茅庐，请求退休的总工程师重新出山。≈礼贤下士|虚席以待。

三缄其口 sān jiān qí kǒu 三：表示多次。缄：封闭。多条封条贴在嘴上。汉·刘向《说苑·敬慎》载：孔子到了周，观瞻太庙，看到右边台阶前立着一个金属铸成的人像，"三缄其口"（嘴上贴着三张封条），背上刻着的文字说，这是个古代说话谨慎的人，我们要引以为鉴，不要多话，多话必然有失误。后用"三缄其口"形容说话极为谨慎▷他怕祸从口出，对任何事都三缄其口，从不发表任何意见。|由于理曲在彼，所以他们对这件事只能三缄其口，不敢也不能发表什么见解。≈守口如瓶◇滔滔不绝|夸夸其谈|信口开河。

三令五申 sān lìng wǔ shēn 三、五：约数，表示多次。令：命令。申：说明，申诉。语出《史记·孙子吴起列传》："约束既布，乃设铁钺，即三令五申之。"后用"三令五申"指再三地命令、告诫▷公司已三令五申，不准在上班时间用电脑玩游戏。|教育局三令五申不准巧立名目，对学生乱收费。

三六九等 sān liù jiǔ děng 指各种等级和很多差别（多用于对人分高下厚薄）▷大家都是同学，可千万别这么分三六九等的。≈上下高低◇不分轩轾|一视同仁。

三年五载 sān nián wǔ zǎi 三、五：表示不太大的大概数量。载：年。三五年。

指不太长的时间▷科学技术日新月异地发展，现在看上去很先进的技术，要不了三年五载，就远远地落后了。|依照这个村现在的发展速度推算，用不了三年五载，他们就能摆脱贫困，走上小康之路。

三朋四友 sān péng sì yǒu 泛指各种各样的朋友▷他作为一名记者，交友极广，各行各业、三教九流中的三朋四友都有。也形容朋友很多▷在他的三朋四友中，大多是舞文弄墨的人。

三亲六眷 sān qīn liù juàn 泛指亲戚▷穷的时候，一年到头家里没个客人。如今他富了，三亲六眷都找上门来套近乎。|他们家遭到不幸后，三亲六眷、左邻右舍都伸出了援助之手。≈三亲六故。

三拳两脚 sān quán liǎng jiǎo 形容不多几下的拳打脚踢▷你学的是什么拳术？怎么三拳两脚就败下阵来了？|学武术是为了健体防身，而你三拳两脚把人家打成这样，心里不觉得惭愧吗？

三人成虎 sān rén chéng hǔ 只要有三个人谎报街上有老虎，听的人就信以为真了。《战国策·魏策二》载：庞葱对魏王说："现在有一个人说街上有老虎，你相信吗？"王回答说："不相信。""第二个人说街上有老虎，你相信吗？"王回答："我怀疑了。""第三个人说街上有老虎，你相信吗？"王回答说："我相信了。"庞葱说："街上没有老虎是很明白的事。然而，三个人都说有老虎，就变成真的有虎了。"后用"三人成虎"比喻谣言一经多次重复，就能使人信以为真了▷三人成虎，谣言倘若不加阻止，就会扰乱人心。|你可千万不要信谣、传谣，因为"三人成虎"，谣言一经传播，就会变得煞有介事，造成严重后果。

三三两两 sān sān liǎng liǎng 三个一伙、两个一群的。语出《乐府诗集·娇女诗》："行不独自去，三三两两俱。"后用"三三两两"形容零零散散，数目不多▷放学了，教室里还有三三两两的同学在打扫卫生。|在听到撤退的命令后，士兵们就三三两两地隐蔽、转移到阵地后面去了。◇成群结队。

三山五岳 sān shān wǔ yuè 岳：山峰。泛指名山、群山或各地▷他连三山五岳都游览过了，这一名胜还会漏掉吗？|他们走遍了三山五岳，开山放炮，筑路架桥。

三生有幸 sān shēng yǒu xìng 三生：佛教指前生、今生、来生。三生都很幸运。语出元·王实甫《西厢记》第一本第二折："小生久闻老和尚清誉，欲来座下听讲，何期昨日不得相遇。今能一见，是小生三生有幸矣。"后用"三生有幸"形容极其难得的好运气▷能有机会拜访您，我真是三生有幸。|我们身逢经济腾飞、国富民强的太平盛世，实在是三生有幸。

三思而行 sān sī ér xíng 三：再三，表示多次。行：做。反复考虑后再去做。语本《论语·公冶长》："季文子三思而后行。"后用"三思而行"指办事谨慎▷在长期的工作实践中，他养成了三思而行的习惯。|鲁莽从事容易办傻事，凡事须三思而行。≈从长计议◇轻举妄动。

三头六臂 sān tóu liù bì 三个脑袋，六条臂膀。原指佛的一种变相。语出宋·释道元《景德传灯录·汾州善昭禅师》："曰：'如何是主中主？'师曰：'三头六臂擎天地，忿怒那吒扑帝钟。'"后用"三头六臂"比喻本领特别大，与常人不同▷他又没有三头六臂，只不过利用了百姓的一股怨气，才趁势造反，最后

夺取了政权。| 我正要去看看这个搅得全市动荡不宁的人，到底是如何生得三头六臂的，本事会这么大！≈神通广大◇一无所能。

三五成群 sān wǔ chéng qún 三个五个结成一伙，聚在一起▷在学校的操场上，三五成群的学生正在进行各种锻炼。| 那些闲着没事干的人，三五成群，交头接耳，没事也要惹些事出来，更何况发生了这么大的事呢。≈三三两两 | 成群结队◇单枪匹马。

三心二意 sān xīn èr yì 形容心思不专一或拿不定主意▷锻炼身体，贵在坚持。你这么三心二意的，可不行。| 他看到有别的好工作，就变得三心二意起来。≈三翻四覆 | 心猿意马◇一心一意 | 全心全意 | 心无二用 | 专心致志。

三言两语 sān yán liǎng yǔ 语出宋·吴潜《望江南·家山好》词："六宇五胡生口面，三言两语费颜情，赢得鬓星星。"后用"三言两语"形容言语简短▷他做的好人好事不是三言两语就能讲得完的。| 这件事不是电话里三言两语能说清的，找个机会我详详细细说给你听。≈片言只语◇千言万语 | 喋喋不休 | 长篇大论。

三足鼎立 sān zú dǐng lì 鼎：古代烹煮用的器物，一般有三足两耳。像鼎那样三足并立。比喻三个方面分立的局面▷东汉末年，全国分裂，形成了魏、蜀、吴三足鼎立的局面。| 在他们那个单位里，各方势力都互不相让，书记、厂长、中层干部三足鼎立，相互牵制，什么事情都办不成。

散兵游勇 sǎn bīng yóu yǒng 散：分散的。游：游荡的。勇：清代指地方临时招募的兵卒。指无人统率的逃散的士兵。比喻没有加入集体组织而独自行动的人▷躲在山里的那些散兵游勇，我们一定要彻底解决。| 放学后的这些学生没人管理，成了散兵游勇。≈残兵败将。

［提示］散，不读"sàn"。

桑榆暮景 sāng yú mù jǐng 桑榆：桑树、榆树。暮景：黄昏景象。照在桑树、榆树梢上的夕阳余晖。语本三国魏·曹植《赠白马王彪》诗："年在桑榆间，影响不能追。"后用"桑榆暮景"比喻暮年▷他虽已到桑榆暮景，但仍不服老，还想为社会多作一点贡献。| 盖世英雄到了桑榆暮景，也会有一种苍凉之感。≈风烛残年 | 老态龙钟◇年富力强 | 春秋鼎盛。

丧魂落魄 sàng hún luò pò 魂、魄：迷信的人指附在人体内可以脱离人体存在的精神。失去了魂魄。形容惊恐之极或心神不定的样子▷自老伴去世后，他如同丧魂落魄一般，你们做儿孙的可要多多关心他。| 黑灯瞎火的，你进门也不叫一声，把人吓得丧魂落魄，以后可不允许这样。≈魂不附体◇泰然自若 | 若无其事。

丧家之犬 sàng jiā zhī quǎn 有丧事人家的狗，因主人忙于丧事而得不到喂养。后指无家可归的狗。语出《史记·孔子世家》："东门有人……累累若丧家之狗。"后用"丧家之犬"比喻失去依靠、无处投奔或惊慌失措的人▷当他们的主子倒台后，这些狗汉奸一个个惶惶如丧家之犬。| 遭到我军两面夹攻的敌人，惊恐万状，一个个如丧家之犬，到处乱窜。

丧尽天良 sàng jìn tiān liáng 天良：善良之心。没有一点良心。形容残忍狠毒到了极点▷一些丧尽天良的奸商竟然把假药卖给垂危的病人。| 这个衣冠禽兽把年迈的老母亲赶出家门，真是丧尽天

良。≈丧心病狂◇与人为善|心慈面软|菩萨心肠。

丧权辱国 sàng quán rǔ guó 丧失主权，使国家蒙受耻辱▷广大爱国学生纷纷上街游行，愤怒声讨这种丧权辱国的卖国行径。|清朝末年，腐败的清政府在帝国主义的武力威胁下，签订了不少丧权辱国的不平等条约。

丧心病狂 sàng xīn bìng kuáng 丧失理智，像发了疯一样。语出《宋史·范如圭传》："公(秦桧)不丧心病狂，奈何为此？必遗臭万世矣。"后用"丧心病狂"形容言行荒谬或残忍到了极点▷丧心病狂的匪徒杀害了全村的人，男女老幼无一幸免。|说这种话的人，丧心病狂到了极点。≈丧尽天良。

搔首弄姿 sāo shǒu nòng zī 搔：用指甲挠。弄：卖弄。语本《后汉书·李固传》："固独胡粉饰貌，搔头弄姿。"后用"搔首弄姿"形容故意做出种种姿态卖弄风情▷那女人搔头弄姿，一看就不是个正经人。|他打扮得油头粉面，还不停地搔头弄姿，生怕别人不注意他。

扫地出门 sǎo dì chū mén 比喻剥夺其全部家产，并驱逐出家门▷他被债主扫地出门，流落街头，落得个凄惨的下场。

色厉内荏 sè lì nèi rěn 色：脸色，神色。荏：怯弱。语本《论语·阳货》："色厉而内荏，譬诸小人，其犹穿窬之盗也与？"后用"色厉内荏"形容外表强硬而内心怯懦▷他因为心里有鬼，所以不管怎么装，也掩饰不住色厉内荏的本质。≈外强中干。

[提示]厉，不要写作"历"。

僧多粥少 sēng duō zhōu shǎo 化斋的和尚多，准备的粥少。比喻所有甚少而所需甚多▷图书节开幕的那天，入场券一售而空，这种僧多粥少的可喜现象反映了图书正在成为人们必不可少的精神食粮。≈供不应求◇供过于求。

杀鸡儆猴 shā jī jǐng hóu 儆：警戒。杀掉鸡来吓唬猴子。比喻惩罚一个来警告其余的▷王老师杀鸡儆猴，严肃批评了小明，想以此整肃班级纪律。|他们这样做的目的在于杀鸡儆猴，但实际效果很差。≈杀一儆百|惩一儆百◇赏一劝众。

杀鸡取卵 shā jī qǔ luǎn 卵：蛋。杀死鸡来取鸡蛋。语出《伊索寓言》。比喻只图眼前细小的好处，不顾将来的、长远的、根本的利益▷为了目前的税收增加而挫伤广大经营者的营销积极性，这是一种杀鸡取卵的做法。|朝廷在田赋外，又增加了许多苛捐杂税，竭泽而渔，杀鸡取卵，终于逼得农民造反，使得整个政权处于风雨飘摇之中。≈竭泽而渔|饮鸩止渴◇量力而行。

杀气腾腾 shā qì téng téng 杀气：凶狠的气势。腾腾：气势旺盛的样子。形容气势凶狠▷鬼子兵杀气腾腾地把枪对准了老村长。|他发怒时那股杀气腾腾的模样可真吓人。≈气势汹汹|穷凶极恶|如狼似虎◇和蔼可亲|平易近人|和颜悦色。

杀人灭口 shā rén miè kǒu 口：口供。把人杀死，灭其口供。语出《新唐书·王义方传》："杀人灭口，此生杀之柄，不自主出而下移佞臣。"后用"杀人灭口"指为隐瞒事情真相而杀害知情者▷为了防止罪行败露，他竟然狠心杀死了自己的亲兄弟，以杀人灭口。|他们可是什么坏事都做得出的啊，像什么持刀抢劫、杀人灭口、打家劫舍等等。

杀人如麻 shā rén rú má 如麻：像乱麻一样数不清。杀死的人像乱麻一样多。语本《汉书·天文志》："后秦遂以兵内兼六国，外攘四夷，死人如乱麻。"后用"杀人如麻"形容杀人极多▷侵略者杀人如麻，妄图威吓当地群众，不料反而激起了广大人民的强烈愤慨和与入侵者战斗到底的决心。|这伙杀人如麻的匪徒终于受到了法律的严惩。

杀人越货 shā rén yuè huò 越：抢劫。语本《尚书·康诰》："杀越人于货，暋不畏死。"后用"杀人越货"指杀害人命，抢劫财物▷公安机关很快将这伙杀人越货的匪徒缉拿归案。|匪帮长期盘踞在三省交界处的深山中，杀人越货，无恶不作。

杀身成仁 shā shēn chéng rén 成：成全。仁：仁德，仁爱。献出自己的生命来成全仁德。语本《论语·卫灵公》："志士仁人，无求生以害仁，有杀身以成仁。"后用"杀身成仁"指为了正义而牺牲自己的生命▷历史上有许多英雄豪杰为了国家和民族的利益杀身成仁，舍生取义。|只要是为了人民的利益，我杀身成仁，死而无憾。≈取义成仁|舍生取义◇贪生怕死|苟且偷生。

杀一儆百 shā yī jǐng bǎi 儆：告诫，警告。语本《汉书·尹翁归传》："以一警百，吏民臣服。"后用"杀一儆百"指杀掉或惩罚一个人来警告众人▷有人带头闹事，若杀一儆百，就会使其他人不敢轻举妄动。

沙里淘金 shā lǐ táo jīn 从沙子里面淘取黄金。比喻从大量的原始材料中选取精华▷这篇文章可真不容易写啊，要从大量素材中沙里淘金，撷取精华。也比喻费力很多而所得很少▷要从这十万本书中找寻这些资料，真可谓沙里淘金了。≈披沙拣金|取精用宏。

歃血为盟 shà xuè wéi méng 歃血：嘴唇上涂上牲畜的血，以示立盟之诚。盟：宣誓订约。语本《穀梁传·庄公二十七年》："信其信，仁其仁，衣裳之会十有一，未尝有歃血之盟也。"后用"歃血为盟"指古代盟誓立约时，参加者在嘴唇上涂上作为祭品的牲畜的血，以示诚意▷两个部落的首领歃血为盟，决心共同御敌。

［提示］盟，不读"míng"。

煞费苦心 shà fèi kǔ xīn 煞：很，极。指费尽了心思▷我煞费苦心地筹建了这家公司，却被你们胡乱搞垮了。|为了筹备这次大型联谊会，我们几个人煞费苦心，四处张罗。≈呕心沥血|鞠躬尽瘁|殚精竭虑|绞尽脑汁◇信手拈来|轻而易举|漫不经心。

煞有介事 shà yǒu jiè shì 煞：像煞，真像。介事：那样的事。原为江浙一带方言。形容装模作样，好像真有那么一回事似的▷小胖戴着妈妈给他买的塑料听诊器，煞有介事地当起了医生。|看着他煞有介事的严肃表情，我忍不住笑了起来。

山崩地裂 shān bēng dì liè 崩：倒塌。山倒塌，地裂开。语出《汉书·元帝纪》："山崩地裂，水泉涌出。天惟降灾，震惊朕师。"后用"山崩地裂"形容声势巨大▷瀑布从数百米的高处飞泻直下，发出山崩地裂的巨响，方圆几十里内都能听见。|闪电过后，便是山崩地裂般的巨响，震得屋子里的桌椅也似乎摇动起来。

山重水复 shān chóng shuǐ fù 山峦重叠起伏，河流曲折环绕。语出宋·陆游

S

《游山西村》诗:"山重水复疑无路,柳暗花明又一村。"后用"山重水复"形容重重山水的阻隔▷我当年探险的地方真可以说是山重水复,坐火车两天两夜,下了车还得走两天的路。|在二万五千里的长征途中,我们的红军战士不怕山高路险,不管山重水复,克服艰难险阻,最终胜利地到达了目的地。

山高水长 shān gāo shuǐ cháng 像山一样高耸,像水一样长流。语出唐·刘禹锡《望赋》:"乔木何许兮,山高水长。"后用"山高水长"比喻人的品格节操高洁。也比喻情谊或恩情深厚▷朱自清先生的崇高品德,山高水长,令后人景仰。|两国人民的传统友谊,山高水长。≈高风亮节|深情厚谊。

山光水色 shān guāng shuǐ sè 山上景物明净,水波泛出秀色。形容山水秀丽▷游览西湖的人无不被她的山光水色所陶醉。|这里是新开辟的旅游胜地,山光水色,景色秀丽,每年吸引了大量的游客。≈山清水秀◇童山濯濯。

山清水秀 shān qīng shuǐ xiù 清:明净。秀:秀丽。形容山水秀丽,风景优美▷我的家乡是个山清水秀、物产丰饶的好地方。◇穷山恶水。

山穷水尽 shān qióng shuǐ jìn 穷:尽头。山和水都到了尽头,已经没有路可走了。比喻陷入绝境▷这家工厂由于经营不善,已到了山穷水尽的地步。≈日暮途穷|日薄西山|穷途末路|捉襟见肘◇柳暗花明|蒸蒸日上|欣欣向荣|生机勃勃|如日中天。

山珍海味 shān zhēn hǎi wèi 山野、海洋中出产的珍异食品。比喻丰盛的菜肴或珍贵的食品▷他们住的是高楼大厦,穿的是绫罗绸缎,吃的是山珍海味。◇粗茶淡饭。

删繁就简 shān fán jiù jiǎn 删:除去。就:趋向。语本元·杨载《诗法家数·绝句》:"绝句之法,要婉曲回环,删芜就简,句绝而意不绝。"后用"删繁就简"指删除繁杂的内容,使得简明扼要▷这个剧本经过这番删繁就简,显得更紧凑、精炼、更适合舞台演出了。|我们将搜集到的有关资料,或删繁就简,或全录其文,汇编成本书。◇连篇累牍。

姗姗来迟 shān shān lái chí 姗姗:女子走路时缓慢从容的样子。语本《汉书·孝武李夫人传》:"立而望之,偏何姗姗其来迟!"后用"姗姗来迟"形容来得很晚▷每次开会,她总是姗姗来迟。◇捷足先登。

煽风点火 shān fēng diǎn huǒ 比喻在背后指使人做坏事▷他四处煽风点火,唆使一些有不满情绪的人闹事。|你提出正当的意见完全可以,可你要煽风点火、误导群众,那是万万不行的!≈火上浇油|推波助澜◇息事宁人。

闪烁其辞 shǎn shuò qí cí 闪烁:光一闪一闪。形容说话躲躲闪闪,吞吞吐吐,透露一点想法又掩饰起来▷要他表态的时候,他便闪烁其辞,不知所云。|你有话就直说,不要闪烁其辞,让人听了心烦。≈含糊其辞|支支吾吾◇直言不讳|心直口快|直截了当|开门见山|单刀直入。

善罢甘休 shàn bà gān xiū 善:妥善。甘休:情愿罢休。好好地了结纠纷,甘愿休止▷敌人失败后是不会善罢甘休的,他们会利用一切机会疯狂地反扑。|他受到如此的污辱,岂能善罢甘休?≈息

S

事宁人｜一了百了◇势不两立｜争长论短。［提示］多用于否定形式。

善男信女 shàn nán xìn nǚ 善男：佛教称信佛的男子。信女：佛教称信佛的女子。语出唐·慧能《六祖坛经·疑问品》："在会善男信女，各得开悟，信受奉行。"后用"善男信女"泛指信佛的人▷寺庙中香烟缭绕，一群善男信女正在虔诚地烧香拜佛。｜那些文物贩子正伪装成善男信女，窥察寺院中的古物，伺机盗窃。也泛指善良的人▷这些人你要好好应付，他们可不是什么善男信女。

善始善终 shàn shǐ shàn zhōng 有好的开头，也有好的结尾。语出《庄子·大宗师》："善妖善老，善始善终。"后用"善始善终"形容事情从开始到结束都做得很好▷最后校长祝这次活动善始善终，圆满成功。｜这个任务既然已经接下了，我就一定善始善终，决不半途而废。≈有始有终｜有头有尾｜持之以恒◇半途而废｜虎头蛇尾｜有始无终。

伤风败俗 shāng fēng bài sú 伤、败：败坏。语出《汉书·货殖传》："伤化败俗，大乱之道也。"后用"伤风败俗"指败坏社会风气。多用来谴责道德败坏的行为▷没想到，她竟然做出这种伤风败俗、有辱名声的事。

伤筋动骨 shāng jīn dòng gǔ 指身体的筋骨受了伤害▷那些因跌打损伤而致残的人，大多因为伤筋动骨而没有得到及时的治疗。也比喻受到重大的损害▷作为公司最大的股东，他撤回了投资，使公司伤筋动骨，最后只能宣布破产了。

伤天害理 shāng tiān hài lǐ 天：天良。理：伦理。做事残忍狠毒，没有人性▷这个人面兽心的坏蛋，干尽了伤天害理的事，终于被处决了。≈灭绝人性｜丧尽天良。

赏罚分明 shǎng fá fēn míng 语出《汉书·张敞传》："敞为人敏疾，赏罚分明，见恶辄取。"后用"赏罚分明"指该赏的赏，该罚的罚，严格分清▷企业内部要有奖有罚，赏罚分明。｜只有赏罚分明，才能提高每个人的工作积极性。≈赏功罚罪｜赏善罚恶◇赏罚不明。

赏心乐事 shǎng xīn lè shì 赏心：因欣赏而产生的欢畅心情。乐事：快乐的事情。语出南朝宋·谢灵运《拟魏太子邺中集诗八首序》："天下良辰、美景、赏心、乐事，四者难并。"后用"赏心乐事"指能使人心情愉快的事情▷改革开放以来，人民生活水平逐年提高，真可谓赏心乐事家家有，笑逐颜开人人夸。

赏心悦目 shǎng xīn yuè mù 赏心：心情舒畅。悦目：看了舒服。形容看到美好的景色而心情舒畅▷西湖的美景令人赏心悦目。｜他写得一手好字，让人看了赏心悦目。≈心旷神怡｜怡情悦性◇触目惊心｜伤心惨目。

上蹿下跳 shàng cuān xià tiào 形容上下串联，大肆活动▷他们仗着人民给予的权利，却不顾及人民的利益，反而上蹿下跳，狼狈为奸，无恶不作。｜他为了得到一官半职，上蹿下跳，搅得单位里鸡犬不宁。

上天入地 shàng tiān rù dì 升上天空，钻入地下。比喻神通广大或为实现某种目的而四处奔走▷我说他一点问题也没有，他上天入地样样都行，做这件事更不在话下。｜你放心，我上天入地也要把你的那串钥匙找回来。

上下其手 shàng xià qí shǒu《左传·襄公二十六年》载：楚将穿封戌俘虏了郑将皇颉，王子围要争功劳，请伯州犁裁

S

定。伯州犁为了偏袒王子围，让皇颉作证时向他暗示，“上其手曰：‘夫子为王子围，寡君之贵介弟也。’下其手曰：‘此子为穿封戌，方城外之县尹也。谁获子？’”后用“上下其手”比喻玩弄手法，串通作弊▷这些贪污犯上下其手，多次侵吞公款。|他们上下其手、排挤贤能的行径很快被监察部门察觉了。≈徇私舞弊。

上行下效 shàng xíng xià xiào 行：做。效：仿效，模仿。语本汉·班固《白虎通·三教》：“教者，效也，上为之，下效之。”后用“上行下效”指上面的人怎么做，下面的人也跟着怎么做▷厂一级领导带头，不吃小锅饭，不坐小车，这样上行下效，全厂形成了廉洁、守法、奉公的好风气。|干部怎么样，群众就怎么样，这就是所谓的上行下效。

稍逊一筹 shāo xùn yī chóu 逊：相差。筹：古代用竹子制成的计数工具。指比较起来，稍微差一些▷这场比赛虽然打成平局，但从总体水平看，甲队还是稍逊一筹的。|写景诗，此篇是开山之作，而后世的模仿者则未免稍逊一筹了。◇略胜一筹。

稍纵即逝 shāo zòng jí shì 纵：放。逝：过去，消失。稍微一放松就消失了。语本宋·苏轼《文与可画筼筜谷偃竹记》：“见其所欲画者……急起从之，振笔直遂，以追其所见，如兔起鹘落，少纵则逝矣。”后用“稍纵即逝”形容时间或机会很容易失去▷时间稍纵即逝，所以我们应该抓紧分分秒秒，用于学习和工作。|商场犹如战场，形势瞬息万变，机会稍纵即逝。≈昙花一现。

[提示]即，不要写作“既”。

少安毋躁 shǎo ān wú zào 少安：暂且安定。毋：不要。躁：急躁。语本唐·韩愈《答吕毉山人书》：“方将坐，足下三浴而三熏之，听仆之所为，少安无躁。”后用“少安毋躁”指暂且安宁，不要急躁▷医生让病人少安毋躁，耐心等待化验结果。|你少安毋躁，让我将这件事的来龙去脉细细地告诉你。≈处之泰然|安之若素◇操之过急|心急如焚|迫不及待|坐立不安。

少见多怪 shǎo jiàn duō guài 语本汉·牟融《理惑论》：“少所见，多所怪，睹馲(tuō)驼(骆驼)，言马肿背。”后用“少见多怪”形容人见识少，见到平常的事物也觉得奇怪▷这有什么好笑呢？你们真是少见多怪。≈大惊小怪|见所未见◇不足为奇|见怪不怪|屡见不鲜。

少言寡语 shǎo yán guǎ yǔ 寡：少，缺少。形容说话不多▷他性格内向，一向是少言寡语的。|想不到少言寡语的她竟与人争得面红耳赤，大家都感到吃惊。≈沉默寡言◇口若悬河|滔滔不绝。

少不更事 shào bù gēng shì 少：年轻。更：经历。年纪轻，没经历过多少事情。语本《晋书·周颛(yǐ)传》：“君少年未更事。”后用“少不更事”指年轻人阅历少，缺乏经验▷毕竟是少不更事，见到这大场面，他竟有些不知所措。|每个人都是从少不更事的年代逐渐成长、成熟起来的。≈初出茅庐|羽毛未丰◇少年老成|老成持重。

[提示]少，不读“shǎo”。更，不读“gèng”。

少年老成 shào nián lǎo chéng 老成：老练成熟。语本汉·赵岐《三辅决录·韦康》：“韦主簿年虽少，有老成之风。”后用“少年老成”指年纪虽轻，却举止稳重，办事老练▷才上小学一年级

S

的他，戴着眼镜，背着双手，一副少年老成的样子。◇少不更事。

舍本逐末 shě běn zhú mò 舍：放弃。本：根本。逐：追求。末：次要的。语本《吕氏春秋·上农》："民舍本而事末则不令，不令则不可以守，不可以战。"后用"舍本逐末"指放弃主要的，追求次要的▷他作为在校学生，不好好学习文化知识，却热衷于做生意赚钱，这不是舍本逐末吗？|学校不把精力花在提高教学质量上，而是到处拉赞助、搞创收，这种舍本逐末的蠢事再也不能继续做下去了。≈本末倒置|轻重不分◇丢卒保车。

舍己为人 shě jǐ wèi rén 语出《论语·先进》"吾与点也"宋·朱熹集注："初无舍己为人之意。"后用"舍己为人"指为了帮助他人而放弃自己的利益▷我们应该大力提倡舍己为人的无私精神。≈先人后己|大公无私◇损人利己|唯我独尊。

［提示］舍，不读"shè"。为，不读"wéi"。

舍近求远 shě jìn qiú yuǎn 舍：放弃。语本《后汉书·臧宫传》："舍近谋远者，劳而无功；舍远谋近者，逸而有终。"后用"舍近求远"指放弃近处的，谋求远处的▷这东西本地就能买到，你何必舍近求远，跑到外地去买呢？|你有话就直说，不必舍近求远绕圈子。

舍生取义 shě shēng qǔ yì 义：正义。舍弃生命，求取正义。语本《孟子·告子上》："生亦我所欲也，义亦我所欲也；二者不可得兼，舍生而取义者也。"后用"舍生取义"指为正义而英勇牺牲▷古来有多少仁人君子面临死亡威胁的时候，凛然不惧，舍生取义，为后人树立了光辉的榜样。|舍生取义对于一个真正的共产党人来说，是理所当然的事情。◇苟且偷生。

舍生忘死 shě shēng wàng sǐ 舍：舍弃。不顾生命，忘记死亡。形容不顾生命危险，不怕牺牲▷战争年代，许多革命战士用自己年轻的生命，谱下了一曲曲舍生忘死的壮丽诗篇。≈出生入死|奋不顾身|视死如归◇贪生怕死|苟且偷生。

舍我其谁 shě wǒ qí shuí 舍：除了。除了我，还有谁呢？语出《孟子·公孙丑下》："如欲平治天下，当今之世，舍我其谁也？"后用"舍我其谁"指只有我才能担当此任▷原来这项工作是他的专长，怪不得当领导问大家有谁会做时，他会说"舍我其谁"。|这问题正搔着了他的痒处，他站起来回答时，大有一副舍我其谁的感觉。

设身处地 shè shēn chǔ dì 设：设想。设想自己处在别人这样的境地。语本《礼记·中庸》"体群臣也"宋·朱熹注："体，谓设以身、处其地而察其心也。"后用"设身处地"指为别人着想▷对于年老体弱的人，我们要设身处地为他们着想，多为他们干几件实事。|你少说风凉话！在当时的情形下，你设身处地地想想，除了这样做之外，还会有什么好办法？≈将心比心|推己及人。

涉笔成趣 shè bǐ chéng qù 涉笔：动笔，指写作、绘画等。成趣：形成有趣味的笔意。指动笔一写或一画就趣味盎然▷他有很深的文学造诣，平时又博览群书，每每见报的感想录、谈艺录等文章涉笔成趣，都很受读者的喜爱。|卢梭的《一个孤独的散步者的遐想》散文集，其特点是玉想琼思，妙语连珠，警句泉涌，涉笔成趣。

涉世未深 shè shì wèi shēn 涉：经历。

指社会经历太少，懂得的世事不多▷他大学刚毕业，才踏上社会，涉世未深，不大会处理人际关系。|他是个涉世未深的青年学生，还没有沾染上圆滑的官僚习气。

身败名裂 shēn bài míng liè 身：身份，地位。败：败坏，毁坏。名：名声，名誉。裂：破裂，损坏。地位丧失，名誉扫地。形容遭到彻底失败▷与人民为敌的人，最后总会落得身败名裂，遗臭万年。|一场官司，搞得他身败名裂。≈名誉扫地|声名狼藉◇功成名就|名满天下。

身不由己 shēn bù yóu jǐ 由：听从，顺从。身体由不得自己支配。形容自身的行动不能由自己作主▷他是受人胁迫，身不由己地干了对不起你的事。|跑完了三千米长跑，她身不由己地瘫倒在地。≈不由自主|情不自禁|鬼使神差◇随心所欲|自行其是。

身临其境 shēn lín qí jìng 身：亲身。临：到。其：代词，那。境：境地，地方。亲身到了那个地方▷你只有身临其境，才会有深切的感受和体会。|这部小说中的那些细节描写，令人仿佛身临其境，感受十分逼真。◇置身事外|隔岸观火。

身强力壮 shēn qiáng lì zhuàng 身体强壮，精力充沛▷参赛的拳击手们一个比一个身强力壮，一个比一个拳术精湛。|举重比赛的冠军是一个身强力壮、相貌堂堂的小伙子。≈虎背熊腰|钢筋铁骨◇弱不禁风|有气无力。

身首异处 shēn shǒu yì chù 脑袋离开了身子，分在两处。指人被砍头而死▷革命先烈为了全中国的解放，早把生死置之度外，哪还管身首异处？|犯人血喷满地，身首异处。

身体力行 shēn tǐ lì xíng 身：亲身。体：体验。力：尽力。行：实践。语本《淮南子·汜论》："故圣人以身体之。"又，《礼记·中庸》："力行近乎仁。"后用"身体力行"形容亲身体验、努力去做▷王老师不但口头上提倡体育锻炼，而且身体力行，经常带领同学们跑步、打球。|干部要取得群众的信任，不能只说不干，而应该身体力行。≈以身作则|身先士卒|言传身教◇纸上谈兵|言行不一。

身外之物 shēn wài zhī wù 身体之外的东西。泛指名誉、地位、金钱等▷一个人的官位毕竟是身外之物，而德行才是最要紧的。|公司倒闭了，你也不要太伤心了，钱财不过是身外之物，要想开些才好。

身无长物 shēn wú cháng wù 长物：多余的东西。指再也没有别的多余的东西▷听爷爷说，那次黄河发大水，他逃难来到上海时已经是身无长物了。◇绰绰有余。

[提示]长，旧读"zhàng"。

身先士卒 shēn xiān shì zú 身：亲身。先：领先，率先。士卒：士兵。将帅冲在士兵的前头。语本《史记·淮南衡山列传》："言大将军号令明，当敌勇敢，常为士卒先。"后用"身先士卒"比喻工作中领导带头，走在群众面前▷王厂长在工作中总是身先士卒，得到全厂工人的赞扬。|他那种身先士卒的表率行为，感染和带动了周围的干部和群众。≈一马当先|以身作则◇甘居人后。

身心交瘁 shēn xīn jiāo cuì 心：精神。交：一齐。瘁：过度劳累。身体和精神都极度疲乏▷他遭受了这连续的重大打击，终于身心交瘁，力不能支了。|繁忙的工作、错综复杂的人际关系，使得他身

心交瘁，终于一病不起了。◇心宽体胖。

深不可测 shēn bù kě cè 测：测量。深得难以测量。语出《淮南子·主术》："天道玄默，无容无则，大不可极，深不可测。"后用"深不可测"形容极深▷从上面望下去，那峡谷阴森森的，越发显得深不可测。也比喻情况不易捉摸▷此人一向语出惊人，行为深不可测。≈莫测高深。

深藏若虚 shēn cáng ruò xū 虚：空。把宝物隐藏起来，不让人看见，就像没有这件宝物。语出《史记·老子韩非列传》："良贾深藏若虚，君子盛德，容貌若愚。"后用"深藏若虚"比喻有真实本领的人外表并不显露出来▷他学问渊博，但深藏若虚，从不故意炫耀。|有本事的人，就得像人家老李那样，身怀绝技，却又深藏若虚，很是令人敬佩。≈被褐怀玉◇锋芒毕露|自吹自擂。

深仇大恨 shēn chóu dà hèn 极深的仇恨▷周大爷与那些地痞流氓有着深仇大恨。|他跟我们又无深仇大恨，我们要团结他。≈血海深仇◇恩重如山|大恩大德|恩同再造。

深更半夜 shēn gēng bàn yè 更：旧时一夜分成五更，每更大约两小时。形容夜已经很深▷他这个做秘书的也真辛苦，写稿常常要写到深更半夜，长期下去要累垮的。|你们这对小夫妻也真是，这深更半夜还吵什么架？闹得四邻都睡不好觉。

深居简出 shēn jū jiǎn chū 深居：住在隐秘的地方。简出：很少外出。语本唐·韩愈《送浮屠文畅师序》："夫兽深居而简出，惧物之为己害也。"后用"深居简出"指在家很少外出▷他自退休后，深居简出，很少与外人打交道。|为了不引起别人的注意，他深居简出；即使不得不出门，也要戴上口罩、墨镜，尽量避免不必要的麻烦。≈杜门却扫◇抛头露面。

深明大义 shēn míng dà yì 义：道义。深切地了解做人处事的大道理。形容识大体，顾大局▷他是一个深明大义的人，这点事讲给他听也没有关系的，丝毫不会影响到他的情绪。|他的儿子在抗洪救灾中英勇地牺牲了，他深明大义，没有向组织提出任何要求。

深谋远虑 shēn móu yuǎn lǜ 谋：计划。虑：考虑。语出汉·贾谊《过秦论》："深谋远虑，行军用兵之道，非及曩时之士也。"后用"深谋远虑"指计划周密，考虑长远▷新任厂长深谋远虑，重视产品的升级换代，使工厂在激烈的市场竞争中立于不败之地。|幸亏当时图书馆的负责人深谋远虑，将这一大批资料及早转移到后方，才躲过了日寇的魔爪。

深情厚谊 shēn qíng hòu yì 深厚的情意和友谊▷同志们对他的深情厚谊，是鼓励他不断前进的动力。|他感于老朋友的深情厚谊，只得答应了这件事。◇无情无义|薄情寡义。

深入浅出 shēn rù qiǎn chū 用通俗浅显的语言或文字表达深刻的道理▷这枯燥而艰涩的原理经王老师深入浅出地讲解后，我一下子就清楚了。|他的文章，写得生动活泼、深入浅出，很受读者的欢迎。≈老妪能解◇高深莫测|故弄玄虚。

深入人心 shēn rù rén xīn 深深地进入人们的心中。指已经被人们深深地接受和理解▷宣传用语怎样才能做到家喻户晓、深入人心？这是个很值得研究的课题。|由于脱贫致富的政策深入人心，我国已经步入小康社会。◇浮光掠影。

深思熟虑 shēn sī shú lǜ 思：思考。熟：指反复。虑：考虑。语出宋·张孝祥《代揔得居士与叶参政》："今者相公既专宥密之寄，深思熟虑，日不暇给。"后用"深思熟虑"指深入地思索，反复地考虑▷他做出的这个决定，是经过深思熟虑的，绝不是一时冲动。|他经过深思熟虑，胸有成竹地对大伙宣布了下一步的作战计划。≈深谋远虑|冥思苦想◇心血来潮。

深恶痛绝 shēn wù tòng jué 恶：厌恶。痛：痛恨。绝：极点。语本《孟子·尽心下》"斯可谓之乡原矣"宋·朱熹集注："深恶而痛绝之也。"后用"深恶痛绝"指厌恶和痛恨到了极点▷对那种不顾社会公德的行为，人们深恶痛绝。

［提示］恶，不读"è"。

神不守舍 shén bù shǒu shè 舍：指躯体。神魂离开了躯体。语本《三国志·魏书·管辂传》裴松之注引《管辂别传》："何(何晏)之视候，则魂不守宅，血不华色。"后用"神不守舍"比喻心神不宁，思想不集中▷他神不守舍，连钱包从口袋里掉出来都没有察觉。|他着急地等待着女友的来信，一个下午都神不守舍，坐立不安。≈神思恍惚|失魂落魄|心神不定|心不在焉◇专心致志|聚精会神|全神贯注。

神采奕奕 shén cǎi yì yì 奕奕：精神充足的样子。形容容光焕发，精神饱满▷司令员神采奕奕地登上检阅台，向行进中的部队致以军礼。≈容光焕发|神采飞扬◇面黄肌瘦|萎靡不振|无精打采。

神出鬼没 shén chū guǐ mò 出：出现。没：消失。像鬼神一样出没不定。原指用兵灵活神奇，不可捉摸。语本《淮南子·兵略》："善者之动也，神出而鬼行。"后用"神出鬼没"形容变化多端，捉摸不定▷此人行踪不定，神出鬼没，很难找到他。|他为了躲债，成天神出鬼没，东躲西藏。≈神秘莫测|行踪诡秘。

神鬼莫测 shén guǐ mò cè 神灵和鬼怪都不能揣度。形容十分诡秘难知▷他的行动一向是神鬼莫测的，我怎么知道他去了哪里？|他的棋路神鬼莫测，你下得过他吗？

神乎其神 shén hū qí shén 神：神妙。乎：语气助词。语本《庄子·天地》："深之又深而能物焉，神之又神而能精焉。"后用"神乎其神"指神妙到了极点▷一件平常的事到了他的嘴里，就变得神乎其神了。|那些信徒们将他们心目中的神灵吹得神乎其神。≈神秘莫测|玄之又玄◇平淡无奇。

神魂颠倒 shén hún diān dǎo 神魂：精神。精神恍惚，失去常态。形容过分迷恋，似着了魔▷他自从迷上了玩游戏，整天坐在电脑前，神魂颠倒。|那唱腔委婉动听，听者无不神魂颠倒。

神机妙算 shén jī miào suàn 神机：神奇的谋略。妙算：巧妙的筹划。语本唐·刘知幾《仪坤庙乐章》："妙算申帷幄，神谋及庙廷。"后用"神机妙算"形容计谋的高明▷师长神机妙算，敌军的每一步行动都在他的预料之中。

神来之笔 shén lái zhī bǐ 指写作时因产生灵感而得到精彩的文笔，像有神在暗中帮助那样▷丰富的生活经验、扎实的文字功底，是他创作中常能获得不期而至的神来之笔的基础。|这篇文章中的某些段落真是神来之笔，连作家本人都很得意。≈鬼斧神工|生花妙笔。

神气活现 shén qì huó xiàn 自以为了不起而表现出很威风、傲慢的样子▷那些暴发户有了几个钱，就显出一副神气活现的样子。|他得了数学第一名，就神气活现，瞧不起别人。≈威风凛凛|趾高气扬|大模大样|八面威风|洋洋得意|沾沾自喜|自高自大◇无精打采|缩头缩脑|低头哈腰。

神清气爽 shén qīng qì shuǎng 清：清明。爽：爽朗。语出唐·李复言《续玄怪录·裴湛》："烟翠葱茏，景色妍媚，不可形状。香风飒来，神清气爽，飘飘然有凌云之意。"后用"神清气爽"形容人神志清爽，心情舒畅▷站在滇池边，微风吹拂，粼粼然池面皱碧叠纹，真令人神清气爽。|刚才我们还头昏脑涨，到了花园不一会儿，就觉得神清气爽。

神色自若 shén sè zì ruò 自若：自然，没有变化。神色表情没有异样。语出南朝宋·刘义庆《世说新语·任诞》："籍（阮籍）饮啖不辍，神色自若。"后用"神色自若"形容态度镇定▷情况发生突变，老张神色自若，从容做出了应变措施。|先烈们神色自若地走上刑场，大有视死如归的气概。≈安之若素|面不改色|泰然自若◇神思恍惚|心慌意乱|形色仓皇。

神思恍惚 shén sī huǎng hū 神思：精神心绪。恍惚：心神不定。语出《太平广记》卷一五二引唐·无名氏《郑德璘》："德璘大骇，神思恍惚，悲惋久之，不能排抑。"后用"神思恍惚"指心神不定或神志不清的样子▷大家见她那种神思恍惚的样子，不免有些担心。|他近来老是神思恍惚的，是不是发生了什么事？≈心神不定◇聚精会神|神清气爽。

神通广大 shén tōng guǎng dà 佛教指法力无所不能。见《大智度论》卷九四。后用"神通广大"形容本领高超，办法极多▷在中国，谁都知道会七十二变、降妖擒魔的孙悟空是个神通广大的猴子。|此人朋友多，神通广大。◇捉襟见肘|一筹莫展。

神完气足 shén wán qì zú 精神饱满，气力充足。形容文章、书法、绘画等笔意丰满，气韵浓厚▷他的山水画真绝了，寥寥数笔，神完气足。|看了他这篇文章，我感到他很有功底，字里行间无不显得神完气足。

神闲气定 shén xián qì dìng 闲：悠闲。定：安宁。神气悠闲安静▷他坐在沙发里，一边抽着烟，一边听着音乐，显得神闲气定。|小桥流水，鸟语花香，几个上了年纪的老伯坐在赏心亭上，个个神闲气定。≈悠然自得|泰然自若。

审时度势 shěn shí duó shì 审：审察研究。时：时局，时机。度：揣度，估计。势：形势。语出明·沈德符《万历野获编·科场乡试遇水火灾》："刘欲毕试以完大典，俱审时度势，切中事理。"后用"审时度势"指审察时局，估量形势▷商场经理审时度势，及时提出了适应市场的经营方针。|他那种似乎与生俱来的、敏锐的审时度势的本领，实在令人叹为观止。

［提示］度，不读"dù"。

甚嚣尘上 shèn xiāo chén shàng 嚣：喧闹。尘上：地上尘土飞扬。原指军队喧闹忙乱的样子。语本《左传·成公十六年》："王（楚王）曰：'将发命也。甚嚣，且尘上矣。'"后用"甚嚣尘上"形容某种说法广为流传，众口议论纷纭▷一时间，他提出的“调和”主张甚嚣尘上，引起人们极大的关注。也形容反动错误的言论极为嚣张▷法西斯主义虽然一度甚嚣尘上，但不久即灰飞烟灭。≈满城风雨◇无声无息。

慎终追远 shèn zhōng zhuī yuǎn 终：指父母丧。远：指祖先。慎重对待父母的丧事，依礼追祭远代的祖先。语出《论语·学而》：“曾子曰：‘慎终追远，民德归厚矣。’”后用“慎终追远”指追念前贤▷他们站在人民英雄纪念碑前，慎终追远，向千百年来为中华民族之崛起而献身的志士仁人、革命先烈致哀。｜他终于从海外回来，在祖坟前抒发了慎终追远的哀思。

生搬硬套 shēng bān yìng tào 生：生硬，死板。指不顾实际情况，机械地套用别人的经验和方法▷学习外国的经验一定要结合本国的国情，决不能生搬硬套。｜作文本来没有一成不变的模式，内容决定形式，不能生搬硬套课文的结构。≈生吞活剥｜囫囵吞枣◇随机应变｜融会贯通｜因地制宜。

生不逢时 shēng bù féng shí 逢：遇到。生下来没遇上好时候。语本《诗经·大雅·桑柔》：“我生不辰，逢天僤怒。”僤(dàn)：盛。后用“生不逢时”感叹命运不好▷有些人遇到一些挫折或磨难，便感叹自己生不逢时，其实这是一种消极的人生观。

生财有道 shēng cái yǒu dào 道：方法，门路。语本《礼记·大学》：“生财有大道。”后用“生财有道”指开发财源有办法、有门路▷这个村生财有道，利用临海的自然条件，办起了海产品养殖场，不到一年就脱贫致富了。｜那个贪官将各种官职都明码标价，一手交钱，一手给官，也算是生财有道了。

生花妙笔 shēng huā miào bǐ 语本五代·王仁裕《开元天宝遗事·梦笔头生花》：“李太白少时，梦所用之笔头上生花，后天才赡逸，名闻天下。”后用“生花妙笔”形容杰出的写作才能▷他将一桩平淡无奇的事，用生花妙笔描写得曲折离奇，真令人佩服。｜《聊斋志异》之后的文言笔记小说，层出不穷，却没有哪一部能及得上蒲松龄的生花妙笔。

生拉硬扯 shēng lā yìng chě 生拖死拽。比喻牵强附会▷现在有些电视剧创作者根本不深入社会体验生活，而是闭门造车，东拼西凑，生拉硬扯，敷衍成篇。｜我们在谈这件事，你偏要说那件事，真是生拉硬扯。

生老病死 shēng lǎo bìng sǐ 出生、衰老、生病、死亡。语出《百喻经·治秃喻》：“世间之人，亦复如是。为生老病死之所侵恼，欲求长生不死之处。”后用“生老病死”泛指生育、养老、医疗、殡葬等事▷人的生老病死是自然规律，谁都抗拒不了的。｜这种用人制度将每个职工的生老病死都包了下来，有长处也有弊端。

生离死别 shēng lí sǐ bié 活着的人分离，死去的人永别。语出《陈书·徐陵传》：“况吾生离死别，多历暄寒，孀室婴儿，何可言念。”后用“生离死别”形容难以再见面的十分痛苦的别离▷战争年代，广大人民饱受了生离死别的痛苦。｜当年因家境贫寒，父母被迫将妹妹卖给他人做童养媳，那一幅生离死别的惨景，深深地印在他幼小的心灵上。◇骨肉团圆。

生灵涂炭 shēng líng tú tàn 生灵：百姓。涂：泥沼。炭：炭火。人民像陷在泥

潭里、掉进火中那样困苦不堪。语本《尚书·仲虺之诰》:"有夏昏德,民坠涂炭。"后用"生灵涂炭"形容社会混乱,人民处于极端困苦的境地▷连年的军阀混战,使生灵涂炭,国运凋敝。≈哀鸿遍野|水深火热◇国富民强|国泰民安|人寿年丰。

生龙活虎 shēng lóng huó hǔ 生:充满生气。比喻活泼矫健,充满活力▷中国女排在这场决赛中打得生龙活虎,完全掌握了场上的主动权。|小赵病愈后,又生龙活虎地出现在造桥工地上。≈龙腾虎跃|生气勃勃◇死气沉沉|奄奄一息|有气无力|一蹶不振。

生气勃勃 shēng qì bó bó 生气:生命力。勃勃:旺盛的样子。形容生命力非常旺盛▷严寒的冬天,松树仍郁郁葱葱,生气勃勃,傲然挺立。|孩子们生气勃勃的欢笑声吸引了路人的视线。≈生意盎然|朝气蓬勃◇暮气沉沉|死气沉沉|萎靡不振。

生杀予夺 shēng shā yǔ duó 生:让人活着。杀:处死。予:给予。夺:剥夺。语出《周礼·春官》:"内史掌王之八枋之法,以诏王治。一曰爵……五曰杀,六曰生,七曰予,八曰夺。"后用"生杀予夺"指掌握着任意处置别人生命财产的大权▷他手握着生杀予夺的大权,没有一个人不惧怕他。|对于孤苦无依的包身工而言,那些包工头无疑掌握着生杀予夺的权力。

生生世世 shēng shēng shì shì 指今生、来世以至永世。语出《南史·王敬则传》:"顺帝泣而弹指:'唯原后身,生生世世不复天王作因缘。'"后用"生生世世"指世世代代,永生永世▷我想我生生世世都不会忘记这一幕激动人心的情景的。

生死不渝 shēng sǐ bù yú 渝:改变。无论是活着还是死了都不改变。形容对理想、友谊、爱情等忠贞不变▷他们是一对生死不渝的战友。|革命的先驱对理想的追求生死不渝。≈矢志不移|坚定不移|始终不渝◇半途而废|见异思迁。

生死存亡 shēng sǐ cún wáng 生存或死亡。语本《左传·定公十五年》:"夫礼,死生存亡之体也。"后用"生死存亡"比喻事关重大,情势非常危急▷日寇入侵,整个中华民族到了生死存亡的危急关头。|整个团体都面临生死存亡的威胁,而团体内部却依旧在争权夺利,实在令人可叹啊!

生死攸关 shēng sǐ yōu guān 攸:所。关:关系。关系到人的生与死。形容事情非常重大,极为关键▷生死攸关之际,最能识别谁是真正的英雄。|面临生死攸关之时,他毫不犹豫,将生的希望让给别人,把死的威胁留给自己。

生死与共 shēng sǐ yǔ gòng 生死都在一起。形容关系非常密切▷在抗洪救灾的第一线,我们的人民解放军和灾区群众团结如一人,生死与共,用"人墙"组成了"钢铁长城"。|这个故事表现了咱们普通百姓与八路军战士骨肉相连、生死与共的亲密关系。

生死之交 shēng sǐ zhī jiāo 交:交情。语本南朝梁·任昉《哭范仆射》诗:"结欢三十载,生死一交情。"后用"生死之交"指同生共死的朋友或情谊▷经过这场浩劫,两位老人已成为生死之交了。≈刎颈之交◇狐朋狗友。

生吞活剥 shēng tūn huó bō 语本唐·刘肃《大唐新语·谐谑》:"有枣强尉张怀

S

庆，好偷名士文章……人为之谚曰：'活剥王昌龄，生吞郭正一。'”后用“生吞活剥”比喻生硬地模仿、搬用别人的言辞、理论、经验、方法等▷你们读书要慢慢体味消化，不能生吞活剥。|对于古代文化，要区分其中的精华和糟粕，不要生吞活剥，全盘接收。≈生搬硬套|囫囵吞枣◇融会贯通|因地制宜。

声东击西 shēng dōng jī xī 表面上扬言攻打东面，实际上却攻打西面。语本《淮南子·兵略》：“故用兵之道，示之以柔而迎之以刚，示之以弱而乘之以强，为之以歙而应之以张，将欲西而示之以东。”后用“声东击西”指一种迷惑对方、出奇制胜的战术▷声东击西是一种用兵之道，可以迷惑敌人，转移敌方注意力，进而争取胜利。|销售商有时也利用声东击西的策略，赢得顾客，赚取利润。

声价倍增 shēng jià bèi zēng 声价：名声和地位。语本唐·李白《与韩荆州书》：“一登龙门，则声价十倍。”后用“声价倍增”指声誉和地位迅速提高▷自从出版了自选诗集后，他在社会上声价倍增。

声泪俱下 shēng lèi jù xià 俱：都。边诉说，边流泪。语出《晋书·王彬传》：“[王彬]音辞慷慨，声泪俱下。”后用“声泪俱下”形容十分悲痛的样子▷老汉向围观者诉说着自己的不幸遭遇，声泪俱下，令人同情。|受害者控诉日寇的暴行，声泪俱下，激起了广大群众的强烈义愤。◇乐不可支|欢天喜地。

声名狼藉 shēng míng láng jí 声名：名声。狼藉：传说狼群睡起后常把卧处的草踏得一片残乱，以消灭痕迹，因以“狼藉”形容杂乱不堪。语本《史记·蒙恬列传》“以是藉于诸侯”唐·司马贞索隐：“言其恶声狼藉，布于诸国。”后用“声名狼藉”形容名誉极坏▷那些贪官污吏声名狼藉，为人切齿痛恨。|他在任三年，无恶不作，声名狼藉，最后被撤职查办。≈臭名昭著。

声名鹊起 shēng míng què qǐ 鹊起：如鹊惊飞，比喻乘时兴起。语出清·李斗《扬州画舫录·新城北录下》：“先在徐班，以年未五十，故无所表见(现)。至洪班则声名鹊起。”后用“声名鹊起”形容名声一下子提高了▷他主演的影片荣获国际大奖，他因此而声名鹊起，红极一时。|他本是一个默默无闻的普通工人，但报纸上的宣传使他声名鹊起，几乎一夜之间成为名人。◇声名狼藉。

声情并茂 shēng qíng bìng mào 并：都。茂：盛，引申指美好。语出清·珠泉居士《续板桥杂记·张玉秀》：“余于王氏水阁听演《寻亲记·跌包》一出，声情并茂，不亚梨园能手。”后用“声情并茂”指演唱时唱腔优美而表达的情感真挚动人▷他的唱腔珠圆玉润又声情并茂，使人得到一种无上的艺术享受。|她最擅长煽情，演的悲剧声情并茂，令观众无不泪下如雨。◇索然无味。

声色俱厉 shēng sè jù lì 色：脸色。俱：都。厉：严厉。语出《晋书·明帝纪》：“[王敦]大会百官而问温峤曰：'皇太子以何德称？'声色俱厉，必欲使有言。”后用“声色俱厉”指说话的声音和脸色表情都很严厉▷他这最后一句，声色俱厉，仿佛那些人就在他的面前。|他声色俱厉地喝道：“站住！”并一把拖住了那人。≈疾言厉色◇和颜悦色。

[提示]厉，不要写作“利”。

声色犬马 shēng sè quǎn mǎ 歌舞、女

S

色、玩狗、跑马。语本《隋书·齐王暕传》:“暕颇骄恣……求声色狗马。”后用“声色犬马”形容荒淫无度的生活▷声色犬马的糜烂生活,使他将家产挥霍殆尽。≈灯红酒绿|花天酒地◇粗茶淡饭。

声势浩大 shēng shì hào dà 声势:声威和气势。指声威和气势极为壮大▷这场农民自发的革命运动声势浩大,席卷了大半个中国。|尽管造反者初起时人数众多、声势浩大,但毕竟不像军队那样训练有素,所以很容易被官府镇压下去。≈波澜壮阔|气势磅礴◇销声匿迹|无声无息。

声嘶力竭 shēng sī lì jié 嘶:哑。竭:尽。声音嘶哑,力气用尽。形容拼命喊叫的样子▷路边,一个卖瓜的小贩正声嘶力竭地吆喝着。|那乞丐叫嚷了半天,已经声嘶力竭,却没有一个人理睬他。◇无声无息|鸦雀无声。

绳锯木断 shéng jù mù duàn 拉绳作锯子,也能把木头锯断。语本《汉书·枚乘传》:“泰山之霤穿石,单极之綆断幹。水非石之钻,索非木之锯,渐靡使之然也。”后用“绳锯木断”比喻力量虽小,只要坚持不懈,难办的事情也能办成▷学习基础再差的同学,只要有恒心、有毅力去学,绳锯木断,水滴石穿,他们也一定能学好的。|他就是凭着绳锯木断的信念和毅力,克服了种种困难,经历了种种挫折,终于取得了最后的成功。≈水滴石穿|磨杵成针|跬步千里◇半途而废|功亏一篑|前功尽弃。

绳之以法 shéng zhī yǐ fǎ 绳:准绳,准则,引申指约束、制裁。语出《淮南子·泰族》:“若不修其风俗,而纵之淫辟,乃随之以刑,绳之以法。”后用“绳之以法”指依照法律来惩治▷对于贪污腐败现象,只有将其人绳之以法,才能打击他们的嚣张气焰。|能不能将犯罪分子绳之以法,而不考虑他们的背景,这是衡量一个国家法制是否健全的标准之一。

省吃俭用 shěng chī jiǎn yòng 吃得俭省,用得节约。形容生活十分俭朴节省▷他省吃俭用,购置了许多的书籍和实验的仪器。|他将自己省吃俭用几十年所积攒下的数万元钱款,全部捐献给了灾区人民。◇挥金如土|一掷千金|挥霍无度。

胜任愉快 shèng rèn yú kuài 胜任:能力足以担任。语本《史记·酷吏列传》:“当是之时,吏治若救汤扬沸,非武健严酷,恶能胜其任而愉快乎?”后用“胜任愉快”指有能力担任某项工作,而且能愉快地完成任务▷教学工作对他这样的老教师来说,无疑是胜任愉快的。≈力所能及|应付自如◇力不从心。

盛极一时 shèng jí yī shí 语出清·方东树《刘悌堂诗集序》:“刘氏名弗耀于远,而其说盛行一时。”后用“盛极一时”指在一段时期内极为兴盛或流行▷这种款式的服装,前几年在香港曾盛极一时。|曾盛极一时的旧书店,现在已差不多完全消失了。≈方兴未艾|如日中天◇一落千丈。

盛名难副 shèng míng nán fù 盛名:很大的名声。副:符合。语本《后汉书·黄琼传》:“阳春之曲,和者必寡;盛名之下,其实难副。”后用“盛名难副”指名声很大,但与实际情况却不符合或不相称▷不可否认,现在的有些所谓著名学者,往往是盛名难副。|这种盛名难副的情形,古已有之了。≈名不副实|有名无

S

实◇名副其实|名实相副。

盛气凌人 shèng qì líng rén 盛气：骄横的气焰。凌：欺凌，欺压。语本宋·朱熹《朱子全书·学五》："不得尚气凌人，自取耻辱。"后用"盛气凌人"形容以威严或骄横的气势压人▷他刚有了一点权势，便盛气凌人起来。|特派员那种盛气凌人、不可一世的样子，令在场的人十分反感。≈不可一世|咄咄逼人◇平易近人|口角春风。

盛情难却 shèng qíng nán què 盛情：深厚的情谊。却：推辞。深厚的情意使人难以推辞▷他专程从外地来邀你去讲演，盛情难却，你就去一次吧。|他从不赴宴吃请，但在亲戚们的盛情难却之下，却破例地去了。

尸横遍野 shī héng biàn yě 尸：尸体。横：交错杂乱。遍：遍及，到处。尸体交错杂陈，布满四野。形容经过激烈的战斗或大规模的流血事件后，被杀害的人极多的惨状▷清军攻陷南京，闭城搜杀三日三夜，城内尸横遍野，血流成河。|黄土岭一仗，敌军被杀得尸横遍野，全军覆灭。

尸位素餐 shī wèi sù cān 尸位：空占着位子而不尽职。素餐：不劳动而白吃饭。语出《汉书·朱云传》："今朝廷大臣，上不能匡主，下亡以益民，皆尸位素餐。"后用"尸位素餐"指占着职位不做事，白吃饭▷他身为局长却从不过问局里的事，真是尸位素餐。|这些人意志消沉、尸位素餐，成了改革开放的绊脚石。

失而复得 shī ér fù dé 语出宋·王安石《原过》："是失而复得，废而复举也。"后用"失而复得"指失去的又重新得到▷钱包失而复得，大家都为她庆幸。|这种机会千载难逢，失去了就永远失去了，想要失而复得是不可能的。◇得而复失|一去不返|交臂失之。

失魂落魄 shī hún luò pò 魂、魄：迷信指人的可以脱离形体而存在的精神。丢失了灵魂，掉落了心魄。形容人惊恐到了极点。也指人心神不宁，行动失去常态▷这几天我真是度日如年，左右为难，成天失魂落魄，我渴望有人帮帮我。|看到他那副失魂落魄的样子，大家都以为发生了什么可怕的事。≈亡魂丧胆|魂不附体|魂不守舍|魂飞魄散|六神无主|神魂颠倒|惊恐万状◇泰然自若|若无其事|从容不迫。

失之交臂 shī zhī jiāo bì 交臂：胳膊碰到胳膊，指擦肩而过。语本《庄子·田子方》："吾终身与女(汝)交一臂而失之，可不哀与！"后用"失之交臂"指当面错过机会▷可惜他决赛时起跑没跑好，与冠军失之交臂。|他准确无误地叫出了我的名字，并且说出我们当年失之交臂的经过。

师出无名 shī chū wú míng 师：军队。名：名义，引申为理由。出兵没有正当的理由。语本《汉书·高帝纪》："兵出无名，事故不成。"后用"师出无名"比喻采取某种行动而没有正当的理由▷你在这个时候突然发难，师出无名，很难得到大家的支持。|你做这样的事而师出无名，那怎么可能成功呢？◇师出有名。

师出有名 shī chū yǒu míng 师：军队。名：名义，理由。出兵有正当的理由。语本《礼记·檀弓下》："师必有名。"后用"师出有名"指行事有正当的理由▷侵略者在发动侵略战争之前，往往要制造借口，显得师出有名的样子。|他本就想溜出家去，可巧接到同学的电话，便告诉

了母亲一声，师出有名地出门去了。◇师出无名。

师道尊严 shī dào zūn yán 师道：为师之道。语本《礼记·学记》："凡学之道，严师为难。师严然后道尊，道尊然后民知敬学。" 指老师受到尊敬，他所传授的知识、道理和技能才能得到尊重。后用"师道尊严" 指为师者的地位崇高或为师之道庄严▷你们毫无理由地批判师道尊严，结果破坏了学校正常的教学秩序。|看他平时总摆出一副师道尊严的样子，同学们都不敢与他接近。

诗情画意 shī qíng huà yì 诗一般的情趣，画一般的意境。形容景色秀丽、环境优美或生活美好，如诗如画▷这充满诗情画意的桂林山水，真令人陶醉。|房间不大，但布置得很雅致，使人产生一种诗情画意的感觉。

［提示］意，不要写作"义"。

十恶不赦 shí è bù shè 十恶：封建社会中十种不可赦免的重大罪行，即谋反、谋大逆、谋叛、谋恶逆、不道、大不敬、不孝、不睦、不义、内乱。赦：赦免，饶恕。后用"十恶不赦" 形容罪大恶极，不能饶恕▷匪徒们伤天害理的暴行，真是十恶不赦，令人发指。|那些汉奸卖国贼早已成为中华民族历史上十恶不赦的罪人，被钉在了历史的耻辱柱上。≈罪不容诛|罪该万死。

十行俱下 shí háng jù xià 俱：全，都。十行字同时看。语出《梁书·简文帝纪》："读书十行俱下，九流百氏，经目必记，篇章辞赋，操笔立成。" 后用"十行俱下" 形容读书速度很快▷对于一些可以泛读的书，阅读时可以十行俱下。|他读书的速度很快，用十行俱下来形容，一点也不算夸张。≈一目十行。

［提示］行，不读"xíng"。

十拿九稳 shí ná jiǔ wěn 稳：稳当。拿十次有九次准。比喻很有把握▷你这次高考总分很高，进名牌大学是十拿九稳的。|虽然同学们锻炼都很积极，但要全部达到体锻标准，还不敢说已是十拿九稳的事儿。≈万无一失|稳操胜券|探囊取物。

十年寒窗 shí nián hán chuāng 寒：寒冷，形容艰苦。指科举时代的读书人，为了获取功名，长年埋头于寒窗之下苦读不已。语本唐·赵抟《琴歌》："绿桐制自桐孙枝，十年窗下无人知。" 后用"十年寒窗" 形容长期刻苦地读书▷科举时代多少读书人十年寒窗，梦想一举成名天下闻。|要想成为学者，没有十年寒窗、读书万卷，能行吗？≈韦编三绝。

十全十美 shí quán shí měi 十分完美，没有缺陷▷你想一上手就把工作做得十全十美，是不切实际的。|严格地说，世上没有一样东西是十全十美的。≈尽善尽美|完美无缺|白璧无瑕◇一无是处|一无可取。

十室九空 shí shì jiǔ kōng 室：屋子，指住家。十户人家有九家都空了。语出晋·葛洪《抱朴子·用刑》："徐福出而重号咷之仇，赵高入而屯豺狼之党，天下欲反，十室九空。" 后用"十室九空" 形容战争、灾荒等造成人民家破人亡的凄凉景象▷日寇的烧杀掠抢，使得这里的村庄十室九空，满目凄凉。|连年的旱灾，使这里赤地千里，十室九空，人们纷纷出门逃荒。◇安居乐业。

十万火急 shí wàn huǒ jí 形容情况非常紧急，刻不容缓▷他得知父亲病危，便

十万火急地连夜赶回去了。|他收到了一个十万火急的电话,当天就乘飞机去北京了。≈急如星火|火烧眉毛|迫在眉睫|刻不容缓|燃眉之急|间不容发◇慢条斯理。

十指连心 shí zhǐ lián xīn 十个手指个个都与心相连。指手指的感觉很灵敏,一旦伤着其中一个,就会痛得钻心。比喻与有关的人或事之间有着极为密切的关系(多用于骨肉亲情)▷听到老三牺牲的消息,张大妈的心都碎了。十指连心,孩子可是娘的心头肉啊!|这个人是他的兄弟,常言道十指连心,你把他收拾了,他是一定不会善罢甘休的。≈唇齿相依|休戚相关|骨肉相连|息息相关◇无关痛痒。

什袭而藏 shí xí ér cáng 什袭:层层包裹起来。把物品包裹了好几层珍藏起来。《太平御览》卷六引《阚子》载:有个宋国人拾到一块燕石,以为是宝物,非常小心地收藏在家里。周围的邻居听说后都赶来祝贺,并要求见识一下宝物。那人穿戴整齐,郑重地拿出一口箱子,打开一看里面还有一口箱子,这样箱子套箱子,共套有十口箱子。最后取出一个小包裹,打开一层绸布还有一层绸布,共包有十层。当"宝物"呈现在众人面前时,有人掩口而笑道:"原来是一块燕石,它同破瓦碎砖的价值差不多哩!"后用"什袭而藏"指郑重其事地珍藏▷这方印章可是个宝物,他什袭而藏,轻易不让人观赏。|他发现自己什袭而藏的古字画竟然是赝品时,气得差点儿吐血。◇弃如敝屣。

石沉大海 shí chén dà hǎi 石头掉到大海里。比喻一去毫无踪影,没有一点消息▷我向有关部门接连几次寄去建议书,但都石沉大海,一点回音也没有。|他离家后就如石沉大海一般,没有一点音信传回家中。≈杳如黄鹤|泥牛入海。

石破天惊 shí pò tiān jīng 山石崩裂,声震天庭。语出唐·李贺《李凭箜篌引》:"女娲炼石补天处,石破天惊逗秋雨。"原指箜篌的乐声高亢激越,惊动上天,妙不可言。后用"石破天惊"比喻文章或议论精辟新奇,有惊人之处。也比喻事件的爆发突然或事态的发展出奇,令人震惊▷在封建专制的层层重压之下,谭嗣同竟有这样犀利透辟的见解,真可谓石破天惊,振聋发聩。|中山靖王陵的发现是极其偶然的,但却成了我国考古史上石破天惊的事件。≈惊天动地|翻天覆地。

时不我待 shí bù wǒ dài 待:等待。时间不会等待我们。指要抓紧时间▷时不我待,少壮不努力,老大徒伤悲。|改革开放的形势发展一日千里,我们一定要抓住有利时机,果断扩大公司规模,时不我待啊!

时不我与 shí bù wǒ yǔ 与:等待。时间不会等待我。语本《论语·阳货》:"日月逝矣,岁不我与。"后用"时不我与"指感叹时光流逝,不可挽回▷回想当年浪掷青春,虚度年华,而如今来日无多,时不我与,真是追悔莫及。|要抓紧这个机会,时不我与,你们赶紧出发吧!

时乖运蹇 shí guāi yùn jiǎn 乖:不顺。运:命运。蹇:不顺利。指时机和命运都不好▷他是个很有抱负的人,只是时乖运蹇,不得不与我们这些没出息的人为伍。|这次生意的亏损,我也不想埋怨任何人,只怪我自己时乖运蹇罢了。◇时来运转|否极泰来|时运亨通。

时过境迁 shí guò jìng qiān 境：环境，境况。迁：变迁，改变。时间已经过去，情况也随之发生了变化▷茫茫人海，凭借片段、零星的资料和线索，找人犹如大海捞针，更何况时过境迁，当初的物和人早已不知去向。|《帝京景物略》刊印于明崇祯间，距今已有三百多年，时过境迁，有些景物今天早已见不到了。◇一成不变。

时来运转 shí lái yùn zhuǎn 时：时机，机缘。运：命运，运气。语本《晋书·慕容暐载记》："时来运集，天赞我也。"后用"时来运转"指机会来了，命运有了转机，从此由逆境变为顺境▷当年挖井一镢头刨到秦俑的农民，时来运转，被秦俑馆的商店请去做"特邀嘉宾"。|有些人，一旦时来运转做了高官，就摆出一副颐指气使的大老爷派头。≈否极泰来|苦尽甘来◇时乖命蹇|祸不单行。

时隐时现 shí yǐn shí xiàn 时：一会儿。语本宋·邵博《闻见后录》卷二五："其间林木荟蔚，云烟掩映，高楼曲榭，时隐时见（现），使画工极思不可图。"后用"时隐时现"指一会儿隐没，一会儿出现▷风急浪高，湖面上的那条小船颠簸起来，在波浪中时隐时现。|远远望去，城市中的灯光闪烁不定，一阵薄雾吹过，便时隐时现，像是布满了繁星的天空。≈若隐若现◇藏而不露|显而易见。

时运亨通 shí yùn hēng tōng 亨：通达。通：顺利。时运通达顺利。指运气好，事事顺利▷这几年，他时运亨通，生意越做越大。|想当年，他也不过和我们一样，都是穷学生。曾几何时，他时运亨通，竟做了大官了。≈时来运转◇时乖运蹇。

［提示］亨，不要写作"享"。

识文断字 shí wén duàn zì 断：区分。指知晓文字▷识文断字的人更要讲究文明礼貌。|他家是书香门第，他自幼就识文断字，不足为奇。◇目不识丁|胸无点墨。

实事求是 shí shì qiú shì 实事：客观存在的事物或情况。求：寻求，研究。是：真实正确，事物的内部规律性。语出《汉书·河间献王传》："修学好古，实事求是。"后用"实事求是"指对待和处理问题，从实际情况出发，务求弄清事实，从而得出正确的认识▷不管做什么事，我们一定得实事求是，一切从实际出发。|他骗取学位为自己镀金，有哗众取宠之心，无实事求是之意。≈脚踏实地◇弄虚作假。

实至名归 shí zhì míng guī 实：实际的成绩、成就。至：到，达到。名：名誉，声望。归：来到。实际成就有了，应有的名誉声望自然会随之而来。指有真才实学之人不求名而名总会归于他▷这几年，他写出了不少高质量的作品，称他是著名作家，当属实至名归。

拾金不昧 shí jīn bù mèi 金：钱财，泛指贵重物品。昧：隐藏。捡到钱物不隐藏起来据为已有▷这座城市的出租车行业以其价廉、服务质量好、拾金不昧而享誉全国。|在这个企业，员工做好人好事，拾金不昧的事情层出不穷。

拾人牙慧 shí rén yá huì 牙慧：指别人说过的话，即旧的观点、见解和说法。语本南朝宋·刘义庆《世说新语·文学》："殷中军云：'康伯未得我牙后慧。'"后用"拾人牙慧"比喻袭取和套用别人的说法▷他的这些意见，并非拾人牙慧，而是自己的心得。|写文章要有独到的见解，拾人牙慧是不会有人喜欢

S

的。≈鹦鹉学舌|人云亦云|如法炮制◇独辟蹊径|独树一帜|标新立异。

拾遗补阙 shí yí bǔ quē 遗：遗漏。阙：缺失，过失。拾取遗漏的，补正缺失的。语出汉·司马迁《报任少卿书》："上之不能纳忠效信，有奇策才力之誉，自结明主；次之又不能拾遗补阙，招贤进能，显岩穴之士。"后用"拾遗补阙"泛指帮助别人纠正缺点和过失。也指采录遗逸的事迹，弥补著述的缺漏▷这些回忆文章，其材料之丰富，足可为正史拾遗补阙。|全书的编写已基本完成，接下来就是做一些拾遗补阙的工作。

［提示］阙，不要写作"缺"。

食不甘味 shí bù gān wèi 甘味：美好的味道。吃了好东西也觉不出好的味道。语出《战国策·秦策三》："今也寡人一城围，食不甘味，卧不便席。"后用"食不甘味"形容心中忧虑、操劳或身体欠佳▷他近日闷闷不乐，食不甘味，似有什么心事。|近日股市下跌，那些股民们个个寝不安席，食不甘味。

食不果腹 shí bù guǒ fù 果：饱足，充实。吃不饱肚子。语本唐·段成式《酉阳杂俎·诺皋记下》："和州刘录事者，大历中罢官居和州旁县，食兼数人，尤能食鲙，常言鲙味未尝果腹。"后用"食不果腹"形容生活极为贫困▷那时候，这里十年九荒，家家都穷得很，食不果腹，衣不蔽体是常有的事。|在远古时代，人类的生活非常艰难，经常衣不蔽体、食不果腹。≈饥肠辘辘◇饱食终日|酒足饭饱。

食不下咽 shí bù xià yàn 食物吞咽不下去。语本唐·韩愈《张中丞传后叙》："云（南霁云）来时，睢阳之人不食月余日矣。云虽欲独食，义不忍；虽食，且不下咽。"后用"食不下咽"形容忧心忡忡或哀伤过度而不思饮食▷听说今天晚上老板要宣布裁员的名单，所以尽管聚餐会上菜肴丰盛，但大家都食不下咽，忧心忡忡。|面对股市的暴跌，股民们这几天食不下咽，火气也大得很。

食古不化 shí gǔ bù huà 古：指古人的学问、技巧、方法等。语出清·陈撰《玉几山房画外录》卷下引恽向《题自作画册》："可见定欲为古人而食古不化，画虎不成、刻舟求剑之类也。"后用"食古不化"指学习古人的东西，不善于根据现实的需要加以融会贯通地运用，就像食物吃下去后不消化一样▷食古不化的人往往只会死啃书本，不知变通。|你不必太过拘泥于古代的说法，以致食古不化。◇融会贯通。

食肉寝皮 shí ròu qǐn pí 寝皮：把皮当作垫褥。割下他的肉来吃，剥下他的皮垫在身下睡觉。语本《左传·襄公二十一年》："臣食其肉而寝处其皮矣。"后用"食肉寝皮"形容对仇人的极端仇恨▷这里的山民对土匪恨之入骨，即使食肉寝皮也难解其恨。|对于在中国犯下累累暴行的日本侵略者，即使食肉寝皮，也是天公地道的。≈不共戴天◇相亲相爱|关怀备至。

食言而肥 shí yán ér féi 食：吃。肥：胖。吃自己说过的话吃得胖起来。语本《左传·哀公二十五年》："公曰：'是食言多矣，能无肥乎？'"这是鲁哀公对当时掌握鲁国实权的孟武伯的讽刺。因孟武伯经常说话不守信用，故哀公在武伯调侃郭重"何肥也（你为什么长得这样胖）"时，接过其话头，以此语讥之。后用"食言而肥"形容不守信用▷这种食

言而肥的人，以后千万不能相信他。|言而无信，食言而肥，这是他一贯的作风。≈言而无信|自食其言|出尔反尔|背信弃义◇言而有信|一言为定|说一不二|一诺千金。

食玉炊桂 shí yù chuī guì 桂木：指珍贵的木材。吃饭如同吃珠玉，烧柴如同烧桂木。语出《战国策·楚策三》："楚国之食贵于玉，薪贵于桂，谒者难得见如鬼，王难得见如天帝。今令臣食玉炊桂，因鬼见帝。"后用"食玉炊桂"形容物价昂贵，生活艰难▷飞涨的物价使他们在城中生活如同食玉炊桂，不得已，他们只得搬到乡下去了。|那年头，他们夫妇双双失业，又得抚养一双儿女，这食玉炊桂的日子，也不知他们是怎样熬过来的。≈米珠薪桂◇物美价廉。

史不绝书 shǐ bù jué shū 史：史籍。绝：断绝。书：书写。史籍上不断有这样的记载。语出《左传·襄公二十九年》："公卿大夫相继于朝，史不绝书。"后用"史不绝书"指历史上比较多见的同类事情或现象▷类似唐末宦官乱政的事情，真是史不绝书。|自古以来，为了皇位而兄弟残杀的事史不绝书。≈屡见不鲜◇史无前例|不见经传。

史无前例 shǐ wú qián lì 前例：以前的事例。历史上从来没有过这类事例▷二十世纪三十年代，中国工农红军发扬艰苦奋斗的精神，胜利地进行了史无前例的二万五千里长征。|共产主义运动是人类社会史无前例的壮举。≈前所未有◇司空见惯|史不绝书|屡见不鲜。

矢口否认 shǐ kǒu fǒu rèn 矢口：发誓，一口咬定。发誓赌咒，坚决否认。指死不承认▷小红矢口否认道："根本没有的事，你别瞎猜疑好不好？"|我明明看到是他拿走的，他却矢口否认，还说是我看错人了。◇直认不讳。

矢志不渝 shǐ zhì bù yú 矢：同"誓"，发誓。渝：变，改变。发誓立志，决不改变。表示永不变心▷这些球迷，爱上了一支球队，便矢志不渝，荣辱与共。胜，与之同喜；败，与之同悲。|她是一位画坛奇女子，历经生活的坎坷，却矢志不渝献身绘画艺术。≈忠贞不贰◇见异思迁|喜新厌旧|朝三暮四|朝秦暮楚|三心二意。

豕突狼奔 shǐ tū láng bēn 豕：猪。如野猪冲撞，似恶狼奔窜。比喻坏人横冲直撞▷敌寇被我八路军打得豕突狼奔，顷刻溃散。|敌人像发了疯似的，豕突狼奔地向我军阵地扑来，企图夺下这块高地。

始料所及 shǐ liào suǒ jí 始：开始。料：估计，料想。及：到。指开始时就已估计到了▷他们俩最后未能走到一起，这是大家始料所及的。|官场上的升迁荣辱，就不是普通人能始料所及的。

始乱终弃 shǐ luàn zhōng qì 乱：淫乱。先是喜爱而加以玩弄，后来变心就将其遗弃。多指玩弄女性的不道德行径▷对于那些青春美少女，这些斯文禽兽哪一个不是始乱终弃的？更可恶的是还装作是正人君子呢！|对女性始乱终弃，必受道德的谴责。

始终不渝 shǐ zhōng bù yú 始：开始。终：结束，终了。渝：改变。语出《晋书·陆晔传》："恪勤贞固，始终不渝。"后用"始终不渝"指自始至终一直不改变（多用于感情、信仰、意志或立场、态度等方面）▷多年来，他始终不渝地爱着自己的残疾妻子。|卓别林对伦敦兰贝斯区天真的穷孩子、寂寞的公园、街头的音乐，

S

怀有始终不渝的感情。≈一如既往｜矢志不渝｜始终如一◇有始无终｜虎头蛇尾｜朝秦暮楚｜朝三暮四。

始终如一 shǐ zhōng rú yī 始：开始。终：结束，终了。一：同一，一样。语本《荀子·议兵》："虑必先事而申之以敬，慎终如始，始终如一，夫是之谓大吉。"后用"始终如一"指自始至终一个样，坚持到底或没有变化▷在商品大潮冲击下，不少文人纷纷下海经商，但他始终如一，埋头书斋，做自己的学问。｜十多年来，他始终如一地为人民做好事，这是多么难能可贵啊！≈始终不渝｜一如既往◇有始无终｜见异思迁｜朝三暮四｜反复无常。

始作俑者 shǐ zuò yǒng zhě 俑：古代殉葬用的木制或陶制的偶人。最早制作俑来殉葬的人。语出《孟子·梁惠王上》："仲尼曰：'始作俑者，其无后乎？'为其象人而用之也。"后用"始作俑者"比喻一种恶劣风气的首创者或第一个做某件坏事的人▷这种恶例是由他首开的，难怪人们斥责他为"始作俑者"。｜吸毒的始作俑者真该碎尸万段。≈罪魁祸首。

世风日下 shì fēng rì xià 世风：社会风气。日：一天一天地。下：下落，指变坏。社会风气一天比一天坏▷人心浇薄，世风日下，这种状况令人怵目惊心。｜在那种世风日下的社会里，像他这样廉洁奉公的官吏，真算得上是凤毛麟角。≈人心不古｜每况愈下◇蔚然成风。

世态炎凉 shì tài yán liáng 炎凉：冷暖。指人得势时就有人奉承巴结，倒霉时就遭人冷淡。语出宋·文天祥《杜架阁》诗之二："世态炎凉甚，交情贵贱分。"后用"世态炎凉"指趋炎附势的人情世故▷世态炎凉是自古就有的常态，也不足为奇。｜这种毫无修养的人，只懂得世态炎凉，哪会理会什么做人的道理呢？◇民淳俗厚。

世外桃源 shì wài táo yuán 晋·陶渊明在《桃花源记》中描写的一个与世隔绝、环境优美、百姓安居乐业的美好地方。后用"世外桃源"指没有纷争、不受外界影响的美好世界▷这个地方，没有城市的喧嚣，人民也淳朴厚道，令来客有到了世外桃源的感觉。｜在现实社会中，又能到哪里去寻找世外桃源呢？≈洞天福地。

势不可当 shì bù kě dāng 当：抵挡。语本《晋书·郗鉴传》："群逆纵逸，其势不可当。"后用"势不可当"形容来势凶猛，不能抵挡▷历史潮流，势不可当；顺之者昌，逆之者亡。｜苏联红军展开强大的攻势，势不可当，直捣德军的老巢——柏林。≈长驱直入｜所向披靡。

势不两立 shì bù liǎng lì 势：情势。两立：两者并存。双方对立的势态不能同时并存。语出《战国策·楚策一》："秦之所害于天下莫如楚，楚强则秦弱，楚弱则秦强，此其势不两立。"后用"势不两立"形容双方矛盾十分尖锐或仇恨很深，不可调和▷艺术是真、善、美的统一体，真与假，美与丑，善与恶从来就是势不两立的。｜他俩是势不两立的冤家对头。≈不共戴天｜你死我活｜水火不容｜冰炭不投◇并行不悖｜水乳交融｜生死与共｜同甘共苦｜情同骨肉｜亲密无间。

势均力敌 shì jūn lì dí 势：势力。均：均等。敌：相当。语本《尹文子》："两智不能相使，两贵不能相临，两辩不能相屈，力均势敌故也。"后用"势均力敌"指双

S

方的气势和力量相当，不分上下▷两家商城望衡对宇，旗鼓相当，长期势均力敌，难分轩轾。|两名棋手势均力敌，彼此都难以取胜，遂握手言和。≈旗鼓相当|半斤八两|棋逢敌手|不相上下◇众寡悬殊|天差地别|寡不敌众。

势如破竹 shì rú pò zhú 破：劈开。语本《晋书·杜预传》："今兵威已振，譬如破竹，数节之后，皆迎刃而解，无复着手处也。"后用"势如破竹"比喻节节胜利，毫无阻碍▷第一次国共合作时期，北伐军势如破竹，横扫军阀，震撼列强。|从预赛到决赛，中国女排势如破竹，最后取得了世界冠军。≈势不可当|长驱直入|锐不可当|摧枯拉朽|无往不胜|所向披靡|一往无前◇坚不可摧。

事倍功半 shì bèi gōng bàn 功：功效。花了成倍的功夫，只收到了一半的功效。形容费力大而收效小▷有些事情，你若一门心思刻意经营，往往事与愿违，事倍功半。|不注意方法，一味蛮干，结果只能是事倍功半，造成浪费。≈得不偿失◇事半功倍|一举两得。

事必躬亲 shì bì gōng qīn 躬：亲自。指每件事必定亲自去做▷学校里的每项工作，校长都要亲自过问，这种事必躬亲的工作作风深受全校老师的敬佩。|升了官以后的他，一改事必躬亲的好习惯，竟也摆起官架子，吆五喝六地大声支使人了。≈身体力行。

事不宜迟 shì bù yí chí 宜：应该，应当。事情不宜延迟，要抓紧去做▷这件事既已决定，事不宜迟，就该马上去办。|事不宜迟，洪水马上就会冲过来，大家要赶紧转移。≈刻不容缓◇慢条斯理。

事出有因 shì chū yǒu yīn 事情的发生是有它的原因的▷关于他索贿的传言，后来也成了"事出有因，查无实据"的悬案。|这种说法也不能说完全是空穴来风，恐怕也是事出有因的。◇无缘无故|平白无故。

事过境迁 shì guò jìng qiān 事：事情。境：境况。迁：变迁，改变。事情已过去了，情况也改变了▷如今距案发一年之久，事过境迁，收集证据工作将极其困难。◇一成不变|原封不动。

事与愿违 shì yǔ yuàn wéi 愿：愿望。违：违背，相反。语出三国魏·嵇康《幽愤诗》："嗟我愤叹，曾莫能俦。事与愿违，遘兹淹留。"后用"事与愿违"指事实与人的愿望相反▷有些事情，你如果期望值太高，刻意求之，往往会事与愿违。|不讲科学，不按规律办事，结果总是事与愿违。≈大失所望|适得其反◇如愿以偿|尽如人意|称心如意。

事在人为 shì zài rén wéi 为：做。事情在于人去做。语本《吴越春秋·勾践阴谋外传》："道出于天，事在于人。人之所习，无有不神。"后用"事在人为"指在一定的条件下，事情的成功取决于人的主观努力▷事在人为，大家齐心协力地干下去，就一定能成功。|这件事能否成功的关键是你自己有没有恒心，能不能坚持下去。事在人为，有志者事竟成嘛。≈人定胜天◇听天由命。

视而不见 shì ér bù jiàn 视、见：看。虽然在看，却同没有看一样。语本《庄子·知北游》："终日视之而不见，听之而不闻，搏之而不得也。"后用"视而不见"形容漠不关心或不注意▷他走在街上，心中想着刚才发生的事情，对熙熙攘攘的人群视而不见。|有些人对社会丑恶现

象麻木不仁,视而不见,从客观上助长了歪风邪气。≈熟视无睹◇耳闻目睹|有目共睹。

视如敝屣 shì rú bì xǐ 敝屣:破的鞋子。看作如同破鞋子一样。语出《孟子·尽心上》:"舜视弃天下,犹弃敝蹝(屣)也。"后用"视如敝屣"形容非常轻视▷这些古籍保存下来不容易,怎么能视如敝屣而弃之不顾呢?|古来的许多仁人志士,往往将功名富贵视如敝屣,表现出一种难能可贵的境界。≈视如草芥◇视若拱璧。

视如草芥 shì rú cǎo jiè 芥:小草。看作如同小草一样。语本《孟子·离娄下》:"君之视臣如土芥,则臣视君如寇仇。"后用"视如草芥"形容极端轻视,不放在眼里▷古代帝王将百姓视如草芥,而把自己视作至尊至贵的天子。|他将世人梦寐以求的荣华富贵视如草芥,真是令人佩服。◇视若拱璧。

视若寇仇 shì ruò kòu chóu 寇仇:仇敌。看作如同仇敌一样。语本《孟子·离娄下》:"君之视臣如土芥,则臣视君如寇仇。"后用"视若寇仇"形容极为仇视▷想不到他俩竟为一点小事而闹到彼此视如寇仇的地步,真令人不可思议。|由于历史上的积怨,这两个国家一向彼此视若寇仇,摩擦不断。◇相亲相爱。

视若路人 shì ruò lù rén 路人:路上走的人,比喻不认识也毫无关系的人。看得如同不相识的过路人一样。形容对亲友、熟人等十分冷淡、疏远▷这一对好朋友自从闹翻后,便相互视若路人,见了面也从不打招呼。|你们是同胞兄弟,为了一些遗产,吵架不休,最后闹得视若路人,真是何苦来哉!

视死如归 shì sǐ rú guī 视:看待。归:回家。看待死像回家一样。语出《管子·小匡》:"平原广牧,车不结辙,士不旋踵,鼓之而三军之士视死如归,臣不如王子城父。"后用"视死如归"形容对死无所畏惧(多用于为正义事业而敢于牺牲自己的生命)▷战士们英勇作战,前仆后继,视死如归。|无数的先烈,为了民族的解放事业,视死如归,牺牲了他们的一切。≈奋不顾身|舍生忘死|舍生取义|杀身成仁|万死不辞◇贪生怕死|苟且偷生。

视同儿戏 shì tóng ér xì 儿戏:小孩儿玩耍。看作如同小孩子玩耍一样。比喻做事极不严肃,极不认真▷这是当前的头等大事,你一定要认真对待,切不可视同儿戏。|这件有关附近数万居民生命安全的大事,他竟然视同儿戏,以致酿成大祸。

拭目以待 shì mù yǐ dài 拭目:擦眼睛。待:等待。擦亮眼睛等待。语本《汉书·张敞传》:"今天子以盛年初即位,天下莫不拭目倾耳,观化听风。"后用"拭目以待"指殷切地期待着某件事的实现或等着看它的结果▷今天这么断定,也许不合时宜,可是,历史迟早会确认这铁的事实,谓予不信,请拭目以待。|我们正在拭目以待,看竞事奢华、挥霍公款、大吃大喝之风将怎样被刹下去。≈静观其变。

[提示]拭,不要写作"试"。

是非曲直 shì fēi qū zhí 是非:正确与错误。曲直:无理与有理。语出汉·王充《论衡·说日》:"二论各有所见,故是非曲直未有所定。"后用"是非曲直"指正确与错误,无理与有理▷这件事错综复

S

杂，内幕重重，其中的是非曲直，外人很难看得出来。|我对这件事了解不多，要我马上就来判断其间的是非曲直，恐怕有些难度。≈是是非非。

是古非今 shì gǔ fēi jīn 是：肯定，崇仰。非：否定，贬抑。语出《汉书·元帝纪》："且俗儒不达时宜，好是古非今，使人眩于名实，不知所守，何足委任。"后用"是古非今"指崇扬古代的事物，贬抑现代的事物▷对于文化遗产的继承，全盘否定是不对的，是古非今也是错误的。|像他这样是古非今，认为古代的东西都比现代优秀的人，也是不多见的。≈厚古薄今◇是今非古|博古厚今。

是是非非 shì shì fēi fēi 是是：肯定正确的。非非：否定错误的。语出《荀子·修身》："是是非非谓之知，非是是非谓之愚。"后用"是是非非"指能正确分辨是非▷他的分析能力是很强的，再复杂的事也会分辨得是是非非。|别看他平时话不多，管理食堂还是有一套的，是是非非，没有人不服的。也指事理的正确和错误▷时代太久远了，这件事的是是非非已不容易说清楚了。

适得其反 shì dé qí fǎn 适：恰好。反：相反。正好与预期的结果相反▷学生的学习负担过重，学习效果往往适得其反。|日寇想用疯狂的屠杀来吓倒中国人民，其结果正适得其反，激起了中国人民同仇敌忾、誓把侵略者彻底打败的决心。≈事与愿违◇天从人愿|如愿以偿。

适逢其会 shì féng qí huì 逢：遇到。会：机会，时机。语出唐·薛用弱《集异记·李子牟》："子牟客游荆门，适逢其会。"后用"适逢其会"指恰好遇到了那个机会▷他高中毕业那年，适逢其会，全国恢复了高考，他当年就考取了复旦大学。|也是适逢其会，他的公司正赶上改革开放的大好形势，所以才获得了迅猛的发展。≈躬逢其盛◇交臂失之。

适可而止 shì kě ér zhǐ 适可：恰好合适，刚好可以。止：停止。到了适当的程度就停下来。语出《论语·乡语》"不多食"宋·朱熹集注："适可而止，无贪心也。"后用"适可而止"形容说话、待人、办事等很有分寸，一点不过分▷她认为对孩子的批评教育，应该适可而止，一定不能操之过急。|你病刚好，做点轻微的工作可以，但不能太劳累，要适可而止。≈恰如其分|恰到好处◇过犹不及。

恃才傲物 shì cái ào wù 恃：依仗，凭借。物：公众，旁人。语出《梁书·萧子显传》："及葬请谥，手诏：'恃才傲物，宜谥曰骄。'"后用"恃才傲物"指仗恃自己有才能而看不起别人▷他恃才傲物，盛气凌人，因此大家都不愿与他打交道。|他那种恃才傲物、目中无人的态度只会使自己越来越孤立。≈自高自大|旁若无人|目空一切|目中无人|目无余子|妄自尊大|唯我独尊◇虚怀若谷|平易近人|谦虚谨慎。

恃强凌弱 shì qiáng líng ruò 恃：依仗，仗恃。凌：欺凌，凌辱。语出宋·魏了翁《画一榜谕将士》："若耕桑失时，军须不继，便致狼狈，所宜互相爱惜，毋得恃强凌弱，恃众欺寡，互相争闹，激出事端。"后用"恃强凌弱"指依仗自己势力强大而欺压弱小者▷张乡绅恃强凌弱，乡亲们对他无不切齿痛恨。|某些国家恃强凌弱，遭到了全世界人民的反对。≈弱肉强食|仗势欺人◇锄强扶弱|除暴安良。

逝者如斯 shì zhě rú sī 逝者：过去的。

斯：这。语出《论语·子罕》："子在川上曰：'逝者如斯夫，不舍昼夜。'"后用"逝者如斯"指过去的时光就像河水一样，一去不复返了▷逝者如斯，我们千万要抓紧时间学习，不可浪费青春。|每当老人徘徊在河边，总会想到"逝者如斯"这句话，便会为自己年轻时的荒唐而悔恨不已。

舐犊情深 shì dú qíng shēn 犊：小牛。老牛舐舔小牛，表示感情深厚。《后汉书·杨彪传》载：杨彪的儿子杨修被曹操借故杀死。有一天，曹操看见杨彪精神很不好，便问他："你为何消瘦得这么厉害？"杨彪悲哀地答道："犹怀老牛舐犊之爱。"曹操听了为之动容。后用"舐犊情深"比喻父母疼爱子女▷他老来得子，舐犊情深自然是不必说了。|听到儿子不幸受伤的消息，舐犊情深的他马上乘飞机赶了回来。

嗜痂成癖 shì jiā chéng pǐ 嗜：喜爱。痂：疮口或伤口表面凝结成的硬壳。癖：对事物的偏爱已成习惯。喜欢吃痂已成为癖好。《南史·刘穆之传》载：刘邕（字穆之）喜欢吃疮痂，觉得味道像鳆鱼。后用"嗜痂成癖"比喻嗜好怪诞▷这位老先生对女子的三寸金莲嗜痂成癖，到处搜求，还洋洋自得。|他对恐怖电影的喜好，已到了嗜痂成癖的地步。

嗜杀成性 shì shā chéng xìng 性：习性、习惯。爱好杀人已成习性。形容极其残忍凶恶▷这个恶霸嗜杀成性，最后死在复仇者的乱刀之下，也是罪有应得。

誓不两立 shì bù liǎng lì 誓：发誓。两立：两者并立，双方并存。发誓决不与仇敌并存世间。语出《三国演义》第四十四回："瑜曰：'吾与老贼誓不两立！'"后用"誓不两立"形容双方仇恨极深▷我与他有血海深仇，誓不两立。|你既然与他誓不两立，为何又不肯帮助我们把他绳之以法呢？≈不共戴天|水火不容|你死我活◇水乳交融|同舟共济|患难与共|情同骨肉|誓同生死|风雨同舟|生死与共。

噬脐莫及 shì qí mù jí 噬：咬。脐：肚脐。及：到。用嘴去咬肚脐，是咬不到的。语本《左传·庄公六年》："若不早图，后君噬齐（脐），其及图之乎？"后用"噬脐莫及"比喻不及早图谋，后悔是来不及的▷这是个军事要地，一旦失守，敌军便可长驱直入，那时噬脐莫及，后悔可就迟了。|希望你吸取教训，改弦易辙，再如此下去，可是噬脐莫及了。≈悔之已晚。

收回成命 shōu huí chéng mìng 成命：已经发出的命令。语出宋·郑兴裔《辞知庐州表》："恭望皇帝陛下察臣之诚，鉴臣之拙，收回成命，遴选英才，庶微臣免尸位之讥。"后用"收回成命"指收回或撤销已经发布的命令或决定等▷指挥员发现敌情有变，当机立断，收回成命，避免了失误。|就在党委讨论他升迁的事宜时，发现他有重大贪污嫌疑，党委马上决定收回成命，深入考察后再说。

手不释卷 shǒu bù shì juàn 释：放下。卷：书册。手里老是拿着书本，舍不得放下。语出三国魏·曹丕《典论·自叙》："上雅好诗书文籍，虽在军旅，手不释卷。"后用"手不释卷"形容读书入迷，勤奋好学▷小王求知欲强，总是手不释卷，读得津津有味。≈好学不倦◇不学无术|无所事事。

[提示]卷，不读"juǎn"。

手不停挥 shǒu bù tíng huī 手不停地挥写。形容文思敏捷，书写速度极快▷夜深了，他还在灯下手不停挥地赶写明天开会的发言稿。|他伏在桌上，手不停挥，不一会儿，一篇千字杂文就写成了。

手到病除 shǒu dào bìng chú 手一诊脉，病就消除了。形容医术高明▷这位医生给人治病，往往手到病除，实在高明得很。|医术是人类与疾病斗争中发展起来的，但是不可能任何病都能治好，"手到病除"只是人类美好的愿望而已。≈起死回生|妙手回春。

手到擒来 shǒu dào qín lái 擒：捉拿。一伸手就可以捉来。形容毫不费力。也常比喻办事很有把握，极易成功▷狐狸尽管十分狡猾，但老猎人要抓它时，还是能手到擒来的。|犯罪嫌疑人已完全在我公安机关的掌握之中，捉拿归案是手到擒来的事。≈探囊取物|瓮中捉鳖|唾手可得|易如反掌|轻而易举◇大海捞针。

手挥目送 shǒu huī mù sòng 手挥：挥动手指弹琴。目送：目光追随远去的飞鸟。语本三国魏·嵇康《兄秀才公穆入军》诗："目送归鸿，手挥五弦，俯仰自得，游心太玄。"后用"手挥目送"形容手眼并用▷他坐在绿荫环绕的庭院中，弹起了琵琶，只见他手挥目送，俯仰自得。也比喻诗文写作挥洒自如，得心应手▷他边与人谈话，边手挥目送，不多会儿就写成了一篇千字左右的文章。

手疾眼快 shǒu jí yǎn kuài 疾：急速。动作机警灵活，眼光锐利敏捷。形容人反应极快▷小陈手疾眼快，一把抓起敌人扔过来的手榴弹，又摔还给了敌人。|大勇手疾眼快地抱起倒在地下的老张，蹿出了火海。◇笨手笨脚。

手忙脚乱 shǒu máng jiǎo luàn 语出宋·释普济《五灯会元·镇州大悲和尚》："曰：如何是镜中人？师曰：手忙脚乱。"后用"手忙脚乱"形容遇事慌张，不知所措▷爷爷病情变化，大家手忙脚乱，奔进奔出。|你遇到机器出故障，不要手忙脚乱，要平心静气，查找原因。≈七手八脚|手足无措◇有条不紊|从容不迫。

手无寸铁 shǒu wú cùn tiě 寸铁：短小的兵器。手里没有一点兵器▷法西斯匪徒残酷地杀害了手无寸铁的妇女和儿童。≈赤手空拳◇荷枪实弹。

手舞足蹈 shǒu wǔ zú dǎo 蹈：跳动。两手舞动，两脚蹦跳。语本《诗大序》："情动于中而形于言。言之不足，故嗟叹之。嗟叹之不足，故永（咏）歌之。永歌之不足，不知手之舞之，足之蹈之也。"后用"手舞足蹈"形容十分高兴或得意忘形的样子▷听到这个好消息，在场的人都手舞足蹈，兴奋极了。|她手舞足蹈地向我描述着她去丛林冒险的故事。≈兴高采烈◇闷闷不乐|不苟言笑。

手下留情 shǒu xià liú qíng 下手时留有情面。指办事或处理人的时候给予一定的照顾▷我知道你手下留情，不然的话，你是完全可以把他打倒在地的。|请你们看在我的面上，手下留情，饶了他吧！≈笔下超生|高抬贵手◇铁面无私|毫不留情。

手眼通天 shǒu yǎn tōng tiān 比喻钻营的手腕非同寻常▷他之所以胡作非为而毫无忌惮，是因为他相信自己手眼通天，可以不受任何惩处。|几年前他还是个普通工人，如今已成商场中呼风唤雨的角色，真是手眼通天，令人可畏。

手足无措 shǒu zú wú cuò 措：放置。

S

手脚不知道安放在哪里才好。语本《论语·子路》:“刑罚不中,则民无所措手足。”又,《礼记·仲尼燕居》:“若无礼,则手足无所措,耳目无所加,进退揖让无所制。”后用“手足无措”形容举动慌乱,不知该如何应付▷他坐在客厅的沙发上,显得十分拘谨,手足无措。|看到他们手足无措的样子,大家还以为发生了什么可怕的事。≈惊慌失措|不知所措|手忙脚乱◇从容不迫|泰然自若|处之泰然。

手足之情 shǒu zú zhī qíng 手足:比喻兄弟。语本唐·李华《吊古战场文》:“谁无兄弟,如足如手。”后用“手足之情”指代兄弟之间的亲密感情▷他既然不把我当成兄弟看待,我也就不与他讲什么手足之情了。|父母之恩,手足之情,我终生不忘。≈骨肉相连|手足情深◇煮豆燃萁|兄弟阋墙|骨肉相残|反目成仇。

守口如瓶 shǒu kǒu rú píng 守口:闭住嘴不说话。闭住嘴不轻易说话,像紧紧塞住的瓶口不能随便往外倒出一点东西一样。语出唐·释道世《诸经要集·择交部·惩过》引《维摩经》:“防意如城,守口如瓶。”后用“守口如瓶”形容严守秘密或说话很谨慎▷许多军事上的秘密,我答应过相关部门守口如瓶,所以,我是绝对不会告诉你的。|她原来是个嘴巴没遮拦的人,如今好像换了个人似的,变得守口如瓶了。≈讳莫如深|钳口结舌|三缄其口|噤若寒蝉|秘而不宣◇口若悬河|滔滔不绝|脱口而出|和盘托出。

守身如玉 shǒu shēn rú yù 守身:保持自身的节操。形容保持自身清白节操,就如同无瑕的美玉一样▷像她这样一位年轻貌美的女子,在旧上海滩能做到守身如玉,已经是非常不容易的了。|他性情高洁,即使身处物欲横流的乱世,也能守身如玉。

守望相助 shǒu wàng xiāng zhù 守:守护。望:瞭望。邻近村落互相守卫瞭望,互相帮助。语出《孟子·滕文公上》:“死徙无出乡,乡田同井,出入相友,守望相助,疾病相扶持,则百姓亲睦。”后用“守望相助”指相互协同防御▷这几个毗邻的山村为防御土匪的侵扰,便组织联防队,守望相助。|乡里乡亲的,一定要守望相助,才能搞好社会治安。

守株待兔 shǒu zhū dài tù 株:树桩。《韩非子·五蠹》载:宋国有个农夫耕田时,见一只兔子奔来,撞死在树桩上。农夫毫不费力地得到一只兔子。于是,他扔掉锄头,天天守候在树桩旁,希望再得到兔子,结果成为大家的笑柄。后用“守株待兔”比喻死守着狭隘的经验,不知道变通。也比喻抱有侥幸心理,妄想不劳而获▷自强不息的开拓和奋斗是繁荣的基础;坐等外来的投资,无异于守株待兔。≈刻舟求剑|缘木求鱼|墨守成规◇随机应变|见机行事|因地制宜|见风使舵。

首当其冲 shǒu dāng qí chōng 首:首先,最先。当:承受,面对着。冲:要冲,交通要道。首先处在冲要的地位。语本《汉书·五行志下》:“郑以小国摄乎晋、楚之间,重以强吴,郑当其冲,不能修德,将斗三国,以自危亡。”后用“首当其冲”指处在最先受到攻击或遭受灾难的位置▷1900年,八国联军侵略中国,老龙头首当其冲,被毁于一旦。|敌人如果发动进攻,你们的阵地将首当其冲。

[提示]当,不读“dàng”。冲,不读“chòng”。

首屈一指 shǒu qū yī zhǐ 首:首先。屈:弯曲。扳着手指计数时,首先弯下大拇指。表示位居第一▷像这样大规模的柑橘场,不仅在全国是首屈一指的,就是在东南亚,也堪称一流。|广州虽然不是中国的六大古都之一,但是它同样是中国古老的名城,在中外关系史上,更是首屈一指的东方名港。≈名列前茅|数一数二|盖世无双|登峰造极|独一无二◇名落孙山。

首鼠两端 shǒu shǔ liǎng duān 首鼠:踌躇,迟疑不决。两端:两头。语出《史记·魏其武安侯列传》:“武安已罢朝,出止车门,召韩御史大夫载,怒曰:‘与长孺共一老秃翁,何为首鼠两端?’”此是武安侯田蚡责怪御史大夫韩长孺在廷辩时对田蚡与魏其侯窦婴采取互不得罪的态度。后用“首鼠两端”形容在两者之间犹豫不决或动摇不定的状况▷此人处世圆滑,首鼠两端,既依附首相,又讨好皇帝。|已经到了这个时候,他还是首鼠两端,是去是留拿不定主意,真让人没办法。≈犹豫不决|优柔寡断|瞻前顾后|举棋不定◇当机立断|斩钉截铁。

寿比南山 shòu bǐ nán shān 寿:寿命。南山:指终南山。寿命像终南山那样长久。语本《诗经·小雅·天保》:“如月之恒,如日之升,如南山之寿。”后用“寿比南山”作为祝寿的颂辞▷祝您老人家寿比南山,福如东海。|在庆祝老人百岁寿诞的宴席上,“寿比南山”的祝辞随处可见。≈万寿无疆|海屋添筹。

寿终正寝 shòu zhōng zhèng qǐn 寿终:寿数尽了,指年老自然地死去。正寝:住房的正屋。人年纪老了安然地死在家中。形容善终。也比喻事物自然地消亡▷家严于八月十二日寿终正寝,享年八十。|绝大多数书籍一出版就寿终正寝,这不是正常的现象。≈无疾而终◇死于非命。

受宠若惊 shòu chǒng ruò jīng 宠:宠爱,宠幸。惊:惊喜。受宠像受惊一样。语本《老子》十三章:“何谓宠辱若惊?宠为下,得之若惊,失之若惊,是谓宠辱若惊。”后用“受宠若惊”指受到意外的宠爱、赏识或优待而心里感到惊喜▷外国小报上的一条消息足以使他们受宠若惊,欢呼雀跃,可以说这种作家有崇洋心态。|你单看这两句:“何人窗下无佳句,几个曾经御笔评”,他那受宠若惊、得意忘形的神态就跃然纸上。

受之有愧 shòu zhī yǒu kuì 受:接受。愧:惭愧。接受了感到惭愧(多用作客套话)▷你送了这么多礼物给我,实在受之有愧。|我并没有做多少事,而大家给了我如此高的荣誉,实在受之有愧。

授人以柄 shòu rén yǐ bǐng 柄:剑柄。把剑柄交给别人。语出晋·陈寿《三国志·魏书·王粲传》:“所谓倒持干戈,授人以柄,功必不成。”后用“授人以柄”比喻将权力交给别人或让人抓住缺点、失误,使自己被动▷你这样做不是授人以柄吗?一点也没有主动权了。|都怪你自己行为不检点,授人以柄,别人怎么不说三道四呢?

瘦骨嶙峋 shòu gǔ lín xún 嶙峋:消瘦露骨的样子。形容人或动物消瘦露骨▷这只狗怎么养得瘦骨嶙峋,怪吓人的。|这头奶牛毕竟老了,瘦骨嶙峋的,看去像随时会跌倒似的。≈骨瘦如柴◇大腹便便|脑满肠肥。

S

书声琅琅 shū shēng láng láng 琅琅：金声相击声，清朗响亮的读书声。形容读书声音清朗而响亮▷参观这座学校时，当他在走廊听到教室里书声琅琅时，脸上露出了喜悦的神色。|我站在校园里，听到教室里书声琅琅，心里有说不出的高兴。

书香门第 shū xiāng mén dì 书香：读书风气。门第：人家，家庭。指世代都是读书人的家庭▷人家是书香门第，哪肯与我们这种贫贱之家攀亲？|她出身于书香门第，知书达理。

殊途同归 shū tú tóng guī 殊：不同。归：趋向，归宿。通过不同的道路达到同一目的地。语出《周易·系辞下》："天下同归而殊途，一致而百虑。"后用"殊途同归"比喻采用不同的方法而得到同样的结局▷你可以用不同的方法解这道题，但殊途同归，答案总是一样的。≈异曲同工◇分道扬镳。

熟门熟路 shú mén shú lù 指十分熟悉和了解▷这一带地区，他熟门熟路的，由他带你去最合适。|这件事就交给她办理得了，她熟门熟路的，会办得又快又好。

熟能生巧 shú néng shēng qiǎo 巧：技巧，诀窍。语本《朱子语类》卷一〇四："看来百事只在熟，且如百工技艺，也只要熟，熟则精，精则巧。"后用"熟能生巧"指熟练了就能找到窍门、掌握技巧▷不怕学不会，只怕不肯学，工夫到了，自然熟能生巧。|谈生意与做任何事情一样，只要干得勤，遇得多，就能达到熟能生巧的境界。

熟视无睹 shú shì wú dǔ 熟视：经常看。睹：看见。经常看到却好像没有看见一样。语本晋·刘伶《酒德颂》："静听不闻雷霆之声，熟视不睹泰山之形。"后用"熟视无睹"形容对身边的事物漠不关心或漫不经心▷大家都对这些不文明的现象熟视无睹，真是咄咄怪事。|对这种怪现象，不少人采取了熟视无睹、不管不问的态度。≈视而不见|视若无睹|置若罔闻|听而不闻|漠不关心|漫不经心◇过目不忘|过目成诵。

蜀犬吠日 shǔ quǎn fèi rì 蜀：四川。犬：狗。吠：狗叫。四川的狗看见太阳就狂吠。语本唐·柳宗元《答韦中立论师道书》："屈子赋曰：邑犬群吠，吠所怪也。仆往闻庸、蜀之南，恒雨少日，日出则犬吠。"原指四川多雾和多阴雨天，很少能见到太阳，所以一旦太阳出来，狗见了就会狂叫起来。后用"蜀犬吠日"比喻少见多怪。常用来指浅薄无知者因少见多怪而对事物的诽谤▷在教育改革中难免会出现一些偏差，对此我们不能因为"难免"而任其自流，但也不要蜀犬吠日，大惊小怪。|一听说要搞市场经济，有的人就马上给它套上一顶资本主义的帽子，大加反对，这真是蜀犬吠日，少见多怪。≈吴牛喘月|少见多怪◇司空见惯|见怪不怪。

鼠肚鸡肠 shǔ dù jī cháng 老鼠的肚子，鸡的肠子。比喻气量狭小，不能容人▷你是个男子汉大丈夫，可不是鼠肚鸡肠之辈，心胸开阔些。|我们是共产党员，要为党的事业奋斗终身，怎么能鼠肚鸡肠呢？≈斤斤计较|锱铢必较◇宽宏大量|豁达大度。

鼠目寸光 shǔ mù cùn guāng 目：眼睛，指视力。老鼠的目光只有寸把远。比喻人目光短浅，没有远见▷咱们若是一直待在乡旮旯里，长此以往，就会变得鼠

S

目寸光,墨守成规,永远成不了大气候。|这种鼠目寸光的人,是不会有什么长远打算的。≈目光如豆◇目光如炬|高瞻远瞩|远见卓识。

数典忘祖 shǔ diǎn wàng zǔ 数:数说,逐一列举。典:指典章制度、掌故、历史事迹等。祖:祖宗,祖先。说着历史上的典章制度,却忘记了自己祖宗的职守。《左传·昭公十五年》载:晋大夫籍谈出使周朝,周景王问他晋国为什么没有贡物。籍谈回答说,晋国从未受到过周王室的赏赐,所以没有器物可献。周景王指出,从晋国始祖唐叔建晋国以来,一直不断地得到周王室的赏赐。责备籍谈身为晋国司典(掌管典籍的官)的后代,竟然不知道这些史实。籍谈离去后,周景王又说:"籍父其无后乎?数典而忘其祖。"后用"数典忘祖"比喻忘记了事物的本源或自己的本来情况。也比喻对祖国的历史无知▷先秦两汉的古文本来就很难读,特别是经历了那个数典忘祖、把每一个古人批得一无是处的年代,现在爱读和能读的人越来越少了。≈崇洋媚外。

[提示]数,不读"shù"。

数米而炊 shǔ mǐ ér chuī 炊:烧火做饭。要数过米粒才去烧饭。语出《庄子·庚桑楚》:"简发而栉,数米而炊,窃窃乎又何足以济世哉?"原指过分计较琐细的事情。后用"数米而炊"形容过分吝啬或生活窘困▷他家有千顷良田,他却数米而炊,真是个小气鬼。|他家生活穷困,几乎到了数米而炊的地步。

数一数二 shǔ yī shǔ èr 数得上第一或第二。形容很突出或名列前茅▷他的成绩在班上是数一数二的。|李先生德才兼备,艺高胆大,是我校数一数二的干才。≈首屈一指|出类拔萃|名列前茅◇等而下之|每况愈下|默默无闻。

[提示]二,不要写作"两"。

束手待毙 shù shǒu dài bì 束手:捆起手。待:等待。毙:死。捆起手来等死。比喻遇到危险或困难时,不积极想办法解决,却坐等失败或死亡▷面临困难应自图解救,怎能束手待毙?|在我军强大的攻势下,龟缩在城里的敌军一筹莫展,只能束手待毙。≈束手就擒|坐以待毙◇垂死挣扎|困兽犹斗|负隅顽抗。

束手就擒 shù shǒu jiù qín 自己捆起手来,让人捉拿。比喻不作抵抗,坐待当俘虏▷窃贼被逼进一条死胡同,走投无路,只得束手就擒。|横行当地多年的土匪,在解放军的进剿下,束手就擒。≈束手待毙◇困兽犹斗|垂死挣扎|负隅顽抗。

束手束脚 shù shǒu shù jiǎo 捆住手脚,不得动弹。形容人做事顾虑多,放不开手脚▷只要我们不为私利,做工作就要放开胆子,切不可束手束脚。◇胆大妄为|无所顾忌|肆无忌惮|为所欲为。

束手无策 shù shǒu wú cè 束手:把手捆住。策:计谋,办法。好像手被捆住一样,没有一点办法。语出宋·王柏《书先君遗独善汪公帖后》:"士大夫念虑不及此,一旦事变之来,莫不束手无策。"后用"束手无策"形容遇到问题毫无解决的办法▷面对这件复杂的案子,纵使是小说中那些神机妙算的东西方大侦探,也只能束手无策。≈一筹莫展|手足无措|无能为力|坐以待毙◇急中生智|计上心来|得心应手|左右逢源|应付自如。

束之高阁 shù zhī gāo gé 束:捆扎。阁:搁板,架子。把东西捆扎起来,放

在高的架子上面。语出《晋书·庾翼传》:“此辈宜束之高阁,俟天下太平,然后议其任耳。”后用“束之高阁”比喻扔在一边,不再去用它或理会它▷如果有了好的理论,却束之高阁,并不实施,那么这种理论再好也等于无用。|他将会议所做出的决定束之高阁,不加理睬。≈置之不理。

述而不作 shù ér bù zuò 述:阐述。作:创作。语出《论语·述而》:“子曰:‘述而不作,信而好古,窃比于我老彭。’”后用“述而不作”指只阐述前人的学说,自己并不创新▷近年来,他一直从事古籍整理工作,可谓述而不作。|过去的一些老先生信奉“述而不作”的原则,以致许多精辟的见解未能传之后世,实在可惜。

树碑立传 shù bēi lì zhuàn 人死后将其生卒年和事迹铭刻在碑石上或写成传记加以颂扬▷我们理所当然要为一切做出杰出贡献的各界英模树碑立传。也比喻用各种办法树立个人的威望▷为自己树碑立传的野心家绝没有好下场。≈歌功颂德◇口诛笔伐。

树大招风 shù dà zhāo fēng 招:招惹,招致。树大了容易招来大风而折断。语本宋·释普济《五灯会元·何山守珣禅师》:“悟推师入水,遽问曰:‘牛头未见四祖时如何?’师曰:‘潭深鱼聚。’悟曰:‘见后如何?’师曰:‘树高招风。’”后用“树大招风”比喻名气大了,地位高了,就容易惹人注意或妒忌,从而招致事端或灾祸▷树大招风,正是这种在市场销售上独家经营的优势和丰厚利润,招来了一些不法之徒的觊觎。|他当上总经理后,名气越来越大,结果树大招风,引来了不少非议。

双管齐下 shuāng guǎn qí xià 管:代指笔。宋·郭若虚《国画见闻志·张璪》载:唐时的张璪善画松,能手执两笔,同时俱下,一为生枝,润含春色,一为枯干,惨同秋色。原指手握双笔同时作画。后用“双管齐下”比喻两件事情同时进行▷只有提倡廉政与惩治腐败双管齐下,才能扭转党风和社会风气。|针对当地的情况,我们应该双管齐下,一方面破除迷信,一方面大力提倡科学。≈齐头并进|左右开弓|并行不悖。

双宿双飞 shuāng sù shuāng fēi 本指鸳鸯成双作对。语出宋·尤袤《全唐诗话》卷六引唐·无名氏《杂诗》:“眼想心思梦里惊,无人知我此时情;不如池上鸳鸯鸟,双宿双飞过一生。”后用“双宿双飞”比喻夫妇或情侣亲密相守▷他俩终于结为秦晋之好,双宿双飞,真令朋友们感到高兴。|这对夫妻相敬如宾,双宿双飞,堪称典范。≈成双成对|比翼双飞◇形单影只。

双喜临门 shuāng xǐ lín mén 临:降临,来临。两桩喜事同时降临家门▷儿子考上了大学,你自己又晋升了职称,真是双喜临门。|这一天,对张老汉来说,是一个双喜临门的日子:儿子娶媳妇,失散多年的女儿回到了家。◇祸不单行。

爽然若失 shuǎng rán ruò shī 爽然:茫然。形容茫然不知所从▷朋友相聚,说呀唱呀笑呀好不开心,而一旦人走屋空,我心里便有一阵爽然若失之感。|她与奶奶朝夕相处十多年了,而今要离开她,去外地上大学,心里有些爽然若失。

水到渠成 shuǐ dào qú chéng 渠:水道,水沟。水流到的地方,自然会形成水道。语出宋·释道原《景德传灯录·仰

S

山南塔光涌禅师》:“又问:‘如何是妙用一句?’师曰:‘水到渠成。’”后用“水到渠成”比喻条件成熟,自然就会成功▷**只要你持之以恒地去做,自然会有水到渠成的那一天。≈瓜熟蒂落◇功败垂成|功亏一篑。**

水滴石穿 shuǐ dī shí chuān 水珠不断地下滴,最终把石头洞穿。语本《汉书·枚乘传》:“泰山之霤穿石,单极之绠断幹,水非石之钻,索非木之锯,渐靡使之然也。”霤(liù):滴下的水。后用“水滴石穿”比喻尽管力量小,但只要持之以恒,就能做成难以想象的事情▷**在他看来,做任何事情,最主要的是得有毅力。只要有毅力,就能水滴石穿,绳锯木断,功到自然成。|你只要长期坚持下去,水滴石穿,我相信一定会有成功的一天。≈绳锯木断|铁杵成针◇半途而废|虎头蛇尾|一曝十寒|浅尝辄止。**

水光山色 shuǐ guāng shān sè 水光:江河湖泊的风光。山色:山间的景色。语出唐·薛用弱《集异记·蒋琛》:“山势萦回水脉分,水光山色翠连云。”后用“水光山色”形容秀美的自然风景▷**这里的水光山色,使他陶醉,令他流连忘返。|我们沿着漓江顺流而下,看着水光山色,真有一种人在画中行的感觉。**

水落石出 shuǐ luò shí chū 水位下降,石头就显露了出来。语本宋·欧阳修《醉翁亭记》:“野芳发而幽香,佳木秀而繁阴,风霜高洁,水落而石出者,山间之四时也。”后用“水落石出”比喻经过一定的过程,事情真相大白▷**现在,宝藏失窃之谜终于水落石出了。|他决心把事情查个水落石出。≈原形毕露|真相大白◇销声匿迹|匿迹藏形。**

水乳交融 shuǐ rǔ jiāo róng 乳:奶汁。交:互相。融:融合。水和奶互相融合在一起。比喻双方关系融洽无间。也比喻彼此结合得十分紧密▷**他俩的感情,可以说是水乳交融,亲密无间。|近些年来的中国文学创作,每每借鉴西方现代艺术的手法与经验,但有的借鉴得水乳交融,不露斧斫之痕;有的却只是生硬地摹仿,画虎类犬。≈浑然一体|情投意合◇格格不入|方枘圆凿|泾渭分明|貌合神离|同床异梦。**

水深火热 shuǐ shēn huǒ rè 像处在深水和烈火中一样。语本《孟子·梁惠王下》:“如水益深,如火益热,亦运而已矣。”后用“水深火热”比喻生活极端痛苦或处境异常艰难▷**日本宣布无条件投降以后,战火依然弥漫神州大地,古老中国和她的儿女,还在经受水深火热的磨难。|那时候,老百姓生活在水深火热之中,真是叫天天不应,喊地地不灵啊。≈生灵涂炭|饥寒交迫|民不聊生◇安居乐业|人寿年丰|国泰民安|丰衣足食。**

水泄不通 shuǐ xiè bù tōng 泄:流出,排出。连水都流不出去。语本《敦煌变文集·伍子胥变文》:“敕既下行,水楔不通,州县相知,榜标道路。”楔:通“泄”。后用“水泄不通”形容十分拥挤或包围、控制、封锁得非常严密▷**这名歌星下榻的宾馆四周,已经水泄不通地被歌迷们包围起来。|围观的人把整个院子挤得水泄不通。≈密不透风|熙来攘往|摩肩接踵◇畅通无阻。**

水性杨花 shuǐ xìng yáng huā 水性任意流动,柳絮随风飘扬。比喻女子用情不专,作风轻浮▷**他把妻子看成是水性杨花的女人,真是太气人了。|这个女人朝**

三暮四、水性杨花,你不能再和她来往了。◇冰清玉洁。

水涨船高 shuǐ zhǎng chuán gāo 涨:水位升高。水位升高,船身也跟着浮了起来。语本宋·释道原《景德传灯录·郢州芭蕉清禅师法嗣》:“水长船高,泥多佛大。”后用“水涨船高”比喻事物随着它所依靠的事物增长而增长▷只有社会财富不断增长,人民的生活才能水涨船高,逐步得到改善。|几次升迁后,他的官职大了,架子也水涨船高,慢慢地大起来了。

水中捞月 shuǐ zhōng lāo yuè 《僧祇律》载:老猴见井中月影,招呼同伴:“月落井中,我们快把它捞上来,以免长夜昏暗。”众猴不知如何捞月,老猴便跳上井边一树,令一猴抓其尾,众猴依次抓捉,连成一串,伸向井中,结果树枝不堪重负而折断,众猴都掉进井水里去。后用“水中捞月”比喻追逐虚幻的目标会白费心机,徒劳无功▷他对你的所谓“承诺”是假的,你不要水中捞月瞎忙乎。|当初你费尽心机要出国经商,如今事实证明那是水中捞月。≈海底捞针|竹篮打水|蚍蜉撼树◇立竿见影|手到擒来。

顺理成章 shùn lǐ chéng zhāng 顺:遵循,顺着。理:事理,条理。章:章法。遵循事理,自成章法,就能写好文章。语本宋·朱熹《朱子语类》卷十九:“文者,顺理而成章之谓也。”后用“顺理成章”指说话、做事合乎情理,不悖常理。也指按照一定事理所必然产生的结果▷房东太太辞职回家当起了全职母亲,自然不需要再雇人接送小孩,地下室便顺理成章地出租给了一对年轻夫妇。|一些别人看来顺理成章的事情,在他眼里总觉得不顺眼。≈理所当然|入情入理|自然而然。

顺手牵羊 shùn shǒu qiān yáng 语本《礼记·曲礼上》:“效马效羊者右牵之。”郑玄注:“用右手便。”后用“顺手牵羊”比喻不专门费力而顺便达到某种目的▷他顺手牵羊,把小张也拉去帮忙了。也指顺便拿走人家的东西▷司机老王向车队报告:车上发现一只手提包,有个乘客下车时想顺手牵羊,被他及时制止。◇路不拾遗。

顺水人情 shùn shuǐ rén qíng 顺水:顺便,顺带。顺带的人情。指顺势或乘便给人好处▷他提出的要求,与我们公司的利益并无影响,我们大可以答应他,做个顺水人情。|他从来不肯为朋友卖大气力,只不过有时做做顺水人情而已。

顺水推舟 shùn shuǐ tuī zhōu 舟:船。顺着水势,推船前进。比喻顺着形势说话、办事,既省力,又方便▷他既然想离开这里,你不妨顺水推舟,因为留他在此,弊多利少。|这些滞销货还有人来争购?这真是天大的好事。我们乐得顺水推舟,既做了好人,又赚了钱,何乐而不为呢?≈因势利导|因利乘便◇逆水行舟。

顺藤摸瓜 shùn téng mō guā 摸:用手探取。沿着瓜藤去摸取瓜果。比喻沿着发现的线索去追究事情的根底▷这场车祸的原因,只要顺藤摸瓜地去找,也就不难搞得水落石出。|在对这家公司供销科长贪污一案的深入调查中,有关人员顺藤摸瓜,查出了一起集体受贿的大案。≈寻踪觅迹◇半途而废。

瞬息万变 shùn xī wàn biàn 瞬:眨眼。息:呼吸。一眨眼一呼吸之间就发生了千变万化。语本宋·胡宏《题上封

寺》诗:“风云万变一瞬息,红尘奔走真徒劳。”后用“瞬息万变”形容在极短的时间内,发生的变化极多极快▷世事瞬息万变,我辈闭目塞听,当然赶不上潮流了。|生活在瞬息万变的时代,当代人面临各种各样价值观的冲击。≈千变万化|变化无穷◇一成不变。

说长道短 shuō cháng dào duǎn 语本汉·崔瑗《座右铭》:“无道人之短,无说己之长。”后用“说长道短”指随便议论别人的是非、好坏▷他为人谨慎小心,生平最怕别人在背后说长道短。|他心直口快,心里想什么就马上会说出来,也不怕别人说长道短。≈说三道四|评头论足◇皮里阳秋。

说东道西 shuō dōng dào xī 说东家,讲西家,谈这谈那。语出明·释居顶《续传灯录》卷二十:“那堪长老鼓两片皮,摇三寸舌,说东道西,指南言北。”后用“说东道西”指随意谈论各种事情或对有关人和事任意议论▷我哪有闲工夫听他说东道西。|一听她开口,我就知道她是个喜欢说东道西的人。≈说三道四|说长道短◇三缄其口|一言不发|默不作声|守口如瓶。

说三道四 shuō sān dào sì 说这说那,飞短流长。语出唐·宋若昭《女论语·学礼》:“莫学他人,不知朝暮,走遍乡村,说三道四,引惹恶声,多招骂怒。”后用“说三道四”形容惹是生非地乱加谈论或不负责任地批评指责▷都是他不好,说三道四,弄得大家都不高兴。≈说长道短|说东道西◇一言不发|默不作声|不置可否|三缄其口。

说一不二 shuō yī bù èr 说是一,绝不会是二,说怎样就一定怎样。形容说话算数,说到做到,决不更改▷他在公司里说一不二,说提拔谁就提拔谁。|他从来说一不二,我信得过他。≈一言九鼎|一诺千金|言而有信◇出尔反尔|言而无信|背信弃义。

硕大无朋 shuò dà wú péng 硕:大。朋:比。语出《诗经·唐风·椒聊》:“彼其之子,硕大无朋。”后用“硕大无朋”指大得没有其他的可以相比▷这棵银杏是千年古树,硕大无朋。|这个创造世界纪录的南瓜,乍看之下,简直令人难以置信,世上竟有如此硕大无朋的家伙!◇小巧玲珑。

硕果仅存 shuò guǒ jǐn cún 硕:大。保存下来的大果子极少。比喻经淘汰后存留下来的贵重而稀有的人或物▷这片地区原有十多家工厂,近年来转产的转产、关门的关门,硕果仅存的只有一家了。|这位老先生是该学派硕果仅存的一位大儒了。

司空见惯 sī kōng jiàn guàn 唐·孟棨《本事诗·情感》载:唐代诗人刘禹锡在苏州刺史任上,应司空李绅的邀请赴宴。李司空唤歌伎劝酒,刘禹锡乘兴作诗:“司空见惯浑闲事,断尽苏州刺史肠。”后用“司空见惯”比喻经常看到就习以为常,不足为奇▷弱肉强食是自然界中司空见惯的现象。|对于浦东新区不断涌现的高楼,人们已是司空见惯了。≈屡见不鲜|习以为常|不足为奇◇少见多怪|绝无仅有。

丝丝入扣 sī sī rù kòu 丝丝:每一缕丝。扣:即筘,织机上的机件,形状像梭子,用以固定经线的密度和位置。织布或织绸时,每条丝线都要从筘齿间穿过。比喻做事周密细致,完全合拍,毫无出

S

入▷老赵熟悉部队生活，所以写军事题材的作品，总是从从容容，丝丝入扣。|这个故事编得丝丝入扣，说的也头头是道。≈有条不紊|天衣无缝◇漏洞百出|一团乱麻。

私相授受 sī xiāng shòu shòu 授：给。受：接受。指私底下互相给予或接受▷这些都是公款，我们不能私相授受，你应该把它交到财务部门去。|民主选举干部，是我们党的铁的纪律，又不是封建社会，干部职位岂能私相授受！

私心杂念 sī xīn zá niàn 指为个人或小集团打算的不正当的念头▷正因为他毫无私心杂念，所以才敢同不良倾向作斗争。|一个满脑子私心杂念的人，怎么会成为一个纯粹的人呢？◇大公无私。

思前想后 sī qián xiǎng hòu 思：考虑。前前后后作再三思考▷听了报告以后，他翻来覆去睡不着，思前想后，越发觉得报告实在正确而及时。|从他留下的辞职书来看，他辞职之前，是思前想后、再三考虑过的。

思如泉涌 sī rú quán yǒng 思：才思。泉涌：泉水喷涌。才思犹如泉水般喷涌。语本三国魏·曹植《王仲宣诔》："强记洽闻，幽赞微言；文若春华，思若涌泉。"后用"思如泉涌"形容才思丰富而又敏捷▷这半年间他思如泉涌，写出了不少名篇佳作。|经过多年的酝酿，这部长篇小说的构思已逐渐成熟，最近半年他思如泉涌，这部百万字的鸿篇巨制一气呵成。

思绪万千 sī xù wàn qiān 思绪：思路、念头、心情等。指思虑和感触很多▷阔别故乡四十年后，老人旧地重游，不由得思绪万千，感慨万分。|望着机窗外翻腾的白云，回忆着自己波澜壮阔的一生，他思绪万千，不能自已。

斯文扫地 sī wén sǎo dì 斯：这。文：指文化或文化人。扫地：比喻破坏无余，丧失尽净。语本《论语·子罕》："天之将丧斯文也，后死者不得与于斯文也。"又，《晋书·儒林传序》："衣冠礼乐，扫地俱尽。"后用"斯文扫地"形容文化或文人的名誉、体面等丧失殆净▷在金钱与美色面前，有的记者斯文扫地，道德沦丧。|把一些低级庸俗甚至有害的读物公然出售，即使生意兴隆，也是斯文扫地！≈声名狼藉。

死不瞑目 sǐ bù míng mù 瞑目：闭上眼睛。死了也不闭上眼睛。语出《三国志·吴书·孙坚传》："卓（董卓）逆天无道，荡覆王室，今不夷汝三族，县（悬）示四海，则吾死不瞑目。"后用"死不瞑目"形容因未能实现志向和愿望而死不甘心。也形容生前犹有心事未了而放不下▷官司我还要打，不胜，死不瞑目。|女儿的婚事不解决，母亲是死不瞑目的。≈抱恨终天◇含笑九泉。

［提示］瞑，不要写作"暝"。

死不足惜 sǐ bù zú xī 足：值得。惜：可惜。即使死了也不值得可惜。语本《宋史·苏洵传》："善用兵者使人无所顾，有所恃。无所顾则知死之不足惜，有所恃则知不至于必败。"后用"死不足惜"形容不怕死▷只要对国家、对人民有好处，我个人死不足惜。也指死得毫无价值▷竟然有人相信那种荒诞不稽的说法，为此而死者真是死不足惜。

死得其所 sǐ dé qí suǒ 所：处所，地方。得其所：得到合适的地方。语出南朝宋·王僧达《求徐州启》："臣感先圣格

S

言,思在必效之地,使生获其志,死得其所。”后用“死得其所”指死得有价值、有意义▷只要是为了国家和民族的利益而死,就是死得其所。

死而后已 sǐ ér hòu yǐ 已:停止。到死才停止。语出《论语·泰伯》:“士不可以不弘毅,任重而道远。仁以为己任,不亦重乎?死而后已,不亦远乎?”后用“死而后已”指把毕生的精力全部贡献出来▷诸葛亮鞠躬尽瘁、死而后已的精神,永远为后人所敬仰。|为了祖国和人民的利益,他们鞠躬尽瘁,死而后已。

死灰复燃 sǐ huī fù rán 死灰:火灭后的灰烬。复:又,重新。熄灭的火灰又燃烧起来。语本《史记·韩长孺列传》:“蒙狱吏田甲辱安国,安国曰:‘死灰独不复然乎?’”然:“燃”的本字。后用“死灰复燃”比喻失势者重新得势或已消失的事物又出现和活跃起来(多用于坏人坏事)▷近来,封建迷信活动正在一些地方死灰复燃。|绝迹多年的黑社会势力在一些地方死灰复燃,这应引起我们高度警惕。≈东山再起|卷土重来|借尸还魂|重整旗鼓◇销声匿迹|烟消云散|一蹶不振|偃旗息鼓。

死里逃生 sǐ lǐ táo shēng 从死亡的绝境中逃脱出来,保全了生命▷他小时候得过脑膜炎,虽然死里逃生,脑子却不好使了。|他向我诉说了那次死里逃生的经过。≈绝处逢生|九死一生|劫后余生|虎口余生◇自取灭亡|自掘坟墓。

死气沉沉 sǐ qì chén chén 沉沉:低沉,不开朗。形容气氛沉闷,不活跃▷由于受到经济衰退的影响,整个商品销售市场死气沉沉的。也形容人的情绪消沉,没有生气▷他以前是很活泼好动的,经历了这场变故后,变得死气沉沉的。≈老气横秋|暮气沉沉◇朝气蓬勃|生气勃勃。

死去活来 sǐ qù huó lái 昏死过去,又苏醒过来。形容肉体上、精神上备受折磨,极度疼痛、悲哀或惊恐,难以忍受▷他觉得肚子里像刀绞一样,痛得死去活来。|看到面目全非、遍体鳞伤的儿子时,母亲哭得死去活来。≈痛不欲生。

死伤相藉 sǐ shāng xiāng jiè 藉:枕藉。死亡和受伤者相互枕藉而卧。形容伤亡者很多▷敌机的轰炸,使平民百姓死伤相藉,惨不忍睹。|那个地方的化工厂发生爆炸,周围居民死伤相藉,此事被称为“世纪惨案”。

[提示]藉,不要写作“籍”。

死无对证 sǐ wú duì zhèng 当事人或知情人已死,事情已无从对质证实▷这个罪犯在作案之后毁尸灭迹,企图来个死无对证。|这起案子就因为死无对证而被束之高阁了。

死心塌地 sǐ xīn tā dì 死心:断绝他念或下最后决心。塌地:落到实地,指放心,踏实。形容态度坚决或态度顽固▷她出身名门,但死心塌地地与丈夫在偏僻的山村度过了一生。|守城的保安队并不死心塌地为敌人效力,我们要开展政治攻势,瓦解敌人。≈执迷不悟|至死不渝◇三心二意|首鼠两端|狐疑不决。

死有余辜 sǐ yǒu yú gū 余:多余,剩余。辜:罪恶。即使处以死刑,也不足以抵偿他的罪过。语出《汉书·路温舒传》:“盖奏当之成,虽咎繇听之,犹以为死有余辜。”后用“死有余辜”形容罪大恶极▷这家伙卖国求荣,干尽了丧天害理之事,实在是死有余辜。|这个十恶不赦、死有余辜的杀人魔王终于落入了法网,得到了

应得的下场。≈罪该万死|十恶不赦|罪大恶极|罪不容诛|罪恶滔天|恶贯满盈◇功德无量|功标青史|名垂千古。

死于非命 sǐ yú fēi mìng 非命：意外的灾祸，不正常死亡。语本《韩诗外传》卷一："人有三死而非命也者，自取之也。"后用"死于非命"指遭受意外的灾祸而死▷只要一想到死于非命的女儿，母亲的心就如同刀割一般。|从建筑工地上坠落的水泥块砸在行人的头部，那不幸者当场死于非命。◇寿终正寝。

四分五裂 sì fēn wǔ liè 分裂成许多碎块。语出《战国策·魏策一》："魏南与楚而不与齐，则齐攻其东；东与齐而不与赵，则赵攻其北；不合于韩，则韩攻其西；不亲于楚，则楚攻其南。此所谓四分五裂之道也。"后用"四分五裂"形容破碎分散，不统一或不团结▷这个国家因内战而四分五裂……花花绿绿的地图又添了几块新的颜色。|他的手一松，盘子掉到了地上，摔得四分五裂。≈支离破碎|土崩瓦解|分崩离析◇完美无缺。

［提示］分，不读"fèn"。

四海升平 sì hǎi shēng píng 四海：古以中国四境有海环绕，因泛指全国各地。升平：太平。指天下太平▷在"发展是硬道理"的理论指导下，我国加快了发展的步伐，社会稳定，市场繁荣，人民生活富裕，真可谓四海升平。|不管哪个朝代、不管哪个国家的平民百姓都盼望四海升平、祥和发展。

四海为家 sì hǎi wéi jiā 为：当作。全国各地，到处都是自己的家。语出《史记·高祖本纪》："且夫天子以四海为家，非壮丽无以重威，且无令后世有以加也。"原指帝王拥有天下，四海之内皆为其一家之财产。后用"四海为家"指生活漂泊不定，没有固定的存身之所。也形容志在四方，到处为家▷他是个跑江湖的，四海为家，你到哪里去找他？|四海为家，为国立功，这是我们每个革命军人的志向。≈浪迹天涯◇安土重迁。

四面八方 sì miàn bā fāng 四面：东、南、西、北。八方：四面加东南、西南、西北和东北。指各个地方，各个方面▷人们从四面八方涌向市中心广场，参加盛大的节日庆典。|出席会议的人来自四面八方、各行各业。≈五湖四海|天南海北。

四面楚歌 sì miàn chǔ gē 四面都是楚国人的歌声。语本《史记·项羽本纪》："项王（楚霸王项羽）军壁垓下，兵少食尽，汉军及诸侯兵围之数重，夜闻汉军四面皆楚歌，项王乃大惊，曰：'汉皆已得楚乎？是何楚人之多也！'"后用"四面楚歌"比喻四面受敌，处于孤立无援的困境▷此时的匪徒已是四面楚歌，惶惶如丧家之犬。≈四面受敌|腹背受敌|山穷水尽。

四平八稳 sì píng bā wěn 物体摆得很平很稳。形容人言行举止稳重，没有偏颇▷一向四平八稳的老胡出口惊人，令大家很意外。|而今，他的这股锐气没有了，文章也就显得越来越四平八稳。

四通八达 sì tōng bā dá 达：畅达，畅通。四面八方都有路相贯通。语本《史记·郦生陆贾列传》："夫陈留，天下之冲，四通五达之郊也。"后用"四通八达"形容交通无阻，非常便利。也泛指事物的各个方面都互相贯通，毫无阻滞▷如今，井冈山已经修筑了盘山公路，四通八达，十分便利。|她没想到国内的生活是如此丰富多样，成功的道路是这样

四通八达。

似曾相识 sì céng xiāng shí 似：好像。曾：曾经。好像曾经认识。语出宋·晏殊《浣溪沙》词："无可奈何花落去，似曾相识燕归来。"后用"似曾相识"形容以前见过的人或物又在眼前出现▷他在公共汽车上看见一个似曾相识的人，但无论如何也回忆不出到底在哪儿见过此人。|这书一拿到手，他就有一种似曾相识的感觉，仔细一看，原来是抄袭了自己著作的封面。

似懂非懂 sì dǒng fēi dǒng 好像懂，又好像不懂▷这道题老师已讲解了两遍，但他还是似懂非懂的。|处于青春期的少男少女们，对男女之事正是似懂非懂的时候，所以他们对此有一种强烈的好奇感。

似是而非 sì shì ér fēi 是：正确的。非：错误的。语本《庄子·山木》："周将处乎材与不材之间，似之而非也。"后用"似是而非"指好像是对的，实际是错的；好像是真的，实际是假的▷这些似是而非的说法，很容易蒙蔽住一些不明真相的人。|他画的变形的人物画，似人非人，似物非物，似是而非，别有一种意味。

驷不及舌 sì bù jí shé 驷：一车所驾之四马。四匹马拉的车子（尽管跑得飞快）也追不回已经说出口的话。语出《论语·颜渊》："子贡曰：'惜乎，夫子之说君子也！驷不及舌。'"后用"驷不及舌"指说话应当慎重，否则难以收回▷你说话可要考虑考虑，如果脱口而出，驷不及舌，可没有后悔药吃。|对这件事如果我们仅凭主观印象，胡乱地说一通，驷不及舌，影响可就大了。

肆无忌惮 sì wú jì dàn 肆：放纵。忌惮：顾忌，畏惧。指任意妄为，一点儿顾忌也没有▷这里从不养猫，所以老鼠就肆无忌惮起来了。|对于造谣惑众者，人们一旦宽容一些，那些人就马上肆无忌惮起来。≈随心所欲|恣意妄为◇规行矩步|循规蹈矩。

耸人听闻 sǒng rén tīng wén 耸：惊动。使人听了感到震惊。语本宋·周密《齐东野语·洪君畴》："首疏以正心格君为说，且曰……固已耸动听闻矣。"后用"耸人听闻"指故意编造事实，夸大其词，以使听的人震惊▷这样说，绝非为了耸人听闻，而是历史上早已有过血的教训。|这样一件耸人听闻的案件，在这小县城中引起了轩然大波。≈骇人听闻。

搜索枯肠 sōu suǒ kū cháng 搜索：搜寻，探索。枯肠：比喻枯竭的思路。语本唐·卢仝《走笔谢孟谏议寄新茶》诗："三碗搜枯肠，唯有文字五千卷。"后用"搜索枯肠"形容竭力苦思苦想▷为了描摹精细，他搜索枯肠，可就是想不出一个比较贴切的词来。|他搜索枯肠，仔细琢磨着还有点什么该做而未做的事。≈冥思苦想|挖空心思。

俗不可耐 sú bù kě nài 俗：庸俗，俗气。耐：忍耐，忍受。庸俗到令人不可忍耐。形容极其庸俗，令人讨厌▷他这个人满口市井腔，真是俗不可耐。|她的这身打扮，既滑稽又俗不可耐。

夙兴夜寐 sù xīng yè mèi 夙：早。兴：起来。寐：睡觉。早起晚睡。语出《诗经·卫风·氓》："三岁为妇，靡室劳矣；夙兴夜寐，靡有朝矣。"后用"夙兴夜寐"形容非常勤劳或勤奋▷他克勤克俭，夙兴夜寐，从不敢奢靡和怠惰。|你这样夙兴夜寐，事必躬亲，会把身体累垮的。≈起早摸黑|夜以继日|披星戴月|通宵达

旦|宵衣旰食◇无所事事|饱食终日。

肃然起敬 sù rán qǐ jìng 肃然：十分恭敬的样子。起：产生。语本南朝宋·刘义庆《世说新语·规箴》："高足之徒，皆肃然增敬。"后用"肃然起敬"形容非常恭敬的态度或十分敬佩的心情▷今天，当我们读到这段悲壮的历史时，还禁不住为烈士在白刃加颈下，依然不肯屈膝的凛然正气而肃然起敬。|"他的精神太高尚了！"小黄肃然起敬地说。≈顶礼膜拜|毕恭毕敬◇不屑一顾。

素昧平生 sù mèi píng shēng 素：一向，平素。昧：不了解。平生：往来，从来。一向不了解。语本唐·李商隐《赠田叟》诗："鸥鸟忘机翻浃洽，交亲得路昧平生。"后用"素昧平生"指彼此从来不认识▷我和他素昧平生，对他的过去一点儿也不了解。|她母亲要将她嫁给素昧平生的陌生人，所以她就逃婚了。≈素不相识◇通家至好|青梅竹马。

［提示］昧，不要写作"味"。

速战速决 sù zhàn sù jué 用快速的战术解决战斗。比喻用最快的办法去完成某件事情▷这场战斗宜速战速决，切不可拖延时间。|你们接下来另外还有五场比赛，所以今天下午的比赛宜速战速决，以保存体力。

溯源穷流 sù yuán qióng liú 源：源头。上溯本源，穷尽支流。形容钻研学问，追根究底▷南朝刘勰所著《文心雕龙》一书，溯源穷流，成为我国古代最有系统的文学批评专著。|已故著名学者钱锺书写的《管锥编》，溯源穷流，旁征博引，是当代文学研究的一部巨著。

酸甜苦辣 suān tián kǔ là 指各种味道。比喻经历过幸福欢乐、痛苦磨难等种种遭遇▷我从事产品销售工作近二十年，世态炎凉、酸甜苦辣都体验过。|人生如果没尝过酸甜苦辣，那就称不上是真正的人生。

算无遗策 suàn wú yí cè 算：计算，谋划。遗：遗漏。没有失算的地方。语本《吕氏春秋·贵当》："荆有善相人者，所言无遗策。"后用"算无遗策"形容谋划周密准确，从不失算▷他向来是算无遗策的，这件事就交给他办理好了。|这位算命先生自称是算无遗策，但当大雨下得使他无处藏身时，人们投来了怀疑的目光。

虽死犹生 suī sǐ yóu shēng 为正义事业而献身，虽然死了也如同活着一样▷鲁迅先生虽然早已离开了我们，但虽死犹生，他的精神还在激励着人们奋勇前进。|为国、为人民捐躯，虽死犹生。

隋珠和璧 suí zhū hé bì 隋珠：隋侯之珠。和璧：和氏之璧。语本《淮南子·览冥》："譬如隋侯之珠，和氏之璧，得之者富，失之者贫。"高诱注："隋侯，汉东之国姬姓诸侯也。隋侯见大蛇伤断，以药傅之。后蛇于江中衔大珠以报之，因曰'隋侯之珠'，盖明月珠也。楚人卞和得美玉璞于荆山之下，以献武王。王以示玉人，玉人以为石，刖其左足。文王即位，复献之，以为石，刖其右足。抱璞不释而泣血。及成王即位又献之。成王曰：'先君轻刖而重剖石。'遂剖视之，果得美玉，以为璧。"后用"隋珠和璧"泛指珍宝或珍宝中的上品▷我还以为是什么隋珠和璧呢，原来是这些一钱不值的石头子，竟然还藏着不让人看。|你可别小看这几颗石头子，隋珠和璧未必及得上它们呢。≈吉光片羽|奇珍异宝|无价之宝◇附赘悬疣。

S

［提示］壁，不要写作“壁”。

随波逐流 suí bō zhú liú 随：跟着，随着。逐：追逐，追赶。顺着波浪起伏，追逐着流水飘荡。语本《史记·屈原贾生列传》：“举世混浊，何不随其流而扬其波？”后用“随波逐流”比喻自己没有坚定的原则立场和独立的见解主张，盲目地跟着众人行事▷看病收红包的行为玷污了白衣天使的神圣称号，败坏了医德医风，我们决不能随波逐流也这么干。｜这种不敢说出自己的观点，随波逐流的人，我们遇到的还少吗？≈同流合污｜见风使舵｜与世浮沉｜人云亦云◇中流砥柱｜遗世独立。

随方就圆 suí fāng jiù yuán 形容处事顺应情势或待人随和而不固执▷他处事一向是随方就圆的，所以大家都很愿意接近他。｜在有关民族大义、个人节操的大是大非问题上，随方就圆不一定就是好事。

随行就市 suí háng jiù shì 按市场行情做生意▷你做小买卖，不能只打自己的算盘，要随行就市，生意才能做得活。｜像这样的农副产品，可以随行就市，灵活经营。

［提示］行，不读“xíng”。

随机应变 suí jī yìng biàn 随：顺从，顺着。机：时机，机会。应：应付。语出《旧唐书·郭孝恪传》：“请固武牢，屯军汜水，随机应变，则易为克殄。”后用“随机应变”指随着情况的变化，把握时机，采取相应措施，灵活应付▷他马上随机应变地说：“老赵熟悉情况，还是请老赵去吧！”｜他是一个善于随机应变的人，一定能完成任务，你尽管放心。≈见风使舵｜见机行事｜通权达变◇刻舟求剑｜胶柱鼓瑟｜墨守成规｜守株待兔。

随声附和 suí shēng fù hè 随：跟着，顺随。附和：对别人的言行依从应和。别人怎么说，自己就跟着怎么说。语出宋·魏了翁《直前奏六未喻及邪正二论》：“人至于忠忱体国，真实任事，则图惟国事之济，言虑所终，事惟其是，而岂肯随声附和，以侥幸万一乎！”后用“随声附和”形容毫无主见，一味盲从▷无论在什么情况下，我们也绝不能人云亦云，随声附和。｜张厂长这样一说，下面的人都随声附和，李副厂长只好闭了嘴。≈人云亦云｜亦步亦趋｜唯唯诺诺◇独树一帜｜力排众议｜自行其是｜固执己见。

［提示］和，不读“hé”。

随心所欲 suí xīn suǒ yù 随：随着，听任。欲：希望。语本《论语·为政》：“七十而从心所欲，不逾矩。”后用“随心所欲”形容随着自己的心意，想干什么就干什么▷星期天，她和朋友们在家里喝着咖啡，随心所欲地聊着闲话。｜你不能随心所欲地对待工作和学习。≈得心应手｜信手拈来｜游刃有余｜左右逢源◇左右为难｜循规蹈矩｜规行矩步｜墨守成规。

随遇而安 suí yù ér ān 随：顺随，适应。遇：际遇，境遇。安：安然，满足。顺应各种环境而安然处之，心满意足。语出《孟子·尽心下》“及其为天子也”宋·朱熹集注：“言圣人之心，不以贫贱而有慕于外，不以富贵而有动于中，随遇而安，无预于己，所性分定故也。”后用“随遇而安”指能适应任何环境，在任何情况下都处之泰然▷如果说蔡先生这半辈子真悟出什么人生哲理，那就是量力而行，随遇而安。｜他觉得自己的理想完全破灭了，于是采取了与世无争、随遇而安的处世态度。≈安之若素｜与世无争◇愤世嫉俗。

岁稔年丰 suì rěn nián fēng 稔：庄稼成熟。指农业丰收▷自实施科学种田以来，近几年一直是岁稔年丰，农民乐开了怀。|这个地区连年岁稔年丰，可全亏了党的十一届三中全会以来的好政策。≈五谷丰登◇颗粒无收。

［提示］稔，不读"niǎn"。

碎尸万段 suì shī wàn duàn 将尸体砍成一万段。比喻对罪大恶极者予以严厉的惩罚▷李大妈愤愤地说，对这伙罪犯执行死刑是便宜了他们，按照他们的罪行碎尸万段还嫌不够。

损兵折将 sǔn bīng zhé jiàng 损、折：损失。损失士兵和将领。形容作战失利，损失惨重。也泛指失败或损失▷敌军很快被分割包围，损兵折将，只剩下举枪投降一条路了。|夺冠呼声很高的城南中学体操队，在预赛时就损兵折将，复赛时又全军覆灭，爆了个大冷门。

损公肥私 sǔn gōng féi sī 公：公家的利益。肥：通过不正当的手段使个人富足。以损害公家的利益来满足个人的私欲▷对这种损公肥私的行为，我们可不能不管。|对一切损公肥私的行为都要进行坚决的斗争。≈假公济私|中饱私囊◇大公无私|公而忘私。

损人利己 sǔn rén lì jǐ 损害别人，使自己获得好处。语本汉·刘向《新序·杂事三》："厚者不毁人以自益，仁者不危躯以要名。"后用"损人利己"形容人自私而卑劣的行为▷他们时常小偷小摸，损人利己。|这种损人利己的事我坚决不干。≈损公肥私|自私自利|见利忘义◇公而忘私|大公无私|舍己为人|克己奉公。

缩手缩脚 suō shǒu suō jiǎo 因寒冷或恐惧，手脚往回卷缩或舒展不灵便▷河边风很大，我们都冷得缩手缩脚的，小赵却满不在乎。|看到他吓得缩手缩脚的样子，李老师不断安慰他。也比喻顾虑重重，胆小而不敢放开手脚去做▷一些人出了名，背上了成功的包袱后，常会变得患得患失、缩手缩脚起来。|你们思想不解放，工作缩手缩脚，局面当然打不开。≈束手束脚◇大刀阔斧。

缩头缩脑 suō tóu suō nǎo 形容畏缩、躲闪▷这冰天雪地的，人看上去都是缩头缩脑的。|你呀，还能算男子汉大丈夫吗？仅失败了一次，现在做起事来竟缩头缩脑的。◇昂首挺胸。

所见所闻 suǒ jiàn suǒ wén 语出宋·王安石《明州慈溪县学记》："则士朝夕所见所闻，无非所以治天下国家之道。"后用"所见所闻"指看到的和听到的事情▷这篇文章要将你们在此次活动中的所见所闻如实地记叙下来。|他在信里将一路上的所见所闻都告诉了我。≈耳闻目睹。

所剩无几 suǒ shèng wú jǐ 剩：余留下来的。无几：没有几个。剩下的已没有几个。形容剩余的数量不多▷一场恶战后，将军身边的卫士已所剩无几了，他们拼死护卫将军，冲出了重围。|他滞留在半路上，所带的旅费已所剩无几了。

所向披靡 suǒ xiàng pī mǐ 所向：风所吹到的地方。披靡：草木随风倒伏。风所吹到的地方，草木都倒伏了。语本《晋书·景帝纪》："乃与骁骑十余摧锋陷阵，所向皆披靡。"后用"所向披靡"比喻力量达到的地方，什么也阻挡不了▷这支所向披靡的铁军，令敌人闻风丧胆。|他的雄辩演说，横扫千军，大有所向披靡的气概。◇望风而逃。

所向无敌 suǒ xiàng wú dí 无敌：无人可以对抗。所到之处，没有对手。语本三国蜀·诸葛亮《心书》："善将者因天之时，就地之势，依人之利，则所向者无敌，所击者万全矣。"后用"所向无敌"形容势不可挡▷边境保卫战打响后，我军所向无敌，敌人望风披靡。|这支水军顺江而下，一路上所向无敌，连下数十城。≈所向披靡◇不堪一击|闻风而逃。

所作所为 suǒ zuò suǒ wéi 所做的一切事▷他以前的所作所为，实在不像话。|你自己好好想一想，你的所作所为配得上"共产党员"这个光荣称号吗？

索然无味 suǒ rán wú wèi 索然：没有兴趣的样子。语出明·杨慎《丹铅杂录·论衡》："盖文有以含蓄不尽为工者……说尽，则索然无味矣。"后用"索然无味"指枯燥平淡得毫无意味▷会议的发言索然无味，怪不得很多人中途就退场了。|这篇文章被修改后，有趣的地方都被删去了，只剩下一些干巴巴的条条框框，读起来索然无味。≈枯燥乏味◇津津有味。

T

他山之石 tā shān zhī shí 别的山上的石头。语本《诗经·小雅·鹤鸣》:“它山之石,可以为错……它山之石,可以攻玉。”错:砺石,可用来琢磨玉器。攻:治。原比喻别的国家的贤才可以借用为治理本国的辅佐。后用“他山之石”比喻能帮助自己改正缺点错误或提供借鉴的外力▷清乾嘉年间,中西文化交流增多,“泰西”人带来了西洋科技新成就,他山之石,可以攻玉,中国学者也出了许多新成果。|他们的经验很好,可以作为他山之石为我所用。

[提示]也作“它山之石”。

踏破铁鞋 tà pò tiě xié 把铁做的鞋子都磨破了。语出宋·夏元鼎《绝句》:“踏破铁鞋无觅处,得来全不费工夫。”后用“踏破铁鞋”形容到处寻找而不易得▷为了买到这种药,他踏破铁鞋,找遍全市,却都买不着。|他发誓,即使踏破铁鞋,也得找出那个杀人凶手。

太平盛世 tài píng shèng shì 太平:安定,安宁。盛世:兴盛的治世。语出明·沈德符《万历野获编·章枫山封事》:“余谓太平盛世,元夕张灯,不为过侈。”后用“太平盛世”指社会安定、兴旺而发达的年月▷我们生于这太平盛世,又正当有为之年,一定能够做出一番事业的。|康熙、乾隆年间是清朝国力最强、社会最稳定的太平盛世。

泰阿倒持 tài ē dào chí 泰阿:古代的宝剑名。倒持:倒拿着宝剑,把剑柄交给别人。语出《汉书·梅福传》:“倒持泰阿,授楚其柄。”后用“泰阿倒持”比喻轻率地交让权柄,自己反受其害▷那个皇帝泰阿倒持,造成部下尾大不掉的局面,最后落得国破身亡的结局。|你如此做法,无异于泰阿倒持,授人以柄,后果危险得很呢!

[提示]阿,不读“ā”。

泰然处之 tài rán chǔ zhī 泰然:心情安定、毫不在意的样子。语本宋·朱熹《牧斋记》:“古之君子一箪食一瓢饮而处之泰然,未尝有戚戚乎其心而汲汲乎其言者。”后用“泰然处之”指遇到困境、厄运等异常情况时,毫不在乎,镇定自若▷面对突如其来的攻击,他从容不迫,泰然处之。|望着他泰然处之的神态,惊慌的人们也逐渐安宁下来了。≈行若无事|镇定自若◇惊慌失措|心慌意乱。

[提示]处,不读“chù”。

泰然自若 tài rán zì ruò 泰然:心神镇静、安定的样子。自若:像自己往常的神态。语出《金史·颜盏门都传》:“门都性忠厚谨悫,安置营壁,尤能慎密。有敌忽来,虽矢石至前,泰然自若。”后用“泰然自若”形容遇到突发事件或处于不利的境况时从容镇定▷我在表面上虽还泰然自若,心里却早已急得火烧火燎了。≈谈笑自若|处之泰然|安之若素|若无其事|神色自若◇惊慌失措|手足无措|

大惊失色｜失魂落魄｜惊恐万状｜不知所措｜心惊胆战。

泰山北斗 tài shān běi dǒu 泰山：山名，在山东省，居五岳之首，是高山的代表。北斗：北斗星，可作为指示方向的标志，也是众星中最亮者之一。语出《新唐书·韩愈传赞》："自愈没，其言大行，学者仰之如泰山北斗云。"后用"泰山北斗"比喻德高望重或成就卓越而为大家所尊重、敬仰的人▷作为学术界的泰山北斗，他的发言引起了强烈反响。｜所谓的泰山北斗，并不是自封的，而是公众所共同认可的。

泰山压顶 tài shān yā dǐng 像泰山压在头顶上。语本宋·袁甫《跋慈湖先生广居赋》："疾雷破柱，色不为动；泰山压前，目不为瞬。"后用"泰山压顶"比喻承受极大的压力或遭到沉重的打击▷他相信事实和时间会做出裁决，充分显示了一种泰山压顶色不变的英雄本色。

贪得无厌 tān dé wú yàn 厌：满足。语本《左传·昭公二十八年》："贪婪无餍，忿类无期。"后用"贪得无厌"指贪心没有满足的时候▷帝国主义对财富的掠夺是贪得无厌的。｜他那副贪得无厌的馋相，引起了众人的反感。≈贪心不足｜欲壑难填。

贪多务得 tān duō wù dé 务：必定。不知满足地贪求越多越好，而且务必得到。语出唐·韩愈《进学解》："贪多务得，细大不捐。"原指学习知识的欲望与毅力都很大。后用"贪多务得"指贪心不足▷此人贪多务得，短短数年间贪污公款数百万元，最后落得个可耻下场。｜追击敌军时，可不能贪多务得，以免孤军深入，反被敌军围困。≈贪得无厌｜欲壑难填。

贪官污吏 tān guān wū lì 贪赃枉法、残害人民的官吏▷这次中央严惩了一批贪官污吏，老百姓拍手称快。｜贪官污吏盘剥人民，是造成人民起义的原因之一。

贪名逐利 tān míng zhú lì 逐：追逐，追求。贪图名位，追求私利▷此人一贯剽窃他人劳动成果，贪名逐利，现在终于受到了处理。｜这些汉奸都是些可耻的贪生怕死、贪名逐利之徒。

贪生怕死 tān shēng pà sǐ 贪：贪恋。贪恋生存，害怕死亡。语本《淮南子·氾论》："楚人有乘船而遇大风者，波至而自投于水，非不贪生而畏死也，惑于恐死而反忘生也。"后用"贪生怕死"形容在面临生死的危急关头，为了活命而畏缩不前或不顾道义做出不光彩的事来▷你贪生怕死，临阵脱逃，该当何罪！｜今天我总算认识了你，你原来是这么一个贪生怕死的胆小鬼！≈苟且偷生◇视死如归｜舍生取义｜奋不顾身。

贪天之功 tān tiān zhī gōng 贪：贪取。天：天公，指自然界万物的主宰者。功：功劳，功绩。语出《左传·僖公二十四年》："窃人之财，犹谓之盗，况贪天之功以为己力乎！"原指把上天的功劳归于自己。后用"贪天之功"指把别人的功劳算到自己身上▷他常把别人的成绩算在自己的账上，这种贪天之功的行径受到众人的鄙视。｜推翻旧王朝是农民起义的力量，任何人都不能贪天之功为己有的。◇功成不居。

贪心不足 tān xīn bù zú 贪婪而不知足▷民间故事中有许多是关于贪心不足的人最后受到惩罚的故事。｜这次逛旧书摊你淘了这么多旧书，就别再贪心不足啦，这本

书让给我算了。≈贪得无厌|欲壑难填。

贪赃枉法 tān zāng wǎng fǎ 赃：贪污、受贿或盗窃来的财物。枉：歪曲，违反。指贪污受贿，违反法纪▷这些贪赃枉法得来的钱钞，都是不义之财。|他长期来贪赃枉法，此次在“反腐倡廉”中终于受到了严惩。

昙花一现 tán huā yī xiàn 昙花：“优昙钵罗花”的简称，一种开花时间极短的花。昙花刚一开放就马上凋谢。语本《妙法莲华经·方便品》：“佛告舍利弗：如是妙法，诸佛如来时乃说之，如优昙钵花时一现耳。”后用“昙花一现”比喻显赫一时的人或事物才出现就很快消失了▷昙花一现，走红一时，这不难做到，难的是一直为人们接受和喜爱，常青不谢。|在中国的历史上，他是一个昙花一现的人物。≈转瞬即逝|过眼云烟|好景不长◇万古长青|地老天荒|永垂不朽。

谈何容易 tán hé róng yì 说话怎么会容易呢？语出汉·东方朔《非有先生论》：“吴王曰：‘可以谈矣，寡人将竦意而听焉。’先生曰：‘於戏！可乎哉！可乎哉！谈何容易？’”原指向国君进言不容易。后用“谈何容易”指事情做起来没有像嘴上说的那么简单▷这件事说起来简单，当真要做，真是谈何容易！|我们常说要调查研究，但真要潜下心来深入研究，谈何容易！

谈虎色变 tán hǔ sè biàn 色：脸色。《二程全书·遗书二》载：从前有个农夫曾经被老虎咬伤。当有人讲起老虎伤人的事，大家都很吃惊，而那位农夫更是吓得连脸色都变了。后用“谈虎色变”比喻一讲到可怕的事物或人，就很紧张▷说起癌症或艾滋病，许多人往往谈虎色变。|这是个让人谈虎色变的人物。≈闻风丧胆|草木皆兵|杯弓蛇影◇临危不惧|从容自若|面不改色|谈笑自若。

谈情说爱 tán qíng shuō ài 谈恋爱▷他和她在黄浦江畔的“情人墙”边，度过了无数个谈情说爱的夜晚。|现在的青年男女可以自由恋爱，谈情说爱，有多幸福啊！

谈天说地 tán tiān shuō dì 谈论天上的，谈论地下的。形容漫无边际地闲谈或谈论的话题非常广泛▷一般的谈天说地，四川人叫“摆龙门阵”，北方人称“侃大山”。|一个雨夜，我们几个人聚在一起，谈天说地，讲古论今，忘记了回家睡觉。≈说古道今|海阔天空◇缄口不语|一言不发|闷声不响|相对无言|默不作声。

谈笑风生 tán xiào fēng shēng 风生：说话兴致勃勃，而且很风趣。语本五代·王仁裕《开元天宝遗事·七宝山座》：“张九龄论辩风生，升此座，余人不可阶也。”后用“谈笑风生”形容说话时又说又笑，谈得兴致勃勃而又风趣，气氛很活跃▷我们再也回不去当年那种谈笑风生、充满理想、意气风发的难忘岁月了。|他和一群大学生谈笑风生地走进会场。≈侃侃而谈|谈笑自若◇哑口无言|沉默寡言|一声不吭|不苟言笑。

谈笑自若 tán xiào zì ruò 自若：自然的样子，与平时一样。说笑态度自然。语出《后汉书·孔融传》：“建安元年，为袁谭所攻，自春至夏，战士所余裁数百人，流矢雨集，戈矛内接。融（孔融）隐几读书，谈笑自若。”后用“谈笑自若”指在不平常的情况下仍和往常一样谈笑▷外边的形势已非常危急，但他依然谈笑自若，看不出一点与平时不同的样子。|先烈们在被押赴刑场的路上，依然谈笑自

若，路人都不禁在心中暗暗钦佩。

弹冠相庆 tán guān xiāng qìng 弹冠：掸去帽子上的尘土。庆：庆贺。掸去帽子上的尘土以示庆贺。语本《汉书·王吉传》"王阳在位，贡公弹冠"颜师古注："弹冠者，且入仕也。"王吉字子阳，故称王阳。指王吉和贡禹志同道合，王吉在朝掌了权，必然会引荐贡禹入朝做官。后用"弹冠相庆"指为即将做官而相互庆贺。也泛指为得意之事而互相庆贺（多含贬义）▷这些人如果丢官后又有机遇做官，马上就会眉飞色舞，弹冠相庆。｜他在一批帮闲的拥戴下，登上了"会长"的宝座，不用说，那批帮闲也各自任职，弹冠相庆。≈额手称庆｜鸡犬升天｜沐猴而冠◇如丧考妣。

［提示］冠，不读"guàn"。

痰迷心窍 tán mí xīn qiào 心窍：喻指认识和思维能力。原是中医的病名，指因痰塞而神志不清。后用"痰迷心窍"形容心思被迷住了，一时糊涂▷他听说国外遍地是黄金，便一心想出国，最后竟痰迷心窍地去违法偷渡。｜本来是虚无缥缈的空中楼阁，他偏偏信以为真，真是痰迷心窍啊！

忐忑不安 tǎn tè bù ān 忐忑：心神不定。形容心中非常不安▷他因做了对不起同学的事而忐忑不安。｜小玲走向老师的办公室，忐忑不安地想：老师为什么要找我呢？≈七上八下｜心神不宁｜坐立不安｜如坐针毡◇泰然处之｜若无其事｜胸有成竹｜泰然自若。

坦然自若 tǎn rán zì ruò 自若：像平常一样。形容态度安详，一如常态▷面对记者不断的提问，尤其是那些最为敏感的问题，他侃侃而谈，坦然自若。｜在危急关头，队长坦然自若，沉着地指挥应战。

叹为观止 tàn wéi guān zhǐ 叹：赞叹。观止：看到这里为止，足够了。语本《左传·襄公二十九年》："德至矣哉！大矣，如天之无不帱也，如地之无不载也，虽甚盛德，其蔑以加于此矣。观止矣！"后用"叹为观止"赞叹所看到的事物美好到了极点▷这一景点可谓鬼斧神工，游人至此，无不叹为观止。｜致富的路有千条，常常推陈出新，别具一格，令人叹为观止。≈拍案叫绝◇贻笑大方。

探本穷源 tàn běn qióng yuán 探：求索。本：草木的根。穷：推究。源：水源。探寻树木的根、水的源头。比喻寻求事物的根源▷根据这些遗迹，考古工作者进行着探本穷源的工作。｜既然事情已现端倪，就应该探本穷源，查它个水落石出。≈追本溯源◇浅尝辄止。

探骊得珠 tàn lí dé zhū 骊：骊龙，传说中的黑龙。摸到黑龙下巴底下的宝珠。《庄子·列御寇》载：传说黄河边有个贫苦人家，专门以编织芦苇帘子为生。他家的儿子泅入深水得到一颗价值千金的宝珠。他父亲并不高兴，对他说："用石头来砸碎它！这千金之珠，一定是在万丈深渊的黑龙下巴底下才有。你得到它，一定是黑龙正在打瞌睡。万一黑龙醒来，你就要被吃掉了！"后用"探骊得珠"比喻文章内容中肯深入，点到了精妙之处▷他的这首读后感的诗，如探骊得珠，读后令人回味无穷。｜文章中的这句话如同探骊得珠，一下子就抓住了全文的重点。

探囊取物 tàn náng qǔ wù 囊：口袋。伸手到袋子里取东西。语本《新五代史·南唐世家》："中国用吾为相，取江南如探囊中物尔。”后用“探囊取物”比喻事情极容易办到▷凭实力，巴西队在这场比赛中获胜是探囊取物般的事情。≈瓮中捉鳖｜易如反掌｜手到擒来｜轻而易举◇大海捞针｜竹篮打水。

探奇访胜 tàn qí fǎng shèng 奇：奇特。胜：优美的，指山水名胜。探访优美的山水名胜▷他们利用暑假外出探奇访胜，游历了很多名山大川，增长了不少见识。｜他是个探险家，一生探奇访胜，足迹遍布世界各地的名山大川，阅历之丰富，无人能及。

探头探脑 tàn tóu tàn nǎo 探：头或上体向前伸出。伸头向四下张望。语出宋·朱熹《朱子语类》卷十八：“时时去他那下探头探脑，心下也须疑它那下有个好处在。”后用“探头探脑”形容四处张望寻找或鬼鬼祟祟的样子▷那个人专门在僻静处探头探脑的，看来不是好人。

探赜索隐 tàn zé suǒ yǐn 赜：深奥。隐：隐秘。语出《周易·系辞上》：“探赜索隐，钩深致远，以定天下之吉凶，成天下之亹亹者，莫大乎蓍龟。”后用“探赜索隐”指探索深奥的道理，搜寻隐秘之所在▷几十年来，他殚精竭虑，探赜索隐，想找到根治癌症的方法。｜他博览群书，探赜索隐，从事古籍整理的工作已有几十年了。

堂而皇之 táng ér huáng zhī 形容公然、大模大样或有气派的样子（多含贬义）▷这个学生一点也不遵守学校的规定，在上课时竟堂而皇之进出学校的大门。｜他堂而皇之地在报纸上发表这篇文章，不是很清楚地表明了他的观点、立场吗？≈堂堂正正｜光明正大◇鬼头鬼脑｜鬼鬼祟祟。

堂堂正正 táng táng zhèng zhèng 堂堂：盛大的样子。正正：整齐的样子。语本《孙子·军争》：“无邀正正之旗，勿击堂堂之陈（阵），此治变者也。”原指强大整齐的样子。后用“堂堂正正”形容光明磊落▷母亲常教育我们要堂堂正正地做人。｜这本来就是堂堂正正的事，尽可正大光明地去做，不必鬼鬼祟祟的。≈光明正大◇鬼鬼祟祟。

糖衣炮弹 táng yī pào dàn 糖衣：包在某些苦味药物外面的甜味薄膜。裹着糖衣的炮弹。比喻腐蚀人的拉拢、利诱等手段▷乔国老表面上也是为东吴着想，实际是帮刘备的忙，他中了诸葛亮的“糖衣炮弹”，既受人钱财，就得与人担待。≈甜言蜜语｜花言巧语。

［提示］弹，不读“tán”。

螳臂当车 táng bì dāng chē 螳臂：螳螂的前肢。当：阻挡。语本《庄子·人间世》：“汝不知夫螳螂乎？怒其臂以当车辙，不知其不胜任也。”后用“螳臂当车”比喻不自量力，自取灭亡▷谁企图阻挡滚滚向前的历史车轮，就逃脱不了螳螂当车的下场。≈蚍蜉撼树｜不自量力｜以卵击石◇量力而行。

［提示］当，不读“dàng”。

傥来之物 tǎng lái zhī wù 傥来：意外得到的。语本《庄子·缮性》：“轩冕在身，非性命也；物之傥来，寄者也。”后用“傥来之物”指意外得到的或非本分应得的东西▷他完全明白，包工头们送来的礼品是傥来之物，是决计不能收的。｜他一生淡泊，将功名富贵视作傥来之物，从不热衷。

滔滔不绝 tāo tāo bù jué 语本《乐府诗集·积善舞》：“滔滔不竭，洪惟水行。”

T

原形容波涛滚滚，流动不绝的样子。后用"滔滔不绝"形容说话又多又流畅，连绵不断▷陆先生滔滔不绝地介绍他在国外的种种见闻。|他只要一说起自己热爱的专业，就滔滔不绝，眉飞色舞。≈口若悬河|侃侃而谈◇沉默寡言|守口如瓶|期期艾艾。

韬光晦迹 tāo guāng huì jì 韬：刀剑的套子。韬光：把刀剑的锋芒敛藏，比喻把才华掩藏起来。晦迹：隐藏踪迹。把锋芒收敛，把踪迹隐藏。语出《太平御览》卷六五六引《高僧传》："[释僧同]韬光晦迹，人莫能知。"后用"韬光晦迹"比喻不显露锋芒和才华▷他韬光晦迹，隐遁山林。|他学问很好，但认为乱世不宜出仕，所以韬光晦迹，独善其身。≈深藏若虚|不露锋芒◇锋芒毕露。

饕餮之徒 tāo tiè zhī tú 饕餮：传说中的怪物，极其凶残贪食。语出《淮南子·兵略》："贪味饕餮之人，残贼天下，万人骚动，莫宁其所。"原指贪婪残暴之人。后用"饕餮之徒"比喻贪吃的人▷他俩是有名的饕餮之徒，这点菜还不够他们一个人吃的。|这个饕餮之徒碰到有人请吃饭的机会是一定不肯放过的。

逃之夭夭 táo zhī yāo yāo 语本《诗经·周南·桃夭》："桃之夭夭，灼灼其华。"原意是形容桃树枝叶繁茂，桃花鲜明娇艳。后因"桃""逃"谐音，改为"逃之夭夭"，用来表示逃得无影无踪或溜得远远的▷大毒枭竟在光天化日之下逃之夭夭，而且在越狱四个小时之后才被发现，令人不可思议。|那帮人见势不妙，纷纷爬进车里，逃之夭夭。≈溜之大吉|不辞而别◇形影相随|寸步不离。

[提示]夭，不要写作"天"。

陶然自得 táo rán zì dé 陶然：欢快的样子。自得：内心得意而舒适。语出宋·苏轼《杨绘可知徐州》："坐废十年，陶然自得。"后用"陶然自得"形容内心感到欢畅得意▷他退休后，在家赋诗弈棋，养鸟种花，倒也陶然自得。|听戏的老人闭目晃首，时而啜一口香茗，一副陶然自得的样子。

讨价还价 tǎo jià huán jià 讨：要，索取。价：价格，价钱。指买卖双方对商品价格进行争执或协商。常用来比喻谈判或接受工作时提条件、反复地争议▷远方来客同穿着流行服饰的摊主讨价还价。|虽然他社会活动特别多，但总是欣然接受频繁的演出任务，从不讨价还价。≈斤斤计较◇口不二价。

[提示]还，不读"hái"。

特立独行 tè lì dú xíng 特：独特，不同一般。立身和行事不同于流俗。语出《礼记·儒行》："儒有澡身浴德……世治不轻，世乱不沮，同弗与，异弗非也，其特立独行有如此者。"后用"特立独行"形容情操高尚，志趣纯正，不随波逐流▷世乱之时，有多少人阿谀奉承以得到高官厚禄，而他凭着一身正气，特立独行，决不向恶势力低头。|屈原的《橘颂》表达了诗人刚正不阿、特立独行、追求真理的志向，是一首千古绝唱。◇随波逐流|同流合污|与世沉浮。

腾云驾雾 téng yún jià wù 乘着云上升，驾着雾飞行。形容在空中飞行▷传说中的神仙个个有腾云驾雾的本领。也形容奔驰迅疾▷草原上的骏马奔跑时四蹄凌空，如同腾云驾雾一般。也形容神思恍惚▷睡眠不足，头脑昏昏沉沉，有一种腾云驾雾的感觉。

T

梯山航海 tī shān háng hǎi 梯山：像爬梯那样攀登险山。航海：渡海。指登山渡海。语出《宋书·明帝纪》："日月所照，梯山航海，风雨所均，削衽袭带。"后用"梯山航海"形容长途跋涉的艰险▷考察队跋山涉水，梯山航海，历经险阻，终于完成了考察任务。|若没有先驱者梯山航海的艰辛考察，哪里会有后人的安居乐业呢？

提纲挈领 tí gāng qiè lǐng 纲：渔网的总绳。挈：提起。领：衣服的领子。提起渔网的总绳，拎住衣服的领子。语本《荀子·劝学》："若挈裘领。"又，《韩非子·外储说右下》："善张网者引其纲。"后用"提纲挈领"比喻抓住事物的要害、关键或把意思简明扼要地提取出来▷这篇作文提纲挈领，简洁明快，写得不错。|每次上新课前，老师总把前一课的内容提纲挈领地复习一遍。≈一针见血|言简意赅|简明扼要◇不得要领|言不及义|茫无头绪。

提心吊胆 tí xīn diào dǎn 提：手拎着。吊：悬系，悬挂。拎着心，悬着胆。形容非常担心和害怕▷看到屏幕上四位参赛者那副狼吞虎咽的吃相，我真为他们提心吊胆，生怕他们噎住。|这种事情开始我是不敢相信的，然而以后接触到一些材料，却迫使我痛苦地承认那位朋友的提心吊胆并非全是多余。≈胆战心惊|忐忑不安◇谈笑自若|若无其事|泰然处之。

啼笑皆非 tí xiào jiē fēi 啼：哭，放声哭。皆非：都不是。哭也不是，笑也不是。形容遇到使人难堪尴尬的事或既令人难受又叫人觉得可笑的行为▷记者对这种"经典衬衫"的文化内涵产生了极大的兴趣，但是采访的结果却令人啼笑皆非。|在那个疯狂的年代里，到处发生令人啼笑皆非的事情。≈哭笑不得|狼狈不堪|不尴不尬。

醍醐灌顶 tí hú guàn dǐng 醍醐：纯酥油。顶：头顶。用酥油浇灌人的头顶。佛教用以比喻灌输佛法，使人大彻大悟。后用"醍醐灌顶"比喻启发智慧，使人醒悟或豁然贯通▷听了这一番语重心长的话，长期陷于迷惘中的他犹如醍醐灌顶，省悟过来。|读了这篇文章，他大有醍醐灌顶之感。

体大思精 tǐ dà sī jīng 体：规模。思：思虑。精：精密。语出南朝宋·范晔《狱中与诸甥侄书》："此书行，故应有赏音者……自古体大而思精，未有此也。"后用"体大思精"指规模宏大，思想深邃▷《资治通鉴》这部体大思精的名著，在中国史学上占据了重要的地位。|马克思主义的哲学体大思精，是对人类哲学史的重大贡献。

体贴入微 tǐ tiē rù wēi 体贴：细心体会别人的心情和处境，给予关心照顾。入微：达到很精细的程度。指关心照顾得非常细致、周到▷她每天为长期卧病的婆婆端茶送水、揩身倒尿，体贴入微，受到左邻右舍的夸奖。|他近来工作很不顺利，心情不好，但回到家里，看到体贴入微的女儿，心里就舒坦了。

体无完肤 tǐ wú wán fū 完：完整。肤：皮肤。全身没有一块完好的皮肤。语本《三国志·魏书·邓艾传》"徙艾（邓艾）妻子及孙于西域"裴松之注引《世语》："纂性急少恩，死之日体无完皮。"后用"体无完肤"形容遍体鳞伤▷凶残的敌人用毒刑将他拷打得体无完肤，但他依然坚贞不屈。也比喻论点被批驳得站不住脚▷这种荒谬的"救世主"的论点早已被广大群众批驳得体无完肤了。≈遍体鳞伤◇完好无缺。

倜傥不群 tì tǎng bù qún 倜傥：卓越，特异。不群：与大众不一样，出众。形容人的才华、外貌、言行等卓异不凡▷女儿说他年轻、英俊，我今天见了果然是潇洒不凡，倜傥不群。|听了他的演讲，我感到他倜傥不群，绝不是一个等闲之辈。

涕泪交加 tì lèi jiāo jiā 涕：鼻涕。交加：两种事物同时出现。鼻涕和眼泪同时流下来。语本汉·无名氏《安平相孙根碑》："同胞恻怆，涕泪交零，呱呱竖子，号咷失声。"后用"涕泪交加"形容极其悲痛▷张大爷说到这里，一阵心酸，涕泪交加，泣不成声。|陈大妈早已涕泪交加，再也说不下去了。≈涕泗交流|涕泗滂沱|痛哭流涕◇喜笑颜开|眉开眼笑。

涕泗滂沱 tì sì pāng tuó 涕泗：眼泪和鼻涕。滂沱：下大雨的样子。眼泪和鼻涕像下大雨。语出《诗经·陈风·泽陂》："有美一人，伤如之何！寤寐无为，涕泗滂沱。"后用"涕泗滂沱"形容哭得非常伤心▷女儿不幸病逝，父母涕泗滂沱，泣不成声。|台上诉苦，台下听得涕泗滂沱，会场中充满着悲痛的气氛。≈涕泪交流◇喜笑颜开|眉开眼笑|乐不可支。

［提示］滂，不读"páng"。

替天行道 tì tiān xíng dào 代行天上的意旨。指根据天意，主持人间的公道▷梁山好汉扯起"替天行道"的大旗，劫富济贫，深受人民的拥护。|这伙山贼打着"替天行道"的旗号，烧杀掳掠，抢男霸女，无恶不作。

天差地远 tiān chā dì yuǎn 比喻相差极远，差别很大▷这两个人写的文章真可谓天差地远：一个是观点鲜明，逻辑性很强；一个是东拉西扯，胡言乱语。

天长地久 tiān cháng dì jiǔ 像天地一样久远永恒。语出《老子》七章："天长地久，天地所以能长且久者，以其不自生，故能长生。"后用"天长地久"比喻爱情或友谊等长久存在，永不改变▷祝愿新娘新郎的爱情天长地久，永不改变。|我们两国人民的友谊是用鲜血凝成的，天长地久，永不会变。◇一朝一夕|弹指之间|俯仰之间。

天从人愿 tiān cóng rén yuàn 从：顺从。上天顺从人的意愿。指事情合乎所希望的▷他为了评上高级技术职称已奋斗多年，这次天从人愿，终于评上了。|他本来就怕放暑假时，父母在家盯着他补课，可是他父母必须出国去考察学习，真是天从人愿。◇事与愿违。

天打雷劈 tiān dǎ léi pī 指受天罚（多用于发誓或诅咒）▷小时候，爷爷常常教训我说："糟蹋一粒饭要遭天打雷劈的。"吓得我每次吃完饭，总要用舌头把碗舔干净。|小明学着大人的腔调，用手一指天花板说："我若考不到一百分，天打雷劈。"引得大家开怀大笑。

天道好还 tiān dào hào huán 语本《老子》三十章："以道佐人主者，不以兵强天下，其事好还：师之所处，荆棘生焉；大军之后，必有凶年。"后用"天道好还"指苍天能主持公道，善有善报，恶有恶报▷人们都说天道好还，这些罪犯干尽了伤天害理的坏事，被判死刑那是罪有应得。

天翻地覆 tiān fān dì fù 覆：翻过来。天和地倒转，换了位置。语出唐·刘商《胡笳十八拍》诗："天翻地覆谁得知，如

T

今正南看北斗。”后用“天翻地覆”形容变化巨大而彻底(多指社会制度或现状的改变)▷时间过去了几十年,社会发生了天翻地覆的变化。也形容闹得很凶,一片混乱▷你不答应,他就一个劲地闹,闹得天翻地覆,让你不得安宁。≈沧海桑田◇安如磐石|原封不动|一成不变。

[提示]覆,不要写作“复”。

天方夜谭 tiān fāng yè tán 天方:古称阿拉伯国家为天方国。谭:谈。书名,即《一千零一夜》,阿拉伯古代民间故事集。后用“天方夜谭”比喻虚诞夸饰的议论或根本不可能的事情▷你现在想做好这件事,那简直是天方夜谭。|天方夜谭的话最好说,实事求是的事最难做。

天高地厚 tiān gāo dì hòu 语本《诗经·小雅·正月》:“谓天盖高,不敢不局;谓地盖厚,不敢不蹐。”原指天地的广大。后用“天高地厚”比喻感情或恩德等的深厚▷您几次把我从死亡线上拉了回来,这天高地厚的恩德,真不知如何相报。也比喻事情的复杂艰巨▷他竟然说出这样狂妄的话来,真有些不知天高地厚。

天各一方 tiān gè yī fāng 各在天底下的一方。语本汉·苏武《古诗》:“良友远离别,各在天一方。”后用“天各一方”形容彼此相隔遥远▷他们夫妇俩终于结束了天各一方的牛郎织女生活,在上海团聚了。|想当年,同学们相聚一室,快意谈笑,意气风发;现如今却天各一方,再难聚首。

天公地道 tiān gōng dì dào 像天、地那样公道。形容办事十分公平合理▷国营商店做买卖倒是一向天公地道的,大可放心去买。|对于触犯法律的罪犯予以严厉的制裁,这是天公地道、大快人心的事。≈合情合理◇不近人情。

天寒地冻 tiān hán dì dòng 语出宋·王十朋《南州春色》词:“莫恨东风吹不到,着意挽春回,一任天寒地冻。”后用“天寒地冻”形容天气极为寒冷▷三九时节,天寒地冻,解放军战士们依然顶风冒雪,加紧练兵。|在这天寒地冻的数九寒天,一夜间冻死的牛羊总有百来头吧。≈冰天雪地◇流火铄金。

天花乱坠 tiān huā luàn zhuì 相传佛祖讲经说法时,诸天神感动,撒下各色香花。后用“天花乱坠”比喻言语动听,但虚妄而不切实际▷任凭你说得天花乱坠,我还是不想参加这种活动。|他虽然写得天花乱坠,但与事实出入太多。

天昏地暗 tiān hūn dì àn 天色昏暗无光,大地漆黑一团。形容风沙漫天或云雾遮蔽日月的自然现象▷如果你在草原上转了向,迷了路,或者赶上一场暴风雨,天昏地暗,你就不知会走到哪里去了。也形容人眩晕时眼前发黑的感觉▷他刚下床,只觉得天旋地转,天昏地暗,两脚一软倒在地上。也比喻政治腐败,社会黑暗▷在那天昏地暗的时代,我们穷人哪有说理的地方!也形容某种行为异常厉害,到了过甚的程度▷说他打游戏机打得天昏地暗,这话一点都不夸张。

天经地义 tiān jīng dì yì 经:规范,原则。义:正理。天地间历久不变的规则、道理。语本《左传·昭公二十五年》:“夫礼,天之经也,地之义也,民之行也。”后用“天经地义”形容法则或道理。也指理所当然,不容置疑▷借债还钱,这完全是天经地义的事。≈理所当然|顺理成章|毋庸置疑◇岂有此理|伤天害理|天

理不容。

天理良心 tiān lǐ liáng xīn 天理：自然的道理公理。良心：人的内心世界对是非的正确认识。指公理和善心▷他竟然将年迈的老母亲赶出了家门，致使老人冻饿而死，真是太没有天理良心了。| 天理良心，咱可从未做过这样的损人利己的事啊！

天理难容 tiān lǐ nán róng 天理：公认的道理。指所作所为为天道所不能容忍▷日寇杀死数百个手无寸铁的无辜村民，又焚尸灭迹，真是灭绝人性、天理难容。| 他视年迈的老母亲为累赘，竟狠心将她赶出家门，致使老人冻饿而死。这种禽兽不如的行径，真是天理难容啊！

天理昭昭 tiān lǐ zhāo zhāo 天理：天道，上天主持的公道。昭昭：明白，显著。上天主持的公道，明明白白。指上天能主持公道，善恶报应，赏罚分明▷当初他为所欲为、无法无天，而如今天理昭昭，法网难逃。≈天网恢恢。

天伦之乐 tiān lún zhī lè 天伦：天然伦次，泛指父子、兄弟、夫妻等亲属关系。语出唐·李白《春夜宴诸从弟桃园序》："会桃花之芳园，序天伦之乐事。"后用"天伦之乐"泛指家庭骨肉团聚的乐趣▷中秋节的晚上，我们祖孙三代聚在一起，共享天伦之乐。

天罗地网 tiān luó dì wǎng 罗：捕鸟的网。天做罗，地做网。语出《宣和遗事》前集："才离阴府恓惶惶，又值天罗地网灾。"后用"天罗地网"形容从四面八方都设下了包围圈，防范严密，无路可逃▷警方布下了天罗地网，犯罪嫌疑人无处可逃，只得束手就擒。| 我们早已布下了天罗地网，任毒贩再狡猾也无法逃脱。

天马行空 tiān mǎ xíng kōng 天马：相传西域大宛产好马，称为"天马"。行空：腾空飞行。天马在空中飞驰。语出明·刘廷振《〈萨天锡诗集〉序》："其所以神化而超出于众表者，殆犹天马行空而步骤不凡。"后用"天马行空"比喻才思奔放，不受拘束▷李白才思横溢，如天马行空而纵横不羁。也形容夸大其辞，不切实际▷他一说起外星人来，就神乎其神，如同天马行空，不着边际。≈无拘无束。

天南地北 tiān nán dì běi 语本汉·蔡琰《胡笳十八拍》："为天有眼兮，何不见我独漂流？为神有灵兮，何事处我天南海北头？"原指离内地极为遥远的地方。后用"天南地北"形容距离遥远或完全不相同的地区▷他在厂里跑供销，天南地北到处颠簸，长年累月没有个安闲的日子。| 我们这些战友是从天南地北、五湖四海走到一起来的。也比喻说话、写文章漫无边际▷一天下来，两人兴趣相投，就天南地北地侃个不停。≈海阔天空 | 漫无边际◇提纲挈领 | 要言不烦。

天怒人怨 tiān nù rén yuàn 天神震怒，人民怨恨。形容为害严重，激起民众的普遍愤怒▷此人作恶多端，闹得天怒人怨，民怨沸腾，实在罪不容赦。| 统治者倒行逆施，天怒人怨，他们的失败是在情理之中的事。≈人神共愤 | 怨声载道 | 民怨沸腾。

天女散花 tiān nǚ sàn huā 佛教指以天女散花，看花是否着身验证诸菩萨、弟子的道行。语出《维摩诘经·观众生品》："时维摩诘室有一天女，见诸大人闻所说法，便现其身，即以天华（花）散诸菩萨大弟子上。华（花）至诸菩萨即

皆堕落,至大弟子便着不堕。”后用“天女散花”形容抛洒东西或大雪等纷飞的样子▷今年的雪下得真大,如同天女散花一样,真是瑞雪兆丰年。|这急驶的垃圾车没遮没盖的,经风一吹,垃圾满天飞,就像天女散花一样,人们怨声载道。

天壤之别 tiān rǎng zhī bié 壤:地。别:差别。语本晋·葛洪《抱朴子·论仙》:“其为不同,已有天壤之觉、冰炭之乖矣。”后用“天壤之别”比喻差别极大▷有时候,一句话中只要改动一个字,句意就会有天壤之别。|后人对岳飞和秦桧两个人的评价有天壤之别。≈大相径庭|截然不同|判若云泥◇大同小异|不相上下|半斤八两|毫无二致|如出一辙|异曲同工。

天网恢恢 tiān wǎng huī huī 天网:天道之网,借指国法。恢恢:宽广的样子。天道如大网,非常宽广,笼罩一切。语出《老子》七三章:“天网恢恢,疏而不失。”后用“天网恢恢”比喻作恶者逃脱不掉天道的应有惩罚。也借指国家法网广大,决不会放过一个坏人▷天网恢恢,这个在南美潜藏了几十年的德国纳粹要犯,终于露出了马脚,被押上了审判台。|天网恢恢,疏而不漏,他既然犯了罪,就要受法律的制裁,想溜是溜不掉的。≈天理难容|天理昭昭◇逍遥法外。

[提示]常与“疏而不漏”连用。

天下为公 tiān xià wéi gōng 语出《礼记·礼运》:“大道之行也,天下为公,选贤与能,讲信修睦。”原指古代君主把君位传给贤人,不搞父死子继的世袭制。后用“天下为公”指天下是人民的天下,国家要为多数人谋福利▷孙中山先生曾用“天下为公”来说明国家政权应该为平民所共有。|只有共产主义社会,才能真正达到“天下为公”的目标。

天旋地转 tiān xuán dì zhuàn 天地转动。语出唐·元稹《望云骓马歌》诗:“天旋地转日再中,天子却坐明光宫。”原指时局发生剧烈变动。后用“天旋地转”形容因头晕而感到天地在转动▷乍闻噩耗,她顿觉天旋地转,一下子昏死了过去。|他在病床上躺了三个月,刚一起床,便觉得天旋地转,站立不稳。

天涯海角 tiān yá hǎi jiǎo 涯:边际。天的边际,海的角落。语本南朝陈·徐陵《为武皇帝作相时与岭南酋豪书》:“天涯藐藐,地角悠悠,言面无由,但以情企。”后用“天涯海角”形容彼此相隔极远或遥远而偏僻的地方▷他知道,这次分别之后,两人从此天涯海角,要再见面就难了。|无论你登上了高山之巅或跑到了天涯海角,亲人都与你心连心。≈天南地北|天各一方◇近在咫尺。

天衣无缝 tiān yī wú fèng 缝:衣服缝合处的痕迹。天仙缝制的衣服没有缝痕。语本《神异经·西荒经》:“天赐其衣,男朱衣缟带委貌冠,女碧衣戴胜皆无缝。”又,五代前蜀·牛峤《灵怪录·郭翰》:“徐视其衣并无缝,翰(郭翰)问之,谓翰曰:‘天衣本非针线为也。’”后用“天衣无缝”比喻诗文浑然天成,没有雕琢的痕迹。也比喻事物十分周密完美,不露破绽▷这副名联对仗工整,天衣无缝。|这个门已被牢牢封死,伪装得和黛青色的石壁一样,简直是天衣无缝。≈浑然天成|水乳交融|完美无缺◇漏洞百出|千疮百孔。

天灾人祸 tiān zāi rén huò 天:自然。自然的灾害和人为的祸患。语本《管

子·内业》："不逢天灾，不遇人害，谓之圣人。"后用"天灾人祸"泛指一切灾难▷列强入侵，军阀混战，天灾人祸，民不聊生。|近百年来，中华民族遭遇的内忧外患、天灾人祸还少吗？≈内忧外患◇国泰民安。

天造地设 tiān zào dì shè 造：造就。设：设置。上天所形成，大地所造就的。语出宋·楼钥《扬州平山堂记》："天造地设，待人而发。"后用"天造地设"形容事物天然形成而又合乎理想，不必再加人工修饰▷这对新娘新郎郎才女貌，真是天造地设的一双。|这座假山放在花园中的这个位置上，真是天造地设，与周围环境浑然一体，丝毫不见雕琢的痕迹。

天真烂漫 tiān zhēn làn màn 天真：心地单纯，不虚伪做作。烂漫：坦率自然。形容不矫饰，不做作，纯真自然。语出宋·龚开《高马小儿图》诗："天真烂漫好容仪，楚楚衣装无不宜。"后用"天真烂漫"形容儿童少年单纯善良，活泼可爱。有时也形容人单纯、幼稚▷草坪上，一群天真烂漫的孩子们正在做游戏。|你这谎话只能欺骗那些天真烂漫、涉世未深的年轻人。◇老成持重|矫揉造作|装腔作势。

天之骄子 tiān zhī jiāo zǐ 骄子：受到骄纵的儿子。指上天的宠儿。语出《汉书·匈奴传》："南有大汉，北有强胡。胡者，天之骄子也。"原为汉代时匈奴的自称。后用"天之骄子"泛指能力强、地位优越的人▷当代有许多人把大学生们视作天之骄子。|你即使是天之骄子，也必须在社会实践中才能体现自身的价值。

天诛地灭 tiān zhū dì miè 诛：杀死。天要杀死它，地要毁灭它。语出宋·朱晖《绝倒录》："不使丁香、木香合，则天诛地灭。"后用"天诛地灭"比喻罪恶深重，为天地所不容▷你竟敢如此丧尽天良，真是要被天诛地灭的呀！|唯利是图者的人生哲学，概括为一句话，就是"人不为己，天诛地灭"。

天作之合 tiān zuò zhī hé 上天作主的婚配。语出《诗经·大雅·大明》："文王初载，天作之合。"毛传："合，配也。"原指文王娶太姒是上天配合的。后用"天作之合"称颂婚姻美满▷新郎是劳动模范，新娘是生产能手，真是天作之合。|将地球和月球比作天作之合的夫妻，岂不是再妙不过的吗？≈珠联璧合|百年好合。

添油加醋 tiān yóu jiā cù 在烧好的菜肴中加上油和醋。比喻叙述事情或转达别人的话时，为了夸张渲染而增加原来没有的内容▷这个人说话喜欢添油加醋，你可不能轻信啊。|报社的记者详细报道了此事，并加上了自己的想象，添油加醋，引起了强烈的轰动。≈添枝加叶◇实事求是。

添枝加叶 tiān zhī jiā yè 在树干上添加枝叶。语出宋·朱熹《答黄子耕书》："今人……生出重重障碍，添枝加叶，无有了期。"后用"添枝加叶"比喻在叙述事情时加以夸大，在原有的事实基础上增加无中生有的内容▷他把我的话添枝加叶地到处乱说，引起了众人的误会。|原本没有什么事，但经众人添枝加叶地一传说，竟变得有鼻子有眼了，可见谣言的可怕。◇实事求是。

添砖加瓦 tiān zhuān jiā wǎ 添上一块砖，

T

加上一片瓦。比喻为宏大的事业贡献微小的力量▷竞拍者抱着为慈善事业添砖加瓦、为困难群众献上一份爱的心情，争相竞拍，场面十分感人。|为家乡的建设添砖加瓦，贡献自己的绵薄之力，这是我的愿望。

田夫野老 tián fū yě lǎo 田夫：农民。野老：山野父老。语出《北齐书·王琳传》："当时田夫野老，知与不知，莫不为之歔欷流泣。"后用"田夫野老"泛指民间从事劳作的人▷明代著名医药学家李时珍为研究药理和总结民间的药物经验，经常向田夫野老请教。|要想真正知道民间的疾苦，只有放下架子，与田夫野老共同劳动、共同生活一段时间才行。

恬不知耻 tián bù zhī chǐ 恬：安然，满不在乎。耻：羞耻。语本唐·冯贽《云仙杂记》卷八："倪芳饮后，必有狂怪，恬然不耻。"后用"恬不知耻"指干了卑劣或不光彩的事还满不在乎，不知道羞耻▷这家伙脸皮真厚，竟然敢在大庭广众之下摇唇鼓舌，恬不知耻地颠倒是非，给自己涂脂抹粉。≈厚颜无耻|寡廉鲜耻◇无地自容。

甜言蜜语 tián yán mì yǔ 甜美诱人的话。也指说甜美诱人的话▷他这个人很会说甜言蜜语，你可要当心点。|为了让老赵放心，他又甜言蜜语了一番。≈花言巧语。

［提示］蜜，不要写作"密"。

填街塞巷 tián jiē sāi xiàng 大街小巷都挤满了人。形容人或车极其多▷每逢喜庆佳节，观看彩灯和焰火的人填街塞巷。|他跑到这儿一看，人居然填街塞巷，真不知道发生了什么事情。|这条老街古朴典雅，旅游观光、购物的人填街塞巷，热闹非凡。◇空空如也。

挑肥拣瘦 tiāo féi jiǎn shòu 挑肥的，拣瘦的。比喻一味地挑选有利于自己的▷在工作中，我们一定要勇挑重担，不要挑肥拣瘦。|他自恃自己的靠山很硬，对于领导交给的工作常常挑肥拣瘦。≈拈轻怕重。

挑三拣四 tiāo sān jiǎn sì 形容没有必要地反复挑选▷顾客买东西时挑三拣四是常见现象，营业员一定要耐心细致。|他对于工作过于挑三拣四，所以在一个单位常常工作不了几个月就跳槽了。

条分缕析 tiáo fēn lǚ xī 缕：线。一条一线地分析。语出《明史·五行志一》："而传说则条分缕析，以某异为某事之应，更旁引曲证，以伸其说。"后用"条分缕析"形容分析得细密而有条理▷王老师讲课时条分缕析，明白易懂。|他原原本本、条分缕析地将当前的局势讲解给大家听。◇治丝益棼。

条条框框 tiáo tiáo kuāng kuāng 比喻固定的、不能变通的条例、规定等▷我早就说过，条条框框是死的，可人是活的，做事情既要讲原则性，又要讲灵活性。|这项刚出台的决定，就是把广大科技人员从各种条条框框的束缚中解放出来。

调嘴学舌 tiáo zuǐ xué shé 调嘴：耍嘴皮子。学舌：乱传话。指说长道短，搬弄是非▷任何人都不可以在人前背后调嘴学舌，搬弄是非。≈花言巧语|摇唇鼓舌。

挑拨离间 tiǎo bō lí jiàn 挑拨：搬弄是非，引起争端。离间：隔开，拆散，使人不和睦。搬弄是非，挑起争端，使得别人不和睦、不团结▷他挑拨离间，想破坏我们的关系，我们决不能上当。|搬弄是非、挑拨离间是她惯用的手段。

［提示］间，不读“jiān”。

跳梁小丑 tiào liáng xiǎo chǒu 跳梁：即“跳踉”，腾跃跳动，借指作乱。小丑：卑鄙的小人。语本《庄子·逍遥游》：“子独不见狸狌乎？卑身而伏，以候敖者，东西跳梁，不辟（避）高下。”后用“跳梁小丑”比喻上蹿下跳、兴风作浪而又没有多大能耐的卑劣之徒▷这些跳梁小丑终于被扫进了历史的垃圾堆。｜他不过是个跳梁小丑，成不了什么大气候。≈不逞之徒◇志士仁人｜正人君子。

［提示］梁，不要写作“粱”。

铁案如山 tiě àn rú shān 证据确凿或已定案的案件像山一样不能推翻▷老鼠是鼠疫病毒的载体之一，这是铁案如山的事实。｜这么多专家判定的案子，实在是铁案如山，谁还敢翻案呢？≈铁证如山。

铁面无私 tiě miàn wú sī 办事公正严明，不畏权势，不讲情面▷铁面无私的包公千百年来一直是老百姓心目中的“青天”。｜这位法官一向铁面无私，你不必请人去说情。≈执法如山◇假公济私｜徇私枉法｜营私舞弊。

铁石心肠 tiě shí xīn cháng 铁石：铁和石，比喻坚硬或坚定。心肠：指人的意志和感情。像铁石一般的心肠。语本三国魏·曹操《敕王必领长史令》：“忠能勤事，心如铁石，国之良吏也。”后用“铁石心肠”形容人意志坚定，丝毫不为感情所动▷哪怕就是铁石心肠，看到这种情形也不能不为之潸然泪下。｜她对你这么好，你竟然无动于衷，难道你真是个铁石心肠的人？

铁树开花 tiě shù kāi huā 铁树：常绿乔木，原产热带，移植北方以后，多年才难得开一次花。语本宋·释普济《五灯会元·焦山师体禅师》：“铁树开华，雄鸡生卵，七十二年，摇篮绳断。”华：同“花”。后用“铁树开花”比喻事情极为罕见或很难实现▷常言道：“哑巴说话，铁树开花。”如今奇迹真的出现了，不少聋哑人经过针灸治疗，能开口说话了。｜我从来没有见过李大妈在公众场合说过一句话，今天要请她来作报告，莫非是铁树开花了么！≈百年不遇◇屡见不鲜｜比比皆是｜轻而易举。

铁证如山 tiě zhèng rú shān 铁证：确凿的证据。铁一般的证据像山一样不能动摇。形容证据非常确凿，无可怀疑，不可改变▷日本侵略军在侵华战争中犯下的滔天罪行，铁证如山，岂容抵赖！

铁中铮铮 tiě zhōng zhēng zhēng 铮铮：金属撞击发出的声音。语出《后汉书·刘盆子传》：“卿所谓铁中铮铮，佣中佼佼者也。”后用“铁中铮铮”比喻坚强而又才能出众的人▷他原本是个文弱书生，经过军营的多年磨炼，现已成为铁中铮铮的男子汉了。｜他是个铁中铮铮的革命者，任凭敌人威胁和利诱都坚贞不屈。

听而不闻 tīng ér bù wén 闻：听。耳朵听着，却像没有听见一样，没有听进去。语出《礼记·大学》：“心不在焉，视而不见，听而不闻，食而不知其味。”后用“听而不闻”形容对事情不重视或思想不集中▷他上课听而不闻是由于不专心造成的，而不是听觉有什么问题。｜对这样重要的话，你竟然听而不闻，可见是多么的糊涂了。≈充耳不闻｜东风马耳｜闭目塞听◇洗耳恭听。

听其自然 tīng qí zì rán 听：听凭。听凭它自然发展。语出宋·朱熹《朱子语

类》卷二十六："佛老是听其自然。"后用"听其自然"形容对人或事物的发展不过问、不加干涉▷他对于孩子的教育从来是不闻不问的，一向听其自然。|对于到哪儿去旅游的事情，我一向随大流，听其自然，大家上哪儿我也上哪儿。≈放任自流|听之任之。

听天由命 tīng tiān yóu mìng 听：听任，任凭。由：顺从，听从。听凭天意的安排，顺从命运的摆布。语本《孔丛子·鸮赋》："听天任命，慎厥所修。"后用"听天由命"指不作主观努力，听任事态自然发展▷到了这个时候，他们只好放弃努力，听天由命了。≈听其自然◇改天换地|人定胜天。

听之任之 tīng zhī rèn zhī 听、任：听凭。之：代词，它。让它自由发展而不过问▷歪风邪气如此猖獗，共产党员岂能听之任之，不闻不问呢？|对于贪污行为的听之任之，或者无力管束，往往是造成封建王朝覆亡的重要原因。≈放任自流|任其自然。

亭台楼阁 tíng tái lóu gé 泛指园林中的多种景观▷走进苏州园林，你就会感到这里的亭台楼阁、小桥流水典雅别致，仿佛进入仙境一般。|古代做官的或大户人家都有自家的花园，满布着亭台楼阁、花草树木。

亭亭玉立 tíng tíng yù lì 亭亭：高耸的样子。玉立：体态修长美丽。形容人（多指美女）身材修长秀丽或花木等形态挺拔美丽▷湖面上倒映出她修长的身影，亭亭玉立，优雅娴静。|满池的新荷，或亭亭玉立于水上，或婉转依于水面，姿态万千。

停滞不前 tíng zhì bù qián 滞：不流通。停下来，不再继续前进▷在经济建设中，我们既不能停滞不前，更不能急躁冒进。|同学们在这次的全市竞赛中获得了好成绩，但我们不能骄傲自满，停滞不前，我们要继续努力，在下次竞赛中获得更好的成绩。≈江河日下|每况愈下◇突飞猛进|日新月异|一日千里|蒸蒸日上。

挺身而出 tǐng shēn ér chū 挺：直立，不畏缩。不顾艰难危险，勇敢地站出来▷在江河决堤的危急时刻，子弟兵们挺身而出，为保卫人民的生命财产而英勇拼搏。|看到歹徒公然逞凶，年迈体弱的他挺身而出，严厉喝斥。≈自告奋勇|毛遂自荐◇畏缩不前|望风而逃。

铤而走险 tǐng ér zǒu xiǎn 铤：快跑的样子。走险：奔赴险地。语出《左传·文公十七年》："铤而走险，急何能择！"后用"铤而走险"形容因走投无路而采取冒险行动▷这些人都是亡命之徒，一有风吹草动，就会铤而走险。≈逼上梁山|孤注一掷。

［提示］铤，不要写作"挺"。

通都大邑 tōng dū dà yì 通都：交通便利的都市。邑：城。语出唐·韩愈《守戒》："今之通都大邑介于屈强之间，而不知为之备。"后用"通都大邑"指四通八达的大都会、大城市▷改革开放的大潮使这个交通闭塞的小城镇，迅速发展成为通都大邑。|这里原本是通都大邑，后来由于交通重心南移了，所以逐渐败落了。

通风报信 tōng fēng bào xìn 风：风声，消息。把机密消息或紧急情况等暗中告知▷秘密地前来通风报信的人是我党一位地下工作者。|他一看局势不妙，马上抽身而出，并且立刻向同伙通风报信。

通力合作 tōng lì hé zuò 通力：全力，一起出力。语出《论语·颜渊》"盍彻乎"宋·朱熹集注："彻，通也，均也。周制，一夫受田百亩，而与同沟共井之人，通力合作，计亩均收。"后用"通力合作"指一齐出力，共同来做▷科研单位与工厂通力合作，终于造出了世界上一流水平的新产品。|我们之间只有摒弃前嫌，通力合作，才能完成任务。

通情达理 tōng qíng dá lǐ 通：通晓。达：明白。通晓人情，明白事理。语本唐·白居易《为人上宰相书》："天下通情达识之士，得不比肩而至乎？"后用"通情达理"指人很懂道理，说话做事合情合理▷山里人通情达理，能理解各自的难处和苦痛，所以一家有事，大家都会来帮忙的。|小张是个文化人，不是那种不通情达理的人。≈入情入理|合情合理◇不近人情|强词夺理|蛮不讲理。

通权达变 tōng quán dá biàn 权：权宜。变：变通。语本《后汉书·贾逵传》："《左氏》义深于君父，《公羊》多任于权变。"后用"通权达变"指不拘泥陈规，根据客观需要灵活行事▷此人极善于通权达变，所以在官场中一帆风顺，步步高升。|他在处理具体事务时往往通权达变，以求得良好的效果。≈随机应变|见机行事◇胶柱鼓瑟|墨守成规。

通宵达旦 tōng xiāo dá dàn 通宵：整夜，一个晚上。旦：天亮。一夜到天亮▷这两天，小明通宵达旦地复习迎考，把眼睛都熬红了。|你通宵达旦地在寝室玩电脑，既影响自己学习，又妨碍别人休息，多不好！≈夜以继日|秉烛待旦|焚膏继晷(guǐ)。

同病相怜 tóng bìng xiāng lián 怜：同情，怜悯。因患同样的毛病而相互同情。语出汉·赵晔《吴越春秋·阖闾内传》："同病相怜，同忧相救。"后用"同病相怜"比喻有同样的不幸遭遇和痛苦的人相互同情、怜悯▷这两个孤儿同病相怜，最终成了生死与共的密友。

同仇敌忾 tóng chóu dí kài 同仇：共同对付仇敌。敌忾：抵抗所怨恨的人。语本《诗经·秦风·无衣》："修我戈矛，与子同仇。"又，《左传·文公四年》："诸侯敌王所忾。"后用"同仇敌忾"指全体共同怀着对敌人的无比仇恨和愤怒，一致抵抗或打击仇敌▷抗战时期，全国各界志士仁人同仇敌忾抗击日伪，保家卫国。≈勠力同心|同心协力|同心同德◇同室操戈|兄弟阋墙|煮豆燃萁|自相残杀。

同船合命 tóng chuán hé mìng 同一条船上的人，有着共同的命运。比喻处境相同，利害相关▷我们共同投资了这个项目，现在你我已是同船合命的，千万不能窝里斗。|这两个共同实施犯罪行为的同谋犯自认为是同船合命，商量后准备再次潜逃。≈同舟共济|休戚相关◇漠不关心|水火不容。

同床异梦 tóng chuáng yì mèng 异：不同。睡在同一张床上，却做着不同的梦。语本唐·释神清《北山录·圣人生》："譬同室而梦，彼梦者不知彼所梦也。"后用"同床异梦"比喻虽然共同生活或同做一件事，却各有各的打算▷如若同床异梦，理解就难。|他们两个人嘴上都说要同心协力，心里却是同床异梦。≈同心同德|心心相印|志同道合|情投意合|同舟共济。

同恶相济 tóng è xiāng jì 同恶：共同作

恶的人。济：帮助。语本《左传·昭公十三年》："同恶相求，如市贾焉，何难？"后用"同恶相济"形容坏人互相勾结，互相包庇，共同作恶▷那时候，官府与地方上的恶势力常常沆瀣一气，同恶相济。｜正因为官官相护、同恶相济，所以老百姓即使有冤，也往往无处申诉。

同甘共苦 tóng gān gòng kǔ 甘：甜。语本《战国策·燕策一》："燕王吊死问孤，与百姓同甘苦。"后用"同甘共苦"形容同享欢乐，共渡难关▷为了攻克技术难关，大家同甘共苦，日夜奋战，终于取得了成功。｜干部必须与群众同甘共苦，才能得到群众的信任。≈患难与共｜有难同当｜风雨同舟｜同舟共济｜休戚与共。

同归于尽 tóng guī yú jìn 归于：走向。尽：完结，指死亡或毁灭。语出唐·独孤及《祭吏部元郎中文》："夫彭祖、殇子，同归于尽，岂不知前后相哀，达生者不为叹。"后用"同归于尽"指一同死亡或毁灭▷在弹尽无援的情况下，他以最后一颗手榴弹与敌人同归于尽，壮烈牺牲。｜敌人急于拿下这个山头，进攻越来越频繁，越来越凶狠，甚至采用了残忍的同归于尽的炮灰战术。≈玉石俱焚。

同流合污 tóng liú hé wū 流：流俗。污：浊世，污浊的世道。语本《孟子·尽心下》："同乎流俗，合乎污世。"原指言行迎合不良的社会风气和污浊的世道，没有独立的节操。后用"同流合污"指随同坏人一起干坏事▷我可不是与这些贪官们同流合污的人。｜老陈是宁死也不会与这伙人同流合污的。≈随波逐流｜沆瀣一气｜狼狈为奸｜同恶相济◇洁身自好｜明哲保身。

同日而语 tóng rì ér yǔ 语本《史记·苏秦列传》："夫破人之与破于人也，臣人之与臣于人也，岂可同日而论哉！"后用"同日而语"形容相提并论，同样看待▷经过不懈的努力，他的语文成绩突飞猛进，与上学期相比，已不可同日而语。｜他过去骑自行车，如今坐小汽车，真是不可同日而语。≈相提并论｜等量齐观｜混为一谈｜一概而论。

同生共死 tóng shēng gòng sǐ 一同生，一起死。语出《隋书·郑译传》："郑译与朕同生共死，间关危难，兴言念此，何日忘之。"后用"同生共死"形容情谊极深▷这位老将军还是那样风趣，拍拍与自己同生共死的战友的肩膀说："一点也没变，还像当年一样。"

同声共气 tóng shēng gòng qì 同、共：相同。连发声、喘气都相同。比喻亲密无间，志趣相合▷你们这些人已经好到这种程度了，一人发表言论，其他人随声附和，真可谓同声共气。

同声相应 tóng shēng xiāng yìng 同声：比喻志趣相同。应：应和。语出《周易·乾》："同声相应，同气相求。"原指同类事物之间互相感应。后用"同声相应"比喻志趣、气质相同的人互相呼应、投和▷由于志趣相投，他俩同声相应，平时形影不离，关系十分密切。｜我们是为了共同的理想才来参加革命的，所以同声相应，同气相求，心心相印，脉脉相通。◇针锋相对｜格格不入。

同室操戈 tóng shì cāo gē 同室：同居一室，指一家人。操戈：拿起兵器，指动武。自家人动刀动枪。语本《左传·昭公元年》："子皙怒，既而櫜甲以见子南，欲杀之而取其妻。子南知之，执戈逐之。及冲，击之以戈，子皙伤而归。"又，

《后汉书·郑玄传》:“康成入吾室,操吾矛,以伐我乎!”后用“同室操戈”比喻兄弟之间争吵、相残或内部纷争、攻伐▷要让我和昔日的弟子同室操戈,我实在做不到。|他本人不止一次在不同场合对自己兄弟同室操戈的事表示了不屑。≈兄弟阋墙|煮豆燃萁|自相残杀◇同仇敌忾|同舟共济。

同心同德 tóng xīn tóng dé 心:思想。德:信念。同一心愿,同一信念。语出《尚书·泰誓中》:“予有乱臣十人,同心同德。”后用“同心同德”指思想、行动完全一致,为同一目标而共同努力▷大家同心同德,为实现全面小康而努力奋斗。|只要我们团结一致,同心同德,任何困难都是可以克服的。≈万众一心◇离心背德|同床异梦。

同心协力 tóng xīn xié lì 同心:齐心,思想一致。协力:合力。齐心合力。语本汉·贾谊《过秦论》:“且天下尝同心并力而攻秦矣,然困于险阻而不进者,岂勇力智慧不足哉?”后用“同心协力”指大家心往一处想,劲往一处使▷只要我们同心协力,就一定能克服困难,取得胜利。≈齐心协力|勠力同心|群策群力|和衷共济◇各行其是|同床异梦|离心离德。

同舟共济 tóng zhōu gòng jì 舟:船。济:渡,过河。同乘一条船一起过河。语本《孙子·九地》:“夫吴人与越人相恶也,当其同舟而济,遇风,其相救也如左右手。”后用“同舟共济”比喻在共处艰危的环境中或在利益一致的情况下,大家团结一致战胜困难▷国难当头,举国上下理应同舟共济,共御强敌。|灾民们感受到了全国人民同舟共济的关爱,心中充满了融融亲情。≈风雨同舟|同心同德|和衷共济◇同床异梦|同室操戈|自行其是|各自为政。

铜墙铁壁 tóng qiáng tiě bì 铜造的城墙,铁铸的壁垒。比喻非常坚固、不可摧毁的事物(多指防御工事或建筑物)▷看守室的铁门严严锁着,只留下一个小方窗,还有十字形的铁条交错着;真是铜墙铁壁,插翅也飞不出去。|被敌人称为铜墙铁壁的沿江工事,在我军摧枯拉朽的强大攻势下,顿时全线崩溃。也指不可抵御的巨大力量▷真正的铜墙铁壁是什么?是群众,是千百万真心实意地拥护改革的群众。

童山濯濯 tóng shān zhuó zhuó 童山:不长草木的山。濯濯:光秃秃、没有草木的样子。形容山上光秃秃的没有草木▷汽车一路奔驰,所经之处童山濯濯,看不到一点儿绿色。|经过当地人民几十年的植树造林,原先童山濯濯的荒山,如今变成了鸟语花香的大果园。

童叟无欺 tóng sǒu wú qī 童:儿童。叟:年老的男子,泛指老年人。对小孩和老人都不欺骗。形容买卖公平,做生意诚实、守信誉▷本店向来童叟无欺,以诚待客。|做生意最重要的是要讲信誉,只有童叟无欺、货真价实才能招徕顾客,生意兴隆。

童心未泯 tóng xīn wèi mǐn 童心:儿童的心地,借指天真无邪的心地。泯:灭,消失。童心还没有丧失。语本《左传·襄公三十一年》:“于是昭公十九年矣,犹有童心。”后用“童心未泯”形容成年人仍保留着孩子般天真的性情▷老黄六十多岁了,还经常和孩子们在一起玩老鹰捉小鸡的游戏,真是童心未泯。|你已是做爷爷的人了,怎么还童心未泯,一

T

天到晚尽和这些娃娃们混在一起？≈返老还童|天真烂漫|天真无邪◇少年老成|老成持重|老气横秋。

童言无忌 tóng yán wú jì 忌：忌讳。小孩子说话没有忌讳。旧时迷信，在过年过节或举办喜庆之事时，忌讳说不吉利的话，但小孩子单纯天真，常会说出“没有分寸”的实话，为此人们以“童言无忌”来掩饰，意谓孩子年幼无知，说话不必忌讳，即使不吉利，也无妨碍，不必计较。现也指小孩子单纯天真，说话无所隐饰，没有顾忌▷童言无忌，对小孩子的话何必这样认真呢？|老夫聊发少年狂，如果真是想发的话，就发发少年时那种童言无忌、直言不讳、敢于披肝沥胆的狂气罢！≈直言不讳|毋庸讳言◇讳莫如深。

统筹兼顾 tǒng chóu jiān gù 统筹：通盘筹划。兼：同时进行几件事情或占有几种东西。顾：照顾。指通盘筹划，全面顾及▷年度计划必须对全年的工作统筹兼顾，着眼全局。|对于阵地的防守，你们一定要统筹兼顾，切切不可麻痹大意；若丢失阵地，一定军法从事。

痛不欲生 tòng bù yù shēng 痛：痛苦，悲痛。欲：想。悲痛得不想再活下去。语本宋·吕大钧《吊说》：“其恻怛之心、痛疾之意不欲生。”后用“痛不欲生”形容悲痛到了极点▷妻子病故不久，儿子又患上绝症，人到中年的老胡痛不欲生。|当看到一些被害人家属痛不欲生的时候，作为警察，我们没有理由不下定决心去擒获罪犯。

痛定思痛 tòng dìng sī tòng 创痛平复或悲痛的心情平静以后，再回想当时的痛苦。语本唐·韩愈《与李翱书》：“今而思之，如痛定之人，思当痛之时，不知何能自处也。”后用“痛定思痛”形容所遭受的痛苦极深，给人心灵留下很大的创伤▷痛定思痛，我们应记取历史教训。|他痛定思痛，又详细回忆了一遍几天来的惨痛经历。

痛改前非 tòng gǎi qián fēi 痛：彻底地。非：错误。语出《宣和遗事》亨集：“陛下倘信微臣之言，痛改前非，则……宗社之幸也。”后用“痛改前非”指彻底地改正以前的错误▷只要你下定决心，痛改前非，哪里跌倒哪里爬起，人们一定会欢迎你归队的。|希望在受了这次教训后，你会痛改前非，努力上进，报效祖国。≈改过自新|幡然悔悟|改弦易辙。

痛哭流涕 tòng kū liú tì 涕：眼泪。大声哭泣，眼泪直流。语本《汉书·贾谊传》：“臣窃惟事势，可为痛哭者一，可为流涕者二，可为长太息者六。”后用“痛哭流涕”形容伤心或痛苦悲愤到了极点▷为了保留辫子，前清遗老遗少们如丧考妣，痛哭流涕。|她痛哭流涕地向我诉说了她的不幸遭遇。≈涕泗横流|涕泪交加|号啕大哭|呼天抢地|声泪俱下◇喜笑颜开|眉开眼笑|笑逐颜开|喜气洋洋。

痛快淋漓 tòng kuài lín lí 淋漓：畅快。形容尽情尽兴，非常畅快。也形容文章、说话极其透彻详尽▷下次你来绍兴，我一定陪你去咸亨酒店痛快淋漓地喝个够。|读这种好文章，给人以痛快淋漓之感。≈拍手称快|大快人心|酣畅淋漓|淋漓尽致◇闷闷不乐|郁郁寡欢。

痛下针砭 tòng xià zhēn biān 针砭：古代以金属针和石针治病的方法。比喻深刻而中肯地指出错误或弊病之所在，以求改正▷他的这番话，犹如痛下针砭，我感到好惭愧，决心悔过自新。|老师的

痛下针砭，条条在理，你怎么还没有醒悟呢？

痛心疾首 tòng xīn jí shǒu 痛心：伤心，痛恨。疾首：头痛，指忧苦至极。令人伤心，令人头痛。语出《左传·成公十三年》："诸侯备闻此言，斯是用痛心疾首，昵就寡人。"后用"痛心疾首"形容伤心、悲愤或痛恨到了极点▷目前的腐败风气确实令人痛心疾首，若不严加惩治，后果不堪设想。|本赛季开始以来，他们球队接连给出令人不忍卒睹的败绩，使球迷们痛心疾首。≈深恶痛绝|咬牙切齿|疾首蹙额。

痛饮黄龙 tòng yǐn huáng lóng 黄龙：地名，金国的腹地，比喻敌人的老巢。直捣黄龙府，痛饮庆功酒。《宋史·岳飞传》载：岳飞率军打仗数百起，收复了不少失地，还准备渡过黄河，进攻金国的腹地，他对战士们说："直抵黄龙府，与诸君痛饮耳。"后用"痛饮黄龙"比喻消灭敌人后庆功欢饮的喜悦心情▷战士们奋勇杀敌，深信痛饮黄龙的那一天已为时不远了。|抗金英雄岳飞被杀后，许多力主抗战的官员和百姓都已然明白，痛饮黄龙的那一天恐怕再也不会来临了。

偷工减料 tōu gōng jiǎn liào 不按照工程规定的要求，暗中削减工序和用料▷这个施工队为了捞取不义之财，竟然置人民的生命财产于不顾，大肆偷工减料，以次充好。也比喻只图省事，做事马虎▷这是本精美的礼品书，在制作时决不能偷工减料，以免影响我们的声誉。

偷鸡摸狗 tōu jī mō gǒu 指小偷小摸行为或男女暗中偷情及其他不正当的行为▷由于经济上的拮据，他觉得办婚事的财力还远远不够，就产生了错误的念头，做起了偷鸡摸狗的蠢事。|这家伙表面上挺正经，暗地里偷鸡摸狗，啥坏事都干。◇安分守己。

偷梁换柱 tōu liáng huàn zhù 比喻暗中玩弄手法，以假充真、以次充好▷他利用自己的职权，偷梁换柱，用劣质材料换下正品材料，从中捞取好处。≈移花接木◇正大光明。

偷天换日 tōu tiān huàn rì 语本《晋书·齐王冏传》："赵庶人听任孙秀，移天易日，当时喋喋，莫敢先唱。"后用"偷天换日"比喻玩弄手段，暗中改变事物的真相以蒙混欺骗▷他们瞒上欺下，偷天换日，肆意歪曲上级的政策。|这些商贩经常采用偷天换日的手法，以次充好，以假充真，坑害顾客。

头昏脑涨 tóu hūn nǎo zhàng 头部昏晕，脑子发涨▷一天工作下来，感到头昏脑涨，只想睡一觉。|这算什么节目，只看了一会儿，便觉得头昏脑涨，真是拿钱买罪受。

头昏眼花 tóu hūn yǎn huā 头脑昏乱，眼睛发花。本指身体不适时产生的一种生理现象。后也形容变幻纷繁的景象使人感到迷惑▷他没有转上几圈，就觉得头昏眼花，站不住了。|面对五彩缤纷的时装，小李颇有头昏眼花之感。≈头晕目眩|眼花缭乱◇心明眼亮。

头角峥嵘 tóu jiǎo zhēng róng 头角：喻指青少年的气概或才能。峥嵘：显露，突出。形容青少年气概不凡，才华出众▷他十八岁时已经是头角峥嵘的体坛健将了，没有人不羡慕的。|他终于赢得了国际青少年数学竞赛大奖，从容地走上领奖台，真可谓风华正茂，头角峥嵘。

头破血流 tóu pò xuè liú 头被打破，鲜

血直流。语出唐·吕道生《定命录·桓臣范》:“至徐州界,其婢与夫相打,头破血流。”后用“头破血流”形容头部伤势严重▷担架上躺着一个头破血流的伤兵。也形容受到了严重打击或遭到惨重失败▷那些在政坛上斗得头破血流的政客们为了自己的地盘或权力,都想利用他。|在无情的现实面前,他撞得头破血流。≈焦头烂额|狼狈不堪|落花流水|遍体鳞伤◇一帆风顺|马到成功|旗开得胜。

头疼脑热 tóu téng nǎo rè 头有些痛,脑袋感到发热。指一般的小毛病▷何必大惊小怪的,谁没有个头疼脑热的呢?|这孩子的体质很差,经常会有些头疼脑热的事,大家也都习以为常了。

头童齿豁 tóu tóng chǐ huō 头童:头秃顶了。齿豁:牙齿缺损了。头顶秃了,牙齿掉了。语出唐·韩愈《进学解》:“头童齿豁,竟死何裨?”后用“头童齿豁”形容衰老的样子▷吴老伯虽已年过古稀,头童齿豁,但仍热心于居委会的工作。|头童齿豁的他,回忆起年轻时的雄心壮志,不由得感慨万分。≈苍颜皓首|鸡皮鹤发|老态龙钟◇年富力强。

头头是道 tóu tóu shì dào 头头:各个方面。佛教指开悟以后无一事不与“道”契合。语本宋·严羽《沧浪诗话·诗法》:“信手拈来,头头是道矣。”后用“头头是道”形容说话或做事有条理▷张老师分析起唐诗、宋词,头头是道,有声有色。|有些人谈理论头头是道,具体实践时却寸步难行。≈有条不紊|有条有理|井井有条◇杂乱无章|乱七八糟|颠三倒四。

头晕目眩 tóu yūn mù xuàn 目眩:形容眼花。头脑晕乱,眼睛昏花▷我有高血压的毛病,常常感到头晕目眩,看来一定要按时吃药。|娱乐城的“飞天大转盘”开动起来可吓人了,几圈一转,使人头晕目眩,下来后站也站不稳。≈头晕眼花|头昏眼晕。

头重脚轻 tóu zhòng jiǎo qīng 头脑发涨,脚下无力。形容身体支撑不住,失去平衡▷一场重病使他在床上躺了整整半年,所以刚下床走路时,他觉得头重脚轻,脚步发虚,站都站不稳。也比喻轻重倒置,基础不稳固▷这幢房子本来很匀称美观,可是设计者硬在其顶上架上了尖顶,变得头重脚轻,不伦不类。

投笔从戎 tóu bǐ cóng róng 投:丢掷。从:参加。戎:军队。投下笔去从军。语本《后汉书·班超传》:“[班超]投笔叹曰:‘大丈夫无它志略,犹当效傅介子、张骞立功异域,以取封侯,安能久事笔研间乎?”后用“投笔从戎”指文人弃文就武▷抗日战争爆发后,他毅然投笔从戎,参加了八路军。|当此国家、民族生死存亡之际,我们青年学生除了投笔从戎、上阵杀敌之外,难道还有第二条出路吗?

投畀豺虎 tóu bì chái hǔ 畀:给予。把坏人扔给豺狼虎豹去吃掉。语本《诗经·小雅·巷伯》:“取彼谮人,投畀豺虎。”后用“投畀豺虎”表示对坏人极为愤恨▷这批应该投畀豺虎的坏家伙,恶贯满盈,终于受到了法律的严惩。|在中国大地上犯下了滔天罪行的侵华日军,非投畀豺虎不足以解国人之恨。≈恨之入骨|食肉寝皮。

投鞭断流 tóu biān duàn liú 把所有马鞭扔到江里,就能截断水流。《晋书·苻坚

载记下》载：苻坚带兵攻打东晋，在渡江时他说："以吾之众旅，投鞭于江，足断其流。"后用"投鞭断流"形容人马众多，军力强大▷我们有百万雄师，足能投鞭断流，还会攻不下这座孤城吗？|老将军这股投鞭断流的豪气，真是令人心折。

投机倒把 tóu jī dǎo bǎ 投机：利用机会谋利。倒把：转手倒卖。指以囤积居奇、买空卖空、操纵物价等不正当手段来牟取暴利的非法活动▷不法商人利用物价波动，投机倒把，造成了市场的混乱。|这伙人用投机倒把的方式来操纵市场，牟取暴利，激起了广大市民的无比义愤。

投机取巧 tóu jī qǔ qiǎo 投机：抓住时机。取巧：用巧妙的手段、办法谋利或办事避难就易。指钻空子，采用狡诈的不正当手段以谋取私利▷为了自己的利益，损人利己，投机取巧，这种人我们公司不需要。|我了解他，他绝不是一个投机取巧的人。也指不付出艰苦劳动，想凭要小聪明来获取成功▷在科学的道路上，投机取巧，想走捷径，没有不失败的。

投袂而起 tóu mèi ér qǐ 袂：衣袖。投袂：把袖子一甩。衣袖一甩，站了起来。语出《左传·宣公十四年》："楚子闻之，投袂而起。"后用"投袂而起"形容决心下定、精神振奋的神态▷抗战军兴，许多爱国的知识分子投袂而起，加入抗日救亡的行列。|听说竟有如此无法无天的事情发生，富有正义感的老人投袂而起，向社会大声疾呼，以伸张正义。

投其所好 tóu qí suǒ hào 投：迎合。其：代词，他的。好：爱好。语本《庄子·庚桑楚》："是故非以其所好笼之而可得者，无有也。"后用"投其所好"指迎合别人的喜好▷知道领导爱喝茶，他便投其所好，送了两斤上好的茶叶。|腐蚀国家工作人员，最常见的方法便是投其所好，喜欢什么便送你什么，以便拉人下水，达到自己不可告人的目的。

［提示］好，不读"hǎo"。

投石问路 tóu shí wèn lù 先投以石子，看看前方的路上有无情况。比喻进行试探的语言或行动▷现在想起来了，昨天她来我这里讲的那番话，原来是投石问路，而我却一时没有反应过来。|你想到那里去工作，不妨先写封信去问问情况，来个投石问路。

投鼠忌器 tóu shǔ jì qì 投：投掷，打击。忌：顾忌，顾虑。要打老鼠，又顾虑打坏了老鼠旁边的器物。语出汉·贾谊《治安策》："里谚曰：'欲投鼠而忌器。'此善喻也。鼠近于器，尚惮不投，恐伤其器，况于贵臣之近主乎！"后用"投鼠忌器"比喻想打击坏人而又有所顾忌▷我不是不想处理他，只是碍着总经理的情面，不免投鼠忌器，一时难以下手。|当时，恶劣的政治、社会环境，使得批评家们投鼠忌器，不敢放手批评，说出自己的心里话。≈畏首畏尾◇大刀阔斧|当机立断。

投桃报李 tóu táo bào lǐ 投：赠送。报：回赠。他送给我桃子，我拿李子来回送他。语本《诗经·大雅·抑》："投我以桃，报之以李。"后用"投桃报李"比喻朋友间赠送回报等的往来▷你平日待我这么好，这次我为你做点小事，无非也就是投桃报李的意思。|雷锋同志帮助别人，是真正地为人民服务，丝毫也不存在投桃报李之意。≈礼尚往来。

突飞猛进 tū fēi měng jìn 突飞：飞速，

急速。进展迅速，发展很快▷近年来，中国经济突飞猛进，令世界瞩目。|小梅在老师的指导下，刻苦用功，学习成绩突飞猛进，总分进入全班前三名。≈日新月异|一日千里◇老牛破车|蜗行牛步。

突如其来 tū rú qí lái 突如：突然。语出《周易·离》："突如其来如，无所容也。"后用"突如其来"指出乎意料地来到或发生▷惨案发生后，老人经受不住这突如其来的沉重打击，不久也离开了人世。|他突如其来地出现在林家，林大娘惊愕不已。

图财害命 tú cái hài mìng 图：图谋，谋取。指谋取人的钱财，害死人的性命▷经审讯，他对图财害命的犯罪事实供认不讳。|这个歹徒图财害命，肯定要判死刑。

图谋不轨 tú móu bù guǐ 图谋：暗中谋划。不轨：不法的行为。暗中谋划干不法之事。语本《三国志·吴书·虞翻传》裴松之注引《会稽典录》："琳(陈琳)欲入宫，图为不轨。"后用"图谋不轨"指谋反叛乱等▷此人招降纳叛，图谋不轨，必须尽早翦除，否则后患无穷。|这"图谋不轨"可是个大罪名，在古代会被诛灭九族，你可不敢随意攀诬啊！

图穷匕现 tú qióng bǐ xiàn 图：地图。穷：尽。匕：匕首。现：显露。地图逐渐展开，到了展完时，匕首就露了出来。《战国策·燕策三》载：荆轲受燕国太子丹的派遣，以献燕国督亢地图为名，去秦国行刺秦王，"轲既取图奉之，发图，图穷而匕首见。"见：同"现"。后用"图穷匕现"比喻事情发展到最后，本意毕露无遗▷图穷匕现，他最终露出了狰狞面目。≈原形毕露。

荼毒生灵 tú dú shēng líng 荼毒：残害，毒害。生灵：生民，老百姓。语出唐·李华《吊古战场文》："荼毒生灵，万里朱殷(yān)。"后用"荼毒生灵"指残害百姓▷军阀混战，荼毒生灵，严重地破坏了社会经济。|这场酷烈的战争，虽是由少数几个人挑起的，但他们荼毒生灵，受害的却是广大老百姓。

徒劳无功 tú láo wú gōng 徒：徒然，白白地。劳：劳动，劳碌。功：功效，功绩。语出《诗经·齐风·甫田》"无思远人，劳心叨叨"宋·朱熹集传："以戒时人厌小而务大，忽近而图远，将徒劳而无功也。"后用"徒劳无功"指白白地费力气，却没有一点功效或成绩▷这种徒劳无功、吃力不讨好的事情，我真不想再干下去了。|事实证明，他硬要这样做，必然徒劳无功。≈劳而无功|徒劳无益◇事半功倍。

徒乱人意 tú luàn rén yì 徒：徒然，白白地。乱：扰乱，烦乱。意：心情，思想。语出宋·苏轼《富郑公神道碑》："得家书，不发而焚之，曰：'徒乱人意。'"后用"徒乱人意"指徒然地扰乱别人的思绪▷这些情况恐怕不公开为好，因为大家没有思想准备，徒乱人意，反而不好。|在大家都惊惶不安的时候，你还来节外生枝，徒乱人意，实在不识大体！

徒有虚名 tú yǒu xū míng 徒：空的，仅仅。虚名：空名，虚假的名声。空有一个虚假的名声。语出《北齐书·李元忠传》："元忠以为万石给人，计一家不过升斗而已，徒有虚名，不救其弊，遂出十五万石以赈之。"后用"徒有虚名"指名声或名义上很好听，其实没有真的本领或真的用处▷我道他有多少了不起的本事，原来亦不过如此，真是徒有虚名。｜这个精品屋中的所谓精品，大多徒有虚名，有的还不及一般商店的同类商品。≈有名无实｜名不副实◇名不虚传｜名副其实。

徒子徒孙 tú zǐ tú sūn 徒子：徒弟。徒孙：徒弟的徒弟。指由一个祖师一脉相承传下来的弟子。也泛指信徒、党羽（多含贬义）▷李木匠今年七十岁，他的徒子徒孙正在准备替他祝寿。｜希特勒虽然早已死了，但是他的徒子徒孙并没有绝种。

涂脂抹粉 tú zhī mǒ fěn 涂胭脂，抹香粉。指妇女梳妆打扮▷这姑娘涂脂抹粉、一身俗气，与“朴实无华”四字相距甚远。也比喻为了遮掩丑恶面目而加以粉饰或美化▷日本帝国主义不顾历史真相，用种种诡辩之说来为自己的侵略行径涂脂抹粉。

［提示］抹，不读“mā”。

屠龙之技 tú lóng zhī jì 屠：宰杀。宰杀龙的技艺。语本《庄子·列御寇》：“朱泙（pēng）漫学屠龙于支离益，单千金之家。三年技成，而无所用其巧。”后用“屠龙之技”比喻技艺虽然高超，但无实用价值▷他的一手修理钢琴的绝技，到了这僻远的乡下，便成了屠龙之技了。｜那个年代，中国传统的文化遭受灭顶之灾，他却向老艺人学习书画修补的技艺，被人嘲笑为“屠龙之技”。

T

土崩瓦解 tǔ bēng wǎ jiě 土崩塌，瓦破碎。语出《史记·秦始皇本纪》：“秦之积衰，天下土崩瓦解，虽有周旦之材，无所复陈其巧，而以责一日之孤，误哉！”后用“土崩瓦解”比喻彻底崩溃，不可挽回▷敌军的防线在我军的强大攻势面前，立刻土崩瓦解。≈分崩离析｜冰消瓦解｜四分五裂◇固若金汤｜安如磐石｜稳如泰山。

土豪劣绅 tǔ háo liè shēn 土豪：仗势欺人的地主。劣绅：祖上有过功名的恶霸；退职官僚中的恶者。指地方上欺压百姓的恶势力▷土豪劣绅是几千年封建专制政治的基础，是封建势力的代表。｜这场斗争就是要铲除土豪劣绅，肃清贪官污吏。

土鸡瓦犬 tǔ jī wǎ quǎn 用泥做的鸡，用瓦做的狗。形容徒有其表，实则无用▷当公安人员包围了这幢房子时，凶恶的歹徒惊呆了，个个顿时面如死灰，像土鸡瓦犬一样蜷缩在房间的角落。｜别看他风度翩翩，其实是个不学无术之徒，犹如土鸡瓦犬，只要和他一接触，你便会感到他的浅薄。

土牛木马 tǔ niú mù mǎ 土堆成的牛，木制成的马。语出《关尹子·八筹》：“知物之伪者，不必去物。譬如见土牛木马，虽情存牛马之名，而心忘牛马之实。”后用“土牛木马”比喻徒有其形而不实用的东西▷这些东西不过是土牛木马而已，要了它们有什么用呢？｜别看这玩意俨然庞然大物，实则是土牛木马，毫无用处。

土生土长 tǔ shēng tǔ zhǎng 土：本地的。本地生的，本地长的▷我们公司最近招收的工人都是土生土长的本地人。｜这种艺术来源于民间，是当地土生土长、从未吸收过外来因素的民间技艺。

吐故纳新 tǔ gù nà xīn 吐：呼出。故：旧的。纳：吸入。语出《庄子·刻意》：“吹呴呼吸，吐故纳新，熊经鸟申，为寿而已矣。”原为道家的养生术，指吐出浊气，吸入清气。后用“吐故纳新”比喻扬弃清除旧的、不好的，接纳吸收新的、好的▷吐故纳新是事物发展的规律。｜只有不断地吐故纳新，才能保持我们这支队伍的纯洁性和战斗力。≈革故鼎新｜除旧布新｜推陈出新｜新陈代谢◇因循守旧。

兔起鹘落 tù qǐ hú luò 鹘：打猎用的鹰一类的猛禽。兔子刚跑出来，鹘就飞扑下去。语出宋·苏轼《文与可画筼筜谷偃竹记》："振笔直遂，以追其所见，如兔起鹘落，少纵则逝矣。"后用"兔起鹘落"形容写作、书法、作画时下笔迅疾▷他挥毫作画，犹如兔起鹘落，顷刻可成。也比喻行动敏捷▷从他躲进屋内到被追杀者追杀，如兔起鹘落，几乎发生在一瞬间。

兔死狗烹 tù sǐ gǒu pēng 烹：烧煮。兔子死了，猎狗就被烧煮吃了。《史记·越王勾践世家》载：范蠡离开越国后，从齐国写信给越国大夫文种说："蜚（飞）鸟尽，良弓藏；狡兔死，走狗烹。越王为人长颈鸟喙，可与共患难，不可与共乐。子何不去？"后用"兔死狗烹"比喻事成之后，把出过力的人抛弃或杀掉▷历代王朝在开国后大都发生过兔死狗烹的惨剧。｜将军一旦大功告成，也就到了朝廷兔死狗烹的时候了！≈鸟尽弓藏｜过河拆桥｜卸磨杀驴。

兔死狐悲 tù sǐ hú bēi 兔子死了，狐狸感到悲伤。语本《敦煌变文集·燕子赋》："叨闻狐死兔悲，物伤其类；四海尽为兄弟，何况更同臭味！"后用"兔死狐悲"比喻因同类的失败或死亡而引起自己的同情或悲伤▷大毒枭被击毙后，他手下的喽啰们都有一种兔死狐悲的感觉。≈物伤其类◇幸灾乐祸。

推波助澜 tuī bō zhù lán 波、澜：波浪。推动水波，助长巨浪。语出隋·王通《中说·问易》："真君、建德之事，适足推波助澜，纵风止燎尔。"后用"推波助澜"比喻从旁鼓动，使事态扩大▷他的推波助澜，使得事态迅速恶化。｜他非但不从中劝阻，反而推波助澜，最后将事情闹得无法收拾。≈煽风点火｜兴风作浪◇息事宁人。

推陈出新 tuī chén chū xīn 推陈：排除旧的。出新：生出新的。指除去陈旧的东西，产生新鲜的东西。语本《淮南子·天文》："姑洗者，陈去而新来也。"后用"推陈出新"指通过批判的继承，去其糟粕，取其精华，在旧事物的基础上创造新的事物▷继承文化遗产一定要遵循"古为今用，推陈出新"的方针。｜这出戏在保留了原先的精华后，又增添了新的思想内容，真正做到了推陈出新，是戏曲改革的一大典范。≈吐故纳新｜革故鼎新｜破旧立新◇墨守成规｜因循守旧。

推崇备至 tuī chóng bèi zhì 推崇：敬重。指推重、尊崇到了极点▷他对屈原的《离骚》推崇备至，认为是达到了一个后人无法企及的高度。｜只要有人对他推崇备至的李白略有微辞，他便会一改平日的绅士风度，激动起来。

推而广之 tuī ér guǎng zhī 推：推论。广：扩大。语出南朝梁·萧统《〈文选〉序》："风云草木之兴，鱼虫禽兽之流，推而广之，不可胜载矣。"后用"推而广之"指把推论的范围更扩大些▷学习是这样，推而广之，做其他事又何尝不是如此呢？｜从这件事情中总结出来的经验教训，完全可以推而广之地运用到其他的事情中去的。

推己及人 tuī jǐ jí rén 推：推想。及：至于。用自己的心思去推断别人的心思。语出宋·朱熹《与范直阁书》："学者之于忠恕，未免参校彼己，推己及人则宜。"

后用“推己及人”指设身处地替别人着想▷你若推己及人，从他的角度去想一想，也就不会生他的气了。|他的最大的长处就在于凡事都能推己及人，所以赢得了众人的爱戴。≈将心比心。

推三阻四 tuī sān zǔ sì 推：推托。阻：阻拦。指以种种理由或借口推托、阻挠▷他几经交涉，商家都推三阻四，不兑现诺言。|这项工程施工方案早已确定，但建筑商总是推三阻四，迟迟不肯开工。◇毛遂自荐|自告奋勇|挺身而出。

推贤让能 tuī xián ràng néng 推：举荐。让：谦让。语出《尚书·周官》：“推贤让能，庶官乃和。”后用“推贤让能”指举荐贤人，让位于有才能的人▷县委书记推贤让能，已在当地传为美谈。|这个小国能在群雄争霸的险恶形势下岿然不动，不受亡国之殃，是与丞相当年的推贤让能分不开的。

推心置腹 tuī xīn zhì fù 推心：以诚心相待。置：放入。把自己的诚心放到别人的腹中。语本《东观汉记·光武帝纪》：“萧王推赤心置人腹中，安得不投死乎！”后用“推心置腹”比喻真心诚意地待人▷夜已经很深了，师生二人仍在推心置腹地畅谈。|听他说出这样推心置腹的话，我很感动。≈披肝沥胆|推诚相见|开诚布公|肝胆相照◇钩心斗角|尔虞我诈|居心叵测|两面三刀|阳奉阴违|虚与委蛇。

退避三舍 tuì bì sān shè 舍：古时行军三十里为一舍。语本《左传·僖公二十三年》：“若以君之灵，得反(返)晋国，晋、楚治兵，遇于中原，其辟(避)君三舍。”原为春秋时晋公子重耳(即晋文公)出亡楚国，受到楚成王礼遇后，向成王许下的诺言。后来，重耳返回晋国，当了国君，在晋、楚城濮之战中，果然“退三舍辟之”。后用“退避三舍”比喻主动让步或回避，不与对方争高低，以免冲突▷他性情暴躁，每逢他情绪不佳，同学们都退避三舍。≈敬而远之◇寸土必争|针锋相对。

［提示］舍，不读“shě”。

吞吞吐吐 tūn tūn tǔ tǔ 形容有话不直说或说话有顾虑，想说又不敢说的样子▷他吞吞吐吐，欲言又止，双手互相揉搓着，半天也没说出一句囫囵话。|看他吞吞吐吐的样子，我已猜到是怎么回事了。≈闪烁其辞|支支吾吾|含糊其辞|欲言又止◇直言不讳|开门见山。

囤积居奇 tún jī jū qí 囤积：聚集贮存。居奇：储藏短缺或稀有货物。把市面上短缺的货物储存起来，等待有利时机，高价出售，以牟取暴利▷国难当头，奸商却囤积居奇，操纵物价，大发国难财。

拖儿带女 tuō ér dài nǚ 带领着儿子和女儿。形容旅途的艰辛或生活的艰难▷王妈妈年纪轻轻就守了寡，拖儿带女，苦了大半辈子。|你难得出来旅游，还要拖儿带女的，真可谓“可怜天下父母心”啊。

拖泥带水 tuō ní dài shuǐ 在泥泞道路上行走，拖着泥浆，带着雨水，行走不利索的样子。语出宋·严羽《沧浪诗话·诗法》：“意贵透彻，不可隔靴搔痒；语贵洒脱，不可拖泥带水。”后用“拖泥带水”比喻说话、写文章拖沓不简洁或做事不干脆利索▷你是个军人，一向爽快，什么时候开始变得拖泥带水起来了？≈婆婆妈妈◇直截了当。

拖人下水 tuō rén xià shuǐ 拉人一起下到

T

水里。比喻拉别人一起干坏事▷他们这样做是想拖人下水，你可千万别上当啊。|这种拖人下水的鬼蜮伎俩，明眼人一眼就看出来了。

脱缰之马 tuō jiāng zhī mǎ 摆脱掉缰绳的马。比喻脱离羁绊的人或事物▷这次百年未见的长江洪水泛滥，沿江人民和解放军进行了艰苦卓绝的抗洪救灾，长江这匹脱缰之马终于被制服了。

脱口而出 tuō kǒu ér chū 脱口：率意出口，随口。不加思索，随口说出来。语本宋·苏轼《跋欧阳公书》："此数十纸，皆文忠公冲口而出，纵手而成，初不加意者也。" 后用"脱口而出" 指说话随便或控制不住▷母亲脱口而出的一句话使年幼的我一下子惊呆了。也形容人记性好，知识丰富，应答很快▷他情况熟悉，记忆力好，不管问他什么问题，都能脱口而出地回答你。≈不假思索|应对如流◇吞吞吐吐|三缄其口|期期艾艾。

脱胎换骨 tuō tāi huàn gǔ 原为道教语，指修炼得道的人，脱去凡胎而成圣胎，换去凡骨而成仙骨。后用"脱胎换骨" 比喻事物通过改造而成为另一种新事物▷你仔细品味、推敲，就会发现这首诗是从杜诗中脱胎换骨而来。也比喻人通过教育或改造，彻底改变观点、立场▷经过劳动改造，许多战犯脱胎换骨，成为自食其力的新人。≈洗心革面|伐毛洗髓|改头换面◇依然故我|死不悔改|因循守旧|怙(hù)恶不悛(quān)。

脱颖而出 tuō yǐng ér chū 颖：锥子把上固定锥针的套环。锥子放在布袋里，不仅锥尖穿透了布袋，就连锥把上的套环也露出来了。语本《史记·平原君列传》："臣乃今日请处囊中耳。使遂蚤(早)得处囊中，乃颖脱而出，非特其末见而已。" 后用"脱颖而出" 比喻人的才华、能力全部显示出来▷身居社会下层而有才能的人物，要脱颖而出，是要克服许多困难的。≈崭露头角|锋芒毕露◇默默无闻|韬光养晦|晦迹韬光。

唾手可得 tuò shǒu kě dé 唾手：往手上吐唾沫，比喻极为容易。语本《新唐书·褚遂良传》："但遣一二慎将，付锐兵十万，翔旝云輣，唾手可取。" 后用"唾手可得" 比喻非常容易得到或成功▷比赛结果大出我们意料，原来以为唾手可得的两枚金牌，竟然都落入了别人的手中。≈易如反掌|轻而易举|探囊取物|一蹴而就◇大海捞针。

W

挖空心思 wā kōng xīn sī 形容费尽心机,想尽办法▷为了推销这批存货,他们挖空心思,找了多种门路,但仍无起色。≈劳神费力|处心积虑◇无所用心。

瓦釜雷鸣 wǎ fǔ léi míng 瓦釜:陶制的炊具,比喻平庸无能的人。瓦锅中发出雷鸣般的响声。语出战国楚·屈原《卜居》:“黄钟毁弃,瓦釜雷鸣。谗人高张,贤士无名。”后用“瓦釜雷鸣”比喻平庸者窃居高位▷人民有话不能说,其结果必然形成瓦釜雷鸣的局面。|只有彻底进行人事制度改革,才能改变“黄钟毁弃,瓦釜雷鸣”的状况。

[提示]常与“黄钟毁弃”连用。

歪打正着 wāi dǎ zhèng zháo 歪:不正。着:击中目标,表示达到目的或有结果。歪斜地打去,却碰巧不偏不倚地击中了目标。比喻采取并不恰当的方法,却侥幸获得了满意的结果▷现在回想起来,我们创办期货经纪公司成功,只能说是歪打正着。

歪风邪气 wāi fēng xié qì 各种不良的风气、作风▷少年朋友们要明辨是非,与一切歪风邪气作不懈的斗争。|每一个正直的公民都要自觉地抵制社会上的歪风邪气。≈歪门邪道|旁门左道|不正之风|邪魔外道◇浩然正气。

歪门邪道 wāi mén xié dào 门、道:原指民间会道门。比喻不正当的途径或坏主意▷你最近经常不上班,又去搞什么歪门邪道啦?|一些旧时代的歪门邪道随着市场经济的大潮又以新的包装出现了。|他这个人歪门邪道特别多,你别去听他的。≈旁门左道|邪魔外道。

外强中干 wài qiáng zhōng gān 干:空虚,枯竭。语出《左传·僖公十五年》:“今乘异产,以从戎事……张脉偾兴,外强中干,进退不可,周旋不能,君必悔之。”后用“外强中干”指人或事物外表很强大,而实际上非常虚弱▷这种人外强中干,其实并不可怕。|想不到他竟是这么一个外强中干的家伙。≈色厉内荏◇外柔内刚|外圆内方。

[提示]干,不读“gàn”。

外柔内刚 wài róu nèi gāng 外表柔弱,内心刚强▷他外表看上去像书生一样,文质彬彬,但如果你和他一交谈,就会感到他外柔内刚,做事十分果断。|我和他生活了几十年,真正地了解他是一个外柔内刚的人。≈外圆内方◇外强中干|色厉内荏。

外愚内智 wài yú nèi zhì 外:外貌。内:内心。语出《三国志·魏书·荀攸传》:“太祖每称曰:‘公达外愚内智,外怯内勇,外弱内强。’”后用“外愚内智”指外貌好像愚昧,其实很聪明▷他表面看起来愚笨,其实外愚内智,是个能干的工程师。|我们的总经理外愚内智,公司在他的领导下十分兴旺。≈大智若愚。

外圆内方 wài yuán nèi fāng 圆:灵活,

随和。方：严正。指人外表随和，而内心严正▷她为人外圆内方，遇事很有主见。|张老师外圆内方，为人既随和，又有定见。≈外柔内刚。

剜肉补疮 wān ròu bǔ chuāng 剜：用刀挖去。挖下身上的好肉去补疮口。语本唐·聂夷中《咏田家》诗："二月卖新丝，五月粜新谷；医得眼前疮，剜却心头肉。"后用"挖肉补疮"比喻为救当前之急，顾不得将来的痛苦和后果▷为了替母亲治病，小陈只得剜肉补疮，把自己的房子卖了。|工厂经营不善，厂长只得采用剜肉补疮的办法，出让部分厂房设备，以换取资金。≈饮鸩止渴|杀鸡取卵|寅吃卯粮。

纨绔子弟 wán kù zǐ dì 纨绔：细绢做的裤子，泛指华丽的服饰。语出《宋史·鲁宗道传》："馆阁育天下英才，岂纨绔子弟得以恩泽处耶？"后用"纨绔子弟"指出身富贵家庭而不务正业的子弟▷那些纨绔子弟平时小事不肯干，大事又不会干。|你请那纨绔子弟帮忙，会有什么好结果呢？≈膏粱子弟|花花公子◇栋梁之材。

完璧归赵 wán bì guī zhào 完：完好无损。璧：中间有孔的扁圆形玉器。归：归还。把完整的和氏璧归还赵国。语出《史记·廉颇蔺相如列传》："王曰：'谁可使者？'相如曰：'王必无人，臣愿奉璧往使。城入赵而璧留秦；城不入，臣请完璧归赵。'"后用"完璧归赵"比喻将原物完好无损地归还原主▷他扬言这笔钱只要让他拿出去一周，不但完璧归赵，还能大大地赚一笔。|这几本书借我用一下，三天后保证完璧归赵。≈物归原主。

［提示］璧，不要写作"壁"。

完美无缺 wán měi wú quē 完：完善，完备。缺：缺点。形容完备而美好，没有一点儿缺点▷当然，社会上会存在一些丑恶现象，我们到底不是生活在完美无缺的天堂里。|他并不认为自己的作品完美无缺，但他相信读者会给予中肯的评价。≈十全十美|尽善尽美|白璧无瑕◇一无可取|一无是处。

玩忽职守 wán hū zhí shǒu 玩忽：不严肃认真地对待。职守：工作职责。对待本职工作马虎随便，不认真▷他玩忽职守，造成重大损失，已构成渎职罪。|上级批评他玩忽职守，他还不服气。◇尽职尽责。

玩火自焚 wán huǒ zì fén 焚：燃烧。玩弄火会烧了自身。语本《左传·隐公四年》："夫兵，犹火也，弗戢，将自焚也。"后用"玩火自焚"比喻冒险干害人勾当，最后自食其恶果▷如果这些疯子胆敢发动新的战争，必将玩火自焚。|这种玩火自焚的人我们见得还少吗？≈自作自受|作茧自缚|自食其果|咎由自取。

玩世不恭 wán shì bù gōng 玩世：以戏弄的态度对待世事。不恭：不严肃。指对待社会和现实采取消极的不严肃的态度▷他这个人有点儿玩世不恭，对什么都满不在乎。|她玩世不恭的外表下隐藏着一颗不甘屈服的心。≈逢场作戏◇兢兢业业|规行矩步|循规蹈矩。

玩物丧志 wán wù sàng zhì 玩：赏玩。丧：失去。语出《尚书·旅獒》："玩人丧德，玩物丧志。"后用"玩物丧志"指迷恋于自己喜爱的东西，而丧失了积极进取的意志▷他整天沉迷于斗蟋蟀，真是玩物丧志。|对于他玩物丧志的行为，老师给予了严肃的批评。◇励精图治。

顽石点头 wán shí diǎn tóu 语本晋·无名氏《莲社高贤传·道生法师》:"师被摈,南还,入虎丘山,聚石为徒,讲《涅槃经》,至阐提处,则说有佛性,且曰:'如我所说,契佛心否?' 群石皆为点头。" 后用"顽石点头" 比喻道理讲得透彻,足以使人信从▷张法官这一番话,真可使顽石点头,有的少年犯甚至痛哭失声。|他自以为有一张能使顽石点头的嘴巴,可以轻易说服对方。◇徒费唇舌。

宛然在目 wǎn rán zài mù 宛然: 仿佛。目: 眼睛。仿佛就在眼前▷奶奶这张发黄的照片,我已珍藏了多年,每当看到它,奶奶那慈祥、善良、勤劳的形象宛然在目,真想亲切地再叫她一声。≈历历在目。

万不得已 wàn bù dé yǐ 实在没有办法,只能这样▷我让你们几位出马,实在是万不得已呀!|不到万不得已的时候,你们不要暴露自己的身份。≈迫不得已|无可奈何|百般无奈|别无良策◇自觉自愿。

万不失一 wàn bù shī yī 一万次中没有一次失误。语出《韩非子·解老》:"治乡治邦莅天下者,各以此科适观息耗则万不失一。" 后用"万不失一" 形容有绝对把握▷他对这项工程有绝对把握,可以说万不失一。|自以为万不失一的事,往往容易因麻痹大意而出纰漏。≈万无一失|十拿九稳。

万古长青 wàn gǔ cháng qīng 万古: 千秋万代。长青: 永远青翠。千秋万代永远像松柏一样青葱苍翠。比喻事物永远存在下去,不会衰退或消失▷我们两国万古长青的友谊是牢不可破的。≈万古流芳◇昙花一现|稍纵即逝。

万古留芳 wàn gǔ liú fāng 万古: 千秋万代。留: 留存,留传。芳: 芳香,指好名声。好名声千秋万代流传▷烈士的英名万古留芳,他们永远活在我们的心中。|他虽然牺牲了,但他的名字千载传扬,万古留芳。≈永垂不朽|名垂千古|流芳百世|名标青史◇遗臭万年|臭名远扬。

万家灯火 wàn jiā dēng huǒ 万家: 千家万户,家家户户。家家户户都点亮了灯。语出宋·王安石《上元戏呈贡父》诗:"车马纷纷白昼同,万家灯火暖春风。" 后用"万家灯火" 形容城镇夜晚灯火辉煌▷入夜后的浦东新区万家灯火,一片辉煌。

万箭攒心 wàn jiàn cuán xīn 攒: 聚集。像万枝箭一齐射在心头。形容内心痛苦到极点▷听到亲人不幸去世的消息,她犹如万箭攒心,放声痛哭。|他听了老父临终时的几句话,真如万箭攒心,悲痛不已。≈肝肠寸断|五内俱崩◇心花怒放|欣喜若狂。

万劫不复 wàn jié bù fù 劫: 佛家称世界从生成到毁灭的过程为一劫,"万劫" 极言时间久远。复: 回复。语出晋·僧肇《〈梵网经〉序》:"一为人身,万劫不复。" 后用"万劫不复" 指永远不能恢复▷这些汉奸卖国求荣,助纣为虐,成了万劫不复的历史罪人。|一切屠杀人民的刽子手必将被钉在历史的耻辱柱上,万劫不复。

万籁俱寂 wàn lài jù jì 万籁: 自然界万物发出的各种声音。俱: 全,都。寂: 寂静,安静。各种声音都静下来了。语本唐·常建《题破山寺后禅院》诗:"万籁此都寂,但余钟磬声。" 后用"万籁俱寂" 形容环境非常宁静▷"汪汪汪!" 宁静的夜,万籁俱寂,突然被犬吠扰醒,人声鼎沸,脚步纷沓,世间顿时嘈杂起来。|嘀嗒

W

嘀嗒的钟声在万籁俱寂的夜晚显得格外清脆。≈鸦雀无声◇人声鼎沸。

万里长征 wàn lǐ cháng zhēng 征：远行，征讨。语出唐·王昌龄《出塞》诗："秦时明月汉时关，万里长征人未还。"后用"万里长征"形容极远的征途。也比喻需要经过长期努力才能实现的目标▷当年中国工农红军的万里长征，在世界革命史上是个奇迹。|我们现在取得的成绩只是万里长征的第一步。

万马奔腾 wàn mǎ bēn téng 无数匹马奔跑跳跃。形容声势浩大、气魄宏伟等情状▷暴发的山洪如万马奔腾，让人惊心动魄。|各行各业开展技术练兵，形成了万马奔腾的学习竞赛热潮。≈排山倒海。

万马齐喑 wàn mǎ qí yīn 喑：哑，引申为沉寂。所有的马都沉寂无声。语本宋·苏轼《三马图赞序》："时西域贡马，首高八尺……入天驷监，振鬣长鸣，万马皆瘖。"瘖：同"喑"。后用"万马齐喑"比喻政治局面沉闷，人们都保持沉默，不敢发表意见▷太平洋战争爆发后，上海市区连"孤岛"的地位也保不住了。当时可谓黑云压城，万马齐喑。|他在很年轻的时候，就上书言事，痛陈时弊，在万马齐喑的年代里，发出了自己的声音。≈死气沉沉|风雨如磐|万籁俱寂◇百家争鸣|畅所欲言|万马奔腾。

[提示]喑，不读"àn"，不要写作"暗"。

万念俱灰 wàn niàn jù huī 种种念头、打算都已成了灰，破灭了。形容失意或遭受打击、挫折后极端灰心失望的心情▷老人将近百岁了，膝下又无子女，他老伴前几天刚去世，看得出他已是万念俱灰了。|当知道自己的一家老老少少被埋在这泥石流下面时，她号啕大哭，顿感万念俱灰，真想马上就结束自己的生命。

万全之策 wàn quán zhī cè 万全：万无一失，绝对安全。策：计策，办法。语本《韩非子·饰邪》："悬衡而知平，设规而知圆，万全之道也。"后用"万全之策"指非常周密、万无一失的计谋或办法▷他绞尽脑汁，也想不出一个万全之策。|大家想出的办法不少，但觉得都不是万全之策。

万人空巷 wàn rén kōng xiàng 万人：成千上万的人，形容人数极多。空巷：街巷里没有人，空空荡荡的。语出宋·苏轼《八月十七复登望海楼》诗："赖有明朝看潮在，万人空巷斗新妆。"后用"万人空巷"形容盛大集会或新奇事物吸引了很多的人，形成轰动局面的盛况▷展览会开幕那天，人们纷纷前往观看，城里一时万人空巷。

万事大吉 wàn shì dà jí 万事：一切事。吉：吉祥，吉利。指一切事情都非常圆满顺利，再不会有意外的波折▷按照以前的做法，企业往往只对销售的第一阶段负责，将产品销售给商店，资金回笼就万事大吉。|这种以为考上大学就有了铁饭碗，从此万事大吉的想法，在我们同学中也是有不少的。≈大功告成◇一蹶不振|节外生枝|横生枝节|功败垂成|好事多磨。

万事亨通 wàn shì hēng tōng 亨通：通达顺利。每件事都很顺当，毫无阻碍▷老王事业有成，生活水平节节提高，子女也都有出息，真是万事亨通。|这几年，不敢说万事亨通，但总算一切差强人意。≈万事大吉|无往不利◇进退维谷|走投无路。

W

万寿无疆 wàn shòu wú jiāng 无疆：没有尽头。语出《诗经·豳风·七月》："跻彼公堂，称彼兕觥，万寿无疆。"后用"万寿无疆"指长寿千年万年，没有止境（多作祝人健康长寿之辞）▷万寿无疆的颂词，皇帝已听腻了。|人群呼喊着"万寿无疆"的口号，疯狂地涌向广场，拜见所谓的"仙人"。≈寿比南山◇人生如寄。

万水千山 wàn shuǐ qiān shān 水：江河。万条江河，千重山岭。语出唐·贾岛《送耿处士》诗："万水千山路，孤舟几月程。"后用"万水千山"比喻路途遥远，充满着艰难险阻▷红军不怕远征难，万水千山只等闲。|我们虽然相隔万水千山，但心是紧紧连在一起的。◇近在咫尺|一衣带水。

万死不辞 wàn sǐ bù cí 辞：推辞。死一万次也不推辞。表示愿意拼死效力▷干事业总要冒点儿险，什么时候需要，随叫随到，万死不辞。|张总工程师为了祖国的航天事业，历尽千难万险，可谓是万死不辞。◇贪生怕死。

万头攒动 wàn tóu cuán dòng 攒：聚集。形容人极多，簇拥在一起▷元宵节晚上，公园里万头攒动，人们兴致勃勃地观赏彩灯。|又一个世界纪录诞生了，万头攒动的看台上发出雷鸣般的欢呼声。≈人山人海。

万无一失 wàn wú yī shī 失：失误，差错。形容绝对有把握，决不会出差错▷把这件事交给他办，万无一失，你就放心吧。|只要山海关守得住，北京城万无一失。≈十拿九稳。

万象更新 wàn xiàng gēng xīn 万象：宇宙间的一切景象。更：变更。世上的一切事物或景象都变得焕然一新▷春天来了，花草复苏，万象更新。|人民群众的辛勤劳动，使得祖国大地万象更新。≈日新月异。

万众一心 wàn zhòng yī xīn 千万人一条心。语本《后汉书·朱儁传》："万人一心，犹不可当，况十万乎！"后用"万众一心"形容团结一致▷我们万众一心，担当时代重任，迈向全面小康的新征途。|南京大屠杀、平顶山万人坑、日寇细菌部队种种灭绝人性的暴行，足以说明我们除了万众一心、浴血抗战之外，别无选择。≈同心协力|勠力同心|同心同德|群策群力|齐心合力|和衷共济◇离心离德|分道扬镳|各自为政|尔虞我诈|同床异梦。

万紫千红 wàn zǐ qiān hóng 语出宋·朱熹《春日》诗："等闲识得东风面，万紫千红总是春。"后用"万紫千红"形容春天百花齐放、绚丽多彩的景色▷我爱万紫千红的春天，更爱硕果累累的秋天。也比喻事物丰富多彩或景象繁荣兴旺▷当前，纵观出版界百花齐放、万紫千红，不可谓不繁荣，但在繁荣的背后，我们更要警惕杂草的滋生，呼唤精品问世。|几年来，在"双百"方针指引下，文艺界出现了万紫千红的局面。≈姹紫嫣红|花团锦簇◇落花流水|满目疮痍。

汪洋大海 wāng yáng dà hǎi 汪洋：形容水势浩大广阔。广阔无边的大海。形容水势极其浩大▷汪洋大海，广阔无边。也比喻声势浩大或范围极为广阔，数量极其丰富▷他现在的处境就像汪洋大海中的一叶小舟。◇消埃之微。

汪洋恣肆 wāng yáng zì sì 恣肆：文笔、言谈等豪放，毫不拘束。形容文章、言论、书法等气势磅礴，潇洒自如▷他写的这篇文章，洋洋万言，汪洋恣肆，在文坛引

W

起了不小的震动。|别看他人小，但下笔入木三分，笔力豪放，汪洋恣肆，在书法界已小有名气。

亡国灭种 wáng guó miè zhǒng 国家灭亡，种族灭绝。指一个国家彻底被毁灭▷“发展是硬道理”，这是真理。如果一个国家不坚持这样做，亡国灭种为期不远了。|读历史可以知兴衰，历史上那些亡国灭种之事已经给了我们启示，我们不仅要有忧患意识，更要加快发展自己，振兴国家，振兴民族。

亡命之徒 wáng mìng zhī tú 亡命：被削除户籍而逃亡在外，泛指逃亡、流亡。徒：人。脱离户籍而逃亡在外的人。语本《史记·张耳陈余列传》：“张耳尝亡命游外黄。”外黄：古地名，在今河南。后用“亡命之徒”指不顾性命、铤而走险、犯法作恶的人▷这伙亡命之徒心狠手辣，什么坏事都干得出来。|这家伙是个亡命之徒，逼急了会跟你拼命的。|他纠集了一批亡命之徒，打算上山去当土匪。

亡羊补牢 wáng yáng bǔ láo 亡：丢失。牢：关牲口的圈。丢失了羊，才去修补羊圈。语出《战国策·楚策四》：“见兔而顾犬，未为晚也；亡羊而补牢，未为迟也。”原意指丢失了羊，赶快修补好羊圈，还不算迟。后用“亡羊补牢”比喻出了差错或受到损失后及时纠正补救，还来得及▷险情虽然严峻，但只要能“亡羊补牢”，毕竟“未为晚矣”。≈痛改前非|悔过自新|将功补过◇死不改悔|怙恶不悛。

网开一面 wǎng kāi yī miàn 网：捕捉鸟兽的罗网。把捕鸟兽的网打开一面。语本《史记·殷本纪》：“汤出，见野张网四面，祝曰：‘自天下四方，皆入吾网。’汤曰：‘嘻，尽之矣！’乃去其三面。”后用“网开一面”比喻用宽大态度对待有过失的人▷勾践被吴王夫差打败时，他乞求网开一面，夫差饶过了他。≈宽大为怀|既往不咎◇斩尽杀绝|斩草除根|一网打尽|严惩不贷。

网漏吞舟 wǎng lòu tūn zhōu 网：渔网，比喻法律。吞舟：吞舟的大鱼，比喻巨奸大恶。网里漏掉能吞舟的大鱼。语本《史记·酷吏列传》：“汉兴，破觚而为圜，斫雕而为朴，网漏于吞舟之鱼，而吏治烝烝，不至于奸，黎民艾安。”后用“网漏吞舟”比喻法令宽疏，使大奸大恶者漏网▷执法要严，否则网漏吞舟，会造成社会危害。|只有建立严格的法制社会，各项法律日趋严密，才可能消除网漏吞舟的现象。

枉费心机 wǎng fèi xīn jī 枉：徒然，白白地。费：消耗，耗费。心机：心思，计谋。语出宋·刘克庄《诸公载酒贺余休致水村农卿有诗次韵》：“高屋从来有鬼窥，铁门关枉费心机。”后用“枉费心机”指白白地耗费心思▷这是根本不可能的事，你别枉费心机了。|你劝他不要枉费心机，他还认为你是别有用心呢！≈劳而无功|徒劳无益。

惘然若失 wǎng rán ruò shī 惘然：失意的样子。语本《后汉书·黄宪传》：“是时同郡戴良，才高倨傲，而见宪未尝不正容，及归，惘然若有失也。”后用“惘然若失”指心中怅惘失落，像失掉什么东西似的▷出国以后，他总有一种惘然若失的感觉。|离婚以后，他惘然若失，陷于一种孤寂的境地。◇喜不自胜。

妄下雌黄 wàng xià cí huáng 妄：虚妄，胡乱，没有根据。雌黄：一种用矿物制

的颜料，古人抄书或校书时常用来涂抹文字。语出北齐·颜之推《颜氏家训·勉学》："校定书籍，亦何容易？自扬雄、刘向方称此职尔。观天下书未遍，不得妄下雌黄。"后用"妄下雌黄"指乱改文字，乱发议论▷对事情的真相你还没有搞清楚，怎么可以乱批评人，妄下雌黄呢？|不是我妄下雌黄，中国足球队此次又恐怕出线无望。

妄自菲薄 wàng zì fěi bó 菲薄：小看，轻视。语出三国蜀·诸葛亮《出师表》："诚宜开张圣听，以光先帝遗德，恢弘志士之气，不宜妄自菲薄，引喻失义，以塞忠谏之路也。"后用"妄自菲薄"指毫无根据地过分看轻自己。形容非常自卑，失去了自信▷你碰到一点挫折，就妄自菲薄，这是要不得的。|你并不比人家笨，人家能做到的你也一定能做到，千万不要妄自菲薄。≈自暴自弃|自惭形秽◇妄自尊大|目空一切|夜郎自大|目中无人。

［提示］菲，不读"fēi"。

妄自尊大 wàng zì zūn dà 语出《后汉书·马援传》："子阳井底蛙耳，而妄自尊大。"后用"妄自尊大"形容自以为了不起，狂妄自大▷我们对外合作要不卑不亢，既不妄自尊大，也不妄自菲薄。|清政府实行闭关锁国的政策，妄自尊大，自以为天下第一。≈夜郎自大|唯我独尊|自高自大◇妄自菲薄|自知之明。

忘恩负义 wàng ēn fù yì 恩：恩惠，恩德。负：违背，背弃。义：道义，信义。忘记恩德，背弃道义。语本《汉书·张敞传》："舜（絮舜）本臣敞素所厚吏，数蒙恩贷，以臣有章劾当免，受记考事，便归卧家，谓臣'五日京兆'，背恩忘义，伤化薄俗。"后用"忘恩负义"指忘掉别人对自己的恩德和好处，做出背信弃义的事▷你这个忘恩负义的东西，没有我哪里会有你的今天！|想不到他竟是这么一个忘恩负义的家伙。≈恩将仇报◇感恩戴德|饮水思源|感恩图报。

忘乎所以 wàng hū suǒ yǐ 所以：所应做的事，事情的由来。忘记了事情的由来或应尽的本分。形容因过度兴奋或骄傲自满而得意忘形▷他升任副总经理后，便有些忘乎所以起来。|稍有成绩，便得意洋洋、忘乎所以，这种人不会有大出息。≈得意忘形◇念念不忘。

忘年之交 wàng nián zhī jiāo 忘年：不拘年龄、辈分。交：交谊，交往。语出《梁书·张缵传》："子野性旷达，自云'年出三十，不复诣人'。初未与缵遇，便虚相推重，因为忘年之交。"后用"忘年之交"指不拘年龄、辈分的差别而结成的知心朋友▷我那时还不足三十岁，而杨先生已是两鬓微白了，所以也可算是忘年之交了。|王昌龄长岑参十六七岁，二人属忘年之交。

望尘莫及 wàng chén mò jí 及：赶上。远远望着前面人马扬起的尘土而追赶不上。语本《庄子·田子方》："夫子奔逸绝尘，而回瞠若乎后矣。"回：颜回，孔子的弟子。后用"望尘莫及"比喻远远地落在后面▷碧螺春的好处，苏州人比我懂得多，我只说它唯一为其他名茶所望尘莫及的，是它的娇嫩。|他那变色龙的本领，我是望尘莫及的，只有"赞叹"的份儿。≈瞠乎其后|不可企及◇后来居上。

望穿秋水 wàng chuān qiū shuǐ 秋水：喻指眼睛。语出元·王实甫《西厢记》第三本第二折："你若不去啊，望穿他盈盈秋水，蹙损他淡淡春山。"后用"望穿秋水”形容思念和盼望之情非常急切▷她望穿秋水，依然不见恋人归来。｜春节快到了，老人望穿秋水，盼望儿子返乡。≈望眼欲穿。

望而却步 wàng ér què bù 却步：向后退。看到了就向后退。形容见到危险或困难等，就往后退缩▷琳琅满目的精品屋和专卖店以其五光十色的魅力吸引着过往行人，也以其令人咋舌的价格令人望而却步。｜这悬崖如刀削一般，令许多攀岩者望而却步。◇勇往直前。

望而生畏 wàng ér shēng wèi 畏：害怕。语本《论语·尧曰》：“君子正其衣冠，尊其瞻视，俨然人望而畏之，斯不亦威而不猛乎？”后用“望而生畏”指看了使人感到害怕▷法官的眉宇之间，有一股令人望而生畏的正气。｜严老师平时不苟言笑，令学生望而生畏。

望风而逃 wàng fēng ér táo 风：风头，风声，借指声势、势头。远远望见对方的声势就吓得逃跑了。语本《资治通鉴·梁武帝天监四年》：“若克涪城，渊藻安肯城中坐而受困，必将望风而去。”后用“望风而逃”形容临阵怯敌，不战自溃▷八路军来到我县，守城的日伪军闻风丧胆，望风而逃。≈望风披靡｜一触即溃｜闻风丧胆◇一往无前｜勇往直前。

望风披靡 wàng fēng pī mǐ 披靡：草随风倒伏的样子。指草遇风就倒伏。语本汉·司马相如《上林赋》：“应风披靡，吐芳扬烈。”后用“望风披靡”比喻看到对方气势强盛就失去斗志，不战而溃▷我军挥戈东进，连战连捷，敌人望风披靡。｜我军所到之所，敌人望风披靡，不战自溃。≈一触即溃｜望风而逃◇所向披靡｜所向无敌。

望衡对宇 wàng héng duì yǔ 衡：通“横”，横木为门，此指门。宇：房屋。门庭相对，彼此可以望见。语出北魏·郦道元《水经注·沔水》：“沔水中有鱼梁洲，庞德公所居。士元居汉之阴……司马德操宅洲之阳，望衡对宇，欢情自接。”后用“望衡对宇”形容彼此的住处接近▷我还不知道，原来你们两家望衡对宇，朝夕相处，怪不得彼此的底细都很清楚。｜望衡对宇有什么不好？彼此好有个照应，方便极了，不像我到你家，路上就要花去半天的时间。

望梅止渴 wàng méi zhǐ kě 三国时，曹操的军队行军找不到水，士兵们口渴难忍。曹操说：“前面有梅树林，结了许多梅子，又甜又酸，可以止渴。”士兵们听了，嘴里生出口水，就不那么渴了。（见南朝宋·刘义庆《世说新语·假谲》）后用“望梅止渴”比喻以空想、空话来安慰人▷这种做法是望梅止渴，自欺欺人。｜你讲了这么多美好的空话，只是让我望梅止渴！≈画饼充饥◇名副其实。

望门投止 wàng mén tóu zhǐ 投止：投靠他人暂时栖身。看到有人家便去投宿。语出《后汉书·张俭传》：“俭得亡命，困迫遁走，望门投止，莫不重其名行，破家相容。”后用“望门投止”形容处境窘迫，暂求栖身▷他为官府通缉，亡命在外，望门投止。｜巨额债务简直把他逼到望门投止的地步。

望其项背 wàng qí xiàng bèi 项：后脖颈。只能看见前面人的后脖颈。表示赶得上或比得上▷他的英语说得纯正流利，别人不能望其项背。｜该市国民生产总值近十年来每年递增百分之十以上，其他地区不能望其项背。

W

[提示]多用于否定句式。

望文生义 wàng wén shēng yì 文：文字，指字面。义：意义。语本宋·朱熹《答吕子约·论语》："读书穷理，须认正意，切忌如此缘文生义，附会穿穴。"后用"望文生义"形容不了解文句、词语的确切含义，却牵强附会地按字面做出错误的解释▷我们在阅读中遇到历史典故、重要人物、特殊称谓等内容的时候，需要借助一定的参考资料来帮助理解，避免望文生义、断章取义。|有人提倡建立"责任学"，我仅仅望文生义，也觉得这建议很有必要。

望眼欲穿 wàng yǎn yù chuān 望眼：盼望的眼睛。欲：将要。穿：掉出眼眶。语本唐·白居易《江楼夜吟元九律诗》诗："白头吟处变，青眼望中穿。"后用"望眼欲穿"形容非常急切地盼望▷他们望眼欲穿、日思夜盼团聚重逢的那一天。|曾经每逢岁末，总能看见许多学生在校园信箱旁痴痴地站，望眼欲穿地等，等候远方一声轻轻的问候。≈望穿秋水|翘首企足。

望洋兴叹 wàng yáng xīng tàn 望洋：仰视的样子。兴：发出。仰望感叹。语本《庄子·秋水》："于是焉，河伯始旋其面目，望洋向若（海神名）而叹。"原指看到别人的伟大，才感到自己渺小。后用"望洋兴叹"形容因力量不足或条件缺乏而感到无可奈何▷眼看着良机白白错过，他只好望洋兴叹。|他不懂电脑，无法调看软盘中的重要资料，只好望洋兴叹。≈鞭长莫及|爱莫能助|一筹莫展◇长袖善舞。

望子成龙 wàng zǐ chéng lóng 望：盼望，期望。子：儿子。龙：传说中的神异动物，借指超凡的高贵的人。盼望自己的子女能在学业或事业上有所成就，成为出类拔萃的高贵杰出的人物▷家教热反映了家长望子成龙的心情。|现在的孩子，大多是独生子女，做父母的有望子成龙、望女成凤的心理，这无可非议。

危机四伏 wēi jī sì fú 危机：危险的祸根，潜伏的祸害。四：四处，到处。伏：潜伏，隐藏。危险的因素到处潜伏着。形容各个方面都存在着危险，而且随时都会爆发▷近年来，这个国家天灾人祸不断，内部矛盾重重，危机四伏，发生内战只是个时间问题。|表面上看，一家人还是客客气气地生活在一起，其实早已危机四伏，分家不可避免。≈危如累卵|危在旦夕|岌岌可危◇安如磐石|稳如泰山。

危急存亡 wēi jí cún wáng 语出三国蜀·诸葛亮《前出师表》："今天下三分，益州疲弊，此诚危急存亡之秋也。"后以"危急存亡"指情势危险急迫，关系到生存或灭亡▷1919年，中国青年在国家危急存亡时刻，挺身而出，高举反帝反封建的旗帜，和国内外敌人作坚决的斗争，这就是震惊中外、载入史册的"五四运动"。|国家已经到了危急存亡的时候，这些人竟无动于衷，仍然在高谈阔论，这种行径实在令人震怒。

危如累卵 wēi rú lěi luǎn 累：堆垒。卵：蛋。危险得如同堆垒起来的蛋随时会倒塌破碎一样。语本《战国策·秦策四》："魏危于累卵。"后用"危如累卵"比喻形势、局面非常险恶▷我军兵临城下，敌守军内无粮草弹药，外无援军，危如累卵。|这栋年久失修的房子危如累卵，不能再住人了。≈千钧一发|摇摇欲坠|危在旦夕|岌岌可危|如履薄冰◇安如磐

石｜稳如泰山｜高枕无忧。

［提示］累，不读“lèi”“léi”。

危言耸听 wēi yán sǒng tīng 危言：使人惊怕的话。耸听：使人听了惊怕。指故意说吓人的话，使人听了吃惊害怕▷这绝不是危言耸听，如果我们再不注意保护环境，人类将失去生存空间。｜有人危言耸听，造谣生事。≈耸人听闻｜夸大其辞◇语不惊人。

危在旦夕 wēi zài dàn xī 旦夕：早晨和晚上，指很短的时间。语出《三国志·吴书·太史慈传》：“今管亥暴乱，北海（孔融）被围，孤穷无援，危在旦夕。”后用“危在旦夕”形容危险就在眼前▷日寇侵华，中华民族危在旦夕，热血男儿奋起抵抗。｜张大伯这几天病势沉重，生命危在旦夕。≈危如朝露｜朝不保夕◇万事大吉。

威风凛凛 wēi fēng lǐn lǐn 凛凛，威严的样子。形容非常威武雄壮的样子▷那大汉一脸络腮胡子，相貌堂堂，威风凛凛。｜威风凛凛的仪仗队迈着正步走来。≈神气十足｜威武雄壮｜八面威风｜气宇轩昂｜英姿飒爽｜雄姿英发◇无精打采｜弱不禁风。

威风扫地 wēi fēng sǎo dì 形容声势气派完全丧失▷这支曾独步亚洲足坛的球队，如今已威风扫地。｜法庭上，威风扫地的原局长被判有期徒刑三年。◇威风八面｜威风凛凛。

威武不屈 wēi wǔ bù qū 威武：权势、武力等。屈：屈服。在权势或强暴力量的胁迫下不屈服。语本《孟子·滕文公下》：“富贵不能淫，贫贱不能移，威武不能屈。此之谓大丈夫。”后用“威武不屈”形容非常坚贞，很有骨气▷重伤被俘后，他威武不屈，从容赴难。｜他在戏中扮演一个面对敌人屠刀威武不屈的民族英雄。≈坚贞不屈｜宁死不屈｜不屈不挠◇卑躬屈膝｜奴颜婢膝｜摇尾乞怜。

威震天下 wēi zhèn tiān xià 语出汉·桓宽《盐铁论·非鞅》：“蒙恬却胡千里，非无功也，威震天下，非不强也。”后用“威震天下”指威名震惊天下▷岳家军威震天下，抗金节节胜利。｜平型关大捷威震天下，粉碎了日军不可战胜的神话。≈名满天下◇默默无闻。

微不足道 wēi bù zú dào 微：小。足：值得。道：说，谈。语本《穀梁传·隐公七年》：“其不言逆，何也？逆之道微，无足道焉尔。”后用“微不足道”指非常渺小，不值得谈起▷我提一点微不足道的见解，供大家参考。｜这件事在现在是小事一桩，微不足道，而在那个时代可不得了。≈微乎其微｜不足挂齿◇举足轻重。

微乎其微 wēi hū qí wēi 微：细小。乎：语助词。语本《尔雅·释训》：“式微式微者，微乎微者也。”后用“微乎其微”形容非常小或非常少▷个人的力量与集体的力量比起来，实在微乎其微。｜捐献200毫升血对人的健康的影响是微乎其微的。≈微不足道｜一星半点◇洋洋大观｜多如牛毛。

微言大义 wēi yán dà yì 微言：精微的言辞。大义：要旨，深刻的意义。语本汉·刘歆《移书让太常博士》：“及夫子殁而微言绝，七十子卒而大义乖。”原指儒家经典著作中的要义。后用“微言大义”指精微的语言中包含着深刻意义▷他的作品中的微言大义颇受学术界关注。≈言近旨远◇空洞无物。

巍然屹立 wēi rán yì lì 巍然：高大雄伟

的样子。屹立：高耸直立。形容像高山一样耸立着，不可摇动▷金茂大厦巍然屹立在黄浦江边。|广场右前方，巍然屹立着一座雄伟的雕像。≈耸入云霄。

韦编三绝 wéi biān sān jué 韦：熟牛皮。韦编：用熟牛皮绳把用于书写的竹简串起来。三：形容多。绝：断。语出《史记·孔子世家》："孔子晚而喜《易》……读《易》，韦编三绝。"指孔子晚年反复研读《周易》，由于翻的次数多了，以致串联竹简的牛皮绳断了多次。后用"韦编三绝"形容读书刻苦勤奋▷我们要发扬孔子"韦编三绝"的治学精神。|千百年来，孔子"韦编三绝"的故事教育了成千上万的读书人。≈勤学苦练◇一曝十寒。

为非作歹 wéi fēi zuò dǎi 为：做。非、歹：指坏事。指做各种坏事▷我们决不会轻易放过这个为非作歹的家伙。|有些人钱多了，还想弄更多的钱，便不择手段，无所不为，甚至为非作歹，贪赃枉法。≈为所欲为|胡作非为|无恶不作|无所不为|无法无天◇安分守己|循规蹈矩|奉公守法。

为期不远 wéi qī bù yuǎn 期：预定的日期。离预定的日期已不远了▷大桥已经合龙，通车已为期不远了。|孩子快大学毕业了，他们家经济上翻身的日子已为期不远了。≈指日可待◇遥遥无期。

为人师表 wéi rén shī biǎo 为：做，作为。人：人们，别人。师表：品德、学识上值得学习的榜样。语本《荀氏家传》："魏文帝在东宫，武帝谓曰：'荀公为人之师表，汝当尽礼敬之。'"后用"为人师表"指成为人们学习的榜样。今也特指老师▷凡事都有两重性。"为人师表"自然是好事情，但得真配"为人师表"才行，否则，误人子弟，是要挨骂的。|教师是人类灵魂的工程师，理当为人师表。

为所欲为 wéi suǒ yù wéi 为：做，干。欲为：想要做的。做自己想要做的事。语出《资治通鉴·周威烈王二十三年》："以子之才，臣事赵孟，必得近幸。子乃为所欲为，顾不易耶？"后用"为所欲为"指任意妄为、为非作歹▷他为所欲为，对同事根本没有放在眼里。|这种人一旦位高权重，就变得飞扬跋扈，为所欲为。≈随心所欲|无所不为|胡作非为|为非作歹◇安分守己|奉公守法|循规蹈矩|谨小慎微。

违法乱纪 wéi fǎ luàn jì 语本《礼记·礼运》："故天子适诸侯，必舍其祖庙，而不以礼籍入，是谓天子坏法乱纪。"后用"违法乱纪"指违反法律法规，破坏纪律▷对少数违法乱纪的干部必须绳之以法。|此人身为警察，却一贯违法乱纪，终于遭到法律的严惩。≈作奸犯科◇遵纪守法。

违心之论 wéi xīn zhī lùn 违背自己本意的话▷老朋友间应该有话直说，不必做违心之论。|他的这番违心之论，让人听了特别不舒服。◇肺腑之言。

围魏救赵 wéi wèi jiù zhào 《史记·孙子吴起列传》载：战国时，魏国围攻赵国的都城邯郸，赵国向齐国求救。齐将田忌、孙膑率兵救赵，趁魏国都城大梁兵力空虚，引兵直攻。魏军只得从赵国撤军，于中途遭到齐军伏击，大败。后用"围魏救赵"指进攻敌人后方，迫使敌人撤回兵力▷游击队用"围魏救赵"之法，粉碎了日寇对根据地的扫荡。

唯利是图 wéi lì shì tú 唯：只。是：指

示代词,复指"利"。图：贪图,图谋。语本《左传·成公十三年》："余虽与晋出入,余唯利是视。"后用"唯利是图"指只要是利就谋取,别的什么都不顾。形容人贪婪自私▷他曾经是一个唯利是图的商人,但在血的事实面前,有了人性的觉醒。|一些唯利是图、只顾赚钱的玩具制造商生产大量于儿童身心发展有害的玩具,大发不义之财。≈利欲熏心|见利忘义|利令智昏◇见义勇为。

唯命是从 wéi mìng shì cóng 唯：只。命：命令。是：指示代词,复指"命"。从：服从,听从。只要有命令就绝对服从。语本《左传·昭公十二年》："今周与四国服事君王,将唯命是从,岂其爱鼎?"后用"唯命是从"形容让做什么就做什么,绝对服从▷对这位素所尊敬的上司,我当然唯命是从。|有些领导就是喜欢下级对他唯命是从。≈百依百顺|唯唯诺诺|俯首帖耳|言听计从◇桀骜不驯。

唯唯诺诺 wéi wéi nuò nuò 唯唯：谦卑恭顺的应答声。诺诺：连声应答的声音。语本《韩非子·八奸》："优笑侏儒,左右近习,此人主未命而唯唯,未使而诺诺,先意承旨,观貌察色以先主心者也。"后用"唯唯诺诺"形容一味顺从的样子▷真正的人才大都有真知灼见,特立独行,不那么唯唯诺诺。≈唯命是听|百依百顺|俯首帖耳◇桀骜不驯。

唯我独尊 wéi wǒ dú zūn 唯：只,仅。尊：高贵。语本《敦煌变文集·太子成道变文》："天上天下,唯吾独尊。"原为佛教推崇释迦牟尼的话。后用"唯我独尊"形容极端狂妄,目空一切▷张太太在家里一向是唯我独尊,根本不把丈夫放在眼里。|搞唯我独尊的人最后必然成为孤家寡人。≈妄自尊大|自命不凡◇自惭形秽|妄自菲薄。

惟妙惟肖 wéi miào wéi xiào 惟：文言语助词。妙：美好。肖：像,相似。形容模仿或描写刻画得十分精妙逼真▷她演妙龄少女,惟妙惟肖。|只十一二分钟,两只依偎着站在石头上和一只昂首飞翔的麻雀,就惟妙惟肖地跃然纸上。

尾大不掉 wěi dà bù diào 掉：摆动。尾巴太大不容易摆动。语出《左传·昭公十一年》："末大必折,尾大不掉,君所知也。"后用"尾大不掉"比喻下属的势力过分强大,难以控制,指挥不动。也比喻机构庞大,指挥调度失灵▷昔日唯唯诺诺的下属现在羽翼丰满了,有点尾大不掉,不把他放在眼里了。|唐朝末年,由于强藩悍将拥兵割据,尾大不掉,逐渐形成了分裂战乱的局面。

委曲求全 wěi qū qiú quán 委曲：曲意迁就。全：保全,成全。指忍受委曲,勉强迁就,以求得保全。也指为顾全大局而暂时忍让▷父亲的内心十分倔强,只是一生坎坷使得他成了一个沉默寡言、委曲求全的人。|为了公司事业的发展,他可以委曲求全地去和平日厌恶的人打交道。≈逆来顺受|忍气吞声|忍辱负重|含垢忍辱◇宁死不屈|针锋相对。

娓娓动听 wěi wěi dòng tīng 娓娓：言谈不倦或说话动听的样子。形容说话生动而感人▷母亲娓娓动听地讲述着自己以往的有趣经历。|老师的故事讲得娓娓动听,同学们听得津津有味。≈能说会道◇不堪入耳。

萎靡不振 wěi mǐ bù zhèn 萎靡：消沉颓丧。语本宋·马永卿《元城语录》卷

上:“至嘉祐末年,天下之事,似乎舒缓,委靡不振。”后用“萎靡不振”形容意志消沉,精神不振▷连开了几天夜车,老王显得萎靡不振。|年轻人要朝气蓬勃,不应该萎靡不振。≈垂头丧气|无精打采◇朝气蓬勃|精神抖擞|意气风发。

为国捐躯 wèi guó juān qū 捐:献出。躯:身体,代指生命。为国家献出生命▷那些为国捐躯的民族英雄必将流芳百世。|在甲午海战中,北洋水师将领邓世昌为国捐躯,壮烈牺牲。≈以身殉国|成仁取义◇卖国求荣|贪生怕死。

为虎作伥 wèi hǔ zuò chāng《太平广记》卷四三〇引唐·裴铏《传奇·马拯》载:古时传说,凡是被老虎吃掉的人,死后变为“伥鬼”。伥鬼专门给老虎带路去吃人,然后自己可以逃脱。后用“为虎作伥”比喻给恶人做帮凶▷敌后武工队铲除了一批为虎作伥的汉奸。|这伙败类认贼作父、为虎作伥,欺压自己的同胞,必将受到应有的惩罚。≈助纣为虐。

为人说项 wèi rén shuō xiàng 为:替。说:介绍。项:指项斯,唐代的一位才子。语本唐·杨敬之《赠项斯》诗:“平生不解藏人善,到处逢人说项斯。”指到处向人介绍、推荐项斯的才能,使他的作品很快广泛流传开来。后用“为人说项”指替人说好话或为人说情▷我第一次做为人说项的事,真是难为情极了。|老作家被小李的作品所感动,主动承担为人说项的义务。

为人捉刀 wèi rén zhuō dāo 捉:拿,持。南朝宋·刘义庆《世说新语·容止》载:魏王曹操要接见匈奴使者,自以为容貌不够威武,就派崔季珪作替身代替他,而自己持刀立在旁边。会见完后,曹操派人去问匈奴使者:“魏王仪表怎样?”那使者说:“文雅得很,但旁边持刀的人才是英雄。”后用“为人捉刀”比喻代替别人写文章▷小陈写文章出手快,平时单位同事请他帮忙,他也乐意为人捉刀。|文章要靠自己写,你也不必为人捉刀。◇为人作嫁。

为人作嫁 wèi rén zuò jià 嫁:嫁衣。语本唐·秦韬玉《贫女》诗:“苦恨年年压金线,为他人作嫁衣裳。”原为感叹贫女只能给别人缝制嫁衣,而自己却无钱置办。后用“为人作嫁”比喻为他人忙碌,而自己却得不到好处▷作为一名资深编辑,他甘于做好为人作嫁的工作。|他感叹道:“这种为人作嫁的生活何时才能结束啊!”≈为人捉刀。

未卜先知 wèi bǔ xiān zhī 卜:占卜,古人以火灼龟甲来推测吉凶祸福。未经占卜,就能知道未来的吉凶。比喻有先见之明▷传说诸葛亮有未卜先知的本领。|那算命先生吹嘘自己能未卜先知,使不少人上了他的当。≈料事如神。

未风先雨 wèi fēng xiān yǔ 还没有刮风,已先下雨了。比喻事情还没有进行,就对其结果胡乱地猜测议论▷他自称“小诸葛”,什么事刚一发生就对结果乱侃一番,未风先雨,这也算是他的“爱好”。|任何事物发展都有其自身的规律,如果仅凭主观猜测,未风先雨,那是极不负责任的。

未竟之志 wèi jìng zhī zhì 竟:完毕。志:志向,志愿。没有完成的志向▷我们要沿着先烈的足迹继续向前走,努力完成他们的未竟之志,这样才能无愧于先烈,无愧于时代。|我们的前辈,为党为人民贡献了自己的一生,完成他们的未竟

之志是历史赋予我们的责任。

［提示］竟，不要写作“竞”。

未老先衰 wèi lǎo xiān shuāi 衰：衰老。语出唐·白居易《叹发落》诗：“多病多愁心自知，行年未老发先衰。”后用“未老先衰”指年岁不大就已衰老了▷长期不进行锻炼，就容易未老先衰。|乡下艰难生活的折磨，使哥哥未老先衰。≈老当益壮|返老还童。

未能免俗 wèi néng miǎn sú 俗：习俗。南朝宋·刘义庆《世说新语·任诞》载：西晋时七月七日有晒衣服的习俗。名士阮咸在竹竿上挂了一条布短裤晾在庭院中，别人觉得奇怪，他说：“未能免俗，聊复尔耳。”后用“未能免俗”指不能摆脱习俗的束缚▷明知送压岁钱是旧俗，但春节时小辈来拜年，还是每人一个红包，毕竟未能免俗啊！

未为不可 wèi wéi bù kě 不是不可以▷优胜劣汰是一条不可抗拒的法则，既然这个企业的产品没有市场竞争力，加之管理混乱，那么只要符合有关法律法规，破产兼并未为不可。|他们俩是自由恋爱，情投意合，又符合《婚姻法》，现在结合未为不可。

［提示］为，不读“wèi”。

未雨绸缪 wèi yǔ chóu móu 绸缪：用绳子缠缚，比喻修补。语本《诗经·豳风·鸱鸮》：“迨天之未阴雨，彻彼桑土，绸缪牖户。”原指在天下雨前就修补好门窗。后用“未雨绸缪”比喻事先做好预防、准备工作▷干什么都要未雨绸缪，不能仓促上阵。|丰收之年也要未雨绸缪，以防来年水旱灾害。≈曲突徙薪|有备无患◇临渴掘井|临阵磨枪|亡羊补牢。

位卑言高 wèi bēi yán gāo 卑：低下。言：议论，批评。高：高层的政事。语本《孟子·万章下》：“位卑而言高，罪也。”后用“位卑言高”指地位低下的人议论高层政事▷在封建时代，位卑言高是要被定罪的。|现代社会中，位卑言高是很正常的。

味同嚼蜡 wèi tóng jiáo là 味道就像嚼蜡一样。语本《楞严经》卷八：“我无欲心，应汝行事，于横陈时，味同嚼蜡。”后用“味同嚼蜡”形容毫无味道。多形容文章或说话枯燥无味▷这本散文集选收的作品，大多味同嚼蜡。|那样的舞会对舞迷来说简直味同嚼蜡。≈索然无味|淡而无味|平淡无味◇津津有味|回味无穷|妙趣横生|饶有风趣|妙语如珠。

畏敌如虎 wèi dí rú hǔ 畏：畏惧，害怕。害怕敌人如同害怕老虎一般▷如果一名军人畏敌如虎，那么他怎么能上战场参加对敌的战斗呢？

畏首畏尾 wèi shǒu wèi wěi 畏：害怕。语出《左传·文公十七年》：“古人有言曰：‘畏首畏尾，身其余几？’”后用“畏首畏尾”形容处事瞻前顾后、疑虑重重的样子▷老师要他参加校100米接力队，他畏首畏尾，不敢答应。|面对抢劫犯，在场群众齐心协力捉坏人，没有一个畏首畏尾的。≈裹足不前◇无所畏惧|一往无前。

畏缩不前 wèi suō bù qián 语出宋·魏泰《东轩笔录》卷七：“唐子方始弹张尧佐，与谏官皆上疏。及弹文公（文彦博），则吴奎畏缩不前。”后用“畏缩不前”指畏惧退缩，不敢前进▷足球是勇敢者的运动，遇见强队不能畏缩不前。|吴局长面对抢劫杀人的罪犯畏缩不前，因此被撤

销一切职务。≈畏首畏尾|裹足不前◇无所畏惧|勇往直前。

蔚然成风 wèi rán chéng fēng 蔚然：草木茂盛的样子，引申为盛行。一种事情逐渐发展、盛行，形成风气▷讲究文明礼貌在我们学校已蔚然成风。|自有关保护老年人权益的法律法规颁行以来，敬老爱老已蔚然成风。

蔚为大观 wèi wéi dà guān 蔚：聚集。大观：盛大的景象。事物丰富多彩，形成盛大而壮观的景象▷小城的基本建设已蔚为大观，彻底改变了原先的破败面貌。|美术馆中收藏的中外名画已蔚为大观。≈粗具规模。

温故知新 wēn gù zhī xīn 温：温习，复习。故：旧的。语出《论语·为政》："温故而知新，可以为师矣。"后用"温故知新"指复习已学过的知识，从而可以获得新的体会或有新的发现。现也指回顾历史和往事，能够更好地认识现在▷温故知新，其实复习的过程就是一个重新学习的过程。|文化建设，需要温故知新，推陈出新。

温情脉脉 wēn qíng mò mò 脉脉：温情凝视的样子。语出宋·辛弃疾《摸鱼儿》词："千金纵买相如赋，脉脉此情谁诉？"后用"温情脉脉"形容对人或事物怀有感情，很想表露的样子▷大娘温情脉脉地注视着儿子，似有说不尽的话儿。|一向温情脉脉的丈夫此时竟暴跳如雷。≈柔情蜜意◇恨之入骨|切齿痛恨。

［提示］脉，不读"mài"。

温柔敦厚 wēn róu dūn hòu 温柔：温和柔顺。敦厚：诚恳厚道。语出《礼记·经解》："其为人也，温柔敦厚，《诗》教也。"后用"温柔敦厚"形容人温和宽厚▷方老师对学生温柔敦厚，学生们都很喜欢他。|我哥哥是个温柔敦厚的人，平时总乐于帮助人。≈温文尔雅◇刻薄寡恩。

温文尔雅 wēn wén ěr yǎ 温文：温和而有礼貌。尔雅：雅正，文雅。语本《礼记·文王世子》："礼乐交错于中，发形于外，是故其成也怿，恭敬而温文。"又，《史记·儒林列传》："文章尔雅，训辞深厚。"后用"温文尔雅"形容人态度温和，举止文雅▷良好的医术和温文尔雅的风度，使他赢得了乡民的敬重和爱戴。≈文质彬彬|彬彬有礼|温柔敦厚◇凶神恶煞|凶相毕露|咄咄逼人|俗不可耐。

文不对题 wén bù duì tí 文章的内容与题目不符合，对不上号。也指说话脱离话题或答非所问▷有的同学写作前不审题，结果常常是文不对题，不知所云。|我觉得他的发言有点文不对题。≈答非所问|言不及义◇一语中的。

文不加点 wén bù jiā diǎn 点：涂改，修改。写文章一气呵成，不加一点修改。语出《初学记》卷十七引汉·张衡《文士传》："纯（张纯）应声便成，文不加点。"后用"文不加点"形容文思敏捷▷郑老拿起笔伏案疾书，文不加点，一篇千字文一挥而就。|他写文章向来是文不加点、倚马可待的。≈一挥而就|一气呵成|倚马可待|出口成章◇苦思冥想|绞尽脑汁|搜肠刮肚|搜索枯肠|殚精竭虑|精雕细刻。

文从字顺 wén cóng zì shùn 从、顺：文字通顺。语出唐·韩愈《南阳樊绍述墓志铭》："文从字顺各识职，有欲求之此其躅。"后用"文从字顺"形容文章写得

通顺自然▷他虽然只是个五年级的小学生，但作文写得文从字顺，常受语文老师表扬。|写信都做不到文从字顺，还想写长篇小说？岂非天方夜谭。

文过饰非 wén guò shì fēi 文、饰：修饰；掩饰。过、非：过失、错误。语本《论语·子张》："小人之过也必文。"又，《庄子·盗跖》："强足以距敌，辩足以饰非。"后用"文过饰非"指用各种理由或借口来掩饰自己的过错▷他这个人啊，汇报工作时，讲成绩，头头是道，功劳都是自己的；讲问题，文过饰非，错误都是别人的。|这种忠于历史，如实书写历史人物，决不文过饰非的记录，在这套丛书的各卷里处处可见。≈涂脂抹粉|讳疾忌医◇欲盖弥彰|闻过则喜。

文人相轻 wén rén xiāng qīng 轻：轻视。语出三国魏·曹丕《典论·论文》："文人相轻，自古而然。"后用"文人相轻"指文人之间互相轻视，彼此不服气▷作家圈中文人相轻的恶习难去，真令人讨厌。|新一代学者不应沾染文人相轻的习气。≈妄自尊大◇甘拜下风。

文如其人 wén rú qí rén 其人：那个人，指作者。语本宋·苏轼《答张文潜书》："其为人深不愿人知之，其文如其为人，故汪洋淡泊，有一唱三叹之声。"后用"文如其人"指文章的风格就像作者为人▷文如其人，从文章中可以看出他是个个性开朗、坦诚直率的人。|他的小说有独特的风格，这正可谓文如其人。

文山会海 wén shān huì hǎi 文：文件。会：会议。文件堆成山，会议多如海。形容文件、会议多得泛滥成灾▷机关干部摆脱了文山会海以后，腾出更多的时间和精力干实事，这是一件幸事。|自到局机关上班后，他深陷于文山会海之中，苦不堪言。

文韬武略 wén tāo wǔ lüè 韬、略：指《六韬》《三略》，都是古代兵书。指文武两方面的用兵打仗的谋略▷他是一位著名的军事家，文韬武略在当时首屈一指的。|他自幼熟读兵书，文韬武略，样样皆精。≈智勇双全|文武双全|能文能武|雄才大略。

文恬武嬉 wén tián wǔ xī 恬：安逸舒适。嬉：游戏玩乐。语出唐·韩愈《平淮西碑》："相臣将臣，文恬武嬉。习熟见闻，以为当然。"后用"文恬武嬉"指文官武将都沉湎于安逸嬉乐，而不把国家大事放在心上▷南宋小朝廷文恬武嬉，亡国是必然的下场了。◇宵旰图治。

文武双全 wén wǔ shuāng quán 文：文才。武：武功。文才、武功样样具备。形容才能全面▷他文武双全，智勇兼备，是一位难得的将才。|这些文武双全的战士转业后，很受地方欢迎。≈允文允武。

文以载道 wén yǐ zài dào 载：记载，记录。道：道理。语出宋·周敦颐《通书·文辞》"文，所以载道也"题注："此言文以载道，人乃有文而不以道，是犹虚车而不济于用者。"后用"文以载道"指文章是用以表达思想、说明道理的▷文章是用来表达思想的，古人说的"文以载道"就是这个意思。

文章憎命 wén zhāng zēng mìng 憎：恨，憎恶。好文章憎恶好的命运。语本唐·杜甫《天末怀李白》诗："文章憎命达，魑魅喜人过。"后用"文章憎命"形容文章写得好的文人往往命运不佳，多灾多难▷中国封建社会长达二千多年，几乎每个朝代都出现过"文字狱"，害得那

些文人重则上断头台，轻则发配充军，真可谓是文章憎命。|过去那些文人叹自己文章憎命，说穿了就是文章表达中没有做到“唯上”，缺了点献媚、随波逐流的东西。

文质彬彬 wén zhì bīn bīn 文：文采。质：本质。彬彬：文质兼备、配合协调的样子。语出《论语·雍也》：“质胜文则野，文胜质则史，文质彬彬，然后君子。”原指文采（形式）和实质（内容）配合得适当。后用“文质彬彬”形容人举止文雅而有礼貌▷李教授文质彬彬，一副学者模样。≈温文尔雅|温柔敦厚|彬彬有礼◇凶神恶煞|凶相毕露|出言不逊|俗不可耐。

文治武功 wén zhì wǔ gōng 文治：治理国家。武功：对外用兵。语本《礼记·祭法》：“文王以文治，武王以武功，去民之灾，此皆有功烈于民者也。”后用“文治武功”泛指帝王在治理国家和对外用兵方面的成就▷唐太宗的文治武功历来为人称道。|历史毕竟是人民创造的，不应把帝王的文治武功夸大到不适当的地位。

闻风而动 wén fēng ér dòng 闻：听见。风：风声，消息。动：行动。听到风声（消息）就立即行动。形容行动迅速▷一有火情，方圆三乡五里的人们便闻风而动，奔赴出事地点。|经商风初临社会之日，被死板的计划经济捆得近乎麻木的人们闻风而动，对此倾注了极大关注。

闻风丧胆 wén fēng sàng dǎn 闻：听到。风：风声，消息。听到一点风声就吓破了胆。形容十分恐惧▷地雷战、地道战充分体现了人民战争的威力，让日本鬼子闻风丧胆。|公安部门对犯罪活动加大打击力度，躲在阴暗角落里的社会渣滓莫不闻风丧胆。≈谈虎色变|望风而逃|草木皆兵|杯弓蛇影◇临危不惧|挺身而出|面不改色|从容自若|谈笑自若。

闻过则喜 wén guò zé xǐ 闻：听到。过：过失，过错。则：就。听到别人指出自己的过错就高兴。语本《孟子·公孙丑上》：“子路，人告之以有过则喜。”后用“闻过则喜”指虚心接受别人的批评▷一个不断进取的人应有闻过则喜的气度。|有人向班长提意见，班长闻过则喜，当即表示虚心接受。≈纳谏如流◇好为人师。

闻鸡起舞 wén jī qǐ wǔ 闻：听到。舞：舞剑。听到鸡鸣就起床舞剑练武。语本《晋书·祖逖传》：“［祖逖］中夜闻荒鸡鸣，蹴琨（刘琨）觉曰：‘此非恶声也。’因起舞。”后用“闻鸡起舞”形容有志报国之士及时奋发努力。也指有志者奋起的行动▷他自幼便闻鸡起舞，磨砺自己的意志。≈发奋图强|自强不息。

闻所未闻 wén suǒ wèi wén 闻：听，听到。听到了从来没有听过的。语本《史记·郦生陆贾列传》：“越中无足语，至生来，令我日闻所未闻。”后用“闻所未闻”形容事物非常新奇、稀罕▷“麻将”而有“博士”已是闻所未闻，这位“麻将博士”还是“国际”的，那就更加稀奇了。|他给我讲了许多闻所未闻的文坛轶事。≈见所未见◇屡见不鲜|司空见惯|习以为常|不足为奇。

闻一知十 wén yī zhī shí 听到一点就能懂得，并能联想到很多。语本《论语·公冶长》：“回也闻一以知十，赐也闻一以知二。”后用“闻一知十”形容人聪明而善于类推▷她博闻强志，闻一知十，大家都很钦佩。|一个人闻一知十的

能力不是天生的，是靠平时的学习和积累，靠善于思考养成的。≈举一反三◇就事论事。

刎颈之交 wěn jǐng zhī jiāo 刎颈：用刀割脖子。交：交谊，交情。语出《史记·廉颇蔺相如列传》："卒相与欢，为刎颈之交。"后用"刎颈之交"指同生死、共患难的交情或朋友▷后来，他们两人尽释前嫌，成了刎颈之交。|没想到像他们那种刎颈之交，后来竟然也闹翻了。

稳操胜算 wěn cāo shèng suàn 稳：稳当，可靠。操：拿，掌握。算：筹码。胜算：胜利的筹码，指取胜的谋略。稳稳地拿着取得成功的筹码。比喻有取得胜利和成功的十分把握▷我们球队实力雄厚，下周日和乙级队的比赛，稳操胜算。

稳操左券 wěn cāo zuǒ quàn 稳：稳当，牢靠。操：拿，掌握。左券：古时契约分为左右两片，左片叫左券，由债权人收执，是向债务人索偿的凭证，因以比喻充分的把握。牢牢地掌握着左券。语本《史记·田敬仲完世家》："公常执左券以责(债)于秦韩。"后用"稳操左券"比喻对事情的成功或胜利有充分的把握▷到目前为止，原告方面胜诉已经稳操左券了。|他看到了稳操左券的前景，心里很得意。≈稳操胜算|十拿九稳|万无一失◇难以逆料。

[提示]券，不读"juàn"，不要写作"卷"。

稳如泰山 wěn rú tài shān 稳固得像泰山一样。语本汉·枚乘《上书谏吴王》："变所欲为，易于反掌，安于泰山。"后用"稳如泰山"形容极其稳固▷洪峰过后，大坝仍稳如泰山地屹立着。|他在中国近代史上的崇高地位稳如泰山，不可动摇。

稳扎稳打 wěn zhā wěn dǎ 稳：稳妥，稳当。扎：安营，扎营。打：打仗。稳稳当当地安营扎寨，稳稳当当地对阵作战。原指军队采用最稳妥的战术打击敌人。现常比喻稳妥而有把握地按步骤开展工作▷他命令各路人马稳扎稳打，逐步完成对敌军的包围。|他这种埋头苦干、稳扎稳打的工作作风值得我们学习。≈步步为营|脚踏实地◇轻举妄动|速战速决。

问长问短 wèn cháng wèn duǎn 询问这，询问那。形容关心得十分细致▷师傅待我可好了，每次见到我总是问长问短，我心里感到热乎乎的。|他不愧为"人民的好公仆"，一有空闲就跑东家走西家，问长问短，居民没有一个不称赞他的。

问道于盲 wèn dào yú máng 盲：盲人。向盲人问路。语本唐·韩愈《答陈生书》："足下求速化之术，不于其人，乃以访愈，是所谓借听于聋，求道于盲。"后用"问道于盲"比喻向一无所知的人请教，毫无效果▷你向我这个"舞盲"学习跳舞，那真是问道于盲。|向人求教要选准对象，不能干问道于盲的傻事。≈缘木求鱼。

问寒问暖 wèn hán wèn nuǎn 询问、关心他人生活中平常小事的安排情况。形容关怀体贴备至▷街道党工委书记经常走访生活困难的家庭，对居民问寒问暖，解决他们的实际问题。|厂长可关心职工生活了，双休日他总是访问职工，问寒问暖，把组织的温暖送到职工的心坎上。≈问长问短◇不闻不问。

问心无愧 wèn xīn wú kuì 问心：自问，问自己。扪心自问，没有什么可以惭愧的事▷随你们怎么说吧，反正在这件事上，我是问心无愧的。≈心安理得｜无愧于心◇心中有鬼｜无地自容。

瓮中捉鳖 wèng zhōng zhuō biē 瓮：大坛子。鳖：甲鱼。在坛子里捉甲鱼。比喻捕捉对象已在掌握之中，手到擒来，很有把握。也比喻能轻而易举地做好某件事▷敌人已在我军严密包围之中，要消灭它们，真是瓮中捉鳖，易如反掌。｜考大学，在他看来是瓮中捉鳖，十拿九稳的事。≈探囊取物｜稳操胜券｜十拿九稳｜易如反掌｜轻而易举◇竹篮打水｜海底捞针。

蜗行牛步 wō xíng niú bù 蜗：蜗牛。步：行走。像蜗牛爬行，老牛慢走。形容行动迟缓或进展极慢▷搞建设要稳扎稳打，但也不能蜗行牛步。｜像你这样蜗行牛步，什么时候能爬到山顶？≈老牛破车◇快马加鞭｜突飞猛进。

我行我素 wǒ xíng wǒ sù 行：做。素：平素，向来。按照自己平时的做法去做。语本《礼记·中庸》："君子素其位而行，不愿乎其外。"后用"我行我素"指不管旁人怎么说，也不管情况怎么样，仍然按照自己的意志行事▷他们对上级的指示置若罔闻，仍然我行我素。｜不管人们怎么看，他还是采取了独往独来、我行我素的态度。≈刚愎自用｜依然故我。

沃野千里 wò yě qiān lǐ 沃野：肥沃的土地。语出《战国策·秦策一》："沃野千里，蓄积饶多。"后用"沃野千里"形容肥沃的田地十分辽阔▷我国新疆地区沃野千里，地广人稀。｜沃野千里的西北地区十分需要有志青年前去开发。

卧不安席 wò bù ān xí 卧：睡觉。睡觉时不能安稳地睡在床铺上。语出《战国策·楚策一》："寡人卧不安席，食不甘味，心摇摇如悬旌，而无所终薄。"后用"卧不安席"形容心绪不宁，满怀忧虑▷小陈高考落榜后，卧不安席，十分苦闷。｜他之所以卧不安席，食不甘味，是因为失恋了。≈食不甘味｜坐卧不安◇心宽体胖。

卧薪尝胆 wò xīn cháng dǎn 《史记·越王勾践世家》载：春秋时代，越国被吴国打败，越王勾践立志报仇。为了激励斗志，他睡在柴草上，还在旁边悬挂苦胆，不时尝苦味。经过长期的准备、磨炼，终于打败吴国。后用"卧薪尝胆"比喻刻苦自励▷中国足球要想走向世界，务必卧薪尝胆，刻苦训练。

握手言欢 wò shǒu yán huān 互相握着手谈笑。语本《后汉书·李通传》："及相见，共语移日，握手极欢。"原形容见面后双方非常亲热友好。后用"握手言欢"指彼此重新和好▷在村长的调解下，积怨颇深的张、洪两家终于握手言欢了。｜听到这对原有些误会的老朋友已握手言欢的消息，我真为他们感到高兴。≈言归于好｜和好如初｜破镜重圆｜冰释前嫌◇一刀两断｜覆水难收。

乌合之众 wū hé zhī zhòng 乌合：像乌鸦那样聚合。众：很多人，一群人。像乌鸦似的暂时聚集在一起的人。语出《东观汉记·公孙述传》："今东帝无尺土之柄，驱乌合之众，跨马陷敌，所向辄平。"后用"乌合之众"形容临时凑集的无组织无纪律的一群人▷那帮匪徒，貌似虎狼，实是乌合之众。｜这群乌合之众一看势头不对，就一哄而散了。≈一盘散沙。

乌鸟私情 wū niǎo sī qíng 旧时传说，小

乌鸦翅膀长成，就能衔食以尽反哺之情。语出晋·李密《陈情表》："臣今年四十有四，祖母刘今年九十有六，是臣尽节于陛下之日长，报养刘之日短也。乌鸟私情，愿乞终养。"后用"乌鸟私情"比喻侍养尊亲的孝心▷为了革命工作，父亲病故了，他都未能回家奔丧；现在略闲了一些，他要回家乡侍养年迈的老母亲，乌鸟私情，也是人性之常啊。

乌七八糟 wū qī bā zāo 形容十分杂乱肮脏。也形容人或事不清白、不正经▷这些乌七八糟的废物，给我通通丢到垃圾箱里去。|这些人你怎么认识的？乌七八糟的。

乌头马角 wū tóu mǎ jiǎo 乌鸦头变白，马头上长角。比喻不可能实现的事情▷做任何事情都要遵守客观规律，不这样的话等于是乌头马角，不会成功。

乌烟瘴气 wū yān zhàng qì 乌烟：黑烟。瘴气：热带或亚热带山林中的温热空气，古人以为是瘴疠的病源。黑烟和瘴疠之气。比喻环境嘈杂，秩序混乱，风气不正或社会黑暗▷他们走进一家小饭馆，只见里面三教九流者甚众，乌烟瘴气。|这本是一件好事，却被这批人搞得乌烟瘴气，人心惶惶。

污泥浊水 wū ní zhuó shuǐ 污秽的泥，浑浊的水。语本三国魏·曹植《七哀》："君若清路尘，妾若浊水泥。"原比喻地位卑微低下。后用"污泥浊水"比喻没落、腐朽的事物▷"扫黄"行动有力地清除了社会上的污泥浊水。|她如一朵冰清玉洁的莲花，未受污泥浊水的影响。≈乌烟瘴气◇世外桃源。

呜呼哀哉 wū hū āi zāi 呜呼：文言叹词。哀：悲哀，悲痛。哉：文言语气词。语出《左传·哀公十六年》："孔丘卒，公诔之曰：'……呜呼哀哉！尼父，无自律。'"原为悲叹之词，多表示对死者的哀悼，常用于祭文。后用"呜呼哀哉"借指人死了或事情完结了（含有诙谐或讽刺的意味）▷等他们开会商议后，再把奄奄一息的老人送到医院时，老人已呜呼哀哉了！

无边无际 wú biān wú jì 际：边缘。没有边际。形容范围极其广大辽阔▷万顷良田向前伸展着，无边无际。|只见无边无际的旷野上，远山若隐若现，极富诗意。≈漫无边际|一望无际|无穷无尽。

无病呻吟 wú bìng shēn yín 呻吟：因病痛而发出的哼哼声。没有病而故意发出痛苦的声音。语本宋·辛弃疾《临江仙》词："百年光景百年心，更欢须叹息，无病也呻吟。"后用"无病呻吟"比喻文艺作品没有真情实感而故意矫揉造作。也比喻没有值得忧虑之情却长吁短叹▷他向来惧怕无病呻吟的人。

无补于事 wú bǔ yú shì 补：裨益，好处。于：对。语出《宋史·宗室传序》："宋承唐制，宗王襁褓即裂土而爵之。然名存实亡，无补于事。"后用"无补于事"指对事没有帮助或好处▷他这样做，不仅无补于事，而且只会使情况复杂化。|我不赞同这种无补于事、吃力不讨好的做法。≈无济于事|劳而无功|徒劳无益|杯水车薪◇行之有效|立竿见影|卓有成效。

无耻之尤 wú chǐ zhī yóu 尤：特别，突出的。指无耻到了极点▷这女人扒窃人家钱包，还反诬别人侮辱她，真是无耻之尤。|日本军国主义者侵占了别国的领土，却说是为了保护别国的人民，真是无耻之尤。≈寡廉鲜耻。

无出其右 wú chū qí yòu 出：超出。右：

上古以右为尊，以右为上。语本《史记·田叔列传》：“上尽召见，与语，汉廷臣毋能出其右者。”后用“无出其右”指没有人能超过他▷他的乒乓球打得好极了，全校同学无出其右者。|苏东坡诗、书、画三绝，同时代人无出其右。≈首屈一指|举世无双◇相形见绌|相形失色。

无从置喙 wú cóng zhì huì 置喙：插嘴。没有话可说，没有可插嘴的▷今天的发言可热闹了，大家你一句我一句地没个停，她想说两句竟无从置喙。|他虽然早已做好了发言准备，可就是无从置喙，真是急死人。

无地自容 wú dì zì róng 容：藏身。语本《三国志·魏书·管宁传》：“夙宵战怖，无地自厝。”厝：安置。后用“无地自容”指没有地方可以容身。形容惭愧惶恐到极点或处境极其窘迫▷受到校长的当场批评，她羞得无地自容。|一次考试考砸了，也没有必要感到无地自容。≈自惭形秽◇问心无愧。

无的放矢 wú dì fàng shǐ 的：靶心，目标。矢：箭。没有目标，胡乱地射箭。语本《周书·苏绰传》：“君行不能自修，而欲百姓修行者，是犹无的而责射中也。”后用“无的放矢”比喻说话、做事没有目的，不看对象▷他这样说，绝不会是无的放矢的。|这种无的放矢的胡乱批评是有害的，必须坚决反对。

[提示]的，不读“dé”。

无冬历夏 wú dōng lì xià 指一年到头▷这条途经六省市的引水渠，无冬历夏，为这座特大城市供水。|李大爷夫妇一辈子就生活在这山沟沟里，年复一年、无冬历夏地辛勤劳动。

无动于衷 wú dòng yú zhōng 衷：内心。内心毫无触动或感动▷这么多人关心你、劝导你，你总不会无动于衷吧？|面对病人的痛苦，医生怎能无动于衷呢？≈麻木不仁◇刻骨铭心。

无独有偶 wú dú yǒu ǒu 独：独个，单个。偶：一双，一对。不只有单个，还有相配成双的▷真是无独有偶，我也有一本1936年版《辞海》。|我的夫人也是个舞迷，跟你的太太一样，可谓无独有偶。◇绝无仅有|独一无二。

无恶不作 wú è bù zuò 没有什么坏事不干的。形容干尽了坏事▷日寇侵略中国时，烧杀淫掠，无恶不作。|这个无恶不作的衣冠禽兽，终于受到了应有的惩罚。≈作恶多端|胡作非为|为所欲为|为非作歹◇乐善好施|助人为乐。

无法无天 wú fǎ wú tiān 法：法纪，国法。天：天理，伦理。不遵守法纪和伦理。多指毫无顾忌地做坏事▷那些无法无天的歹徒都受到了严厉的打击。有时也指不受管束▷这孩子真是无法无天，整天在外惹是生非。≈胡作非为|为非作歹|肆无忌惮◇安分守己|循规蹈矩。

无根无蒂 wú gēn wú dì 蒂：花或瓜果与枝茎相连的部分。下不连根，上不连蒂。语出《汉书·叙传上》：“徒乐枕经籍书，纡体衡门，上无所蒂，下无所根。”后用“无根无蒂”比喻无所依凭或没有本源▷这种无根无蒂的事你别相信，更别乱传。|一种新的艺术样式，不可能是无根无蒂、突然产生的。◇根深叶茂。

无功受禄 wú gōng shòu lù 禄：旧时官员的薪俸。语本《诗经·魏风·伐檀》小序：“伐檀，刺贪也。在位贪鄙，无功而受禄，君子不得进仕尔。”后用“无功受禄”指没有功劳而获得俸禄（常作自

谦之语）。也指工作无成效而享受报酬或待遇▷你这次搬家我没出什么力，怎么能无功受禄，喝你的乔迁喜酒呢？|这次技改成功，我没出什么力，不应该无功受禄，参与奖金分配。≈不劳而获◇劳苦功高。

无关宏旨 wú guān hóng zhǐ 宏：大。旨：宗旨，目的。形容对主要的宗旨、内容没有关碍▷文章虽然删去了最后一段，但无关宏旨。|这几条意见，无关宏旨，仅供参考，也可以不采纳。≈无足轻重◇举足轻重。

无关紧要 wú guān jǐn yào 关系不大，不重要▷我这次和他主要是谈项目合作的事情，其他倒是无关紧要的。|我劝你把无关紧要的事情放一放，把这件重要的事先做起来。≈无关大局|无关大体|无关宏旨|无足轻重◇至关重要|举足轻重。

无关痛痒 wú guān tòng yǎng 痛痒：比喻与切身利益相关的事。无关紧要或与切身利益没有关系▷快下班了，那些无关痛痒的事就不必讨论了。|对企业的兴衰，我们不应采取无关痛痒的态度。≈不足挂齿|无关宏旨◇举足轻重。

无稽之谈 wú jī zhī tán 稽：查考。语本《尚书·大禹谟》："无稽之言勿听。"后用"无稽之谈"形容没有根据的话▷那些装神弄鬼的无稽之谈，偏偏有人深信不疑。|事实已经证明，意念取物只不过是无稽之谈。

无计可施 wú jì kě shī 计：计策，办法。施：施展。没有计策可以施展出来。语本唐·薛用弱《集异记·刑曹进》："其镞坚然不可摇动，曹进痛楚，计无所施。"后用"无计可施"指想不出什么办法，拿不出应付的对策▷大家你看我，我看你，都觉得无计可施。≈黔驴技穷|一筹莫展|束手无策|走投无路◇应付裕如|得心应手。

无济于事 wú jì yú shì 济：补益，帮助。于：对。对事情没有什么帮助。指解决不了任何问题▷我想尽了一切办法，还是无济于事。≈徒劳无功|于事无补◇行之有效|立竿见影|卓有成效。

无家可归 wú jiā kě guī 归：回。语出唐·陆贽《平朱泚后车驾还京大赦制》："如无家可归者，量给田宅，使得存济。"后用"无家可归"指失去家庭，无处投奔▷侵略军大肆烧杀，使许多市民无家可归。|当地政府又出巨资安置无家可归者，使他们安居乐业。≈流离失所◇安居乐业。

无价之宝 wú jià zhī bǎo 价：价格。无法估量价格的宝贝。比喻极其珍贵或稀有的东西▷这幅画是明代著名画家唐寅的真迹，可谓无价之宝。|生命原是无价之宝，但在挑动战争的野心家看来，生命并不值钱。≈价值连城◇一文不值|粪土不如。

无坚不摧 wú jiān bù cuī 坚：坚固的事物。摧：摧毁。语本三国魏·曹操《表称乐进于禁张辽》："每临战攻，常为率督，奋强突固，无坚不陷。"后用"无坚不摧"指没有什么坚固的东西不能摧毁。形容力量非常强大▷建设一支无坚不摧的国防军是十分必要的。|对社会的责任感和无坚不摧的毅力是一个人最宝贵的财富。≈战无不胜|攻无不克◇不堪一击。

无精打采 wú jīng dǎ cǎi 精：精神。打：打消。采：神采，兴致。没有精神和兴致。形容精神不振作，提不起劲头▷他整夜打游戏，难怪白天上课时显得无精

W

打采的。|你怎么老是无精打采的，是不舒服还是有心事？≈有气无力|萎靡不振|垂头丧气◇神采奕奕|朝气蓬勃。

无拘无束 wú jū wú shù 拘：限制。束：约束。没有限制，没有约束。语本宋·朱敦儒《西江月》词："自歌自舞自开怀，且喜无拘无碍。"后用"无拘无束"形容自由自在，不受任何限制▷他们都是年轻人，开诚相见，无拘无束，有什么说什么。|期终考试结束了，他感到轻松自如，无拘无束，有一种彻底被解放了的感觉。≈自由自在◇束手束脚|规行矩步|循规蹈矩。

无可非议 wú kě fēi yì 无可：不能，没有可以。非议：指责，批评。没有什么可以批评指责的。指事情完全正确或做法恰当而且只能如此▷在当时的情况下，他这样做无可非议，是符合组织原则的。|这本来是无可非议的事，但有的人却总看不顺眼。≈无可厚非|不容置疑◇一无是处|大错特错|大谬不然|荒谬绝伦|百无一是。

无可厚非 wú kě hòu fēi 厚：过分。非：非议，批评。没有什么可以过分批评、指责的▷独身是一个人自己的选择，对社会无害，无可厚非。|去不去参观展览会本无可厚非，你没必要横加批评。◇大错特错|大谬不然。

无可救药 wú kě jiù yào 无可：不可。药：治疗。语本《诗经·大雅·板》："多将熇熇，不可救药。"后用"无可救药"形容病重得无法医治▷你的病虽重，但并非无可救药，你一定要有信心。也比喻事态严重，无可挽回▷他一错再错，但仍然执迷不悟，实在是无可救药了。≈药到病除。

无可名状 wú kě míng zhuàng 名：说出。状：状态。指没有办法可以形容▷听了他的这番话，我的心里有一种无可名状的震动，这是我过去从未感觉到的。|她心里的那份苦涩是无可名状的，以致到现在都难以自拔。

无可奈何 wú kě nài hé 无可：不能，无法。奈何：怎么办。不能怎么样。语出《战国策·燕策三》："太子闻之，驰往，伏尸大哭，极哀。既已，无可奈何，乃遂收盛樊於期之首，函封之。"后用"无可奈何"指没有办法，无法可想▷事情到了这个地步，我也无可奈何了。|她终于无可奈何地坐下来，显得沮丧而失望。≈迫不得已|百般无奈。

无孔不入 wú kǒng bù rù 孔：小洞。没有一点儿孔隙不钻进去。比喻善于钻营，不放过任何一个机会▷此国的各大商社目前已在西方工业发达国家建立了广泛而又严密的经济谍报网，可谓无孔不入。

无理取闹 wú lǐ qǔ nào 语本唐·韩愈《答柳柳州食虾蟆》诗："鸣声相呼和，无理只取闹。"本指青蛙没来由地喧闹。后用"无理取闹"指人毫无道理地吵闹▷他提出的意见十分中肯，却被领导视作无理取闹。|这孩子竟向他爸爸要二百元钱去打游戏机，真是无理取闹。≈惹是生非◇据理力争。

无米之炊 wú mǐ zhī chuī 炊：做饭。没有米而做饭。比喻缺少基本的条件，事情就无法办成▷要人没人，要钱没钱，等于让我做无米之炊，我无法把公司开办起来。|没有原料而开办加工厂，岂不是做无米之炊？

无名小卒 wú míng xiǎo zú 卒：士兵。

W

不出名的小兵。比喻没有名望、不值得重视的人▷今天的无名小卒,明天可能就是名作家、名演员。|不合理的体制得到改革后,一大批无名小卒脱颖而出。≈无名之辈◇大名鼎鼎。

无名英雄 wú míng yīng xióng 姓名不为人所知的英雄人物▷为了民族的解放,成千上万的无名英雄献出了宝贵的生命。|来宾们向无名英雄墓敬献了花圈。

无能为力 wú néng wéi lì 没有能力,帮不上忙▷病人的癌症已到晚期,连主治大夫也感到无能为力。|你找工作的事,我实在无能为力,真是抱歉。≈力不从心◇力所能及。

无奇不有 wú qí bù yǒu 形容什么稀奇古怪的事物都有▷黑暗腐朽的晚清官场无奇不有。|大千世界,无奇不有,这个小山村里竟出了三位百岁老人。≈千奇百怪◇平淡无奇。

无牵无挂 wú qiān wú guà 指没有任何拖累▷他孤身一人,无牵无挂的,生活倒也逍遥自在。|他一生未婚,无牵无挂,即使走遍天南地北,也轻松得很。◇牵肠挂肚|魂牵梦绕。

无穷无尽 wú qióng wú jìn 穷、尽:完,止。语出宋·晏殊《踏莎行》词:“无穷无尽是离愁,天涯地角寻思遍。”后用“无穷无尽”指没有穷尽,没有止境▷知识可以给我无穷无尽的力量。|从小学起,学生就被无穷无尽的作业所束缚,影响了全面发展。≈不计其数|层出不穷◇寥寥无几|微乎其微。

无人问津 wú rén wèn jīn 津:渡口。问津:寻问渡口,比喻探问或尝试。语本晋·陶渊明《桃花源记》:“[刘子骥]闻之,欣然规往,未果,寻病终。后遂无问津者。”本指无人探问渡口。后用“无人问津”比喻无人探问▷商店里商品琳琅满目,有的供不应求,有的无人问津。≈束之高阁。

无伤大雅 wú shāng dà yǎ 伤:伤害。大雅:高尚雅正,泛指事物的主要方面。指对事物的主要方面没有妨害▷房间布置得十分雅致,虽然家具旧一些,倒也无伤大雅。≈无关宏旨。

无声无臭 wú shēng wú xiù 臭:气味。没有声音,没有气味。语出《诗经·大雅·文王》:“上天之载,无声无臭。”后用“无声无臭”比喻默默无闻或无人知晓▷一场被传媒炒得沸沸扬扬的拍卖会,就这么无声无臭地收场了。|他不甘心就这样被无声无臭地埋没掉。≈默默无闻◇轰轰烈烈。

[提示]臭,不读“chòu”。

无师自通 wú shī zì tōng 师:老师。没有老师的传授教导而自行领会某种知识、技能▷他是一个无师自通、自学成才的专家,曾多次赴外省市介绍自己刻苦学习、自我成才的体会。|他能做到无师自通,就是凭着一种执着的追求精神。

无时无刻 wú shí wú kè 没有哪一个时刻。多用于否定句中,表示时时刻刻▷母亲无时无刻不在挂念着远在异乡的儿子。|三年前逃票的事像一块大石头,无时无刻不压在他的心头。

无事生非 wú shì shēng fēi 非:是非。本来没有事,却故意制造纠纷▷大家本来和睦相处,他却疑神疑鬼的,无事生非。|你不要无事生非,搞得同学们不团结。≈惹是生非|无中生有|兴风作浪◇安分守己|息事宁人|循规蹈矩。

无所不知 wú suǒ bù zhī 无所:没有什

W

么。没有什么不懂。语出晋·葛洪《抱朴子·祛惑》:"凡人见其小验,便呼为神人,谓之必无所不知。"后用"无所不知"形容懂得很多▷在古代史领域,老先生几乎无所不知。|在信教者看来,神是无所不知、无所不能的。≈无所不通|博古通今◇胸无点墨。

无所事事 wú suǒ shì shì 事事:从事,做事情,前一个"事"是动词,后一个是名词。没有做什么事情。语本《史记·曹相国世家》:"卿大夫已下吏及宾客见参(曹参)不事事,来者皆欲有言。"后用"无所事事"指闲着什么事也不做或什么事也干不了▷时值黄昏,她一个人无所事事,就在街头闲逛。|他一副无所事事的样子,似乎对任何事情都无动于衷。≈无所用心|无所作为|游手好闲◇日不暇给|日理万机|废寝忘食。

无所适从 wú suǒ shì cóng 适:往,到。从:顺从,跟从。语本《左传·僖公五年》:"一国三公,吾谁适从?"指不知跟从谁好。后用"无所适从"指不知道怎么办才好▷在这么多建议前,小周反而无所适从。|在改革进程中,有些人往往会感到无所适从。

无所用心 wú suǒ yòng xīn 用心:动脑筋。语出《论语·阳货》:"饱食终日,无所用心,难矣哉。"后用"无所用心"指不动脑筋,什么事都不做或对什么事都不关心▷小李整日玩游戏机,在学习上无所用心。|饱食终日、无所用心的人无异于寄生虫。≈无所事事|无所作为|漠不关心◇殚精竭虑|呕心沥血|煞费苦心|绞尽脑汁|费尽心机|冥思苦想。

无往不复 wú wǎng bù fù 往:去。复:回来。没有前往就没有回返。指事物的运动是循环往复的▷世界上的事是无往不复的,你这样帮助别人,将来你一旦有什么困难,别人也会关心你的。|事物运动有它自身的特点,这就是"无平不陂,无往不复"。

无往不胜 wú wǎng bù shèng 无论何时何地,没有不胜利的▷只要团结一心,我们就无往不胜。|抗日战争中,军民同仇敌忾,因而无往不胜。≈战无不胜◇一触即溃。

无妄之灾 wú wàng zhī zāi 无妄:意想不到的。语出《周易·无妄》:"六三,无妄之灾。或系之牛,行人之得,邑人之灾。"后用"无妄之灾"指意想不到的灾祸▷强台风刮倒了他家的房屋,真是无妄之灾。|在洪水这场无妄之灾面前,灾区人民没有屈服。≈不测之祸。

无微不至 wú wēi bù zhì 微:细小,细微。至:到。没有一个细小的地方不考虑周到。形容关怀、照顾得十分细心,非常周到▷杨老师对小吴寄予厚望,在学习和生活上给予了无微不至的关怀和帮助。|她无微不至地照顾年老的婆婆,邻里都称赞她是个好媳妇。≈体贴入微◇漠不关心|顾此失彼|挂一漏万。

[提示]至,不要写作"致"。

无隙可乘 wú xì kě chéng 隙:裂缝,指空子。乘:利用(机会等)。语出《宋书·律历志下》:"臣其历七曜,咸始上元,无隙可乘。"后用"无隙可乘"指无空子可钻或无机会可利用▷银行保安措施严密,窃贼无隙可乘。|制度要订得严密,让取巧偷懒者无隙可乘。≈无懈可击|滴水不漏◇有机可乘|漏洞百出。

无懈可击 wú xiè kě jī 懈:松懈,引申指疏忽、破绽。语本《孙子·计》"攻其无

备，出其不意"曹操注："击其懈怠，出其空虚。"后用"无懈可击"指没有什么疏忽和破绽让人挑剔、攻击。形容十分严密▷他的发言观点正确，论据充足，可说是无懈可击。|他相信自己的主张无懈可击，一定可以驳倒对方。≈无隙可乘|滴水不漏◇有机可乘|漏洞百出。

无依无靠 wú yī wú kào 没有任何依靠。形容孤苦无依靠▷这些无依无靠的孩子在福利院过着幸福的生活。|老人无依无靠，我们理应尽力帮助她。≈孤苦伶仃。

无以复加 wú yǐ fù jiā 复：再，又。无法再增加了。语本《左传·文公十七年》："敝邑有亡，无以加焉。"后用"无以复加"指已达到顶点▷文字狱对文化的摧残可谓无以复加。|封建专制对改革者的迫害，其手段的残酷无以复加。≈登峰造极◇不过尔尔。

无影无踪 wú yǐng wú zōng 踪：踪迹。一点影子和踪迹都没有。形容完全消失▷上个月父亲的来信不知搁哪儿了，我到处找遍了，还是无影无踪。|知情者消失得无影无踪，给破案增加了难度。≈销声匿迹|杳无音信◇蛛丝马迹。

无忧无虑 wú yōu wú lǜ 忧：忧愁。虑：顾虑。没有忧愁和顾虑。形容心情舒畅自然▷两位老人的养老金不菲，生活无忧无虑。|我十分怀念无忧无虑的童年生活。≈心满意足◇忧心忡忡|忧心如焚。

无与伦比 wú yǔ lún bǐ 伦比：类比，匹敌。没有什么可与之相比的。语出《旧唐书·郭子仪传》："自秦汉已还，勋力之盛，无与伦比。"后用"无与伦比"形容非常突出或非常完美▷我沉浸在感情的激流中，领略了一个真诚奉献的艺术家从厚爱他的观众那儿获得的无与伦比的欢乐。|他们这种大无畏的勇气和非凡的组织能力，以及埋头苦干、拼命硬干的精神，在近代知识分子中，真可以说是无与伦比的。≈独一无二|前所未有|史无前例|出类拔萃|卓尔不群|举世无双|超群绝伦◇相提并论|势均力敌|等量齐观|同日而语|不相上下|半斤八两。

无缘无故 wú yuán wú gù 缘：缘由，因由。故：缘故，原因。没有任何原因或道理▷世界上绝没有无缘无故的爱，也没有无缘无故的恨。|你不能无缘无故地接受别人的好处。≈平白无故◇事出有因。

无中生有 wú zhōng shēng yǒu 语本《老子》四十章："天下万物生于有，有生于无。"老子哲学认为"无"是世界万物的本源。后用"无中生有"形容把本来不存在的事情说成有。指凭空捏造▷当年给徐教授罗织的"里通外国"的罪名，纯属无中生有。|你可不要无中生有，诽谤别人。≈捕风捉影|无稽之谈。

无足轻重 wú zú qīng zhòng 足：足以。轻重：轻和重，指程度的深浅、事情的主次。不足以影响事物的轻重。语本宋·欧阳修《答吴充秀才书》："修（欧阳修）材不足用于时，仕不足荣于世，其毁誉不足轻重，气力不足动人。"后用"无足轻重"指事情极其微小，不值得重视或毫无价值▷"一战"期间，这个政客还是一个无足轻重的上等兵。|对我来说，最要紧的是能够让我参加这项工作，至于担不担任具体职务，则是无足轻重的事情。≈无关宏旨|微不足道|鸡毛蒜皮◇举足轻重|非同小可。

毋庸置疑 wú yōng zhì yí 毋庸：无须，没有必要。置疑：表示怀疑。没有必

要表示怀疑。表示事情十分肯定或理由十分充足▷在这次交通事故中，这位驾驶员没有任何责任，这是毋庸置疑的。|这篇文章说明了这个毋庸置疑的道理。≈无可置疑◇半信半疑。

吴下阿蒙 wú xià ā méng 吴下：长江下游南岸一带。阿蒙：三国吴将吕蒙。《三国志·吴书·吕蒙传》裴松之注引《江表传》载：吴将吕蒙原只会打仗，不爱读书，后听了吴主孙权的劝告，勤奋学习，大有长进。大臣鲁肃对他说："吾谓大弟但有武略耳，至于今者，学识英博，非复吴下阿蒙。"本指吴国的吕蒙。后用"吴下阿蒙"指学识浅陋的人▷他如今学识渊博，再也不是当年的吴下阿蒙。|这些文句都欠通的文章，只能是吴下阿蒙的手笔。≈纨绔子弟◇人中之龙。

五彩缤纷 wǔ cǎi bīn fēn 五彩：泛指各种颜色。缤纷：错杂繁复的样子。形容各种色彩错杂纷繁，非常艳丽▷家家户户门前的小花园，姹紫嫣红，五彩缤纷。也泛指事物多姿多彩▷在人类生存的这个五彩缤纷的星球上，唯有感情世界是很难用语言表达清楚的。

五大三粗 wǔ dà sān cū 形容膀阔腰圆，身材魁梧，力气大▷深更半夜的，你这五大三粗的汉子站立在门口，可把人吓死了。|这次拔河比赛，我们一定要挑选五大三粗的同志参加，这样说不定会赢。≈虎背熊腰◇骨瘦如柴。

五方杂处 wǔ fāng zá chǔ 五方：东、南、西、北、中，泛指各方。处：居住。语本《汉书·地理志下》："是故五方杂厝，风俗不纯。"厝(cuò)，错杂。后用"五方杂处"指来自各个地方的人杂居在一起▷改革开放以来，外来人口大量增加，上海成了五方杂处的城市。|这里五方杂处，治安问题十分突出。

[提示]处，不读"chù"。

五风十雨 wǔ fēng shí yǔ 五风：五天刮一回风。十雨：十天下一次雨。语本汉·王充《论衡·是应》："风不鸣条，雨不破块，五日一风，十日一雨。"后用"五风十雨"形容风调雨顺▷今年气候五风十雨，看来农业又将有一个好收成。|五风十雨好气候，喜见粮棉大丰收。≈风调雨顺◇凄风苦雨。

五谷丰登 wǔ gǔ fēng dēng 五谷：稻、黍、稷、麦、菽(豆)，泛指各种农作物。丰登：丰收。登：谷物成熟登场。语本《六韬·立将》："是故风雨时节，五谷丰熟，社稷安宁。"后用"五谷丰登"指农作物大丰收▷正值金秋季节，从北到南，农村到处一片五谷丰登、六畜兴旺的景象。|这几年五谷丰登，农民的收入增加了，农村的教育事业也得到了发展。≈六畜兴旺|丰衣足食◇颗粒无收|赤地千里。

五光十色 wǔ guāng shí sè 语本南朝梁·江淹《丽色赋》："五光徘徊，十色陆离。"后用"五光十色"形容色彩绚丽，花样繁多▷入夜，南京路上闪烁着五光十色的霓虹灯。|柜台里陈列着五光十色的商品。≈五花八门|光怪陆离◇千篇一律|一模一样|毫无二致|如出一辙。

五湖四海 wǔ hú sì hǎi 五湖：古代所称中国的五个大湖，说法不一。四海：古代泛称中国四周的海。泛指全国各地，有时也指世界各地▷大家来自五湖四海，为了共同的目标走到一起来了。|我们热烈欢迎五湖四海的游客到黄山来观光。≈四面八方|天南海北。

W

五花八门 wǔ huā bā mén 原为古代兵法中变化多端的两种阵势。"五花"指五行阵，按木、火、土、金、水排列，"八门"指八门阵，按生、伤、杜、景、死、惊、开、休排列。后用"五花八门"比喻花样繁多，变幻莫测▷上海城隍庙的小吃五花八门，应有尽有，四海闻名。|他的书架上，五花八门，什么书都有。≈五光十色|光怪陆离|林林总总|洋洋大观◇千篇一律|一模一样|毫无二致|如出一辙。

五马分尸 wǔ mǎ fēn shī 古代一种酷刑，即车裂，把人的头和四肢分别拴在五辆马车上，让马车同时奔驰，撕裂肢体。后用"五马分尸"指处以死刑，也比喻把完整的东西割裂得很零碎▷改革是要冒风险的，甚至是需要付出生命的。古代的商鞅变法使秦国变得强大，而商鞅本人却落得个五马分尸的结局。这一切不正说明了这一点吗？|这一块板做台面正合适，现在被你锯得左一块右一块的，像是五马分尸，派不上一点用处了。

五内如焚 wǔ nèi rú fén 五内：五脏。焚：焚烧。五脏像着火一样。形容极度焦急或忧虑▷工厂产品大量积压，厂长五内如焚。|孩子深夜未归，五内如焚的父母亲到处寻找。≈忧心如焚◇无忧无虑。

五体投地 wǔ tǐ tóu dì 五体：双手、双脚和头。投地：仆倒于地。双肘、双膝和额头一起着地。原为佛教表示虔诚的行礼仪式。语出《佛般泥洹经》卷下："太子五体投地，稽首佛足。"后用"五体投地"比喻钦佩、崇拜到了极点▷我一口气读完这部书，不禁对作者佩服得五体投地。≈顶礼膜拜|心悦诚服|奉若神明◇嗤之以鼻|不屑一顾|不以为然。

五颜六色 wǔ yán liù sè 形容颜色多种多样，色彩纷繁艳丽▷年画上画着一条大江，江上有只大轮船，船上挂着五颜六色的旗子。|这些衣服大多是女儿小时候的，五颜六色，小巧玲珑。≈五彩缤纷|五光十色|姹紫嫣红|万紫千红|花团锦簇。

五脏六腑 wǔ zàng liù fǔ 五脏：心、肝、脾、肺、肾。六腑：胃、胆、三焦、膀胱、大肠、小肠。语出《吕氏春秋·达郁》："凡人三百六十节、九窍、五藏(脏)六腑。"原指人体的内脏器官。后用"五脏六腑"比喻事物的内部情况▷通过现代诊断仪器，可以把人体的五脏六腑查得清清楚楚。|相处多年，你的五脏六腑他都了解。

舞文弄墨 wǔ wén nòng mò 舞、弄：玩弄。文、墨：文字笔墨。语本《隋书·王充传》："善敷奏，明习法律，而舞弄文墨，高下其心。"原意是玩弄、曲解法律条文以作弊。后用"舞文弄墨"指玩弄文辞，耍笔杆子▷这些优秀记者的情操比那些受雇于钱袋、为少数人利益而舞文弄墨的所谓"无冕之王"高出万倍。|在许多人眼里，这些警察都是习武的粗人，没想到他们却是丹青妙手，擅长舞文弄墨。◇舞刀弄枪。

物归原主 wù guī yuán zhǔ 把东西归还原来的主人▷他的案子现在已经平反了，没收的东西该物归原主了。|失物招领处的东西全部查明，发个通知叫他们来领，以便物归原主。

物华天宝 wù huá tiān bǎo 物的精华，天的宝物。语出唐·王勃《滕王阁序》："物华天宝，龙光射牛斗之墟；人杰地灵，徐孺下陈蕃之榻。"后用"物华天宝"比喻极为珍奇宝贵之物▷那个地方真可谓是物华天宝，黄金、白银、玉石产量均居世界前列。

物换星移 wù huàn xīng yí 物换：景物改变。星移：星辰移动。语出唐·王勃《滕王阁》诗："闲云潭影日悠悠，物换星移几度秋。"后用"物换星移"形容时序和事物的变迁▷尽管物换星移，世事沧桑，但他对家乡的挚爱却愈益浓烈。|几年前，这里还是一片荒野，但现在已是道路纵横，高楼林立，真是物换星移，沧海桑田。≈星移斗转|沧海桑田。

物极必反 wù jí bì fǎn 极：极端，顶点。反：走向反面，向反面转化。语本《鹖冠子·环流》："美恶相饰，命曰复周；物极则反，命曰环流。"后用"物极必反"指事物发展到了极点，就必然要向相反方向转化▷他如果继续这样胡作非为下去，物极必反，一定不会有好下场。

物尽其用 wù jìn qí yòng 物：物品。尽：全部发挥出。物品要充分发挥它的作用▷搞建设要做到人尽其才，物尽其用。|废品经处理又能发挥作用，这种物尽其用的做法值得提倡。≈人尽其才◇暴殄天物。

物竞天择 wù jìng tiān zé 竞：竞争。择：选择。自然界中的生物通过相互的生存竞争和自然选择，优胜劣汰。原指生物演化发展的一般规律。后也移用于解释人类社会的历史发展▷物竞天择，优胜劣汰，这是生物界发展变化的规律。|用"物竞天择，适者生存"的进化论理论来解释人类社会的历史发展，势必会陷入替剥削压迫辩护、鼓吹弱肉强食合理的泥坑里去。

物力维艰 wù lì wéi jiān 物力：物产。维：是。语出清·朱用纯《治家格言》："一粥一饭，当思来处不易；半丝半缕，恒念物力维艰。"后用"物力维艰"指物资来得十分艰难▷要教育子女从小懂得"物力维艰"的道理。

物是人非 wù shì rén fēi 语出三国魏·曹丕《与吴质书》："节同时异，物是人非，我劳如何？"后用"物是人非"指景物依然如故，而人事非同往昔▷这次我回乡下探望奶奶，那里给我的印象已是物是人非，同村的人大多已不认得了。|再来这里，我感到变化很大，下次再来恐怕更是物是人非了。真是岁月不饶人啊！

物以类聚 wù yǐ lèi jù 类：种类。聚：聚集。语本《周易·系辞上》："方以类聚，人以群分。"指同类的东西常聚集在一起。后用"物以类聚"比喻同一类型的人常凑合在一起▷了解一个人，看他交什么朋友就可以了，这叫物以类聚，人以群分。|古语道"物以类聚"，小王喜欢足球，结交的都是一些球迷。

[提示]常与"人以群分"连用。

物议沸腾 wù yì fèi téng 物议：众人的议论。沸腾：比喻事物蓬勃发展或情绪高涨。语出宋·苏轼《再论时政书》："然犹不免一言其非者，岂非物议沸腾、事势迫切而不可止欤？"后用"物议沸腾"指舆论十分强烈▷以美国为首的北约国家用导弹轰炸我驻南大使馆，全国物议沸腾，强烈要求他们除了道歉之外，必须查明真相公布于世。|真是一石激起千层浪，你的文章一发表，物议沸腾，大家说什么的都有。

误人子弟 wù rén zǐ dì 误：使受损害。子弟：泛指年轻的后辈。耽误人家的子弟。指教师没有才学或不负责任而

贻误了学生。也泛指使年轻一代受到不利影响▷凡事都有两重性。“为人师表”自然是好事情，但得真配“为人师表”才行，否则，误人子弟，是要挨骂的。|我觉得这种教学简直是在误人子弟，应当彻底改革才行。

雾里看花 wù lǐ kàn huā 在弥漫的大雾里看花。语出唐·杜甫《小寒食舟中作》诗：“春水船如天上坐，老年花似雾中看。”后用“雾里看花”比喻对事物看不真切▷不知是激动还是浴屋里蒸汽腾涌，雾里看花不分明，他没注意到同伴的脸部变化。|她不懂书画，去参观书画展有雾里看花的感觉。≈扑朔迷离|若明若暗|隐隐约约|大惑不解|如堕烟海◇洞若观火|明察秋毫。

寤寐求之 wù mèi qiú zhī 寤：睡醒。寐：睡着。语出《诗经·周南·关雎》：“窈窕淑女，寤寐求之。”后用“寤寐求之”指日夜都在思念、追求▷上大学是我寤寐求之的目标。|女孩子清纯可爱，小王寤寐求之而不得，十分苦恼。◇不屑一顾。

X

息交绝游 xī jiāo jué yóu 息：停息，停止。绝：断绝。交、游：交往。语本晋·陶渊明《归去来辞》："归去来兮，请息交以绝游，世与我而相遗，复驾言兮焉求？"后用"息交绝游"指停止与外界的交游来往▷他牢记父亲的遗言，从此息交绝游，一心扑在学习上。|现代社会是信息社会，息交绝游并不利于自己各方面的提高。

息事宁人 xī shì níng rén 息：平息。宁：使安宁。平息事端，使人们得到安宁。语出《后汉书·章帝纪》："其令有司，罪非殊死且勿案验，及吏人条书相告不得听受，翼以息事宁人，敬奉天气。"后用"息事宁人"指调解人事纠纷，使彼此相安无事。也指当事人作出让步或迁就，以求得平息事态▷对待同事之间的矛盾纠纷，他一贯采取息事宁人的态度。|调解邻里纠纷，息事宁人而不激化矛盾是我们调解工作的宗旨。≈排难解纷◇惹是生非|兴风作浪|火上浇油。

息息相关 xī xī xiāng guān 息息：每一次的呼吸。一呼一吸都相互关联。形容彼此关系密切▷我们的命运和祖国的命运息息相关。|这些与市民生活息息相关的问题，我们必须尽快予以解决。≈休戚相关|唇齿相依◇无关痛痒。

悉索敝赋 xī suǒ bì fù 悉：全部。索：收尽。敝：敝邑，谦称本地。赋：兵力。语出《左传·襄公八年》："敝邑之人，不敢宁处，悉索敝赋，以讨于蔡。"后用"悉索敝赋"指收尽本国的全部兵力▷一旦别国入侵，我们哪怕悉索敝赋，也要打击来犯之敌。

惜墨如金 xī mò rú jīn 惜：爱惜，吝惜。语出宋·费枢《钓矶立谈》："李营丘惜墨如金。"后用"惜墨如金"形容写字、作画、写文章下笔十分慎重，力求精练▷鲁迅先生的文章十分精练，没有多余的字句，可谓惜墨如金。|编词典要惜墨如金，用有限的篇幅提供尽可能多的知识。◇下笔千言。

稀奇古怪 xī qí gǔ guài 形容少见而奇特▷一个新闻记者，可以见到许多稀奇古怪的人、稀奇古怪的事。|远古恐龙的样子稀奇古怪，十分有趣。◇平淡无奇。

稀世之珍 xī shì zhī zhēn 稀世：世上稀有。珍：珍宝。语本三国魏·曹丕《与钟繇书》："猥以蒙鄙之姿，得睹稀世之宝。"后用"稀世之珍"指世上稀有的珍宝▷这种商代的青铜器实属稀世之珍。|他祖传的这批名画中，有几幅是稀世之珍，他全部捐献给市博物馆。≈无价之宝◇一文不值。

熙熙攘攘 xī xī rǎng rǎng 熙熙：繁盛纷杂的样子。攘攘：纷乱的样子。语本《史记·货殖列传》："天下熙熙，皆为利来；天下壤壤，皆为利往。"壤：通"攘"。后用"熙熙攘攘"形容人来人往，非常拥挤热闹▷这时大街上早已熙熙攘

攘，热闹非凡。|穿过熙熙攘攘的农贸市场，我们在一条小巷里找到了这家商店。≈熙来攘往|车水马龙|川流不息◇冷冷清清|寥若晨星|渺无人迹。

嬉皮笑脸 xī pí xiào liǎn 面带顽皮不严肃的笑容。形容不严肃或不正经的样子▷现在是在谈正事，请你不要嬉皮笑脸。|看到他那副嬉皮笑脸的样子，我就气不打一处来。≈涎皮赖脸◇一本正经|道貌岸然|不苟言笑。

嬉笑怒骂 xī xiào nù mà 嬉笑：嘲笑讽刺。语出宋·黄庭坚《东坡先生真赞》："东坡之酒，赤壁之笛，嬉笑怒骂，皆成文章。"原形容写作不拘泥题材形式，任意发挥。后用"嬉笑怒骂"指奚落嘲讽，怒斥责骂▷他的杂文对社会不良现象嬉笑怒骂，读来令人感到痛快淋漓。|现在，敢于对社会上的丑恶现象嬉笑怒骂、文笔又好的杂文不多见了。≈口诛笔伐。

习非成是 xí fēi chéng shì 习：习惯。非：错误。是：正确。语本汉·扬雄《法言·学行》："习乎习，以习非之胜是，况习是之胜非乎？"后用"习非成是"指错误的东西习惯了，反以为它是正确的▷几十年来，不少人都把"名副其实"写作"名符其实"，习非成是，大家也接受了。|说大话、套话的坏习惯在某些干部身上已习非成是，很难改变了。

习焉不察 xí yān bù chá 习：习惯。焉：语气助词。察：觉察。语本《孟子·尽心上》："行之而不著焉，习矣而不察焉，终身由之而不知其道者，众也。"后用"习焉不察"指习惯于某种事物而觉察不出其中的问题▷对自己的缺点，往往习焉不察，所以要欢迎别人的批评意见。|对身边的不良风气习焉不察，是一个人正义感消退的表现。◇见微知著。

习以为常 xí yǐ wéi cháng 习：习惯。常：平常，寻常。语本《逸周书·常训》："民生而有习有常，以习为常。"后用"习以为常"指常常如此，形成习惯，就当作是很平常和理所当然的事▷他每天早上跑步，已经习以为常了。|这种怪现象，长期以来一直未能纠正，有的人也就见怪不怪，习以为常了。≈见怪不怪|司空见惯|屡见不鲜◇少见多怪|大惊小怪|蜀犬吠日。

席不暇暖 xí bù xiá nuǎn 席：坐席。暇：闲暇。连席子也来不及坐暖。语本《淮南子·修务》："孔子无黔突，墨子无暖席。"后用"席不暇暖"形容忙于奔走，没有空闲时间▷业务员小王整天在外奔波推销，席不暇暖，十分辛苦。|今年的赛季结束，半个多月来席不暇暖的教练总算可以喘口气了。≈废寝忘食◇无所事事。

席地而坐 xí dì ér zuò 席地：在地上铺席子，引申指以地作坐席。语出《旧五代史·李茂贞传》："但御军整众，都无纪律，当食则造庖厨，往往席地而坐。"后用"席地而坐"指在地上铺上席子等物作座位。也泛指就地坐下▷同学们在操场上席地而坐，津津有味地欣赏文艺节目。|雷阵雨瓢泼而下，在草坪上席地而坐的游客们纷纷四散躲避。

洗耳恭听 xǐ ěr gōng tīng 把耳朵洗干净，恭恭敬敬地听着。形容非常恭敬地倾听（常用于请人说话时说的客气话）▷请你直言相告，我一定洗耳恭听。|看他装出一副洗耳恭听的样子，我不由得暗暗发笑。◇充耳不闻。

洗心革面 xǐ xīn gé miàn 洗心：清除内心的污垢。革面：改变旧的面目。语本

《周易·系辞上》:“圣人以此洗心,退藏于密。”又,《周易·革》:“君子豹变,小人革面。”后用“洗心革面”形容彻底改悔,完全转变▷老胡痛心疾首地说:“我一定要洗心革面,不再赌博,做个好丈夫、好父亲。”

喜不自胜 xǐ bù zì shèng 胜:能够承受。高兴得经受不了。形容非常喜悦▷他们听到这个好消息后,个个喜不自胜。|他喜不自胜地告诉我,他已被一家公司录用了。≈乐不可支|欣喜若狂◇怒不可遏|悲不自胜。

喜出望外 xǐ chū wàng wài 喜:喜悦,高兴。望:盼望,希望。出乎意料的喜悦。指遇到的好事超过了原来的希望,因而感到格外高兴▷他在火车上遇到了多年不见的老朋友,真有点喜出望外。|他在旧书店看到这本多年来求之未得的好书,喜出望外,买了就走。

喜从天降 xǐ cóng tiān jiàng 喜:喜事。喜事从天上突然降临。形容突然出现意想不到的喜事,感到特别高兴▷失散多年的儿子回来了,老杨家喜从天降。|姐姐获得了世界冠军,真是喜从天降,一家人乐得合不拢嘴。≈喜出望外◇飞来横祸。

喜怒哀乐 xǐ nù āi lè 喜悦,恼怒,悲哀,快乐。泛指人的各种感情▷他是个喜怒哀乐不形于色的人。|我们心心相印,她的喜怒哀乐就是我的喜怒哀乐。≈悲欢离合|酸甜苦辣。

喜怒无常 xǐ nù wú cháng 无常:变化不定。忽儿高兴,忽儿发怒,没有规律。形容人性情多变,不可捉摸▷这个人喜怒无常,别人很难与他相处。|她变得喜怒无常,人们都怕与她打交道。

喜气洋洋 xǐ qì yáng yáng 洋洋:快乐的样子。形容非常欢乐的样子▷春节里,城乡到处呈现一派喜气洋洋的景象。|他们高举奖杯,个个喜气洋洋。≈欢天喜地|喜笑颜开|兴高采烈◇愁眉苦脸|闷闷不乐。

喜上眉梢 xǐ shàng méi shāo 眉梢:眉毛的末尾部分。眉宇间流露出喜悦的表情▷大家听到这一消息后,个个喜上眉梢,高兴得几乎要跳了起来。|生日那天,妈妈送给她最喜爱的布娃娃,她喜上眉梢,晚上抱着布娃娃美美地睡了一觉。≈喜笑颜开◇愁眉苦脸。

喜闻乐见 xǐ wén lè jiàn 闻:听见。见:看见。喜欢听,乐意看。形容非常受欢迎▷小品是一种群众喜闻乐见的文艺形式。|创作为人民群众喜闻乐见的文学作品,是我们每个作家的职责。≈脍炙人口。

喜笑颜开 xǐ xiào yán kāi 颜:脸色。开:舒展。形容心情愉快,满面笑容▷抗战胜利了,饱受侵略者蹂躏之苦的人们无不喜笑颜开。|晚上,喜笑颜开的妈妈告诉女儿,她又找到了新的工作。≈眉开眼笑|笑容满面◇愁眉苦脸|愁眉不展。

喜新厌旧 xǐ xīn yàn jiù 喜欢新的,厌弃旧的。多形容对爱情不专一▷他这个人朝三暮四,喜新厌旧,跟谁都不会长久的。|这种喜新厌旧的男人,最好让他打一辈子光棍。≈朝秦暮楚|见异思迁|朝三暮四◇始终不渝|天长地久|海枯石烂|忠贞不渝。

喜形于色 xǐ xíng yú sè 色:脸色。喜悦的心情在脸上显露出来。形容抑制不住内心的喜悦▷他晋升了职务,喜形于色,一定要拉我去吃饭。|他一回到家,

就喜形于色地宣布:“我的小说出版了!”≈喜上眉梢|喜不自胜|眉开眼笑◇愁眉苦脸|愁眉不展|闷闷不乐|忧心忡忡。

细大不捐 xì dà bù juān 细:微小。捐:舍弃。语出唐·韩愈《进学解》:“贪多务得,细大不捐。”后用“细大不捐”指大的和小的都不舍弃▷写作文时对材料要精心选择,不可细大不捐,捡到篮里都是菜。|这贪官贪婪成性,对行贿者细大不捐,来者不拒,短短两年受贿达三千多万元。

细声细气 xì shēng xì qì 形容声音柔软轻细▷一个男子汉说话竟细声细气,没有一点阳刚之气,难怪要被别人笑话。|这次受了严厉的批评后,他仿佛变成另外一个人似的,做起事来束手束脚,说话也变得细声细气,其实没有必要这样。◇粗声粗气。

细水长流 xì shuǐ cháng liú 语本《佛遗教经》:“汝等当勤精进,譬如小水长流,则能穿石。”后用“细水长流”比喻做事情要坚持不懈,点滴积累▷冰冻三尺,非一日之寒,学习要细水长流,持之以恒,不可操之过急。也比喻节约使用财物,保持经常不缺▷家庭开支要细水长流,量入为出,不可大手大脚。≈持之以恒|锲而不舍|滴水穿石◇一曝十寒。

细枝末节 xì zhī mò jié 细、末:细微的。枝、节:指小事情。比喻细小的无关紧要的事情或问题▷看一个人要着眼于大的方面,细枝末节不必太计较。|老王是个心细的人,我们忽略的细枝末节,他往往替我们想到了。≈鸡毛蒜皮◇性命攸关|举足轻重。

虾兵蟹将 xiā bīng xiè jiàng 虾兵、蟹将:传说中的龙王手下的兵将。后用“虾兵蟹将”比喻坏人的爪牙▷那些虾兵蟹将见哪吒神通广大,抵挡不住,连忙就逃回去向龙王太子报告。|他手下有一批虾兵蟹将,在当地为非作歹。≈乌合之众。

狭路相逢 xiá lù xiāng féng 狭:狭窄。逢:相遇。两车在狭窄的路上相遇,无法退让。语本古乐府《相逢狭路间》:“相逢狭路间,道隘不容车。”后用“狭路相逢”比喻仇人相见,不能相容。也指偶然巧遇,无法回避▷两个冤家对头狭路相逢,一场你死我活的搏斗不可避免。|两个狭路相逢的死对头都拔出刀来,准备决一雌雄。

瑕不掩瑜 xiá bù yǎn yú 瑕:玉上的斑点,比喻缺点。掩:遮掩,掩盖。瑜:美玉的光彩,比喻优点。玉石上尽管有斑点,但仍不能掩盖住它的光泽。语出《礼记·聘义》:“瑕不揜瑜,瑜不揜瑕,忠也。”揜:同“掩”。后用“瑕不掩瑜”比喻缺点和短处掩盖不了优点和长处▷这部小说有不足之处,但瑕不掩瑜,仍然是一部上乘之作。|他确实存在着这样那样缺点,但为人正派,能力强,有事业心,总的说来是瑕不掩瑜。≈大醇小疵|白璧微瑕。

瑕瑜互见 xiá yú hù jiàn 瑕:玉上的斑点,比喻缺点。瑜:美玉的光泽,比喻优点。比喻优点和缺点并存▷我的文章瑕瑜互见,欢迎朋友们批评指正。|一个人既有缺点又有优点,这种瑕瑜互见的现象是很自然的。

下笔有神 xià bǐ yǒu shén 下笔:指写文章。语本唐·王勃《绵州北亭群公宴序》:“五际飞文,想群公之不让;一言留赠,知下笔之有神。”后用“下笔有神”指写文章时文思奔涌,如有神助▷一个人只有读万卷书，行万里路，创作时才能下笔有神。｜由于准备充分，这篇论文写作时下笔有神，完成得非常顺利。

下不为例 xià bù wéi lì 下：下一次。例：先例。以后不能以此为例。指只此一次，下次决不通融▷这一次原谅你，但下不为例，若下次再犯，坚决辞退。｜对违法乱纪的行为就该坚决处罚，不能搞下不为例。≈高抬贵手。

下车伊始 xià chē yī shǐ 下车：指官员到任。伊：语助词。始：开始。指官员刚到任。语本《礼记·乐记》："武王克殷，反商，未及下车而封黄帝之后于蓟。"后用"下车伊始"指刚到工作的地方▷有些干部下车伊始就指手画脚，这是一种很不好的作风。｜新厂长下车伊始，就提出了廉洁自律的"约法三章"。

下里巴人 xià lǐ bā rén 下里、巴人：古乐曲名。语出战国楚·宋玉《对楚王问》："客有歌于郢中者，其始曰《下里》《巴人》，国中属而和者数千人……其为《阳春》《白雪》，国中属而和者不过数人而已。"原指战国时代楚国的民间歌曲。后用"下里巴人"泛指通俗流行的文艺或俚俗的东西▷人民群众既需要下里巴人，也需要阳春白雪。｜我这种下里巴人的作品是登不得大雅之堂的。◇阳春白雪。

下情上达 xià qíng shàng dá 情：情况。达：传达。语出《宋书·索虏传》："虽尽节奉命，未能令上化下布，而下情上达也。"后用"下情上达"指把下面的真实情况传达到上层▷领导作风民主，言路畅通，下情上达就不难做到了。｜下情上达的真正实现，要靠民主与法制机制的建立和完善。

仙风道骨 xiān fēng dào gǔ 仙：神仙。道：得道。神仙的风度，得道者的骨相。语出唐·李白《大鹏赋序》："余昔于江陵见天台司马子微，谓余有仙风道骨，可与神游八极之表。"后用"仙风道骨"形容人的风度神采超凡脱俗▷这位老者鹤发童颜，仙风道骨，让人肃然起敬。｜他画的李白仙风道骨，潇洒脱俗，深得"诗仙"神采。

仙山琼阁 xiān shān qióng gé 仙山：指蓬莱、方丈、瀛洲三座传说中的神山。琼阁：美玉建造的楼阁。指传说中神仙居住的地方。语本唐·白居易《长恨歌》："忽闻海上有仙山，山在虚无缥缈间。楼阁玲珑五云起，其中绰约多仙子。"后用"仙山琼阁"比喻奇异不凡或虚无缥缈的境界▷这座海滨城市的夜景十分迷人，让人产生身处仙山琼阁的感觉。｜舞台背景上，幻化出仙山琼阁，仙子们翩翩起舞，场面美丽极了。

先睹为快 xiān dǔ wéi kuài 睹：看。快：快乐。以先看到为快乐。形容急于看到的迫切心情▷人们都怀着一种先睹为快的心情，赶来参观第一天的展览。｜你的书一出版，我就去买了一本，先睹为快。

先发制人 xiān fā zhì rén 发：开始行动。制：制服。指先发兵举事能使自己处于主动地位，从而制服对手。语出《汉书·项籍传》："先发制人，后发制于人。"后用"先发制人"指抢先行动取得主动权，从而制服对方▷比赛一开始，上海队采取先发制人的策略，大举进攻，连下三城，一下子把对手打得只有招架之功，没有还手之力。｜张队长没等歹徒明白过来，便来了个先发制人。≈先声夺人。

先见之明 xiān jiàn zhī míng 先见：预

见。明：眼光，眼力。在事前就能洞察事物发展变化的眼力。形容有很强的预见能力▷你确实有先见之明，他后来果然失败了。|一切变化都在他的意料之中，他真有先见之明。≈见微知著|远见卓识◇事后诸葛。

先来后到 xiān lái hòu dào 按照来到的先后早晚而确定次序▷我们的资料是免费发放的，请大家按先来后到的次序排好队等候领取。|大家应该文明点，买东西也得讲个先来后到，否则会乱了秩序。

先礼后兵 xiān lǐ hòu bīng 礼：礼貌，礼节。兵：用兵，指动用武力等强硬手段。指与对方交涉时，先讲道理，以礼相待，如行不通就采取强硬手段或用武力解决▷我们还是先礼后兵，谈得成就谈，谈不成就打。|我是先与他协商，协商不成才打官司的，先礼后兵，迫不得已。

先人后己 xiān rén hòu jǐ 先：放在前面。后：放在后面。语出《礼记·坊记》："君子贵人而贱己，先人而后己，则民作让。"后用"先人后己"指先为他人着想，然后才想到自己▷他凡事都是先人后己，慷慨仗义，因此大家碰到难题都愿意找他商量。|如果先人后己成为人们的共识，那么还愁社会风气不会好转吗？≈舍己为人|大公无私◇损人利己|唯我独尊。

先入为主 xiān rù wéi zhǔ 语本《汉书·息夫躬传》："唯陛下观览古戒，反覆参考，无以先入之语为主。"后用"先入为主"指先接受一种说法或印象，当作是正确的，并形成了成见，对以后的不同意见或不同做法就不易接受，甚至采取排斥的态度▷他对你有先入为主的偏见，所以一直不肯重用你。|光听一面之辞，先入为主，你就不可能做到客观公正。

先声夺人 xiān shēng duó rén 声：声势。夺：压倒。指先张扬自己的声势来压倒敌方。语本《左传·昭公二十一年》："军志有之：先人有夺人之心。"后用"先声夺人"比喻做事抢先一步，占得先机▷我国乒乓球小将发球抢攻，先声夺人，很快就拿下了第一局。|教练制定的先声夺人的战术未能奏效，场上打起了持久战。≈先发制人◇后来居上。

先天不足 xiān tiān bù zú 先天：人或动物的胚胎时期。生下来体质就差。比喻事物的基础薄弱▷这孩子先天不足，生下来才四斤半，后天需精心哺育。|这个班级的不少学生先天不足，现在学习相当吃力。

先斩后奏 xiān zhǎn hòu zòu 斩：砍头，处死。奏：臣下向皇帝请示或报告。臣子先把罪犯处决，然后再报告皇帝。比喻先处理好了事情，然后再向上级或有关方面报告▷巡按大人有皇上赐予的尚方宝剑，可以先斩后奏。|这么重大的事情，你可不能先斩后奏，必须由上级决定。

先知先觉 xiān zhī xiān jué 知：知晓，明白。觉：对事理有认识。语本《孟子·万章上》："天之生此民也，使先知觉后知，使先觉觉后觉也。"后用"告知先觉"指对事理的认识比一般人要早▷人类历史上有不少思想家对历史的进步做出了极大的贡献，他们是先知先觉者。|大家都恭维他先知先觉，他益发得意起来。◇后知后觉。

纤毫无爽 xiān háo wú shuǎng 纤毫：比喻细微。爽：差错。一点儿也不错。语出《魏书·律历志下》："岁星行天……

纤毫无爽。”后用“纤毫无爽”指极其细微的差失也没有▷你别看他是一个小学生，这十几个繁体字写得倒是纤毫无爽。|她工作相当认真，这次按图制作的《双龙戏珠》湘绣纤毫无爽，获得了专家的高度评价。

［提示］纤，不读“jiān”。

纤悉无遗 xiān xī wú yí 纤悉：细微详尽。遗：遗漏。语出唐·李珏《唐丞相太子少师牛僧孺神道碑铭序》：“自婴疾至于捐馆，谈笑语言，宴居自若，口占理命，纤悉无遗。”后用“纤悉无遗”形容细微详尽，一点儿都不遗漏▷会议的内容刘秘书汇报得纤悉无遗，十分详备。|这份调查表对有关家庭需求的项目设计得十分详细，可说是纤悉无遗。≈滴水不漏◇挂一漏万。

鲜衣美食 xiān yī měi shí 鲜艳的服饰、精美的食物。语出《新唐书·李石传》：“毛玠以清德为魏尚书，而人不敢鲜衣美食，况天子独不可为法乎？”后用“鲜衣美食”形容讲究吃穿，生活奢华▷他的日常生活一向是鲜衣美食，怎么能吃得这等苦呢？|鲜衣美食的生活谁不向往？我以为，只要遵守法律法规，勤劳致富，这种愿望是可以实现的。≈丰衣足食◇衣食不周。

闲曹冷局 xián cáo lěng jú 闲曹：闲散的官职，清闲的官府。冷局：冷落的衙门。指无足轻重的清闲的官署▷假如我们的一些政府部门不为人民办实事，是闲曹冷局的话，那么精简机构这一改革显得尤为必要了。|这个县的改革力度真大，对于那些属于闲曹冷局的部门统统撤销，裁减冗员，政府的办事效率大为提高。

闲情逸致 xián qíng yì zhì 闲：闲适，安闲。逸：安闲，安逸。致：兴致，情趣。闲适的心情，安逸的兴致。指没有杂务缠身和没有烦恼的悠闲心境▷他是个大忙人，不会有闲情逸致陪你去钓鱼的。|我已经忙得不可开交，哪里还有闲情逸致去喝咖啡。

闲言碎语 xián yán suì yǔ 指不满意的、没有根据的或与正事无关的话▷我们在开会讨论这件事，可你在一旁却讲些闲言碎语，这是极不负责任的态度。|公安干警在调查取证，请你不要讲那些闲言碎语好不好？

闲云野鹤 xián yún yě hè 悠闲的云，野生的鹤。比喻无牵无挂、生活闲散的人▷老人家退休后，游名山，会老友，过着闲云野鹤般的生活。|大家都在为生活忙碌，独有他仍如闲云野鹤，悠闲自在。≈悠然自得。

贤妻良母 xián qī liáng mǔ 贤：贤惠。丈夫的贤惠妻子，子女的好母亲▷大家都说老张的夫人是贤妻良母，老张好不得意。|现代女子不应以当一个贤妻良母为满足，而应该同男子一样，同时担当一定的社会角色。

弦外之音 xián wài zhī yīn 琴弦外的余音。语本南朝宋·范晔《狱中与诸甥侄书》：“其中体趣，言之不尽。弦外之意，虚响之音，不知所从而来。”后用“弦外之音”比喻间接透露而不直接说明▷一般说来，诗贵含蓄，所以必须体味诗中的弦外之音。|你难道还没有听出他的弦外之音吗？≈言外之意|话里有话◇直言不讳|开门见山|单刀直入|开宗明义。

衔冤负屈 xián yuān fù qū 衔：口含。负：背负。指蒙受冤枉屈辱▷在文字

狱盛行的康乾时期，有多少人仅仅因为多说了一句话，被无故地投入监狱，衔冤负屈。|正因为那些官吏贪赃枉法，才致使杨乃武、小白菜衔冤负屈，差点儿丧命。

显而易见 xiǎn ér yì jiàn 显：明显。语出宋·王安石《洪范传》："在我者，其得失微而难知，莫若质诸天物之显而易见，且可以为戒也。"后用"显而易见"指事情或道理非常明显，极易看清▷他说的这番话，其目的是显而易见的，就是不愿意再和我们谈判下去。|这个道理显而易见，谁都能弄得明白。≈昭然若揭|有目共睹。

显山露水 xiǎn shān lù shuǐ 山水之势都显露了出来。比喻出名或显露才能▷这次他在国际小提琴演奏比赛中得了大奖，为祖国赢得了荣誉，也称得上显山露水了。|一看到别人显山露水，他就觉得不舒服，但自己又不肯努力，这能怨谁呢？

显姓扬名 xiǎn xìng yáng míng 显：使显赫。扬：传扬。指显耀门第，传扬名声▷你家可是世代书香，你得好好学习，学成之后要报效祖国，报效人民，要有所建树，这样的显姓扬名是值得提倡的。|现在他在工作岗位上专心致志，废寝忘食搞科研，以加快我国的科技发展，并没有显姓扬名的思想。≈光宗耀祖。

现身说法 xiàn shēn shuō fǎ 原为佛教语。指佛力广大，能因不同对象现出种种化身，向他们宣讲佛法。语本《楞严经》卷六："我于彼前，皆现其身，而为说法，令其成就。"后用"现身说法"比喻以亲身经历和体验进行讲解或劝导。也比喻在现场亲自示范作指导▷他用自己的亲身遭遇，现身说法，揭穿了骗子的谎言。|他现身说法，讲了自己从一名罪犯改造成为企业家的经历，对在押犯的教育很大。

相安无事 xiāng ān wú shì 安：安宁。语出宋·郑牧《伯牙琴·吏道》："古者君民间相安无事，固不得无吏，而为员不多。"后用"相安无事"形容彼此平静相处，不发生争执和冲突▷十几年的夫妻了，何必老是争争吵吵，都少说两句，不就相安无事了吗？|经过一场厮打角逐，这几天猴山上两群猴子相安无事，安静多了。≈和睦相处◇不共戴天|势如水火。

相持不下 xiāng chí bù xià 相持：双方互相争执对立，各不相让。语本《史记·淮阴侯列传》："燕齐相持而不下，则刘项之权未有所分也。"后用"相持不下"指对立的双方势均力敌，不分高下▷辩论会上，双方唇枪舌剑，一时相持不下。|盟军大批援军赶到，打破了几个月来相持不下的局面。≈势均力敌|旗鼓相当◇寡不敌众|以卵击石。

相得益彰 xiāng dé yì zhāng 相得：相互补充、帮助。益：更加。彰：明显，显著。语本汉·王褒《圣主得贤臣颂》："明明在朝，穆穆列布，聚精会神，相得益章。"章：同"彰"。后用"相得益彰"指互相配合、补充，更能显出双方的优点和长处▷《诗与画：唐诗三百首》诗与画俱佳，相得益彰。|教与学应该互相促进，相得益彰。≈相辅相成◇相形见绌。

相反相成 xiāng fǎn xiāng chéng 相反：事物的两个方面互相矛盾、互相排斥。相成：事物的两个方面互相促成、互相配合。指两者之间既互相排斥、互相矛盾，又互相信赖、互相促成▷他们两人的性格完全不同，一个是急性子，一个慢性

子，正好是相反相成。|大概是相反相成的缘故，这位指挥千军万马的将军，在家里却被自己那位小巧玲珑的太太指使得团团转。

相辅相成 xiāng fǔ xiāng chéng 辅：辅助，补充。成：促成，促进。指事物间互相辅助、补充，互相促进▷学习与工作相辅相成，并不矛盾。|工作中审慎和果断都需要，两者相辅相成，不可或缺。≈相得益彰◇相形见绌。

相煎何急 xiāng jiān hé jí 南朝宋·刘义庆《世说新语·文学》载：三国时，魏文帝曹丕限定其弟曹植在七步之内做成一首诗，否则就要杀头。曹植立即做了这样一首诗："煮豆持作羹，漉菽以为汁。萁在釜下燃，豆在釜中泣。本自同根生，相煎何太急。"意思是说豆秸和豆子本来是一体的，可现在却用豆秸来烧煮豆子，而且煮得又是这么急。后用"相煎何急"比喻兄弟或内部不和，自相迫害或残杀▷为了争夺王位，这两位同胞兄弟展开了一场相煎何急的大搏斗。≈同室操戈|兄弟阋墙|祸起萧墙|煮豆燃萁。

相见恨晚 xiāng jiàn hèn wǎn 恨：遗憾。因相见相识太晚而遗憾。语本《史记·平津侯主父列传》："天子召见三人，谓曰：'公等皆安在？何相见之晚也。'"后用"相见恨晚"形容彼此一见如故，意气十分投合▷他们两人一见如故，大有相见恨晚之意。|最近，我如饥似渴地读了托尔斯泰的《战争与和平》，真有点相见恨晚的感觉。

相惊伯有 xiāng jīng bó yǒu 相：互相。伯有：春秋时郑国大夫良霄的字，传说他死后变为厉鬼。语出《左传·昭公七年》："郑人相惊以伯有，曰：'伯有至矣！'则皆走，不知所往。"后用"相惊伯有"指人们无故自相惊扰▷现在一有风吹草动，便是相惊伯有，你说我们紧张不紧张？|西方一些国家一听到落后国家的贫穷问题，大有相惊伯有之势，不知他们这番举动是真还是假？殊不知，这些贫穷国家过去大多是他们的殖民地。

［提示］相，不读"xiàng"。

相敬如宾 xiāng jìng rú bīn 敬：尊敬。宾：客人。一家人互相尊重，像对待宾客一样。语本《左传·僖公三十三年》："其妻馌之，敬，相待如宾。"后用"相敬如宾"形容夫妻间平等相待，互敬互爱▷他们夫妻平日相敬如宾，怎么今天在大街上吵了起来？≈举案齐眉◇陌同路人。

相亲相爱 xiāng qīn xiāng ài 互相亲近，互相爱慕。形容相互之间关系密切，感情深厚▷我家里虽然并不富裕，但一家人相亲相爱，和和睦睦，日子过得很美满。

相去无几 xiāng qù wú jǐ 去：距离。无几：没有多少。语本《老子》二十章："唯之与阿，相去几何？"后用"相去无几"指两者相比，差距不大▷这两支球队的实力相去无几，胜负就看临场发挥了。|这两套房子的价格相去无几，你就选一套吧。≈相去咫尺◇相去万里。

相濡以沫 xiāng rú yǐ mò 濡：沾湿。沫：口水，唾液。水干了，鱼相互用唾沫湿润，以维持生命。语出《庄子·大宗师》："泉涸，鱼相与处于陆，相呴以湿，相濡以沫，不如相忘于江湖。"后用"相濡以沫"比喻在困境之中，竭尽自己的微薄力量相互救助▷可贵的是，父母亲没有因此而沉沦，他们相濡以沫，克勤克俭，又开始了新的奋斗。|在那艰难的岁月里，我们一家人相濡以沫，同生共死，终

于熬到了今天。≈同舟共济｜生死与共｜风雨同舟｜同甘共苦。

相提并论 xiāng tí bìng lùn 相提：相比照。并：齐。语本《史记·魏其武安侯列传》："相提而论，是自明扬主上之过。"后用"相提并论"指不加区别，同等对待▷人们经常把老子和庄子相提并论，称为"老庄"，其实这两位道家宗师的思想还是有区别的。｜你怎么能把尊重老师和拍马屁相提并论呢？≈同日而语。

相形见绌 xiāng xíng jiàn chù 形：对照，比较。绌：不足。指相互比较之下，一方就显得非常不足▷他的成绩在我们学校是第一流的，但与你们重点学校的学生比，就相形见绌了。｜我原以为他的字是够好的了，但今天与赵老的字摆在一起，真是相形见绌，黯然失色。≈相形失色｜黯然失色◇略胜一筹。

相依为命 xiāng yī wéi mìng 依：依靠。命：生命。为命：活命，维持生存。语本晋·李密《陈情表》："臣无祖母，无以至今日；祖母无臣，无以终余年。母孙二人，更相为命。"后用"相依为命"形容互相依靠着生活下去。也指与某种事物相伴或依靠某种事物维持生计▷父亲去世后，母子俩相依为命。｜我除了这些与我相依为命的书之外，别无他物。

相映成趣 xiāng yìng chéng qù 映：映衬，对照。趣：情趣，趣味。互相对照、衬托，显得很有情趣▷山头巍巍的宝塔与山下清澈的小河，相映成趣。｜中外美术史上有些事情，可以说常常相映成趣。

香象渡河 xiāng xiàng dù hé 语出《优婆塞戒经·三种菩提品》："如恒河水，三兽俱渡，兔、马、香象。兔不至底，浮水而过。马或至底，或不至底。象则尽底。"后用"香象渡河"比喻悟道的深刻或诗文写得透彻精辟▷他不过到寺里烧了几次香，翻了几页经书，悟道哪里会到那种香象渡河的程度？｜他写的这篇文章，观点鲜明，分析透彻，似香象渡河，很有力度，难怪赞扬声不绝于耳。

香消玉殒 xiāng xiāo yù yǔn 殒：死。比喻年轻美貌女子死亡▷这位电影明星惨遭暴徒侵害，伤重不治，竟香消玉殒，使大批影迷十分悲痛。｜一代歌手虽香消玉殒，但她悦耳动听的歌声仍留在人间。

降龙伏虎 xiáng lóng fú hǔ 降、伏：制服，使屈服。制伏龙和虎，使之驯顺。比喻本领高强，能战胜强敌或克服困难▷掌握了现代科学技术，就能降龙伏虎。｜一个人即使有降龙伏虎的手段，也需要依靠集体的力量。≈排山倒海◇蚍蜉撼树｜螳臂挡车。

［提示］降，不读"jiàng"。

响彻云霄 xiǎng chè yún xiāo 彻：通，贯通。声响贯穿云层。形容声音极其响亮▷球场里，双方啦啦队的加油声和助威声，响彻云霄。｜这时，全场欢声雷动，口号声和欢呼声响彻云霄。≈响遏行云｜震耳欲聋｜震天动地｜穿云裂石。

响遏行云 xiǎng è xíng yún 遏：阻止。行云：飘动的云朵。声音响彻云霄，把飘动的云朵也阻挡住了。语出《列子·汤问》："抚节悲歌，声振林木，响遏行云。"后用"响遏行云"形容声音高亢激越▷球赛精彩激烈，体育场上球迷的呼喊声响遏行云。｜抗战时期，"中国不会亡"的歌声响遏行云。≈响彻云霄。

想方设法 xiǎng fāng shè fǎ 多方面地设想各种方法▷教授为科研资金想方设法。｜晚会的导演想方设法请来了许多

X

著名的文化人。◇一筹莫展｜束手无策。

想入非非 xiǎng rù fēi fēi 非非：佛教语，三界最高一层天叫作“非想非非想天”。后用“想入非非”形容不切实际的胡思乱想▷年轻人要努力学习，脚踏实地，不要整天想入非非。｜他正想入非非地做着出国梦、发财梦呢！≈异想天开｜痴心妄想｜胡思乱想。

向壁虚造 xiàng bì xū zào 壁：墙壁。面对着墙壁凭空杜造出来。语本汉·许慎《〈说文解字〉叙》：“世人大共非訾，以为好奇者也，故诡更正文，乡壁虚造不可知之书，变乱常行，以耀于世。”乡：同“向”。后用“向壁虚造”比喻凭空想象或凭空杜撰▷作家要多深入生活，向壁虚造是写不出好作品的。｜人们再也不会相信那些向壁虚造出来的“高、大、全”式的英雄。≈胡编乱造。

向隅而泣 xiàng yú ér qì 隅：墙角。泣：抽泣，哭泣。对着墙角独自哭泣。语出汉·刘向《说苑·贵德》：“今有满堂饮酒者，有一人独索然向隅而泣，则一堂之人皆不乐矣。”后用“向隅而泣”形容孤独、绝望地悲泣▷父母大打出手，孩子伤心地向隅而泣。｜早知今日在牢房里向隅而泣，当初何必利用职权贪污受贿！≈痛哭流涕◇兴高采烈。

相机行事 xiàng jī xíng shì 相：看，观察。机：时机，机会。观察时机，灵活地办事▷你们在展销会上要相机行事，争取把这种新产品打出去。｜这次查抄毒品藏匿地的行动有一定危险，大家要相机行事，注意自身安全。≈随机应变◇刻舟求剑。

相貌堂堂 xiàng mào táng táng 堂堂：形容容貌庄严大方。形容人身材魁梧，仪表端正▷他今年二十五岁，相貌堂堂，英气逼人。｜他们都是相貌堂堂的男子汉。≈一表人才◇其貌不扬｜獐头鼠目｜鸠形鹄面。

枵腹从公 xiāo fù cóng gōng 枵腹：空着肚子。饿着肚子办理公事。形容一心为公，勤勉工作▷拖欠教师工资，让他们枵腹从公，这种事情再也不能发生了。｜在抗洪救灾第一线，枵腹从公的干部不是一个两个。≈废寝忘食◇饱食终日。

［提示］枵，不读“hào”。

逍遥法外 xiāo yáo fǎ wài 逍遥：无拘无束、自由自在的样子。法：法律。犯法者没有受到法律的制裁，仍旧自由自在▷任何犯了法的人都不允许逍遥法外。｜这个强奸妇女的“衙内”，仗着他父亲是市委书记，竟妄想逍遥法外。≈网漏吞舟◇天网恢恢。

宵衣旰食 xiāo yī gàn shí 宵：夜。旰：天黑。天不亮就穿衣起床，天黑了才吃饭。语本南朝陈·徐陵《陈文皇帝哀策文》：“勤民听政，昃食宵辰。”后用“宵衣旰食”形容勤于政事（旧时多用于称颂帝王）▷尽管崇祯皇帝宵衣旰食，但仍改变不了明王朝覆灭的命运。｜宵衣旰食的帝王在历史上真是寥寥无几。≈废寝忘食◇饱食终日。

［提示］宵，不要写作“霄”。

萧规曹随 xiāo guī cáo shuí 萧：萧何，汉高祖刘邦的丞相。规：规章，法规。曹：曹参，继萧何为丞相。汉初丞相萧何制定了一整套政策法规，曹参继任丞相后，全盘遵照执行。语出汉·扬雄《解嘲》：“夫萧规曹随，留侯画策，陈平出奇，功若泰山，响若阺隤。”后用“萧规

X

曹随”比喻后人完全按照前人的成规办事▷他接替老陈担任厂长后，萧规曹随，毫无建树，群众意见很大。|我们要德才兼备、年富力强的接班人，不要唯唯诺诺、萧规曹随的代理人。≈袭故守常|率由旧章|因循守旧|蹈袭前人◇破旧立新|革故鼎新|另辟蹊径。

销声匿迹 xiāo shēng nì jì 销：消失。匿：隐藏。迹：形迹。语本宋·孙光宪《北梦琐言》卷十一：“销声敛迹，惟恐人知。”后用“销声匿迹”形容不出声、不露面。也指消失、不存在▷公安部门开展“严打”后，许多犯罪分子都销声匿迹了，社会治安情况大为改观。◇抛头露面。

霄壤之别 xiāo rǎng zhī bié 霄：云霄，指天。壤：地。语本宋·胡仔《苕溪渔隐丛话后集·醉吟先生》：“善恶智愚，相背绝远，何啻霄壤之殊。”后用“霄壤之别”形容差别像天上和地下那样大▷现在的生活与二十年前相比，真有霄壤之别。|经过这一场变故，小王开始发奋学习，孝顺母亲，与以前相比，真是霄壤之别。≈判若云泥◇半斤八两。

小恩小惠 xiǎo ēn xiǎo huì 恩、惠：好处。为笼络人而给的一点小利▷经理常给他一点小恩小惠，所以他常向经理打同事的小报告。|正直的人是不会被小恩小惠收买的。

小家碧玉 xiǎo jiā bì yù 碧玉：晋汝南王妾的名字，代指年轻美貌的女子。语本《乐府诗集·碧玉歌二》：“碧玉小家女，不敢攀贵德。”后用“小家碧玉”指小户人家的美貌少女▷他宁愿找一个小家碧玉，也不要大户人家的千金小姐。|这位小家碧玉知书达理，很受老师们喜爱。◇大家闺秀。

小鸟依人 xiǎo niǎo yī rén 像小鸟依偎着人。语本《旧唐书·长孙无忌传》：“褚遂良学问稍长，性亦坚正，既写忠诚，甚亲附于朕，譬如飞鸟依人，自加怜爱。”后用“小鸟依人”形容小孩或年轻女子的娇柔可爱▷孩子小鸟依人般地扑到父亲怀中。|这个半老徐娘还装出一副小鸟依人的样子，真肉麻。

小巧玲珑 xiǎo qiǎo líng lóng 玲珑：精巧而细致。形容物体小巧而精致▷这些小巧玲珑的纪念品，很受旅客们的欢迎。|这种女式手表小巧玲珑，销路很好。也形容人个子小而灵巧▷她长得小巧玲珑，是典型的南方人。≈玲珑剔透◇硕大无朋|大而无当。

小人得志 xiǎo rén dé zhì 小人：人格卑鄙的人。人品低劣的人达到了目的，满足了欲望▷如今的朝廷上小人得志，像他这样的正派官员就吃不开了。|他当了厂长后，任人唯亲，独断专行，结果是小人得志，歪风邪气盛行。

小试锋芒 xiǎo shì fēng máng 锋芒：刀尖和刀刃，比喻才干、本领。稍微显示了一下本领▷外援的球员今天上场小试锋芒，便得到了球迷和队友的好评。|这篇通讯只是小试锋芒，只要主编给我机会，我一定写出更好的文章。≈牛刀小试◇大显身手|大展宏图。

小题大做 xiǎo tí dà zuò 明清科举考试，以“四书”文句命题称“小题”，以“五经”文句命题称“大题”。以做“五经”大题的方法来作“四书”文章。语见明·杨士聪《玉堂荟记》卷上：“成（成德）既被提入京，欲伸前志，每当范术渐所阻，迨范以艰去，而成遂奏揭纷出，小题大作矣。”后用“小题大做”比喻把小事大加

X

渲染，当作大事来处理▷他不就是给领导提了两条意见，你何必上纲上线，小题大做。|我只是有些感冒，何必去什么医院，你们真是小题大做。≈大惊小怪。

小心谨慎 xiǎo xīn jǐn shèn 谨慎：细心慎重。语出《汉书·霍光传》："出入禁闼二十余年，小心谨慎，未尝有过，甚见亲信。"后用"小心谨慎"形容说话、做事极其慎重▷他一向小心谨慎，从来不得罪人。|她接过找回的钱，数了一遍又一遍，然后小心谨慎地放回贴身的口袋里。≈小心翼翼|谨小慎微|谨言慎行◇粗心大意|粗枝大叶|掉以轻心。

小心翼翼 xiǎo xīn yì yì 翼翼：恭谨的样子。语出《诗经·大雅·大明》："维此文王，小心翼翼。"后用"小心翼翼"形容言行举止十分谨慎，丝毫不敢疏忽▷他端着一锅热汤，小心翼翼地从厨房里走出来。|他回答老师的提问时，露出一脸小心翼翼的神情。≈小心谨慎|谨小慎微|临深履薄|谨言慎行◇粗心大意|粗枝大叶|毛手毛脚|掉以轻心。

晓风残月 xiǎo fēng cán yuè 晓风：拂晓的风。残月：将要隐没的月亮。语出唐·韩琮《露》诗："几处花枝抱离恨，晓风残月正潸然。"后用"晓风残月"形容秋季早晨凄清冷寞的景象▷我上完夜班，迎着晓风残月，急步回家。|凌晨，我跋涉在荒野，陪伴我的只有晓风残月。

晓行夜宿 xiǎo xíng yè sù 天刚亮就专程赶路，天黑了才投宿。形容旅途辛劳▷两人晓行夜宿，总算在月底赶到了京城。|他们一家四口，雇了辆车，一路上晓行夜宿，投奔开封府来。≈披星戴月。

晓以大义 xiǎo yǐ dà yì 晓：使知道。大义：大道理。向对方讲清大道理，使其明白该怎么做▷我军向被俘的伪军晓以大义，然后予以遣散。|经过法官晓以大义，几个少年终于交代了所犯罪行。

晓以利害 xiǎo yǐ lì hài 晓：使知道。语出《北齐书·薛修义传》："遂径诣垒下，晓以利害，炽等遂降。"后用"晓以利害"指向对方讲清利害关系，使其明白该如何做▷律师晓以利害，使大娘终于打消顾虑，决心上法庭作证。|你只要讲清道理，晓以利害，他会幡然悔悟的。

孝子贤孙 xiào zǐ xián sūn 孝敬父母、祖先的子孙后辈。语本《孟子·离娄上》："暴其民甚，则身弑国亡；不甚，则身危国削。名之曰'幽''厉'，虽孝子慈孙，百世不能改也。"后用"孝子贤孙"比喻某种传统或思想的忠实继承者▷忠臣良将是国家之宝，孝子贤孙是家庭之宝。|在现代社会，封建专制主义的孝子贤孙是没有好下场的。◇不肖子孙。

笑里藏刀 xiào lǐ cáng dāo 《旧唐书·李义府传》载：唐代李义府表面上温和谦恭，面带微笑，内心却很狠毒。他掌权后，对稍微触犯自己的人，便设计陷害。当时人说他是"笑中有刀"。后用"笑里藏刀"形容外表和善而内心险恶狠毒▷曹操是个笑里藏刀的奸雄。|这家伙笑里藏刀，不怀好意，你可要留神啊！

笑容可掬 xiào róng kě jū 掬：双手捧起。形容笑容满面的样子▷开学第一天，老师笑容可掬地走上讲台。|十四年的抗战终于胜利了，大街上的每一个人都笑容可掬。≈笑逐颜开◇愁眉苦脸。

笑逐颜开 xiào zhú yán kāi 逐：驱使。颜：面容。开：张开。笑得使脸部舒展开来。形容眉开眼笑、十分喜悦的样子▷孩子们精彩的表演，看得家长们个个

X

笑逐颜开。|看到孩子笑逐颜开的样子，妈妈心里甜滋滋的。≈喜笑颜开|眉开眼笑|心花怒放|笑容可掬◇愁眉苦脸|愁肠百结|泪如泉涌|声泪俱下|泣不成声。

邪不压正 xié bù yā zhèng 邪：邪气，妖邪。正：正气。语本汉·王符《潜夫论·巫列》："夫妖不胜德，邪不伐正，天之经也。"后用"邪不压正"指妖邪之气不能压倒正气▷在众人的指责下，打人者终于低头认错，真可谓邪不压正。|要改善社会风气，就要与坏人坏事作斗争，不要怕坏人气焰嚣张，毕竟是邪不压正。

邪魔外道 xié mó wài dào 妖邪魔鬼的不正之道；有害正道的旁门左道。语出《药师经》卷下："又信世间邪魔外道，妖孽之师，妄说祸福。"后用"邪魔外道"指异端邪说或不正当的途径、行为▷他说的尽是些邪魔外道，当然要遭到大家的反对。|靠邪魔外道搞来的钱，我才不要哩！≈歪门邪道|旁门左道。

胁肩谄笑 xié jiān chǎn xiào 胁肩：耸起肩膀，装出恭敬的样子。耸起肩膀，装出谄媚的笑容。语出《孟子·滕文公下》："胁肩谄笑，病于夏畦。"病于夏畦，比夏天种田的人还累。后用"胁肩谄笑"形容巴结奉迎别人的丑态▷总经理周围全是胁肩谄笑的小人，公司的正气怎么会抬头呢？|在领导面前，办公室主任总是低头哈腰，胁肩谄笑，让人看了很不舒服。≈奴颜婢膝◇趾高气扬。

挟山超海 xié shān chāo hǎi 挟：挟持。挟着泰山跨越北海。语本《孟子·梁惠王上》："挟太(泰)山以超北海，语人曰：'我不能。'是诚不能也。"后用"挟山超海"比喻不可能做到的事▷他一人身兼十几个职务，要想做好本兼各项工作，何异挟山超海！|你指望他来资助你开公司，就如挟山超海，是完全不可能的。◇举手之劳|吹灰之力。

泄漏天机 xiè lòu tiān jī 天机：老天的秘密。向人透露不应该让人知道的神秘的天意。比喻透露了人们所不知的机密▷你我两个人的事可不能对外说，否则将泄漏天机。|我这里放着很多机密文件，假如没有保密措施，万一"泄漏天机"怎么办？

卸磨杀驴 xiè mò shā lǘ 把拉完磨的驴卸下来杀掉。比喻把曾经为自己出过力、曾同甘共苦的人斩尽杀绝或一脚踢开▷翻开历史，我们不难发现，封建帝王为了维护自己的统治，对于帮助自己篡权夺位的有功之臣，轻则奉劝其解甲归田，重则卸磨杀驴，手段恶劣而残酷。|这支部队节节败退，而当官的不顾部下苦苦哀求，卸磨杀驴，杀害了部下，向敌人示好，而自己则乘机逃命。≈过河拆桥。

谢天谢地 xiè tiān xiè dì 感谢天地神明。表示庆幸、感激或用作办事顺利时的口头语▷这冰天雪地的，老父亲总算到家了，真是谢天谢地！|终于把这头小羊给找了回来，谢天谢地，真不容易。

心安理得 xīn ān lǐ dé 得：适合，适当。自信道理上讲得通，心里感到很坦然▷企业正面临破产，作为厂长，你能心安理得地喝酒、打牌吗？|大家都在忙这忙那，他却心安理得地坐在那里上网聊天。≈问心无愧◇心中有愧|无地自容。

心不在焉 xīn bù zài yān 焉：文言虚词，相当于"于此"。语出《礼记·大学》："心不在焉，视而不见，听而不闻，食而不知其味。"后用"心不在焉"形容思想不集中，精神涣散▷老师告诉家长，小敏上课时总是心不在焉的，不知在想些什么。｜打球时，他一副心不在焉的样子，错过了许多好机会。≈心猿意马｜魂不守舍◇全神贯注｜聚精会神｜专心致志。

心驰神往 xīn chí shén wǎng 心驰：心思飞到向往的地方。神往：身虽在而神已往。形容一心向往某件事情或某个地方▷美丽的海南岛，最使我心驰神往。｜这优美的舞蹈，这动人的乐曲，令大家心驰神往，难以忘怀。

心慈手软 xīn cí shǒu ruǎn 心慈：心地善良。心怀恻隐而不忍下手▷对于企图颠覆我们国家的敌人，决不能心慈手软，必须坚决地给予打击。｜对敌人心慈手软，就意味着我们将失去生命。◇心狠手辣。

心粗气浮 xīn cū qì fú 粗：粗心。浮：浮躁。心思粗疏不细致，作风轻浮不踏实▷年轻人难免有心粗气浮的举动，关键是要加强教育引导，千万不能抱有成见。｜我们接触了将近半年，对他的印象怎么说呢，总感到他有点心粗气浮。

心烦意乱 xīn fán yì luàn 语出战国楚·屈原《卜居》："屈原既放，三年，不得复见。竭知尽忠，而蔽障于谗；心烦意乱，不知所从。"后用"心烦意乱"指心中烦躁，思绪杂乱▷他一听这消息，就感到心烦意乱，坐立不安，不知如何是好。｜这件事没有做成功，加上那些旁观者冷嘲热讽，他更是心烦意乱，六神无主。◇悠然自得｜从容不迫。

心服口服 xīn fú kǒu fú 语本《庄子·寓言》："利义陈乎前，而好恶是非直服人之口而已矣。使人乃以心服，而不敢蘁立，定天下之定。"蘁(wù)：违逆，不顺从。后用"心服口服"指表里如一，真心信服▷这盘棋，小林中盘告负，输得心服口服。｜老王德才兼备，让他做校长，教师们心服口服。≈心悦诚服。

心腹之患 xīn fù zhī huàn 心腹：指内部或要害。患：病，祸害。体内要害部位致命的疾病。比喻隐蔽在内部或要害部门的祸害。也泛指威胁最大或最令人担忧的隐患▷贪官污吏始终是我国现代化建设的心腹之患，必须坚决清除，严加惩处。｜内部的敌人最危险，若不及早清除，必将成为心腹之患。◇癣疥之疾。

心甘情愿 xīn gān qíng yuàn 甘：甘心。心里完全愿意，没有丝毫勉强▷为了祖国的繁荣昌盛，就是再苦再累，我们也心甘情愿。｜既然这是她心甘情愿的选择，我们就应尊重她的意愿，不该横加干涉。≈自觉自愿◇迫不得已｜强人所难。

心高气傲 xīn gāo qì ào 人好高骛远，自视不凡▷刚走上工作岗位的大学生难免心高所傲，但接触一段时间的实际后，会逐渐成熟起来。｜她是个心高气傲的女孩子，班上的女生大多不愿接近她。≈自命不凡◇妄自菲薄｜低声下气。

心狠手辣 xīn hěn shǒu là 心肠凶狠，手段毒辣▷他才二十多岁，但心狠手辣，超过积年老贼。｜心狠手辣的杀人犯被判处了死刑。≈丧心病狂◇心慈手软。

心花怒放 xīn huā nù fàng 心花：原为佛教语，比喻慧心，后比喻开朗的心情。怒放：盛开。形容心情极其快乐舒畅▷妈妈看到小明拿回来的大学录取通知书，不由得心花怒放。｜听到下星期全班要去春游的消息，我们心花怒放，欣喜若狂。≈兴高采烈｜欣喜若狂｜乐不可支｜笑逐颜开◇愁眉苦脸｜黯然销魂｜心如刀割｜五内俱焚。

X

心怀鬼胎 xīn huái guǐ tāi 鬼胎：比喻不可告人的念头或事情。心里怀着不可告人的念头或事情▷小明心怀鬼胎，连最要好的朋友也不敢去见。|心怀鬼胎的小林不敢正视老师洞悉一切的目光。≈心怀叵测◇襟怀坦白|光明磊落。

心怀叵测 xīn huái pǒ cè 叵："不可"的合音。测：猜度。居心险恶，不可猜测▷由于受心怀叵测之人的挑唆，张、李两家长期争吵不休。|正当两国边境剑拔弩张之时，超级大国心怀叵测地大做起军火买卖。≈心怀鬼胎◇襟怀坦白|光明磊落。

心慌意乱 xīn huāng yì luàn 心中慌乱，拿不定主意▷敌人看到中了埋伏，顿时心慌意乱，四散逃窜。|面对这一连串的质问，心慌意乱的他，一句话都答不上来。≈手忙脚乱◇神定气闲|泰然自若。

心灰意懒 xīn huī yì lǎn 灰：失望，消沉。意：意志，心思。懒：懒怠，不振作。灰心失望，消沉懒散。形容丧失信心，对一切都没有兴趣▷随着时间的推移，他发现女儿并无特别的天赋，便有点心灰意懒，听之任之了。|我有一段时间因工作挫折而心情不畅，他多次来信劝导我要对事业充满热情，不要心灰意懒。≈灰心丧气|万念俱灰|心灰意冷|心如死灰|萎靡不振◇雄心勃勃|顾盼自雄|踌躇满志|壮志凌云|心高气傲。

心急如焚 xīn jí rú fén 焚：火烧。心里急得像火烧一样。形容心情极其焦急▷得知母亲病重，王老师心急如焚。|快年底了，销售款还未回笼，厂长和工人们都心急如焚。≈心急火燎|平心静气|泰然自若。

心惊胆战 xīn jīng dǎn zhàn 惊：害怕，恐惧。战：发抖。形容内心极度惊恐▷她心惊胆战地走过了独木桥。|半夜里，一阵令人心惊胆战的敲门声把他从睡梦里惊醒。≈魂飞魄散|心惊肉跳|提心吊胆◇镇定自若|不动声色|泰然自若|视若等闲|若无其事。

心惊肉跳 xīn jīng ròu tiào 跳：颤动。心里吃惊，浑身肌肉颤抖。形容内心极度恐惧不安▷三年来，这个在逃犯一直过着心神不宁的日子，一看到穿警服的就绕道，一听到警车声就心惊肉跳。|无耻的谣言，小报记者的文章，弄得她心惊肉跳。

心口不一 xīn kǒu bù yī 心里想的和嘴上说的不一样。形容人口是心非，虚伪不诚实▷他心口不一，当面是人，背后是鬼。|他是个心口不一的人，你怎么能相信他，把他的话当真？≈表里不一|口是心非|言不由衷|叶公好龙◇心口如一|表里如一|言行一致。

心口如一 xīn kǒu rú yī 心里想的和嘴上说的相一致。形容为人诚实爽直▷做人就应该光明磊落，心口如一。|他喜欢和心口如一的人交朋友。≈表里如一◇心口不一|口是心非。

心宽体胖 xīn kuān tǐ pán 宽：开阔，坦荡。胖：舒坦，宽舒。心胸开阔坦荡，体态安适舒泰。语本《礼记·大学》："富润屋，德润身，心广体胖，故君子必诚其意。"后用"心宽体胖"指人心情舒畅，身体强健▷徐老为人达观，心宽体胖，平时很少生病。|现在的她生活上没有负担，工作又很轻松，无忧无虑，当然心宽体胖了。◇骨瘦如柴|瘦骨嶙峋|鸠形鹄面|面黄肌瘦。

［提示］胖，不读"pàng"。

心旷神怡 xīn kuàng shén yí 旷：开朗，开阔。怡：愉快。心境开阔，精神愉悦▷向南看去，大河如锦带绕腰，那辽阔平原，沃野清风，令人心旷神怡。| 这优美的琴声如戛玉鸣珠，婉转悠扬，令人心旷神怡。

心劳日拙 xīn láo rì zhuō 心劳：用心劳苦。日：逐日，日益。拙：困窘。语出《尚书·周官》："作德，心逸日休；作伪，心劳日拙。"后用"心劳日拙"指费尽心机，事情反而越来越糟▷他们失败的命运早已注定，所有的挣扎只能是心劳日拙。| 一心追名逐利，结果只能是心劳日拙。◇养尊处优。

心力交瘁 xīn lì jiāo cuì 心：精神。力：体力。交：一齐。瘁：过度劳累。精神和体力都极度劳累▷老人患病近一年，把子女们累得心力交瘁。| 项目进入关键阶段，虽然科研人员日夜苦干，已心力交瘁，但仍在顽强拼搏。≈精疲力竭◇心宽体胖。

心灵手巧 xīn líng shǒu qiǎo 头脑灵活，两手灵巧。形容人非常聪明，动手能力强或手艺很高▷小英姑娘心灵手巧，花绣得又快又好。| 这孩子心灵手巧，电脑一学就会。≈多才多艺 | 聪明伶俐◇呆头呆脑 | 笨手笨脚。

心领神会 xīn lǐng shén huì 领：领会。会：理解。无须对方明说，心里已经明白▷小王使了个眼色，小张立刻心领神会，走上前去。| 教练竖起一指，她立刻就心领神会，改用防守战术。≈心照不宣 | 心有灵犀。

心乱如麻 xīn luàn rú má 形容心情烦乱，犹如一团乱麻▷我现在心乱如麻，你不但不安慰我，反而大加挖苦，真是可恶！| 朋友们有的说这个好，有的说那个也不错，把她搞得心乱如麻。≈心烦意乱◇心平气和。

心满意足 xīn mǎn yì zú 语见宋·吕祖谦《晋论》中："君臣上下，自以为江东之业为万世之安，心满意足。"后用"心满意足"形容称心如意，十分满足▷大刘心想：小梅姑娘真不错，如能娶她作媳妇，一辈子可就心满意足了。| 搬进三室一厅的新住宅，全家一个个心满意足。≈称心如意◇大失所望。

心明眼亮 xīn míng yǎn liàng 头脑清楚，眼睛明亮。形容看问题敏锐，能分辨是非和真假▷学习历史，能使人们心明眼亮，更好地观察和认识现实。| 孙大叔走南闯北几十年，阅历丰富，心明眼亮，大伙有事总爱找他商量。≈洞若观火◇有眼无珠。

心平气和 xīn píng qì hé 平：平静。和：温和，和气。心境平静不急躁，态度温和不生气▷我这样一想，也就心平气和了。| 他心平气和地说："有不同的看法是正常的，我们都应该好好考虑别人想法中的长处。"≈平心静气◇意气用事 | 气急败坏 | 大发雷霆。

心如刀绞 xīn rú dāo jiǎo 绞：切割。心像被刀割一样。比喻痛苦至极▷姑娘见母亲这般痛苦，心如刀绞。| 恋人不告而别，让小伙子心如刀绞。

心如死灰 xīn rú sǐ huī 死灰：熄灭了火的灰。语本《庄子·知北游》："形容槁骸，心若死灰。"原形容不为外物所动的精神状态。今多以"心如死灰"形容心境冷漠或失望至极▷遭受失子之痛，老张心如死灰，几乎一蹶不振。| 我纵然心如死灰，也无法把这件往事轻易忘掉。

≈灰心丧气◇踌躇满志。

心如铁石 xīn rú tiě shí 心像铁石一般坚硬。语出三国魏·曹操《敕王必领长史令》:“领长史王必,是吾披荆棘时吏也。忠能勤事,心如铁石,国之良吏也。”后用“心如铁石”形容意志坚定,不为外力所动摇▷妻子执意要离婚,丈夫见她心如铁石,也只能同意。|富商的千金坚决要嫁给一个普通教师,心如铁石,其父母竟以断绝关系相威胁。

心神不定 xīn shén bù dìng 心绪神思不安定▷小陈自从与总经理发生言语冲撞后,一直心神不定,生怕遭受打击报复。|看你心神不定的样子,一定发生了什么事,不妨说出来,我们一起想想办法。≈心不在焉◇聚精会神|一心一意。

心术不正 xīn shù bù zhèng 心术:居心。居心不端正。指人心地不正派,存心不良▷他对人不是与人为善,而是处处刁难,我看他有点心术不正。|这种心术不正的人,肯帮你的忙吗?≈心怀叵测|居心叵测|存心不良|心怀鬼胎|包藏祸心◇襟怀坦白。

心无二用 xīn wú èr yòng 心思不能同时用在两件事上。语本北齐·刘昼《新论·专学》:“使左手画方,右手画圆,令一时俱成,虽执规矩之心,回剟劂之手,而不能者,由心不两用,则手不并运也。”后用“心无二用”指心思一时只能专注于一事▷自古道“心无二用”,你怎么可以一边做习题,一边看手机呢?|古往今来,真正的文武全才少而又少,这是心无二用的缘故。≈专心致志◇心猿意马。

心细如发 xīn xì rú fà 心细:细心。如发:像头发丝那样细。形容心思十分细致,考虑周到▷谁会想到这位战士不但力大无比,而且心细如发。|下棋要做到心细如发,否则一步走错,全盘皆输。

[提示]发,不读“fā”。

心向往之 xīn xiàng wǎng zhī 向往:思慕渴望。之:代词,它。语本《史记·孔子世家》:“《诗》有之:‘高山仰止,景行行止。’虽不能至,然心乡往之。”乡:通“向”。后用“心向往之”指对某人或某事十分仰慕▷桂林山水甲天下,我早就心向往之。|这人对本职工作不安心,反而对别人的职业心向往之,真是见异思迁。

心心念念 xīn xīn niàn niàn 念念:牢记不忘。语出宋·晏殊《诉衷情》词:“人别后,月圆时,信迟迟。心心念念,说尽无凭,只是相思。”后用“心心念念”形容某个念头总存在心里,不能放下▷别看他刚读初中,雄心可大了,心心念念要报考清华大学。|我知道他的心思,心心念念要娶林姑娘为妻。≈念念不忘|念兹在兹|朝思暮想◇置之不理|置之度外|置若罔闻。

心心相印 xīn xīn xiāng yìn 印:符合,一致。原为佛教语,指不通过言语,而是以心相互印证。语本《黄蘖山断际禅师传心法要》:“自如来付法迦叶已来,以心印心,心心不异。”后用“心心相印”指彼此的心意非常一致,感情相投▷共同的理想,共同的事业,使他们心心相印。|如果我们的宣传工作者能放下架子,找出与群众心心相印的途径,把工作做活,那该多好。≈心领神会|情投意合|志同道合|心有灵犀|心照神交|同声共气◇同床异梦|格格不入|话不投机。

心血来潮 xīn xuè lái cháo 来潮:潮水上涨。语见《封神演义》第三四回:“乾元山金光洞有太乙真人闲坐碧游床,正

运元神，忽心血来潮……心血来潮者，心中忽动耳。”后用“心血来潮”指忽然产生一种想法或感应▷李厂长的这个提议是经过深思熟虑的，绝不是一时的心血来潮。≈灵机一动◇深思熟虑。

心有灵犀 xīn yǒu líng xī 灵犀：犀牛角，传说犀牛是灵异的兽，角中有白纹直通角的两端。语出唐·李商隐《无题》诗：“身无彩凤双飞翼，心有灵犀一点通。”原比喻恋爱的男女双方心意相通。后用“心有灵犀”比喻彼此心意相通▷真是心有灵犀，三位科长一下子便明白了处长的意思。|对老师的精彩演讲他常常是心有灵犀，领悟得很快。≈心领神会◇一厢情愿。

心有余悸 xīn yǒu yú jì 悸：因害怕而心跳。事情虽然已过去，但回想起来还感到害怕▷老张自从上次交通事故以后，至今心有余悸，不敢驾车外出。|犯错误不可怕，不必一直心有余悸，重要的是吸取经验教训。

心猿意马 xīn yuán yì mǎ 心猿：心如猿猴攀缘不定。意马：意如奔马驰骋不息。语出《敦煌变文集·维摩诘经讲经文》：“心猿意马罢颠狂。”后用“心猿意马”形容心神散乱，把握不定▷你刚踏上工作岗位，别心猿意马的，要安心工作，好好学习业务。|做任何工作，都应聚精会神，切不可心猿意马。≈心不在焉|魂不守舍◇全神贯注|聚精会神|专心致志。

心悦诚服 xīn yuè chéng fú 悦：高兴，愉快。诚：真心。服：佩服。语本《孟子·公孙丑上》：“以力服人者，非心服也，力不赡也；以德服人者，中心悦而诚服也。”后用“心悦诚服”指从心底里服从或佩服▷他晓之以理，动之以情，使这个“钉子户”心悦诚服地接受了搬迁方案。|他说的一番道理，我虽然无法反驳，但并没有使我达到心悦诚服的地步。≈心服口服|五体投地◇不以为然|不敢苟同|嗤之以鼻。

心照不宣 xīn zhào bù xuān 照：知道，明白。宣：公开说出。心里明白，口中不公开说出。形容彼此心中都明白，不必公开说出来▷他俩从小一起长大，如今又一起共事，凡事心照不宣，配合默契。|我们几个人心照不宣，都来考这所重点中学。≈心领神会|心中有数。

心直口快 xīn zhí kǒu kuài 直：直爽。快：爽快。性情直爽，有话直说。形容为人爽直▷他的特点是颇具童真，平时心直口快，嫉恶如仇。|他心直口快，容易得罪人。≈快人快语|直言不讳|开门见山|直抒己见|直言不隐◇转弯抹角|藏头露尾|吞吞吐吐|讳莫如深|旁敲侧击|含沙射影。

心拙口笨 xīn zhuō kǒu bèn 拙：笨拙。脑子笨，且不善言谈▷他常自称心拙口笨，但在关键时刻往往一语中的。|我心拙口笨的，怎么能在大会上讲话呢？你还是另请高明吧。≈拙口钝辞◇伶牙俐齿。

欣然自得 xīn rán zì dé 欣然：喜悦的样子。自得：心满意足的样子。语出《后汉纪·光武皇帝纪》：“侍对之臣莫不凄怆激扬，[上]欣然自得。”后用“欣然自得”指心情舒适、自满、得意的样子▷爷爷是钓鱼协会的会员，只要垂钓江边，他便欣然自得。|你看他坐在沙发上，看着电视，竟是那样欣然自得，老人的晚年生活多么幸福。

欣喜若狂 xīn xǐ ruò kuáng 欣喜：欢喜，

X

喜悦。狂：发狂，发疯。高兴得像发疯似的。形容高兴到了极点▷这一重大发现，使科学家们欣喜若狂。|欣喜若狂的球迷载歌载舞，欢庆胜利。≈欢呼雀跃|欢天喜地|兴高采烈◇如丧考妣|心如刀割|捶胸顿足|呼天抢地。

欣欣向荣 xīn xīn xiàng róng 欣欣：草木生机旺盛。荣：茂盛。语本晋·陶渊明《归去来辞》："木欣欣以向荣。"后用"欣欣向荣"形容草木长得茂盛▷春天的郊外，一派欣欣向荣的景象。也比喻事业蓬勃发展，繁荣昌盛▷我们的祖国欣欣向荣，前途无限光明。≈蒸蒸日上|生机勃勃|繁荣昌盛◇死气沉沉|江河日下|每况愈下。

新陈代谢 xīn chén dài xiè 陈：旧，旧的。代：更换。谢：凋谢，衰败。原指生物体不断地以新物质替换旧物质的过程。后用"新陈代谢"比喻新生事物不断成长发展，取代衰亡的旧事物▷新陈代谢是自然规律，也是社会发展规律。|树木也好，人类也好，宇宙也好，都在不停地消亡、生长、新陈代谢。≈除旧布新|吐故纳新|革故鼎新|推陈出新◇原封不动|万古不变。

新仇旧恨 xīn chóu jiù hèn 新的仇再加旧的恨。形容仇恨积累很深▷看到照片，新仇旧恨一下子涌上他的心头。|随着时间的推移，新仇旧恨也可以逐渐消解。

新来乍到 xīn lái zhà dào 乍：刚才，起初。刚来到一个地方不久▷这几年浦东大变样，不要说新来乍到的人，就是老上海，也会迷路。|这位大学生新来乍到，你作为老职工，要多指点指点他。

薪尽火传 xīn jìn huǒ chuán 薪：柴。柴虽烧完了，火种却留传下来。语本《庄子·养生主》："指穷于为薪，火传也，不知其尽也。"后用"薪尽火传"比喻师生传授，思想、学问或技艺得以一代一代地流传▷这项绝技能流传至今，是一代代民间工艺师薪尽火传的结果。|虽然沧海桑田，岁月流逝，但儒家的好传统却得以薪尽火传，至今仍有其积极意义。≈绵延不绝。

信笔涂鸦 xìn bǐ tú yā 信笔：随手写字。涂鸦：比喻字写得很拙劣。随便书写，胡乱涂画。语本唐·卢仝《示添丁》诗："忽来案上翻墨汁，涂抹诗书如老鸦。"后用"信笔涂鸦"形容字写得拙劣或胡乱写作▷有人就是喜欢在风景名胜之地信笔涂鸦，真让人讨厌。|我这篇信笔涂鸦的文章竟得到语文老师的称赞，真让我受宠若惊。

信而有征 xìn ér yǒu zhēng 信：确实，可靠。征：同"证"，证据，根据。语出《左传·昭公八年》："君子之言，信而有征，故怨远于其身。"后用"信而有征"形容真实而有根据▷写学术论文必须信而有征，才能站得住脚。|这虽然是部电视连续剧，但人物、事件都信而有征，非那些"戏说"类作品可比。≈有凭有据◇不足为据。

信口雌黄 xìn kǒu cí huáng 信口：随口。雌黄：矿物名，黄赤色，可作颜料，古人多用它涂改文字。语本晋·孙盛《晋阳秋》："王衍字夷甫，能言，于意有不安者，辄更易之，时号'口中雌黄'。"后用"信口雌黄"比喻不顾事实，随口乱说，妄加评论▷她添油加醋，信口雌黄，极尽污蔑挑拨之能事。|你千万不要相信他那些信口雌黄的混话。≈信口开河◇言必有据|信而有征。

信口开河 xìn kǒu kāi hé 信口：随口。开河：即“开合”，说话时嘴唇的一开一合。指没有根据不负责任地瞎说一气▷现在有些人自恃“才华”，遇事常信口开河，令人讨厌。|你的建议很好，看得出不是信口开河。≈信口雌黄|胡说八道|胡言乱语◇言之凿凿。

信马由缰 xìn mǎ yóu jiāng 信马：随着马走去。不勒缰绳，任马行走。比喻没有目标地随便走▷这次他真的气昏了头，不知往哪里去好，信马由缰般地乱走一阵。|到了那里，你可不能信马由缰，那里的道路就好似迷宫一般，非得有向导不可。

信誓旦旦 xìn shì dàn dàn 信誓：真诚可信的誓言。旦旦：诚恳的样子。语出《诗经·卫风·氓》：“信誓旦旦，不思其反。”后用“信誓旦旦”指誓言说得极为真实可信▷他一次次信誓旦旦地保证不再吸毒，但一次次地让人失望。|侵略者的信誓旦旦，不过是掩盖其侵略行为的障眼法。

信手拈来 xìn shǒu niān lái 信手：随手。拈：用手指捏取。随手拿来。形容很方便，不费力▷鲁迅先生的文章虽是嬉笑怒骂，似是信手拈来，文章的骨子里却是义正辞严。|我喜欢读这种信手拈来的快餐式的短文。≈唾手可得◇冥思苦想|搜索枯肠|绞尽脑汁。

兴风作浪 xīng fēng zuò làng 兴：掀起。掀起大风大浪。比喻煽动挑唆，制造事端▷那些借开放、搞活之机兴风作浪、搞歪门邪道的诈骗犯、贪污犯必须严惩。|这个人很不安分，一有机会就兴风作浪。≈兴妖作怪|煽风点火|惹是生非◇风平浪静|息事宁人|排难解纷。

［提示］兴，不读“xìng”。

兴利除弊 xīng lì chú bì 兴：兴办。弊：害处，弊端。语本《管子·君臣下》：“为民兴利除害，正民之德。”后用“兴利除弊”指兴办有益的事业，革除有害的弊端▷他担任县长以后，兴利除弊，为当地百姓办了不少实事。|这些兴利除弊的措施很快收到了成效。≈扶正祛邪|拨乱反正◇倒行逆施。

兴师动众 xīng shī dòng zhòng 兴：发动。师：军队。大规模地调集军队或出兵。语出《吴子·励士》：“夫发号布令而人乐闻，兴师动众而人乐战，交兵接刃而人乐死，此三者，人主之所恃也。”后用“兴师动众”形容发动许多人或动用大量人力去做某事▷为了这样一件小事情兴师动众，影响不好。|张老大今天兴师动众、大张旗鼓地盖房奠基，就是想展示一下自己的财力。≈大动干戈|大张旗鼓◇鸣金收兵|偃旗息鼓。

［提示］兴，不读“xìng”。

兴师问罪 xīng shī wèn zuì 兴师：出动军队。问罪：宣布对方罪状并加以谴责。原指出兵讨伐被宣布为有罪的人。后用“兴师问罪”泛指发动一帮人对被认为有过错的一方严加斥责▷他们哪里是来探望病人的，他们是来兴师问罪的。|他不赞成这种动辄赶上门去兴师问罪的做法。

兴妖作怪 xīng yāo zuò guài 妖魔作祟害人。比喻搞鬼捣乱▷一些不法分子兴妖作怪，制造伪劣产品来坑害顾客，扰乱市场。|癌细胞在他体内兴妖作怪，医生想方设法对他进行抢救。≈兴风作浪。

星火燎原 xīng huǒ liáo yuán 星火：星星点点的极小的火。燎：烧。原：原

野。小火星可以引起燎原大火。语本《书·盘庚上》:"若火之燎于原,不可向迩。"后用"星火燎原"比喻小乱子可以发展成大祸害。也比喻弱小的新生事物可以发展壮大▷**我们一定要消解不稳定的社会因素,否则,星火燎原,会造成很大的损失。|革命运动如星火燎原,迅速波及全国。**

星罗棋布 xīng luó qí bù 罗:罗列。布:分布。像天空中的星星那样罗列,像棋盘上的棋子那样密布。形容多而密集地遍布各处▷**这是一座典型的水乡古镇,镇外湖荡星罗棋布,镇内河道纵横交错。|篮球在中国有着雄厚的群众基础,遍布全国、星罗棋布的篮球场足以说明人们对篮球的钟爱。**

星星点点 xīng xīng diǎn diǎn 形容多而分散或零散细碎▷**花园里盛开着星星点点的小野花,好看极了。|你们这样调查,只能得到星星点点的印象,而不能全面了解和掌握事物的本质,所以说是很不成功的。**

星移斗转 xīng yí dǒu zhuǎn 斗:北斗星。星座移位,北斗星转向。表示时序变迁或岁月流逝▷**星移斗转,弹指间我来申城已快五年了。|他披衣出门,抬头一看,星移斗转,已是三更时分。**≈**斗转参横|物换星移|春去秋来|寒来暑往。**

惺惺相惜 xīng xīng xiāng xī 惺惺:聪明机灵。聪明人爱惜聪明人。形容性格、才能、志趣或境遇相同的人相互爱惜、同情和支持▷**他紧紧握着老李那双手用力摇着,此时,老李已是泪流满面,真可谓惺惺相惜。|他们两人言谈十分投入,大有惺惺相惜之感。**

行将就木 xíng jiāng jiù mù 行将:即将。就:接近。木:代指棺材。将要进棺材了。《左传·僖公二十三年》载:春秋时,晋惠公派人行刺重耳,重耳决定逃亡齐国,临行前对妻子季隗说:"待我二十五年,不来而后嫁。"季隗说:"我二十五年矣,又如是而嫁,则就木焉。"后用"行将就木"表示寿命已经不长了▷**这位老人重病缠身,行将就木,还时时不放心小孙子没人照顾。|自失恋后,她的心态是那样灰暗凄凉,好像是一个行将就木的人。**≈**奄奄一息**◇**生机勃勃。**

行若无事 xíng ruò wú shì 若:好像。指行动上好像没发生任何事情。语本《孟子·离娄下》:"禹之行水也,行其所无事也。"原意指夏禹治水是顺水势而为,不做逆水势的事。后用"行若无事"形容态度镇静如常▷**车子半途抛锚,眼看天黑前回不了北京,大家急得直跺脚,可李经理仍行若无事。|有人在撬隔壁的铁门,可王大伯竟然不闻不问,行若无事。**≈**若无其事。**

行色匆匆 xíng sè cōng cōng 行色:行旅出发时的情状。语出唐·牟融《送客之杭》诗:"西风吹冷透貂裘,行色匆匆不暂留。"后用"行色匆匆"指出发时的神色显出急急忙忙的样子▷**这次他行色匆匆,应该带上的东西都遗忘了,真令我担忧。|他经常出差,每次都是行色匆匆,他自己倒没有什么,可家里人的心就是放不下。**◇**优哉游哉。**

行尸走肉 xíng shī zǒu ròu 行尸:会行动而无灵魂的尸体。走肉:会走动而无思想的肉体。语出晋·王嘉《拾遗记·后汉》:"夫人好学,虽死若存;不学者,虽存,谓之行尸走肉耳。"后用"行尸走肉"比喻徒具形骸、精神贫乏空虚、

稀里糊涂过日子的人▷这种出卖灵魂的人虽然活着,也不过是一具行尸走肉而已。|像他这种行尸走肉般的人,活着有什么意思!

行思坐想 xíng sī zuò xiǎng 走着坐着都在想。语出宋·朱熹《存养》:"心只管在这上行思坐想,久后忽然有悟。"后用"行思坐想"形容不停地思考▷治厂方案不是靠一个人行思坐想就能制定出来的,你不妨走走群众路线,这对制定方案是很有帮助的。|与其行思坐想,还不如亲自到基层去调查一下,掌握第一手资料更有利于决策。

行同狗彘 xíng tóng gǒu zhì 行:行为。彘:猪。行为如同猪狗一样肮脏。语本《墨子·耕柱》:"伤矣哉!言则称于汤、文,行则譬于狗豨。"后用"行同狗彘"形容人的行为卑鄙无耻▷秦桧卖国求荣,行同狗彘,是人中的败类。|这家伙杀妻害子,行同狗彘,早就该枪毙了。≈狼心狗肺|人面兽心。

行远自迩 xíng yuǎn zì ěr 迩:近。走远路必须从最近的一步开始。语本《礼记·中庸》:"君子之道,辟如行远必自迩。"后用"行远自迩"比喻做事必须由浅入深,一步步循序渐进▷这次受伤,使他懂得了行远自迩的道理,训练中再不急于求成了。|学习也要遵循行远自迩的规律,不能贪多务得。≈循序渐进◇急于求成。

行云流水 xíng yún liú shuǐ 飘动的云,流淌的水。比喻诗文书画洒脱自然,毫无拘束▷他学贯中西,写文章旁征博引,如行云流水。也指某种东西飘忽不定,很难把握,也就无足轻重▷对于名和利,有些人看得很重,也有人却看得如行云流水一般。

行之有效 xíng zhī yǒu xiào 效:成效,效果。实行起来有成效,使用起来确有效应▷这种办法过去行之有效,现在也一定有用。|这套行之有效的工作方法应该得到推广。≈卓有成效◇徒劳无功。

形单影只 xíng dān yǐng zhī 形:身体。影:身影。只:单独。语出唐·韩愈《祭十二郎文》:"承先人后者,在孙惟汝,在子惟吾,两世一身,形单影只。"后用"形单影只"形容孤独一身▷老人的亲人相继去世,留下她孤零零的一人,形单影只,寂寞凄凉。|他一出生便被父母遗弃,自小至今形单影只。≈形影相吊◇人丁兴旺。

形格势禁 xíng gé shì jìn 格:受阻碍。禁:禁止。抓住互殴者的要害部位,使其身子不得伸展而自然分开。语出《史记·孙子吴起列传》:"夫解杂乱纷纠者不控卷,救斗者不搏撠,批亢捣虚,形格势禁,则自为解耳。"后用"形格势禁"指受形势的阻碍或限制▷旧体制束缚重重,形格势禁,青年人难以脱颖而出。|这不是姑娘有意与你决裂,实在是父母剧烈反对,形格势禁,不得不如此。

形迹可疑 xíng jì kě yí 形迹:迹象,指举止和神色。指人的行为举止和神情态度令人怀疑▷这个人这几天一直在公司门口转来转去,东张西望,我看形迹可疑。|假如发现形迹可疑的人,立即派人盯住他。

形势逼人 xíng shì bī rén 形势:事物发展的状况、趋势。形势的发展迫使人更加努力地赶上去▷形势逼人,再不更新设备和技术,我们的产品要被市场淘汰了。|科技发展迅速,形势逼人,我们必

须迎头赶上。

形销骨立 xíng xiāo gǔ lì 形销：形体消瘦。骨立：像骨架似的站着。形容身体瘦瘠▷在疾病的熬煎中度过了半年，他病体枯槁，形销骨立。|怎么也没想到，她竟患了绝症，三个月下来已形销骨立。≈瘦骨伶仃|瘦骨嶙峋◇脑满肠肥|大腹便便。

[提示]销，不要写作“消”。

形形色色 xíng xíng sè sè 生成这种形体和这种颜色。语本《列子·天瑞》：“故有生者，有生生者；有形者，有形形者；有声者，有声声者；有色者，有色色者；有味者，有味味者。”后用“形形色色”形容事物各式各样，品种繁多▷人的欲望形形色色，写作的目的也各式各样。|形形色色的骗子有一个共同的特点，即都有一副堂皇的嘴脸。≈五花八门|五光十色|千姿百态◇千篇一律|如出一辙|一模一样|千人一面。

形影不离 xíng yǐng bù lí 形：形体。影：影子。像物体和它的影子一样，时刻不分离。语本《吕氏春秋·孝行览》：“圣人之见时，若步之与影不可离。”后用“形影不离”形容彼此关系密切，时时刻刻相伴▷连环画曾是我童年时形影不离、至亲至爱的伙伴。|这些天，她与小明形影不离，亲热得不得了。≈形影相随|如影随形|寸步不离◇天各一方|天涯海角|形单影只。

形影相吊 xíng yǐng xiāng diào 形：身形，身体。影：影子，身影。吊：慰问。只有自己的身体和影子相互慰问。语出三国魏·曹植《上责躬表》：“形影相吊，五情愧赧。”后用“形影相吊”形容孤单无依▷老人没有什么亲人，形影相吊，十分孤寂。|她茕茕孑立，形影相吊，没有来客，也没有约会。≈形单影只|孤苦伶仃|茕茕孑立◇济济一堂|门庭若市。

兴高采烈 xìng gāo cǎi liè 兴：兴致，兴趣。采：神采，情绪。烈：旺盛。语本南朝梁·刘勰《文心雕龙·体性》：“叔夜（嵇康）俊侠，故兴高而采烈。”原指诗文旨趣高远，言辞激烈犀利。后用“兴高采烈”形容兴致很高、情绪高昂或气氛欢快热烈▷有一次，正在伙伴们玩得兴高采烈时，小胖突然生气了。|大家都兴高采烈地去参加联欢晚会。≈欢天喜地|兴致勃勃|喜气洋洋|欢欣鼓舞|乐不可支◇愁眉苦脸|无精打采|垂头丧气|闷闷不乐。

[提示]采，不要写作“彩”。

兴味索然 xìng wèi suǒ rán 兴味：兴致。索然：毫无兴致的样子。形容一点兴致也没有▷妹妹没有买到她喜欢的杂志，兴味索然地回家了。|兴冲冲去看足球比赛，却让一场大雨浇得人兴味索然。≈兴尽意阑◇兴致勃勃|兴味盎然。

兴致勃勃 xìng zhì bó bó 兴致：兴趣。勃勃：旺盛的样子。形容兴致很高▷周末晚上，两人兴致勃勃地去看电影。|大哥兴致勃勃地大谈旅美见闻。≈兴味盎然◇兴味索然。

幸灾乐祸 xìng zāi lè huò 幸：庆幸，高兴。乐：快乐，欢乐。因别人遭到灾难而高兴，以别人受到祸害为快乐。形容人对别人的不幸毫无同情心▷即使以前他说过你不好，你也不能在他有难的时候幸灾乐祸，而应该去帮助他才对。|人家已经痛苦万分，而他却在旁边幸灾乐祸地偷笑。

性命交关 xìng mìng jiāo guān 交关：相

关。事情关系到人的性命。形容事关重大或十分危险▷**药品是性命交关的东西，有人竟敢造假，真是胆大包天。|带兵打仗不是闹着玩的，可是性命交关之事。≈生死攸关◇无关痛痒。**

凶多吉少 xiōng duō jí shǎo 凶险多，吉利少。形容十分险恶▷**老李头出海多日还未回来，一定是凶多吉少。|他这一去凶多吉少，我们得赶快报警。≈在劫难逃|逢凶化吉。**

凶神恶煞 xiōng shén è shà 煞：凶神。样子凶狠或生性凶恶的神祇。借指面目凶恶或心肠凶残的人▷**四叔一见大侄儿一副凶神恶煞的模样，丢下一句"这忙我帮不了"，扭头就走。|在一般老百姓眼里，这些家伙是一群令人避之唯恐不及的凶神恶煞。**

凶相毕露 xiōng xiàng bì lù 毕：尽，全。凶恶的面貌完全暴露出来▷**这个凶相毕露的抢劫犯终于落入了法网。|他一看花言巧语欺骗不成，立即凶相毕露地拔出了匕首。≈穷凶极恶◇和颜悦色。**

兄弟阋墙 xiōng dì xì qiáng 阋：争吵。墙：指家里。兄弟在家争吵。语本《诗经·小雅·棠棣》："兄弟阋于墙，外御其务。"务：通"侮"。后用"兄弟阋墙"比喻内部纷争▷**这一家兄弟阋墙，甚至拔拳相向，真让人笑话。|中国历史上因兄弟阋墙而招致外敌入侵的事例多得不可胜数。≈同室操戈|煮豆燃萁◇同舟共济。**

汹涌澎湃 xiōng yǒng péng pài 汹涌：波涛翻腾上涌的样子。澎湃：波浪相互撞击。形容水势十分浩大或凶猛。也比喻声势浩大，不可阻挡▷**驶近长江口，只见白浪汹涌澎湃，江面浩瀚无际地向两边伸展。|读完这封感人肺腑的信，一股汹涌澎湃的激情在我胸中激荡。≈波澜壮阔|浩浩荡荡|风起云涌◇风平浪静。**

胸无城府 xiōng wú chéng fǔ 城府：城池和官府，比喻待人处事的心机。语本《宋史·傅尧俞传》："尧俞厚重言寡，遇人不设城府，人自不忍欺。"后用"胸无城府"形容人胸怀坦荡，不用心机▷**老张为人诚恳，胸无城府，同事们都乐于和他交朋友。|做人胸无城府固然好，但社会是复杂的，头脑也不能太简单天真。≈襟怀坦白。**

胸无点墨 xiōng wú diǎn mò 墨：墨水，比喻学识、文化。胸中没有一点墨水。语本宋·吴子良《荆溪林下偶谈》卷一："俚俗谓不能为文者为胸中无墨。"后用"胸无点墨"形容文化水平很低，毫无学识▷**这些人虽腰缠万贯，但出言吐语十分粗鲁，说明是一些胸无点墨的家伙。|你穿得再漂亮，但胸无点墨，还是没人看得起。≈目不识丁◇满腹经纶。**

胸有成竹 xiōng yǒu chéng zhú 成竹：现成的完整的竹子。语本宋·苏轼《文与可画筼筜谷偃竹记》："故画竹，必先得成竹于胸中，执笔熟视，乃见其所欲画者，急起从之，振笔直遂，以追其所见。"原指画竹子之前，心里就已有了竹子的完整形象。后用"胸有成竹"比喻做事之前，心中已有成熟的计划和打算▷**他作报告时没有发言稿，但胸有成竹，侃侃而谈。|他的语气里分明含着胸有成竹的果断和自信。≈心中有数◇心中无数|不知所以|无所适从。**

［提示］**也作"成竹在胸"。**

雄材大略 xióng cái dà lüè 雄：杰出的，有气魄的。材：通"才"，才能，才华。略：谋略。语出《汉书·武帝纪赞》："如

武帝之雄材大略,不改文、景之恭俭以济斯民,虽《诗》《书》所称何有加焉!”后用“雄材大略”形容杰出的才能和远大的谋略▷两宋共历十八帝,除太祖赵匡胤,其他似乎都缺少政治家的雄材大略。|他是个有雄材大略的人,不会长期屈居人下的。

雄师百万 xióng shī bǎi wàn 雄师:威武雄壮、强大无比的军队。百万:形容数量极多。指军队威武雄壮,兵多将广,十分强大▷曹操自恃有雄师百万,根本不把刘备和孙权放在眼里。|人民解放军雄师百万,浩浩荡荡渡过了长江。

雄心勃勃 xióng xīn bó bó 雄心:远大的理想和抱负。勃勃:旺盛、强烈的样子。形容理想和抱负非常远大▷这是一个雄心勃勃的计划,但目前缺乏人手,无法实施。|他雄心勃勃地打算在家乡办一家大工厂。≈雄心壮志|豪情壮志。

雄心壮志 xióng xīn zhuàng zhì 雄:杰出,气魄大。壮:宏大,豪迈。远大的理想,宏伟的志向。形容非凡的抱负▷我们既要有雄心壮志,又要有脚踏实地的苦干精神和实事求是的科学态度。≈豪情壮志|鸿鹄之志|雄心勃勃◇鼠目寸光|目光如豆。

熊心豹胆 xióng xīn bào dǎn 熊的心,豹的胆。比喻胆量极大▷您说得也真是,即使我有熊心豹胆,也不敢在别人面前说她半句坏话。|我可没有那份熊心豹胆去神农架探险。≈胆大包天|胆大如斗◇胆小如鼠。

休戚相关 xiū qī xiāng guān 休:欢乐。戚:忧伤。语见宋·陈亮《送陈给事去国启》:“然用舍之际,休戚相关。”后用“休戚相关”形容彼此间关系密切,忧喜相共,祸福相连▷我国各民族虽有人数多少之别,但彼此间休戚相关,血肉相连。|洪水的威胁与全城人休戚相关,因此一定要团结一心,夺取抗洪保城之战的胜利。≈休戚与共|同甘共苦◇无关痛痒。

休戚与共 xiū qī yǔ gòng 休:欢乐。戚:忧伤。彼此间喜悦和忧伤共同承担。形容彼此同甘共苦,利害一致▷在反侵略斗争中,两国人民休戚与共,生死相依,结下了兄弟般的友情。|在出国留学期间,两人互帮互助,休戚与共,结成一对患难之交。≈休戚相关|同甘共苦◇无关痛痒。

休养生息 xiū yǎng shēng xī 休养:休息保养。生息:人口繁衍。语出唐·韩愈《平淮西碑》:“高祖太宗,既除既治;高宗中睿,休养生息;至于玄宗,受报收功。”后用“休养生息”指在大动荡或大变革以后,减轻人民负担,安定生活,发展生产,恢复元气▷大战之后,国家需要一个休养生息的时期。|经过几年的休养生息,国家的经济又开始步入高速发展的轨道。

修旧利废 xiū jiù lì fèi 修补旧物,利用废物▷修旧利废应该大力提倡,怎能说是小家子气呢?|这家厂一年中修旧利废回收的资金达数百万元。◇暴殄天物。

修心养性 xiū xīn yǎng xìng 修养心性。指陶冶身心,以求使自己达到学识和品德完美的境地▷他后来在武当山出家,经过几年修心养性,练就了一身外柔内刚的武当拳法。|我想修心养性,可惜没有一个合适的环境。

羞与为伍 xiū yǔ wéi wǔ 为伍:做伙伴,在一起。语出《后汉书·党锢传序》:“逮

桓、灵之间,主荒政缪,国命委于阉寺,士子羞与为伍。”后用“羞于为伍”指耻于同自己看不起的人在一起▷他整天游手好闲,惹是生非,大家都羞与为伍。|现在“大师”满天飞,我羞与为伍,还是称我为普通教师更合适。

秀而不实 xiù ér bù shí 秀:植物开花。实:植物结果实。只开花不结果。语出《论语·子罕》:“苗而不秀者有矣夫!秀而不实者有矣夫!”后用“秀而不实”比喻虽天资聪颖却没能取得成就。也比喻虚有其表,无真才实学▷小张颇有数学天赋,但他急于挣钱成家,没有深造,结果只能秀而不实。|这人自视颇高,但实际上秀而不实,无多大出息。≈苗而不秀◇开花结果。

秀色可餐 xiù sè kě cān 秀色:美好的容貌或景色。餐:吃。语本晋·陆机《日出东南隅行》:“鲜肤一何润,秀色若可餐。”后用“秀色可餐”形容女子容貌美丽或景色秀丽▷时装模特大赛的表演场上,各国佳丽云集,真是秀色可餐。|黄山的云、石、松姿态各异,构成独特的瑰丽景色,可谓秀色可餐。

秀外慧中 xiù wài huì zhōng 秀:秀丽。慧:聪明。中:内心。语本唐·韩愈《送李愿归盘谷序》:“曲眉丰颊,清声而便体,秀外而惠中。”后用“秀外慧中”形容人外表秀丽,内心聪明▷小陈的女友秀外慧中,把他父母亲乐坏了。|老洪的女儿年方十八,秀外慧中,老洪夫妇视若掌上明珠。◇绣花枕头。

袖手旁观 xiù shǒu páng guān 把手放在袖子里在旁边观看。形容置身事外,不参与▷大伙儿干得热火朝天,他却在一旁袖手旁观。|张主任对新出台的措施不满,于是采取消极态度,袖手旁观。≈隔岸观火|冷眼旁观◇拔刀相助|见义勇为。

绣花枕头 xiù huā zhěn tóu 绣了花的枕头,外表好看,枕芯却是草屑壳粒。喻指虚有其表而无真才实学的人▷青年人不学习文化知识,打扮得再好看,也只是绣花枕头。|她成天打扮得花枝招展,却不好好学习业务,大伙儿叫她绣花枕头。≈外强中干◇秀外慧中。

虚怀若谷 xū huái ruò gǔ 虚:谦虚。怀:胸怀。谷:山谷。谦虚的胸怀像山谷那样深广。语本《老子》十五章:“古之善为士者,微妙玄通,深不可识……敦兮其若朴,旷兮其若谷。”后用“虚怀若谷”形容人非常谦虚,能接受不同意见▷在我的印象中,李老虚怀若谷,平易近人。|他的话讲得非常坦率、诚恳,很有点虚怀若谷的风度。≈谦虚谨慎◇骄傲自满。

虚晃一枪 xū huǎng yī qiāng 虚晃:当空一扬。比喻用假象迷惑对方▷这伙贩毒分子见公安干警撤出了小树林,便想逃之夭夭,殊不知,这是我们布的疑阵,只是虚晃一枪,当他们逃到路边时,锃亮的手铐已经铐上了他们的双手。|请你不要来虚晃一枪这一套,我早就领教过了。

虚己以听 xū jǐ yǐ tīng 虚己:使自己虚心。语本《韩诗外传》卷二:“虚己以受人。”后用“虚己以听”形容虚心地听取别人的意见和批评▷董事长虚己以听,采纳了董事们的意见。|一个人只有虚己以听,欢迎别人的批评帮助,才能不断提高。≈虚怀若谷◇骄傲自满。

虚情假意 xū qíng jiǎ yì 虚:虚伪。虚假的情意▷帮助别人要真心实意,不能虚情假意。|做领导的要警惕下属的虚情假

X

意，不要被他们所迷惑。≈假仁假义◇真心实意。

虚位以待 xū wèi yǐ dài 虚：空着。位：位置，职位。空出职位恭候▷这家杂志社还缺一个副主编，他们宁可虚位以待，也决不滥竽充数。|这家高科技公司在人才市场广觅英才，好多职位虚位以待。

虚无缥缈 xū wú piāo miǎo 缥缈：隐隐约约、若有若无的样子。语出唐·白居易《长恨歌》："忽闻海上有仙山，山在虚无缥缈间。"后用"虚无缥缈"形容虚幻渺茫，不可捉摸▷航天飞机在虚无缥缈的太空飞行，进行多项科学考察。|说什么耳朵认字，隔物移物，这都是虚无缥缈的事，我从来不信。≈海市蜃楼。

虚应故事 xū yìng gù shì 虚：空。应：应付。故事：成例。语本《宋史·刘黻传》："比年朋邪扇焰，缄默成风，奏事者不过袭陈言、应故事而已。"后用"虚应故事"指仿照成例应付，敷衍了事▷这次职代会考评干部，又是虚应故事，不会起任何作用。|这次学习机会十分宝贵，你要好好珍惜，不可虚应故事。≈敷衍了事。

虚有其表 xū yǒu qí biǎo 虚：空。表：外表，外貌。徒有那好看的外表。唐·郑处诲《明皇杂录》载：唐玄宗欲以苏颋(tǐng)为相，让中书舍人萧嵩起草诏书。萧嵩身材高大，相貌英俊，但所写的诏书中却犯了苏颋父亲的名讳，惹得玄宗很不高兴，掷其稿于地说："虚有其表耳！"后用"虚有其表"指事物空有好看的外表或好听的名称而毫不实用▷经过几次打交道，我发现此人是个绣花枕头，虚有其表。|这种虚有其表的人，时间长了，是一定会露出马脚来的。≈华而不实|有名无实|徒有虚名◇表里如一|名副其实|货真价实。

虚与委蛇 xū yǔ wēi yí 虚：假，虚假。委蛇：随顺的样子，指随意敷衍。语本《庄子·应帝王》："吾与之虚而委蛇。"后用"虚与委蛇"指对人假意殷勤，敷衍应酬▷他对黄科长一直抱着一种虚与委蛇的态度。|我不愿意与他们打交道，但又不能得罪他们，万不得已，只好同他们虚与委蛇。≈虚应故事|虚情假意◇开诚相见|诚心诚意。

［提示］蛇，不读"shé"。

虚张声势 xū zhāng shēng shì 虚：假。张：铺张，张扬。故意制造一种貌似强大的声威和气势，借以吓人▷外强中干的敌军只能虚张声势地乱放了一阵枪，然后缩回去了。|这是他虚张声势，一时间也确实蒙骗了不少人。≈装腔作势|故弄玄虚|装神弄鬼◇实事求是。

虚左以待 xū zuǒ yǐ dài 虚左：空着左边的位置。古代以左为尊，"虚左"表示对宾客的尊敬。语本《史记·魏公子列传》："公子从车骑，虚左，自迎夷门侯生。侯生摄敝衣冠，直上载公子上坐，不让，欲以观公子。"后用"虚左以待"指留出尊贵的席位以等待所尊敬的人▷我今天在家宴请宾客，虚左以待，就看您能否光临？|瞧这虚左以待的架势，看来还有尊贵的客人要来。

嘘寒问暖 xū hán wèn nuǎn 嘘寒：呵出热气使受冻的人得到温暖。形容对人的生活体贴入微，关怀备至▷他经常去林家嘘寒问暖，并自己掏钱买这买那。|张书记经常到职工家里嘘寒问暖。≈问寒问暖|关怀备至|体贴入微。

徐娘半老 xú niáng bàn lǎo 徐娘：梁元帝的妃子徐氏。语本《南史·梁元帝徐

妃传》:"徐娘虽老,犹尚多情。"后用"徐娘半老"形容中年妇女风韵犹存▷这家美容店的女老板虽徐娘半老,但穿着打扮十分时髦。|这个徐娘半老的女人不但打扮得花枝招展,言谈举止也做作得让人肉麻。

栩栩如生 xǔ xǔ rú shēng 栩栩:生动活泼的样子。语本《庄子·齐物论》:"昔者庄周梦为胡蝶,栩栩然,胡蝶也,自喻适志与!"后用"栩栩如生"形容十分生动逼真,像活的一样▷两千多年后重见天日的兵马俑,依然栩栩如生,威武雄壮。|这幅肖像画他画得很用心,画中人物栩栩如生。≈惟妙惟肖|呼之欲出|活灵活现。

轩然大波 xuān rán dà bō 轩然:高高涌起的样子。高高涌起的大波浪。语出唐·韩愈《岳阳楼别窦司直》诗:"轩然大波起,宇宙隘而妨。"后用"轩然大波"比喻大的纠纷或风潮▷这次因金融危机而引起的轩然大波,持续了两个月才平息下去。|这篇报道的发表,竟引发了一场轩然大波。◇风平浪静。

揎拳捋袖 xuān quán luō xiù 把袖子往上推,握着拳头,露出胳膊。形容准备动武的架势或粗野的姿态▷这个人很不讲道理,明明理亏,还揎拳捋袖,应该制止他这种不文明的言行。|你该改一改这动不动就揎拳捋袖的坏习惯,这架势谁看了都觉得不舒服。

喧宾夺主 xuān bīn duó zhǔ 喧:声音大而嘈杂。宾:宾客,客人。夺:压倒,超过。客人的声音超过了主人的声音。比喻主次颠倒,客人占了主人的地位或外来的、次要的事物侵占了原有的、主要的事物的地位▷有的节目主持人喧宾夺主,明明是为后边的节目服务的,可一旦手握话筒,就舍不得放下,喋喋不休,没话找话。|菜肴的佐料,仅仅辅佐而已,怎能喧宾夺主?≈反客为主|本末倒置。

悬而未决 xuán ér wèi jué 悬:挂起来。问题一直挂在那里,没有得到解决▷这个悬而未决的历史遗留问题,至今仍未解决。|新市长上任以来,雷厉风行,大刀阔斧,许多悬而未决的老大难问题很快解决了。

悬梁刺股 xuán liáng cì gǔ 悬梁:典出《太平御览》卷三六三引《汉书》:"孙敬字文宝,好学,晨夕不休。及至眠睡疲寝,以绳系头悬屋梁。后为当世大儒。"刺股:典出《战国策·秦策一》:"[苏秦]读书欲睡,引锥自刺其股,血流至足。"股:大腿。孙敬读书时为防止打瞌睡,把头发悬吊在屋梁上;苏秦读书欲睡时用锥子刺自己的大腿。后用"悬梁刺股"形容刻苦学习,发愤攻读▷古人尚能悬梁刺股,我们是祖国的未来,就更应该刻苦学习。|现在有些人,没有悬梁刺股、凿壁偷光、艰苦学习的决心,却有谋取博士、硕士学位之虚荣心。≈囊萤映雪|凿壁偷光。

悬崖勒马 xuán yá lè mǎ 悬崖:陡峭的山崖。勒马:收住缰绳,使马止步。行至悬崖边,赶紧收缰勒住马,不再前进。比喻到了危险的边缘,及时醒悟回头▷我现在警告你,若再不悬崖勒马,就要犯下大错了。|你在错误的道路上走得够远了,早该悬崖勒马了。≈幡然悔悟|回头是岸◇死不改悔|执迷不悟|怙恶不悛。

悬崖峭壁 xuán yá qiào bì 峭壁:陡直的石壁。语见宋·张君房《云笈七签》卷一一三:"到处皆于悬崖峭壁人不及

处题云：'许碏自峨嵋寻偃月子到此。'"后用"悬崖峭壁"形容陡峭的山崖，险峻的山势▷经过大半天的攀登，同学们终于登上了悬崖峭壁。|悬崖峭壁阻挡不了登山队员登顶的脚步。≈层峦叠嶂◇一马平川。

旋生旋灭 xuán shēng xuán miè 旋：不久，很快地。指产生不久随即消亡▷现在封建迷信又沉渣泛起，这些东西不一定会旋生旋灭，它会时刻毒害人们的灵魂，我们一定要依法给予打击。|非法的、不健康的视频在网络上刚一露面，就被管理部门查封，它们真可谓是旋生旋灭。≈稍纵即逝|昙花一现。

选贤任能 xuǎn xián rèn néng 贤：有道德的。能：能干的。语出《旧唐书·食货志上》："设官分职，选贤任能，得其人则有益于国家。"后用"选贤任能"指选拔任用有德行、有才干的人▷一个单位的领导如能选贤任能，这个单位就有希望。|刘邦选贤任能，终于战胜项羽，重新统一了中原。◇任人唯亲。

烜赫一时 xuǎn hè yī shí 烜赫：声势很盛。指一个时期内名气、声势很盛▷历史上曾烜赫一时的人，后代败落的数不胜数。|曹雪芹祖上任江宁织造时，曾烜赫一时。≈赫赫有名◇默默无名。

癣疥之疾 xuǎn jiè zhī jí 癣、疥：两种普通的皮肤病。指危害不大的小病。语本《吕氏春秋·直谏》："夫齐之于吴也，疥癣之病也。"后用"癣疥之疾"比喻为害较小的祸害▷人到中年，对人体上的癣疥之疾也不能掉以轻心。|这几个四处流窜的窃贼，只是癣疥之疾，不难解决。◇心腹之患|病入膏肓。

削足适履 xuē zú shì lǚ 适：适应。履：鞋子。鞋子太小，就把脚削去一块以适合鞋子的尺寸。语本《淮南子·说林》："夫所以养而害所养，譬犹削足而适履，杀头而便冠。"后用"削足适履"比喻不顾具体条件而生搬硬套▷为了证明自己理论的正确性，有时他们甚至不惜削足适履，以至牵强附会。|我们学习外国的经验，不能不顾国情而采取削足适履的做法。≈生搬硬套◇因地制宜|因时制宜。

穴居野处 xué jū yě chǔ 穴：洞。处：居住，生活。居住在山洞，生活在荒野。语本《周易·系辞下》："上古穴居而野处，后世圣人易之以宫室。"后用"穴居野处"形容原始人类的生活▷原始人以渔猎为主，过着穴居野处的生活。|这两个逃犯无法长期忍受穴居野处的生活，只得向警方投案。

［提示］处，不读"chù"。

学非所用 xué fēi suǒ yòng 学：学习。用：使用。语出《后汉书·张衡传》："必也学非所用，术有所仰，故临川将济，而舟楫不存焉。"后用"学非所用"指所学的东西没有在实际工作中得到应用▷学非所用是对人才的极大浪费。|为了改变学非所用的状况，他多次向领导提出调离现在的岗位。≈用非所学◇学用一致。

学富五车 xué fù wǔ chē 富：富有。五车：指五车书。语本《庄子·天下》："惠施多方，其书五车。"后用"学富五车"形容读书多，学识渊博▷刘老师年龄不大，但学富五车，因而很受学生欢迎。|在商潮冲击下，很多读书人心态浮躁，学富五车的人越来越少了。≈满腹经纶|博古通今◇目不识丁|胸无点墨。

学以致用 xué yǐ zhì yòng 致：使达到。

使学到的东西能在实际中得到应用▷张工程师最大的苦恼是在厂里没有学以致用的机会。|他想不到以前学的俄文现在有了学以致用的机会。≈学用一致◇学非所用。

雪泥鸿爪 xuě ní hóng zhǎo 雪泥：积雪的泥土。鸿：大雁。鸿雁在融化着雪水的泥土上踏过所留下的痕迹。语本宋·苏轼《和子由渑池怀旧》诗："人生到处知何似？应似飞鸿踏雪泥。泥上偶然留指爪，鸿飞那复计东西。"后用"雪泥鸿爪"比喻事情过后遗留的痕迹▷请你外出不要东刻西写，这不是雪泥鸿爪，千古留名，而是在破坏旅游胜地的古迹。|把人生看作是雪泥鸿爪，这是一种悲观、消极情绪，我们不应提倡。

雪上加霜 xuě shàng jiā shuāng 积雪尚未溶化，上面又加了一层霜。语出宋·释道原《景德传灯录·大阳和尚》："师云：'汝只解瞻前，不解顾后。'伊云：'雪上更加霜。'"后用"雪上加霜"比喻接连遭受灾难，苦上加苦▷父母双双失业在家，一贫如洗，她又生病住了医院，要缴一万元医药费，真是雪上加霜。|爷爷去世不久，父亲也病倒了。在这雪上加霜的日子里，十六岁的小明勇敢地挑起了家庭的生活重担。≈祸不单行◇双喜临门|锦上添花。

雪中送炭 xuě zhōng sòng tàn 大雪天给人送上取暖的炭。比喻在别人困难和急需时及时给予帮助▷对那些有特殊困难的群众，要特别加以关心，切实为他们雪中送炭，排忧解难。|"锦上添花"和"雪中送炭"都是美事，只是现在常见的是锦上添花有余，雪中送炭不足。◇雪上加霜|趁火打劫|落井下石|乘人之危。

血海深仇 xuè hǎi shēn chóu 血海：杀人流血成海。指有血债的深仇大恨▷老百姓气愤地说，日本鬼子当年杀了我们的先辈，这血海深仇岂能"一风吹"！≈深仇大恨|千仇万恨|苦大仇深◇恩重如山|大恩大德|恩同再造。

血口喷人 xuè kǒu pēn rén 比喻用极其恶毒的辱骂诬陷别人▷他是在胡说八道，血口喷人，你别相信他。|为了达到自己不可告人的目的，他不惜采用血口喷人、栽赃陷害的手法，真是卑鄙无耻之极。≈含血喷人|含沙射影。

血流成河 xuè liú chéng hé 鲜血流淌成河。语出隋·祖君彦《檄洛州文》："尸骸蔽野，血流成河，积怨满于山川，号哭动于天地。"后用"血流成河"形容死伤的人极多▷经过一场恶战，战场上血流成河。|岳飞率军冲入金营，杀得金兵血流成河。≈血流漂杵。

血流漂杵 xuè liú piāo chǔ 杵：通"橹"，大盾牌。血流成了河，漂浮起了战死者的盾牌。语出《尚书·武成》："受率其旅若林，会于牧野，罔有敌于我师，前徒倒戈，攻于后以北，血流漂杵。"后用"血流漂杵"形容杀人极多▷这一仗双方都投入了大量的兵力，直杀得尸积如山，血流漂杵。|淝水大战中，前秦的军队被晋军杀得大败，血流漂杵。≈血流成河|尸横遍野|尸积如山◇兵不血刃。

血流如注 xuè liú rú zhù 注：喷射。血流得像喷泉的水喷出来似的。形容血流得又快又多▷突然，一颗子弹击中了他的右腿，他倒在地下，血流如注。|爆炸时，他头部受了重伤，血流如注。

血盆大口 xuè pén dà kǒu 血淋淋的像盆子那样大的嘴。形容凶猛的野兽残

害生灵。引申指某人或团伙的贪婪野心▷那只饿得发急的大老虎张开血盆大口,把活生生的猪崽吞了下去。|狠心的资本家张开血盆大口,无情地吞噬劳动人民创造的财富。

血气方刚 xuè qì fāng gāng 血气:指精力。刚:旺盛。语出《论语·季氏》:"及其壮也,血气方刚,戒之在斗。"后用"血气方刚"形容年轻人精力正旺盛(含充满干劲,但易冲动、不够稳重之意)▷十七八岁的小伙子正是血气方刚的年纪,点火就着。|小张正值血气方刚之年,精神兴奋,连续几昼夜不休息,并不感到疲倦。≈年富力强|朝气蓬勃|风华正茂◇老气横秋|老态龙钟|暮气沉沉。

血气之勇 xuè qì zhī yǒng 语出《孟子·公孙丑上》"夫子过孟贲远矣"宋·朱熹注:"孟贲血气之勇。"孟贲(bēn):古代勇士。后用"血气之勇"指凭一时感情冲动激发出来的勇气▷他这个人粗中有细,绝不是单凭血气之勇蛮干的莽汉子。|遇事要头脑冷静,不要逞血气之勇。≈血气方刚。

血肉横飞 xuè ròu héng fēi 形容死伤的人血肉四溅的惨状▷爆炸现场血肉横飞,真是惨不忍睹。|颗颗炮弹落入敌军阵中,直炸得敌人血肉横飞。≈血肉模糊。

血肉相连 xuè ròu xiāng lián 像血和肉那样连在一起。语出宋·洪迈《夷坚丁志·雷击王四》:"趋视之,二百钱乃在其胁下皮肉,与血肉相连。"后用"血肉相连"比喻关系极其密切▷各族人民共同建设国家,长期以来息息相关,血肉相连。|每一个人都和生于兹、长于兹的家乡血肉相连,无法割舍。≈亲密无间◇视同路人。

血雨腥风 xuè yǔ xīng fēng 下着带血的雨,刮着有腥味的风。比喻残酷屠杀的惨象。也比喻危险、恐怖或充满杀机的环境及气氛▷从血雨腥风中闯过来的他,并不惧怕死亡。|在人类历史的每一个时代,无论是和平安宁、兴旺发展的年代,还是血雨腥风、战火连天的黑暗岁月,文学都留下了那个时代最鲜明的烙印。

寻根究底 xún gēn jiū dǐ 寻:寻找,寻求。根:根源,根由。究:追究,探究。底:底细。探求事物的根源底细,弄清它的来龙去脉▷他喜欢寻根究底,常常问得我答不上来。|他是个爱寻根究底的人,你不给他讲个明白,他是不会轻易放过你的。

寻花问柳 xún huā wèn liǔ 花、柳:指春色。指出游观赏春日明媚的风光▷他们一行来到西湖上,寻花问柳,饮酒赋诗,兴尽方散。也比喻嫖妓宿娼▷这种只知吃喝玩乐、寻花问柳的浪荡子能有什么出息?≈拈花惹草。

寻欢作乐 xún huān zuò lè 追求享乐放纵的生活▷这些富家子弟,终日只知寻欢作乐,是十足的寄生虫。|在民族危亡之际,这些达官贵人仍在寻欢作乐,过着醉生梦死的生活。≈花天酒地|纸醉金迷|醉生梦死。

寻死觅活 xún sǐ mì huó 寻:寻求。觅:寻找。吵闹着要自杀。形容吵闹得不可开交或极其悲痛▷他们家两口子一吵架,做妻子的就寻死觅活的。|老太太自儿子车祸丧生后,寻死觅活的,可把她两个女儿吓坏了。

寻章摘句 xún zhāng zhāi jù 章:篇章。摘:摘录。搜求篇章,摘录词句。语出《三国志·吴书·吴主传》裴松之注

引《吴书》:“[孙权]虽有余闲,博览书传历史,藉采奇异,不效儒生寻章摘句而已。”后用“寻章摘句”形容读书或写作时只注意文字的推求,缺乏创造性▷有人写文章只会引经据典,寻章摘句,而没有自己的新见解。|古代的一些儒生只知寻章摘句,怎么能兴邦强国呢?≈引经据典◇自出机杼。

寻枝摘叶 xún zhī zhāi yè 枝、叶:比喻细小的、次要的事物。语出宋·严羽《沧浪诗话·诗评》:“建安之作,全在气象,不可寻枝摘叶。”后用“寻枝摘叶”比喻专注于次要的、非根本性的事物▷评价一个人,首先要看他的大节,不可寻枝摘叶,以偏概全。|你这样寻枝摘叶批评这部作品,不是文学批评应取的方法。≈吹毛求疵。

寻踪觅迹 xún zōng mì jì 踪:踪迹。觅:寻找。寻找别人的踪迹▷他一直念念不忘那位救命恩人,四处寻踪觅迹,却始终没有找到。|警察寻踪觅迹,终于发现了通缉犯的藏匿之地。◇销声匿迹。

循规蹈矩 xún guī dǎo jǔ 遵守规章制度,严格按规则办事。比喻遵守礼法,不越分寸▷张师傅是个循规蹈矩的老工人,从不乱来。|小华是一个循规蹈矩的好学生。≈安分守己|按部就班|奉公守法◇违法乱纪|惹是生非|为非作歹|胡作非为|百无禁忌|狂放不羁。

循环往复 xún huán wǎng fù 循环:往复回旋,指事物周而复始地运动或变化。周而复始,来来回回。语出唐·玄奘《大唐西域记·摩腊婆》:“苾刍清辩若流,循环往复,婆罗门久而谢屈。”后用“循环往复”形容反复不断▷一个正确的认识,往往要经过由认识到实践,从实践到认识的多次循环往复才能最后完成。|中国人学英语,由于受语言环境的影响,难度较大,所以,英语单词、句子要循环往复地读,以增强记忆。

循名责实 xún míng zé shí 循:按照。责:求。语本《韩非子·定法》:“因任而授官,循名而责实。”后用“循名责实”指按照名称来要求和考察实际▷选拔人才要循名责实,不能光看学历。|凡事先要讲名正言顺,第二步是循名责实。

循序渐进 xún xù jiàn jìn 依照一定的顺序、步骤逐渐深入提高▷单项训练的教学法比较合乎循序渐进的原则。|我们学习时要循序渐进,不能好高骛远。≈按部就班|稳扎稳打|步步为营◇好高骛远。

循循善诱 xún xún shàn yòu 循循:有次序的样子。诱:诱导。语本《论语·子罕》:“夫子循循然善诱人。”后用“循循善诱”指善于有步骤地加以引导和教育▷家长对子女的教育,要联系实际,循循善诱,因材、因情施教。|袁老师讲课深入浅出,循循善诱,同学们听得懂,记得牢。≈谆谆教导|诲人不倦。

训练有素 xùn liàn yǒu sù 素:平时,向来。平时的训练一直很扎实▷足球队员在场上临危不乱,坚持短传渗透战术,很快控制了场上主动权,足见训练有素。|这次参赛选手,有来自世界各地的训练有素的顶尖高手。

徇情枉法 xùn qíng wǎng fǎ 徇:曲从。枉:歪曲。为曲从私情而违法乱纪▷某些司法人员的徇情枉法,激起了公愤。|对国家政府部门、公检法工作人员徇情枉法的行为,应从重处理。◇秉公执法。

徇私舞弊 xùn sī wǔ bì 徇:曲从。私:

X

私情。舞弊：弄虚作假，违法乱纪。为了私情而弄虚作假，违法乱纪▷老王为人正直，决不会干这种徇私舞弊的事。|张法官办案多年，从不徇私舞弊。◇铁面无私。

鸦雀无声 yā què wú shēng 鸦：乌鸦。雀：麻雀。鸦不噪，雀不叫。形容非常寂静▷全班人吃了一惊，教室里一下子变得鸦雀无声。| 鸦雀无声的教室里突然发出一阵欢快的笑声。≈万籁俱寂◇人声鼎沸。

牙牙学语 yá yá xué yǔ 牙牙：婴儿学说话的声音。语出唐·司空图《障车文》："二女则牙牙学语。"后用"牙牙学语"形容婴儿学说话▷孩子刚满周岁，已开始牙牙学语了。| 看着孩子牙牙学语的天真模样，做母亲的心里乐开了花。

睚眦必报 yá zì bì bào 睚眦：发怒时瞪眼睛，借指极小的怨恨。报：报复。连别人发怒时向自己瞪一下眼睛的小小怨恨也一定要报复。语本《史记·范雎蔡泽列传》："一饭之德必偿，睚眦之怨必报。"后用"睚眦必报"形容气量很小，报复心很强▷他这个人心胸狭窄，睚眦必报。| 董卓是个残忍不仁、睚眦必报的人。

哑口无言 yǎ kǒu wú yán 哑口：默不作声，不讲话。像哑巴似的说不出话来。多形容理亏而无话可说▷老赵摆事实，讲道理，说得小雯哑口无言。| 就算你澄清了这个事实，他们也会随便编出无数个理由把你搪塞过去，一个软钉子便会呛得你哑口无言。≈张口结舌 | 理屈词穷 | 无言以对 | 默不作声◇口若悬河 | 振振有词 | 滔滔不绝 | 侃侃而谈。

哑然失笑 yǎ rán shī xiào 哑然：笑声，笑貌。失笑：控制不住地发笑。形容情不自禁地笑出声来▷小明回答问题离题万里，令同桌哑然失笑。≈忍俊不禁。

雅人深致 yǎ rén shēn zhì 雅人：高雅的人。致：意态，情致。语出南朝宋·刘义庆《世说新语·文学》："谢公因子弟集聚，问《毛诗》何句最佳。遏称曰：'昔我往矣，杨柳依依。今我来思，雨雪霏霏。'公曰：'讦谟定命，远猷辰告。'谓此句偏有雅人深致。"后用"雅人深致"形容言谈举止高尚文雅，不同于流俗▷我们的古代文学教师素养很高，雅人深致，很受同学欢迎。| 我的这位朋友，最喜欢欣赏中国传统书画，可算得雅人深致。≈温文尔雅。

雅俗共赏 yǎ sú gòng shǎng 雅：文雅，文化水平高的人。俗：粗俗，文化水平低的人。赏：欣赏，鉴赏。文化水平高的人和文化水平低的人都能欣赏▷他编导的影片，真可以说是雅俗共赏，老少咸宜。| 楹联让人感到妙趣横生、兴趣无穷，也成了交际应酬、雅俗共赏的文艺形式。≈老少咸宜◇曲高和寡。

揠苗助长 yà miáo zhù zhǎng 揠：拔。把禾苗拔高，以帮助它生长。语本《孟子·公孙丑上》："宋人有闵其苗之不长而揠之者。芒芒然归，谓其人曰：'今日病矣，予助苗长矣。'其子趋而往视之，苗则槁矣。"后用"揠苗助长"比喻不顾

事物的客观发展规律，强求速成▷想以加重学生的课业负担来提高教学质量，结果只能是揠苗助长。|违反客观规律，揠苗助长，必将一事无成。≈欲速不达|急于求成|一蹴而就◇循序渐进|循循善诱|因势利导|由浅入深。

［提示］也作“拔苗助长”。

烟消云散 yān xiāo yún sàn 像烟那样消失，像云那样散开。比喻事物消失▷会议开得很成功，大家畅所欲言，开诚布公，气氛十分融洽，原来的一些误会都烟消云散了。|姐姐的一句话说得他笑了起来，刚才的一脸怒容也就烟消云散了。

湮没无闻 yān mò wú wén 湮没：埋没。闻：知晓。语出《晋书·羊祜传》：“由来贤达胜士，登此远望，如我与卿者多矣！皆湮没无闻，使人悲伤。”后用“湮没无闻”形容被埋没，不为人知晓▷古往今来，为人民做出杰出贡献的能工巧匠很多，可惜他们的事迹大多已湮没无闻。|很多科学家潜心于科学研究，甘于湮没无闻。≈默默无闻◇赫赫有名|大名鼎鼎。

嫣然一笑 yān rán yī xiào 嫣然：笑得很美的样子。语出战国楚·宋玉《登徒子好色赋》：“嫣然一笑，惑阳城，迷下蔡。”后用“嫣然一笑”形容女子娇美的微笑▷她回过头来嫣然一笑，小明顿时觉得心里甜丝丝的。|那女子嫣然一笑的神态，深深地留在他的心底。◇潸然泪下。

延颈企踵 yán jǐng qǐ zhǒng 延：伸长。企：踮起。踵：脚跟。伸长头颈，踮起脚跟。语本《庄子·胠箧》：“今遂至使民延颈举踵曰：‘某所有贤者，赢粮而趣之。’”后用“延颈企踵”形容仰慕或盼望之切▷抗战胜利了，人民延颈企踵地盼望能实现真正的和平。|发高校录取通知的日子到了，小明天天延颈企踵地在门口恭候邮递员。≈翘足引领。

延年益寿 yán nián yì shòu 益：增加。增加寿命。语出战国楚·宋玉《高唐赋》：“九窍通郁，精神察滞，延年益寿千万岁。”后用“延年益寿”指延长寿命（多用作祝贺老人长寿的颂辞）▷在生日宴会上，学生们齐祝八旬老教授延年益寿。|每天进行适量的体力活动，可以起到延年益寿的作用。≈寿比南山。

严惩不贷 yán chéng bù dài 惩：惩罚。贷：宽恕。指严厉惩办，不予宽恕▷对少数违法乱纪、贪污受贿的官员，要依法严惩不贷。|这项豆腐渣工程，造成了人民生命、财产的巨大损失，对有关责任人员必须严惩不贷。

严丝合缝 yán sī hé fèng 缝隙密合，看不出拼凑的痕迹。形容非常严密▷周医生医术高超，不仅成功摘取了病人腹中的巨瘤，而且刀口处理得严丝合缝，病人及家属十分感动，连声致谢。|她不愧为电焊高手，把两根导轨严丝合缝地焊接起来，就像铸就的一样。≈天衣无缝|浑然一体。

严刑峻法 yán xíng jùn fǎ 严、峻：严厉。语出汉·王汉《论韩·非韩》：“使法峻，民无奸者；使法不峻，民多为奸。而不言明王之严刑峻法，而云求奸而诛之。”后用“严刑峻法”指严厉的刑法▷在社会动荡、犯罪率居高不下的时候，实行严刑峻法十分必要。|秦始皇的严刑峻法，反而成为是秦王朝覆灭的重要原因。

严阵以待 yán zhèn yǐ dài 严：严整。阵：阵势，阵容。待：等待。摆好了严正整齐的阵势，等待着敌人的进犯。形容已做好充分准备▷猛虎一样的战士个

个严阵以待，单等鬼子们前来送死。|外堤岸面对骇浪咆哮，巍然屹立；内堤岸注视海上风云，严阵以待。它们组成了两道抗潮的坚固屏障。

言不及义 yán bù jí yì 及：到。义：公正合宜的道理。语出《论语·卫灵公》："群居终日，言不及义。"后用"言不及义"指话说不到正经的道理上▷这些言不及义的话，还是不说的好。|人家诚心诚意来与你商量大事，你却言不及义地敷衍人家，真不像话。≈言之无物◇言之成理。

言不由衷 yán bù yóu zhōng 衷：内心。说出的话不是出于真心实意。语本《左传·隐公三年》："信不由中，质无益也。"中：通"衷"。后用"言不由衷"形容心口不一，不说真心话▷大家都按照上面定的调子说些言不由衷的话，这样的会有什么必要开呢？|我看得出，你完全是言不由衷的。≈口是心非|心口不一◇心口如一|肺腑之言|言行一致|表里如一。

言传身教 yán chuán shēn jiào 言传：口头上传授、讲解。身教：亲自在行动上示范。语本《后汉书·第五伦传》："以身教者从，以言教者讼。"后用"言传身教"指用语言和行动教育、影响别人▷王师傅对前来实习的同学言传身教，让他们在短期内学到不少课本外的知识。|老队员言传身教，帮助新队员迅速成长。≈以身作则|现身说法。

言多必失 yán duō bì shī 失：过失，错误。话说多了，一定会有说错的地方▷这个人好夸夸其谈，言多必失，常闹出不少笑话。|老张记取历史上有关言多必失的教训，平时谨小慎微，沉默寡言。≈多言贾祸。

言而有信 yán ér yǒu xìn 信：信用。语出《论语·学而》："与朋友交，言而有信。"后用"言而有信"指说话守信用▷一个对家庭、对社会有责任心的人，一定会言而有信。|两年前我们相约再见，今天您果真来上海看我，真是言而有信。≈坐言起行◇言而无信。

言归于好 yán guī yú hǎo 言：助词，无意义。归于：回归到。语出《左传·僖公九年》："凡我同盟之人，既盟之后，言归于好。"后用"言归于好"指彼此重新和好▷我们几位老朋友，尽管闹翻过一次，但现在已言归于好了。|经过老师的调解，这一对同桌终于言归于好了。≈化敌为友◇反目成仇。

言过其实 yán guò qí shí 过：超过。语出汉·应劭《风俗通·正失》："凡此十余事，皆俗人所妄传，言过其实。"后用"言过其实"指说话浮夸，超过了实际情况▷这个说法言过其实，你不必担心。|老太太被这一番言过其实的话吓唬住了。≈言不符实◇实事求是。

言简意赅 yán jiǎn yì gāi 简：简练。赅：完备。说话写文章简明扼要▷这篇文章言简意赅，获得读者广泛好评。|老校长把如此复杂的道理，讲得深入透彻，言简意赅，真不容易。≈要言不烦。

言近旨远 yán jìn zhǐ yuǎn 旨：意义。语本《孟子·尽心下》："言近而指远者，善言也。"指：通"旨"。后用"言近旨远"指话语浅近而含意深远▷陶先生的文章言近旨远，我很爱读。|叶老师言近旨远的报告吸引了很多听众。

言人人殊 yán rén rén shū 殊：不同；差异。各人说的都不一样。语出《史记·曹相国世家》："参（曹参）尽召长老诸生，问所以安集百姓，如齐故诸儒以

百数，言人人殊，参未知所定。”后用“言人人殊”形容人们对同一事物的看法各不相同▷他去世多年，遗留下来的历史问题错综复杂，即使与他同时代的人，对此也是言人人殊，始终没有一个定论。| 讨论来讨论去，真可谓言人人殊，看来这件事现在还不能去做。

言谈举止 yán tán jǔ zhǐ 举止：举动。人的谈吐和动作▷从他的言谈举止中，我们可以看出他是个有教养的人。| 也正是从这时开始，我才从他的言谈举止中看出他的胸怀和品格。

言听计从 yán tīng jì cóng 言：说的话。听：听从，接受。计：计策，主意。从：依从，顺从。说的话都相信并依从，出的主意都采纳并照办。形容对某人非常信任并重用▷总经理对他言听计从，十分信任。| 我们有的家长，认为自己有权塑造孩子的前程，故而对孩子的升学、生活一手包办，且认为孩子则必须言听计从，不能有任何异议。

言外之意 yán wài zhī yì 说的话之外的意思。指不直接明白表达出来的意思▷他的文章写得很含蓄，读者可以从中体会到许多言外之意。| 陆先生一直说自己很忙，身体又不好，言外之意是不想参加这项活动。≈弦外之音 | 话里有话◇直言不讳 | 开门见山 | 单刀直入 | 开宗明义。

言无不尽 yán wú bù jìn 尽：完。说了，就没有不说完的话。指把自己知道的情况或想说的话都说完，毫不保留▷他对我从来都说知心话，而且总是言无不尽。| 我们都是你的知心朋友，你对我们可要言无不尽，不能打埋伏。≈畅所欲言◇闪烁其词 | 吞吞吐吐 | 支吾其辞 | 藏头露尾 | 言不尽意。

［提示］多与“知无不言”连用。

言笑晏晏 yán xiào yàn yàn 晏晏：和悦的样子。语出《诗经·卫风·氓》：“总角之宴，言笑晏晏，信誓旦旦，不思其反。”后用“言笑晏晏”形容谈笑时神态和颜悦色▷大家喝着咖啡，言笑晏晏，气氛十分祥和。| 他周旋在他们中间，一会儿给他们倒茶，一会儿点烟，完毕之后聊上两句，言笑晏晏，使气氛轻松和谐。

言笑自若 yán xiào zì ruò 自若：如常。语出《三国志·蜀书·关羽传》：“羽便伸臂令医劈之。时羽适请诸将饮食相对，臂血流离，盈于盘器，而羽割炙引酒，言笑自若。”后用“言笑自若”形容谈笑如常，十分镇定▷我对他是很了解的，即使有满肚子的委屈，在大众场合他也是言笑自若，丝毫不露声色。| 他给我的印象是极深刻的，遇事不慌，言笑自若，颇有大将风度。

言行一致 yán xíng yī zhì 言：言语。行：行动。语见宋·文天祥《西涧书院释菜讲义》：“然则元城造成一个言行一致，表里相应，盖自五年从游之久，七年持养之熟。”后用“言行一致”指说的和做的一个样▷他向来言行一致，怎么说就怎么做。| 言行一致的领导必将得到群众的拥戴。◇言行不一。

言犹在耳 yán yóu zài ěr 犹：还。说过的话还在耳边回响。语出《左传·文公七年》：“今君虽终，言犹在耳。”后用“言犹在耳”形容对别人说的话记得很清楚▷老板答应给我加工资，言犹在耳，可是一年过去了，仍无动静。| 上个月，我们在电话中约定重游黄山，言犹在耳，而一场车祸竟夺走了他的年轻生命，让我不胜悲痛。≈耳熟能详◇置之脑后。

言之无物 yán zhī wú wù 物：东西。指文章或言论没有实际内容，十分空洞▷这篇文章洋洋万言，但言之无物，内容空洞。|这种光堆砌新奇的名词，但言之无物的文章有谁会看呢？≈空洞无物◇言之有物。

言之有理 yán zhī yǒu lǐ 之：代词，指所说的内容。所说的话有道理▷爸爸觉得我言之有理，点头表示赞成。|他言之有理，我们就照他说的办吧。◇强词夺理|胡说八道|胡言乱语。

言之凿凿 yán zhī záo záo 凿凿：确实。话说得确实，不容怀疑▷王大妈言之凿凿，加之我们的调查，这件事的前因后果基本上搞清楚了。|他平时说话给人的感觉总是模棱两可，这次倒是言之凿凿，不由人不相信。≈千真万确|铁证如山|毋庸置疑◇捕风捉影。

［提示］凿，不读"zuó"。

岩居穴处 yán jū xué chǔ 岩居：山居，多指隐居山中。穴：洞穴。语出《韩非子·诡使》："而士有二心私学，岩居穴处，托伏深虑，大者非世，细者惑下。"后用"岩居穴处"指隐士住在深山洞窟之中▷古代的隐士往往岩居穴处，避世退思。|如果现在有人提出要前往深山老林岩居穴处，那肯定要被人当作笑话来谈论的。

［提示］处，不读"chù"。

奄奄一息 yǎn yǎn yī xī 奄奄：呼吸微弱的样子。息：气息。只有一丝微弱的气息。形容呼吸微弱，生命垂危。也比喻事物衰微不振，行将灭亡▷他被打得奄奄一息，倒在地上不能动弹。|等我出差三天回到家里，阳台上的几盆花都已奄奄一息了。≈气息奄奄|苟延残喘|病入膏肓|日薄西山|危在旦夕◇生机勃勃|生龙活虎|朝气蓬勃。

掩鼻而过 yǎn bí ér guò 掩：遮掩。捂着鼻子走过。语本《孟子·离娄下》："西子蒙不洁，则人皆掩鼻而过之。"后用"掩鼻而过"形容对不洁之物十分厌恶▷河边有个卫生死角，那儿垃圾成堆，臭气冲天，行人都掩鼻而过。|这家高宅深院住的是一个大贪官，镇上的人路过这儿无不掩鼻而过。≈嗤之以鼻◇赞不绝口。

掩耳盗铃 yǎn ěr dào líng 《吕氏春秋·自知》载：有人偷钟，钟大无法背走；他拿锤子企图把钟砸碎。一砸，钟声大作。此人赶紧捂住自己的耳朵，以为自己听不见，别人也不会听见。后用"掩耳盗铃"比喻自己欺骗自己，偏要掩盖无法掩盖的事▷他侵犯了别人的权益，还要掩耳盗铃，反咬一口。|把不合理的事合理化，把不合法的事合法化，只不过是掩耳盗铃的把戏。≈自欺欺人。

掩口胡卢 yǎn kǒu hú lú 掩口：以手捂住嘴巴。胡卢：喉间的笑声。语出《后汉书·应劭传》："昔郑人以干鼠为璞，鬻之于周；宋愚夫亦宝燕石，缇𦆯(xí)十重。夫睹之者掩口卢胡而笑，斯文之族，无乃类旃。"后用"掩口胡卢"指捂着嘴笑▷她半真半假地说完后，又掩口胡卢，让人越发搞不清到底是怎么回事。|他那小丑式的动作，众人看了都掩口胡卢。

掩人耳目 yǎn rén ěr mù 掩：遮蔽，遮盖。遮掩别人的耳朵和眼睛。比喻用假象迷惑蒙骗别人▷他这番做作，不过是摆摆样子，掩人耳目而已。|他这番掩人耳目的表演，真是煞费苦心。≈偷天换

日｜瞒天过海｜偷梁换柱。

眼高手低 yǎn gāo shǒu dī 眼高：眼界很高，要求很多。手低：手艺或能力低下。眼界很高而能力却很低。指人要求的标准和自己的实际能力相脱离▷滥竽充数的南郭先生虽然不多，但现实生活中也确实有不少眼高手低的人。｜用时髦的话来说，我掌握着许多校园生活的"干货"，但对长篇小说，我仅是个爱好者，眼高手低，能否写好，是个未知数。

眼花缭乱 yǎn huā liáo luàn 缭乱：纷乱。使人眼睛发花迷乱，看不清楚。也形容事物复杂纷繁，难以辨清▷那些千变万化的图案、线条和色彩，让观众看得眼花缭乱。｜这是一场令人眼花缭乱的杂技表演。≈扑朔迷离｜头昏眼花｜目迷五色◇一清二楚｜一目了然｜黑白分明。

眼明手快 yǎn míng shǒu kuài 眼明：眼力好，判断准确。手快：动作敏捷。形容为人机警，能及时发现问题并迅速处理▷此时，这逃犯欲图反抗，结果被眼明手快的民警一下戴上了手铐。｜门将眼明手快，一个鱼跃，扑住这个眼看必进的球。

偃旗息鼓 yǎn qí xī gǔ 偃：倒伏，放倒。放倒军旗，停止击鼓。原指军队隐蔽自己的行动。语出《三国志·蜀书·赵云传》裴松之注引《赵云别传》："[赵云]入营，更大开门，偃旗息鼓。操[曹操]疑有伏兵，引去。"后用"偃旗息鼓"指停止战斗、批评等▷两伊战争偃旗息鼓，海湾战争烽火又起。｜双方争斗的结果是两败俱伤，只好偃旗息鼓，草草收场。≈鸣金收兵｜刀枪入库◇重整旗鼓。

偃武修文 yǎn wǔ xiū wén 偃：停止。修：实行，倡导。停息武备，修明文教。语出《尚书·武成》："王来自商，至于丰，乃偃武修文，归马于华山之阳，放牛于桃林之野。"后用"偃武修文"比喻国家统一，社会安定▷那个国家独立后，偃武修文，老百姓无不拍手称快，并投入到建设国家的行列中去。

雁过拔毛 yàn guò bá máo 大雁从头上飞过，都得拔它几根羽毛。比喻为人贪婪，凡是自己经手的事都得捞取好处▷现在有些地方，乱设关卡，雁过拔毛，群众意见很大。｜大家都知道，他是个雁过拔毛的人，你那批货要从他的鼻子底下过去，不孝敬点好处，恐怕是不行的。

燕雀处堂 yàn què chǔ táng 处：居住。堂：堂屋。燕、雀在堂上筑巢，自以为很安全。语本《孔丛子·论势》："燕雀处屋，子母相哺，煦煦焉其相乐也，自以为安矣；灶突炎上，栋宇将焚，燕雀颜色不变，不知祸之将及己也。"后用"燕雀处堂"比喻处境十分危险而不自知▷长江防线一破，他们是燕雀处堂，朝不保夕了。｜清政府以为条约签订了，从此天下就会太平，真是燕雀处堂，不知祸之将至。

扬长避短 yáng cháng bì duǎn 发挥长处、避开短处▷这场比赛，我队扬长避短，发挥队员奔跑速度快的优势，打快速反击，终于取得了胜利。｜世界多姿多彩，人也是多种多样，所谓全面发展就是要扬长避短，发挥自己的优势。≈取长补短｜截长补短。

扬长而去 yáng cháng ér qù 扬长：大模大样的样子。形容大模大样地离去▷他扔下一叠钱，一言不发，扬长而去。｜看着扬长而去的丈夫的背影，这个可怜的女子绝望地抽泣起来。≈拂袖而去。

扬眉吐气 yáng méi tǔ qì 抬起眉头，吐出积聚在胸中的抑郁之气。形容摆脱

受压抑、欺凌的困境或发泄郁积心头的愤懑后畅快得意的神态和心情▷我国民航发展的这一历史性大跨越，令亿万民众扬眉吐气。|他们以《消费者权益保护法》为武器，维护自己的合法权益，扬眉吐气地当了一回"上帝"。≈昂首挺胸|眉开眼笑|眉飞色舞◇忍气吞声|垂头丧气|俯首帖耳。

扬汤止沸 yáng tāng zhǐ fèi 汤：沸水，开水。沸：沸腾。把开水舀出来再倒回去，想以此来制止住水的沸腾。语出《文子·上礼》："故扬汤止沸，沸乃益甚；知其本者，去火而已。"后用"扬汤止沸"比喻解决问题的办法不彻底。也比喻临时救急▷若想从根本上解决问题，我们就不应该扬汤止沸，而应该釜底抽薪。|要彻底清除腐败现象，必须动真格，建立一整套相应的监督机制，否则，扬汤止沸是无补于事的。

扬扬得意 yáng yáng dé yì 扬扬：得意的样子。形容神气十足或非常称心如意的样子▷他升官后扬扬得意，摆出一副官老爷的样子。|考试得了满分，小军的脸上露出了扬扬得意的笑容。≈踌躇满志|沾沾自喜◇垂头丧气|怏怏不乐|灰心丧气。

羊落虎口 yáng luò hǔ kǒu 羊落到老虎的口中。比喻陷入绝境，有死无生▷你一个姑娘家，只身去罪犯藏匿的村庄侦察，不是羊落虎口吗？|"把女儿嫁给这样一个流氓，无疑羊落虎口。"母亲哭哭啼啼地说。

羊质虎皮 yáng zhì hǔ pí 质：本性。本来是羊，披上了虎皮。语本汉·扬雄《法言·吾子》："羊质而虎皮，见草而说（悦），见豺而战，忘其皮之虎矣。"后用"羊质虎皮"比喻表面强大，实质虚弱▷别看他气势汹汹，其实是羊质虎皮，徒有其表罢了。|那些贪官污吏大权在握，似乎不可一世，其实是羊质虎皮，人民起来进行揭发斗争，他就一定垮台。≈色厉内荏。

阳春白雪 yáng chūn bái xuě 春秋战国时楚国的高雅歌曲名。语出战国楚·宋玉《对楚王问》："客有歌于郢中者，其始曰《下里》《巴人》，国中属而和者数千人……其为《阳春》《白雪》，国中属而和者不过数人而已。"后用"阳春白雪"指高深典雅的文学艺术▷传统的风格，传统的手法，完全可以写出堪称阳春白雪的作品。|阳春白雪和下里巴人的统一，是我们广大文艺工作者努力的方向。◇下里巴人。

阳奉阴违 yáng fèng yīn wéi 阳：表面。阴：暗中。表面上听从，暗地里违背▷你不能用阳奉阴违的态度去对待组织上的决议。|你有不同意见，可以保留，但不要阳奉阴违。≈两面三刀|口是心非◇表里如一|开诚布公。

阳关大道 yáng guān dà dào 阳关：古代关名，在今甘肃敦煌市西南。经过阳关向西的大道。语本唐·王维《送刘司直赴安西》诗："绝域阳关道，胡汉与塞尘。"后用"阳关大道"泛指康庄大道。也比喻光明的、有前途的道路▷这条公路是直通省城的阳关大道。|院士所作的演讲，激励我走上了终身从事科学研究的阳关大道。≈康庄大道◇羊肠小道。

洋洋大观 yáng yáng dà guān 洋洋：众多而盛大的样子。大观：美好繁多，丰富多彩。形容事物博大丰富，极其壮观▷这套诗词赏析辞典的编纂工作历经

十三年，形成了洋洋大观的一个系列。|这次展出的高科技产品真是洋洋大观，令人目不暇接。≈蔚为大观。

洋洋洒洒 yáng yáng sǎ sǎ 洋洋：盛大而众多的样子。洒洒：连绵不断的样子。形容文章、说话内容丰富而连续不断。也形容事物的规模、气势盛大▷这部游记写了海内外大量的风物，可谓洋洋洒洒，多彩多姿。|那种连基本常识都不懂的洋洋洒洒的大块文章，实在令人不能卒读。≈长篇大论|连篇累牍|滔滔不绝◇简明扼要|言简意赅|要言不烦|片言只语。

洋洋自得 yáng yáng zì dé 洋洋：得意的样子。形容非常神气或得意的样子▷小明考了个全优之后，显得有点洋洋自得。|我进去时，他正在洋洋自得地夸耀自己那套新买的名牌西装。≈沾沾自喜|得意忘形|自鸣得意◇垂头丧气|灰心丧气|怅然若失|怏怏不乐。

仰人鼻息 yǎng rén bí xī 仰：依靠。鼻息：呼吸时的气息。语本《后汉书·袁绍传》："袁绍孤客穷军，仰我鼻息，譬如婴儿在股掌之上，绝其哺乳，立可饿杀。"后用"仰人鼻息"指依赖他人生活或看别人脸色行事▷林黛玉由于父母早亡，只得寄居贾府，过着仰人鼻息的生活。|此人既无本领，又无主见，习惯仰人鼻息。≈俯仰由人◇独立自主。

养家糊口 yǎng jiā hú kǒu 勉强养活家人，使不饿肚子▷历朝历代的农民拼死拼活地干活，为的是养家糊口，生活很悲惨。|他对地主叫道："你把粮食都收了去，我拿什么来养家糊口？你还是人吗？"

养精蓄锐 yǎng jīng xù ruì 养：保养。精：精神，精力。蓄：积蓄。锐：锐气。保养精神，积蓄力量▷我军养精蓄锐，以逸待劳，所以能以少胜多，取得这场战斗的胜利。|教练要求他利用比赛的间隙好好休息，养精蓄锐，准备参加决赛。≈厉兵秣马。

养痈遗患 yǎng yōng yí huàn 痈：毒疮。遗：留下。患：祸患。对身上的毒疮不加治疗，就会给自己留下祸患。比喻因姑息、宽容坏人坏事而终受祸害▷这位母亲对儿子小时的偷摸行为不及时教育、制止，儿子终于沦为盗窃犯，养痈遗患真是害死人。|唐玄宗养痈遗患，终于导致安史之乱。

养尊处优 yǎng zūn chǔ yōu 养尊：以尊贵者的身份受供养。处优：享有优厚的待遇。处于尊贵的地位，过着优裕的生活。泛指生活在优裕享乐的环境中▷由于女佣罢工，平时养尊处优的太太、小姐们只好亲下厨房了。|太子从小长在深宫，养尊处优，根本不知道民间疾苦。≈安富尊荣◇含辛茹苦。

妖魔鬼怪 yāo mó guǐ guài 妖怪魔鬼。比喻形形色色的作恶害人的人▷这是一部充满妖魔鬼怪的恐怖电影，你们不要去看。|一切危害人民的妖魔鬼怪必将被扫进历史的垃圾堆！≈牛鬼蛇神|魑魅魍魉|牛头马面。

妖言惑众 yāo yán huò zhòng 妖言：妖异荒诞的话。惑：迷惑。语出《汉书·眭弘传》："妄设妖言惑众，大逆不道。"后用"妖言惑众"指用荒诞不经的话迷惑群众▷前几年老是有人妖言惑众，说什么地球末日即将来临。|这个利用算命作幌子妖言惑众的人，怎么没人治他一下？≈蛊惑人心。

腰缠万贯 yāo chán wàn guàn 贯：钱

串,旧时的制钱用绳子穿上,每一千个叫一贯。腰里装着很多钱。语本南朝梁·殷芸《小说》:“腰缠十万贯,骑鹤上扬州。”后用“腰缠万贯”形容非常富有▷勤劳致富,依法致富,这样的腰缠万贯正是我们所要提倡的。|看到别人腰缠万贯,他就眼红,可自己既无能又懒惰,这能怪谁呢?◇家徒四壁|一贫如洗|身无长物|囊空如洗|一文不名。

邀功求赏 yāo gōng qiú shǎng 邀:求取。语出唐·韩愈《黄家贼事宜状》:“本无远虑深谋,意在邀功求赏。”后用“邀功求赏”指求取功劳和奖赏▷这项工作才做了一半,他已邀功求赏,浮夸得很。|即使邀功求赏,也得凭工作实绩,更何况你的工作还没有结束呢。

摇唇鼓舌 yáo chún gǔ shé 摇:摆动。鼓:使舌头发出声音。语出《庄子·盗跖》:“不耕而食,不织而衣,摇唇鼓舌,擅生是非,以迷天下之主。”后用“摇唇鼓舌”形容利用口才进行煽动或游说。也指卖弄口才,大发议论▷戈培尔利用多种宣传机器,摇唇鼓舌,为希特勒的法西斯主义张目。|这人在会上摇唇鼓舌,为他公司的产品吹嘘。≈信口雌黄。

摇旗呐喊 yáo qí nà hǎn 呐喊:大声喊叫。原指古代作战时摇着旗帜,大声喊叫,以助声势。后用“摇旗呐喊”比喻为他人助长声势▷双方的啦啦队都为自己的球队摇旗呐喊。|出狱以后,他加入民主者的行列,同他们一起为民主、自由和进步摇旗呐喊。

摇身一变 yáo shēn yī biàn 神仙或妖怪身子一摇晃即可改变自己的原来模样。形容人的态度、外貌改变而实质不变▷八戒水势极熟,到水里摇身一变,变做一个鲇鱼精。|抗战胜利后,有的汉奸摇身一变,竟成了抗日英雄。≈改头换面。

摇头摆尾 yáo tóu bǎi wěi 形容鱼儿游动的样子。语出宋·释普济《五灯会元·洛浦元安禅师》:“临济门下有个赤梢鲤鱼,摇头摆尾,向南方去。”后用“摇头摆尾”形容悠然自得或得意忘形的样子▷那个在树下乘凉的老头,摇头摆尾地哼着京剧唱段。|这家伙新近升为办公室主任,连走路都是一副摇头摆尾、神气活现的样子。≈摇头晃脑◇垂头丧气。

摇头晃脑 yáo tóu huàng nǎo 脑袋摇来晃去。形容自得其乐或自以为是的样子▷他一边干着活,一边摇头晃脑地唱着流行小调。|看他那副摇头晃脑、夸夸其谈的样子,我就觉得他是一个轻浮而自以为是的人。

摇尾乞怜 yáo wěi qǐ lián 乞:乞求。怜:爱怜。狗摇着尾巴讨主人的喜欢和爱怜。形容卑躬屈膝地奉承讨好别人,以求得怜悯和好处的丑态▷这个不要脸的汉奸,一看见他的日本主子,立即笑脸相迎,摇尾乞怜。|这些见到洋人就摇尾乞怜的人,人们称之为“洋奴”。≈奴颜婢膝|卑躬屈膝|低三下四|低声下气◇堂堂正正|不卑不亢|趾高气扬|昂首挺胸|旁若无人|目空一切|盛气凌人|目中无人。

摇摇欲坠 yáo yáo yù zhuì 摇摇:摇晃不稳的样子。欲:将要。坠:掉下,坠落。摇摇晃晃的,好像马上就要掉下来。指建筑物、山崖等高耸之物因基础不牢固而即将倒塌。比喻地位、政权、制度等很不稳固,即将崩溃▷他脚下踩着摇摇欲坠的建筑物构件,身旁是岌岌可危的残垣断壁,下面的人都为他捏了

一把汗。|光绪年间,清王朝在内忧外患的风雨中摇摇欲坠。≈岌岌可危|危如累卵|风雨飘摇◇稳如泰山|安如磐石。

遥相呼应 yáo xiāng hū yìng 遥:远。语出《续资治通鉴·宋宁宗嘉定六年》:"蒙古尽驱其家属来攻,父子兄弟,往往遥相呼应,由是人无固志,故所至郡邑皆下。"后用"遥相呼应"指远远地互相照应、配合▷城内、城外的欢呼声遥相呼应,欢庆胜利的到来。|南北看台上的加油声、欢呼声遥相呼应,为队员鼓劲。

遥遥无期 yáo yáo wú qī 遥遥:久远。形容离达到某种目的或实现某种愿望的时间还很远▷建立大型实验室的申请遥遥无期地拖着不批,真让人着急。|她知道丈夫这次出国,如果一年半载不回来的话,那团聚的日子就遥遥无期了。

杳如黄鹤 yǎo rú huáng hè 杳:不见踪影。语本唐·崔颢《黄鹤楼》诗:"黄鹤一去不复返,白云千载空悠悠。"后用"杳如黄鹤"比喻人或物毫无踪影▷他自年初外出打工后,就杳如黄鹤,连信都没有一封,使家人十分挂念。|警察搜遍了整幢大楼,这个盗贼却杳如黄鹤了。≈杳无踪迹◇近在咫尺。

杳无人烟 yǎo wú rén yān 杳:远得看不见。人烟:住家的炊烟。远远地望去看不见住户炊烟。形容地方荒凉偏僻,无人居住▷这是一片大沙漠,寸草不生,杳无人烟。|在一片杳无人烟的荒原上,他们发现了一座被风沙吞没的古城。

杳无音信 yǎo wú yīn xìn 语出宋·黄孝迈《水龙吟》词:"惊鸿去后,轻抛素袜,杳无音信。"后用"杳无音信"指始终得不到一点消息▷他父亲自从离大陆赴台湾后,几十年来杳无音信。|他们的孩子被拐多年,前不久总算有了些线索,但随后又杳无音信了。≈石沉大海。

咬文嚼字 yǎo wén jiáo zì 形容斟酌字句,仔细品味▷在古文学习中,适当地咬文嚼字对提高学生的理解能力是有益的。也指死抠字眼▷读书不能一味地咬文嚼字,要领会其精神实质。≈字斟句酌◇不求甚解。

咬牙切齿 yǎo yá qiè chǐ 形容痛恨至极▷他咬牙切齿地吼着:"狗东西,老子跟你拼了!"也形容发狠心▷队员们咬牙切齿,憋着一口气,发誓要拿下这场比赛!≈怒发冲冠|怒不可遏|怒气冲天|怒形于色|恨之入骨◇笑容可掬|欣喜若狂|喜不自胜|欢欣鼓舞|欢呼雀跃。

窈窕淑女 yǎo tiǎo shū nǚ 窈窕:娴静的样子。淑:善、美。语出《诗经·周南·关雎》:"窈窕淑女,君子好逑。"后用"窈窕淑女"形容美丽而又有德行的女子▷在我看来,具备德、才、貌的女子,才可称得上是窈窕淑女。|窈窕淑女,哪个男子不钟情?自古以来,男子在选择终身伴侣时,都会把目光投向这样的女子。

要言不烦 yào yán bù fán 要:简要。烦:烦琐。语出《三国志·魏书·管辂传》"过岁更当相见"裴松之注引《管辂别传》:"辂寻声答之曰:'夫善《易》者不论《易》也。'晏含笑而赞之:'可谓要言不烦也。'"后用"要言不烦"指说话写文章简明扼要,不繁琐▷这篇论文观点鲜明,短小精悍,可谓要言不烦。|他要言不烦的发言吸引了全场听众。

耀武扬威 yào wǔ yáng wēi 耀:炫耀,夸耀。扬:显示,显扬。炫耀武力,显示威力▷鸦片战争后,帝国主义的军舰可以耀武扬威地在长江游弋。|这伙歹徒

自恃后台硬，在乡里耀武扬威，为非作歹。≈飞扬跋扈｜横行霸道｜作威作福｜张牙舞爪◇偃旗息鼓。

野心勃勃 yě xīn bó bó 野心：非分的欲求。勃勃：旺盛的样子。形容非分的欲求非常强烈▷希特勒野心勃勃，妄图称霸世界，结果自取灭亡。｜野心勃勃的拿破仑在滑铁卢遭到了惨败。

业精于勤 yè jīng yú qín 业：学业。勤：勤奋。语出唐·韩愈《进学解》："业精于勤，荒于嬉；行成于思，毁于随。"后用"业精于勤"指只有经过勤奋刻苦的学习，才能使自己的学业精通▷业精于勤，不经过努力，要想获得好成绩是不可能的。｜他们的成才之路都证明了业精于勤的道理。

叶公好龙 yè gōng hào lóng 好：爱好。语本汉·刘向《新序·杂事》："叶公子高好龙，钩以写龙，凿以写龙，屋室雕文以写龙。于是天龙闻而下之，窥头于牖，施尾于堂。叶公见之，弃而还走，失其魂魄，五色无主。是叶公非好龙也，好夫似龙而非龙者也。"后用"叶公好龙"比喻名义上、口头上爱好某种事物，实际上并不是真正爱好，甚至还对它害怕▷奇怪的是有些所谓改革人士，事情一到自己头上，就似叶公好龙，见改革而大惊失色。｜嘴里天天说"唤起民众"，民众真正地起来了又害怕得要死，这和叶公好龙有什么两样？≈言不由衷｜心口不一｜表里不一｜口是心非◇言行一致｜表里如一｜名副其实。

叶落归根 yè luò guī gēn 树叶凋落下来总还是落回到树根边。语本《老子》十六章："万物并作，吾以观其复。夫物芸芸，各复归其根。"后用"叶落归根"比喻事物总要返回本源，有一定的归宿。多用来比喻客居异乡的人最终要回归自己的故乡▷他从小离家，在这里生活了几十年。最近，他叶落归根，带了一家人迁回浙江老家去了。｜八十高龄的陈老先生终于回到多年来日夜思念的祖国，实现了自己叶落归根的夙愿。

夜不闭户 yè bù bì hù 闭：关。户：门。语本《礼记·礼运》："谋闭而不兴，盗窃乱贼而不作，故外户而不闭，是谓大同。"后用"夜不闭户"形容社会风气好，盗贼绝迹▷这一带民风淳朴，人人安居乐业，家家夜不闭户。｜政治清明，社会安定，夜不闭户，路不拾遗，这是几千年来人民向往的社会环境。

夜长梦多 yè cháng mèng duō 夜晚的时间长，做的梦也就多。比喻时间拖得长了，事情就有可能发生各种意想不到的不利变化▷她想尽快地办好这件事，省得夜长梦多，又起别的变化。

夜阑人静 yè lán rén jìng 夜阑：夜将尽时。夜深了，人都安静下来了。形容深夜非常寂静▷夜阑人静，可他还在伏案疾书。｜夜阑人静，明月当空，更加激发起我的思乡之情。

夜郎自大 yè láng zì dà 《史记·西南夷列传》载：我国西南部有一个叫"夜郎"的小国。一次，汉朝的使者来到夜郎国，夜郎国君竟问："汉孰与我大？"后用"夜郎自大"比喻孤陋寡闻，自高自大▷山外有山，天外有天，我们在任何时候都要谦虚谨慎，不要夜郎自大。｜夜郎自大、闭关自守的时代已经结束，改革开放的步伐越迈越大。≈妄自尊大｜自高自大｜唯我独尊◇妄自菲薄｜自知之明。

一败涂地 yī bài tú dì 一旦失败就会肝

脑涂地。语本《史记·高祖本记》:“天下方扰,诸侯并起,今置将不善,一败涂地。”后用“一败涂地”形容失败、破败得不可收拾▷在斯大林格勒城郊,德国军队被苏联红军打得一败涂地。|面对这一败涂地的企业,他也回天乏力,只好破产了事。≈一蹶不振◇大获全胜|旗开得胜|所向披靡|所向无敌。

一般无二 yī bān wú èr 一般:一样;同样。完全相同,毫无两样▷这姐妹俩是一对双胞胎,所以生得一般无二。|他的兴趣爱好,与别的男同学也一般无二,只是在气质方面与同学略有差异。≈一模一样|丝毫不差◇天壤之别|天差地远。

一板一眼 yī bǎn yī yǎn 板、眼:民族音乐和戏曲中的节拍。比喻说话做事有条理,有节奏,合规矩▷李老师讲课,不徐不疾,一板一眼,让人听得很清楚。|老张做事情,从来是不慌不忙、一板一眼的,决不会出差错。

一本万利 yī běn wàn lì 一:约数,指少。本:本钱,资本。万:约数,指多。利:利润。用极少的本钱牟取巨大的利润。比喻投入少而收效大、好处多▷他认为生产化妆品,成本低、价格高,可以一本万利。|这几年他搞长途贩运,虽然不能一本万利,但确实赚了一大笔钱。

一本正经 yī běn zhèng jīng 正经:正派,庄重。形容态度规矩、庄重▷大家随便聊聊,并没有什么目的,你又何必一本正经呢?|老刘不苟言笑,看上去是位一本正经的长者,其实他对后辈倒是挺关心的。≈道貌岸然|不苟言笑◇油头滑脑|嬉皮笑脸。

一笔勾销 yī bǐ gōu xiāo 用笔勾画一下,表示取消或已了解。比喻全部取消或丢掉(多指不计较前事)▷只要你好好跟我合作,你欠我的旧账就一笔勾销了。|有些历史上的旧账是不能一笔勾销的,尤其不能从人民的心中一笔勾销。≈一笔抹杀|全盘否定◇斤斤计较|刻骨铭心。

一笔抹杀 yī bǐ mǒ shā 抹杀:涂抹掉。比喻轻率地全部否定(成绩、优点等)▷即使对于犯了错误的人,也不能把他的所有工作成绩一笔抹杀。|我们不能因历史人物的局限性而将他们在历史上的作用一笔抹杀。≈一笔勾销|全盘否定◇实事求是。

一臂之力 yī bì zhī lì 臂:胳膊。一只胳膊的力量。语出宋·黄庭坚《代人求知人书》:“捐一臂之力,使小人有黄钟大吕之重。”后用“一臂之力”指不大的力量▷说到底,借文化的力量来助经济的一臂之力,是一种很好的思路。|我们几个都已自顾不暇,唯一可以助你一臂之力的人只有小赵了。

一表非凡 yī biǎo fēi fán 表:仪表,外表。形容人外貌、风度出众,很不寻常▷姐姐的男朋友身材高大,长得一表非凡。|这个一表非凡的青年还有一颗金子般的爱心,他与妻子一起领养了一个孤儿。≈一表人才|仪表堂堂◇獐头鼠目。

一表人才 yī biǎo rén cái 表:仪表,外表。人才:指品貌。形容仪表不凡,相貌出众▷看到未来的女婿长得一表人才,老两口高兴得合不拢嘴。|可笑那年轻人,看上去一表人才,竟连是非也不分。≈一表非凡◇獐头鼠目。

一波三折 yī bō sān zhé 波:指书法中的捺。折:指书法时转换笔锋的方向。写一捺时要三次转换笔锋方向,笔势曲

折多姿。语本晋·王羲之《题卫夫人笔阵图后》:“潜心改迹,每作一波,常三过折笔。”后用“一波三折”比喻事情进展中遇到很多阻碍或波折▷这家饮食店的创办开业一波三折,困难重重。|历尽了一波三折之苦,费尽了九牛二虎之力,他们终于成功了。也比喻文章结构曲折多变,情节波澜起伏▷这篇文章写得严丝密缝,一波三折,若不是文章大家,一般人是写不出来的。≈节外生枝◇平铺直叙。

一步登天 yī bù dēng tiān 一步就登上天。比喻人突然得志,爬上高位▷穷秀才一步登天中状元,是封建时代广大读书人的梦想。|她自嫁给市长的儿子后,全家都一步登天,搬入了花园洋房,买起了汽车。

一草一木 yī cǎo yī mù 一根草,一棵树。语本《后汉书·应劭传》:“春一草枯则为灾,秋一木华亦为异。”后用“一草一木”代指每一株植物。也比喻细微的东西▷游客要爱护公园里的一草一木。|那个小岛是他出生的地方,那里的一草一木他都很熟悉。

一唱一和 yī chàng yī hè 一个先唱,一个随着应和。语本《诗经·郑风·萚兮》:“叔兮伯兮,倡予和女。”倡:唱。女:汝(你)。后用“一唱一和”比喻双方互相配合,彼此呼应(多含贬义)▷他们俩一唱一和,一搭一档,配合得非常默契。|开会时,他们两人这么一唱一和,互相捧场,把整个会议的气氛全破坏了。≈桴鼓相应◇各执己见|各自为政|自行其是。

[提示]和,不读“hé”。

一尘不染 yī chén bù rǎn 尘:尘境,外境,共有色、声、香、味、触、法“六尘”。染:污染。佛教指修行人不被色、声、香味等尘境所污染,内心清净。后用“一尘不染”比喻品德高尚,不受歪风邪气的玷污▷他虽然生活在旧上海那个花花世界里,却一尘不染,始终保持俭朴的生活习惯。也形容环境、物品等很清洁▷海滩一尘不染,那蓝天白云,黄沙碧浪,令人心旷神怡。≈一干二净|窗明几净◇乌七八糟。

一成不变 yī chéng bù biàn 成:制定,形成。刑法一经制定,就不容随意变更。语出《礼记·王制》:“刑者,侀也。侀者,成也。一成而不可变,故君子尽心焉。”后用“一成不变”形容事物一经形成就固定不变▷生活的细节是千变万化的,绝不是一成不变的。|用一成不变的眼光来看待一个人,就会把这个人看死了。≈原封不动◇千变万化|变化多端。

一筹莫展 yī chóu mò zhǎn 筹:筹码,用于计数和计算,引申为计策、办法。展:施展。一点计策也施展不出。语本宋·吴泳《张范授武翼郎制》:“言之则利析秋毫,行之则一筹不画。宁不误我王事哉?”后用“一筹莫展”形容毫无办法▷面对堵塞的交通,众多警察一筹莫展。|甲队虽实力稍逊,但严密的防守令乙队一筹莫展。≈束手无策|无计可施|计穷智短◇千方百计|足智多谋。

一触即发 yī chù jí fā 触:碰,触动。即:就。发:发射。箭在弦上,一触动就会发射出去。比喻事态或局势已发展到极为紧张的阶段,只要稍有碰撞,就会立即爆发▷这场一触即发的官司,最后被一纸调解协议书轻易地解决了。|幸亏张局长及时赶到,才制止了一场一触即发的械斗。≈如箭在弦|剑拔弩张◇涣然冰

释|冰消瓦解|烟消云散。

一吹一唱 yī chuī yī chàng 吹：吹嘘。唱：唱和。比喻两人说话时互相配合呼应▷小组会上，他们两人一吹一唱，要大伙选他俩做小组长。|弟兄两个一吹一唱，为自己遗弃老父的丑行辩解。≈一唱一和。

一锤定音 yī chuí dìng yīn 制造铜锣时最后一锤决定锣的音色。比喻凭一句话做出最后决定▷你们这样没完没了地讨论，不知到什么时候结束？还是那句话，这件事由我来一锤定音，省得你们再争论了。|他在家里威信够高的，什么事都由他一锤定音。≈说一不二◇出尔反尔。

一蹴而就 yī cù ér jiù 蹴：踏。就：成功。踏一下就成功。语本宋·苏洵《上田枢密书》："天下之学者，孰不欲一蹴而造圣人之域？"后用"一蹴而就"形容事情很容易，一下子就能办成▷任何人取得成功，都是长期努力的结果，不可能一蹴而就。|创造发明都要付出艰苦的劳动，哪有一蹴而就的？≈一气呵成。

一搭一档 yī dā yī dàng 搭档：协作。互相配合，彼此协作▷他们俩刚进文工团不久，现在已登台表演相声，一搭一档，配合得相当默契。|你们两个人一搭一档，吵吵闹闹，是不是想逼我答应你们的事？

一刀两断 yī dāo liǎng duàn 一刀砍成两段。语本唐·寒山《诗》之二三四："男儿大丈夫，一刀两段截。"后用"一刀两断"比喻坚决地断绝关系或关系彻底断绝▷在毕业的前夕，他突然和好朋友一刀两断了。|关于他的事，你以后别来找我，我们之间早已一刀两断，互不来往了。◇藕断丝连|难解难分。

一得之见 yī dé zhī jiàn 一得：一点心得。见：见解。语本《晏子春秋·杂下》："愚人千虑，必有一得。"后用"一得之见"指只有一点可取的见解▷这是我提出来的一得之见，请各位批评指正。|我希望自己的一得之见，对读者朋友会有些微的参考价值。≈一孔之见。

一点一滴 yī diǎn yī dī 形容微少、零星▷我们向英雄学习，不能只放在口头上，而是要在日常生活、工作中从一点一滴的小事做起，落实到行动中去。|你父母有这点钱也不容易，全靠他们平时省吃俭用，一点一滴积攒起来的，你可不能乱用啊！

一定之规 yī dìng zhī guī 一定：一经制定，一经确定。语出宋·魏了翁《答馆聘策一道》："然纪纲不立，初无一定之规，而谋国之臣议论矛盾，亦无同心徇国之意。"后用"一定之规"指一定的规则、规划或规律▷事物的发展，有它的一定之规，是不以人的主观意志为转移的。|请你不要再提这建议那建议的，我有一定之规，你们就抓紧落实吧。

一帆风顺 yī fān fēng shùn 船扬满帆，乘着顺风行驶，极其迅速。比喻工作、办事或境遇非常顺利。也常作为祝人平安顺利的话▷船过桐庐之后，倒是一帆风顺，傍晚时分就到了目的地。|再见了，祝你此去一帆风顺，马到成功！

一反常态 yī fǎn cháng tài 一：完全。态度与平常完全不同▷小红今天一反常态，看到我竟爱理不理的。|这支球队一反常态，与对方打起了对攻战。◇一如既往。

一饭千金 yī fàn qiān jīn 《史记·淮阴侯列传》载：汉代的韩信少年时很贫困，常在淮阴城下钓鱼，有一个漂絮的老妇人给他吃了几十天的饭。后来韩信成

了楚王,就用千金来报答那老妇。后用"一饭千金"指受小恩而厚报▷我资助你读大学,并不图你将来一饭千金的厚报。|妈妈用韩信"一饭千金"的故事教育孩子,要他不要忘了资助他家的好心人。◇恩将仇报。

一飞冲天 yī fēi chōng tiān 鸟儿突然高飞,直冲云天。语本《韩非子·喻老》:"虽无飞,飞必冲天;虽无鸣,鸣必惊人。"后用"一飞冲天"比喻平时默默无闻,突然做出惊人之举▷我校学生在全国中学生运动会上一举夺得团体金牌,真是不飞则已,一飞冲天。|小华受此激励,心里暗暗立下了将来一定要一飞冲天的决心。≈一鸣惊人。

一分为二 yī fēn wéi èr 把一个事物分解为二个。语出宋·朱熹《朱子语类》卷六:"问先生以为一分为二,二分为四,四分为八,又细分将去,程子说性中只有仁义礼智四者而已。"后用"一分为二"指事物作为矛盾着的统一体,包含着对立统一的两个方面▷对人要一分为二,既要看到他的优点,又要看到他的缺点。|按照一分为二的观点,失败中也包含着成功的因素,所以我们不必灰心,而应认真总结经验教训。

一傅众咻 yī fù zhòng xiū 傅:教导。咻:喧闹。一人施教,众人喧扰。语本《孟子·滕文公下》:"有楚大夫于此,欲其子之齐语也……一齐人傅之,众楚人咻之,虽日挞而求其齐也,不可得矣。"后用"一傅众咻"比喻做事不专一,就绝无效果。也指因受不良环境的干扰而不能取得成效▷她在这一傅众咻的环境里,不仅不能学好文化知识,反而受到负面效应的影响。|如果是一傅众咻,即使你有再大的本领,也甭想把事情做成。

一概而论 yī gài ér lùn 概:古时量粮食时刮平斗斛的器具,引申为标准。一概:同一个标准。论:看待。语本战国楚·屈原《九章·怀沙》:"同糅玉石兮,一概而相量。"后用"一概而论"指对问题不作区别,用同一标准来看待或处理不同的问题▷学生学习成绩不好有多种原因,不能一概而论。|他一时冲动,和那些惯赌、惯偷有所不同,岂能一概而论?≈相提并论◇就事论事。

一干二净 yī gān èr jìng 形容干干净净,十分清洁▷同学们把教室打扫得一干二净,迎接"六一"儿童节。也形容全部消失,一点也不剩下▷他们实在太饿了,不一会儿,就把满满一桌饭菜吃得一干二净。|多年不用,我几乎把英语忘得一干二净,怎么应付考试呢?

一鼓作气 yī gǔ zuò qì 鼓:擂战鼓。作:振作。气:勇气,士气。作战开始,擂第一通战鼓时,士气最为振作旺盛。语出《左传·庄公十年》:"夫战,勇气也。一鼓作气,再而衰,三而竭。"后用"一鼓作气"比喻趁着劲头足的时候一下子把事情完成。也比喻鼓足干劲,振作精神,一往无前▷中国女排在以三比〇战胜了美国以后,一鼓作气,又以同样比分战胜了古巴队,从而取得了冠军。|讨论刚开始,一切还未切入正题,哪能因为吃饭而就此停歇?我们要一鼓作气地讨论下去,没有结果绝不罢休。≈一气呵成|趁热打铁◇再衰三竭|每况愈下。

一官半职 yī guān bàn zhí 一、半:指低下、低微。泛指地位不高的官职▷这人为了求得一官半职,溜须拍马,行贿送礼,无所不用其极。|他不愿让这一官半职

拘束住自己的性格，宁愿去当他的教书匠。◇高官厚禄。

一哄而散 yī hòng ér sàn 哄：吵闹。一群人在吵闹声中一下子散去。形容突然、混乱地散去▷几个年轻人在饭店斗殴闹事，看到警察来了，马上一哄而散。｜老师刚宣布下课，学生们便一哄而散。

一呼百应 yī hū bǎi yìng 呼：呼唤。应：响应。一人呼唤，众人响应。形容响应的人很多▷他在学校里威信很高，做什么事情都一呼百应。｜秦末陈胜、吴广在大泽乡揭竿而起，号令一出，一呼百应。≈一呼百诺。

一花独放 yī huā dú fàng 一种花独自开放。比喻缺少各种不同风格的艺术作品▷改革开放已经五十多年了，文艺、文化生活得到了空前的繁荣，那种"一花独放"的时代一去不复返了。≈一枝独秀◇百花齐放｜万紫千红。

一挥而就 yī huī ér jiù 挥：挥动，挥舞。就：成功，完成。一挥动工具，事情就立刻完成。语本唐·杜牧《唐故银青光禄大夫检校礼部尚书崔公行状》："八年秋，江水涨溢。公曰：'安得长堤而御之。'言讫，军士齐民，云锸雨杵，一挥立就。"后用"一挥而就"形容才思敏捷，技艺纯熟，运笔如飞▷他幼读史书，聪明绝顶，从小写得一手好字，做文章也一挥而就。｜他沉思了一下，就提起笔来，一幅《奔马图》一挥而就。≈一气呵成｜倚马可待◇精雕细刻｜千锤百炼。

一技之长 yī jì zhī cháng 技：技能，本领。长：专长，特长。指某种技能或专长▷要充分发挥技术人员的一技之长。｜他的一技之长在厂长的关心下终于能充分发挥了。≈拿手好戏◇一无所长。

一家之言 yī jiā zhī yán 一家：一家学说，一个流派。语本汉·司马迁《报任少卿书》："亦欲以究天人之际，通古今之变，成一家之言。"后用"一家之言"指有独特见解、自成一家的学说或论著▷司马迁所著的《史记》开创了我国纪传体通史的先河，成为一家之言，鲁迅先生给予了高度评价："史家之绝唱，无韵之离骚。"｜他精通古汉语，多年来一直疏解经籍，并出版多部专著，成为一家之言。

一见倾心 yī jiàn qīng xīn 倾心：内心向往。语出《资治通鉴·晋孝武帝太元九年》："主上与将军风殊类别，一见倾心，亲如宗戚。"后用"一见倾心"指一见面就产生了倾慕的感情▷她对那风度儒雅的年轻记者一见倾心，一会儿就聊得十分投机。｜两人一见倾心，没多久就谈婚论嫁起来。≈一见钟情。

一见如故 yī jiàn rú gù 故：故人，老朋友。第一次见面就像老朋友似的。语本《左传·襄公二十九年》："[吴公子札]聘于郑，见子产，如旧相识。"后用"一见如故"形容彼此初次接触就情投意合，融洽无间▷短短的两三天时间，他们却一见如故，顿成莫逆。｜你到那儿去访问，到处都可以碰到华人，到处都可以听到乡音，你会碰到许多一见如故的朋友，随时体味到一种民族感情在息息相通。≈一拍即合｜一见倾心｜一见钟情◇视若路人｜视同陌路。

一见钟情 yī jiàn zhōng qíng 钟：集中。男女之间一见面就产生了感情▷他们两人因一见钟情而结婚，而且几十年来亲密如初。｜我不相信一见钟情的爱情故事，真正的爱情产生于相互交往和了解。≈一见倾心。

一箭双雕 yī jiàn shuāng diāo 《北史·长孙晟传》载：北周长孙晟(shèng)看见两只飞着的大雕正在争肉，骑马赶去，一箭就把两只雕穿在一起射下来。后用"一箭双雕"比喻做一件事达到两个目的或得到两种好处▷他用这个办法既探听了情况，又迷惑了对手，真是一箭双雕。|司令决定围歼扼据要冲的守敌，从而一箭双雕：既打通南北运输线，又减轻友军的压力。≈一举两得|一石二鸟|事半功倍◇事倍功半|得不偿失。

一举成名 yī jǔ chéng míng 举：科举，指应科举考试并及第。读书人参加科举考试，一旦考中，就能闻名天下。语出唐·韩愈《国子司业窦公墓志铭》："公一举成名而东。"后用"一举成名"指因某一件事而一下子就出了名▷我在四十多年前也曾幻想搞创作，做过"一举成名天下知"的荒唐梦。|他一举成名，一跃而成为"打假"英雄，是因为商海确实有大批假冒伪劣的商品存在。≈一鸣惊人◇名落孙山|默默无闻。

一举两得 yī jǔ liǎng dé 语本《东观汉记·耿弇(yǎn)传》："所谓一举而两得者也。"后用"一举两得"形容做一件事同时得到两种好处▷我每天走路上班，既节省了车钱，又锻炼了身体，一举两得。|同事们假日一块儿外出游览，既消除了疲劳，又增进了友情，实在是一举两得的美事。≈一箭双雕|一石二鸟|事半功倍◇得不偿失。

一举一动 yī jǔ yī dòng 举：举动。人的每一个举动▷父母的一举一动，对子女都会有相当大的影响。|名人也有很多不自由之处，他的一举一动都在记者的注视之下。

一决雌雄 yī jué cí xióng 决：决定。雌雄：比喻胜负、高低。语本《史记·项羽本纪》："项王谓汉王曰：'天下匈匈数岁者，徒以吾两人耳，愿与汉王挑战，决雌雄，毋徒苦天下之民父子为也。'"后用"一决雌雄"指决一胜负，比出个高低▷明天晚上，这两支球队将一决雌雄。|准备与韩国队一决雌雄的日本队，一上场就大举进攻，压着对方打。一时间，韩国队门前险象环生。≈一决胜负。

一蹶不振 yī jué bù zhèn 蹶：跌倒，引申为挫折。振：振奋，振作。语本明·沈德符《万历野获编·补遗·奉使被议》："此数君俱才谞著闻，以出疆偾事，一时同入废籍，且近在七八年间，皆一蹶不复振云。"后用"一蹶不振"形容一受挫折便再也振作不起来▷高考落榜，并没有使他一蹶不振。|近十年来一蹶不振的公司终于有了复苏的希望。≈一败涂地◇东山再起。

一刻千金 yī kè qiān jīn 刻：古人用刻漏计时，一昼夜为一百刻。一刻：指短暂的时间。语本宋·苏轼《春夜》诗："春宵一刻值千金，花有清香月有阴。"原形容春天的夜晚无比美好。后用"一刻千金"比喻时间极其宝贵▷老师勉励学生珍惜一刻千金的大好春光。|青春年华，有如一刻千金，千万不可虚度。≈惜时如金◇蹉跎岁月。

一孔之见 yī kǒng zhī jiàn 见：见解。从一个小洞中所看到的。语本汉·桓宽《盐铁论·相刺》："持规而非矩，执准而非绳，通一孔，晓一理，而不知权衡。"后用"一孔之见"指片面狭隘的见解▷尽管他对国际事务的知识很欠缺，但是又自有他的一孔之见。|刚才所说，

Y

仅是我的一孔之见，供各位参考。≈一得之愚。

一来二去 yī lái èr qù 来来往往地经过一段时间。多指经反复接触、交往后逐渐形成某种情况▷双方一来二去，这事儿就敲定了。|一来二去，他俩就成了好朋友。

一览无余 yī lǎn wú yú 览：看。余：剩余。语本南朝宋·刘义庆《世说新语·言语》："江左地促，不如中国，若使阡陌条畅，则一览而尽。"后用"一览无余"指一眼望去，即可全部看见▷登上上海东方明珠电视塔，全市景物一览无余。|这种一览无余的文章，看了使人昏昏欲睡。≈一目了然◇目不暇接。

一劳永逸 yī láo yǒng yì 劳：劳苦，辛苦。逸：安逸。语本汉·扬雄《谏勿许单于朝疏》："以为不一劳者不久佚，不暂费者不永宁。"后用"一劳永逸"指经过一番劳苦，便可以得到永久的安逸，以后就可以不必再费力了▷把改革看得太容易，以为不必付代价就可以一蹴而就，一劳永逸，是不切实际的想法。|这虽是个一劳永逸的办法，但真正做起来也并不容易。≈一了百了◇徒劳无益|劳而无功|事倍功半。

一了百了 yī liǎo bǎi liǎo 了：了结，解决，完成。语本《朱子语类》卷八："有资质甚高者，一了一切了，即不须节节用功也。"后用"一了百了"指把主要的事情解决了，其他的一切事也就随之了结▷依我之见，干脆把这房子卖了，一了百了，省得以后家里闹矛盾。

一鳞半爪 yī lín bàn zhǎo 龙在云中，时而露出一片鳞，一只爪，而看不见全身。比喻零碎、片断的事物▷现在的年轻人，对过去几十年历史的了解，只是一鳞半爪。|我想把父亲生前的著作编印成集，哪怕是一鳞半爪的片言只语，也要搜集起来。

一路平安 yī lù píng ān 旅途平安无事（多用作对出门者的祝福语）▷在机场，他们互道一路平安，分别登上了各自的飞机。|他们一行人一路平安地到达了目的地。≈一路顺风◇寸步难行。

一落千丈 yī luò qiān zhàng 语出唐·韩愈《听颖师弹琴》诗："跻攀分寸不可上，失势一落千丈强。"原形容琴声由高而低一下子降得很低。后用"一落千丈"泛指景况、地位等急剧下降▷车站搬迁以后，来往的人减少了，这家商店的生意一落千丈。|自父亲去世后，他家的生活一落千丈。≈急转直下◇青云直上。

一马当先 yī mǎ dāng xiān 作战时策马冲在最前面。后用"一马当先"比喻处于领先地位或走在最前面起带头作用▷决赛时，小胡果然又是一马当先，夺取了男子200米的第一名。|工作中，张所长总是一马当先，以身作则。≈身先士卒|遥遥领先◇后来居上|甘居人后。

一马平川 yī mǎ píng chuān 平川：平地，平原。可以纵马驰骋的平原或平地。形容地势平坦广阔▷这边是平原，一马平川，任你奔驰。|小镇周围是一马平川的稻田。

一脉相承 yī mài xiāng chéng 一脉：一个血统，引申指一个派系。由同一血统或同一派别、系统承袭流传下来。语出宋·钱时《两汉笔记》卷十一："是故言必称尧舜，而非尧舜之道则不敢陈于王前，一脉相承，如薪传火，无他道也。"后用"一脉相承"比喻某种思想、学说或行

Y

为的继承关系▷艺品与人品是一脉相承的，为人质朴无华，为艺才能返朴归真，进入化境。

一毛不拔 yī máo bù bá 语本《孟子·尽心上》："杨子取为我，拔一毛而利天下，不为也。" 后用"一毛不拔" 比喻极其吝啬、自私▷我最瞧不起一毛不拔的小气鬼。|他在钱财方面向来一毛不拔，所以几乎没有什么朋友。≈爱财如命◇慷慨解囊|一掷千金。

一面之词 yī miàn zhī cí 面：方，方面。词：话语。单方面的话。通常多指争执双方的一方所说的片面性的言论▷尽管她说得合情合理，但他还是不敢相信，因为一面之词往往是靠不住的。|我们不能只听他的一面之词。

一面之交 yī miàn zhī jiāo 交：交往。语出晋·袁宏《三国名臣序赞》"定交一面" 李善注引汉·崔寔《本论》："且观世人之相论也，徒以一面之交，定臧否之决。" 后用"一面之交" 指只见过一次面，交情不深▷咱们好歹有一面之交，请你在这次招工中为我美言几句。|你与他只是一面之交，怎么能轻易下结论说他不是好人呢？≈一日之雅◇生死之交。

一鸣惊人 yī míng jīng rén 鸣：叫。一叫就使人震惊。语本《韩非子·喻老》："虽无飞，飞必冲天；虽无鸣，鸣必惊人。" 后用"一鸣惊人" 比喻平时默默无闻，一下子做出惊人的事情▷你还是脚踏实地地做好本职工作，别老想着一鸣惊人。|小李平时默默无闻，没想到在这次全国运动会上一鸣惊人，破了全国纪录。≈一飞冲天◇默默无闻。

一瞑不视 yī míng bù shì 瞑：闭眼。视：看。一闭上眼就再也看不见了。语本《战国策·楚策一》："有断脰决腹，一瞑而万世不视。" 后用"一瞑不视" 指人死亡▷可惜他老人家已一瞑不视，永远不能再看到美丽的故乡了。|他始终奋斗在科研第一线，直至一瞑不视。

一命呜呼 yī mìng wū hū 一命：一人的生命。呜呼：旧时讣告、祭文中的哀叹之词，后用作死亡的代称。一条命完了。指人死了▷他本来就有病，受了这一场惊吓，没几天就一命呜呼了。|听到这个杀人魔王已一命呜呼的消息，村民们都拍手称快。≈一命归西|呜呼哀哉|与世长辞|寿终正寝◇长命百岁|万寿无疆|长生不老。

一模一样 yī mú yī yàng 样子完全相同▷她们姐妹俩长得一模一样。|孙悟空竟变得和牛魔王一模一样，连牛魔王的夫人铁扇公主也分辨不出。≈如出一辙◇大相径庭|千差万别。

一目了然 yī mù liǎo rán 目：眼，这里指看。了然：明白，清楚。一眼看出，非常清楚明白。语出《朱子语类》卷一三七："见得道理透后，从高视下，一目了然。" 后用"一目了然" 形容目光敏锐▷案情并不复杂，甚至一目了然，但就是这样一个案例，办起来却并不容易。≈一览无余|了如指掌|洞若观火◇深不可测|雾里看花。

一目十行 yī mù shí háng 目：这里指用眼看。十行：十行文字。一眼能看十行文字。语本《梁书·简文帝纪》："读书十行俱下。" 后用"一目十行" 形容看书的速度非常快。也形容看书一扫而过，看得马虎不认真▷你说他有一目十行的本领，我不相信。|他一边与我聊着天，一边一目十行地浏览着刚送到的报纸。◇字斟句酌。

Y

一男半女 yī nán bàn nǚ 一个子女。指一个儿子或女儿▷你们成婚后生个一男半女的,我也就放心了。|这对夫妇年逾五旬,膝下并无一男半女,每每因此郁郁寡欢。

一年半载 yī nián bàn zǎi 载:年。多则一年,少则半年。泛指一段不太长的时间▷我这次到美国进修,一年半载即可回来。|这罪犯负案在逃,可天网恢恢,不出一年半载,准保被抓住。

[提示]载,不读"zài"。

一念之差 yī niàn zhī chā 念:念头,想法。差:差错。语出宋·陆游《丈人观》诗:"我亦宿诵五千文,一念之差堕世纷。"后用"一念之差"指一个念头的差错,引起严重的后果▷当初因为一念之差,小王竟弃学经商,至今想来后悔不已。|很多大祸都是一念之差下闯的,所以凡事都应该冷静,不能心血来潮。

[提示]差,不读"chà"。

一诺千金 yī nuò qiān jīn 诺:承诺,许诺。一经许诺,价值千金。语本《史记·季布栾布列传》:"得黄金百斤,不如得季布一诺。"后用"一诺千金"形容说话算数,对应允的事极守信用▷尽管说不上是一诺千金,但我答应了的事一定会兑现。≈言而有信|说一不二|一言为定◇言而无信|有口无心。

一拍即合 yī pāi jí hé 拍:打拍子。一打拍子就合音乐的节奏。比喻双方一下子就能够一致起来▷两人都喜欢古典诗词,谈起来有不少地方一拍即合。|既然我们一拍即合,你就不妨多住一两天,我们再好好聊聊。◇势不两立。

一盘散沙 yī pán sǎn shā 一盘松散的沙子。比喻没有组织或组织涣散,人心不一,力量分散▷那时候,帝国主义列强之所以敢欺侮我们,就是因为我们是一盘散沙,不能团结成为一个统一的力量。|这种一盘散沙的局面不改变,要想把工作搞好是不可能的。

一贫如洗 yī pín rú xǐ 穷得像被冲洗过一般,什么都没有▷这孩子父母双亡,一贫如洗,只得单身来到繁华的都市打工,尝尽了人间的酸甜苦辣。|公司破产后,一度趾高气扬的赵总变得一贫如洗。≈家徒四壁|倾家荡产|一无所有。

一颦一笑 yī pín yī xiào 颦:皱眉。忧或喜的表情。语出《韩非子·内储说上》:"吾闻明主之爱,一颦一笑,颦有为颦,而笑有为笑。"后以"一颦一笑"指喜怒哀乐的表情变化▷方小姐的一举一动,一颦一笑,给他留下深刻的印象。|她扮演的杨贵妃十分成功,一颦一笑都很真切传神。

一曝十寒 yī pù shí hán 曝:本作"暴",晒。寒:冷。晒一天,冻十天。语本《孟子·告子上》:"虽有天下易生之物也,一日暴之,十日寒之,未有能生者也。"后用"一曝十寒"比喻工作、学习没有恒心▷学习必须持之以恒,不能一曝十寒。|他学习一曝十寒,受到老师和家长的批评。≈浅尝辄止◇持之以恒。

一气呵成 yī qì hē chéng 一气:一口气,指不间断。呵:呼气。成:成功,完成。比喻诗文书画的结构紧凑,气势流畅,首尾贯通。也比喻工作毫无间断地迅速完成▷他站在八仙桌前,提笔运气,下笔有如剑气纵横,一幅字一气呵成。|程序员们通力合作,这一软件的编制工作一气呵成。

一钱不值 yī qián bù zhí 钱:一个铜钱。

语本《史记·魏其武安侯列传》："生平毁程不识不直一钱。" 直：通"值"。后用"一钱不值" 形容毫无价值▷这套流水线因为长期闲置，已锈蚀得一钱不值。|他的这部小说被评论界贬得一钱不值。≈一无可取◇价值连城。

一钱如命 yī qián rú mìng 一钱：一个铜钱。把一个铜钱看得像性命一样。形容人极端吝啬▷这个人一钱如命，是个吝啬鬼，你怎么会向他借钱呢？|这个一钱如命的土老财被盗，气得一病不起。≈爱财如命|一毛不拔。

一窍不通 yī qiào bù tōng 一：全部，所有。窍：洞，孔，指心窍，古人以为心有七窍。没有一个心窍是贯通的。语本《吕氏春秋·过理》："杀比干而视其心，不适也。孔子闻之曰：'其窍通，则比干不死矣。'" 高诱注："纣性不仁，心不通，安于为恶，杀比干，故孔子言其一窍通则比干不见杀也。" 后用"一窍不通" 比喻一点儿都不懂▷这种一窍不通的蠢物，还能够说出什么像样的话来？|我对此一窍不通，只好洗耳恭听。≈愚昧无知◇博古通今|满腹珠玑。

一清二楚 yī qīng èr chǔ 形容非常清楚▷窗户上安装了这种特种玻璃，从室内看户外，一清二楚；从户外看室内，它简直成了墙壁的一部分。|上海的石库门住宅，邻居间常常只是一板之隔，家里发出的任何响动，隔壁都能听得一清二楚。

一清如水 yī qīng rú shuǐ 比喻为政清廉，不贪财▷他任市长多年，一清如水，在群众中口碑很好。|戴老先生谆谆告诫做官的儿子要一清如水，不得收取非分之财。≈两袖清风◇诛求无已。

一穷二白 yī qióng èr bái 穷：贫穷，指物质基础差，经济不发达。白：空白，指科技落后，文化不普及。既贫穷又落后。形容经济极不发达，文化非常落后▷我的家乡在边远山区，过去一穷二白，能上学读书的人不多。|要改变这种一穷二白的面貌，不是一朝一夕的事，需要我们进行长期艰苦的奋斗。

一丘之貉 yī qiū zhī hé 丘：小土山。貉：一种样子像狐狸的野兽。同一个山丘上的貉子。语出《汉书·杨恽传》："古与今，如一丘之貉。" 原比喻彼此都是同类，没有差别。后用"一丘之貉" 比喻都是一样的坏东西▷他们两人，一个是汉奸，一个是卖国贼，真是一丘之貉。|这些人，一旦靠山倒台，不是易主而事，就是赶紧声明和主子并非一丘之貉，以撇清自己。

一去不返 yī qù bù fǎn 返：回来。离开后再也不回来。语本《战国策·燕策三》："风萧萧兮易水寒，壮士一去兮不复还。" 后用"一去不返" 形容事物已成陈迹，不再重现▷儿子一去不返，老母日思夜盼。|中国人民被称为东亚病夫的时代已一去不返了。

一仍旧贯 yī réng jiù guàn 一：全，都。仍：依照。旧贯：旧制度，旧方法。语本《论语·先进》："鲁人为长府，闵子骞曰：'仍旧贯，如之何？何必改作？'" 后用"一仍旧贯" 形容一切按旧制度、旧习惯办事▷尽管被报纸点名批评，但这个车队的工作却一仍旧贯，毫无改进。|新领导刚到任，所有工作暂时一仍旧贯，不作改变。≈一成不变◇改弦易辙。

一日千里 yī rì qiān lǐ 一天能跑一千里。语本《庄子·秋水》："骐骥骅骝，一日而驰千里。" 后用"一日千里" 形容发展和

Y

进步极快▷祖国正以一日千里的速度走向繁荣富强。≈日新月异｜瞬息万变｜千变万化｜突飞猛进◇一成不变｜依然如故｜江河日下｜每况愈下｜老牛破车。

一日三秋 yī rì sān qiū 三秋：三个秋天，即三个年头。一天没有见面，就像隔了三年。语本《诗经·王风·采葛》："彼采萧兮，一日不见，如三秋兮。"后用"一日三秋"形容对人思念心切▷我天天盼你归来，这种一日三秋的心情，你一定会有同感。｜老徐很想念他幼时的好友，真是度日如年、一日三秋啊。

一如既往 yī rú jì wǎng 一：全部，完全。既往：过去，以往。完全像以往一样。多指态度、感情等保持原来状态▷中国人民将一如既往，支持世界各国人民的正当要求。｜他一如既往的支持，使我鼓起战胜困难的勇气。≈始终不渝｜始终如一。

一扫而空 yī sǎo ér kōng 语本宋·苏轼《题王逸少帖》诗："天门荡荡惊跳龙，出林飞鸟一扫空。"后用"一扫而空"形容一下子扫除干净▷他的来信把我心中的疑虑一扫而空。｜儿子的归来，把屋内沉寂压抑的气氛一扫而空，父母的脸上又露出了笑容。

一身是胆 yī shēn shì dǎn 语本《三国志·蜀书·赵云传》"以云为翊军将军"裴松之注引《赵云别传》："先主明旦自来，至云营围，视昨战处，曰：'子龙一身都是胆也！'"后用"一身是胆"形容极其英勇无畏▷王警官一身是胆，化装打入贩毒团伙中。｜这部电影描写的是一位一身是胆的侦察英雄。≈胆大如斗｜胆大包天◇胆小如鼠。

一生一世 yī shēng yī shì 人的一辈子▷重见光明的小女孩说，她一生一世也忘不了医生们的恩情。｜这家伙嗜赌如命，欠下的赌债一生一世也还不清。

一时半刻 yī shí bàn kè 指极短的时间▷奶奶的记忆力现在差多了，刚才还手拿一把剪刀，只不过是一时半刻的时间，她竟忘了剪刀放在哪儿了。｜李大爷，这太阳是很毒的，还是进屋来歇一歇，您的孙子一时半刻还来不了。

一事无成 yī shì wú chéng 成：成功。语出唐·白居易《除夜寄微之》诗："鬓毛不觉白毵毵，一事无成百不堪。"后用"一事无成"形容什么事情都做不成▷年轻人要珍惜时间，多学本领，以免将来哀叹一事无成。｜到机关工作多年，仍觉一事无成，小王决心辞职，自办公司，准备一展身手。≈一无所成◇功成名就。

一视同仁 yī shì tóng rén 一：一样，同样。视：看待，对待。仁：仁爱。圣人对百姓一样看待，同施仁爱。语本唐·韩愈《原人》："是故圣人一视而同仁，笃近而举远。"后用"一视同仁"泛指对人不分亲疏厚薄，一律平等▷老师对每个学生都应一视同仁。｜我们必须一视同仁地为全体员工服务。≈童叟无欺｜老少无欺◇另眼相看｜厚此薄彼。

一手包办 yī shǒu bāo bàn 由一个人全部承包办事。指个人独揽一切▷这次我家装修房屋，从设计到请工匠、采购材料，全由他一手包办。｜这件事是他一手包办的，有什么问题，你只有找他才行。≈大权独揽｜独断专行◇群策群力｜集思广益。

一手遮天 yī shǒu zhē tiān 一只手遮住整个天空。语本唐·曹邺《读李斯传》诗："难将一人手，掩得天下目。"后用"一手遮天"比喻倚仗权势，玩弄手法，欺

上瞒下▷他想一手遮天，完全是枉费心机。|贪官一手遮天，为所欲为，百姓们咬牙切齿，恨之入骨。

一丝不苟 yī sī bù gǒu 一丝：一缕丝，比喻细小、细微。苟：苟且，马虎。一点儿也不马虎。形容办事极为认真，非常仔细▷他工作一贯认真负责，一丝不苟。|老赵这种一丝不苟的工作作风对我的影响很大。◇敷衍了事|粗枝大叶|马马虎虎|粗心大意。

一丝不挂 yī sī bù guà 原为佛教语，指鱼不被钓丝所挂碍，比喻不受尘俗的牵累。后用"一丝不挂"形容赤身露体▷几个一丝不挂的小孩子在河里玩耍。|一个七八岁的小男孩一丝不挂地躺在沙滩上。

一丝一毫 yī sī yī háo 丝、毫：微小的计量单位，十丝为一毫，十毫为一厘。形容极其微小▷工程设计中的差错，哪怕是一丝一毫，都会带来无可估量的损失。|虽然受尽磨难，但陈姑娘对选择同阿德结婚没有一丝一毫的懊悔。≈一星半点◇多如牛毛|汗牛充栋。

一潭死水 yī tán sǐ shuǐ 潭：深水池。死水：不流动的水。一池子不流动的水。比喻没有生气的或停滞不前的局面▷晚清时的中国有如一潭死水，没有一点生气。|教室里的气氛沉闷得像一潭死水，看来非改变这种满堂灌的教学方法不可。

一吐为快 yī tǔ wéi kuài 吐：倾吐。快：痛快。说出全部要说的话而感到畅快▷见到老领导，他才感到长期憋在心中的话有了一吐为快的机会。|他考虑再三，觉得还是应该找她当面谈一谈，心里话应该一吐为快。

一团和气 yī tuán hé qì 一团祥和之气。语出宋·朱熹《伊洛渊源录》卷三引《上蔡语录》："明道（程颢）终日坐，如泥塑人，然接人浑是一团和气。"后用"一团和气"指对人态度十分温和。也指与人相处只讲和气，不讲原则▷我们的老师对学生十分关心，脸上总是一团和气，学生们都愿意亲近她。|对不正之风不能讲一团和气，而应作有理有节的斗争。≈平易近人◇凶神恶煞。

一网打尽 yī wǎng dǎ jìn 网：用网捕捉。尽：完。语出宋·魏泰《东轩笔录》卷四："刘待制元瑜既弹苏舜钦，而连坐者甚众，同时俊彦为之一空。刘见宰相曰：'聊为相公一网打尽。'"后用"一网打尽"比喻全部抓住或全部肃清，无一遗漏▷这次突击行动把疯狂作案的犯罪团伙一网打尽了。|我军用计把敌人引进山谷，集中优势兵力将其一网打尽。◇网开一面。

一往情深 yī wǎng qíng shēn 一往：一直，始终。语本南朝宋·刘义庆《世说新语·任诞》："桓子野每闻清歌，辄唤奈何！谢公闻之曰：'子野可谓一往有深情。'"后用"一往情深"形容对人或事物始终具有深厚的感情▷老人虽出国多年，但对家乡仍旧一往情深。|他对当年的恋人一往情深，虽然姑娘已去世多年，他仍念念不忘。◇寡情薄义。

一往无前 yī wǎng wú qián 一往：一直向前。无前：前面没有什么可以阻挡。形容无所畏惧，不顾任何困难和障碍，奋勇向前▷战士们一往无前，奋勇杀敌。|在困难面前，我们就需要有这种一往无前的气概。≈勇往直前|高歌猛进◇裹足不前|畏缩不前|停滞不前。

Y

一望无际 yī wàng wú jì 际：边。一眼望去，看不到边际。形容非常辽阔▷骏马在一望无际的草原上奔驰。|太阳刚从东方升起，把一望无际的海面照得金光闪闪。≈无边无际|漫无边际。

一文不名 yī wén bù míng 名：占有。一个钱都没有。形容极其贫困▷他从那个穷山沟里来，现在已一文不名了，大家该捐点钱帮助他一下。|他很懒散，又不肯工作，当然是一文不名。≈一贫如洗|囊空如洗|身无长物◇腰缠万贯|富比王侯。

一无可取 yī wú kě qǔ 一：全，都。语出唐·卢肇《浑天法》："《玄中》《山经》一无可取，释氏俱舍，乃自立心法，非可以表测而度量也。"后用"一无可取"指没有任何可以肯定的地方▷他的文章虽仍显幼稚，但也不是一无可取。|这个女子除了脸长得还漂亮外，其他一无可取，你还是及早与她分手为好。≈一无是处◇十全十美。

一无是处 yī wú shì chù 一：全部，都。是：正确，对。没有一点对的地方。指全部都是错的或处处都不行▷他虽然有缺点，但也不能说是一无是处。|你把人家说得一无是处，未免有点过分了。≈一无可取|百无一是◇白璧无瑕|十全十美。

［提示］处，不读"chǔ"。

一无所长 yī wú suǒ cháng 长：长处，专长。一点专长也没有▷像他这样一无所长的人要到国外去谋生，是十分困难的。|那人除了奉承拍马外一无所长，竟当上了副校长，真是可笑。◇多才多艺。

一无所得 yī wú suǒ dé 一：全，都。什么都没有得到▷敌人不死心，又一次派人到张家搜查，结果仍是一无所得。|他不愿意这样一无所得地回去，因为那样无法交差。≈一无所获|两手空空◇满载而归。

一无所求 yī wú suǒ qiú 求：要求。没有任何要求或需要▷经受了中年丧子之痛，老陈变得心灰意冷，对生活一无所求。|姑娘除了要求恋人珍视他们的感情、忠于他们的爱情外，一无所求。

一无所有 yī wú suǒ yǒu 一：全，一概。什么也没有▷他们贫困潦倒，一无所有，只能靠慈善机构的救济为生。|他在一无所有的艰苦条件下，靠自己的双手创办了这家公司。≈一贫如洗|两手空空|空空如也◇无所不有|应有尽有。

一无所知 yī wú suǒ zhī 什么都不知道▷由于久无音讯，我对他目前在国外的情况一无所知。|我是学文学的，对于纺织工业一无所知，你还是另请高明吧。≈一窍不通◇无所不知。

一五一十 yī wǔ yī shí 五、十：点数目的单位。五个十个地往下计数。形容从头至尾、原原本本地叙述，毫无遗漏或隐瞒▷她回到家里，把学校里发生的事一五一十地告诉了爸爸。|关于这里的情况，一五一十，我都向他作了介绍。

一误再误 yī wù zài wù 一：第一次。误：失误，错误。再：又，一再。谓屡犯错误。语本《宋史·魏王廷美传》："太宗尝以传国之意访之赵普。普曰：'太祖已误，陛下岂容再误邪？'"后用"一误再误"形容屡被耽误▷有了错误应及时改正，不可一误再误。|你年龄已不小了，婚姻大事应解决了，不可一误再误。

一息尚存 yī xī shàng cún 息：气息。尚：还。存：存在。还有一口气存在。语出《朱子全书·论语》："一息尚存，此志不容少懈，可谓远矣。”后用“一息尚存”表示到生命的最后一刻▷**张老师说，只要他一息尚存，就要为教育事业出一分力，发一分热。｜作为记者，只要一息尚存，就必须秉笔直书。≈奄奄一息。**

一席之地 yī xí zhī dì 铺一张坐席的地方。语出《旧唐书·后妃传上》：“妇人智识不远，有忤圣情，然贵妃久承恩顾，何惜宫中一席之地，使其就戮，安忍取辱于外哉！”后用“一席之地”形容极小的地方▷**当年，我们全家都去国外谋生，故乡已无我的一席之地了。｜那占着玻璃橱窗一席之地的彩塑泥人，吸引了不少行人。≈立锥之地。**

一厢情愿 yī xiāng qíng yuàn 一厢：一方面。单方面的愿望。指不考虑实际情况的主观意愿▷**他们两人感情确已破裂，让他们破镜重圆，只是你的一厢情愿。｜我认为这是一厢情愿的事，根本就不可能成功。**

一笑置之 yī xiào zhì zhī 置：搁置，放下。之：代词，它。笑一笑就把它搁在一边。语本宋·杨万里《观水叹》诗：“出处未可必，一笑姑置之。”后用“一笑置之”表示不值得理会▷**他的话只是开个玩笑，并无恶意，你大可一笑置之。｜哥哥知道弟弟说话不知轻重，并非有意冲撞，只能一笑置之。≈付之一笑◇耿耿于怀。**

一泻千里 yī xiè qiān lǐ 泻：水急速往下流注。江河奔流直下，直达千里。语本唐·李白《赠从弟宣州长史昭》诗：“长川豁中流，千里泻吴会。”后用“一泻千里”比喻形势发展迅猛或文笔流畅奔放▷**万里长江，浩浩荡荡，一泻千里。｜几天时间，股市猛跌，大有一泻千里之势。**

一心一意 yī xīn yī yì 语出唐·骆宾王《代女道士王灵妃赠道士李荣》诗：“一心一意无穷已，投漆投胶非足拟。”后用“一心一意”形容心思专一，没有杂念▷**你现在什么都别管，一心一意把身体养好再说。｜他早出晚归，一心一意扑在工作上，连家都顾不上。**

一星半点 yī xīng bàn diǎn 一星：一点儿。形容点点滴滴，为数极少▷**让你去打听一下，这么长的时间只带回来这一星半点的消息，真叫我失望。｜这家商店今天的生意真好，货架上只剩下一星半点的物品，连进货都来不及。**

一言九鼎 yī yán jiǔ dǐng 九鼎：象征国家的宝器，相传为大禹所铸。语本《史记·平原君虞卿列传》：“毛先生一至楚而使赵重于九鼎大吕。”后用“一言九鼎”形容一句话能起极大的作用▷**老马虽非一言九鼎的人，但他敢于替群众说话，因而威信很高。｜老林一言九鼎，他说聘你为总工程师，你就放心好了。◇人微言轻。**

一言难尽 yī yán nán jìn 事情曲折复杂，一句话难以说清▷**我问他何以落得如此狼狈的境地？他长叹道：“一言难尽。”｜他们两人离婚的事说起来一言难尽，待以后再慢慢告诉你。◇一语道破。**

一言为定 yī yán wéi dìng 一句话说出，便不再变更或反悔▷**哥哥说春节回国来看望父母，弟弟高兴地在电话中说：“那就一言为定。”｜既然你们两人商定明年结婚，那就一言为定，从现在起好好准备婚事。◇言而无信。**

一言一行 yī yán yī xíng 言：话语。行：行为。语出南朝梁·任昉《为范始作求立太宰碑表》：“若夫一言一行，盛德之风。”后用“一言一行”指每一句话，每

一个行动▷老师的一言一行对学生都会产生影响，所以更需以身作则。|老梁从军几十年，现在虽然离休了，但一言一行仍带有军人的痕迹。

一言中的 yī yán zhòng dì 一言：一句话。中：命中，射中。的：靶子，目标，比喻关键或要害。一句话就说到了要害。形容说话能抓住本质，切中要害▷他的话一言中的，把问题的实质点明了。|他平时说话不多，但总能一言中的，指出问题的要害。

一叶障目 yī yè zhàng mù 障：遮蔽。目：眼睛。眼睛被遮住了，就看不见东西。语本《鹖(hé)冠子·天则》："夫耳之主听，目之主明。一叶蔽目，不见泰山。"后用"一叶障目"比喻被局部或暂时的现象所蒙蔽，不能认清事物的全貌、主流或本质▷你的这种看法是一叶障目，没有抓住问题的要害。|评价一个人不能一叶障目，只看他的支流和小节，而应看主流和大节。

一叶知秋 yī yè zhī qiū 看见一片落叶，就知道秋天已经来临。语本《淮南子·说山》："以小明大，见一叶落而知岁之将暮；睹瓶中之冰，而知天下之寒。"后用"一叶知秋"比喻从个别细微的迹象可以推知事物发展变化的趋向▷一叶知秋，从我国女子中长跑运动的崛起，可以知道我国田径运动将有大的发展。|要说一叶知秋的话，德军在莫斯科的失败，就预示世界反法西斯战争终将取得胜利。≈见微知著。

一衣带水 yī yī dài shuǐ 衣带：衣服的饰带，比喻狭窄。水：指江河湖海等的水域。像一条衣带那样宽的水流。语出《南史·陈后主纪下》："隋文帝谓仆射高颎曰：'我为百姓父母，岂可限一衣带水不拯之乎？'"后用"一衣带水"形容水道极其狭窄，往来无阻▷中朝两国是一衣带水的友好邻邦。|台湾与大陆一衣带水，两岸同胞永远是一家人。≈近在咫尺◇万水千山|天各一方|天南海北|天涯海角。

一意孤行 yī yì gū xíng 孤：单独。语本《史记·酷吏列传》："公卿相造请禹，禹终不报谢，务在绝知友宾客之请，孤立行一意而已。"后用"一意孤行"谓不听劝告，固执己见，按自己的意志办事▷我们要多听别人的意见，不能一意孤行地蛮干。|他的一番话改变了小陈破罐破摔、一意孤行的想法。≈独断专行◇言听计从。

一应俱全 yī yīng jù quán 一应：一切。俱：都。所有的一切都齐全了▷商店里一应俱全的商品吸引了四方的顾客。|车间里，车、钳、刨等各种机器一应俱全。≈应有尽有◇一无所有。

［提示］应，不读"yìng"。

一隅之见 yī yú zhī jiàn 隅：角落或狭小的地区，泛指事物的一个方面。见：见识，见解。指偏重于一个方面而未能通观全局的见解▷不运用马克思主义观点、立场、方法分析事物，不深入基层走群众路线，即使提出再多的见解、意见或建议，也只能是一隅之见。|别看他发言滔滔不绝，尽是些陈词滥调，说得好听点，也最多是一隅之见。≈一孔之见|井底之蛙。

一语道破 yī yǔ dào pò 道：说。破：揭穿。一句话就把真相揭穿了▷小李正在谈恋爱的秘密被他的好朋友一语道破。|姑娘一语道破了诗人不幸的根源。

一语双关 yī yǔ shuāng guān 关：牵连，关联。一句话包含两个意思，即表面上一个意思，而暗中还藏着另一个意思▷你当我水平这么差？他这一语双关的话，我难道听不出来吗？｜你有什么话可以直截了当地说，何必来一个一语双关？

一张一弛 yī zhāng yī chí 张：拉紧弓弦。弛：放松弓弦。语出《礼记·杂记下》："张而不弛，文武弗能也。弛而不张，文武弗为也。一张一弛，文武之道也。"原指治理国家要宽严并用。后用"一张一弛"比喻生活和工作要适当调节，劳逸结合▷治理国家要宽严相济，这就是一张一弛的道理。｜准备高考期间，在紧张的学习之余，也要注意休息，文武之道，一张一弛嘛。

一朝一夕 yī zhāo yī xī 朝：早晨。夕：日落或夜晚。一个早晨或一个晚上。语出《周易·坤》："臣弑其君，子弑其父，非一朝一夕之故，其所由来者渐矣。"后用"一朝一夕"形容非常短促的时间▷要学会一种本领必须持之以恒，想一朝一夕就见效果是不现实的。｜这个体育场工程浩大，非一朝一夕可以完工。◇长年累月。

一针见血 yī zhēn jiàn xuè 一针扎下就见到血。比喻说话写文章直截了当，切中要害▷小强的批评一针见血，不留情面。｜这些短小精悍，能一针见血的杂文，现在不是太多，而是太少了。

一针一线 yī zhēn yī xiàn 一根针，一根线。比喻微小不值得重视的东西▷不论是红军还是解放军战士，他们路过老百姓的家，绝不拿一针一线，这与国民党队伍形成了鲜明的对比。｜即使我们的生活好起来了，仍然要提倡艰苦奋斗，勤俭持家，珍惜一针一线，这也是一种美德。

一之谓甚 yī zhī wèi shèn 谓：算是。甚：过分。一次已算是过分了。语出《左传·僖公五年》："晋不可启，寇不可玩，一之谓甚，其可再乎？"后用"一之谓甚"表示错误不可重犯▷你这种违反厂纪厂规的行为，一之谓甚，其可再乎？｜我本来是滴酒不沾的，今天已陪大家喝了一杯，一之谓甚，其可再乎？

［提示］常与"其可再乎"连用。

一知半解 yī zhī bàn jiě 知：知悉。解：理解。形容知道的不多，理解得不全面、不透彻▷他对这个问题一知半解，当然没有发言权。｜我们有的人，不学习，不钻研，自满于自己的一知半解，这是一种不良的学风。≈似懂非懂◇融会贯通｜博古通今｜博大精深｜真知灼见。

一纸空文 yī zhǐ kōng wén 指写在纸面上而不能兑现的计划、条约、规定等▷这份合同已事过境迁，无法执行，已成为一纸空文。｜明知实行不了，还要制定这样的规定，只能是一纸空文。

一掷千金 yī zhì qiān jīn 赌博时下注数目极大。语出唐·吴象之《少年行》："一掷千金混是胆，家无四壁不知贫。"后用"一掷千金"形容挥霍无度▷他是个暴发户，平时吃喝嫖赌，一掷千金。｜历史上，一掷千金的富人最终沦为乞丐的不计其数，后人应该引以为鉴。≈挥金如土◇节衣缩食。

一字千金 yī zì qiān jīn 千金：代指价值极高。《史记·吕不韦传》载：秦始皇的丞相吕不韦，让他的门客编了一部书，叫《吕氏春秋》。书写成后，将它张挂于咸阳城门，并说，谁能增删书中的一个字，就赏给他一千金。后用"一字千金"形

容文章极其精美，无可更改。也形容书法作品价值极高，非常珍贵▷陈先生的文章一字千金，我怎么敢妄加删改？|胡老是全国屈指可数的大书法家，他的字自然是一字千金。≈字字珠玑◇一文不值|陈词滥调。

一字一句 yī zì yī jù 一个字，一句话。语出宋·尤袤《全唐诗话·王维》："维（王维）诗……一字一句，皆出常境。"后用"一字一句"指每字每句▷他写的那篇文章，感情丰富细腻，十分真挚，一字一句都发自肺腑。|他可喜欢诗了，每天放学回家就抄写唐诗，一字一句，一笔一画认真地写，一点也不马虎。

一字一泪 yī zì yī lèi 一个字，一行泪。形容文字或讲话凄楚感人▷老人一字一泪地控诉了当年日寇在侵华期间犯下的滔天罪行。|这封信写得一字一泪，让人看了十分心酸。

一走了之 yī zǒu liǎo zhī 了：完毕；结束。指不顾而去▷同志之间有点矛盾也很正常，但不能因为有矛盾而放下手中的工作，一走了之。这不能解决根本问题。|你也真是，他说了两句，你竟一走了之，这太伤夫妻感情了。

［提示］了，不读"le"。

伊于胡底 yī yú hú dǐ 伊：助词，无意义。于：往。胡：疑问词，何，什么。底：到底。不知将弄到什么地步为止。语出《诗经·小雅·小旻》："我视谋犹，伊于胡底？"底：同"底"。后用"伊于胡底"表示事情到了不可收拾的地步▷那个地方贩毒猖獗，吸毒人数不断增加，如果不进行打击，祸乱四起，不知伊于胡底。|带有色情服务的"三陪"，似沉渣泛起，如不及时取缔，贻害将不知伊于胡底。

衣钵相传 yī bō xiāng chuán 衣：此处指僧尼穿的袈裟。钵：僧尼用的食器。语本《旧唐书·神秀传》："昔后魏末，有僧达摩者，本天竺王子，以护国出家，入南海，得禅宗妙法，云自释迦相传，有衣钵为记，世相付授。"原指禅宗师徒间道法的传授，常以付衣钵为信。后用"衣钵相传"泛指师徒间学术、技能的传授▷这位医术高明的年轻医师是已故著名老中医衣钵相传的弟子。|洪教授对这位研究生十分赏识，所以决定对他衣钵相传。

衣不蔽体 yī bù bì tǐ 蔽：遮蔽，遮盖。衣服破烂，遮盖不住身体。形容生活极其贫困▷那时候，山区人民大多过着食不果腹、衣不蔽体的生活。|一个衣不蔽体的小男孩伸着手向过往的行人乞讨。≈衣衫褴褛|捉襟见肘|鹑衣百结◇衣冠楚楚|西装革履|鲜衣美食。

衣不解带 yī bù jiě dài 解带：解开衣带，指脱去衣服。睡觉不脱衣服。语出《晋书·殷仲堪传》："父病积年，仲堪衣不解带，躬学医术，究其精妙，执药挥泪，遂眇一目。"后用"衣不解带"形容辛勤侍奉▷李大爷病重期间，他的两个儿子衣不解带，日夜侍奉在病榻旁。|任凭夫人衣不解带、目不交睫地悉心照料，身患重病的董事长还是撒手西去了。

衣冠楚楚 yī guān chǔ chǔ 冠：帽。楚楚：鲜明整洁的样子。语本《诗经·曹风·蜉蝣》："蜉蝣之羽，衣裳楚楚。"后用"衣冠楚楚"形容穿戴整齐漂亮▷参加晚会的人个个衣冠楚楚，满面春风。|这个衣冠楚楚的青年乘车竟逃票，受到全车人的嘲笑。◇衣衫褴褛。

［提示］冠，不读"guàn"。

衣冠禽兽 yī guān qín shòu 冠：帽子。穿衣戴帽的畜生。比喻道德败坏、行为像畜生的人▷此人表面上一本正经，暗地里却干了不少下流无耻的勾当，是十足的衣冠禽兽。|这个罪恶滔天的衣冠禽兽终于被押上了被告席。≈人面兽心|混世魔王|沐猴而冠◇慈眉善目。

[提示]冠，不读"guàn"。

衣锦还乡 yī jǐn huán xiāng 衣：穿。锦：有彩色花纹的丝织品，指华美的衣服。穿着华美的服装回到故乡。语本《史记·项羽本纪》："富贵不归故乡，如衣绣夜行，谁知之者！"后用"衣锦还乡"指人富贵显达以后回到家乡，向乡亲炫耀▷他在外面当了大官，今日衣锦还乡，家里一定热闹得很。|他就是张家的小儿子，如今在南洋发了财，衣锦还乡了。◇离乡背井。

衣食父母 yī shí fù mǔ 衣食：衣服和食粮，泛指一切生活必需品。父母：借指能养活自己的人。指可以赖以为生的人▷作者是出版社的衣食父母。|球迷是球队的衣食父母，对球迷协会的要求，各俱乐部应尽量满足，并给球迷以优惠。

依然如故 yī rán rú gù 依然：依旧，仍然。故：过去，从前。仍然像过去一样。形容情况没有发生变化▷尽管经历了许多磨难和挫折，但他的顽强意志依然如故。≈依然故我|一如既往◇面目全非|日新月异。

依山傍水 yī shān bàng shuǐ 依、傍：临近。语出北齐·杜弼《檄梁文》："彼连营聚众，依山傍水，举螳螂之斧，被蛣蜣之甲。"后用"依山傍水"指建筑物坐落于山脚下并临近水域▷我们一行十人结伴来到了这个依山傍水的小山庄，这里山秀水清，景色美极了。

依违两可 yī wéi liǎng kě 依：赞成。违：反对。两可：两者都可以。指对问题没有明确的赞成或反对的意见▷他那依违两可的态度引起了大家的不满。|官场中，有人把遇事依违两可当作老成持重，其实这些人只是为了保住自己的乌纱帽。≈模棱两可。

依依不舍 yī yī bù shě 依依：依恋惜别的样子。舍：离开，放弃。形容非常留恋，不忍分离▷小军走的那天，我去送他，我俩手拉着手，依依不舍。|毕业了，我们都依依不舍地离开了母校。≈依依惜别|恋恋不舍|难舍难分◇一刀两断。

仪态万方 yí tài wàn fāng 仪态：容貌，姿态。万方：多方面。语本汉·张衡《同声歌》："素女为我师，仪态盈万方。"后用"仪态万方"形容容貌、姿态极美▷台上的时装模特儿个个婀娜妩媚，仪态万方。|仪态万方的主持人吸引了观众的注意力。

怡情悦性 yí qíng yuè xìng 怡：使舒畅。悦：使愉快。使心情舒畅、愉快▷他病休期间，看了不少怡情悦性的文学作品。|养花种草，不但能美化环境，还能怡情悦性。≈怡志养神。

怡然自得 yí rán zì dé 怡：安适快乐。语出《列子·黄帝》："黄帝既寤，怡然自得。"后用"怡然自得"形容愉快而又满足▷他一边喝咖啡，一边听音乐，一副怡然自得的神态。|那些大鲤鱼在水中怡然自得地游来游去。≈满面春风|悠然自得◇愁眉苦脸|愁眉不展。

贻害无穷 yí hài wú qióng 贻：遗留。害：祸害。留下的祸害无穷无尽▷乱砍滥伐树木，贻害无穷。|用拼设备的方式抓生产固然能见效于一时，但贻害无穷。

贻人口实 yí rén kǒu shí 贻：遗留。口实：话柄。语本《尚书·仲虺之诰》："予恐来世以台为口实。"后用"贻人口实"指给别人留下可供利用的话柄▷今后，我们两人还是少来往，以免贻人口实。｜你到新单位上班，说话要谨慎，千万不要贻人口实。≈授人以柄。

贻笑大方 yí xiào dà fāng 贻：遗留，留下。大方：即"大方之家"，指懂得大道理的人，后泛指见多识广或有专长的行家。留下笑柄，为内行人见笑。语本《庄子·秋水》："[河伯]望洋向若而叹曰：'今我睹子之难穷也，吾非至于子之门则殆矣，吾长见笑于大方之家。'"后用"贻笑大方"指被行家或专家学者讥笑▷我的文章十分幼稚，唯恐贻笑大方，实在不敢拿出来献丑。｜嫉妒之火一旦燃烧起来，就会做出一些贻笑大方的蠢事来。

移步换形 yí bù huàn xíng 随着脚步的移动，地形、地貌或身体的姿态也有所变换。语出宋·李侗《延平答问》："以为春秋一事，各是发明一例，如看风水，移步换形。"后用"移步换形"形容景色变化多端。也比喻人或事物在逐步起变化▷黄山诸峰，巍峨挺拔，神奇秀丽，移步换形，这真是大自然的造化。｜他在拳击中，一招移步换形，骗过了对手，又重拳出击，一下子就击败了对手。

移风易俗 yí fēng yì sú 移、易：改变，变换。风、俗：风俗，习惯。转移风俗，改变习惯。语出《礼记·乐记》："移风易俗，天下皆宁。"后用"移风易俗"指改变旧的、不良的社会风尚和习俗▷我要以自己的最后一份力量，向旧观念、旧风俗挑战，做一个移风易俗的带头人。

移花接木 yí huā jiē mù 嫁接花木。比喻暗中用手段更换原来的▷他的文笔纵横洒脱，无须移花接木、东拼西凑。｜这家伙移花接木，把别人的几篇论文略加拼凑，归到自己名下。≈偷梁换柱｜偷天换日｜弄虚作假｜暗度陈仓。

移山倒海 yí shān dǎo hǎi 移动山岳，倒翻大海。形容神仙法术高超，神通广大。比喻人类征服自然、改造社会或战胜困难的巨大力量和宏伟气魄▷这个牛鼻子道人有移山倒海、撒豆成兵之术，你我都不是他的对手。｜这伟大的决心和力量，可以移山倒海，可以摧毁任何敌人。

移樽就教 yí zūn jiù jiào 樽：酒杯。端着酒杯移坐到别人席上，以便求教。指主动向别人请教▷凡遇到专业上的问题，我不是翻书找资料，就是向编辑部同事移樽就教。｜作为一名新教师，他十分虚心好学，一有问题就向老教师移樽就教。◇好为人师。

遗臭万年 yí chòu wàn nián 遗臭：死后留下恶名声。万年：指时间久长。死后留下坏名声永远流传，千秋万代一直受人唾骂▷大奸臣秦桧残害抗金民族英雄岳飞，最后落得遗臭万年的可耻下场。≈臭名远扬｜臭名昭著◇流芳百世｜名垂千古｜名垂青史｜万古流芳｜彪炳史册。

遗恨终天 yí hèn zhōng tiān 遗恨：到死还感到悔恨。终身感到悔恨▷听母亲说，父亲在临终前不断地呼唤她的乳名。作为父母唯一的女儿，未能见父亲最后一面，令她遗恨终天。｜就因为匆忙走错一着棋，他失去了荣登冠军宝座的机会，真是遗恨终天。

遗老遗少 yí lǎo yí shào 遗老：留恋和效忠前朝的旧臣。遗少：留恋旧时代的年轻人。指改朝换代后，仍留恋和效忠前代的老年人和年轻人。泛指留恋过去、思想陈腐守旧的人▷民国初年，一批前清的遗老遗少上演了一幕拥戴张勋复辟的闹剧。≈残渣余孽。

遗世独立 yí shì dú lì 遗世：超脱世俗。超脱世俗之事，独立于现实世界之外，不与世人往来。语出宋·苏轼《前赤壁赋》："飘飘乎，如遗世独立，羽化而登仙。"后用"遗世独立"形容摆脱世俗之事的牵累，悠然自得。也形容超凡脱俗▷他躲进自己的小书斋，捧起令人忘忧的书本读着时，真有种遗世独立之感。|他天性就这样遗世独立，自然是落落寡合了。

遗闻轶事 yí wén yì shì 遗闻：过去留下的传闻。轶：散失，失传。前代或前人遗留下来而少为人知的传闻（多指不见于正式记载的）▷沈先生也算是知名人士，他生前的许多遗闻轶事，谁也没有考证过，也无法考证。|据传说，已故的当代文学泰斗陈老曾做过高考文科语文试卷，考分不是人们所想象的那么好。当然，这是遗闻轶事，真相如何，谁也讲不清。

颐养天年 yí yǎng tiān nián 颐养：保养。天年：人的自然寿命。指保养年寿▷公园里，那些上了年纪的老人，有的在做操，有的在练太极拳，有的在听音乐，有的在打牌，过着颐养天年的生活。|我们要加快建立社会保障体制，创造更优越的条件，让退休老人颐养天年。

颐指气使 yí zhǐ qì shǐ 颐：腮，颊。颐指：用下巴示意指挥。气：气色。气使：用神情脸色来支使。不说话而用面部的动作和表情来指挥和驱使别人。形容居高临下地支使人的傲慢态度▷他当了科长以后，摆出一副居高临下、颐指气使的派头。|既然将自己归入了"有钱人一族"，他们自然以老板自居，高高在上，颐指气使。≈发号施令|盛气凌人◇俯首听命|唯命是从|唯命是听|唯唯诺诺。

疑难杂症 yí nán zá zhèng 难治的各种病症。比喻难以理解或难以解决的问题▷罗医生医术高超，许多有疑难杂症的病人经他治疗，病情都得到根治或控制。|他在处理问题方面有一手，即使是疑难杂症，也会迎刃而解。

［提示］难，不读"nàn"。

疑神疑鬼 yí shén yí guǐ 怀疑有神，怀疑有鬼。形容胡乱猜疑，疑心很重▷他总是疑神疑鬼地担心有人在背后说他的坏话。|正当他疑神疑鬼的时候，突然听到了警车声，吓得连忙就逃。≈满腹狐疑◇深信不疑|言听计从。

以暴易暴 yǐ bào yì bào 以：用。暴：残暴，暴虐。易：更换，替换。语出《史记·伯夷列传》："其辞曰：'登彼西山兮，采其薇矣。以暴易暴兮，不知其非矣。'"后用"以暴易暴"指用残暴代替残暴▷中国封建社会中的朝代更迭，总离不开以暴易暴这一规律。|虽然对方打了我，但我们不能以暴易暴，而应该运用法律手段解决问题。≈以牙还牙。

以辞害意 yǐ cí hài yì 以：因。辞：文辞。语本《孟子·万章上》："说《诗》者不以文害辞，不以辞害志。以意逆志，是为得之。"后用"以辞害意"指因拘泥于辞义而误会或曲解作者的原意▷对待文章，我们只有分析地阅读，才能掌握透彻，只有综合地阅读，才能掌握全面，否则会出现以辞害意的现象。|以辞害意，说明阅读者要么没有掌握正确的阅读方

Y

某些病很有疗效，这就是以毒攻毒的道理。|王警长决定利用黑社会团伙的矛盾，让他们自相残杀，然后再一网打尽，这就是以毒攻毒的策略。

以讹传讹 yǐ é chuán é 讹：错误。语本宋·王伯《默成定武兰亭记》："讹以传讹，仅同儿戏，每窃哂之。" 后用"以讹传讹" 指把本来错误的说法传开去，结果越传越错▷我发觉文章中有两处不妥之处，决定由自己来改正，以免以讹传讹。|这样以讹传讹，把一件很平常的事说得十分离奇。

以耳代目 yǐ ěr dài mù 代：代替。用耳朵代替眼睛。指对传言不加分析就信以为真▷以耳代目地轻信别人，往往会受骗上当。|这种以耳代目的情况是令人吃惊的，但这种情况却并不少见。

以观后效 yǐ guān hòu xiào 效：成效，效果。语出《后汉书·安帝纪》："设张法禁，恳恻分别，而有司惰任，讫不奉行。秋节既立，鸷鸟将用，且复重申，以观后效。" 后用"以观后效" 指对犯法或犯错的人从宽处理后，观察其是否有改正的表现▷这次事故的性质是严重的，厂部决定对责任者处以开除厂籍、留厂察看两年的处分，以观后效。|既然总工程师替你求情，这次对你的处理从轻，以观后效。

以假乱真 yǐ jiǎ luàn zhēn 以：用，把。乱：搅乱。把假的混在真的里面，使真假辨别不出来▷这家古玩商店的信誉实在太差，近年来发生了多起以假乱真、损害顾客利益的事件。|以次充好、以假乱真，这是不法商贩惯用的手法。

以儆效尤 yǐ jǐng xiào yóu 儆：告诫。效：效法，摹仿。尤：过错。语本《左

传·庄公二十一年》："郑伯效尤，其亦将有咎！"后用"以儆效尤"指用处理坏人坏事的方法来警戒那些学做坏事的人▷必须对犯罪分子依法严惩，以儆效尤。|对球场暴力分子必须依法予以打击，以儆效尤，使球类运动健康发展。≈杀一儆百。

以蠡测海 yǐ lí cè hǎi 蠡：用贝壳做的瓢。测：测量。用瓢来测量海水。语出汉·东方朔《答客难》："语曰：'以管窥天，以蠡测海，以莛撞钟。'岂能通其条贯，考其文理，发其音声哉！"后用"以蠡测海"比喻对问题的了解和观察很片面肤浅▷我对这个问题的探讨可以说是以蠡测海，十分有限。|钱老的思想博大精深，旁人的分析只是以蠡测海。≈以管窥天|坐井观天。

以礼相待 yǐ lǐ xiāng dài 用应有的礼节对待别人▷对来自世界各地的朋友，我们都应该以礼相待。|以礼相待曾反对过自己的人，会使自己拥有更多的朋友。

以理服人 yǐ lǐ fú rén 用道理去说服人▷即使对于错误的意见，也不能压服，而应该以理服人。|王老师做学生思想工作时，总是循循善诱，以理服人。◇以力服人。

以邻为壑 yǐ lín wéi hè 邻：邻国，也指邻居、别人。壑：山沟，大水坑。将邻国当大水坑，把本国的洪水排泄到邻国去。语本《孟子·告子下》："禹之治水，水之道也。是故禹以四海为壑，今吾子以邻国为壑。"后用"以邻为壑"比喻把困难、祸害转嫁给别人▷我们遭到的灾害应该自己设法解决，而不应该以邻为壑，转嫁给兄弟省市。|旁边班的个别同学把脏物扫到我们班级门口，这种以邻为壑的行为使我班同学很不满。

以卵击石 yǐ luǎn jī shí 以：拿，用。卵：鸡蛋。拿鸡蛋去撞击石头。语本《墨子·贵义》："以其言非吾言者，是犹以卵投石也，尽天下之卵，其石犹是也，不可毁也。"后用"以卵击石"比喻以弱击强，必然失败或灭亡▷我们只有三千人马，要想与朝廷十万大军硬拼，只能是以卵击石，必败无疑。|他不自量力，妄图以卵击石，绝不会有好结果。≈不自量力|螳臂当车|蚍蜉撼树◇量力而行。

以貌取人 yǐ mào qǔ rén 以：凭，根据。貌：外貌，外表。取：衡量，取舍。语出《史记·仲尼弟子列传》："吾以言取人，失之宰予；以貌取人，失之子羽。"后用"以貌取人"指只根据外貌来判断、衡量人的品行和能力的优劣，并以此决定取舍▷他以貌取人，终于上了这个骗子的当。|领导者用人，千万不能以貌取人。

以偏概全 yǐ piān gài quán 以：用，拿。偏：片面。概：概括，总结。片面地根据局部现象来推论整体，得出错误的结论▷作为一个大型企业的领导干部，工作必须坚持点面结合，善于以点带面，而绝不能以偏概全。|你怎么能仅凭同学们的这句话就给他写思想品德评语呢？这种以偏概全的做法是错误的，将会影响同学的健康成长。

以勤补拙 yǐ qín bǔ zhuō 以：用。拙：笨。语出隋·李德林《〈霸朝杂记〉序》："心无别虑，笔不暂停，或毕景忘餐，或连霄不寐，以勤补拙，不遑自处。"后用"以勤补拙"指用勤奋来弥补笨拙或能力的不足▷我的英语考分如此的高，只不过是以勤补拙。|在学习或工作上，以勤补拙不失为一种好的方式方法。

以身试法 yǐ shēn shì fǎ 身：自身。试：尝试。法：法律。语出《汉书·王尊传》："明慎所职，毋以身试法。"后用"以身试法"指明知犯法，还亲身去做犯法的事▷他身为公安人员，竟敢以身试法，必将受到严惩。|那些以身试法、贪污受贿的人是绝不会有好下场的。◇奉公守法。

以身作则 yǐ shēn zuò zé 则：准则，榜样。用自己的实际行动给人做出表率▷干部以身作则，才能激发群众的工作热情。|言教不如身教，你要以身作则，不要老是指责别人。≈言传身教|身体力行|身先士卒◇言行不一|言过其实。

以手加额 yǐ shǒu jiā é 语出宋·王辟之《渑之燕谈录·名臣》："神宗上仙，公(司马光)赴阙哭临。卫士见公，皆以手加额曰：'司马相公也！'"指把手搁在额头，表示欢欣庆幸▷出租车司机把老人送到家，老人的女儿以手加额说："家母年老健忘，她的走失使我们十分焦急，真太感谢了。"|岳家军得胜回京，百姓皆以手加额。≈拍手称快◇拍案而起|捶胸顿足。

以汤沃雪 yǐ tāng wò xuě 汤：开水。沃：浇。用开水浇雪，雪立刻溶化。语出《淮南子·兵略》："若以水灭火，若以汤沃雪，何往而不遂，何之而不用。"后用"以汤沃雪"比喻轻而易举▷盟军以汤沃雪，一举摧毁了敌方经营多年的防线。|对方的行为明显侵犯了我方的合法权益，我方律师在法庭辩论中好似以汤沃雪，最终取得了一审的胜诉。

以退为进 yǐ tuì wéi jìn 以谦虚退让求得操行的进步。语出汉·扬雄《法言·君子》："昔乎颜渊以退为进，天下鲜俪焉。"后用"以退为进"指表面退让，实质为进攻作准备▷我军以退为进，佯装撤退，诱敌深入，然后集中兵力聚而歼之。|他以退为进，躲进医院休养，等待时机成熟时东山再起。

以微知著 yǐ wēi zhī zhù 以：凭，根据。微：微小的迹象。著：显明。语出三国魏·阮瑀《为曹公作书与孙权》："此四士者，岂圣人哉？徒通变思深，以微知著耳。"后用"以微知著"指根据刚露出的征兆即可预知事物未来发展的情况▷要争取工作主动，做到有的放矢，就必须以微知著，这就叫打有准备之仗。|遇事不要急躁，更不要轻信，要冷静思考，要以微知著，这才可着手处理。

以文会友 yǐ wén huì yǒu 文：文字，文章。会：结交。语出《论语·颜渊》："曾子曰：'君子以文会友，以友辅仁。'"后用"以文会友"指通过文字或研讨学问来结交朋友▷这个诗社的宗旨是以文会友，促进学校诗歌创作的发展。|十几年来，他一边搞文学创作，一边以文会友，两方面都很有收获。

以一当十 yǐ yī dāng shí 以：用。当：相当，抵挡。一个相当于十个。多形容战斗意志旺盛，英勇无比。也形容人能力强、水平高或物品用处大、质量好▷他们都是业务尖子，干起活来个个能以一当十。|只有典型的材料才具有说服力，选取典型的材料能起到以一当十的作用。

以逸待劳 yǐ yì dài láo 以：用，拿。逸：安逸，安闲。待：等待，对付。劳：疲劳。语本《孙子·军争》："以近待远，以佚(通"逸")待劳，以饱待饥，此治力者也。"后用"以逸待劳"指以得到充分休息、养足精神的军队来对付疲惫的敌人▷我军养精蓄锐，以逸待劳，乘机出击，

定能大获全胜。|根据上级指示,各纵队采取以逸待劳的战术,粉碎了敌人的全面进攻。◇疲于奔命。

倚老卖老 yǐ lǎo mài lǎo 倚:依仗,仗势。卖:卖弄。仗着年纪大或资历深而摆老资格,瞧不起人▷他经常在我面前倚老卖老,尽管他比我只大了一岁。|先进庙门为大,只因他比我早来这个单位几天,他就倚老卖老地教训我。◇少不更事|乳臭未干。

倚马可待 yǐ mǎ kě dài 倚:靠。语本南朝宋·刘义庆《世说新语·文学》:"桓宣武(桓温)北征,袁虎时从,被责免官,会须露布文,唤袁倚马前令作,手不辍笔,俄得七纸,殊可观。"倚着战马起草文稿,可立等完稿。后用"倚马可待"形容文思敏捷,写文章速度极快▷他长于写消息、写通讯,而且速度快,倚马可待。|他文思敏捷,文笔老到,是个倚马可待的文章老手。≈文不加点|一挥而就。

义不容辞 yì bù róng cí 容:允许。辞:推辞,谢绝。从道义上来说不允许推辞▷赡养父母是每一个人义不容辞的责任。|帮助弱势群体走出困境,社会各界当然义不容辞。≈当仁不让|责无旁贷。

义愤填膺 yì fèn tián yīng 义愤:因非正义的行为或不公正的事所激起的愤怒。填:充满。膺:胸。正义的愤怒充满胸膛。形容满怀着对非正义或不合理的事情的愤怒▷她义愤填膺地控诉了纳粹匪徒残酷迫害犹太人的滔天罪行。|这时,一群义愤填膺的农民冲进伪保长的家里,要求讨还公道。≈义形于色◇麻木不仁。

义无反顾 yì wú fǎn gù 义:道义。反顾:回头看。语本《史记·司马相如列传》:"触白刃,冒流矢,义不反顾。"后用"义无反顾"形容为了正义奋勇向前,不退缩▷抢险救灾,是人民战士义无反顾的责任。|为了希望工程,我们没日没夜地工作,义无反顾。≈破釜沉舟|义不容辞|背水一战|一往无前◇三思而行|踌躇不前|裹足不前。

义形于色 yì xíng yú sè 形:表现。色:脸色。语出《公羊传·桓公二年》:"孔父正色而立于朝,则人莫敢过而致难于其君者,孔父可谓义形于色矣。"后用"义形于色"指伸张正义的心情表现在脸上▷他义形于色地拍案而起,痛斥了欺负弱小的流氓。|人们义形于色地声援遭受强权欺负的殖民地人民。◇不动声色。

义正辞严 yì zhèng cí yán 义:道理,理由。辞:言辞。道理正当充分,措辞严厉有力▷他的这一番话,真是义正辞严,无懈可击。|律师义正辞严地拒绝了他的无理要求。

亦步亦趋 yì bù yì qū 亦:也,同样。步:慢走。趋:小步快走。别人慢走也跟着慢走,别人快走也跟着快走。语本《庄子·田子方》:"夫子步亦步,夫子趋亦趋,夫子驰亦驰,夫子奔逸绝尘,而回瞠若乎后矣。"原指颜回紧紧地追随、效法孔子。后用"亦步亦趋"比喻自己没有主见,事事处处模仿或追随别人▷人云亦云,亦步亦趋,唯他人马首是瞻等等,都不过是放弃自己的脑袋,而把别人的脑袋装配到自己的头上。|山路很窄,我只好亦步亦趋地跟在他们的后面。≈人云亦云|步人后尘|鹦鹉学舌◇别出心裁|独具匠心|别开生面|独立自主|别树一帜。

异端邪说 yì duān xié shuō 异端:与正

统思想不同的观念、主张。邪说：有严重危害的错误学说。语出宋·苏轼《拟进士廷试策》："臣不意异端邪说惑误陛下,至于如此。"后用"异端邪说"指非正统的、错误的学说或言论▷历史上一些科学理论刚产生时,往往被视为异端邪说。|谁一提出一些不同意见,就被校长说成异端邪说,这不是学阀作风吗?◇真知灼见。

异乎寻常 yì hū xún cháng 异：不同。乎：于。寻常：平常。不同于平常▷今天,王老师到校异乎寻常地早,原来是轮到他值日。|这个地区的古迹异乎寻常地多,来参观的旅游者络绎不绝。≈与众不同◇平淡无奇。

异军突起 yì jūn tū qǐ 异军：另一支新的军队。语本《史记·项羽本纪》："少年欲立婴便为王,异军苍头特起。"后用"异军突起"指另一支新的军队突然兴起。也比喻另一种力量或派别的突然出现▷法国足球队异军突起,一举夺得世界杯赛冠军。|作为这支异军突起的新画派的重要代表作之一,石涛的艺术思想和风格早就受到人们的重视。

异口同声 yì kǒu tóng shēng 不同的口说出一样的话。语出晋·葛洪《抱朴子·道意》："阻之者众,本无至心,而谏怖者异口同声。"后用"异口同声"比喻众人的说法完全一致▷战士们都异口同声地说："人在阵地在,坚决完成任务!"|老师提议让三好学生小明担任班长,同学们异口同声地表示赞成。≈众口一词|不约而同。

异曲同工 yì qǔ tóng gōng 异曲：不同的曲调。工：工巧,精美。语本唐·韩愈《进学解》："子云、相如,同工异曲。"后用"异曲同工"比喻事物虽然不同,却是同样出色▷苏州的留园和拙政园风格不同,却有异曲同工之妙。也比喻做法不同,而收到同样的效果▷这两幅画构图方法不同,在意境上却是异曲同工的。

异想天开 yì xiǎng tiān kāi 异：奇异,奇特。想法离奇荒唐,不切实际▷你这个人就是不安分,又要异想天开,去办什么文化发展公司。|诗人或哲学家,有时需要有几分异想天开的浪漫。≈想入非非|痴心妄想|胡思乱想。

抑扬顿挫 yì yáng dùn cuò 抑：压低。扬：提高。顿：停顿。挫：转折。语出晋·陆机《遂志赋》："冯衍又作《显志赋》……衍抑扬顿挫,怨之徒也。"后用"抑扬顿挫"形容诗文作品或音乐声响和谐而有节奏▷旧体诗讲究平仄对仗,是为了使语音尽抑扬顿挫之妙。|那琴声抑扬顿挫,十分动人。

易地而处 yì dì ér chǔ 易地：交换地位。语出三国魏·曹髦《少康、汉高祖论》："少康收辑夏众,复禹之绩……汉祖因土崩之势,收一时之权……身殁之后,社稷几倾,若与少康易地而处,或未能复大禹之绩也。"后用"易地而处"指彼此互换所处的地位和境遇▷你现在做了市长,我还是普通百姓,易地而处,你遇到这种事,将会如何处理呢?|你不要眼红他了,假如你和他易地而处,就凭你这点本事,也胜任不了那份工作。

[提示]处,不读"chù"。

易如反掌 yì rú fǎn zhǎng 容易得就像翻转手掌一样。比喻事情很容易办,没有困难▷办这种事对她来说,简直是易如反掌。|想几个"点子",还不是易如反掌的事?难的是如何把"点子"变成事实。

≈轻而易举｜举重若轻｜唾手可得｜探囊取物｜举手之劳｜信手拈来｜一蹴而就◇艰难险阻｜历尽艰辛。

意气风发 yì qì fēng fā 意气：意志和气概。风发：像风刮似的迅猛有力，比喻豪迈奋发。形容精神振奋，斗志昂扬，气概豪迈▷会议一直开到鸡鸣拂晓，可厂长们走出会议室时，个个仍精神抖擞，意气风发。｜一个人春秋鼎盛、意气风发的年月，确实不多。

意气相投 yì qì xiāng tóu 意气：志趣和性格。投：投合，合得来。语本《北齐书·高乾传》："魏领军元叉，权重当世，以意气相得，接乾甚厚。"后用"意气相投"形容彼此性格和志趣投合，非常合得来▷我们意气相投，一见如故。｜没多久，两人成了意气相投的朋友。

意气扬扬 yì qì yáng yáng 意气：意志和气概。扬扬：得意的样子。语出《晏子春秋·杂上》："晏子为齐相，出，其御之妻从门间而窥，其夫为相御，拥大盖，策驷马，意气扬扬，甚自得也。"后用"意气扬扬"形容非常称心满足而情绪高昂或显得很自负得意的样子▷校足球队获得了全市中学生足球联赛冠军，队员们个个意气扬扬，喜不自胜。｜他见大家都怕他，愈加意气扬扬，简直有点忘乎所以。≈得意洋洋｜洋洋自得｜得意忘形｜沾沾自喜｜春风得意｜踌躇满志◇灰心丧气｜垂头丧气｜愁眉苦脸｜心灰意懒。

意气用事 yì qì yòng shì 意气：主观、偏激的情绪。只凭个人感情办事，缺乏理智▷球员在场上要冷静，即使遇到错判、误判，也不能意气用事。｜你也不必太意气用事了，你父亲批评你几句也是应该的。◇平心静气。

意味深长 yì wèi shēn cháng 意味：意义和趣味。语出宋·朱熹《论语序说》："程子曰：［程］颐自十七八读《论语》，当时已晓文义。读之愈久，但觉意味深长。"后用"意味深长"指含意深刻，耐人寻味▷老人的一席话意味深长，使人有胜读十年书之感。｜这些简单而意味深长的话使这些学生频频点头。

意在笔先 yì zài bǐ xiān 意：意思，意境。字的意境在动笔之前。指写字前，先构思好字的写法，然后才落笔书写。语本晋·王羲之《题卫夫人〈笔阵图〉》："夫欲书者，先干研墨，凝神静思，预想字形大小、偃仰、平直、振动，令筋脉相连，意在笔前，然后作字。"后用"意在笔先"泛指绘画、写作先在头脑里酝酿，待构思成熟后再下笔▷成竹在胸，意在笔先，这是我国古代书画家实践经验的总结。｜写作应该构思成熟后再动笔写，这就是意在笔先的意思。≈胸有成竹◇心中无数｜茫无头绪。

意在言外 yì zài yán wài 意：意思，含义。言：言语，说话。意思和含义在言辞之外。形容语言含蓄，没有直接说出来，须读者或听的人细加体会▷诗歌的语言要含蓄隽永，要意在言外，太直白了就没有诗意，也就不是诗。｜他说他心里已经有底了，这是意在言外呀。

溢于言表 yì yú yán biǎo 溢：流露。表：表情，外表。形容某种思想感情、愿望、意向从言谈和表情上充分地流露出来▷这是盼望已久的大喜日子，一连几天，他都处于兴奋状态，喜悦之情溢于言表。｜他竭力为这两位早期的同行辩解，赞美之词溢于言表。◇不动声色。

毅然决然 yì rán jué rán 毅然：坚强果

敢。决然：坚决，毫不犹豫。形容坚决果断，毫不犹豫▷小刘不能忍受总经理的颐指气使，毅然决然地辞职而去。|他毅然决然地放弃了国外优裕的生活，回国从事科研工作。≈当机立断◇优柔寡断。

因材施教 yīn cái shī jiào 因：依据。材：人的资质、能力。施：实行。语本《论语·雍也》"子曰：'中人以上，可以语上也；中人以下，不可以语上也'" 宋·朱熹集注引张敬夫曰："圣人之道，精粗虽无二致，但其施教，因其材而笃焉。" 后用"因材施教" 指依照对象的不同，采用相应的教学内容和教学方法▷孔夫子因材施教的思想至今仍有现实意义。|这位教师懂得因材施教的道理，所以教学效果不错。

因地制宜 yīn dì zhì yí 因：根据，依据。制：制定，规定。宜：适宜，适当。语出汉·赵晔《吴越春秋·阖闾内传》："夫筑城郭，立仓库，因地制宜，岂有天气之数以威邻国者乎？" 后用"因地制宜" 指根据当地的具体情况，制定或采取适宜的措施和做法▷中国这么大，在国家统一的方针政策下，有些问题不能搞一刀切，要采取多种行之有效的措施，因地制宜地去解决。|他们根据各地的具体情况，采取因地制宜、分类指导的做法，使经验迅速得到了推广。≈对症下药◇生搬硬套。

因祸得福 yīn huò dé fú 因：因为，由于。由于遭到灾祸反而得到幸运。语本《史记·管晏列传》："其为政也，善因祸而为福，转败而为功。" 后用"因祸得福" 指坏事有时反而变成好事▷他因祸得福，车子没赶上，逃脱了一场翻车的大劫难。|蒋先生身患重病，住院治疗后仍不能工作，只好回农村老家休养，结果躲过了一场灭顶之灾，真是因祸得福。≈塞翁失马。

因利乘便 yīn lì chéng biàn 因、乘：凭借。利：顺利，便利。便：方便。语出汉·贾谊《过秦论》："因利乘便，宰割天下，分裂河山。" 后用"因利乘便" 指凭借有利的形势和条件▷项庄在鸿门宴上舞剑，想因利乘便刺死刘邦，但未能如愿。|现在居民游资大增，一些大商场因利乘便推出购物节活动，销售额果然大增。

因陋就简 yīn lòu jiù jiǎn 因：沿袭。陋：简陋。指沿袭原来的简陋，不求改进。语本汉·刘歆《移书让太常博士》："苟因陋就寡，分文析字，烦言碎辞，学者罢老，且不能究其一艺。" 后用"因陋就简" 指利用原有的简陋条件节俭办事▷这家工厂是因陋就简办起来的，现在已发展成一家现代化的大企业。|开学典礼既因陋就简，又隆重庄严。◇穷奢极欲。

因人而异 yīn rén ér yì 因具体的人不同而有所区别。也指根据不同的人采取不同的做法▷在实现学校规定的教学质量标准的前提下，具体的教学方法可以因人而异。|在执行规章制度方面，不能因人而异，搞特殊化。≈厚此薄彼|另眼相看◇一视同仁|不偏不倚。

因势利导 yīn shì lì dǎo 因：依凭。势：趋势。利导：引导。语本《史记·孙子列传》："善战者因其势而利导之。" 后用"因势利导" 指顺着事物发展的趋势而加以引导▷李老师善于因势利导地教育学生，启发学生。|到了冲突地区，要因势利导，缓解矛盾，不要激化矛盾，扩大冲突。≈顺水推舟◇拔苗助长。

因小失大 yīn xiǎo shī dà 因：由于。由于贪图小利而造成大的损失▷只图眼

前多赚钱，累垮了身体，岂非因小失大？| 为了芝麻绿豆的事而与邻居大打出手，既损伤了身体，又要赔偿对方医药费，真是因小失大。◇丢卒保车。

因循守旧 yīn xún shǒu jiù 因循：沿袭。语本《汉书·循吏传序》："光（霍光）因循守职，无所改作。"后用"因循守旧"指沿袭旧的一套，不思改革▷改革的大潮将淘汰那些因循守旧、故步自封的人。| 改革开放的形势喜人，因循守旧没有出路。≈故步自封◇锐意进取。

因噎废食 yīn yē fèi shí 因：由于。噎：食物堵住食管。废：停止。食：吃东西。由于吃东西被噎住过，从此害怕得不敢再吃了。语本《吕氏春秋·荡兵》："夫有以饐（噎）死者，欲禁天下之食，悖。"又，汉·刘向《说苑·说丛》："一噎之故，绝谷不食。"后用"因噎废食"比喻由于做事偶尔受了挫折，为怕再出问题，索性停下来不做▷在体制改革过程中，难免会出这样那样的问题，我们不能因噎废食，但也不能放任失控。| 遭到一点挫折，出了一点问题，从此采取因噎废食的态度，这是不可取的。

阴错阳差 yīn cuò yáng chā 比喻因偶然的因素造成差错▷他阴错阳差地在车站拿错了别人的行李。| 维新党阴错阳差地依靠袁世凯的力量来实现改良方案，其失败是不可避免的。

［提示］也作"阴差阳错"。

阴阳怪气 yīn yáng guài qì 阴：暗。阳：亮。怪气：奇异的样子。形容态度暧昧，神态诡异▷他那阴阳怪气的样子，大伙儿都不愿与他接近。| 不要看他说话阴阳怪气的，实际上心地并不坏。

音容笑貌 yīn róng xiào mào 人说话的声音、谈笑的神态▷尽管他去世多年，其音容笑貌仍时常在我眼前闪现。| 我对他的音容笑貌之所以如此印象深刻，是出于敬仰之情。

殷鉴不远 yīn jiàn bù yuǎn 殷鉴：殷（商）人以夏朝灭亡作为鉴戒。语出《诗经·大雅·荡》："殷鉴不远，在夏后之世。"原指夏朝灭亡的史实并不远，殷商的后人应引以为鉴。后用"殷鉴不远"泛指可以为鉴的事并不远▷那些年穷折腾的一套殷鉴不远，我们要时刻牢记。| 上届世界杯预选赛，我们因轻敌而被摒出决赛圈，殷鉴不远，此次一定要高度重视。≈前车之鉴。

吟风弄月 yín fēng nòng yuè 吟：吟咏。弄：赏玩。语出宋·杨万里《西和州陈史君墓志铭》："登山临水，吟风弄月，穷日之力，至夕忘返。"原指诗人以风月作为写作题材。后用"吟风弄月"指创作脱离实际，内容空洞▷作家应创作反映现实生活的作品，不能一味吟风弄月。| 这些诗词文章，大都是沉痛的忧时爱国之声，而绝少无聊的吟风弄月之作。≈风花雪月。

寅吃卯粮 yín chī mǎo liáng 寅、卯：我国农历用天干、地支纪年，按地支顺序，寅在卯前。语本明·毕自严《蠲钱粮疏》："大都民间止有此物力，寅支卯粮，则卯年之逋，势也。"后用"寅吃卯粮"比喻入不敷出，前吃后空▷我们家生活日益改善，寅吃卯粮的日子一去不复返了。| 这一带一连遭受了数年的灾荒，百姓生活十分艰难，寅吃卯粮，捉襟见肘。◇绰绰有余。

引而不发 yǐn ér bù fā 引：拉弓。发：射箭。拉满弓弦而不发箭。语出《孟

Y

子·尽心上》:“君子引而不发,跃如也。中道而立,能者从之。”后用“引而不发”比喻善于引导或控制。也比喻做好准备,待机而动▷刘老师在教学中善于运用引而不发的启发式教学法。|解放军埋伏在山岗上,引而不发,等待敌人进入伏击圈。

引吭高歌 yǐn háng gāo gē 引:拉,伸。吭:喉咙,嗓子。放开喉咙,高声歌唱▷一路上,同学们引吭高歌,十分快活。|那个在舞台上引吭高歌的歌手,是张教授的学生。

引火烧身 yǐn huǒ shāo shēn 比喻自招灾祸,自讨苦吃。也比喻主动暴露自己的缺点错误,争取群众批评帮助▷借外国力量来平定内乱,是引火烧身的事,应谨慎从事。|公司经营状况不佳,总经理引火烧身,欢迎员工对公司领导提出批评建议。

引经据典 yǐn jīng jù diǎn 经、典:具有权威性的著作。语本《后汉书·荀爽传》:“爽皆引据大义,正之经典。”后用“引经据典”指引用经典中的语句或故事作为论据▷大专辩论会上,复旦大学代表队的选手引经据典,为自己的观点辩护。|不管有理无理,小明总会引经据典地为自己辩解。≈旁征博引。

引颈受戮 yǐn jǐng shòu lù 引:伸。戮:杀。伸长脖子等着被杀头。指不作抵抗,甘愿等死▷困守危城,不设法突围,只能引颈受戮。|这些黑社会分子都成了引颈受戮的囚犯,现在只是在挨日子罢了。

引狼入室 yǐn láng rù shì 把豺狼引进屋子里。比喻把坏人、敌人引入内部▷他不慎引狼入室,结果家里的存款都被那坏蛋洗劫一空。|这伙民族败类认贼作父,引狼入室,给国家造成了空前的浩劫。≈开门揖盗。

引人入胜 yǐn rén rù shèng 引:引导,吸引。胜:佳境,美妙的境界。吸引人进入美妙的境地。语本南朝宋·刘义庆《世说新语·任诞》:“王卫军云:‘酒正自引人着胜地。’”原指酒能使人进入兴奋畅快的状态。后用“引人入胜”形容优美的山水风景或优秀的文艺作品等具有特别的魅力,非常吸引人▷这部小说情节跌宕起伏,读来引人入胜,扣人心弦。|这部小说的作者以普通人的眼光和情感,在今天这个纷纷扰扰的世界上,发掘了许多引人入胜、发人深省的东西。≈令人神往◇索然寡味。

引人注目 yǐn rén zhù mù 引:吸引,招引。注目:注视,目光集中于一点。引起人们的注意。多用于比较新鲜奇特有一定吸引力的人或事物▷你这副新潮打扮到街上去,非常引人注目。|难得露面的院长,引人注目地亲自视察了所有病房。≈招摇过市|举世瞩目◇熟视无睹|视而不见。

引以为戒 yǐn yǐ wéi jiè 戒:鉴戒。引过去的错误和教训作为警戒,以免再犯▷别人的失败也应引以为戒,以便把事情办好。|第一次婚姻失败的教训,你一定要引以为戒,不能再犯大男子主义了。≈前车可鉴◇重蹈覆辙。

饮泣吞声 yǐn qì tūn shēng 饮泣:眼泪流到口里。吞声:强忍住不哭出声来。流着眼泪,忍住哭声。语本南朝梁·江淹《恨赋》:“自古皆有死,莫不饮恨而吞声。”后用“饮泣吞声”形容强忍住痛苦和怨恨,不敢表露▷这孩子遭到后妈打骂后，只能饮泣吞声。｜看到姑娘在墙角饮泣吞声，老大爷上前去问明缘由。

饮食起居 yǐn shí qǐ jū 泛指日常生活▷装上假肢，一点也不影响她的饮食起居，这一点，请你们放心。｜医生说了，你如在饮食起居上再不注意，依旧暴饮暴食，将会有生命之忧。

饮水思源 yǐn shuǐ sī yuán 源：水源。喝水的时候要想到水的来源。语本北周·庾信《徵调曲》："落其实者思其树，饮其流者怀其源。"后用"饮水思源"比喻不忘本▷后来每每取得一些成绩，我都饮水思源，忘不了拜师学艺时郑老师对我的悉心指导。｜站在领奖台上，她饮水思源，十分感激对自己倾注了全部心血的张教练。≈追本溯源｜没齿不忘◇数典忘祖｜忘恩负义。

饮鸩止渴 yǐn zhèn zhǐ kě 鸩：鸩酒，一种用鸩鸟羽毛浸泡的剧毒酒。喝毒酒来解渴。语本《后汉书·霍谞传》："止渴于鸩毒，未入肠胃，已绝咽喉，岂可为哉！"后用"饮鸩止渴"比喻采取极其有害的办法去应急，不顾致命的后果▷靠吸毒来填补精神上的空虚，无异于饮鸩止渴。｜用通货膨胀来刺激市场经济，实在是饮鸩止渴的下策。

隐恶扬善 yǐn è yáng shàn 隐：隐瞒。扬：宣扬。语本《礼记·中庸》："舜好问而好察迩言，隐恶而扬善。"后用"隐恶扬善"指隐瞒别人的坏处，宣扬别人的好处▷对社会现象，该歌颂的就歌颂，该暴露的就暴露，无所谓隐恶扬善。｜老李是个正派人，他不但从不背后说人坏话，而且隐恶扬善，所以深得大家尊重。

隐忍不发 yǐn rěn bù fā 把屈辱的事情藏在内心，竭力克制忍耐，不向人发泄、透露或表白▷这人的脾气性格，我是最了解的，即使受了委屈，也隐忍不发，是个硬汉子。｜从医学角度讲，隐忍不发未必是好事，倾诉衷肠倒可以调节情绪，对身体是有利的。

隐姓埋名 yǐn xìng mái míng 隐：隐瞒。埋：埋藏。隐瞒自己的真实姓名。指用易名改姓的办法，不让人们知道自己的底细或行踪▷著了书却又隐姓埋名，必有不得已之苦衷。｜他越狱后，隐姓埋名地逃到外地，但最终仍被缉拿归案。≈改名换姓｜晦迹埋名｜销声匿迹◇抛头露面｜招摇过市。

隐约其辞 yǐn yuē qí cí 隐约：不明显，不清楚。指说话、作文躲躲闪闪，不直截了当▷他虽然当了院长，但说话还是直截了当，从不隐约其辞。｜你有话直说，何必隐约其辞。≈闪烁其辞◇直截了当｜直言不讳。

应有尽有 yīng yǒu jìn yǒu 应该有的全都有了。语出《宋书·江智渊传》："人所应有尽有，人所应无尽无者，其江智渊乎！"后用"应有尽有"形容一切齐全▷南货店里木耳、黄花、猴头、五味子……应有尽有。≈包罗万象｜无所不包｜一应俱全◇挂一漏万｜一无所有｜一鳞半爪。

英雄气短 yīng xióng qì duǎn 相传宋代苏丕少时应试礼部不中，因谓："此中最易短英雄之气。"后用"英雄气短"指有才识的人因遭遇困厄或沉溺于儿女私情而意志消沉▷在民族危亡的紧急关头，有志男儿决不能为儿女私情而英雄气短。｜纵使勇武盖世如楚霸王项羽，在红颜知己前也免不了英雄气短。≈儿女情长◇壮志凌云。

英姿飒爽 yīng zī sà shuǎng 英姿：英

俊威武的风姿。飒爽：矫健豪迈，精神焕发。语出唐·杜甫《丹青引》："褒公鄂公毛发动，英姿飒爽来酣战。"后用"英姿飒爽"形容人英武矫健、气概豪迈的风度和姿态▷他二十多岁，穿着一套崭新的军装，显得英姿飒爽，豪气勃勃。｜老赵看到小凤英姿飒爽地指挥着一队女战士练刺杀，赞不绝口。≈英姿勃勃｜英姿勃发｜威风凛凛◇尖嘴猴腮｜獐头鼠目｜鸠形鹄面｜形销骨立｜弱不禁风｜面目可憎｜其貌不扬。

莺歌燕舞 yīng gē yàn wǔ 莺在歌唱，燕在飞舞。语本宋·苏轼《披锦亭》诗："烟红露绿晓风香，燕舞莺啼春日长。"后用"莺歌燕舞"形容春光明媚，万物欢愉。也比喻形势大好，时世太平▷莺歌燕舞的春天正是旅游的大好时光。｜明明是国民经济已到了崩溃的边缘，还说是处处莺歌燕舞，岂不荒唐！

莺啼燕语 yīng tí yàn yǔ 莺啼婉转，燕语呢喃。语出唐·皇甫冉《春思》诗："莺啼燕语报新年，马邑龙堆路几千。"后用"莺啼燕语"形容春光明媚。也比喻女子悦耳的话语声▷他的口技真是绝了，只要嘴唇一翕动，那莺啼燕语便飘然而出，人们听了仿佛置身于公园之中。｜窗外的景色真是美极了，莺啼燕语，柳舞花翻，清香扑鼻，真使人心旷神怡。

鹦鹉学舌 yīng wǔ xué shé 语本宋·释道原《景德传灯录·越州大殊慧海和尚》："如鹦鹉只学人言，不得人意。"后用"鹦鹉学舌"比喻别人怎么说，他也跟着怎么说▷人应该有自己的主见，而不应鹦鹉学舌。｜这人一味揣摩上司的意图，鹦鹉学舌般地重复上司的指示。≈人云亦云｜拾人牙慧。

迎来送往 yíng lái sòng wǎng 语出宋·杨万里《过鹦斗湖》诗："红旗青盖鸣钲处，都是迎来送往人。"后用"迎来送往"指迎接来者，送去走者。也指来时迎接，去时送行▷他是非常好客的人，对至爱亲朋总是迎来送往。｜儿子办喜事，真忙坏了王老伯夫妇，你看，对来道喜的，他们都要迎来送往。

迎刃而解 yíng rèn ér jiě 迎：正对着。刃：刀口，刀锋。解：分解，分开。碰着刀口就分开。语出《晋书·杜预传》："今兵威已振，譬如破竹，数节之后，皆迎刃而解，无复着手处也。"后用"迎刃而解"比喻事情非常顺利或容易得到解决▷这类矛盾，其实用科学态度来对待，就可迎刃而解了。｜我们解开了这一最大难题，其他问题就会迎刃而解。≈马到成功｜旗开得胜｜一挥而就｜一蹴而就｜易如反掌｜摧枯拉朽◇好事多磨｜难解难分。

迎头赶上 yíng tóu gǎn shàng 迎：向着。头：前头，前面。迎着最前头的，加紧追赶上去▷我们有人才，有设备，只要上下齐心协力，完全有条件迎头赶上先进企业。｜你有迎头赶上的决心，我们都非常欢迎。≈奋起直追｜不敢后人｜奋勇争光｜急起直追｜力争上游｜争先恐后。

迎头痛击 yíng tóu tòng jī 迎头：迎面，当头。当头给以沉重打击▷对敢于来犯之敌，必须迎头痛击。｜八路军指战员在冰天雪地中和敌人苦战，给疯狂的日寇以迎头痛击。◇开门揖盗。

盈千累万 yíng qiān lěi wàn 盈：充满，超过。累：积累。形容为数甚多▷这个曾在旧上海横行一时的地痞流氓，勒索的百姓财物盈千累万，实在骇人听闻。｜这个家伙胆子也真够大的，身为国家干部,竟利用管理上的漏洞,鲸吞了盈千累万的国有资产。

［提示］累,不读"lěi"。

营私舞弊 yíng sī wǔ bì 营：谋求。舞：玩弄。弊：坏事,奸伪之事。为了谋求私利而耍手段干违法乱纪的事▷他贪污公款,营私舞弊,已被撤职查办。|这个县的个别领导贪赃枉法,营私舞弊,造成了极坏的影响。≈贪赃枉法|上下其手|徇情枉法|假公济私◇廉洁奉公|清正廉明|铁面无私|大公无私|克己奉公|两袖清风。

蝇头小利 yíng tóu xiǎo lì 蝇头：苍蝇的头,借指极小的东西。像苍蝇头那样小的利益。语本宋·苏轼《满庭芳》词："蜗角虚名,蝇头微利,算来着甚么忙。"后用"蝇头小利"指极其微小的利益或好处▷我们做小买卖的,不过是赚点蝇头小利,发不了大财。|为了一点蝇头小利,他可以出卖自己的灵魂。

蝇营狗苟 yíng yíng gǒu gǒu 营：钻营。苟：苟且。像苍蝇一样追逐脏物,像狗一样苟且偷生。语出唐·韩愈《送穷文》："朝悔其行,暮已复然,蝇营狗苟,驱去复返。"后用"蝇营狗苟"比喻不择手段地追名逐利▷在官场中,有些人为了向上爬,蝇营狗苟,无所不为。|一个人,对生活取蝇营狗苟的态度,是十分可悲的。

郢书燕说 yǐng shū yān yuè 语出《韩非子·外储说左上》："郢人有遗燕相国书者,夜书,火不明,因谓持烛者曰'举烛'云,而过书'举烛'。举烛,非书意也。燕相受书而说(悦)之,曰:'举烛者,尚明也；尚明也者,举贤而任之。'燕相白王,王大说(悦),国以治。治则治矣,非书意也。今世举学者,多似此类。"后用"郢书燕说"比喻穿凿附会,曲解原意▷刚才听了你对这首词中典故的解读,看来你是望文生义,或者说是郢书燕说,大错特错。|虽说出现郢书燕说在所难免,但也说明做学问是永无止境的,一个人不可能是万宝全书。

［提示］燕,不读"yàn"。说,不读"shuō"。

影影绰绰 yǐng yǐng chuò chuò 形容模模糊糊、不真切的样子▷从山顶往下看,山脚下游动着许多黑点,影影绰绰的,似乎是来来往往的人马车辆。|这句名言我影影绰绰地记得是《论语》里的。≈模模糊糊◇历历在目。

应答如流 yìng dá rú liú 应：回答。答：对答。对答像流水一样。语出《魏书·李孝伯传》："孝伯风容闲雅,应答如流,畅及左右甚相嗟叹。"后用"应答如流"形容善于应对,答话敏捷流利▷在记者招待会上,新任总理应答如流,侃侃而谈。|众人见他应答如流,都钦佩不已。◇无言以对。

应付自如 yìng fù zì rú 应付：设法对待或处置。自如：活动不受阻碍。形容处理事情从容不迫▷我们的总经理年轻有为,虽然公司事务纷繁复杂,他都能应付自如。|看他那脸上的微笑和应付自如的沉着劲儿,真难以相信这位主持人走上荧屏才一个星期。≈得心应手◇心余力绌。

应接不暇 yìng jiē bù xiá 应：应付,对待。暇：空闲。语本南朝宋·刘义庆《世说新语·言语》："从山阴道上行,山川自相映发,使人应接不暇。"原指风景多,来不及观赏。后用"应接不暇"形容事情多,接连不断,来不及应付▷今年春节家里来了不少客人,忙得全家人应接

不暇。|离高考还有半年,已把学生忙得应接不暇,到高考前夕会更可怕。≈目不暇接。

应运而生 yìng yùn ér shēng 应:顺应。运:时机。顺应天命而降生。语出唐·王勃《益州夫子庙碑》:“大哉神圣,与时回薄。应运而生,继天而作。”后用“应运而生”指适应形势需要而产生▷随着改革开放政策的实施,多种新生事物应运而生。|人们的文化需求越来越高,多种文学和娱乐性杂志便应运而生。

映雪囊萤 yìng xuě náng yíng 映雪:晋代孙康家贫好学,冬夜常映照着雪光读书,事见《初学记》卷二引《宋齐说》。囊萤:晋代车胤家贫,夏天用丝囊装萤火虫,借萤光读书,事见《晋书·车胤传》。后用“映雪囊萤”形容勤学苦读,孜孜不倦▷古人悬梁刺股、映雪囊萤的苦学精神,值得我们学习。|你想成为一名科学家,就得从小映雪囊萤,好学不倦。≈悬梁刺股|凿壁偷光|牛角挂书|燃荻夜读◇玩岁愒(kài,贪)日|吃喝玩乐|斗鸡走马|游手好闲。

拥兵自重 yōng bīng zì zhòng 拥兵:拥有兵权,掌握着军队。自重:抬高自己的身份和地位。凭借手中掌握的军队,以巩固、抬高自己的地位▷唐朝末年,军阀们拥兵自重,形成了割据局面。|如何对付那些拥兵自重的地方割据势力,一直是这个王朝想解决而解决不了的问题。

庸人自扰 yōng rén zì rǎo 形容平庸的人没事找事,自寻烦恼▷他老是怀疑别人在说他的坏话,真是庸人自扰。|老师对你并没有成见,你可不要庸人自扰呀!≈杞人忧天|自寻烦恼◇高枕无忧|乐天知命。

庸庸碌碌 yōng yōng lù lù 庸庸:平常,平庸。碌碌:无能的样子。形容人平庸无能,没有志气,无所作为▷他一向看不起庸庸碌碌的人。|他不愿意在父母的卵翼下庸庸碌碌地虚度年华。≈碌碌无为|无所作为|碌碌无能◇出类拔萃。

庸中佼佼 yōng zhōng jiǎo jiǎo 庸:平庸,平常。佼佼:胜过一般的。语出《后汉书·刘盆子传》:“卿所谓铁中铮铮,庸中佼佼者也。”后用“庸中佼佼”指平常人中的突出者▷我们这一班老同学中,张胖子可算是庸中佼佼了。|这次田径大奖赛成绩平平,庸中佼佼者是女子中长跑项目,大都居世界前六名水平。

雍容典雅 yōng róng diǎn yǎ 雍容:温和大方、从容不迫的样子。典雅:优美文雅。语出宋·陈亮《书欧阳文粹后》:“公之文雍容典雅,纡余宽平,反覆以达其意,无复毫发之遗。”后用“雍容典雅”形容态度温和大方,举止从容文雅。也形容文气舒缓,辞藻优美不俗▷李教授学识渊博,风度雍容典雅,擅长古典文学的教学和研究。|他的散文雍容典雅,有一种唐宋古风。≈温文尔雅。

雍容华贵 yōng róng huá guì 雍容:文雅大方、从容不迫的样子。华贵:华丽富贵。形容仪态大方,服饰豪华而无俗气▷她雍容华贵地坐在沙发里和客人们闲谈,倒像贵夫人一样,但人品不知怎样?|今天的舞会上,女士们个个雍容华贵,成为一道亮丽的风景线。

饔飧不继 yōng sūn bù jì 饔:早饭。飧:晚饭。吃了上顿没有下顿,经常断炊。形容生活十分贫困▷在当年,生活在社会最底层的劳动人民哪一家不是饔飧不继?这是万恶的社会制度所造成的。|

Y

他举家到了饔飧不继的地步,我们大伙该想点办法帮助他暂渡困难。

永垂不朽 yǒng chuí bù xiǔ 永:永远,长久。垂:流传。朽:腐烂,磨灭。语本汉·蔡邕《太傅胡公碑》:"扬景烈,垂不朽,仰邃古,耀昆后。"后用"永垂不朽"指人的名声、功业、事迹和精神等长久地流传,永不磨灭▷为了中华民族的进步,秋瑾献出了自己的生命,她的英名将万古流芳,永垂不朽。|鲁迅先生的短篇小说至今是无人超越的顶峰,中篇小说《阿Q正传》更是永垂不朽的文学经典和丰碑。≈永世长存|万古流芳|流芳百世|名垂青史|名垂千古|彪炳史册|彪炳千古◇遗臭万年|臭名远扬|臭名昭著|声名狼藉。

永志不忘 yǒng zhì bù wàng 志:记。永远记住,不遗忘▷日本侵略军在我国土地上所犯下的滔天罪行,每一个中国人将会永志不忘。|我对先生的嘱托刻骨铭心,永志不忘。

勇冠三军 yǒng guàn sān jūn 勇:勇敢,勇猛。冠:居首位。三军:上古时诸侯大国有中军、上军、下军三军,因以为军队的通称。勇猛为全军第一。语本汉·李陵《答苏武书》:"陵先将军,功略盖天地,义勇冠三军。"后用"勇冠三军"形容英勇无比,没有敌手▷将军勇冠三军,令人敬畏。|他知道敌方的大将勇冠三军,自己难以抵挡,因此不敢出战。

勇往直前 yǒng wǎng zhí qián 勇敢地一直向前奋进。形容不怕任何艰难险阻,不达到目的决不罢休▷全连的官兵在他的影响下,个个勇往直前,夺得比武团体第一名。|一个人如果想事业有成,首先要立下志向,这样才能有勇往直前的决心和坚韧不拔的意志。≈一往无前|高歌猛进◇畏缩不前|裹足不前|徘徊不前|知难而退。

用兵如神 yòng bīng rú shén 用兵:调遣军队打仗。调动军队打仗如有神助。语出《三国志·吴书·虞翻传》"有裨谌草创之计是以行耳"裴松之注引《江表传》:"讨逆将军智略超世,用兵如神。"后用"用兵如神"形容善于指挥军队▷三国时,诸葛孔明用兵如神,屡次大败曹操。|中国历史上出了不少用兵如神的将军。

用非所学 yòng fēi suǒ xué 语本《明史·叶伯巨传》:"比到京师,而除官多以貌选,所学或非其所用,所用或非其所学。"后用"用非所学"指需要用的并非所学到的东西▷用非所学的现象,通过人才流动的扩大,已大大减少。|今天,用非所学的现象仍很严重,需要进一步努力,充分发挥各类人才的作用。≈学非所用◇学以致用。

用武之地 yòng wǔ zhī dì 语出《晋书·姚襄载记》:"洛阳虽小,山河四塞之固,亦是用武之地。"原指宜于用兵作战的地方。后用"用武之地"比喻能施展才能的地方▷徐州历来是兵家用武之地,曾发生过多次著名的战役。|民营企业也是科技人员的用武之地。

用心良苦 yòng xīn liáng kǔ 用心:使尽心机。良:很。费尽心机,十分辛苦▷从事希望工程的工作人员为了让更多的穷孩子能读书上学,用心良苦地做宣传,动员全社会关心此事。|金老师为了改变小李破罐破摔的想法,做了大量工作,真是用心良苦。≈费尽心机。

优柔寡断 yōu róu guǎ duàn 优柔:犹

豫不决。寡：缺少。断：决断。语本《韩非子·亡征》："缓心而无成，柔茹而寡断，好恶无决，而无所定立者，可亡也。"后用"优柔寡断"形容办事迟疑，缺乏决断▷如果我们优柔寡断，姑息养奸，则将遗祸人民，动摇根基。|王科长优柔寡断的性格，现在已改了不少。≈犹豫不决◇当机立断。

优胜劣汰 yōu shèng liè tài 优：优良，优越，跟"劣"相对。汰：淘汰。原指生物在生存竞争中，竞争力强者取胜，得以生存。现多以"优胜劣汰"比喻竞争力弱者失败，被淘汰▷竞争的结果，便是优胜劣汰，自然界是这样，人类社会也同样如此。|优质产品将赢得市场，劣质产品将被市场淘汰，这就是优胜劣汰的规律。

优哉游哉 yōu zāi yóu zāi 优、游：悠闲的样子。哉：感叹词。语出《诗经·小雅·采菽》："优哉游哉，亦是戾矣。"后用"优哉游哉"形容从容不迫、悠闲自得的样子▷老父亲退休后打打拳，钓钓鱼，真是优哉游哉。|看到这几天小王优哉游哉的神情，可以断定这次高考他一定考得不错。≈怡然自得◇垂头丧气。

忧国忧民 yōu guó yōu mín 忧：忧虑，担忧。忧虑国家的前途，忧虑人民的命运。语本《战国策·齐策四》："寡人忧国爱民，固愿得士以治之。"后用"忧国忧民"形容对国家大事和人民疾苦的关心▷在那时的官场里，像他那样克己奉公、忧国忧民的人真是凤毛麟角。|从这些诗篇，我们可以清楚地看出诗人的忧国忧民之情。◇卖国求荣|祸国殃民。

忧心忡忡 yōu xīn chōng chōng 忡忡：忧虑不安的样子。语出《诗经·召南·草虫》："未见君子，忧心忡忡。"后用"忧心忡忡"形容忧虑不安的样子▷她父亲得了重病，所以，她这几天老是忧心忡忡的样子。|洪水即将来临，村长忧心忡忡地在大堤上踱来踱去。≈忧心如焚◇得意扬扬。

忧心如焚 yōu xīn rú fén 忧：忧愁，忧虑。焚：火烧。忧愁的心情像火烧一样。语本《诗经·小雅·节南山》："忧心如惔，不敢戏谈。"惔(tán)：火烧。后用"忧心如焚"形容心里非常忧虑焦急▷正如杜甫"穷年忧黎元，叹息肠内热"一样，他为人民的苦难而忧心如焚。|银行同意贷款了，面临破产而忧心如焚的林老板总算松了一口气。≈忧心忡忡|愁眉苦脸|愁肠百结|愁眉不展|提心吊胆|忐忑不安◇安之若素|悠然自得|喜出望外|乐不可支|心花怒放|兴高采烈|无忧无虑|泰然自若|逍遥自在。

悠然自得 yōu rán zì dé 悠然：悠闲舒适的样子。自得：内心得意。语出《晋书·杨轲传》："常食粗饮水，衣褐缊袍，人不堪其忧，而轲悠然自得。"后用"悠然自得"形容态度从容，心情闲适▷老太太坐在公园的椅子上悠然自得地听着收音机里的音乐。|尽管天寒地冻，但这些京剧爱好者在俱乐部里悠然自得地欣赏京剧《秦香莲》。≈优哉游哉|悠闲自在◇垂头丧气。

悠闲自在 yōu xián zì zài 悠闲：安闲舒适。自在：无拘无束。形容安闲舒适，无拘无束▷几个年轻的妈妈手搀小孩，悠闲自在地在逛商场。|清晨，一群群悠闲自在的老人在街心花园打太极拳。≈悠然自得。

由此及彼 yóu cǐ jí bǐ 此：这。彼：那。从这一方面达到另一方面。指学习、工

作能融会贯通▷由此及彼，从表到里，这是观察问题、研究问题和解决问题的不二法门。|经过一番由此及彼的分析，张老师终于改变了对小王的偏见。

由浅入深 yóu qiǎn rù shēn 从浅显到深奥。指学习、工作等从易到难，循序渐进▷学任何东西都要由浅入深，循序渐进。|黄教练带弟子，善于由近及远、由浅入深地分析开导，因此效果不错。≈由近及远。

犹豫不决 yóu yù bù jué 犹豫：迟疑。迟迟疑疑不能做出决定，下不了决心。语本《战国策·赵策三》："平原君犹豫未有所决。"后用"犹豫不决"形容拿不定主意▷是否辞职经商，老李犹豫不决。|他犹豫不决地说："让我再考虑考虑。"≈优柔寡断|举棋不定◇当机立断|斩钉截铁|毫不犹豫。

油光可鉴 yóu guāng kě jiàn 油光：油腻光亮。鉴：照。油光得可当作镜子来照。形容非常光亮润泽▷现在科学真发达，制作的假发与人的头发一般无二，只要使用、护理得当，同样会油光可鉴，人们难辨真假。

油腔滑调 yóu qiāng huá diào 腔、调：说话的声调、语气。形容说话、作文轻浮、油滑▷他回答不出老师的问题，却油腔滑调地做了个鬼脸，逗得全班哄堂大笑。|看着孩子油腔滑调的样子，做父亲的忍俊不禁。≈油嘴滑舌◇一本正经。

油头滑脑 yóu tóu huá nǎo 形容人又狡猾，又轻浮▷先生看见他那油头滑脑、流里流气的样子，心里有说不出的滋味。|贺师傅把这个油头滑脑的小学徒叫到办公室，狠狠地批评了一顿，劝他不要再游手好闲，该学点手艺了。◇质朴无华。

游目骋怀 yóu mù chěng huái 游目：放眼纵观。骋怀：任性放开胸怀。语出晋·王羲之《兰亭集序》："是日也，天朗气清，惠风和畅，仰观宇宙之大，俯察品类之盛，所以游目骋怀，足以极视听之娱，信可乐也。"后用"游目骋怀"指纵目观览，舒展胸怀▷这地方真称得上是奇山异水，令我游目骋怀，流连忘返。|登上黄山之巅，远处山峦起伏，脚下白云飘浮，游目骋怀，心胸也为之开阔。

游刃有余 yóu rèn yǒu yú 游：运转，移动。刃：刀刃。余：余地。运转刀刃于骨节缝隙中，毫无阻碍，大有回旋的余地。语本《庄子·养生主》："彼节者有间，而刀刃者无厚；以无厚入有间，恢恢乎其于游刃必有余地矣。"原形容解牛的技术熟练。后用"游刃有余"比喻技艺纯熟，做事轻松自如▷及早积累、及早酝酿，那么转移到新的岗位时，你就能游刃有余。|现在运用中文巧不可阶，驱策外文游刃有余的作家，确乎是凤毛麟角了。≈驾轻就熟|轻车熟路|得心应手|应付裕如。

游山玩水 yóu shān wán shuǐ 语出宋·释道原《景德传灯录·韶州云门山文偃禅师》："问：'如何是学人自己？'师曰：'游山玩水去。'"后用"游山玩水"形容游览山水风景▷紧张的工作之余，抽几天外出游山玩水，不失为一种调剂精神的好方法。|虽然这个厂亏损，但领导们却到处游山玩水，挥霍公款，结果自然受到查处。

游手好闲 yóu shǒu hào xián 游手：闲荡懒散，不务正业。好：喜爱，贪图。闲：安闲，安逸。形容游荡懒散，好逸恶劳，不务正业▷刑满释放后，他游手好闲，惹是生非，因盗窃罪又被判了刑。｜高中毕业后，他没有考上大学，又不肯参加工作，只是游手好闲地在家混日子。≈好吃懒做｜好逸恶劳｜不务正业｜无所事事◇日理万机｜目不交睫｜废寝忘食｜宵衣旰食｜任劳任怨｜吃苦耐劳。

［提示］好，不读“hǎo”。

游戏人间 yóu xì rén jiān 原指超越尘世的神仙以玩笑、随意的态度与凡人打交道。后用“游戏人间”指一种玩世不恭的对待人生的态度▷游戏人间的处世态度，不应该肯定。｜虽然受到种种打击迫害，但他没有沮丧，也没有采取游戏人间的态度，而仍然积极地面对生活，参与生活。≈玩世不恭。

有案可稽 yǒu àn kě jī 案：档案，处理公事的记录。稽：查考。有记录可查考▷经济账本要妥善保管，以便将来有问题时有案可稽。｜你们两人不必再争，董事会的决议有案可稽，查一下就可见分晓了。

有板有眼 yǒu bǎn yǒu yǎn 板、眼：音乐、戏曲的节拍，强的拍子用板敲击，称“板”，其余稍弱的拍子称“眼”。原指曲调唱腔合乎节拍。后用“有板有眼”比喻言语、行动有条理，有节奏▷鲍先生唱起老生戏来有板有眼，很有韵味。｜我大嫂十分能干，说话有板有眼，很有说服力。≈有条有理◇杂乱无章。

有备无患 yǒu bèi wú huàn 患：祸患。语出《尚书·说命中》：“惟事事乃其有备，有备无患。”后用“有备无患”指预先有了准备，就不会发生祸患▷出门旅行，应带些防治常见病的药物，以便有备无患。｜家里还是备个小型灭火器，这叫作有备无患。≈防患未然◇临渴掘井。

有胆有识 yǒu dǎn yǒu shí 识：见识。有胆量有魄力，也有远大的见识▷他向来是有胆有识的，今天讨论问题，特别是表决的时候，怎么会变得犹豫不决呢？｜有胆有识固然可贵，但更要讲究科学的工作方法和脚踏实地的工作作风，这三者具备了，工作才会有成效。

有的放矢 yǒu dì fàng shǐ 的：靶子。矢：箭。对准靶子射箭。比喻言论、行动有明确的目标或针对性▷我们开会不要说大话、空话，要有的放矢。｜有关部门必须有的放矢地解决下岗人员再就业的问题。≈对症下药◇不着边际。

［提示］的，不读“dé”。

有机可乘 yǒu jī kě chéng 机：机会。乘：利用。语出《宋史·岳飞传》：“敌兵已去淮，卿不须进发，其或襄、邓、陈、蔡有机可乘，从长措置。”后用“有机可乘”指有机会可以利用▷由于市场管理不严，不法商贩便有机可乘了。｜国家上层不和，敌国便有机可乘。◇无懈可击。

有教无类 yǒu jiào wú lèi 类：类别。语出《论语·卫灵公》：“子曰：‘有教无类。’”后用“有教无类”指教育不分贵贱贤愚，对各类人员都一视同仁▷孔子“有教无类”的教育思想，今天仍有其积极意义。｜我国的初等教育实行义务制，真正做到了有教无类。

有口皆碑 yǒu kǒu jiē bēi 皆：全，都。碑：记载功德的石碑。所有人的嘴都是记功碑。语本宋·释普济《五灯会元·太平安禅师》：“劝君不用镌顽石，路上行人口似碑。”后用“有口皆碑”形容受到众人一致颂扬▷这位老人编结技艺的高超，如今已是有口皆碑了。｜在我们那里，他是有口皆碑的大好人。≈口碑载

道|交口称赞◇怨声载道|民怨沸腾|千夫所指。

有口难言 yǒu kǒu nán yán 言：说。有话不敢说或不便说▷这个地方的官员无法无天，横行霸道，使百姓们有口难言。|她引狼入室，吃了亏还有口难言，只有暗自垂泪。

有口无心 yǒu kǒu wú xīn 嘴上说了，心里并不这么想。指言语伤人但并无恶意▷他是个炮筒子，有口无心的，你千万别在意。也指说话、念书时心不在焉▷看到老师来了，孩子们连忙捧起书，有口无心地念了起来。

有棱有角 yǒu léng yǒu jiǎo 棱：物体上不同方向的两个平面连接的部分或指物体上一条条凸起来的部分。比喻人有锋芒，有主见。亦形容人表情严峻▷我倒喜欢说话有棱有角，最讨厌的是人云亦云。|我们同学不反对老师抓课堂纪律，但老师带着有棱有角的表情上课，同学心里是不舒服的。

有利可图 yǒu lì kě tú 利：利益。图：谋取。有利益可谋取▷若做官是为了有利可图，就一定会贪污腐化，成为鱼肉百姓的贪官。|股市大幅波动，那些投机家便有利可图了。

有名无实 yǒu míng wú shí 名：名义。实：实质。语本《国语·晋语八》："吾有卿之名，而无其实，无以从二三子，吾是以忧。"后用"有名无实"指徒有虚名而无实际内容▷他从省城调到县里，当了一个有名无实的教育局副局长。|他这个副经理有名无实，既没有人，也没有权。≈徒有虚名|名不副实◇名副其实。

有目共睹 yǒu mù gòng dǔ 睹：看见。有眼睛的人都看得见。形容大家都知道，极其明显▷祖国这几年的经济成就，侨胞们有目共睹。|公司里存在的问题是有目共睹的，你不必争辩了。≈众所周知|家喻户晓|妇孺皆知|人所共知|耳闻目睹◇一无所知|熟视无睹。

有气无力 yǒu qì wú lì 气力衰弱，精神疲乏，做事没有劲头▷朋友到医院探望小胡时，小胡正有气无力地躺在病床上。≈无精打采|萎靡不振|垂头丧气◇神采奕奕|朝气蓬勃|生龙活虎|生气勃勃。

有求必应 yǒu qiú bì yìng 求：请求。应：答应。只要有人提出要求，就一定答应▷这位书法家对索字者总是有求必应。|凡是我向王教授请教问题，他总是有求必应。

有去无回 yǒu qù wú huí 只有去的路，没有返回的路。形容一去不归▷这一仗，打得来犯之敌有去无回。|你把钱借给这个无赖，肯定有去无回。

有生之年 yǒu shēng zhī nián 活着的岁月。通常指从今以后直到死去的一段时间，即余年▷我想，至少在我们有生之年，不会有衣食之虞。|我一定要在有生之年完成这部辞典的编纂工作。

有声有色 yǒu shēng yǒu sè 有声音，有色彩。形容说话、写文章或表演等显得极其具体形象，生动精彩▷李老师讲课有声有色，同学们都爱听。|听了她有声有色的介绍，我有一种身临其境的感觉。也形容表现十分出色，有声势，有气魄▷他能把全队的人紧密团结起来，把工作干得有声有色，确实不简单。

有识之士 yǒu shí zhī shì 识：见识。语出汉·刘向《说苑·善说》："天下有识之士，无不为足下寒心酸鼻者，千秋万岁之后，庙堂必不血食矣。"后用"有识之士”指具有才能和远见卓识的人▷任何企图分裂祖国、实现“台独”的言论，都会遭到大陆包括台湾岛内有识之士的强烈抨击和反对。

有恃无恐 yǒu shì wú kǒng 恃：依仗，依靠。恐：害怕。语出《左传·僖公二十六年》：“齐侯侵鲁，鲁僖公使展喜犒军。齐侯曰：‘室如悬罄，野无青草，何恃而不恐？’”后用“有恃无恐”指有所依仗，便什么都不怕▷他投靠了日本侵略者，成了汉奸，便有恃无恐，经常欺压老百姓。|即使有了权，还是应当遵纪守法，决不能有恃无恐。≈仗势欺人|以强凌弱◇软弱无能|胆小如鼠。

有条不紊 yǒu tiáo bù wěn 条：条理。紊：乱。语本《尚书·盘庚上》：“若网在纲，有条而不紊。”后用“有条不紊”形容事物有条理，有次序，一点不乱▷小张做文秘时间不长，但工作忙而不乱，有条不紊。|这篇文章中心明确，段落分明，结构有条不紊，看不出是一个中学生写的。≈井井有条◇杂乱无章。

有头无尾 yǒu tóu wú wěi 只有开头，没有结尾。语出《朱子语类》卷四二：“若是有头无尾底人，便是忠也不久。”后用“有头无尾”形容做事有始无终，不能坚持到底▷做事情要有始有终，不能有头无尾。|你已经大学毕业了，做事毛糙、有头无尾的坏习惯该改一改了。≈有始无终◇有头有尾|有始有终。

有闻必录 yǒu wén bì lù 闻：所听到的。录：记录。把所听到的全都记录下来▷这本访问记，本着有闻必录的精神，把所见所闻原原本本地奉献给读者。|新闻报道不等于有闻必录，记者必然要进行选择和提炼。

有隙可乘 yǒu xì kě chéng 隙：缝隙，漏洞。乘：利用。有漏洞可以利用▷小偷见商店后门未锁，有隙可乘，便入内大肆行窃。|领导之间不团结，使别有用心者有隙可乘。◇无懈可击。

有血有肉 yǒu xuè yǒu ròu 形容活生生的。也比喻文艺作品内容充实，形象鲜明生动▷我从来没有见过一个有血有肉的躯体能产生如此巨大的力量。|《水浒传》中的许多人物写得有血有肉，栩栩如生。≈有声有色。

有言在先 yǒu yán zài xiān 已有话说在前头。指事先打过招呼▷我有言在先，明天晚上无法出席聚会，你怎么能说我言而无信呢？|这件事你怎么能反悔呢？你不是有言在先，答应还钱的吗？≈言犹在耳。

有眼无珠 yǒu yǎn wú zhū 珠：眼珠。有眼睛却不长眼珠子。比喻缺乏识别能力，不能辨别真假、是非和好坏▷我真是有眼无珠，竟把这个恶棍当作好人。|都怪他自己有眼无珠，相信了这个骗子，把一个好好的家给拆散了。◇心明眼亮|明察秋毫|洞若观火|一目了然|了如指掌。

有勇无谋 yǒu yǒng wú móu 勇：勇气，勇力。谋：智谋。语出《三国志·魏书·董卓传》“相攻击连月，死者万数”裴松之注引《献帝起居注》：“吕布受恩而反图之，斯须之间，头县（悬）竿端，此有勇无谋也。”后用“有勇无谋”形容只有勇气而无智谋▷吕布有勇无谋，终于被曹操擒杀。|中外历史上，有勇无谋者终遭失败的例子数不胜数。≈匹夫之勇◇有勇有谋|智勇双全。

有朝一日 yǒu zhāo yī rì 朝：日，天。将来会有那么一天▷你这样无恶不作，有

朝一日会遭到报应的。|他拼命苦读，期望有朝一日考上重点大学，以此作为对父母的最好回报。

[提示]朝，不读“cháo”。

迂回曲折 yū huí qū zhé 迂回：曲折回旋。形容道路弯弯曲曲。也形容事物的发展波折反复▷这条小路迂回曲折，你要当心迷路。|前进的道路总是迂回曲折的，但只要认准目标，持之以恒，一定会取得成功。

于今为烈 yú jīn wéi liè 烈：厉害。语出《孟子·万章下》：“殷受夏，周受殷，所不辞也。于今为烈，如之何其受之？”后用“于今为烈”形容现在比过去更厉害▷铺张浪费之风，历来有之，但于今为烈，应该采取措施制止。|文人相轻，古已有之，于今为烈，这也可说是一部分读书人的劣根性。

予取予求 yú qǔ yú qiú 予：我。语出《左传·僖公七年》：“唯我知女，女专利而不厌，予取予求，不女疵瑕也。”女：通“汝”，你。后用“予取予求”形容任意索取或随心所欲▷他如今已经是小老板了，富有得很，你到了那里可以予取予求，没有关系的。|这是国家财产，你怎么可以这样予取予求呢？

余音绕梁 yú yīn rào liáng 梁：房梁。仿佛留下的歌声仍在梁间回旋。语出《列子·汤问》：“昔韩娥东之齐，匮粮，过雍门，鬻歌假食，既去而余音绕梁欐，三日不绝，左右以其人弗去。”后用“余音绕梁”形容歌声美妙动听，给人的印象久久难忘▷她那婉转的歌声，使人难以忘怀，真是余音绕梁，三日不绝。

[提示]梁，不要写作“粱”。

余勇可贾 yú yǒng kě gǔ 余勇：多余的勇力。贾：卖，引申指付出。还有多余的勇力可以付出。语本《左传·成公二年》：“欲勇者贾余余勇。”后用“余勇可贾”形容潜力很大▷在击败敌军进攻后，我军余勇可贾，乘胜开始反击。◇力不从心。

鱼贯而入 yú guàn ér rù 如头尾相接的游鱼，一个接着一个进入▷在展览馆门前，大家排着队，鱼贯而入。|同学们在影院门口排好队，由班主任带领，鱼贯而入。◇一哄而上|蜂拥而入。

鱼龙混杂 yú lóng hùn zá 比喻各种各样的人混杂在一块，成分复杂，好坏难分▷商场好比战场，各种人物鱼龙混杂，很难辨别。|这支队伍来自五湖四海，难免鱼龙混杂。≈泥沙俱下|鱼目混珠|良莠不齐。

鱼米之乡 yú mǐ zhī xiāng 盛产鱼和米的乡村。语出《旧唐书·王晙传》：“望至秋冬之际，令朔方军盛陈兵马，告其祸福，啖以缯帛之利，示以麋鹿之饶，说其鱼米之乡，陈其畜牧之地。”后用“鱼米之米”泛指农产富庶之地▷江南一带是我国的鱼米之乡。|改革开放以来，一些较贫困的地区，大力发展多种经济，改变了面貌，成了鱼米之乡。

鱼目混珠 yú mù hùn zhū 语本汉·魏伯阳《参同契》卷上：“鱼目岂为珠。”后用“鱼目混珠”比喻用假的冒充真的，以次充好▷这几幅鱼目混珠的赝品尽管模仿得很逼真，还是被他识破了。≈滥竽充数|以假乱真|弄虚作假◇货真价实。

鱼死网破 yú sǐ wǎng pò 鱼死之前挣扎，最后把网也弄破了。比喻斗争的双方同归于尽▷这个杀人潜逃的歹徒，见我公安人员早已布下天罗地网，企图作垂死挣扎，来一个鱼死网破。｜看得出这家伙是想拼个鱼死网破，这会影响周围居民的生命安全，还是想个办法引蛇出洞，再将其捉拿归案。

鱼游釜中 yú yóu fǔ zhōng 釜：锅。鱼在锅中游。语出《后汉书·张纲传》："相聚偷生，若鱼游釜中，喘息须臾间耳。"后用"鱼游釜中"比喻身处险境，危在旦夕▷这股匪徒已是鱼游釜中，无处可逃了。｜这个盗窃犯逃入大楼中，已如鱼游釜中，无处逃生了。≈几上之肉。

愚不可及 yú bù kě jí 及：赶上。语出《论语·公冶长》："宁武子，邦有道则知，邦无道则愚。其知可及也，其愚不可及。"原指宁武子在国君无道时装傻作痴，以免祸患，非一般人能及。后用"愚不可及"指极其愚蠢▷你遇到挫折就什么事不想干，真是愚不可及。｜愚不可及的日本鬼子被抗日军民的地道战搞得晕头转向，连吃败仗。

愚公移山 yú gōng yí shān 《列子·汤问》载：古代有个老人叫北山愚公，下决心要移去挡在门前的太行、王屋两座大山，便率领家人终日挖山不止，并准备这样世世代代挖下去，直至挖平为止。这事感动了天帝，就命天神将两山背走。后用"愚公移山"比喻知难而进，有志竟成▷只要有愚公移山的精神，我们什么困难都能克服。

愚昧无知 yú mèi wú zhī 昧：糊涂，昏暗。语见唐·玄奘《大唐西域记·羯若鞠阇国》："自顾寡德，国人推尊，令袭大位，光父之业。愚昧无知，敢希圣旨！"后用"愚昧无知"形容愚蠢糊涂，没有知识▷愚昧无知的人最容易上当受骗，做出疯狂举动。｜教育的普及，将使更多的人从愚昧无知中解脱出来。◇才气过人。

与虎谋皮 yǔ hǔ móu pí 谋：商议。同老虎商量，要剥下它的皮。本作"与狐谋皮"。语本宋·李昉《太平御览》卷二〇八引《符子》："欲为千金之裘而与狐谋其皮……言未卒，狐相率逃于重丘之下。"后用"与虎谋皮"比喻与所谋者的利益根本对立，不可能成功▷有人想用谈判的方式，希求敌人退兵，那真是与虎谋皮了。｜向霸权主义者乞求和平，不过是与虎谋皮而已。

与民同乐 yǔ mín tóng lè 语出《孟子·梁惠王下》："此无他，与民同乐也。"后用"与民同乐"形容和人民一起欢乐▷节日期间，政府领导人在各地分别参加当地的文艺联欢会，与民同乐。｜广场上到处是唱歌跳舞的人群，国家领导人也与民同乐。

与人为善 yǔ rén wéi shàn 善：好事。同别人一起做好事。语出《孟子·公孙丑上》："取诸人以为善，是与人为善者也，故君子莫大乎与人为善。"后用"与人为善"泛指善意对待、帮助别人▷他批评别人是严厉的，但同时又是诚恳、直率、与人为善的。｜提到小李同学，总的印象是与人为善，和蔼可亲。≈助人为乐。

与日俱增 yǔ rì jù zhēng 俱：都，一起。随着时间的推移而不断增加▷半个月过去了，老人的病情未见好转，他儿子的担忧与日俱增。｜新的一年快来临了，但边境上战争的阴影与日俱增。

与世长辞 yǔ shì cháng cí 辞：告别。同世人永远告别。指去世▷老师与世长辞，学生们泣不成声。｜老朋友与世长辞的消息传来，他连夜赶去作最后的告别。

与世无争 yǔ shì wú zhēng 争：争执。语本《战国策·楚策四》："自以为无患，与人无争也。"后用"与世无争"指和世人没有争执。形容不慕名利、脱俗无为的处世态度▷既然老板看我处处不顺眼，我就乐得与世无争，回家养老。|陶渊明不愿为五斗米折腰，过着与世无争的隐居生活。

与众不同 yǔ zhòng bù tóng 语出汉·王充《论衡》："故富贵之家，役使奴僮，育养牛马，必有与众不同者矣。"后用"与众不同"指与众人不一样▷他这篇小说与众不同，写出了人人心中有、而人人笔下无的感受。|他的发言与众不同，引起了有关方面的重视。

羽毛丰满 yǔ máo fēng mǎn 小鸟的羽毛已长得丰满了。语本《管子·水地》："形体肥大，羽毛丰茂。"后用"羽毛丰满"比喻已经成熟或已经成长壮大▷儿子已经羽毛丰满了，远走高飞是必然的。|中国家电行业正日益羽毛丰满，大步迈向国际市场。◇羽毛未丰。

羽毛未丰 yǔ máo wèi fēng 丰：丰满。小鸟身上的羽毛还没有长丰满。语本《战国策·秦策一》："寡人闻之，毛羽不丰满者，不可以高飞。"后用"羽毛未丰"比喻还没有成熟或还没有成长壮大▷你羽毛未丰，还得好好跟着师傅多学些本领。|中国花样游泳队进步虽大，但羽毛未丰，这次奥运会上恐怕难有作为。◇羽毛丰满。

雨后春笋 yǔ hòu chūn sǔn 春天下雨后，竹笋长势很快。比喻新生事物纷纷涌现，发展迅速▷学校开展学雷锋活动后，好人好事如雨后春笋。|人们普遍认识到"科教兴国"的重要，大量科技类书籍也如雨后春笋挤满了书店的书架。≈如火如荼|蔚然成风◇销声匿迹|冰消瓦解。

语无伦次 yǔ wú lún cì 伦次：条理，次序。语出宋·苏轼《东坡志林·付僧惠诚游吴中代书十二》："信笔书纸，语无伦次。"后用"语无伦次"形容说话颠三倒四，没有条理▷哥哥受了精神刺激后，举止错乱，说话语无伦次。|他平时见了有些地位的人，便会坐立不安，语无伦次。≈颠三倒四|胡言乱语◇有条有理。

语焉不详 yǔ yān bù xiáng 焉：语助辞。详：详细。语本唐·韩愈《原道》："荀与扬也，择焉而不精，语焉而不详。"后用"语焉不详"指话说得不详细▷这篇调查报告写得太笼统，语焉不详，需补充修改。|关于这次飞机失事，报上语焉不详，无从知道详情。≈隐约其辞◇滔滔不绝。

语重心长 yǔ zhòng xīn cháng 言语恳切而有分量，情意深长▷妈妈语重心长地嘱咐儿子："一个人出门在外，要多加小心！"|老师语重心长的教导，我一定会牢记。≈苦口婆心|推心置腹◇轻描淡写。

玉石俱焚 yù shí jù fén 焚：烧。美玉和石头都被烧毁。语出《尚书·胤征》："钦承天子威命，火炎昆冈，玉石俱焚，天吏逸德，烈于猛火。"后用"玉石俱焚"比喻好的和坏的全部毁灭▷野战军总部规定，解放上海决不能开炮，否则"玉石俱焚"，许多高楼大厦就要毁于炮火。|对这件事不作分析便全盘否定，这真有些好坏不分，玉石俱焚之慨。

玉液琼浆 yù yè qióng jiāng 琼：美玉，泛指精美的东西。比喻美酒▷您酿制的这玉液琼浆，别说喝了，就是闻闻，人也会醉的。|倒上一杯玉液琼浆，边喝边赏月，别有一番情趣。

郁郁葱葱 yù yù cōng cōng 语出汉·王充《论衡·吉验》:“城郭郁郁葱葱。”后用“郁郁葱葱”形容树木苍翠茂盛▷大家举目四望,只见森林郁郁葱葱,翠海无边。|远处的几个村庄,树丛和屋舍密集重叠,一片郁郁葱葱。

郁郁寡欢 yù yù guǎ huān 郁郁:忧伤、沉闷的样子。寡:少。语本战国楚·屈原《九章·抽思》:“心郁郁之忧思兮,独永叹乎增伤。”后用“郁郁寡欢”形容内心苦闷,缺少欢乐▷他的信中充满了郁郁寡欢的情绪。|得了重病,整天郁郁寡欢,反而对身体不利。≈闷闷不乐◇兴高采烈|心花怒放|乐不可支。

浴血奋战 yù xuè fèn zhàn 浴血:浑身浸透鲜血。浑身是血仍坚持战斗。形容顽强地与敌人拼搏▷中国人民经过十四年浴血奋战,终于打败了日本侵略军。|战士们浴血奋战了三天三夜,终于守住了一〇一高地。≈血流成河。

欲罢不能 yù bà bù néng 语出《论语·子罕》:“夫子循循然善诱人,博我以文,约我以礼,欲罢不能。”后用“欲罢不能”形容想停又因各种原因而不能停止▷大家正在兴头上,欲罢不能。|这个项目遇到重大挫折,但是已投入了大量人力、资金,恐怕是欲罢不能了。≈骑虎难下|进退两难|左右为难|进退维谷|身不由己◇一帆风顺。

欲盖弥彰 yù gài mí zhāng 弥:更加。彰:显明。语本《左传·昭公三十一年》:“或求名而不得,或欲盖而名章(彰),惩不义也。”后用“欲盖弥彰”指企图掩盖过失或事实真相,结果反而暴露得更为明显▷日本帝国主义一再为其侵略中国的行径辩解,结果是欲盖弥彰,更加暴露了他们的野心。

欲壑难填 yù hè nán tián 欲:欲望。壑:深谷。欲望像深沟一样很难填满。语本《国语·晋语八》:“叔鱼生,其母视之,曰:‘是虎目而豕喙,鸢肩而牛腹,溪壑可盈,是不可餍也,必以贿死。’”后用“欲壑难填”形容贪欲很大,难以满足▷侵略者欲壑难填,步步退让只会导致亡国灭种,我们只能奋起抵抗。|这个欲壑难填的大贪官终于被押上了审判席。≈贪得无厌◇一清如水|两袖清风。

欲擒故纵 yù qín gù zòng 擒:捉拿。纵:释放。为了要逮住他,故意先放松一步。比喻为了更好地加以控制,故意先放松一下▷小刚想出小胖子的洋相,使了个欲擒故纵的招数。|这个家伙老奸巨猾,惯用欲擒故纵的手段,你千万要当心。

欲取姑与 yù qǔ gū yǔ 姑:暂且。与:给与。语本《战国策·魏策一》:“《周书》曰:‘将欲败之,必姑辅之;将欲取之,必姑与之。’”后用“欲取姑与”形容要想取得什么,必先要给人一些东西▷对方是要得到你的好感,所以玩弄欲取姑与的把戏,你可得提高警惕。|你要孩子好好学习,就要给他创造必要的学习条件,这就是欲取姑与的道理。

欲速不达 yù sù bù dá 速:快。达:到。语本《论语·子路》:“欲速则不达,见小利则大事不成。”后用“欲速不达”指不从实际出发,一味求快,反而达不到预期的目的▷学习必须刻苦钻研,想抄近路往往会欲速不达。|为了致富,他一个人承包了太多的荒地,结果欲速不达。≈事与愿违。

冤家路窄 yuān jiā lù zhǎi 冤家:仇人,对头。仇人或不愿见到的人偏偏相遇,

无法躲避▷咱们是冤家路窄,今天又碰到一块儿,一定要把问题说清楚。|小偷正想行窃,却被联防队员一把逮住,真是冤家路窄。

冤冤相报 yuān yuān xiāng bào 语出宋·洪迈《夷坚丙志·安氏冤》:"汝既有冤,吾不汝治,但曩事岁月已久,冤冤相报,宁有穷期?"后用"冤冤相报"形容仇敌之间互相报复▷同学之间有意见应当多交流,不能采取冤冤相报的态度。◇以德报怨。

原封不动 yuán fēng bù dòng 封:封口。比喻原样不变,未加改动▷我把三天前借的激光唱片又原封不动地还给了他。|王厂长把礼品原封不动地退还给老张。

原形毕露 yuán xíng bì lù 原形:本来面目。毕:完全,全部。本来的面目全部暴露出来。形容伪装被全部剥掉,露出了丑恶的原形▷这个当面说好话、背后下毒手的伪君子终于原形毕露。|在群众警惕的眼光下,这个自以为得计的诈骗犯还是原形毕露,束手就擒了。≈真相大白|水落石出。

原原本本 yuán yuán běn běn 原原:探索根源。本本:寻求根本。语本汉·班固《西都赋》:"元元本本,殚见洽闻。"后用"原原本本"指探寻事物的根源和根本。今指事物的全过程或全部情况▷他把事情的经过原原本本地报告了老师。|这是你的生死关头,你要原原本本地把事实真相说出来。

缘木求鱼 yuán mù qiú yú 缘:攀援。爬到树上去捉鱼。语出《孟子·梁惠王上》:"以若所为,求若所欲,犹缘木而求鱼也。"后用"缘木求鱼"比喻方向、方法不对头,不能达到目的▷观念不改变,你们就幻想改革取得成功,那无异于缘木求鱼。|教师地位不提高,要求教育进步,自然要比缘木求鱼更加难了。

缘悭一面 yuán qiān yī miàn 缘:缘分。悭:缺欠。形容无缘相见▷由于主观和客观的因素,我和她最终缘悭一面,留下了终生的遗憾。|我们之间虽然架起了沟通的桥梁,但神交已久,却缘悭一面。

源源不断 yuán yuán bù duàn 源源:水流不停。形容接连不断▷救灾物品源源不断地运到灾区。|公司引进激励机制后,新产品源源不断地被开发了出来。

源远流长 yuán yuǎn liú cháng 源:水源,源头。流:水流。河流的源头很远,水流很长。语本唐·白居易《海州刺史裴君夫人李氏墓志铭》:"夫源远者流长,根深者枝茂。"后用"源远流长"比喻历史悠久,根底深厚▷中华民族的优秀传统源远流长。|源远流长的昆剧开始受到一些大学生戏剧爱好者的喜欢。

远见卓识 yuǎn jiàn zhuó shí 卓:高超,卓越。远大的目光,高超的见识▷张总经理富有远见卓识,提出了一整套市场营销的方案。|市场经济中的企业领导者不但需要有苦干精神,更需要远见卓识。≈真知灼见◇鼠目寸光。

远走高飞 yuǎn zǒu gāo fēi 语本《后汉书·卓茂传》:"汝独不欲行之,宁能高飞远走,不在人间邪?"后用"远走高飞"形容到很远的地方去▷他远走高飞,东渡日本,打工求学。|难道你真要远走高飞,脱离家庭,过独身生活?

怨气冲天 yuàn qì chōng tiān 怨愤之气直冲天空。形容怨愤到极点▷居住区垃圾满地,居民们怨气冲天。|怨气冲天的农民纷纷投书有关政府部门和媒体,

控诉劣质化肥所造成的危害。≈怨声载道◇歌功颂德。

怨声载道 yuàn shēng zài dào 载：充满。怨恨的声音充满道路。形容普遍感到不满▷物价飞涨，百姓怨声载道。≈怨气冲天◇有口皆碑。

怨天尤人 yuàn tiān yóu rén 尤：责怪。抱怨天，责怪人。语本《论语·宪问》："不怨天，不尤人，下学而上达，知我者其天乎？"后用"怨天尤人"形容受到挫折后或失意时的一种失望情绪▷成绩不好，只有自己努力，怎能怨天尤人？｜他不认真反省自己，反而整天怨气冲冲，怨天尤人。

约定俗成 yuē dìng sú chéng 约定：共同议定。俗成：在大众的使用中形成。语出《荀子·正名》："名无固宜，约之以命，约定俗成谓之宜，异于约则谓之不宜。"后用"约定俗成"指某种名称或习惯在公众长期的社会实践中形成而固定下来▷许多简化字来源于大众沿用已久、约定俗成的简笔字。｜约定俗成的习惯，即使用行政命令，恐怕一时也改变不了。

约法三章 yuē fǎ sān zhāng 约：约定。法：法令。章：条款。约定三条法律。语出《史记·高祖本纪》："与父老约法三章耳：杀人者死，伤人及盗抵罪。"后用"约法三章"泛指订立简单明确的条款由大家遵守▷这次外出旅游，大家约法三章，共同遵守。｜父亲严肃地和他约法三章：不吸烟、不酗酒、不赌博。

月白风清 yuè bái fēng qīng 语出苏轼《后赤壁赋》："有客无酒，有酒无肴，月白风清，如此良夜何！"后用"月白风清"形容月夜的明朗幽静▷中秋之夜，闲步西湖之畔，只见月白风清，水天一色。｜不论是月白风清还是九级风浪的黑夜，他都驾驶着巨轮航行在一望无际的大海上。≈月明星稀◇月黑风高。

月黑风高 yuè hēi fēng gāo 月色暗淡，风力很大的夜晚。比喻险恶的环境▷说实话，遇上月黑风高的晚上，这条山路我是不敢走的。｜听叔叔说，大西北月黑风高的晚上，常常是飞沙走石，人们即使有急事，也出不了门。◇月白风清。

月朗星稀 yuè lǎng xīng xī 朗：明朗。语出三国魏·曹操《短歌行》："月明星稀，乌鹊南飞。绕树三匝，何枝可依？"后用"月朗星稀"形容月光明朗，星星稀少▷夏天的夜晚，月朗星稀，游客们在游轮上观赏黄浦江夜景。｜山上气候多变，明明是月朗星稀的晴空，却忽然下起了大雨。

跃然纸上 yuè rán zhǐ shàng 活跃地显现在纸上。形容图画或诗文描绘得逼真生动▷徐悲鸿先生画的奔马，栩栩如生，跃然纸上。｜这位作家在山村长大，所以他的小说中刻画的山村汉子跃然纸上。≈栩栩如生｜绘声绘色｜活龙活现｜呼之欲出◇画虎类犬。

跃跃欲试 yuè yuè yù shì 跃跃：急于要动的样子。心情迫切地想尝试一下▷听了我们的介绍，不少人跃跃欲试，想参加这次探险活动。｜看着同学们在球场上你争我夺，小玲不禁跃跃欲试，也想上场一显身手。≈摩拳擦掌｜蠢蠢欲动◇无精打采｜心灰意懒。

越俎代庖 yuè zǔ dài páo 越：超越。俎：古代祭祀时盛放牛羊等祭品的器具。庖：厨师。语本《庄子·逍遥游》："庖人虽不治庖，尸祝不越樽俎而代之

矣。”后用“越俎代庖”比喻超越自己的职责去处理别人所管的事▷这些工作还是由他们负责好，你们不要越俎代庖。|班主任王老师认为学生们交的手工作业大多是由家长越俎代庖的。

晕头转向 yūn tóu zhuàn xiàng 晕头：头脑发昏。转向：辨不清方向。形容头脑发昏，迷失方向▷坐了一天的长途汽车，小明下车时已晕头转向。|欧洲高大的球员被中国女排令人眼花缭乱的快攻组合打得晕头转向。

云泥异路 yún ní yì lù 语本北魏·荀济《赠阴梁州》诗：“云泥已殊路。”指差别像天空的云和地下的泥。后用“云泥异路”比喻高低差别悬殊▷老同学当上了副市长，架子越来越大，我与他云泥异路，很少来往了。|自评上教授后，他总以为已与在农村插队时结婚的妻子云泥异路，便萌生了与她离婚的念头。≈天壤之别◇半斤八两|不相上下。

云消雾散 yún xiāo wù sàn 云雾消散，天气转晴。语出宋·朱熹《经筵留身面陈四事札子》：“更进譬喻解释之词，则太上皇帝虽有忿怒之情，亦且霍然云消雾散。”后用“云消雾散”比喻隔阂、怨愤或疑虑等消失得干干净净▷爬到半山的时候，终于云消雾散，久违的太阳也露脸了。|经过这场患难与共的抗洪之战，两人之间的隔膜都云消雾散了。≈冰消瓦解。

云蒸霞蔚 yún zhēng xiá wèi 蒸：升腾。蔚：聚集。云气升腾，彩霞汇聚。形容灿烂绚丽的景象▷江面浓雾滚涌而上，云蒸霞蔚，颇为壮观。|这里草木葱茏，野花遍地，犹如云蒸霞蔚，真是人间仙境。

芸芸众生 yún yún zhòng shēng 芸芸：众多的样子。众生：佛教指一切有生命之物，泛指众人。指众多的普通人▷大千世界，芸芸众生，什么样爱好的人都有。|在这些独裁者的眼中，芸芸众生犹如蚂蚁，生死都操在他们手中。

运筹帷幄 yùn chóu wéi wò 筹：谋划。帷幄：古时军用帐幕。在营帐中策划制定作战方略。语出《汉书·高帝纪下》：“夫运筹帷幄之中，决胜千里之外，吾不如子房。”后用“运筹帷幄”泛指在后方决定作战策略▷“八一”南昌起义前夕，周恩来同志运筹帷幄，制定了一整套克敌制胜的战略战术。|刘伯承、邓小平运筹帷幄，取得了淮海战役的伟大胜利。◇一筹莫展|束手无策|计穷力竭。

运用自如 yùn yòng zì rú 自如：活动或操作不受阻碍。运用起来十分熟练自然▷只有平时多练、巧练各种战术，上场比赛时才能得心应手，运用自如。|他的手虽然骨折过，但经过治疗和恢复，现在又能运用自如地操纵机器了。≈心手相应|如臂使指。

Z

杂乱无章 zá luàn wú zhāng 章：条理。语本唐·韩愈《送孟东野序》："其为言也，乱杂而无章。"后用"杂乱无章"形容乱七八糟，没有条理▷这篇论文写得杂乱无章，全是资料堆积。｜他的发言杂乱无章，根本没人爱听。≈乱七八糟｜颠三倒四◇条分缕析｜有条不紊。

杂七杂八 zá qī zá bā 形容杂乱而没有条理▷我家里杂七杂八的东西不少，就是没有一件值钱的。｜大衣柜里杂七杂八地堆得满满的，一时找不到女儿要的牛仔裙。≈乱七八糟｜杂乱无章◇有条不紊。

再接再厉 zài jiē zài lì 接：交锋。厉：同"砺"，磨砺。语本唐·韩愈、孟郊《斗鸡联句》："一喷一醒然，再接再砺乃。"原指斗鸡时，每次交锋前，雄鸡都要磨一磨嘴。后用"再接再厉"比喻继续努力，坚持不懈▷我们一定要再接再厉，去夺取最后的胜利。｜这次考试我班成绩较理想，但大家不能骄傲，应当再接再厉，争取今后考得更好。

再三再四 zài sān zài sì 形容反复多次▷小王踩着了我的脚，就再三再四地表示歉意，弄得我很不好意思。｜女儿要出嫁了，母亲再三再四地叮咛嘱咐。≈几次三番｜三番五次◇偶一为之。

再造之恩 zài zào zhī ēn 再造：重新给予生命。重新给予生命的恩惠。语出《宋书·王僧达传》："内恧于己，外访于亲，以为天地之仁，施不期报，再造之恩，不可妄属。"后用"再造之恩"表示感谢别人的救命之恩▷出院的那天，她紧紧握着老医生的手说："感谢医生给了我第二次生命，这再造之恩，永志不忘。"｜他走出了监狱，向大墙里面深深地鞠了一躬，感谢那里的管教人员对自己的再造之恩。

在劫难逃 zài jié nán táo 劫：佛教指世界归于毁灭的大灾难。命中注定要遭受的灾难，是逃脱不了的。后用"在劫难逃"借指不可避免的灾祸▷他的病没法儿治了，看来是在劫难逃了。｜阿明没在地震中丧生，却死在车轮下，这真是在劫难逃啊。

在所不辞 zài suǒ bù cí 辞：推辞。决不推辞、退缩▷为了国家的强盛，勘探队员们跋山涉水，再苦再累也在所不辞。｜为了推进民主和法制建设，任何个人的艰险，我是在所不辞的。≈义不容辞。

在所不惜 zài suǒ bù xī 决不吝惜▷我是一名共产党员，只要党和人民需要，哪怕是赴汤蹈火，也在所不惜。｜只要治好母亲的病，能使她很快地康复，无论做什么，我都在所不惜。

在所难免 zài suǒ nán miǎn 难以避免▷她刚从外地到上海，生活各方面不习惯，是在所难免的。｜孩子们初学外语，发音不准，在所难免。

载歌载舞 zài gē zài wǔ 载：古汉语助

词。边唱歌，边跳舞。语本《乐府诗集·昭夏乐》："饰牲举兽，载歌且舞。"后用"载歌载舞"形容尽情欢乐的热闹场面▷泼水节这天，傣乡人载歌载舞，欢庆节日。|"六一"儿童节，孩子们载歌载舞，高兴极了。≈轻歌曼舞。

［提示］载，不读"zǎi"。

赞不绝口 zàn bù jué kǒu 绝：停。不住口地称赞▷同学们对她不务虚名、助人为乐的行为赞不绝口。|我终于来到了中外游客赞不绝口的黄山。≈拍案叫绝|交口称誉|有口皆碑◇破口大骂|群起攻之|口诛笔伐。

凿壁偷光 záo bì tōu guāng 凿：挖。挖通墙壁，借邻居的烛光夜读。语本晋·葛洪《西京杂记》卷二："匡衡字稚圭，勤学而无烛，邻居有烛而不逮，衡乃穿壁引其光，以书映光而读之。"后用"凿壁偷光"形容刻苦攻读▷学习就要有凿壁偷光的精神。|古时候那些凿壁偷光的志士，很值得我们学习。

早出晚归 zǎo chū wǎn guī 早晨出去，晚上归来。语本《战国策·齐策六》："女朝出而晚来，则吾倚门而望。"后用"早出晚归"形容人整日在外▷父亲是搞科研的，一心扑在工作上，早出晚归，母亲很心疼他。|那里的社会治安情况很不好，他那当公安干警的哥哥早出晚归，人也瘦了许多。

造谣惑众 zào yáo huò zhòng 惑：迷惑。指制造谣言，迷惑群众▷有人造谣惑众，说人类末日就要到了，真是可笑。|每当一个重大改革措施出台，总有人造谣惑众，扰乱人心，对此，我们应高度警惕。

造谣生事 zào yáo shēng shì 生事：挑起事端。语本《孟子·万章上》"好事者为之也"宋·朱熹注："好事者谓喜造言生事之人也。"后用"造谣生事"指制造谣言以挑起事端▷造谣生事、唯恐天下不乱的人从来就有，对他们应小心提防。|她是一个出名的刻薄嘴，专爱在同事中造谣生事。

造谣中伤 zào yáo zhòng shāng 制造谣言，诬陷并伤害别人▷此人品行恶劣，总是对别人造谣中伤。|只要自己站得正，就不怕别人造谣中伤。≈含沙射影|飞短流长|血口喷人|深文周纳。

［提示］中，不读"zhōng"。

责无旁贷 zé wú páng dài 责：责任。贷：推卸。不能把自己应尽的责任或义务推卸给别人▷救死扶伤是我们医务工作者责无旁贷的义务。|赡养年老的父母，子女们自然责无旁贷。≈义不容辞|当仁不让◇敷衍塞责。

择肥而噬 zé féi ér shì 择：选择。噬：咬。比喻选择富者进行敲诈勒索或抢劫▷这伙不法之徒，择肥而噬，干起了那伤天害理、违法乱纪的坏事。|根据报案的情况来分析，作案人的活动是有选择、有针对性的，那就是择肥而噬。

择善而从 zé shàn ér cóng 从：依从，跟从。语本《论语·述而》："三人行，必有我师焉，择其善者而从之。"后用"择善而从"指选择其中好的来依从他▷对各方面的意见，我们应择善而从。|青年人交朋友尤应择善而从。

啧有烦言 zé yǒu fán yán 啧：争说的样子。烦言：气愤或不满的话。语出《左传·定公四年》："会同难，啧有烦言，莫之治也。"后用"啧有烦言"形容互相争论不一。也指纷杂的指责和议论▷这两代人，本来就志不同道不合的，对同一

件事的处理啧有烦言,也属正常之事。|对这件事的处理,大家啧有烦言,说明这些意见还没有被大家全部接受。

啧啧称羡 zé zé chēng xiàn 啧啧:咂嘴的声音,表示赞叹。嘴中啧啧称赞。形容非常羡慕▷孩子们年龄虽小,但所表演的文艺节目十分精彩,观众们啧啧称羡。|令外宾们啧啧称羡的是,上海近三年的变化太大。≈赞叹不已。

贼喊捉贼 zéi hǎn zhuō zéi 做贼的人叫喊捉贼。比喻坏人为了逃脱罪责,故意转移目标▷贼喊捉贼,以假乱真是敌人惯用的伎俩。|在民警细致的询问下,他如实交代了这出盗窃同事财物后又"贼喊捉贼"的闹剧。≈倒打一耙。

贼眉鼠眼 zéi méi shǔ yǎn 形容眉眼间的神情鬼鬼祟祟▷他怎么生得这样贼眉鼠眼的?叫人看了心里很不舒服。|公安干警给歹徒戴手铐时,这家伙竟然还在东张西望,一副贼眉鼠眼的样子。◇眉清目秀。

贼去关门 zéi qù guān mén 被贼偷走东西后才关闭房门。语本宋·释道原《景德传灯录·杭州倾心寺法瑫禅师》:"贼去后关门。"后用"贼去关门"比喻出了事故才采取防备措施▷出了这么大的被盗事件,才制订防范制度,这贼去关门的教训可要永远牢记。|贼去关门是一件坏事,但又是一件好事,这毕竟说明了负责保安工作的同志防范意识增强了嘛。

贼头贼脑 zéi tóu zéi nǎo 形容状貌刁猾,举动鬼祟▷你在这里贼头贼脑的,又想做缺德的事了吧?赶快出去!|你看这伙歹徒,将要被押赴刑场执行枪决,可还是贼头贼脑的样子,真是本性难改啊!

甑尘釜鱼 zèng chén fǔ yú 甑、釜:古代炊具。语本《后汉书·范冉传》:"所止单陋,有时粮粒尽,穷居自若,言貌无改,闾里歌之曰:'甑中生尘范史云,釜中生鱼范莱芜。'"后用"甑尘釜鱼"形容生活穷困,断炊已久▷看到家乡有的人家里甑尘釜鱼、四壁萧然的景象,老人心中十分难受。|改革开放以来,村中原来甑尘釜鱼的人家也开始富裕起来。≈家徒四壁|一贫如洗◇钟鸣鼎食。

债台高筑 zhài tái gāo zhù 语本《汉书·诸侯王表序》"有逃债之台"唐·颜师古注:"周赧(nǎn)王负责,无以归之,主迫责急,乃逃于此台,后人因以名之。"责:通"债"。后用"债台高筑"形容欠债很多▷他因赌博而债台高筑,最后弄得倾家荡产。|我自己也债台高筑,怎么可能借钱给你?

沾亲带故 zhān qīn dài gù 沾:稍微挨上。亲:亲戚。故:老朋友。指多少带着点亲戚、朋友的关系▷新来的秘书与经理沾亲带故,是他的远房表妹。|老人得急病去世了,他又没有儿女,那些与他沾亲带故的人,为那房产争得不可开交。

沾沾自喜 zhān zhān zì xǐ 沾沾:得意的样子。语出《史记·魏其武安侯列传》:"魏其者,沾沾自喜耳。"后用"沾沾自喜"形容自以为很好而得意▷你取得了一点成绩就沾沾自喜,大可不必。|他非常谦虚,绝不至于为这件事的成功就沾沾自喜。≈洋洋自得|自鸣得意◇垂头丧气|无精打采|万念俱灰。

瞻前顾后 zhān qián gù hòu 瞻:往前看。顾:往后看。语本战国楚·屈原《离骚》:"瞻前而顾后兮,相视民之计极。"后用"瞻前顾后"形容做事谨慎周密。也形容顾虑太多,犹豫不定▷这件事的处理不能太草率，应当瞻前顾后，全面考虑。｜他胆子很小，一点小事也瞻前顾后，拿不定主意。≈畏首畏尾｜犹豫不决◇一意孤行｜勇往直前。

斩草除根 zhǎn cǎo chú gēn 语本《左传·隐公六年》："为国家者，见恶如农夫之务去草焉……绝其本根，勿使能殖，则善者信矣。"后用"斩草除根"比喻除去祸根，不留后患▷大军入山围剿土匪，定要斩草除根，彻底肃清。｜敌人为了斩草除根，连烈士三岁的儿子也不放过，将他残杀了。≈斩尽杀绝◇养虎为患。

斩钉截铁 zhǎn dīng jié tié 语出宋·释道原《景德传灯录·洪州云居道膺禅师》："学佛法底人，如斩钉截铁始得。"后用"斩钉截铁"比喻处理事情或说话果断、坚决▷他斩钉截铁地说："放心吧，这个任务交给我，我一定能完成。"｜听了他这番斩钉截铁的话，大家很感动。

斩将搴旗 zhǎn jiàng qiān qí 搴：拔。斩杀敌将，拔取敌方的军旗。语本《吴子·料敌》："然则一军之中，必有虎贲之士，力轻扛鼎，足轻戎马，搴旗取将，必有能者。"后用"斩将搴旗"形容作战勇猛，奋不顾身，争立战功▷这位红军老战士戎马生涯几十年，斩将搴旗，功勋卓著。｜看着这张发黄的照片，我的眼前立刻浮现出这位老将军斩将搴旗、英勇杀敌的情景。

斩尽杀绝 zhǎn jìn shā jué 全部消灭，一个不留▷反动派企图对革命者斩尽杀绝，但是，革命者是斩不尽，也杀不绝的。｜残忍的罪犯必欲把对方全家斩尽杀绝而后快。≈斩草除根｜片甲不留｜一网打尽◇放虎归山｜养虎遗患｜养痈遗患。

崭露头角 zhǎn lù tóu jiǎo 崭：突出，高出。头角：比喻青年人显露出的才能。语本唐·韩愈《柳子厚墓志铭》："虽少年，已自成人，能取进士第，崭然见头角。"后用"崭露头角"比喻突出地显露出才能和本领（多用于青少年）▷小任在全市声乐比赛中崭露头角，获得美声唱法第一名。｜一批批年轻的硕士、博士在高科技领域崭露头角。≈头角峥嵘。

辗转反侧 zhǎn zhuǎn fǎn cè 辗转：翻来覆去。反侧：反覆。语出《诗经·周南·关雎》："求之不得，寤寐思服，悠哉悠哉，辗转反侧。"后用"辗转反侧"形容有心事而翻来覆去地不能入睡▷这一夜，我躺在床上，辗转反侧，怎么也睡不着。｜今天是我入党一周年的纪念日，晚上辗转反侧，思潮翻涌。≈翻来覆去◇高枕无忧。

战天斗地 zhàn tiān dòu dì 形容征服和改造大自然的英雄气概▷严重的自然灾害，更激发了当地群众战天斗地的劲头。｜石油工人战天斗地，终于开出了这口油井。

战无不胜 zhàn wú bù shèng 打仗，没有不取胜的。语出《战国策·齐策二》："战无不胜而不知止者，身且死，爵且后归，犹为蛇足也。"后用"战无不胜"形容力量强大，所向无敌▷中国共产党的战斗历程就是依靠广大群众，战无不胜，从胜利走向胜利。｜八路军是出山猛虎，战无不胜，把日本侵略者赶出了中国。≈无往不胜。

战战兢兢 zhàn zhàn jīng jīng 战战：恐惧发抖的样子。兢兢：小心谨慎的样子。语出《诗经·小雅·小旻》："战战兢兢，如临深渊，如履薄冰。"后用"战战兢

兢”形容非常害怕或小心谨慎的神态▷公安人员的出现，使这个窃贼大惊失色，战战兢兢地举起了双手。|小张放学回家，战战兢兢地对父亲说：“这次考试没考好。”

张灯结彩 zhāng dēng jié cǎi 张挂灯笼，系结彩球、彩带。形容节日或喜庆的热闹气氛▷春节将临，人人喜气洋洋，处处张灯结彩。|张灯结彩的大厅里，一对新人正在举行婚礼。

张冠李戴 zhāng guān lǐ dài 冠：帽子。把姓张的帽子戴在姓李的头上。语本明·田艺蘅《留青日札·张公帽赋》：“俗谚云：‘张公帽掇在李公头上。’有人作赋云：‘物各有主，貌贵相宜；窃张公之帽也，假李老而戴之。’”后用“张冠李戴”比喻弄错了对象或事实▷舞台上，喜剧演员有时说些张冠李戴的话，反而有趣。|李老师张冠李戴，把李白的诗放在了杜甫的名下。≈阴错阳差◇毫发不爽。

［提示］冠，不读“guàn”。

张口结舌 zhāng kǒu jié shé 结舌：舌头转动不了。形容由于理屈或紧张、恐惧而说不出话▷老师的突然出现，使这群调皮的学生惊得张口结舌。|在检察官一连串的发问下，犯罪嫌疑人张口结舌，双手发抖。

张三李四 zhāng sān lǐ sì 假设的姓名。语出宋·释普济《五灯会元·雪峰存禅师法嗣》：“有人从佛殿后过，见是张三李四。从佛殿前过，为什么不见？”后用“张三李四”泛指某人或某些人▷小李同学乐于助人，只要有求于他，无论张三李四，他从不拒绝。|家教工作，不是张三李四都能胜任的。≈张王李赵。

张王李赵 zhāng wáng lǐ zhào 语出宋·朱弁《曲洧旧闻》卷七：“俚俗有‘张王李赵’之语，犹言是何等人，无足挂齿牙之意。”后用“张王李赵”比喻一些普通的人▷这样一个等闲之辈，能称他什么呢？我看最多送他一个“张王李赵”的雅号。|我看他没有什么特别的本事，就是一个普通的人，与其他张王李赵无甚区别。

张牙舞爪 zhāng yá wǔ zhǎo 张：张开。舞：挥舞。语出《敦煌变文集·新编小儿难孔子》：“鱼生三日游于江湖，龙生三日张牙舞爪。”原形容猛兽的凶相。后用“张牙舞爪”形容人凶恶猖狂的模样▷这幅画上的龙，张牙舞爪地像要飞下来。|别看敌人张牙舞爪，其实他们是纸老虎。

獐头鼠目 zhāng tóu shǔ mù 獐：兽名，头小而尖。鼠：老鼠，眼小而圆。语出《旧唐书·李揆传》：“龙章凤姿之士不见用，獐头鼠目之子乃求官。”后用“獐头鼠目”形容人面目猥琐▷此人獐头鼠目，让人一看就讨厌。|这个敌团长，别看他獐头鼠目，诡计却很多。≈尖嘴猴腮|贼眉鼠眼◇眉清目秀|一表人才。

彰明昭著 zhāng míng zhāo zhù 彰、明、昭、著：都是明显的意思。形容非常明显▷他们钻管理上的漏洞，把仓库里的物品拿出去卖，起先还是偷偷摸摸的，后来竟是彰明昭著的了。|宣传先进典型，就是要大张旗鼓，彰明昭著，这样才能弘扬正气。

掌上明珠 zhǎng shàng míng zhū 手上的明珠。语本晋·傅玄《短歌行》：“昔君视我，如掌中珠；何意一朝，弃我沟渠。”后用“掌上明珠”比喻极珍爱的人

或物品。多指受父母疼爱的女儿▷李先生晚年才生一女儿，对孩子视如掌上明珠。|李先生对这幅祖传的古画，视若掌上明珠。

仗势欺人 zhàng shì qī rén 仗：依靠，凭借。指依仗势力欺压别人▷这个恶霸仗势欺人，鱼肉乡里，民愤极大。|他以为自己有靠山，到处仗势欺人，结果触犯了法律。≈不可一世|倚强凌弱◇锄强扶弱。

仗义疏财 zhàng yì shū cái 仗义：主持正义，看重义气。疏财：疏散家财。为了正义或义气，拿出自己的钱财来助人▷这次我家能走出困境，全靠张先生仗义疏财，鼎力相助。|《水浒传》描写了许多仗义疏财的好汉，他们深受劳苦大众的喜爱。≈轻财重义|锱铢必较。

仗义执言 zhàng yì zhí yán 仗义：主持正义。执：坚持。主持正义，说公道话▷他为人公正，敢于仗义执言。|鲁迅先生仗义执言，为革命青年洗刷不白之屈。≈直言不讳|拔刀相助。

招兵买马 zhāo bīng mǎi mǎ 招募士兵，购置战马。指组织武装，扩充兵力▷这个军阀到处招兵买马，割据一方。|抗日游击队正在招兵买马，准备跟日军周旋到底。

招财进宝 zhāo cái jìn bǎo 招引财气进门（旧时的迷信说法）以发财致富▷看你把财神菩萨供在家里，是不是想招财进宝？这是没有用的。|他的这项专利产品为他带来了可观的利润，即使坐在家里，也会招财进宝。

招权纳贿 zhāo quán nà huì 招权：揽权，弄权。纳贿：接受贿赂。语出宋·洪迈《容斋续笔·薄昭田蚡》："汉世母后豫闻政事，故昭、蚡凭之以招权纳贿。"后用"招权纳贿"指窃弄职权，接受贿赂▷大家怎么也想不到，这位为党工作多年的局级干部，最后发展到招权纳贿，最终被送上法庭。|招权纳贿是腐败行为，过去有，现在有，将来还会有，因此，要加快社会主义法治建设。

招贤纳士 zhāo xián nà shì 招、纳：接纳。贤：有道德的人。士：有才华和学问的人。语出宋·释普济《五灯会元·临安府灵隐云知慈觉禅师》："招贤纳士为德标，闲居趣寂为道标。"后用"招贤纳士"指招纳有道德、有才华和学问的人▷市场经济时代，谁能招贤纳士，广罗人才，谁就能立于不败之地。|楚汉相争中，刘邦能招贤纳士，因而打败了实力强大的项羽。≈任贤使能◇招降纳叛。

招降纳叛 zhāo xiáng nà pàn 招、纳：接纳。招引、接纳敌方投降、叛变过来的人▷抗日战争期间，汪精卫招降纳叛，组织南京汉奸政府。|他招降纳叛，拼凑了一支三千多人的队伍。

招摇过市 zhāo yáo guò shì 招摇：张扬炫耀。市：街市，大街。大模大样地穿过街市。语本《史记·孔子世家》："灵公与夫人同车，宦者雍渠参乘，出，使孔子为次乘，招摇市过之。"后用"招摇过市"比喻故意张扬声势，炫耀自己，以引起别人的注意▷这几个人穿着奇装异服，招摇过市，叫人看不惯。

招摇撞骗 zhāo yáo zhuàng piàn 招摇：张扬炫耀。撞骗：到处伺机行骗。借用名义，炫耀自己，乘机诈骗▷这个冒充"上校团长"到处招摇撞骗的家伙终于落入法网。|他盗取别人的科研成果，在外招摇撞骗，欺骗了不少热衷技术开发的人。

招灾惹祸 zhāo zāi rě huò 招来不幸，引起祸事▷在过去，农村可不敢搞副业，就怕牵连上"复辟资本主义"的罪名，不当心可能招灾惹祸。|你们放心，这件事我调查论证过，即使公开出来，也不会招灾惹祸的。

昭然若揭 zhāo rán ruò jiē 昭然：清楚明白的样子。揭：高举。像高举着太阳和月亮那样明白清楚。语本《庄子·达生》："今汝饰知以惊愚，修身以明污，昭昭乎若揭日月而行也。"后用"昭然若揭"形容真相毕露，明白清楚▷这些出土文物，使汉代政治制度昭然若揭。|这个国家一边高喊和平，一边大量购买军火，他们的用心昭然若揭。

朝不保夕 zhāo bù bǎo xī 朝：早晨。夕：傍晚。早晨保不住晚上会发生什么。语本《后汉纪·质帝纪》："大小无聊，朝不保暮。"后用"朝不保夕"形容形势危急或处境窘迫▷他的病已是不可救药，恐怕是朝不保夕了。

朝发夕至 zhāo fā xī zhì 早晨出发，晚上即可到达。语本北魏·郦道元《水经注·江水》："或王命急宣，有时朝发白帝，暮到江陵。"后用"朝发夕至"形容路程不远或交通便利▷从上海到徐州，朝发夕至，你不妨亲自去走一趟。|列车提速后，从北京到许多城市可实现朝发夕至，确实方便多了。

朝令夕改 zhāo lìng xī gǎi 朝：早晨。夕：傍晚。早上发布的命令，晚上就改变。语本《汉书·食货志上》："急政暴虐，赋敛不时，朝令而暮改。"后用"朝令夕改"形容政策法令多变▷既然已经说过不再追究他的责任，你怎么可以朝令夕改，旧事重提呢？|作战计划朝令夕改，是导致我们这次战斗失败的重要原因之一。

朝气蓬勃 zhāo qì péng bó 朝气：清晨清新的空气，引申为新生向上。蓬勃：旺盛的样子。语本《孙子·军争》："是故朝气锐，昼气惰，暮气归。"后用"朝气蓬勃"形容精神奋发，富有活力▷青年人朝气蓬勃，是祖国的希望。≈生气勃勃|意气风发|精神抖擞◇暮气沉沉。

朝乾夕惕 zhāo qián xī tì 乾：乾乾，自强不息。惕：小心谨慎。语本《周易·乾》："君子终日乾乾，夕惕若厉，无咎。"后用"朝乾夕惕"形容终日勤奋谨慎，不敢稍有懈怠▷老李到局里任局长后，朝乾夕惕，忠于职守，是个不错的干部。|他自任报纸总编以后，朝乾夕惕，不敢有半点疏忽。≈宵衣旰食◇文恬武嬉。

朝秦暮楚 zhāo qín mù chǔ 暮：晚上。秦、楚：春秋战国时的两个强国。时而倾向秦国，时而又倒向楚国。比喻翻覆无常或变化多端▷春秋战国时候的策士，朝秦暮楚，为各国君主出谋划策。|像这种朝秦暮楚的小人，你还是远离一些为好。≈见异思迁|翻覆无常。

朝三暮四 zhāo sān mù sì 语本《庄子·齐物论》："狙（猕猴）公赋芧（橡子），曰：'朝三而暮四。'众狙皆怒。曰：'然则朝四而暮三。'众狙皆悦。"原指实质不变，用改换名目的手法使人上当。后用"朝三暮四"比喻变化多端，翻覆无常▷他想成为翻译，拼命学外语，后来又想成为文学家，真是朝三暮四。|大学毕业后想从事什么工作，你自己拿定主意，不要朝三暮四。≈朝秦暮楚|日新月异|翻覆无常◇万古不变|持之以恒|一成不变。

朝思暮想 zhāo sī mù xiǎng 早晚都在

想。形容非常想念或经常想着▷如今，我终于回到了朝思暮想的故乡。|小王朝思暮想，要购置一台先进的超级电脑。≈念念不忘|刻骨铭心|梦绕神萦|牵肠挂肚◇浮光掠影|置之脑后。

朝闻夕改 zhāo wén xī gǎi 闻：听到。早上听到别人对自己的批评，晚上就改正。语出《晋书·周处传》："古人贵朝闻夕改。君前涂（途）尚可，且患志之不立，何患名之不彰？"后用"朝闻夕改"形容改正错误很快▷一个负责任的领导，对自己的缺点错误，往往能朝闻夕改，从善如流。|总经理朝闻夕改的作风，得到公司员工的一致好评。≈从善如流。

朝夕相处 zhāo xī xiāng chǔ 朝：早晨。夕：晚上。指彼此天天在一起▷他要到别处去工作了，望着这些朝夕相处的战友，心里真舍不得离开他们。|大学四年，朝夕相处，他们俩就像亲兄弟一样，对对方都很了解。

朝朝暮暮 zhāo zhāo mù mù 一天到晚，天天如此。语出战国楚·宋玉《高唐赋》："旦为朝云，暮为行雨，朝朝暮暮，阳台之下。"后用"朝朝暮暮"形容时间短暂▷花开花落，朝朝暮暮，她的丈夫一去多年仍未回来。|两情若是久长时，又岂在朝朝暮暮。

照本宣科 zhào běn xuān kē 照：依照。本：文本，书本。宣科：道士念经。照本子宣读条文。形容不能灵活运用，只是呆板地照现成文稿宣读▷照本宣科的讲授方法，学生是不会欢迎的。|作报告有两种情况，一种是"即席发言"，一种是拿着讲稿"照本宣科"，前者更受欢迎。≈鹦鹉学舌|人云亦云|随声附和。

照猫画虎 zhào māo huà hǔ 猫与老虎的外形有相似之处，照猫的样子可以画虎。比喻照样子模仿而未得其要领▷不探索创新之路，老是跟在别人后面照搬照抄，这样的工作不就是照猫画虎吗？|他刚学绘画，这样照猫画虎已经很不错了，你总不能叫他一口吃出一个胖子来吧。

遮人耳目 zhē rén ěr mù 遮盖别人的视听。指玩弄手法，掩饰真相▷犯罪分子有意破坏现场，企图遮人耳目，逃避法律制裁。|此人制造假象，想蒙混过关，但总难遮人耳目。≈瞒天过海|蒙混过关|移花接木◇表里如一。

遮天蔽日 zhē tiān bì rì 遮住了天空和太阳。语本北魏·郦道元《水经注·江水》："自三峡七百里中，两岸连山，略无阙处，重岩叠嶂，隐天蔽日，自非停午夜分，不见曦月。"后用"遮天蔽日"形容事物数量极多或气势盛大▷春天，各种水鸟飞来时，遮天蔽日，十分壮观。|黄山的山路两旁，都是遮天蔽日的古松古柏。≈遮天盖地。

遮天盖地 zhē tiān gài dì 遮住天空，盖满大地。形容人或物极多，到处都是▷边境一带，难民的帐篷遮天盖地，一眼看不到边。|山下，遮天盖地的敌兵气势汹汹地冲杀上来。≈遮天蔽日。

折戟沉沙 zhé jǐ chén shā 戟：古代的一种兵器。断戟埋入沙堆里。语出唐·杜牧《赤壁》诗："折戟沉沙铁未销，自将磨洗认前朝。"后用"折戟沉沙"比喻遭受惨重失败▷他逆历史潮流而动，终于折戟沉沙，成为历史罪人。|曹操领兵百万，不可一世，但终遭孙权、刘备联手阻击，在赤壁折戟沉沙，为后世所笑。≈辙乱旗靡。

折节下士 zhé jié xià shì 折节：屈己下人。语本《史记·越王勾践世家》："身自耕作，夫人自织，食不加肉，衣不重采，折节下贤人，厚遇宾客，振贫吊死，与百姓同其劳。"后用"折节下士"形容降低自己的身份，礼待贤能之士▷旧时帝王，只有在困境中才想到折节下士、任贤用能，一旦坐稳江山，就会大杀功臣。|他身居高位，但能折节下士，所以引来很多人才，使这个地区的面貌有了很大改变。≈礼贤下士|求贤若渴。

针锋相对 zhēn fēng xiāng duì 针锋：针尖。针尖对针尖。语本宋·释道原《景德传灯录·天台山德韶国禅师》："夫一切问答，如针锋相投，无纤毫参差。"后用"针锋相对"比喻双方的言论、策略、举措等尖锐对立▷对别人的批评，有则改之，无则加勉，不必针锋相对。|主战派和投降派针锋相对，各不相让。

针头线脑 zhēn tóu xiàn nǎo 缝纫用的针线及其他小物件或针线活。比喻细微的事情▷对待国家、集体的财产，哪怕是针头线脑，我们都要管好用好，一点也不能丢弃。|我对这些针头线脑的事情一点也不感兴趣。

真才实学 zhēn cái shí xué 语出宋·曹彦约《辞免兵部侍郎兼修史恩命申省状》："两史院同修之官，亦必自编修、检讨而后序进，更须真才实学，乃入兹选。"后用"真才实学"指真实的才干和学问▷他这个人虽没有高学历，但却有真才实学。|有真才实学的人不必自吹，只需做出实际成绩，自会得到别人的肯定。◇不学无术。

真刀真枪 zhēn dāo zhēn qiāng 真实的刀枪。比喻毫不作假，实实在在▷这两个女子都在真刀真枪地干活，你这个男子汉倒袖手旁观，心里不觉得惭愧吗？|这十八般武器，件件是真刀真枪，你这弱不禁风的，肯定使不动它们。

真凭实据 zhēn píng shí jù 真实而确凿的证据▷定人罪名，必须有真凭实据，怎么能单凭口供！|这封举报信列举了许多真凭实据，引起了有关部门的重视。◇不足为凭。

真枪实弹 zhēn qiāng shí dàn 战场上使用的武器弹药。比喻实战▷今天我们到靶场打靶，都是真枪实弹，所以一定要遵守靶场纪律，以免发生意外事故。|两国边境上布满了军队，双方士兵手持的都是真枪实弹，战争可谓一触即发。

真情实感 zhēn qíng shí gǎn 真挚的感情，实在的感受▷这些古老的神话，未必没有真情实感，只是我们没有认真去阅读体验或缺乏想象力罢了。|这字里行间，让我感受到了作者的真情实感，这样的好文章现在已经很难读到了。

真相大白 zhēn xiàng dà bái 大白：彻底清楚。事情的真实情况彻底搞清楚了▷这件十多年的无头悬案终于真相大白。|我们要彻底揭露这伙人的险恶用心，直到真相大白。≈原形毕露|水落石出。

真心实意 zhēn xīn shí yì 真诚的心意，没有丝毫虚伪▷他们夫妇俩大老远来看望我，一片真心实意，让我十分感动。|她对你的感情完全是真心实意，你得好好珍惜。≈诚心诚意◇虚情假意。

真赃实犯 zhēn zāng shí fàn 确凿的赃物和真实的罪行▷大家再加把力工作，待我们取得了真赃实犯，这个犯罪嫌疑人就难以抵赖了。|真赃实犯俱在，你还不老实交代？

真知灼见 zhēn zhī zhuó jiàn 真：真实，正确。灼：明白，透彻。指正确的认识，透彻的见解▷这篇论文中有不少真知灼见。|他的发言时有真知灼见，使人很受启发。≈至理名言|远见卓识◇一孔之见。

枕戈待旦 zhěn gē dài dàn 枕：头枕着。戈：古代一种兵器。旦：天亮。枕着兵器等待天亮。语出《晋书·刘琨传》："吾枕戈待旦，志枭逆虏，常恐祖生先吾着鞭。"后用"枕戈待旦"形容杀敌报国心切，一刻也不松懈▷激战前夜，战士们枕戈待旦，做好了一切准备。≈严阵以待◇高枕而卧。

振臂一呼 zhèn bì yī hū 振：挥动。语出汉·李陵《答苏武书》："死伤积野，余不满百，而皆扶病不任于戈，然陵振臂一呼，创病皆起。"后用"振臂一呼"指挥动手臂，一声高呼▷司机振臂一呼，众人一拥而上，擒获了车上持刀抢劫的歹徒。|只要有人起来振臂一呼，许多分散的力量便会凝聚起来。

振奋人心 zhèn fèn rén xīn 振奋：振作奋发。使人振作奋发起来▷听到敌军被全歼这个振奋人心的消息，全城人民纷纷自发庆祝。|日本宣布无条件投降的消息振奋人心，人们奔走相告。

振聋发聩 zhèn lóng fā kuì 聩：耳聋。以极大的声音使耳聋的人也能听到。比喻用警人的言论唤醒糊涂麻木的人▷他的论点振聋发聩，给人以启迪。|"我们一定要取得改革的胜利！"这振聋发聩的誓言，鼓舞了广大群众。◇欺人之谈|奇谈怪论|胡言乱语。

［提示］聩，不读"guì"。

振振有词 zhèn zhèn yǒu cí 振振：理直气壮的样子。自认为理由很充分，说个不休▷总工程师铺开图纸，振振有词地阐述他这套方案的可行性。|他犯了错误，居然还振振有词地为自己辩解。≈理直气壮◇理屈词穷。

震耳欲聋 zhèn ěr yù lóng 欲：将要。耳朵都要震聋了。形容声音很大▷同学们欣喜若狂，发出了震耳欲聋的欢呼声。|四周的山头，炸弹爆炸声震耳欲聋。≈响彻云霄|穿云裂石|响遏行云◇鸦雀无声|无声无息。

震古烁今 zhèn gǔ shuò jīn 铄：发光。震动古人，光耀当世。形容事业、功勋非常伟大或举动史无前例▷三峡工地上，到处呈现出一片开天辟地、震古铄今的气势。|我国实行改革开放后，经过数十年的努力，经济繁荣发展，举世瞩目，震古铄今。

震撼人心 zhèn hàn rén xīn 撼：摇动。形容对人的思想震动很大▷这部影片震撼人心，催人泪下。|老张这一席震撼人心的话，使这个浪子下了痛改前非的决心。

争长竞短 zhēng cháng jìng duǎn 长、短：指是非、正确或错误。语出宋·黄庭坚《书寄祝有道》："人家兄弟无不义者，盖因娶妇入门，异姓相聚，争长竞短，渐渍日闻，以至背戾，分门割户。"后以"争长竞短"指计较细小的出入，争论无原则的是非▷你们哥儿俩别再争长竞短了，快吃饭吧。|夫妻之间应互相体谅，何必事事争长竞短呢。≈斤斤计较。

争分夺秒 zhēng fēn duó miǎo 形容时间抓得很紧，不放过一分一秒▷高考临近了，同学们争分夺秒地复习功课。|工人们争分夺秒，战斗在各自岗位上。≈分

秒必争｜夜以继日｜惜时如金◇蹉跎岁月｜虚度年华｜虚掷年华。

争风吃醋 zhēng fēng chī cù 争：争夺。风：风韵，多指女人。比喻互相因妒忌而明争暗斗（多用于男女关系）▷这部电视剧主题陈旧，无非是讲男女之间争风吃醋的那些事。｜想不到那女人的自残是为了争风吃醋，实在不值得。

争名夺利 zhēng míng duó lì 争夺名位、利益等▷他一生苦苦钻营，争名夺利，到头来落了个竹篮打水一场空。｜叔叔数十年来默默奉献，热心公益事业，从来不争名夺利。

争强好胜 zhēng qiáng hào shèng 好：喜欢。争做强者，喜欢取胜▷青年人哪个不是争强好胜的？这无可指摘。｜从个人意气出发的争强好胜，完全不值得。

争先恐后 zhēng xiān kǒng hòu 恐：生怕，唯恐。争着向前，唯恐落后▷老人被车撞倒，人们争先恐后地上前抢救。｜年三十晚，零点刚过，大家争先恐后地欢呼新一年的到来。≈蜂拥而上｜奋不顾身｜蜂拥而至◇袖手旁观｜作壁上观｜无动于衷。

峥嵘岁月 zhēng róng suì yuè 峥嵘：山势高峻的样子，引申为不寻常。语出宋·廖行之《沁园春·和苏宣教韵》词："算如今蹉过，峥嵘岁月，分阴可惜，一日三秋。"后用"峥嵘岁月"形容不寻常、不平凡的岁月▷老将军们离休后常在一起聚谈，回忆往日的峥嵘岁月。｜愈是年老和身体不好，愈是沉浸在过往的峥嵘岁月的回顾之中。

铮铮铁骨 zhēng zhēng tiě gǔ 铮铮：形容金、玉等物的撞击声。比喻人的刚正不阿、坚强不屈的骨气▷铁窗生活并没有消磨他的铮铮铁骨，反而使他的信念、意念变得更加坚定。｜一听到母亲去世的噩耗，这个铮铮铁骨的汉子不禁潸然泪下。

蒸蒸日上 zhēng zhēng rì shàng 蒸蒸：向上的样子。日：一天天地。一天天向上发展，兴旺发达▷上海的夜晚灯火辉煌，车水马龙，一派蒸蒸日上的景象。｜这几年，老王的公司蒸蒸日上，业务越做越多，越做越大。≈欣欣向荣｜生机勃勃｜如日中天◇江河日下｜每况愈下｜日薄西山。

整装待发 zhěng zhuāng dài fā 整理行装，准备出发▷赴西藏的新兵们整装待发。｜战士们整装待发，只要一声令下，立刻奔赴前线。≈摩拳擦掌◇踌躇不前｜迟疑不决｜疑行无成。

正本清源 zhèng běn qīng yuán 正：扶正。本：根本。源：源流。语本《汉书·刑法志》："岂宜惟思所以清源正本之论。"后用"正本清源"指从根本上整顿清理，彻底解决问题▷只有健全法制，提高人民群众的法制观念，才是搞好社会治安的正本清源的好办法。｜根除腐败现象必须正本清源，解决领导班子的廉政建设问题。

正襟危坐 zhèng jīn wēi zuò 正：整理。危：端正。整好衣服端端正正地坐着。语出《史记·日者列传》："宋忠、贾谊瞿然而悟，猎缨正襟危坐。"后用"正襟危坐"形容恭敬严肃的样子▷今天来讲课的是一位享誉国内外的著名学者，同学们早早来到礼堂，正襟危坐等待着。｜谈判开始前，双方正襟危坐。

正气凛然 zhèng qì lǐn rán 正气：刚正的气节。凛然：令人敬畏的样子。形

容刚正不阿、威严不可侵犯的样子▷叶挺军长正气凛然地回绝了敌人的劝降要求。|刑场上，先烈们正气凛然，笑对敌人的屠刀。

正人君子 zhèng rén jūn zǐ 语出《新唐书·张宿传》："宿怨执政不与己，乃自肆谗甚，与皇甫镈相附离，多中伤正人君子。"后用"正人君子"指作风正派、品行端正的人。有时也用来讽刺假装正经的人▷老赵是个规规矩矩的正人君子，你可别捉弄他。|你别看他在台上作报告的时候一副正人君子的模样，实际上吃喝嫖赌，什么坏事都干。

正言厉色 zhèng yán lì sè 正言：语言严正。厉：严厉。色：脸色。说话时脸色严肃，语言严厉▷记者招待会上，那些不怀好意的记者暗中捣乱，发言人正言厉色地警告他们。|纪委干部正言厉色地说："这案子要一抓到底。"

[提示]厉，不要写作"历"。

正中下怀 zhèng zhòng xià huái 正：恰好。下怀：指自己的心意。恰与自己的心意相合▷他约我暑假去外地旅游，这是正中下怀的事，我欣然同意了。

[提示]中，不读"zhōng"。

郑重其事 zhèng zhòng qí shì 郑重：严肃认真。其：指示代词，那。严肃认真地对待某件事▷人事处长郑重其事地告诉我，我的职称考试通过了。|小王郑重其事地向女友求婚。≈一本正经◇敷衍了事|掉以轻心。

政出多门 zhèng chū duō mén 政：政令。政令从许多部门发出。语本《左传·成公十六年》："鲁之有季、孟，犹晋之有栾、范也，政令于是乎成。今其谋曰：'晋政多门，不可从也。'"后用"政出多门"指领导无力，权力分散▷一个单位也如一个国家，决不能政出多门，造成混乱。|东汉末期，宦官、外戚专权，政出多门，内乱不已。≈一国三公。

政通人和 zhèng tōng rén hé 通：通达。和：和谐，和乐。国家政事畅达，人心和乐。语出宋·范仲淹《岳阳楼记》："越明年，政通人和，百废俱兴。"后用"政通人和"形容国家政治清明，人民安居乐业▷中国历史上，政通人和的局面十分罕见。|改革开放以来，我国出现了一个前所未有的政通人和的新局面。≈海晏河清◇风雨如晦。

之乎者也 zhī hū zhě yě 之、乎、者、也：古汉语中的常用语助词。语出宋·僧文莹《湘山野录》卷中："太祖皇帝将展外城，幸朱雀门，亲自规画，独赵韩王普（赵普）时从幸。上指门额问普曰：'何不只书朱雀门，须著"之"字安用？'普对曰：'语助。'太祖笑之曰：'之乎者也，助得甚事？'"后用"之乎者也"讥讽文人说话、写文章卖弄斯文▷孔乙己说话不离之乎者也，受到众人讪笑。|今天的文人不能只懂之乎者也，更应多参加社会实践。

支离破碎 zhī lí pò suì 支离：残缺。语本《庄子·人间世》："夫支离其形者，犹足以养其身，终其天年，又况支离其德者乎？"后用"支离破碎"形容零碎而不完整▷这篇文章通篇不连贯，支离破碎。|他所提出的理论，支离破碎，没有完整的体系。≈四分五裂|七零八落◇完整无缺|天衣无缝|浑然一体。

支吾其词 zhī wú qí cí 支吾：说话含混应付，躲躲闪闪。说话含糊、躲闪，借以搪塞应付▷老师问她迟到的原因，她支吾其词，不愿明说，可能有难言的苦衷。|

出了这么大的事，一定要对全公司员工有个明确的说法，支吾其词是不行的。≈含糊其辞｜闪烁其词◇直言不讳。

支支吾吾 zhī zhī wú wú 形容说话吞吞吐吐，含混躲闪▷他平时说话是大嗓门，直来直去，可今天有点反常，问他，又支支吾吾地不肯明说。｜我看他支支吾吾的样子，就知道他家里又闹矛盾了。

知法犯法 zhī fǎ fàn fǎ 懂得法律，却违反法律▷张法官知法犯法，收受当事人贿赂，被依法惩处。｜对知法犯法、顶风作案者，一定要依法严惩。◇奉公守法。

知己知彼 zhī jǐ zhī bǐ 彼：对方。语本《孙子·谋攻》："知彼知己，百战不殆。"后用"知己知彼"指深知己方和对方的情况▷做任何事能够知己知彼总有益处，要不然难免做不好。｜知己知彼才能做好人的思想工作。

知难而退 zhī nán ér tuì 作战时要见机而动，遇到难以克服的困难，该后退就后退。语出《左传·宣公十二年》："见可而进，知难而退，军之善政也。"后用"知难而退"指见困难退缩不前，没有勇气去克服▷在人生道路上，一定不能一遇挫折就知难而退。

知人论世 zhī rén lùn shì 为了了解历史人物而论述其相关时代背景。语本《孟子·万章下》："颂(诵)其诗，读其书，不知其人，可乎？是以论其世也。"后用"知人论世"泛指鉴别人物的好坏，议论世事的得失▷要写好这篇人物评论，一定要读好历史，读其著作，即使是野史，读了也有益处，知人论世才不会失之偏颇。｜依我的工作体会，这知人论世实属不易啊。

知人善任 zhī rén shàn rèn 知人：认识人，了解人。善任：善于使用。语出汉·班彪《王命论》："盖在高祖，其兴也有五……五曰知人善任使。"后用"知人善任"形容对人了解并善于使用▷一个优秀的领导干部，最重要的不在于自己埋头苦干，而是知人善任。｜能在一位知人善任的领导手下工作是十分幸运的。≈量才录用。

知书识礼 zhī shū shí lǐ 熟读诗书，懂得礼仪。指有道德修养和文化修养的读书人▷此人知书识礼，只要你讲得有道理，他会乐意接受。｜知书识礼的人，大多能与周围的人搞好关系。

知行合一 zhī xíng hé yī 知行：知识与实行。语出明·王守仁《传习录》卷上："只说一个知，已自有行在；只说一个行，已自有知在……某今说个知行合一，正是对病的药。"后用"知行合一"指认识事物的道理与实行其事，是密不可分的一回事▷理论与实践相结合，这就是知行合一，这一点至关重要。｜认识、掌握自然规律，是为了改造自然，前者为知，后者为行，知行合一，才能使自然为人类服务，人类更适应自然。

知足常乐 zhī zú cháng lè 语本《老子》四十六章："祸莫大于不知足，咎莫大于欲得。故知足之足常足矣。"后用"知足常乐"指人知道满足就能经常快乐▷年纪大了，在物质上不必有过多的追求，知足常乐，保持心情愉快最重要。｜你加了工资，又晋升了职称，何必还要为职务操心。要知足常乐啊！

执鞭随镫 zhí biān suí dèng 镫：供骑马人踏脚的东西，垂于马鞍两旁。手拿马鞭，跟随在别人的乘骑旁。表示甘心随侍左右，倾心服侍▷他执鞭随镫，跟

着司令员转战南北十几年。|这人心甘情愿为奸臣执鞭随镫，真令人耻笑。≈鞍前马后。

执法如山 zhí fǎ rú shān 执行法律，坚定如山。比喻执行法律坚决不动摇▷李法官真是铁面无私，执法如山。|只有执法如山，才能保证社会的稳定。≈刚正不阿|铁面无私|令行禁止◇法不责众|违法乱纪|逍遥法外。

执迷不悟 zhí mí bù wù 执：坚持，固执。迷：迷惑。悟：醒悟。语出《梁书·武帝纪》："若执迷不悟，距逆王师，大众一临，刑兹罔赦，所谓火烈高原，芝兰同泯。"后用"执迷不悟"形容坚持错误而不醒悟▷对一切执迷不悟、坚决与人民为敌的分裂分子，必须严惩不贷。|你还在为贪污分子说好话，真是执迷不悟！

直捣黄龙 zhí dǎo huáng lóng 黄龙：黄龙府，金人腹地，今吉林一带。现泛指敌人巢穴。语本《宋史·岳飞传》："金将军韩常欲以五万众内附。飞大喜，语其下曰：'直抵黄龙府，与诸君痛饮尔！'"后用"直捣黄龙"比喻攻克敌人的巢穴▷中国人民解放军过黄河，跨长江，以排山倒海之势，直捣黄龙，解放了蒋家王朝的堡垒——南京城。|这是一支英勇善战的部队，把这艰巨的任务交给他们，直捣黄龙是绝对没有问题的。≈扫穴犁庭。

直截了当 zhí jié liǎo dàng 直截：笔直地切下去。了当：了结，结束。指说话、做事不绕弯子，简捷爽快▷你说了半天，大伙还是不明白，你就不能直截了当点嘛！|我直截了当地回绝了他的不合理要求。≈开门见山|直言不讳|开宗明义|斩钉截铁◇拐弯抹角|借题发挥。

直抒己见 zhí shū jǐ jiàn 抒：抒发，表达。直接而坦率地表达自己的意见▷这位老作家一向敢于对重大社会问题直抒己见，因而深受读者们的敬重。|希望大家踊跃发言，直抒己见，不要有顾虑，说错了也没有关系嘛！≈开门见山|畅所欲言◇闪烁其辞|隐约其辞|含糊其辞|旁敲侧击|弦外之音|言外之意。

直言不讳 zhí yán bù huì 直言：直说。讳：隐瞒。语出《战国策·齐策四》："闻先生直言正谏不讳。"后用"直言不讳"形容有话直说，无所顾忌▷对人提意见应当直言不讳。|小李知道直言不讳是老书记对周围同志的起码要求。≈直抒己见|毋庸讳言◇旁敲侧击|隐晦曲折|吞吞吐吐。

只争朝夕 zhǐ zhēng zhāo xī 朝夕：早晨和晚上，形容很短的时间。力争在最短的时间内达到目的▷现代科学技术发展日新月异，我们要只争朝夕，赶上世界先进国家。|老年人办事要从容舒缓一些，不宜再像青少年时那般只争朝夕。≈争分夺秒◇蹉跎岁月。

纸上谈兵 zhǐ shàng tán bīng 《史记·廉颇蔺相如列传》载：战国时赵王起用从小善谈兵法的赵括代替老将廉颇当将帅。赵括用兵不能切合实战，在长平一战中败于秦将白起，赵军死亡四十多万人。后用"纸上谈兵"比喻空谈理论，不切合实际▷小李的那套设计方案，虽然十分新潮，但目前根本没有条件实施，不过是纸上谈兵。|他天天在谈着发财的门路，但多半是纸上谈兵，压根就没想到实行。

纸醉金迷 zhǐ zuì jīn mí 语本宋·陶穀《清异录·居室》："[痈医孟斧]有一小室，窗牖焕明，器皆金饰，纸光莹白，金

Z

彩夺目，所亲见之，归语人曰：'此室暂憩，令人金迷纸醉。'"后用"纸醉金迷"形容使人沉迷的豪华糜烂的生活▷她原是一个很单纯的姑娘，但到大城市打工后不多久便沉湎于纸醉金迷的生活。｜陶醉于纸醉金迷的享乐中的南宋君臣，把北伐中原的大计置之脑后。≈灯红酒绿◇粗茶淡饭。

指挥若定 zhǐ huī ruò dìng 若：好像。定：定局。指挥策划像是已成定局。语出唐·杜甫《咏怀古迹》诗："伯仲之间见伊吕，指挥若定失萧曹。"后用"指挥若定"形容临事指挥策划，胸有成竹，从容不迫▷救火过程中，队长指挥若定。｜敌人已迫近，但我军指挥员指挥若定。≈如臂使指｜稳操胜券｜镇定自若◇手足无措｜惊慌失措。

指鹿为马 zhǐ lù wéi mǎ 《史记·秦始皇本纪》载：秦二世时，丞相赵高阴谋篡位，怕群臣不服，先设计试探。赵高向二世献鹿，硬说是马，看群臣的反应。事后，赵高把那些说是鹿的人都杀了。后用"指鹿为马"比喻故意颠倒黑白，混淆是非▷历史上的奸臣往往采用凭空捏造、指鹿为马等卑劣手段陷害忠臣义士。≈混淆是非｜颠倒黑白◇是非分明｜明辨是非。

指名道姓 zhǐ míng dào xìng 指出其人的姓名▷这几位同志到那里去工作，是领导指名道姓的，你们可不能怨我啊！｜人家又没有指名道姓，你发什么火呢？真是莫名其妙。

指日高升 zhǐ rì gāo shēng 指日：可以指明的日子，指为期不远。很快就可升官（旧时官场预祝之词）▷封建社会的官场上，那些大大小小的官吏都盼望着指日高升的机会。｜大人为皇上立下了如此的功勋，指日高升就在眼前了。

指日可待 zhǐ rì kě dài 指日：可以指明的日子。待：期待。指明日期，可以等待实现。语出宋·曾肇《论内批直付有司》："推今日欲治之心，为之不已；太平之功，指日可待。"后用"指日可待"形容某件事或希望很快就要实现▷新大楼已建成，公司迁进新址的日子指日可待。｜我们已取得了三大战役的胜利，解放全国指日可待。◇遥遥无期。

指桑骂槐 zhǐ sāng mà huái 指着桑树骂槐树。比喻明指甲而暗骂乙▷有意见可以提，何必指桑骂槐。｜这个人真无聊，碰到一点小事，就指桑骂槐，邻居们都不屑于理她。

指手画脚 zhǐ shǒu huà jiǎo 说话时手脚并用，做出各种动作。形容说话放肆轻率或得意忘形的样子。也比喻乱加指点批评▷你刚到此地，对有些事要多问多看，不要指手画脚。｜在别人面前说话不要指手画脚，这是不礼貌的行为。≈手舞足蹈｜摇头晃脑｜趾高气扬◇不亢不卑｜必恭必敬｜和颜悦色。

指天誓日 zhǐ tiān shì rì 指着苍天、对着太阳发誓，表白心迹。语本唐·韩愈《柳子厚墓志铭》："指天日涕泣，誓生死不相背负，其若可信。"后用"指天誓日"表示信念坚定或忠诚不贰▷你可是指天誓日的，怎么可以反悔呢？一点也不讲信义。｜他指天誓日地表示愿意与她同生死、共患难，爱得如此热烈、深沉。◇背信弃义。

咫尺天涯 zhǐ chǐ tiān yá 咫：古代长度单位，八寸叫咫。咫尺：指距离很近。天涯：天边。比喻距离虽然很近，却像在遥远的天边一样▷由于思想上有距离，我们虽然比邻而居，却咫尺天涯，不相往来。

趾高气扬 zhǐ gāo qì yáng 趾：脚趾，此代指脚。走路高抬脚步，神气飞扬。语本《左传·桓公十三年》："莫敖必败，举趾高，心不固矣。"后用"趾高气扬"形容骄傲自大、得意忘形的样子▷工作有点成绩，学习有了进步，难道就可以趾高气扬？≈眉飞色舞｜不可一世｜得意忘形◇灰心丧气｜奴颜婢膝｜低声下气。

至高无上 zhì gāo wú shàng 至：最。语出《淮南子·缪称》："道，至高无上，至深无下。"后用"至高无上"形容最高，没有再高的了▷在封建社会中，帝王具有至高无上的权力。｜我从来把人的尊严看得至高无上，所以一看到有人欺负弱小，就禁不住抱打不平。

至理名言 zhì lǐ míng yán 至：最。理：道理。最正确的道理，最精辟的语言▷刚才老师讲的一段话，真是至理名言。｜"骄傲使人退步，谦虚使人进步"是至理名言啊！

至亲好友 zhì qīn hǎo yǒu 至：最。最近的亲戚和最好的朋友▷他出国那天，至亲好友都来机场送行。｜有至亲好友在场观战加油，上海男篮的年轻中锋发挥特别出色。

至死不悟 zhì sǐ bù wù 至：到。悟：醒悟，觉悟。到死都不会醒悟。语出晋·葛洪《抱朴子·道意》："求乞福愿，冀其必得，至死不悟，不亦哀哉？"后用"至死不悟"形容顽固到极点▷这个杀人犯在公审中仍显出一副桀骜不驯的样子，真是至死不悟。｜现实生活中至死不悟的坏人毕竟是个别的，愿意改恶从善的是大多数。≈死不改悔◇幡然悔悟｜痛改前非。

志大才疏 zhì dà cái shū 志：志向。疏：浅薄。志向很高，才能低下。语本《后汉书·孔融传》："融负其高气，志在靖难，而才疏意广，迄无成功。"后用"志大才疏"形容志向与才能极不相称▷这个人想做很多事，可惜志大才疏，没有做成一件事。｜人要有自知之明，志大才疏，难免愿望落空。

志得意满 zhì dé yì mǎn 志：愿望，意愿。语出宋·陆九渊《与刘伯协书》："当无道时，小人在位，君子在野，小人志得意满，君子厄穷祸患。"后用"志得意满"形容得意满足的神态▷历史上多少农民起义领袖，一旦取得一些胜利，便志得意满，纵情酒色，遂使成果付之东流。｜站在冠军领奖台上的选手显出一副志得意满的神情。≈踌躇满志｜心满意足◇心灰意冷｜灰心丧气。

志同道合 zhì tóng dào hé 志：志向。道：思想。语出宋·陈亮《与吕伯恭正字书》："志同道合，便能引其类。"后用"志同道合"指彼此志向、理想一致，所从事的事业、所追求的目的相同▷他们志同道合，都爱好文学。

志在四方 zhì zài sì fāng 四方：指天下。形容有远大抱负和理想▷好儿女志在四方，到祖国最需要的地方去，施展才能。

炙手可热 zhì shǒu kě rè 炙：烧烤。热得烫手。语出唐·杜甫《丽人行》："炙手可热势绝伦，慎莫近前丞相嗔。"后用"炙手可热"比喻权势和气焰之盛▷唐朝的宦官炙手可热，搞得文武百官敢怒不敢言。≈权倾朝野。

治丝而棼 zhì sī ér fén 棼：纷乱。整理

蚕丝不找头绪，就会越理越乱。语本《左传·隐公四年》："臣闻以德和民，不闻以乱。以乱，犹治丝而棼之也。"后用"治丝而棼"比喻解决问题的方法不正确，使问题更加复杂▷你不把这件事的来龙去脉、前因后果搞清楚，就急着去处理，那只能是治丝而棼，结果是可想而知的。|不管处理什么样的事情，都要讲究科学的方式方法，如果能真正做到这一点，就不会治丝而棼了。

栉风沐雨 zhì fēng mù yǔ 栉：梳头。沐：洗头。语本《庄子·天下》："[禹]沐甚雨，栉疾风。"后用"栉风沐雨"形容奔波劳碌，十分辛苦▷建筑工人栉风沐雨地在露天工作，十分辛劳。|孩子的父亲是个地质勘探队员，长年累月栉风沐雨，同家人聚少离多。≈风餐露宿。

掷地有声 zhì dì yǒu shēng 掷：投，扔。投或扔出去的东西落在地上时发出很大的声音。比喻诗文作品声调铿锵、文辞优美或赞美人所说的话坚定有力▷"发展是硬道理"，这掷地有声的一句话，是邓小平同志发自肺腑的声音，也是全中国人民的共同心声。|听了他那掷地有声的话语，我的心震动了，竟说不出一句话来。

智勇双全 zhì yǒng shuāng quán 智：智谋。既有智谋，又很勇敢，二者兼备▷他是一位智勇双全的指挥员。|打仗单靠勇敢是不够的，更需要智勇双全。

智珠在握 zhì zhū zài wò 智珠：佛教指本性的智慧。比喻人有很高的智力，足以应付难办的事情▷他可不是等闲之辈，办起事来犹如智珠在握，没有处理不了的问题。|对于这些刁难，他面带微笑，不置一词，显示出成竹在胸、智珠在握的样子。

置若罔闻 zhì ruò wǎng wén 置：安放。若：好像。罔：不。放在那里好像没听见。比喻不关心或不过问▷对老师和同学的批评，小李置若罔闻。

置身事外 zhì shēn shì wài 置：安放。把自身放在事情之外。形容对事情漠不关心▷眼看歹徒在伤害群众，我怎么能置身事外呢？|这件事与你关系密切，你不能采取这种置身事外的态度。≈袖手旁观◇拔刀相助。

置之不理 zhì zhī bù lǐ 理：理睬。搁在一边，不予理睬▷这种人简直不可理喻，我只有置之不理。|他无理取闹，最好的办法是置之不理。

置之度外 zhì zhī dù wài 度：打算，考虑。语本《后汉书·隗嚣传》："且当置此两子于度外耳。"后用"置之度外"指不放在考虑之中▷成大事者应当把名誉、得失和成败置之度外。|战场上的英雄们，早已把生死置之度外。

置之脑后 zhì zhī nǎo hòu 置：搁置，安放。放在脑后。比喻不放在心上▷他这个人是相当固执的，对待别人的批评意见总是置之脑后，没有一点改正缺点错误的迹象。|对于职工群众的疾苦，作为一个党员干部决不能视而不见、置之脑后。≈无动于衷|束之高阁◇念念不忘|刻骨铭心。

中流砥柱 zhōng liú dǐ zhù 中流：河流中间。砥柱：三门峡中的一座小山，屹立在黄河的激流之中。语本《晏子春秋·谏下》："吾尝从君济于河，鼋衔左骖以入砥柱之中流。"后用"中流砥柱"比喻能起支柱作用的人或力量▷中国共产党是全中国人民的中流砥柱。|他是我

们教研室的中流砥柱。

中西合璧 zhōng xī hé bì 中西：中国和西洋。合璧：璧是扁平圆形玉器，中间有孔，把两个半圆形玉器合在一起成圆形叫合璧。比喻中国和西洋的精华在某种事物中有机结合在一起▷这个客厅的布置简洁高雅，家具摆设可以说是中西合璧。|上海的新建筑风格各异，有传统型的，也有现代型的，更有不少中西合璧的。

中原逐鹿 zhōng yuán zhú lù 中原：指黄河中下游地区。逐：追赶。鹿：古代以鹿喻帝位。语本《史记·淮阴侯列传》："秦失其鹿，天下共逐之，高材疾足者先登焉。"后用"中原逐鹿"比喻群雄角逐于中原，争夺天下▷这个地区矿产资源十分丰富，几个大国虎视眈眈，幕前幕后交易层出不穷，大有中原逐鹿之势。|旧中国，各路军阀争权夺利，中原逐鹿，害得老百姓家破人亡，妻离子散。

忠孝两全 zhōng xiào liǎng quán 语出唐·白居易《除程执恭检校右仆射制》："业传将略，名在勋籍；蕴天爵以修己，忠孝两全。"后用"忠孝两全"指对国家的忠诚和对父母的孝道，两者都具备▷谁都想忠孝两全，可是，为了国家的利益，又不能不放弃个人家庭的一切，移孝作忠。

忠心耿耿 zhōng xīn gěng gěng 耿耿：诚恳的样子。形容非常忠诚▷老一辈革命家对工作、对革命、对党忠心耿耿的精神，应当发扬光大。≈忠贞不二|忠心赤胆◇背信弃义。

忠言逆耳 zhōng yán nì ěr 逆耳：听起来使人感到不舒服。语出《史记·留侯世家》："且忠言逆耳利于行，毒药苦口利于病，愿沛公听樊哙言！"后用"忠言逆耳"指正直的劝告听起来不顺耳，不易被人接受▷依我看，说那些话的人并非恶意，古人云"忠言逆耳"，你也应该检查检查自己了。|虽说是忠言逆耳，不过，我倒是很喜欢听的，它至少可以帮助我改正缺点错误。

终南捷径 zhōng nán jié jìng 终南：终南山，在今陕西西安西南。《新唐书·卢藏用传》载：唐朝卢藏用早年隐居终南山，后登朝居要官。见司马承祯将还天台，藏用指终南谓之曰："此中大有佳处，何必在天台？"承祯徐对曰："以仆所观，乃仕途之捷径耳。"后用"终南捷径"比喻求官或求名利的捷径。▷靠阿谀奉承谋求一官半职的终南捷径是行不通的，干部人事制度的改革已经把这些歪门邪道给堵得死死的。

钟灵毓秀 zhōng líng yù xiù 钟：凝聚。毓：同"育"，养育，孕育。凝聚了天地间的灵气，孕育了优秀人物。指山川秀丽，人才辈出▷四川人称天府之国，钟灵毓秀。|江南一带，钟灵毓秀，确实出了不少人才。≈人杰地灵。

钟鸣鼎食 zhōng míng dǐng shí 钟：乐器名。鼎：古代盛食物的器皿。击钟列鼎而食。语出唐·王勃《滕王阁序》："闾阎扑地，钟鸣鼎食之家。"后用"钟鸣鼎食"形容富贵人家豪华奢侈的生活▷《红楼梦》中的贾府，本是钟鸣鼎食之家，后来衰败了。

踵事增华 zhǒng shì zēng huá 语出南朝梁·萧统《〈文选〉序》："盖踵其事而增华，变其本而加厉，物既有之，文亦宜然。"后用"踵事增华"形容好做表面文章，流于形式或继续以前的某种做法

并加以发展▷对于礼尚往来，我并不反对，感到厌烦的是，礼节踵事增华，变得繁琐。|这幢大楼名为“扶贫办公大楼”，而装修上踵事增华，形成了强烈的讽刺意味。

众寡悬殊 zhòng guǎ xuán shū 寡：少。悬殊：相差很大。语本《隋书·杨善会传》：“每恨众寡悬殊，未能灭贼。”后用“众寡悬殊”形容双方人力相差极大▷在双方力量众寡悬殊的情况下，我们只能以智谋取胜。|在两万五千里长征途中，红军与国民党队伍在数量上可谓众寡悬殊，可在毛泽东同志的英明指挥下，红军从劣势转变为优势，终于转败为胜。≈天悬地隔|天壤之别|天渊之别◇势均力敌|旗鼓相当|不相上下|半斤八两。

众口难调 zhòng kǒu nán tiáo 调：协调。各人口味不同，不可能做出让所有人都满意的饭菜。语出明·释居顶《续传灯录》：“一雨所润为什么万木不同？师曰：‘羊羹虽美，众口难调。’”后用“众口难调”比喻很难使众人的意见都协调一致。也比喻为众人办事很难做到人人满意▷班委会上，同学们对春游的去向，各持己见，真是众口难调。|众口难调，要想把食堂工作做得让人人满意，谈何容易。≈众说纷纭|各执一词|各抒己见◇众口一辞|异口同声|众口同声。

［提示］调，不读“diào”。

众口铄金 zhòng kǒu shuò jīn 铄：熔化。众人异口同声的言论，能熔化金属。比喻舆论的力量很大。语出《国语·周语下》：“众志成城，众口铄金。”后用“众口铄金”比喻错误的议论或谣言一多，可以混淆是非▷小明做好事受伤，有人乱加猜测，众口铄金，都以为他在外面跟人打架了，后来老师调查后才澄清了真相。|只要自己站得稳，问心无愧，众口铄金也不怕。≈三人成虎|人言可畏。

众口一词 zhòng kǒu yī cí 大家说的完全一样▷同学们众口一词，都说张老师的历史课生动有趣。|工人们众口一词，称赞这个廉洁、能干的厂长。≈异口同声|不约而同◇众说纷纭。

众目睽睽 zhòng mù kuí kuí 睽睽：睁大眼睛。大家都睁大眼睛注视着。语本唐·韩愈《郓州溪堂诗并序》：“新旧不相保持，万目睽睽，公于此时能安以治之。”后用“众目睽睽”指众人看见的公开场合▷在众目睽睽之下，歹徒手中的刀不得不放下。|这件事，众目睽睽，如何抹杀得了！

众怒难犯 zhòng nù nán fàn 犯：触犯。众人的愤怒不可触犯。语出《左传·襄公十年》：“众怒难犯，专欲难成，合二难以安国，危之道也。”后用“众怒难犯”指面对群众的力量有所顾忌而不敢为所欲为▷这家伙知道众怒难犯，其言行也有所收敛了。|听爷爷说，土改时，农民发动了起来，那些地主知道众怒难犯，纷纷地低头认罪。

众叛亲离 zhòng pàn qīn lí 叛：背叛。众人反对，亲信背离。语出《左传·隐公四年》：“夫州吁阻兵而安忍，阻兵无众，安忍无亲，众叛亲离，难以济矣。”后用“众叛亲离”形容不得人心，十分孤立▷俗话说，得人心者得天下，你仅是个车间主任，下面的职工就对你不理不睬，你已经众叛亲离了，看你向谁去发号施令？|他就是不听我们的劝告，仍旧一意孤行，最后落得个众叛亲离、一败涂地的下场。

众矢之的 zhòng shǐ zhī dì 矢：箭。的：箭靶的中心。许多箭射击的靶子。比喻众人攻击的目标▷你何必这样硬顶着，就不怕自己成为众矢之的吗？| 看样子我们不能再说下去了，否则，将成为众矢之的了。

［提示］的，不读“dē”。

众说纷纭 zhòng shuō fēn yún 纷纭：多而杂乱。各种说法纷乱而混杂▷现在众说纷纭，莫衷一是，你看怎么办？| 这件事还没有做，就已经众说纷纭了，还是稍缓一缓吧。

众所周知 zhòng suǒ zhōu zhī 周：普遍。大家全都知道▷中国政府在这个问题上的立场是一贯的，众所周知的。| 众所周知，人是从猿进化而成的。≈人人皆知 | 尽人皆知 | 人所共知◇不甚了了 | 一无所知。

众望所归 zhòng wàng suǒ guī 众望：众人的希望。归：归向。为大家一致所期望和敬仰的。语本《晋书·解系孙旂等传论》：“于时武皇之胤，惟有建兴，众望攸归。”后用“众望所归”形容有很高的威望▷选他当班长，是众望所归。| 要做到众望所归，自己必须以身作则，做出表率。

众星拱月 zhòng xīng gǒng yuè 拱：拱卫。许多星星聚集、环绕着月亮。比喻众人拥戴一人或众物围绕一物▷你看这摆放得很别致：中间一颗大红宝石，周围环绕着好些小宝石，犹如众星拱月。| 陆老师得了“园丁奖”，学生们像众星拱月似的围在他身旁，向他表示祝贺。

众志成城 zhòng zhì chéng chéng 众人的志向一致，能合成坚固的城墙。语本《国语·周语下》：“众心成城，众口铄金。”后用“众志成城”比喻齐心合力，便能克服困难，取得成功▷只要我们举国一致，众志成城，就能取得疫情防控的胜利。| 全国人民团结一致，就能众志成城，完成全面小康的大业。≈齐心协力 | 万众一心 | 众擎易举◇一盘散沙 | 孤掌难鸣 | 四分五裂。

重于泰山 zhòng yú tài shān 泰山：在山东省，为五岳之首。比泰山重。语出汉·司马迁《报任少卿书》：“人固有一死，或重于泰山，或轻于鸿毛，用之所趋异也。”后用“重于泰山”比喻（人之死）意义重大▷为中国人民英勇献身的先烈们，他们的死是重于泰山的，是永垂不朽的。| 为人民而死，重于泰山。◇轻于鸿毛。

舟中敌国 zhōu zhōng dí guó 舟：船。敌国：敌人，敌方。同一条船上的人都成了敌人。语本《史记·孙子吴起列传》：“在德不在险。若君不修德，舟中之人即为敌国也。”后用“舟中敌国”形容众叛亲离▷在这危急时刻，他们都意识到：同舟共济是唯一生路，舟中敌国必定死路一条。| 商纣王暴虐无道，家人、大臣都成舟中敌国，终于被周武王所灭。≈众叛亲离 | 同舟共济。

周而复始 zhōu ér fù shǐ 周：环绕一圈。复：再，又。转了一圈后又从头开始。语出《文子·自然》：“十二月运行，周而复始。”后用“周而复始”指一次又一次地循环往复▷日出日落，春秋交替，奇妙的大自然周而复始地运行着。| 有人说，生气勃勃的革命者执政后，权力缺少监督，不免腐败变质，又为新的革命者所替代，如此周而复始，构成一个循环圈。

肘腋之患 zhǒu yè zhī huàn 肘：胳膊

肘。腋：胳肢窝。生在胳膊肘和胳肢窝的疾病。语本《三国志·蜀书·法正传》："主公之在公安也，北畏曹公之强，东惮孙权之逼，近则惧孙夫人生变于肘腋之下。"后用"肘腋之患"比喻发生在身边的祸患▷肘腋之患危害极大，必须及时清除。|各级干部的腐败现象，是我们的肘腋之患，必须加以高度重视，坚决禁止。≈心腹之患。

昼伏夜行 zhòu fú yè xíng 昼：白天。伏：潜伏。语本《左传·襄公二十三年》："夫鼠昼伏夜动，不穴于寝庙，畏人故也。"后用"昼伏夜行"指白天隐伏起来，夜里出来活动▷有些动物的习性是昼伏夜行。|我军在向前方转移的时候昼伏夜行，是为了不被敌人发觉。

骤不及防 zhòu bù jí fáng 骤：（来得）突然。事情来得突然，使人来不及防备或做出恰当的反应▷不知怎么的，这些天来骤不及防的事发生了好几起。|骤不及防的事多了，会使人产生不安全感。

诛求无已 zhū qiú wú yǐ 诛求：勒索，榨取。已：停止。语出汉·董仲舒《春秋繁露·王道》："诛求不已，天下空虚，群臣畏恐，莫敢尽忠。"后用"诛求无已"形容勒索、榨取没完没了▷官府竭泽而渔，诛求无已，人民不堪忍受。|这个对百姓诛求无已的大贪官被刺身亡，人民拍手称快。≈贪得无厌◇两袖清风。

诛心之论 zhū xīn zhī lùn 诛心：揭穿别人的本心。指击中要害、揭穿别人动机的批评或深刻的议论▷他的这篇杂文，对行政部门乱收费的批评一针见血，真是诛心之论。|我们已很久未见对文坛不正之风作批评的诛心之论了。

珠光宝气 zhū guāng bǎo qì 珍珠宝石光彩闪烁。形容服饰或建筑装潢富贵华丽▷他很不习惯国外那种灯红酒绿、珠光宝气的社会。|女学生打扮得珠光宝气，与自己的身份不相符。≈浓妆艳抹|花枝招展◇不修边幅|衣衫褴褛|不衫不履。

珠联璧合 zhū lián bì hé 璧：中间有孔的扁圆形玉器，也泛指美玉。珍珠串在一起，美玉合在一起。语本《汉书·律历志上》："日月如合璧，五星如连珠。"后用"珠联璧合"比喻杰出的人才或美好的事完美地聚在一起▷本场演出可以说是"明星大会串"，影视明星、京剧名家、小提琴演奏家珠联璧合。|两个老科学家，如今又在一起攻克科研难题，这真是珠联璧合啊！≈相映成辉|锦上添花|尽善尽美◇相形见绌|破绽百出|七拼八凑。

［提示］璧，不要写作"壁"。

珠圆玉润 zhū yuán yù rùn 语本唐·张文琮《咏水》："方流涵玉润，圆折动珠光。"后用"珠圆玉润"形容文辞、书法流畅圆熟或歌声婉转圆润、优美动听▷北宋的词作大多就景叙情，所以情景交融，珠圆玉润。|这位歌星的歌声如出谷的黄莺，珠圆玉润，令人陶醉。

诸如此类 zhū rú cǐ lèi 语出《晋书·刘颂传》："诸如此类，亦不得已已（矣）。"后用"诸如此类"指很多与此相类似的事物▷自此他的胆识愈壮，以后所作所为，诸如此类，不可胜数。|有诸如此类想法的人不在少数。

诸子百家 zhū zǐ bǎi jiā 诸子：指先秦各学派的代表人物，如儒家的孔子、孟子，法家的商鞅等。百家：泛指所有派别。语出《史记·屈原贾生列传》："廷尉乃言贾生年少，颇通诸子百家之书。"后

用“诸子百家”泛指春秋战国时代所出现的各家学说▷**诸子百家各有自己的见解，就其影响来说，则论儒家最大。|现在学术气氛很宽松，就像当年诸子百家，可以各抒己见。**

铢积寸累 zhū jī cùn lěi 铢：古代重量单位，二十四铢为一市两。一铢铢、一寸寸地积累。语出宋·苏轼《裙靴铭》：“寒女之丝，铢积寸累。”后用“铢积寸累”形容事物的完成十分不易▷**他把祖先节衣缩食、铢积寸累的家业败个精光。|自上古至东周，文化铢积寸累的结果，使战国时代呈现一个灿烂的百家争鸣的时期。**≈聚沙成塔|集腋成裘。

［提示］累，不读“lèi”。

铢两悉称 zhū liǎng xī chèn 称：相当。形容两者轻重相等或优劣相当▷**在这部影片中，男女主角配合默契，演员铢两悉称。|这两支篮球队实力相当，铢两悉称，激战四十分钟不分胜负，只能打加时赛。**≈半斤八两◇天壤之别。

［提示］称，不读“chēng”。

蛛丝马迹 zhū sī mǎ jī 蛛丝：蜘蛛吐的丝。马迹：马蹄留下的印迹。比喻隐约可寻的线索和迹象▷**公安人员根据犯罪嫌疑人留下的蛛丝马迹，破获一起盗窃案。|翻遍《史记》，也找不出蛛丝马迹可以说明司马迁是法家。**≈显而易见|若隐若现|影影绰绰◇烟消火灭|子虚乌有|虚无缥缈。

蛛网尘封 zhū wǎng chén fēng 蛛：蜘蛛。结满了蜘蛛网，积满了灰尘。形容房屋、器物等长期封存而无人过问的状况▷**这些蛛网尘封的书画中有不少价值连城的精品。|这个房间蛛网尘封，显然是长期不住人了。**

竹报平安 zhú bào píng ān 语本唐·段成式《酉阳杂俎续集·支植下》：“卫公（李德裕）言北都惟童子寺有竹一窠，才长数尺，相传其寺纲惟，每日报竹平安。”后用“竹报平安”指写平安家信▷**每隔一段时间，他都得给父母去封信，竹报平安，以免二老挂念。|现在电话普及了，但做父母的仍希望看到子女竹报平安的书信。**

竹头木屑 zhú tóu mù xiè 语本南朝宋·刘义庆《世说新语·政事》：“［陶侃］作荆州时，敕船官悉录锯木屑，不限多少。咸不解此意。后正会，值积雪始晴，听事前除雪后犹湿，于是悉用木屑覆之，都无所妨。官用竹皆令录厚头，积之如山，后桓宣武（桓温）伐蜀，装船，悉以作钉。”后用“竹头木屑”比喻可以利用的废弃之物▷**别小看这些竹头木屑，到时候也许还少不得它们呢。|竹头木屑之类的重新利用，既可以废物利用，又有利于环境保护，何乐而不为呢？**

逐臭之夫 zhú chòu zhī fū 夫：人。语本《吕氏春秋·遇合》：“人有大臭者，其亲戚兄弟妻妾知识，无能与居者，自苦而居海上。海上人有说（悦）其臭者，昼夜随之而弗能去。”后用“逐臭之夫”形容有怪癖嗜好的人▷**老王是宁波人，特别喜欢臭豆腐、臭冬瓜之类，他戏称自己是“逐臭之夫”。|人各有所好，大多数人固然喜欢鲜花的芳香，但也有逐臭之夫。**

煮豆燃萁 zhǔ dòu rán qí 萁：豆秸。点燃了豆秸来煮豆子。语本《世说新语·文学》：“文帝（曹丕）尝令东阿王（曹植）七步中作诗，不成者行大法。应声便为诗曰：‘煮豆持作羹，漉菽以为汁。萁在釜下燃，豆在釜中泣。本是同

根生,相煎何太急!'”后用“煮豆燃萁”比喻骨肉弟兄或内部自相残杀▷在抵抗组织中,各派之间互相攻击,这是煮豆燃萁,只能于敌有利。≈同室操戈|兄弟阋墙◇患难与共。

煮鹤焚琴 zhǔ hè fén qín 把鹤煮了,把琴烧了。语本宋·胡仔《苕溪渔隐丛话前集》卷二十一引《西清诗话》:“义山《杂纂》,品目数十,盖以文滑稽者。其一曰杀风景,谓清泉濯足,花下晒裈,背山起楼,烧琴煮鹤,对花啜茶,松下喝道。”后用“煮鹤焚琴”比喻糟蹋或毁坏美好的事物▷在名胜古迹上乱刻乱涂,无异于煮鹤焚琴。◇爱屋及乌。

助人为乐 zhù rén wéi lè 把帮助别人作为快乐▷他一向助人为乐,从不计较个人的得失。|在我们的社会中,助人为乐的新风尚,可以说时时、处处在发生。≈舍己为人◇助纣为虐。

助纣为虐 zhù zhòu wéi nüè 纣:商朝末代暴君。虐:残暴,暴行。语本《史记·留侯世家》:“今始入秦,即安其乐,此所谓助桀为虐。”后用“助纣为虐”比喻帮着恶人干坏事▷这些人为了升官发财,竟泯灭良知,助纣为虐,实在令人痛恨。

著书立说 zhù shū lì shuō 说:主张,学说。把自己的思想写成文章,创立自己的学说。泛指从事著述▷二十多年来,他著书立说,成绩卓著。|“为天地立心,为生民立命,为往圣继绝学,为万世开太平”,是一切先哲著书立说之宗旨。

著作等身 zhù zuò děng shēn 所写的书堆叠起来有身体一样高。语本《宋史·贾黄中传》:“黄中幼聪悟,方五岁,玭(黄中之父)每旦令正立,展书卷比之,谓之‘等身书’,课其诵读。”后用“著作等身”形容著述极为丰富▷张先生著作等身,是我国知名的语言学家。|这位著作等身、成绩卓著的伟大作家,终于获得了公正的评价。

铸成大错 zhù chéng dà cuò 语本《资治通鉴·唐昭宗天祐三年》:“全忠留魏半岁,罗绍威供亿,所杀牛羊豕近七十万,资粮称是,所赂遗又近百万;比去,蓄积为之一空。绍威虽去其逼,而魏兵自是衰弱。绍威悔之,谓人曰:‘合六洲四十三县铁,不能为此错也!'”后用“铸成大错”形容造成重大而不可挽回的错误▷小陈见她愤而离去,知道已铸成大错,后悔不已。|做驾驶员的千万不能酒后开车,免得因图一时痛快而铸成大错。

铸剑为犁 zhù jiàn wéi lí 把兵器销熔来制造农具。语本《孔子家语·致思》:“铸剑戟以为农器,放牛马于原薮,室家无离旷之思,千岁无战斗之患。”后用“铸剑为犁”表示放弃武装▷敌人是不会放下屠刀、铸剑为犁的。|要是世界上没有战争,拿枪的人都铸剑为犁,那该多好!

筑室道谋 zhù shì dào móu 道:道路,指路上的行人。盖房子,同过路人商量。语本《诗经·小雅·小旻》:“如彼筑室于道谋,使用不溃于成。”郑玄笺:“如当路筑室,得人而与之谋所为,路人之意不同,故不得遂成也。”后用“筑室道谋”比喻自己无主见,却向不相干的人讨教,结果意见不统一,难以成事▷这种事情你们完全可以自己做出决断,征求女方家人的意见,只能是筑室道谋。|公司发展计划,由董事们议定即可,不必与不相干者筑室道谋。

抓耳挠腮 zhuā ěr náo sāi 抓抓耳朵,搔搔腮帮子。形容人在喜悦、焦急、苦闷或

无计可施时的神情▷面对一大堆难题，小李抓耳挠腮。|老师同意明明参加校足球队，明明喜得抓耳挠腮。

专横跋扈 zhuān hèng bá hù 跋扈：霸道，不讲道理。语本《后汉书·梁冀传》：“帝少而聪慧，知冀骄横，尝朝群臣，目冀曰：‘此跋扈将军也。’”后用“专横跋扈”形容专断霸道▷我们共产党的干部，绝不允许专横跋扈，独断专行。|这两个细节，足以反映敌人的专横跋扈。

［提示］横，不读“héng”。

专心致志 zhuān xīn zhì zhì 致：极尽。志：志向，心意。语出《孟子·告子》：“今夫弈(下棋)之为数(技艺)，小数也；不专心致志，则不得也。”后用“专心致志”形容非常专心▷只有专心致志地学习，才有可能取得好成绩。|他正在专心致志地从事一项科研项目。≈聚精会神|全神贯注|心无二用◇心不在焉|魂不守舍|漫不经心|心猿意马。

转败为胜 zhuǎn bài wéi shèng 语本《史记·苏秦列传》：“虽然，智者举事，因祸为福，转败为功。”后用“转败为胜”指将失败转化为胜利▷全场比赛结束时间只剩下不到五分钟，场上比分仍为二比零，客队转败为胜的可能性几乎没有了。|作为一名统兵多年的将军，他善于在不利的情况下转败为胜，因而获得了“常胜将军”的美誉。

转弯抹角 zhuǎn wān mò jiǎo 抹角：挨着墙角绕过去。沿着曲折的道路走。比喻说话做事不直截了当▷一路上转弯抹角，找了老半天，才找到了老中医的家。|你有什么话完全可以直说，用不着转弯抹角。◇直截了当|开门见山。

转危为安 zhuǎn wēi wéi ān 语出汉·刘向《战国策序》：“皆高才秀士，度时君之所能行，行奇策异智，转危为安，运亡为存，亦可喜。”后用“转危为安”指从危险转化为平安▷经过抢救，他的病才转危为安。|多亏援军赶到，情势才转危为安。

装疯卖傻 zhuāng fēng mài shǎ 卖：卖弄。故意装出疯疯癫癫、傻头傻脑的样子▷小说《红岩》中的华子良装疯卖傻，终于逃脱了敌人的魔掌。|这个人装疯卖傻，别理她。

装聋作哑 zhuāng lóng zuò yǎ 假装聋哑。指故意装作不知道▷问你问题，你不正面回答，却在装聋作哑。|对于同学中的不良现象，大家不能装聋作哑，要敢于批评。

装模作样 zhuāng mú zuò yàng 模、样：样子；姿态。指装样子，故作姿态▷他说了谎还装模作样，毫不脸红，让我心里真不好受。|别装模作样了，事情我早就知道了。≈装腔作势|矫揉造作◇堂堂正正|落落大方。

装腔作势 zhuāng qiāng zuò shì 腔：腔调。势：姿势。指故意装出一种腔调或姿态▷他戏演得很像，没有装腔作势的感觉。|你把话讲清楚就是了，何必装腔作势。≈装模作样|搔首弄姿|煞有介事◇雍容典雅|仪态万方|不亢不卑。

装神弄鬼 zhuāng shén nòng guǐ 原指巫师降神的骗人法术。后比喻故意捣鬼以欺人▷那些巫婆专门装神弄鬼，骗取钱财。

壮志凌云 zhuàng zhì líng yún 壮志：宏大的志愿。凌云：直上云霄。语本《汉书·扬雄传》：“往时武帝好神仙，相如上《大人赋》，欲以风(讽)，帝反缥缥有陵

（凌）云之志。”后用“壮志凌云”形容志向宏伟远大▷这一代跨世纪的年轻人，胸襟开阔，壮志凌云。|当年他壮志凌云，奔赴边疆，建设祖国。

壮志未酬 zhuàng zhì wèi chóu 酬：实现。语出唐·李频《春日思归》诗：“壮志未酬三尺剑，故乡空隔万重山。”后用“壮志未酬”形容宏大的志向尚未实现▷这位中年数学家累倒在书桌前，可惜他壮志未酬，便过早地离开了人世。|大桥尚未合龙，李总工程师壮志未酬，在病床上再也躺不住了。

追本溯源 zhuī běn sù yuán 追、溯：追溯。本：根本。源：根源。追溯事物发生的根源▷只有追本溯源，了解这些社会丑恶现象产生的原因，才能制止它。|这些名胜古迹被大肆破坏，追本溯源，不能不归罪于当年的战乱。≈追根究底。

追根究底 zhuī gēn jiū dǐ 底：根的下部。追查事物的根子或底细▷小虎在学习上喜欢追根究底，常常缠着老师问个没完。|这些做新闻记者的，就是喜欢对事情追根究底。≈追本溯源。

追悔莫及 zhuī huǐ mò jí 语本宋·张君彦《云笈七签》卷六〇：“世上之人，多嗜欲伤生伐命，今古共焉，不早自防，追悔何及。”后用“追悔莫及”形容悔恨往事，已无法挽回▷王阿姨一想起在公公生前未能尽孝侍奉，就追悔莫及，心口发痛。|总经理在工作中常需用到英语，想起读书时未下功夫学习英语，以至今日不敷运用，就追悔莫及。

追亡逐北 zhuī wáng zhú běi 亡、北：指战败的逃兵。语本汉·李陵《答苏武书》：“然犹斩将搴旗，追奔逐北。”后用“追亡逐北”形容乘胜追击败逃的敌人▷我军将士个个骁勇无比，追亡逐北，人人争先，敌人溃不成军。|当年戚继光率军抵御倭寇，屡战屡胜，追亡逐北，倭寇望风而逃。≈长驱直入◇望风而逃。

惴惴不安 zhuì zhuì bù ān 惴惴：恐惧担忧的样子。语本《诗经·秦风·黄鸟》：“临其穴，惴惴其栗。”后用“惴惴不安”形容因害怕或担心忧虑而深感不安▷这部书稿已全部写完，但我心里惴惴不安，不知能否得到读者认可？|听说这里要发生地震，大家惴惴不安。≈忐忑不安|坐立不安|心烦意乱◇不动声色|从容不迫。

谆谆告诫 zhūn zhūn gào jiè 谆谆：耐心恳切的样子。语本宋·费衮《梁溪漫志·闲乐异事》：“命诸子、子妇皆坐，置酒，谆谆告戒，家人见公无疾而遽若是，愕眙不知所答。”后用“谆谆告诫”形容耐心而又恳切地劝导▷毕业仪式上，老校长谆谆告诫学生们踏上工作岗位后要将才学奉献给社会，为母校争光。|老将军谆谆告诫部下要和老百姓搞好团结。

谆谆教导 zhūn zhūn jiào dǎo 谆谆：教诲人时恳切而耐心的样子。诚恳的教导▷我们不要忘记老师对我们的谆谆教导，一定要把书读好。|老师的谆谆教导、家长的殷切希望，一直是我们认真学习的动力。

捉襟见肘 zhuō jīn xiàn zhǒu 襟：衣服的前面部分。见：同“现”，显露。拉一下衣襟，就露出了胳膊肘。语本《庄子·让王》：“曾子居卫，十年不制衣，正冠而缨绝，捉衿而肘见。”原形容衣衫褴褛，生活穷困。后用“捉襟见肘”比喻顾此失彼，难以应付▷小摊前坐了一个十三四岁的女孩，穿着一件捉襟见肘

的旧衣服。|生活阅历缺乏，写作时就难免有捉襟见肘之感。≈左支右绌◇游刃有余。

［提示］见，不读“jiàn”。

捉摸不定 zhuō mō bù dìng 捉摸：猜测，预料。形容猜测不透▷夏天的天气让人捉摸不定。|这次考试中小张作弊，这几天他心神不宁，因为他捉摸不定校方是否会给他何种处分。

卓尔不群 zhuó ěr bù qún 卓尔：高高地突出的样子。不群：与一般人不一样。语出《汉书·景十三王传赞》：“夫唯大雅，卓尔不群，河间献王近之矣。”后用“卓尔不群”形容才智德行超出一般人▷先生的道德文章卓尔不群，令人钦敬。|那些自少娇生惯养、不知艰难困苦为何物的青少年，将来很难成为卓尔不群的人才。≈超群绝伦|出类拔萃◇碌碌无能。

卓有成效 zhuó yǒu chéng xiào 卓：突出，卓越。有突出的成绩及显著的效果▷自实行新的管理制度和分配制度后，这个厂的生产卓有成效。|他卓有成效的科研工作，赢得了全研究所员工的信任。≈立竿见影◇一事无成。

斫轮老手 zhuó lún lǎo shǒu 斫轮：砍木头做车轮。语本《庄子·天道》：“是以行年七十而老斫轮。”后用“斫轮老手”指经验丰富、技艺高超的人▷张师傅做了四十几年的钳工，是个斫轮老手。|才二十几岁的人就自以为是斫轮老手，真是太骄傲了。

着手成春 zhuó shǒu chéng chūn 着手：动手。语见唐·司空图《二十四诗品·自然》：“俯拾即是，不取诸邻，俱道适往，着手成春。如逢花开，如瞻岁新。”原指写诗得心应手，格调清新自然。后用“着手成春”比喻医生医术高明，手到病除▷孙医生医术高明，着手成春，慕名前来的病人很多。|我万分感谢着手成春的仁济医院大夫治好了父亲的顽疾。≈妙手回春。

擢发难数 zhuó fà nán shǔ 擢发：拔下头发。拔下头发虽多，也难以数清罪行。语本《史记·范雎蔡泽列传》：“雎（范雎）曰：‘汝罪有几?’［须贾］曰：‘擢贾之发，以赎贾之罪，尚未足。’”后用“擢发难数”形容罪行多得数不清▷日本帝国主义在华的暴行擢发难数。|汪精卫政权的卖国罪行擢发难数。≈罪恶滔天。

［提示］发，不读“fā”。

孜孜不倦 zī zī bù juàn 孜孜：勤勉的样子。语出《三国志·蜀书·向朗传》：“自去长史，优游无事垂三十年，乃更潜心典籍，孜孜不倦。”后用“孜孜不倦”形容勤奋努力而不知疲倦▷李老师几十年如一日，孜孜不倦地工作，培养了一批又一批人才。|她孜孜不倦地学习，短短两年就基本掌握了英语。

孜孜矻矻 zī zī kū kū 孜孜、矻矻：均形容勤勉的样子。语出唐·韩愈《争臣论》：“自古圣人贤士皆非有求于闻用也，闵其时之不平，人之不义，得其道，不敢独善其身，而必以兼济天下也。孜孜矻矻，死而后已。”后用“孜孜矻矻”形容勤勉不懈怠▷小强总是认认真真，孜孜矻矻，因此他的学习成绩在班上名列前茅。|他工作一向孜孜矻矻，至少我是这样认为的。

趑趄不前 zī jū bù qián 趑趄：想前进又不敢前进的样子。语本《周易·夬》：“臀

无肌，其行次且。”次且：同“趑趄”。后用“趑趄不前”形容迟疑不敢前进▷这几个学生在办公室前趑趄不前，不知道要不要把这件事告诉老师。|你既然爱上了那姑娘，就应该大胆地向她坦露心迹，何必趑趄不前！≈踌躇不前◇勇往直前|一往无前。

锱铢必较 zī zhū bì jiào 锱、铢：古代六铢等于一锱，二十四铢为一两，指轻微不足道的东西。对锱铢这么小的数量也要计较。形容人斤斤计较，吝啬刻薄▷他为人刻薄，锱铢必较，同事们都怕与他交往。|都是知己好友，这些钱你拿去用，何必锱铢必较。

龇牙咧嘴 zī yá liě zuǐ 龇：露齿。露齿张口。形容痛苦难忍或凶狠的样子▷开水溅到了他的脚上，他疼得龇牙咧嘴。|别看那只老虎很小，还挺凶呢，一逗它就龇牙咧嘴，怪吓人的。

子虚乌有 zǐ xū wū yǒu 子虚、乌有：虚构的人物。语本汉·司马相如《子虚赋》：“楚使子虚使于齐，王悉发车骑，与使者出畋。畋罢，子虚过奼乌有先生，亡是用存焉。”后用“子虚乌有”形容虚构的、不存在的事物▷陶渊明笔下的“桃花源”原本子虚乌有，只是他向往的社会理想而已。|孩子们的兴趣，有时会从现代转入子虚乌有的幻想世界。

子曰诗云 zǐ yuē shī yún 子：孔子。曰：说。诗：《诗经》。泛指儒家经典里的话▷小陈年纪不大，但读书不少，说起话来满口子曰诗云的。|一个刚会说话的小孩，怎么能叫他张口闭口子曰诗云呢？

自暴自弃 zì bào zì qì 暴：糟蹋，损害。弃：抛弃，鄙弃。语本《孟子·离娄上》：“自暴者，不可与有言也；自弃者，不可与有为也。”后用“自暴自弃”形容自己轻视并糟蹋自己，甘于落后▷成绩不好，只要努力总能提高，自暴自弃是不可取的。|别人怎么劝都不行，他还是自暴自弃。≈妄自菲薄|自轻自贱|心灰意懒◇自高自大|力争上游|奋发有为。

自惭形秽 zì cán xíng huì 惭：惭愧。形秽：体态丑陋。羞愧自己的容貌举止不如别人。语本南朝宋·刘义庆《世说新语·容止》：“骠骑王武子，是卫玠之舅，俊爽有风姿，见玠辄叹曰：‘珠玉在侧，觉我形秽。’”后用“自惭形秽”指与人相比，自愧不如▷不知是自惭形秽，还是害羞，我在他面前言谈举止总不自然。|对照书法家写的字，我这个书法业余爱好者自惭形秽。

自成一家 zì chéng yī jiā 语出《汉书·司马迁传》：“亦欲认究天人之际，通古今之变，成一家之言。”后用“自成一家”指在学问、技艺上有创新的见解或风格，能自成体系▷他的根雕作品线条粗犷，能别开生面，自成一家。|他的中西医结合治疗癌症的理论和方法自成一家，受到国际同行的瞩目。

自出机杼 zì chū jī zhù 机：织布机。杼：织布机上的梭子。机杼：比喻诗文的构思和立意。语出《魏书·祖莹传》：“文章须自出机杼，成一家风骨，何能共人同生活也。”后用“自出机杼”形容创造出自己独特的风格和意境▷他的建筑设计既大胆吸收，又自出机杼，很有创意。|陆游的诗原是学杜甫的，中年以后则自出机杼，形成了自己的风格。≈别出心裁◇照猫画虎。

自吹自擂 zì chuī zì léi 擂：击鼓。自己吹喇叭，自己打鼓。比喻自我吹嘘炫耀

▷成绩是明摆着的，自吹自擂反而令人讨厌。|敌人攻占了我军故意放弃的山头，自吹自擂"取得了关键性胜利"，可是在我军炮火的猛烈轰击下，他们转而又哀叹"实在难以抵挡"。≈自鸣得意|自我陶醉|忘乎所以◇不矜不伐|功成不居|自知之明。

自得其乐 zì dé qí lè 自己从中体会到乐趣。形容自在得意的情态▷老夫妻俩开个小铺子，衣食无愁，倒也自得其乐。|看到孩子们在水中自得其乐的样子，我也忍不住跳下水去畅游一番。≈悠然自得◇自找苦吃。

自高自大 zì gāo zì dà 把自己看得很高大。语本北齐·颜之推《颜氏家训·勉学》："见人读数十卷书，便自高大，凌忽长者，轻慢同列。"后用"自高自大"形容自以为了不起，看不起人▷自高自大实际上是一种自私自利的表现。|一个自高自大的人是很难进步的。≈妄自尊大|夜郎自大|恃才傲物◇自惭形秽|谦虚谨慎|不骄不躁。

自告奋勇 zì gào fèn yǒng 告：表示，请求。奋勇：鼓起勇气。自己主动要求承担某项艰难的任务▷为了完成侦察任务，上尉自告奋勇，深入敌人的心脏地区。|我自告奋勇地参加接力比赛。≈挺身而出|毛遂自荐◇畏缩不前。

自顾不暇 zì gù bù xiá 暇：空闲。自己考虑自己都来不及。多指无暇照顾别人▷他已经下岗，自顾不暇，你怎么能再去麻烦他呢？|最近事情集中在一起，我自顾不暇，实在无法陪你去逛商场。

自给自足 zì jǐ zì zú 给：供给。依靠自己的生产，满足自己的需要▷经过几年奋斗，一些贫困地区的农村，基本能自给自足。|我们的轻工业产品不仅要做到自给自足，而且还要大量出口。≈自食其力|人给家足|自力更生◇供过于求|入不敷出|捉襟见肘。

[提示]给，不读"gěi"。

自觉自愿 zì jué zì yuàn 自己认为本该如此而情愿（去做）▷这次捐款是自觉自愿的，我们不搞强行摊派。|居委会的几位退休老人自觉自愿组成普法小组，为社区居民服务。

自掘坟墓 zì jué fén mù 自己为自己挖掘坟墓。语本《三国志·蜀书·先主传》裴松之注引晋·葛洪《神仙传》："先主欲伐吴，遣人迎意其。意其到，先主礼敬之，问以吉凶。意其不答而求纸笔，画作兵马器仗数十纸已，便一一以手裂坏之，又画作一大人，掘地埋之，便径去。先主大不喜。而自出军征吴，大败还，忿耻发病死，众人乃知其意。其画作大人而埋之者，即是言先主死意。"后用"自掘坟墓"比喻自己走上绝路▷他承包大桥工程后，偷工减料，违章施工，其后果无异自掘坟墓。|贩毒吸毒无异自掘坟墓，为一切正派人所不齿。≈自取灭亡。

自愧弗如 zì kuì fú rú 弗如：不如，比不上。语本《战国策·齐策一》："明日徐公来，熟视之，自以为不如。"后用"自愧弗如"指自感比不上别人而内心惭愧▷小李的一手书法十分漂亮，小王自愧弗如，十分羡慕。|中日围棋擂台赛日方连负五届，自愧弗如的日本棋界深刻检讨，寻找重新奋起的良策。≈自惭形秽◇妄自尊大。

自力更生 zì lì gēng shēng 更生：重新获得生命力或活力。不仰仗外力，依靠自己的力量把事情办好▷全校师生自力更生，在暑假里建造了新操场。≈自食其力｜白手起家｜自给自足◇寄人篱下｜仰人鼻息。

自立门户 zì lì mén hù 门户：人家。语本《旧唐书·韦云起传》："今朝廷之内，多山东人，而自作门户，更相剡荐，附下罔上，共为朋党。"后用"自立门户"比喻自己创立派别或结成宗派。也指自建家庭▷原来与我合作的几个人，如今已自立门户，专门搞动画片。｜现在的年轻人独立意识越来越强，结婚后大多自立门户。≈自成一家。

自鸣得意 zì míng dé yì 鸣：表示，以为。得意：心满意足。语见明·沈德符《万历野获编·词曲》："一日，遇屠于武林，命其家僮演此曲。挥策四顾，如辛幼安之歌千古江山，自鸣得意。"后用"自鸣得意"表示对自己十分满意与欣赏▷正在窃贼为得手而自鸣得意的时候，突然出现的警察吓得他目瞪口呆。｜这种无聊小报，以刊登黄色小道消息而自鸣得意，格调实在低下。≈得意忘形｜得意洋洋◇灰心丧气｜垂头丧气。

自命不凡 zì mìng bù fán 命：以为。凡：平凡。自以为不平凡。形容骄傲自满，自以为高人一等▷小张在报上发表了一篇小文章，便有些自命不凡起来。｜自命不凡的人往往更容易遭受挫折。≈妄自尊大◇自惭形秽｜自愧弗如。

自欺欺人 zì qī qī rén 语本《礼记·大学》："所谓诚其意者，毋自欺也。"又，宋·朱熹《朱子语类·大学五》："固说自欺欺人，曰：欺人亦是自欺，此又是自欺之甚者。"后用"自欺欺人"形容既欺骗自己，又欺骗别人▷这件事已经完全没有指望，你别自欺欺人了。｜有人宣称，中国的问题只能靠引进外国的模式来解决，那完全是自欺欺人之谈。≈掩耳盗铃。

自强不息 zì qiáng bù xī 语出《周易·乾》："天行健，君子以自强不息。"后用"自强不息"形容自己努力向上，决不止息▷一辈子坚持自学的人也是一辈子自强不息的人。｜只要我们上下同心，自强不息，中华民族必将屹立世界民族之林。≈坚韧不拔｜愚公移山◇半途而废｜不求上进。

自轻自贱 zì qīng zì jiàn 贱：轻视。自己看不起自己▷每一个人都应该恰如其分地估量自己的能力，既不要自视过高，以致自命不凡；也不应自估过低，以致自轻自贱。｜一个人自高自大不对，自轻自贱也不好。

自取灭亡 zì qǔ miè wáng 取：招致。语出《阴符经》卷下："沉水入火，自取灭亡。"后用"自取灭亡"形容自己的行为导致自己灭亡▷这个独裁者利令智昏，悍然出兵邻国，受到国际社会的一致谴责，结果只能自取灭亡。｜谁敢逆历史潮流而动，必然自掘坟墓，自取灭亡。≈咎由自取。

自然而然 zì rán ér rán 自然：不经人力干预、自由发展的。语出宋·苏轼《经说·易解十八变而成卦八变而成小卦》："且夫自然而然者，天地且不能知，而圣人岂得与于其间而制其予得哉？"后用"自然而然"指不经外力作用而如此▷时间一长，这件事就自然而然地被人淡忘了。｜两人谈了几年朋友，感情日渐亲密，自然而然地到了谈婚论嫁的时候了。

自生自灭 zì shēng zì miè 自然地生长，又自然地灭亡。语出唐·白居易《山中五绝句·岭上云》："自生自灭成何事，能逐

Z

东风作雨无?”后用“自生自灭”形容不加干预,任其自然发展▷这一片杉树林几百年间一直长在这山谷中,无人注意,自生自灭。|对这些无名作者,文学刊物要大力扶持,让他们成熟起来,千万不能任其自生自灭。≈听之任之|听天由命。

自食其果 zì shí qí guǒ 果:后果。自己做了坏事、错事,由自己承受不良后果▷他诬陷、打击别人,反而自食其果,暴露了自己卑劣的灵魂。|当时,我劝你别管,你却非要去管,如今焦头烂额,真是自食其果。≈自作自受|咎由自取|作茧自缚|作法自毙|玩火自焚。

自食其力 zì shí qí lì 语出《礼记·礼器》“食力无数”陈澔集说:“食力,自食其力之人。”后用“自食其力”指依靠自己的劳动来谋生▷我们要成为自食其力的劳动者。|你不要一味地依赖父母,要努力成为一个自食其力的人。≈自力更生|白手起家|自给自足◇不劳而获|坐享其成|寄人篱下|仰人鼻息。

自食其言 zì shí qí yán 自己说的话不算数。语出宋·欧阳修《六一居士传》:“是将违其素至而自食其言。”后用“自食其言”形容不讲信用▷他屡次自食其言,在同事中已失去了信用。|我已经答应代朋友抚养遗孤,怎能自食其言?≈言而无信|食言自肥◇言而有信|一诺千金。

自始至终 zì shǐ zhì zhōng 终:结束,终结。从开始到结束。语出《宋书·谢灵运传》:“以晋氏一代,自始至终,竟无一家之史,令灵运撰《晋书》。”后用“自始至终”表示前后一贯▷从小学到大学,他自始至终努力学习,成绩名列前茅。|从会议开始到结束,被宣布免职的总经理自始至终不发一言。◇有始无终|半途而废|虎头蛇尾。

自私自利 zì sī zì lì 语本《晋书·潘尼传》:“忧患之接,必生于自私,而兴于有欲。”后用“自私自利”指只考虑自身利益,毫不顾及他人▷全班同学团结友爱,没有一点自私自利的心思,这是很不容易的。|自私自利的人是很难和大家和睦相处的。≈私心杂念|一毛不拔◇大公无私|公正无私|先人后己。

自讨苦吃 zì tǎo kǔ chī 讨:招惹。自己给自己惹麻烦▷原本是很好的事,可他就是不听别人的意见,结果弄糟了,真是自讨苦吃。|谁要是做了违法违纪的事,结果当然是自讨苦吃。

自投罗网 zì tóu luó wǎng 罗网:捕捉禽兽、鱼类的工具。自己投入罗网。语本三国魏·曹植《野田黄雀行》:“不见篱间雀,见鹞自投罗。”后用“自投罗网”比喻自己上当或送死▷走私贩子一上岸就自投罗网,被边防军捕获。|不用脑子,一味轻信,自然会自投罗网,受骗上当。

自我陶醉 zì wǒ táo zuì 沉浸在某种境界或情绪中而盲目地自我欣赏▷郭老师渐渐激昂起来,显出自我陶醉的神气。|沈老伯常自我陶醉在自己创作的诗词中,有时还摇头摆脑地吟诵起来。◇自轻自贱。

自相残杀 zì xiāng cán shā 语本《晋书·石季龙载记下》:“季龙十三子,五人为冉闵所杀,八人自相残害。”后用“自相残杀”形容自己人之间互相攻杀残害▷大敌当前,不团结御侮而自相残杀,等于陷国家民族于危亡的境地中。|昨晚街上黑社会团伙间自相残杀,枪声响了半夜。≈同室操戈◇同仇敌忾。

自相矛盾 zì xiāng máo dùn 矛:古代进攻用的武器。盾:古代防御用的武器。

《韩非子·难一》载：有一个人卖矛和盾。先夸他的盾最坚固，什么武器也戳不破它；又夸他的矛最锐利，什么东西都能刺穿。有人问他，拿你的矛来刺你的盾怎么样呢？那人便没法回答了。后用“自相矛盾”比喻自己前后言行互相抵触▷上午你说你有钱，现在又向我借钱，你这不是自相矛盾吗？｜制度规定不能迟到，但你又说晚几分钟到也是可以谅解的，这岂不是自相矛盾？

自行其是 zì xíng qí shì 行：做（事）。是：认为对的事。做自认为是对的事情。形容听不进别人的话，固执己见▷小王在工作上倒是挺投入的，可就是有时候会自行其是。｜对年轻人来说，自行其是可不好。

自寻烦恼 zì xún fán nǎo 自己给自己带来不必要的烦恼▷孩子已经大了，他们的事自己会处理，做父母的何必事事包办，自寻烦恼？｜你只是有一些炎症，没什么危险，你不必自寻烦恼，忧心忡忡。≈自讨苦吃。

自言自语 zì yán zì yǔ 自己对自己说话。形容人在异常的心情下所表现出的一种情态▷“该怎么办？”他边走边自言自语。｜他成了一个形单影只，只会自言自语、孤苦伶仃的人。

自以为是 zì yǐ wéi shì 是：正确。自己认为自己正确。语出《孟子·尽心下》：“自以为是，而不可与入尧舜之道，故曰德之贼也。”后用“自以为是”形容主观性强，不虚心▷总是自以为是，样样都认为自己正确，这样的人永远不会进步。｜明明自己做错了事，还自以为是，拒绝批评。≈刚愎自用｜我行我素◇虚怀若谷。

自由自在 zì yóu zì zài 语见宋·释道原《景德传灯录·衡州华光范禅师》：“问：‘牛头未见四祖时如何？’师曰：‘自由自在。’曰：‘见后如何？’师曰：‘自由自在。’”后用“自由自在”形容无拘无束、安闲舒适的样子▷退休的老人们大多自由自在，自得其乐。｜池塘中的鱼在水中自由自在地游来游去，十分悠闲。≈无拘无束。

自圆其说 zì yuán qí shuō 圆：使圆满，使周全。做出解释，使自己的说法没有矛盾或破绽▷他对自己迟到原因的解释难以自圆其说，受到老师的批评。｜这本杂志能容纳多种不同意见，只要文章的观点能自圆其说，他们就刊出。≈无懈可击◇自相矛盾。

自怨自艾 zì yuàn zì yì 艾：惩治。悔恨自己的错误，愿意改正。语出《孟子·万章上》：“三年，太甲悔过，自怨自艾，于桐处仁迁义。”后用“自怨自艾”指自我悔恨▷事情已经发生了，一味自怨自艾也于事无补。｜老大娘又要带小孙子，又要照顾生病的老爱人，忙得她够呛，这几天终日自怨自艾。◇怨天尤人。

［提示］艾，不读“ài”。

自知之明 zì zhī zhī míng 自知：自己了解自己。明：聪明。语本《老子》三三章：“知人者智，自知者明。”后用“自知之明”形容对自己有正确的认识和估价▷人贵有自知之明。｜阿斗知道自己平庸无能，所以政事全交给诸葛亮，由他去治理国家，说明阿斗还有点自知之明。

自作聪明 zì zuò cōng míng 自以为聪明。语本《尚书·蔡仲之命》：“康济小民，率自中，无作聪明，乱旧章。”后用“自作聪明”指处事轻率逞能，自以为是▷他根

本不了解情况，就自作聪明地向父亲解释妹妹没去学校的原因。|你不懂机械，不要自作聪明地乱修乱拆。

自作自受 zì zuò zì shòu 自己做下善、恶等行为，自己承受乐、苦等报应。语本《楞严经》卷八："自妄所招，还自来受。"后用"自作自受"指自己做的事还由自己来承受。多指自己做下坏事、蠢事，仍由自己去承受恶果▷那个高官贪欲膨胀，大肆贪污挥霍，结果受到法律的制裁，这完全是自作自受。|他不听别人劝告，喜欢做危险动作，结果自作自受，摔断了腿。≈自食其果|咎由自取|作茧自缚。

字里行间 zì lǐ háng jiān 字里：词语里面。行间：一行行文字中间。指字句之间。语本南朝梁·萧绎《答新渝侯和诗书》："垂示三首，风云吐于行间，珠玉生于字里。"后用"字里行间"多指文章字句中间隐约透露出的某种意思或感情▷这封信的字里行间，透露出一位爱国知识分子报国无门的愤懑。|这篇小说的字里行间，略带些古朴气息，作者可能是有些旧学修养的人。

字斟句酌 zì zhēn jù zhuó 对一字一句都仔细推敲、考虑。形容慎重、认真的说话和写作态度▷王校长的报告真是字斟句酌，条理严谨。≈咬文嚼字◇一挥而就。

字字珠玑 zì zì zhū jī 玑：不圆的珠子。每个字都像珍珠一样宝贵。形容文章优美▷唐宋八大家的文章字字珠玑，千百年来为人们传诵。|老张的文章虽不能说字字珠玑，但也颇有可观之处。

恣意妄为 zì yì wàng wéi 恣意：任意。妄为：胡作非为。语本《汉书·杜周传》："[曲阳侯]知赵昭仪杀皇子，不辄白奏，反与赵氏比周，恣意妄行。"后用"恣意妄为"形容任意胡作非为▷由于总经理恣意妄为，给公司造成了极大的损失。|恣意妄为的流氓团伙终于受到了应得的惩罚，社区的治安恢复了正常。≈为所欲为|肆意妄行◇安分守己|循规蹈矩。

总而言之 zǒng ér yán zhī 总：总括。语出《周易·系辞上》"一阴一阳之谓道"唐·孔颖达疏："以数言之谓之一，以体言之谓之无……总而言之，皆虚无之谓也。"后用"总而言之"指总括起来说▷他说话冒失，不看场合对象，总而言之，这个人很鲁莽。|总而言之，王老师对全班同学的关心和爱护，得到众口一词的称赞。

总角之交 zǒng jiǎo zhī jiāo 总角：古时小孩把头发梳成左右两个髻，泛指童年。语本《诗经·齐风·甫田》："总角丱兮。"丱(guàn)：儿童束发成两角的样子。后用"总角之交"形容童年时代结成的友谊▷他们两人是我读小学时的总角之交，所以特别有感情。|两个总角之交又结成秦晋之好，真是天作之合。

纵横捭阖 zòng héng bǎi hé 纵横：指战国时期策士"合纵"或"连横"的主张。捭：分开。阖：关闭，合拢。本指战国时六国与秦国所分别采用的策士提供的斗争策略。后用"纵横捭阖"比喻在政治、外交或人际关系上运用分化或拉拢的手段▷希特勒运用纵横捭阖的手段，很快占领了半个欧洲。|每当历史大动荡时期，总有一些纵横捭阖之士活跃于政治舞台。

纵横驰骋 zòng héng chí chěng 纵：南北方向。横：东西方向。驰骋：骑马奔驰。放马奔驰，毫无阻挡。形容战斗时英勇无敌。也形容文艺创作不受拘

Z

束,尽情发挥▷复仇的健儿们纵横驰骋,扫荡残敌。|作家应当有自在翱翔、纵横驰骋的广阔天地。

纵横交错 zòng héng jiāo cuò 纵:南北方向。横:东西方向。错:交叉。横竖互相交叉。语出宋·吕祖谦《东莱博议》卷一一:"陪洙泗之席者,入耳皆德音,纵横交错。"后用"纵横交错"形容事物或情况复杂▷这里地形复杂,河流沟渠纵横交错。|这是一个大家庭,几代人的关系纵横交错。≈犬牙交错|错综复杂◇整齐划一|井井有条|井然有序。

走马观花 zǒu mǎ guān huā 走马:骑着马跑。原形容得意之情及游赏之乐。语本唐·孟郊《登科后》诗:"春风得意马蹄疾,一日看尽长安花。"后用"走马观花"比喻对事物未作仔细深入的观察▷书市上的书真多,时间来不及了,只能走马观花。|走马观花和不求甚解地读书,肯定不会有收获。≈浮光掠影。

走马上任 zǒu mǎ shàng rèn 新官快速上任。也泛指接受某项新工作▷张先生的新职务是公司总经理,明天就要走马上任。|同学们热情欢迎新班主任走马上任。

走南闯北 zǒu nán chuǎng běi 形容阅历广,到过很多地方▷几十年来,他走南闯北,吃过很多苦。|这年月,女人跟男人一样,可以走南闯北的。

走投无路 zǒu tóu wú lù 没有地方可以投奔。形容陷入绝境▷林冲被高俅逼得走投无路,只得投奔梁山。|一只被围困而走投无路的野狼,发出撕心裂肺的嗥叫。≈穷途末路|日暮途穷|山穷水尽◇康庄大道|阳关大道。

足不出户 zú bù chū hù 不走出房门。语本《南齐书·何求传》:"[何求]居波若寺,足不逾户,人莫见其面。"后用"足不出户"形容闭门不出▷足不出户,怎么能了解国外的先进经验和技术?|年纪大了,要经常外出走走,足不出户有害健康。

足智多谋 zú zhì duō móu 足:多。形容人多智术,善谋划▷这位将军在军事上足智多谋,又是出色的政治家、外交家。|这是一位足智多谋的领导,再大的困难也难不倒他。≈老谋深算|才智过人|精明强干◇一无所长|黔驴技穷|碌碌无能。

钻头觅缝 zuān tóu mì fèng 觅:寻找。比喻千方百计地寻找机会或门路▷这个商人钻头觅缝地寻找货源,以图在春节赚一笔钱。|这人有钻头觅缝的本领,总能弄到他想要的东西。≈无孔不入。

罪不容诛 zuì bù róng zhū 诛:处死。判处死刑都不足以抵偿。语本《孟子·离娄上》:"杀人盈城,此所谓率土地而食人肉,罪不容于死。"后用"罪不容诛"形容罪恶极大▷这些犯罪分子杀人、抢劫、贩毒,罪不容诛,将受到法律的严惩。

罪大恶极 zuì dà è jí 语出宋·欧阳修《纵囚论》:"信义行于君子,而刑戮于小人。刑入于死者,乃罪大恶极,此小人之尤甚者。"后用"罪大恶极"指罪恶大到了极点▷这种人罪大恶极,丧尽天良,无异于禽兽。|主和派把这么广大的国土一夜之间送给了敌人,真是罪大恶极。≈恶贯满盈|罪恶滔天|罪莫大焉◇功盖天地|丰功伟绩。

罪恶滔天 zuì è tāo tiān 滔天:充满天地。语本唐·刘知几《史通·人物》:"若斯人者,或为恶纵暴,其罪滔天,或累仁积德,其名盖世。"后用"罪恶滔天"形容

罪恶极大▷在解放战争时期，此人逮捕、残害了不少共产党员，罪恶滔天。|这帮奸臣搞得国无宁日，真是罪恶滔天。

罪恶昭彰 zuì è zhāo zhāng 彰：显著。罪恶十分明显▷对这些危害正常社会秩序、罪恶昭彰的犯罪分子，必须依法给予严惩。|这伙流氓作恶多端，罪恶昭彰，早就应该受到法律的惩处。≈罪恶滔天。

罪该万死 zuì gāi wàn sǐ 万死：形容坏到极点，处死一次还不足抵罪。语本《汉书·东方朔传》："粪土愚臣，忘生触死，逆盛意，犯隆指，罪当万死。"后用"罪该万死"形容罪恶极大▷法西斯实行种族灭绝政策，大肆屠杀犹太人，真是罪该万死。|这个罪该万死的逆子竟把亲生母亲虐待致死。≈罪不容诛|十恶不赦。

罪魁祸首 zuì kuí huò shǒu 魁：为首的。指作恶犯罪的为首分子▷宋江主张受招安，是梁山起义失败的罪魁祸首。|英国疯牛病流行，真正的"罪魁祸首"是带菌的牛。≈元恶大憝。

罪孽深重 zuì niè shēn zhòng 孽：罪恶，罪过。罪恶极重▷这个战犯自知罪孽深重，难逃法网，只得饮弹自杀。|这些文物贩子竟把古佛像的头割下走私海外，真是罪孽深重。

罪有应得 zuì yǒu yīng dé 罪：惩处，判罪。犯了罪受到了应有的惩罚▷这伙流氓分子扰乱社会秩序，受到法律的制裁，真是罪有应得。|他们平时利用职权谋取私利，今天受到了处分，是罪有应得，不值得怜悯。≈咎由自取|罪有攸归|玩火自焚◇逍遥法外|溜之大吉|逃之夭夭。

醉生梦死 zuì shēng mèng sǐ 像喝醉酒和做梦那样浑浑噩噩地生活。语出宋·阳枋《与赵明远书》："人生世间，光景无多，而汩没利名，蔽囿缠缚，自少至老，只在大黑暗中啾啾杂杂，未尝见一点光明，所谓醉生梦死，意何谓耶？"后用"醉生梦死"形容昏庸颓废、糊里糊涂过日子▷人无论多大年纪，都应该有志气、有朝气，不能醉生梦死，虚度年华。≈浑浑噩噩|花天酒地|纸醉金迷◇朝气蓬勃|发扬蹈厉|只争朝夕。

尊师重道 zūn shī zhòng dào 语出《礼记·学记》："凡学之道，严师为难。师严然后道尊，道尊然后民知劝学。"郑玄注："尊师重道焉，不使处臣位也。"后用"尊师重道"指尊重师长及其所传授的道理▷为了建设有中国特色的社会主义，发展我国教育事业，必须提倡尊师重道。

左顾右盼 zuǒ gù yòu pàn 顾、盼：看。左看看，右看看。形容洋洋得意的样子。语出唐·李白《走马赠独孤驸马》诗："都尉朝天跃马归，香风吹人花乱飞。银鞍紫鞚照云日，左顾右盼生光辉。"后用"左顾右盼"形容心怀顾虑，迟疑不决▷游人左顾右盼，指点相呼，全然沉浸在优美的景色之中。|那些三心二意，左顾右盼，连自己都不相信的人，怎么能写出好的作品？≈瞻前顾后|举棋不定|优柔寡断◇当机立断|毅然决然。

左邻右舍 zuǒ lín yòu shè 住所周围的邻居。也比喻事物的各个方面▷年终该发多少奖金，要考虑到与左邻右舍其他部门的平衡。|生活在一个院子里，左邻右舍要搞好团结。

左思右想 zuǒ sī yòu xiǎng 比喻反复思考，想得很多▷厂长左思右想，决定还是亲自出马与外商谈判。|姑娘左思右想，还是不明白男朋友离她而去的原因。≈千

Z

思万想｜思前想后◇不假思索。

左图右史 zuǒ tú yòu shǐ 史：史书。左面放着地图，右边放着史书。语出《新唐书·杨绾传》："性沉靖，独处一室，左图右史，凝尘满席，澹如也。"后用"左图右史"形容嗜书好学▷这位大教授的书房里左图右史，是教授著书立说的地方。｜老人年逾六十，犹左图右史，沉潜于学问。≈坐拥书城。

左右逢源 zuǒ yòu féng yuán 逢：遇到。源：水源。语本《孟子·离娄下》："资之深，则取之左右逢其原。"后用"左右逢源"比喻读书做学问，功夫到了家，自然会处处得益。也比喻做事十分顺利，得心应手▷书读多了，阅历广了，写起文章来，就会有左右逢源之感。｜由于老王朋友多，做什么事都左右逢源。◇左支右绌。

左右开弓 zuǒ yòu kāi gōng 开弓：射箭。左右手都能射箭。比喻双手都能操作或几方面同时做某件事▷技术表演赛上，他不慌不忙，左右开弓，娴熟地操作。｜他第一次做了犯法的事，后悔极了，左右开弓打自己的耳光。

左右为难 zuǒ yòu wéi nán 两面为难。指处于某一困境，不易做出决定▷这个主意好，替我解决了一个左右为难的大问题。｜工期紧而材料又不能及时运到，要按时完成任务，让人左右为难。

左支右绌 zuǒ zhī yòu chù 支：支持。绌：不足。左面支持住了，右边又短缺了。语本《史记·周本纪》："非我能教子支左绌右也。"后用"左支右绌"形容因财力不足或力量不支而穷于应付，顾此失彼▷她孤身一人带一双儿女，难免感到左支右绌。｜连续几年的巨额赤字，弄得政府财政左支右绌。◇左右逢源。

作恶多端 zuò è duō duān 端：方面。形容干了许多坏事▷在追捕中，作恶多端的流窜抢劫犯袭警拒捕，被武警战士当场击毙。｜这个恶棍横行一方，作恶多端，老百姓恨得咬牙切齿。≈无恶不作｜胡作非为｜为非作歹｜为所欲为◇乐善好施｜助人为乐。

作法自毙 zuò fǎ zì bì 制定法令的人死在自己制定的法令之下。语本《史记·商君列传》："[秦惠王]发吏捕商君。商君亡至关下，欲舍客舍。客人不知其是商君也，曰：'商君之法，舍人无验者坐之。'商君喟然叹曰：'嗟乎！为法之敝，一至此哉！'"后用"作法自毙"形容自作自受▷这件事他不用怨天尤人，他这是作法自毙，自作自受。｜在公司职工代表大会上，总经理拒不接受代表提出的公司领导实行目标管理和风险抵押的提议，认为这将是作法自毙。≈自作自受。

作奸犯科 zuò jiān fàn kē 科：法令，条律。语出三国蜀·诸葛亮《前出师表》："若有作奸犯科及为忠善者，宜付有司论其刑赏。"后用"作奸犯科"指为非作歹，触犯法律▷无原则地溺爱孩子，很容易使青少年逐渐走向作奸犯科的道路。｜无论官职大小，作奸犯科，就应予以严惩。

作茧自缚 zuò jiǎn zì fù 缚：捆绑。蚕吐丝作茧，把自己缠裹在内。语出唐·白居易《江州赴忠州五十韵》："烛蛾谁救护？蚕茧自缠萦。"后用"作茧自缚"比喻自己为自己制造困难，使自己深受其苦▷制定的规章制度切不可过于繁琐，以免作茧自缚。｜我们要改变过去那种"作茧自缚"式的只钻研理论、不去实践的学习方式。

作威作福 zuò wēi zuò fú 威：权威。福：赏赐。语本《尚书·洪范》："惟辟作福，惟辟作威，惟辟玉食；臣无有作福、作威、玉食。"原指只有君主专握赏罚之柄。后用"作威作福"指滥用权力，仗势欺人▷干部是人民的公仆，决不允许凌驾于群众之上，作威作福。｜这个流氓平时横行乡里，作威作福，今天终于受到了法律的制裁。≈胡作非为｜横行霸道｜无法无天。

坐不安席 zuò bù ān xí 席：座席。语出《史记·项羽本纪》："且国兵新破，王坐不安席，扫境内而专属于将军。国家安危，在此一举。"后用"坐不安席"形容坐立不安▷妻子被推入产房分娩，做丈夫的坐不安席，焦虑不安。｜儿子出门旅行一星期还未回来，母亲坐不安席，唯恐他路上出事。≈坐立不安◇处之泰然。

坐吃山空 zuò chī shān kōng 形容只消费而不生产，即使有堆积如山的财富也会被用光▷这几年他游手好闲，坐吃山空，把几十万遗产挥霍殆尽。｜这几个败家子一无所长，只是坐吃山空，能有什么前途！

坐地分赃 zuò dì fēn zāng 赃：偷盗来的财物。不亲自参加偷盗或抢劫而分到赃物▷在这个犯罪团伙中，几个坐地分赃的同伙，也被判三至五年的徒刑。｜几个窃贼正在桥下坐地分赃，被从天而降的警察人赃俱获。

坐而论道 zuò ér lùn dào 王公大臣陪侍帝王议论政事。语出《周礼·冬官·考工记》："坐而论道，谓之王公；作而行之，谓之士大夫。"后用"坐而论道"指空谈大道理，只说不做▷知识分子应多做实事，不能光在书房里坐而论道。｜为了救亡图存，不少原先光坐而论道的文人也走上了前线。

坐井观天 zuò jǐng guān tiān 坐在井里看天。语出唐·韩愈《原道》："坐井而观天，曰天小者，非天小也。"后用"坐井观天"比喻眼界狭小，所知甚少▷有些人孤陋寡闻，坐井观天，不懂的东西太多了。｜这次到国外去了一趟，才感到自己过去所了解的东西，真是坐井观天。≈管窥蠡测｜浅见寡闻｜孤陋寡闻｜一孔之见◇放眼世界｜见多识广｜曾经沧海。

坐立不安 zuò lì bù ān 坐不定，站不定。形容人在烦躁、焦急、恐慌或极度紧张时的状态▷孩子走失了，父母坐立不安，只能找巡警帮助。｜小刚放学回家，坐立不安，父亲一看就知道他考试没考好。◇稳如泰山｜神色自若｜从容不迫。

坐失良机 zuò shī liáng jī 白白地失掉取得成功的机会▷我们要牢牢抓住这千载难逢的发展经济的大好时机，千万不能坐失良机。｜中国足球队又一次坐失良机，与世界杯赛擦肩而过。◇相机而动。

坐视不救 zuò shì bù jiù 语出宋·洪迈《夷坚志补·褚大震死》："［褚大］凶愎不孝，乡里恶之。母尝堕水中，坐视不救，有他人援之，反加诟骂而殴之。"后用"坐视不救"指看着别人有难而不去营救▷看到别人有难而坐视不救的行为，应该受到谴责。｜面对以强凌弱、以大欺小的行为，每一个有良心的人不应坐视不救。≈袖手旁观◇拔刀相助。

坐收渔利 zuò shōu yú lì 语本《战国策·燕策二》："今者臣来，过易水，蚌方出曝，而鹬啄其肉，蚌合而钳其喙。鹬曰：'今日不雨，明日不雨，即有死蚌。'蚌亦谓鹬曰：'今日不出，明日不出，即

有死鹬。’两者不肯相舍，渔者得而并禽之。”禽：同“擒”。后用“坐收渔利”比喻利用别人的矛盾，轻易地从中渔利▷这个人专门利用别人的矛盾，坐收渔利。|你们争斗不休，当心别人坐收渔利。

坐享其成 zuò xiǎng qí chéng 语本晋·袁宏《后汉纪·章帝纪下》：“鲜卑奉顺威灵，斩获北单于名王已下万计，中国坐享其功，而老百姓不知其劳。”后用“坐享其成”指自己不干事而享受别人的劳动成果▷他厌恶这种坐享其成的生活，决心自食其力。|坐享其成将使一个人失去创造性和生活的活力。≈不劳而获◇自食其力|自力更生。

坐以待毙 zuò yǐ dài bì 待：等。毙：死。坐着等死。语本晋·常璩《华阳国志·南中志》：“兵谷既单，器械穷尽，而求救无望，坐待殄毙。”后用“坐以待毙”比喻消极自毁▷指战员们子弹打光了，没有坐以待毙，而是发扬了英雄主义精神，硬是用石头砸退了敌人。

座无虚席 zuò wú xū xí 席：席位。没有空着的座位。语本《晋书·王浑传》：“座无空席，门不停宾。”后用“座无虚席”形容人很多▷这场官司在社会上引起了轰动。开庭之日，座无虚席。|这次的音乐会演出水平很高，剧场中座无虚席。≈济济一堂|摩肩接踵|水泄不通◇门可罗雀|三三两两|屈指可数。

做贼心虚 zuò zéi xīn xū 虚：胆怯。语出宋·释悟明《联灯会要·重显禅师》：“顾侍者云：‘适来有人看方丈么?’侍者云：‘有。’师云：‘作贼人心虚。’”后用“做贼心虚”比喻做了坏事，怕人知道，因而心中发虚▷做贼心虚，东西不是你偷的，你怕什么！|盗窃犯在审讯室里东张西望，一副做贼心虚的样子。

成语笔画索引

一画

二画

〔一〕

〔丿〕

〔乛〕

三画

〔一〕

〔丨〕

四画

五画

〔一〕

〔丨〕

〔、〕

七画

〔一〕

八画

〔一〕

九画

〔一〕

〔丨〕

十画

〔一〕

〔丨〕

〔一〕

〔、〕

〔㇕〕

十二画

〔一〕

〔丨〕

〔丿〕

十三画

〔一〕

十四画

〔一〕

十五画

〔一〕

十六画

十七画

十八画

十九画及以上